Geschichte der Frauen

Georges Duby · Michelle Perrot

5

20. Jahrhundert

Die *Geschichte der Frauen* ist mit ihrem fünften und letzten Band in unserem Jahrhundert angekommen. Kaum ein Jahrhundert hat das Leben der Frauen so nachhaltig und schnell verändert. Frauen waren in der Geschichte nie nur passive Zuschauerinnen, stets waren sie auch Handelnde. Doch im 20. Jahrhundert rücken sie in allen gesellschaftlichen Bereichen mehr und mehr in den Vordergrund. War ihnen zu Beginn des Jahrhunderts der Zugang zu Wahlurnen und Universitäten – um nur zwei Beispiele zu nennen – noch versperrt, so ist das allgemeine Wahlrecht und der freie Hochschulzugang heute eine Selbstverständlichkeit. Auch das Verhältnis der Geschlechter wandelte sich rasch und in vielen Bereichen: in Familie, Sexualität, Kultur, Recht und Wirtschaft. An die Stelle des älteren Leitbilds vom Beruf der »Hausfrau, Gattin und Mutter« trat allmählich das Leitbild der »modernen Frau« und des »Doppelberufs« der Frauen in Familie und in der Erwerbsarbeit. Im nationalsozialistisch besetzten Europa eskalierte die Rassenpolitik zum Massenmord, vor allem an Millionen jüdischer Frauen und Männer. Doch vorher wie nachher, unter dem Druck der alten wie auch der neuen Frauenbewegung, begünstigt durch technischen Fortschritt, verstärkt durch die wachsende Teilnahme der Frauen am politischen Leben, haben sich die Möglichkeiten weiblicher Selbstbestimmung weiterentwickelt.

Welche sehr unterschiedlichen Lebensformen die Frauen in diesem Jahrhundert in Europa für sich erschlossen haben und in welchen, nicht selten zermürbenden Auseinandersetzungen sie erkämpft wurden, wie sie sich aber oft aufgrund innerer Widersprüche und äußerer Widerstände auch wieder wandelten, das zeigt dieser abschließende Band der *Geschichte der Frauen*.

GESCHICHTE DER FRAUEN

GEORGES DUBY · MICHELLE PERROT

Editorische Betreuung
der deutschen Gesamtausgabe
Heide Wunder

1
ANTIKE
Herausgegeben von Pauline Schmitt Pantel
Editorische Betreuung der deutschen Ausgabe Beate Wagner-Hasel

2
MITTELALTER
Herausgegeben von Christiane Klapisch-Zuber
Editorische Betreuung der deutschen Ausgabe Claudia Opitz

3
FRÜHE NEUZEIT
Herausgegeben von Arlette Farge und Natalie Zemon Davis
Editorische Betreuung der deutschen Ausgabe Heide Wunder und Rebekka Habermas

4
19. JAHRHUNDERT
Herausgegeben von Geneviève Fraisse und Michelle Perrot
Editorische Betreuung der deutschen Ausgabe Karin Hausen

5
20. JAHRHUNDERT
Herausgegeben von Françoise Thébaud
Editorische Betreuung der deutschen Ausgabe Gisela Bock

20. JAHRHUNDERT

Herausgegeben von
Françoise Thébaud

Die Originalausgabe
STORIA DELLE DONNE IN OCCIDENTE,
VOL. 5 IL NOVECENTO erschien 1992 bei Editori Laterza, Rom.

Dieses Buch erschien erstmals im Rahmen
eines 1985 getroffenen Abkommens zwischen der Wirtschaftsstiftung
Maison des Sciences de l'Homme und dem Campus Verlag.
Das Abkommen beinhaltet die Übersetzung und gemeinsame Publikation
deutscher und französischer geistes- und sozialwissenschaftlicher Werke,
die in enger Zusammenarbeit mit Forschungseinrichtungen beider Länder
ausgewählt werden.

Lizenzausgabe mit freundlicher Genehmigung
von EULAMA Srl, Rom, www.eulama.com.
Für die Übersetzung: Campus Verlag GmbH, Frankfurt/Main
für Haffmans & Tolkemitt Verlag, Alexanderstraße 7 D - 10178 Berlin
www.haffmans-tolkemitt.de

Umschlagmotiv: Ernst Ludwig Kirchner, Blaue Artisten, 1914, Privatsammlung.
Copyright by Dr. Wolfgang & Ingeborg Henze-Ketterer, Wichtrach/Bern.
Produktion: Urs Jakob, Werkstatt im Grünen Winkel, CH-8400 Winterthur.
Druck und Bindung: Ebner und Spiegel in Ulm.
Printed in Germany.

ISBN: 978-3-942989-10-7

Sonderausgabe ISBN: 978-3-86800-508-0

Inhalt

Frauen, Schöpfung und Vorstellung

DIE GROSSEN VERWANDLUNGEN DES JAHRHUNDERTS

THEMEN UND THESEN

STIMMEN DER FRAUEN

NACHWORT

ANHANG

Vorwort
Eine Geschichte der Frauen schreiben

Georges Duby und Michelle Perrot

Die Frauen sind lange im Schatten der Geschichte gelassen worden. Der Aufstieg der Anthropologie und die zunehmende Bedeutung, die der Familie beigemessen wurde, haben ebenso wie die Geschichte der »Mentalitäten«, die dem täglichen Leben, dem Privaten und dem Individuellen eine größere Aufmerksamkeit schenkte, dazu beigetragen, sie aus dem Schatten herauszuholen. Am meisten hat dazu aber die Frauenbewegung beigetragen mit den vielen Fragen, die sie aufgeworfen hat. »Woher kommen wir? Wohin gehen wir?« fragten sich die Frauen, und sie stellten innerhalb und außerhalb der Universitäten Nachforschungen an, um die Spuren ihrer historischen Vorläuferinnen zu finden, vor allem aber, um die Ursprünge ihrer Unterdrückung und die Entwicklung der Beziehungen zwischen den Geschlechtern zu verstehen.

Denn genau darum geht es. Der Titel »Geschichte der Frauen« ist kurz und bündig. Aber wir möchten damit nicht die Vorstellung verbinden, Frauen für sich seien ein Gegenstand der Geschichte. Wir wollen vielmehr ihre Lebenswelten, ihre Rollen und ihre Macht, ihre Handlungsweisen, ihr Schweigen und ihr Sprechen erforschen; wir wollen die unterschiedlichen Bilder von der Frau – Göttin, Madonna, Hexe . . . – in ihrer Beständigkeit und in ihrem Wandel erfassen. Deshalb verstehen wir die Geschichte als sozialen Wandel grundlegender Beziehungen; deshalb ist unsere Geschichte der Frauen auch ebenso die der Männer.

Es ist eine Geschichte der *langen Dauer*: Von der Antike bis heute greifen fünf Bände die chronologischen Zäsuren auf, die die Geschichte des Abendlandes unterteilen. Denn nur um sie geht es. Das Mittelmeer und der Atlantik sind unsere Ufer. Wir wünschen uns gewiß auch eine Geschichte der Frauen des Orients oder Afrikas. Doch es bleibt den Frauen und Männern dieser Länder vorbehalten, sie eines Tages zu schreiben.

Diese Geschichte ist insofern »feministisch« orientiert, als sie von einer grundsätzlichen Gleichheit ausgeht; sie versteht sich aber als offen für verschiedene Deutungen: Wir wollen Fragen aufwerfen, ohne sofort mit formelhaften Antworten bei der Hand zu sein; wir öffnen uns in dieser Geschichte grundsätzlich der Vielfalt, der Vielfalt der Gestalten und Interpretationen.

Unter der Gesamtregie von Georges Duby und Michelle Perrot wurde jeder Band von ein oder zwei Herausgeberinnen eigenverantwortlich betreut. Sie haben die Themen des jeweiligen Bandes zusammengestellt und die Autorinnen und Autoren ausgesucht – eine wohl repräsentative Auswahl unter all jenen, die auf diesem Gebiet in Europa und den Vereinigten Staaten arbeiten.

Mag dieses Werk als vorläufige Bilanz, als Arbeitsmittel, als Ort des Gedächtnisses oder einfach aus Interesse an der Geschichte gelesen werden, diese Geschichte der Frauen im Abendland sollte an der Schwelle des werdenden Europa ihren geistigen Ort haben.

Wir widmen sie unseren Verlegern, deren Unternehmergeist, Aufgeschlossenheit und Großzügigkeit wir dankbar anerkennen.

Aus dem Französischen von Heide Musahl

Einleitung

Françoise Thébaud

Hören wir heute – Privileg der Zeitgeschichte – über das Leben von Frauen, die unser Jahrhundert erlebt haben, erschüttern uns Tragik und Größe ihrer Existenz: Heimgesucht von Kriegen, Revolutionen, Diktaturen, haben sie zugleich eine einschneidende Umwälzung zwischen den Geschlechtern miterlebt und mitgestaltet.

Das soll nicht heißen, daß das 20. Jahrhundert, letzte Station eines kontinuierlichen und unaufhaltsamen Emanzipationsprozesses, die Geschichte der Frauen irgendwie zum Abschluß gebracht hätte. Wenn auch die geopolitische Ordnung des 20. Jahrhunderts, wie sie sich in den Stürmen des Ersten Weltkrieges und der Russischen Revolution herausgebildet hatte, heute nicht mehr existiert, so hat doch die Rede vom »Ende der Geschichte«, die üblich wurde, um den Triumph des Liberalismus nach dem Zusammenbruch des Ostblocks zu bezeichnen, den Ereignissen in Europa und der übrigen Welt nicht lange standgehalten. Und was sollte sie auch für die Geschichte der Frauen bedeuten? Den Niedergang der Männerherrschaft und die Morgendämmerung einer neuen Gesellschaft, die anders wäre als die der Männer? Die Welt einer Verschwisterung der Geschlechter, eine Welt, in der »eines das andere«[1] wäre? Oder die Konstitution eines Raumes, den Männer und Frauen wahrhaft gemeinsam bewohnten – eines Raumes, wo die Differenz der Identitäten durch die Gleichheit der Rechte und der Chancen bewahrt würde? Die zeitgenössischen Frauenbewegungen – orientiert an der Konstituierung der Frau als Subjekt, gespalten in das

Bedürfnis, eine weibliche Identität zu stiften, und das Bedürfnis, die Kategorie »Frau« zu destruieren – debattieren noch über jene Möglichkeiten, wobei der Weg der Geschlechtermischung sich mehr und mehr als die wünschenswerte Synthese in einer zu bauenden Zukunft erweist. Was will eine Frau? Was wollen die Frauen? Leserinnen und Leser – als Angehörige eines Geschlechts jeweils selbst Akteure eines historischen Prozesses – werden hier Stoff für ihr Nachdenken finden, aber nicht die Antwort auf diese Frage, die nicht dem Reich des Wissens angehört und nicht den Leitfaden abgeben kann für eine Geschichte der Frauen.

Vielleicht noch mehr wird sie verwundern, in diesem Buch nicht chronologisch die Emanzipation der Frauen nacherzählt zu finden, wenngleich nicht zu bestreiten ist, daß das Leben der Töchter wenig Ähnlichkeit hat mit dem Leben der Mütter, und wenngleich die Errungenschaften unbestreitbar und kumulativ erscheinen (Wahlrecht, gefahrlose Mutterschaft, Empfängnisverhütung, berufliche Chancen . . .), bis hin zu der signifikanten Überlegenheit der Frau in puncto Lebenserwartung. Aber was bedeutet »Errungenschaft« als Produkt einer sozialen Konstruktion, die es doch zu destruieren gilt? Nach dem Wesen dieser »Errungenschaften« müssen wir fragen, danach, wie sie erreicht wurden, nach ihren Gegnern und ihren Befürwortern, nach ihren Folgen und ihren Risiken, den symbolischen ebenso wie den realen. Und wir müssen auch bedenken, daß vielleicht nichts endgültig erreicht ist – daran gemahnt die Militanz der aktuellen Anti-Abtreibungs-Bewegung und die Ausbreitung von AIDS. Wollten wir an der Idee festhalten – sie entstammt der Herkunft der Frauengeschichtsschreibung aus der Frauenbewegung –, daß die Geschichte der Frauen in erster Linie eine Geschichte des Fortschritts sei, so würde dies jedoch unsere Erkenntnis behindern: Denn die historischen Phänomene sind weitaus komplexer.

Die positive Wahrnehmung des 20. Jahrhunderts beschwört, ungeachtet der düsteren Zeiten und der Massenmorde, ein Jahrhundert der Errungenschaften, das dem viktorianischen 19. Jahrhundert diametral entgegengesetzt und durch eine Reihe von Bildern geprägt ist: das »Mädchen mit dem Bubikopf« als Produkt des Ersten Weltkriegs und der verrückten zwanziger Jahre; die »befreite« Frau als Produkt der Pille; oder auch die »Superfrau« der achtziger Jahre als Produkt des Feminismus und der Konsumgesellschaft, die imstande ist, Beruf, Kinder und Liebschaften glücklich zu verbinden. Aber die ersten beiden dieser Bilder waren – jedenfalls in ihrem historischen Kontext – negativ gemeint: Sie sollten eher das Überschreiten der Grenzen zwischen den Geschlechtern oder der Doppelmoral brandmarken als weiblichen Errungenschaften Beifall zollen. Und das Ideal der »Superfrau«, von

Betty Friedan in *Der zweite Schritt*[2] gegeißelt, erscheint zumindest als zweideutig – es stellt ein Vorbild auf, das für die meisten Frauen nicht erreichbar ist und die Spannungen ausblendet, die sich aus gegensätzlichen Beanspruchungen ergeben. Für Rose-Marie Lagrave besteht die gesellschaftliche Funktion dieses Ideals darin, die zunehmenden Ungleichheiten zwischen Männern und Frauen zu kaschieren.

Gleichwohl haben diese Frauenbilder den Vorzug, daß sie, ebenso wie die Rede von den »Errungenschaften«, die Frage aufwerfen, welche Ereignisse für die Frauen wirklich bedeutungsvoll waren, und daß sie die von Männern gemachte Chronologie der allgemeinen Geschichte gegen den Strich bürsten. Vor allem unterstreichen sie aber, daß die Geschichte der Frauen nicht zu denken ist ohne eine Geschichte der Vorstellungen und eine Entzifferung der Bilder und Diskurse, in denen sich der Wandel der männlichen Bilderwelt und der gesellschaftlichen Norm ausdrückt. In diesem Punkt liefert das 20. Jahrhundert – das Jahrhundert der Psychologie und des bildhaften Ausdrucks – vor allem die Bestätigung, daß die westliche Kultur nur wenige Formen entwickelt hat, Frauen auf positive Weise darzustellen. Obwohl die Freudsche Psychoanalyse die Definition der Geschlechter und der Geschlechtsidentität komplexer erscheinen ließ, reproduzierten die Philosophie und die neu entstandenen Sozialwissenschaften lange nur den ganz gewöhnlichen Sexismus des Gesellschaftlichen, indem sie die weibliche Besonderheit als Dienst am Ehemann und an der Familie definierten. Das Muster der nicht berufstätigen Mutter und Gattin – modern verbrämt, wissenschaftlich abgesegnet und durch die neuen Medien (Film, Zeitschriften, Werbung) verbreitet – siegt durch seine Demokratisierung. Die (nicht auf die Diktaturen beschränkte) bevölkerungspolitische Besorgnis der Staaten, der medizinische Diskurs über die richtigen Methoden der Kinderaufzucht, der sich im Prozeß der Medikalisierung verbreitete, und der psychologische Diskurs über die Mutter-Kind-Beziehungen, sie alle verstärken die Tendenz, die Frau wieder ins Haus zu verbannen. Die Neubewertung der Sexualität und die Anerkennung der weiblichen Lust gehen Hand in Hand mit dem normativen Druck zur Ehe und den Vorbildern von Stars und Mannequins für die äußere Erscheinung, geprägt durch Schönheitswettbewerbe und den Alptraum der Schlankheit. Gleichzeitig setzt sich jedoch, in den bildhaften Normen für die moderne Weiblichkeit, das Bild einer professionellen Hausfrau durch: Königin in ihrem Heim und umworbene Konsumentin. Die Werbung verkauft ihr Dinge, aber auch Bilder von ihr selbst, deren Flitter den älteren Vorbildern gleicht. Überdies macht sie aus der Frau ein Sexualobjekt, das in Besitz genommen werden will – ein Bild, das eine grassierende Pornographie, durch Zeitschriften und neuerdings durch Videofilme transportiert, brutal bekräftigt.

Gleichwohl ist das 20. Jahrhundert auch das Jahrhundert, in dem die Frauen, immer mehr Frauen, selbst das Wort ergreifen und die Kontrolle über ihre in Bildern ausgedrückte Identität ausüben. Sie wissen um die politische Brisanz der Repräsentation und versuchen, Stereotype zu durchbrechen und zu zeigen, daß viele Wege zum Gelingen führen. Das Bild von der Frau ist komplexer geworden und hat sich nie so schnell verändert wie heute – ein erstes Anzeichen für einen Wandel, den zu ermessen, zu verstehen und zeitlich einzuordnen die Absicht dieses Bandes ist.

Wenn dieser Band nicht, oder nicht nur, ein Bericht über die Emanzipation oder eine Geschichte von Bildern und Wahrnehmungen ist, dann darum, weil er, wie die vorangegangenen vier Bände, in einem größeren Problemzusammenhang steht, der sich einer zwanzigjährigen Forschung über die Geschichte der Frauen verdankt. Ich kann an dieser Stelle nicht auf die fruchtbaren nationalen und internationalen Diskussionen eingehen, die diese Geschichtsschreibung in Gang gesetzt haben und die eine eigene Darstellung verdienten.[3] Ich will nur – zwangsläufig sehr schematisch – in Erinnerung rufen, worin, bei aller Verschiedenheit der Standpunkte und Themen, das Verbindende aller Autorinnen besteht, das eine neue Lesart des 20. Jahrhunderts begründet.

Geschichte war lange Zeit nur die Geschichte von Männern, verstanden als Repräsentanten der Menschheit. Zahllose Arbeiten – für das 20. Jahrhundert gehen sie in die Tausende – haben jedoch nachgewiesen, daß auch die Frauen eine Geschichte haben und selber Akteurinnen der Geschichte sind. Es geht aber nicht mehr darum (diese theoretische Sackgasse würde in einen historischen Widersinn führen), die Frauen isoliert, gleichsam wie in einem Vakuum, zu studieren, sondern vielmehr um ein geschlechterbewußtes Herangehen an die Geschichte: Es geht darum, in die allgemeine Geschichte die Dimension der Beziehung zwischen den Geschlechtern einzuführen – das, was die Amerikanerinnen »gender« nennen und was im Deutschen mit »Geschlecht«, im Französischen mit »genre« und im Italienischen mit »genere« bezeichnet wird. Diese Herangehensweise beruht auf der Überzeugung, daß das Verhältnis zwischen den Geschlechtern keine Naturtatsache, sondern ein gesellschaftlich konstruiertes und ständig neukonstruiertes Verhältnis, daß es gleichzeitig Wirkung und Motor der gesellschaftlichen Dynamik ist. Deshalb ist »Geschlecht« eine nützliche analytische Kategorie, ebenso wie die den Historikern vertrauten Beziehungen zwischen den Klassen, den Rassen bzw. ethnischen Gruppen, ja zwischen den Nationen und den Generationen. Die Kategorie »Geschlecht« vermittelt Einsichten, ebenso wie jeder neue Blick auf die Vergangenheit; sie ist geeignet, Wege zu einem Neuschreiben der

Geschichte zu eröffnen, wodurch, bis in ihre Interaktionen mit anderen Faktoren hinein, die Gesamtheit menschlicher Beziehungen in den Blick kommt. So hat der nationalsozialistische Rassismus, in seiner geschlechtergeschichtlichen Dimension gesehen, unter anderem dazu geführt, daß die Politik Hitlers gegenüber den Frauen nicht etwa von Pronatalismus und Mutterkult geprägt war, sondern von einer Kombination aus Antinatalismus, Männlichkeitskult und dem Massenmord auch an Frauen. Wo die Frage sich stellte, wird in den Beiträgen versucht, das Verhältnis von Geschlecht und Klasse, Geschlecht und Nationalität, Geschlecht und Alter, Geschlecht und Religion zu bestimmen – Differenzierungsmerkmale von Gruppen, die nur zu oft als homogen betrachtet werden.

In dieser Perspektive sollten die Leserinnen und Leser nicht nach den Errungenschaften der Frauen fragen, sondern nach dem Wandel der Ordnung der Geschlechter. Darunter verstehen wir die Gesamtheit der geschlechtsbedingten gesellschaftlichen Rollen und gleichzeitig das System der Bilder und Symbole, das die Konzepte »männlich« und »weiblich« kulturell definiert und die geschlechtliche Identität prägt. Vor allem muß die Entwicklung der Lage der Frauen auf die der Männer bezogen werden: Wenn auch beispielsweise in der Arbeitswelt die Feminisierung bestimmter Berufe nichts an der Kluft zwischen der Stellung von Männern und Frauen ändert, so befreien doch die Möglichkeiten der modernen Empfängnisverhütungsmethoden die Frauen nicht nur von unerwünschten Schwangerschaften; sie überlassen ihnen auch, zum Nachteil der Männer, die Beherrschung ihrer Fruchtbarkeit und müssen zusammen mit den Änderungen des bürgerlichen Rechts gesehen werden, die etwa zur gleichen Zeit der Unterordnung der Frau im privaten Bereich ein Ende setzen. Die Leserinnen und Leser müssen ferner alles in Betracht ziehen, was den Tätigkeiten und dem Status von Männern bzw. von Frauen Sinn verleiht, und zum Beispiel die Funktion und Tendenz geschlechtsspezifischer Symbolik in ihren mannigfachen Formen prüfen, wo immer wir ihr begegnen – im staatlichen Bereich, bei Individuen oder bei Gruppen. Diese Symbolik, die meistens der Hierarchisierung und Signalisierung von Machtverhältnissen dient, verzögert eher den Wandel, als daß sie ihn beschleunigt. Der Krieg, dessen psychologische und gesellschaftliche Auswirkungen sich bis weit in die Nachkriegszeit hinein bemerkbar machen, wurde lange Zeit als ein Motor der Frauenemanzipation verstanden, doch erscheint er, und zumal der Erste Weltkrieg, in dem Maße als zutiefst konservativ, wie er, weit entfernt von egalitären Bestrebungen und der Infragestellung überkommener Identitäten, gerade in den Geschlechterbeziehungen ein dichotomisches Denken begünstigt, und zwar bis in die Frauenbewegung hinein. Auch die Politik scheint – ungeachtet der Verallgemeinerung des Wahlrechts, das zu Unrecht schon *»allgemein« ge*nannt worden war, als es nur für männliche Erwachsene galt – noch das Allerheiligste des Mannes zu sein: eine Handvoll männlicher Abgeordneter für eine Mehrheit von weiblichen Wählern, festgelegte Bereiche, in denen die alte Trennung zwischen der Politik als Männersache und dem Sozialen als Frauensache neu belebt wird, Verantwortungsträgerinnen, die ihren männlichen Kollegen als Eindringlinge und zuweilen sich selbst als Außenseiterinnen vorkommen. Nennen wir sie gerade deshalb beim Namen, die berühmten Gesundheitsministerinnen, die zu ihrer Zeit die Abtreibung legalisiert haben: die russische Revolutionärin Alexandra Kollontaj, die spanische Anarchistin Federica Montseny und, in jüngerer Zeit, die Französin Simone Veil.

Das heißt, daß diese Geschichte der Frauen gleichzeitig, jedenfalls in ihrer Feinstruktur, die Geschichte der Männer als Geschlechtswesen ist, die Geschichte der Männlichkeit in diesem an virilen Bildern so reichen Jahrhundert. Was die Frauengeschichte der allgemeinen Geschichte zuträgt, der Sozialgeschichte zumal, aber auch der Kulturgeschichte, deren Periodisierungen und Gehalte sie wieder zur Debatte stellt, und – vielleicht am frappantesten – der politischen Geschichte, die einer der dominanten Bereiche historischen Fragens bleibt: Das wird den aufmerksamen Leserinnen und Lesern nicht entgehen. So erweitert die Frauengeschichte das Bild von der Kriegspolitik, insofern diese dem Feind weibliche Attribute zuschreibt und einen Staat hervorbringt, der – gleichsam eine Vaterfigur – zugleich Zuchtmeister und Beschützer der Frauen ist. Die Frauengeschichte erweitert das Nachdenken über das Wesen des Faschismus und des Nationalsozialismus, die beide auch neuartige geschlechterbestimmte Ausbeutungssysteme sind und die Stabilität der Geschlechterbeziehungen garantieren; sie enthüllt das Spezifische des Vichy-Regimes und des »national-katholischen« Franco-Regimes; sie untersucht die Entstehung und Funktionsweise der Sozialstaaten, die die Forderungen der ersten Frauenbewegungen zu Beginn des Jahrhunderts nach öffentlicher Anerkennung der Mutterschaft als gesellschaftlicher Aufgabe auf ihre Weise transformiert haben, nämlich zugunsten des Familienoberhaupts als des Anspruchsberechtigten. Begreiflich zu machen vermag sie die Originalität Québecs, dessen Geschichte hier am Leitfaden des Begriffspaares Nationalismus/Feminismus gelesen wird, ebenso wie den Bankrott des sowjetischen Modells, dessen Kennzeichen, auf dem Gebiet der Geschlechterbeziehungen wie auch sonst, Ökonomismus und juristischer Voluntarismus gewesen sind: Alexandra Kollontaj, die nicht an den spontanen Verfall der bürgerlichen Familie glaubte und von einer neuen, proletarischen Moral träumte, wurde ob ihres »Georgesandismus« kritisiert, und sie war wohl ihrer Zeit voraus in einem armen, agrarischen, belagerten Land, in dem die Zivilgesellschaft und besonders die Frauen ständig von der zentralisierten Macht und Rechtsprechung bedrängt wurden.

Wohlgemerkt – und es braucht kaum mehr eigens hervorgehoben zu werden –, die Geschichte des Feminismus und der Frauenbewegungen ist integraler Bestandteil der politischen Geschichte der westlichen Welt. Eine unvollendete Geschichte – der Zeitraum von 1920 bis 1960, lange als »die Zeit zwischen zwei Frauenbewegungen« begriffen, wird heute völlig neu erschlossen –, und doch unentbehrlich für das Verständnis unseres Jahrhunderts: Wie hat die Frauenrechtsbewegung, Produkt der Vernunftgläubigkeit und des Liberalismus des 19. Jahrhunderts, die vierfache Herausforderung des 20. Jahrhunderts – Massengesellschaft, Kommunismus, Nationalismus und Freudianismus – beantwortet? Welche Verbindungen bestehen zu den neuen Frauenbefreiungsbewegungen, die seit den sechziger Jahren aus der radikalen Linken hervorgehen, zum Antikolonialismus und der sexuellen Revolution? Die Geschichtsschreibung hierüber ist dabei, die abgenutzten Kategorien zu überwinden, zuerst das negativ besetzte Konzept der bürgerlichen Frauenbewegung und neuerdings die starre Entgegensetzung von egalitärem Feminismus und Feminismus der Differenz.[4] Ebenso wie die Geschlechterproblematik das politische Denken durch den Nachweis erneuert, daß Gleichheit die Anerkennung und Berücksichtigung der Unterschiede erfordert, kann die Frauengeschichte die allgemeine Geschichte bereichern, indem sie sich und die Geschichte überhaupt als einen kognitiven Prozeß versteht und eine neue Quellen- und Methodenkritik durch eine Analyse der geschlechterbezogenen Kategorien betreibt, die unser kulturelles Verständnis der Geschlechterdifferenz vorstrukturieren. In diesem Sinne ist der »Diskurs über den Diskurs«, welcher der Frauengeschichte oft zum Vorwurf gemacht wird, weder eine feministische Marotte noch eine Verlegenheitslösung, sondern eine Notwendigkeit.

Im selben Geist haben auch andere Disziplinen zu diesem Buch beigetragen: Philosophie, Rechtswissenschaft, Soziologie, Politikwissenschaft, Literaturkritik – alle geprägt, wie die Geschichtswissenschaft, von den Auswirkungen des heutigen Feminismus.[5] Die Berücksichtigung der Geschlechterdimension verbietet es, das Allgemeine mit der Realität eines einzigen Geschlechtes gleichzusetzen oder einen einseitigen Standpunkt für universell auszugeben. Sie problematisiert die ideologischen Voraussetzungen, die sich auch in wissenschaftlichen Untersuchungen oder statistischen Erhebungen verbergen können. Das gilt besonders für Analysen der Arbeit, die sich auf Statistiken stützen, in denen Kinder stets den Müttern zugeschlagen werden und die Hausarbeit nicht als Arbeit verrechnen; die von dem Gedanken ausgehen, daß Arbeit für Männer ein Naturrecht, für Frauen eine Anomalie ist;

und die, wie die politische Ökonomie des letzten Jahrhunderts,[6] die geschlechtliche Arbeitsteilung als Naturtatsache legitimieren.

Wie können wir also dieses 20. Jahrhundert benennen, zugleich das blutigste der Menschheitsgeschichte und dasjenige, in dem die Frauen der westlichen Welt, lange nach den Männern, Zugang zur Moderne gefunden haben? Das Jahrhundert des totalen Krieges, dessen zivile und militärische Opfer Dutzende von Millionen zählen. Das Jahrhundert des Genozids, das kein besonderes Erbarmen mit dem weiblichen Geschlecht kennt, sondern im Gegenteil gerade Jüdinnen und Frauen der Sinti und Roma als potentielle Mütter künftiger Generationen ausrottet. Das Jahrhundert, in dem die Frauen nicht nur für ihr eigenes Engagement büßen müssen – unmenschlich immer, ist die Repression mitunter geschlechtsspezifisch (Vergewaltigung, Abschneiden der Haare), um die Frauen in ihrem Frausein zu treffen –, sondern auch unter der furchtbaren Politik der Sippenhaft zu leiden haben, die die meisten totalitären Regimes verfolgen. Den Namen all der militanten Frauen, die in diesem Buch erwähnt werden, wollen wir die Namen zweier außergewöhnlicher Frauen hinzufügen, die sich in Ravensbrück kennenlernten: die tschechische Journalistin Milena Jesenská, die Freundin und Übersetzerin Kafkas, geschworene Feindin jeder Unterdrückung, und die deutsche Kommunistin Margarete Buber-Neumann, die Zeugnis von den Lagern Stalins und Hitlers abgelegt und die Erinnerung an ihre 1944 gestorbene Freundin bewahrt hat.[7]

Die Technologie des 20. Jahrhunderts beschert Männern wie Frauen eine bessere Gesundheit und gesteigerte Lebenserwartung (man denke nur an den erfolgreichen Kampf gegen die Säuglingssterblichkeit), ein höheres Bildungsniveau und neue, durch Urbanisierung und Massenkonsum von Gütern und Dienstleistungen bestimmte Lebensweisen. Insgesamt vielleicht, ungeachtet der Nachteile und Ungleichheiten von Konsumgesellschaften, ein besseres Leben mit weniger Arbeit und weniger Mühsal. Für die Frauen bedeutet dies zunächst eine Erleichterung der Hausarbeit und der Mutterschaft, eine Verringerung des hierfür notwendigen Zeitaufwands und damit die Möglichkeit einer stärkeren Teilhabe am gesellschaftlichen Leben. Für jene aber, die lange Zeit in dem Netz der natürlichen Gemeinschaft gefangen waren, das da »Familie« heißt, außerhalb der Dynamik der individuellen Rechte, die die Französische Revolution in Gang gesetzt hatte – für sie bedeutet die Moderne mehr noch die Eroberung der individuellen und der staatsbürgerlichen Subjektwerdung, die Eroberung der wirtschaftlichen, juristischen und symbolischen Autonomie im Verhältnis zu Vätern und Ehegatten. Es lockert sich die Klammer der Zwänge, deren vielfältige Gewalt alle monographischen Studien über das frühe 20. Jahrhundert zeigen.[8]

Wo sie ansetzen, wie sie erklären, diese Revolution der Geschlechterbeziehungen, die heute – an mancherlei Zeichen kenntlich, aber schwer dingfest zu machen – eine Identitätskrise des Mannes heraufzubeschwören scheint? Der klassische Einschnitt des Jahres 1945, der im Westen eine dauerhafte Zeit der Demokratie und des wirtschaftlichen Wachstums einleitete, ist nicht allein maßgebend, trotz der Verallgemeinerung des Frauenwahlrechts. Wie nach dem Ersten Weltkrieg wird die Umstellung auf Erfordernisse der Nachkriegszeit zur Stunde der Wahrheit: Die Frauen werden im Namen ihrer staatsbürgerlichen Pflicht und ihrer Andersheit in den Privatbereich zurückbeordert, zentriert um das Kind und hochstilisiert zur Schlüsselfigur für den nationalen Wiederaufbau. In der Tat ist diese Generation, die den Krieg mitgemacht hat, in vielen Ländern die beruflich und politisch am wenigsten aktive, die kinderreichste des Jahrhunderts: Die fünfziger Jahre erleben die Blütezeit der »Hausfrau und Mutter«, deren ideologische Konditionierung durch die Medien – und die Psychoanalytiker – 1963 von Betty Friedan in *Der Weiblichkeitswahn oder die Mystifizierung der Frau* angeprangert wird, dem weltweit meistverkauften Buch über Frauen und einem der Grundlagentexte des Feminismus nach Virginia Woolfs *Ein Zimmer für sich allein* (1929) und Simone de Beauvoirs *Das andere Geschlecht* (1949). Und wenn das Vichy-Regime für das republikanische Frankreich einen Bruch bedeutet, reiht es sich doch in die Tradition einer Familienpolitik ein, die von den zwanziger bis zu den sechziger Jahren die Frauen auf Mutterschaft und die Männer auf Erwerbsarbeit festlegt. Nur sehr wenige Verfechter von Demokratie oder Laizismus haben den Willen zur Kontrolle über den weiblichen Körper als potentiell totalitär oder als religiös-moralisch befrachtet angeprangert.

Einen noch größeren Platz hätte dieses Buch den in der Minderheit befindlichen Vertretern und Vertreterinnen eines Neomalthusianismus – der Amerikanerin Margaret Sanger, der Französin Madeleine Pelletier, den Franzosen Jeanne und Eugène Humbert[9] – einräumen müssen, ebenso wie allen Vorkämpferinnen der freien Mutterschaft, die oft, vor allem in der Zwischenkriegszeit, mit der internationalen Sexualreformbewegung zusammenhingen, über die noch so wenig bekannt ist. Es hätte auch – die Frage ist zentral, aber der Gegenstand schwer zu erforschen – versuchen müssen, den Ort der Kirchen und der Religionen im Leben der Frauen dieses Jahrhunderts zu bestimmen. Wenn, gestützt auf den Begriff der Differenz, die katholische Kirche mehr als andere in Fragen der Geschlechterbeziehungen besonders konservativ erscheint – Verweigerung jeglicher Empfängnisverhütung, Ablehnung der Priesterehe und der Frauenordination –, so kommen aus ihrer Mitte auch Generationen von Mitarbeiterinnen der Azione Cattolica und von Gewerkschafterinnen, Frauen der Erneuerung, die zur Weiterentwicklung des Katholizismus und zur Verbesserung der Lage der Frau beitragen, ohne jedoch den Niedergang der praktischen Kirchenfrömmigkeit aufhalten zu können.[10]

Erst Mitte der sechziger Jahre, gut ein halbes Jahrhundert nach den Verheißungen der Belle Époque, beginnt sich in den meisten Ländern des Westens tatsächlich eine neue Gleichheit der Geschlechter abzuzeichnen, deren Komponenten und Faktoren nicht leicht zu ordnen sind: Dazu gehören der Friede, der Wohlstand und wissenschaftliche Entdeckungen – nennen wir an dieser Stelle Gregory Pinkus, den Erfinder der kontrazeptiven Pille[11] –, aber auch die Ereignisse von 1968, die mit einem geschlechtergeschichtlichen Ansatz erst noch zu untersuchen sind, und mehr noch die Frauenbewegungen, die mit Vehemenz das »Patriarchat«, seine Gesetze und seine Bilder denunziert haben. Am meisten entwickelt hat sich scheinbar die Privatsphäre, zum einen durch einen reformerischen Geist, der im Privatrecht der Länder des Code Napoléon, nach jenen des Common Law, dem Gedanken der Gleichheit von Mann und Frau Eingang verschafft und den Begriff des Familienoberhaupts getilgt hat; das bürgerliche Recht verliert seine normative Kraft und muß eine Vielzahl von Familienmodellen und Frauenrollen zulassen. Zum anderen erlaubt die Liberalisierung der Empfängnisverhütung und der Abtreibung den Frauen die Selbstkontrolle über ihren Körper und ihre Sexualität, ermöglicht ihnen die Steuerung ihres generativen Verhaltens und verbietet dem Staat gewaltsame Eingriffe zur Manipulation der Familie. Müssen wir nicht in der feministischen Parole »Kinder oder keine, entscheiden wir alleine« den Wunsch nach einer Privatisierung der Reproduktionsfunktion sehen, die das ganze Jahrhundert über eine öffentliche Angelegenheit gewesen ist, ja im Grunde den Wunsch nach einer anderen Definition des Zusammenhangs von Weiblichem und Mütterlichem als die einer Festlegung auf eine Funktion? In diesem umstrittenen Punkt sind nur wenige zeitgenössische Feministinnen ihren Vorgängerinnen gefolgt, so viel leichter scheint es ihnen heute, die »Befreiung« der Frauen durch ihren Zugang zur Erwerbsarbeit und den privaten Druck auf die Männer zur Beteiligung an der Kindererziehung zu erreichen als durch eine maternalistische Vision vom weiblichen Geschlecht und die öffentliche Anerkennung der Mutterschaft als soziale Funktion.

Aber das Ausmaß der Veränderung ist weniger am Gegensatz von Öffentlichem und Privatem als an ihrer Interaktion ablesbar, weniger an einem isolierten Bereich oder einem einzelnen Faktor als an deren Aufeinandereinwirken. Die zunehmende Präsenz von Frauen auf dem Arbeitsmarkt wie im Kulturbereich und in der Politik hat sowohl die Veränderung rechtlicher Rahmenbedingungen als auch die Aufhebungen starrer Rollen im Haushalt zur Folge, wodurch ihrerseits die Voraussetzungen für das Wirken von Frauen in der Öffentlichkeit verbessert wurden. Wenn das Sozialrecht, wie übrigens auch das Steuerrecht, zahlreiche Spuren der Ungleichheit der Geschlechter in der Ehe aufweist und die Berufstätigkeit der Ehefrauen nicht begünstigt, so haben die Wohlfahrtsstaaten die Autonomie ihrer Bürgerinnen im Zusammenhang mit der Institution Ehe erweitert: durch die Einrichtung von Arbeitsplätzen, durch eine garantierte soziale Absicherung, durch die Erleichterung der Arbeit für den Lebensunterhalt und die Versorgung der Familienangehörigen. Wenn der massive Zustrom der Frauen zu Bildung und Erwerbsarbeit die geschlechtsspezifische Ungleichheit der schulischen Chancen und Trennung der Berufe nicht aufhebt, so hat er doch beachtliche Auswirkungen; z. B. die Abschaffung der rechtlichen Rolle des Mannes als Familienoberhaupt und das Verschwinden der traditionellen Rolle der Hausfrau; aber auch ein verändertes, nach links tendierendes Wahlverhalten der Frauen, das ihrem angeblichen politischen Konservativismus widerspricht und zu einer statistischen Überrepräsentiertheit junger Frauen bei den Linksparteien führt; und vielleicht, aber das ist schwerer abzuschätzen, die Heraufkunft einer im Alltag bewährten Familiendemokratie, die Erfindung neuer Liebesbeziehungen oder die Modifikation des Bildes, das Männer und Frauen von sich selbst und vom anderen Geschlecht haben. Bei allen diesen Prozessen und besonders beim Kampf um politische und symbolische Selbstbestimmung – z. B. in der Rede von »wir Frauen« – hat der Feminismus oder haben vielmehr die Feminismen der sechziger und siebziger Jahre eine wesentliche Rolle gespielt, indem sie Weiblichkeit als grundlegende Kategorie politischer Identität postuliert und sich einen autonomen Raum organisiert haben, in dem die Dekonstruktion und Rekonstruktion von Weiblichkeit betrieben werden konnte. Doch lassen wir uns nicht täuschen: Der Blick auf die Geschichte dieses Jahrhunderts zeigt uns mehr die Schnelligkeit und Radikalität der Veränderungen, als daß er die Vollendung eines Prozesses, den Sieg der Frauen oder die Rückkehr zu »normaleren« Beziehungen zwischen den Geschlechtern nach den »Auswüchsen« der feministischen Ära anzeigte. Es steckt in dem scheinbaren Niedergang des Feminismus – manche sprechen bereits von Postfeminismus – ebensoviel Übergang wie Untergang, und die Geschichte geht weiter, zu unablässig neuer Gestaltung, die ebenso unvorhersehbar ist, wie sie ganz aus der Vergangenheit kommt.

In diesem Sinne präjudiziert auch der Gebrauch der Pluralform »die Frauen« in keiner Weise eine Einheitlichkeit des »anderen Geschlechts«. Der Preis für die Pluralität der weiblichen Subjekte – der Feminismus hat es entdeckt – ist vielleicht die Zwietracht zwischen Frauenkollektiven, der Widerspruch zwischen schwarzen und weißen Aktivistinnen in den USA, mehr noch die Konfrontation mit den Frauen der Dritten Welt, welche bei den fünfjährigen Konferenzen des Jahrzehnts der Frauen (1975–1985) die Westlerinnen des Imperialismus bezichtigten. Auch im Westen selbst haben aufgrund ihrer sozialen Lage, ihres beruflichen Status oder ihrer Nationalität nicht alle Frauen dieselben Chancen, eine wirkliche individuelle Autonomie zu erreichen und ihre eigenen Vorstellungen von ihrem Leben zu verwirklichen. Die Risiken, die heute mit dem Alleinerziehen verbunden sind, wie gestern mit der Einsamkeit der Frau, sind hierfür ein anschauliches Beispiel. Es gibt noch andere Beispiele in diesem Band, in dem es uns um das Vergleichen und Nuancieren geht, weshalb vielleicht das sozial, politisch und kulturell Marginale zu sehr in den Hintergrund gerät.

Dieser Band, dessen Beiträge sich immer wieder auf ähnliche und ergänzende Unternehmungen beziehen, versteht sich weder als eine Weltgeschichte der Frauen noch als eine für die westliche Welt erschöpfende Geschichte. Es handelt sich lediglich um eine westliche Geschichte westlicher Frauen, eigentlich eine Geschichte weißer, im Westen geborener Frauen. Es wird nichts über die unter diesem Blickwinkel noch wenig erforschte Dimension der Beziehungen zwischen der Welt und dem Westen, über das Ausmaß der Dominanz des Nordens über den Süden, der nach dem Ende der Kolonialzeit nun einen neuen Wirtschafts- oder Kulturimperialismus und wahre Völkerwanderungen erlebt, ausgesagt. Besonders bedauere ich das Fehlen eines Beitrags über den Massenkonsum, der, neben der Revolution des häuslichen Bereichs, vor allem die durch ihn bedingten, weltweiten sozialen Ungleichheiten und die Dominanzbeziehungen berücksichtigt hätte. Aber auch andere Fragen stellen sich, die das Verhältnis von Geschlecht und Ethnizität betreffen und eine doppelte Antwort fordern: durch uns, die betroffenen Frauen und Männer. Welche Bedeutung hatte die Begegnung zwischen kolonisierenden und kolonisierten Frauen?[12] Welche Beziehungen stellen sich zwischen den Frauen, welche zwischen den Geschlechtern her, wenn verschiedene Kulturen aufeinandertreffen? Welche Funktion fällt bei dieser Konfrontation dem Imaginären und den sexuellen Phantasmen zu? Welche Rolle spielen die Migrantinnen und ihre Töchter bei der Bewahrung der nationalen Identität oder – umgekehrt – beim Willen zur Integration?

Wie im 19. Jahrhundert wird die Ambition des Westens berechtigt und zugleich maßlos erscheinen. Die geographische und kulturelle Einheit des Westens – das heißt: Europas und Nordamerikas – gewinnt im 20. Jahrhundert durch eine ökonomische Definition – reiche und entwickelte Länder – und eine politische Definition noch eine besondere Färbung. Aber das sowjetische Experiment, das beabsichtigt hatte, von Anfang an ein Universum neuer Beziehungen zwischen den Geschlechtern (und den Klassen) zu stiften, konnte nicht übergangen werden – der jahrzehntelange Traum von Kommunisten in aller Welt, der Grund für zahllose Debatten über die Kluft zwischen Utopie und Realität. Unser Herangehen an das 20. Jahrhundert ist also gleichzeitig ein chronologisches und ein themenzentriertes, um die nationalen Verschiedenheiten in der ersten Jahrhunderthälfte zu unterstreichen, als Europa den Willen bekundet, die Frauen zu »nationalisieren« und, mit eigenen Modellen von Weiblichkeit, dem Kommunismus ebenso zu widerstehen wie der Amerikanisierung. Danach, oft genug unter der Ägide eben dieses Amerika, die Internationalisierung, um nicht zu sagen die Uniformisierung der Welt. In diesem Sinne haben die USA in unserem Buch nicht den Platz einnehmen können, der ihnen gebührt. Allgemeiner gesagt: Das Bemühen um Vergleiche hat mehr zu einer Modellbildung als zu einer – komplexen – Analyse der Interaktionen zwischen Modellen geführt, die Massenkultur, individuelle und kollektive Migrationen oder internationale Begegnungen erleben.[13]

So breitet sich vor den Leserinnen und Lesern eine differenzierte Landkarte der Geschlechterbeziehungen und ihres Wandels aus. Länder der Innovation: die USA – jenseits ihrer periodischen Anfälle von Puritanismus –, von der »modernen Frau« bis zu »Women's Lib«, oder Nordeuropa, für das das sozialdemokratische Schweden das beste Beispiel bietet. Historische und kulturelle Unterschiede trennen das angelsächsische Europa vom romanischen Europa, für das der napoleonische Code civil prägend war, und mehr noch vom mediterranen Europa, wo sich noch lange ein konfessionell bestimmtes Recht und diktatorische Regimes erhalten haben. Die jüngste Entwicklung der Mittelmeerländer ist um so bemerkenswerter, als sie – wie der Westen insgesamt – gekennzeichnet ist durch einen Rückgang der Geburten und der Zahl der Eheschließungen, durch die vermehrte Berufstätigkeit der Frauen sowie die Demokratisierung der Paarbeziehung und der politischen Institutionen. Diese Entwicklung begünstigt den Beginn einer Geschichte der Frauen, die in Spanien stolz darauf ist, die abgeschnittenen Fäden des kühnen republikanischen Experiments wieder aufzunehmen und die franquistische Geschichtsschreibung zu überwinden. Eine Einladung vielleicht an die Länder Osteuropas, sich uns auf diesem Gebiet, wie auf anderen, anzuschließen.

Noch eine letzte Präzisierung ist nötig, um jedes Mißverständnis zu vermeiden. Das Fehlen von Beiträgen männlicher Autoren ist das Ergebnis nicht einer bewußten Ausschließung, sondern einer historiographischen Realität: Weil es unsere Geschichte ist, die Geschichte unserer Mütter und unserer Großmütter, und weil sie wissenschaftlich oft minder hoch geschätzt wird, darum ist die Erforschung der Frauengeschichte im 20. Jahrhundert, mehr noch als die früherer Jahrhunderte, die Leistung von Frauen. Doch für uns impliziert das Geschlecht des Autors keinen epistemologischen Bruch. Die Einheit, ja die Originalität dieses Bandes liegt in der Art der Fragestellung, in der Weise des Herangehens an die Vergangenheit und die Gegenwart. Am Ende des Unternehmens werden Leserinnen und Leser, ob Historiker oder nicht, entscheiden müssen, ob dieser Ansatz ihnen fruchtbar erscheint.

Die Geschichte der Frauen ist nicht der Gesichtspunkt aller Gesichtspunkte, der vorgibt, volle Sicht zu gewähren.[14] Aber in dem Augenblick, wo die Geschichtsschreibung, von der Aktualität bedrängt, ihre eigene Identität als Disziplin und ihre prinzipiellen Vorstellungen über die Erkennbarkeit des Wirklichen problematisiert[15], kann die historische Frauenforschung eines der Mittel zur Bereicherung historischer Modelle sein, als dem einzigen Weg, die Komplexität gesellschaftlicher Prozesse zu erfassen.

Aus dem Französischen von Holger Fliessbach

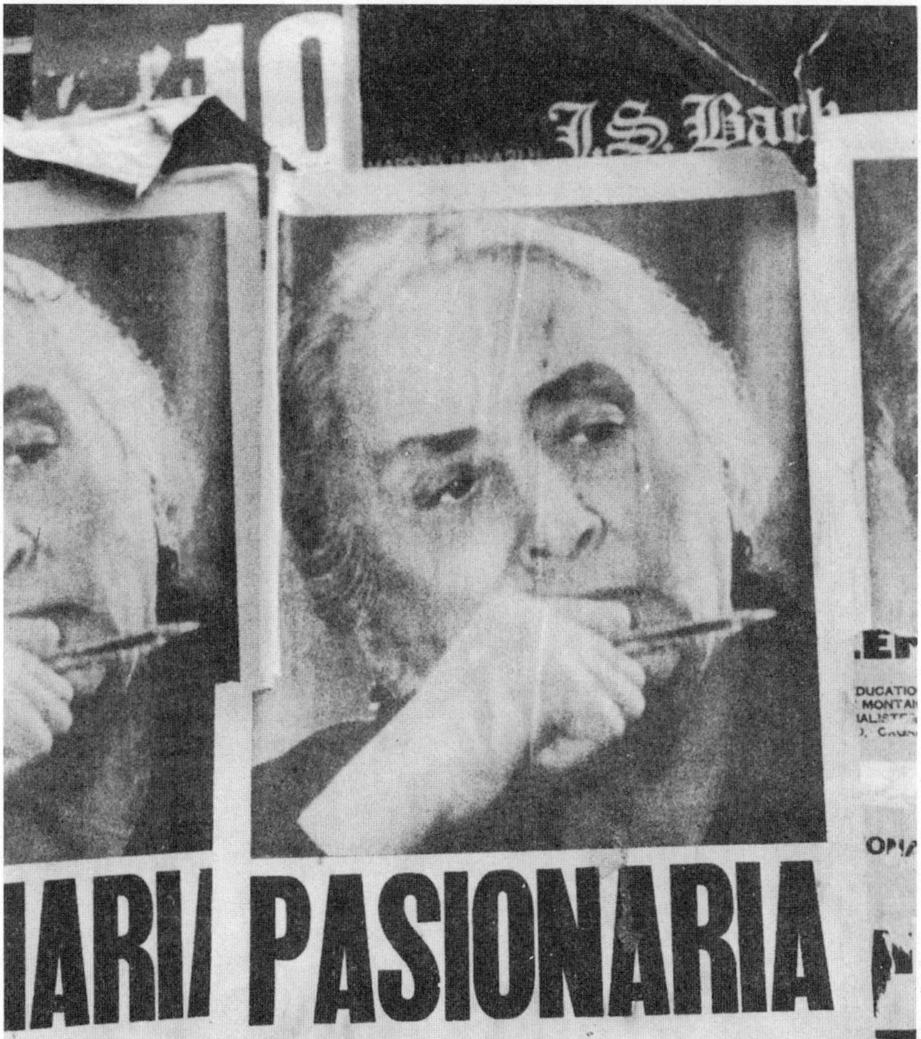

Spanien: Wahlplakat von Dolores Ibárruri, genannt »la Pasionaria«, Juni 1936

DIE NATIONALISIERUNG DER FRAUEN

Guernica (Ausschnitt), Gemälde von Picasso, 1937.
Madrid, Museo del Prado.

Deutschland, 1933: Die ersten Anhänger des Nationalsozialismus. Fotografie von Gisèle Freund.

Vom Ersten bis zum Zweiten Weltkrieg entlädt sich das 20. Jahrhundert in Massenmorden, Krisen und Diktaturen. Acht Beiträge lesen diese Zeiten neu, unter dem Gesichtspunkt der Geschlechterbeziehungen, und fragen nach Gleichheit und Differenz, nach Widerstand und Zustimmung, nach Emanzipation und Unterdrückung.

Der technologische Vorsprung Nordamerikas und vorangegangene feministische Kämpfe führen dort in den 20er Jahren zu einem Bild der modernen Frau, das zwar unsere Sicht des Wandels der Geschlechterrollen im 20. Jahrhundert beeinflußt, aber durch seinen Konformismus an emanzipatorischer Kraft einbüßt. Im Osten entsteht in der jungen Sowjetunion eine arbeitsame Menschheit aus zwei verschwisterten Geschlechtern, wobei die Frauen die ersten Opfer eines Familienrechts werden, das zuerst, kampflos errungen, sehr liberal war, aber dann auf Geheiß einer willkürlichen Zentralgewalt modifiziert wurde. Mitteleuropa, erschüttert vom »Großen Krieg« und bedrängt von amerikanischer Kultur, verteidigt seine nationalen Partikularismen. Konfrontiert mit der doppelten Herausforderung der Demokratisierung und der »Bevölkerungsfrage« – im Sinne eines Geburtenrückgangs, aber auch einer neuen Teilung zwischen den Geschlechtern –, heben die meisten europäischen Staaten die alten liberalen Unterscheidungen zwischen Privatem und Öffentlichem, Familie und Staat, Individuum und Staat auf. Vom sozialdemokratischen Schweden, das die Bestrebungen von Frauen respektiert, über die faschistische und die nationalsozialistische Diktatur bis hin zum republikanischen Frankreich, dann zum Vichy-Regime versuchen alle diese Staaten mehr oder minder autoritär, ihre Staatsbürgerinnen zu »nationalisieren«, indem sie Mutterschaft in den Bereich des Öffentlichen einbeziehen und die Anfänge des Wohlfahrtsstaats sichtbar werden lassen, die Frauen für den Dienst am Vaterland im Krieg mobilisieren oder sie in Organisationen einreihen, die der nationalen Größe huldigen.

Im nationalsozialistischen Deutschland – einen Vergleich mit anderen totalitären Regimes verbietet, ungeachtet aller revisionistischen Bemühungen, der Völkermord an Juden, Sinti und Roma[1] – zerstört die Nationalisierung der Frauen die traditionellen Werte der Familie und stellt die Frauen, ob als Mütter, Funktionärinnen oder Arbeiterinnen, in den Dienst der deutschen Volksgemeinschaft. Der Revision zu bedürfen scheint hingegen die in marxistischen oder feministischen Überlegungen zur emanzipatorischen Arbeit zum Ausdruck kommende Meinung, daß autoritäre Regimes die Frauen auf die Mutterschaft verpflichtet hätten: Nicht nur haben es Faschismus, Nationalsozialismus und Vichy verstanden, ihre pronatalistische Ideologie – die in Deutschland durch einen rassistischen Antinatalismus stark modifiziert wurde – den wirtschaftlichen Gegebenheiten anzupassen; sondern überhaupt macht diese Ideologie im Europa der Zwischenkriegszeit nicht das spezifisch Kennzeichnende dieser Systeme aus.

Von der Nationalisierung der Frauen zur »nationalistischen Versuchung«[2], von der nationalistischen Versuchung zur widerspruchsvollen Rolle der Frauen im Nationalsozialismus führt ein weiter Weg und eine schwierige historische Diskussion, die für diesen ersten Teil entscheidend ist. Sie durchzieht den Feminismus, der auf der Suche nach einer Kontinuität der patriarchalischen Unterdrückung dazu tendierte, »die [deutschen] Frauen als Opfer – oft einzig als Opfer, mitunter als die einzigen Opfer« des Nationalsozialismus anzusehen.[3]

Wir haben, soweit möglich, versucht, die nationalen Kapitel Historikerinnen aus den betreffenden Ländern anzuvertrauen. Insbesondere die Zeit des Nationalsozialismus ist eine schwierige Herausforderung des Erinnerns. Gisela Bocks Herausarbeitung des nationalsozialistischen Sexismus und Rassismus stellt ein Echo oder einen Kontrapunkt zu anderen Arbeiten wie denen der Französin Rita Thalmann oder der Amerikanerin Claudia Koonz dar.[4] Diese Arbeiten erlauben eine bessere Kenntnis der Ideologien und Bewegungen – konfessioneller wie laizistischer, von Männern wie von Frauen getragener, modernistischer wie traditionalistischer –, die im Deutschland der zwanziger Jahre die Weimarer Republik zerschlugen und die Wiedergeburt des deutschen Volkes bejubelten. Sie machen auch, jenseits der Untaten eines männerzentrierten und rassistischen Systems, die Verführungskraft verständlich, die das Dritte Reich für viele Frauen haben konnte, die eine Erneuerung der Moral und der Familie und einen weiblichen »Lebensraum« erstrebten.

Nicht vorschnell entscheidbar ist die aktuelle Diskussion über Ursprung und Ausmaß der Verantwortung deutscher Frauen und/oder ihrer Organisationen für die nationalsozialistischen Verbrechen. Kann man diese Verbrechen prinzipiell und generell den Frauen anlasten, weil sie in ihrer Eigenschaft als Mutter und Gattin dem Nationalsozialismus verhaftet waren und die Bluttaten der Männer ermöglichten, indem sie die Henker zur Ruhe betteten und dem Regime die Maske der Menschlichkeit aufsetzten? Kann man in diesem Regime die Konsequenz und endgültige Form der Spaltung zwischen männlicher und weiblicher Sphäre sehen? Ich glaube nicht. Aber die Frage nach der Zustimmung von Frauen wie von Männern zum Nationalsozialismus – der Widerstand beider Geschlechter ist zum Teil noch unerforscht, scheint aber wenig verbreitet gewesen zu sein – führt zum Nachdenken über die Gefahren dieser Spaltung und vor allem über die Risiken einer feigen Anpassung an Totalitarismus und Rassismus.

Dieser umfangreiche historische Teil lädt auch zu einer Reflexion über den Ort des Krieges in unserem Jahrhundert ein und – bescheidener – über die Sexualisierung der Kriegspolitik. Gleichwohl war es schwierig, eine Synthese über den Zweiten Weltkrieg vorzulegen, der in den einzelnen Ländern ein so verschiedenes Aussehen hatte.

Der Krieg, traditionellerweise das Geschäft des Mannes und mit Virilität gleichgesetzt, erfordert im 20. Jahrhundert die Mobilisierung des Hinterlandes und macht beide Geschlechter zu Opfern und zu Beteiligten. Langfristig aber, in einer Geschichte der Beziehungen zwischen Männern und Frauen, scheint er durch seine symbolischen und materiellen Folgen eher eine konservative, ja reaktionäre als eine verändernde Kraft zu sein. Weder der Spanische Bürgerkrieg, in dem sich so viele Milizionärinnen ausgezeichnet haben, noch die französische Résistance, die so viele Frauen in Deportation und Tod geführt hat, scheinen, bei aller Verbundenheit im Kampf, eine Gleichheit der Verantwortung oder das Recht auf gleiche Anerkennung bei gleichem Verdienst begründet zu haben. Sobald das Handeln im Widerstand militärisch wird, sobald eine reguläre Armee aufgestellt wird, verweigert man den Frauen Aufgaben in vorderster Front; und jede Nachkriegszeit feiert die spezifischen Aufgaben der Frauen. Von dieser Regel sind auch nationale Befreiungskriege nicht ausgenommen, die zwar mitunter das Verhalten der Ex-Kombattantinnen verändert haben – so hatten zum Beispiel die algerischen Mudschahidat oft weniger Kinder als ihre Schwestern aus der gleichen Generation –,[5] aber nur selten die Geschlechterbeziehungen. Und von den Bewegungen des bewaffneten Kampfes in der Dritten Welt oder der Stadtguerilla in westlichen Ländern war vielleicht die Rote-Armee-Fraktion (auch Baader-Meinhof-Gruppe genannt), als Erbin einer terroristischen Tradition, die einzige, in der Frauen nicht in untergeordnete Positionen abgeschoben wurden.[6] So kann man auch über die derzeitige Feminisierung westlicher Armeen streiten, die übrigens für die deutsche Bundeswehr abgelehnt worden ist.[7]

F. T.

Der Erste Weltkrieg: Britisches Plakat mit einem Aufruf des Roten Kreuzes an die Frauen.

1
DER ERSTE WELTKRIEG

TRIUMPH DER GESCHLECHTERTRENNUNG

Françoise Thébaud

»Für die Frauen dieser Welt ist dies die wichtigste Stunde ihrer Geschichte. Das Zeitalter der Frau hat begonnen!« begeisterte sich 1917 die amerikanische Gewerkschafterin Raymond Robins auf dem Kongreß der National Women's Trade Union League (WTUL).[1] Gleichsam als transatlantisches Echo begrüßten der französische Essayist Gaston Rageot oder der feministisch orientierte Historiker Léon Abensour »die Morgendämmerung einer neuen Zivilisation«, »den Eintritt der Frau in das Leben der Nation«.[2]

Die Meinung, der Erste Weltkrieg habe die Beziehungen zwischen den Geschlechtern von Grund auf umgewälzt und den Frauen zur Emanzipation verholfen, und zwar viel weitreichender, als die Kämpfe vergangener Jahre und Jahrhunderte es je vermocht hatten, war während und nach dem Krieg weit verbreitet. In der Literatur und im politischen Diskurs war es üblich, diesen Bruch mit der Vergangenheit entweder zu begrüßen oder zu beklagen, ihn mit strengsten Maßstäben zu messen oder kritiklos hochzujubeln. Aber in späteren Kriegserinnerungen, die in der Absicht niedergeschrieben wurden, das unvergängliche Andenken der ehemaligen Waffenbrüder festzuhalten, sind nur die Namen der männlichen Kriegshelden und der Kriegsschauplätze festgehalten. Symbolisch weisen die Kriegerdenkmäler in ganz Europa – allein in Frankreich sind es rund 30000 – zwar jedem Geschlecht seinen eigenen Platz zu. Die Frauen jedoch treten nur als Allegorie in Erscheinung: als Siegesgöttin, als trauernde Witwe, allenfalls als Mutter, die den Krieg verflucht.[3] Bliebe nur der Schwefelgeruch der *garçonne* zu erwähnen, jener neuen Frau mit männlichen Verhaltensweisen und Allüren, die bis heute noch ziemlich unbehelligt durch die Geschichts- und die Schulbücher geistert. Victor Margueritte hat diese Frau 1922 beschrieben, in dem Roman *La Garçonne,* den er für eine »erbauliche Geschichte« hielt. In der konformistischen Atmosphäre der Friedenszeiten der zwanziger Jahre mit ihrer konservativen Regierung trug ihm das Buch einen skandalumwitterten Erfolg – eine Million verkaufter Exemplare – und die Aberkennung des Ordens der Ehrenlegion ein. Es wurde in zwölf Sprachen übersetzt, schon 1922 auch ins Deutsche, und machte in ganz Europa Furore.[4]

Nachdem die Waffen schwiegen, bemühte man sich in einer Flut von Büchern, dieses ungeheuerliche Ereignis zu begreifen, das um den Preis unsäglichen Leidens und Millionen Toter ganz Europa erschüttert und die Welt des 20. Jahrhunderts nachhaltig verändert hatte. Frauen kommen in diesen Büchern so gut wie nicht vor, allenfalls in Form von Anekdoten aus der Etappe: Für ernsthafte Sachfragen spielten sie keine Rolle. Angefangen bei der Schriftenreihe der Carnegie-Stiftung[5] bis hin zu Georges-Henri Soutous meisterhafter Arbeit *L'Or et le sang*[6] wurde die Analyse des Konflikts von wirtschaftlichen und politischen Fragestellungen beherrscht: Man untersuchte Ziele, Ursachen und Kosten des Krieges sowie Probleme der militärischen Strategie und Taktik. Erst die neuere Sozialgeschichte, die für die Erschütterungen im Hinterland sensibler war und viele neue Wege gewiesen hat,[7] konnte die Frauen, zumal die Kriegsarbeiterinnen, nicht übergehen. Den entscheidenden Impuls brachte indessen erst die Frauenbewegung der sechziger und siebziger Jahre mit ihren neuen Fragestellungen. Was taten die Frauen der kriegführenden Staaten, was wurde aus ihnen? Hatte der Krieg nicht etwa unterschiedliche Auswirkungen auf die Geschlechter? Für die Männer war er ein einziges Trauma gewesen; aber für die Frauen? Hatte er ihnen wirklich nichts anderes als Trauer, Leid und die Bürde der Mutterschaft beschert? Hatte er nicht auch neue Horizonte eröffnet, die sich durch den Zusammenbruch einer erstarrten Ordnung in Familie und Gesellschaft, durch neue Handlungsmöglichkeiten auftaten? Derartige Überlegungen mündeten in die grundsätzliche Frage, welche Bedeutung der Krieg für die lange Geschichte der Frauenemanzipation gehabt hatte – und es fehlte nicht an positiven Antworten auf diese Frage; man denke nur an die Studien David Mitchells oder Arthur Marwicks über die britischen Frauen im Krieg.[8]

Diese Umkehrung herrschender Denkmuster war etwas Unglaubliches. Es zeigte sich, daß der Krieg nicht nur eine Männersache gewesen war. Man entdeckte die Frauen in verantwortlichen Positionen und in neuen Berufen: als Familienoberhaupt, als Munitionsarbeiterin, als Straßenbahnschaffnerin, ja als Hilfskraft in der Armee. Zusehends gewann sie im Krieg an Mobilität und Selbstvertrauen. Es existieren Dokumente, welche die Tätigkeiten und das Verhalten von Frauen im Krieg kommentieren, beurteilen und photographieren. Nach dem großen Konflikt wurde dem Kriegseinsatz der Frauen auf Betreiben von Frauenorganisationen – in Frankreich etwa der Verein L'Effort féminin français – ein oft geradezu hagiographisches Denkmal gesetzt: in Großbritannien seitens der Regierung durch das Imperial War Museum (IWM) mit seinem Women's War Work Subcommittee, in Frankreich und Deutschland immerhin durch öffentliche Organisation. Als die *oral history* in den siebziger Jahren die betreffenden Frauen selbst zu Wort kommen ließ, bestätigten fast alle, den Krieg als persönliche Befreiung erlebt zu haben, und zeigten sich noch immer stolz auf ihre damaligen Leistungen. *Out of the Cage*, »heraus aus dem Käfig«: Das ist der Tenor der Aussagen von Frauen, die vom IWM und vom Museum von Southampton befragt wurden.[9] »Jawohl, das haben wir geleistet, und nachher war nichts mehr so wie zuvor«, sagen noch heute alte Frauen in Frankreich, die den Ersten Weltkrieg miterlebt haben.[10]

Demgegenüber hob James F. MacMillan schon 1977 die stark konservative Einstellung der Franzosen in Fragen der geschlechtlichen Rollenverteilung hervor, wobei in seinen Augen der Erste Weltkrieg das weibliche Modell der Mutter und Hausfrau eher noch verfestigt hat.[11] Auch die seit den achtziger Jahren forschenden jüngeren Historiker und Historikerinnen – dieses Generationsphänomen ist besonders deutlich in Großbritannien, an den Arbeiten Gail Braybons oder Deborah Thoms, zu beobachten[12] – bestreiten die These von der emanzipatorischen Wirkung des Ersten Weltkrieges und weisen anhand einer kritischen Lektüre der Quellen nach, daß die feststellbaren Veränderungen nur vorübergehender oder vordergründiger Art waren. Für diese Historikerinnen und Historiker war der Krieg nur ein kurzer Moment des Innehaltens vor der Rückkehr zur Normalität, ein Schattentheater, in welchem die Frauen im Hinterland nur scheinbar die Hauptrollen spielten. Vielmehr blockierte der Krieg ihrer Meinung nach die Emanzipationsbewegungen, die seit Beginn des 20. Jahrhunderts in ganz Europa zu beobachten waren und ihre Verkörperung in der wirtschaftlich und sexuell unabhängigen »modernen Frau« und einer mächtigen, von Gleichheit und Phantasie bestimmten Frauenbewegung gefunden hatten.[13] Der Krieg, so heißt es, habe lediglich die in der Vorkriegszeit in eine Krise geratene männliche Identität gestärkt und die Frauen wieder auf ihren angestammten Platz verwiesen: als Mutter vieler Kinder, als Hausfrau, für die eine moderne Hauswirtschaft Befreiung genug war, als unterwürfige, zu ihrem Mann bewundernd aufblickende Gattin.

Heute lehnt man mehr und mehr jenes Verständnis von Emanzipation ab, das lange Zeit gängig war und in manchen historischen Schulen noch immer vorherrscht, nämlich die isolierte Betrachtung der Frauen und ihrer Geschichte, ohne die übrige Menschheit mit einzubeziehen. Ute Daniel, die in Deutschland eines der ersten Bücher zu diesem Thema geschrieben hat,[14] rät dazu, Emanzipation nicht an unseren gegenwärtigen Vorstellungen zu messen, sondern systematisch Wahrnehmungs- und Erlebnisweisen der damals handelnden Personen zu rekonstruieren, die sich mit den Vorstellungen der Behörden und Institutionen oft in keiner Weise deckten. Amerikanerinnen haben ihrerseits mit dem Konzept des *gender system* neue Perspektiven eröffnet: Es geht nicht mehr darum, herauszufinden, ob und wie der Krieg die Geschlechter unterschiedlich betroffen, sondern wie er auf realer und symbolischer Ebene die Beziehung zwischen Männern und Frauen neu bestimmt hat. So erklärt sich – wie das Kolloquium »Women and War« im Januar 1984[15] gezeigt hat – die Bedeutung, die der Analyse von offiziellen Diskursen und Verlautbarungen beigemessen wird: Es gilt, deren geschlechterbezogene Rhetorik aufzudecken und die dadurch bewirkte Verhinderung von Veränderungen zu analysieren – was übrigens für alle Formen kulturellen Ausdrucks zutrifft, an denen sich Reaktionen auf die vom Krieg hervorgerufene Umwälzung des Geschlechterverhältnisses ablesen lassen. Diese Herangehensweise führt schließlich dazu, die Geschichte der Frauen aus ihrer Marginalität zu lösen und die Geschichte des Krieges aus einer Geschlechterperspektive umzuschreiben. Am weitesten geht in dieser Hinsicht wohl Joan W. Scott[16] mit ihrem Projekt, die Geschichte der Frauen mit der politischen Geschichte zu konfrontieren, um in Erfahrung zu bringen, was eine derartige Konfrontation über das Politische des Krieges ans Licht bringt. *Gender,* das sozial konstituierte Geschlecht, erscheint hier als ein Organisationsprinzip, ja als kriegswichtige Waffe, und die Konstruktion und Dekonstruktion von Geschlecht als eine Kampffront von Staaten, Gruppen und Individuen.

Mobilisierung der Männer, Mobilisierung der Frauen

Die Geschichte der Frauen im Ersten Weltkrieg hat schon eine lange Geschichte. Die folgenden Überlegungen verstehen sich als eine notwendigerweise knappe Bestandsaufnahme dieser intellektuellen Auseinandersetzung mit dem Thema und zielen vor allem darauf, über das Übereinstimmende hinaus nationale Besonderheiten und die Bandbreite weiblicher Erfahrung im Krieg herauszuarbeiten.

1914 – Jahr der Frauen, Jahr des Krieges

Juli 1914: Schön war dieser Sommer, und niemand ahnte das bevorstehende Verhängnis. Nur ganz am Rande erwähnte die französische Presse die Ermordung des österreichischen Erzherzogs und Thronfolgers Franz Ferdinand in Sarajewo am 28. Juni; man interessierte sich weit weniger für den fernen Balkan als für den Sensationsprozeß gegen Henriette Caillaux: Die Frau des französischen Finanzministers hatte den Direktor des rechtsradikalen *Figaro* erschossen. Es sollte der letzte politische Skandal sein, der die Belle Époque erschütterte. Die Feministinnen fuhren in Urlaub, nachdem sie am 5. Juli eine große Wahlrechtsdemonstration zu Ehren von Condorcet abgehalten hatten – die Apotheose einer Bewegung, die bei aller Buntheit gerade ein wahrhaft Goldenes Zeitalter durchlebte und sich, nachdem sie bereits andere Zugeständnisse erzwungen hatte, Hoffnung auf die politische Gleichberechtigung machte. Die Union française pour le suffrage des femmes (UFSF) mit ihren 9000 Mitgliedern wollte Überzeugungsarbeit leisten und setzte auf schrittweise Verbesserungen; sie lancierte im Sommer eine landesweite Petition zugunsten des Gesetzentwurfes Dussaussoy-Buisson, der den französischen Frauen die Beteiligung an den Kommunalwahlen von 1916 gestatten wollte. Die Gewerkschaft bereitete ihren Herbstkongreß vor; nach der großen Debatte, welche die Affäre Emma Couriau, in der es um das faktische Berufsverbot für Frauen im Verlagsgewerbe ging, ausgelöst hatte, sollte die Frage der Frauenerwerbstätigkeit auf der Tagesordnung stehen.[17]

In Großbritannien hatte sich die Stellung der Frau auf Druck einer radikaleren Frauenbewegung verändert, die der viktorianischen Ideologie mit ihrer Trennung der Lebenssphären von Mann und Weib und ihrer sexuellen Doppelmoral den Kampf ansagte. In den bewegten Vorkriegsjahren stand die Frauenfrage in der öffentlichen Diskussion an oberster Stelle – noch vor dem Problem Irland und der Agitation der Sozialisten. Die Women's Social and Political Union (WSPU), 1903 in Lancashire gegründet, hatte die Strategie und die Propagandamethoden der Sozialisten übernommen und es geschafft, das Wahlrecht in England zu einer Frage von höchster Dringlichkeit zu machen, vermochte aber weder dem staatlichen Wechselbad von Gewalt und Repression noch dem autoritären Führungsstil der Pankhursts standzuhalten und war zerbrochen. Im Sommer 1914 hatte Christabel Pankhurst in Frankreich Zuflucht gesucht, um ihrer Verhaftung zu entgehen, doch der Wahlrechtsverband von Millicent Fawcett, die National Union of Women's Suffrage Societies (NUWSS), die von zahlreichen Liberalen und Mitgliedern der Labour Party unterstützt wurde, demonstrierte die Stärke ihrer 480 Vereine und 53000 Mitglieder mit einem machtvollen Demonstrationszug durch die Straßen Londons. 1914 hätte das Jahr der Frauen werden können, aber es wurde das Jahr des Krieges, der beide Geschlechter auf ihren je eigenen Platz zurückverwies.

Binnen weniger Wochen, zwischen dem 28. Juni und dem 4. August, stand ganz Europa in Flammen. Überall wichen das Staunen und die Bestürzung der Menschen sehr schnell entweder tiefer Resignation oder – in der Stadt mehr als auf dem Land, bei den Männern eher als bei den Frauen – lärmender Kriegsbegeisterung. Denn die Gemüter waren reif für diesen Krieg. In Frankreich hatten die Schulen die Erinnerung an die verlorenen Gebiete wachgehalten und die Überzeugung gepredigt, daß die Republik ein friedliebender Rechtsstaat sei und niemals einen ungerechten Krieg beginnen könne. Die Deutschen, stolz auf ihre wirtschaftlichen Erfolge und zutiefst durchdrungen von der Überlegenheit der deutschen Kultur, rüsteten zum Sturmangriff auf russische Barbarei und ein »verweichlichtes« Frankreich.[18] Fast alle Soldaten glaubten an einen kurzen und ritterlichen Krieg, in dem hohe sittliche Werte ihren Ausdruck finden würden und ein wahrhafter Männerbund gedeihen konnte: eine anachronistische Vorstellung, die durch Uniform und Ritual noch unterstrichen wurde – was die rote Hose in Frankreich war, war in Deutschland die Trommel.[19] Und überall spielten sich beim Auszug der Soldaten Szenen des kollektiven Patriotismus ab, der jeden gesellschaftlichen Unterschied vergessen ließ und den Frauen ein tapferes Wort der Ermunterung weit lieber dankte als ihre Tränen.

Dieser seltsame Sommer 1914, der die Geschlechter radikal trennte und, nach ihren Kämpfen der Vorkriegszeit, wieder eine gewisse Harmonie zwischen ihnen erzeugte! Die Mobilmachung der Männer festigte ihre Bindungen an die Familie und ließ den Mythos vom Mann, der das »mütterliche Vaterland« und die Seinen beschützt, wieder auferstehen; die ersten Briefe der Soldaten aus dem Felde sprechen von der Sohnestreue, von der Liebe zur Frau und mitunter von der Sehnsucht nach den Kindern.[20] In der Geschichtsschreibung wird immer wieder der vom Krieg gestiftete »Burgfrieden« der politischen Parteien und sozialen Klassen beschworen, aber nur selten derjenige der Geschlechter. Und doch begrüßten die Zeitgenossen in Frankreich die Vision einer geläuterten Frau, deren wahre Bestimmung nun für sie selbst und für andere offenbar wurde, die sich fortan ihrer tieferen Natur und ihrer ewigen Pflichten, universelle Liebe zu spenden und die Klassenschranken zu überwinden, bewußt war; es war die Inkarnation des bürgerlichen Frauenideals des 19. Jahrhunderts.[21]

Dienen wurde für die Französinnen das Gebot der Stunde; sie verpflegten die Soldaten in den Bahnhofskantinen, versorgten Verwundete in den Notkrankenhäusern des Roten Kreuzes und kümmerten sich um alle Arten von Bedürftigen: um Flüchtlinge, die den Rückzug der alliierten Armeen begleiteten, um arbeitslose Frauen aller Berufsgruppen, die ein Opfer der völligen Auflösung des Landes geworden waren, um Familien, deren Väter im Feld standen. In Frankreich, aber auch in Deutschland und in Großbritannien, wo die führende Gewerkschafterin Mary Macarthur mit Königin Mary im Queen's Work for Women Fund zusammenarbeitete, war das Symbol solcher Wohltätigkeit die Nähstube: Hier wurden bedürftige Frauen gegen eine warme Mahlzeit und zuweilen eine bescheidene Geldsumme mit Näharbeiten beschäftigt, dem Inbegriff weiblicher Betätigung.

Die Feministinnen ließen sich von dieser Begeisterung für das Dienen anstecken und stellten fürs erste ihre Forderungen zurück, um sich in der Pflichterfüllung als Frau von niemandem übertreffen zu lassen und damit ihre Vollwertigkeit zu beweisen. Marguerite Durand, die in der zweiten Augusthälfte 1914 ihre berühmte Zeitschrift *La Fronde* wieder erscheinen ließ, schreibt dasselbe, was Millicent Fawcett am 14. August in *Common Cause* geschrieben hatte: »Frauen, euer Land braucht euch! Erweist euch als würdig, seine Bürgerinnen zu sein, mag man uns unser Ziel [das Wahlrecht] auch verwehren.« Und Jane Misme, Herausgeberin der Zeitschrift *La Française,* des Hauptorgans des gemäßigten Feminismus, schrieb in dessen erster Kriegsnummer: »Solange die Prüfung andauert, die unserem Volk auferlegt ist, darf niemand auf seine Rechte pochen; wir haben nur noch unsere Pflicht zu erfüllen.«[22] Die Pankhursts, mittlerweile begnadigt, verwandelten sich in wortgewaltige Rekrutierungsoffiziere, die mit ihrer kriegerischen, an die Mannesehre appellierenden Rhetorik – für eine edle Sache kämpfen, die Pflicht gegen das Vaterland erfüllen, um der Frau ins Auge sehen zu können – den offiziellen Werbeplakaten des Heeres in nichts nachstanden. Auf diesen war zu lesen: »Women of Britain say ›go!‹«, und sie zeigen Frauen, die stoisch, aber entschlossen aus dem Fenster ihres *home* blickten.[23]

Die kriegführenden Staaten, die mit einem kurzen Krieg rechneten, erwarteten von den Frauen gottergebenes Abwarten und waren hocherfreut, daß sich auch die Frauenrechtlerinnen um die nationale Sache scharten. Doch sie lehnten alle über karitative Werke hinausgehenden Bestrebungen der Frauen ab, sich im Krieg nützlich zu machen, ja womöglich sich rekrutieren zu lassen. Die deutschen Frauen im Bund Deutscher Frauenvereine (BDF) hatten auf ihrem Kongreß von 1912 ein soziales Jahr für Mädchen empfohlen; am 3. August 1914 gründeten sie mit Beteiligung der SPD-Frauen den Nationalen Frauendienst (NFD), eine staatlich anerkannte Organisation, die den Behörden als Hilfstruppe in der Fürsorge und beim Nachschub diente.[24] In Großbritannien duldete man lediglich die Mobilisierung einiger wohlhabender Frauen auf dem Land oder im örtlichen Polizeidienst. Elsie Inglis, die im War Office mit ihrem Projekt der Errichtung von Krankenhäusern auf dem Festland vorstellig wurde – den später berühmten Scottish Women's Hospitals in Frankreich und Serbien –, bekam zu hören: »Go home and keep quiet.«[25] Beispielhaft für eine solche Geschlechterpolitik war Frankreich: Am 5. August wurde für die Ehefrauen eingezogener Männer eine staatliche Unterstützung eingeführt – jedoch nicht, um den Erhalt ihrer Familie zu sichern, sondern um die Moral des Frontsoldaten zu heben. Am 7. August richtete Premierminister Viviani einen Aufruf an alle französischen Frauen, genauer gesagt an die Bäuerinnen, von denen er wohl annahm, daß sie auf ihren von den Männern verlassenen Feldern als einzige dringend der Unterstützung bedürften; männlich-markig sprach er ihnen von Mobilmachung und Ruhm:

»Auf denn, französische Frauen und Mädchen, Töchter und Söhne des Vaterlandes! Ersetzt auf dem Feld der Arbeit den Mann, der auf dem Feld der Ehre steht! Rüstet euch, auf daß ihr ihm morgen das wohl bebaute Land, die eingefahrene Ernte, das frisch gesäte Feld vorweisen könnt! In dieser schweren Stunde ist keine Arbeit zu gering. Alles ist groß, was dem Land dient. Auf denn! Zur Tat! Ans Werk! Was ihr heute tut, wird morgen der Ruhm der Welt sein.«[26]

Aber wie Marguerite Durand, die sich einen militärischen Hilfsdienst für Frauen wünschte, wurde auch die Schriftstellerin Jack de Bussy abgewiesen, die seit dem 30. Juli begonnen hatte, in ihrer Ligue des enrôlées auf eigene Faust Frauen zu rekrutieren.

Mit Rücksicht auf die Rechte der Soldaten und die nationale Einheit führten alle kriegführenden Staaten mit Ausnahme der USA das ein, was die Briten *separation allowances* (Trennungsentschädigungen) und die Deutschen »Familienunterstützung« nannten. Diese Zuwendungen kamen in den meisten Ländern nicht nur den angetrauten Ehefrauen zugute, sondern auch der unverheirateten Partnerin des Soldaten und waren bemerkenswerterweise von der Anzahl der Kinder abhängig. Während Großbritannien allen betroffenen Personen den ganzen Krieg hindurch eine relativ hohe Unterstützung zukommen ließ (sie lag etwas über dem Durchschnittslohn einer alleinstehenden Frau), hielten Frankreich und Deutschland an der Logik der Armenfürsorge fest: Die Unterstützung war niedrig, durfte nicht zusätzlich zur Arbeitslosenunterstützung bezogen werden, blieb grundsätzlich nur wirklich Bedürftigen vorbehalten und entfiel, sobald die Frau wieder ausreichend verdiente. Diese Beihilfen ließen jedoch überall lange auf sich warten. So verschärfte sich zu Beginn des Krieges in den Unterschichten die seelische Not noch durch die wirtschaftliche Not. Der glühendste Patriotismus konnte nicht das materielle Elend vergessen machen, das die Frauen zwang, sich an Wohltätigkeitseinrichtungen zu wenden und die Stellenanzeigen in den Zeitungen zu studieren. In den typischen Frauenberufen der Textil-, Bekleidungs- oder Luxusgüterindustrie war denn auch die Arbeitslosigkeit hoch, und sie dauerte lange: Im August 1914 erreichte in Frankreich die Frauenarbeit in Handel und Industrie nur 40 Prozent des Vorkriegsstandes; noch im Juli 1915 waren es kaum 80 Prozent. Aufgrund seiner Industriestruktur und der Nähe der Front war Paris besonders betroffen. Mit Ausnahme der Krankenschwestern, die sofort in den verschiedenen Hilfsorganisationen für Kriegsversehrte gebraucht wurden, und der Bäuerinnen und Ladenbesitzerinnen, die die Arbeit ihrer Männer übernehmen konnten, wurde das weibliche Arbeitskräftepotential überall nur zögernd und erst relativ spät mobilisiert. Hierzu bedurfte es zuvor einer anderen Einstellung zum Krieg, der Überwindung diverser Vorbehalte gegen die Frauenarbeit sowie der Einsicht, daß andere Arbeitsreserven nur in quantitativ und qualitativ unzulänglicher Form zu mobilisieren waren.

Die Mobilisierung von Frauen

Der Krieg verlief nicht so, wie man erwartet hatte. Im Herbst 1914 gab es weder Sieger noch Besiegte, und im Westen kam die Front auf einer Länge von mehr als 800 Kilometern, von Flandern bis zur Schweizer Grenze, zum Stehen. Nachdem die Illusion eines schnellen Sieges zerronnen war, konnten sich die kriegführenden Staaten nicht mehr länger auf ihre industriellen Reserven stützen und mußten wieder an die Arbeit gehen. Der »Große Krieg« – ein langer Krieg, ein Krieg, der Menschen und Material verschlang – brauchte die Unterstützung aus dem Hinterland, brauchte die Hilfe der Frauen. In einem Zeitraum von viereinhalb Jahren wurden in Frankreich 8 Millionen Männer – über 60 Prozent der männlichen Erwerbstätigen – eingezogen, in Deutschland 13 Millionen, in Großbritannien dagegen, wo erst seit Mai 1916 die allgemeine Wehrpflicht herrschte, nachdem das Land zwei Jahre lang mit einem Freiwilligenheer ausgekommen war, nur 5,7 Millionen. Die mörderischen Kämpfe kosteten Menschen und Munition und brachten neue Waffen zum Einsatz. Jedes Land, das über eine entsprechende politische Struktur verfügte, baute auf der Basis seiner nationalen Waffenarsenale und auf Rüstung umgestellter Privatbetriebe eine eigene Kriegsindustrie auf, die die Anzahl der Beschäftigten und die Waffenproduktion vervielfachte.[27] Der Krieg wurde zu einem modernen Krieg, der alle Gemüter bewegte und sich an zwei Fronten abspielte: der *battlefront* und der *homefront*, das heißt der eigentlichen Front und der Heimatfront. War jene praktisch ausschließlich eine Domäne der Männer, so war diese vornehmlich die Domäne der Frauen, in der auch die Feministinnen mehr oder minder erfolgreich versuchten, sich zur Geltung zu bringen. Aber damit enden die Analogien auch schon: Modalitäten und Maßnahmen zur Mobilisierung der Frauen waren überall verschieden und müssen daher von Land zu Land gesondert untersucht werden.

In Frankreich, wo die Frauenarbeit vor 1914 einen hohen Stand erreicht hatte (7,7 Millionen erwerbstätige Frauen, davon 3,5 Millionen in der Landwirtschaft), wurde die Mobilisierung der Frauen am wenigsten systematisch betrieben. Das entsprach einem auch durch den Krieg schwer zu erschütternden Verständnis von Liberalismus, dem sogar Männer wie der Handelsminister Étienne Clémentel oder der sozialistische Rüstungsminister Albert Thomas kaum entgegenzuwirken vermochten. Lieber lasen die Frauen die Stellenanzeigen, lieber hörten sie auf den Rat einer Nachbarin oder sprachen bei Privatbetrieben vor, als daß sie sich in ihrem jeweiligen Département bei den 1915 vom Arbeitsministerium eingerichteten Stellenvermittlungsbüros meldeten. Wenn die Frau, die Tochter oder die Schwester eines eingerückten Soldaten eine Stelle annahm, so geschah es nicht selten im Interesse der Familie; es war eine gute Tat, durch die man nicht nach dem Krieg den heimkehrenden Männern Konkurrenz machen, sondern durch die man die Moral der Soldaten heben wollte. Solchen Frauen begegnete man in der Industrie weniger häufig als etwa in Kaufhäusern, Banken, Verkehrsunternehmen und bestimmten Behörden. Frankreich hatte seine weiblichen Bankiers, seine Eisenbahnerinnen, denen die Reinigung der Waggons, die Fahrkartenkontrolle und die Gepäckabfertigung oblag, seine Kartenknipserinnen in der Métro, seine Briefträgerinnen, seine Schaffnerinnen, ja sogar seine Straßenbahnfahrerinnen. Aber in den Rüstungsfabriken nutzte man das weibliche Arbeitskräftepotential nur als letzte Lösung – zuvor hatte man Zivilisten verpflichtet, dann aufgrund des Dalbiez-Gesetzes 500000 bereits zum Wehrdienst eingezogene Arbeiter zurückbeordert und schließlich sogar Fremdarbeiter aus dem Ausland oder den Kolonien ins Land geholt.

Im Herbst 1915 ergingen die ersten ministeriellen Erlasse, die die Unternehmer verpflichteten, Frauen zu beschäftigen, wo immer es möglich war; in Paris wie in der Provinz häuften sich die offiziellen Werbeplakate und die Stellenvermittlungsbüros. Zwar waren die Frauenvereine unter dem Einfluß führender Feministinnen bestrebt, die Rekrutierung weiblicher Arbeitskräfte in geordnete Bahnen zu lenken, aber die Arbeiterinnen in den Rüstungsfabriken kamen aus allen Kreisen, angezogen von den hohen Löhnen oder einfach auf der Suche nach einer wie auch immer gearteten Tätigkeit. Hier wie in der gesamten Industrie erfüllten sie die verschiedensten Aufgaben. Anfang 1918 belief sich ihre Zahl auf 400000; das entsprach einem Viertel aller Erwerbstätigen (im Raum Paris sogar einem Drittel). Unübersehbar symbolisierten sie damit die Mobilisierung der Frauen und ihr Eindringen in Bereiche, die bisher den Männern vorbehalten waren.

Gleichwohl blieb die Mobilisierung der französischen Frauen begrenzt, und der Arbeitsmarkt war keineswegs von weiblichen Arbeitskräften überschwemmt. Nach den Statistiken des Arbeitsministeriums hatte der Anteil der weiblichen Beschäftigten in Handel und Industrie 1916 den Vorkriegsstand erreicht und ihn erst Ende 1917 um 20 Prozent übertroffen, was zugleich den Höhepunkt der Beschäftigung von Frauen darstellte: 40 Prozent der Erwerbstätigen insgesamt, gegenüber 32 Prozent vor dem Krieg. Immerhin mußte kein Erwerbszweig stillgelegt werden, während es in Deutschland nicht gelungen zu sein scheint, den Arbeitskräftemangel durch eine Mobilisierung der Frauen zu kompensieren. Das ist jedenfalls die These von Ute Daniel.[28] Sie wendet sich gegen die herkömmliche Vorstellung, daß es während des Ersten Weltkrieges in Deutschland zu einer massiven Zunahme der weiblichen Erwerbstätigkeit gekommen sei, und bestreitet auch die Aussagekraft jener Quelle, die in diesem Zusammenhang immer wieder bemüht wird: die Unterlagen der deutschen Krankenkassen. Gewiß hat eine Mobilisierung der deutschen Frauen für die Kriegsindustrie stattgefunden. Zunächst erfolgte sie, trotz der Bemühungen des NFD, in geringerem Umfang und auf freiwilliger Basis; später, in der zweiten Kriegshälfte, als die Wirtschaft auf militärische Belange umgestellt wurde und die Beschäftigung von Frauen für den Sieg des Vaterlandes als unerläßlich galt, wurde sie straff organisiert und mit Nachdruck betrieben. Das Hindenburg-Programm vom November 1916, das den obersten Militärs diktatorische Vollmachten über die deutsche Innenpolitik gewährte, betraute das Kriegsamt unter General Groener mit der wirtschaftlichen Mobilmachung, räumte der Rüstungsindustrie absolute Priorität ein und sicherte deren Arbeitskräftebedarf durch die Einführung eines obligatorischen Hilfsdienstes für alle Männer zwischen 17 und 60 Jahren (Gesetz vom 5. Dezember 1916). Die Zwangsverpflichtung von Frauen war von den zivilen Behörden abgelehnt und auch von den Feministinnen des BDF verworfen worden; diese schlugen statt dessen eine Mobilisierung von Frauen durch Frauen und eine frauenspezifische Sozialpolitik vor. Innerhalb des Kriegsamtes und in allen seinen Unterabteilungen wurden zwei von Frauen geleitete Organe geschaffen: ein Frauenreferat, dem die Rekrutierung von Arbeiterinnen oblag, und eine Frauenarbeitszentrale (FAZ), die sich um das Wohl der Arbeiterinnen zu kümmern hatte. Anfang 1918 arbeiteten in diesen Dienststellen rund tausend Frauen unter Leitung von Marie-Elisabeth Lüders vom BDF.

Zweifellos führte diese Mobilisierung zu einem absoluten und relativen Anstieg des weiblichen Beschäftigungsanteils in der Schwerindustrie, der Elektroindustrie und der chemischen Industrie – ein Anstieg, der in den großen Unternehmen besonders spürbar war: Einige deutsche Historiker sprechen von einer mehr als fünfzigprozentigen Zunahme des Frauenanteils in Unternehmen mit mehr als zehn Beschäftigten; ein Extremfall war die Firma Krupp, in der bei Kriegsende 30000 von 110000 Arbeitnehmern Frauen waren.[29] Aber dieser Anstieg der industriellen Frauenarbeit ging hier noch mehr als in Frankreich auf Kosten jener weiblichen Tätigkeitsbereiche, die man in Deutschland infolge der Blockade notgedrungen hatte opfern müssen; auch scheint dieser Anstieg weniger bedeutsam gewesen zu sein als die aus manchen lokalen Schätzungen hervorgehende Zunahme der Heimarbeit, die ganz auf die Kriegsproduktion umgestellt wurde. Die Näherinnen im Schwarzwald stellten Munition her, die Korsettmacherinnen Zeltplanen und Zwiebackdosen. Andere, von denen nicht wenige zum ersten Mal arbeiteten, fabrizierten Taschen, Gasmasken, Schuhe oder sogar ganze Uniformen.

Welchen Grund hätten die Frauen haben sollen, die vorwurfsvollen Aufrufe der Behörden oder die patriotischen Versammlungen von Gertrud Bäumer, der Vorsitzenden des BDF, zu beachten? Diese Aktivitäten kaschierten doch nur unzureichend die inneren Zwistigkeiten der deutschen Bürokratie sowie die Vorbehalte der Gewerkschaften und der Arbeitgeber, die mitunter die Frauen schon bei der Einstellung zwangen, ihre spätere Kündigung zu unterschreiben. Die Arbeit in der Kriegsindustrie erforderte zudem häufig eine geographische Mobilität, die mit den familiären Pflichten der Frau unvereinbar war. Die Mangelwirtschaft, die seit 1915 in Deutschland herrschte und die wichtigste Erfahrung der Frauen in diesem Lande war, hatte eine Zunahme an energieverschlingender häuslicher Arbeit zur Folge und minderte die Attraktivität bezahlter Erwerbstätigkeit. Dies um so mehr, als der Staat oder die örtlichen Behörden vielen Familien ausreichend Mittel zur Verfügung stellten, um kaufen zu können, was es in den Läden zu kaufen gab, sei es in Form einer Unterstützung für arbeitslose Textilarbeiterinnen oder in Form von Zuwendungen an sogenannte »Kriegerfamilien«. Der Sozialpolitik des Krieges, die dem Soldaten die Garantie gab, daß der Staat für seine Familie sorgte, gelang es nicht, den Arbeitsmarkt zu organisieren, ja sie wirkte den Bemühungen um die Mobilisierung der Frauen sogar entgegen.

»Die Lage ist ernst. Die Frauen müssen helfen, sie zu bessern«, las man auf den Transparenten einer eindrucksvollen Demonstration unter dem Motto »Right to serve«, die am 17. Juli 1915 stattfand, organisiert von Sylvia Pankhurst mit Hilfe des neuen Rüstungsministeriums. Dieser Marsch markierte dreierlei: die völlige Kehrtwendung der Suffragetten der WSPU, die sich nun ganz hinter die nationale Sache stellten; die Antwort der Koalition Asquiths auf die durch den Waffenmangel hervorgerufene innenpolitische Krise; und die erste Wende in der Mobilisierung der britischen Frauen. Sie wurde zunächst durch die Arbeitsverpflichtung von Frauen und dann durch die dirigistischen Maßnahmen der seit Dezember 1916 amtierenden Regierung Lloyd George unterstrichen und zeichnete sich weniger durch flankierende soziale Maßnahmen als durch einen umfassenden, dreiseitigen Sozialpakt zwischen Regierung, Gewerkschaften und Unternehmern aus, der für einen enormen Anstieg der Frauenarbeit verantwortlich war.

Die Jahre nach 1910, vor allem nach Kriegsausbruch, waren die großen Jahre der britischen Gewerkschaftsbewegung; die Zahl ihrer Mitglieder schnellte in die Höhe, und sie fand bei der Regierung verständnisvolle Gesprächspartner, die einer konzertierten Aktion und sozialen Reformen wohlwollend gegenüberstanden.[30] In den ersten Monaten des Jahres 1917 durften die Gewerkschaften sogar über die Erteilung einer Arbeitserlaubnis entscheiden, was gleichbedeutend mit der Befreiung vom Kriegsdienst war. Dafür akzeptierten sie das Prinzip der *dilution* (eingezogene Facharbeiter werden durch angelernte oder ungelernte Arbeiter ersetzt) und das Prinzip der *substitution;* beides eröffnete Frauen die Möglichkeit, in Berufe einzudringen, die bis dahin eifersüchtig als *men's jobs*, als Domäne der Männer gehütet worden waren. In den meisten Branchen wurden Verträge *(dilution agreements)* hart und immer ohne Beteiligung von Frauenverbänden ausgehandelt, die festlegten, welche Aufgaben vorübergehend von Arbeiterinnen übernommen werden konnten. Gleichzeitig enthielten sie die Verpflichtung, daß diese bei Kriegsende ihren Arbeitsplatz wieder zu räumen hatten, und gaben den bereits vorhandenen Arbeitskräften Garantien über die Erhaltung des Status quo oder stellten Verbesserungen in Aussicht.

Zunächst eroberten sich die Frauen die Geschäfte und Büros, wo der gewerkschaftliche Einfluß schwach war und die Arbeit als ehrbar galt, doch in der Folge wuchs der Zustrom von Frauen in allen Bereichen, der monatlich vom Board of Trade for Labour Supply registriert wurde. Für dieses Land, das der Frauenarbeit ablehnender gegenüberstand als Frankreich, ergibt sich aus den Statistiken – die allerdings weder Hausangestellte noch Heimarbeiterinnen oder Arbeiterinnen in kleinen Werkstätten erfassen – für die Zeit zwischen Juli 1914 (mit einer zugegebenermaßen hohen Arbeitslosigkeit) und November 1918 eine Zunahme der weiblichen Erwerbstätigen um 50 Prozent (von 3,3 auf 4,9 Millionen) und eine sehr beachtliche Steigerung des Frauenanteils an der Arbeiterschaft von 24 auf 38 Prozent.[31] Diese Entwicklung wurde ermöglicht durch Mehrarbeit der jungen Mädchen, den Zustrom von Arbeitskräften aus dem Kreis der Hausangestellten und der traditionellen Frauenberufe sowie durch den (Wieder-)Eintritt ins Berufsleben von verheirateten Frauen oder Müttern. Bestimmte Bereiche, praktisch dieselben wie in Frankreich, waren besonders betroffen: die Munitionsindustrie, wo die Anzahl der beschäftigten Frauen 1918 eine Million erreichte – zum Teil konzentriert in den riesigen Waffenarsenalen wie Gretna oder Woolwich –, und – in geringerem Umfang – das Verkehrswesen, der Zivildienst und das Bankwesen. Die Attraktivität einer gut bezahlten Arbeit scheint dabei nicht weniger eine Rolle gespielt zu haben als der Wunsch, dem eigenen Land zu dienen; von den Arbeitskräften der Kriegsfabriken kamen neun Prozent der Frauen aus der *middle* und der *upper class*.

Noch eine britische Besonderheit: Im Frühjahr 1917 wurde das Prinzip der *dilution* ausgeweitet und ein weibliches Hilfskorps (Women's Army Auxiliary Corps, WAAC) aufgestellt. Im November 1918 umfaßte es 40000 Frauen, davon 8500 im Ausland. Die äußerst verworrene Geschichte dieses Korps verdeutlicht, wie schwer es der Armee und den Zeitgenossen, Männern wie Frauen, fiel, sich einen weiblichen Soldaten vorzustellen. Serbien hatte seine Kämpferinnen in Männeruniform, Rußland sein berüchtigtes weibliches Todesbataillon, während Frankreich seine Kasernen und die Arbeitsplätze im Kriegsministerium nur widerwillig erst Ende 1916 für Frauen öffnete, die überdies zu anderen Zeiten als die Männer kommen und gehen mußten und durch ein Spezialkorps von Inspektorinnen beaufsichtigt wurden. Die Ansichtskarte – die einen blühenden Industriezweig und eine nationale Sammelwut hervorgebracht hatte – wandte das Thema ins Schlüpfrige und zeigte »Frontkämpferinnen«, die mit großzügigem Dekolleté, kurzen Höschen und Stiefeletten einherkamen, und die Zeitungen für die Schützengräben malten ihren Lesern genüßlich »das Schäferstündchen des Kriegers« aus.

Das WAAC entsprang der Absicht von führenden Persönlichkeiten wie Katherine Furse, die Hilfsaktivitäten der einzelnen Freiwilligenverbände im staatlichen Bereich zu koordinieren. Das Projekt einer militarisierten Frauenorganisation wurde zwar realisiert, traf aber auf den erbitterten Widerstand Violet Markhams, die in Aufbau und Tätigkeit einer solchen Organisation jede Analogie zu einer Frauenarmee vermeiden wollte. Mit ihren relativ gemäßigten Vorstellungen blieb sie weit zurück hinter der Marquise von Londonderry, die im Juni 1915 die Women's Legion gegründet hatte. Das War Office stellte nach mancherlei Vorbehalten ein offizielles Frauenkorps – mit Dienstgraden, Reglements und Uniformen – unter Führung von Mrs. Chalmers Watson auf; man erhoffte sich von diesem Schritt eine bessere Kontrolle, ja womöglich die völlige Absorption aller Frauenorganisationen in das Heer. Das War Office machte Kämpfer für die Front frei, indem es seine ersten Rekrutinnen als Köchinnen, Schreibkräfte oder Mechanikerinnen nach Frankreich schickte, betrieb dann die Rekrutierung von Frauen in Großbritannien in großem Stil und richtete schließlich auch in der Marine und bei der Luftwaffe Einheiten für Frauen ein. Es gelang jedoch nicht, die kritischen Stimmen gegen diese Frauen zum Schweigen zu bringen. Man warf ihnen vor, die von Soldatenblut getränkte Uniform des Königs zu entehren, ihr Geschlecht zu verleugnen und die Männer in einer geschmacklosen Posse »nachzuäffen«; zudem verdächtigte man sie unverhohlen des unsittlichen Lebenswandels, ja der Homosexualität. Ein entwürdigender Untersuchungsausschuß, 1918 eingesetzt, konnte dem schlechten Ruf der WAAC-Frauen nicht aufhelfen: Ihre Existenz störte die psychosexuelle Ökonomie des Krieges – den Kampf des Mannes zum Schutz von Weib und Kind – und verwischte die Geschlechtsidentität von Mann und Frau.[32] Mehr als alle anderen Kriegsarbeiterinnen verkörperten sie die für jene Epoche so charakteristische Angst vor der »Vermännlichung« der Frau.

Die »Vermännlichung« der Frau

Esther Newton und Caroll Smith Rosenberg haben gezeigt, wie Männer des 19. Jahrhunderts aus Angst und zur Einschüchterung ihrer Gefährtinnen eine Diskussion auf die sexuelle Ebene verschoben, die sich ursprünglich um die politische und soziale Macht der modernen Frau gedreht hatte. Diese »moderne Frau« beschuldigte man zunächst der »uterinen Devianz«; dann sah man in ihr, vor allem seit den Arbeiten des deutschen Psychiaters Krafft-Ebing, eine männliche Lesbierin, ein gefährliches, schamloses Mannweib, das aufgrund einer angeborenen Devianz männliches Gebaren und Seelenleben aufwies.[33] 1912 gab der berühmte deutsche Mediziner Albert Moll in einem Lehrbuch der Sexualwissenschaft der Emanzipation der Frau die Schuld an ihrer »Vermännlichung«, die die Degeneration ihrer Fruchtbarkeit und die Perversion ihrer Sexualität zur Folge habe.[34] Diese Denkweise wurde durch den Krieg, der doch eine Umkehrung der Geschlechterrollen bewirkte und an bestehenden Begriffen von Weiblichkeit rüttelte, paradoxerweise eher noch verfestigt als in Frage gestellt.

Auf die Mobilisierung der Frauen reagierte man zuweilen mit bewunderndem Erstaunen, oft mit unverhohlener Feindseligkeit, wobei man sich auf den notorischen »physiologischen Schwachsinn des Weibes« berief (wieviel Literatur gab es nicht allein über die Gefahr, eine Straßenbahn von einer Frau lenken zu lassen!), am häufigsten aber mit Angst. Im März 1917 ereiferte sich ein Vertreter des deutschen Innenministeriums vor dem Reichstagsausschuß für Handel und Industrie, der bereits die Demobilmachung vorbereitete, über die Degeneration des weiblichen Organismus und der weiblichen Mentalität: »Wenn man sich heute die Frauen ansieht, die die schwersten Arbeiten tun, dann muß man manchmal genau hinsehen, um zu wissen, ob man eine Frau oder einen Mann vor sich hat.«[35]

Ein französischer Arzt, Dr. Huot, reklamierte in einem ehrgeizigen Beitrag im *Mercure de France* die prachtvolle Wortschöpfung »masculinisation« für sich; er räumte zwar ein, sich bezüglich der »sensitiv-emotiven« Beschaffenheit des Weibes geirrt zu haben, warnte aber zugleich vor der Gefahr einer »moralischen Anarchie«, die die Vermischung der Geschlechter zur Folge haben könnte.[36]

Muß man es da nicht verstehen, daß die Zeitgenossen in allen Nationen geradezu zwanghaft Metaphern häuften – Frauen fädelten Granaten »wie Perlen« auf, sie übten Tätigkeiten in der Metallindustrie wie »Strickarbeit« aus – und auch an Frauen in männlichen Positionen oder in Männerkleidung weibliche Eigenschaften wie Anmut, Hingabe und Gründlichkeit hervorhoben, nur um sich selber zu bestätigen, daß die Welt nicht aus den Fugen war, daß die Grenze zwischen den Geschlechtern unverrückbar feststand und überhaupt die ganze Situation nur eine vorübergehende Erscheinung war? In Frankreich lieferte die Zeitschrift *J'ai vu* wahre Lehrstücke für die Gattung der Schmeichelrede. Das Heft vom 16. Juni 1917 dieses Wochenblattes zeigt die »Arbeiterin des Sieges« lächelnd, mit einer riesigen Granate in der linken und einem Gewehr in der rechten Hand; darunter steht folgender Text:

> »Den Ruf des Vaterlandes in der Not haben die Frauen des Großen Krieges mit dem Einsatz aller ihrer Kräfte beantwortet. In der Latzhose des Arbeiters sieht man sie in den Fabriken Granaten drehen, Stahl zu Kanonen schmelzen, Sprengstoff herstellen. Und doch haben sie es, in dieser Atmosphäre des Todes, bei härtester Männerarbeit, die ihren zarten Armen so heftig zusetzt, verstanden, Frau zu bleiben und sich ihre ganze Anmut zu erhalten.«

Schon die Prägung »munitionette« (Rüstungsarbeiterin) selber hat mit ihrem charmanten Diminutiv eine sehr weibliche Konnotation. Man hat bis heute häufiger den patriotischen Überschwang der offiziellen Kriegspropaganda beschrieben, als daß man die ambivalenten Auswirkungen dieser Propaganda auf die öffentliche Wahrnehmung der Geschlechterrollen untersucht hätte. In Frankreich appellierte das Rüstungsministerium in seinen öffentlichen Aufrufen ganz bewußt an den Familiensinn der Frau und forderte sie auf, in die Fabrik zu gehen, um ihren an der Front stehenden Mann zu retten; in dem offiziellen Mitteilungsorgan dieses Ministeriums hingegen, *Le Bulletin des usines de guerre*, war nur von Technik, Maschinen und den Fähigkeiten der Frau die Rede. Die britische Regierung erinnerte die Frauen an ihre Pflicht, vorübergehend einzuspringen – »Tragen auch Sie Ihren Teil bei, ersetzen Sie einen Mann, der an die Front geht« –, doch die auf Veranlassung des War Office entstandenen Photographien von Frauen bei der Arbeit, die man im ganzen Land zirkulieren ließ, um die Unternehmer zu überzeugen, betonten lediglich das Neuartige und Außergewöhnliche der Kriegsarbeiterin: Sie zeigten stolze, lächelnde Gesichter und grazile Körper, die imstande waren, Maschinen zu bedienen.[37] Diesseits und jenseits des Ärmelkanals kaschierte die Beschwörung von Opferbereitschaft und Hingabe der Frau nur unzureichend die Forderung nach fachlicher Kompetenz. Doch generell erinnerten Presse und Literatur immer wieder an die typischen Rollen der Frau im Krieg, wenn sie das Bild der Krankenschwester, der wohltätigen Dame oder der Briefpartnerin beschworen und in diesen Tätigkeiten die eigentlichen Aufgaben der Frau sahen. In den Karikaturen der fünf größten französischen Tageszeitungen kam dieses von christlicher Nächstenliebe geprägte Frauenbild so gut wie gar nicht vor; hier dominierten die französische Marianne oder die normale Ehefrau.

Symbolisch belebte der Krieg eher den Mythos von der Frau als Retterin und Trösterin, statt ihre konkreten, praktischen Fähigkeiten aufzuzeigen. Nur die Frauenrechtlerinnen aller Länder hoben konsequent die Effizienz der Frauenarbeit hervor und versuchten mehr oder weniger beharrlich, durch Verwendung eines betont militaristischen Vokabulars die Mobilisierung der Frauen mit der der Männer gleichzusetzen. 1916 brachten Friedrich Naumann und Gertrud Bäumer ihre Zeitschrift unter dem doppelten Symbol des Schwerts und der Ähre heraus: Die in der *Hilfe* veröffentlichte »Kriegschronik« und die in der Monatsschrift *Die Frau* erscheinende »Heimatchronik« berichteten gefühlvoll vom »Dienst der Frauen am Vaterland«. Als »Kämpferinnen der Etappe« waren sie dem »Ruf des Vaterlands« gefolgt und hielten »die zweite Front«. So zerbrachen sie, wie Jane Misme am 6. März 1915 in *La Française* schrieb, »einen weiteren Stab jenes Käfigs, in dem der Betätigungsdrang der Frau jahrhundertelang eingeschlossen war«. Bedeutungsvoll zeigte die Zeitschrift *La Vie féminine* am 15. April 1917 auf der Titelseite eine kleine *midinette* (Modistin), Symbol der Frauenarbeit vor dem Krieg, und neben ihr eine große, starke *munitionette* vor rauchenden Fabrikschloten. Mehr noch als die deutschen Frauen im BDF, die eine Integration unter Berücksichtigung spezifisch weiblicher Eigenschaften anstrebten, wollten die französischen Feministinnen aus der Erfahrung des Krieges ein Sprungbrett zur völligen beruflichen Gleichstellung machen, zumindest was den Zugang zu allen Berufen und die fachliche Qualifikation der Arbeiterinnen betraf. Sie forderten Berufsausbildung für Frauen, eröffneten oder unterstützten Schulen und ebneten durch umfangreiche Erhebungen und Untersuchungen über den Bildungsweg von Mädchen und die Lebenschancen von Frauen künftigen Entwicklungen den Weg.

Gleichwohl war die Mobilisierung der Frauen von anderer Art als die der Männer: Für jede arbeitende Frau konnte ein weiterer Mann an die Front geschickt werden. Den Erinnerungen Teresa Noces zufolge empörten sich politisierte Turiner Proletarierfamilien über die Frauen, die bei Fiat arbeiteten.[38] In Arbeiterkreisen resultierte die wütende Ablehnung der Frauenarbeit von jeher aus der Furcht vor Konkurrenz und aus der Fixierung auf überkommene Rollenmuster, die in der Frau nur die Hausfrau und Mutter gelten lassen wollten. Hierzu gesellte sich im Krieg eine tödliche, mitunter in Haß ausartende Angst vor der Frau als der eigentlichen Kriegsgewinnerin, als der, wie man in Deutschland sagte, »Totengräberin«. Vielleicht aus Trotz warfen die in der CGT und der SFIO nur minderheitlich vertretenen französischen Anarchisten und Pazifisten wie Raymond Péricat von der Baugewerkschaft oder Alphonse Merrheim von der Metallgewerkschaft den Frauen sogar erbittert vor, sie stünden noch unter den Tieren, weil sie 1914 die Soldaten nicht am Einrücken gehindert hatten, wo doch jede Wölfin ihre Jungen beschützt; ja, man beschuldigte sie, ihre Männer für 25 Sous verkauft zu haben (das war die Höhe der Trennungsentschädigung) oder sich gar ein lustiges Leben zu machen, während die Männer auf dem Schlachtfeld verbluteten.

Die Stunde der Frauen?

Waren die Kriegsjahre für die Frauen eine positive Erfahrung, ja sogar – die provokante Frage sei erlaubt – eine glückliche Zeit? Die unterschiedlichsten Quellen wollen uns dies in verschiedener Weise suggerieren. Die *oral history* in Frankreich und Großbritannien, die Photographien im Imperial War Museum wurden schon erwähnt. Im Museum von Southampton befinden sich die Negative von Photographien eines örtlichen Betriebes, in dem Rüstungsarbeiterinnen, vor allem das Personal des Transportwesens, sich voller Stolz auf ihre Arbeit und vielleicht auch auf ihre Uniformen ablichten ließen.[39] Die Zeitgenossen haben denn auch – zumindest in Frankreich – nicht versäumt, die »phantastischen« Löhne und die »irrsinnige« Verschwendungssucht dieser Rüstungsarbeiterinnen zu geißeln: Was der einen ihre Stiefeletten oder seidenen Strümpfe waren, das seien der anderen ihre Orangen und Hühnchen! Die Losung, die allen feministischen Schriften gemeinsam war – die Frauen sind gewillt, dem Vaterland zu dienen, sich zu bewähren und die Emanzipation der Frau voranzutreiben –, bereicherten die Engländerinnen und Amerikanerinnen noch mit der Freude über eine weiblich orientierte Welt. Harriet Stanton Blatch beschrieb

England 1918 als »a world of women«, in der die alte unscheinbare Jungfer der »capable woman, bright-eyed, happy« Platz gemacht habe. Oder man beschwor noch nachträglich die »good time« oder »fine time« des Krieges.[40] Das Glücksgefühl, Frau zu sein und weibliche Wünsche und Sehnsüchte frei bekennen zu dürfen, wird im Spiegel weiblichen Schreibens sichtbar: von Kriegsgedichten und Kriegsromanen bis zu Memoiren und Nachkriegsveröffentlichungen, von der englischen Propagandistin Jessie Pope bis zur amerikanischen Romanschriftstellerin Willa Cather; immer wieder wird die Umkehrung der Geschlechterrollen bejubelt – »All the world is topsy-turvy«.[41] Lesbierinnen wie Amy Lowell oder Gertrude Stein schrieben ihre erotischsten Werke während des Krieges (zum Beispiel *Lifting Belly*), und Charlotte Perkins Gilman veröffentlichte 1915 *Herland*, die Utopie einer Welt ohne Männer.

Apotheose der Frau? Sie klingt in den Werken englischer Romanschriftsteller und Dichter an, bei D. H. Lawrence, T. S. Eliot, Wilfred Owen oder Siegfried Sassoon, und natürlich auch bei dem Amerikaner Ernest Hemingway. Diese Autoren beschreiben den Krieg als apokalyptischen Wendepunkt im Krieg der Geschlechter, als Opfer, das die jungen Männer für ihre Väter und für die Frauen bringen, mitunter auch, wie Sandra Gilbert es ausdrückt, als »a festival of female misrule«, den Triumph weiblicher Mißwirtschaft. Das Thema der – wirklichen oder fiktiven – Kastration geistert durch diese Literatur. Die modernen Antihelden sind gelähmt, zeugungsunfähig, verstümmelt; es offenbart sich eine veritable Krise der Männlichkeit. Anhand von Selbstaussagen und literarischen Texten haben Paul Fussel und Eric Leed diese Krise untersucht und damit die psychologischen Folgen des Krieges für die Frontkämpfer demonstriert.[42]

Der Erste Weltkrieg – diese Massenschlächterei, dieses Zerrbild eines mannhaften, triumphalen Kampfes, diese Absage an alle Werte der abendländischen Kultur – hatte ganz unbestreitbar eine langjährige Traumatisierung der Männer zur Folge. Die Frontkämpfer, im Stellungskrieg zur Untätigkeit verurteilt, durch Schlamm und Blut der Schützengräben watend, ohnmächtig den mörderischen Durchbruch oder das Trommelfeuer der feindlichen Geschütze erwartend, mitunter gar Opfer von typisch weiblichen Krankheiten wie der Hysterie – von englischen Ärzten *shell shock* genannt, in Deutschland als »Kriegsneurose« bezeichnet[43] –, hatten das Gefühl, in einen primitiven Urzustand zurückgeworfen zu sein, und erlebten den Krieg als öffentliche und private Ohnmacht. Früher, als es noch gegolten hatte, die Stellung des Feindes im Sturm zu nehmen, hatten ihre Frauen sich in frommer Ergebung geübt. Nun aber, da die Frauen in Abwesenheit ihrer Männer öffentliche Präsenz und Verantwortung übernahmen, um die Kriegsmaschinerie am Laufen zu halten, befürchteten die Männer, enteignet oder betrogen zu werden.

Welche Gründe es auch haben mag, die französische Kriegsliteratur erscheint weniger aggressiv und weniger frauenfeindlich als die anderer Länder: War hier die Frauenfrage im Krieg weniger akut, oder war der Antifeminismus schon vor 1914 ausgeprägter? War die Mobilisierung der Frauen weniger umfassend, oder war sie nur weniger sichtbar? War die »Verteidigung der Heimaterde« wirklich das Anliegen beider Geschlechter, oder war sie nur ein literarischer Topos? Trotzdem artikuliert diese Literatur das Ressentiment der Frontkämpfer gegen das Hinterland sowie den Versuch, die »männliche Tapferkeit« zu verklären. »Es gibt zwei Reiche. Wir teilen uns ganz einfach in zwei fremde Reiche: das Reich da vorn, das ist die Front, wo es zu vielen dreckig geht, und das Reich hier, das ist das Hinterland, wo es zu vielen gut geht«, läßt Henri Barbusse einen Helden in *Feu* sagen, seinem berühmten Roman von 1916. Auch die von Stéphane Audoin-Rouzeau analysierte Frontpresse[44] zeugte von der zwiespältigen Einstellung der Männer zu den Frauen im Hinterland. Symbol des Lebens und der Freiheit, war die Frau, als seine Lebensgefährtin und Mutter seiner Kinder, für den Soldaten »das Gegenbild des Krieges«, der Erzengel, der ihn auf eine Zukunft jenseits des Grauens und der gegenwärtigen Wirrnis hoffen ließ, sie war die Geliebte, von der er seinen Kameraden unermüdlich vorschwärmte, und das Bild seiner Träume. Wie alle nahen Verwandten, wie die Madelon in dem berühmten Lied, stellte sie eine Ausnahmeerscheinung dar, umgeben von einer Zivilbevölkerung, die die Not der Frontkämpfer nicht begriff und den »Lügen« der Massenpresse Glauben schenkte. Aber sie war vielleicht auch das Wesen, das im Mann Verlassenheitsängste auslöste und ständig den Verdacht der Treulosigkeit nährte; sie war die Frau, die man nicht mehr wiedererkannte, wenn man auf Heimaturlaub kam, weil fern der Front das Leben weitergegangen war. Manchmal führte dieses Nicht-mehr-verstehen-können zu schmerzlichen Trennungen. Während der Schriftsteller Roland Dorgelès zwischen Leichen umhertappte, tanzte sich seine Geliebte die Schuhe durch . . .

Erfahrung von Freiheit

Ohne Zweifel bescherte der Krieg den Frauen ein nie gekanntes Gefühl der Freiheit und der Verantwortung, und zwar in erster Linie durch die Aufwertung der Frauenarbeit im Dienste des Vaterlands und durch die Eröffnung neuer beruflicher Perspektiven, wobei sie – oft zu ihrer großen Genugtuung – den Umgang mit Werkzeugen und bisher unbekannten Techniken für sich entdeckten. Der Krieg riß zwangsläufig die Barrieren ein, die zwischen Männer- und Frauenarbeit bestanden und den Frauen bisher den Zutritt zu zahlreichen, qualifizierten Berufen verwehrt hatten. Frankreich, wo es 1914 erst einige Hundert Ärztinnen und ein paar Dutzend Rechtsanwältinnen gegeben hatte, ermöglichte es Maria Vérone und Jeanne Chauvin, vor dem Kriegsgericht als Verteidigerinnen aufzutreten, und öffnete jungen Mädchen die meisten Ingenieurs- oder Wirtschaftsschulen (Grandes Écoles) (so 1918 die berühmte Centrale). Die Volksschullehrerinnen wurden in den Knabenschulen mit Lob überschüttet und mit offenen Armen aufgenommen. Ihre berufliche Lage verbesserte sich, der Berufsstand wurde »weiblicher«, und zwar zum großen Mißfallen der männlichen Volksschullehrer, die befürchteten, verdrängt zu werden. Die Lehrerinnen waren jetzt die Seele ländlicher Gemeinden und vertraten häufig die Stelle des abwesenden Bürgermeisters. Überall stürmten Mädchen die Bastionen der akademischen Bildung, wie die Sorbonne oder die Universtität Oxford. Überall waren Frauen durch ihre Tätigkeit im Dienstleistungsgewerbe (Cafés, Hotels, Läden, Banken, Verwaltung) für die Öffentlichkeit sichtbar und wurde, von einigen Anfeindungen abgesehen, wegen ihrer Ehrlichkeit und Bescheidenheit geschätzt.

Die meisten Arbeiterinnen wurden sich ihrer Fähigkeiten bewußt und lernten ihre neue finanzielle Unabhängigkeit schätzen, um so mehr, als die Kriegsarbeit, besonders in den Rüstungsbetrieben, gut bezahlt wude: Hier waren die Löhne doppelt so hoch oder höher als die traditionellen Billiglöhne in den typisch weiblichen Erwerbszweigen. In Frankreich wie in Großbritannien bot sich den Hausangestellten unverhofft die Möglichkeit, der dürftigen Bezahlung und dem tyrannischen Hausherrn zu entkommen; in beiden Ländern löste die Rückkehr der deutschen Hausmädchen in ihre Heimat eine »Dienstmädchenkrise« aus, die bereits vor dem Krieg beklagt wurde. In einigen Gegenden waren die Unternehmer im Textilgewerbe aus Konkurrenzgründen gezwungen, ihre Tarife anzuheben, und mit dem unpopulären *leaving certificate* versuchte man, das »Springen« der Frauen von einer Rüstungsfabrik in die nächste, zu immer besser bezahlten Stellen, einzuschränken. Die Löhne waren keineswegs mehr das, was man im Englischen *pin money*, im Deutschen »Zuverdienst« nannte; eine Facharbeiterin in den Rüstungswerken von Woolwich konnte mehrere Pfund Sterling wöchentlich nach Hause bringen (eine Schweißerin bis zu sechs Pfund Sterling), eine Fahrerin beim Hilfsdienst der Armee fünf Pfund Sterling, was bereits einer gehobenen Lohnklasse entsprach.

Für die Frauen und Mädchen der mittleren und begüterten Schichten, die traditionsgemäß im karitativen Bereich tätig waren, war der Krieg eine Zeit intensiver Geschäftigkeit, die ihre soziale Abschottung ebenso durchbrach wie die rigiden Zwänge der Mode und der bürgerlichen Geselligkeit. In Frankreich geriet der von alters her praktizierte und streng geregelte Brauch des *jour de réception* allmählich in Vergessenheit; die Damen »empfingen« nicht mehr, weil sie durch den Krieg ohnehin genötigt waren, täglich einige Stunden in der einen oder anderen sozialen Einrichtung zu verbringen oder Wohltätigkeitsveranstaltungen zu besuchen. Die Abschaffung des Korsetts, das Kürzen der Röcke, die Vereinfachung des Kostüms (Gabrielle Chanel entwarf das Jerseykostüm) schenkten dem Körper der Frau eine ganz neue Bewegungsfreiheit. Die Mädchen verloren ihre Anstandsdame und waren ebenso erschrocken wie fasziniert von der neuen Freiheit, wie die junge Clara Goldschmidt (die spätere Clara Malraux), die sich beherzt die Verteidigung ihrer Familie gegen den Fremdenhaß zur Aufgabe machte.[45]

Die älteren Frauen engagierten sich, wie ihre Mütter, in den Rot-Kreuz-Verbänden oder in anderen Hilfsorganisationen. Als Krankenschwestern oder im sanitären Hilfsdienst erlebten sie eine schonungslose Initiation in die Wirklichkeit des Lebens und kamen in hautnahe Berührung mit dem männlichen Geschlecht, mit dem Fleisch, mit den unteren Volksschichten, ja sogar mit Menschen anderer Hautfarbe. Der Snobismus der Uniformträgerinnen, der in den ersten Kriegswochen noch Anlaß zur Klage gegeben hatte, verging schnell bei der harten Arbeit im Lazarett und der täglichen Berührung mit dem Leiden. Die Sanitätsdienste des Militärs, durch den Zustrom von Verwundeten völlig überlastet, stellten Tausende von ehrenamtlichen Helferinnen ein (in Frankreich waren es über 70000, bei 30000 weiblichen Erwerbstätigen), übertrugen ihnen die Leitung von Hilfskrankenhäusern oder Ambulanzen (Frankreich war in dieser Hinsicht zögerlicher als Großbritannien) und schickten sie sogar an die Front. Dort, in Flandern, in Saloniki, in Serbien, stand die Opferbereitschaft der Frauen ihrem Mut nicht nach, wie das Heer der Opfer und der mit Ehrenmedaillen ausgezeichneten, zum Teil legendär gewordenen Frauen beweist. Während Marie Curie, unterstützt von ihrer Tochter, der Kriegschirurgie ihr neu entwickeltes Röntgenverfahren aufzwang und für den Einsatz von Röntgenwagen sorgte, feierte die britische Presse die Schottinnen Mairi Chisholm (die 1914 erst achtzehn Jahre alt war) und Mrs. Knocker (die spätere Baronesse de T'Serclaes) als »Heldinnen von Pervyse«, die allen Gefahren getrotzt und den weiblichen Eigenschaften den Kampf angesagt hatten. Als motorisierte Angehörige einer fliegenden Ambulanztruppe in Belgien richteten diese beiden Frauen, ganz auf sich gestellt, in einem zerstörten Dorf unweit der Schützengräben einen Verbandsplatz ein und hielten dort, unter ständigem Granatenbeschuß, bis 1918 die Stellung; dann erlitten beide eine schwere Gasvergiftung. Die französische Presse ereiferte sich auch über die Bemerkung des Präfekten von Constanza, der über die im November 1917 in Serbien umgekommene Elsie Inglis gesagt hatte: »Kein Wunder, daß England ein großes Land ist – bei solchen Frauen!«[46]

Die Krankenschwester – Symbol der Selbstaufopferung, Engel und Mutter – war die gepriesenste Frauengestalt des Krieges und das bevorzugte Sujet von Künstlern, die versuchten, sich in die Welt der Kriegsblinden zu versetzen. »The Greatest Mother in the World« steht auf einem amerikanischen Rot-Kreuz-Plakat[47], dessen Bildmotiv – eine überdimensionale Krankenschwester, die einen winzigen, bewegungsunfähig auf einer Bahre liegenden Mann in den Armen wiegt – das neuartige Verhältnis zwischen den Geschlechtern unterstreicht. Zwar wußten die – häufig aus den unteren Volksschichten stammenden – Soldaten den Frieden des Lazaretts zu schätzen, fühlten sich aber von diesen unnahbaren Frauen gedemütigt, die sie in ihrer Schwäche sahen und sie wie kleine Kinder pflegten, nur um sie danach wieder an die Front zu schicken. Und die Zeitgenossen, dem Stereotyp der mütterlichen Frau verhaftet, beschworen die Macht der Krankenschwester noch, indem sie auf deren sexuellem Begehren insistierten.

Einer nach dem Ersten Weltkrieg verbreiteten Ideologie zufolge waren alle Frontkämpfer enthaltsam und alle Soldatenfrauen bzw. Kriegerwitwen treu. In Wirklichkeit wissen wir wenig über die intimere Seite des Krieges. Wir können sie nur erschließen, zum Beispiel aus Erinnerungen und Briefen oder aus indirekten Hinweisen wie etwa der im Krieg steigenden Zahl unehelicher Kinder oder der steil in die Höhe schnellenden Scheidungsrate nach der Heimkehr der Soldaten. Die Angst vor dem Tod belastete die Beziehung zu einem geliebten Menschen, sie weckte den Wunsch nach schnell gestillter Liebessehnsucht und nahm der Liebe zugleich ihren Ernst; sie verkürzte die früher übliche lange Verlobungszeit und war damit vielleicht, wie Michelle Perrot vermutet, »Wegbereiter für das moderne Ehepaar, das auf seine Selbstverwirklichung pochte und nicht mehr an der Pflege von Tradition und Erbe interessiert war«.[48] Auch war im Schatten von Trennungen und zahllosen »überkreuzten Liebschaften« (der Begriff stammt von dem Schriftsteller und Kriegsteilnehmer Jean Norton Cru) eine Zunahme des Begehrens zu verzeichnen, die in der neuen Erotik der Ansichtskarten, Zeitschriften oder Revuen ihren Ausdruck fand und den Seitensprung und andere Arten der Liebe gesellschaftsfähig machte. Mußte man deshalb den »Teufel im Leib« haben, wie Raymond Radiguet behauptete, ein junger, provozierender Dichter von einundzwanzig Jahren, der 1923 in seinem Roman *Le diable au corps* von der »Erziehung des Herzens« eines jungen Mannes und vom Seitensprung einer Soldatenfrau erzählte? Wie *La Garçonne*, erlebte auch dieser Roman einen Skandalerfolg und nährte wieder Argwohn und Groll gegen »das Weib«, so wie schon im Krieg die alleinstehende Frau den Männern angst gemacht hatte. Denn das war das wesentlich Neue für die Frau: allein zu leben, allein auszugehen, allein familiäre Pflichten zu übernehmen – alles Dinge, die früher unmöglich oder gefährlich erschienen wären. Und sich manchmal auch im Schreiben zu versuchen, Gelegenheitsdichterin zu werden, patriotische Metaphern auszuspinnen oder ein Kriegstagebuch zu führen, das über die eigenen Mühen und Nöte berichtete. Wie viele verschollene Aufzeichnungen mögen auf die wenigen veröffentlichten kommen,[49] wie viele, die es verdienten, aufbewahrt und publiziert zu werden, mögen noch ungelesen auf Speichern liegen! In Trient gibt es hierfür ein eigenes Institut, das Archiv für Popularschrifttum, das sich dieser Aufgabe widmet.

In Italien wurde der Krieg, in den das Land im April 1915 an der Seite der Alliierten eintrat, für die Frauen zu einer geradezu revolutionären Erfahrung, denn er erschütterte die traditionellen Fundamente ihrer weiblichen Identität – Privatheit, häusliche Sphäre, Fortpflanzung –, und zwar in einem Land, das noch stark vom Ehrenkodex der Mittelmeerländer, von katholischer Moral und Erziehung und von der Schule Lombrosos beeinflußt war, die mit physiologischen Argumenten die Frau in das Haus verbannte. Paola Di Cori liest diese Veränderungen an Photographien ab, die zum ersten Mal italienische Frauen in der Öffentlichkeit zeigen, zunächst bei Hilfstätigkeiten, dann immer öfter im Bereich der Produktion: Frauen mit festem Blick, kräftigen Händen und in stolzer, männlicher Haltung. Doch bedienten sich die italienischen Reporter noch immer der veralteten Technik, einzelne Photographien nebeneinanderzustellen, so daß die Frauen doch wie früher in ihrer Singularität eingeschlossen erschienen und nicht für die Menschheit als ganze stehen konnten. Im Gegensatz zu ihren englischen Kollegen, die, zum Beispiel in den *Illustrated War News*, nicht davor zurückscheuten, Soldaten bei der Hausarbeit oder ironisch in Frauenkleidung zu zeigen, photographierten italienische Reporter die Männer nur bei männlichen Verrichtungen. Und die Kommentare zu den Bildern sprachen weniger von der bestehenden oder zukünftigen Möglichkeit einer Gleichberechtigung der Geschlechter als vielmehr von dem pathologischen Charakter der Rollenumkehrung,[50] wobei eine erwerbstätige Frau zuweilen sogar mit einer Prostituierten gleichgesetzt wurde.

Die Last der Tradition und die Mehrdeutigkeit der Moderne

Im Keim erstickte Revolution? Freiheit unter Vorbehalt? Ich möchte zeigen, daß das Ausmaß der kriegsbedingten Veränderungen objektiv und subjektiv begrenzt war, weil die traditionellen Geschlechterrollen beibehalten, ja verfestigt wurden und weil man auf symbolischer Ebene der Front und den Frontkämpfern uneingeschränkt die ökonomische, soziale und kulturelle Priorität einräumte. Auch hingen die Veränderungen von zahlreichen Parametern wie sozialer Gruppenzugehörigkeit, Alter, familiärer Situation, Nationalität und natürlich der besonderen Geschichte jeder einzelnen Frau ab. Die Einigkeit aller Frauen, welche sich im gemeinsamen Leiden und im Dienst fürs Vaterland miteinander verbunden wußten, war, vielleicht mit Ausnahme der ersten Kriegsmonate, in allen Ländern eher ein patriotischer Mythos als Wirklichkeit; hinter generalisierenden Begriffen wie »Mobilisierung der Frau« und »Kriegsarbeit der Frau« verbarg sich eine enorme Bandbreite von Einzelerfahrungen, die der ungeteilten Solidarität aller Frauen entgegenwirkte. Es waren vor allem die jungen Mädchen, die den frischen Wind der Freiheit spürten. Junge Arbeiterinnen, der väterlichen Aufsicht entronnen, leisteten es sich, ihren Phantasien nachzugeben: Sie gingen mit ihren Kameradinnen aus oder entdeckten das Gruppenleben in Quartieren unweit der großen Rüstungsbetriebe. Mehr noch galt diese neue Freiheit für junge Mädchen aus gutbürgerlichem Haus, die durch dieses intellektuelle oder soziale Abenteuer wahrhaft verwandelt wurden. Sie waren es auch, die, bei aller Mühsal der Erinnerungsarbeit, die reichlich spät kommende *oral history* auf ihren optimistischen Grundton stimmten. Im Gegensatz dazu mußten Familienmütter aus dem einfachen Volk mit gravierenden Schwierigkeiten kämpfen, besonders in den Mittelmächten Deutschland und Österreich-Ungarn, wo bald das nackte Elend grassierte.

Auf die Vereinigten Staaten von Amerika muß man aufgrund ihres späten Eintritts in den Krieg (April 1917) und der Heterogenität ihrer Bevölkerung gesondert eingehen. In diesem Land, wo das Prinzip der *dilution* dank neuer Produktionsmethoden bereits Fuß gefaßt hatte, löste der europäische Krieg, der den Zustrom von Einwanderern abrupt verebben und die Exporte ansteigen ließ, einen Mangel an Arbeitskräften aus, der sich günstig auf die Beschäftigung von Frauen auswirkte, und zwar schon vor der Erfassung der Wehrpflichtigen, durch die schließlich sukzessive zwei Millionen Männer mobilisiert wurden. Doch gab es, anders als im Zweiten Weltkrieg, keine signifikante Zunahme der weiblichen Erwerbstätigkeit, sondern höchstens eine Verlagerung der Arbeitsplätze unter Berücksichtigung der geschlechtlichen und ethnischen Hierarchie. Begleitet wurde dieser Prozeß von einer geographischen Mobilität von Süden nach Norden und von der Kleinstadt in die Großstadt. Weiße Frauen übernahmen in der Schwerindustrie, in den Büros und im Transportwesen die Arbeitsplätze weißer Männer, während schwarze Frauen, die bis dahin als Landarbeiterinnen oder Hausangestellte gearbeitet hatten, nun an die Stelle weißer Frauen oder schwarzer Männer traten und schlecht bezahlte Frauenberufe oder die undankbarsten Arbeiten übernahmen.[51] Im Süden, wo Unruhen das ganze Ausmaß der Rassendiskriminierung deutlich gemacht hatten, organisierten sich die schwarzen Frauen auf Betreiben des Staates und ergriffen die Gelegenheit, ihren Patriotismus zu zeigen und gleichzeitig soziale Reformen voranzutreiben. Doch endete der Krieg für die USA zu früh, als daß er einen signifikanten sozialen Wandel hätte einleiten können; mit ihm endeten zugleich, in einer Atmosphäre der Intoleranz und des zunehmenden Konservativismus, so manche Fortschrittsträume, die sich in Präsident Wilson verkörpert fanden.[52]

War das Women's Committee, das am 21. April 1916 gegründet wurde, um die Hilfsbereitschaft der Frauenverbände anzuerkennen, mehr als ein schlechter Scherz, eine Notlösung, um die Frauen des Mittelstandes auf harmlose Nebenkriegsschauplätze wie den Kampf gegen die Lebensmittelverschwendung oder die Propagierung von *liberty bonds* abzudrängen? Diesen Vorwurf erhob 1925 die Feministin Ida Clarke[53], ganz im Gegensatz zu der Kriegsbegeisterung, die sie noch wenige Jahre zuvor an den Tag gelegt hatte – eine Begeisterung, die in den Jahren 1917/18 von vielen geteilt wurde, als der europäische Kriegsschauplatz weit entfernt und die Ausbildungszeit der amerikanischen Rekruten notorisch lang war. Trotz der Autorität seiner Vorsitzenden Anna Howard Shaw verfügte das Committee über wenig Macht und wenig Geld und blieb auch von der Truppenbetreuung ausgeschlossen, auf die das Rote Kreuz und die Young Men's Christian Association (YMCA) ihren monopolistischen Anspruch erhoben. Die Amerikanerinnen, die in Europa, vor allem in Frankreich, philanthropische Einrichtungen organisierten, wie etwa Anne Morgan, die zusammen mit Mrs. Murray Dike das amerikanische Komitee für kriegsverwüstete Gebiete gründete (noch heute trägt eine medizinisch-soziale Einrichtung des Soissonnais ihren Namen),[54] traten als moderne Frauen mit Bubikopf und einem fanatischen Gesundheitstick auf; in den USA selbst blieb die Mobilisierung der Frauen jedoch begrenzt und hatte mit ständigen Schwierigkeiten zu kämpfen. Das mit militärischen Orden reich dekorierte Personal der von der Frauenwahlrechtsbewegung finanzierten American Women's Hospitals war nach Europa gegangen – aus Gründen der Solidarität, aber auch deshalb, weil die Ärztinnen in der amerikanischen Armee nicht zugelassen wurden.

Erst 1918 wurden in den USA auf Druck feministischer Organisationen Bundesbehörden eingerichtet, denen die Vermittlung weiblicher Arbeitskräfte in die Industrie oblag. Geleitet von Reformerinnen wie Mary van Kleeck oder der Gewerkschafterin Mary Anderson, die den Frauen eine geeignete Arbeit zuweisen und sie gleichzeitig vor Ausbeutung schützen wollten, waren diese Behörden bestrebt, eine neue Politik einzuleiten, die dem Taylorismus ebenso gerecht wurde wie dem Gedanken der sozialen Absicherung. Sie stießen dabei jedoch auf Arbeitgeber, die sich weigerten, die Arbeitsbedingungen zu verbessern oder weiblichen Arbeitnehmern dieselben Löhne zu zahlen wie ihren männlichen Kollegen. Im April 1918 wurde zur Schlichtung von Arbeitskonflikten in kriegswichtigen Betrieben der National War Labor Board (NWLB) gegründet, in dem Gewerkschaften, Regierung und Unternehmer zu gleichen Teilen vertreten waren. Das Gremium tat einen revolutionären Schritt, indem es sich für zwei tarifpolitische Grundsätze stark machte, nämlich gleichen Lohn für gleiche Arbeit und einen menschenwürdigen Mindestlohn, der es Frauen wie Männern ermöglichen sollte, nicht in gesundheitsschädlichen und unzumutbaren Verhältnissen, sondern in *health and reasonable comfort* zu leben. Aber das Gremium kam nicht gegen die doppelte Erblast der Rechtslage und der Tradition an, die beide einer Gleichbehandlung der Geschlechter am Arbeitsplatz entgegenstanden. Offenkundig wurde dies zum einen an den Beschlüssen, vor allem an jenen, die anläßlich der berühmten Zwischenfälle mit den Straßenbahnern von Cleveland und Detroit einen Tag nach dem Waffenstillstand gefaßt wurden; zum anderen an der Weigerung des Gremiums selbst, in den eigenen Reihen Frauen als Vertreterinnen der beteiligten Parteien zu dulden.[55]

Erstaunlich bleibt die Vehemenz, mit der man sich in Europa wie in den USA jeder Veränderung der etablierten Geschlechterrollen widersetzte, die Entschlossenheit, mit der man die Frauen auf ihre Funktion als Lückenbüßerinnen – *only for the duration*, wie die Briten sagten – und als Aushilfskräfte festlegte, die nur nach Maßgabe ihrer unveränderlichen »Natur« eingesetzt werden konnten. Der Begriff »Frauenberuf« kam wieder ins Gespräch, was mit dem Abstecken reiner Männerreservate einherging: Nur ein Mann konnte Notar, Lokführer oder wissenschaftlich qualifizierter Arzt sein. »Überlaßt die Wunde dem Arzt, den Verwundeten der Schwester«, meinte ein französischer Arzt. In Frankreich wie in Deutschland brachte der Krieg eine Aufwertung des Berufs der Krankenschwester mit sich, der immerhin durch ein Diplom staatlich anerkannt und ein achtbarer Beruf für Mädchen des Mittelstandes war; aber er blieb der Ärzteschaft untergeordnet und verpflichtete die Bewerberinnen zu Opferbereitschaft und Verschwiegenheit. Das englische Modell, das Hanna Hamilton so energisch verteidigte, sah weder eine Verbesserung der rechtlichen Stellung der Krankenschwester noch eine zentrale Funktion der Krankenpflege vor.[56] So blieben den ganzen Krieg über die Nähstube und die Wohltätigkeitseinrichtung der Hauptort weiblicher Betätigung, wo Strickwaren und Verbandsmull hergestellt und Feldpakete gepackt wurden.

In manchen ländlichen Gegenden Frankreichs und Italiens, die unter der Kriegsnot besonders litten, mußten die Landfrauen nicht nur die eingezogenen Männer, sondern auch die requirierten Tiere ersetzen. Die Situation dieser Frauen, über die noch nicht viel bekannt ist, war widersprüchlich, regional verschieden und von der Größe des landwirtschaftlichen Betriebes abhängig. Die herkömmliche Arbeits- und Aufgabenteilung zwischen den Geschlechtern zerfiel: Die Frauen arbeiteten auf dem Feld, sie säten, mähten die Wiesen und spritzten die Rebstöcke mit Kupferkalkbrühe; sie entdeckten die Solidarität mit den Nachbarinnen, schlugen sich mit den Behörden herum und versteckten zuweilen sogar – so im Piemont – junge Fahnenflüchtige. Alles freilich um den Preis täglicher Strapazen, denen Frauen jeden Alters ausgesetzt waren und die die Träume derjenigen zunichte machten, die eigentlich aus der Enge des Landlebens hatten ausbrechen wollen. Die Fronterfahrungen der Soldaten und ein reger Geldverkehr trugen die Errungenschaften des modernen Lebens auch in entlegene ländliche Gebiete, was es den Frauen dort ermöglichte, sich bescheidene Wünsche zu erfüllen; aber die Ideologen des Landlebens sahen in diesen Frauen nach wie vor Hüterinnen der Moral und der Heimaterde, und die Dorfgemeinschaft wachte sorgfältig über das Wohlverhalten jeder einzelnen von ihnen. Auf dem Lande mehr als in der Stadt waren es gerade die älteren Frauen, die mit den jüngeren streng ins Gericht gingen, und ihre Brüder traten herrisch und autoritär auf. In den meisten Fällen übernahmen Eltern, Schwiegereltern oder nahe Verwandte die Funktion des Familienoberhauptes bei der Leitung des landwirtschaftlichen Betriebes. Und wenn es Möglichkeiten der Fortbildung gab, kamen sie eher den jungen Männern als den jungen Frauen zugute.[57]

In der Fabrik sahen sich die mehr oder weniger zwangsrekrutierten Arbeiterinnen dem Mißtrauen ihrer männlichen Kollegen und der Unternehmer ausgesetzt, was der Ausbildung ihres Selbstbewußtseins nicht eben förderlich war. In Großbritannien stellte man sich während des Krieges immer wieder die Frage, ob Frauenarbeit überhaupt lohnend sei, und die Solidarität der Männer untereinander war zuweilen ausgeprägter als die Klassensolidarität. In Deutschland wurde seit 1915 die Demobilisierung vorbereitet, und vom Reichstag bis zum BDF verteidigte man im Interesse der Frontkämpfer und der Bevölkerung die Rückkehr zum Status quo ante. Berufsausbildung war hier noch seltener als in Frankreich oder England, wo Regierung und Großunternehmen einige Ausbildungsgänge ins Leben riefen. Man versuchte, diese Berufsanfängerinnen in den Arbeitsprozeß einzugliedern, indem man sie durch methodische Arbeitsorganisation, Automatisierung der Maschinen und Rationalisierung der Fertigungsabläufe an ihren Arbeitsplatz band, und zwar unter Aufsicht von Vorarbeitern, die sich mitunter wie Don Juans gerierten – eine nicht mehr rückgängig zu machende Entwicklung, die einen Streitpunkt mehr zwischen Facharbeitern und Frauen schuf. Überall »entdeckten« die Industriellen weibliche Eigenschaften wie Gewissenhaftigkeit, Genauigkeit und Eignung für monotone Arbeit und setzten die Arbeiterinnen in der mechanischen Fließbandproduktion (beispielsweise in Granatenfabriken), bei Feinarbeiten oder bei der Endkontrolle ein, kurzum dort, wo ihr Nutzen am größten war.

Die phantastischen Kriegslöhne wurden nicht überall bezahlt; es gab auch Gegenbeispiele. Überall blieben die traditionellen Frauenberufe unterbezahlt, zumal in der Heimarbeit, wo nicht einmal die – in Großbritannien 1909 und in Frankreich 1915 gesetzlich garantierten – Mindestlöhne eingehalten wurden, trotz des Engagements von Frauen wie Jeanne Bouvier oder Sylvia Pankhurst.[58] In Deutschland verringerte sich zwar allmählich der Lohnabstand zwischen Männern und Frauen, doch war auf dem Schwarzmarkt mit dem Reallohn nichts auszurichten. Der Schwarzmarkt weitete sich in Großbritannien in der zweiten Hälfte des Krieges aus und bestand in Frankreich trotz der Inflation fort. Aber die Arbeitsteilung zwang zu Akkordlöhnen und machte die Anwendung des Prinzips »gleicher Lohn für gleiche Arbeit« zur Farce. Wenn die Briten dieses Prinzip im Frühjahr 1915 übernahmen, dann nur, um die Gewerkschaften für die *dilution* zu gewinnen; die Industriellen erklärten sich häufiger nur zu einem Mindestlohn von einem Pfund pro Woche bereit, mit dem Argument, die Arbeit habe sich verändert und außerdem verfügten die Frauen noch über andere Einnahmequellen. Von Ausnahmen und erbitterten Tarifkämpfen abgesehen, blieb der Lohn der Arbeiterinnen an ihr Geschlecht gebunden und lag weit (im Durchschnitt um 50 Prozent) unter dem Lohn ihrer männlichen Kollegen. Die meisten Männergewerkschaften unterstützten die Forderung nach *equal pay* nur, um dadurch leichter die Entlassung von Frauen zu erreichen, und verweigerten Frauen die Mitgliedschaft. Die Frauen organisierten sich scharenweise in der National Federation of Women Workers (der bei Kriegsende ein Viertel der gesamten englischen Arbeitnehmerschaft angehörte), sie lernten, mit den Waffen der Industrie zu kämpfen, aber ihr Verband mußte sich für die Entlassung der *dilutees* aussprechen; das war der Preis, um in die englische Gewerkschaftsbewegung aufgenommen zu werden.

In Frankreich scheint die Frauenerwerbstätigkeit am ehesten akzeptiert worden und der Lohnabstand zwischen den Geschlechtern am geringsten gewesen zu sein, und zwar dank der von Albert Thomas seit Januar 1917 eingeführten Tarife.[59] Aber selbst hier kann Jean-Louis Robert[60] von festgefahrenen Verhandlungen zwischen den Frauen und der Arbeiterbewegung sprechen, trotz einer vorübergehenden Klimaverbesserung im Frühjahr 1917, als, nach den Streiks der *midinettes* und der *munitionettes*, das Bild der kämpferischen, gewerkschaftlich organisierten Arbeiterin in höchstem Ansehen stand. Weit davon entfernt, die 1914 geschlagenen Breschen zu erweitern, brachte der Krieg eine Verhärtung der traditionell ablehnenden Haltung zur Frauenerwerbstätigkeit mit sich; man verachtete die fleißige und lernwillige Arbeiterin und sah die Frau am liebsten am häuslichen Herd der Arbeiterwohnung. Mehr noch als die Jungen, von denen man eine gewisse Dynamik erwartete, und nicht anders als die der Ausländerfeindlichkeit ausgesetzten Einwanderer, wurden Frauen in der Arbeiterklasse, die sich nur schwer mit ihrer ethnischen und geschlechtsbezogenen Öffnung abfand, an den Rand gedrängt. Die Arbeiterklasse verharrte in ihrer Abwehrhaltung (ein vielschichtiges Problem, über das sich die offiziellen Darstellungen der Gewerkschaftsgeschichte ausschweigen); was sie zusammenschweißte, waren ihre Militanz und ihr Berufsethos, und so sah sie nicht, daß die Gegenwart von Frauen in den Fabriken den sozialen Beziehungen eine ganz neue Richtung geben und die Sozialgesetzgebung insgesamt positiv beeinflussen konnte. Im Gegenteil, die Arbeiterklasse rief nach speziellen Schutzmaßnahmen, selbst auf die – bewußt oder unbewußt in Kauf genommene – Gefahr hin, Frauen aus manchen Männerberufen ganz zu verbannen.

Wie Deborah Thom hervorhebt, hatte der Krieg die Tendenz, soziale Denkmuster, die schon vor dem Krieg geherrscht hatten, eher noch zu verstärken: Fast einhellig betrachtete man Arbeiterinnen als ipso facto schwache Geschöpfe, Frauen als die »mothers of the race«. Es ist auch gar nicht zu bestreiten, daß der Krieg alle sozialen Gesetze außer Kraft setzte, daß er die Arbeits- und Lebensbedingungen verschlechterte (zum Beispiel durch übervölkerte Vorstädte oder ein defektes Verkehrswesen) und daß er die Arbeiterinnen, zumal in den Rüstungsbetrieben, einer anstrengenden und gefährlichen Arbeit aussetzte. Zahlreiche zeitgenössische Aussagen[61] belegen, daß die Frauen ihre Stellen bei guter Gesundheit antraten, sich dann in elf- oder zwölfstündigen Tages- und Nachtschichten aufrieben und ihre Gesundheit oder sogar ihr Leben einbüßten. Spezielle Ausschüsse[62], die 1915 in Großbritannien und später auch in Frankreich und Deutschland gegründet wurden und sich aus Beamten, Industriellen, Gewerschaftern, Ärzten und Feministinnen zusammensetzten, forderten eine eigens auf die Arbeiterinnen in den Rüstungsbetrieben zugeschnittene Sozialpolitik: Arbeitszeitregelungen, die Einrichtung von Kantinen, Ruheräumen und

Kinderkrippen. Doch wurde diese Politik oft nur halbherzig verfolgt – sogar in England, das in der Sorge für das Wohl der Arbeiterin als Musterland galt (allein 1917 wurden 108 Kinderkrippen eingerichtet) –, sie hatte kaum Auswirkungen auf Kleinbetriebe, bot oft keine Lösung für das entscheidende Problem der Kinderbetreuung und ließ die zahlreichen Berufskrankheiten, an ihrer Spitze die TNT-Vergiftung, völlig außer acht.

In Deutschland, wo die Produktionssteigerung oberste Priorität genoß, zeitigte diese Sozialpolitik nur begrenzte Resultate, obwohl Kaiserin Auguste Viktoria sich persönlich für sie einsetzte. Als Erfolg zu werten war vornehmlich die Einstellung von sogenannten »Fabrikpflegerinnen« in den Großunternehmen; sie entsprachen den *Lady welfare supervisors* in Großbritannien und rekrutierten sich ausnahmslos aus dem Mittelstand und aus Frauenorganisationen. Ihnen oblag die Sorge für das Wohl der Arbeiterinnen innerhalb und außerhalb der Fabrik. Dieser Hilfsdienst von Frau zu Frau, Auftakt eines geschlechtsdifferenzierten Personalmanagements und Vorstufe zu einem neuen Beruf im Sozialbereich, entsprang dem Traum von sozialer Eintracht und Geschlechtersolidarität und stellte den Versuch dar, bürgerliche Verhaltensmuster in eine proletarische Umgebung zu tragen. In Großbritannien blieb dieses Konzept ungeachtet seiner wohltätigen Folgen unpopulär. In Frankreich wurde die Position der Fabrikpflegerin erst viel später und gegen etliche Widerstände eingeführt, konnte sich dann aber behaupten und war geprägt von pronatalistischen Tendenzen.[63] In diesem Land, wo man beides haben wollte: Granaten und Kinder, versuchte man zunächst, Berufstätigkeit der Frau und Mutterschaft zu vereinbaren, insbesondere durch das Engerand-Gesetz vom August 1917 über die Einrichtung von »Stillräumen«. Ein Jahr später propagierte man die Aufgabe der Frau, für einen reichen Nachwuchs zu sorgen.

Der harte Kern: die Familie

Mehr denn je zuvor war die weibliche Sexualität eingespannt zwischen zwei Alternativen: Mutterschaft oder Prostitution. Die Familie galt als Kernzelle der Gesellschaft. Während man in den USA der »Gefahr« der Sexualität übertriebene Aufmerksamkeit schenkte, hatte in Europa die sexuelle Doppelmoral, die von den Feministinnen so heftig gegeißelt wurde (allerdings eher im Namen eines Reinheitsideals als einer befreiten Sexualität), patriotische Züge. Auf der einen Seite verurteilte man die »Sittenlosigkeit des Weibes«, stilisierte sie gar zum Verrat und ging mit entsprechenden Zwangsmaßnahmen gegen sie vor; auf der anderen Seite organisierte man die Prostitution als notwendige, ja legitime

Einrichtung zur Entspannung des Frontkämpfers. In Deutschland wurden »unpatriotische Frauen«, die ihre Männer betrogen, zumal die vielen Frauen auf dem Lande, die Beziehungen zu Kriegsgefangenen unterhielten, in den Zeitungen angeprangert und hatten mit Geldstrafen oder Haft zu rechnen. In Frankreich traf die ganze Härte des Gesetzes die ehebrecherische Frau, während der Soldat, der sie in flagranti ertappt und umgebracht hatte, mit Nachsicht rechnen konnte. Die Britinnen wurden wie die Kinder überwacht; ihnen drohte im Falle der »Unwürdigkeit« die Streichung der Sozialleistungen. In manchen Städten in der Nähe von militärischen Ausbildungslagern war es ihnen sogar untersagt, *pubs* zu besuchen oder abends auszugehen.

Ausgerechnet in Großbritannien, dem Land der Sozialreformerin Josephine Butler, die gegen die staatliche Reglementierung der Prostitution eingetreten war, regten die Militärbehörden, allerdings vergeblich, die Wiedereinführung des berüchtigten Contagious Diseases Act und damit eine drakonische Kontrolle der Prostituierten an. In den anderen Staaten machte der Krieg dem Freigang der Prostituierten ein Ende – Alain Corbin hat dies für Frankreich beschrieben –, brachte die Rückkehr zu Freudenhäusern und Militärbordellen – in Italien *casini del soldato* genannt – und gab den Anhängern einer Reglementierung der Prostitution erneuten Auftrieb.[64] Die Prostituierten wurden registriert, sie standen unter ständiger medizinischer Kontrolle und wurden gegebenenfalls zwangsweise ins Krankenhaus eingeliefert. Die illegal arbeitende Prostituierte wurde gerichtlich verfolgt und zuweilen der Spionage oder gar der »bakteriologischen Kriegführung« verdächtigt! Mehr noch als die Tuberkulose fürchtete man die Geschlechtskrankheiten, die nach allgemeiner Meinung die Wehrkraft des Volkes zersetzten und die Gesundheit der Rasse ruinierten; das führte zur Einrichtung von Beratungsstellen für Geschlechtskrankheiten, in denen die Soldaten über Vorbeugungsmaßnahmen aufgeklärt und immer systematischer überwacht wurden. Und dennoch – wie viele Ehemänner mochte es geben, die während des Heimaturlaubs ihre Frau ansteckten ...

Soll man der Schriftstellerin Colette Glauben schenken, die bei den Frontsoldaten ein »Verwaisungssyndrom« diagnostizierte, das sie in der Ehefrau mehr die Mutter als die Geliebte suchen ließ? Die historische Forschung formuliert erst ansatzweise die gegenseitigen Erwartungen der Geschlechter, könnte aber vielleicht in der abwertenden Art, wie damals über Sexualität gesprochen wurde (und die uns in Zeitungen und Theaterstücken ebenso begegnet wie in Briefen) auch einen Hinweis auf die Abwertung des Frauenbildes finden.[65]

Die Geschichte der Familie spiegelt den dialektischen und widersprüchlichen Charakter des Konfliktes sicherlich am besten wider.

Durch die militärische und industrielle Mobilisierung griff der Krieg störend ins Familienleben ein; gleichzeitig setzte er aber politische und soziale Kräfte frei, die der Familie ihre alte Gestalt zurückzugeben vermochten. In Abwesenheit der Männer trat »Vater Staat« – wie es im Deutschen bezeichnenderweise heißt – als Repressionsinstanz und Ernährer zugleich auf und garantierte somit die Vorrechte des Familienoberhauptes. In Frankreich etwa, wo die verheiratete Frau juristisch als unmündig galt, bescheinigte ihr das Gesetz vom 3. Juli 1915 das Elternrecht und die Geschäftsfähigkeit auch ohne Genehmigung ihres Gatten, sofern die Dringlichkeit der Sache von der Justiz bestätigt wurde und der eingezogene Ehegatte verhindert war, seinen Aufgaben nachzukommen. Andererseits erhielten bislang marginale Bewegungen (zur Geburten-, Familien- und Gesundheitsförderung) durch das Sterben der Männer im Feld und die sinkende Geburtenrate Auftrieb. Sie unterstützten die Einleitung einer mit Repressionen und Anreizen arbeitenden Bevölkerungspolitik und die Entwicklung einer Gesundheits- und Sozialpolitik speziell für Mütter und Kinder. Diese Entwicklungen wiesen, wenn auch zeitlich versetzt und unterschiedlich nuanciert, in allen Staaten eine erstaunliche Ähnlichkeit auf.[66]

In Frankreich, wo der Malthusianismus Tradition hatte und die Sozialgesetzgebung noch sehr im argen lag, war die Kriegspostkarte mit ihren endlosen Variationen über das Thema Liebe, Kinder und Familie Ausdruck einer kindzentrierten nationalen Kultur und bewies die zunehmende Popularität einer pronatalistischen Ideologie. Doch wurden einschlägige geburtenfördernde Maßnahmen – während des Krieges noch kontrovers diskutiert – erst später ergriffen. Den Anfang machten die berühmten Gesetze von 1920 und 1923, die die Propagierung von Methoden der Empfängnisverhütung untersagten und das Abtreibungsgesetz modifizierten. In Großbritannien zeitigte die im vorangehenden Jahrzehnt begonnene und sich rapide ausweitende Kampagne zum Schutz von Mutter und Kind erste Früchte: Die Anzahl der Zentren zum Schutz von Mutter und Kind verdoppelte sich, 1918 wurde der Maternal and Welfare Act verabschiedet, 1919 ein eigenes Gesundheitsministerium geschaffen. Indes waren diese Entwicklungen mit immer heftigeren Ausfällen gegen die Frauenerwerbstätigkeit und mit Vorwürfen gegen erwerbstätige Mütter verbunden (etwa in den National Baby Weeks Campaigns von 1917/18), die auf Zwangsvorstellungen über die zahlenmäßige Diskrepanz zwischen den Geschlechtern beruhten: Es galt, die Männer zu retten. In Deutschland, wo der Krieg und ein neuerdings verändertes generatives Verhalten zu einem drastischen Geburtenrückgang führten, reagierte der Staat, von gegensätzlichen Strömungen beeinflußt, mit einem grandiosen, aber kaum in die Tat umgesetzten Programm zur Förderung der öffentlichen

Gesundheit und der prinzipiellen Bereitschaft, strenger gegen Empfängnisverhütung und Abtreibung vorzugehen. Diese Politik stand im Zeichen einer organizistischen Ideologie der »Volksgemeinschaft«: Die Familie war die Keimzelle des Volkes, Geburtenbeschränkung eine Entartungserscheinung und Mutterschaft eine lebenswichtige Funktion, die man nicht in das Belieben der einzelnen Frau stellen konnte. Die Sozialdemokraten wie die Feministinnen des BDF waren zwar über dieses Eingreifen des Staates in das Privatleben empört, doch auch sie bezeichneten die Mutterschaft als natürliche Pflicht oder als höchste Erfüllung der Frau, ja als aktiven Dienst der Frauen am Vaterland. Auch Mutterschaft, sagten die radikalsten Franzosen, müsse als echter »Blutzoll« gelten, der hienieden eine elementare Gerechtigkeit zwischen den Geschlechtern herstelle.

Fürs erste gelang es den Propagandisten der Geburtenförderung nicht, das Fortpflanzungsverhalten der Menschen zu verändern. Die Geschlechtspartner verstanden es, die Zahl der Geburten durch Coitus interruptus oder durch Abtreibung zu verhindern – eine verbreitete Praxis, die durch die Verpönung aller empfängnisverhütenden Maßnahmen nur noch gefördert wurde. Die Frauen als Hauptbetroffene hatten oft nicht den Mut oder die Kraft, angesichts der Kriegsumstände Kinder in die Welt zu setzen.

Blutzoll

Ist es verfehlt, vom Leiden der Frauen zu sprechen, so lange der Tod keine Rolle spielte? In ihrem Gedicht »Non-Combatant« artikuliert die Engländerin Cicely Hamilton die Not des »müßigen Mundes« *(idle mouth)*; andere formulieren das Schuldgefühl der Frau angesichts des Opfers der Männer, die Schande, zu leben, während die Männer sterben.[67]

Tod der Männer, Leid der Frauen

Selbst wenn man den Bürgerkrieg und den Interventionskrieg in Rußland nicht mitrechnet, waren die Verluste an Menschenleben im Ersten Weltkrieg enorm: Sie beliefen sich auf fast neun Millionen. Der frisch und froh begonnene Krieg war schnell zu einem grausamen Schlachten geworden. Ein kleines Land wie Serbien verlor ein Viertel aller eingezogenen Soldaten, Frankreich 1,3 Millionen Männer, das heißt zehn Prozent der männlichen Erwerbsbevölkerung bzw. über drei Prozent der Gesamtbevölkerung, Deutschland mit 1,8 Millionen Männern knapp drei Prozent, Italien und Großbritannien jeweils rund 750000 Soldaten. Die meisten Gefallenen waren junge Männer.

Während die militärischen Operationen die Anzahl der Frontsoldaten dezimierten, verschonten sie die Zivilbevölkerung – zumindest im Westen, wo die Front bald zum Stehen kam. In der Etappe machte sich der Krieg »nur« durch gelegentliche Bombardements bemerkbar, welche kaum mehr Todesopfer forderten als die Explosionen in den Munitionsfabriken, die man vor der Bevölkerung sorgfältig geheimhielt: In Großbritannien kamen auf diese Weise 1500 Menschen um, in Paris 600, vor allem 1918, als der Beschuß durch die berühmte »Dicke Bertha« den Gothas zuvorkam. Erneut flohen die erschrockenen Pariser, wie schon 1914, vor den anrückenden deutschen Truppen scharenweise aus der Stadt.

Hinter diesen nüchternen Zahlen muß man sich unzählige herzzerreißende Abschiedsszenen, seelische und sexuelle Vereinsamung, materielle Not, das bange Warten auf Feldpost und den Schock der Unglücksnachricht denken: der Ehemann, der Geliebte verwundet, gefangen, verschollen oder »auf dem Felde der Ehre gefallen«. Die Schar dunkel gekleideter Frauen mit langem Trauerschleier verlieh allen öffentlichen Orten eine düstere Note. Jedes Land hatte seine eigenen historischen oder literarischen, zuweilen auch religiösen Quellen, die den Frauen vermittelten, sie seien dazu da, Mut zu spenden, und müßten, ohne zu klagen, den Sohn oder den Ehemann hingeben und stoisch deren Tod akzeptieren. Aber die Einstellung der Frauen selbst, die Briefen, Polizeiberichten und vorwurfsvollen Äußerungen von Patrioten zu entnehmen ist, entsprach diesen Forderungen nicht immer, und zwar um so weniger, je länger der Krieg dauerte und den Tod immer alltäglicher und unerträglicher machte. Mochte die öffentliche Meinung den Müttern auch gerne vorwerfen, die Autorität des Mannes nicht ersetzen zu können und die kleinen Jungen falsch zu erziehen – den Schmerz der Mutter um ihren toten Sohn wagte niemand anzutasten. Hingegen sahen sich die Kriegerwitwen (in Frankreich und Deutschland jeweils rund 600000, in Großbritannien über 200000) dem Verdacht ausgesetzt, eher »lustige Witwen« zu sein als in ewiger Treue nur mehr dem Gedenken an den teuren Verstorbenen zu leben. Um diesem christlich-patriotischen Frauenideal zusätzlich aufzuhelfen, schlug der Schriftsteller Maurice Barrès ein »Wahlrecht der Toten« vor, das heißt die Übertragung der Stimme des Gefallenen auf seine Witwe. In Deutschland, wo es den Frauenrechtlerinnen nicht gelungen war, eine Entlohnung für Mütter durchzusetzen, erfolgte deren materielle Unterstützung im Namen der »Heldenkinder«, galt also als Ehrenpflicht des Vaterlandes gegen seine Soldaten und ging mit einer strengen Kontrolle des Privatlebens der

Frauen einher. Die Gesetze von 1919 (in Frankreich) und 1920 (in Deutschland) verbesserten zwar, spät genug, die häufig katastrophale Lage der Kriegerwitwen; dennoch wurden diese Opfer des Krieges, wie Karin Hausen hervorhebt, mehr als vernachlässigt.[68]

Immerhin setzte sich die Gruppe der Opfer sehr ungleich zusammen. Zu der Ungleichheit des Witwenschicksals trat die soziale Ungleichheit; die Frauen von Bergarbeitern, Lokomotivführern oder Facharbeitern besaßen das unerhörte Privileg, einen Mann zu haben, der nicht an der Front stand, ja der sogar nach wie vor an ihrer Seite leben durfte. In Frankreich waren die am meisten betroffenen Bevölkerungsgruppen einerseits die Bauern, die den größten Teil der Infanterie stellten, und andererseits Hochschüler, Studenten und junge Freiberufler, aus denen sich die Offizierskorps rekrutierten. In Großbritannien äußerte sich die Eugenics Education Society, deren Präsident der jüngste Sohn Darwins war, besorgt über den Verlust gerade der wertvollsten zeugungsfähigen Männer (aus dem Mittelstand und der Oberschicht) und versuchte, die Öffentlichkeit davon zu überzeugen, daß kriegsbedingte Verletzungen nicht erblich seien.[69] Bedauernswert waren junge Frauen, deren Verlobte verstümmelt aus dem Krieg heimkehrten oder die durch das zahlenmäßige Übergewicht der Frauen nach dem Krieg zur Ehelosigkeit verurteilt waren. Solche »weißen Witwen« suchte man für die Zukunft mit einer Art Ersatzmutterschaft zu trösten: Sie sollten hingebungsvolle Tanten werden oder sich in sozialen Einrichtungen für Mütter und Kinder engagieren.

Diese Einschnitte in das persönliche Leben waren verhältnismäßig harmlos, auch wenn sich hinter jedem von ihnen ein Einzelschicksal verbarg. Ganz anders war das Los derer, die vom Tod betroffen waren: beim Einmarsch der feindlichen Truppen und während der Besatzungszeit, über die wir, was die Gebiete im Osten betrifft, noch so wenig wissen, oder durch die Hungersnöte, von denen Rußland und die Mittelmächte so grausam heimgesucht worden waren.

Geprüfte Frauen

In Frankreich haben die schweren Jahre der nationalsozialistischen Besatzung die Erinnerung an die Besetzung Nordostfrankreichs während des Ersten Weltkrieges verdrängt. Dort war der Einmarsch der Deutschen mit einer Unzahl von Greueltaten einhergegangen (Niederbrennen ganzer Ortschaften wie Orchies oder Gerbéviller, Vergewaltigung von Frauen, Exekution von Geiseln) und hatte einen riesigen Flüchtlingsstrom ausgelöst. Insgesamt mußten im Zuge der jeweiligen Frontverlagerungen drei Millionen Menschen Haus und Hof verlassen, nicht eingerechnet die 500000 Umsiedler, die die Deutschen ziehen ließen, ohne sich um ihre Versorgung zu kümmern – hauptsächlich Frauen, Kinder und alte Leute. In Reims, der »Märtyrer-Stadt«, die das Pech hatte, zu nahe an der Front zu liegen, hausten die fast 20000 Einwohner in ihren Champagnerkellern, bis sie Ostern 1917 unter einem neuen schweren Bombenhagel zwangsevakuiert wurden. Während das besetzte Belgien einem Generalgouverneur unterstellt wurde, lag in Frankreich alle Gewalt bei der Besatzungsarmee, die eine administrative Schreckensherrschaft mit Plünderungen und Zwangsarbeit für Frauen wie für Männer errichtete. Die ausgehungerte Bevölkerung der Städte überlebte nur dank der amerikanischen Lebensmittelversorgung und litt schwer unter Krankheiten und erhöhter Sterblichkeit. Auf etwas mehr als zwei Millionen Menschen kamen während der vier Kriegsjahre nur 19000 Eheschließungen; 93000 Geburten standen 190000 Todesfälle gegenüber. Im Sommer 1915 war die holländisch-belgische Grenze unter Strom gesetzt worden, und die Deutschen zerstörten die von glühenden Patriotinnen aufgebauten illegalen Fluchtkanäle und Untergrundorganisationen. Edith Cavell, eine britische Krankenschwester, die in Brüssel eine Pflegestation leitete, wurde am 11. Oktober hingerichtet; andere Widerstandskämpferinnen wurden in der Festung Siegburg eingekerkert, wo 1918 Louise de Bettignies starb, eine junge Frau aus Lille, die für den Intelligence Service gearbeitet hatte. Die Massendeportationen von 1916 (aus den Städten in abgelegene Dörfer), von der französischen wie der internationalen Öffentlichkeit heftig angeprangert, hörten zwar bald auf, blieben aber das deutsche Kriegsverbrechen par excellence, besonders in den Augen der Frauenverbände, die ihre Schwesterorganisationen in den alliierten Staaten aufriefen, die Friedenskonferenz zu alarmieren und sich für die Bestrafung aller Akte der Barbarei und der Übergriffe gegen Würde und Ehre der Frauen einzusetzen – in der Hoffnung, dieses böse Vorbild ein für allemal aus der Welt zu schaffen ...

Jay Winter macht auf ein merkwürdiges Paradoxon dieses Krieges aufmerksam, das anhand demographischer Vergleiche ersichtlich wird: den unerwarteten Anstieg der Lebenserwartung in der britischen Bevölkerung. Dieser für den Sieg notwendige Erfolg war freilich weniger der englischen Gesundheitspolitik als dem – besonders in der Arbeiterklasse deutlichen – hohen Lebensstandard zu verdanken und erklärte sich ebenso aus der Effizienz des britischen Verwaltungssystems wie aus den finanziellen Mitteln, die dem Land die Herrschaft über die Meere sicherten. Die von Lloyd George verfolgte Interventionspolitik, die 1918 in der Einführung einer umfassenden Rationierung gipfelte, ersparte den Briten schwere Hungersnöte.[70] Mehr noch als die französische Zivilbevölkerung, die in den harten Kriegswintern unter der

Kohleknappheit zu leiden hatte, vermochten die Engländer auszuharren, wenn auch unter mancherlei Unannehmlichkeiten, die diesseits und jenseits des Ärmelkanals gleich waren: Man mußte Schlange stehen, Graubrot essen und ohne Fleisch, Alkohol und Tabak auskommen. Auch wurden die englischen Hausfrauen, freilich mehr aus patriotischen als aus ernährungswissenschaftlichen Gründen, aufgefordert, sich einzuschränken, die Eßgewohnheiten ihrer Familie zu ändern und zwecks Energieeinsparung die Hausarbeit zu rationalisieren. Trotz des allgegenwärtigen Mangels und der unbestreitbaren Überlastung der arbeitenden Mütter, die sich in Frankreich in einem Anstieg der Kindersterblichkeit niederschlug, war der Krieg doch zuweilen so weit vom Alltag entfernt, daß man ihn vergessen und in die Vergnügungen und zum Rhythmus des Friedens zurückfinden konnte. In Paris wich die patriotische Nüchternheit der ersten Kriegsmonate schon bald einem regen Unterhaltungsleben, in dem die Variétés mit ihren Revuen und die amerikanischen Fortsetzungsfilme, die das französische Kino vom Sockel stürzten, sich größter Beliebtheit erfreuten.

In Ermangelung einer effizienten Kontrolle der Ernährungspolitik und des gesamten Wirtschaftslebens gelang es den durch die Blockade arg bedrängten Mittelmächten allerdings nicht, einen Modus zu finden, der gleichzeitig die Versorgung der Armee und der Zivilbevölkerung sichergestellt hätte. Letztere hatte die schlimmen Folgen zu tragen; Ute Daniel schätzt, daß in Deutschland 700000 Menschen an Fehlernährung starben. Am schlimmsten betroffen waren städtische Familien mit einem fixen Einkommen sowie kinderreiche Familien; zwischen 1913 und 1918 hat sich die Sterblichkeit bei Schulkindern – die weniger gut versorgt wurden als Kleinkinder – und bei jungen Frauen zwischen fünfzehn und dreißig Jahren fast verdreifacht. Die Rationierung wurde im Januar 1915 eingeführt und erfaßte im darauffolgenden Jahr praktisch alles, bis hin zu Eicheln und Kastanien; sie ließ den Fleischverbrauch auf das Niveau von 1800 zurückfallen und erreichte ihren Höhepunkt im Jahr 1917 mit dem berüchtigten »Kohlrübenwinter«, in dem dieses Gemüse viele andere Lebensmittel, sogar die Kartoffeln, ersetzen mußte. Der Kohlrübenwinter erzwang von den entkräfteten Hausfrauen ein ewiges Schlangestehen (im Volksmund »Polonaise« genannt) und die Rückkehr zu den Formen einer in der Stadt anachronistischen Subsistenzwirtschaft, die in krassem Widerspruch zu den modernen Aspekten der Kriegswirtschaft stand; und er brachte die Frauen – im Westen zum letzten Mal – dazu, an die subversive Tradition der aufsässigen Frau aus dem Volk anzuknüpfen. In der Zivilbevölkerung, deren Geisteshaltung der Staat argwöhnisch verfolgte, waren die Frauen aus der Unterschicht in der Tat die ersten, die den Krieg und alle, die von ihm profitierten, kritisierten und Überlebensstrategien entwickelten, die sich mit der Zeit fatal auf die Versorgungspolitik auswirkten: Sie trieben einen schwunghaften Handel mit Lebensmittelkarten, stahlen Eßbares aus Geschäften und von den Feldern und versorgten sich illegal auf dem Schwarzmarkt oder durch Tauschgeschäfte mit Bauern. Wie alle »Sonntagshamsterer« oder die Banden ausgehungerter Jungen, zogen diese Frauen von Hof zu Hof, um etwas Eßbares zu ergattern. Ihre Zahl wuchs, und während sie sich immer weniger um Gesetze und Kontrollen kümmerten, gebärdeten sie sich immer wilder: Seit 1916 organisierten sie Hungerrevolten, die in deutschen Städten zu bürgerkriegsähnlichen Zuständen führten, während die Männer in wohlgeordneten Reihen demonstrierten und die Führer der Arbeiterbewegung diese »triebhaft-spontanen« Übergriffe verurteilten: Mit solchen Exzessen, so hieß es, brachen die Frauen den »Burgfrieden« im Lande, untergruben Autorität und Legitimität des kaiserlichen Staates und betrieben seinen Untergang.[71]

Zu allem Überfluß brach über diese ohnehin geschwächte Bevölkerung, wie über den Rest der Welt, gegen Kriegsende eine Katastrophe herein, gegen die man machtlos war: die sogenannte spanische Grippe. In drei aufeinanderfolgenden, mörderischen Wellen raffte die Epidemie zwischen Frühjahr 1918 und Frühjahr 1919 vor allem junge Männer und Frauen dahin und überschattete den Waffenstillstand. Ende Oktober 1918 wußte man in Paris nicht mehr, wo man die Särge und Leichenwagen für die 300 Toten täglich hernehmen sollte.

So schuf der Krieg zwei ungleiche Lager, erhob so ungleichen Tribut, daß in Deutschland die klassische abendländische Unterscheidung zwischen Kämpfenden und Nichtkämpfenden gegenstandslos wurde und an ihre Stelle die soziale Unterscheidung zwischen Frauen und Familien der Unterschicht einerseits und Kriegsgewinnlern andererseits trat. Doch müßte man die Perspektive verändern, um die wahre Beschaffenheit des Kriegslebens genau in den Blick zu bekommen. Die »große« Geschichte setzt sich aus lauter kleinen Geschichten von Familien und Individuen zusammen, deren Lebensberichte einander zuweilen ähneln. Unter diesen Berichten zeichnet sich das Werk von Vera Brittain (1893–1970) insofern als ein außergewöhnliches Dokument aus, als es den zerstörerischen Charakter des Krieges und parallel dazu die Entwicklung einer Frau zur Feministin und Pazifistin beschreibt. Während ihre Schriften der Kriegszeit (ihre Briefe und ein Tagebuch) noch ein Gefühl des Hin- und Hergerissenseins zwischen einem idealistischen Patriotismus und den Schrecken des Krieges, mit denen sie im Krankenhaus konfrontiert wurde, bezeugen, war ihre spätere Autobiographie ein wahrhaftes Manifest gegen den Krieg und verkündete ihre Hinwendung zu einem christlichen Pazifismus, der vom Glauben an das zutiefst pazifistische Wesen der Frau getragen war.[72]

KRIEG DER MÄNNER, FRIEDE DER FRAUEN?

Im Frühjahr 1915 appellierte Romain Rolland, geschmähter Verfasser einer Sammlung von pazifistischen und versöhnlichen Essays unter dem Titel *Au-dessus de la mêlée,* an die Frauen Europas, sie sollten »der lebendige Friede inmitten des Krieges, die ewige Antigone [sein], die sich dem Haß verweigert und, wenn sie leiden, zwischen ihren feindlichen Brüdern nicht mehr zu unterscheiden weiß«.[73]

Ist die Frau von Natur aus pazifistisch? Pazifistisch, weil sie Mutter ist? Gibt es eine spezifisch weibliche Moral? Sind Feminismus und Pazifismus nicht voneinander zu trennen? Diese Fragen wurden 1914 gestellt, und sie werden auch heute noch gestellt. Sie provozieren militante Antworten, die oft mit bestimmten Konzeptionen des Feminismus verbunden sind.[74] Es ist nicht immer leicht, bei der Interpretation vergangener Ereignisse von diesen Konzeptionen abzusehen. Man muß aber festhalten, daß im Ersten Weltkrieg der Nationalismus bei Frauen wie bei Männern ausgeprägter war als der Pazifismus und daß die Opposition gegen diesen Krieg überall gescheitert ist. Wenn es mangels einschlägiger historischer Forschungen auch schwer ist, die pazifistische Frauenbewegung in die Gesamtbewegung des Pazifismus einzuordnen, so ist es doch möglich, ihr Scheitern zu verstehen.

1914 erschien der Feminismus als internationale Bewegung, die durch eine gemeinsame Forderung (das Wahlrecht), durch das wachsende Interesse an Fragen der Mutterschaft und durch zahlreiche Kontakte der Feministinnen untereinander zusammengehalten wurde. Schon seit langem war der Feminismus für Frieden eingetreten – 1899 und 1907 hatten große Demonstrationen stattgefunden – und suggerierte, mit der Einführung des Frauenstimmrechts werde es keine Kriege mehr geben; er blieb jedoch die Antwort auf die Frage schuldig, welche Haltung die Frauen einnehmen würden oder sollten, falls es dennoch zu einem bewaffneten Konflikt kam. 1888 wurde auf Anregung amerikanischer Frauen der Internationale Frauenrat (International Council of Women, ICW) gegründet, an dessen Spitze die Engländerin Lady Aberdeen stand; er zählte 15 Millionen Anhängerinnen und war in 25 Nationen vertreten. Die radikalere Internationale Vereinigung für das Frauenwahlrecht (International Woman Suffrage Association, IWSA, gegründet 1904 in Berlin) bereitete für Herbst 1914 einen Kongreß unter Leitung der Amerikanerin Chapman Catt vor. In diesen internationalen Kreisen wurde der BDF wegen seiner traditionalistischen Haltung kritisiert, die sich seit der Eingliederung des Evangelischen Frauenbunds und der 1910 erfolgten Ablösung Marie Stritts durch Gertrud Bäumer noch verstärkt hatte. In der internationalen Bewegung der sozialistischen Frauen, deren erstes Ziel die Solidarität der Arbeiterklassen war und die alle »bürgerlichen Frauen« verachtete, dominierten hingegen deutsche Frauen (175000 von ihnen waren in der SPD, dagegen nur 1500 französische Frauen in der SFIO) sowie die starke Persönlichkeit Clara Zetkins.[75]

Aber der Krieg zerschlug die feministischen Internationalen, so wie er die Internationale der Arbeiterbewegung zerschlug. »Solange der Krieg dauert, sind auch die Frauen des Feindes unser Feind«, schrieb Jane Misme in *La Française* vom 19. November 1914. So wie die Feministinnen der kriegführenden Staaten ihre Forderungen im Namen eines Burgfriedens hintanstellten, sagten sie sich von ihren internationalen Verbänden los und huldigten einem »National-Feminismus«, der einerseits die Frauen dazu aufrief, dem Vaterland zu dienen, und andererseits die neutralen Staaten zu bewegen suchte, sich auf der »richtigen« Seite zu engagieren, und der sich allen Bestrebungen widersetzte, den Konflikt unblutig beizulegen oder das auf allen Seiten verfolgte Kriegsziel des Sieg-Friedens fallenzulassen. Als Speerspitze des weiblichen Patriotismus wollten diese Frauen den Frontkämpfern Mut spenden und zugleich aktiv den Kampf um »die nationale Sache« propagieren. Wütend bekämpften sie ihre früheren Weggefährtinnen, die dem Ideal des Pazifismus treu geblieben waren, und warfen ihnen Verblendung, ja sogar verbrecherischen Defaitismus vor. Während des ganzen Krieges blieben sie unerbittlich; weder das Bröckeln des Burgfriedens noch die Erschöpfung der Etappe und der Frontkämpfer vermochten sie zu rühren.

Das Scheitern des weiblichen Pazifismus

In den pazifistischen Initiativen, die den Krieg vor allem in den ersten Jahren begleiteten, konnte der Feminismus seinen Platz behaupten. Diese Initiativen wurden getragen von einer radikalen und bedrängten Minderheit in den kriegführenden Staaten und von größeren Gruppen in neutralen Staaten wie den Niederlanden, den skandinavischen Ländern und natürlich den USA, wo eine progressiv eingestellte Bewegung jeden Krieg dank des zivilisatorischen Fortschritts der Menschheit für unmöglich hielt. Die Anfänge der Women's Peace Party (WPP) waren vielversprechend. Diese erste pazifistische Frauenorganisation wurde im Januar 1915 in Washington gegründet, und zwar im Rahmen einer Frauenkonferenz für den Frieden, die von der berühmten Reformerin Jane Addams einberufen worden war, nachdem zwei pazifistisch eingestellte europäische Frauenrechtlerinnen eine Vortragsreise durch das Land veranstaltet hatten. Ein Jahr später zählte die WPP bereits 25000 Anhängerinnen aus allen Kreisen der Gesellschaft. Sie versuchte, ein

Bündnis aller amerikanischen Pazifisten zu erreichen, kämpfte gegen die wachsende Kriegsbegeisterung und trat für eine Vermittlung zwischen den kriegführenden Parteien durch neutrale Staaten ein. Die WPP verteidigte vor allem den Gedanken einer Gemeinschaft aller Frauen gegen den Krieg und beteiligte sich am Kongreß in Den Haag.

Der internationale Kongreß für den künftigen Frieden wurde von einigen radikalen Frauen (Jane Addams, der holländischen Ärztin Aletta Jacobs u. a.) in Den Haag organisiert, nachdem Frankreich und Großbritannien eine neuerliche Einladung des niederländischen Frauenwahlrechtsverbands durch die IWSA verhindert hatten. Vom 28. April bis zum 1. Mai 1915 protestierten 800 Niederländerinnen, 28 Deutsche aus der Gruppe um Anita Augspurg, 47 Amerikanerinnen, sechzehn Schwedinnen, zwölf Norwegerinnen, zwei Kanadierinnen, eine Italienerin, drei Belgierinnen und drei Engländerinnen gegen den Krieg und erörterten – lange vor den berühmten 14 Punkten Präsident Wilsons – die Voraussetzungen für einen künftigen dauerhaften Frieden: Zwangsschlichtung von Konflikten, Achtung der nationalen Selbstbestimmung, Erziehung der Kinder zum Frieden, aber auch das Frauenwahlrecht. Aus dem Kongreß ging das »Internationale Frauenkomitee für dauerhaften Frieden« hervor, das sich 1919 in »Internationaler Frauenbund für Frieden und Freiheit« umbenannte. Das Komitee beauftragte die Delegierten, die verabschiedeten Resolutionen überall auf der Welt bekannt zu machen, den Kontakt zu Frauenorganisationen zu halten und die neutralen Staaten aufzufordern, die kriegführenden Parteien zur Bekanntgabe ihrer Friedensbedingungen zu veranlassen. Eine französische Sektion, das sogenannte Comité de la rue Fondary, bildete sich um Gabrielle Duchêne, die jedoch sehr schnell als »Feministin im Dienst Kaiser Wilhelms« aus dem Conseil National des Femmes Françaises (CNFF) ausgeschlossen wurde.[76]

Der Historiker Richard Evans hebt den direkten Zusammenhang hervor, den die Pazifistinnen von Den Haag zwischen der Unterjochung der Frau und dem Triumph des Militarismus herstellten; sie spitzten das Argument vom zivilisatorischen Wert des weiblichen Wahlrechts radikal zu und prangerten den Krieg als typisches Männerwerk an. Muß man ihnen also – wie Barbara Steinson der WPP – vorwerfen, daß sie sich durch ihr Festhalten an der Vorstellung von der »friedfertigen Mütterlichkeit« als unfähig erwiesen, die Stereotype der Weiblichkeit hinter sich zu lassen, und hat man hierin einen Grund für ihren Mißerfolg zu sehen? Oder muß man ihren Pazifismus als Humanismus betrachten, der von einer »androgynen« Gesellschaft träumte, welche durch die Gleichstellung der Geschlechter die sittlichen Werte der Frau in sich aufgenommen hätte – Werte wie Achtung vor dem Leben, Förderung des Lebens und Ablehnung von Gewalt als Mittel der Konfliktlösung, die für viele Aktivistinnen mehr mit der sozialen Stellung ihres Geschlechts als mit ihrer Funktion als Gebärerin zu tun hatten?[77]

Wie dem auch sei, an Gründen für den Mißerfolg des weiblichen Pazifismus fehlt es nicht. Eine Konferenz von neutralen Staaten, die im Januar 1916 in Stockholm eröffnet wurde, scheiterte nach kurzer Zeit; ein weiterer pazifistischer Kongreß konnte im Krieg nicht mehr abgehalten werden. Die europäischen Aktivistinnen – mißtrauisch gegenüber den anderen pazifistischen Minderheiten, die im allgemeinen den vom Feminismus postulierten Zusammenhang zwischen Krieg und Männlichkeit bestritten, in ihren eigenen Ländern von Staats wegen kritisiert und verurteilt (in diesem Punkt zeigten sich die Briten am tolerantesten) und von den großen Frauenverbänden abgelehnt – vermochten die weiblichen Massen nicht zu mobilisieren, die sich passiv in ihr Schicksal ergaben oder für das Vaterland begeisterten. Frauen traten nicht nur in Wohltätigkeitseinrichtungen und an patriotischen Ehrentagen in Erscheinung; es gab darüber hinaus letztlich viele »Frontkämpferinnen im Hinterland«, die bereit waren, jeden Drückeberger zu entlarven (in Großbritannien durch eine weiße Feder), Kriegsanleihen zu zeichnen oder zeichnen zu lassen und die Spur des Feindes bis in die Sprache hinein zu verfolgen, die, wie das Französische, vor dem Krieg ganz unbefangen vom »deutschen Schäferhund« gesprochen hatte, von »Wiener Brot« (eine Art Weißbrot) und »Kölnisch Wasser«. Manche Patriotinnen schreckten vor den verrücktesten Einfällen nicht zurück, so Helen Taft, die Nichte von Wilsons Vorgänger im Amt des amerikanischen Präsidenten, die bei jeder Zeichnung von *liberty bonds* auf einer Feuerwehrleiter eine Stufe höher kletterte und für 5000 Dollar bereit war, sich in ein Netz zu stürzen.

In den USA traten ab 1915 immer mehr Frauen Vereinigungen bei, die sich für den Eintritt Amerikas in den Krieg aussprachen *(preparedness movements)*. Besonderer Beliebtheit erfreute sich die *Women's Section of Navy League*, die 1916 100000 Anhängerinnen zählte und Ausbildungslager für Frauen eröffnete, deren Lehrplan allerdings eher hauswirtschaftlicher als militärischer Art war. Auch sie beschworen die Aufgabe der Mütter, ihre Kinder zu beschützen, und hielten der Sentimentalität der Pazifistinnen ihren Realismus entgegen, der sie bewog, sich einer männlichen Einrichtung wie dem Flottenverband anzuschließen. Im Grunde waren der Abbruch der diplomatischen Beziehungen und dann die Kriegserklärung an Deutschland (am 6. April 1917) – gegen die Stimme Jeannette Rankins, der ersten in den Kongreß gewählten Frau – der entscheidende Schlag gegen den Pazifismus. Er hatte die Zersplitterung der WPP zur Folge, deren Mehrheit – um Jane Addams – einen Mittelweg einschlug: Man wollte zivile Hilfsleistungen für die Nation nicht verweigern, gleichzeitig aber den Internationalismus nach dem Krieg vorbereiten. Die meisten anderen Frauenvereinigungen unterstützten Präsident Wilson, aber nur die wenigsten verfielen in übertriebenen Chauvinismus oder ergaben sich der Hexenjagd. Letztlich spielten sie, wie William O'Neill hervorhebt, in der internationalen Frauenbewegung eine beschwichtigende Rolle.

Auch den sozialistischen Frauen war in ihrem Widerstand gegen den Krieg kein Erfolg beschieden, weil die große Mehrheit von ihnen sich hinter ihre Partei stellte und die Politik des Burgfriedens mittrug, weil die Minderheiten mit enormen Schwierigkeiten zu kämpfen hatten und die allgemeine Unzufriedenheit im Volk, die sich in Streiks oder Hungerrevolten Luft machte, nicht zu kanalisieren vermochte. Nachdem Clara Zetkin versucht hatte, die deutsche SPD-Linke zu mobilisieren, richtete sie einen Aufruf an alle sozialistischen Frauen und berief für den 26. bis 28. März 1915 – sechs Monate vor dem Sozialistentreffen in Zimmerwald – eine internationale Frauenkonferenz nach Bern ein, zu der siebzig Frauen aus acht europäischen Ländern kamen. Die dort verabschiedete Resolution war weder feministisch noch defaitistisch, sondern verurteilte den kapitalistischen Krieg und forderte die Frauen des Proletariats – Mütter und Leidensgefährtinnen in Trauer und Not – auf, an Stelle ihrer zum Schweigen verurteilten Männer zu Retterinnen der Menschheit zu werden. Doch war Clara Zetkin, vom 23. Juli bis zum 12. Oktober 1915 inhaftiert und überdies herzkrank, fortan nicht mehr in der Lage, eine aktive Rolle im pazifistischen Kampf zu übernehmen. Die einzige Frau, die sie ersetzen konnte, war Luise Zietz, in deren Händen die nationale Organisation der SPD-Frauen in Deutschland lag; sie schwankte lange zwischen dem von ihrer Partei verordneten Burgfrieden und ihrer persönlichen Ablehnung des Krieges. 1916 wurde ihr verboten, öffentlich Reden zu halten (sie hatte zuviel vom Hunger gesprochen); dann wurde sie aus der SPD ausgeschlossen und trat, wie Clara Zetkin und 20000 weitere Aktivistinnen, der USPD bei, die seit April 1917 die Gegner der SPD-Mehrheitslinie um sich scharte. Dieser Bruch wirkte sich ungünstig auf die sozialistische Frauenbewegung aus, die nun zahlreiche Anhängerinnen und die letzten Reste ihrer Autonomie verlor.

In Frankreich, wo es nur eine Handvoll aktiver Sozialistinnen gab, verschmolz deren Geschichte sehr rasch mit der komplexen Geschichte der französischen sozialistischen Partei und der des Comité pour la reprise des relations internationales (Komitee für die Wiederaufnahme der internationalen Beziehungen). Hier begegneten sich zwei äußerst verschiedene Symbolfiguren: Hélène Brion, Volksschullehrerin und Gewerkschafterin, vor allem aber Feministin, und Louise Saumoneau, die Schneiderin, die ihr eigenes Geschlecht und jedes Klassenbündnis ablehnte. Hélène Brion, die immer dafür eingetreten war, daß Arbeiterorganisationen die Sache der Frauen zu der ihren machten, verwandelte den Prozeß, der ihr wegen Defaitismus gemacht wurde, in ein Plädoyer für den Feminismus und erklärte am 29. März 1918 vor dem Kriegsgericht: »Ich bin eine Feindin des Krieges, weil ich Feministin bin; der Krieg ist der Sieg der brutalen Gewalt, der Feminismus aber kann nicht anders siegen als durch sittliche Gewalt und geistige Größe.«

Diese Erklärung stand der Ideologie von Den Haag näher als dem Sektierertum einer Louise Saumoneau, die Richard Evans scherzhaft einen »General ohne Armee« nennt. Zu Beginn des Krieges in der Groupe des femmes socialistes isoliert, gründete sie zusammen mit zwei russischen Studentinnen das Comité d'action féminine socialiste pour la paix contre le chauvinisme (Aktionskomitee sozialistischer Frauen für Frieden und gegen Chauvinismus), begab sich nach Bern und brachte im Sommer 1915 einige Nummern ihrer Zeitschrift *La Femme socialiste* unter die Leute, dazu lange, unbeholfen formulierte Flugblätter, wahre Schmähschriften gegen die Frauen des Proletariats, die sie als dümmliche Nachäfferinnen bürgerlicher Untugenden und willenlose Geschöpfe mit vernebeltem Gehirn hinstellte. In Wirklichkeit ließen die französischen Arbeiterinnen den Krieg natürlich nicht passiv über sich ergehen; bis zum Herbst 1917 machten sie die Mehrheit der Streikenden auch in den Rüstungsbetrieben aus. Allerdings ging es den streikenden Frauen – auch im Mai und Juni 1917 – in erster Linie um Lohnerhöhungen, was mit den hohen Preisen zusammenhing. Jean-Louis Robert verwahrt sich gegen den Mythos von der pazifistischen Bewegung, die die Pariser Näherinnen ausgelöst hätten, und unterscheidet zweierlei Streiks: den Streik der »midinettes« im Mai, bei dem ausschließlich Lohnforderungen gestellt wurden und der im großen und ganzen erfolgreich verlief, und den umfassenderen der »munitionettes«, der parallel zu den Meutereien an der Front stattfand und ein unbestimmtes Verlangen zwar nicht in erster Linie nach Frieden, doch zumindest nach der Rückkehr der Frontsoldaten ausdrückte.[78]

Feminismus, Nationalismus, Wahlrecht

Ganz unbestreitbar konnten Feminismus und Sozialismus angesichts des Krieges ihre Versprechungen nicht einhalten. Aber analog zu neueren Arbeiten[79], die dazu mahnen, den militanten Diskurs über den »Verrat« der II. Internationale zu beenden und statt dessen den Umfang der sozialen und ideologischen Einbindung der Arbeiterklasse in ihre jeweilige Nation zu analysieren, erscheint es mir notwendig, sich jeglichen Werturteils über das angeblich »falsche Bewußtsein« dieser Frauen, die einen verkehrten Kampf gekämpft hätten, oder über die mangelnde Authentizität ihres Feminismus zu enthalten. Richard Evans erinnert auf überzeugende Weise an den historischen Zusammenhang zwischen europäischem Feminismus und nationaler Ideologie und an die mächtigen Zwänge, die zu Beginn des 20. Jahrhunderts aus der Zugehörigkeit zu einer Klasse oder Nation erwuchsen. Vielleicht kann man den feministischen Patriotismus auch als Ausdruck eines hoffnungsvollen Willens zur Integration verstehen, was den Zielen der Bewegung entsprach und deutlich wird, sobald man deren Sprache entschlüsselt. Nehmen wir zum Beispiel die in der Frauengeschichtsschreibung wenig beliebten Pankhursts mit ihren verbalen Entgleisungen und ihrer Radikalisierung, die aus politischen Aktivistinnen verbissene Superpatriotinnen im heroischen Kampf gegen »Hunnen« und »Bolschewiken« werden ließ: Sandra Gilbert liest aus dem neuen Namen und der Widmung ihrer Zeitschrift *Britannia* (früher *The Suffragette*) nicht Chauvinismus heraus, sondern die Ahnung, daß der Krieg die Emanzipation der Frauen in einem feminisierten Staat herbeiführen konnte.[80] Die geschlechtsbezogene Rhetorik, mit der der patriotische Diskurs der Feministinnen gespickt war – in Frankreich (»*le* cœur« und »*la* conscience«) nicht anders als in Deutschland (*die* Seele der Frau, *der* Körper des Mannes) –, hatte zweifellos dieselbe Bedeutung und war von der Hoffnung getragen, die Schlacht des Jahrzehnts zu gewinnen: die Schlacht um das Frauenwahlrecht.

Das Wahlrecht der Frauen, bereits vor 1914 gefordert, um die Gleichheit aller Menschen voranzutreiben und gleichzeitig den gesellschaftlichen Einfluß der Mütter auf den Kampf gegen soziale Mißstände zu vergrößern, wurde im Krieg zunächst mit dem pazifistischen Kampf verbunden und dann erneut von patriotischen Feministinnen auf die Tagesordnung gesetzt, die glaubten, sich hinreichend bewährt zu haben. »Wahlrecht für die Heldinnen wir für die Helden«, lautete im November 1915, nach dem Untergang des Lazarettschiffs Anglia, die Schlagzeile einer englischen Frauenrechtszeitschrift. Muß man das Wahlrecht – auf die Gefahr hin, den langen Kampf darum zu bagatellisieren – als eine Belohnung betrachten, die den Frauen zum Dank für ihre Haltung im Krieg gewährt wurde? Das ist jedenfalls die These Arthur Marwicks. Oder muß man mit Richard Evans die politischen, strukturellen oder kriegsbedingten Faktoren in den Vordergrund stellen, insbesondere die nach Ende des Krieges in vielen Ländern so verbreitete Angst vor einem Umsichgreifen der Revolution? Welche Bedeutung kam schließlich den radikalen Bewegungen zu, den *militant women* von der WSPU in England oder der National Women's Party (NWP) in den USA? Und welche Bedeutung den Organisationen, die in Zielsetzung und Strategie gemäßigter waren: der National American Woman Suffrage Association (NAWSA) in den USA, der NUWSS in Großbritannien oder der UFSF in Frankreich? Das Phänomen scheint ansteckend gewesen zu sein und nach neutralen und nordischen Ländern wie Dänemark, Island und den Niederlanden, die mit einiger Verspätung den Weg Finnlands einschlugen, auch die kriegführenden Staaten erfaßt zu haben.[81]

In den USA hatte der späte Kriegseintritt für die letzten Kämpfe um das Frauenwahlrecht keine große Bedeutung mehr, auch wenn dessen Befürworter damit argumentierten, dieses Wahlrecht sei für die Kriegsanstrengungen in Europa und für das Gelingen der Demokratie im eigenen Land unentbehrlich. Während daraufhin die Wahlrechtsgegner von Kuhhandel, der Gefahr einer sozialen Revolution und von Verlust der geschlechtlichen Identität sprachen, übte sich die NAWSA, die durch ihre Vorsitzende Carrie Chapman Catt entscheidende Impulse erhielt, in den einzelnen Bundesstaaten und bei Regierungsinstanzen in der hohen Kunst des *lobbying*. Die junge NWP, eine kleine, aber entschlossen agierende Splittergruppe, die das Frauenwahlrecht durch einen Zusatz zur Verfassung erreichen wollte, wandte die englische Strategie an: Bestrafung der Regierungspartei. Nach dem Scheitern der NWP bei den Wahlen von 1916, wo sie in den zwölf Bundesstaaten, in denen Frauen bereits wählen durften, gegen die Demokraten zu Felde gezogen war, hielten NWP-Demonstrantinnen monatelang vor dem Weißen Haus Mahnwachen ab, ketteten sich an Zäune oder legten sich auf die Straße. Die NWP vermied zwar jede Stellungnahme zum Krieg, nutzte aber die deutschlandfeindliche Stimmung im Lande aus und zögerte nicht, den Präsidenten als »Kaiser Wilson« zu titulieren. Der Repressionsapparat, hinter dem auch die NAWSA stand, machte aus den Anhängerinnen der NWP die ersten Opfer des Krieges, aber auch Märtyrerinnen für die Sache der Frau – eine Auseinandersetzung, deren Entscheidung noch drei Jahre auf sich warten ließ: Am 9. Januar 1918 verpflichtete sich Wilson nach jahrelangem Widerstand, dem 19. Verfassungszusatz zuzustimmen, der am folgenden Tag vom Repräsentantenhaus und im Juni 1919 vom Senat verabschiedet und bis August des folgenden Jahres von 36 Bundesstaaten ratifiziert wurde. Indessen fiel der Sieg der Wahlrechtlerinnen in eine politisch reaktionäre Zeit und erfolgte gleichzeitig mit der Einführung der Prohibition. War er also nur eine Abwehrreaktion des weißen und puritanischen Amerika, nur der Versuch des weiß-angelsächsisch-protestantischen Mittelstandes, die Schwarzen, die Einwanderer, die Stadtbewohner zu kontrollieren? Mit einer solchen Behauptung würde man unterstellen, daß der Feminismus im wesentlichen zu einem Konservativismus geworden war, und die Unterstützung verkennen, die der

Wahlrechtsbewegung durch ausländische Gemeinden, wie etwa die jüdische Gemeinde in New York, zuteil wurde.[82]

Dagegen mochte die Einführung des Frauenwahlrechts in den mitteleuropäischen Ländern und in Rußland 1917 durchaus als ein von Liberalen und Reformsozialisten eingesetztes Instrument zur Verhinderung der proletarischen Revolution und zur Stabilisierung der Demokratie nach dem Zusammenbruch der Kaiserreiche erscheinen. Das traf eindeutig für Deutschland zu, wo den Frauen am 30. November 1918 durch Verordnung des Rats der Volksbeauftragten das Wahlrecht zugebilligt wurde, während der Graben zwischen der SPD und den Spartakisten, die die Wahl einer verfassunggebenden Versammlung ablehnten, immer tiefer wurde. Gewiß hatte man im Krieg den deutschen Frauen für ihre Arbeit gedankt, aber nur durch den Frauensonntag im Juni 1915 oder ein Glückwunschtelegramm Hindenburgs an Gertrud Bäumer zum 17. September 1917. In seiner Osterbotschaft von 1917 hatte der Kaiser seinen Untertanen eine stärkere politische Beteiligung versprochen, aber der Reichstag wiederholte gleich zweimal, daß der Platz der Frauen am häuslichen Herd sei.

Auch in Großbritannien hatte der Krieg, ungeachtet der spektakulären Kursänderung von Premierminister Asquith, nur indirekt, durch seine Auswirkungen auf die allgemeine politische Lage, Folgen für das Frauenwahlrecht. Er ließ vor allem Forderungen nach einer Reform des bisher sehr undemokratischen Wahlrechts laut werden, das sich nicht nur am Geschlecht des Wahlberechtigten, sondern auch an seinem Wohnsitz und seinen Vermögensverhältnissen orientierte. Aber das Wesentliche war die defensive Haltung der Wahlrechtlerinnen, die, entgegen ihren Beteuerungen vor dem Krieg, die ungleichen Bedingungen des Gesetzes vom 6. Februar 1918 akzeptierten: Einführung des Wahlrechts für alle Männer und des Wahlrechts für Frauen über dreißig. Das Gesetz war, je nach Betrachtungsweise, ein halber Sieg oder eine halbe Niederlage; es schloß fünf der zwölf Millionen erwachsener Frauen von den Wahlen aus, um bei der Zahl der Wahlberechtigten dem kriegsbedingten Massensterben der Männer ebenso wie dem traditionellen Ungleichgewicht zwischen den Geschlechtern »gerecht zu werden«. In Frankreich wurde die Altersgrenze von dreißig Jahren auch von der Wahlrechtskommission gutgeheißen, die dem Abgeordnetenhaus im Mai 1919 nach vielen Winkelzügen Dussaussoys Entwurf für das aktive und passive Wahlrecht in den Städten vorlegte. Andere Vorschläge, wie das Wahlrecht ganzer Familien oder das Wahlrecht für tote Soldaten, ausgeübt durch deren Witwen oder Mütter, wurden fallengelassen, weil sie zu sehr im Widerspruch zu den Rechtstraditionen Frankreichs standen. Doch der optimistische Aktivismus der Feministinnen konnte über Schwierigkeiten nicht hinwegtäuschen; der große Elan von 1914 war an der Spaltung und der Aufsplitterung der Frauenbewegung zerbrochen, die mit der kriegsbedingten Militarisierung aller Seiten, mit der russischen Revolution und mit persönlichen Problemen der Führungsspitze zusammenhingen; angesichts der zahllosen aktuellen Probleme war für viele Politiker die Frauenfrage nicht vordringlich und hatte eher mit dem besorgniserregenden Bevölkerungsrückgang als mit den Rechten der Frau zu tun. Hatte auch die Abgeordnetenkammer mit großer Mehrheit den Gesetzesänderungsantrag von Andrieux über die politische Gleichstellung der Geschlechter – einen veritablen Gegenentwurf – angenommen, so lehnte der Senat es ab, ihn auf die Tagesordnung zu setzen, und verwarf ihn im November 1922 mit den konventionellsten geschlechtsbezogenen Argumenten; dies bedeutete in Frankreich, dem Land, in dem Männer seit langem wahlberechtigt waren, daß die Rechten, die generell die Frauen aus der Politik verbannt sehen wollten, mit den Linken (zumal den Linksradikalen), die Angst vor einem konservativen Wahlverhalten der Frauen hatten, sich in dieser Frage einig waren. Das bereits erwähnte Gesetz von 1920, das von einer überwältigenden Mehrheit begrüßt und nur von wenigen Feministinnen verurteilt wurde, war zwar auf die französischen Frauen zugeschnitten, aber nur, um ihren Bauch zu kontrollieren, nicht, um sie zu gleichberechtigten Staatsbürgerinnen zu machen. Das in dieser Hinsicht oppressivste Gesetz in ganz Europa war Ausdruck einer geradezu zwanghaften Geburtenförderung, einer Zurücknahme weiblicher Rechte und des Willens, jedes Geschlecht wieder an seinen Platz zu verweisen.[83]

Die Beziehungen zwischen den Geschlechtern und der Krieg

Hat der Krieg letzten Endes die Beziehungen zwischen Männern und Frauen, ihren wirklichen und ihren symbolischen Platz in der Gesellschaft verändert? Eine Bilanz ist angesichts des allgemeinen Umschwungs und der Erschütterungen in der unmittelbaren Nachkriegszeit nicht einfach – um so weniger, als überall nationale Besonderheiten eine Rolle spielten, die in anderen Beiträgen dieses Bandes zur Sprache kommen.

Der Umschwung der Nachkriegszeit

Als am 11. November 1918 die Glocken den Waffenstillstand einläuteten, hinterließ der Krieg ein ausgeblutetes Europa neben einem triumphierenden Amerika, er hinterließ besiegte und bald auch zerschlagene Länder wie die großen Kaiserreiche Österreich-Ungarn und Deutschland und siegreiche, aber traumatisierte Staaten wie Frankreich, Großbritannien und Italien. Wie viele Kriegsopfer es unter der Zivilbevölkerung insgesamt gab, ist unbekannt, gewiß waren es aber in Mittel- und Osteuropa mehr als anderswo. Neun Millionen Männer waren tot, weitere Millionen mußten demobilisiert werden und ins bürgerliche Leben zurückfinden. Für die Frauen, denen die Sonntagsredner und die Parteigänger der Frauenemanzipation mit hohlen Phrasen eine strahlende Zukunft oder zumindest ihre Unentbehrlichkeit bei den Anstrengungen des Wiederaufbaus prophezeit hatten, war die Stunde gekommen, den Platz zu räumen. Man beschimpfte sie als die eigentlichen Kriegsgewinnlerinnen, oft auch als unfähig zu wirklicher Arbeit, und forderte sie im Namen des Vorrechts der alten Kämpfer, im Namen des nationalen Aufschwungs und der Verteidigung der Rasse auf, an den häuslichen Herd und in die angestammten weiblichen Berufe zurückzukehren. Die einen wehrten sich, die anderen fanden sich ab – müde geworden durch die Jahre der Arbeit und der Einsamkeit, oder einfach nur glücklich über die Heimkehr des Mannes, des Sohnes, des Bruders. Bei Kriegsende taten sich so viele Paare wie nie zuvor zusammen; es herrschte geradezu ein »Drang ins Private«, zentriert um die Familie und um das Kind, in dem die einst so rebellische Französin Marcelle Capy »den Messias, die große Hoffnung« erblickte.[84]

Aus der Erwägung heraus, daß eine Epoche zu Ende gegangen war und es des Opfers der Frauen nun nicht mehr bedurfte, vollzog sich die Demobilisierung der Frauen überall rasch und brutal. Das galt vor allem für die Rüstungsarbeiterinnen, die als erste entlassen wurden. Frankreich war das am wenigsten großzügige, aber pragmatischste Land: Zwar herrschte breite Übereinstimmung darin, daß die Frau an den Herd gehöre; aber es ließen sich auch nicht wenige Stimmen vernehmen, die die Unentbehrlichkeit der Frauenarbeit, sogar in der Industrie, betonten. In Deutschland und in Großbritannien dagegen zielte die Politik der Demobilmachung darauf ab, in möglichst kurzer Zeit wieder einen nach Geschlechtern differenzierten Arbeitsmarkt aufzubauen und zur traditionellen Familie, mit dem Vater als Ernährer und der Mutter als Hausfrau, zurückzukehren. In Deutschland bekamen Frauen, deren Erwerbstätigkeit rein kriegsbedingt gewesen war, keine Arbeitslosenunterstützung. In Großbritannien bekamen sie zwar eine gestaffelte Unterstützung, aber die Zeitungen zogen über alle Frauen her, die ihre Männer »verrieten« und auf Staatskosten lebten. Beliebte Methoden waren in beiden Ländern auch die Rückkehr zu einem Fürsorgerecht für Erwerbslose und die Streichung des Arbeitslosengeldes für Frauen, die einen ihnen angebotenen Arbeitsplatz in der Hauswirtschaft oder einen anderen Frauenberuf ablehnten. Selbst Arbeitsplätze, die von Männern ungern übernommen wurden, mußten den Kriegsversehrten vorbehalten bleiben.[85] In dieser Atmosphäre des Geschlechterkrieges entsandten die deutschen Frauen immerhin 37 Vertreterinnen in die Verfassunggebende Versammlung nach Weimar, während in Großbritannien bei der Wahl vom Dezember 1918 keine der fünfzehn englischen Kandidatinnen ins Unterhaus gewählt wurde; die einzige, die gewählt wurde, war Countess Constanze Markiewicz, eine irische Rebellin, die wegen Teilnahme am Osteraufstand 1916 eine Haftstrafe verbüßte (als Frau war sie nicht zum Tode verurteilt worden) – eine Feministin, für die Feminismus und die nationale Frage immer zusammengehört hatten.[86]

Diese Rücksichtslosigkeit gegen die Frauen – der Preis für die rasche soziale Wiedereingliederung der Veteranen in Familie und Beruf – scheint ebensosehr eine psychologische wie eine ökonomische Funktion gehabt zu haben: Es galt, zum einen das männliche Selbstwertgefühl zu stärken, das in vier Jahren anonymen Kämpfens argen Schaden gelitten hatte, und zum anderen den Krieg möglichst schnell vergessen zu machen und, in einer Zeit der sozialen Unruhen und des Erstarkens der politischen Reaktion, dem sehnlichen Wunsch der Frontsoldaten nach Wiederherstellung ihrer alten Welt Rechnung zu tragen. Die englische Gewerkschafterin Mary Macarthur irrte sich 1918, wenn sie glaubte, der Mann sehe jetzt, nach dem Krieg, die Frau mit anderen Augen als früher; das war kaum oder gar nicht der Fall. Die Männer mußten sich an etwas Unveränderliches klammern können, sie brauchten das Gefühl, daß im Grunde Gerechtigkeit waltete, sie wollten ihre Frauen so wiederfinden, wie sie sie verlassen hatten, und dort, wo sie sie verlassen hatten. Die bereits erwähnten französischen Zeitungen für die Schützengräben artikulierten die Angst der Frontsoldaten, nach ihrer Rückkehr in die Heimat verdrängt zu werden, ihre Fehleinschätzung der Strapazen im Hinterland und ihre Entschlossenheit, sich zu Herren und Meistern des Landes zu machen und vor allem die Frauen auf die rechte Bahn zurückzubringen – und das alles vermischt mit einem ungeheuren Geltungsbedürfnis. Die unmittelbar nach dem Krieg oder etwas später erscheinende Literatur männlicher Autoren formulierte auf noch tragischere Weise das Gefühl eines Komplotts der Frauen gegen die Macht der Männer und die verzweifelte Suche nach einer neuen Männlichkeit, die sich auf die Herrschaft über Frau und Kind stützte. »Beim Wiedersehen mit meiner Frau habe ich ihre Augen nicht mehr erkannt«, läßt der Erzähler Paul Géraldy einen hochdekorierten Kommandanten sagen.[87] Aber die Wirklichkeit der intimen Beziehungen ist noch schwerer zu erfassen, und die Zeugnisse sind widersprüchlich. »Ich habe ihnen ein Schaf gegeben, und sie haben mir einen Löwen zurückgegeben«, habe ich eine Frau sagen hören.[88] Vielleicht müßte man in Polizei- und Gerichtsakten nach Anhaltspunkten für eine häusliche Gewalt suchen, auf die manches hindeutet.

Bei den Besiegten führte die Unmöglichkeit einer Wiederherstellung der alten Zustände zu einem heftigen Groll gegen die Zivilbevölkerung, die für die Niederlage verantwortlich gemacht wurde; dieser Groll nährte gewalttätige sexuelle Phantasien und förderte den Rückzug der Männer in den »Männerbund«, der mit Führerkult und Gleichschaltung der Frauen die nationale Erneuerung bringen sollte. Schon bevor dieses Ideal von den nationalsozialistischen Organisationen und Herrschaftsstrukturen übernommen wurde, hatte es die Freikorps beseelt, die die junge Weimarer Republik terrorisierten.[89] In Österreich verstärkten die Realität des Krieges und die Aufteilung der alten Donaumonarchie die Identitätskrise, die das geistige Wien schon zu Beginn des Jahrhunderts geprägt hatte. Das Drama *Die letzten Tage der Menschheit* von Karl Kraus (1918/19), eine Satire auf die Frau im Krieg und eine Anklage des kapitalistischen Krieges, kündete noch deutlicher den Verfall einer Gegenwart, die von der Verirrung und Verwirrung der Geschlechter gezeichnet war.[90]

Fürs erste wurde die Demobilisierung der Frauen von einer heftigen Kritik an der emanzipierten Frau und am Feminismus begleitet, diesem »Traum des Feindes«, wie ihn manche nannten. Die französische Romanschriftstellerin Colette Yver wiederholte in ihrem Buch *Les Jardins du féminisme* (1920) eine These, die sie schon früher in *Les Cervelines* (1903) und in *Princesses de science* (1907) aufgestellt hatte: die These, daß die Frau nicht ohne nachteilige Folgen für sich selbst wie für die Gesellschaft »ein autonomes Wesen« sein könne. Auch führte die Demobilmachung dazu, daß man – in Europa allerdings weniger laut als in den USA – wieder das Loblied der Hausfrau sang, die zur Königin in ihrem kleinen, erotisierten und konsumorientierten häuslichen Reich emporstilisiert wurde; vor allem aber feierte man die Mutter, zu deren Ruhm die Amerikaner, bald gefolgt von den Kanadiern und den Briten, seit 1912 einen »Muttertag« eingeführt hatten. Seit 1918 griff man in Frankreich diesen Gedanken aus Gründen der Geburtenförderung auf und versuchte, öffentliche Feiern zu Ehren kinderreicher Mütter einzuführen – zunächst nur von Fall zu Fall, dann, unter der Vichy-Regierung, ganz offiziell. Müttern von fünf, acht oder zehn Kindern konnte die Familienmedaille verliehen werden, die wie die Geburtenprämie Anfang 1920 eingeführt worden war, während die Väter mit einem der zahlreichen Preise ausgezeichnet werden konnten, die diesen »großen Abenteurern der modernen Welt« winkten. Hier appellierte der Diskurs über die Mutterschaft mehr an die Pflichten als an die Rechte der Frau.[91] Anderswo stellten neue Gesetze zum Schutz von Mutter und Kind – der Maternal and Child Welfare Act in Großbritannien (1918) oder der Sheppard-Towner Act in den USA (1921) – unbestreitbar Fortschritte dar, trugen aber den spezifischen Problemen von berufstätigen Müttern nicht ausreichend Rechnung.

War also der Krieg für die Frauen gleichsam ein Ausnahmezustand? Das Bild von der (männlichen und weiblichen) Doppelhelix, das Margaret und Patrice Higonnet für die Problematik der Geschlechterbeziehung gebrauchen, entspricht besser dem zugleich provisorischen wie oberflächlichen Charakter der Veränderungen (die Helix dreht sich erst in die eine, dann in die andere Richtung) mit ihrer anhaltenden (realen oder sprachlich vermittelten) Unterordnung der weiblichen unter die männliche Rolle.[92]

Krieg und Geschlechterdifferenz

Kurzfristig unbestreitbar zutreffend, bedarf diese erste Schlußfolgerung doch langfristig der Relativierung. Denn betrachtet man die Lage der Frau und ihre Entwicklung, so scheint der Erste Weltkrieg die in der Belle Époque sich abzeichnenden Entwicklungen bald abgeblockt, bald beschleunigt und Breschen in die herkömmliche Aufgaben- und Machtverteilung zwischen den Geschlechtern geschlagen zu haben. Diese Breschen fielen je nach Land, Altersgruppe oder sozialer Schicht unterschiedlich groß aus, hinterließen jedoch erkennbare Spuren.

Das gilt zunächst einmal für den Bereich der Erwerbstätigkeit. Gewiß, der Krieg hat die geschlechtliche Arbeitsteilung kaum gemildert, er hat die Vorbehalte gegenüber der Frauenerwerbstätigkeit verstärkt, die bei sinkender Konjunktur sofort wieder in Frage gestellt wird. In Frankreich gab es 1921 eine überproportional hohe Erwerbstätigkeit von Männern und einen Anstieg der weiblichen Erwerbstätigkeit – in der Landwirtschaft. Doch alle folgenden statistischen Erhebungen deuteten – außer für 1946 – bis 1968 auf einen Rückgang der weiblichen Berufstätigkeit und der Feminisierung der Arbeit hin: Was die langfristige Entwicklung der Frauenerwerbstätigkeit betrifft, scheint also der Krieg die im 19. Jahrhundert zu beobachtende Tendenz zu einem Anstieg beider Indikatoren umgekehrt zu haben.[93] Aber trotz dieses allgemeinen Rückgangs gab es doch nicht wenige Veränderungen, sowohl in Frankreich als auch bei seinen europäischen Nachbarn. Immer mehr Dienstmädchen kündigten, weil diese Art von Arbeit nun als unterwürfig, sklavisch angesehen wurde; in Großbritannien wurde die Entwicklung zwar durch die anhaltende Arbeitslosigkeit in der Zwischenkriegszeit aufgehalten, aber die Arbeitsbedingungen der Hausangestellten verbesserten sich. Das Aussterben der Schneiderberufe und der Heimarbeit ging, wie neuere Untersuchungen gezeigt haben, im Kielwasser des Taylorismus mit einer Zunahme von Frauen in großen modernen Industriezweigen einher (Metall- und Elektroindustrie). In Frankreich wie in Großbritannien führten die neuen Strategien der Massenfertigung ungeachtet der Proteste der Gewerkschaften zur vermehrten Beschäftigung von Frauen in den Fabriken – im Rahmen einer neuen geschlechtlichen Arbeitsteilung, die den Frauen als Erbe des Krieges monotone, unqualifizierte Arbeiten zuwies. Im Guten wie im Schlechten – das Thema wäre weiterer Untersuchungen wert – erscheinen die Frauen als Repräsentantinnen der Modernität, die den Innovationen des Jahrhunderts aufgeschlossener gegenüberstanden als ihre gealterten oder traumatisierten Gefährten.[94]

Eine dritte bemerkenswerte Veränderung war die sich abzeichnende Entwicklung der Berufe des Dienstleistungssektors zu wahren Hochburgen der Frauenarbeit: im Handel, im Bankwesen, im öffentlichen Dienst und sogar in den freien Berufen, zu denen die Frauen nun verstärkt Zugang hatten; in Großbritannien dank des Sex Disqualification Removal Act (1919), den Virginia Woolf in dem Essayband *Drei Guineen* als den Beginn einer neuen Welt für »die Töchter gebildeter Männer« begrüßte; in Frankreich durch den gerechteren Zugang zu Gymnasien und Hochschulen, der von den Feministinnen schon seit langem gefordert worden war. Seit dem Krieg öffneten sich die Wirtschafts- und Ingenieursschulen auch für Frauen, 1919 wurde ein *baccalauréat* für Frauen eingeführt, das den Besuch der Universität erlaubte; 1924 erfolgte die Angleichung der Gymnasialausbildung von Jungen und Mädchen. Vor dem Hintergrund drohender Ehelosigkeit und der verschlechterten Vermögensverhältnisse der Mittelschicht erlaubte es diese Feminisierung des tertiären Sektors jungen Mädchen aus dem Bürgertum, einen Beruf auszuüben und ein bedingtes Recht auf Erwerb zu erlangen. In diesem Punkt konnte man sie als die Hauptnutznießerinnen des Krieges bezeichnen, und sie waren sich häufig wohl bewußt, anders als ihre Mütter zu leben. Ihre Vorbilder waren aktive und unabhängige Frauen, in Frankreich beispielsweise Suzanne Lenglen, Marie Curie, Colette oder, bescheidener, Frauen aus dem Kreis der Laien oder der Katholiken, die mit Sachkunde und Engagement im sozialen Bereich tätig waren. Yvonne Knibiehler und Sylvie Fayet-Scribe haben die von diesen dynamischen Frauen erreichten Neuerungen stets höher bewertet als ihre Zugeständnisse an den Zeitgeist.[95]

Was die Rechte der Frauen betraf, so fiel die Bilanz von Land zu Land noch unterschiedlicher aus. Frankreich, wo man Gesetze gegen die Geburtenkontrolle einführte, den Frauen das Wahlrecht verweigerte und erst 1938 die Geschäftsunfähigkeit der verheirateten Frau aufhob, nahm sich rückständig aus neben Ländern wir Großbritannien oder auch Deutschland, wo die Weimarer Verfassung den Grundsatz der Gleichheit der Geschlechter proklamierte, ohne ihn freilich im Bürgerlichen Gesetzbuch oder im Strafgesetzbuch zu konkretisieren. Aber es zeichnete sich doch eine Angleichung der Verhaltensweisen der Geschlechter ab, etwa bei der Geburtenplanung oder, in geringerem Maße, in der mehr kameradschaftlichen Beziehung der Ehepartner zueinander. Darüber hinaus bedeutete die Ausübung des Wahlrechts nicht automatisch eine stärkere Beteiligung der Frauen am politischen Leben und an der Macht, auch wenn aus den Wahlrechtsbewegungen Vereine zur politischen Bildung geworden waren: die NAWSA avancierte zur National League of Women Voters, die NUWSS zur National Union of Societies for Equal Citizenship (NUSEC), der Allgemeine Deutsche Frauenverein zum Deutschen Staatsbürgerinnenverband. Schließlich hatte der Krieg durch die Einführung einer Familienunterstützung für Soldatenfrauen und später durch die Renten für Kriegerwitwen ein Recht auf soziale Absicherung der Familien gefördert, die sich am Status des Berechtigten orientierte und mithin den Frauen nur eine durch das Familienoberhaupt vermittelte soziale Staatsbürgerschaft gewährte, wodurch in den späteren Wohlfahrtsstaaten einem geschlechtsbezogenen System der sozialen Sicherheit Vorschub geleistet wurde.[96]

Die offenkundigste und am weitesten verbreitete Errungenschaft, die der Krieg für die Frauen mit sich gebracht hatte, war die neue Freiheit in der Art, sich zu geben und zu bewegen, die sie in den Jahren des Alleinseins und durch die Übernahme von Verantwortung errungen hatten. Befreit von unbequemen Korsetts, von langen, engen Kleidern, sperrigen Hüten und sogar vom Haarknoten, an dessen Stelle der Bubikopf trat, konnte der weibliche Körper sich nun ungehindert bewegen. Man vergleiche Photographien aus der Zeit der Belle Époque mit denen des Franzosen Jacques-Henri Lartigue oder solchen aus den »tollen« zwanziger Jahren. Oder man lese Clara Malraux oder andere Schriftstellerinnen: Sie haben diese Revolution des Alltags beschrieben, die eine andere Beziehung der Frau zu ihrem Körper und ihrem Ich mit sich brachte: Frauen trieben Sport, sie tanzten nach Rhythmen, die aus Amerika kamen, sie erforschten die eigene Sexualität und entschieden manchmal selbst über ihr Leben.[97] Die junge Generation kam als erste in den Genuß dieser neuen Freiheit; die gemeinsame Freizeitbeschäftigung von Jungen und Mädchen setzte sich früher durch als gemischte Schulen. Wie die Männer, so wußten auch die Frauen, daß das Glück zerbrechlich war, daß es besser war, sich von einer Moral der Enthaltsamkeit und der Zurückhaltung zu verabschieden und in den Tag hinein zu leben. Die unleugbare Lockerung der Sitten hörte jedoch bei der weiblichen Homosexualität auf, die von nun an – weit entfernt von dem emanzipatorischen Sapphismus des Jahrhundertbeginns – dazu verurteilt war, sich im Verborgenen auszuleben, in dem schuldhaften Gefühl, die Hegemonie des Mannes herauszufordern. Hiervon handelt *The Well of Loneliness*, jener englische Roman von Radcliffe Hall, der, 1928 als obszön verboten, für ganze Generationen der Lesbierinnen-Roman schlechthin wurde.[98]

Um das zu verstehen, muß man über die einfache Aufzählung der – im übrigen begrenzten – Errungenschaften hinausgehen, die der Krieg den Frauen gebracht hat, und die Auswirkungen des Krieges auf die Psychologie des Mannes und der Frau und mehr noch auf die gesellschaftliche Wahrnehmung des Geschlechts berücksichtigen. Der Krieg, der die Geschlechter radikal voneinander trennte und den Graben zwischen Front und Hinterland so sehr vertiefte, daß gegenseitiges Unverständnis, ja Haß das Klima vergifteten, trug dazu bei, im Bewußtsein der Zeitgenossen das zu erzeugen, was Paul Fussel *the modern versus habit* genannt hat: eine antithetische Denkweise, die zwei Dinge einander unversöhnlich, ohne die Hoffnung auf eine Synthese, gegenüberstellt.[99] Dieses Denkmuster zog lange Zeit eine unverrückbare Scheidelinie zwischen dem Männlichen und dem Weiblichen und ließ uralte Männermythen wiederaufleben: Der Mann ist dazu da, um zu kämpfen und zu erobern, die Frau, um Kinder zu gebären und sie aufzuziehen. In einer nach allgemeiner Wahrnehmung aus den Fugen geratenen Welt schien diese Komplementarität der Geschlechter notwendig zu sein, damit die Menschen wieder ihren Frieden fanden und das Gefühl der Sicherheit bekamen. Weit entfernt von den auf Gleichberechtigung abzielenden Bestrebungen und den nach weiblicher und männlicher Identität fragenden Problemstellungen der Belle Époque, setzte sich nach dem Ersten Weltkrieg im sozialen und politischen Denken die Theorie von der Dichotomie der Geschlechter durch. Das bewiesen unter anderem die weit über Italien hinaus erfolgreichen Thesen Gina Lombrosos über die »Fremd-Zentriertheit« der Frau – die Frau kann ihr Glück nur in der Selbstaufgabe finden – und die diversen Familien- und Gebärideologien. Mehr noch als vor 1914 sah die Kultur der Arbeiterklasse – mit der bemerkenswerten Ausnahme des Kommunismus der zwanziger Jahre – das Aufgabenfeld der Frau am heimischen Herd, das des Mannes im Berufsleben. Reinhard Sieder zum Beispiel sieht im »Wiener System« der medizinischen und sozialen Fürsorge, das die Sozialdemokraten als neue Vaterfiguren der aufgelösten Donaumonarchie eingeführt hatten, die Wiederherstellung der patriarchalischen Familienordnung, die mit der Marginalisierung von politisch aktiven Frauen einherging – ein Befund, den andere Untersuchungen bestätigen.[100] Die Entstehung einer von der katholischen

Soziallehre getragenen christlichen Gewerkschaftsbewegung bestärkte die Arbeiter in ihrer Familienzentriertheit.[101] Bei den Revolutionären aller Couleur, denen das Jahrhundert gehören sollte, nahm der militante Weltentwurf eine kriegerische Dimension an, die die Lösung der Frauenfrage auf bessere Tage verschob. Der Kult um die toten Kameraden vermochte die Frau wieder auf den Platz der Nicht-Kombattantin zu verweisen und die Identität des Mannes zu stärken. Die Kameradschaften der Veteranen und Kriegsversehrten, in Frankreich eher pazifistisch gesinnt, bei den Besiegten eher bellizistisch, waren Stätten einer rein männlichen Geselligkeit, die in der Zwischenkriegszeit die Gesellschaft überall zutiefst prägten; in Frankreich hatten sie Ende der zwanziger Jahre drei Millionen Mitglieder, die zwar politisch unterschiedliche Positionen vertraten, sich aber vereint wußten in der gemeinsamen Erinnerung an den Krieg und in ihrem Anspruch auf eine moralische Führungsrolle.[102]

Die Frage, inwieweit die Frauen selber der erwähnten Rollenverteilung innerlich zustimmten, ist heikel, aber zentral. Die Erfahrungen des Krieges waren aus dem Bewußtsein der Frauen nicht zu tilgen, aber sie waren weder gleichartig noch eindeutig ausgefallen, sondern hatten – je nach Nation, Altersgruppe und sozialer Klasse – Unabhängigkeit, Leid und Überlastung in unterschiedlichem Verhältnis gemischt. Wenn auch die Solidarität innerhalb der Klassen kaum ausgeprägter war als die Solidarität innerhalb der Geschlechter, hielt man in den noch stark hierarchisch geordneten Gesellschaften doch primär an der sozialen Kategorie der Klasse fest; was Deutschland betrifft, wo die Härte der Kriegszeit mehrere Jahre nachwirkte, beklagt Christiane Eifert, daß die Frauen der proletarischen Schichten von den auf Integration bedachten bürgerlichen Frauenverbänden schlichtweg geopfert worden seien.[103] Wenn Frauen – die einen mehr, die anderen weniger – ihre Persönlichkeit betonten und sich ihrer Stärke bewußt wurden, so sehnten sie sich doch auch nach Ruhe und Frieden in der Familie, und zwar um so mehr, als die Atmosphäre der Demobilmachung Schuldgefühle in ihnen weckte und jeden Emanzipationswillen brach. Durch die Permissivität der Sitten begünstigt und durch das quantitative Ungleichgewicht zwischen den Geschlechtern und die geänderte Vermögenslage breiter Kreise geradezu erzwungen, waren unabhängige Verhaltensweisen von Frauen in der Zwischenkriegszeit zwar nicht selten anzutreffen, aber sie verschmolzen keineswegs zu einer Gesamtdynamik, sondern gingen in dem praktisch einhelligen Diskurs über die Frau als Mutter unter. Sogar der damalige Feminismus schien auf der Stelle zu treten oder sich zumindest mehrheitlich an einem Feminismus der Differenz zu orientieren. »Das Jahr 1920 markiert das Ende der Ära des Feminismus«, behauptete Richard Evans 1977, der im

Frauenwahlrecht zugleich ein Symptom und eine Ursache für den Niedergang jener Bewegung sah. Diese zeitliche Bestimmung ist vielleicht etwas zu kategorisch und müßte durch die gegenwärtigen Forschungen über »l'entre-deux-féminismes«, die Zeit zwischen den beiden Frauenbewegungen (1920 bis 1960), korrigiert werden. Dies hat zum Beispiel Nancy Cott geleistet, für die die Jahre von 1920 bis 1930 in den USA, unabhängig vom Krieg, nicht einen Niedergang des Feminismus darstellen, sondern eine kritische Übergangsphase zwischen der Frauenbewegung des 19. Jahrhunderts, für die die Rechte der Frau schlechthin im Vordergrund standen, und dem modernen Feminismus, der der Mannigfaltigkeit Rechnung trägt und Gleichheit wie Differenz, individuelle Freiheit wie Gruppensolidarität zu artikulieren sucht.[104] Im übrigen verdiente es das internationale Leben des Feminismus, bekannter zu sein – seine pazifistischen Bewegungen ebenso wie die Bewegungen, deren Ziel die Förderung der Frau war.

Der Feminismus vor 1914 hatte, offensiv und im Vertrauen auf seine Mannigfaltigkeit, seine Forderungen im Namen der Gleichheit aller Menschen *und* der Besonderheit jedes Geschlechts gestellt; der Feminismus der Zwischenkriegszeit wirkte dagegen einförmiger und akzeptierte die geläufigen Vorstellungen, die Männlichkeit und Weiblichkeit als Elemente der menschlichen Natur definierten. Daher rührte der Bruch mit radikalen Minderheiten, die für sexuelle Freiheit und berufliche Gleichstellung kämpften, wie die französischen Neomalthusianerinnen (Madeleine Pelletier, Jeanne Humbert) und ihre amerikanischen Kolleginnen, die Gruppe um die Zeitschrift *Die Frau im Staat*, die die Positionen des Open Door Council vertrat, oder die amerikanische NWP, die für das Equal Rights Amendment kämpfte.[105] Mehrheitlich beschwor der Feminismus die Differenz wie die Komplementarität der Geschlechter, indem er, nicht ohne moralisierenden Unterton, die Mutterschaft pries, mit den Bedürfnissen der Mütter und nicht mit den Rechten der Frauen argumentierte und einen besonderen Schutz für Arbeiterinnen forderte. Das galt besonders für Deutschland, wo das 1919 verabschiedete neue Programm des BDF den Wirkungskreis der Frau und ihre Pflichten im Dienste an der Volksgemeinschaft absteckte. Das galt aber auch für Großbritannien, wo eine Minderheit von *equalitarians* aus der NUSEC austrat, weil hier über einen an der Mutterschaft orientierten, unter der Gewalt der Männer leidenden *new feminism* spekuliert wurde.[106] Immerhin muß man betonen, daß die in Frankreich so gehaltvolle Diskussion um die Mutterschaft als einer »gesellschaftlichen Funktion« auch einen die Frau aufwertenden, mobilisierenden Aspekt hatte.[107]

Abschließend möchte ich weder von einer widersprüchlichen Bilanz sprechen noch die (emanzipatorischen) zwanziger Jahre gegen die (reaktionären) dreißiger Jahre ausspielen, sondern die wesentliche Rolle hervorheben, die im System des Ersten Weltkriegs dem Geschlecht zukam, und darüber hinaus den zutiefst konservativen Charakter des Krieges in der Frage des Geschlechterverhältnisses unterstreichen. Bei dieser Betrachtungsweise wird besser verständlich, warum unser 20. Jahrhundert mit seinen langen Kriegszeiten, Nachkriegszeiten und Zwischenkriegszeiten erst so spät, nämlich nicht vor den sechziger Jahren, eine wirkliche Umwälzung im Verhältnis zwischen Mann und Frau erfahren hat.

Aus dem Französischen von Holger Fliessbach

2

Die moderne Frau

Der amerikanische Stil der zwanziger Jahre

Nancy F. Cott

Die Führungsrolle, die den USA Anfang des 20. Jahrhunderts zufiel, war nicht nur dem Eingreifen Amerikas in den »Großen Krieg« zu verdanken, sondern auch dem unaufhaltsamen Siegeszug amerikanischer Technologien, Produkte und visueller Medien in Übersee im Laufe der folgenden Jahrzehnte. Auch die Herausforderung alter patriarchalischer oder neuer kollektivistischer Lebensformen durch das Modell der modernen amerikanischen Frau hing nicht so sehr mit der Anziehungskraft des Sternenbanners zusammen, sondern ging von Gütern, vom Lebensstil, von den Nachrichtensendungen und vom Kino aus. Auf unterschiedliche Weisen gingen die modernen Frauen aus dem früheren Ringen um politische, ökonomische und sexuelle Emanzipation hervor. Für die amerikanische Frauenbewegung wie für die sozialistische und die Gewerkschaftsbewegung waren die Jahre von 1890 bis 1910 die erfolgreichsten überhaupt gewesen. Nach 1910 waren Frauen so zahlreich in den freien Berufen oder als Angestellte tätig, daß man bereits Anfang des 20. Jahrhunderts vom »emanzipierten Frauentum« sprach. Wer um 1920 dem Zeitgeist der Moderne Genüge tun wollte, tat gut daran, die Wünsche der Frauen nach Freiheit und Individualität und die Symbole dieser neuen Werte zu berücksichtigen.

Die kulturell sehr heterogene Bevölkerung Amerikas sah sich in den zwanziger Jahren einem beispiellosen kulturellen Uniformitätsdruck ausgesetzt, der auch im Ausland das Bild der USA bestimmte. Schon immer waren die Gegensätze und Disparitäten innerhalb der amerikanischen Bevölkerung ausgeprägt, und sie hatten sich infolge der Einwanderungswellen zwischen 1880 und 1920 noch weiter zugespitzt. Trotzdem gelang es, im 20. Jahrhundert einen einzigartigen »American way of life« nicht nur zu fordern, sondern durch Rundfunk und Werbung auch zu lancieren. Eine amerikanische Massenkultur wurde in dem Maße möglich, in dem sich moderne Massenproduktion und Vermarktungstechnik mit den neuen Medien des Films und des Radios verbanden, die die bereits allgegenwärtige Presse ergänzten. 40 Prozent aller Haushalte legten sich in den zwanziger Jahren ein Radiogerät zu, während die Anzahl der wöchentlichen Kinobesuche sich verdoppelte, bis sie Ende der zwanziger Jahre bei 100 bis 115 Millionen lag. Umfragen zeigten, daß Filmstars in der Gunst der Jugendlichen deutlich vor führenden Politikern, Unternehmern oder Künstlern rangierten. Neue Formen der Kommunikation stabilisierten standardisierte Informationen und Werte.

Massenproduktion und Massenkonsum

1920 lebte erstmals über die Hälfte der amerikanischen Bevölkerung in »urbanen Zentren« von mehr als 2500 Einwohnern (nach den Kriterien der US-Zensusbehörde). Eine städtische Industriewirtschaft mit Massenproduktion, individueller Erwerbsarbeit und Konsum aufgrund von Barzahlung wurde zur Norm. Die Expansion der amerikanischen Bevölkerung in den zwanziger Jahren vollzog sich zu 75 Prozent in den Städten und vor allem in den ausgedehnten Ballungsgebieten der Metropolen. An dieser Entwicklung war das Auto nicht schuldlos, da es den Städtern ermöglichte, in die Vororte zu ziehen. 1910 kam in den USA ein Automobil auf 265 Personen, 1928 schon auf sechs Personen. Moderne Produktionsmethoden und ein modernes Konsum- und Freizeitverhalten beseitigten nach und nach die überkommenen Unterschiede zwischen Nord- und Südstaaten wie zwischen Stadt und Land. Nicht nur die Fabrik und der Ford, sondern auch neue landesweite Laden-»Ketten«, die Einführung nationaler Markenbezeichnungen sowie Versandhauskataloge, die Produkte aus Massenfertigung vermarkteten, deuteten darauf hin, daß die allgemeine Standardisierung und Uniformisierung des Lebens eine neue Qualität erreicht hatte.[1]

Das Banner dieser »Neuen Ära«, wie republikanische Präsidenten sie gerne nannten, war das Wirtschaftswachstum. Ablesbar an Indikatoren wie der industriellen Produktivität, dem Pro-Kopf-Einkommen und dem Verhältnis zwischen Konsumausgaben und Nettoinlandsprodukt, waren das Wirtschaftswachstum und seine materiellen Segnungen allerdings sehr ungleich verteilt. Schwarze Tabakarbeiterinnen in Durham (North

Carolina) mußten noch in den zwanziger und dreißiger Jahren die Familienwäsche im Zuber auf dem Hof waschen, Latrinenhäuschen im Freien benutzen und auf Holz- oder Ölöfen kochen, als die Hochglanzmagazine bereits Hausfrauen zeigten, die durch ihre »elektrischen Küchenhilfen« von jeder stumpfsinnigen Plackerei befreit waren. (Wohnort und Kaufkraft spielten dabei eine wesentliche Rolle: Während die meisten städtischen Haushalte schon an das Stromnetz, die Kanalisation und die örtliche Gasversorgung angeschlossen waren, kam die Elektrifizierung ländlicher Gebiete in sehr ungleichem Tempo voran.) Unternehmer, die der Überzeugung waren, daß der industrielle Fortschritt von der Kauflust des Konsumenten abhing, begannen, mit Hilfe von Marktforschung, Reklame und neuen Verkaufstechniken die Nachfrage anzukurbeln. Die Produktion von Konsumgütern wie Konfektionskleidung oder Lebensmitteln in Konservendosen oder Pappbehältern florierte. Durch Bestellung bei Versandhäusern steigerten städtische wie ländliche Haushalte nachhaltig und erheblich den Verkauf von Bügeleisen, Herden, Staubsaugern, Waschmaschinen und Kühlschränken.

Ein besonderer und wichtiger Faktor des amerikanischen Wirtschaftswachstums in den zwanziger Jahren, und zugleich ein Symbol für die neue Wertschätzung des Konsums, war ein neuartiges Finanzierungsmodell: die Ratenzahlung. Sie verführte die Menschen dazu, mehr zu konsumieren, als sie sich leisten konnten, und ließ an die Stelle des Willens zum Sparen die Lust am Ausgeben treten. 1925 wurden in den USA fast 70 Prozent aller verkauften Haushaltsmöbel und Gasherde und wenigstens 75 Prozent aller verkauften Personenwagen, Klaviere, Waschmaschinen, Nähmaschinen, mechanischen Kühlschränke, Phonographen, Staubsauger und Rundfunkgeräte auf Kredit angeschafft. Hersteller und Reklame münzten diesen Kauf auf Raten in eine verlockende Hebung des familiären »Lebensstandards« um.[2]

Haushalt und Familie

Mit der Urbanisierung und dem massengefertigten materiellen Glanz der »Neuen Ära« wurde die »neue Amerikanerin« verkauft. Um die moderne Frau im amerikanischen Stil zu beschreiben, beginnen wir mit der Größe ihrer Familie. Die Haushalte wurden im Durchschnitt kleiner, weil die durchschnittliche Kinderzahl sank und es in den Familien immer seltener Untermieter, Pensionsgäste oder im Haus wohnende Hausangestellte gab. Die Tendenz zu weniger Kindern hatte sich seit langem abgezeichnet: Seit über hundert Jahren war die Geburtenrate in Amerika ständig zurückgegangen. Zwischen 1800 und 1900 verringerte sich die durchschnittliche Anzahl der Kinder einer weißen Frau um die Hälfte von 7 auf 3,5. Enthaltsamkeit, Coitus interruptus, Abtreibung, spermizide Vaginalduschen sowie – später – das Kondom oder die Knaus-Ogino-Methode, dazu die entsprechende Motivation: Das waren die üblichen Mittel. Mit Ausnahme der sexuellen Enthaltsamkeit war keines von ihnen zuverlässig genug, die »Planung« der Familiengröße zu ermöglichen.

Der Gedanke einer Einschränkung der ehelichen Fruchtbarkeit wurde Anfang des 20. Jahrhunderts prinzipiell akzeptiert, doch waren die Methoden der Empfängnisverhütung noch stark umstritten. Um 1910 propagierte Margaret Sanger eine Methode, die von der Frau selbst kontrolliert werden konnte, das Scheidenpessar, das einen bedeutenden Fortschritt in der Verhütungstechnik brachte. Die von Margaret Sanger und einigen gleichgesinnten Kolleginnen errichteten Kliniken für Geburtenkontrolle bewegten sich jedoch in einem engen rechtlichen Rahmen. Es gab sie nur in wenigen Bundesstaaten, und sie unterstanden ärztlicher Aufsicht; so konnten sie nur einen Bruchteil der Nachfrage befriedigen. Erst 1936 entschied der Oberste Gerichtshof der USA, daß das Bundesgesetz zur Bekämpfung der Obszönität sich nicht auf Mittel der Empfängnisverhütung erstreckte. Die American Medical Association zögerte bis zum folgenden Jahr, bevor sie Ärzten erlaubte, solche Mittel abzugeben. In den zwanziger und dreißiger Jahren wurde das Scheidenpessar hauptsächlich von wohlhabenden verheirateten Frauen mit guter Schulbildung benutzt, denen ihr Arzt privat Rezepte ausstellte und Instruktionen erteilte. Doch der Wunsch nach Empfängnisverhütung beschränkte sich natürlich nicht auf diese relativ kleine Gruppe von Frauen. Anfang der zwanziger Jahre erhielt Margaret Sanger innerhalb von fünf Jahren eine Million Briefe von Müttern, die sich nach Methoden der Geburtenkontrolle erkundigten. Aufgrund der bewußten Entscheidung der Ehepartner für traditionelle oder neue Verhütungsmethoden ging die Geburtenrate in den zwanziger und dreißiger Jahren schnell zurück; das lag aber auch an der sinkenden Fruchtbarkeit der im Ausland geborenen Frauen (die später und weniger häufig heirateten als frühere Einwanderinnen) und der Frauen auf dem Land, wahrscheinlich infolge der Krise in der Landwirtschaft.[3]

Sexualideologie und Sexualverhalten

Im Zusammenhang mit der sinkenden Geburtenrate gewann die eheliche Sexualität an Bedeutung, die nicht an der Fortpflanzung orientiert war, ja, die Sexualität überhaupt zog wachsendes Interesse auf sich. Die Generation, die in den zwanziger Jahren volljährig wurde, erntete im Hinblick auf Sexualideologie und sexuelle Praktiken die Früchte, die schon vor der Jahrhundertwende gesät worden waren. Wie später die Untersuchungen des Sexualwissenschaftlers Alfred Kinsey ergaben, stieg bei den Frauen mit Beginn des 20. Jahrhunderts die Häufigkeit des »Petting«, des vorehelichen und außerehelichen Geschlechtsverkehrs und des Orgasmus beim ehelichen Geschlechtsverkehr; die deutlichste Zunahme in dieser Hinsicht war bei den zwischen 1890 und 1910 geborenen Frauen zu beobachten, insbesondere bei Frauen mit höherer Schulbildung. Letztere hatten, soweit sie vor 1900 geboren waren, Kinsey zufolge weniger voreheliche Sexualerfahrungen als gleichaltrige Frauen mit einfacher Schulbildung, wenn sie nach 1900 geboren waren, eher mehr.[4]

Für die Jugend der zwanziger Jahre war der ungenierte Umgang mit der weiblichen Sexualität weniger ein Akt des Aufbegehrens als ein Schwimmen mit dem Strom. Publikumsautoren, Intellektuelle und Sozialwissenschaftler hatten für die in ihren Augen repressive und heuchlerische »viktorianische« Sexualmoral nur Hohn und Spott übrig. Filme, Groschenhefte und die Werbung machten den »Kitzel« der Sexualität zum alltäglichen Thema. Wer Mitte der zwanziger Jahre in einer typischen Kleinstadt des Mittleren Westens ins Kino ging, hatte in der einen Woche die Wahl zwischen »The Daring Years«, »Sinners in Silk«, »Women Who Give« und »The Price She Paid«, in der nächsten zwischen »Name the Man«, »Rouged Lips« und »The Queen of Sin«. Das Programmheft für »Flaming Youth« verhieß »Necking und Petting, weiße Küsse und rote Küsse, vergnügungssüchtige Töchter und sensationsgierige Mütter, von einem Autor, der nicht wagt, seinen Namen zu nennen«. Ein ganz neuer Zweig der Kulturindustrie gründete sich auf die Offenbarung, daß das Ausleben der Sexualität von Vitalität und Persönlichkeit zeugte (und nicht an den physischen Kräften zehrte, wie die Moralisten des 19. Jahrhunderts befürchtet hatten) und daß das Sexualbegehren der Frau dazu da war, aktiviert und befriedigt zu werden.[5]

Kameradschaftsehe

Indessen wurde die Entfaltung von Sexualität durch ein neues Modell der Ehe domestiziert. Eine wachsende Schar von Sozialwissenschaftlern, Sozialarbeitern, Journalisten und Juristen propagierte die Kleinfamilie mit der Begründung, das Familienleben biete eine besonders geeignete Möglichkeit emotionaler Befriedigung sowie der persönlichen und sexuellen Entfaltung. Die Konservativen tobten, als Sozialwissenschaftler unterschiedlicher Provenienz übereinstimmend ein neues Eheideal propagierten, die »Kameradschaftsehe«. *Companionate marriage*, das war der Titel eines Buches von Ben Lindsay, einem Richter aus Colorado, der aufgrund seiner Arbeit mit Jugendlichen zu der Ansicht gelangt war, daß junge Menschen zunächst einmal als Freunde und vielleicht als Liebespaar zusammenleben sollten, bevor sie sich auf das ernste Geschäft der Ehe einließen. Die berufsmäßigen Eheberater der zwanziger und dreißiger Jahre betrachteten rückblickend die viktorianische Ehe als hierarchisch strukturiert und emotional unfruchtbar. An die Stelle dieser auf dem Prinzip von Herrschaft und Unterwerfung aufgebauten Ehe suchten sie das Ideal einer innigen sexuellen Partnerschaft zu setzen, in der auch die Sexualität der Frau zu ihrem Recht kam; den Wert der Ehe sahen sie darin, daß sie die Individualität jedes einzelnen Partners ebenso ermöglichte wie die Verbindung der beiden. Die Ratgeberliteratur machte nun die Sexualität zum wesentlichen Teil der Ehe; die sexuelle Anpassung und Befriedigung beider Partner wurde nicht nur zum Hauptmaßstab der ehelichen Harmonie, sie diente auch dem sozialen Gleichgewicht.[6]

Gerade als Frauen durch eigene Erwerbsarbeit ökonomisch weniger auf die Ehe angewiesen waren, ließ die Betonung der heterosexuellen Wünsche der Frau die Ehe als eine sexuelle Notwendigkeit im Sinne einer »normalen« Befriedigung erscheinen. Im wissenschaftlichen Schrifttum wie in der Unterhaltungsliteratur wurde die Frau, die keinen Mann fand, als soziale Gefahr dargestellt, als irrational, ungesund, männlich oder frigide. Da nun das Modell der Kameradschaftsehe die Ehe als symmetrisch hinstellte, waren Frauen, die die Ehe vermeiden wollten, praktisch alle Argumente genommen; der Einwand früherer Feministinnen, die Ehe sei ein Herrschaftssystem, war damit obsolet. Nachdem das sexuelle Verlangen der Frau einmal anerkannt war, kam es zwangsläufig zu einer Neubewertung von homosexuellen Beziehungen zwischen Frauen. Die ideologische Vorstellung des 19. Jahrhunderts vom sittlichen Einfluß der Frau und der ruhmreichen Mutterrolle war blind für die weibliche Erotik und hatte Intimitäten zwischen Frauen daher als harmlos erscheinen lassen. Aber dasselbe Interesse, aus dem heraus Ärzte, Sexualreformer und Moralisten die viktorianische Zurückhaltung in puncto Sexualität beseitigt hatten, bewog sie nun, das Spektrum menschlicher Verhaltensmöglichkeiten zwischen Heterosexualität und Homosexualität neu und als »normal« oder »abweichend« zu bewerten. Wenn sich in den zwanziger und dreißiger Jahren Mediziner und Sozialwissenschaftler, aber auch Massenmedien, die in Vulgärpsychologie dilettierten, mit der erotischen Natur der Frau befaßten, verbanden sie damit stets eine Neubewertung, d. h. Verurteilung der weiblichen Homosexualität.

Ein Gespenst ging um in der sozialwissenschaftlichen Literatur: das Gespenst der Frau, die sich nicht durch einen Mann, sondern mit und von einer anderen Frau befriedigt fand. Sensationell aufgemachte Berichte über die Leistungen alleinstehender Frauen in Kunst, Sport, Unterhaltungsbranche und freien Berufen, aber auch in Bürger- und Wahlrechtsorganisationen schürten die kulturelle Angst vor der Möglichkeit eines Ausbrechens der Frau aus der Kontrolle durch den Mann. Erotische Triebe, das bestritt niemand mehr, waren für die weibliche Natur ebenso wichtig wie für die männliche, sie hatten unabhängig von der Fortpflanzungsfunktion einen eigenen Wert, und so wirkten Beziehungen zwischen Frauen als Konkurrenz zur heterosexuellen Paarbindung, ja sie wurden als Bedrohung der bestehenden sexuellen und gesellschaftlichen Ordnung beargwöhnt. Das besorgte Interesse an dieser Form weiblicher Sexualität wurde schließlich so groß, daß Idee und Praxis der unabhängigen Frau einen Rückschlag erlitten.

Ob lesbisches Sexualverhalten aufgrund der veränderten Sexualnormen eher verheimlicht oder eher gezeigt wurde, dürfte unmöglich zu entscheiden sein. Kinseys Untersuchungen ergaben keine Zunahme des homosexuellen Verhaltens, im Gegensatz zur Zunahme aller Arten von heterosexuellem Verhalten. Trotzdem dürfen wir annehmen, daß Frauen auf die Anerkennung der Legitimität ihrer Sexualität sehr unterschiedlich reagierten. Lesbierinnen mochten, wie heterosexuelle Frauen, den größer gewordenen Spielraum für ihre sexuelle Selbstverwirklichung ausnutzen, den die moderne Zeit ihnen bot. Eine kleine Gruppe von Schriftstellerinnen und bildenden Künstlerinnen stand in den zwanziger Jahren offener denn je zuvor zu ihrer homosexuellen Neigung, und in der Lebensgeschichte einiger bedeutender und erfolgreicher Frauen der Generation der zwanziger Jahre finden sich dauerhafte sexuelle Beziehungen zu Männern wie zu Frauen. Medizinische und sozialwissenschaftliche Untersuchungen bestätigten, daß manche Frauen ihre sexuelle und emotionale Befriedigung bei einer anderen Frau fanden, auch dann, wenn sie diese Alternative als Verirrung hinstellten.[7]

Inwieweit es den Befürwortern der Kameradschaftsehe zu verdanken war, ist unbekannt, aber in der Zeit zwischen den Kriegen war die Ehe so populär wie nie zuvor. Von der Generation der zwischen 1865 und 1885 Geborenen blieben fast zehn Prozent unverheiratet; bei den Männern und Frauen, die zwischen 1895 und 1915 geboren wurden, sank der Prozentsatz auf knapp sechs Prozent. Das Durchschnittsalter bei der ersten Eheschließung lag in der Generation, die Ende des 19. Jahrhunderts geboren wurde, bei den Männern bei 26 Jahren und bei den Frauen bei knapp 24 Jahren; diese Werte sanken in der Generation, die in den zwanziger und dreißiger Jahren erwachsen wurde, auf etwa 25 Jahre bei Männern und 22,5 Jahre bei Frauen.[8] Besonders ausgeprägt war der Trend zur Ehe bei den Collegeabsolventen, das heißt bei jungen Leuten mit höherer Schulbildung. Im 19. Jahrhundert waren Frauen mit höherer Schulbildung häufiger als ihre weniger qualifizierten Altersgenossinnen ledig geblieben oder hatten erst spät geheiratet. In dem Maße aber, wie sich der Anteil der 18- bis 22jährigen amerikanischen Collegestudentinnen zwischen 1890 und 1930 mehr als vervierfachte, heirateten die Collegeabsolventinnen immer häufiger und immer früher. Je üblicher der Collegebesuch wurde, desto mehr glich sich das Heiratsmuster der Studentinnen der Mittelschichtsnorm an.[9]

Die berufstätige Frau

Dieselben Frauen, die jetzt jünger und gezielter heirateten, drängten auch in die weiterführenden Schulen, in die Universitäten und auf den Arbeitsmarkt. Durch die Einführung der allgemeinen Schulpflicht und den Anreiz, sich für Angestelltenberufe zu qualifizieren, nahm die Anzahl der Oberschüler in den zwanziger und dreißiger Jahren sprunghaft zu und lag schließlich bei fünfzig bis sechzig Prozent aller Jugendlichen unter zwanzig, wobei die Mädchen überproportional vertreten waren. Selbst in den Colleges und Universitäten, von denen Frauen bis Ende des 19. Jahrhunderts weitgehend ausgeschlossen gewesen waren, stellten sie in den zwanziger Jahren fast die Hälfte aller Studenten. Der Anteil der Frauen an den Erwerbstätigen lag von 1910 bis 1940 bei etwa 25 Prozent, doch sie hatten ein höheres Durchschnittsalter als zuvor (weil die Jüngeren noch zur Schule gingen) und waren vor allem als Schreibkräfte, in Betrieben, im Verkauf und in freien Berufen tätig, wo sie öffentlich sichtbarer waren als die Frauen, die früher in traditionell weiblichen Bereichen wie Haushalt, Landwirtschaft und Industrie tätig gewesen waren. Zwar fehlte es nicht an warnenden Stimmen, die der geldverdienenden Frau schlechte Heiratsaussichten prophezeiten, doch scheint das Gegenteil der Fall gewesen zu sein; denn nun konnten von zwei Verlobten beide Partner für den künftigen Hausstand sparen. Der Prozentsatz der berufstätigen Frauen, die verheiratet waren, stieg sechsmal schneller als der Prozentsatz derer, die ledig waren.[10]

Durch den unbestreitbar großen Anteil der Frauen an den Erwerbstätigen, das sinkende Heiratsalter und die gegenüber früheren Generationen weitere Verbreitung der Ehe waren für die Frauen Berufstätigkeit und Ehe zwei Fragen, die zwangsläufig zusammenhingen. Frauen, die aufs College gingen, bezeichneten dies häufig als »ihr«, als das »moderne« Problem. In einem Leitartikel der vom Smith College herausgegebenen Zeitschrift *Weekly* hieß es Ende 1919: »Wir können nicht glauben, daß es in der Natur der Dinge begründet sein soll, daß die Frau zwischen Familie und Beruf wählen muß, wo doch der Mann beides haben kann. Es muß einen Ausweg geben, und es ist Aufgabe unserer Generation, diesen Ausweg zu finden.« Die Frage wurde in Dutzenden von Artikeln und Untersuchungen aufgegriffen, die Titel trugen wie »Kann eine Frau Haushalt und Beruf verbinden?«, »Die verheiratete Frau, ihr Haushalt und ihr Beruf«, »Verheiratete Studentinnen, die Geld verdienen«, »Zwischen Büro und Kinderwagen«, »Warum wollen verheiratete Frauen arbeiten?«, »Die Haushalt-plus-Beruf-Frau«, »Baby und Beruf«, »Die Frau mit zwei Berufen«.[11]

Die Erwerbstätigkeit der Frau im Angestelltensektor war deshalb bemerkenswert, weil sie hier schneller zunahm als in jedem anderen Berufszweig. Trotzdem verrichteten 1930 – nach einem Jahrzehnt, in dem ihr Anteil sich verdoppelt hatte – in den USA weniger als zwölf Prozent aller verheirateten Frauen bezahlte Arbeit außerhalb ihrer Wohnung, wie die US-Zensusbehörde ermittelte. Von den erwerbstätigen Frauen war jedoch fast die Hälfte verheiratet, geschieden, verwitwet oder getrennt lebend und hatte daher neben ihrer Lohnarbeit meist für einen Haushalt und für Kinder zu sorgen. Die meisten von ihnen verrichteten untergeordnete Tätigkeiten im Haushalt, in der Landwirtschaft und in der Industrie. Man konnte bestenfalls von knapp vier Prozent der verheirateten Frauen im Lande sagen, daß sie »Ehe und Karriere« miteinander verbanden.[12]

Der Auftritt der Sozialwissenschaften

Wenn der Wunsch der Frau, Liebe und Arbeit in Einklang zu bringen, das Interesse der Öffentlichkeit weiterhin so stark beschäftigte, dann nicht nur, weil die Frauenbewegung schon seit der Jahrhundertwende auf beidem bestanden hatte, sondern auch, weil sich die Sozialwissenschaften auf dieses »Problem« geradezu einschossen. Sie taten Volksweisheiten und religiöse Überzeugungen gleichermaßen als unwissenschaftlich ab, wußten über die Rolle der Frau mehr zu sagen als je zuvor und traten dementsprechend in den zwanziger Jahren mit einer neuen Autorität auf. Der Anspruch der Sozialwissenschaften, Wesen und Quellen des menschlichen Verhaltens durch objektive empirische Beobachtung und streng methodische Analyse erklären zu können, faszinierte das breite Publikum nicht weniger als die akademische Fachwelt. Nach fünfzigjähriger Entwicklung waren die einzelnen sozialwissenschaftlichen Disziplinen – Soziologie, Nationalökonomie, politische Wissenschaft, Psychologie, Anthropologie – institutionell etabliert und erfreuten sich der großzügigen Unterstützung unternehmerischer

Philanthropie. Tausende von Sozialwissenschaftlern waren forschend und lehrend an Hunderten amerikanischer Colleges und Universitäten tätig. Ihre Forschungsergebnisse wurden in Druckschriften sowie durch audiovisuelle Medien popularisiert. Sozialwissenschaftliche Befunde und Interpretationen hatten Rückwirkungen auf Personalabteilungen und Marketingstrategien in Wirtschaft und Industrie, auf Untersuchungen und Verfahrensweisen der Regierung, auf den Journalismus und – im Hinblick auf den öffentlichen Konsum vielleicht mit dem größten Erfolg – auf die Werbung.[13]

Die Sozialwissenschaft war keineswegs monolithisch, aber in den zwanziger Jahren trat sie insofern als geschlossene Front auf, als ihrer Ansicht nach sozialwissenschaftliches Fachwissen für den Aufbau einer modernen, realistischen, effizienten und demokratischen Gesellschaftsordnung unentbehrlich war. Speziell die Psychologie galt als ein Instrument, das die Prognose und Kontrolle des »Faktors Mensch« ermöglichte, ja vielleicht sogar jene vagen Vorstellungen von »Sozialtechnologie« *(social engineering)*, die in den vorangegangenen zehn Jahren erörtert worden waren, in die Realität umzusetzen vermochte. Nach Überzeugung der einflußreichsten (männlichen) Psychologen jener Zeit wie John B. Watson oder Floyd Allport lag die verheißungsvollste Funktion der Psychologie darin, daß sie die psychologische »Anpassung« des einzelnen an heilsame soziale Normen bewirken konnte. Von Freudschen Ideen hatten »fortschrittliche« Denker zwar schon seit Anfang des Jahrhunderts läuten hören, und einige Freudsche Termini benutzte man mit oberflächlicher Geläufigkeit, aber dominierend war in den zwanziger Jahren nicht die Psychoanalyse, sondern die Psychohygiene und der Behaviorismus. Gemeinsam waren allen diesen Richtungen die Betonung der irrationalen Quellen des menschlichen Verhaltens, die Annahme, daß dem öffentlichen Handeln eines Menschen tief verborgene sexuelle Triebkräfte zugrunde lägen, und die Enthüllung, daß sich die Motivation eines Menschen aus innerseelischen Quellen speiste, die ihm selbst nicht bewußt waren. Eine typische Neigung zur Vulgärpsychologie ließ etwa eine Journalistin erkennen, die hinter dem Wunsch einer Collegeabsolventin nach beruflicher Karriere »die Sublimierung anderer Wünsche« witterte und sich zu der These verstieg: »Die Hauptursache für das Scheitern eines Menschen ist seine psychische Fehlanpassung: Konflikte, Hemmungen, Ängste, Befürchtungen und sonstige emotionale Störungen, die für ein verbogenes und verkorkstes Leben verantwortlich sind.«[14]

Die Sozialwissenschaften vermittelten den Eindruck, sie könnten die Probleme der modernen Frau nicht nur erklären, sondern auch maßgeblich lösen helfen – vor allem das Problem, ihren Wunsch nach Liebe mit ihrem Wunsch nach Berufstätigkeit und nach persönlicher Individualität in Einklang zu bringen. Nachdem ikonoklastische Sozialwissenschaftlerinnen um 1890 die viktorianischen Vorstellungen von den Unterschieden der Geschlechter in bezug auf ihre mentalen Funktionen durch empirische Forschungen aus den Angeln gehoben hatten, fanden die Psychologen der zwanziger Jahre eine neue Konzeption für diese Unterschiede: Ihnen zufolge lagen die Geschlechtsunterschiede nicht im engen Bereich der Kognition, sondern auf dem Gebiet des Temperaments. Lewis Terman und seine Mitarbeiter führten als erste Wissenschaftler quantifizierbare Messungen von »Männlichkeit« und »Weiblichkeit« durch, zwei ihrer Ansicht nach reale und wissenschaftlich verifizierbare Eigenschaften, die auf einem vom Normalen bis zum Devianten reichenden Spektrum identifizierbar waren. Ihr Modell von seelischer Gesundheit koppelte das biologische Geschlecht eines Menschen mit psychologischen Korrelaten; indessen basierten die angeblich empirischen Daten über die Kategorien Männlichkeit und Weiblichkeit auf rein sozialen Konventionen.[15] Die psychologische Neuerfindung der Weiblichkeit drang über die Grenzen des Faches hinaus und beeinflußte auch die Soziologie und ihre Urteile über das Für und Wider weiblicher Karrieren. Der Bereich bezahlter Arbeit war konventionellerweise »männlich«; die Fähigkeit des Mannes, Frau und Kinder finanziell versorgen zu können, war ein wichtiger Aspekt der »Männlichkeit« im konventionellen Verständnis. Selbst männliche Soziologen, die mit feministischen Bestrebungen scheinbar sympathisierten, warnten davor, daß eine im Berufsleben »abgebrühte oder hartgesottene« Frau »die Männer abstößt«.[16]

Solche Kommentare verrieten, wie sehr selbst eine Sozialwissenschaft, die sich ihres Empirismus rühmte, dem alten Vorurteil aufsaß, die »Anpassung« der Frau habe darin zu bestehen, den Bedürfnissen und der Lust des Mannes zu dienen. Damalige Sozialwissenschaftler gingen oft von der Voraussetzung aus, die empirische Arbeit selbst werde zutreffende Werte erbringen, wobei sie übersahen, wie sehr vorherrschende Wertvorstellungen bereits in die wissenschaftlichen Vorgaben ihrer Untersuchungen eingegangen waren. Der demonstrative Verzicht auf jeden metaphysischen oder philosophischen Anspruch und die bewußte Beschränkung auf experimentelle und empirische Befunde ließen keinen Raum für einen reflektierten kritischen Standpunkt. Insofern sich die Sozialwissenschaft auf das Beobachtbare stützte – und sie erhob den Anspruch, sich ausschließlich auf das Beobachtbare zu stützen –, hatte sie die Tendenz, sich auf die gegebene Ordnung der Geschlechter zu beschränken, diese zu bekräftigen und alternative Visionen zu verhindern. Der Anteil der Frauen, die in den expandierenden Sozialwissenschaften Karriere machten, war viel höher als ihr Anteil in der Medizin, den Naturwissenschaften oder anderen vergleichbaren Gebieten; aber die feministische Stimme, die versuchte, in der Sprache der modernen Sozialwissenschaft zu sprechen, war per definitionem gedämpft.

Die neue Haushaltsführung

Der Haushalt war für die Sozialwissenschaft der zwanziger Jahre ein ebenso beliebtes Thema wie die sexuellen und ehelichen Beziehungen. Die wissenschaftliche Hauswirtschaftslehre machte es sich zur Aufgabe, den Status der Hausarbeit zu heben und ihre Bedingungen zu verbessern. Unter dem Einfluß wissenschaftlicher Managementmethoden begann man, vergleichende Untersuchungen über die Zeit anzustellen, die eine Frau mit Hausarbeit verbrachte, und stellte fest, daß für die Hausfrau in der Stadt nicht weniger als für die auf dem Lande der Haushalt Ganztagsarbeit war. Nur zehn Prozent der Hausfrauen in der Stadt brauchten, trotz moderner Hilfsmittel, weniger als 35 Stunden pro Woche für ihre Arbeit; die überwiegende Mehrzahl von ihnen hatte, wie die Frauen auf dem Lande, Arbeitswochen von über 50 Stunden. Die Engländerin Vera Brittain kam anläßlich eines Amerikabesuchs 1926 etwas übereilt zu dem Schluß, es sei der Amerikanerin »gelungen, die hehre Immunität des Mannes gegen jede Form der Hausarbeit zu brechen«. Die Amerikanerinnen selber beurteilten die Lage weit weniger rosig. Das galt sogar oder gerade für jene, die versuchten, einer Erwerbstätigkeit außerhalb der Wohnung nachzugehen, und feststellen mußten, daß ihr Mann trotzdem von ihnen erwartete, daß sie die ganze Hausarbeit allein machten.[17]

Die Hauswirtschaftslehre stellte fest, daß ein Hauptresultat des technischen Fortschritts im Haushalt der gepflegtere Zustand der Wohnung war. »Arbeitssparende« Haushaltsgeräte hatten eher den Effekt, den Anspruch an Sauberkeit und Ordnung in der Wohnung zu erhöhen – und die Hausfrau auf diesen höheren Standard zu verpflichten –, als daß sie die Anzahl der mit Hausarbeit verbrachten Stunden verringert hätten. Gasherd, elektrisches Licht und elektrisches Bügeleisen – die in den zwanziger Jahren verbreitetsten Errungenschaften – erhöhten zweifellos Komfort und Effizienz der häuslichen Arbeit, machten sie aber darum nicht weniger zu einem Ganztagsjob. Die Zeit, die eine Hausfrau wirklich durch Haushaltsgeräte oder abgepackte Produkte einsparte, investierte sie wieder in ihre Kinder, in Einkäufe oder in besonders reinliche Haushaltsführung, um das Umfeld der häuslichen Arbeit oder deren Resultat zu verbessern. Gegenüber früheren Generationen waren die Erwartungen, die in materieller Hinsicht an Gesundheit und Wohlbefinden gestellt wurden, viel höher geschraubt.

Die Hausfrauen nahmen gewissenhaft die Gelegenheit wahr, die Gesundheit und Sicherheit ihrer Familien zu verbessern, nachdem überall im Land die Hauswirtschaftslehrer und die Werbestrategen ihnen predigten, daß eine Frau, die sich richtig um den Haushalt kümmerte, für Wohlbehagen, Ausgeglichenheit und Leistungsfähigkeit ihrer Lieben sorgen konnte. Darüber hinaus verlagerte die von den Herstellern betriebene aggressive Vermarktung bestimmter Haushaltsgeräte – das beste Beispiel waren Waschmaschinen – in den zwanziger Jahren manche Arbeiten in die Wohnung zurück, die noch eine Generation zuvor städtische Familien gegen Bezahlung außer Haus hatten erledigen lassen.[18]

Die neue Kindererziehung

Wie die Aufgaben der Frau bei der Haushaltsführung, so sind auch ihre Pflichten bei der Kinderaufzucht niemals so differenziert definiert worden wie in den zwanziger Jahren. Ganze Arsenale von neuem Expertenwissen lieferten eine Fülle von Ressourcen und Ratschlägen für hilfesuchende Eltern. Gesundheitsbehörden und Sozialämter, Schulen, Frauenvereine, Kanzelredner, Zeitungen und nicht zuletzt die Bundesregierung deckten die Mütter mit wissenschaftlich orientierten Direktiven ein. Nach einer Schätzung des amerikanischen Children's Bureau wurden bei der Hälfte aller 1929 geborenen Säuglinge die amtlichen Ratschläge zur Kinderaufzucht befolgt. Eine Studie kam zu dem Ergebnis, daß noch viele andere Einrichtungen entstanden waren, die der Mutter helfen wollten, »ihrer Verantwortung für das Gedeihen des Kindes gerecht zu werden«, die aber gleichzeitig »der Mutter die Arbeit etwas schwerer machten, indem sie höhere Anforderungen an sie stellten«.[19]

Wenn man freiwillig Kinder großzog und sie geplant in die Welt setzte – was zumindest Frauen der Mittelschicht in zunehmendem Maße von sich behaupteten –, wog die mit der Kinderaufzucht verbundene Verantwortung offenbar schwerer, wurde aber auch bereitwilliger übernommen. Jetzt bot die Wissenschaft neue Erkenntnisse über Ernährung, Hygiene und Erziehung von Säuglingen und Kindern an und setzte damit zugleich neue Maßstäbe für Erfolg oder Scheitern der elterlichen Bemühungen. Die Psychohygiene bestärkte zu Beginn des Jahrhunderts die Sozialwissenschaften in ihrem Konsens, daß oberste Pflicht der Familie in der modernen Industriegesellschaft nicht mehr die ökonomische Produktion sei, sondern den Kindern eine angemessene Umgebung für ein gesundes und normales Gedeihen zu schaffen. Die Psychohygieniker gewöhnten die Öffentlichkeit an den Begriff einer »Normalität«, die durch standardisierte Tests meßbar sein sollte. Den Eltern wurde eingeschärft, bei ihren heranwachsenden Kindern auf »infantiles« oder »neurotisches« Verhalten zu achten.[20]

Werbung in der Konsumgesellschaft

Die komplizierten Erwartungen, die an die »moderne Frau« gerichtet wurden, boten ein reiches Feld für psychologische Kämpfe zwischen ihren Freunden und Feinden. Hier sprang die Werbung in die Bresche, um die durch die neuen Maßstäbe hervorgerufenen Ängste zu zerstreuen. Das Rüstzeug ihrer wissenschaftlichen Glaubwürdigkeit holten sich die Werbestrategen aus den Arsenalen der Sozialwissenschaften. Durch die Werbung erklärten die Hersteller und Vertreiber von haushalts- und kindbezogenen Produkten, was unter »moderner Weiblichkeit« zu verstehen war. Das Bindeglied zwischen der einzelnen Hausfrau und der »modernen Hauswirtschaft«, zwischen der einzelnen Mutter und der »wissenschaftlichen Kinderaufzucht« war ein Produkt und dessen Kauf. In den zwanziger Jahren entwickelte sich die moderne Werbeindustrie, wie wir sie heute kennen. Die Werbung des 20. Jahrhunderts sah in der Wissenschaft den Maßstab für den Fortschritt der Industrie und für den Nutzen des Konsumenten. Die Werbung wählte sich die Wissenschaft zur modernen Autorität, von der sie ihre eigene fachliche Kompetenz herleitete. Um die Jahrhundertwende kamen die ersten spezialisierten Werbeagenturen auf, und die bildliche Darstellung des Produkts wurde üblich. Aus den sozialwissenschaftlichen Normen der Effizienz und »Anpassung« wurden Verkaufsargumente; den Verbrauchern präsentierten sich die Werbefachleute als Erzieher, ihren Kunden aus Industrie und Handel als besonders versierte Manipulatoren menschlichen Verhaltens. Großunternehmen, die die nationale Marktführerschaft anpeilten, erkannten, daß es besser war, sich nicht auf den lokalen Einzelhandel zu verlassen, und gingen dazu über, den Konsumenten direkt anzusprechen, und zwar durch »Markenartikel«, für die landesweit Werbung gemacht wurde. In den zwanziger Jahren stand für die Werbebranche außer Frage, daß sie über das Stadium der bloßen Produktinformation hinaus war und sich auf die Kunst verstand, »Bedürfnisse« zu erzeugen. (Einer der ersten landesweit beworbenen Markenartikel hieß bezeichnenderweise »Uneeda [= you need a] Biscuit«.) In zunehmendem Maße machte sich die Werbetechnik auch psychologische Erkenntnisse über die irrationalen Antriebe des Menschen hinter seinem zivilisierten Verhalten zunutze und bediente sich bildlicher Symbole und mentaler Assoziationen, um den Konsumenten emotional auf den Kauf einzustimmen.[21]

Für die Werbe- und Marketingstrategen war der Konsument von jeher eine Konsumentin. Zahllose Publikationen der zwanziger Jahre zitierten eine Statistik, derzufolge 80 Prozent der Verbraucherkäufe von Frauen getätigt wurden. Die Hauswirtschaftslehre begrüßte diesen Zusammenhang und erklärte den Konsum zur vornehmsten aller hausfraulichen Pflichten. »Die wichtigste Aufgabe der Frau«, so hieß es etwa, »ist die des ›Ministers‹ für Familienkontakte und Familienkonsum.« Zwar entziehen sich die mannigfaltigen Auswirkungen der Werbung auf die Wahrnehmung und das Verhalten des Menschen einer exakten Messung, aber es ist unleugbar, daß sich die meisten Anzeigen an Frauen richteten, die vermutlich eine größere Dosis davon absorbierten als Männer. Eine Auswertung von knapp 15000 Verbraucherreaktionen auf Werbung ergab in den dreißiger Jahren, daß Hausfrauen (über ein Drittel aller Befragten) die unkritischste von allen Berufsgruppen waren. Nur 31 Prozent der Hausfrauen standen der Werbung ablehnend gegenüber. Dagegen waren 85 Prozent der von Studenten abgegebenen Kommentare negativ. Erwerbstätigkeit scheint die Toleranz der Frauen gegen die Werbung herabgesetzt zu haben – ganz besonders, wenn ihr Arbeitsplatz sehr weit von ihrer Wohnung entfernt lag –, denn 45 Prozent der Heimarbeiterinnen, aber 66 Prozent der Sekretärinnen klagten über die Werbung.[22]

Die Werbebranche setzte alles daran, so schnell wie möglich Individualität und Modernität für die Frau als Ware zu verpacken. Neue graphische und photographische Techniken machten aus der Werbung ein visuelles Medium von ungeahntem unterschwelligen Einfluß, das der Frau ganz bewußt nicht nur Verkaufsschlager, sondern auch ein Bild von sich selbst verkaufte. Die ökonomische Potenz hinter dieser Art der Vermarktung des Bildes der modernen Frau war um vieles größer als die Finanzmacht hinter irgendeinem anderen konkurrierenden Modell. Erfolgreich verstand es die Werbung, den traditionellen Prioritäten der Frau moderne Sinnbilder überzustülpen. Das moderne Ideal war nicht mehr das unterwürfige und schüchterne Weibchen, sondern – den Werbeaussagen zufolge – die energische und gesellige Frau, die Spaß haben wollte, die Männer mochte und für sie attraktiv war. Sex-Appeal war das große Geschäft. 1929 lag der Werbeaufwand in der Kosmetikindustrie ebenso hoch wie in der siebzehnmal größeren Lebensmittelindustrie. Die moderne Frau war nicht bloß attraktiv; sie war wissenschaftlich geschult darin, ihren Mann, ihre Kinder und ihr Heim optimal zu versorgen, und kompetent verantwortlich für deren Wohlergehen.[23]

Der traditionelle Status der Frau als Hausfrau und ihre heterosexuelle Dienstleistung wurden nun im Namen weiblicher Freiheit, Rationalität und Entscheidungsmöglichkeit verteidigt, ja sogar aggressiv vermarktet. Die Werbung wurde nicht müde zu betonen, daß bei jedem

Kauf die Möglichkeit der Wahlfreiheit und Kontrolle bestehe, so daß die Frau dabei ihre Rationalität beweisen und ihre Wertvorstellungen verwirklichen könne. Diese Behauptung wurde auch von der Hauswirtschaftslehre vertreten, allerdings aus anderen Gründen. Die moderne Verkaufspolitik übernahm die feministische Forderung, die Frau solle selbstbestimmt leben, und übersetzte sie in einen konsumorientierten Begriff von Wahlfreiheit. Die Firma General Electric verglich das Frauenwahlrecht mit einem elektrischen Schalter. In einer Anzeige für Haushaltserzeugnisse hieß es 1930 in der *Chicago Tribune*: »Die Frau von heute bekommt alles, was sie will. Das Stimmrecht. Glatte Seidenstoffe anstelle voluminöser Petticoats. Glasgeschirr in Saphirblau oder mit Bernsteinschimmer. Das Recht auf eine Karriere. Seife, die farblich zu ihrem Badezimmer paßt.«[24]

Vereinzelt erhoben sich empörte Stimmen, die sich dagegen verwahrten, daß den Frauen nichts anderes verkauft wurde als eine stromlinienförmige Hochglanzversion ihrer traditionellen Geschlechterrolle; aber die in den Massenmedien und der Werbung propagierten Modelle weiblicher Erfüllung behielten die Oberhand. Feministische Interessen und Forderungen wurden nicht ignoriert, sondern vereinnahmt. Die Werbung reduzierte die feministische Betonung weiblicher Kompetenz und Freiheit auf die individuelle Konsumhaltung; die sozialpsychologischen Berufe beschränkten den feministischen Anspruch auf sexuelle Selbstverwirklichung auf das Gebiet der Ehe. Der feministische Widerstand gegen die geschlechtliche Arbeitsteilung wurde unter den Teppich gekehrt; Hollywood-Filme transportierten die alternative Zelluloidbotschaft, die mehr wert war als tausend Worte: daß private Intimität mit Freiheit identisch und der Plüsch eines teuren Automobils der Inbegriff des guten Lebens sei.[25] Diese Adaptationen entschärften die Forderungen des Feminismus, indem sie vorgaben, sie zu erfüllen. So wenig der Feminismus auf dem Höhepunkt der internationalen Frauenbewegung vor dem Ersten Weltkrieg die nationalen Grenzen respektiert hatte, so wenig respektierten die Mächte des Marktes und der Medien diese Grenzen. Vor allem die amerikanische Filmindustrie, die in den zwanziger Jahren die europäischen Kinos mit ihren Erzeugnissen überschwemmte, verbreitete im Ausland die speziell amerikanische Variante von der Emanzipation der modernen Frau und forderte die europäischen Nationen heraus, diesem Bild ihr eigenes Modell von Weiblichkeit entgegenzustellen.[26] Die europäischen Konsumenten nahmen das idealisierte Bild von der modernen amerikanischen Frau unkritischer auf als die Amerikaner selbst, weil ihnen die Vergleichsmöglichkeit mit der amerikanischen Realität fehlte, um den Leinwandzauber oder die Fotos in der Massenpresse zu relativieren.

Die Kultur der Modernität und Urbanität absorbierte die Botschaften des Feminismus, um sie dann in Gestalt der modernen amerikanischen Frau zu präsentieren. Die amerikanische Werbewirtschaft verstand es auf geniale Weise, ganze Jahrzehnte von drastischen Veränderungen hinsichtlich der staatsbürgerlichen und beruflichen Chancen der Frau, der Freiheit ihres Sozialverhaltens, des Ideals und der Praxis der Ehe nicht als Konsequenz des zielstrebigen Kampfes um Veränderung der Geschlechterhierarchie, sondern als zwangsläufiges Ergebnis des technischen Fortschritts und der wirtschaftlichen Expansion hinzustellen. Selbstverständlich besteht zwischen einem dominanten kulturellen Modell von Weiblichkeit einerseits und den tatsächlichen, unterschiedlichen und divergierenden Erfahrungen der Frauen an einem konkreten Ort zu einer konkreten Zeit andererseits kein direkter Zusammenhang, sondern ein dynamisches Wechselverhältnis: Was aus dem amerikanischen Modell von moderner Weiblichkeit gemacht wurde, hing davon ab, von wem, wo und wie es gesehen und gehört wurde. Die Wirtschaftskrise, mit der die zwanziger Jahre zu Ende gingen, brachte auch ans Licht, daß die sogenannten modernen Muster in Wirklichkeit in altbekannten Erwartungen an die Unterordnung und Häuslichkeit der Frau verwurzelt waren. Falls das Frauenmodell der zwanziger Jahre überhaupt einen emanzipatorischen Impetus hatte, basierte er auf einer kontinuierlichen Expansion der Wirtschaft durch anhaltende Verbrauchernachfrage. Während der Weltwirtschaftskrise bewies der reaktionäre Ruf nach Rückkehr der Frau an den häuslichen Herd – und vor allem nach dem Ausscheiden verheirateter Frauen aus dem Berufsleben –, wie dünn die neue Aura von Freiheit und Individualität war, die die altbekannte Rolle der modernen Frau umhüllte.

Aus dem Englischen von Holger Fliessbach

Antifeministische Demonstration in Paris, um 1930.

3
Zwischen den beiden Weltkriegen

Weibliche Rollen in Frankreich und England

Anne-Marie Sohn

Die Geschichte der Zwischenkriegszeit hat deutlich weniger wissenschaftliche Untersuchungen angeregt als die Zeit des viktorianischen Englands oder des Höhepunkts der Dritten Republik in Frankreich. Dabei hat die Frauengeschichtsschreibung, die sich ohnehin spät entwickelte, diesen Zeitraum noch stärker vernachlässigt, nicht zuletzt weil diese beiden Jahrzehnte – umklammert von der patriarchalischen Gesellschaft des 19. Jahrhunderts und dem Zeitalter der Pille und der »sexuellen Revolution« der sechziger Jahre unseres Jahrhunderts – nur ein verschwommenes Profil aufweisen. Was geschah zwischen der schwierigen Eingliederung der Frauen ins junge Industrieproletariat und dem Entstehen der Konsumgesellschaft mit all ihren Vergnügungen und der relativen Sicherheit, die der Sozialstaat mit sich brachte? Zwar gibt es in den zwanziger Jahren Anzeichen für eine Emanzipation der Frau: kurze Haare, den Typus der *garçonne* und für die Engländerinnen das Wahlrecht, doch das tägliche Leben der Frauen veränderte sich kaum. Das Ideal der Hausfrau und die damit verbundene Rollenteilung herrschen unumstößlicher denn je.

Die demokratische Verfassung hat den Frauen in Frankreich genauso wie in England die Bevormundung durch ein totalitäres System erspart. Trotz des ähnlichen Entwicklungsstandes beider Länder bleiben die jeweiligen gesellschaftlichen Besonderheiten, die die soziale Stellung der Frau prägen, jedoch bestehen. So differieren Katholizismus und Protestantismus grundlegend in der Frage der Empfängnisverhütung. Zudem gab es in England kaum noch Bäuerinnen, während sie in Frankreich noch 40 Prozent der erwerbstätigen weiblichen Bevölkerung ausmachten und somit den für ein ländliches Umfeld typischen Zwängen unterworfen waren. Daher wird im folgenden die Betonung oft stärker auf der »Spezifik« der nationalen Modelle liegen als auf dem gemeinsamen Los der Frauen zu beiden Seiten des Ärmelkanals.

ZWISCHEN MUTTER UND GARÇONNE

Bubikopf, kurzer Rock und das Porträt der modernen Frau in Victor Marguerittes Roman *La Garçonne* galten oft als Symbole für ein neues weibliches Verhalten und das Auftreten emanzipierter Frauen. Doch jenseits des äußeren Scheins halten sich hartnäckig die traditionellen Normen.

Garçonne und flapper: Klischees der wilden Jahre

Seit dem 19. Jahrhundert vertraten französische Republikaner wie Jules Ferry oder Camille Sée den Standpunkt, die Ehe müsse sich auf eine intellektuelle Gemeinschaft zwischen den Ehegatten gründen, und hofften, durch die Erziehung den »seelischen Graben«, eine der Quellen ehelicher Zwietracht, zu überwinden. Doch sie dachten nicht daran, die geschlechtsspezifische Rollenteilung, worin die Ehefrau sich ausschließlich der Familie widmen muß, in Frage zu stellen. Auch die Romanschriftsteller zeichneten das Bild der Ehefrau und Geliebten, das, indem es die Erotik in die eheliche Gemeinschaft einführte, zwar der Doppelmoral und dem Ehebruch des Mannes ein Ende setzte, die Frauen aber gleichzeitig darauf verpflichtete, stets verführerisch zu sein und die sexuellen Bedürfnisse des Ehemannes jederzeit zu erfüllen. Englische Schriftsteller wie Bernard Shaw oder George Wells gingen noch weiter, indem sie, häufig ausgehend von gelebten Beispielen, sexuell und gesellschaftlich befreite Frauen schilderten; so kämpften sie zugleich für die Gleichberechtigung der Geschlechter wie gegen eine erstickende Moral. Die »neue Frau« versuchte ihre Identität und ihre Autonomie gegen alle Konventionen zu erobern. Die freie Liebe oder die Ehe auf Probe aber, Vorstellungen also, die von sozialistischen und anarchistischen Idealen und von der Ablehnung des viktorianischen Puritanismus geprägt waren, wurden nur von wenigen Außenseitern wie etwa Léon Blum propagiert.[1]

Nach dem Krieg gewann das Thema an Aktualität. In England wurde die *flapper* zum Inbegriff der emanzipierten jungen Frau, die Tanzlokale und kurze Röcke liebt. In Frankreich verstand es Victor Margueritte, diese Neigungen in einem fiktiven, aber sehr lebendigen Archetypus zu kristallisieren: der *garçonne*.[2] In diesen wilden Jahren, einer Zeit, in der sich die nach dem Trauma der Schützengräben wiedergefundene Lebensfreude mit der Faszination für die russische Revolution, die jede erträumte Emanzipation mit sich zu bringen schien, traf, setzte sich das Bild der ledigen *garçonne* durch. Sie will mit einer »Karriere« ihre finanzielle Unabhängigkeit sichern und treibt die moralische und sexuelle Freiheit bis zur Bisexualität, bevor sie mit ihrem »Gefährten«[3] eine feste und egalitäre Verbindung eingeht. Ihr männliches Betragen (»sie denkt und handelt wie ein Mann«), die männlichen Eigenschaften wie Begabung und Logik, die sie entwickelt, ihr souveräner Umgang mit Geld und das Bewußtsein ihrer unbeugsamen Individualität (»ich gehöre nur mir«) fließen in einem physischen Attribut voller Symbolik zusammen, dem kurzgeschnittenen Haar. Eine so emanzipierte Frau war nicht länger eine Frau, sondern eine *garçonne*. Die durchschlagende Wirkung des Romans – eine Auflage von einer Million; gelesen von 12 bis 25 Prozent aller Franzosen; in zwölf Sprachen übersetzt – zeugt von der Bedeutung des Skandals, der dem Autor den Ausschluß aus der Ehrenlegion einbrachte. 1923 versuchten die englischen Behörden, die Verbreitung des Werkes zu unterbinden, indem sie die mit der Post versandten Exemplare beschlagnahmten; sie wagten jedoch nicht, dies öffentlich zu machen oder den Roman zu verbieten, weil sie befürchteten, für den Autor kostenlos Werbung zu betreiben. Eine öffentliche Debatte entwickelte sich, vor allem in der Presse, und selbst im Kreise der Familien wurde lebhaft diskutiert. Journalisten, Politiker und Romanschriftsteller verurteilten, manchmal mit extrem scharfen Worten, die »Frau, die ihr eigenes Leben lebt«, das »Luder«. Die meisten Feministinnen waren schockiert über den »pornographischen« Charakter des Romans. Die gespaltene Linke verteidigte die Meinungsfreiheit, zeigte sich aber reserviert gegenüber dem Inhalt. Die Kommunisten, nach deren Meinung die Frauenemanzipation erst in der Zeit nach der Revolution aktuell wurde, äußerten ihre Verachtung für diese »Pseudoforderungen« eines »republikanischen Bourgeois«. Lediglich die revolutionären Feministinnen, insbesondere Lehrerinnen, die in der Gewerkschaft CGTU organisiert waren, unterstützten das Modell im Namen der Gleichheit der Geschlechter. So ermöglicht die Diskussion über diesen Roman, die Meinung offizieller Sprecher verschiedener Richtungen, die damals mehrheitlich ein traditionelles Frauenbild, nämlich das der Hausfrau, vertraten, in einer Momentaufnahme festzuhalten.

Die Hausfrau oder die wahre Berufung der Frau

Das Stereotyp der Frau als der »Priesterin des heimischen Herds« oder als »Engel des Hauses« verfestigte sich seit der zweiten Hälfte des 19. Jahrhunderts sowohl in Literatur und Kunst als auch in wissenschaftlichen Werken. Die Verherrlichung der weiblichen »Natur« und der »geheiligten Weiblichkeit« diente dazu, einen untergeordneten Status zu definieren. Mehr und mehr wurde die körperliche Schwäche der Frau betont, die es erfordere, sie vor Belastungen zu schützen und ihr übermäßige Anstrengungen zu ersparen. Man beharrte auf der biologischen Prädestination, die aus der Mutterschaft eine Pflicht machte. So entwarfen die tonangebenden Eliten ein moralisches Bild der Frau, das ihre Empfindsamkeit stärker betonte als ihre Intelligenz; ihre Hingabe und Unterwerfung höher schätzte als Ehrgeiz oder intellektuelle Spekulationen, die ihre Kräfte übersteigen und ihre Weiblichkeit bedrohen würden. Dem Mann war die Sphäre der Öffentlichkeit vorbehalten, der Frau das »traute Heim«. In den vermögenden Schichten Großbritanniens wurden die wie zarte Blumen wirkenden Frauengestalten der präraffaelitischen Maler zum Vorbild, dem es nachzueifern galt.

Parallel dazu verstärkte der neue medizinische Diskurs über das Aufziehen von Kindern den Druck auf die Frauen, sich auf das Haus zu beschränken. Diese im 19. Jahrhundert beginnende Debatte sollte – im Namen des unbedingt notwendigen Kampfes gegen die Kindersterblichkeit – bei den Müttern Schuldgefühle wecken, um sie dann weiterbilden und zu Gehilfinnen des Arztes machen zu können. Die durch die Entdeckungen Pasteurs ausgelöste Revolution verstärkte dieses Phänomen noch, da sie eine besonders strenge antibakterielle Prophylaxe für Säuglinge durchsetzte. Von nun an war es die Pflicht der Mutter, diese Vorsorge zum Wohl von »Rasse« und Nation in die Tat umzusetzen. Besonders in Frankreich, wo die Geburtenrate früher zu sinken begann als anderswo, lenkte das dadurch heraufbeschworene Gespenst der Entvölkerung die Aufmerksamkeit verstärkt auf den Kreuzzug für mehr Hygiene, von dem man sich eine geburtenfördernde Wirkung versprach. In England wurde erst 1937 im Unterhaus auf die Bedrohung durch den Geburtenrückgang und seine Auswirkungen auf den Wohlstand und »den Fortbestand des britischen Empires« hingewiesen. Die für die dreißiger Jahre kennzeichnende Bewegung, die Frauen »zurück an den Herd« zu schicken, wurde dadurch noch verstärkt. Die Säuglingspflege und die medizinische Kontrolle während der Kindheit setzten sich erst nach dem Krieg durch, obwohl man die ersten Mütterberatungsstellen bereits zwischen 1890 und 1900 eingerichtet hatte. 1918 wurden per Gesetz die Maternity and Infant Centres gegründet, während in Frankreich die Zahl der Mütterberatungsstellen zwischen den beiden Weltkriegen von 400 auf 5000 stieg. Die Betreuung der Mütter wurde noch gefördert durch eine zunehmende Zahl von Sozialarbeiterinnen nach amerikanischem Vorbild, die ins Haus kamen und ihr pädagogisches Evangelium predigten. Die neuen Verantwortlichkeiten, mit denen die Ärzte die Frauen nun betrauten, setzten voraus, daß diese jeden Augenblick verfügbar waren, so daß eine Arbeit außer Haus schwierig wurde. Der Schutz des Kindes führte so zunächst indirekt, dann auch direkt zum Verbot der Frauenarbeit, vor allem in Frankreich, wo verheiratete Frauen häufig berufstätig waren. Denn nur eine Rabenmutter würde es fertigbringen, ihr Kind der Obhut einer bezahlten Amme zu überlassen oder zum Fläschchen zu verdammen, das womöglich seinen Tod bedeutete, weil es nicht steril war. Das Stillen und die daraus resultierende Abhängigkeit zwangen die Mutter, zu Hause zu bleiben. Zeitungen und Romane genauso wie Politiker propagierten unisono die Aufgabe einer Mutter als edelsten aller Berufe. In Frankreich rühmte die Hausfrauengewerkschaft, die 1935 gegründet wurde, um einen Lohn für Hausarbeit zu fordern, diese »soziale Aufgabe als Garanten für die Stabilität der Familien, die Gesundheit der Kinder, das Glück der Individuen und somit den Wohlstand der Nation«.[4] »Glücklich der Mann, dessen Frau stolz auf ihren Haushalt ist ..., die ihre Sachen gerne in Ordnung hält, damit er stolz auf sie und seine Kinder ist«, schrieb im selben Sinne die Zeitschrift *Housewife*, die bezeichnenderweise 1939 auf den Markt kam. Zu dieser Zeit wandelte sich in Frankreich das Leitbild der guten »Hauswirtschafterin«, die Haus und Betrieb geschickt im Griff hatte, oder der »Finanzministerin« in Arbeiterhaushalten[5] zum Ideal der Mutter, die sich ausschließlich ihren Kindern widmet, oder sogar zu dem der übertrieben besitzergreifenden Mutter, wie sie von François Mauriac in *Génitrix* beschrieben wurde. Die Propaganda zugunsten der Hausfrau war so allgegenwärtig und erdrückend, daß viele Männer und Frauen dieses Bild verinnerlichten. Seit 1900 war es in England nahezu unbestritten, während es in Frankreich immerhin noch Bedauern und Fragen auslöste.

Mutter, Ehefrau und Arbeiterin

Die jahrhundertealte Lehre der Kirche, die Aufwertung der Weiblichkeit seit dem 19. Jahrhundert und die Pflichten, die den Frauen in einer immer stärker medizinisch geprägten Gesellschaft auferlegt wurden, haben in der Zeit zwischen den beiden Weltkriegen dazu geführt, daß das Bild der Frau als Mutter und Ehefrau »ohne Beruf« sich durchsetzen konnte. Diese Frau, durch ihre häuslichen Aufgaben sich selbst entfremdet und verbannt in ihre Wohnung, war das krasse Gegenteil der *garçonne,* die seit den dreißiger Jahren in Vergessenheit geraten war. Aber zwischen diesem Modell, das vor allem von Männern propagiert wurde, und seiner Aneigung durch die Frauen gab es einen großen Spielraum.

Das Festhalten an der Frauenerwerbstätigkeit

Zwar stellte die öffentliche Meinung Frauen als nicht berufstätig dar, doch entsprach dies nicht der Realität, vor allem nicht in Frankreich. Von 1906 bis 1946 stellten die Französinnen 36,6 bis 37,9 Prozent der erwerbstätigen Bevölkerung, die Britinnen 28,5 Prozent. In beiden Ländern wurde es begrüßt, daß junge Mädchen aus einfachen Verhältnissen vor der Ehe arbeiteten; doch die Erwerbsarbeit verheirateter Frauen blieb in England die Ausnahme (nur 14 bis 16 Prozent der erwerbstätigen Bevölkerung), während sie in Frankreich üblich war. Dort war 1920 jede zweite Lohnempfängerin verheiratet, 1936 waren es sogar 55 Prozent. Dazu kommen noch die Witwen mit Kindern, die 13,5 bis 14,5 Prozent der weiblichen Beschäftigten ausmachten. Zwischen den beiden Weltkriegen hatten in Frankreich zwei Drittel der berufstätigen Frauen eine Familie zu versorgen. Weitgehend unbeeindruckt von der familialistischen Propaganda, die damals ihren Höhepunkt erreichte, richteten die Frauen – abgesehen vom mittleren und gehobenen Bürgertum – ihr privates und berufliches Leben ihren eigenen Ansprüchen gemäß ein.

Häufig wird betont, daß wie in England die Frauenerwerbstätigkeit nach dem Krieg auch in Frankreich zurückgegangen sei, doch dies trifft nicht zu: In Frankreich zählte man 1906 eine Million Fabrikarbeiterinnen, 1921 waren es 1220000 und 1926 1470000. Die Diskrepanz zwischen den Aussagen der Historiker, selbst den statistischen Darstellungen, und der Realität ist frappierend. Die Spezifik der französischen Erwerbsstruktur resultiert aus dem hohen Anteil von Frauen, die in der Landwirtschaft arbeiteten: 46 Prozent der berufstätigen Frauen im Jahre 1921 und noch 40 Prozent im Jahre 1936, während es in Großbritannien nur 1 bis 2 Prozent waren. Die oft übersehene Rolle der Frauen in der Landwirtschaft wurde zwischen den beiden Weltkriegen noch bedeutsamer, da die Spezialisierung in der agrarischen Produktion zunahm und Arbeitskräfte infolge der Landflucht knapp waren: »Wegen des Arbeitskräftemangels ersetzt die Frau zumeist einen Landarbeiter«, stellte eine Erhebung von 1929 fest.[6] In Regionen mit Viehzucht, wo es traditionell Aufgabe der Frauen war, das Vieh zu versorgen, wurde die Arbeit der Frauen ebenfalls noch wichtiger, da die

Bauern zunehmend auf Produktionszuwachs durch größeren Viehbestand setzten: In der Normandie zum Beispiel stellte der Gewinn aus Milchprodukten zwei Drittel des Familieneinkommens dar. Ähnliche Relationen gab es in den Wein- oder Gartenbauregionen. Allgemein kann man sagen, daß die Frau auf dem Lande sich schon immer als vielseitig einsetzbare Arbeiterin auf klimatisch und jahreszeitlich bedingte Wechselfälle einstellen mußte. »Die Frau muß alles machen«, sagte man im burgundischen Minot.[7] Im übrigen konnte es sein, daß die Frauen sich lieber um die Feldarbeit kümmerten als um ihre Küche, wie eine Winzerin aus dem Département Aude, die nostalgisch ausrief: »Im Weinberg, da hab' ich mich wohlgefühlt!«[8] Auf jeden Fall aber konnten sich Bäuerinnen, im Unterschied zu Arbeiterinnen, bei ihrer Arbeit (außer in dringlichen Fällen) nach den familiären und häuslichen Erfordernissen richten. Mütter von kleinen Kindern konnten eine Weile mit der Arbeit aussetzen, als Teilzeitbeschäftigte arbeiten oder freiwillige Hilfe bei Nachbarinnen und Großmüttern finden. Dennoch war die Doppelbelastung durch Haushalt und außerhäusliche Arbeit in der Landwirtschaft sehr schwer zu bewältigen.

In der Stadt waren zwei Drittel der Mütter gezwungen, berufstätig zu sein, weil die Löhne ihrer Ehemänner zu niedrig waren, um die Familie versorgen zu können.[9] Zudem erleichterten die große Zahl kleiner Betriebe und der durch den Geburtenrückgang entstandene Arbeitskräftemangel, der nur zum Teil von einer starken Einwanderungswelle ausgeglichen wurde, schon seit langem die Eingliederung der Frauen ins Berufsleben. Diese Situation, die bereits im 19. Jahrhundert entstanden war, trug dazu bei, daß Frauenerwerbstätigkeit selbstverständlich wurde, und wirkte der Hausfrauenideologie entgegen. Die von Annie Fourcaut zusammengestellten Berichte von Betriebsfürsorgerinnen zeigen deutlich, daß die Frauen nicht nur aus materiellen Gründen an ihrem Beruf hingen. Mit zwei Löhnen konnte man zu einem bescheidenen Wohlstand gelangen; aber auch die Geselligkeit im Beruf – »das Fabrikleben mit seinem Klatsch, seinen Zwischenfällen und seiner Kameradschaft war unterhaltsam für sie« – und die damit verbundene Freiheit – »ihre Arbeit verlieh ihnen dem Ehemann gegenüber eine gewisse Unabhängigkeit«[10] –, spielten eine Rolle. Die Arbeiterinnen im Norden, einer Region, wo Mütter wie Töchter in den Textilfabriken beschäftigt waren, weigerten sich, ihre Arbeit nach der Heirat aufzugeben: »Ihre Arbeit ist ihnen lieber.«[11]

Dort, wo die Art der Industrialisierung die Zahl der Frauenarbeitsplätze begrenzte, etwa in Gebieten mit Bergbau oder Eisen- und Stahlindustrie, eröffneten die Frauen Lokale, vermieteten an Pensionsgäste oder arbeiteten als Wäscherinnen. Solche Tätigkeiten wurden oft von den Betroffenen selbst »vergessen«, so etwa von einer Posamentiererin aus Saint-Étienne, die auf die Frage, ob ihre Mutter nach der Heirat gearbeitet habe, antwortete: »Nein, nie. Sie war immer zu Hause, aber sie hat für andere Leute geflickt. Sie war nie ohne Arbeit.«[12] Unter diesen Bedingungen führte die Geburt von Kindern immer seltener zur Aufgabe des Berufslebens: In Paris pausierte die Hälfte der Arbeitnehmerinnen nach einer Geburt für einige Zeit, aber nur zehn Prozent, meist Frauen mit vielen Kindern oder mit einem unattraktiven Beruf, gaben ihre Erwerbsarbeit endgültig auf.

Dagegen wurden Beschäftigungsmöglichkeiten für Frauen in Großbritannien durch die ständige und manchmal dramatisch ansteigende Arbeitslosigkeit immer mehr eingeschränkt, so daß zwischen 1921 und 1931 200000 Arbeiterinnen Hausangestellte werden mußten, da ihnen sonst keine Stellen offenstanden. Zudem schnitt das rasche Wachstum der Vorstädte, die von potentiellen Arbeitsplätzen weit entfernt waren, die Frauen von vielen Beschäftigungsmöglichkeiten ab. Schließlich spielte auch die Vorstellung der Frauen selbst von ihrem Platz in der Gesellschaft eine Rolle. Eine Erhebung von 1913 zeigt, daß Frauen aus der Arbeiterklasse faktisch keine eigene Berufskultur mehr hatten, was zur Folge hatte, daß die Rollen von Mann und Frau scharf gegeneinander abgegrenzt waren. Die Frauen begannen es als Unglück zu betrachten, wenn sie zur Erwerbsarbeit gezwungen waren, und der Begriff »working mothers« bezeichnete nun Hausfrauen. Diese negative Reaktion auf die Erwerbsarbeit verfestigte sich in der Zwischenkriegszeit weiter. In der Erhebung, die Margery Spring Rice 1939 über die Frauen der Arbeiterklasse veröffentlichte, wird die Frage nach einer eventuellen Lohnarbeit gar nicht erst gestellt, und nur sehr wenige der befragten Frauen sprachen dieses Thema an.

Die Situation in Großbritannien und Frankreich war also sehr unterschiedlich, wenn man die Zusammensetzung der erwerbstätigen Bevölkerung, die Traditionen weiblicher Berufstätigkeit und die vorherrschende Ideologie betrachtet.

Dagegen waren die Art der Arbeitsplätze und die Qualifikationen, die von den Frauen verlangt wurden, in Frankreich und Großbritannien ähnlich. In beiden Ländern war die Fabrikation und Bearbeitung von Textilien die Branche, in der die größte Zahl von Arbeiterinnen – ein Drittel der Gesamtzahl – beschäftigt waren. Doch aufgrund der Industrialisierung vieler Arbeiten, womit etwa die Schneiderei durch die industrielle Konfektion überflüssig gemacht wurde, nahm die Zahl von Frauen in diesen Berufen in den zwanziger und dreißiger Jahren stark ab. Bestimmte Tätigkeiten (Putzmacherei, Spitzenklöppeln, Stickerei) wurden immer seltener, und zahlreiche Berufe wie die der Flickerin oder Näherin, die tageweise ins Haus kamen, verschwanden ganz, da sie eng verknüpft waren mit einem Lebensstil, den der Krieg zerstört hatte. In Frankreich, wo die Zahl der Textil- und Bekleidungsarbeiterinnen von 1471000 im Jahre 1906 auf 887500 im Jahre 1931 sank, betraf dieser Rückgang am stärksten die Frauen, die selbständig in diesem Bereich gearbeitet hatten (ihre Zahl sank von 907500 auf 429500). Dagegen kann man feststellen, daß Arbeiterinnen in Sektoren eindrangen, die bis dahin als männlich gegolten hatten, etwa in den Maschinenbau, in die chemische oder die Nahrungsmittelindustrie. In Großbritannien stieg der Anteil von Frauen in der Metallindustrie von 8,8 Prozent auf 16,4 Prozent, und in den Midlands oder im Südosten, den Zentren der neuen Maschinenbauindustrie, wurden während der gesamten Zeitspanne kontinuierlich mehr Frauen angestellt, da das Arbeitsplatzangebot größer wurde und von seiten der Frauen auch eine Nachfrage bestand. In diesen expandierenden Industriezweigen waren die Frauen keineswegs nur »Ersatz« für den Mann. Häufig behielten sie in wirtschaftlichen Krisenzeiten ihre Arbeitsplätze, während Männer entlassen wurden; ein Indiz dafür, daß ihre Beschäftigung betrieblichen Überlegungen entsprang. Tatsächlich bevorzugte man seit der Einführung des Fließbands und der Ersetzung von Körperkraft durch Maschinen Frauen als Arbeitskräfte. Sie nahmen von nun an wenig qualifizierte Arbeitsplätze ein, die schlechter bezahlt wurden als die Tätigkeiten ihrer männlichen Kollegen. An diesen Arbeitsplätzen waren die traditionellen weiblichen Fähigkeiten, wenn auch nicht anerkannt, so doch von großem Wert.

Immer häufiger waren daher die angelernten Arbeiter an den Fließbändern Frauen, von den Unternehmen eingesetzt, um die Personalkosten zu senken. Ebenso begünstigte die wirtschaftliche Entwicklung, die eine größere Zahl untergeordneter Stellen im tertiären Sektor mit sich brachte, die »weibliche Angestellte«. In England stieg der Anteil der weiblichen Büroangestellten an der Gesamtheit der berufstätigen Frauen zwischen 1911 und 1931 von 2 auf 10 Prozent. In Frankreich kam 1902 eine Angestellte auf drei Arbeiterinnen, doch 1931 stieg das Verhältnis schon auf eins zu zwei; der Anteil der Angestellten an den erwerbstätigen Frauen verdoppelte sich zwischen 1906 und 1921, und 1931 machte er bereits 22,6 Prozent aus (in absoluten Zahlen: eine Million). Auch im Handel und bei der Post setzten sich Frauen durch. Weitere Felder eröffneten neu entstehende Berufe wie die der Fürsorgerin oder der Krankenschwester. Vor allem verheiratete Frauen profitierten von diesen neuen Möglichkeiten. Der Dienstleistungsbereich nutzte dabei die Fähigkeiten, die sich Frauen nun durch längeren Schulbesuch und zusätzliche Kurse erwerben konnten. Männliche und weibliche Angestellte wurden jedoch nicht gleich behandelt; so wurden Frauen nur sehr selten befördert.

Da es sowohl in Frankreich als auch in Großbritannien immer weniger reiche Privatiers gab, verringerten sich die Dienstbotenstellen und veränderten gleichzeitig ihr Profil. Weniger gravierend war dieser Rückgang in England, wo immer noch jede dritte Frau als Hausangestellte arbeitete. In Frankreich, wo noch 15 bis 18 Prozent der berufstätigen Frauen in diesem Sektor tätig waren, wurde das Dienstmädchen, das in der Wohnung lebte, zunehmend durch die Zugehfrau verdrängt, die in ihrem Privatleben freier und in vielen Fällen auch verheiratet war.

Es war den Frauen in den beiden großen Industrieländern Frankreich und Großbritannien also gelungen, Zugang zu besser bezahlten und prestigeträchtigeren Berufen zu finden, als sie das Dienstmädchenwesen oder das Ausbeutungssystem der Fabriken im 19. Jahrhundert geboten hatten. Als Resultat stieg in Frankreich die Erwerbstätigkeit der Frauen, und vor allem die der verheirateten, deutlich an. Aber die Kehrseite der individuellen Befriedigung und des Gefühls der Modernität, das die Erwerbstätigkeit ermöglichte, war deren Unterwerfung unter eine geschlechtsspezifische Personalpolitik, die ohne eigene Kosten die gewachsenen Kenntnisse der Frauen zu nutzen wußte.

»Working mother« oder Hausfrau

Die Hausarbeit entwickelte sich nur langsam weiter, und das amerikanische Modell des tayloristischen Haushalts blieb größtenteils eine Fata Morgana. Der Umfang der Hausarbeit war immer noch abhängig von der Umgebung, vom Wohnungstyp, vom Einkommen und von der allgemeinen Infrastruktur. Die Qualität der Wohnungen und ihre Ausstattung mit fließendem Wasser, Gas und Elektrizität bestimmten in hohem Maße, was die Hausfrau zu tun hatte und wie lange sie dafür brauchte. In beiden Ländern blieb diese Ausstattung lange Zeit mittelmäßig. In England waren der Abriß von einer Million Elendsbehausungen und der Bau hygienischer, wenn auch monotoner Vorstädte zwar ein Fortschritt, reichten aber nicht aus. Die neuen *council houses* (gemeindeeigene Wohnhäuser mit niedrigen Mieten) waren vor allem für Angestellte bestimmt. Der Standard der Arbeiterwohnungen war immer noch bestenfalls mittelmäßig und zumeist einfach schlecht. In London hatten 50 Prozent der Haushalte kein fließendes Wasser, und die Überbelegung der Wohnungen war, wie zum Beispiel in Bethnal Green mit durchschnittlich fünf Personen pro Zimmer, immer noch dramatisch. Eine Untersuchung des Women's Health Enquiry Committee bei 1250 Frauen aus der Arbeiterklasse kam zu dem Ergebnis, daß 6,9 Prozent der Familien über eine hygienische und geräumige Wohnung mit kaltem und warmem Wasser verfügten, die aber häufig weit vom Stadtzentrum entfernt lag; 61,4 Prozent lebten in übervölkerten Häusern für Arme und 31 Prozent in Wohnungen, »die eine zivilisierte Gesellschaft nicht dulden dürfte«[13]: in baufälligen Cottages auf dem Land oder in Blocks mit engen Hinterhöfen. Auch in Frankreich verschlimmerte der Wohnungsmangel, noch verschärft durch ein kriegsbedingtes Einfrieren der Mieten, die Enge; wie auch in England waren einfache Familien meist in ein oder zwei Zimmern zusammengepfercht. Allerdings widerstrebte es den Franzosen bis in die dreißiger Jahre, viel Geld für die Wohnung auszugeben: »Man hat an der Miete gespart.«[14] Noch 1954 hatten 42 Prozent der französischen Haushalte kein fließendes Wasser.

Dagegen hatten sich die Wohnverhältnisse auf dem Land seit dem 19. Jahrhundert deutlich verbessert. Viele Bauern hatten Fliesen- oder Steinböden, im oberen Stockwerk befanden sich Schlafzimmer, und die »gute Stube« war geweißelt. Im Osten Frankreichs wurden viele im Krieg zerstörte Bauernhäuser durch moderne Neubauten ersetzt, von denen manche sogar Zentralheizung hatten. Gebirgsgegenden und die Bretagne blieben jedoch zurück. Im Département Haute-Loire, im Champsaur, im Queyras und im Briançonnais teilten sich die Bauern, zumindest tagsüber und meist auch während des ganzen Winters, einen Raum mit ihrem Vieh. Die Umgebung der Bauernhäuser war vernachlässigt, die Höfe schlammig; in Lothringen waren Misthaufen nur selten fest umgrenzt; im Oisans waren die Dorfstraßen »voller Mist und Unrat«.[15] Unter diesen Bedingungen, bei all dem Schlamm und Mist, war es fast unmöglich, das Haus sauberzuhalten. Erst die Verbesserung der Umgebung und die Sanierung der Höfe konnte bei den Frauen Lust an der Hausarbeit aufkommen lassen.

In der Stadt wirkten die überfüllten Wohnräume und der Mangel an fließendem Wasser ebenso demotivierend. Wie die bereits genannte Untersuchung von Margery Spring Rice feststellt, »können die Wohnungen der Armen nur um den Preis extrem harter Arbeit ordentlich gehalten werden«, und in den Elendshütten »wird die Mutter leicht entmutigt; und da selbst unermüdliche Arbeit mit solchen Bedingungen nicht fertig wird, gibt sie alle Hoffnung auf und wird oft selbst unsauber und verkommen«.[16] Die Frau eines invaliden Seemanns, die mit neun weiteren Personen in einem Zimmer in Croydon hauste, schrieb: »In dem Zimmer stehen so viele Betten, daß ich es nur schwer putzen kann, aber ich tue es trotzdem, und die Wäsche trocknet in dem einzigen Zimmer, das ich habe.«[17]

Für die Mehrheit der Frauen hatten sich die Hausarbeiten ebensowenig verändert wie die äußere Umgebung. Immerhin erübrigte sich für diejenigen, die über fließendes Wasser verfügten, eine Belastung, die sonst einen Zeitaufwand von etwa einer Dreiviertelstunde pro Tag erfordert hatte. Auch das elektrische Licht, das 1938 in 65 Prozent der britischen und in fast ebensovielen französischen Haushalten vorhanden war, verringerte die Hausarbeit wöchentlich um zweieinhalb Stunden, da keine Petroleumlampen mehr geputzt und vorbereitet werden mußten. Gasheizung oder elektrische Heizung ersparten der Hausfrau wöchentlich mehr als neun Stunden, aber nur 20 Prozent der Engländerinnen kamen in den Genuß dieser Erleichterung; den übrigen blieb die beschwerliche Arbeit, sich um den Ofen oder den Kamin kümmern zu müssen. In beiden Ländern waren die Frauen noch längst nicht mit den praktischen Haushaltsgeräten der Konsumgesellschaft versorgt. Das stärker urbanisierte England war vergleichsweise besser ausgestattet, weil die Haushalte leichter an das Stromnetz angeschlossen werden konnten.

Das Domestic Science Movement, das vor 1914 in den USA entstanden war, führte eine Kampagne zur Förderung der Haushaltshygiene, wobei die Frauen zwar auf den Haushalt beschränkt wurden, zugleich aber die Hausarbeit als wirkliche Arbeit anerkannt wurde, die man einem strengen »Management« unterwerfen, rationalisieren und mechanisieren konnte. In Frankreich verbreitete der Ingenieur Henry Le Chatelier, der Taylors Werk *The Principles of Scientific Management* übersetzt hatte, als erster diese Ideen. Paulette Bernège, die Gründerin des Institut d'organisation ménagère, machte sie mit Hilfe von Haushaltsausstellungen, die ab 1923 in Paris stattfanden, populär. In England spielte die Electrical Association for Women, die sich für die Entwicklung und Anwendung elektrischer Haushaltsgeräte einsetzte, die ihrer Meinung nach die Hausarbeit um bis zu fünfzehn Stunden wöchentlich verringern sollten, eine ähnliche Rolle. Doch diese neuen Geräte waren mit einem Durchschnittsverdienst kaum erschwinglich. 1929 kostete eine Waschmaschine 700 Francs, was zwei Dritteln des Monatslohns eines Pariser Arbeiters entsprach; ein Kühlschrank kostete 7000 Francs, während ein Dienstmädchen nur 4500 Francs jährlich verdiente. 1948 besaßen nur 4 Prozent der britischen Haushalte eine Waschmaschine und 2 Prozent einen Kühlschrank. In Frankreich hatten Neuerungen wie das elektrische Bügeleisen oder die halbautomatische Waschmaschine nur den Norden und Osten erobert, Regionen, die den Ruf genossen, besonders reinlich zu sein. Man darf nicht vergessen, daß die einfache *lessiveuse,* ein Wäschekochtopf, erst in der Zwischenkriegszeit allgemeine Verbreitung fand. Nach und nach hielt in Großbritannien die moderne Zeit Einzug: 1948 besaßen 86 Prozent der Haushalte ein elektrisches Bügeleisen, 40 Prozent einen Staubsauger und drei Viertel einen Gas- oder Elektroherd. Doch bis 1939 wuschen, kochten und putzten die Frauen in beiden Ländern häufig noch ebenso wie im Jahrhundert zuvor, obwohl sinkende Preise den Kauf neuer Produkte, die die Hausarbeit erleichterten, möglich machten.

In der Küche und beim Kochen, der traditionellen Frauendomäne, zeigen sich widersprüchliche Entwicklungen. In Frankreich wurde sogar auf dem Land nur noch sehr selten das Brot selbst gebacken, so daß die Frauen einen halben oder einen ganzen Tag pro Woche gewannen. In England erleichterte der weitverbreitete Gebrauch von Konserven und Büchsenmilch die Zubereitung der Mahlzeiten, die sehr einfach blieben; in bescheidenen Haushalten gab es selten ein warmes Abendessen, und alles war rasch zubereitet: Butterbrot und Schokolade am Abend, Ragout und Pudding, etwas Salat, Gemüse oder Fisch. In Frankreich mußten die Frauen zwei reichhaltige Mahlzeiten kochen, es sei denn, der Mann aß in der Kantine, was immer häufiger der Fall war. Auf dem Land kamen, vor allem während der Erntezeit, noch eine kräftige Brotzeit und ein Nachmittagsimbiß dazu. Das kulinarische Vorbild des Bürgertums – Vorspeise, Fleisch und Gemüse, Salat und Dessert – verbreitete sich auch in anderen Schichten, so daß die Hausfrau sich umstellen mußte. Die traditionelle bäuerliche Küche blieb daneben ebenfalls erhalten, aber sie erforderte oft viel Zeit und Sorgfalt. Um etwa den *milhas,* einen für den Südwesten typischen Maisbrei, zuzubereiten, mußten mehrere Frauen zusammenarbeiten. In Frankreich hatte der gestiegene Lebensstandard zur Folge, daß man sich besser ernährte und bei den Mahlzeiten mehr Gänge servierte, so daß die Frauen nicht mehr nur nahrhafte Eintöpfe, sondern raffiniertere, aber auch zeitaufwendigere Gerichte kochten.

Schließlich reduzierte der Kauf von Konfektionskleidung vor allem für die Frauen aus der Unterschicht die Zeit, die sie zur Herstellung der Familiengarderobe aufwenden mußten. Sicher stopften die Hausfrauen weiterhin Socken, aber in England weigerten sich Arbeiterfrauen nun zu nähen. In Frankreich blieben zahlreiche Frauen ihren Handarbeiten treu, die ihnen nicht nur Geld sparen halfen, sondern sie vor allem in ihrer Freizeit beschäftigten und nach wie vor das Ideal der Weiblichkeit symbolisierten. Die vom Bürgertum des 19. Jahrhunderts geförderten dekorativen Beschäftigungen wie etwa Sticken oder andere Nadelarbeiten wurden nun von den unteren Schichten übernommen.

Da verläßliche Daten fehlen, ist es schwierig zu beurteilen, wieviel Zeit die Frauen für ihre Hausarbeit aufwandten. Die Electrical Association for Women schätzte sie 1934 auf 49 Stunden wöchentlich, ging dabei aber vom Besitz der modernsten elektrischen Haushaltsgeräte aus. 1950 wurde in Frankreich eine Zahl von 82 Stunden genannt, was sehr hoch erscheint, vor allem, da das Zeitbudget von der Erwerbstätigkeit der Frau und der Zahl der Kinder abhing. Eine andere Schätzung von 1947 besagt, daß Frauen, die einen Beruf ausübten, inklusive Haushalt nur 9 Stunden pro Woche mehr arbeiteten als Hausfrauen: Berufstätige Frauen widmeten ihrem Haushalt einfach 20 Stunden weniger. Viele verheiratete Frauen, die erwerbstätig blieben, erklärten auch, daß sie zu Hause wenig zu tun hätten.[18] Die berufstätigen Frauen reduzierten also die Hausarbeit und profitierten am stärksten von den Arbeitserleichterungen, die technische Neuerungen wie Waschkessel, Konserven und Elektrizität mit sich brachten. Der Kreuzzug zur Förderung der Hygiene und die neuen kulinarischen Anforderungen führten jedoch dazu, daß die französischen Hausfrauen mehr Zeit für ihren Haushalt aufwandten, allerdings ohne sich dessen bewußt zu sein, denn sie waren froh, daß ihnen die anstrengendsten Arbeiten – abgesehen von der Wäsche – nun erspart blieben. Außerdem wurde ein Teil der so gewonnenen Zeit den Kindern gewidmet, denen immer mehr Aufmerksamkeit zuteil wurde.

Schließlich wurden die Familienmütter auch durch ältere Töchter und Großmütter unterstützt. In englischen Arbeiterfamilien versorgte die Großmutter oft den Haushalt, wenn die Mutter krank war oder ein Kind gebar; sie machte ihren Enkeln nach der Schule das Essen und kümmerte sich auch sonst um sie. Auch die Nachbarinnen leisteten wertvolle Hilfe, allerdings unter der Bedingung, daß man sich an die oft konservativen Moralvorstellungen des Wohnviertels anpaßte, so wie Rosemary Crook es für Rhondda nachgewiesen hat.[19] Französische Arbeiter hatten auch nichts dagegen, im Haushalt selbst mit Hand anzulegen, wie etwa jener Pariser, der eine Weile arbeitslos war und von dem seine Frau berichtete: »Wenn ich nach Hause gekommen bin, war alles fertig, der Haushalt, das Essen, ich brauchte nur noch die Füße unter den Tisch zu strecken.«[20] Dasselbe galt für die Männer der Arbeiterinnen im Autowerk Panhard in Paris: »Wir hatten ein kameradschaftliches Verhältnis zueinander und haben uns die Hausarbeit geteilt; wer zuerst heimgekommen ist, hat das Essen gemacht und das Geschirr abgewaschen.«[21] Dagegen akzeptierten weder englische Ehemänner noch französische Bauern eine solche Aufgabenteilung.

Triumph der Mütter?

Das weibliche Idealbild war nicht nur die Hausfrau, sondern in erster Linie die Mutter. Die Erziehung von Kindern wurde mehr und mehr als Privileg der Frauen dargestellt. Im Diskurs über Kindheit erschien der Vater sogar als zweitrangig. In der Realität lagen die Dinge jedoch komplizierter. Zunächst einmal muß man unterscheiden zwischen »Aufzucht« und »Erziehung«. Das Aufziehen von Babys und Kleinkindern war schon immer Aufgabe der Mutter, da durch das Stillen eine physische Abhängigkeit entstand, die den Vater von der Sorge um das körperliche Wohl des Kindes ausschloß. In Frankreich wie in England stieß ein Vater, der sein Kind hätschelte, auf Befremden: »Das tut man nicht.«[22] In der Zwischenkriegszeit veranlaßten Experten für Säuglingspflege die meisten Mütter, eine Reihe traditioneller Praktiken aufzugeben, die von den Gesundheitsbehörden als gefährlich erachtet wurden. Diese Hygienekampagne war so erfolgreich, daß manche Historikerinnen, wie etwa Yvonne Knibiehler oder Françoise Thébaud, von einer regelrechten »Mütterschulung« sprechen konnten. Unbestreitbar setzten sich die Normen moderner Kinderpflege innerhalb von zwei Jahrzehnten in allen Schichten durch. Die meisten Frauen verwandten mehr Zeit auf die Körperpflege der Kinder als zuvor. Die Kinder waren sauberer, oder zumindest waren es die sichtbaren Körperteile (Gesicht und Hände), und sei es nur, um nicht das Mißfallen des Lehrers zu erregen, der in Frankreich die äußere Erscheinung der Kinder kontrollierte und sie nach Hause schicken konnte, wenn sie zu schmutzig waren. Dennoch wurden Babys nicht täglich gebadet, und ältere Kinder badeten nur einmal pro Woche. Der Bestand der Kinderkleidung wurde immer größer, gleichzeitig modischer und besser in Ordnung gehalten; ein Kind, das ein Kleidungsstück schmutzig machte oder zerriß, wurde von den Eltern streng bestraft. Auch die Ernährung der Kinder verbesserte sich. Zwar gelang es den Ärzten in Frankreich nicht, alle Frauen von den Vorteilen des Stillens zu überzeugen – in der Zwischenkriegszeit wurde sogar weniger gestillt –, aber ihre Kampagne für unverdorbene Milch und saubere Fläschchen hatte, ebenso wie in England, Erfolg. Sterilisierte und kondensierte Milch und Milchpulver, Produkte, die ab 1925 in den Handel kamen, erleichterten die rasche Zubereitung von bakteriologisch einwandfreier Babynahrung. Der häufig tödliche Durchfall von Kindern ging zurück, da Säuglinge später abgestillt und mit babygerechten Fertigprodukten (etwa dem berühmten »Blédine« von Nestlé) gefüttert wurden und die vor allem auf dem Lande verbreitete schädliche Praxis, Kinder zu überfüttern, nach und nach verschwand. Obwohl die von Ärzten empfohlene Säuglingspflege zeitraubend war, wurde sie von den Müttern übernommen, da der Geburtenrückgang die Bereitschaft förderte, bei geringerer Kinderzahl dem einzelnen mehr Zeit zu widmen. Das Kind einer Amme zu übergeben, was in Frankreich vor 1914 trotz der Verurteilung durch die Ärzte in allen Schichten gängige Praxis war, wurde nach 1918 immer seltener, einerseits, weil Ammen rar und somit teuer waren, aber auch, weil die Mütter ihr Kind jeden Tag sehen wollten, selbst wenn sie es während der Arbeitszeit Nachbarinnen oder Verwandten anvertrauten.

In England konnten die Frauen bei der Versorgung ihrer kleinen Kinder nur auf die – übrigens sehr großzügig geleistete – Hilfe von Verwandten zurückgreifen. Die Verantwortung für die Erziehung lag auch über das Säuglingsalter hinaus allein bei der Mutter, während es in französischen Städten zahlreiche Kindergärten gab, die insgesamt etwa 400000 Kinder aufnahmen und berufstätigen Müttern kostenlos eine kompetente und wertvolle Aufsicht über ihre Kinder boten. In England sah die Lex Fischer von 1918 die Einrichtung solcher Kindergärten oder Vorschulen vor, die von den Gemeinden unterhalten werden sollten, doch der Maternity and Child Welfare Act (1918) unterstellte sie dem Gesundheitsministerium, dessen Interesse daran so gering war, daß 1932 nur 52 und 1938 nur 112 *nursery schools* existierten. Während der Mangel an Krippen, Vorschulen und Kindergärten sowie an bezahltem Hauspersonal die britischen Frauen dazu zwang, nach der Geburt des ersten Kindes jede Tätigkeit außer Haus aufzugeben, konnten verheiratete Frauen in Frankreich weiterarbeiten.

Blieb die Erziehung im eigentlichen Sinne, von der Kontrolle der schulischen Leistungen bis hin zur moralischen und religiösen Erziehung, in England allein den Müttern überlassen, so kam in Frankreich dem Vater eine wichtige Funktion zu. Wie zentral die Rolle der Mutter in englischen Arbeiterfamilien war, haben Roberts und Hoggart für die dreißiger und vierziger Jahre, Young und Wilmott für die fünfziger Jahre nachgewiesen. Auf Roberts' Frage, ob ihre Eltern streng gewesen seien, betonten die meisten Frauen die Vorrangstellung der Mütter bei der Erziehung oder sogar in der Partnerschaft: »Meine Mutter ja. Sie hatte bei uns die Hosen an. Sie führte nicht einfach den Haushalt, sie beherrschte ihn. Sie war die dominierende Persönlichkeit in der Familie.«[23] Die Mutter hielt die Familie zusammen, wenn die Kinder erwachsen waren. Sie half den Töchtern, die oft ihren Rat suchten, bei der Kindererziehung. In Bethnal Green kamen verheiratete Frauen durchschnittlich viermal pro Woche mit ihrer Mutter zusammen. Häufig erklärten Frauen auch, sich eher Töchter als Söhne zu wünschen, weil Töchter sie später eher vor Einsamkeit bewahrten. In Frankreich standen Töchter ihrer Mutter zwar in mancher Hinsicht ebenfalls näher – sie halfen im Haushalt und vertrauten ihr eher intime Geheimnisse an –, aber sie bildeten selten eine so enge Gemeinschaft mit ihr wie in Armentières, wo Töchter besonderen Wert auf die Beziehung zur Mutter legten. Der Vater interessierte sich ebenso wie die Mutter für die schulische und berufliche Zukunft seiner Kinder, ob Töchter oder Söhne. Er machte sich Gedanken über ihren sozialen Aufstieg, hatte ein Auge darauf, wie oft sie ausgingen und mit wem sie Umgang hatten, er bestrafte und belohnte sie. Vater und Mutter konkurrierten in ihrer Liebe zu den Kindern, und ein autoritärer und hartherziger Vater wurde von der öffentlichen Meinung verurteilt. Natürlich waren die Zeitgenossen der Ansicht, daß die Mutter in besonderem Maße über die moralische Erziehung und den Lebenswandel der Töchter wachen müsse, und forderten von ihr, vor allem in sexueller Hinsicht, ein mustergültiges Betragen: Die Wiederverheiratung einer geschiedenen Frau konnte als Grund angeführt werden, ihr das Sorgerecht über ihre

Kinder zu entziehen. Im wesentlichen wurden die Kinder jedoch von beiden Elternteilen gemeinsam erzogen.

Die Verhaltensweisen unterschieden sich in den beiden Ländern, selbst in ähnlichen sozialen Milieus, also deutlich. Aber es ist schwierig, diese Unterschiede, die Fragen aufwerfen wie die nach der Erwerbstätigkeit verheirateter Frauen, der Delegierung elterlicher Autorität, der Wertschätzung von Familie und Individualität, zu interpretieren. Dasselbe gilt für die Rolle der Frauen in der Ehe.

Ehe und Freiheit der Frau

Sowohl für junge Männer als auch für junge Frauen wurde die freie Partnerwahl in der Zwischenkriegszeit selbstverständlich. Nur selten wagten es Eltern noch, eine arrangierte Eheschließung durchzusetzen, nicht einmal in den ländlichen Regionen Frankreichs, wo Erbschaftsfragen eine wesentliche Rolle spielten. Man fragte die Eltern jedoch nach ihrer Meinung, da die Kinder im allgemeinen nicht den Wunsch hatten, eine Ehe einzugehen, die von der Familie mißbilligt wurde. Die jungen Leute suchten nicht mehr nur einen Ehegatten, sondern einen gleichgesinnten Partner. Dazu bedurfte es aber eines Ortes, wo die Geschlechter einander begegnen und näherkommen konnten. In Frankreich und England erleichterte die explosive Verbreitung von Tanzlokalen die Kontaktaufnahme. Junge Männer machten nicht mehr der Schäferin auf der Weide den Hof, wie es noch 1900 in den Gebirgsregionen Frankreichs üblich gewesen war; jetzt fuhren sie mit ihr mit dem Fahrrad zur Tanzveranstaltung in die nächste größere Ortschaft und versuchten, sie mit ihrem gewandten Auftreten und ihren Tanzkünsten zu beeindrucken. So entstanden neue Umgangsrituale, ein Wettkampf, aus dem erfahrenere junge Männer aus der Stadt siegreicher hervorgingen als die Bauernburschen; die Städter machten Eindruck auf die jungen Mädchen, die von der Stadt mit ihren Freizeitvergnügungen fasziniert waren, wie Pierre Bourdieu für das Béarn gezeigt hat.[24] Die Bauernmädchen wußten aus dieser Konkurrenz ihren Vorteil zu ziehen. Die Emanzipation junger Frauen, die aus einer Schwächung der väterlichen Autorität resultierte, hatte jedoch zur Folge, daß junge Männer vom Lande häufig keine Heiratsaussichten hatten. In England war es durch den Krieg und die zunehmende Erwerbstätigkeit für die jungen Mädchen leichter geworden, ohne Anstandsdame auszugehen. Sie nützten ihre neue Unabhängigkeit, um eine gewisse sexuelle Freiheit zu erlangen. So zeigt eine Umfrage, daß nur 7 Prozent der vor 1904 geborenen Frauen vor der Eheschließung Flirts und 19 Prozent sexuelle Beziehungen gehabt hatten, während es bei der zwischen 1904 und 1914 geborenen Generation bereits 22 bzw. 36 Prozent waren. Das Bild des Ehegatten blieb jedoch traditionell. In Arbeiterfamilien herrschte überwiegend eine strenge Rollenteilung: Der Mann verdiente den Lebensunterhalt der Familie, die Ehefrau war »Managerin« des Haushalts. Die ökonomische Rolle des Mannes spiegelte sich in der Sprache wider. Eine der Frauen nannte ihren Mann »Herrn X«, den »Meister«, und versicherte: »Er ist der Herr im Haus«; er wiederum sagte häufig zu seiner Frau, sie solle den Mund halten, und zögerte auch nicht, sie zu schlagen, was sie zwar beklagte, dabei aber zugleich erklärte: »Er ist eben ein richtiger Mann.«[25]

In Frankreich hatten Männer und Frauen ähnliche Vorstellungen von einem guten Ehepartner.[26] Arbeitsam und treu sollte er sein, ein guter Vater oder eine gute Mutter, weder frigide noch hysterisch, attraktiv – für beide Geschlechter spielte das Aussehen eine zunehmende Rolle – und schließlich weder alkoholsüchtig noch sonstwie abweichend in seinem Verhalten. Die alten Stereotype wie die weibliche Frau, die sanft und anmutig war, oder der beherrschende und männliche Mann wurden selten erwähnt, auch wenn ein »schwacher« oder »zu guter« Mann als Heiratspartner auf Ablehnung stieß. Zudem fand man in Frankreich nur äußerst selten jemanden, der es entschuldigte, wenn ein Mann seine Frau schlecht behandelte. In Frankreich und England scheinen sich die Vorstellungen von der Familie erheblich unterschieden zu haben.

Offensichtlich kompensierten Frauen in Arbeiterkreisen ihre untergeordnete Stellung in der Partnerschaft teilweise durch eine beträchtliche Entscheidungsbefugnis in Geldfragen. Im 19. Jahrhundert lieferten Arbeiter ihren Lohn zumeist bei ihrer Frau ab. Dieser Brauch bestand in England auch noch nach dem Ersten Weltkrieg fort; die Hälfte der Arbeiter gab der Ehefrau ihren gesamten Lohn, manchmal sogar, ohne die Lohntüte zu öffnen; die übrigen übergaben ihr einen Teil des Geldes. Im Gegenzug bekamen sie von ihrer Frau ein Taschengeld, selbst wenn sie gerade arbeitslos waren. Auch alle Behördengänge wurden von den Frauen erledigt.

In Frankreich forderten die Frauen mindestens, daß der Mann ihnen Haushaltsgeld gab, aber manchmal bekamen sie auch das gesamte Geld. Andere Paare wiederum hatten eine »gemeinsame Kasse«, aus der sich jeder nahm, was er brauchte. Schließlich gab es auch Haushalte, in denen der Mann, häufig ein Alkoholiker, sein Geld in Cafés vertrank und die Frau so gezwungen war, außer Haus zu arbeiten, um ihren Unterhalt oder den ihrer Kinder zu sichern. Ziemlich verbreitet war es, daß der Mann das Budget verwaltete, wie etwa der lothringische Arbeiter, dessen Frau klagte: »Ich hatte nie Geld, weil L. die Haushaltskasse geführt hat.«[27] Doch wenn die Ehefrau nicht die Finanzen verwaltete, war sie zumindest der Meinung, ein anteiliges Recht auf das gemeinsame Eigentum zu haben, und wenn sie ihren Mann verließ, nahm sie häufig Möbel oder andere Dinge mit, die ihrem Beitrag zum Besitz der Familie entsprachen. Die Kontrolle über die Finanzen war so eine Quelle der Macht, die man freundschaftlich teilen konnte, die aber auch manchen Anlaß zum Ehestreit bot.

Im Bürgertum gab es weiterhin zahlreiche Frauen, die von Finanzdingen nichts verstanden, aber viele Paare trafen gewichtige Entscheidungen – den Kauf, Verkauf oder die Vermietung von Besitz – gemeinsam. Ebenso verhielt es sich bei den französischen Bauern. Lange Zeit stellten die Volkskundler den Mann als denjenigen dar, der entschied, was angebaut wurde, der kaufte und verkaufte, das Geld anlegte und den Notar aufsuchte. Doch zwischen den beiden Weltkriegen verschwand diese patriarchalische Besitzverwaltung, unter anderem deswegen, weil das Ehepaar aufgrund des Geburtenrückgangs und der Landflucht häufig auf sich allein gestellt war und bei den täglichen Aufgaben zusammenarbeiten mußte. Sicher verkauften die Bauern immer noch das Getreide und das Großvieh, während ihre Frauen die Erzeugnisse aus Garten und Stall, die oft sehr einträglich waren, auf den Markt brachten – aber Investitionen und notarielle Verhandlungen waren die Sache beider. Zudem war die Frau häufig tatsächlich finanziell unabhängig, wenn sie den Ertrag ihrer Produkte behielt und nach ihrem Gutdünken ausgab, zumeist für sich und ihre Kinder. Der Einfluß einer Frau hing auch ab von dem Landbesitz, den sie in die Ehe eingebracht hatte und der ihr weiterhin gehörte. Wenn im Béarn eine »Erbin« den jüngeren Sohn einer Familie heiratete, war er ihr als dem »Haushaltsvorstand« unterworfen. Die veränderten Sitten lassen sich auch an einigen Symbolen ablesen: So weigerten sich nach dem Ersten Weltkrieg die Frauen in der Sologne und im Limousin, ihren Männern das Essen aufzutragen, wenn sie nicht am selben Tisch sitzen durften; zuvor war es hier noch Brauch gewesen, daß die Frau stand, während die Familie aß.

Schwieriger ist es, die Geheimnisse des ehelichen Schlafzimmers zu ergründen. Weibliche Passivität oder gar Frigidität, Ergebnisse einer Erziehung, die jegliche körperliche Lust verwarf, werden gelegentlich in einer der seltenen Umfragen erwähnt oder tauchen auf, wenn eine schwere Ehekrise das normalerweise private Sexualleben des Paares an die Öffentlichkeit brachte. Man kann daher kaum messen, bis zu welchem Grad die Bedürfnisse der Frauen befriedigt wurden. Ebensowenig weiß man, wer die Zahl der Kinder bestimmte und über empfängnisverhütende Mittel entschied. Die britische und die französische Bevölkerungspolitik unterschieden sich übrigens radikal. Während in Frankreich, wo der Geburtenrückgang schon seit einiger Zeit eingesetzt hatte, Maßnahmen ergriffen wurden, um empfängnisverhütende Praktiken einzudämmen, vollzog sich im geburtenstarken England die demographische Revolution innerhalb von zwanzig Jahren, ohne daß die Regierung eingriff. Die Geburtenrate, die 1896 noch 30 pro Tausend erreichte, fiel 1921 auf 20 pro Tausend und 1933 auf 15 pro Tausend, denselben Stand wie in Frankreich. Innerhalb einer Generation sank die Kinderzahl pro Frau von fünf oder sechs auf zwei oder drei. Diese abrupte Umkehrung des Trends erfolgte parallel zu einer eindringlichen Kampagne für die Geburtenkontrolle, der es zumindest gelang, den Ehepaaren, die sie praktizierten, die Schuldgefühle zu nehmen.

Vor 1918 propagierten die Malthusian League und die British Society for the Study of Sex Psychology, die von Feministinnen und Sozialisten wie Stella Browne oder Georges Ives gegründet und von Intellektuellen wie George Bernard Shaw oder Bertrand Russell unterstützt wurden, aus politischen und ökonomischen Gründen eine Begrenzung der Geburtenzahl. 1921 gründete die Ärztin Mary Stopes mit Hilfe von Neomalthusianern, zu denen ebenfalls Stella Browne gehörte, die Society for Constructive Birth-Control and Racial Progress – ein aufschlußreicher Name. Stopes orientierte sich an den Prinzipien der amerikanischen Krankenschwester Margaret Sanger: die Bevölkerungszahl zu stabilisieren, Abtreibungen vorzubeugen und die traditionelle Harmonie in der Ehe zu fördern. Diese Avantgarde führte eine mächtige Bewegung zugunsten der Empfängnisverhütung an, die mit Vorträgen, mit Büchern wie *Married Love* (1918) von Mary Stopes und mit der Einrichtung von Kliniken – die erste wurde in Halloway eröffnet, ebenfalls von Mary Stopes – für ihre Ziele warb. 1939 gab es in England über hundert Informationszentren über Empfängnisverhütung. Die »neuen Feministinnen« unterstützten die Bewegung ebenso wie die Frauen der Labour Party und die Women's Cooperated Guild, in der die Frauen der Genossenschaftsmitglieder organisiert waren. Eine Reihe von Stadträten forderte, daß diese Kliniken von den Gemeinden übernommen werden sollten, so daß 1939 bereits zwei Drittel mit öffentlichen Mitteln unterstützt wurden. 1930 hob das von der Labour Party besetzte Gesundheitsministerium das Verbot auf, das den Maternity and Child Welfare Centers bisher untersagt hatte, über Empfängnisverhütung zu informieren. Im selben Jahr stimmten die British Medical Association und die Lambeth Conference der Anglikanischen Kirche der Geburtenkontrolle für den Fall zu, daß die Gesundheit der Mutter davon abhing. Sobald die Geburtenbegrenzung einmal juristisch und moralisch legitimiert war, wurde sie zur allgemeinen Regel, wie verschiedene Untersuchungen bestätigen. Während im Jahre 1900 nur 18 Prozent der Arbeiterehepaare Kontrazeptiva benutzten, stieg diese Zahl zwischen 1935 und 1939 auf 68 Prozent an; bei ungelernten Arbeitern stieg der Anteil von 5 auf 54 Prozent, bei Angestellten von 26 auf 73 Prozent. Die Frauen trugen in großem Maße zu dieser Entwicklung bei, die ein tiefes, aber uneingestandenes Bedürfnis verriet, das Dora Russel bei der Labour Women's Conference von 1923 verblüfft zur Kenntnis nahm: »Ich und die anderen Teilnehmerinnen waren sprachlos angesichts der gehässigen Schimpfworte, die der Gedanke an Schwangerschaft auslöste ... Was man uns als die edelste Aufgabe der Frau dargestellt hatte, wurde von diesen Frauen heftig angegriffen.«[28]

Diana Gittins hat gezeigt, daß es innerhalb der Arbeiterklasse die »emanzipiertesten« Frauen waren – berufstätige Frauen oder Frauen, die eine gleichberechtigte Partnerschaft führten –, die als erste Geburtenkontrolle praktizierten und am besten darüber informiert waren. Dennoch blieben die Frauen abhängig von Methoden, die weitgehend der Verantwortung ihrer Männer überlassen waren, denn Koitus interruptus und Präservativ blieben weiter verbreitet als etwa das Pessar.

Kaum war der Kampf um die Geburtenkontrolle gewonnen, setzte die Kampagne für die Straffreiheit der Abtreibung ein. Der Offence Against the Person Act von 1861 und der Infant Preservation Act von 1929 verboten sie offiziell, außer wenn Gefahr für die Gesundheit der Mutter bestand. 1936 wurde mit Unterstützung von Aktivistinnen für die Geburtenkontrolle wie Stella Browne die Abortion Law Reform Association gegründet. 1938 wurde ein bedeutender juristischer Fortschritt erzielt, als die Gerichte die Abtreibung in Fällen von »physischer und psychischer Not« legalisierten. Innerhalb von zwei Jahrzehnten hatten die Engländerinnen fast die Freiheit errungen, selbst zu entscheiden, ob sie Kinder bekommen wollten oder nicht.

Zur selben Zeit wurde in Frankreich mit dem Gesetz vom 3. Juli 1920 jegliche Propaganda für Empfängnisverhütung verboten. Die Abtreibung galt als Verbrechen, das vor ein Schwurgericht kam, aber nachsichtige Geschworene hatten 80 Prozent der beschuldigten Frauen freigesprochen. Mit dem Gesetz vom 23. März 1923 wurde sie nur noch als Vergehen geahndet, über das nur ein Richter entschied; der Gesetzgeber rechnete damit, daß berufsmäßige Richter strenger urteilen würden als Geschworene aus dem Volk. Tatsächlich endeten zwischen 1925 und 1935 nur noch 19 Prozent der verhandelten Fälle mit einem Freispruch. Doch die Zahl der Strafverfolgungen blieb gering: Zwischen 1920 und 1930 wurden 978 Fälle nach dem Anti-Propaganda-Gesetz von 1920 verhandelt, und durchschnittlich 400 bis 500 Abtreibungen pro Jahr kamen zwischen 1925 und 1932 vor Gericht. Als 1927 die Lehrerin Henriette Alquier, die für die Groupes féministes de l'enseignement laïque (die feministischen Gruppen des konfessionslosen Unterrichts) einen Bericht über »bewußte Mutterschaft« geschrieben hatte, vor Gericht gestellt wurde, war die öffentliche Empörung so groß, daß sie freigesprochen wurde. Im Vergleich zur tatsächlichen

Zahl der Abtreibungen, die kaum unter 100000 pro Jahr lag, kam es nur selten zu strafrechtlicher Verfolgung. Zudem bremste das repressive, moralisierende Klima zugunsten des Bevölkerungswachstums keineswegs den Rückgang der Geburtenrate, die in den dreißiger Jahren ihr niedrigstes Niveau erreichte, so daß sie in manchen Jahren sogar unter der Sterberate lag. Diese Daten überraschen kaum, da die verbreitetsten Methoden der Empfängnisverhütung – Koitus interruptus, Präservative (die erlaubt waren, um Geschlechtskrankheiten vorzubeugen) oder die »natürliche« Knaus-Ogino-Methode – legal waren; verboten war nur das Diaphragma. Abtreibungen, die nur in aller Heimlichkeit vorgenommen werden konnten, scheinen sogar noch häufiger und mit der zumeist angewandten Methode der Intrauterin-Injektion effektiver geworden zu sein. Der Konservatismus des Bloc National, der hinter den »ruchlosen Gesetzen« (d. h. den Gesetzen gegen Empfängnisverhütung und Abtreibung) stand, und der Einfluß der katholischen Kirche in einem Land, das zwar offiziell die Trennung zwischen Kirche und Staat vollzogen hatte, beeinflußten Politiker möglicherweise so sehr, daß die Radikalen und Sozialisten es trotz ihrer häufig beteuerten Gegnerschaft zu diesen Gesetzen nicht wagten, sie in den Jahren der Volksfront-Regierung aufzuheben. Aber auch die faktische Einmütigkeit von offizieller Seite konnte nichts daran ändern, daß sich die Einstellung von Männern und Frauen hin zu einer partnerschaftlichen Empfängnisverhütung entwickelte, wenn auch die Abtreibung Frauensache blieb: Frauen tauschten untereinander Informationen über sogenannte »Engelmacherinnen« aus, oft ohne Wissen des Mannes. Angus MacLaren hat diese Praxis sogar als »Feminismus im Alltagsleben« interpretiert. Diese Schlußfolgerung geht wohl zu weit; festhalten läßt sich aber, daß die Frauen sich, ebenso wie bei der Frage der Erwerbstätigkeit, dem politischen, medizinischen und gesellschaftlichen Druck widersetzten und selbst entschieden. Die Kluft zwischen offiziellem Diskurs und privaten Überzeugungen, zwischen Rechtsprechung und gängiger Praxis ist hier offenkundig. Trotz aller Unterschiede in der Politik beider Länder kann man sowohl für Frankreich als auch für England in der Zwischenkriegsperiode eine wachsende – wenn auch noch stumme und nicht offen geäußerte – Überzeugung feststellen, daß die Frau das Recht habe, selbst über ihren Körper zu bestimmen.

Auch die Scheidung eröffnete den Frauen neue Freiräume, allerdings mit einer zeitlichen Verschiebung zwischen den beiden Ländern. In Frankreich brachte das Gesetz von 1884, obwohl es Männer und Frauen ungleich behandelte (ein Mann konnte nur dann wegen Ehebruch verurteilt werden, wenn er eine Konkubine in der ehelichen Wohnung aushielt), vor allem den Frauen Vorteile. In mehr als der Hälfte aller Fälle waren es die Frauen, die die Scheidung einreichten.[29] Auch die

Zahl der Verfahren stieg immer mehr an: 8000 zwischen 1880 und 1890, 15000 im Jahre 1914, 25000 im Jahre 1935. Scheidungsprozesse wurden vor allem von Arbeiterinnen oder weiblichen Angestellten angestrengt; meist waren es Städterinnen, die in Regionen mit besonders stark gesunkenem religiösem Einfluß lebten. Diese Frauen wußten auch über Geburtenkontrolle Bescheid: Die Hälfte von ihnen war kinderlos, die Durchschnittskinderzahl lag bei 0,84. In England wurde der Wunsch der Frauen nach einer Ehescheidung durch Gesetze eingeschränkt, die genau festlegten, welche Gründe für eine Trennung vorliegen mußten, und die ein teures Verfahren notwendig machten, das zudem nur vor dem Divorce Court in London verhandelt werden konnte. So wurden zu Beginn des Jahrhunderts auch nur 200 Scheidungen ausgesprochen. Doch von 1923 an konnten Scheidungsprozesse auch außerhalb Londons stattfinden, und der Ehebruch des Mannes wurde endlich als Scheidungsgrund anerkannt. Obwohl es kein Armenrecht gab, so daß nur Wohlhabende eine Scheidung einreichen konnten, stieg die Zahl der Scheidungen zwischen 1920 und 1930 auf 4000 pro Jahr und lag 1940 bei 7500. Der Matrimonial Causes Act von 1937 erweiterte die Gründe für eine Trennung oder Nichtigkeitserklärung, doch seine Wirkung wurde erst später spürbar. Zudem wurden Scheidungen von der Öffentlichkeit nach wie vor mißbilligt; die Hochzeit Edwards VII. mit einer geschiedenen Frau ist nur das berühmteste Beispiel. In Frankreich war eine Scheidung am Vorabend des Zweiten Weltkriegs sicherlich noch keine alltägliche Angelegenheit, aber die emanzipiertesten Frauen zogen sie nun einem unerträglichen Eheleben vor.

So entwickelte sich die Ehe langsam und allmählich hin zu einer stärker gleichberechtigten Partnerschaft. Obwohl heimliche Abtreibungen immer noch ihre Opfer forderten, konnten sich die meisten Frauen nun von der Angst vor einer ungewollten Schwangerschaft befreien. Doch eine kleine Minderheit aus dem »Subproletariat« oder der sogenannten »Vierten Welt« blieb aufgrund mangelnder Bildung, instabiler Familienverhältnisse oder zu geringer Löhne den biologischen Zwängen unterworfen. Andere gehorchten noch immer der christlichen Moral nach dem Motto »Seid fruchtbar und mehret euch«, doch ihre Zahl nahm ständig ab. Schließlich gab es auch noch die unverheirateten Frauen, vor allem nach dem Massensterben der Männer im Krieg, die eine Zeitlang als ledige *garçonnes* Stoff für Schlagzeilen boten, dann aber rasch wieder in Vergessenheit gerieten. Für diese Frauen war es lebenswichtig, eine Arbeit zu finden, es sei denn, sie konnten von einer Rente leben, was durch die Inflation jedoch zunehmend schwieriger wurde. Daher strömten viele Frauen, vor allem aus dem Bürgertum, in die neuen und »besseren« Berufe im Dienstleistungsbereich; über ihr einsames Leben oder die Auswege, die sie in flüchtigen

Beziehungen suchten, ist allerdings wenig bekannt. Auch wenn manche von ihnen politisch aktiv wurden und im öffentlichen Leben eine Rolle spielten, steht ihre Geschichte doch im Schatten der Geschichte von Müttern und Ehefrauen.

DAS ENDE DER EWIGEN UNMÜNDIGKEIT?

Kommentatoren des französischen Code civil haben immer wieder auf seinen sexistischen Charakter hingewiesen: Verheiratete Frauen hatten den Status von Minderjährigen; generell wurden Frauen nur in Abhängigkeit von einem männlichen Vormund, entweder dem Vater oder dem Ehemann, definiert. Obwohl bereits vor 1914 Versuche unternommen wurden, das Gesetz zu reformieren, lag die Entwicklung in Frankreich hinter der in England zurück. So konnten französische Frauen erst ab 1907 frei über ihren Lohn verfügen, während jenseits des Ärmelkanals schon 1870 entsprechende Gesetze erlassen worden waren. In der Zwischenkriegsperiode änderte sich der zivilrechtliche Status der Frauen in beiden Ländern in ähnlicher Weise; damit wurde eine Emanzipation, die sich im Alltag bereits durchgesetzt hatte, nachträglich rechtlich abgesegnet.

Eine geringere rechtliche Diskriminierung

1920 erhielten Frauen in Frankreich das Recht, ohne Erlaubnis des Ehegatten einer Gewerkschaft beizutreten; ab 1927 konnten sie im Fall einer Eheschließung mit einem Ausländer ihre Nationalität beibehalten. Das Erbrecht von Witwen wurde gegenüber der Familie des Ehemannes gestärkt, ein Zeichen für die wachsende Bedeutung des Paares zu Lasten der männlichen Abstammungslinie. Aber vor allem beseitigte das Gesetz vom 18. Februar 1938 die zivilrechtliche Unmündigkeit der verheirateten Frau und schaffte so faktisch den Artikel 215 des Code civil und die eheliche Gewalt des Mannes ab. Frauen konnten von nun an vor Gericht auftreten, Verträge abschließen, ein Konto eröffnen, studieren und Examina ablegen und einen Paß beantragen, ohne die Erlaubnis des Ehemannes einzuholen. Letzterer blieb jedoch immer noch das Familienoberhaupt, sein Wohnsitz war auch der gesetzliche Wohnsitz des Ehepaars, und er konnte seiner Frau verbieten, einen Beruf auszuüben. Die Frau konnte nun aber gegen die Entscheidung ihres Mannes vor Gericht klagen. Zudem übte der Mann allein die elterliche Autorität aus, wenn diese auch im Falle einer Verletzung der

Unterhaltspflicht nach einer Scheidung (seit 1924 strafbar) aberkannt werden konnte. Diese bedeutenden rechtlichen Änderungen hatten konkrete Auswirkungen vor allem für Frauen des gehobenen und mittleren Bürgertums, da die einfachen Leute über die Einzelheiten des Code civil ohnehin kaum informiert waren.

In Großbritannien vollzog sich ein ähnlicher Wandel. Seit 1882 verfügten verheiratete Frauen allein über ihren Lohn und ihren Besitz. Der Sex Disqualification Removal Act vom 23. Dezember 1919 eröffnete Frauen den Zugang zu Berufen, vor allem im juristischen Bereich, die zuvor den Männern vorbehalten waren. Der Law of Property Act von 1922 bestimmte die Frau zur Erbin, wenn ihr Mann starb, und machte Mann und Frau gleichermaßen zu Erben, wenn ein Kind ohne Testament starb. Der Matrimonial Causes Act von 1923 stellte die Gleichheit der Ehegatten im Falle von Ehebruch oder Scheidung her. Der Guardianship Act von 1925 übertrug das Sorgerecht für die Kinder im Falle einer Trennung der Frau, während man ihr die Kinder zuvor hatte wegnehmen können. Der Criminal Justice Act von 1925 schließlich schaffte die juristische Fiktion ab, wonach eine Frau, die in Gegenwart ihres Mannes ein Verbrechen begehe, unter Zwang handele, und beendete die rechtliche Unverantwortlichkeit der Ehefrauen. Dennoch mußten die Frauen weiter auf der Hut bleiben, denn heimlich und leise wurde versucht, neue Ungleichheiten einzuführen. So verlangte man ab 1935 von verheirateten Frauen, daß sie besondere Bedingungen erfüllten, wenn sie in den Genuß von Arbeitslosenunterstützung kommen wollten; diese Bedingungen wichen insofern vom gemeinen Recht ab, als man den Frauen die Unterstützung vorenthalten konnte, obwohl sie regelmäßig ihre Beiträge zur Arbeitslosenversicherung entrichtet hatten.

Aktive oder passive Bürgerinnen

Der deutlichste Unterschied zwischen den französischen und den englischen Frauen betraf das Wahlrecht. Der gewichtige Einfluß des englischen Feminismus vor 1914, die Demonstrationen der *Women's Social and Political Union* von Emmeline Pankhurst, der es gelungen war, sowohl einen Teil der wohlhabenden Frauen wie auch der Arbeiterinnen zu überzeugen, spielten keine unerhebliche Rolle, als am 6. Februar 1918, noch bevor der Konflikt ganz ausgestanden war, die *People Bill* angenommen wurde, die den Engländerinnen das Wahlrecht verlieh. Sicher handelte es sich um eine unvollständige Reform, da nur Frauen ab dreißig Jahren wählen durften. Erst 1928 war die staatsbürgerliche Gleichstellung erreicht; aber man muß dabei berücksichtigen, daß bis zum Jahr 1918 auch einem Drittel der Männer das Wahlrecht vorenthalten worden war (Besitzlosen, Dienstboten etc.). Das allgemeine Wahlrecht wurde in England in Etappen eingeführt. Der Parliament Qualification of Powers Act vom 6. November 1918 erlaubte den Frauen, für das Unterhaus zu kandidieren. 1924 wurde die Labour-Politikerin Margaret Bondfield in der Regierung McDonald die erste Ministerin in der Geschichte Englands.

In Frankreich kamen nach dem Ende des Ersten Weltkriegs verschiedene Gesetzesvorlagen im Parlament zur Diskussion, die zumindest einem Teil der Frauen das Wahlrecht bringen sollten, um sie für ihren Beitrag zum Sieg, den sie im Hinterland geleistet hatten, zu belohnen. Am 8. Mai 1919 folgte die Abgeordnetenkammer in einer Aufwallung von Großzügigkeit dem Appell Aristide Briands und stimmte für das uneingeschränkte Frauenwahlrecht. Doch um Gesetzeskraft zu erlangen, mußte der Vorschlag auch vom Senat angenommen werden, wo die Diskussion versandete, bis sie am 7. November 1922 schließlich mit einer Ablehnung endete. Viele Politiker befürchteten, das Frauenwahlrecht würde der Kirche einen heimlichen politischen Einfluß verleihen, indem sie Druck auf die Frauen ausübte, die in den Pfarreien zahlenmäßig stärker vertreten waren als die Männer. Dazu kamen der tiefe Konservatismus der Senatoren und ihre latente Frauenfeindlichkeit. Schließlich war die Situation so festgefahren, daß der Senat auch 1925, 1932 und 1935 Gesetzesvorschläge der Kammer ablehnte. Die Feministinnen, die alle für das Frauenwahlrecht eintraten, waren nicht zahlreich genug, um als Interessengruppe wirksam Druck auszuüben, trotz der Unterstützung durch die Katholikinnen der Union nationale pour le vote des femmes ab 1925 und trotz der spektakulären Aktionen von Louise Weiss, Gründerin von La femme nouvelle (1934), die 1935 bei den Stadtratswahlen in Montrouge kandidierte. Zur großen Enttäuschung von Louise Weiss zeigten die meisten Frauen nur ein begrenztes Interesse an dieser Reform: »Die Bäuerinnen sperrten Mund und Augen auf, wenn ich vor ihnen über das Wahlrecht sprach. Die Arbeiterinnen lachten, die Geschäftsfrauen zuckten die Schultern, und Damen aus dem Bürgertum wandten sich voll Abscheu ab.«[30]

Doch auch diejenigen Frauen, denen das Wahlrecht gewährt worden war und die am öffentlichen Leben teilnehmen wollten, stießen noch auf große Schwierigkeiten. In Großbritannien gab es 1918 nur eine gewählte Vertreterin, 1923 gab es acht, und 1929 waren es 14. Bei den Liberalen und den Tories spielten Frauen nur eine sehr geringe Rolle. In der Labour Party, wo die Frauen ihre eigene Woman's section hatten, war ihr Einfluß etwas größer, aber ihre Kämpfe waren eher frauenspezifisch als sozialistisch oder feministisch, so daß man ihr sogar den Spitznamen »Ehefrauensektion« gab. Die Frauen der Labour Party kämpften für einen Rückgang der Kindersterblichkeit, indem sie

Schulkantinen und kostenlose Schulmilch forderten. Mit ihrem Einsatz für eine Verlängerung der Schulzeit bis zum Alter von sechzehn Jahren verfochten sie stärker die Rechte ihrer Kinder als ihre eigenen; schließlich engagierten sie sich dafür, daß bedürftige Familien Kindergeld erhielten, obwohl die Labour Party in solchen Unterstützungen einen Vorwand sah, um die Löhne der Männer niedrig zu halten. Da die Zahl der aktiven weiblichen Mitglieder in der Labour Party gering blieb, hatten sie es schwer, ihre Vorstellungen durchzusetzen. In Frankreich standen die Frauen in der neukonstituierten Sozialistischen Partei (SFIO) vor einer ähnlichen Situation. Nur etwa drei Prozent der Mitglieder waren Frauen. Die sozialistische Frauengruppe, im Mai 1922 erneut gegründet, hatte zu Beginn der dreißiger Jahre kaum mehr als tausend Mitglieder, d. h. nicht mehr als 1914, im Vergleich zu insgesamt 125000 Mitgliedern der SFIO! Diese Frauengruppe war ein vollkommener Fehlschlag, da die von ihr geführten Diskussionen und Auseinandersetzungen innerhalb der übrigen Partei auf keinerlei Unterstützung stießen. So erstaunt es kaum, daß die Sozialistinnen nicht einmal die Volksfront-Regierung dazu bewegen konnten, das Frauenwahlrecht einzuführen. Léon Blum beschränkte sich auf die symbolische Geste, drei Frauen zu Unterstaatssekretärinnen zu ernennen. Das Los der Frauen in der Kommunistischen Partei – hier kam eine Frau auf etwa zehn Männer – war kaum beneidenswerter. Die Partei setzte sich in erster Linie für die Frauen als Arbeiterinnen ein, die als Frauen und Proletarierinnen doppelt ausgebeutet würden, und erwartete erst von der künftigen Revolution, daß sie die Ungleichheit zwischen den Geschlechtern beseitigen würde, die eher als Resultat des Kapitalismus als des männlichen Chauvinismus von Arbeitern und Unternehmern angesehen wurde. Trotzdem stellten sich die Kommunisten auf die Seite der Frauen und forderten das Recht auf Geburtenkontrolle und die Abschaffung der »ruchlosen Gesetze«. Doch bald fehlte den Frauen auch diese Unterstützung, da die Kommunisten im Gefolge der neuen sowjetischen Familienpolitik ab 1934 das Loblied der Mutterschaft und Familie sangen, den Malthusianismus geißelten und die Abtreibung verurteilten. Auch in den Parteien also, die der Gleichberechtigung theoretisch besonders aufgeschlossen gegenüberstanden, fanden die Frauen weder Gehör noch Unterstützung. Zum Teil war jedoch, ebenso wie bei den Gewerkschaften, auch die geringe weibliche Mitgliederzahl daran schuld.

In den Gewerkschaften waren die Frauen etwas zahlreicher vertreten als in den Parteien; in der Zwischenkriegszeit organisierten sich sogar beträchtlich mehr Frauen als zuvor. In Frankreich stieg ihre Zahl von 39000 Mitgliedern im Jahre 1900 auf 239000 im Jahre 1920, was etwa einem Siebtel der Mitgliederzahl entsprach. In Großbritannien zählten die großen und mächtigen Gewerkschaften 1921 eine Million weiblicher Mitglieder, d. h. ein Sechstel der gesamten Mitgliederzahl; beinahe jede fünfte Arbeiterin war organisiert. In den dreißiger Jahren ging die Zahl der organisierten Frauen jedoch auf 750000 zurück. Beim Zusammenschluß der vor 1914 noch getrennten Männer- und Frauengewerkschaften innerhalb derselben Branche setzten sich die Männer stärker durch. Die Frauen erhielten zwei Sitze im Hauptvorstand des Trade Unions Congress (TUC), dessen Vorsitzende sogar zeitweilig eine Frau war, Margaret Bondfield. Damit wurden ihre spezifischen Forderungen neutralisiert und die ungewöhnlichen Aktionsformen der Frauengewerkschaften – z. B. spontane oder trotz einer existierenden Einigung mit der Unternehmensleitung durchgeführte Streiks – der Norm angepaßt.

Auch in Frankreich hatten die Frauen Mühe, ihrem Standpunkt Gehör zu verschaffen und sich in den Führungsgremien durchzusetzen. In der Fédération unitaire de l'enseignement, einer linken Lehrergewerkschaft, in der Männer bereit waren, an feministischen Gruppentreffen teilzunehmen, und die bereits vor 1914 durchgesetzt hatte, daß Männer und Frauen dasselbe Gehalt bekamen, stellten die Lehrerinnen nur ein Drittel der Mitglieder und waren in den örtlichen Gewerkschaftsbüros unterrepräsentiert.[31] Zudem wurden sie häufig beschränkt auf Verwaltungsposten wie etwa das Amt der Kassiererin und gelangten nicht in leitende Funktionen wie das Gewerkschaftssekretariat: Nur 7 bis 18 Prozent der Sekretäre waren Frauen. Eine sorgfältige Untersuchung hat jedoch gezeigt, daß die Gewerkschafterinnen sich häufig selbst ausschlossen, indem sie bei Versammlungen stumm blieben. Ihre Zurückhaltung spiegelt den Einfluß einer Erziehung wider, die weibliche Schüchternheit so weit verinnerlichen ließ, daß sie nicht nur schicklich, sondern »natürlich« schien. Wenn Frauen die Möglichkeit hatten, sich im kleinen Kreis von Jugend- oder Frauengruppen rhetorische Fähigkeiten anzueignen, überwanden sie dieses Handicap und hatten größere Chancen, daß ihre Eignung für verantwortungsvolle Posten anerkannt wurde. Hatten die Frauen diese Schwelle einmal überschritten, wurden sie auch akzeptiert – eine von ihnen, Marie Guillot, wurde sogar Generalsekretärin. Zudem hielten familiäre Pflichten viele Frauen vom Besuch der Gewerkschaftsversammlungen ab. Die führenden Aktivistinnen waren daher entweder ledig oder mit einem Gewerkschafter verheiratet, der zu einer Arbeitsteilung in Haushalt und Familie bereit war. Die Hindernisse, die Frauen überwinden mußten, waren sowohl in der Erziehung als auch in der Familie verwurzelt, so daß es schwierig ist, zwischen privatem und öffentlichem Leben zu unterscheiden.

Zwischen den beiden Weltkriegen befand sich der Feminismus zudem in der Defensive. In England verlor die Bewegung für das Frauenwahlrecht ihre Existenzberechtigung und brach politisch auseinander: Manche Aktivistinnen, wie etwa Emmeline Pankhurst, unterstützten die Konservativen, andere die Liberalen. Die Fortschrittlichsten wollten ihre Kritik auf die Gesamtheit des gesellschaftlichen Lebens ausdehnen, doch sie blieben in der Minderheit. Ein Teil der Feministinnen wandte sich konkreteren Aufgaben zu, so wie Stella Browne, treibende Kraft der Bewegung für Geburtenkontrolle und Liberalisierung des Abtreibungsrechts und außerdem Mitglied der Labour Party, nachdem sie eine Zeitlang der Kommunistischen Partei angehört hatte. In Frankreich hatte der Sieg der russischen Revolution unmittelbar nach dem Krieg zu einem Aufblühen feministischer Zeitungen und Gruppen geführt, doch der Bewegung ging rasch der Atem aus. *La Voix des femmes* mußte ihr Erscheinen einstellen. Die feministischen Gruppen der Fédération unitaire de l'enseignement lösten sich auf, als die Lehrerinnen in der Stunde der Gefahr entschieden, der antifaschistische Kampf sei wichtiger als der Kampf für die Gleichheit der Geschlechter. Gemäßigte Feministinnen wie die Ligue française pour le droit des femmes, die eine Strategie der »kleinen Schritte« verfolgte, konzentrierten sich auf das Wahlrecht und die Forderung nach gleichem Lohn für gleiche Arbeit. Noch konservativer eingestellte Frauen unterstützten das moralisierende Frauenideal mancher Politiker, das die Geburtenrate fördern sollte, und trugen so mit dazu bei, daß die Frauen in traditionellen Rollen gefangen blieben und von der Regierung keinerlei Konzessionen erhielten.

So blieb die Teilnahme der Frauen am öffentlichen Leben weiterhin gering. Das Recht auf Arbeit war trotz der anhaltenden Lohndiskriminierung weniger umstritten als das Recht, sich politisch zu äußern. Fortschritte erreichten die Frauen auch in der Frage, frei über ihren Körper und ihren Besitz bestimmen zu dürfen, aber die Familienrollen blieben geschlechterspezifisch, vor allem im Bürgertum und in der englischen Arbeiterklasse. Manche Ehemänner blieben die Herren im Haus, manche Frauen schienen gefügige und ergebene Gattinnen zu sein, zumeist aber lag die Realität irgendwo zwischen dem klassischen Stereotyp und der skandalösen Neuerung. Die Frauen der Zwischenkriegszeit waren weder Ophelia noch *garçonne*, weder Heimchen am Herd noch Blaustrumpf. Sie hatten begonnen, das Joch der Natur abzuschütteln und eroberten sich Rechte in der Ehe, während sie sich zugleich sich selbst entfremdeten, ob als Mutter oder im Namen der Modernität. Diese Zeitspanne war somit geprägt von widersprüchlichen Tendenzen, eine komplexe Periode des Übergangs, die von den Zeitgenossen oft fehlinterpretiert wurde.

Aus dem Französischen von Gabriele Krüger-Wirrer

Rom, um 1935: Faschistische Lehrerinnen bringen Mussolini ein Ständchen.

4

Die italienischen Frauen unter Mussolini

Victoria de Grazia

Um die Lage der italienischen Frauen unter Mussolinis Diktatur erklären zu können, muß man zwei Fragen berücksichtigen. Erstens: Was war das spezifisch Faschistische an der Unterdrückung der italienischen Frauen zwischen den beiden Weltkriegen? Und zweitens: Was sagt das Verhalten des Mussolini-Regimes gegenüber Frauen generell über das Wesen faschistischer Herrschaft aus? Meine Argumentation wird, kurz gesagt, folgende sein: Mussolinis Diktatur war ein besonderer, eigener Abschnitt in der Geschichte patriarchaler Herrschaft. Das faschistische Patriarchat ging von dem Axiom aus, daß Männer und Frauen von Natur aus verschieden seien. Dieser Geschlechtsunterschied wurde dann in eine Politik zum Vorteil der italienischen Männer umgesetzt, und es wurde ein beispielloses, umfassendes und besonders repressives System konstruiert, das sowohl die Definition von weiblichem Staatsbürgertum als auch die Lenkung weiblicher Sexualität, Lohnarbeit und Beteiligung an der Gesellschaft zum Ziel hatte. Am Ende war dieses System ein ebenso integraler Bestandteil der staatspolitischen Strategien der Diktatur wie ihre korporativistische Regulierung der Arbeit, ihre auf Autarkie abzielende Wirtschaftspolitik und ihre Kriegshetze. Der Antifeminismus gehörte daher ebensosehr zum faschistischen Denken wie sein virulenter Antiliberalismus, Rassismus und Militarismus.

Aus diesem Grunde war ich bemüht, das faschistische System der Geschlechterbeziehungen von dem des »liberalen Patriarchats« zu unterscheiden, wie man die im 19. Jahrhundert in westlichen Gesellschaften herrschende, auf Ungleichheit beruhende Ordnung gelegentlich genannt hat. Ebenso muß man es vom sogenannten »sozialen Patriarchat« unterscheiden: Dieser Begriff bringt den Status der Frau als Staatsbürger zweiter Klasse zum Ausdruck, wie er in den kapitalistischen Sozialstaaten nach dem Zweiten Weltkrieg üblich ist, deren Urbild im wesentlichen die schwedische Sozialdemokratie der dreißiger Jahre war.[1] Jedoch haben die faschistischen Praktiken gegenüber Frauen wiederum so viel Ähnlichkeit mit denen der nationalsozialistischen Diktatur, daß es gerechtfertigt ist, beide in demselben Licht zu sehen und zu untersuchen. Obgleich es ohne Zweifel sinnvoll ist, die Lage der Frauen innerhalb eines bestimmten nationalen Kontextes und zu einem ganz bestimmten historischen Zeitpunkt zu erkunden, geht der Systemansatz, den ich hier verfolge, von der Voraussetzung aus, daß gewisse Veränderungen in den Geschlechterbeziehungen – solche zum Besseren, wie der leichtere Zugang von Frauen zu Bildungsmöglichkeiten oder die Duldung nichtehelicher Lebensgemeinschaften, und solche zum Schlechteren, wie die Benachteiligung der Frauen am Arbeitsplatz, familistische Einstellungen und die staatliche Regulierung der Sexualität – nicht nur konkreten politischen Initiativen und Handlungen eines Regimes zugeschrieben werden dürfen; denn in Wirklichkeit sind die Prozesse der Veränderung, die hier wirken, viel komplizierter, weiträumiger und langfristiger. Wenn man demnach die faschistische Geschlechterpolitik nur aus dem zu erklären versuchte, was die Diktatur als ihre eigene Leistung beanspruchte, bliebe unverständlich, wie der Faschismus für die Familie eintreten und gleichzeitig gegen sie gerichtet sein konnte, wie er die Rolle der Frauen modernisieren und zugleich behaupten konnte, die Frau wieder für »Heim und Herd« zu gewinnen, oder wie er die Geburtenraten fördern, parallel dazu aber auch beschränken konnte. Bettet man jedoch eine Untersuchung über die Stellung der Frauen unter Mussolinis Herrschaft in den größeren Zusammenhang der veränderten staatspolitischen Strategien angesichts der allgemeinen Krise der europäischen Staatskunst zwischen den Weltkriegen ein, gelingt es eher, die Paradoxe eines neuen, auf der Geschlechtszugehörigkeit basierenden Systems der Ausbeutung ebenso zu erklären wie die widersprüchlichen Reaktionen, die es bei den italienischen Frauen hervorrief.[2]

Die Umstrukturierung der Geschlechterbeziehungen

Die faschistische Sexualpolitik war in mancher Hinsicht die spezifisch italienische Reaktion auf den Zusammenbruch der Ordnung im Ersten Weltkrieg und dessen Nachwirkungen in dem von dem britischen

Nationalökonomen John Maynard Keynes 1919 so genannten »viktorianischen Modell kapitalistischer Akkumulation«.[3] Der europäische Liberalismus, gestützt auf eine Politik der Minimierung des Konsums sowie der restriktiven Auslegung staatsbürgerlicher Rechte und gestärkt durch eine Ideologie der Knappheit, hatte sich bewährt, weil er von den Wirtschaftssubjekten strenge soziale Disziplin und puritanisches Verhalten verlangte. Die große emanzipatorische Bewegung unter den europäischen Frauen (in der Wahlrechtsbewegung vor dem Ersten Weltkrieg bereits sichtbar geworden) mit ihrer tiefen Verwurzelung in der demographischen Revolution und der Ausbreitung liberalen Gedankenguts Mitte des 19. Jahrhunderts wurde irreversibel, sobald einmal Millionen von Frauen in den nationalen Kriegswirtschaften mobilisiert worden waren. In der Nachkriegszeit wanderten viele Arbeiterinnen in Angestelltenberufe ab, und die meisten Städterinnen teilten die offenkundig freieren sexuellen und sozialen Gewohnheiten, die mit der Massenkultur einhergingen. Und während die Staaten mit diesen emanzipatorischen Tendenzen zu kämpfen hatten, sahen sie sich zudem noch mit den komplizierten Fragen konfrontiert, die von Politikern unter dem Stichwort »Bevölkerungsproblem« zusammengefaßt wurden.[4] Sie reichten von Fertilitätsrückgang und dem, was Sozialarbeiter heute »Problemfamilien« nennen, bis zur Konkurrenz der Geschlechter auf dem Arbeitsmarkt und dem nicht vorhersagbaren Verhalten der Verbraucher. Praktisch alle diese Fragen hatten Auswirkungen auf die mannigfachen und manchmal nicht zu vereinbarenden Rollen der Frau in der modernen Gesellschaft – als Mutter, Ehefrau, Staatsbürgerin, Erwerbstätige, Verbraucherin und Empfängerin staatlicher Sozialleistungen. Die vorgeschlagenen Lösungen stellten die Politiker zwangsläufig vor ein Rätsel, für das die schwedische Soziologin und Sozialreformerin Alva Myrdal die prägnante Formulierung fand: »*Ein* Geschlecht ist ein soziales Problem.«[5] In den Jahrzehnten zwischen den beiden Kriegen standen alle europäischen Staaten vor einer doppelten Herausforderung: der Demokratisierung auf der einen und der »Bevölkerungsfrage« auf der anderen Seite. Sie reagierten auf diese Herausforderung zunächst mit der Zustimmung zum Frauenwahlrecht und im folgenden mit der Entwicklung neuer öffentlicher Diskurse über Frauen, der rechtlichen Regelung ihres Platzes auf dem Arbeitsmarkt und einer Neukonzipierung der Familienpolitik. So ging eine Umstrukturierung der Geschlechterbeziehungen Hand in Hand mit dem von Charles Maier so genannten »Umbau« von Wirtschaft und Politik, der der Sicherung konservativer Interessen angesichts der wirtschaftlichen Ungewißheit und der Demokratisierung des öffentlichen Lebens diente.[6] Inwieweit diese Umstrukturierung autoritär oder demokratisch ausfiel, die Arbeiterschaft unterdrückte oder sie miteinbezog, den Frauen

Fortschritte erlaubte oder eindeutig antifeministisch war, hing vom Charakter der an der Macht befindlichen Klassenkoalition und von deren Standpunkt in Fragen der sozialen Wohlfahrt und wirtschaftlichen Umverteilung ab. Das Resultat der Umstrukturierung prägte entscheidend die ersten Erfahrungen der Frauen mit dem staatsinterventionistischen Kapitalismus, wie er in den dreißiger Jahren aufkam.

Im faschistischen Italien zielte der Staat darauf, die beiden Probleme der Emanzipation der Frau und der Bevölkerungspolitik durch Rückgriffe auf alte Traditionen des Merkantilismus zu lösen. Diese Traditionen waren seit den 1870er Jahren wieder lebendig, als die europäischen Eliten auf den verschärften internationalen Wettbewerb und zunehmende Klassenkonflikte mit dem Versuch reagierten, die heimischen Märkte vor ausländischen Waren zu schützen und Exportkapazitäten aufzubauen. Wie ihre Vordenker aus dem 18. Jahrhundert, die die Notwendigkeit einer »großen Zahl von fleißigen Armen« zu begründen suchten, lehrten die Neomerkantilisten eine optimale Größe der Bevölkerung, um billige Arbeitskräfte zu bekommen, militärischen Notwendigkeiten zu genügen und die heimische Nachfrage auf einem hohen Stand zu halten.[7] Um die Jahrhundertwende wurde die Verwirklichung dieser Anliegen erschwert durch den Rückgang der Fertilitätsraten, durch ethnische Minderheiten, deren rassische Besonderheiten und nationalistische Bestrebungen angeblich die nationale bzw. staatliche Identität unterminierten, und durch interne Fertilitätsunterschiede, die befürchten ließen, daß die sogenannten »Untauglichsten« sich vermehrten, während die Eliten ausstarben. Am Vorabend des Ersten Weltkriegs zeichnete sich eine neue biologistische Politik im Zusammenhang mit der Bevölkerungsfrage ab. Politiker mit sozialdarwinistischen Vorstellungen vom Leben als einem tödlichen Kampf ums Dasein schlugen vor, eugenische und Wohlfahrtsprogramme auf zwei wichtige Ziele der Staatspolitik anzuwenden: Festigung der schwindenden Macht auf internationaler Ebene und Sicherung der Kontrolle über die einheimische Bevölkerung. In dem Maße, wie ethnische Vielfalt und die Emanzipation der Frauen als hinderlich für diese Ziele angesehen wurden, gingen Antisemitismus und Antifeminismus in die biologistische Politik ein.

Die Positionen des italienischen Faschismus in der Bevölkerungsfrage, die im wesentlichen als autoritär und antifeministisch zu charakterisieren sind, werden deutlicher durch einen Vergleich mit der schwedischen Bevölkerungspolitik der dreißiger Jahre, die den Zeitgenossen als das völlige Gegenteil der italienischen erschien. Diese Politik wurde 1937 formuliert, nachdem die Sozialdemokraten 1932 die Wahlen gewonnen, 1935 die Königliche Kommission zum schwedischen Bevölkerungsproblem einberufen und 1936 ihre Mehrheit in beiden Kammern des Parlaments so ausgebaut hatten, daß der Weg für den Gesetzgeber im folgenden Jahr frei war, sich mit »Müttern und Babies« zu befassen. Der Bedeutung der Bevölkerungsgröße für die Erhaltung der Staatsmacht war sich die schwedische Sozialdemokratie genauso, vielleicht sogar stärker bewußt als die faschistische Elite, zählte Schweden 1933 doch nur 6,2 Millionen Einwohner. Wenn es darum ging, die durch den Rückgang der Fertilitätsraten verursachte »Krise« zu überwinden, zögerte der schwedische Staat ebensowenig wie Italien, jene alten Unterscheidungen zwischen öffentlicher und privater Macht, familiärer und staatlicher Autorität, individuellen und staatlichen Interessen fallenzulassen, von denen sich noch im 19. Jahrhundert liberale Konzeptionen zur Politik und zu den Geschlechterbeziehungen hatten leiten lassen.

Ansonsten war die Ähnlichkeit natürlich gering. Die schwedischen Sozialdemokraten, gestützt auf eine breite Koalition, die die Interessen der Bauern ebenso vertrat wie die der Feministinnen und der Arbeiterschaft, knüpften an das Ziel der »Bevölkerungstauglichkeit« ein umfassendes Programm wirtschaftlicher und sozialer Reformen. Oberstes Ziel der schwedischen Bevölkerungspolitik war, nach der Charakterisierung ihrer Chefarchitekten Gunnar und Alva Myrdal, eine angemessen starke, stabile Bevölkerung. Das bedeutete, zwangfreie Methoden zu entwickeln, »um ein Volk davon abzuhalten, sich nicht fortzupflanzen«.[8] Die Politik appellierte an eine »milde Form des Nationalismus«, die mit der Offenheit Schwedens für die Weltwirtschaft im Einklang stand. Doch blieben Reformen die wichtigste Methode, um die Schweden davon zu überzeugen, daß ihre privaten Interessen nicht unter den Tisch fielen, wenn das Wohl des Staates in Betracht gezogen wurde. In demselben Geist gerechter Umverteilung, der höhere Löhne und den Schutz der Bauern bewirkt hatte, sozialisierte der Staat bestimmte Teilbereiche des Konsums, um die Belastungen durch die Aufzucht von Kindern auszugleichen. Die wichtigsten Maßnahmen waren Dienstleistungen in Naturalien, angefangen bei billigen Wohnungen bis hin zur kostenlosen Schulspeisung. Der Staat zeigte sich auch daran interessiert, an die Stelle patriarchaler Familienstrukturen rationalere, effizientere und gerechtere Formen treten zu lassen, die den Frauen ihre schweren und manchmal unvereinbaren Belastungen als Ehefrau, Mutter, Erwerbstätige und Staatsbürgerin erleichtern sollten. Die Sozialpolitik setzte demnach als selbstverständlich voraus, daß die Frauen nach wie vor die Hauptlast des Kindergebärens und -aufziehens trugen; es kam nur darauf an, den Wunsch nach Kindern weniger willkürlich und das Aufziehen der Kinder weniger beschwerlich zu machen. Daher ermutigte man die Frauen, Kinder zu haben und trotzdem berufstätig zu sein, die Abtreibung wurde legalisiert und bewußt Geburtenkontrolle und Sexualkundeunterricht mit der Begründung propagiert, Geburten dürften weder »unerwünscht« noch »nicht wünschenswert« sein.[9]

Das faschistische Italien hingegen formulierte die Bevölkerungsfrage in neomerkantilistischen Begriffen, und die Diktatur begründete ihre pronatalistischen »Schlachten« in Begriffen der nationalen Errettung. Diese Sichtweise hatte unmittelbare Folgen für die Frauen. Der Staat erklärte sich zum alleinigen Richter über die (sozialdarwinistische) »Tauglichkeit«. Im Prinzip hatten die Frauen kein Mitspracherecht bei Entscheidungen, die das Kindergebären betrafen. Ja, die Frauen wurden sogar als Antagonistinnen des Staates betrachtet: Gleichgültig, ob sie die Entscheidung zur Begrenzung der Familiengröße selbst trafen oder nicht, ihnen allein schob der Staat in jedem Fall die Verantwortung dafür zu, daß das Interesse der Familie gewahrt wurde. Eine Wirtschaftspolitik, die darauf abzielte, den Verbrauch zu beschränken, um den Import zu drosseln und den Export zu fördern, verschlimmerte nicht nur die bestehenden sozialen Ungleichheiten, sondern hat vermutlich sogar die wirtschaftlichen Gründe gegen das Kinderhaben verstärkt und die Fertilitätsunterschiede zwischen Stadt und Land vergrößert. Der Faschismus lehnte jedoch wirtschaftspolitische Reformen zur Behebung dieser kontraproduktiven Auswirkungen ab und versuchte statt dessen, mit dem Verbot der Abtreibung, des Verkaufs empfängnisverhütender Mittel und des Sexualkundeunterrichts die Fortpflanzung zu erzwingen. Gleichzeitig bevorzugte der faschistische Staat Männer gegenüber Frauen in der Familienstruktur, auf dem Arbeitsmarkt, im politischen System und in der Gesellschaft insgesamt. Hierzu bediente er sich der riesigen Bandbreite politischer und sozialer Kontrolle, die es überhaupt erst ermöglichte, die Hauptlast des wirtschaftlichen Wachstums auf die benachteiligten Mitglieder der Gesellschaft abzuwälzen.

Das Vermächtnis des liberalen Patriarchats

Waren die fortschrittlichen Positionen der schwedischen Sozialdemokratie an starke Traditionen eines liberalen Feminismus, einen gut integrierten landwirtschaftlichen Sektor sowie eine relativ homogene zivile Kultur und sexuelle Orientierung gebunden, so lagen die Wurzeln des faschistischen Patriarchats in der Schwäche des Liberalismus eines erst jüngst geeinten Italien und in der widerspruchsvollen öffentlichen Meinung einer sich verspätet und sehr ungleichmäßig industrialisierenden Gesellschaft. Die italienische Frauenbewegung entstand um die

Jahrhundertwende, blieb aber klein und in sich gespalten; ihre bürgerlichen und katholischen Anteile mieden die Öffentlichkeit der Piazza und widmeten sich der Wohltätigkeit zugunsten armer Frauen und Kinder. Gleichwohl stand die »Frauenfrage« unübersehbar im Raume. Zum Teil lag das daran, daß die liberalen Eliten nach der überhasteten Einigung Italiens 1859 die Integration der italienischen Männer in eine nationale Gesellschaft nur halbherzig betrieben hatten. Um die Jahrhundertwende waren die sozialen, regionalen und zivilkulturellen Unterschiede eher noch größer als fünfzig Jahre vorher; verschärfend wirkten dabei nicht nur die schleppende Entwicklung des italienischen Südens, sondern auch die offenkundige Ungleichheit des Steuerwesens, ein darniederliegendes öffentliches Bildungswesen und die Hinauszögerung jeder wirklichen Wahlrechtsreform bis 1912. Darüber hinaus wurde die »Frauenfrage« kompliziert durch ihre Überschneidung mit der »sozialen Frage«; der italienische Sozialismus, eine militante Massenorganisation, hatte eine mächtige Anhängerschaft bei Arbeiterinnen und frustrierten bürgerlichen Reformerinnen. Auch der italienische Katholizismus lehnte bis 1904 das liberale System konsequent ab; mit seiner antimodernistischen Kultur, die generell keine individualistischen Philosophien duldete, stand er den Emanzipationsbestrebungen der Frauen feindlich gegenüber. Gleichwohl ließ die Kirche den Frauen ihren paternalistischen Schutz angedeihen und verstand sich als oberste Hüterin der Familienwerte.

Im einzelnen zeigte die Haltung des liberalen Staates gegenüber Frauen gewisse Besonderheiten, die sich das faschistische Regime zunutze machen sollte. Der liberale Staat war in ungewöhnlichem Maße Laissez-faire-orientiert, was Mussolinis Propagandisten später ausschlachteten, um den Anspruch des Faschismus zu erhärten, eine politische Reformkraft zu sein. Das Pisanelli-Gesetz von 1865 war im Vergleich zum geltenden Familienrecht im österreichischen Italien ein Rückschritt. Wie andere von napoleonischem Gedankengut beeinflußte Familiencodizes bekräftigte es das Interesse des Staates an der Familie, indem es die Autorität des männlichen Haushaltsvorstandes stärkte. Die meisten geschäftlichen und rechtlichen Transaktionen waren Frauen ohne die Einwilligung ihres Mannes verboten, sie durften nicht als Vormund von Kindern fungieren, und sie waren sogar von den »Familienräten« ausgeschlossen, die bis 1942 rechtlich befugt waren, über gemeinsame Familiengüter, Erbschaften und Mitgiftregelungen zu entscheiden, falls der Familienvater tot oder nicht handlungsfähig war. Andere Familiengesetze verrieten die politische Widersprüchlichkeit des italienischen Liberalismus. Im Interesse der Unversehrtheit des Familieneigentums schloß der Staat die aus ehebrecherischen oder inzestuösen Verbindungen hervorgegangenen Kinder von der Erbschaftsregelung aus, bestrafte nur den Ehebruch der Frau und schaffte alle Arten von Vaterschaftsklagen ab. Gleichzeitig erkannte das liberale Italien nur die standesamtliche Trauung an, obwohl jedes Jahr Tausende von Ehen kirchlich getraut oder ganz ohne offiziellen Segen geschlossen wurden, so daß deren Nachwuchs in den Augen des Staates illegitim war.[10]

Um 1900 wurden auch andere Staaten paternalistischer; sie führten Reformen zum Schutz von Frauen und Kindern ein, wenn möglicherweise auch nur, um die Löhne der Männer und die rassische »Tauglichkeit« zu sichern. In Italien waren damals nicht weniger als 30 Prozent der Industriearbeiter Frauen. Aber kein Fabrikgesetz thematisierte die Frage der Frauenarbeit, bis 1902 das Carcano-Gesetz verabschiedet wurde, das die maximale tägliche Arbeitszeit für Frauen und Minderjährige auf zwölf Stunden festsetzte und es Frauen untersagte, vor Ablauf von vier Wochen nach einer Entbindung an ihren Arbeitsplatz zurückzukehren. Wie nicht anders zu erwarten, ließ dieses Gesetz eine Fülle von Ausnahmeregelungen zu, und seine Anwendung war in der Praxis schwer zu überwachen.

Angesichts dieser Tradition der Mißachtung entwickelten die junge italienische Frauenbewegung und vielleicht die italienischen Frauen im allgemeinen eine ambivalente, ja antagonistische Einstellung zur liberalen Ideologie und zu liberalen Institutionen. Manche Gruppen, und zwar gerade die ältesten, vom Gleichheitsstreben der Radikaldemokratin Anna Maria Mozzoni beeinflußten, sympathisierten mit der entstehenden sozialistischen Bewegung und suchten den Kontakt zu Frauen der Arbeiterklasse. Nach ihrer Vorstellung war eine Emanzipation der Frauen nur in Verbindung mit der völligen politischen und wirtschaftlichen Demokratisierung der Gesellschaft denkbar. Andere Gruppen, die sich nach 1908 fester zusammenschlossen, standen der katholischen Kirche nahe; neben dem Recht der Frauen, ihre öffentliche Präsenz zu organisieren, verteidigten sie die Familie und andere konservative Werte. Eine wachsende Zahl bürgerlicher Frauen bekannte sich nach 1900 zum sogenannten »praktischen Feminismus«.[11] Ihr wichtigster organisatorischer Sammelpunkt wurde der Nationale Frauenrat (Consiglio Nazionale delle Donne Italiane), der 1903 gegründet worden war. Im Unterschied zu den anglo-amerikanischen Feministinnen, die nachdrücklich an der Gleichberechtigung festhielten, setzten die bürgerlichen Feministinnen Italiens in ihrem Kampf um Emanzipation wenig Vertrauen in die Kräfte des Marktes oder das Wahlrecht. Entsagungsvoll und mit dem für das italienische Bürgertum typischen Familialismus und Patriotismus glaubten sie, sich ihren Anspruch auf staatsbürgerliche Rechte durch Selbstaufopferung in philanthropischen Diensten verdienen zu müssen. Mißtrauisch gegen jede Massenpolitik, strebten sie nach der sozialen und staatlichen Anerkennung der besonderen mütterlichen Aufgabe der Frau in der modernen Gesellschaft. So ließen sich zwangsläufig viele von ihnen von den vollmundigen Behauptungen Mussolinis verführen, mit der faschistischen Epoche sei diese Anerkennung verwirklicht.

Daß diese kleine, in sich gespaltene und kaum militante feministische Bewegung dennoch auf breiten Widerstand stieß, wäre unerklärlich, zöge man nicht auch die Schwäche der nationalen bürgerlichen Kultur im liberalen Italien in Betracht. Emanzipierte weibliche Verhaltensweisen waren ungemein auffällig in dieser halb industrialisierten, halb ländlichen Gesellschaft, in der, ungeachtet moderner Industrie- und Handelszentren wie Mailand oder Turin, noch immer mehr als 50 Prozent der Bevölkerung von der Landwirtschaft lebten. Die liberalen Eliten selbst verstärkten antifeministische Haltungen – nicht zuletzt dadurch, daß sie den Frauen das Wahlrecht versagten. Überdies zeigten sie sich kaum erkenntlich für die sozialen Dienste der Frauen, die aufgrund der Überzeugung, die politische Ordnung bedürfe zu ihrer Mäßigung und Vervollständigung der »mütterlichen Sensibilität«, soziale Mißstände zu lindern und die Unruhe in der Arbeiterklasse zu beschwichtigen suchten. Die liberalen Eliten blieben in diesem Bereich nicht nur untätig, sondern versäumten auch die Gelegenheit, das freiwillige Wirken der Frauen anzuerkennen. Sie hatten keine Vision, die die proletarische Solidarität und katholische Nächstenliebe einer zentralen staatlichen Autorität unterstellte. Die Faschisten hingegen ließen sich gerade diese Gelegenheit nicht entgehen. Im Namen ihres »nationalen Wiederaufbaus« geißelten sie liberale »Nachlässigkeit«, zwangen örtliche Frauenverbände unter ihre »Disziplin« und mobilisierten Zehntausende von bürgerlichen weiblichen Freiwilligen zum Eintritt in faschistische Verbände.

Es gelang dem Faschismus auch, die angeschlagene Männlichkeit der italienischen Männer wieder aufzubauen. Man könnte eine ganze Abhandlung über die sozialpsychologischen Ursachen für die demonstrative Virilität der italienischen Intellektuellen nach der Jahrhundertwende schreiben, von der erotisch-sinnlichen Décadence Gabriele D'Annunzios über die antifeministische Metaphorik der einflußreichen Florentiner Literaturzeitschrift *La Voce* bis zu dem futuristischen Dichter Filippo Marinetti und der von ihm gepredigten »Verachtung der Frau« *(disprezzo per la donna)*. Zwei Hauptfaktoren waren es vermutlich, die in Italien einem primitiven »latin-lover«-Sexismus Vorschub leisteten: die Frustration vieler Männer darüber, daß sie nicht zu dem relativ engen Kreis der liberalen »Gerontokratie« zugelassen wurden, und die Blamage des bescheidenen internationalen Status Italiens zu einer Zeit, da die Ehre des Mannes vom Ausgang imperialistischer

Raubzüge abhing. Eine Rolle spielte auch die Furcht vor einer demographischen Erschöpfung des Landes, obwohl Italien mit dreißig Lebendgeburten auf tausend Einwohner die dritthöchste Fertilitätsrate in Europa, nach Spanien und Rumänien, hatte. Noch andere Faktoren verstärkten die grassierende Angst vor sexueller Zügellosigkeit und rassischem Niedergang: der Aderlaß der männlichen Bevölkerung durch Auswanderung (500000 Menschen verließen jährlich Italien am Vorabend des Ersten Weltkriegs); die Wichtigkeit, die unter kapitalknappen ökonomischen Verhältnissen der bloßen Anzahl der mithelfenden Familienangehörigen zukam; die beunruhigende Vielfalt sexueller Verhaltensweisen in einer sich so ungleichmäßig entwickelnden Gesellschaft; und schließlich der zunehmende Einfluß positivistisch-wissenschaftlicher Hypothesen und katholischer Lehren auf die Frage der Fruchtbarkeit.[12]

Am Vorabend des Ersten Weltkrieges war in Italien eine »neopaternalistische« Politik auf dem Vormarsch. Seit etwa 1910 unternahmen selbsternannte Sittenwächter einen Feldzug gegen den Verfall des Familienlebens und machten gemeinsam mit katholischen Verbänden die zunehmende Verstädterung, die Emanzipation der Frauen und die radikale Umsetzung neomalthusianischer Praktiken für den Rückgang der Geburtenraten verantwortlich. Die liberalen Eliten, die bisher nicht bereit waren, in die Sozialpolitik einzugreifen, waren nunmehr geneigt, sich dem zu verschreiben, was der ahnungsvolle liberale Sozialtheoretiker Vilfredo Pareto abschätzig den »virtuistischen« Mythos der Sittenreformer nannte, und verzichteten im Interesse einer rechtlichen Fixierung sexueller Normen auf ihre alten Grundsätze des Laissez-faire und des Antiklerikalismus.[13] Auch in Marinettis Futuristischem Manifest von 1909 erkannte sich eine modernistische Kultur wieder: »Niederreißen wollen wir Museen und Bibliotheken, bekämpfen wollen wir Moralismus, Feminismus und jede opportunistische und utilitaristische Form der Feigheit.«[14]

Diese neopaternalistischen Bestrebungen ergaben jedoch in ihrer Gesamtheit kein neues Programm zur Unterjochung der Frauen. Sie bezogen auch keinen klaren Standpunkt in der Bevölkerungsfrage, die erst seit Mitte der zwanziger Jahre den intellektuellen und politischen Rahmen für die Konzeption und Realisierung eines antifeministischen Programms abgab. Was hier Beachtung verdient, ist vielmehr das Vermächtnis an Perspektiven und Institutionen im Zusammenhang mit der »Frauenfrage«, welches das faschistische Regime antreten konnte. Manche Positionen, etwa die der Kirche, lagen ohne weiteres auf der Linie des Regimes und konkurrierten sogar mit ihm. Andere, wie etwa demographische Techniken und rassische Einstellungen, verwendete der Faschismus bedenkenlos für seine eigenen staatspolitischen Ziele.

Vor allem aber konnte das faschistische Regime dem Liberalismus seinen »Agnostizismus« in bezug auf Familie, Mutterschaft und Kinder vorwerfen, um den eigenen Führungsanspruch auf diesem Gebiet zu festigen.

Die Antriebskräfte faschistischer Sexualpolitik

Die These, daß die Diktatur Mussolinis ein eigenes System zur Unterjochung der Frauen entwickelt habe, bedeutet nicht, daß es beim Marsch des Duce auf Rom 1922 bereits irgendein fertiges Programm gegeben hätte. Der italienische Faschismus war insofern chamäleonartig, als er sich seine Farben von den potentiellen Verbündeten und den veränderten politischen Bedingungen der ersten Nachkriegsjahre vorgeben ließ. 1919 hatte die junge Bewegung noch die Positionen der futuristischen Intellektuellen vertreten; sie war bereit gewesen, sich über die konventionelle Moral hinwegzusetzen und für Ehescheidung und die Abschaffung der bürgerlichen Familie einzutreten. In demselben Jahr machte sie sich aus opportunistisch-populistischen Gründen auch für das Wahlrecht der Frauen stark. Diese Positionen wurden jedoch bald fallengelassen: Der Faschismus nahm Rücksicht auf den Widerstand der Veteranenbewegung, auf die Aversion der eigenen syndikalistischen Truppen gegen die Berufstätigkeit von Frauen und auf den rigiden katholisch-ländlichen Antifeminismus der Grundbesitzer, die 1920/21 die Überfälle der Schwarzhemd-*squadristi* auf die sozialistischen Verbände und Kooperativen unterstützt hatten. Verstärkt wurde die Frauenfeindlichkeit des Faschismus nach 1923 noch durch den verbissenen totalen Autoritätsanspruch von Mussolinis Bundesgenossen in der Nationalistischen Partei. Sie waren es, die an alle Angelegenheiten die Meßlatte des Staatsinteresses legten, und um ihre Ideologie des starken und tüchtigen Staates versammelten sich Kriminalanthropologen, Sozialhygieniker, Ärzte, Kinderschützer und sonstige Reformer, denen die Untätigkeit des Liberalismus schon lange ein Dorn im Auge gewesen war und die nun hofften, ihren Projekten zur Stärkung der italienischen »Rasse« *(stirpe)* Leben einzuhauchen. Nach dem 1929 mit dem Vatikan abgeschlossenen Konkordat traten sowohl kirchliche Einrichtungen als auch katholische Traditionen und Funktionsträger in den Dienst des faschistischen Antifeminismus.

Es gelang der Diktatur Mussolinis, eine kohärente Frauenpolitik in einer Gesellschaft zu entwickeln, die gerade wegen des dogmatischen Eklektizismus des Faschismus so ungleichmäßig entwickelt war. Der Duce persönlich äußerte – nicht ohne Verlegenheit – einen Gemeinplatz, als er betonte, er wolle nicht darüber streiten, »ob die Frau [dem Mann] überlegen oder unterlegen ist; wir stellen fest, daß sie anders ist«; mit Vernünftelei könne man praktisch jeden Standpunkt vertreten, in diesem Fall also ebenso gut für das Wahlrecht der Frauen wie dagegen plädieren.[15] Das Frauenbild des Faschismus war demgemäß konfus: Es reichte von Mussolinis bäuerlicher Frauenfeindlichkeit (Frauen waren entweder Engel oder Teufel, »dazu geboren, den Haushalt zu führen, Kinder zu gebären und dem Mann Hörner aufzusetzen«)[16] bis zu Gentiles neohegelianischer Lehre von den einander ergänzenden Wesenheiten (die Frauen, unbedeutenden Details verbunden – was ihre »unendliche Natur«, ihr »Urprinzip« ausmachte –, waren unfähig zur Transzendenz).[17] Eine rüde positivistische Polemik prangerte die biologische Minderwertigkeit der Frauen an, während einige wenige Pragmatiker wie der führende faschistische Technokrat Giuseppe Bottai vorsichtig für die Gleichheit der Frauen eintraten mit dem Argument, eine neue faschistische Elite benötige würdige Gefährtinnen und Mütter für ihre Kinder.[18] So gab es einen eklatanten Unterschied etwa zwischen dem katholischen Eiferer Amadeo Balzari, der 1927 einen landesweiten Feldzug gegen die empörend schamlose Frauenmode führte, und dem Ex-Futuristen Umberto Notari, einem bekannten Mailänder Journalisten und Verleger, der mit anregenden Geschichten wie *La donna tipo tre* 1928) – weder »Kurtisane« noch »Gattin und Mutter« – Italiens »neue Frau« parodierte und gleichzeitig propagierte.[19] Auch selbsternannte »lateinische Feministinnen« wie die brillante Teresa Labriola – die ideologische Kapriolen schlug, um Faschismus und Feminismus unter einen Hut zu bringen – hatten nichts mit den antifeministischen Funktionären gemein, deren sarkastische Bemerkungen in römischen Salons die Runde machten. Allen gemeinsam war jedoch die Überzeugung, daß der Staat entschlossen seine Machtmittel einsetzen müsse, um nicht nur politische und ökonomische, sondern auch private und ethische Fragen zu lösen. Im Interesse einer Politik der nationalen Größe sah man über unterschiedliche Einschätzungen der Differenz der Frauen und die aus ihr folgenden Implikationen für die Politik hinweg.

Letzten Endes waren es jedoch gerade die Maßnahmen, die das faschistische Regime zur Konsolidierung seiner eigenen Macht ergriff, die die Grundzüge für die Behandlung der Frauen in der italienischen Gesellschaft zwischen den beiden Weltkriegen vorgaben. Politisch entwickelte sich der Faschismus von einer Oppositionsbewegung Mitte der zwanziger Jahre zu einer Einparteienherrschaft, und in den dreißiger Jahren von einem autoritären Regime mit lockerer Verwurzelung in der zivilen Gesellschaft zu einem Staat mit Massenbasis. In der Wirtschaftspolitik wechselte die Diktatur in der zweiten Hälfte der zwanziger Jahre vom Laissez-faire-Prinzip zu protektionistischen Strategien. Als Folge der Wirtschaftskrise und des Abessinienkrieges 1936 propagierte sie dann völlige Autarkie. Voraussetzung und Begleiterscheinung dieser Entwicklung war die Bekräftigung der gesellschaftlichen Allianz zwischen dem Regime und dem konservativen Italien, das heißt der Großwirtschaft und den Großgrundbesitzern, der Monarchie, dem Militär und der katholischen Kirche. Dafür unterstellte das Regime die faschistische Partei (PNF) der staatlichen Bürokratie, die die PNF sogleich als Mittel für das Ziel einspannte, gesellschaftliche Gruppen wie Arbeiter, Bauern und kleine Grundbesitzer für sich zu gewinnen. Deren wirtschaftliche Interessen waren entweder ignoriert oder systematisch geschädigt worden, und sie sollten in einen breiten, wenngleich oberflächlichen politischen Konsens eingebunden werden.[20]

Um dieses konservative Bündnis zu sichern, übte die Diktatur permanenten Druck auf die Löhne und den Konsum aus. Mit fortschreitender Entwicklung in den dreißiger Jahren trat der dualistische Charakter Italiens immer stärker hervor. Auf der einen Seite gab es eine ineffiziente Landwirtschaft und breite Schicht kleiner Unternehmer, über deren schlechte Lage die offizielle bauernfreundliche Propaganda hinwegzutäuschen versuchte; auf der anderen Seite gab es einen stark konzentrierten industriellen Sektor, dem der Staat unter die Arme griff und der durch die Aufrüstung Italiens nach 1933 einen Aufschwung erlebte. Mitte der dreißiger Jahre wurden knapp über 10 Prozent des nationalen Einkommens und nicht weniger als ein Drittel des staatlichen Einkommens für die Streitkräfte ausgegeben. Unterdessen ging der Anteil der Lohnarbeit am nationalen Einkommen kontinuierlich zurück. Ein Indiz für die »Niedriglohn«-Wirtschaft des Faschismus war, daß 1938 das reale Einkommen von Industriearbeitern immer noch 3 Prozent unter dem Niveau von 1929 lag und 26 Prozent niedriger als das Nachkriegsmaximum von 1921 war. Noch 1938 mußte die Durchschnittsfamilie mehr als die Hälfte ihres Einkommens für Essen und Trinken ausgeben (gegenüber 25 Prozent in den USA). Alles in allem war Italien die einzige Industrienation, in der die Löhne seit Anfang der zwanziger Jahre bis nach dem Ausbruch des Zweiten Weltkriegs stetig sanken. In puncto Lebensstandard – Aufwand für Nahrungsmittel, Anschaffung langlebiger Konsumgüter, Verfügbarkeit öffentlicher Dienstleistungen – lag Italien weit hinter anderen Industrienationen zurück.

Diese Politik hatte zwangsläufig weitreichende Folgen für die italienischen Frauen, vor allem für die proletarische und bäuerliche Mehrheit unter ihnen. Im Interesse seiner Bevölkerungspolitik suchte der Faschismus den weiblichen Körper, besonders seine reproduktiven Funktionen, unter schärfere Kontrolle zu nehmen. Gleichzeitig war er bestrebt, ältere patriarchalische Vorstellungen von Familie und väterlicher Autorität am Leben zu erhalten. Um weiterhin Druck auf das Lohnniveau und den Verbrauch ausüben zu können, beutete die Diktatur die ökonomischen Ressourcen der Haushalte gezielt und in einem ungewöhnlichen Maße für ein Land aus, das auf dem Weg zur Industrialisierung so weit fortgeschritten war. Infolgedessen nötigte das Regime die Frauen, überlegt zu konsumieren, sparsam zu wirtschaften und mit List und Tücke alle Leistungen eines knauserigen Wohlfahrtssystems in Anspruch zu nehmen, daneben aber noch einer Teilzeitarbeit oder Schwarzarbeit nachzugehen, um das Haushaltsgeld aufzubessern. Das Regime versuchte, den Einsatz billiger weiblicher Arbeitskräfte angesichts hoher Arbeitslosigkeit der Männer zu beschränken und gleichzeitig der italienischen Industrie ihre Reservearmee an billigen Arbeitskräften zu erhalten, und umgab die Ausbeutung der weiblichen Arbeit mit einem engmaschigen Netz von Schutzmaßnahmen und Verboten. Um schließlich die Frauen für die komplexer werdenden Forderungen einzunehmen, die an sie gestellt wurden, sowie ihre Sehnsucht nach Identifikation mit der nationalen Gemeinschaft durch den Dienst an dieser auszubeuten, bewegte sich das Regime auf dem schmalen Grat zwischen Modernität und Emanzipation. Bis Mitte der dreißiger Jahre hatte es Massenorganisationen aufgebaut, die dem Bedürfnis zumal bürgerlicher und junger Frauen nach sozialer Teilhabe entgegenkamen. Dafür unterdrückte es Solidarität, individualistische Werte und Autonomiebewußtsein der Frauen, die durch die emanzipatorischen Vernetzungen der liberalen Ära gefördert worden waren.

Die Politik der Reproduktion

Der Kampf des Faschismus gegen reproduktive Freiheiten ist wohl der bekannteste Aspekt faschistischer Sexualpolitik. In seiner berüchtigten Rede zum Himmelfahrtstag am 26. Mai 1927 rückte Mussolini die »Verteidigung der Rasse« ins Zentrum der innenpolitischen Ziele des Faschismus; Italien solle um die Jahrhundertmitte eine Bevölkerung von 60 Millionen haben – ein ehrgeiziges Ziel angesichts der Tatsache, daß es damals 40 Millionen zählte. Zur Begründung entfaltete Mussolini zwei Argumentationslinien. Die erste war merkantilistisch geprägt, indem sie auf die Notwendigkeit der bestimmten, bloßen Quantität von Menschen als billigen Arbeitskräften abhob. Die andere Argumentationslogik war typischer für eine Nation, die sich auf imperialistische Expansion eingelassen hatte; der Rückgang des Bevölkerungswachstums in Italien – ein Trend, der sich seit den zwanziger Jahren beschleunigt hatte und in dem Maße sichtbarer wurde, wie sich die demographischen Erhebungstechniken des Staates verbesserten – drohte die expansionistischen Ambitionen der faschistischen Elite zu vereiteln. Wenn Italien nicht zur Weltmacht aufstieg, wiederholte der Duce unermüdlich, würde es zur Kolonie werden. Schließlich läßt sich aus der Rede noch eine dritte Argumentationslinie erschließen, die mindestens ebenso wichtig war, nämlich die Wiederherstellung oder »Normalisierung« der Unterschiede zwischen Mann und Frau, die durch den Krieg auf den Kopf gestellt worden waren.

Auf der Suche nach »Geburten, immer mehr Geburten« schwankte die Diktatur zwischen Reform und Repression, Appellen an die individuelle Initiative und konkreten staatlichen Anreizen. Das beste Beispiel für den reformerischen Aspekt war das nationale Hilfswerk für Mütter und Kinder, ONMI. Es wurde am 10. Dezember 1925 unter dem lebhaften Beifall der Katholiken, Nationalisten und Liberalen gegründet und diente vor allem Frauen und Kindern, die nicht in die normale Familienstruktur hineinpaßten. Andere Reformmaßnahmen waren Steuerbefreiungen für Väter kinderreicher Familien, der staatlich finanzierte Mutterschaftsurlaub und die Mutterschaftsversicherung, Geburten- und Ehedarlehen und Familienbeihilfen für Lohn- und Gehaltsempfänger. Zu den repressiven Maßnahmen gehörten die Einstufung der Abtreibung als Verbrechen gegen den Staat, das Verbot der Geburtenkontrolle, die Zensur der Sexualaufklärung und eine Sondersteuer für Unverheiratete. Repressiv war aber auch die berufliche Förderung von Vätern kinderreicher Familien – angesichts hoher Arbeitslosenzahlen eine Strafmaßnahme gegen die Frauen wie gegen den »morbiden Egoismus« von Junggesellen und verheirateten Männern ohne Kinder.

Anders als das nationalsozialistische Deutschland[21] enthielt sich das faschistische Italien negativer eugenischer Maßnahmen. Das heißt nicht, daß seine Ideologie nicht eugenizistisch gewesen wäre. Aber die faschistische Bevölkerungspolitik ging von einer ganz anderen Rassenkonzeption aus und vertrat einen anderen Mechanismus der rassischen Selektion. Im Unterschied zu Deutschland hatte Italien nie ein nennenswertes Minderheitenproblem, oder jedenfalls erst dann, als der Duce mit der Eroberung Abessiniens 1936 Italiens afrikanisches »Impero« gründete (bald darauf traten die ersten Gesetze gegen rassische Vermischung in Kraft).

Italienische Rassentheoretiker fürchteten auch nicht einen allzu reichen Nachwuchs der unteren Stände; ganz im Gegenteil. Sie befürworteten eine »differenzierte Fertilität« und blieben gegenüber den pseudowissenschaftlichen biologischen Selektionsmaßnahmen der Anglo-Amerikaner und später der Nationalsozialisten skeptisch. Die faschistische »Revolution der Jugend«, deren Theoretiker Corrado Gini, der der führende Bevölkerungsstatistiker Italiens war, versprach, »den einzigen Hort unserer Lebenskraft« zu erschließen, nämlich das flache Land mit »seinen fruchtbaren unteren Klassen, von deren wechselnder innerer Zusammensetzung und Vermischung die Revitalisierung der Nation abhing«.[22] Verstärkt wurden solche Positionen durch die strengen Warnungen der katholischen Kirche vor einer »Anwendung von Zootechniken auf das Menschengeschlecht«.[23] Die Haltung des Regimes in dieser Frage war gespalten – zum einen kennzeichnete sie ein malthusianischer Laissez-faire-Pessimismus (die Bevölkerung wird die Ressourcen überbeanspruchen), zum anderen ein darwinistischer Optimismus (die »Tauglichsten« werden überleben). Vor den unverkennbaren Korrelationen, die eifrige Demographen zwischen sogenannten »zahlreichen« Familien und Armut, Übervölkerung, Unterernährung und Analphabetentum feststellten, verschloß es meistens die Augen – oder aber begrüßte sie öffentlich.

Die Feststellung, daß die faschistische Politik weniger physisch aggressiv war als die nationalsozialistische Eugenik, bedeutet jedoch nicht, daß sie die Frauen, zumal die armen Frauen, weniger schwer belastet hätte. Die faschistische Bevölkerungspolitik gewann mit der Zeit ein Janusgesicht. Auf der einen Seite war sie stark normativ. Fachleute fanden Frauen für ihre Aufgabe als Mutter »schlecht vorbereitet«, in ihrem »Geschlechtsapparat schwach und unvollkommen« und damit anfällig für das Hervorbringen eines »abnormalen« Nachwuchses.[24] Die Hauptsorge der staatlichen Politik galt daher der Verbreitung modernisierter Modelle von Mutterschaft und Säuglingspflege. Gleichzeitig rechtfertigte die faschistische Eugenik eine Politik des Wegsehens, zumindest angesichts der ärmsten Staatsbürgerinnen. Immerhin waren Reformen nicht nur kostspielig, sondern womöglich sogar kontraproduktiv, wenn das Ziel die Steigerung der Geburtenzahlen war. Denn ein höherer Lebensstandard mochte zwar eine Angestelltenfamilie veranlassen, sich ein zweites Kind zuzulegen – eine Erwägung, die die fürsorgliche Behandlung bürgerlicher Lohn- und Gehaltsempfänger durch die Diktatur veranlaßte. Aber in bäuerlichen Familien würden dieselben Verbesserungen bloß Begehrlichkeiten wecken und ebenfalls zu jener berechnenden Einstellung verleiten, die städtische Familien bewog, die Zahl ihrer Kinder zu beschränken.

Die Konsequenzen dieser ambivalenten Politik waren erschreckend hart. Italienische Frauen, zumal die Proletarierinnen in den Städten, wollten weniger Kinder. »*Ein* Kind, Herr Professor, *ein* Kind – mehr wollen wir nicht«, wie zahlreiche Frauen in Turin dem führenden Kinderarzt Dr. Maccone anvertrauten.[25] Zu diesem Zweck praktizierten sie Familienplanung, so gut sie es verstanden, im wesentlichen durch Abtreibungen. Trotz drakonischer Verbote war die Abtreibung Ende der dreißiger Jahre die verbreitetste Form der Familienplanung.[26] Da alle Abtreibungen illegal erfolgten, ob sie nun von einem Arzt oder einer *comare* (»Patin«) aus der Nachbarschaft vorgenommen wurden, riskierten die Frauen schwere Infektionen, bleibende körperliche Schädigungen und sogar den Tod. Darüber hinaus kam das Verbot der Geburtenkontrolle zu einem Zeitpunkt, wo, nach mehreren Jahrhunderten gegenreformatorischer Zensur, die einschlägigen Informationen wieder freier flossen, so daß die antimalthusianistischen Kampagnen des Faschismus als doppelter Zwang empfunden wurden. In ländlichen Gegenden verstärkten sie die – kirchlich sanktionierte – fatalistische Einstellung gegenüber der Kontrolle von Fortpflanzungsprozessen. Aber sogar proletarische Mädchen aus dem Norden Italiens erinnerten sich »fast mit Bitterkeit« *(quasi con rancore)*, daß man sie in sexuellen Dingen unaufgeklärt »wie die Tiere« *(come le bestie)* gelassen habe. Der neue Staat, die Ärzteschaft und die Angebote des Marktes bewirkten, daß an Mutterschaft und Kinderaufzucht höhere soziale Anforderungen gestellt wurden, die zur Stigmatisierung oder sogar zur völligen Unterdrückung herkömmlicher Praktiken des Kindergebärens und der Kinderaufzucht führten. Doch ließ man es an der nötigen sozialen und ökonomischen Unterstützung fehlen, die allein es den Frauen ermöglicht hätte, den neuen Anforderungen zu genügen, ohne dabei erhebliche persönliche Opfer zu bringen. Zwar ging die Säuglingssterblichkeit um 20 Prozent zurück, von 128 Todesfällen bei tausend Lebendgeburten 1922 auf 102 im Jahr 1940; aber erstens entsprach das den Fortschritten der vorangegangenen zwei Jahrzehnte, und zweitens lag damit die Säuglingssterblichkeit in Italien immer noch um 25 Prozent höher als in Frankreich oder Deutschland.[27] Alles in allem war Mutterschaft unter dem Faschismus besonders mühselig. Nicht zufällig ziehen sich die Worte »Opfer« und »Entbehrung« wie ein Leitmotiv durch die Erinnerungen von Frauen an die Zeit ihrer Mutterschaft in den dreißiger Jahren.

Die Familie als Festung des Staates

Ein weiteres wesentliches Merkmal der faschistischen Familienpolitik waren die harten Anforderungen, die die Diktatur an die Ressourcen jedes einzelnen Haushalts stellte. Ideologen beklagten die Krise der italienischen Familie, ihre schrumpfende Größe, den vermeintlichen Autoritätsverlust des Vaters, die Misere der Hausfrau und die Aufsässigkeit der Kinder. In Wirklichkeit war die italienische Familie noch immer groß, auch wenn sie zwischen dem Zensus von 1921 und dem von

1936 durchschnittlich von 4,7 auf 4,3 Angehörige zurückging; eine besondere Schätzung für das Jahr 1928 ergab, daß es in mindestens zwei Millionen der insgesamt 9,3 Millionen italienischer Familien sieben oder mehr lebende Kinder gab. Fast die Hälfte aller Familien lebten noch immer in Kleinstädten unter 10000 Einwohnern, und 38 Prozent erwarben ihren Lebensunterhalt hauptsächlich in der Landwirtschaft. Der Eigenverbrauch, das heißt die Gesamtsumme aller Güter und Dienstleistungen, die in Familienbetrieben erzeugt wurden und nicht auf den Markt kamen, lag schätzungsweise bei 30 Prozent.[28] Auf jeden Fall schien die Diktatur darauf zu vertrauen, daß die Familienbande in Italien stark genug waren, um die Belastungen zu verkraften, die daraus entstanden, daß der Staat die Löhne kürzte, auch die kleinen Sparer für Industrieinvestitionen und Kolonialabenteuer zur Kasse bat und mit Ausgaben für öffentliche Dienstleistungen, Wohnungsbau und Wohlfahrt knauserte. Dieser Druck verstärkte sich noch, als die Diktatur in den dreißiger Jahren die wirtschaftliche Autarkie Italiens propagierte. Vor allem in zwei Bereichen machte sich diese planmäßige Ausbeutung der privaten Haushaltsressourcen bemerkbar: in einer Politik der Ruralisierung und in der Niedriglohnpolitik. Die Aufwertung der Landwirtschaft diente vor allem den Bestrebungen des Regimes, die Abhängigkeit Italiens vom Import ausländischer Nahrungsmittel, vor allem Getreide, zu verringern, und den Zustrom von Landbewohnern in die Städte zu verhindern, wo sie nur die Zahl der Arbeitslosen und der Sozialhilfeempfänger erhöhten und die soziale Unruhe verschärften. Die Anti-Stadt-Kampagne, die Mussolini zum ersten Mal in seiner Rede zum Himmelfahrtstag erwähnte, in der er vom sterilisierenden Einfluß der Stadt und von der Notwendigkeit der Rückkehr zu einer ländlichen Lebensweise sprach, zielte darauf, die Ressourcen der bäuerlichen Haushalte zu strecken. Ab 1928 wurden Schritte eingeleitet, die Arbeitslosen wieder an ihren ursprünglichen Wohnort zurückzuführen und die internen Migrationsströme zu verkleinern; hinzu kamen staatliche Finanzhilfen für Halbpachtverträge und für Projekte zur Förderung der Ansiedlung in Gebieten, die durch Trockenlegung von Sümpfen urbar gemacht worden waren. Die unmittelbare Folge dieser Maßnahmen war die Abdrängung von Familien in konsumschwache Gegenden, wo sie von der Sozialgesetzgebung nicht erfaßt wurden und oft auch keine Hilfestellung durch die Gemeinde oder die Pfarrei vorhanden war.

Die Ruralisierung instrumentalisierte also das Sicherheitsnetz der Familiensolidarität. Sie setzte dieses Gefühl der familiären Zusammengehörigkeit voraus und verstärkte es; das Familienoberhaupt, mit allen Vollmachten ausgestattet, beutete die unbezahlte Arbeit von Frauen und Kindern im Haushalt, auf dem Feld oder in lokalen Kleinbetrieben aus. Anders als im nationalsozialistischen Deutschland gab es keine Ansätze zur Wiedereinführung von Fideikommissen *(fideicommessi)* und keinen Anreiz, den Grundbesitz durch Vererben auf den ältesten Sohn in der Familie zu halten; eine solche Maßnahme hätte den Faschismus wahrscheinlich in Konflikt mit den finanziellen Interessen der Landwirte gebracht. Statt dessen erneuerte das Regime eine uralte Form des Landbesitzes, nämlich die Halbpacht oder *mezzadria*. Der *vergaro* oder *capoccia* war ein wahrhafter Patriarch. Um in einer Zeit sinkender Preise für Agrarerzeugnisse mit den Grundbesitzern verhandeln zu können, übte er ein strenges Regiment über die Arbeit seiner Frau und seiner Kinder aus. Die Familien von Teilpächtern gehörten zu den größten überhaupt; sie hatten durchschnittlich 7,35 Mitglieder, und die Arbeit der Ehefrau *(massaia)* war in der Regel sogar der des Familienoberhauptes überlegen, obwohl sie selbst in den günstigsten Arbeitsverträgen nur auf zwei Drittel der männlichen Arbeit festgelegt wurde. Nach einer Erhebung des staatlichen Landwirtschaftsinstituts leisteten auf toskanischen Gütern Anfang der dreißiger Jahre Giuseppe, Egisto und Faustino 2926, 2834 bzw. 2487 Stunden harte Arbeit jährlich, während ihre Frauen Lucia, Virginia bzw. Maria es auf 3290, 3001 bzw. 3655 Stunden brachten.[29]

Ähnlich ausbeuterisch zeigte sich die Diktatur gegenüber dem »Existenz«- oder »Familien«-Lohn der Arbeiterfamilie. Ein Mann mußte seine Frau und seine Familie mit seiner Hände Arbeit ernähren können: Dieses Prinzip galt in Italien wie auch anderswo als unabdingbar für die Stabilität einer Arbeiterfamilie, und das war auch die Meinung bürgerlicher Reformer vor Mussolinis Marsch auf Rom gewesen. Die Katholiken blieben bei dieser Position; die Enzyklika Pius' XI. *Quadragesimo Anno* von 1931 bekräftigte den Standpunkt Leos XIII. in *De Rerum Novarum* (1891), wonach es die soziale Gerechtigkeit erfordere, daß der Lohn eines arbeitenden Mannes ausreichen müsse, sich und seine Familie zu unterhalten.[30] Als der Faschistische Großrat im März 1937 beschloß, die Bevölkerungspolitik des Duce zu übernehmen, zeigten die Ergebnisse des Zensus ganz eindeutig, an welchem Punkt Wirtschaftsreformen ansetzen mußten, um dieses Ziel zu erreichen: Noch 1931 waren 45 Prozent beziehungsweise 4280000 der 9,3 Millionen italienischer Familien auf zwei oder mehr Verdiener angewiesen.

Es zeigte sich jedoch, daß die Kinderbeihilfen, die dazu dienen sollten, die Familieneinkünfte aufzubessern, in den seltensten Fällen wirklich ins Gewicht fielen. Sie waren ursprünglich 1934 eingeführt worden, um den Arbeitern mit Familie zu helfen, die zur Vermeidung von Massenentlassungen von Kurzarbeit betroffen waren. Von drei Seiten finanziert (dem Staat, den Unternehmern und den Arbeitern selbst), standen sie dem Familienoberhaupt in Abhängigkeit von der Größe seiner Familie zu. Ab Mitte Juli 1937 wurden diese Beihilfen auf alle Lohnempfänger ausgedehnt – im privaten wie im öffentlichen Sektor, in der Landwirtschaft wie im Handel und in der Industrie. In anderen Ländern wurden derartige Maßnahmen von den Gewerkschaften vehement bekämpft und waren im allgemeinen auf industrielle Problembereiche wie die Textilindustrie oder den Bergbau beschränkt. Daß das faschistische Italien sie landesweit durchsetzen konnte, beweist die Schwäche der organisierten Arbeiterschaft. Das faschistische System der Familienbeihilfe behinderte die Bemühungen der faschistischen Gewerkschaften um die Erhöhung der Löhne und begünstigte die Arbeiter mit Familie zu Lasten solcher ohne Familie. In den Familien selbst kam es nur den männlichen Familienoberhäuptern zugute; die mitarbeitenden Ehefrauen sowie die unverheirateten Söhne und Töchter, die noch bei ihren Eltern lebten, hatten keinen Anspruch auf diese finanzielle Beihilfe. Das Schlimmste war jedoch, daß dieses System das Hauptproblem überhaupt nicht beseitigte: die Notwendigkeit der Mithilfe mehrerer Familienangehörigen, häufig auch der Mutter, zur Sicherung des Existenzminimums der Familie. Im Gegensatz zur faschistischen Ideologie nahm der Anteil der erwerbstätigen verheirateten Frauen im Laufe der Jahre zu; er stieg zwischen 1931 und 1936 von 12 auf 20,7 Prozent. 1930 waren in Italien im Vergleich zu anderen europäischen Ländern mehr verheiratete Frauen erwerbstätig (rund 40 Prozent aller verheirateten Frauen) als in jedem anderen Land mit Ausnahme des sozialdemokratischen Schweden, wo jedoch die Frauen von einer breiten Palette sozialer Dienstleistungen und Schutzmaßnahmen profitierten.[31]

Die Erweiterung des Systems der Sozialversicherung und des Familienschutzes hätte theoretisch das Gefühl der Unsicherheit lindern müssen, das die zunehmende Urbanisierung und der Übergang zur Massenfertigung hervorgerufen hatten; denn beide beeinträchtigten die innerfamiliäre Solidarität, die in Stadt und Land aus dem gemeinschaftlich ausgeübten Beruf hervorgegangen war. Wenn eine Mutter sich über ihr Kind neige, behauptete die Propaganda der Mussolini-Zeit, dann neige sich die ganze Nation mit ihr. Ende der dreißiger Jahre war für Familien in Not ein wahrhafter Buchstabensalat an staatlichen oder parteigebundenen Organisationen vorhanden: INFPS, IPAP, INA, CRI, INFAIL, OND und GIL – um nur diese zu nennen und von dem schon erwähnten ONMI ganz zu schweigen. Aber dieser Byzantinismus der faschistischen Wohlfahrtsbürokratie machte die Lage oft nur noch schlimmer. Denn das ganze System war auf politischem Opportunismus errichtet und einer jahrhundertealten Tradition privater und halbprivater Wohltätigkeitswerke der katholischen Kirche und der

Gemeinden aufgepropft worden. Familien, die in den Genuß von Unterstützungen kommen wollten, mußten sich in ein Wohltätigkeitssystem einfügen, das auf Familienstrukturen basierte. Infolgedessen hielten die nächsten Verwandten zusammen wie Pech und Schwefel, und die von ihnen entwickelten Überlebensstrategien verstärkten das, was die Propagandisten des Regimes gelegentlich als den »sacro egoismo« der »famigliuola« anprangerten. Die faschistische Diktatur machte die Familie zu einer öffentlichen Institution, aber sie verstärkte, ohne es zu wollen, genau damit die privaten, »familistischen« Verhaltensweisen, die für die bürgerliche Kultur Italiens so kennzeichnend sind.

Eben diese Politik drängte auch die Frauen in neue Rollen innerhalb der italienischen Gesellschaft. Theoretisch war es der Anspruch des Faschismus, die Frauen wieder an das Haus zu binden, wo sie als Mütter und Ehefrauen zur gedeihlichen Entfaltung der Privatsphäre beitrugen. Aber in dem Maße, wie die faschistische Diktatur der Familie größere Bedeutung beilegte und neue Modelle der Familienführung propagierte, wurden die Frauen gezwungen, sich ihrer öffentlichen Verantwortung bewußt zu werden. Vor allem mußten sie ihre Kinder auf die außerschulischen Programme des Faschismus, auf den Aufenthalt in den Ferienkolonien der Partei oder der Gemeinde vorbereiten; wenn sie arm waren, verwandelten sie sich in *specialisti della assistenza,* die es verstanden, öffentliche Hilfsleistungen locker zu machen.

Darüber hinaus war die faschistische Sozialfürsorge bei der Umsetzung ihrer Programme in großem Maße auf die freiwillige Mitarbeit der Frauen angewiesen. So fiel den Frauen der Oberschicht eine führende Rolle bei der Definition neuer Normen der Haushaltsführung zu; ebenso waren sie den Frauen der Unterschicht behilflich, sich an diese neuen Normen anzupassen. Die hausfraulichen Praktiken, die sie kleinbürgerlichen und proletarischen Frauen und sogar ländlichen *massaie* durch Kurse in Hauswirtschaft und Kindererziehung und in zwanglosen Gruppen unter Leitung faschistischer Frauen nahebrachten, waren geprägt von konventionellen bürgerlichen Vorstellungen von Ehrbarkeit und »rationaler« Haushaltsführung. Diese Ziele erreichte man nur durch eisernes Sparen, weniger Kinder und das sorgfältig ausgetüftelte Anzapfen sämtlicher im Interesse der Familie in Frage kommender Geldquellen in Schulen, politischen Organisationen und staatlichen Fürsorgeeinrichtungen. Die Folge war ein geschärftes Bewußtsein für die Abhängigkeit der Familien von staatlichen Leistungen. Das förderte einerseits zweifellos ein gewisses Gefühl der Dankbarkeit gegenüber dem Regime; die staatliche Propaganda feierte den Duce als Urheber zahlloser gesetzgeberischer »Neuerungen«. Aber andererseits sensibilisierte diese Abhängigkeit die Bevölkerung auch für den Interessenkonflikt zwischen familiärem Nutzen und patriotischer Pflicht. »Finden

Sie das gerecht, finden Sie das menschlich, Herr Professor«, sagte eine Arbeiterin aus Turin, die gegen die bevölkerungspolitischen Kampagnen der Regierung protestierte, zu Luigi Maccone, »daß wir Frauen aus dem Volk möglichst viele Kinder haben sollen, nur damit sie in den Krieg geschickt werden, wenn sie erwachsen sind? Das geht doch nicht! Wir lieben unsere Kinder, wir ziehen sie groß, so gut es mit unseren bescheidenen Mitteln geht, aber doch um unseretwillen und weil sie es einmal besser haben sollen, und nicht für das Vaterland!«[32]

Die berufstätige Frau

Im Gegensatz zur schwedischen Sozialdemokratie, die im Interesse ihrer Bevölkerungspolitik versuchte, das Bedürfnis der Frauen nach Berufstätigkeit mit ihren Belastungen als Mütter zu vereinbaren, vertrat der Faschismus theoretisch wie gesagt eine strenge Arbeitsteilung: Die Männer produzierten und waren die Versorger der Familie; die Frauen reproduzierten und führten den Haushalt. Allerdings waren die faschistischen Machthaber realistisch genug, um zu erkennen, daß auch Frauen erwerbstätig waren; nach den Ergebnissen des Zensus von 1936 waren 27 Prozent der erwerbstätigen Bevölkerung Frauen, und 25 Prozent aller Frauen im arbeitsfähigen Alter waren berufstätig. Darüber hinaus begünstigte die Geschlechtstypisierung die Feminisierung der Angestelltenberufe. Als Folge des Sacchi-Gesetzes von 1919 standen die meisten staatlichen Stellen auch Frauen offen; die einzigen wesentlichen Ausnahmen bildeten die Streitkräfte, das Rechtswesen und der diplomatische Dienst. Deshalb modifizierte die Diktatur ihre bisherige Gesetzgebung, um die Frauen daran zu hindern, mit den Männern im Berufsleben zu konkurrieren, und um berufstätige Mütter besser zu schützen. Diese Maßnahme hatte noch einen Hintergedanken: Die Frauen sollten davon abgehalten werden, aufgrund bezahlter Arbeit den ersten Schritt auf dem Weg zur Emanzipation zu gehen. Während für die Ausbildung einer starken männlichen Identität Arbeit unentbehrlich war, verhielt es sich laut Mussolini mit der Berufstätigkeit der Frauen anders: »Sie lenkt von der Pflicht zur Fortpflanzung ab, wo sie diese nicht gar verhindert, und reizt zur Unabhängigkeit und den damit einhergehenden gebärfeindlichen körperlichen und moralischen Verhaltensweisen.«[33] Dieses Zusammenwirken von traditionellen Zwängen und staatlichen Eingriffen, in einer wirtschaftlichen Situation der chronischen Arbeitslosigkeit, in der man sich als letzte Zuflucht auf den Staat als Arbeitgeber verließ, schuf schließlich ein Klima, in dem insgesamt die Berufstätigkeit der Frauen geduldet wurde, nur freilich unter schlechteren Bedingungen als in allen anderen Industrienationen.

Mitte der dreißiger Jahre gab es eine Fülle diskriminierender Maßnahmen im faschistischen Italien. Die erste, die gewöhnlich übersehen wird, hing unmittelbar mit der Reorganisation der Arbeit in korporativistischen Einrichtungen zusammen. Das faschistische Arbeitsrecht, das keine Streiks kannte und die Tarifauseinandersetzungen zentralisierte, lief den Interessen der Arbeiter im allgemeinen und denen der Frauen im besonderen zuwider. Es drückte die Löhne der Männer auf ein Niveau, wo sie mit den Löhnen von Frauen und Minderjährigen konkurrieren konnten; es zwang die Gewerkschaften – die nicht befugt waren, die Höhe der Löhne oder die Arbeitsbedingungen im Betrieb zu kontrollieren –, ihre Arbeit auf die Aushandlung von nichtmonetären Konzessionen wie etwa die Einschränkung der Frauenarbeit zu reduzieren, und begünstigte die bestsituierten Arbeiter (die qualifizierten, die ältesten und die in strategisch wichtigen Sektoren beschäftigten), die zum größten Teil Männer waren. Trotz der Bemühungen von Regina Terruzzi, Ester Lombardo, Adele Pertici Pontecorvo und anderen hochrangigen und loyalen Faschistinnen waren Frauen in der korporativistischen Hierarchie nicht vertreten. Es gab nicht mehr als ein halbes Dutzend Beraterinnen, und zwar einfach deswegen, weil kaum vierzig Italienerinnen den erforderlichen rechts- oder politikwissenschaftlichen Universitätsabschluß besaßen, um in der Bürokratie des Ministeriums der Korporationen mitarbeiten zu können.

Man könnte einwenden, daß sich den Frauen in den faschistischen Parteiinstitutionen eine Alternative zu den Arbeitskorporationen geboten habe. Die 1934 für Bäuerinnen gegründeten *massaie rurali* und die 1938 errichtete Parteisektion für Fabrik- und Heimarbeiterinnen (Sezione Operaie e Lavoratrici a Domicilio, SOLD) boten den Frauen gewisse Leistungen, die die faschistischen Gewerkschaften den Männern boten, zum Beispiel berufliche Fortbildungskurse oder Ratschläge bei der Inanspruchnahme sozialer Vergünstigungen. Mit diesen Hilfestellungen war jedoch die klare Botschaft verbunden, daß faschistische »Solidarität« für Männer und Frauen etwas Unterschiedliches bedeutete. Männliche Arbeiter gehörten in Gewerkschaftsgruppen und engagierten sich in kollektiven Tarifverhandlungen, während die Frauen Nutznießerinnen von faschistischen Parteigruppen waren und Zugang zu staatlichen Vergünstigungen hatten. Männer waren ein Wählerpotential, Vertragssubjekte, die durch Vertrauensleute im Betrieb *(fiduciari)* vertreten wurden; Frauen waren Klientinnen, Objekte der Sozialfürsorge, deren Hauptansprechpartnerinnen von der Partei geschulte Sozialarbeiterinnen *(visitatrici fasciste)* waren.

Die bedeutenden Neuerungen der Diktatur im Bereich der protektionistischen Gesetzgebung waren ein weiterer Bereich der Diskriminierung. Ab 1938 hatten Lohnarbeiterinnen Anspruch auf einen obligatorischen achtwöchigen Mutterschaftsurlaub, der durch eine Kinderprämie im Wert von zwei durchschnittlichen Monatslöhnen abgedeckt war, auf einen maximal siebenmonatigen unbezahlten Urlaub bei voller Arbeitsplatzgarantie sowie auf zwei Stillzeiten täglich, solange das Kind noch kein Jahr alt war. Die Diktatur verschärfte auch die Bestimmungen zu einem generellen Verbot der Nachtarbeit für Frauen sowie dem Verbot gefährlicher und gesundheitsschädigender Arbeit für weibliche Minderjährige zwischen 15 und 20 und männliche Minderjährige unter 15 Jahren. Kinder unter zwölf durften überhaupt nicht erwerbstätig sein.

Diese Maßnahmen überschnitten sich mit der berüchtigtsten, wenn auch nicht wirksamsten diskriminierenden Regelung, und zwar den Ausschlußbestimmungen. Nachdem seit Anfang der zwanziger Jahre die USA als Hauptauswanderungsziel weggefallen waren, hatte sich die Langzeitarbeitslosigkeit bei den Männern dramatisch verschlimmert. Die Wirtschaftskrise verschärfte die Situation noch. Anstatt nun in staatliche Arbeitsbeschaffungsmaßnahmen zu investieren, wie andere Nationen dies in jenen Jahren taten, führte der Staat 1934 in bestimmten Gewerben vertragliche Begrenzungen der Frauenarbeit ein, vielleicht aus der Sorge heraus, der durch die Aufrüstung geweckte erneute Bedarf der Industrie an Arbeitskräften könne die Frauen begünstigen. Die drakonischste Maßnahme war das Dekret vom 5. September 1938, das den Anteil der weiblichen Beschäftigten in staatlichen und privaten Büros auf 10 Prozent festlegte. Es stieß auf den lebhaften Protest des weiblichen Büropersonals und war im Frühjahr 1940 kaum eingeführt worden, als die Situation sich änderte und mit Rücksicht auf die kriegsbedingte Mobilisierung die meisten Restriktionen in bezug auf die Einstellung von Frauen fallengelassen wurden.

Zusammenfassend läßt sich feststellen, daß die faschistische Beschäftigungspolitik aus einer Reihe von Widersprüchen bestand. Das Regime suchte den Bedarf der Industrie an billigen Arbeitskräften zu befriedigen (der ebensogut durch Frauen wie durch Männer gedeckt werden konnte). Gleichzeitig wollte es jedoch den Arbeitsmarkt für männliche Haushaltsvorsteher sichern. Andernfalls war die Selbstachtung der stellenlosen Männer in Gefahr – von den Belangen der rassischen »Tauglichkeit« und des Bevölkerungswachstums gar nicht zu reden. Die faschistischen Parlamentarier behaupteten, die Frauen aus dem Heer der Erwerbstätigen herausnehmen zu wollen. Da sie jedoch wußten, daß das nicht gelingen würde, versuchten sie wenigstens, diejenigen Frauen zu schützen, die im Interesse der Rasse tätig waren. Die Diktatur konnte sich auf alte geschlechtsbedingte Vorurteile auf dem

Arbeitsmarkt und auf die Gleichstellung der Geschlechter, die aufkam, als die italienischen Arbeiter dem *inquadramento,* der Einteilung in korporativistische Kader, unterworfen wurden, berufen, als sie Gesetze zum Schutz der Frau erließ, diskriminierende Einstellungen propagierte und Ausschlußbestimmungen erließ. Die Wechselwirkungen dieser mit Arbeitsmarkttendenzen verliehen dem Heer der italienischen Erwerbstätigen ein ganz spezifisches Geschlechtsprofil. Die unmittelbare Folge war, daß prestigeträchtige, zunehmend besser bezahlte Positionen in der Verwaltung allein Männern vorbehalten waren, was, zumindest in zentralen staatlichen Behörden, eine Umkehrung der allgemeinen Tendenz zur Feminisierung der Büroarbeit bedeutete. Die staatliche Politik gab auch den faschistischen Gewerkschaften die Gewißheit, daß die Regierung etwas gegen die Arbeitslosigkeit der Männer unternahm, obwohl es kaum Anhaltspunkte dafür gibt, daß ceteris paribus eher Männer als Frauen eingestellt wurden, außer vielleicht in dem politisch sensiblen und extrem ungesunden Industriezweig der synthetischen Textilien. Darüber hinaus begünstigte die staatliche Politik die Entstehung eines weiblichen Arbeitsmarktes, auf dem Teilzeit-, Gelegenheits- und Schwarzarbeit blühten. Ein sicheres Indiz hierfür ist der signifikante Anstieg der Zahl der Hausangestellten: In Italien stieg sie in der Zwischenkriegszeit von 445631 im Jahre 1921 auf 660725 im Jahre 1936, während sie sonst überall in Europa zurückging. Sogar kleinbürgerliche Familien griffen auf diese Art der Haushaltshilfe zurück.

Da es ihnen nicht gelang, ihr Recht auf Arbeit mit dem Argument der Gleichheit der Geschlechter zu verteidigen, korrigierten die Arbeiterinnen ihre Bestrebungen und Forderungen und führten nunmehr »familiäre Zwänge« an, um die Notwendigkeit ihrer Erwerbstätigkeit zu begründen. Oder sie behaupteten, daß ihre Berufstätigkeit nur ein vorübergehender Notbehelf sei, oder die Jobs, die sie übernähmen, seien ohnehin zu minderwertig oder zu typisch weiblich, um für Männer in Frage zu kommen. Freiberuflich tätige Frauen, die ihre Interessen schon einmal mit denen der werktätigen Frauen verbündet hatten und nunmehr in eigenen faschistischen Einrichtungen wie dem nationalen Verband der Künstlerinnen und Akademikerinnen (ANFAL) zusammengeschlossen waren, bekräftigten diese Argumente. Sie kämpften für das Recht der Ausnahmefrau auf eine eigene Karriere – vorausgesetzt, diese kam nicht ihren Pflichten gegenüber der Familie ins Gehege –, und sie befürworteten die Ausbildung von Frauen in Sozial-, Pflege- und Lehrberufen – Karrieren, die nicht nur der weiblichen Begabung besonders angemessen seien, sondern auch am besten geeignet, den Fortschritt der Nation zu fördern. Wenn sie überhaupt von beruflicher Diskriminierung sprachen, gaben sie den eifersüchtigen Männern die Schuld, nicht dem faschistischen System.[34]

Die politische Organisation der Frauen

Die von der Diktatur vorgenommene Eingliederung der Frauen in ein breites Spektrum von Parteiorganisationen scheint auf den ersten Blick dem Bemühen des Regimes zu widersprechen, die Frauen aus der Sphäre des Öffentlichen auszuschließen. Aber im Gegensatz zu konservativen Regimes hatte der Faschismus begriffen, daß eine Politik der sozialen und geschlechtlichen Differenzierung in komplexen Gesellschaften nicht ohne die Zustimmung aller Männer und Frauen der Nation durchzusetzen war. In dem Maße, wie die Diktatur selbst die ohnehin schon bestehenden sozialen und geschlechtlichen Unterschiede in der italienischen Gesellschaft verschärfte, oblag es dem PNF, die verschiedensten Organisationen für Frauen zu propagieren. Ende der dreißiger Jahre besaß die Partei ein ganzes Sortiment davon. So gab es die *fasci femminili,* die hauptsächlich für Frauen aus dem städtischen Bürgertum gedacht und im Kern schon 1920 gegründet worden waren; die schon erwähnten *massaie rurali* für Bäuerinnen (1934) und die SOLD für die Arbeiterklasse (1938). Daneben existierten die *piccole italiane,* die Mädchensektionen der Hochschülerinnengruppen (GUF) und die *giovane fasciste.* Am Vorabend des Zweiten Weltkrieges waren rund 3180000 Mädchen und Frauen eingetragene Mitglieder in der einen oder anderen Parteiorganisation.

Dabei war die faschistische Partei anfangs so mißtrauisch gegen weibliche Emanzipationsbewegungen gewesen, daß sie lange gezögert hatte, bevor sie Parteiorganisationen für Frauen zuließ. Den Hilfegesuchen seiner ersten Anhängerinnen hatte der PNF offen ablehnend gegenübergestanden. Die emanzipatorischen Hoffnungen von Faschistinnen der ersten Stunde wurden rüde zunichte gemacht, die Gründerinnen – zumeist gutbürgerliche, gebildete Frauen aus dem italienischen Norden – brüskiert, übergangen und in einigen Fällen sogar aus der Partei ausgeschlossen.[35] Bis Anfang der dreißiger Jahre hatten katholische Frauengruppen mehr Mitglieder als die *fasci femminili* und bis 1931, als die Akademie in Orvieto gegründet wurde, gab es im PNF keinerlei Pläne zur Ausbildung weiblicher Kader; erst nach 1936 gab es hierzu nennenswerte Ansätze. Erst Ende 1937 bestellte der PNF einige Fiat 1100 für die Vertrauensleute der Frauensektionen in den Provinzgliederungen. Bis dahin hatten die faschistischen Organisatorinnen die öffentlichen Verkehrsmittel benutzen müssen – oder hatten sich, wohlhabend wie viele von ihnen waren, von ihrem Familienchauffeur fahren lassen.

Die Massenmobilisierung von Frauen begann erst Anfang der dreißiger Jahre. Der erste Aufruf zum massenhaften Eintritt in die *fasci femminili* erfolgte bei Ausbruch der Wirtschaftskrise; Freiwillige aus den

Oberschichten sollten »das Volk erreichen«, indem sie Dienst in Suppenküchen und Sozialstellen der Partei leisteten, wo die Notleidenden gespeist und anderweitig unterstützt wurden. Der nächste Aufruf kam zur Zeit des Abessinienkrieges und ermahnte »die Frauen Italiens«, daß »jede Familie eine Festung des Widerstandes« gegen die vom Völkerbund verhängten Sanktionen werden müsse.[36] Zwischen 1935 und 1937 stiegen die Mitgliederzahlen in den faschistischen Frauengruppen sprunghaft an. Der dritte Aufruf verlangte von den Frauen, aus ihrem *amore di patria* eine noch glühendere und militantere *sensibilità nazionale* zu machen; dies sollte die Frauen auf den totalen Krieg vorbereiten und beseitigte endgültig jede Unterscheidung zwischen privater Pflicht und öffentlichem Dienst, zwischen persönlicher Selbstverleugnung, Familieninteresse und sozialem Opfer.

Trotzdem blieb die Mobilisierung der Frauen durch den Faschismus eher schwach, verglichen mit der im Nationalsozialismus. In Italien gab es keine »[Reichsfrauen-]Führerin über alles« wie bei den Nationalsozialisten Gertrud Scholtz-Klink, die ihren Einfluß auf die NS-Frauenschaft geltend machte, in der Nazi-Hierarchie zumindest aufgeführt war und sich ihrer regelmäßigen Besprechungen mit Hitler rühmte. Die *fasci femminili* wurden von Ausschüssen unter der Kontrolle des PNF-Sekretariats geleitet. Im Gegensatz zu den Männerorganisationen, die sich einfach kraft ihrer Zahl und durch die Bündelung der bürokratischen Gewalt in Rom ein gewisses Gehör verschaffen konnten, waren die Frauengruppen bei ihrem Einsatz für Frauenfragen machtlos. Wenn ihre vornehmen Führerinnen überhaupt eine Stimme hatten, dann nur, weil sie vermögende Frauen der gehobenen Gesellschaft waren oder einflußreiche Männer hatten.

Das Regime tendierte sogar dazu, den Frauengruppen die sozialen Aufgaben wieder wegzunehmen, die ursprünglich doch gerade an sie delegiert worden waren. Die Theoretiker des totalitären Staates betrachteten das Austeilen staatlicher Hilfe lediglich als Übergangsphase auf dem Weg zur Verwirklichung eines umfassenden Wohlfahrtsstaates. Ihr leitender Gedanke war, daß hierbei die exakten Wissenschaften, nicht Gefühle ausschlaggebend sein und Männer, nicht Frauen an der Spitze stehen würden. Letzten Endes konnten aber die führenden Sozialarbeiterinnen, von denen viele einst Anhängerinnen des »praktischen Feminismus« gewesen waren, ihr Recht behaupten, diese enorm wichtige öffentliche Aufgabe zu übernehmen. Nur Frauen besäßen die Sensibilität, »die Seelengeheimnisse anderer zu erforschen und ihre wahren Gefühle zu begreifen«. Auch hätten Frauen die Pflicht gegenüber der Gesellschaft, sich außerhalb der »engen Grenzen des Familienkreises« zu betätigen. Und endlich könnten nur sie »auf die unvermeidlichen Lücken im staatlichen Handeln« hinweisen.[37]

Letztlich krankte das ganze faschistische System der Organisation italienischer Frauen an einem inneren Widerspruch. Oberste Pflicht der Frauen war die Mutterschaft. Als *custodi del focolare* (»Hüterinnen des Herdes«) war ihre Berufung, Leben zu spenden, Kinder großzuziehen und Familienfunktionen im besten Interesse des Staates auszuüben. Aber sie konnten diese Pflichten nicht erfüllen, wenn sie nicht wußten, welche Erwartungen die Gesellschaft an sie stellte. Sie konnten unmöglich individuelle Interessen mit denen der Gemeinschaft verbinden, wenn sie sich nicht außerhalb ihrer vier Wände öffentlich engagierten. Unter dem Duce führte aber der Weg aus dem Haus prinzipiell nicht zur Emanzipation, sondern nur zu neuen Pflichten gegenüber Familie und Staat; nicht zur Autonomie, sondern nur zum Gehorsam gegen neue Herren. So war es zwangsläufig schwierig zu erklären, warum die Teilhabe der Frauen am politischen Leben so wichtig sein sollte. Faschistische Führerinnen forderten ihre jungen Schutzbefohlenen auf, die »vornehmsten Traditionen« mit der »modernen Zeit« zu verbinden; sie seien »Wesen von männlichem Wagemut und zugleich von edelster Weiblichkeit«.[38]

Abschließend kann man feststellen, daß die faschistische Herrschaft über Frauen das Produkt einer Epoche war, in der Bevölkerungspolitik praktisch gleichbedeutend mit nationaler Macht war. Der Faschismus sah das Problem aus der Perspektive einer konservativen gesellschaftlichen Koalition und im Zusammenhang mit wirtschaftlichen Strategien, die die Ressourcen der Arbeiter und der Privathaushalte schwer belasteten. Mit seiner Arbeitsmarktpolitik und den Herrschaftshierarchien im Familienverband wälzte das Regime den größten Teil dieser Last auf die Frauen ab. Gleichzeitig war Mussolinis Diktatur eine Antwort auf die Laissez-faire-Politik ihrer liberalen Vorgänger. Wie in der Politik im engeren Sinne, bediente sich die Diktatur auch auf dem Gebiet der Sexualpolitik einer staatlichen Notstandsgesetzgebung, um der zügellosen Geschlechterpolitik der liberalen Ära eine neue »moralische« Ordnung entgegenzustellen. Sie erkannte das Staatsbürgertum der Frauen an, versagte ihm aber jegliche emanzipatorische Bedeutung. Der faschistische Staat beutete die Besorgnis vieler Frauen – und auch Männer – aus, die sich durch die unreglementierten Kräfte des Marktes, die rapide sich wandelnden Fruchtbarkeits- und Familienmuster und den Wegfall der vom liberalen Staat gewährten sozialen Hilfestellungen verunsichert fühlten, und gab vor, die Interessen der Familie zu schützen und sie zugleich mit einer allgegenwärtigen nationalen Identität zu versöhnen.

Kennzeichnend für die faschistische Herrschaft über Frauen war somit eine komplizierte Mischung aus paternalistischem Protektionismus und wohlwollendem Desinteresse, aus positiven Anreizen und gemeinen Zwängen. So war es kein Zufall, daß die totalitärste familienpolitische Vision des faschistischen Italien – entwickelt von dem jungen Ferdinando Loffredo, einem eingebildeten, aber gescheiten Sozialwissenschaftler katholischen Glaubens – das Regime aufforderte, reformfreudiger *und* repressiver zugleich zu sein. In seiner vielzitierten *Politica della famiglia* (1938) entwarf Loffredo als sein Idealbild das, was man die neopatriarchalische Familie nennen könnte. Beherrscht vom Vater und zentriert um die Mutter, gelte die Loyalität dieser Familie keinem bestimmten Regime, sondern der Rasse. Zur Förderung der Rasse hätte der italienische Faschismus auf Fürsorgeleistungen, Kinderprämien und bevölkerungspolitische Anreize »à la Manchester« zu verzichten, die alle von einer individualistischen Logik ausgingen. Unterlassen sollte er ferner politische Initiativen, die die Familiensolidarität untergruben, wie etwa die von der Partei geförderten *dopolavoro*-Zentren zur Freizeitgestaltung, die Jugendgruppen oder die kollektiven Kinderfeiern der faschistischen Epiphanie. Wirkliche Reform bedeutete für Loffredo: Investitionen in den Familienlohn, Besteuerung nach Maßgabe der familiären Belastungen und Bereitstellung von familienorientierten Leistungen in Naturalien – ganz wie es im zeitgenössischen Schweden diskutiert wurde. Trotzdem würden diese Reformen das von den Frauen verursachte »soziale Problem« nicht nur nicht lösen, sondern es sogar verschärfen. Denn eben jene Politik, die die Bedeutung der Frauen als Mittelpunkt des Lebens der Familie und die zentrale Rolle der Familie für das Überleben von Rasse und Volk deutlich machte, lief Gefahr, von den Frauen unterlaufen zu werden. Die Frauen seien von Natur aus am empfänglichsten für individualistische Philosophien und am ehesten geneigt, diese mit familistischen Ideologien zu verbinden. Und daher müsse der Staat neben seinen Reformen eine totale Macht ausüben – zunächst einmal, um dem verderblichen Hereinströmen individualistischer Ideologien aus dem Ausland Einhalt zu gebieten und so die »geistige Autarkie der Nation« sicherzustellen, und schließlich, um die öffentliche Meinung von der Notwendigkeit zu überzeugen, die Frauen vom Arbeitsmarkt und aus der Öffentlichkeit zu verbannen. Um wirksam zu sein, schloß daher Loffredo, mußten Reform und Repression Hand in Hand gehen: »Die Frauen müssen sich wieder unter die absolute Herrschaft des Mannes – Vater oder Gatte – unterordnen und sich damit in ihre geistige, kulturelle und ökonomische Minderwertigkeit fügen.«[39]

Die innere Widersprüchlichkeit des faschistischen Patriarchats öffnete natürlich dem Dissens Tür und Tor. Nach dem Dekret vom 5. September 1938 verlangten Büroangestellte in einer Petition an Mussolini, der Faschismus dürfe den »italienischen Frauen« nicht den Rücken kehren, die mit solchem »Eifer« seinem Aufruf zur Opferbereitschaft im

Abessinienkrieg gefolgt seien.[40] Juristinnen feierten zwar den 10. Jahrestag der faschistischen Revolution, aber ihre Bemerkungen zur faschistischen Familiengesetzgebung ließen erkennen, daß sich die Wirklichkeit sehr viel schneller entwickelt hatte, als die neuen Gesetze wahrhaben wollten.[41] Schriftstellerinnen, die über die frauenfeindliche Wende entsetzt waren, welche die italienische Gesellschaft nach 1925 genommen hatte, bevölkerten ihre Romane mit unterwürfigen Heldinnen; mit masochistischer Inbrunst rächten sie sich an der Welt, während sie sich scheinbar fatalistisch in ihr Schicksal ergaben.[42] Arbeiterinnen traten in »Gebärstreiks« – eine offensichtliche Verletzung des vom Regime befohlenen Fortpflanzungszwanges. Ende der dreißiger Jahre begannen immer mehr Studentinnen, die sich wie die jungen Männer aus der »Generation des *Littorio*« durch das verbrauchte Regime um die Erfüllung ihrer legitimen Karrierehoffnungen betrogen sahen, sich dem Marxismus oder dem Sozialkatholizismus zuzuwenden.

Was alle diese so unterschiedlichen Anliegen verband, war nicht so sehr eine gemeinsame weibliche Gesinnung als vielmehr der Umstand, daß sie alle eine Reaktion auf dasselbe, alle Frauen verbindende Herrschaftssystem waren. Zwanzig Jahre lang hatte die Diktatur neue Vorstellungen von weiblichem Staatsbürgertum artikuliert, um immer wieder ihre Verwirklichung zu vereiteln. Von Anfang an war der Faschismus entschlossen, die Frauen als eine eigene Gruppe zu behandeln und deren gemeinsame biologische Bestimmung als »Mütter der Rasse« für die Belange nationalstaatlicher Macht zu instrumentalisieren. Aber weil der faschistische Staat Unterschiede des Reichtums und der Privilegien verschärfte, spaltete er auch die Frauen nach sozialer Schicht und Funktion. Gesetze, Sozialleistungen und Propaganda betonten die überragende Bedeutung der Mutterschaft; aber Armut, ein miserables Wohlfahrtssystem und schließlich der Eintritt in den Krieg machten die Mutterschaft zu einer extrem harten Aufgabe. Der Faschismus sprach von der Familie als einer Säule des Staates, aber die Strategien im Überlebenskampf der Familien ließen die antistaatlichen Tendenzen der italienischen Gesellschaft deutlich hervortreten. Eine Politik der Masse schrieb vor, daß auch Frauen am politischen Leben teilnahmen. Aber familiäre Anforderungen, soziale Gewohnheiten und die eigene Ambivalenz der faschistischen Führer in bezug auf die Einbindung der Frauen in die Sphäre des Öffentlichen verhinderte die Integration der meisten Frauen in die ritualisierte Massenbegeisterung für die faschistische Politik.

Gleichwohl prägte das faschistische System zutiefst die Art und Weise, wie Frauen selbst – und Männer – ihre Bestimmung sahen, ihre Beschwerden artikulierten und die Folgen ihres Protests einschätzten. Im Widerstand waren die italienischen Frauen erstaunlich aktiv. Die

Widerstandsbewegung ging von Neapel aus und erfaßte im Spätsommer 1943 den Norden, nachdem der Großrat mit Unterstützung Viktor Emmanuels III. am 25. Juli Mussolini in einer Palastrevolte abgesetzt hatte. Sie verbreitete sich dann in den zentralen Regionen Norditaliens, als Marschall Badoglios feiges Statthalterregiment, nach der Unterzeichnung eines Waffenstillstands mit den Alliierten, am 9. September floh und das Land der Besetzung durch die Deutschen überließ. Anfang 1945 zählte der Widerstand an die 250000 Aktivistinnen, wovon 70000 den Frauenverteidigungsgruppen angehörten und 35000 Frauen mit der Waffe im Feld dienten. Zehntausende von Frauen versteckten und versorgten Widerstandskämpfer, deckten versprengte italienische und ausländische Soldaten, halfen Juden, die auf der Flucht vor der nazi-faschistischen Polizei waren, und bewahrten italienische Männer vor Deportation und Zwangsarbeit in Deutschland. 4600 Frauen wurden verhaftet, gefoltert und verurteilt, 2750 in deutsche Konzentrationslager verschleppt, 623 wurden hingerichtet oder fielen im Kampf.[43] Die meisten waren Proletarierinnen oder Bäuerinnen, die dem kommunistischen Widerstand nahestanden, so daß ihre feste soziale Einbettung und alte politische Orientierungen der Familie ihre oppositionellen Vernetzungen verstärkten. Es gab aber auch bürgerlich-katholische Frauen im italienischen Widerstand, ebenso wie ein oder zwei Dutzend prominenter Frauen aus dem Hochadel, zum Beispiel die Schwiegertochter Viktor Emmanuels III., die aus Belgien stammende, dem Sozialismus zugeneigte Maria José.

Die Krieg selbst, seit 1943 verbunden mit der brutalen deutschen Besatzung, war für Frauen zweifellos ein wesentliches Motiv, sich dem Widerstand anzuschließen. Er führte ihnen vor Augen, daß auch sie unfähig zur Quadratur des Kreises waren. Sie konnten nicht einerseits ihre patriotische Pflicht erfüllen, indem sie ihre Ehegatten und Söhne mit stoischem Gleichmut einer offenkundig unzulänglichen faschistischen Kriegsanstrengung auslieferten, und andererseits das tägliche Brot auf den Tisch bringen. Nach 1943 verband sich das »weibliche Bewußtsein«, wie Temma Kaplan es nennt – das den Frauen gemeinsame Gefühl kollektiver Verpflichtungen, die aus der Akzeptanz der geschlechtsbedingten sozialen Arbeitsteilung erwuchsen –, mit dem »Gemeinschafts-Bewußtsein«, das Männer und Frauen im Kampf um die Befreiung Italiens vom Nazi-Faschismus einte.[44] Spezifisch feministische Motivationen hinter der Beteiligung der Frauen am Widerstand auszumachen, fällt schwerer. Als eine politische und gesellschaftliche Bewegung für Freiheit und soziale Gerechtigkeit und angeführt von Parteien, denen es in erster Linie darum ging, sich günstige Ausgangspositionen für den politischen Wiederaufbau Italiens nach dem Kriege zu sichern, war der Widerstand keine günstige Gelegenheit, feministische

Kritik an der Herrschaft des Mannes zu ermutigen. Er fragte auch nicht nach den komplizierten Problemen der eigenen Identität und der notwendigen Rekonstruktion der Geschlechterrollen nach zwei Jahrzehnten heimtückischer Konditionierung der Menschen durch eine die nationale Entwicklung prägende faschistische Herrschaft. Als die Zeit nahte, die Siege des Widerstands zu feiern, wurde der Beitrag der Frauen im großen und ganzen totgeschwiegen. Die neue Republik brachte zwar die formelle Gleichberechtigung auf dem Arbeitsmarkt und gewährte den Frauen das Wahlrecht, aber sie behielt die aus der Ära des Faschismus stammenden Strafgesetze und das Familienrecht ebenso bei wie zahllose soziale Sitten und kulturelle Verhaltensweisen.

Aus dem Englischen von Holger Fliessbach

5 Nationalsozialistische Geschlechterpolitik und die Geschichte der Frauen

Gisela Bock

Mit der Ernennung Hitlers zum Reichskanzler im Januar 1933 übernahmen die Nationalsozialisten die Macht, nachdem sie bei der Reichstagswahl im November 1932 genau ein Drittel der Stimmen hatten gewinnen können (vier Prozentpunkte weniger als bei der Wahl im Juli 1932). Die »Hitlerbewegung«, so die Bezeichnung auf den Stimmzetteln, hatte sich als eine Bewegung präsentiert, welche die deutsche Nation von den demütigenden Folgen des Ersten Weltkriegs, insbesondere vom Versailler Vertrag, befreien und aus der schweren Wirtschaftskrise der frühen dreißiger Jahre herausführen würde. Beide Ziele sollten durch die Beseitigung des republikanischen Weimarer »Systems« und die Errichtung einer wahrhaften »Volksgemeinschaft« erreicht werden. »Volksgemeinschaft« bedeutete vor allem zweierlei: einerseits die Abschaffung des Klassenkampfs und der ihn tragenden Parteien, andererseits die nationale »Wiedergeburt« und Einheit, Erneuerung des nationalen Selbstbewußtseins und nationaler Macht durch den Ausschluß von allem, was sie zu bedrohen schien. Die beiden Ziele wurden nicht nur in der Sprache des traditionellen Nationalismus und klassenübergreifender Appelle formuliert, sondern auch in rassistischer Terminologie: als Polemik gegen »rassische Entartung«, die besonders durch die Juden verursacht sei – sie wurden ebenso als Kapitalisten wie als Marxisten und Bolschewisten denunziert –, aber auch durch Zigeuner, Slawen, Schwarze und andere unerwünschte, »rassisch minderwertige« ethnische Minderheiten, die den »Volkskörper«, seine Kraft, Gesundheit und Überlegenheit zu gefährden schienen.

In dieser Bilderwelt spielten die Geschlechterbeziehungen *eine* bedeutende Rolle. Die nationalsozialistische Bewegung war, wie beispielsweise Goebbels betonte, in erster Linie eine »männliche Bewegung«. Sie polemisierte gegen die Frauenbewegung und Frauenemanzipation und prangerte sie als Ergebnis jüdischen Einflusses an. (Wenngleich das so nicht zutraf, hatten doch jüdische Frauen tatsächlich eine wichtige Rolle in der deutschen Frauenbewegung gespielt und die Erweiterung der Tätigkeiten von Frauen gefordert, vor allem im Bereich der »geistigen« und »sozialen Mutterschaft«.) Jüdische Männer wurden in der Sprache und den Bildern des Nationalsozialismus häufig als Kuppler und Vergewaltiger präsentiert. Insgesamt waren der wirtschaftliche und der politische Antisemitismus eng verbunden mit einem »Sexual-Antisemitismus«.[1] Die Frauen auf der »wertvollen« Seite der rassisch begründeten Grenzlinie wurden als »Mütter des Volkes« gesehen, diejenigen auf der Seite der »Fremden« als »entartet« und »minderwertig«. Die einen sollten als Mütter zur nationalen Wiedergeburt und zu einer Steigerung der Geburtenrate nach jahrzehntelangem Sinken beitragen; die anderen galten als unerwünscht, insbesondere als Mütter. Im Jahr 1930, sechs Jahre nachdem Hitler in *Mein Kampf* gegen jüdische Frauen polemisiert und die Sterilisation von Millionen »minderwertiger« Menschen propagiert hatte, unterteilte einer seiner »Blut-und-Boden«-Ideologen das weibliche Geschlecht in vier Kategorien: Frauen, deren Fortpflanzung gefördert werden sollte; solche, deren Kinder akzeptabel waren; Frauen, die besser kinderlos bleiben sollten, und solche, die keinesfalls Kinder bekommen sollten, was in erster Linie durch Sterilisation zu erreichen wäre. Vor 1933 standen die Nationalsozialisten mit solchen eugenischen bzw. rassenhygienischen Unterscheidungen nicht allein. Ein einflußreicher Sozialdemokrat beispielsweise stufte ein Drittel der deutschen Bevölkerung als »minderwertig« ein und ihre Kinder als unerwünscht; auch einige Frauen traten für solche Forderungen – bis hin zu der nach Zwangssterilisation – ein, darunter auch Anhängerinnen der Frauenbewegung.[2] Doch einzig der Nationalsozialismus setzte solche Vorstellungen in eine ebenso kohärente und systematische wie komplexe rassenpolitische Praxis um, die schließlich, innerhalb von nur wenigen Jahren, zu einem bislang undenkbaren Massenmord an »minderwertigen« Frauen und Männern führte.

Auch wenn in den späten Jahren der Weimarer Republik und zu Beginn des nationalsozialistischen Regimes viele Menschen, auch NSDAP-Wähler, das offenbar nicht wahrhaben wollten, stand der Rassismus im Zentrum der nationalsozialistischen Politik – vor allem der antijüdische Rassismus. Deshalb stand der Rassismus auch im Zentrum der nationalsozialistischen Geschlechterpolitik. Da die Forschungen über die Geschichte von Frauen im Nationalsozialismus die

Rassenpolitik meist nicht einbeziehen – jedenfalls bis vor kurzem – und die Forschungen über den nationalsozialistischen Rassismus meist die Frauen ausklammern, muß betont werden, daß weder der nationalsozialistische Rassismus geschlechterneutral noch die nationalsozialistische Geschlechterpolitik rassen- bzw. rassismusneutral waren. Gilt schon im allgemeinen, daß nicht alle Frauen dieselbe Geschichte haben, so sind die Unterschiede in der Frauengeschichte während des Nationalsozialismus so dramatisch wie die zwischen Leben und Tod. Gewiß waren dem Nationalsozialismus neben dem Rassismus auch viele andere Merkmale eigen. Gleichwohl muß der Rassismus als sein Kern gelten: Denn während das Regime versuchte, alle Bereiche der Gesellschaft mit rassenpolitischen Prinzipien zu durchdringen, war es bezüglich sonstiger Fragen durchaus flexibel und anpassungsfähig. In vielerlei Hinsicht zögerte es nicht, auch scheinbar grundlegende Prinzipien zu revidieren, wenn das opportun erschien – auch in der Politik gegenüber »wertvollen« Frauen. Doch seine rassistischen Grundsätze modifizierte es nicht – auch nicht hinsichtlich ihrer Geschlechterdimensionen bzw. des Umgangs mit »minderwertigen« Frauen. Daher werden im folgenden zuerst einige Geschlechterdimensionen der nationalsozialistischen Rassenpolitik behandelt, anschließend drei andere Bereiche der Geschlechterpolitik und des Lebens von Frauen in jener Zeit; auch diese überschnitten sich in mancherlei Weise mit der Rassenpolitik.

VOM ANTINATALISMUS ZUM GENOZID: GESCHLECHTERDIMENSIONEN DER NATIONALSOZIALISTISCHEN RASSENPOLITIK

Etwa die Hälfte der Opfer des nationalsozialistischen Rassismus waren Frauen. Die ersten antijüdischen Gesetze vom 7. April (»Wiederherstellung des Berufsbeamtentums«) und 25. April 1933 (gegen die »Überfüllung der deutschen Schulen und Hochschulen«) verdrängten, neben politischen Gegnern, jüdische Männer und Frauen aus der Beamtenschaft – darunter viele jüdische Lehrerinnen, und nichtjüdische Beamte konnten ausgeschlossen werden, wenn sie mit einer Jüdin verheiratet waren – und von den Universitäten, wo der Anteil der jüdischen Studierenden größer war als der Anteil der Juden an der Bevölkerung und die Studierquote der jüdischen Frauen weitaus höher lag als diejenige der nichtjüdischen Frauen. Jüdische Frauen waren ebenso wie jüdische Männer von den weiteren antijüdischen Maßnahmen betroffen: räumliche Segregation und Ausschluß vom politischen, beruflichen, wirtschaftlichen und kulturellen Leben; dem setzten die Juden eigene, großenteils neugeschaffene kulturelle und soziale Aktivitäten entgegen, in denen Frauen – auch aus der jüdischen Frauenbewegung – eine wichtige Rolle spielten. Juden beiderlei Geschlechts blieben auch dann gleichermaßen Opfer der Rassenpolitik, als diese von den noch teilweise traditionellen Formen der Diskriminierung zum systematischen Eingriff in Leib und Leben überging. Deutlich wurde dies zum Beispiel schon im Jahr 1938, als fast die Hälfte der etwa neunzig Juden, die im Novemberpogrom durch Mord oder Freitod umkamen, Frauen waren.[3] Dasselbe galt für die Politik der staatlichen Geburtenkontrolle, den Antinatalismus, der die zwangsweise Sterilisation »rassisch minderwertiger« Menschen zum Zweck der »rassischen Aufartung« betrieb.

Im Juni 1933 hielt der Reichsinnenminister eine programmatische Rede über »Bevölkerungs- und Rassenpolitik«. Er beschwor den »kulturellen und völkischen Niedergang« und sah ihn in der »Zuwanderung von Fremdstämmigen«, besonders von Juden, in der »Rassenmischung«, in über einer Million Menschen mit »körperlichen oder geistigen Erbleiden«, in Menschen, von denen »Nachwuchs nicht mehr erwünscht sei«, besonders dann nicht, wenn sie eine »überdurchschnittlich große Fortpflanzung« aufwiesen. Er schätzte, daß einerseits 20 Prozent der Bevölkerung in Deutschland, also rund zwölf Millionen, als Väter und Mütter unerwünscht seien und daß andererseits die Geburtenrate der »gesunden Deutschen« um 30 Prozent steigen müsse, also etwa um 300000 pro Jahr. Seine Schlußfolgerung: »Zur Erhöhung der Zahl erbgesunder Nachkommen haben wir zunächst die Pflicht, (. . .) die Fortpflanzung der schwer erblich belasteten Personen zu verhindern.«[4] Zwei Wochen später wurde der antinatalistische Teil dieses Programms im ersten bevölkerungspolitischen Gesetz des Nationalsozialismus verankert; es gebot die Sterilisation auf eugenischer Grundlage, wenn nötig zwangsweise und durch Polizeieinsatz. Seitens der Regierung wurde betont, daß »das biologisch minderwertige Erbgut auszuschalten« sei, besonders im Fall der »unzähligen Minderwertigen«, die sich »hemmungslos fortpflanzen«. Die Sterilisationspolitik sollte »eine allmähliche Reinigung des Volkskörpers und die Ausmerzung von krankhaften Erbanlagen bewirken«; zu diesem Zweck sollten rund eineinhalb Millionen Menschen sterilisiert werden, davon 400000 möglichst bald. Die letztere war dann auch die Gesamtzahl der Sterilisationsopfer während des folgenden Jahrzehnts (hinzu kommt eine unbekannte Zahl von solchen, die außerhalb des Gesetzes sterilisiert wurden). Es waren je zur Hälfte Frauen und Männer, und sie machten ein Prozent der Bevölkerung im gebär- und zeugungsfähigen Alter aus. Eigens für die Sterilisationspolitik wurden rund 250 besondere Gerichte geschaffen, die den Amts- und Oberlandesgerichten angeschlossen waren; zu Gericht saßen nicht nur Juristen, sondern auch – ein absolutes Novum – Psychiater, Ärzte, Humangenetiker und Anthropologen, um über die Fortpflanzung derjenigen zu entscheiden, deren Sterilisation beantragt worden war. Gesundheitsbehörden wurden teils neu geschaffen, teils modifiziert, um das Aufspüren von Sterilisationskandidaten in der Bevölkerung zu ermöglichen. Eine breite Propagandakampagne suchte die Deutschen von der Notwendigkeit und dem Nutzen des Antinatalismus zu überzeugen. Nie zuvor in der Geschichte hatte es einen Staat gegeben, der in Theorie, Propaganda und institutioneller Praxis eine solche antinatalistische Politik verfolgte, die überdies zu einer »Vorstufe des Massenmords«[5] wurde. Bis vor kurzem hat die Frauengeschichtsschreibung dies übersehen, da sie irrigerweise annahm, die nationalsozialistische Frauenpolitik sei nichts anderes als ein »Mutterkult« gewesen, und deshalb nur selten diejenigen Frauen studierte, die zu Opfern der Rassenpolitik wurden.

Die meisten Sterilisationen wurden aufgrund von – wirklicher oder angeblicher – psychischer oder geistiger Behinderung verfügt, insbesondere Schwachsinn, Schizophrenie, Epilepsie und manisch-depressivem Irresein. Das Sterilisationsgesetz galt somit nicht etwa ausschließlich für Juden, Roma, Schwarze oder andere »fremde« Rassen, obgleich diese natürlich mitbetroffen waren (allerdings hatte Hitler eine Zeitlang gemeint, »fremde« Rassen verdienten nicht die Wohltaten der »rassischen Aufartung« durch Sterilisation, doch diese Meinung setzte sich nicht durch). Die Sterilisationspolitik war, wie die führenden Nationalsozialisten oft und unmißverständlich betonten, ein integraler Bestandteil der nationalsozialistischen Rassenpolitik, der »Erb- und Rassenpflege«. Denn der nationalsozialistische Rassismus bedeutete sowohl die Diskriminierung »fremder« Rassen oder Völker als auch die »Aufartung« der eigenen ethnischen Gruppe durch Diskriminierung der »Minderwertigen« im eigenen Volk. Eine solche »Aufartung« schien erforderlich, um eine »Herrenrasse« zu schaffen: Das deutsche Volk, so wie es war, entsprach (noch) nicht diesem Bild.[6] Darüber hinaus wurden besondere Maßnahmen zur Sterilisation von Roma (meist wegen »Schwachsinns«) und Schwarzen innerhalb und außerhalb des Gesetzes getroffen. Deutsche Juden galten als anfälliger für Schizophrenie als andere Deutsche, osteuropäische Juden als anfälliger für Schwachsinn. Der Fall einer deutschen Jüdin aus Berlin ist dafür ein Beispiel. 1941 wurde sie wegen Schizophrenie sterilisiert, nachgewiesen durch ihre »Depression« und einen Selbstmordversuch. Es war genau die Zeit, als die Juden, die schon in bitterem Elend lebten, gezwungen wurden, den »gelben Stern« zu tragen, die jüdische Selbsttötungsrate dramatisch gestiegen war und die Deportationen in die Todeslager begannen. Kein Zufall war es, daß im März 1942, kurz nach der Wannseekonferenz, *die Juden* von der gesetzlichen Sterilisation ausgeschlossen wurden: Jetzt sollte nicht mehr nur ihre Fortpflanzung verhindert werden, sondern ihr Leben wurde ausgelöscht. Aber in einigen Lagern, vor allem Auschwitz und Ravensbrück, wurden auf Befehl Himmlers neue Methoden der Massensterilisation erprobt, hauptsächlich an Jüdinnen und Roma-Frauen (die für die geplanten Ziele wichtigste Methode war dabei die Injektion in die Gebärmutter). Nach dem erhofften »Endsieg« sollte das Resultat dieser Experimente zur Sterilisation zahlreicher Gruppen von ethnisch oder eugenisch unerwünschten Frauen in ganz Europa eingesetzt werden.[7]

Wenngleich das Sterilisationsgesetz Frauen nicht gesondert nannte, waren sie natürlich eingeschlossen (noch 1933 hatten allerdings einige Experten die Sterilisation auf Männer zu beschränken gewünscht, weil die Sterilisation von Frauen, anders als die von Männern, einer regelrechten Operation bedurfte und mit dem entsprechenden Risiko verbunden war, weshalb man Widerstand befürchtete). Doch war die Sterilisationspolitik keineswegs geschlechterneutral. Während Frauen die Hälfte der Sterilisationsopfer ausmachten, stellten sie etwa neun Zehntel derjenigen, die während oder in der Folge des Eingriffs starben – oft weil sie sich bis auf den Operationstisch gegen die Sterilisation wehrten. Zuweilen wurden diese Todesfälle mit dem Opfer von Soldaten im Krieg für das Vaterland verglichen und gerechtfertigt. Insgesamt und offiziell definierte man die Sterilisationspolitik als »Primat des Staates auf dem Gebiet des Lebens, der Ehe und der Familie« und als einen Bereich, wo das scheinbar »Unpolitische« nun als »politisch« zu gelten habe.[8] Dieser Bereich war von besonderer Bedeutung für Frauen, wie alle Fragen, die mit Zeugung, Gebären und Aufziehen von Kindern zu tun haben. Manche der zur Sterilisation verurteilten Frauen, besonders die jüngeren, versuchten, noch vor der Operation schwanger zu werden, und dieser Widerstand war immerhin so beträchtlich, daß die zuständigen Behörden dem Phänomen einen Namen gaben: »Trotzschwangerschaften«. Ihnen suchte man im Jahr 1935 damit beizukommen, daß dem Sterilisationsgesetz ein Abtreibungsparagraph hinzugefügt wurde: Jetzt konnte aus eugenischen Gründen auch abgetrieben werden, bis zum sechsten Schwangerschaftsmonat, und außerdem wurde dabei zwangsweise sterilisiert.

Als quantitativ und strategisch wichtigste Gruppe galten die »Schwachsinnigen«. Sie stellten fast zwei Drittel aller Sterilisierten, und fast zwei Drittel von ihnen waren Frauen. Zwei Gründe waren dafür maßgeblich. Viele dieser Frauen (aber auch manche mit anderen Diagnosen) wurden mit der Begründung sterilisiert, daß auch dann, wenn sie keinen Geschlechtsverkehr mit Männern praktizierten, doch mit unfreiwilliger Schwangerschaft durch Vergewaltigung zu rechnen sei. Zweitens wurde weibliche »Minderwertigkeit« mit Kriterien gemessen, die deutlich geschlechtsbestimmt waren: Geprüft wurden irregulärer, hauptsächlich außerehelicher Geschlechtsverkehr (bei Männern spielte dies keine entscheidende Rolle), die Fähigkeit und Bereitschaft zu regelmäßiger Erwerbsarbeit, zur Führung eines »geordneten« Haushalts und zur Kinderversorgung und -erziehung, letzteres oft auch bei Frauen ohne Kinder (bei Männern wurde »Schwachsinn« meist nur an ihrem Erwerbsverhalten gemessen). So wurde beispielsweise eine Frau zur Sterilisation verurteilt, weil »ihr Wissen (...) sich auf mechanisch angeeignete Kenntnisse« beschränke, »sie kann angeben, wie man verschiedene Speisen bereitet, z. B. Pudding, Brotsuppe, Reissuppe, aber nur wie es zu Hause üblich ist.« Ein jüdisches Mädchen aus Galizien, das in einem Berliner jüdischen Krankenhaus als Dienstmädchen arbeitete, wurde wegen »Schwachsinns« zur Sterilisation verurteilt, da ihre Tätigkeit nur eine »mechanische Arbeit« sei.[9]

Die nationalsozialistische Propaganda für Sterilisation und für die Rassenpolitik insgesamt richtete sich nicht selten unmittelbar und besonders an Frauen, da angenommen wurde, daß sie gegenüber dieser Politik besonders zurückhaltend seien (die Annahme wurde gelegentlich bestätigt, z. B. in Berichten der Gestapo). Diese geschlechtsspezifische Propaganda zeigt unter anderem, daß das nationalsozialistische Frauenbild dem der früheren Frauenbewegung diametral entgegengesetzt war. Den Frauen wurde eingeschärft, daß nicht das Kinderkriegen, sondern die »Aufartung zum Ziele des Staates geworden« sei. »Mütterlichkeit« als Eigenschaft des weiblichen Geschlechts wurde zum Objekt rassistischer Polemik und galt, zusammen mit christlicher Caritas und Marxismus, als »Gefühlsduselei«. Man beschwor die »Gefahr«, die »der Frau gerade aus ihrer Mütterlichkeit erwächst«, da eine »starke Mütterlichkeit«, der weibliche »eingeborene Trieb zur Pflege alles Hilfsbedürftigen« und der »natürliche Altruismus« von Frauen »wie jeder Egoismus rassefeindlich« wirkten. Es gebe, so hieß es, »kaum eine schlimmere Sünde gegen die Natur« als den Umstand, daß »die Frau durch ihre körperliche und seelische Eigenart allem Lebendigen besonders nahe steht und zu allem Lebendigen eine besondere Hinneigung« habe. Der *Völkische Beobachter* betonte 1934, das Sterilisationsgesetz bedeute gerade auch für Frauen »den Beginn eines neuen Zeitalters«. Schulbücher für Mädchen priesen auf drei Seiten die Mutterschaft; zwölf Seiten waren der eventuellen Notwendigkeit reserviert, das »eigene geliebte Kind« zur Sterilisation anzuzeigen, wenn ihm etwas fehle, sowie dem Verbot, Juden, Zigeuner und andere Menschen »minderwertiger« Herkunft zu heiraten. 1935 wurde die bisherige antinatalistische Politik durch Eheverbote ergänzt: Einer ihrer Hauptzwecke war, unerwünschten Nachwuchs zu verhindern. Im September verboten die Nürnberger Gesetze die Eheschließung und den Sexualverkehr zwischen Juden, Zigeunern und Schwarzen einerseits und (ethnisch) Deutschen andererseits; sowohl jüdische Frauen als auch jüdische Männer hatten bei einer Übertretung – oft auch nur unter dem Vorwand einer solchen – harte Bestrafung und die Einlieferung in ein Konzentrationslager zu gewärtigen.[10] Ein weiteres Gesetz vom Oktober 1935 verbot schließlich die Eheschließung zwischen sterilisierten und nichtsterilisierten Deutschen.

Die nationalsozialistische Sterilisationspolitik, auch »Verhütung unwerten Lebens« genannt, war ein Schritt auf dem Weg zur »Vernichtung lebensunwerten Lebens« (»Euthanasie-Aktion« oder »Aktion T 4«). Diese begann im Jahr 1939, und in der Folge wurden rund 200000 kranke, behinderte und alte Menschen getötet: die Bewohner psychiatrischer Anstalten, Frauen wie Männer, wenn sie als »unheilbar« eingestuft worden waren, außerdem sämtliche Juden und Jüdinnen in diesen Anstalten, auch ohne eine solche Einstufung. Somit war die Euthanasie-Aktion gleichzeitig die erste Phase des systematischen Massenmords an Juden und Jüdinnen, und hier wurde erstmals mit Gas und in Gaskammern gemordet. Daß der nationalsozialistische Antinatalismus eine Vorstufe dieser Mordpolitik werden konnte, hatte mehrere Gründe. Beiden lag die »Erb- und Rassenpflege« zugrunde, und diese entstammte einer Einstellung, welche die Sterilisation nicht als private, individuelle und freie Entscheidung verstand, sondern – wie oft betont wurde – als »humane« Alternative zum Töten im Interesse des »Volkskörpers«, als politischen Ersatz für eine »Natur«, die »natürlicherweise« (d. h. ohne moderne Fürsorge und Medizin) die »Minderwertigen« ohnehin sterben lassen würde, als »Ausrottung ohne Massenmord«.[11] Zweitens senkte die Sterilisationspolitik die Hemmschwelle gegenüber Eingriffen in Leib und Leben (insbesondere in bezug auf die weiblichen Sterilisationsopfer). Drittens waren die frühesten Opfer des Krankenmords rund 5000 behinderte Kinder bis zu drei Jahren, also solche, deren Mütter (und Väter) zuvor nicht mit Hilfe der Abtreibungs- und Sterilisationspolitik erfaßt worden waren. Schließlich hatten so gut wie alle Aktivisten der »Euthanasie-Aktion« – hauptsächlich Ärzte und anderes medizinisches Personal – und diejenigen Ärzte, die am Judenmord beteiligt waren, zuvor auch die Sterilisationspolitik befürwortet und waren meist aktiv an ihr beteiligt.

Ende 1941 wurden die »T 4«-Gaskammern mit dem männlichen Teil ihres Personals von Deutschland in die neuerrichteten Todeslager im besetzten Polen verlegt und zum systematischen und industriellen Massenmord an Juden und Zigeunern, Frauen und Männern gleichermaßen, eingesetzt. Es handelte sich dabei nicht nur um einen Technologietransfer, sondern auch um einen mentalitätsgeschichtlichen Prozeß mit bedeutsamen Geschlechterdimensionen, die bisher noch kaum bekannt sind. Hunderttausende Juden waren schon vor dem Einsatz von Gas getötet worden, meist durch Massenerschießungen. Oft hatten die SS-Männer, die diese Massentötungen besorgten, beträchtliche Hemmungen zu überwinden, insbesondere bei der Erschießung von Frauen und Kindern, wie beispielsweise der Kommandant von Auschwitz berichtete; bei der Besichtigung solcher Massenerschießungen wurde es selbst Himmler und Eichmann übel. Die Gastechnologie wurde nicht nur zur Beschleunigung der Ermordung von Juden und Jüdinnen eingeführt, sondern auch als Ergebnis der »Suche nach einer ›passenden‹ Methode«, die offenes Blutvergießen vermeiden und die SS-Männer von ihren teilweise geschlechterspezifischen Skrupeln befreien sollte.[12] Die ersten Gaswagen wurden großenteils, manchmal ausschließlich, für die Tötung von Frauen und Kindern eingesetzt. »Männer, Frauen und Kinder« – so werden in den Quellen die Opfer immer wieder beschrieben. Bei der Ermordung der jüdischen Ghettobevölkerung wurde in vielen Fällen mit den Frauen, Kindern und Greisen begonnen.[13] Als Ende 1941 in Auschwitz die Gaskammern in Betrieb genommen wurden, waren es hauptsächlich jüdische Frauen und vor allem Mütter mit ihren Kindern, die von der Rampe unmittelbar in die Gaskammern geschickt wurden – »jedes jüdische Kind brachte automatisch seiner Mutter den Tod«, berichtete eine jüdische Ärztin –, während für jüdische Männer eher die »Vernichtung durch Arbeit« bestimmt war. Fast zwei Drittel der deutschen Juden, die deportiert und getötet wurden, waren Frauen, und auch unter den Roma, die in Auschwitz ins Gas getrieben wurden, machten Frauen mehr als die Hälfte aus.[14] Der genaue Anteil von Frauen an den Millionen Opfern wird wohl unbekannt bleiben. Eine neuere Studie über die mörderische Tätigkeit der nationalsozialistischen Ärzte in den Todeslagern zeigt, daß sie ihrer Skrupel auch auf andere Weise Herr wurden: durch männliche Kameraderie, Korpsgeist, Alkoholkonsum und die Anpassung an ein »umfassendes nationalsozialistisches Männlichkeitsideal«.[15]

Die führenden Experten des Massenmords übersahen seine Geschlechterdimensionen keineswegs, und 1943 ermahnte Himmler seine Zuhörer in einer Rede, die frühere Überlegungen zusammenfaßte: »Es trat an uns die Frage heran: Wie ist es mit den Frauen und Kindern? Ich habe mich entschlossen, auch hier eine klare Lösung zu finden. Ich hielt mich nämlich nicht für berechtigt, die Männer auszurotten – sprich also, umzubringen oder umbringen zu lassen – und die Rächer in Gestalt der Kinder groß werden zu lassen.« Jüdische Frauen wurden also als Frauen, als Gebärerinnen und Mütter der nächsten Generation ihres Volkes ermordet. Aber Himmler ging darüber noch hinaus und stellte die weiblichen Opfer ins Zentrum seiner eigenen Definition des Genozids: »Wenn ich irgendwo gezwungen war, in einem Dorfe gegen Partisanen und gegen jüdische Kommissare vorgehen zu lassen (...), so habe ich grundsätzlich den Befehl gegeben, auch die Weiber und Kinder dieser Partisanen und Kommissare umbringen zu lassen (...) Glauben Sie mir: Dieser Befehl ist nicht so leicht gegeben und wird nicht so einfach durchgeführt, wie er konsequent richtig gedacht und in der Aula ausgesprochen ist. Aber wir müssen immer mehr erkennen, in welch einem primitiven, ursprünglichen, natürlichen Rassenkampf wir uns befinden.«[16] Hier wurde der nationalsozialistische »Rassenkampf« in seiner extremsten Form als ein mörderischer Kampf von Männern besonders gegen Frauen und Kinder bestimmt. Die Bedeutung dieser frauenzentrierten Definition von »Rassenkampf« ist von manchen Historikern als ein Merkmal der Einzigartigkeit des Judenmords erkannt worden.[17]

Auch Frauen waren an der nationalsozialistischen Rassenpolitik beteiligt; ihre diesbezüglichen Aktivitäten sind bisher kaum erforscht. Unter den Akteuren der Rassenpolitik stellten sie eine Minderheit, und gemessen an den Frauen insgesamt waren sie eine relativ kleine Minderheit – wenngleich eine bemerkenswert brutale und wirksame. Die aktivsten unter ihnen hatten gewöhnlich keine Kinder, waren unverheiratet, stammten aus allen sozialen Schichten mit Ausnahme der obersten, und ihre Beteiligung war meist, wie auch bei vergleichbaren Männern, eine Funktion ihres Berufs. Während die Sterilisationspolitik gänzlich von Männern bestimmt wurde, halfen viele Sozialarbeiterinnen und Ärztinnen bei der Identifizierung von Sterilisationskandidaten. »Pflegerinnen« unterstützten die Ärzte bei der Auswahl und Tötung der Kranken in den sechs Tötungszentren der »Euthanasie-Aktion«. Einige Wissenschaftlerinnen kooperierten mit ihren männlichen Vorgesetzten in der »Zigeunerforschung« und legten so den Grund für die Selektion und Vernichtung der Roma; sie nutzten dafür auch ihren leichteren Zugang, als Frauen, zu den Roma und ihrer Kultur.[18] Aufseherinnen in den Frauenkonzentrationslagern – sie stellten etwa zehn Prozent der KZ-Bewachungstruppen – kamen oft aus der Unterschicht und hatten sich in der Regel freiwillig für diese Arbeit gemeldet, in der Hoffnung auf einen beruflichen Aufstieg; einer Überlebenden zufolge gab es zwischen weiblichen und männlichen Bewachern »keinen Unterschied«.[19] Unter allen nationalsozialistischen Aktivistinnen waren sie es, die am deutlichsten im Zentrum der Verbrechen standen und zu ihrer Verwirklichung beitrugen. Irrig ist deshalb die Annahme, daß sie »das Funktionieren des nationalsozialistischen Staats nicht beeinflußt« hätten.[20] Außerdem arbeiteten viele Frauen neben den Männern in der komplexen Genozid-Bürokratie, z. B. als Sekretärinnen, die in Staats- und Parteiämtern genau die Vorgänge der Bestimmung, Ausgrenzung und Enteignung und Deportation der Juden registrierten. Die nationalsozialistische Rassenpolitik wurde somit nicht nur auf staatlicher Ebene institutionalisiert, sondern auch in den entsprechenden Berufen.

Gelegentlich wurde argumentiert, die Schuld und Verantwortung der Frauen für die nationalsozialistischen Verbrechen sei darin zu sehen, daß sie ihre Rolle als Mütter und Ehefrauen akzeptierten und sich damit dem Nationalsozialismus angepaßt hätten.[21] Aber weder stand das Bild von Frauen als Mütter und Ehefrauen im Zentrum der Geschlechterpolitik des Nationalsozialismus, noch war es spezifisch für ihn. Seit seinen Anfängen hat der Nationalsozialismus in vielerlei Hinsicht mit diesem traditionellen Bild gebrochen, hauptsächlich in seiner Rassenpolitik; in der Rassenpolitik lag sein Kern, seine Novität und Einmaligkeit. Die Frauen, die sich an ihr beteiligten und für sie mitverantwortlich waren, waren nur selten Mütter und Ehefrauen und handelten nicht als solche; vielmehr übernahmen sie die männlich dominierten Berufsstrategien und Karrieren, mittels derer die Rassenpolitik in die Tat umgesetzt wurde.

Frauenerwerbsarbeit

Das nationalsozialistische Regime schloß Frauen nicht von der Erwerbsarbeit aus. Wenngleich dieser Sachverhalt seit den 1930er Jahren schon oft dargelegt wurde, ist doch der Mythos von Dauer, im »Dritten Reich« seien Frauen massenhaft, zwangsweise und aufgrund politischer Intervention entlassen worden, insbesondere um sie zur Mutterschaft zu bewegen. Tatsächlich stieg jedoch die Anzahl der als erwerbstätig registrierten Frauen von 11,5 Millionen im Jahr 1933, als sie 36 Prozent aller Erwerbstätigen und 48 Prozent aller Frauen zwischen 15 und 60 Jahren ausmachten, auf 12,8 Millionen im Jahr 1939 (innerhalb der deutschen Grenzen von 1937, bei Berücksichtigung der meisten annektierten Gebiete, liegt die Zahl bei 14,6 Millionen) und dementsprechend auf 37 Prozent der Erwerbstätigen und 50 Prozent der erwachsenen Frauen. Im Jahr 1944 waren 14,9 Millionen deutsche Frauen erwerbstätig (Österreich eingeschlossen) und stellten damit 53 Prozent der deutschen Erwerbstätigen und weit über die Hälfte der deutschen Frauen zwischen 15 und 60 Jahren.[22] Parallel zu der Entwicklung von der Arbeitslosigkeit zur Vollbeschäftigung und zu einer Situation des Arbeitskräftemangels, die in erster Linie durch die Expansion der Rüstungsindustrie bewirkt wurde, stieg die Zahl der Industriearbeiterinnen von 1933 (1,2 Millionen) bis 1936 (1,55 Millionen) um 28,5 Prozent und um weitere 19,2 Prozent in den folgenden zwei Jahren. Nicht nur erhöhte sich die Anzahl der unverheirateten erwerbstätigen Frauen, sondern auch die der verheirateten und der Mütter unter ihnen. Von der Zeit der Weimarer Republik bis 1939 stieg die Zahl der verheirateten erwerbstätigen Frauen und ihr Anteil an allen weiblichen Erwerbstätigen dramatisch an und verdoppelte sich nahezu bei den verheirateten Industriearbeiterinnen (verheiratete Industriearbeiterinnen 1925: 21,4 Prozent, 1933: 28,2 Prozent und 1939: 41,3 Prozent; verheiratete erwerbstätige Frauen 1925: 31 Prozent, 1933: 37 Prozent und 1939: 46 Prozent). Im Jahr 1939 hatten mehr als 24 Prozent aller erwerbstätigen Frauen Kinder, und die verheirateten unter ihnen machten 51 Prozent aller verheirateten erwerbstätigen Frauen aus. Wie üblich, muß im Fall von Frauen eine unbekannte, aber erhebliche Anzahl von erwerbstätigen Frauen außerhalb der offiziellen Zahlen vermutet werden.

Während des Zweiten Weltkriegs wurden insgesamt etwa 2,5 Millionen ausländische Frauen, neben vielen ausländischen Männern, in der deutschen Industrie und Landwirtschaft eingesetzt; die meisten von ihnen kamen als Zwangsarbeiter aus Osteuropa. Je niedriger ihr »rassischer Wert« – der niedrigste wurde den Russen zugeschrieben, gefolgt von den Polen –, desto höher war der Anteil der Frauen unter ihnen, besonders beim Einsatz zur Schwerarbeit in der Rüstungsindustrie. Als 1944 fast zwei Millionen ausländische Frauen in Deutschland arbeiteten, waren 51 Prozent der russischen Zivilarbeiter – die Kriegsgefangenen also nicht mitgerechnet – Frauen; ein noch höherer Anteil an russischen Frauen arbeitete in der Rüstungsindustrie. Unter den polnischen Zivilarbeitern machten Frauen 34 Prozent aus; zusammen stellten die Russinnen und Polinnen 95 Prozent der ausländischen Arbeiterinnen. Zu dieser Zeit stammten 23 Prozent aller Frauen, die in der Industrie arbeiteten, aus dem Ausland; die übrigen Ausländerinnen arbeiteten in der Landwirtschaft und als Dienstmädchen in Haushalten.

Der Anstieg der Frauenerwerbstätigkeit seit dem späten 19. Jahrhundert, vor allem in der Industrie, wurde im »Dritten Reich« nicht unterbrochen, und insgesamt änderte sich die Differenz der Löhne zwischen Männern und Frauen nicht signifikant, obwohl in einigen wichtigen Sektoren die Löhne der Frauen sich denen der Männer annäherten. Ein beträchtlicher Anteil der Frauen arbeitete in »nichtmodernen« Sektoren (1939 waren 35 Prozent der erwerbstätigen Frauen in der Landwirtschaft beschäftigt und 10 Prozent im häuslichen Dienst), aber die Zahlen demonstrieren insgesamt einen hohen Anteil weiblicher Erwerbsarbeit, vor allem im Vergleich mit anderen Ländern. Sogar die Politik des Ausschlusses von Frauen aus den Universitäten und akademischen Berufen, die von 1933 bis 1935 vorherrschte, wurde schon bald revidiert und prägte die akademischen Möglichkeiten von Frauen weit weniger als die Wirtschaftskrise und die Arbeitsmarktentwicklung; tatsächlichen und anhaltenden Einfluß hatte jene Politik indessen auf jüdische Frauen, die, wie auch die jüdischen Männer, vom akademischen und beruflichen Leben ausgeschlossen blieben.[23] Diese Entwicklungen bedürfen offensichtlich einer Erklärung, jedenfalls vor dem Hintergrund der zählebigen – wenngleich problematischen – Annahme, daß der Nationalsozialismus und besonders Hitler den Frauen lediglich die Sphäre von Mutterschaft und Familie zugewiesen hätten; aber auch vor dem Hintergrund der nationalsozialistischen Polemik gegen »Doppelverdiener« (als solche zählten Männer, die zusätzlich zu ihrem Haupterwerb Geld verdienten, Familien mit mehr als einem Einkommen und besonders Frauen, für die der Haupt-»Ernährer« der Ehemann war oder hätte sein können), die in den Jahren der großen Arbeitslosigkeit, also von 1930 bis 1934, lautstark vorgetragen wurde.

Eine der vorgeschlagenen Erklärungen verweist auf den langfristigen Prozeß der wirtschaftlichen »Modernisierung«, die eine Zunahme der Frauenerwerbstätigkeit mit sich brachte; das Regime konnte oder wollte ihn nicht anhalten oder gar umkehren, und der Nationalsozialismus habe sich ihm angepaßt und, was die Frauen betrifft, auf eine bessere Zukunft gehofft, in der Frauenerwerbstätigkeit überflüssig werden würde. Diese Erklärung impliziert, und das mit Recht, daß die Beschränkung von Frauen auf Mutterschaft und Familie im Rahmen der nationalsozialistischen Politik keineswegs Vorrang hatte. Eine weitere Erklärung wurde in einem andauernden Prozeß von »Frauenemanzipation« durch Erwerbsarbeit gesucht, besonders während des Zweiten Weltkriegs, als sich den deutschen Frauen neue Beschäftigungsmöglichkeiten eröffneten. Diese Annahme unterstellt, daß die Frauen damals in der Erwerbsarbeit ein wichtiges eigenes Ziel sahen. Aber viele Quellen zeigen, daß vor und erst recht während des Krieges die Mehrzahl der erwerbstätigen Frauen ausschließlich aus Gründen wirtschaftlicher Notwendigkeit einer außerhäuslichen Arbeit nachging. In erster Linie waren dies die Arbeiterinnen, die während des Krieges vehement gegen die bürgerlichen »Damen« protestierten, die es sich leisten konnten, eine Tätigkeit in der Rüstungs- und der übrigen kriegswichtigen Industrie abzulehnen, und das trotz der offiziellen Propaganda für Frauenerwerbsarbeit seit 1939 und der Melde- und Arbeitspflicht für Frauen seit 1943.[24] Tatsächlich suchten viele Frauen der Unterschicht, vor allem die verheirateten, wo immer möglich – wegen des Kündigungsverbots war es allerdings schwierig – ihre Erwerbsarbeit aufzugeben, besonders im Krieg, und sie konnten sich das eher als im Ersten Weltkrieg erlauben, da der Familienunterhalt für die Soldatenfamilien reichlicher bemessen war als damals.[25] Überdies gab es seit etwa 1936, als Vollbeschäftigung erreicht war, und während des Krieges kaum Frauen, deren Suche nach einer Erwerbstätigkeit vergeblich blieb. Eine dritte Erklärung geht von einem Widerspruch zwischen einem »Mutterkult« in der Ideologie und den Erfordernissen der Ökonomie aus; zwar habe der »Mutterkult« ideologisch im Vordergrund gestanden, doch habe sich das Verhältnis zwischen beiden allmählich zugunsten der wirtschaftlichen Erfordernisse verschoben: entweder schon kurz nach der Machtergreifung oder seit Erreichung der Vollbeschäftigung oder mit dem Krieg. Die Verifizierung dieser Hypothese würde indessen eine gründliche Rekonstruktion des spezifisch nationalsozialistischen Bilds von Frauen und dem Verhältnis der Geschlechter, einschließlich seines Wandels im Verlauf des zwölfjährigen Reichs und seines Einflusses auf die soziale Realität von Frauen, erfordern; sie ist vor allem deshalb bisher nicht – oder nur in Bruchstücken – geleistet worden, weil dieses Bild – zu Unrecht – als gegeben und selbstverständlich erschien. Einige Andeutungen müssen hier genügen.

Erst während der Wahlkämpfe von 1932 begannen die Nationalsozialisten, sich für die Stimmen der weiblichen Wähler zu interessieren; sie bemühten sich nun besonders, die Behauptung ihrer Gegner zu entkräften, daß der Nationalsozialismus, falls er aus den Wahlen siegreich hervorginge, Frauen aus der Erwerbsarbeit verdrängen würde. Dies fiel nicht besonders schwer, da die nationalsozialistische Propagandastrategie ohnehin vorsah, den Wählern die Erfüllung ihrer Hoffnungen zu versprechen – auch dann, wenn sie einander widersprachen. Unter anderem kündigten sie an, die Frauenerwerbstätigkeit zu erhalten, vor allem im Fall alleinstehender und anderweitig »unversorgter« Frauen, und Müttern sollte es ermöglicht werden, sich der Familie zu widmen – durch Schaffung von Arbeitsplätzen für Männer –, wenn lediglich finanzielle Not sie zu zusätzlicher außerhäuslicher Arbeit zwang.[26] Genau in diesen Wahlen scheint die NSDAP beträchtliche Stimmengewinne unter den Frauen gemacht zu haben, und die frühere Geschlechterdifferenz im Wahlverhalten – Frauen hatten zuvor weitaus seltener als Männer für die radikale Rechte oder Linke gestimmt – verringerte sich offenbar drastisch (allerdings liegen geschlechterspezifische Zahlen nur für einen kleinen und kaum repräsentativen Bruchteil der Wähler vor).[27] Die spezifischen Motive, derentwegen 1932 ein höherer Anteil der weiblichen Wahlberechtigten als zuvor – und, mit Ausnahme der katholischen Regionen, prozentual fast ebenso viele Frauen wie Männer – die »Hitlerbewegung« wählten, sind nicht bekannt (im Unterschied zu den besser bekannten Gründen, die vor der Machtergreifung 56386 Frauen dazu bewogen, der NSDAP beizutreten). Ihre Motive können dieselben wie diejenigen der männlichen NSDAP-Wähler gewesen sein oder auch nicht, sie können geschlechtsneutral gewesen sein, sie können sich auf einen vermeintlichen Mutterkult bezogen haben – daß die NSDAP einen solchen in extremer Weise vertrete, wurde vor allem von vielen ihrer Gegner betont und angeprangert – oder aber auf die Versicherung der Nationalsozialisten, Frauenerwerbsarbeit auch weiterhin zu ermöglichen. Die wirtschaftliche Entwicklung ab 1933 bestätigte jedenfalls weitgehend die letztgenannte Alternative; Mütter allerdings – und besonders diejenigen der Arbeiterklasse – mußten weiterhin aus finanzieller Notwendigkeit arbeiten gehen.

Die nationalsozialistischen Stimmen zur Frauenerwerbsarbeit waren nicht einheitlich, und die Polemik gegen sie war nur eine unter diesen Stimmen. Ebensowenig war der Anti-»Doppelverdiener«-Diskurs spezifisch für den Nationalsozialismus; er wurde von Nationalsozialisten und Nichtnationalsozialisten, von Frauen und Männern getragen, und er existierte in allen von der Weltwirtschaftskrise betroffenen Ländern, vor allem auch in den Vereinigten Staaten. Dort flaute er, wie auch in Deutschland, parallel zum Rückgang der Arbeitslosigkeit ab, und beide Länder hatten in der Folge sogar eine Zunahme der zuvor so lautstark verurteilten Müttererwerbstätigkeit zu verzeichnen. Für den amerikanischen Fall ist gezeigt worden, was wohl auch für den deutschen zutrifft: Die Kampagne gegen die Erwerbstätigkeit derjenigen, die von einem Familienmitglied – insbesondere dem Ehemann – »versorgt« werden konnten oder sollten, insbesondere verheiratete Frauen, gründete auf einer weitverbreiteten Moral: Das individualistische »Recht auf Arbeit« wurde, zumal angesichts drastisch reduzierter Erwerbschancen, als ein Ausdruck derselben entfesselten kapitalistischen Marktgesetze verstanden, die auch zum Zusammenbruch der Wirtschaft geführt hatten. Die knappen Arbeitsplätze sollten nicht aufgrund eines abstrakten individuellen »Rechts« verteilt werden, sondern entsprechend den »Bedürfnissen«, die auch die Familienbindungen zu berücksichtigen hätten.[28]

Insgesamt sah der Nationalsozialismus davon ab, Mutterschaft und Familie als ausschließliche Aufgabe aller Frauen zu bestimmen. Deutlich ist dies angesichts der genannten breiten antinatalistischen Propaganda und Aktivität. Mutterschaft wurde auch keineswegs als Hindernis für die Erwerbstätigkeit gesehen, jedenfalls nicht mehr als vor 1933 und als in den meisten anderen Ländern Europas. Die einzige Studie, die systematisch das nationalsozialistische Frauenbild vor und während des Krieges untersucht, und zwar im Vergleich mit dem öffentlich vorherrschenden Frauenbild in den Vereinigten Staaten vor und nach Kriegsbeginn, zeigt, daß die nationalsozialistische Vision nicht etwa simpel und kohärent war, sondern eine komplexe und widersprüchliche Mischung höchst unterschiedlicher Komponenten. Sie war alles andere als ein altmodischer viktorianischer »Kult wahren Frauentums«, beschränkte sich nicht auf die »biologische Rolle« der Frauen, und wenngleich nationalsozialistische Ideologen den Platz der Frauen in der Familie sahen, so erkannten sie doch von Anfang an, daß dies allenfalls eine unrealistische Vision sei. Denn in nationalsozialistischer Sicht hatte die ideale Frau in erster Linie die Pflicht, dem Nationalsozialismus zu dienen – sei es in der Familie oder am außerhäuslichen Arbeitsplatz, im Frieden oder im Krieg. Die ältere Metapher von der »geistigen Mütterlichkeit« – also die außerhäusliche Tätigkeit in »weiblichen« und »wesensgemäßen« Berufen – wurde nun auf jegliche »unweibliche« Schwerarbeit ausgedehnt, einschließlich der Arbeit in Fabriken und auf dem Land, solange sie der »Volksgemeinschaft« diente. Hingegen war das öffentliche Frauenbild in den Vereinigten Staaten während der dreißiger Jahre weitaus eindeutiger auf das Stereotyp »Beruf: Hausfrau« beschränkt als im damaligen Deutschland. Deshalb mußte die amerikanische Propaganda, als sie seit 1941 die Frauen zur Arbeit für den Krieg zu mobilisieren suchte, auch weitaus drastischer mit dem traditionellen Frauenbild brechen, als dies in Deutschland der Fall war. Hier dagegen bezog sich der Grundsatz »Die Frau gehört ins Haus« nicht nur auf den privaten Haushalt und die Familie, sondern auf ein »Haus«, das Deutschland als Ganzes meinte, einschließlich seiner Kriege.[29]

Eine bemerkenswerte Zahl von Initiativen zielte im »Dritten Reich« darauf, Frauen die Verbindung der Familienarbeit mit der außerhäuslichen und der Kriegsarbeit zu ermöglichen. Während Kindergärten in den Vereinigten Staaten und anderswo immer noch weitgehend abgelehnt wurden, wurden sie in Deutschland häufig befürwortet und in beträchtlicher Zahl vor und während des Krieges eingerichtet, um die Doppelbelastung der Frauen zu mindern. Vor dem Krieg gingen solche Initiativen von Unternehmen und Partei-Unterorganisationen aus und blieben regional beschränkt. Wenngleich im »Dritten Reich« kein Gesetz zugunsten von Müttern als solchen erlassen wurde, wurde doch im Mai 1942 das Mutterschutzgesetz von 1927, das erwerbstätige Schwangere und junge Mütter betraf, erheblich verbessert, damit Frauen in dieser Phase ihres Lebens die Mutterschaft leichter mit einer Erwerbstätigkeit verbinden konnten. Das Gesetz von 1942 kodifizierte erstmals die Verpflichtung des Staats, Kindertagesstätten einzurichten. Das »Beschäftigungsverbot« von sechs Wochen vor und sechs nach der Entbindung blieb im wesentlichen wie zuvor (1927 war es allerdings noch als »Recht« auf »Aussetzung der Arbeit« formuliert gewesen), das Wochengeld wurde auf den vollen Lohnausgleich angehoben, und die Frauen waren während der Schwangerschaft und vier Monate nach der

Entbindung gegen Entlassung geschützt (1927 waren es sechs Wochen vor und sechs nach der Niederkunft gewesen). Unverändert blieb jedoch die Beschränkung des Wochengelds auf erwerbstätige Frauen. Als Robert Ley, Chef der nationalsozialistischen Ersatzgewerkschaft Deutsche Arbeitsfront, anläßlich der Vorarbeiten zu dem neuen Mutterschutzgesetz vorschlug, die Wochenhilfe auch auf nichterwerbstätige auszudehnen, besonders auf die hart arbeitenden »Nur-Hausfrauen« der Arbeiterschaft, lehnte Hitler den Vorschlag ab; seine Begründung war, daß das staatliche Budget für die »schwierigsten Aufgaben« der nächsten Jahre gebraucht würde: die Kosten der militärischen und nichtmilitärischen Massenmorde.[30]

Eine Verordnung zum Mutterschutzgesetz schloß von diesem die deutsch-jüdischen Frauen aus, die Zwangsarbeit verrichteten, sowie diejenigen ausländischen Arbeiterinnen, die »rassisch minderwertigen« Völkern angehörten, vor allem die in Deutschland arbeitenden Russinnen und Polinnen. Es gibt keine Zahlen darüber, wie viele von ihnen schwanger oder Mütter waren. In den frühen Kriegsjahren wurden polnische Schwangere nach Polen zurückgeschickt, und viele von ihnen scheinen diese Methode, der Zwangsarbeit zu entgehen, sehr bewußt praktiziert zu haben. Aber seit 1941 – mit dem Krieg gegen die Sowjetunion – mußten polnische und russische Frauen trotz Schwangerschaft bleiben und arbeiten. Sie wurden zur Abtreibung gedrängt oder gezwungen, und oft wurden ihnen ihre Kinder weggenommen, in einem komplexen Zusammenspiel zwischen Himmlers Rassenexperten, den Arbeitsämtern, den Arbeitgebern und den Ärzten. Besonders russische Frauen wurden absichtlich an Arbeitsplätzen eingesetzt, die Fehlgeburten förderten. Arbeit wurde so zu einem Mittel antinatalistischer Politik. Die Pläne für die eroberten Gebiete (vor allem der »Generalplan Ost«, an dem auch die Sterilisationsexperten mitgearbeitet hatten) sahen eine große Zahl genau beschriebener, freiwilliger und unfreiwilliger Methoden zur Senkung der Geburtenzahl vor; sie betrafen ausschließlich Mütter und potentielle Mütter. Während zu Beginn des Naziregimes die Zielgruppe des Antinatalismus noch eine Minderheit der Bevölkerung war, wäre sie nach dem erhofften »Endsieg« und der erhofften Herrschaft über Europa eine Mehrheit geworden. Die Opfer der spezifisch nationalsozialistischen Wirtschafts- und Arbeitsmarktstrategien waren nicht die Deutschen – weder die deutsche Arbeiterschaft als ganze noch die deutschen Frauen im allgemeinen –, sondern diejenigen Frauen und Männer, die im umfassenderen Kontext der nationalsozialistischen Rassenpolitik diskriminiert wurden.[31]

Familienpolitik, Sozialpolitik und der nationalsozialistische »Wohlfahrts«-Staat

Von Anfang an und besonders in den Wahlkämpfen der frühen dreißiger Jahre hatte der Nationalsozialismus die Erneuerung und Stabilisierung der Familie propagiert, Vollbeschäftigung – vor allem für die männlichen »Ernährer« – und sozialpolitische Reformen, insbesondere vor dem Hintergrund der Wirtschaftskrise, der allgemeinen Verarmung, der Krise der Familie[32] und einer extrem hohen Zahl von Abtreibungen und Fehlgeburten, die meist durch Armut und Krankheit verursacht waren. Die wirtschaftlichen und sozialen Verheißungen wurden im Vokabular der nationalen und rassischen Erneuerung formuliert und schlossen auch die Propaganda für eine höhere Geburtenrate bei »erbgesunden Deutschen« ein. Die Propaganda und die ihr folgende politische Praxis verbanden Aspekte von Sozialpolitik, Familienpolitik, pronatalistischer Politik und Geschlechterpolitik. Ihre Verwirklichung erfolgte mit unterschiedlicher Intensität und Effizienz, mit unterschiedlichen Investitionen und Ergebnissen.

Die nationalsozialistischen Appelle zur Erneuerung der Familie richteten sich an Männer wie an Frauen. Goebbels inszenierte von 1933 bis 1934 eine großangelegte »bevölkerungspolitische Propagandakampagne«, die einerseits von der Notwendigkeit der Sterilisationspolitik überzeugen sollte und andererseits davon, daß »unsere Geburtenzahl (...) hoch ansteigen« müsse, und: »In der Familie, wie im öffentlichen Leben wird wieder nach altdeutscher Art und Sitte den gebührenden Ehrenplatz einnehmen: die Mutter!« Der Reichsinnenminister griff in der schon genannten Rede die freiwillige Abtreibung an und betonte: »Die Einstellung dem keimenden Leben gegenüber ist von der Weltanschauung nicht nur der deutschen Frau und Mutter, sondern auch des Mannes abhängig«, und man müsse »den Mann zur Pflicht der Familiengründung erziehen«. Freiwillige Abtreibung sollte verhindert werden, und man machte sich auf der Ebene der Ministerien an die Ausarbeitung eines drastischen Anti-Abtreibungsgesetzes (»Gesetz gegen Mißstände im Gesundheitswesen«), das über den alten Paragraphen 218 des Strafgesetzbuchs hinausgehen und Abtreibung als »Volksverrat« einstufen sollte. Doch an die Stelle dieser Pläne und Grundsätze sollten wichtigere treten. Die ministeriellen Überlegungen seit 1933 führten zu keinem derartigen Gesetz; statt dessen wurde 1935 erstmals die medizinische – und, wie schon erwähnt, die eugenische – Indikation für den Schwangerschaftsabbruch per Gesetz eingeführt – als Zusatz zum Sterilisationsgesetz. Rund 30000 eugenische Abtreibungen wurden während des »Dritten Reiches« vorgenommen, einige davon zwangsweise und alle gekoppelt mit einer Zwangssterilisation. Die Anzahl der ungesetzlichen bzw. freiwilligen Abtreibungen, für diverse Behörden immer wieder ein Grund zur Sorge, ging ihren Schätzungen zufolge gegenüber der Weimarer Zeit nur wenig zurück. Die Verurteilungen aufgrund von illegaler Abtreibung nahmen im Vergleich zur Zeit vor 1933 nicht zu, sondern ab: Ihre Anzahl in den Jahren von 1933 bis 1942 (39902, davon 70 Prozent Frauen) lag um ein Sechstel niedriger als die entsprechende Zahl für die Jahre zwischen 1923 und 1932. Bis in die vierziger Jahre unterschied sich also die nationalsozialistische Gesetzgebung und Politik gegenüber den illegalen bzw. freiwilligen Abtreibungen kaum von derjenigen vor 1933 und nach 1945 – allerdings nur in bezug auf die Mehrheit der »deutschen erbgesunden« Frauen. Hingegen wurde die Abtreibung an »minderwertigen« Frauen gefördert, sowohl bei den schon genannten Polinnen und Russinnen als auch bei Jüdinnen. Auch hier gilt, daß die spezifisch nationalsozialistischen Innovationen im Kontext der »Rassen- und Erbpflege« standen und nur sekundär die Frauenpolitik als solche beeinflußten. Schließlich wurde 1943 die Todesstrafe für »aktive« Abtreibung eingeführt (für die »passive« Schwangere war Zuchthaus vorgesehen), wenn sie »die Lebenskraft des deutschen Volkes fortgesetzt beeinträchtigt«; aber auch hier setzte sich die rassenpolitische Komponente gegenüber der frauenpolitischen durch: Offenbar wurde die Verordnung vor allem auf polnische Ärzte und Ärztinnen in Polen angewandt, wenn sie Abtreibungen an deutschen Frauen vornahmen.[33]

Unter den repressiven Maßnahmen zur Stabilisierung der Familie ist auch eine heftige Kampagne gegen Straßenprostituierte zu nennen, die in den Anfangsjahren des Regimes geführt wurde. Prostituierte waren schon in Hitlers *Mein Kampf* ein Ziel seiner Polemik gewesen, als Symbole der »Verjudung unseres Seelenlebens« und der »Mammonisierung unseres Paarungstriebes«. Auf der Grundlage der »Verordnung zum Schutz von Volk und Staat« vom 28. Februar 1933 (die gesetzliche Grundlage für die Diktatur) verhaftete die Polizei Zehntausende von Prostituierten. Seit 1939 wurde jedoch die Prostitution gefördert: nicht in ihrer freien Form, sondern in Bordellen für das Militär, in Konzentrationslagern für einige privilegierte Gruppen der männlichen Arbeitshäftlinge (meist mit Frauen aus anderen Konzentrationslagern) und in Arbeitslagern für ausländische Zwangsarbeiter, meist mit Frauen ihrer eigenen Nationalität.[34]

Die Förderung von Geburten wurde nicht nur mit repressiven Maßnahmen betrieben, sondern auch durch die Stabilisierung der Familie mittels neuer wohlfahrtsstaatlicher Reformen; sie sollten diejenigen unterstützen, die ohnehin Kinder wünschten. Diese Politik beruhte auf der Annahme oder Hoffnung von Politikern – sie wurde damals auch in anderen Ländern weithin geteilt –, daß sozialstaatliche Unterstützung die Entscheidung von Männern und Frauen zugunsten von Kindern beeinflussen würde. Dieses Ziel suchte man hauptsächlich durch drei Reformen zu erreichen. 1933 wurden Ehestandsdarlehen für die Ehemänner eingeführt; Vorbedingung war, daß ihre Ehefrau erwerbstätig gewesen war und ihren Beruf nach der Heirat aufgab, doch wurde diese Bedingung ab 1936, als Arbeitskräftemangel zu herrschen begann, aufgegeben. Das Darlehen war mit geringem Zinssatz zurückzuzahlen, doch die Rückzahlung wurde bei der Geburt eines Kindes zu einem Viertel erlassen und sollte somit bis zu vier Geburten fördern. Ein weiteres wichtiges Ziel des Darlehens war es – Hitler hatte diese Hoffnung schon in *Mein Kampf* formuliert –, das Heiratsalter von Männern zu senken und damit ihren Rekurs auf Prostituierte. Zweitens wurden 1934 dem Haushaltsvorstand Freibeträge bei der Einkommens- und Erbschaftssteuer für Ehefrau und Kinder gewährt – gleichzeitig wurde die Steuer für Kinderlose erhöht –, und die Freibeträge wurden 1939 nochmals angehoben. Drittens führte man 1936 eine staatliche Kinderbeihilfe von zehn Reichsmark pro Monat ein, anfänglich ab dem fünften, zwei Jahre später ab dem dritten Kind. Im Vergleich mit anderen Ländern[35] waren diese Reformen nicht originell: Ehestandsdarlehen wurden in Italien, Schweden, Frankreich und Spanien in den dreißiger Jahren eingeführt, ähnliche Steuerreformen und staatliche Kinderbeihilfen in den meisten europäischen Staaten in den dreißiger und vierziger Jahren.

Trotzdem waren die deutschen Reformen in mehrerlei und entscheidender Hinsicht einzigartig. Zwar reichten sie in allen Ländern nicht aus, um die Ausgaben für die Kinder zu decken (in Deutschland wurde betont, das Kinderkriegen dürfe nicht etwa »ein rentables Geschäft« werden); aber in den meisten anderen Ländern gab es Kinderbeihilfen schon beim ersten oder zweiten Kind. Im nationalsozialistischen Deutschland wurde die Geburt von Kindern als öffentliche Angelegenheit verstanden, aber die damit verbundenen Kosten blieben weiterhin größtenteils Privatsache (im Gegensatz zu den beträchtlichen Staatsausgaben für die Geburtenverhinderung). Noch charakteristischer für das nationalsozialistische Deutschland war es jedoch, daß sämtliche Familienhilfen nicht etwa an die Ehefrauen und Mütter gingen, sondern an die Ehemänner und Väter; ein Reichsminister betonte den »aus der Ewigkeit der naturgesetzlichen Vorgänge herkommenden Begriffsbereich des Vatertums« und: »Der Begriff Vater ist eindeutig und muß in den Mittelpunkt der steuerlichen Maßnahmen gestellt werden.« Das Ziel war nicht eine Hebung des Status der Frauen im Verhältnis zu den Männern, sondern, wie der Staatssekretär im Finanzministerium unterstrich, die Hebung des Status der Väter im Verhältnis zu den Junggesellen. Vaterschaft galt als »Natur«, und die mit ihr verbundenen finanziellen Belastungen sollten deshalb sozial kompensiert werden. Insbesondere die Steuerreform brachte – anders als die übrigen Reformen – beträchtliche Vorteile, und im Fall von unverheirateten Müttern wurden Kinderbeihilfen nur dann gewährt, wenn der Kindsvater den Behörden bekannt und akzeptabel war. Das wichtigste Charakteristikum indessen war, daß keine der Maßnahmen als für alle geltend konzipiert war: »Minderwertige« Menschen blieben ausgeschlossen – Eltern oder Kinder, die eugenisch oder ethnisch als unerwünscht galten.[36] Einer der Gründe, die Kinderbeihilfen erst drei Jahre nach der Machtergreifung einzuführen, war, daß zuvor die Gesetze verabschiedet werden sollten, welche diejenigen Menschen definierten, deren Kinder unerwünscht waren: das Sterilisationsgesetz von 1933, die Nürnberger Gesetze von 1935 und das zweite Heiratsverbotsgesetz von 1935. Die Bürokratie der Ehestandsdarlehen wurde zu einer wichtigen Instanz zur Identifizierung von Sterilisationskandidaten.[37] Im umfassenderen Kontext der nationalsozialistischen Rassenpolitik stellten die staatlichen Maßnahmen zur Beförderung des Familienwohls nicht nur eine Politik zur Unterstützung der Familie dar, sondern waren Teil einer »Bevölkerungspolitik« im damaligen strengen Sinn des Begriffs: keine Wohlfahrt für Unerwünschte, Wohlfahrt nur für die »erbgesunde deutsche Familie«.

Während der nationalsozialistische Staat die Unterstützung von Vätern förderte, bot die nationalsozialistische Partei auch einige Hilfen für Mütter, aber beide schlossen die »Minderwertigen« beiderlei Geschlechts aus. Die Deutsche Arbeitsfront, Teil der NSDAP, und einzelne Unternehmer gewährten erwerbstätigen Müttern eine gewisse Unterstützung. Die Nationalsozialistische Volkswohlfahrt (NSV, die Wohlfahrtsorganisation der Partei) hatte eine Abteilung »Mutter und Kind«, geleitet von Erich Hilgenfeldt; in seiner Sicht versorgte eine gute Mutter ihre Kinder aus Liebe und ohne jegliches »Lohnmotiv«, denn »in dem Augenblick, wo sie eine Gegenrechnung aufmachen würde, wäre sie keine gute Mutter mehr«. Das wichtigste Ziel der NSV war die Armenfürsorge für »Wertvolle«: Mütter vieler Kinder und Schwangere, verwitwete, geschiedene und unverheiratete Mütter; sie unterstützte sie bei der Suche nach einem Arbeitsplatz, richtete Kindergärten ein, organisierte Urlaub von der häuslichen Arbeit und übernahm die Kosten für Entbindungen. Die NSV wurde nicht durch Steuern finanziert, sondern durch Mitgliederbeiträge (dies war angesichts der 15 Millionen Mitglieder möglich, denn viele Deutsche zogen es vor, der NSV anzugehören statt der NSDAP) und durch Sammlungen und Spenden.[38] Während die Aktivitäten der NSV die Armen unter den »Wertvollen« betrafen, errichtete Himmler 1935/36 eine weitere Organisation für

Schwangere und Mütter, die seine Visionen »rassischer Auslese« verwirklichen sollte: den Lebensborn. Er zielte auf solche Frauen, deren Kindsvater zur rassischen Elite gerechnet wurde und dementsprechend meist der SS angehörte; der Lebensborn sollte Schwangere, vor allem unverheiratete, von einer Abtreibung abhalten und für die Niederkunft die besten Bedingungen bieten, oft in ländlicher Umgebung. Der Lebensborn war weder eine Züchtungsanstalt noch ein SS-Bordell; vielmehr betrieb er gut ausgestattete Entbindungsanstalten, später auch Kinderheime und Wohnstätten für Mütter, die tagsüber arbeiten gingen. In Deutschland gab es in den Grenzen von 1937 zehn Heime (acht zur Entbindung und zwei Kinderheime), in den 40er Jahren zwei in Österreich, acht in Norwegen, eines in Belgien, eines in den Niederlanden und eines in Frankreich. In Deutschland und den eroberten Ländern (mit Ausnahme von Norwegen) entbanden seit 1936 7000–8000 Frauen in einem solchen Heim, hinzu kamen seit 1940 6000 Lebensborn-Geburten im besetzten Norwegen: Kinder norwegischer Frauen und deutscher Männer. Die Mütter, die in den deutschen Heimen entbanden, waren zu 50–60 Prozent unverheiratet (der »Erfolg« des ursprünglichen Zwecks des Lebensborn betraf also etwa 4000–4500 Geburten). In das Heim wurden sie nach einer sorgfältigen Auswahl aufgenommen; dieser lagen ethnische und eugenische Kriterien zugrunde, an denen die Väter wie die Mütter gemessen wurden. Seit 1939 allerdings wurden in den Heimen im »Altreich« die »wertvollen« Kinder aus dem besetzten Osteuropa zur »Eindeutschung« untergebracht, deren Eltern getötet oder verschleppt worden waren.[39]

Für die große Mehrheit der Mütter gab es keine kostspielige Unterstützung, sondern Ehre und Propaganda. Der Reichsbund der Kinderreichen, der ursprünglich im Kontext der Revolution von 1918/19 gegründet worden war und sich für die Unterstützung großer und armer Familien eingesetzt hatte, wurde 1935 dem Rassenpolitischen Amt der NSDAP angeschlossen; hier (und schon zuvor) hatte er die Aufgabe, die nationalsozialistische Rassenpolitik zu propagieren, verfügte jedoch über keine Mittel zur Unterstützung armer Familien. Er galt als eine Eliteorganisation der »arischen, erbgesunden und ordentlichen Familien«, und dementsprechend betonte der Leiter des Rassenpolitischen Amts: »Hier wird mit der Anbetung der bloßen Zahl gebrochen, wird streng geschieden zwischen der Familie, deren zahlreiche Kinder für sie selbst und das Volk wirklichen Reichtum darstellen, und jenen anderen Gebilden, die als asoziale Großfamilie das Leben der Nation belasten.«[40] Im Jahr 1937 erhielten 200 Mitglieder des Bunds, vorwiegend Männer, ein »Ehrenbuch«, das ihnen einen Anspruch auf besondere Familienzulagen sicherte. 1939 wurde für Mütter mit vier oder mehr Kindern eine Ehrung ohne Unterstützungsleistung eingeführt: das Mutterkreuz, das dem französischen Vorbild von 1920 folgte. Wie bei allen familienpolitischen Maßnahmen blieben ethnisch und eugenisch »Minderwertige« ausgeschlossen. Doch waren im Fall des Mutterkreuzes die Ausschlußkriterien etwas lockerer als sonst, so daß bis 1944 rund fünf Millionen Frauen das Kreuz erhielten.

Die erhoffte Wirkung der pronatalistischen Propaganda und Sozialreformen war vermutlich bescheiden; allerdings ist sie nicht meßbar, da die Motive der Eltern, Kinder zu haben, allenfalls in Einzelfällen bekannt sind. Die Geburtenrate, die 1933 niedriger lag als in anderen Ländern (mit Ausnahme von Österreich), stieg bis 1936 um ungefähr ein Drittel (von 14,7 auf 19 pro Tausend, die Nettoreproduktionsrate von 0,7 auf 0,9), womit das Niveau der späten zwanziger Jahre wieder erreicht worden war; danach begann sie zu stagnieren und fiel im Zweiten Weltkrieg wieder ab. Der größte Teil des Anstiegs war offensichtlich auf Paare zurückzuführen, die wegen der Wirtschaftskrise nicht hatten heiraten und Kinder bekommen können und dies nachholten, als ihre wirtschaftliche Situation es zuließ. Nur etwa ein Viertel der heiratswilligen Paare beantragte ein Ehestandsdarlehen, und es scheinen vor allem zwei Gruppen gewesen zu sein: zum einen solche, die ohnehin Kinder haben wollten und bei denen die Frau, wie bislang meist üblich, ihre Erwerbsarbeit bei der Eheschließung aufzugeben gedachte, und zum anderen solche, die nicht befürchten mußten, daß bei der ärztlichen Untersuchung, die eine Vorbedingung für das Darlehen war, etwas diagnostiziert würde, was eher zu einer Zwangssterilisation als zu einem Darlehen geführt hätte. Die übergroße Mehrzahl der Darlehensempfänger zog es vor, nur beim ersten Kind die Schuldentilgung durch »Abkindern« in Anspruch zu nehmen, und zahlte den Rest in bar zurück. Auch die Kinderbeihilfen führten nicht zu einem Anstieg der Geburtenziffern. Der Anteil der verheirateten Frauen mit vier oder mehr Kindern (dies hatten die Bevölkerungspolitiker als »Gebärsoll« von »wertvollen« Frauen aufgestellt) ging von 25 Prozent aller verheirateten Frauen im Jahr 1933 auf 21 Prozent im Jahr 1939 zurück. Von den Ehepaaren, die 1933 geheiratet hatten, waren 1938 noch 31 Prozent kinderlos.[41] Diejenigen, die nach 1933 heirateten und Kinder bekamen, beschränkten deren Zahl auf ein, zwei oder drei und setzten so den demographischen Trend fort, der in Deutschland und anderen Industriestaaten üblich war.

Das Verhalten zweier besonderer Gruppen illustriert die Grenzen, aber auch das Spezifikum der nationalsozialistischen Variante des Pronatalismus. Das generative Verhalten der Parteifunktionäre, also derjenigen »erbgesunden Deutschen«, die der Pronatalismus besonders ansprechen sollte und die dem Nationalsozialismus am nächsten standen, zeigt, daß sie an den Pronatalismus mehr für andere als für sich selbst glaubten. Zeitgenössische Demographen fanden, daß von den Funktionären, die zwischen 1933 und 1937 geheiratet hatten, 1939 immer noch 18 Prozent kinderlos waren, 42 Prozent ein Kind hatten und 29 Prozent zwei Kinder. Von den SS-Mitgliedern waren 1942 noch 61 Prozent unverheiratet, und die Verheirateten unter ihnen hatten durchschnittlich ein Kind. Eine ähnliche Kinderzahl hatten männliche Ärzte, die Berufsgruppe mit dem höchsten Mitgliederanteil in der Partei und SS. Offensichtlich gab es innerhalb dieser Eliten eine negative Korrelation zwischen der Nähe zum Nationalsozialismus und der Kinderzahl. Auf der anderen Seite stand eine statistische Gruppe, die eine überdurchschnittliche Zahl an Kindern aufwies: diejenigen, deren Bewerbung um Ehestandsdarlehen und Kinderbeihilfen aufgrund ihres »unordentlichen« Verhaltens und ihrer Einstufung als »kinderreiche Asoziale« abgelehnt wurde. Oft beklagten nationalsozialistische Bevölkerungspolitiker, daß unter den Familien mit einer überdurchschnittlichen Kinderzahl etwa die Hälfte »asozial« sei und deshalb unerwünscht.[42]

Im Verlauf des Zweiten Weltkrieges, als sich die Durchschnittsziffern verringerten, gab es zwei kleine, aber auffällige Baby-Booms, die von Zeitgenossen oft bemerkt und erklärt wurden. 1939 untersagte man erwerbstätigen Frauen, besonders denen der Arbeiterschaft, zu kündigen, da sie dringend für die Kriegswirtschaft benötigt wurden – es sei denn, sie waren schwanger. Auch waren Schwangere und junge Mütter von der Melde- und Arbeitspflicht, die 1943 eingeführt worden war, befreit. In beiden Fällen zogen viele deutsche Frauen vor, ein Kind zu kriegen, anstatt für den Krieg zu arbeiten (zwischen 1939 und 1941 ging die Zahl der erwerbstätigen Frauen um 500000 zurück, stieg dann aber bis 1944 wieder um 800000). Offensichtlich war ihre persönliche Strategie – Kinderkriegen gegen Kriegsarbeit – das Gegenteil der oben genannten politischen Strategie, die für »minderwertige« Frauen aus Osteuropa erdacht worden war: Kriegsarbeit gegen Kinderkriegen.

Die nationalsozialistische Propaganda zur Aufwertung der Familie und für »den Platz der Mütter im öffentlichen Leben und der Familie« hatte viele Deutsche getäuscht, wohl auch einen bedeutenden Anteil der Frauen, die 1932 die NSDAP gewählt hatten; möglicherweise hatten sie – wie viele Frauen in anderen Ländern auch – auf den Pronatalismus vertraut als einen Weg, den Status von Müttern und Frauen im allgemeinen zu heben. Sie täuschte auch die Männer und Frauen, welche die anderen und gleichermaßen expliziten Ziele des Nationalsozialismus nicht ernst nahmen, vor allem seine Rassenpolitik. In Propaganda und faktischer Politik erhielt der Antinatalismus den Vorrang vor dem Pronatalismus, und die wohlfahrtsstaatlichen Maßnahmen zielten auf die Förderung der Vaterschaft; die Unterstützung ausgewählter Gruppen von Müttern blieb weitgehend Sache der NSDAP-Armenfürsorge und der Förderung von Eliten. Bei keiner der Reformen zugunsten von Familie oder Kindern wurde darauf verzichtet, die unterschiedlichen Gruppen von ethnisch oder eugenisch »Minderwertigen« auszuschließen. Insgesamt lagen der Kern und das Spezifikum der nationalsozialistischen Bevölkerungspropaganda und -politik, die allen sonstigen oder entgegengesetzten Maßnahmen ihre Grenzen setzten, nicht in einem »Pronatalismus und Mutterkult«, sondern im Antinatalismus und einem Vaterschafts- und Männlichkeitskult.

Wenn auch die nationalsozialistische Familienpolitik nicht zu einer einschneidenden Zunahme der Geburten bei den »Wertvollen« führte, bewirkte sie doch gewiß, jedenfalls vor dem Krieg, ein wachsendes Vertrauen auf die Fähigkeit des Regimes, die Wirtschaftskrise zu überwinden. Während die Politiker hofften, daß die staatlichen Hilfen für Familie und Kinder deren Zahl steigern würde, wurden sie von den Empfängern und denjenigen, die sich erfolglos um sie bemühten, schlicht als eine Sozialreform wahrgenommen, als ein Ausgleich für ihr geringes Einkommen, der ihnen und den Kindern, die sie haben wollten, das Überleben erleichterte. Obwohl die antinatalistische Sterilisationspolitik keineswegs populär war, kümmerten sich nur wenige Menschen aktiv um ihre Opfer und um diejenigen, die von der Unterstützung für die »erbgesunde deutsche Familie« ausgeschlossen blieben. Die sozialreformerische Familienpolitik als solche war nicht spezifisch nationalsozialistisch und war nicht an sich integraler Bestandteil der Rassenpolitik; vielmehr war sie, wie die ähnlichen Reformen in anderen Ländern zeigen, ein Aspekt der Entwicklung zum modernen europäischen Wohlfahrtsstaat. Der Nationalsozialismus jedoch pervertierte diese Entwicklung insofern, als er sie mit der Rassenpolitik verkoppelte und die »rassisch Minderwertigen« von den Sozialreformen ausschloß. Insgesamt war somit die nationalsozialistische Politik nicht die eines modernen Wohlfahrtsstaats[43], nicht eine Politik der Familienwohlfahrt und Aufwertung der Mutterschaft, sondern zielte vornehmlich auf die Zerstörung traditioneller familienbezogener Einstellungen und Werte.

Auch andere Aspekte der nationalsozialistischen Bevölkerungspolitik richteten sich gegen die traditionelle Familie. So wurde mit dem Gesetz von 1938 die Scheidung im Falle von »Erbkrankheit«, Sterilisation und Unfruchtbarkeit des Partners erlaubt, mit drastischen Konsequenzen für Ehefrauen, besonders für die älteren unter ihnen; viele Frauen protestierten gegen das Gesetz und prozessierten gegen seine Anwendung: »Die Frauenwelt sei geschlossen gegen das Gesetz«, wurde damals berichtet.[44] Zeitgenossen sahen in den nationalsozialistischen Bemühungen, die deutsche Bevölkerung von der Kindheit bis ins Alter in gleichgeschlechtlichen Organisationen zu organisieren, einen weiteren Anschlag auf die Familie. Darauf bezog sich ein verbreiteter Flüsterwitz: »Mein Vater ist SA-Mann, mein ältester Bruder in der SS, mein kleiner Bruder in der HJ, die Mutter in der NS-Frauenschaft, und ich bin im BdM.« »Ja, seht ihr euch denn bei dem vielen Dienst auch einmal?« »O ja, wir treffen uns jedes Jahr auf dem Parteitag in Nürnberg.«[45]

Politik, Macht und die nationalsozialistischen Frauenorganisationen

In den frühen Jahren der »Hitler-Bewegung« stellten Frauen einen geringeren Anteil an NSDAP-Mitgliedern als bei den anderen Parteien; der Frauenanteil der NSDAP lag 1934 bei 5,5 Prozent. 1935 betrachtete die Partei 40 Prozent ihrer männlichen und 70 Prozent ihrer weiblichen Mitglieder als »inaktiv«. Weitaus mehr Frauen traten der Nationalsozialistischen Frauenschaft (NSF) bei und engagierten sich dort. Sie war 1931 aus einer verwirrenden Fusion lokaler und oft eigenständiger Frauengruppen entstanden, die allgemein nationalistisch gewesen waren oder speziell den Nationalsozialismus befürwortet hatten; 1935 wurde sie zu einer »Gliederung« der Partei und expandierte von 100000 Mitgliedern (Ende 1932) auf fast zwei Millionen (1935). Seit 1934 von der »Reichsfrauenführerin« Gertrud Scholtz-Klink geleitet, war sie eine weibliche Eliteorganisation, weshalb ab 1936 weitere Beitritte kaum mehr zugelassen wurden. Ziel der NSF war es, deutsche Frauen getrennt von Männern zu organisieren und sie für ihre nationalen und politischen Aufgaben zu erziehen. Die große Mehrzahl der deutschen Frauen (24 Millionen waren über zwanzig Jahre alt, nach den Eroberungen von 1938 waren es 30 Millionen) sollte jedoch im Deutschen Frauenwerk (DFW) organisiert werden, das ebenfalls von Scholtz-Klink geleitet wurde, offiziell aber nicht der Partei angeschlossen war. Ursprünglich wurde das DFW nicht durch Beitritte aufgrund persönlicher Entscheidung konstituiert, sondern durch den korporativen Anschluß derjenigen Frauenorganisationen der Weimarer Zeit, die nicht aufgelöst, sondern »gleichgeschaltet« wurden (die »Gleichschaltung« bedeutete in erster Linie den Ausschluß jüdischer Frauen), darunter auch einige Organisationen des 1933 aufgelösten Bunds Deutscher Frauenvereine (allerdings nicht des Jüdischen Frauenbunds, der bis 1938 existierte) und sonstige soziale oder Freizeitorganisationen von Frauen, die nach 1933 gegründet wurden. Um 1938 stammten etwa vier Millionen Mitglieder des DFW aus solchen korporativen Anschlüssen und – trotz vieler Bemühungen um eine Erhöhung dieser Zahl – nur zwei Millionen aus individuellen Beitritten (darunter fast die Hälfte im besetzten Österreich und »Protektorat Böhmen und Mähren«).[46]

Nur wenige NSF-Mitglieder (10 Prozent im Jahr 1935) und noch weniger DFW-Mitglieder traten der männerdominierten NSDAP bei, hingegen rund ein Drittel der Funktionärinnen beider Organisationen. 1938 stellten etwa 320000 Frauen den harten Kern der Führung. Die Historikerin der nationalsozialistischen Frauenorganisationen, Jill Stephenson, sieht in diesen Zahlen einen Indikator für ein relativ niedriges Engagement von Frauen für den Nationalsozialismus, besonders im Vergleich mit Männern und gemessen an Scholtz-Klinks Behauptung von 1934, sie habe »alle deutschen Frauen unter einer Führung« organisiert. Stephenson unterstreicht den Mangel dieser Organisationen an politischer Macht, die Passivität und Zurückhaltung der meisten Frauen innerhalb und außerhalb der Organisationen und ihre relativ geringe Beteiligung an den nationalsozialistischen Verbrechen.[47] Trotzdem verdienen die Zahlen und ihr Kontext Beachtung im Zusammenhang der Frauen- und Geschlechtergeschichte dieser Zeit.

Wie die Männer der Bewegung auch, vertraten die frühen Anhängerinnen des Nationalsozialismus oft radikalere Ansichten als die Frauenelite der Jahre nach 1934. »Alte Kämpferinnen« hatten den Korpsgeist und die Männerkameraderie der Bewegung kritisiert und die Zulassung von Frauen zu wichtigen Positionen im neuen Staat verlangt, zu Erwerbstätigkeit, gehobenen Berufen und zur Politik. Andererseits attackierten sie die »alte« Frauenbewegung, weil sie bloß die Rechte einer Minderheit älterer Damen des Bürgertums vertrete, und beriefen sich auf den National-»Sozialismus«, wenn sie forderten, daß der soziale Beitrag von Frauen aller Schichten, insbesondere die Mutterschaft, Anerkennung finden müsse. Einige wenige wünschten auch Kinderzulagen für Mütter, beklagten die Tatsache, daß der »Mutterkult« der männlichen Bewegung lediglich ein »Lippenkult« sei, und bemängelten die aufkommenden Pläne einer Familienbeihilfe, da sie nur für Väter bestimmt sei.[48] Seit 1934 waren solche Stimmen nicht mehr zu hören. Scholtz-Klinks DFW, vor allem seine zwei großen Abteilungen »Volkswirtschaft/Hauswirtschaft« und »Reichsmütterdienst« (RMD), betrieben die Ausbildung für die Arbeit von Hausfrauen und Müttern; ab 1937 bemühte die Organisation sich auch, anfangs recht zögernd, um die Förderung von Frauen in akademischen Berufen und suchte die Studentinnen auf einen »sozialistischen Einsatz« zu verpflichten, nämlich die Unterstützung von Arbeiterfrauen und ihren Familien.[49]

Trotz ihrer sonstigen Differenzen stand in den nationalsozialistischen Frauenorganisationen sowohl in der frühen als auch der späteren Phase die nationale und ethnische Frage im Vordergrund, und oft wurde sie in antijüdischer Polemik artikuliert. Vor allem Scholtz-Klink bestand darauf, daß die »Frauenfrage« an zweiter Stelle rangiere, hinter dem Kampf gegen »rassische Entartung« und dem Opfer für »unser Volk«, und auf dieser Ebene hätten Männer und Frauen gemeinsam zu agieren. Ihr zufolge war es ein Fehler der Frauenbewegung gewesen, »die Frau als etwas Besonderes im Volk herauszustellen«, denn die Kooperation der Geschlechter sei wichtiger als die Frauenprobleme. Zwar sollten die Frauen den Männern die Politik überlassen, aber gleichwohl sollten sie »politisch denken« lernen, und zwar nach dem Grundsatz: »Fragt nie zuerst, was bringt der Nationalsozialismus uns, sondern fragt zuerst immer und immer wieder: Was sind wir bereit, dem Nationalsozialismus zu bringen?« Sie sollten zuallererst Deutsche sein und danach erst Frauen. Sie griff die ältere Betonung der Geschlechterdifferenz auf, doch verstand sie diese nicht als eine Differenz der Zielsetzung, der Identität oder der Interessen – weder im allgemeinen noch bezüglich der nationalsozialistischen Bewegung –, sondern lediglich als eine Arbeitsteilung zugunsten desselben Ziels; dieses formulierte sie, ein damals gängiges Schlagwort aufgreifend, dahingehend, daß Frauen wie Männer »rechtwinklig an Leib und Seele« werden sollten. Sie und andere Funktionärinnen betonten mit Nachdruck den angeblichen Unterschied zwischen »deutscher« und »undeutscher«, nationalsozialistischer und nichtnationalsozialistischer Wissenschaft, Bildung und Geschichte, hielten aber nichts von einer geschlechterbezogenen Differenz auf diesem Gebiet: Hier habe die Wissenschaft vielmehr »universalen Charakter«, »es gibt keine geschlechtsgebundene Wissenschaft«, und »einen spezifisch ›weiblichen‹ Erkenntnisdrang gibt es nicht, ebensowenig wie eine spezifisch ›weibliche‹ Methode«. Ehe und Mutterschaft, der gemeinsame Nenner von Frauen aller Schichten, hatten sich den neuen Rassen- und Sterilisationsgesetzen anzupassen, die das »Volk« erneuern sollten.[50]

Die NSF und das DFW suchten besonders die nichterwerbstätigen Hausfrauen und Mütter zu organisieren und zu schulen, die nur schwer für den Nationalsozialismus zu gewinnen waren, vor allem weil sie sich oft mit der Kirche identifizierten.[51] Man erreichte sie in großer Zahl, weit über die der Mitglieder hinaus, vor allem durch die Mütterschulung im RMD. Der Unterricht betraf Gesundheitspflege und Hauswirtschaft (vornehmlich die Zubereitung deutschen Essens, auch im Hinblick auf die Politik der Wirtschaftsautarkie), Nähen, Säuglingspflege und »Heimgestaltung, Volks- und Brauchtum«. Das Personal bestand aus Teilzeit- und Vollzeitkräften, die gegen Entgelt oder auch unbezahlt arbeiteten (entlohnt wurden rund 3500 Frauen, teilweise von der Regierung, aber meist durch Spenden). Während des Krieges organisierte das DFW Nachbarschaftshilfe unter Frauen. Von 1934, als der RMD gegründet wurde, bis 1944 nahmen fünf Millionen Frauen an

Mütterschulungen teil, gewöhnlich mit etwa 20 Teilnehmerinnen pro Kurs und 24 Unterrichtsstunden, verteilt auf 10 Tage. Während früher ähnliche Kurse, wo es sie überhaupt gab, nur städtische Frauen erreicht hatten, schickte der RMD seine Kräfte auch in ländliche Gebiete. Die Kursteilnehmerinnen waren zu fast gleichen Teilen verheiratet und unverheiratet. Unter den erwerbstätigen Teilnehmerinnen dieser Kurse machten im Jahr 1937 Arbeiterinnen 37 Prozent und die Angestellten 45 Prozent aus; unter den verheirateten Teilnehmerinnen waren 34 Prozent mit einem Arbeiter und 17 Prozent mit einem Angestellten verheiratet. Die Kurse zum Volks- und Brauchtum waren weniger gut besucht, und mehr als die Hälfte aller Teilnehmerinnen wählte Kurse zur Familien- und Säuglingspflege (es folgten Haushaltsführung mit 34 Prozent und Erziehung mit 12 Prozent). Möglicherweise ist der bemerkenswerte Rückgang der Kindersterblichkeit in dieser Zeit auch auf diese Kurse zurückzuführen.[52]

Die Gesundheitskurse schulten aber auch in »Rassen- und Bevölkerungspolitik«, und somit standen sie im Kontext des nationalsozialistischen Rassismus. Die Rassenpolitik, von der Sterilisationspolitik bis hin zu den späteren Massenmorden, lag großenteils in den Händen der »Gesundheits«-Behörden und der Heilberufe, von Ärzten, Psychiatern und Humangenetikern. Scholtz-Klink ließ keinen Zweifel an der Priorität der Rassen- und Bevölkerungspolitik für die »weltanschauliche Erziehung« ihrer Klientel. Gelegentlich beklagte sie, daß die Frauen der Sterilisationspolitik nur wenig Verständnis entgegenbrachten, und drang darauf, daß vor allem katholische Arbeiterinnen und Arbeiterfrauen ihre diesbezügliche Einstellung revidieren müßten (katholische Frauen waren diejenige Gruppe, die am entschiedensten das Sterilisieren ablehnte und damit auch den RMD; deshalb wurden auf Betreiben des Rassenpolitischen Amts die katholischen Müttervereine seit 1935 in Einzelfällen und 1939 insgesamt verboten). »Erbpflege« war von Anfang an ein Bestandteil des Programms der Mütterschulung. 1935 wurde Scholtz-Klink Mitglied des »Sachverständigenbeirats für Bevölkerungs- und Rassenpolitik« im Reichsinnenministerium, dem führenden Beratergremium auf diesem Gebiet, und 1936 gründete sie eine Abteilung für »Rassenpolitik« im DFW. Seit 1935 schulten Experten, meist Männer wie z. B. der Leiter des Rassenpolitischen Amts der NSDAP, die NSF-Funktionärinnen auf diesem Gebiet, in speziellen Kursen an der Berliner Hochschule für Politik. Jüdische, »unheilbar kranke«, geistig oder psychisch behinderte Frauen konnten der NSF und dem DFW nicht beitreten; um 1938 wurden Maßnahmen gegen Austritte aus der NSF und dem DFW ergriffen.[53]

Innerhalb der Eliteorganisation NSF waren diese gut organisierten, zentralen wie regionalen Schulungskurse für Funktionärinnen am effektivsten. Bis 1938 wurden hier etwa 380000 Frauen geschult, und sie propagierten die nationalsozialistischen Lehren unter den DFW-Mitgliedern und wohl auch unter anderen Frauen und Männern. Aber die Millionen Frauen, die Säuglingspflegekurse auf lokaler Ebene besuchten, scheinen nur selten erkannt zu haben, daß ihr Kern die »Erb- und Rassenpflege« sein sollte. Selbst auf den höheren Ebenen der Schulung von NSF-Führerinnen war das Interesse an Rasse, Vererbung und Eugenik durchaus begrenzt. Weniger als ein Zehntel der NSF-Führerinnen wählte die speziell »rassenpolitischen« Schulungskurse, und die übrigen zogen solche für Hauswirtschaft, Kinderpflege, Sozialfürsorge, Armenpflege und Nachbarschaftshilfe vor; ähnlich verhielt es sich auf der lokalen Ebene. Das breitgefächerte gedruckte Propagandamaterial der NSF und des DFW enthielt zahlreiche Hinweise auf die »Rassen- und Bevölkerungspolitik« im allgemeinen, doch wurden Sterilisationspolitik und Antisemitismus selten offen erwähnt und erklärt; hierin unterschied sich diese Literatur beispielsweise von den staatlichen Schulbüchern für Mädchen (allerdings wissen wir nicht, was in den DFW-Kursen besprochen wurde). Die pornographische Variante der antijüdischen Propaganda, wie sie z. B. aus der Streicher-Presse bekannt ist, fand in das Schulungsmaterial für Frauen kaum Eingang.[54] Das bedeutet allerdings nicht, daß die NSF- und DFW-Funktionärinnen weniger an die nationalsozialistische Rassenpolitik glaubten als die männlichen Funktionäre; wohl aber scheinen sie sich den eher pragmatischen – und menschlicheren – Bedürfnissen ihrer weiblichen Klientel angepaßt zu haben. Die Mehrzahl der fanatischen Rassenhygienikerinnen zog es vor, außerhalb der NSF und des DFW zu publizieren und zu agieren, an der Seite von Männern.

Innerhalb des nationalsozialistischen Regimes verfügten die NSF und der DFW kaum über wirkliche Macht, auch nicht über Frauen. Ihre Führerinnen behaupteten zuweilen, zwölf Millionen oder auch »alle deutschen Frauen« eigenständig organisiert zu haben, auf der Grundlage der weiblichen Aufgaben und unter weiblicher Führung. Dies trifft nicht zu. Die meisten Frauen, die nationalsozialistischen Organisationen angehörten – in manchen Fällen zwangsweise –, unterstanden männlicher Führung und das oft zum Ärger der NSF- und DFW-Führerinnen. Diesen war es untersagt, Mädchen im Alter von zehn bis zwanzig Jahren zu organisieren. Es blieben ihnen nur die Mädchen unter zehn und die »weibliche Jugend« zwischen 21 und 30 Jahren, und somit waren sie mit einem ähnlichen Generationsproblem konfrontiert, wie sie es an der späten Weimarer Frauenbewegung kritisiert hatten. Der Bund Deutscher Mädel – seit 1936 war die Mitgliedschaft obligatorisch – war Bestandteil der Hitlerjugend und stand unter männlicher Führung, wenngleich in diesem Rahmen die Organisationen der Mädchen und Jungen getrennt waren. Die meisten der zwölf Millionen Frauen, die Scholtz-Klink zu »führen« beanspruchte, waren ihr nur nominell unterstellt; faktisch waren sie Mitglieder von gemischten und von Männern geleiteten Organisationen. Die Hausfrauen auf dem Land – und im übrigen sämtliche landwirtschaftlichen Arbeitskräfte, darunter rund acht Millionen Frauen – gehörten dem »Reichsnährstand« an, und zwar durch korporative Zwangsmitgliedschaft. Vier Millionen Arbeiterinnen waren Mitglied in Robert Leys Deutscher Arbeitsfront, und diese war es, nicht die NSF oder das DFW, die gelegentlich und mit einer gewissen Effizienz für höhere Frauenlöhne und den Schutz erwerbstätiger Mütter eintrat. Lehrerinnen, Studentinnen, Ärztinnen und Mädchen im Arbeitsdienst gehörten alle den entsprechenden Organisationen an. Und in der Praxis waren die regionalen NSF-Aktivistinnen weniger der zentralen weiblichen Führung verantwortlich als den männlichen Parteifunktionären auf regionaler Ebene.[55] NSF und DFW konnten nicht einmal die dringlich nötige materielle Unterstützung für Mütter bieten; abgesehen von der Gründung zahlreicher Kindergärten sorgten sie nur für die »weltanschauliche Erziehung«. Ihre Funktionärinnen bemühten sich nicht um einen Einfluß auf die Gesetzgebung von 1935/36 zur väterzentrierten Kinderbeihilfe (auch wenn sie auf das Gesetz von 1942 zum Schutz erwerbstätiger Mütter stolz waren). Materielle Hilfe erhielten Mütter weder vom Staat noch von den Frauenorganisationen, sondern, soweit überhaupt, von den männerdominierten Parteiorganisationen, die unter anderem bedürftige Mütter unterstützten und Kindergärten für erwerbstätige Mütter bereitstellten. Im Nationalsozialismus unterstanden selbst Mutterschaft und Sozialfürsorge, welche die frühere Frauenbewegung als »weibliche Sphäre« unter weiblicher Führung beansprucht hatte, männlicher Führung.

Während des Zweiten Weltkriegs spielte das DFW als Organisation keine Rolle bei den Massenmorden und beim Genozid, wohl aber die NSF und der BDM bei der Verwaltung und Plünderung der besetzten Gebiete. Eine ihrer wesentlichen Aufgaben war nun nicht nur, deutschen Frauen zu helfen – oft recht erfolgreich –, unter schwierigen Umständen bei Luftangriffen und Evakuierung zu überleben, sondern auch, deutschen Frauen beizubringen, sich nicht mit den Millionen osteuropäischer Arbeiter und Arbeiterinnen einzulassen und vor allem Geschlechtsverkehr mit den Männern unter ihnen zu vermeiden. Insbesondere NSF-Führerinnen pflegten Frauen zu denunzieren, welche die diesbezüglichen strengen Verbote übertraten. Diese Bemühungen erwiesen sich großenteils als nutzlos. Bis zum Kriegsende führten die Behörden von Staat und Partei bewegte Klage über den Mangel an »rassischem Bewußtsein« auf diesem Gebiet bei den Frauen und suchten es mittels zahlreicher und strenger Strafen zu befördern.[56] Dennoch hat die Indoktrination durch die NSF wohl wesentlich dazu beigetragen, daß die meisten deutschen Frauen dem Nationalsozialismus und seiner Rassenpolitik keinen aktiven Widerstand entgegensetzten. Daß sie in ihrer Mehrzahl den traditionellen Werten und Handlungsspielräumen von Mutterschaft, Privatsphäre und Familie anhingen, bewog sie nur selten dazu, für diejenigen Frauen und Männer einzutreten, denen diese Werte und Handlungsspielräume verwehrt und die zu Opfern der nationalsozialistischen Rassenpolitik wurden. Der Widerstand deutscher Frauen – einer kleinen Minderheit unter allen deutschen Frauen – ist noch weitgehend unerforscht. Innerhalb der männlich dominierten Widerstandsorganisationen scheinen sie eine wichtige und unterschätzte Rolle gespielt zu haben. Einzelne Fälle weiblichen Widerstands legen nahe, daß er sich oft von dem der Männer unterschied, weniger sichtbar und organisiert war und daß er Aktivitäten einschloß – zum Beispiel Unterstützung von Opfern der Verfolgung –, die gerade dann, wenn sie wirksam waren, den Kontroll- und Verfolgungsbehörden unbekannt blieben und somit seltener schriftliche Zeugnisse hinterließen als im Fall der männlich dominierten Widerstandsorganisationen.[57] Ungeachtet weiterer Forschungen auf diesem Gebiet kann jedoch als gesichert gelten, daß Widerstand unter Frauen nicht verbreiteter war als unter Männern.

Aus dem Englischen von Birgit Barrelmeyer

6
Spanische Frauen

Von der Republik zum Franco-Regime

Danièle Bussy Genevois

Bei den Gemeindewahlen am 12. April 1931 errang die Koalition aus Republikanern und Sozialisten eine so klare Mehrheit, daß König Alfons XIII. das Scheitern seines Regimes anerkennen mußte und außer Landes ging. Am 14. April wurde unter dem Jubel der Bevölkerung die Republik ausgerufen, ein Ereignis, das enorme Auswirkungen auf die Geschichte der spanischen Frauen haben sollte. Für diese hatte die Monarchie der Bourbonen die Unterordnung bedeutet; die Verfassung von 1876 hatte das Bündnis von Thron und Altar wiederhergestellt und den Katholizismus wieder zur Staatsreligion erklärt, die Vorrang vor dem Zivilrecht – Erbe des Code Napoléon – und dem besonders repressiven Strafrecht hatte. So wurden die Frauen durch die Religion und das Recht in doppelter Abhängigkeit gehalten. Politische Rechte für Frauen gab es nicht, und auch in kultureller Hinsicht hatte sich ihre Situation kaum verbessert: 1930 konnten noch 44,4 Prozent der Frauen weder lesen noch schreiben (1900 waren es rund 60 Prozent gewesen). Die Diktatur des Generals Miguel Primo de Rivera, die 1923, nach einem diskret vom König unterstützten Staatsstreich, zur Macht gelangt war, hatte zwei Neuerungen eingeführt: Zum einen hatte ein Dekret von 1924 ausschließlich denjenigen Frauen, die Oberhaupt ihrer Familie waren, das kommunale Wahlrecht nach dem Vorbild des mussolinischen Italien verliehen; zum anderen hatte der Diktator einige Frauen in seine beratende Versammlung gewählt. Sein Sturz im Januar 1930 hatte jedoch die Rückkehr zum Status quo ante bewirkt.

Die spanische Republik bescherte den Frauen Reformen, die das Land in die vorderste Front der parlamentarischen Demokratien einreihten. Bereits 1931 erhielten die Frauen das symbolische Recht par excellence, das Wahlrecht – gerade sie, deren Land 1914 bis 1918 neutral geblieben war, während die Französinnen gegen die Weigerung des Senats protestiert hatten, die von der Abgeordnetenkammer gefaßten Beschlüsse zu Ehren der Kombattantinnen zu bestätigen! Nach derartigen Fortschritten bedeutete der Staatsstreich der Generäle gegen die legal errichtete Republik 1936 die Rückkehr der Frauen in »das Kinderzimmer, den einzigen Platz für die Frau« (Charta der Arbeit von 1938).

Es waren verführerische und irreführende Frauenbilder, die Europa mit Spanien verband – die fatale Carmen im 19. Jahrhundert – oder von dort empfing – die »Regentin« des gleichnamigen Romans von Clarín, hin- und hergerissen zwischen Liebe und Religion. Es gab reale Frauen, die aus ideologischen Gründen mythisch verklärt wurden – eine Dolores Ibárruri, die kommunistische »Pasionaria«, eine Federica Montseny, die anarchistische Gesundheitsministerin. Grund genug, den gewöhnlichen spanischen Frauen auf den zuerst spannenden und dann schrecklichen Wegen zu folgen, die sie von der Befreiung in die Nationalisierung geführt haben.

Republikanische Fortschritte

Die Gründung der Republik erfolgte durch die Machtergreifung einer intellektuellen Elite – im weitesten Sinne des Wortes: Schriftsteller, Ärzte, Hochschullehrer, Juristen – und der sozialistischen Partei, deren Popularität nach einer langen Zeit in der Opposition durch die Überwindung der Diktatur und dann die Abschaffung der Monarchie (nach dem Scheitern einer revolutionären Bewegung im Dezember 1930) nur noch gestiegen war. Nach dem Pakt von San Sebastián vom 18. August 1930 hatten diese Lager ein Regierungsprogramm entworfen, das auf ihrem gemeinsamen Willen basierte, Spanien strukturell zu reformieren und die Privilegien des Ancien régime und der Kirche abzuschaffen.

Die Forderungen der Frauen

Das demokratische Denken in Spanien hatte immer eine Reihe von frauenfreundlichen Forderungen enthalten. Einmütig verurteilt wurde die eheliche und sexuelle Situation der Frau: In immer neuen Anläufen protestierte man gegen die zwischen den Ehegatten herrschende kulturelle und rechtliche Ungleichheit, die unvertretbar hohe Geburtenzahl, welche die höchste Säuglingssterblichkeit Europas zur Folge hatte, gegen die Toleranz gegenüber dem Ehebruch des Mannes, den hohen Prozentsatz an unehelichen Kindern, die verbreitete Prostitution und die Häufigkeit von Geschlechtskrankheiten. Antimonarchistische Ärzte und Juristen forderten Gesetzesreformen und medizinische Verbesserungen (Mutterschutz, Ehetauglichkeitszeugnis). Allgemein galt die Ehescheidung als vernünftige Forderung, auch wenn viele progressive Männer die Befürchtung hegten, daß angesichts der spanischen Bräuche aus der Scheidung eine Art orientalischer Verstoßung werden könnte. Für die sozialistische Partei, Kern der Arbeiterbewegung, waren arbeitsrechtliche Maßnahmen, Ehescheidung und Abschaffung der Prostitution vorrangig. Die Anarchisten repräsentierten zwar eine überaus wichtige Strömung in Spanien, aber aufgrund ihrer Ablehnung des Staates an sich hatten sie nur eine marginale Bedeutung in jener Bewegung, die die Republik vorbereitete; sie verfochten die Anerkennung der freien Liebe und die Entwicklung von Verhütungsmethoden und führten einen unermüdlichen syndikalistischen Kampf.

Hatten die Frauen selbst zur Durchsetzung ihrer Forderungen beigetragen? In der alltäglichen Arbeitswelt waren sie präsent, oft auch gewerkschaftlich aktiv, aber nur wenige ragten als Persönlichkeiten heraus. Eine höchst vernichtende Untersuchung über die Situation erwerbstätiger Frauen legte 1919 Margarita Nelken vor. Sie monierte Entbindungen in der Fabrik, die Sklaverei der Heimarbeiterinnen und die Mißachtung des geltenden Rechts – seit 1920 auch der Beschlüsse der Internationalen Arbeitsorganisation.[1] Aber die Frauen, die den prorepublikanischen Essayisten am nächsten standen, waren Beamtinnen, vor allem Lehrerinnen – ein Dekret von 1918 ermöglichte den Zugang von Frauen zu bestimmten Berufen – und die wenigen Journalistinnen, die es gab.

Von individuell vertretenen Positionen abgesehen, kam es erst ab etwa 1910 zu einer Neugruppierung der Frauen: Verbindungen, die seit 1915 zur Women's League for Peace and Freedom angeknüpft wurden, die Gründung des Verbandes spanischer Frauen (ANME) im Jahre 1918 und weiterer feministischer Gruppierungen machten aus der Nachkriegszeit eine Epoche der Forderungen, die sich in einer eigenen Presse niederschlugen. Für diese Verbände waren das Wahlrecht, die Abschaffung der Prostitution, die Weiterentwicklung der Kultur und die Rechtsreform vorrangig. Die Arbeiterbewegung verhielt sich reserviert gegenüber dem Wahlrecht, das sie für eine bourgeoise Forderung hielt, während Feministinnen und einige männliche Kommentatoren die Ehescheidung zu fürchten schienen.

Reformangebote an die Frauen

Die neue Regierung begann unter anderem, eine Strukturreform des Staates durch Autonomiezugeständnisse an die Regionen durchzuführen, die Trennung von Kirche und Staat zu vollziehen und eine Agrarreform sowie den Umbau der Armee einzuleiten. In diesem Kontext standen auch ihre Maßnahmen in bezug auf die Frauen und die Familie. Für den heutigen Beobachter sind drei Punkte überraschend: die Eile und Dringlichkeit der ersten Maßnahmen, die Gewährung des Wahlrechts und die Beschlüsse zum Familienrecht.

Der Wille, die Ungerechtigkeiten der Monarchie zu beseitigen, führte zu einer Reihe von Dekreten (vom 8. bis 26. Mai 1931), in denen die provisorische Regierung »sich dem Los der Frauen zuwandte«, wie übrigens auch dem der Bauern.[2] Nun erhielten die Frauen das passive Wahlrecht – eine ungefährliche Entscheidung, da man nur geeignete, das heißt Ausnahme-Frauen wählen konnte. Dann kamen die Arbeiterinnen in den Genuß der Mutterschaftsversicherung, welche die Sozialisten schon seit langem vorbereitet hatten. April und Mai 1931 waren die Monate des republikanischen Festes, der Jakobinermützen, der Umzüge mit der Trikolore, der Revuen in den Music-Halls, der Wahl der »Miss Republik«. Etwas von diesem Jubel ging in die Großzügigkeit der ersten Dekrete ein.

Die Frauen erinnerten auf Konferenzen und überschwenglichen Versammlungen daran, daß auch das Wahlrecht ein Gebot der Stunde war. Trotzdem mußten sie bis zum 1. Oktober und zur Abstimmung über Artikel 34 der Verfassung darauf warten; schwierige Diskussionen gingen voran. Sollten nämlich die Spanierinnen zur Wahlurne gehen, repräsentierten sie mehr als die Hälfte der Wählerschaft, und der Generosität folgte die Nervosität auf dem Fuße: Für die Radikalen waren »die Frauen den Pfaffen untertan«, und viele Sozialisten dachten ebenso. Im übrigen verrieten so manche Republikaner frauenfeindliche Einstellungen. Die Frau ist von Natur aus hysterisch, sagte der eine; eine Frau kann erst nach der Menopause vernünftig wählen, weil der Menstruationszyklus sie beeinträchtigt, pflichtete der andere bei. Zum historischen Ereignis wurde das parlamentarische Aufeinandertreffen der beiden Frauen, die nun zu Abgeordneten gewählt wurden (die Sozialistin Margarita Nelken, nachträglich gewählt, war gegen das Wahlrecht der Frauen gewesen): der radikal-sozialistischen Rechtsanwältin Victoria Kent und der radikalen Rechtsanwältin Clara Campoamor. Sie waren die ersten Frauen, die von der Madrider Anwaltskammer zugelassen worden waren. Victoria Kent war eine Berühmtheit, seit sie vor dem Kriegsgericht die Verteidigung von Republikanern übernommen hatte, die an der Revolution vom Dezember 1930 beteiligt gewesen waren; Clara Campoamor vertrat Spanien im Völkerbund. Ernst und temperamentvoll maßen sie ihre Kräfte. Victoria Kent warnte davor, die Verwirklichung des »Ideals« zu überstürzen; Clara Campoamor forderte leidenschaftlich Gleichheit jetzt. Sie trug den Sieg davon, was ihr die Stimmen der Sozialisten bescherte und die Feministinnen mit Freude erfüllte.

In dem Wunsch, Spanien zu »europäisieren«, strebte das auf Modernität bedachte junge spanische Parlament durch eine Reform der Familie die »Erlösung« der Frau an (selbst die spanischen Linken bedienten sich des religiösen Vokabulars). Die Zivilehe wurde anerkannt, die Ehescheidung nach heftigen Diskussionen eingeführt (Artikel 41 der Verfassung vom Dezember 1931, Gesetz vom 2. März 1932). Die spanischen Juristen suchten sich ihre Vorbilder gerne im Ausland: Während sie jedoch das von manchen befürwortete sowjetische Modell verwarfen und die anarchistischen Vorschläge ignorierten, die aus dem eigenen Lande kamen – es war die Zeit, da die junge Hildegart[3] spektakulär für freie Liebe und Neomalthusianismus warb –, ließen sie sich von der Weimarer Verfassung inspirieren, indem sie die Familie auf die Ehe gründeten und die Gleichheit der Geschlechter proklamierten; in puncto Ehescheidung übernahmen sie im wesentlichen französisches Recht. In einzelnen Punkten zeigten sich die spanischen Juristen schöpferisch: Nichtehelichen Kindern wurden dieselben Rechte zugestanden wie ehelichen; die Ehescheidung in beiderseitigem Einvernehmen wurde anerkannt; die gemeinsame Autorität der Eltern hatte Vorrang vor der alleinigen des Vaters. In einem Land, in dem das Patriarchat regierte, war das sehr kühn.

Das Echo auf die Veränderungen

Für den Außenstehenden war der Gesetzgeber mit widersprüchlichen Tendenzen konfrontiert: Der Sozialist Jiménez de Asúa, der von Primo de Rivera in die Verbannung geschickt worden war, weil er Vorträge über Geburtenkontrolle angekündigt hatte, befand, daß sich das Abtreibungsproblem »in Spanien nicht stellt«; der Präsident der Republik, Alcalá Zamora, ein praktizierender Katholik, fand an der Ehescheidung nichts auszusetzen. Es war aber auch erkennbar, daß das Ausbleiben einer genauen Analyse der wirklichen Situation der spanischen Frauen zu Unklarheiten und Ambivalenzen führte: Der Sozialist Largo Caballero mußte zu seiner bitteren Enttäuschung erleben, daß viele Arbeiterinnen die Mutterschaftsversicherung ablehnten – entweder, weil sie den Beitrag nicht zahlen wollten, oder, weil sie, da unverheiratet, die Versicherung als unnötig, in einzelnen Fällen sogar als Zumutung und

Kränkung ihrer »Ehre« empfanden. Der Minister, dem die Forderungen »westlicher« Arbeiterinnen im Kopf herumgingen, mochte den Unterschied nicht zugeben und offenbarte nur seine eigene Verständnislosigkeit: »Die spanische Frau will demnach weiterhin Sklavin sein.«[4] Demungeachtet wurde die Mutterschaftsversicherung nach und nach in die Tat umgesetzt.

Die Ehescheidung war mittlerweile zum Gegenstand genauer statistischer Untersuchungen geworden, und es hatte sich gezeigt, daß sie damals weit weniger verbreitet war, als man hätte vermuten können: Sie war ein Phänomen der Großstadt, beschränkte sich auf Regionen mit linker Wählerschaft und betraf selbst dort nur acht Ehen von tausend (Madrid).[5] Aber ihr negativer Effekt auf die politischen Rechte war weit gravierender als ihr reales Gewicht. Der Gründer der Falange, José Antonio Primo de Rivera – der Sohn des Diktators –, verurteilte denn auch die Herrschaft der »Sinnlichkeit«; ihm zufolge machte es gerade die Größe der Ehe aus, daß sie keinen anderen Ausgang kannte als »Glück oder Tragödie«: »Wer nicht fähig ist, die Schiffe zu verbrennen, wenn er gelandet ist, der ist auch nicht fähig, Weltreiche zu errichten.«[6]

Aber der eigentliche Einfluß der Reformgesetze wurde anderswo spürbar: in dem Echo, das sie in Zeitungen und Autobiographien fanden, und in der Leidenschaft, mit der die Menschen sie in die Tat umzusetzen oder zu verhindern suchten: der monarchistische Vater, der bereit war, ein Vermögen für die kirchliche Annullierung der Ehe seiner Tochter hinzublättern, nur damit sie sich nicht scheiden ließ; der Standesbeamte, der mitten in der Trauung weglief, um nicht zwei Geschiedene vereinen zu müssen; die Anzeigen anläßlich standesamtlicher Trauungen (»herzliche Glückwünsche den Kameraden, die dem Joch der Kirche entronnen sind«), aber auch die nichtkirchlichen Begräbnisse und sogar die weltliche Taufe von Kindern auf revolutionäre Namen wie Libertad [Freiheit], Vida [Leben], Germinal oder Floreal ... Auch in diesen komplizierten Widersprüchen, nicht weniger als in dem Geist der Erneuerung, der Freude und der Würde, kann man nachempfinden, wie die Spanier ihre neue Situation erlebten.

Zuspitzung der Gegensätze

Die beiden Jahre der Reformen können nicht vergessen machen, daß die junge Republik nicht mehr viel Zeit hatte: Kaum war die neue Regierung ausgerufen, begannen die Rechten, Komplotte zu schmieden, und zwar ungeachtet aller ihrer internen Streitigkeiten (Monarchisten, die zu Alfons XIII. hielten, und Karlisten; Konservative, die das republikanische Regime tolerierten; Faschisten und andere). Die spanische Kirche reagierte auf die Reformen mit einer Flut von Hirtenbriefen, während der Vatikan offiziell zur Besonnenheit mahnte und insgeheim die Verschwörung unterstützte, wie die mittlerweile zugänglich gewordenen vatikanischen Archive beweisen.[7] Der erste nennenswerte Versuch eines Staatsstreichs, am 10. August 1932, sah sie alle vereint: Armee, Kirche, Monarchisten, Konservative und Großgrundbesitzer. Zu ihrem Anführer machten sie General Sanjurjo, den ehemaligen Chef der Guardia Civil.

Die Frauen des rechten Spektrums

Zwar scheiterte diese Erhebung, und die Anführer wurden schleunigst verbannt oder inhaftiert. Aber sie lenkte die Aufmerksamkeit auf die Rolle, die die Rechten den Frauen zu geben gedachten. Die Zeitschriften, die auf deren Betreiben zwischen Januar und Mai 1932 gegründet wurden, sollten, vordergründig betrachtet, Bande der Solidarität stiften und die Frauen dazu bewegen, sich um die Gefangenen und ihre Familien zu kümmern. Doch die Aufgabe dieser Zeitschriften bestand eben nicht nur darin, Geschenksendungen zu erbitten und zu vermitteln, wie sie denn auch aus ganz Spanien im Überfluß eintrafen. Die Frauenzeitschriften, die sich zugleich »Kulturzeitschriften« nannten, dienten auch als Ersatzforum für die von der Regierung verbotenen Publikationsorgane; die Botschaften schienen verschlüsselt, die Sendungen reichlich suspekt.

In Wirklichkeit wurde von den Frauen nicht Trost und Zuspruch erwartet, sondern eine ausgesprochen politische Betätigung, und zwar vor allem auf zwei Gebieten: im Kampf gegen die Säkularisierung des Staates und der Schule und daneben im Wahlkampf.

Noch heute ist es unklar, ob die Instrumentalisierung der Frauen des rechten Spektrums ein Beleg für ihre Unterwerfung unter männliche Anführer war oder ob die Initiative zum Handeln von den Frauen selbst ausging. Das Beispiel der Gewährung des Wahlrechts zeigt, daß der Gedanke, daraus politisch Kapital zu schlagen, auf die männliche Führung zurückgeht. Ursprünglich hatten die Monarchisten das Frauenwahlrecht ebenso unerträglich gefunden wie das allgemeine Wahlrecht – »ein Ball der Tolpatsche, auf dem alle Welt verpflichtet wird zu tanzen«[8] –; jetzt schlossen sie sich den Thesen J. M. Gil Robles' an, des künftigen Chefs der Confederación Española de Derechas Autónomas (CEDA), die eine Zeitlang mit dem Nationalsozialismus liebäugelte. Es galt, »die Stimmabgabe zu organisieren«, dieses unverhoffte »Geschenk des Staates«. Zu diesem Zweck hauchte man Organisationen wie der

Azione Cattolica neues Leben ein, die an der Republik verzweifelt waren, aber aus der Epoche der Diktatur ihre Lehren gezogen hatten. Wenn nämlich General Primo de Rivera zuletzt seinen eigenen Parteigängern auf die Nerven gefallen war und damit selbst zum Scheitern seiner im wesentlichen faschistischen Unión Patriótica beigetragen hatte, so konnte er doch 1929 zu seiner Freude erleben, daß Frauen für ihn auf die Straße gingen und daß Zeitschriften gegründet wurden, die seine Sache unterstützen sollten, wie *Mujeres españolas.* Aber 1932 ging es nicht mehr darum, Beifallsbekundungen oder Blumensträuße an einen alten Militär zu schicken, der es liebte, sich mit Frauen zu umgeben. Es ging darum, die Frauen so schnell wie möglich in erneuerten oder neugegründeten Verbänden zu sammeln: 38000 Anhängerinnen hatte die Azione Cattolica in Spanien, 5000 der Verein Aspiraciones in Madrid – eine Gründung der gleichnamigen Zeitschrift –, 12000 Teilnehmerinnen waren auf einer Frauenversammlung in Galicien, 4000 auf einer anderen in Salamanca . . . Genug der Details. Jedenfalls wurden die spanischen Frauen binnen weniger Monate von einer regierungsfeindlichen Bewegung mitgerissen; sie reisten kreuz und quer durchs Land (die Monarchistin Rosa Urraca Pastor absolvierte 50 Veranstaltungen in vier Monaten), belehrten Arbeiterinnen in den Werkstätten der Azione Cattolica oder in ihrer Wohnung, lernten, geheime Listen von Sympathisanten anzulegen, und waren sich – in Madrid – nicht einmal zu schade, 230886 Wahlberechtigten ihren Stimmzettel zu überbringen. Ein Klatschkolumnist machte bei seinem Friseur Wahlpropaganda; man riet den Frauen, »thés bleus« oder »Wohltätigkeitstees« zu veranstalten.

Wenn die Initiative von den »Chefs« ausgegangen war, so waren die Frauen beflissen, sich auch über die erteilten Ratschläge hinaus zu engagieren. Sie verarbeiteten das Emblem des Monarchismus, Kreuz und Lilie, zu Schmuckstücken, und wenn sie sich weigerten, die 500 Pesetas Geldstrafe zu zahlen, die auf derartige Handlungen standen, dann gingen sie als Märtyrerinnen ins Gefängnis. Die Leute drängten sich, sie dort zu besuchen und ihnen den Aufenthalt zu versüßen, der freilich kurz genug war; in Valencia besuchte der Bischof persönlich eine inhaftierte junge Aristokratin im Kerker und überbrachte ihr als Geschenk ein Kruzifix aus Silber und Ebenholz, in das sein Name eingraviert war. Das war nämlich der andere Kampf, in dem die Frauen sich auszeichneten und am häufigsten von sich aus aktiv wurden: der Kampf gegen jene Verfassungsartikel und späteren Gesetze, durch die der säkulare Staat hergestellt, Ordenspersonen die Lehrbefugnis entzogen und der Jesuitenorden aufgelöst worden war. Hiergegen gab es mannigfachen Protest: Frauen schwangen Kruzifixe und schickten ihre Kinder mit schweren Kreuzen beladen in die Schule, sie nahmen

Ordensleute bei sich auf, unterschrieben Petitionen, halfen mit, Geld zu sammeln und Privatschulen einzurichten, boykottierten republikanische Geschäfte. Hier fand die Frauenpresse zu ihrer eigentlichen Rolle, wie die jüngst wiederentdeckte Zeitschrift *Aspiraciones* beweist, die treibende Kraft hinter einem wüsten religiös-antikommunistisch-antisemitischen Kampf. Das Herz-Jesu-Fest der Jahre 1932 und 1933 wurde zu einer offenen Kampfansage an die Republik – vorgetragen von Frauen, die demonstrativ Trauer trugen.

Muß man demzufolge bestätigen, was immer wieder behauptet worden ist: daß es die rechten Frauen waren, die im November 1933 in Spanien den Meinungsumschwung der politischen Mehrheit herbeigeführt haben? Die seit einigen Jahren durchgeführten Analysen der damaligen Wahlergebnisse rechtfertigen diesen Schluß kaum.[9] Ohne die Organisation des rechten Spektrums zu leugnen, sind doch noch andere Faktoren zu berücksichtigen. Das Unbehagen der gemäßigten Republikaner über die antiklerikalen Maßnahmen, der Auszug der Sozialisten aus der Regierung, die Wahlenthaltung der Anarchisten, deren revolutionäre Bestrebungen vehement unterdrückt worden waren, und schließlich ein Wahlrecht, das auf eine stabile parlamentarische Mehrheit abzielte (die Partei mit den meisten Stimmen erhielt 80 Prozent der Sitze): dies alles sind zusätzliche Erklärungen, die es zu bedenken gilt.

Im übrigen sollten den Frauen des rechten Lagers ihre Mühe schlecht gelohnt werden: Aus ihren Reihen wurde als einzige die Volksschullehrerin Francisca Bohigas 1933 ins Parlament gewählt – sie, die in den zwanziger Jahren die Hoffnung einer ganzen republikanischen Elite gewesen war.

Entwicklungen bei den Republikanerinnen

Ob konservativ oder demokratisch, auf den Frauen hatte die Last der Wahlkampfhoffnungen geruht: »Möge dein Gewissen nicht daran zu tragen haben, Frau, wenn die Rechten scheitern sollten«, sagte die Opposition. Die Sozialisten hatten im ganzen Land Wahlveranstaltungen abgehalten; denn nachdem Frauen wie Männern das Wahlrecht gewährt worden war, hatten sie Angst vor der politischen Unreife des Landes bekommen, und ihre Presse hatte das auch zum Ausdruck gebracht. Schon am 2. Oktober 1931 hieß es in *El Socialista:* »Wir haben verloren, indem wir gewonnen haben. Das ist die Realität (. . .). Geben wir zu, daß es uns an politischem Sinn gefehlt hat, selbst wenn wir im Einklang mit einer Forderung unserer Partei gehandelt haben.« Auch der sozialistische Wahlkampf grenzte an Erpressung: »Mütter! Mögen Eure

Söhne, einst zu Männern geworden, niemals denken müssen, daß sie nicht frei sind, weil ihre Mütter sie nicht zu befreien wußten!«

Eine Analyse der Entwicklungen von 1933 bis zum Bürgerkrieg ist daher von besonderem Interesse. Das erste Jahr ließ Tendenzen zutage treten, die sich durch die Revolution im Oktober 1934 radikalisieren sollten. Feministinnen und gemäßigte Republikanerinnen hatten sich geweigert, Wahlinstruktionen zu geben; das Wahlrecht wurde als Sieg an sich empfunden. Sie interessierten sich weniger für die Innenpolitik, sondern wollten langfristige Aufgaben in Angriff nehmen: Gesundheitswesen, Bildungswesen, den internationalen Frieden. Diese Frauen waren die ersten, die den Nationalsozialismus und die Konzentrationslager verurteilten.[10] Die Feministinnen der ANME wurden nach einem Wechsel der Mehrheit von Tag zu Tag konservativer und versuchten, Anfang 1934 eine feministische Gruppierung zu bilden, deren Gründungsurkunde sich vor allem durch die strikte Ablehnung jeder Parteipolitik auszeichnete. Die Gruppierung nannte sich im übrigen »unabhängige politische Frauenaktion«.[11]

1933 machten sich aber auch gewisse revolutionäre Tendenzen bemerkbar: Die spanischen Linken waren von Hitlers Machtergreifung erschüttert. Die Komintern reorganisierte außerdem 1933 die bis dahin recht kümmerliche spanische Kommunistische Partei, deren Leitung José Díaz übernahm, und brachte die starke Persönlichkeit der Dolores Ibárruri ins politische Spiel; spanische Kommunistinnen beteiligten sich im August am antifaschistischen Kongreß in Paris und organisierten im September ihre ersten Kundgebungen in Spanien.

Entscheidend waren aber die Ereignisse im Sommer und Herbst 1934: Ein von Anarchisten und Sozialisten ausgerufener Streik erschütterte die ländlichen Gebiete; Frauen in Andalusien und im Baskenland organisierten eigene Kundgebungen und entdeckten die symbolische Geste der Lebensmittelunruhen wieder; denn die Krise war schlimm. Als Anfang Oktober der Präsident der Republik nach mehreren Regierungskrisen den fatalen Fehler beging, drei rechte Mitglieder der CEDA in sein Kabinett zu berufen, rief die Linke gegen diesen Schritt, den sie mit Hindenburgs Verrat verglichen, den Generalstreik aus. In weiten Teilen des Landes scheiterte er, hielt sich aber mehrere Tage in Katalonien und über drei Wochen in Asturien, wo er zu einer wahrhaften, je nach Örtlichkeit sozialistischen oder anarchistischen Revolution anwuchs. Es wurden Ausschüsse zur Organisation des täglichen Lebens und des Widerstandes gegen die Armee gebildet. Schließlich wurde die asturische »Kommune« durch Angriffe zu Lande, zu Wasser und aus der Luft zerschlagen.

Die Asturierinnen – Frauen und Töchter von Bergleuten oder selbst Arbeiterinnen – beteiligten sich an diesem Kampf, entweder in den

Ausschüssen oder mit der Waffe. Die bewaffneten Frauen waren zunächst noch Einzelfälle und wurden bald zum Mythos stilisiert, so die junge Kommunistin Aida Lafuente, die mit dem Maschinengewehr in der Hand den Tod gefunden hatte. Insgesamt offenbarte die Revolution ganz unterschiedliche Einstellungen. Die Republikanerinnen schienen sich zu spalten. Alle linken Strömungen verurteilten einmütig die Repression und die offizielle Darstellung, die von ihr gegeben wurde – der erste Fall einer bewußten Vergiftung der öffentlichen Meinung. Margarita Nelken organisierte in der französischen Verbannung Versammlungen; Victoria Kent, Clara Campoamor, Dolores Ibárruri und andere riefen zur Rettung der asturischen Kinder die Organisation Pro infancia obrera ins Leben. Doch bei den Feministinnen waren seltsame Ansichten zu beobachten: Forderten sie in ihrer Zeitschrift nicht allen Ernstes die Wiedereinführung der Todesstrafe für die Revolutionärinnen? Beklagten sie nicht, es hätten zu viele »wildgewordene Weibsbilder« gekämpft und die Bergarbeiterfrauen hätten »ihre Männer nicht zurückgehalten«?[12]

Auf Parteiebene führten die repressiven Maßnahmen zur Geschlossenheit; ein Volksfront-Programm wurde von allen, auch dissidenten Anarchisten unterzeichnet. Die republikanische Regierung, die nach den Wahlen vom Februar 1936 eingesetzt worden war, wurde von der gesamten Linken unterstützt. In der Wahlpropaganda hatte das Elend der asturischen Frauen eine große symbolische Rolle gespielt, und die Pasionaria – selber Baskin und Bergarbeiterfrau – hatte in ihren Auftritten begonnen, aus marxistischer Sicht eine ungebrochene Kette von Revolutionen zu konstruieren: von der Pariser Kommune über den Oktober 1917 zum Oktober 1934.

Der 1. Mai 1936 wurde zu einer machtvollen Demonstration der Geschlossenheit unter Mitwirkung zahlreicher Frauen. Es entstand eine neue marxistische Informations- und Propagandazeitschrift namens *Mujeres.* Herausgegeben von der Pasionaria, wurde sie von Frauen aus ganz Spanien gemacht, die in dem Blatt jenes freundliche Bild vom sowjetischen Paradies verbreiteten, das Margarita Nelken zeichnete, die in der UdSSR Zuflucht gefunden hatte. Einige Wochen vorher hatten anarchistische Ärztinnen die *Mujeres libres* gegründet, um den Ort der Frauen in der Befreiungsbewegung zu reflektieren, nachdem schon zu viele Männer ihre revolutionären Ideale vergessen hatten und wieder nach Hause gegangen waren. Für die Rechte war dieser 1. Mai ein Schock. José Antonio Primo de Rivera nahm ihn zum Anlaß für seinen »Brief an die Militärs« vom 4. Mai; obwohl inhaftiert, rief er sie darin zur Gegenwehr auf. Empfanden sie nicht die »Schande«, die »Schmach«, wenn sie ihre Frauen Parolen rufen hörten wie »Kinder – ja! Männer – nein!«?[13]

Der Bürgerkrieg

Der Aufruf an die Militärs war überflüssig: Schon am 17. Februar hatte General Franco dem Interims-Ministerpräsidenten die Übernahme der Macht vorgeschlagen, und von da an wurde die Verschwörung ununterbrochen weiterbetrieben; trotz der – freilich ungenügenden – Wachsamkeit der Regierung brach im Juli 1936 schlagartig der Aufstand aus. Es ist jedoch klar, daß, mit Ausnahme Navarras, das spanische Volk gegen die Rebellion war; ohne die Unterstützung Hitlers und Mussolinis und ohne die zweideutige Haltung des Nichteinmischungs-Komitees wäre die Sache nicht mehr gewesen als ein kräftiges militärisches *pronunciamiento*.

Auseinandergerissene Familien, die ersten Bombenabwürfe auf die Zivilbevölkerung: Die Photographien und Proteste von Zeugen aus aller Welt bewahren die Erinnerung an schwarz gekleidete Frauen, an rennende oder am Boden hingestreckte Kinder im Bombenhagel auf Madrid oder Guernica. Abgesehen vom täglichen Elend aller Menschen: Wie verhielt es sich mit den Frauen, die in diesem Bürgerkrieg aktiv waren, der ein Krieg gegen den Faschismus war und zugleich eine (anarchistische, trotzkistische, kulturelle) Revolution?

Auf republikanischer Seite zeichnete sich der Krieg in Spanien paradoxerweise durch weitere kulturelle und legislative Fortschritte für Frauen aus, die durch den Notstand begünstigt wurden: berufliche Bildung und Kurse zum Lesen und Schreiben (1936); Legalisierung freier Verbände der Frauen und sogar Witwen von Milizionären; Eingliederung von Frauen in die Kriegsindustrie (1937); Ausbildung als Pilotinnen (1938). Bemerkenswert war auch, daß die Gesundheitsministerin Federica Montseny, eine Anarchistin, ab Oktober 1936 die Abtreibung legalisierte und damit nachholte, was in Friedenszeiten vergessen worden war. Die derzeit laufende Analyse von Krankenhausakten verspricht aufschlußreich zu werden.[14]

Wie sollte es da nicht verständlich sein, daß der Krieg bei vielen jungen Frauen eine tiefgreifende Veränderung ihrer Mentalität bewirkt hat? Die historische Soziologie bestätigt dies ebenso wie die Archive, die nach und nach geöffnet werden und damit Tatsachen ans Licht bringen, die durch die franquistische Geschichtsrekonstruktion verdeckt worden sind.[15]

Wie könnte man ungerührt bleiben von der Teilnahme der Frauen am Kampf und am Widerstand? So versucht die Forschung zur Geschichte der Milizionärinnen, deren wahre Bedeutung und Zahl genau zu erfassen; die Biographien haben sie abwechselnd heroisiert oder auf den Rang von Köchinnen und Prostituierten verwiesen. Bald wird man mehr von ihnen wissen als nur die Vornamen jener Arbeiterinnen, die im Kampf gefallen sind, oder als die bemerkenswerten Taten vieler, manchmal Anführerinnen von Kolonnen, wie Mika Etchebère beim POUM oder Lina Odena beim PCE. Sie haben mit der Waffe in der Hand gekämpft; in jenen Gegenden, die vom ersten Tag an Franco unterstanden, fiel ihnen – wie man es jetzt in Navarra entdeckt hat – die Aufgabe zu, Widerstandsnetze zu organisieren.[16]

Tatsächlich brach zwischen Parteien und Gewerkschaften eine Polemik darüber aus, ob den Frauen zweckmäßiger eine Rolle in vorderster Front oder im Hinterland zuzuweisen wäre. Dabei waren zwei Faktoren zu bedenken: die Chronologie des Krieges und gewiß auch die politische Zugehörigkeit. Im Sommer 1936 begünstigte die allgemeine Desorganisation den Aufbau von Milizen und die spontane Rekrutierung von Frauen wie von Männern; seit dem Herbst hatten hingegen die Organisation einer regulären Armee und der zunehmende Einfluß des Stalinismus auf die folgenden Regierungen zur Folge, daß zunächst die trotzkistische und dann die anarchistische Revolution zerschlagen wurde und die Frauen wieder in den Hintergrund traten. Entsprechend grundsätzlich verschieden waren die Organisationen: die Unión de Muchachas arbeitete in dem drei Jahre lang belagerten Madrid für die Verteidigung der Stadt und die Emanzipation der Frauen; in Katalonien organisierten die anarchistischen Mujeres libres das Hinterland und bekämpften die Prostitution; und die Asociación de las Mujeres Antifascistas (AMA) unter Führung der Pasionaria organisierte Kommunistinnen und Nichtkommunistinnen in den Fabriken und rief zu internationaler Hilfe auf: »Die Männer in den Kampf, die Frauen an die Arbeit.« Doch begriffen die Frauen überall, daß Öffentliches und Privates nicht voneinander zu trennen waren, und überwanden bis zur Niederschlagung der Revolutionen immer wieder ihre politischen Meinungsverschiedenheiten, um zusammenzuarbeiten. So sammelten sich in der AMA weibliche Abgeordnete aus der Zweiten Republik; und nicht nur die Kommunisten feierten den Mut und die Würde einer Dolores Ibárruri.

Die Errichtung des Franco-Regimes

Aus der Perspektive einer Geschichte der Frauen muß man, wie wir gesehen haben, den Beginn des Franquismus lange vor dem Staatsstreich vom 18. Juli 1936 ansetzen. Für das Jahr 1934 waren, mehr noch als der durch die Oktoberrevolution erzeugte Schrecken und Haß, zwei Entwicklungen kennzeichnend: der Aufbau der Frauen-Falange im Dezember und die Rückkehr zur alten Sittenordnung auf Drängen der führenden Kirchenfürsten. Die Übernahme gewisser Publikationen und Veranstaltungen unter kirchliche Regie verlief weniger spektakulär, war aber dennoch ein Signal: Der Kampf gegen den Sport, die »Nacktheit« am Strand und die »Frivolität« der Frauen begann nicht erst 1939, sondern schon 1934.

Der Kampf für den »Kreuzzug«

Der Gründung der Frauen-Falange und den Bemühungen um die Restauration kirchlicher Autorität war eines gemeinsam: sie sollten die Frauen der Rechten an ihren untergeordneten Platz zurückweisen. An Stelle der mannigfachen Eigeninitiativen von Frauen zu Beginn der Republik sollten ihre Aktivitäten künftig unter der Aufsicht politischer und kirchlicher Autoritäten stehen. Der Falange ging es darum, daß die Frauen durch die Übernahme von Propaganda- und Organisationsaufgaben beim »Aufbau eines großen und imperialen Spanien« mithalfen. Der 5. Artikel der Statuten der Frauen-Falange verkündete: »Frau, es ist nicht mehr an dir, zu handeln, überlaß das Handeln dem Mann.« Erst während des Krieges gewann die Bewegung an Stärke. Historikerinnen beschäftigen sich derzeit mit dem Paradoxon der Frauen-Falange: Durch den Tod der alten Chefs (José Antonio Primo de Rivera, O. Redondo) wurden Frauen – die Schwester des ersteren, Pilar Primo de Rivera, und die Witwe des letzteren, Mercedes Sanz Bachiller – zu Organisatorinnen einer Bewegung, die unter neuen Chefs (Franco, die Kirche) nach und nach modifiziert wurde. Für die Falange waren die Trennung von Kirche und Staat, der Kampf gegen den Großgrundbesitz und eine faschistische Konzeption der Gesellschaft und des Imperiums vorrangig. Mit dem Franquismus setzte sich seit der Zeit des Bürgerkriegs genau das Gegenteil durch; die allzu ausgeprägt faschistischen Tendenzen verschwanden während des Zweiten Weltkriegs, nach dem Tod Mussolinis und dem sich abzeichnenden Sieg der Alliierten. Eine falangistische Verschwörung gegen Franco war 1937 vereitelt worden. Danach konnte die Asche José Antonio Primo de Riveras in den Escorial überführt werden; betrieben wurde nicht mehr eine faschistische, sondern eine »national-katholische«[17] Indoktrination der Massen.

Der Bürgerkrieg erlaubte es Franco, die Frauen in einem sogenannten »Winterwerk« (in Analogie zu der deutschen Winterhilfe) einzusetzen, das später in »Sozialhilfe« (*Auxilio social*) umbenannt wurde. 1937 wurde diese – »[von Gott gewollte] Blüte von Azur und Zartheit« – von Franco mit der Frauen-Falange vereinigt. Den Frauen fielen jetzt wieder Aufgaben wie Nahrungsmittelversorgung, Herstellung von Uniformen, Betreuung an der Front und im Hinterland zu, aber auch die Propaganda im Rundfunk und viele pädagogische Missionen im ganzen, nunmehr »national« genannten Spanien; nach den Unterlagen der Organisation selbst sind von ihren 580000 Mitgliedern 58 Frauen getötet worden, was Rückschlüsse auf die ihnen obliegenden Aufgaben zuläßt. In der Frauen- und der Jugendpresse feierte die neue Falange Isabella die Katholische und die hl. Theresia von Avila, nicht ohne deren Biographien umzudeuten.

Korrekturen an der Gesetzgebung

Der von Krieg und Franquismus geprägte Geist konnte nur historische Heldinnen dulden, die sich dem göttlichen Willen unterworfen, nur Frauen, die sich der Mutterschaft verschrieben hatten. Pilar Primo de Rivera wandte sich im Mai 1939 vor 10000 Mitgliedern der Frauen-Falange an den Caudillo, um »den Sieg zu feiern«; denn »die einzige Mission, die das Vaterland den Frauen gegeben hat, ist das Heim«.[18] Kardinal Gomá hatte diesem Thema schon im Sommer 1934 diverse Leitartikel in Frauenzeitschriften gewidmet. 1937 demonstrierte sein Brief an alle Bischöfe der Welt, daß die Kirche die franquistische Erhebung unterstützte; 1939 versicherten sich der Caudillo und der Kardinalprimas in einem Briefwechsel ihrer gegenseitigen Unterstützung und ihrer gemeinsamen Interessen.

Schon im September 1936 sorgte ein Dekret für die »Moralisierung der Sitten«, indem es in den Schulen wieder die Geschlechtertrennung einführte. Im März 1938 wurde »die verheiratete Frau aus der Werkstatt und von der Arbeit befreit«, eine »Befreiung«, die mit Mutterschaftsprämien und dem Verbot der Ausübung freier Berufe einherging. 1938 wurden das Gesetz über die Zivilehe und rückwirkend auch das Gesetz über die Ehescheidung aufgehoben; zwischen 1941 und 1946 erfolgten viele Ergänzungen im Strafgesetzbuch zur Strafbarkeit der Abtreibung, des Ehebruchs und des Konkubinats (worauf für die beteiligte Frau lange Haft- und schwere Geldstrafen standen; der Mann, der die ehebrecherische Frau und deren Geliebten tötete, wurde verbannt; er wurde freigesprochen, sofern die Verletzungen nicht tödlich waren). Die Prostitution blieb hingegen legal.

Die Kirche nahm wieder das Bildungswesen in die Hand; die reorganisierte Falange und ihre obligatorische Einheitsgewerkschaft besorgten das Geschäft der Unternehmer. Die Lehrpläne waren für beide Geschlechter verschieden und durften nur Gegenstände umfassen, die »dem katholischen Dogma und der katholischen Sittenlehre« entsprachen.[19] Im bürgerlichen Recht wurde die Volljährigkeit auf 25 Jahre hinaufgesetzt, und die Frau mußte im elterlichen Haus wohnen bleiben, bis sie heiratete (oder ins Kloster ging).

Die Frauen – zum Schweigen verurteilt

Der Haß gegen die republikanischen Frauen war ein mächtiger Motor gewesen; aber kann er erklären, warum gerade die aktivsten Frauen der Rechten – Abgeordnete, Ingenieurinnen, Volksschullehrerinnen – ausnahmslos seit 1939 das Wirken für Heim und Herd als den einzigen Beruf priesen, der »einer Frau würdig« sei? Tatsache ist, daß vor allem seit Januar 1938, als der Sieg Francos sich abzuzeichnen begann, die Schelte gegen »Mannweiber«, »Schlampen«, »Monstren« und »Blutsauger«, anders gesagt: gegen die Frauen der Linken, zu einem beherrschenden Thema in den franquistischen Zeitschriften wurde. Sie waren für die Katastrophe verantwortlich, weil sie das christliche Heim und die Scham der spanischen Frauen vernichtet hatten – eine Version, die mitunter die Wirklichkeit der franquistischen Erhebung verdeckte. Die Frauen-Falange wirkte an der Erschaffung eines Idealbildes mit; sie trug zur Umerziehung der »Roten« und ihrer Kinder bei und rief den »Sozialdienst« ins Leben: Er war das Pendant zur Wehrpflicht der Männer; im Fall der Verweigerung wurde der Reisepaß der Frau konfisziert.

Die Geschichte der Unterdrückung der Frauen weicht nur partiell von der Geschichte der Männer ab; Verbannung, Hinrichtungen, Gefängnis, Denunziation, Berufsverbote, Bücherverbrennungen betrafen die Republikaner beiderlei Geschlechts. Aber die Frauen erlebten zusätzlich die Vergewaltigungen, das Rhizinusöl, das Abschneiden der Haare, die Umerziehung ihrer Kinder, die Klosterhaft, ohne daß ihnen Hinrichtungen erspart geblieben wären (wieviele mögen im ganzen Land getötet worden sein, wenn – nach den Angaben von Mussolinis Botschafter Ciano – allein in Madrid 1939 Monat für Monat 6000 Personen hingerichtet wurden?). Und sie erlebten die nur ihnen vorbehaltene Erniedrigung: schuldig zu sein, weil sie die Frau, die Witwe, die Mutter eines »Besiegten« waren.

Im Zeitraum von zehn Jahren scheinen die spanischen Frauen den Weg mehrerer Generationen zurückgelegt und sozusagen Schlag auf Schlag die widersprüchlichen Erfahrungen gemacht zu haben, die die anderen Europäerinnen entweder nur separat oder über eine viel längere Zeitspanne verteilt erlebt haben. Sie profitierten von der fortschrittlichsten Gesetzgebung, zu der eine parlamentarische Demokratie fähig war; manche machten die Revolution mit; alle erlebten den Krieg und die Last des national-katholischen Regimes, und manche wurden zum Exil verurteilt.

Die extreme zeitliche Verdichtung der Ereignisse ist unbestreitbar; sie erschwert die Beurteilung der tatsächlichen Rolle der Frauen ebenso wie der Auswirkung der Rechtsreformen, durch die die ersten republikanischen Regierungen die Mentalitäten in der spanischen Gesellschaft verändern wollten. Die Geschichte der spanischen Frauen ist gekennzeichnet – aber ist das nicht eigentlich immer der Fall? – durch die leidenschaftlich eigensinnige Wiederentdeckung der verschiedensten Elemente, die immer umfassendere Synthesen ermöglichen: die Frauengeschichte des Anarchismus, des Sozialismus, des Franquismus bzw. der jeweiligen Opposition. Neuerdings sind vermehrt Ehescheidung und Mutterschaft, Bildungswesen, Presse und Krieg untersucht worden; doch gibt es trotzdem noch ungenügend erforschte Themen (zum Beispiel die Frau auf dem Land, die Frauenarbeit, die Frauenverbände, die Verbindung zu den anderen Europäerinnen), über die es nur fragmentarische Kenntnisse und Denkansätze gibt.

Die Schwierigkeiten der Forschung werden zweifellos durch administrative Nachlässigkeiten und die Verheimlichung oder Vernichtung von Dokumenten, für die das Franco-Regime bekannt ist, und die franquistische Rekonstruktion der Geschichte noch vermehrt. Aber weder wissenschaftliche Unklarheiten noch politische Leidenschaften werden die Eigenart und den Stolz der jüngsten Geschichte der spanischen Frauen brechen können.

Die »politische Mündigkeit« – der ständig gebrauchte Ausdruck zur Bezeichnung des Wahlrechts – hat den Frauen das Staatsbürgertum beschert, aber auch das Bewußtsein ihrer Würde, die Anerkennung ihrer selbst als Personen über den Kreis der kulturellen und politischen Eliten hinaus. Diese Lehre hat auch nach 1936 gewirkt: Während des Krieges waren der Kampf um ihre Rechte und für ihren Körper ständig wiederkehrende Themen in Zeitschriften, Briefwechseln und republikanischen Zeugnissen von Frauen.

Ohne eine unannehmbare politische Konfusion stiften zu wollen, kann man auch unterstreichen, daß die Republik den Frauen von links und von rechts einen Punkt der Gemeinsamkeit beschert hat, den ihre Publikationen sichtbar machen: Sie melden sich zu Wort. So war es kein Zufall, daß rechte Frauenzeitschriften zwischen 1935 und 1937 zu verschwinden schienen, um später als Organe unter der Leitung von Männern wiederzuerstehen.

Die langlebige Herrschaft Francos ist keine monolithische gewesen; das Leben der Frauen ebensowenig. Nach dem Schweigen, der Heimlichkeit, dem »Abschwören« und Abrücken mancher Frauen von ihren früheren »Irrtümern« und dem Einfluß eines Bildungswesens, das eine ganze Generation unterwürfiger junger Mädchen herangezogen hatte,[20] sollten verschiedene Faktoren zusammenwirken, um in vielen Frauen wieder das Bewußtsein ihrer sozialen und politischen Unterdrückung zu wecken: der beharrliche, mannigfache Widerstand gegen den Franquismus, die Streikwelle am Ende der fünfziger Jahre, die Wirtschaftskrise, die die Frauen zur Wiederaufnahme ihrer Berufstätigkeit oder zur Auswanderung zwang (1960–1964), und nicht zuletzt der Tourismus, der seit etwa 1960 für die Verbreitung anderer Denkweisen und Lebensanschauungen sorgte. Das feministische Erwachen erfolgte zunächst durch die Krise des sozialen Gewissens; auch hier machten sich die verschiedensten Einflüsse geltend, die unmöglich alle aufgezählt werden können: Studentenverbände, Nachbarschaftsgruppen, das heimliche Wirken der Kommunistischen Partei oder einer Kirche, die sich der sozialen Frage öffnete, boten Möglichkeiten genug. Und die Feministinnen meldeten sich 1975 und 1976 bei den zahllosen Versammlungen der politischen Parteien zu Wort.[21]

Zwischen 1975 und 1978, dem Jahr, in dem die Verfassung in Kraft trat, haben Historiker, Politiker und Feministinnen die Fäden der Erfahrung dort wieder aufgenommen, wo sie vierzig Jahre zuvor fallengelassen worden waren. Wenn auch die Kämpfe für die Demokratie und die Rechte der Frauen noch nicht völlig ausgestanden sind, so hat doch das heutige Spanien einen großen Teil des Weges schon zurückgelegt.

Aus dem Französischen von Holger Fliessbach

7

Die Französinnen unter dem Vichy-Regime

Frauen in der Katastrophe – Bürgerinnen dank der Katastrophe?

Hélène Eck

Die historischen Untersuchungen der letzten zwanzig Jahre über das Vichy-Regime haben unbestritten nachgewiesen, daß seine Politik der Kollaboration mit dem nationalsozialistischen Deutschland früh begann und dauerhaft war. Sie haben gezeigt, welche Aspekte des Regimes in eine sehr französische ideologische Tradition gehören, obwohl sie in der Geschichte eines offenbar der Demokratie in ihrer republikanischen und laizistischen Form verpflichteten Landes, in welchem die Linke einen breiten Raum einnahm, befremdlich waren. Diese Arbeiten haben dazu beigetragen, die Natur des Vichy-Regimes zu präzisieren. Es ist klar, daß Vichy kein totalitäres Regime war; zweifellos war es jedoch ein autoritäres und repressives Regime, das Frankreich und das Vaterland durch rechtliche, später physische Ausgrenzung der »Unerwünschten« definierte: Es ist bekannt, in welchem Ausmaß die französische Regierung für die Durchführung der Endlösung verantwortlich war. Aber die Mannigfaltigkeit der ideologischen und politischen Komponenten dieses Regimes samt der ihnen entgegenwirkenden Machtkämpfe und die Entwicklung des Regimes selbst, die es binnen vier Jahren vom Antiliberalismus bis an die »Grenzen des Totalitarismus« führte, erlauben es nicht, Vichy ohne weitere Nuancierung der Kategorie reaktionärer Regime zuzuordnen, die ausschließlich von einem rückwärtsgewandten Konservativismus inspiriert werden. Es gab im Vichy-Regime den Willen, den Gang der Dinge besser zu organisieren, eine Innovationsfähigkeit, die sich namentlich über seinen Wirtschaftsdirigismus manifestierte und nicht immer den konservativen Idealen entsprach.[1]

Als »pluralistische Diktatur« hat Vichy mit den ihm eigenen Widersprüchen den Versuch der sozialen Reorganisation eines Landes unternommen, das selbst schwer zu verstehen ist: ein Land der Landwirte und Kleinbetriebe, dem doch Großindustrie und Arbeitermassen nicht fremd sind; ein Land freiheitsverbundener Bürger, das durch die Niederlage und den Einmarsch der Deutschen im Mai/Juni 1940 gespalten war; eine Nation, entlastet durch den Waffenstillstand, aber der Besatzungsmacht sehr rasch feindlich gesinnt. Die reale Auswirkung des Regimes auf eine solche Gesellschaft festzustellen, seinen »effektiven Einfluß« und seine Fähigkeit zur Weiterentwicklung der sozialen Realitäten und der von der Republik ererbten politischen Ansichten zu ermessen, erfordert neue Bilanzierungen und neue Forschungen, um die tatsächliche materielle Situation kennenzulernen und um besser zu verstehen, wie die französische Gesellschaft diese Zeit überstanden hat – mit dem Vichy-Staat und bisweilen gegen ihn.[2] In der Gesamtheit dieser Fragestellungen werden zwar auch die Seite der Frauen und ihre Stellung untersucht,[3] allerdings in so unzureichendem Maße, daß man nicht von einer Fülle gewonnener Einsichten sprechen kann. Das erscheint paradox, wenn man den Umfang der Arbeiten über diese Zeit bedenkt; es überrascht nicht, wenn man sich vergegenwärtigt, daß man einer geschlechtsbezogenen Geschichte als Faktor und Indikator der charakteristischen Merkmale einer Gesellschaft offenbar kaum Aufmerksamkeit schenkte, sobald man die politische Komplexität Vichys und das Räderwerk seines Funktionierens betrachtete, das auf höherer Ebene nur von Männern geführt wurde. Miranda Pollard[4] analysiert in ihren Arbeiten über die politische Geschichte die Geisteshaltung des Vichy-Regimes, wonach Frauen ein konstituierendes Element der diesem Regime eigenen Ideologie waren.

Das Ziel der Nationalen Revolution sah für die Frauen ein symbolisches und ideales Universum der Mutterschaft, der Familie und des Heims vor, während der von Vichy verkörperte »État français« in seiner realen Funktion ganz andere kollektive und konkrete Situationen regulierte und lenkte: Not, Unterstützung, Arbeitskräfte für Deutschland. Die Umsetzung der Nationalen Revolution mit ihren ungewissen Folgen, die aber nicht alle Fehlschläge waren, schloß die Frauen nicht von vornherein aus der Sphäre der Öffentlichkeit aus; sie waren präsent, wenn die Politik des Regimes sich in ihre Erwartungen mischte und an die Werte rührte, denen sie anhingen. Nicht »die Frauen«, sondern bestimmte Gruppen von Frauen, die man tatsächlich agieren sah.

Die Anwendung der Vichy-Parole »Travail, Famille, Patrie [Arbeit, Familie, Vaterland]« enthüllt auch die Widersprüche dieses Regimes, das umständehalber oft genug zu einer provisorischen Behandlung seiner Projekte verurteilt war; aber nicht nur die Umstände und die unzureichenden Mittel können die Kluft zwischen den Träumen des Vichy-Staates und der Realität der Besatzung erklären. Man muß auch den Widerstand der sozialen Strukturen gegen neue staatliche Zwänge nennen, die verschiedenen Stufen der Gehorsamsverweigerung auf seiten der Haushalte, selbst wenn die Ursachen dieser Einstellung nicht streng politisch waren und nichts mit der aktiven Résistance zu tun hatten. Es ist augenscheinlich, daß Platz und Rolle der Frauen auf dieser Ebene wesentlich waren: Allein oder in ihren Familien, in ihren Beziehungen zum Gatten oder zur Umwelt, wirkten sie daran mit, Überlebensstrategien anzuwenden – im Namen von Gefühlen und Werten, die manchmal weit von den Geboten des Vichy-Staates entfernt waren. Diese Tatsache ist nicht neu, aber sie war besonders deutlich in dieser Zeit, die die Werte der Familie auf die Probe stellte und die Erledigung der täglichen Aufgaben extrem schwierig gestaltete. Interferenzen, Divergenzen, Widerstände gegen den Staat: Situation und Verhalten der Frauen als solcher sind sehr wohl eine Komponente der sozialen und politischen Geschichte Frankreichs in jener Zeit.

Jene Jahre sind in eine Geschichte der Frauen eingeschrieben, die weit über ihre Grenzen hinausgeht und deren Chronologien sich nach dem jeweils zu ihrer Untersuchung eingenommenen Standpunkt richten. Die Familie, die Art, wie sie dargestellt wird, und ihr Funktionieren haben eine Geschichte, deren Rhythmus sich nicht den Ereignissen anpaßt. Inwieweit haben die Lebensbedingungen unter der Besatzung zu einer dauerhaften Aufwertung des Familienlebens und der seelischen Bindungen beigetragen, wie sie sich im Laufe der Vorkriegszeit abgezeichnet hatte? Hinsichtlich der Eingliederung der Frauen in das Wirtschaftsleben können wir den Stellenwert der Vichy-Zeit in der langen Baisse der Berufstätigkeit von Frauen zwischen den zwanziger und den sechziger Jahren erst schwer ermessen. Schließlich sind die Französinnen durch die Katastrophe Staatsbürgerinnen geworden, im juristischen Sinn durch die Bewilligung des Wahlrechts, aber hat nicht die für die Bewußtseinsbildung und persönliche Initiative so fruchtbare Zeit zwischen 1940 und 1944 eine »Politisierung« der Frauen beschleunigt, das heißt ein geschärftes Bewußtsein von der Wichtigkeit des Politischen und seiner Folgen für das tägliche Leben? Man darf nicht vergessen, daß Kollaboration und Okkupation nicht in eine der Zeit von 1914 bis 1918 vergleichbare Kriegsperiode mit ihrer so klaren Trennung zwischen Front und Etappe, Zivilisten und Kombattanten, Heimat und Feind fielen. Zwischen 1940 und 1944 war der »Krieg« überall und nirgends, mit allen Ambiguitäten, die diese Ausnahmesituation erzeugte.

Die Familie zuerst

Der État français ist aus der schnellen und brutalen Niederlage von Mai/Juni 1940 hervorgegangen. Über das unmittelbare Problem des Waffenstillstandes und des Verhältnisses zur Besatzungsmacht hinaus erhob dieses autoritäre und reaktionäre Regime den Anspruch, eine umfassende Antwort auf die militärische, politische und moralische Krise zu geben, welche Frankreich soeben durchgemacht hatte. In dem Durcheinander und der extremen Verworrenheit des Sommers 1940 hatten die vom neuen Regime angebotenen Erklärungen und Lösungen den Vorzug, einfach zu sein: Mit der Niederlage büßten die Franzosen für ihre »Genußsucht«, die seit 1918 vorherrschend gewesen war und eine für das Vaterland tödliche moralische Dekadenz erzeugt hatte. Diese kollektive Schuld konnte nur durch den Beitrag eines jeden Franzosen zum Werk des nationalen Wiederaufbaus gesühnt werden, dessen Devise – »Arbeit, Familie, Vaterland« – Prinzipien und Ziele zusammenfaßte. Die Nationale Revolution vollzog sich unter der Führung eines Chefs, Marschall Pétain, der sich den Franzosen als echter Vater präsentierte: hellsichtig genug, um das Fehlverhalten seiner Kinder zu rügen, und dabei gütig genug, um ihr Unglück lindern zu wollen. Diesen unverantwortlichen Kindern entzog man das Wahlrecht und ersetzte die Republik durch einen ungeschriebenen politischen Vertrag nach Art einer Familie: Der Schutz des Vaters wurde nur im Austausch gegen das Versprechen absoluter Treue und absoluten Gehorsams wirksam.

Der Organizismus Vichys verurteilte den Individualismus und seine Folgen, die Selbstbestätigung und das Streben nach Freiheit. Er verherrlichte die natürlichen Gruppierungen und diejenigen sozialen Institutionen, welche die Eingliederung und Erfassung des Individuums garantierten. Er verwarf den Intellektualismus mit seinen Abstraktionen – Chimären, die mit den gelebten Traditionen nichts zu tun hatten. Er predigte eine Moral des Dienens und Sich-Mühens, die Pflicht zur Solidarität, die konkreten Taten zum Nutzen aller: Nach Beendigung der Nationalen Revolution durfte Frankreich, gesäubert von allen Fremden und allen antinationalen Elementen, nur eine einzige, große, hierarchisch geordnete, solidarische Familie sein.

Das Vichy-Regime definierte Platz und Rolle eines jeden in der Gesellschaft als Funktion der Kategorie, in die er gehörte; indem sie die Franzosen des freien Gebrauchs ihrer Rechte und ihrer Fähigkeiten beraubte, verurteilte die Ideologie des Regimes die Gesellschaft zur Unbeweglichkeit und die Individuen zu einem gewissermaßen ererbten Schicksal.

Unterschied und Komplementarität der Geschlechter

Vichy definierte die Rolle der Frau in der Gesellschaft unter Bezugnahme auf den Unterschied und die Komplementarität der Geschlechter in der Familie. Aus der Bekräftigung jenes Unterschiedes erwuchsen die Pflichten der Frauen, die »durch Natur und Berufung« der Mutterschaft geweiht waren; jener Unterschied begründete die für junge Mädchen angebotenen Verhaltensmuster und Lernstoffe; er grenzte auch die Aktivitäten und die Orte des täglichen Lebens ein, die der Frau geziemten. Es wäre übertrieben zu behaupten, Vichy habe aus Frauenfeindschaft die Frauen in ihrem Heim einschließen und von jeder Form der Beteiligung am gesellschaftlichen Leben ausschließen wollen. Was das Regime in größerem Umfang unternahm, war die Stärkung der Familie, die als organische Einheit im sozialen Zusammenwirken angesehen wurde. Ihr Nutzen hatte Vorrang vor den Rechten ihrer Angehörigen; ihr gutes Funktionieren verlangte eine strikte Zuteilung der materiellen Aufgaben, der Rollen und der psychologischen Einstellungen: dem Vater den Chef, die Arbeit und die Autorität; der Mutter das Heim und die Liebe. Gerade weil sie verschieden und komplementär waren, konnten die Ehegatten die Stabilität der Familie garantieren, unter der Voraussetzung allerdings, daß jeder die Rolle respektierte und die Kräfte einsetzte, die seinem Geschlecht zukamen. Die Verschränkung und Zuspitzung der Begriffe von Unterschied und Pflichten begründete eine ideale Familie, mittels derer das Regime die Mutterschaft als einzig mögliche Bestimmung der Frauen glorifizierte. Alles, was die Frauen materiell und psychologisch von dieser Bestimmung entfernte, war widernatürlich, unmoralisch und für das Vaterland tödlich. Es gab keine schlechten Mütter, es gab nur schlechte Frauen, die sich weigerten, Mütter zu sein. Diese Verweigerung der Mutterschaft wurde übrigens nicht als persönliche Entscheidung betrachtet; sie war das Ergebnis einer verhängnisvollen sozialen Entwicklung, die die Weiblichkeit ihrem Daseinsgrund entfremdet hatte, indem sie ihr nur ein falsches Bild ihrer selbst vorgaukelte und sie in zwei Extreme lockte, die beide gleichermaßen verderblich und bisweilen miteinander verbunden waren: die durch das Streben nach Gleichheit mit dem männlichen Geschlecht geleugnete Weiblichkeit (daher der Ehrgeiz, der Hochmut, der Intellektualismus gewisser Frauen) und die durch den Verführungswahn irregeleitete Weiblichkeit (daher die Oberflächlichkeit, die übertriebene Koketterie, die Untreue).

Vichy bot den Frauen an, in der Erfüllung ihrer Bestimmung als Mütter die Tugenden der wahren Weiblichkeit wiederzufinden, die allein imstande war, persönliches Glück und sozialen Nutzen miteinander zu versöhnen, und die allein den Werten der Nationalen Revolution und dem von ihr unternommenen Werk der Erneuerung gemäß war. Als Mutter ging die Frau in Vichys Pantheon der sozialen Vorbilder ein, wie der Bauer und der Handwerker; wie diese wahrte sie eine Tradition der Selbstverleugnung, der Geduld, der Liebe zur gut gemachten Arbeit. Dafür schuldeten ihr die Familie und die Gesellschaft Respekt und Anerkennung: Der »Muttertag« *(Journée des mères),* seit 1926 [in offizieller Form] gefeiert, wurde unter dem Vichy-Regime zu einem kollektiven und privaten Festtag.

Kontinuität und Abwandlung des Rechts

»Bedacht auf die Wiederherstellung der Familie in ihrer ganzen Kraft und Festigkeit« (Gesetz vom 23. Juli 1942), stärkte das Vichy-Regime die Institution Familie als solche viel energischer, als es die zu Ende gehende Dritte Republik getan hatte. Man muß indessen unterscheiden zwischen dem, was sich an dieser Politik als übernommenes und weitergegebenes staatliches Erbe darstellt, und dem, was eigentümlich für dieses Regime der moralischen Ordnung war, das auf die Reglementierung aller individuellen Verhaltensweisen aus war.[5] Im Zusammenhang mit dem Geburtenrückgang in der Zeit zwischen den beiden Weltkriegen wurde die Intervention des Staates zugunsten der Familie, die zunächst auf streng repressive geburtenfördernde Maßnahmen beschränkt war, nach und nach immer umfassender, bis sie endlich, wiewohl spät und nur ansatzweise, die Politik der Geburtenförderung und die Sozialpolitik zusammenführte. Vichy übernahm von der Regierung Daladier den im Juli 1939 verabschiedeten Code de la famille und erweiterte dessen Geltungsbereich. Der korporatistische Geist seiner Gesetze, wie zum Beispiel die Vertretung der Familienverbände in der Regierung (die sogenannte Lex Gounot vom 29. Dezember 1942), konnte den Fortbestand gewisser Bestimmungen bis zur Befreiung nicht verhindern. So erhielt eine Weise der staatlichen Intervention Nachdruck, die aus der Familie ein soziales Phänomen von öffentlichem Interesse machte.

Innerhalb der Familie hatte die verheiratete Frau seit 1938 mehr Rechte und Mittel erworben, auf eigene Faust zu agieren. Als Verteidiger des höheren Interesses der Familie, ihrer Einheit und ihres Fortbestandes – dazu gehörte, daß die Mutter den Vater im Falle seines Versagens oder seiner Abwesenheit ersetzen konnte – hatte Vichy keinen Grund, diese Befugnisse zu beschneiden, solange die Trennung zahlreicher Haushalte infolge von Gefangenschaft und Zwangsarbeit in Deutschland das Regime nötigte, an der zivilen Rechtsfähigkeit dieser Frauen festzuhalten. Diese zaghafte Weiterentwicklung des Rechts in

Richtung Gleichheit der Ehegatten innerhalb der Ehe hatte indessen Grenzen, die bis weit über 1945 hinaus fortbestanden.

Das Gesetz von 1938 behielt nach wie vor dem Ehemann die Verantwortung für alle Entscheidungen vor, die das häusliche Leben wesentlich beeinflußten; diese Vormachtstellung in der Ehe übte der Ehegatte in seiner Eigenschaft als »Oberhaupt der Familie« aus (Gesetz vom 22. September 1942). Obwohl 1945 die wiederhergestellte Republik einen Neuanfang setzen wollte, gaben die Juristen der Ansicht statt, daß das Einspruchsrecht des Gatten gegen eine Berufstätigkeit der Frau mit einer vom »Interesse der Familie im allgemeinen«[6] geleiteten »Regel öffentlicher Art« gleichzusetzen sei, und man hielt bis 1965 an ihm fest; was die Eigenschaft des »Oberhaupts der Familie« anbetraf, so verschwand sie erst 1970. Das Vichy-Regime verriet seinen autoritären und reaktionären Charakter noch mehr durch Gesetze, die sehr strikt die Handlungsfreiheit der Ehegatten beschränkten und die Mutterschaft zur nationalen Pflicht erklärten.

Bekanntlich hat der französische Staat von 1920 bis 1975 die Abtreibung verboten und unterdrückt. Vichy hat die Natur dieses Delikts unbestreitbar dadurch abgeändert, daß es die Täterinnen als »gefährliche Individuen« einstufte und verwerflicher »Handlungen« beschuldigte, die geeignet seien, »dem französischen Volk zu schaden«. Abtreibung wurde mit behördlicher Internierung bestraft und unterlag der Zuständigkeit des Staatsgerichts. Das Gesetz (vom 15. Februar 1942) schonte in der Theorie die Frauen, die eine Abtreibung vornehmen ließen; es verfolgte aber mit voller Härte diejenigen, die ihnen dabei halfen: Zwischen 1942 und 1944 gab es aus diesem Grunde fast 4000 Verurteilungen pro Jahr. Im Juli 1943 wurde eine Frau, die abgetrieben hatte, sogar mit dem Fallbeil hingerichtet: Um ein Exempel zu statuieren, brach Vichy mit einer ungeschriebenen Tradition des französischen Staats, an Frauen kein Todesurteil zu vollziehen.

Das Gesetz vom 2. April 1941 machte das Scheidungsverfahren extrem schwierig und langwierig, nachdem die Praxis der dreißiger Jahre es bereits erleichtert hatte. Im Namen der »moralischen Verpflichtung« (nicht nur der Unterhaltspflicht) wurde das Verlassen der Familie nunmehr als »Desertion« betrachtet und per Gesetz vom 23. Juli 1942 zu einem strafwürdigen Delikt gemacht. Was nicht bedeutet, daß das Vichy-Regime zwischen den Ehegatten die Gleichheit der Pflichten hergestellt hätte: Diese lagen weiter mehr bei der Frau, namentlich die Pflicht zur Treue. Hinsichtlich der Trennung von Ehepartnern führte der Staat Maßnahmen ein, die jeder Schwächung der Ehefrauen vorbeugen sollten: Das Gesetz vom 23. Dezember 1942, »in dem Bestreben, die Würde des Heims zu schützen«, bestrafte speziell den Ehebruch mit der Ehefrau eines Kriegsgefangenen; wie Michèle

Bordeaux schreibt, galt dieser Ehebruch nicht mehr als ein Delikt im Privatbereich, sondern als »Delikt gegen die Gesellschaftsordnung, das von Amts wegen im Namen des Gemeinwohls verfolgt wird«.[7] Dieser Schutz des Heims abwesender Männer erfolgte mit um so größerer Wachsamkeit, als die Richter den Wortlaut des Gesetzes, das nur die »offenkundige wilde Ehe« kannte, großzügig auszulegen pflegten.

Dieses Gesetz stand im Mittelpunkt einer allgemeineren und schwierigeren Frage: Inwiefern waren Maßnahmen zulässig, die der Staat zugunsten der Familien, aber auch im Namen der Familie einführte, was auf eine Vermengung von privater Moral und gesellschaftlicher Ordnung hinauslief, und inwieweit wurden diese Maßnahmen von den Franzosen gebilligt? Das Vichy-Regime hatte es mit einer Gesellschaft zu tun, deren Werte und Vorstellungen in bezug auf das eheliche Glück, die Rolle der Geschlechter und die Frauenerwerbstätigkeit weder homogen noch immer klar erkennbar waren. Trotzdem hat es den Anschein, als habe sich seit den dreißiger Jahren ein Modell von Familienglück behauptet, das die Liebesheirat, das häusliche Leben und die Sorge um die Kinder aufwertete, während sich gleichzeitig das Streben nach einem Privatleben in der Familie manifestierte, das weniger einseitig der Erwerbstätigkeit und der umgebenden Gemeinschaft untergeordnet sein sollte.[8] Seit den dreißiger Jahren gab es in christlichen Bewegungen ein Nachdenken über das Paar und die Natur der ehelichen Beziehung, das im Krieg aufgekommen war und danach weiter entfaltet wurde. Auch die Leserinnen der neuen, auflagenstarken Frauenpresse der unmittelbaren Vorkriegszeit (*Marie-Claire*, 1937; *Confidences*, 1938) stellten sich die Frage nach den Voraussetzungen einer glücklichen Verbindung. Die Zeitschriften boten ihnen das Ideal eines »konstruierten Glücks«, welches in der Ehe Liebe und Annehmlichkeit, schwärmerische Hoffnung und Alltagsrealitäten miteinander versöhnte.[9] Dieser Familialismus wurde gewiß nicht allgemein geteilt und noch weniger gelebt: In vielen Gegenden gehorchte die Ehe nach wie vor Regeln, die dazu führten, daß die Familie weiterhin und in gesteigertem Maße ausgebeutet wurde; außerdem deckte er sich nicht zwangsläufig mit der reaktionären und autoritären Ideologie der Nationalen Revolution. Während Vichy nichts anderes predigte als Verpflichtung, Gehorsam und Hierarchie, war ein anderes Modell darum bemüht, Glück und Pflichten, Moral und Freiheit in der Liebe und im gegenseitigen Respekt der Ehegatten miteinander in Einklang zu bringen. Es basierte bezeichnenderweise auf dem Recht der Familie, sich in autonomer Weise selbst zu bestimmen und jeglicher Einmischung des Staates in die privaten Angelegenheiten zu widerstehen.

Mußte eine Frau berufstätig sein? Françoise Thébaud zeigt, wie verbreitet das Ideal der Mutter-Gattin-Hausfrau war, auch bei den Linken.

Die in den dreißiger Jahren verfolgte Politik der Gesundheitsvorsorge und der Sozialhygiene sowie der Verbesserung der Kinderpflege erweiterten die Rolle und die Verantwortung der Mutter und unterstrichen die positive Wirkung ihrer ständigen Anwesenheit zu Hause.[10] Die Krise und die sehr reale Bedrohung der Arbeitslosigkeit mögen die Hoffnung der Arbeiterinnen genährt haben, daß sie zu Hause besser daran seien, verglichen mit den schweren und kräfteraubenden Tätigkeiten, welche die minder qualifizierten Arbeitnehmerinnen in häufig unsicheren Stellungen verrichten mußten. Berthie Albrecht schreibt über ein Praktikum, das sie im Rahmen ihrer Ausbildung zur Betriebsfürsorgerin 1937 bei den Lagerverwalterinnen der Galerie Lafayette absolvierte: »Sie beneiden die reichen Frauen weder um ihre Kleidung noch um ihren Luxus; sie beneiden sie um die wundervolle Möglichkeit, zu Hause zu bleiben!« Denselben Wunsch gab es bei den Frauen der christlichen Landjugend (JAC), die für die Landbewohnerinnen »das Recht auf das Heim« und ihre Befreiung von den anstrengendsten Arbeiten auf dem Feld forderten.[11] So könnten die Rückbesinnung auf die Werte der Familie und die Erwartung einer staatlichen Politik der Familienunterstützung eine Erklärung dafür bieten, daß ein Teil der öffentlichen Meinung und der Frauen selbst die Familienpolitik des Vichy-Regimes billigten und an ihrer Umsetzung mitwirkten.

Die Partizipation der Frauen am Gemeinwesen

Die tugendhaften Frauen, welche die Nationale Revolution feierte, waren demungeachtet moderne, intelligente, tüchtige, in ihrer Häuslichkeit glückliche Frauen, die dennoch, schon im Interesse der ihren, nicht von der Außenwelt abgeschnitten lebten; denn um das Glück der Familie zu begründen, genügte es nicht, eine treffliche Hausfrau und Kinderpflegerin zu sein.

Frauenbildung und Frauenkultur: Die Rolle der Christen

Die Teilnahme der Frauen am öffentlichen Leben durch soziales Handeln und vor allem militant-christliche Vereine wurde seit langem als Erweiterung und Vertiefung ihrer häuslichen Aufgabe anerkannt und akzeptiert. Sie entwickelte und veränderte sich in der Zeit zwischen den beiden Weltkriegen mit dem Entstehen von »Bildungsbewegungen, die in ihrer großen Mehrheit von Frauen und nur für Frauen waren (...), und ebensosehr auf ihr volksaufklärerisches Wirken wie auf ihre weibliche Besonderheit pochten«.[12] Ihr Ehrgeiz war es, Frauen und Mädchen eine staatsbürgerliche und soziale Erziehung zu ermöglichen, Eliten zu bilden, die weibliche Jugendbewegungen, die milieuspezifisch und von den männlichen Parallelorganisationen unabhängig waren, ins Leben rufen sollten.

Seit dem Ersten Weltkrieg wußte man in bürgerlichen Kreisen, daß junge Mädchen einen Beruf ausüben und notfalls ein Leben in der Ehelosigkeit führen können mußten, wenn auch die Ehe das Ideal des Lebens blieb. Durch Pfadfinderausflüge, Tanzveranstaltungen, Kinobesuche, aber auch die Geschlechtermischung im Büro, wuchs in den dreißiger Jahren eine Generation Mädchen heran, die man sich immer in Blüte wünschte, die aber weder unwissend noch ängstlich waren. In der unmittelbaren Vorkriegszeit sah man sie, in Shorts, den Rucksack auf dem Rücken, von Herberge zu Herberge radeln oder wandern, verbunden mit der Natur und ihren Segnungen. Zwar blieben gewisse Prälaten überzeugt, daß »Leibesübungen sich für eine Frau nicht schicken«, aber Ausbilderinnen und Führerinnen billigten diese übertriebene altmodische Prüderie nicht. Im Gegenteil, man förderte körperliche Betätigung im Namen ihrer hygienischen und moralischen Vorzüge. Das Ideal der Frau war jetzt das eines gesunden, robusten und doch schlanken Körpers und eines natürlichen, offenen Gesichts, als treuer Spiegel einer rechtschaffenen Seele und eines beherzten Charakters. Mode und Frauenzeitschriften trugen das ihre bei, dieses Bild von der Frau zu verbreiten, und verurteilten im Namen des Natürlichen und Einfachen »die manierierte, aufgedonnerte Schönheit« früherer Jahre.[13] Jene moderne Haltung, die eine stärkere Beachtung der Frau als Person forderte und ihr durch Erziehung zur Eigeninitiative und zum Handeln konkret beibrachte, mehr Verantwortung zu übernehmen, war ohne Zweifel nicht das Vorrecht christlicher Bewegungen allein. Aber sie obsiegte in der Zeit der Nationalen Revolution aufgrund der bis 1943 beherrschenden Rolle militanter Katholiken im Generalsekretariat der Jugend (darunter Jeanne Aubert, Gründerin der Christlichen Arbeiterjugend Frankreichs [JOCF, 1928]).

Der Einsatz dieser Verantwortlichen zugunsten junger Mädchen – weniger bekannt als der für die Jungen – zeugte von dem Willen, »der Rolle der Frau im Gemeinwesen« Anerkennung zu verschaffen. Das bestätigte schon im Oktober 1940 die Errichtung der École nationale des cadres féminins in Écully, einer Beamtenschule für Frauen, die die Aufgabe hatte, »verantwortungsbewußte Vorgesetzte« heranzubilden. Die hier zugelassenen Mädchen rekrutierten sich »zu einem großen Teil aus den Jugendbewegungen und den Reihen der Sozialpflegerinnen« und erhielten eine theoretische und praktische Ausbildung, die sie auf eine dringende Aufgabe vorbereitete: die Leitung von Zentren für junge Arbeiterinnen, die im September 1940 eröffnet worden waren, um erwerbslose Mädchen und Frauen zwischen 14 und 21 aufzufangen, und sich an bereits existierende öffentliche oder private Ausbildungsstellen angliederten. 1944 besuchten rund 20000 junge Mädchen 345 berufsvorbereitende und Ausbildungs-Zentren.[14]

So verschafften Frauen ihrer Kompetenz und Tüchtigkeit im Bereich der Jugend Anerkennung. Aber die Konzeption und die Unterrichtsmethoden, derer sie sich dabei bedienten, waren von Anti-Intellektualismus und Anti-Individualismus gekennzeichnet und wirkten besonders zweideutig in einer Zeit, in der man den Schulunterricht der Mädchen, ein Erbe der laizistischen Republik, neu überdachte. In der Zwischenkriegszeit war der Sekundarstufenunterricht der Mädchen durch eine Reihe von Reformen am Lehrplan für Jungen ausgerichtet worden, was auf heftige Kritik einer beträchtlichen Zahl von Eltern und Erziehern gestoßen war, darunter auch der Association des parents de l'école libre; im Namen der weiblichen »Persönlichkeit«, ihrer Berufung und der diesem Geschlecht eigenen »Kultur« denunzierte man einen Egalitarismus, der wenig Achtung vor Unterschieden zeigte, und verlangte, daß nach anderen Methoden und Wegen gesucht würde, um den Mädchen »anderes und dies auf andere Weise« beizubringen als den Jungen.[15]

Das Vichy-Regime hat jedoch das Prinzip eines gleichen Schulunterrichts für beide Geschlechter nicht grundsätzlich in Frage gestellt, abgesehen von der Einführung des Faches »Hauswirtschaft« (Gesetz vom 18. März 1942), das für alle Mädchen auf allen Stufen obligatorisch war, in der Praxis aber selten unterrichtet wurde – aufgrund der ungenügenden materiellen Voraussetzungen, aber vielleicht auch infolge des zähen Widerstands des weiblichen Lehrpersonals gegen die Parolen des Regimes. Konnte Vichy, ohne heftige Reaktionen auszulösen, ein Erbe und ein Recht, die unumkehrbar geworden waren, wieder in Frage stellen? Und genügte die 1941 dekretierte Reform der Sekundarstufe, welche die Selektion verstärkte, um den Zugang junger Mädchen zur Sekundarstufe einzudämmen? (1938 waren es in den staatlichen Gymnasien und Collèges 55000 gewesen, in den höheren Klassen der Primarstufe 50000.)

Dienen: Die Ambivalenz des Sozialen

Not, Elend, Einsamkeit als Folgen des Krieges rechtfertigten die Appelle des Regimes an die Solidarität und Hilfsbereitschaft der Menschen. Um den dringendsten Bedürfnissen gerecht zu werden, entstand, unter unmittelbarer Aufsicht des État français oder in seinem Einflußbereich, ein bedeutendes soziales Netz, das Familien beistehen und plötzlich alleinstehende Frauen unterstützen und leiten sollte. Die Vichy-Zeit brachte eine deutliche Stärkung der zentralisierenden Rolle des Staates auf dem Gebiet des Gesundheitswesens und der sozialen Dienstleistungen und eine zunehmende Professionalisierung der hierfür zuständigen Berufe (dieser Arbeitsbereiche) unter Aufsicht des Sekretariats (später Kommissariats) für Familie und Gesundheit. Vor diesem Hintergrund strengerer staatlicher Beaufsichtigung und gefährdeter Unabhängigkeit agierten Vereine wie der 1941 aus der Ligue ouvrière chrétienne hervorgegangene Mouvement populaire des familles (MPF), wobei Konflikte mit den staatlichen Sozialdiensten und der mit der Koordination privater Wohltätigkeitswerke betrauten Nationalen Fürsorge (Secours Nationale) nicht vermieden werden konnten.

Der Krieg war eine günstige Zeit für die Umsetzung des Mottos »Sehen, Urteilen, Handeln«, das Geist und Methode des MPF auf einen Nenner bringt; er beschleunigte die Ausbildung und Beförderung aktiver Frauen. Der MPF motivierte die Frauen von Kriegsgefangenen, »ihre Probleme selbst in die Hand zu nehmen« und sich in kollektiven Aktionen auf einer praktischen Ebene zu engagieren. In demselben Geist selbstbestimmten und verantwortlichen Handelns suchte die Fédération des associations de femmes de prisonniers, die den Frauen von Kriegsgefangenen drohende Isolierung zu durchbrechen und gleichzeitig ihre Abhängigkeit von den offiziellen Institutionen zu mindern, die sie mit einer erdrückend-moralisierenden Fürsorge umgaben (»Famille du prisonnier«, »Maison du prisonnier«).[16]

Bezeichnete der Krieg also den Höhepunkt des »Sozialen« als eines apolitischen, eigenständigen und gleichsam exklusiven Betätigungsfeldes der Frau im öffentlichen Leben? Jedenfalls zeigte er sehr deutlich dessen Grenzen und Ambiguitäten auf. Denn diese Betätigung war nicht immer politisch unschuldig: Das »Soziale« herrschte auch in den Propagandakampagnen vor, die man inszenierte, um dem Abmarsch nach Deutschland Akzeptanz zu verschaffen. 1943 brachte Radio Paris bis zum Überdruß die beruhigenden Aussagen von Sozialpflegerinnen, die aus Deutschland zurückgekehrt waren. In entgegengesetzter Richtung profitierte die Widerstandsbewegung Combat in der französischen Nordzone von der Unterstützung durch die Absolventinnen der École des surintendantes d'usine (Betriebsfürsorgerinnen-Schule).

Rückblickend fragten sich die Aktivistinnen des MPF nach dem Sinn ihres Handelns und ihrer Politik der Präsenz neben dem Staat in einer solchen Zeit: Hatte nicht die drängende soziale Not, so real und gravierend sie gewesen war, ein kollektives (wo nicht gar individuelles) politisches Engagement kompromittiert, das entscheidender hätte wirken können als nur in der Organisation von Hilfeleistungen? So kam es 1945 zu der »sehr bitteren Feststellung«, daß man bei den Kämpfen der Résistance gefehlt hatte. Dieselbe Ambiguität brachte die Sozialpflegerinnen in eine heikle Lage zur Zeit der Befreiung.[17]

So suchten Idee und Wirklichkeit der wohltätigen Rolle der Frauen im Gemeinwesen ihren Platz zwischen totaler Emanzipation und absoluter Unterwerfung unter ein autoritäres Patriarchat. Vom Regime wurde das nicht verurteilt, sondern sogar gebilligt: Frauen konnten in der Gemeindeverwaltung mitwirken; die betrieblichen Sozialausschüsse, im Oktober 1941 durch die Charta der Arbeit für Unternehmen mit mehr als hundert Arbeitnehmern eingeführt, schlossen Frauen nicht aus, auch wenn nur die wenigsten von ihnen darin mitwirkten. 1942 saßen drei Frauen im Sozialausschuß der Firma Berliet. Schließlich zog der Nationalrat von Vichy in seinen Verfassungsentwürfen in Betracht, Frauen das Wahlrecht zu gewähren.[18] Diese Anerkennung ihrer Rolle konnte, zumindest theoretisch, dazu beitragen, Mädchen und Frauen auf die Werte und das Projekt der Nationalen Revolution zu verpflichten, ohne sie doch, nach Art totalitärer Regime, durch kollektive und obligatorische Indienstnahme der direkten Kontrolle des Staates zu unterstellen: Vichy hat weder eine Einheitsjugend noch eine staatliche Frauenorganisation geschaffen. Aber der 1943 einsetzende Übergang des Regimes zu immer faschistoideren Polizeimethoden hat auf seiten der christlichen Verantwortlichen und Aktivisten eine Haltung des Mißtrauens gegenüber einem Diskurs erzeugt, der jetzt immer weniger von der Familie und immer mehr vom Beitrag zum Endsieg Deutschlands redete.

Und welchen Wert hatte die Lobpreisung der Familie und gar des Gemeinwesens für Millionen von Frauen, deren Alltag sich in Not und unter tausend Schwierigkeiten abspielte? Welche Zustimmung, welche Unterstützung konnte das Regime von den Frauen erhoffen, als die Realität der Okkupation seinem Traum von einer wohlgeordneten und friedlichen ländlichen Gesellschaft, getragen von der unermüdlichen Opferbereitschaft bewundernswerter Mütter, sehr schnell völlig zuwiderlief?

Die Werte der Familie in der Bewährungsprobe des Krieges

Im Jahr 1940 nahmen die Deutschen 1600000 Männer gefangen. Mehr als die Hälfte der Gefangenen waren verheiratet, ein Viertel von ihnen waren Familienväter. Fast eine Million Männer lebten fünf Jahre in Gefangenschaft. Für jene Frauen, die das Glück hatten, den Gatten, den Verlobten oder den demobilisierten Bruder schon 1940 heimkehren zu sehen, währte die Ruhe nur kurz: Zwischen 1942 und 1944 zogen, vermittelt durch den Service du travail obligatoire (STO), 600000 bis 700000 Männer zur Zwangsarbeit nach Deutschland. Frauen und Familien durchlebten eine Trennung, die anders war als jene von 1914/18. Die Abwesenheit der Männer und die Erwartung ihrer Heimkehr waren nicht von der gleichen Art wie damals. Schonte die Gefangenschaft auch das Leben der Soldaten, trennte sie die Paare doch radikal; sie untersagte jedes noch so kurze Wiedersehen, das der Heimaturlaub zugelassen hatte. Die durch den STO requirierten Zwangsarbeiter waren in derselben Situation, da die Deutschen sehr bald den ihnen theoretisch zustehenden Urlaub suspendierten. Bei einer so langen Trennung reduzierte sich die Verbindung auf Briefe und reglementierte Pakete. Die Frauen übernahmen wie 1914/18 die Rolle des Familienoberhaupts und entdeckten, daß sie sich »ganz gut allein durchschlagen« konnten, aber ihr Einsatz, die Energie, die sie aufwenden mußten, waren ebenso empfindlich wie notwendig, durch die Umstände erzwungen und provisorisch. Die Untersuchungen Sarah Fishmans zeigen, daß die Abwesenheit des Mannes nicht genügte, die mit der jeweiligen Rolle der Gatten in der Ehe verbundenen Ideen und Werte in Frage zu stellen. Die Frauen betrachteten sich als Familienoberhaupt kraft Übertragung und auf Zeit: »Résistance«, erinnert sich die Frau eines Kriegsgefangenen, »hieß vor allem, die Wohnung in Schuß halten, die Hoffnung nicht aufgeben, alles für die Heimkehr vorbereiten.«[19]

Ein anderes Zeichen dieser Zeit, die die Jugend glorifizierte: Die Erwachsenen fürchteten die unheilvollen Auswirkungen der Abwesenheit des Vaters auf das Gemüt und die Moral der Kinder; auf die Jugendlichen, die versucht sein mochten, ihrer Mutter den Gehorsam zu verweigern, aber auch auf die Kleinen, die einen Lebensrahmen und das Vorbild einer »normalen« Familie brauchten. Die Verantwortlichen der offiziellen Institutionen gaben reichlich Ratschläge an die Mütter, das Bild des Abwesenden zu pflegen und seine Rolle zu schützen.

Diese Einstellung und diese Mentalität der »Hüterinnen« entsprach der Erwartung und der Angst der Männer, die, ganz wie 1914–1918, von der Vorstellung des Verlassenwerdens oder des Fehlverhaltens ihrer Frauen gepeinigt wurden; eine um so lebhaftere Vorstellung, als viele Kriegsgefangene jung waren und nur ein kurzes Eheglück erlebt hatten, in den Arbeitslagern Gerüchte über die hohe Zahl der Scheidungsbegehren kursierten und, im Unterschied zu 1914–1918, eine Besatzungsarmee im Land war. Der Staat trug diesen Ängsten durch das bereits erwähnte Gesetz vom Dezember 1942 »zum Schutz der

Würde der Familie« Rechnung. Er konnte auch auf die kollektive Überwachung des Verhaltens im Dorf, im Betrieb oder in Familien zählen, die Frauen von Kriegsgefangenen aufgenommen hatten. Angehörige der Fédération des femmes de prisonniers erinnern sich, daß sie viel unter den Vorurteilen ihrer Umgebung und ihrer Nachbarschaft hinsichtlich der Schwäche alleinstehender Frauen zu leiden hatten. Manche ertrugen nur schwer eine Bevormundung, die sie für anormal hielten. Laure, die junge Mutter von zwei kleinen Töchtern, lebte bei ihren Schwiegereltern. Ihrem Tagebuch vertraute sie ihre Hoffnung auf das Leben in einer autonomen Zweierbeziehung an, in der gemeinsam Verantwortung getragen wurde: »Das ist es, weshalb *ich* dich brauche. Eine Familie, das ist ein Papa, eine Mama und die Kinder. Es ist nicht eine Korona von Großeltern mit drei Kindern, von denen ich das älteste bin.« Sie gestand, daß auch sie eifersüchtig war: Es war Tatsache, daß die Gefangenen trotz wiederholter Verbote und Sanktionen durch das deutsche Oberkommando während ihrer Gefangenschaft Kontakt und regelmäßigen Umgang mit Fremdarbeiterinnen und sogar mit deutschen Frauen hatten.[20] Nach dem Ende des Krieges erfolgte die Rückkehr des Vaters in die Familie nicht immer reibungslos; bisweilen hatte die Gefangenschaft die Paarbeziehung definitiv zerrüttet. Die Scheidungsfreudigkeit der Männer zwischen 1945 und 1947 dürfte mit der Heimkehr der Kriegsgefangenen zusammengehangen haben, auch wenn man das klassische Nachholen von Scheidungen berücksichtigen muß, die aufgrund des Krieges und des besonders restriktiven Ehescheidungsrechts des Vichy-Regimes verschoben worden waren.[21]

Die Besatzung hat auch den Bruch alter Bindungen, die Lockerung sozialer Zwänge und die Artikulation bisher unterdrückter Gefühle begünstigt; die Denunziation des Ehegatten war in dieser Zeit keine Ausnahmeerscheinung. Der moralische Schock der Niederlage, die Härte des Alltags und die Versuchung, durch krumme Geschäfte schnelle Gewinne zu machen, die für junge Leute bestehende Notwendigkeit, die Familie zu verlassen, ob sie sich gegen den obligatorischen Arbeitsdienst auflehnten oder nicht – dies alles trug nicht dazu bei, den Respekt vor den Eltern und vor den etablierten Werten zu stärken. Bei der Befreiung äußerten politisch Verantwortliche, Moralisten und Psychologen ihre Sorge über die Zukunft der »J 3«, dieser von den Versorgungsstellen so bezeichneten Kategorie von Jugendlichen, die sie als gefährdet, demoralisiert und zur Delinquenz neigend einschätzten. Einige junge Mädchen haben mehr Handlungs- und Bewegungsfreiheit gewonnen; Brigitte Friang, Studentin aus streng katholischem Pariser Milieu, erinnert sich: »Die Zeit war so verrückt, daß sie meine Eltern dazu brachte, alles zu schlucken.« Mit Verblüffung konstatiert sie, daß die Eltern ihr mit Rücksicht auf Verdunkelung und ungerechtfertigte

Reisekosten ohne Diskussion erlaubten, die ganze Nacht bis zum Morgengrauen auszubleiben, und sie erklärt das so: »Der Krieg war ihr kollektiver Bankrott; (...) das stellte eine ganze Reihe ihrer schönen Grundsätze in Frage. Sie konnten sich selbst nicht mehr zum absoluten Bezugspunkt machen.«[22]

Neben diesen Verhaltensweisen gab es auch eheliche und familiäre Solidarität, verstärkt durch widriges Geschick und die Notwendigkeit, gegen die vom Staat aufgestellten Regeln das tägliche Überleben zu sichern. Es gab die Komplizenschaft des Landwirts- oder Kaufmannsehepaares, das Waren der obligatorischen Ablieferung entzog und durch den unrechtmäßigen Verkauf von Lebensmitteln geringfügige oder große Gewinne erzielte. Es gab Komplizenschaft und Solidarität auch dort, wo die Familie sich zusammentat, um den Weggang eines Angehörigen nach Deutschland zu verhindern. Und schließlich muß man den Mut, ja die Kühnheit zur Sprache bringen, welche die Angehörigen von Verbannten bewiesen, um ihre verfolgten Familien zu retten. Die Familie wurde wieder stark: Schon 1943 setzte ein überraschender Aufschwung der Fruchtbarkeit legitimer Paare ein, Vorbote des nachhaltigen Baby-Booms der Nachkriegszeit (die Geburtenziffer lag bei 15,8 auf 1000, gegenüber 14,7 auf 1000 im Jahre 1937), und man zögert bei der Erklärung eines derartigen Phänomens. War es nur die Familienpolitik des Staates? War es nicht auch die Rache des privaten Lebens in einem bedrohlichen Universum?

Arbeit und Lebensunterhalt

Wie im Ersten Weltkrieg waren Frauen, allein wegen der Abwesenheit der Männer, für die Aufsicht über die Familie und ihr Überleben verantwortlich; sie wurden aber nicht dazu aufgerufen, durch Erwerbstätigkeit zum Sieg beizutragen. Sie hatten die Folgen einer Wirtschaft zu tragen, die der Staat lenkte, ohne sie zu beherrschen, weil sie zunächst im Dienst der Besatzungsmacht stand.

Vichy und die Frauenarbeit

Im Oktober 1940 ergriff die Regierung sehr restriktive Maßnahmen gegen die Einstellung und Beschäftigung von verheirateten Frauen auf Arbeitsplätzen in der Verwaltung und im Öffentlichen Dienst. Diese Entscheidungen fielen in eine Zeit zunehmender Arbeitslosigkeit, die ihren Grund in der Desorganisation der Unternehmen und der schnellen Heimkehr der Mobilisierten hatte, deren Masse jetzt zu der der Frauen hinzukam, die während des sogenannten *drôle de guerre* (Sitzkrieg) eingestellt worden waren. Auf Privatunternehmen wurde das Gesetz nicht rigoros angewendet. Trotzdem muß es enorm unpopulär gewesen sein, da die Regierung der Öffentlichkeit erklären mußte, daß diese Maßnahmen nur provisorisch seien und dazu dienen sollten, die vorhandene Arbeit gerechter zu verteilen. Im Rundfunk hob der Staatssekretär für Arbeit, René Guerdan, hervor: »Die Regierung hat niemals die Absicht gehabt, die verheiratete Frau grundsätzlich wieder an den Herd zu verbannen, wie gewisse schlecht unterrichtete Leute haben glauben wollen.« Im Grunde machte es für die Frauen jedoch keinen Unterschied, ob diese Maßnahme das Ergebnis von grundsätzlichen oder konjunkturellen Erwägungen oder gar von beidem war. Die Fortdauer der Kriegsgefangenschaft, die Einbußen an männlichen Arbeitskräften durch die Zwangsarbeit in Deutschland seit 1942/43, die geringen Einkünfte von nicht getrennten Haushalten führten schnell zu einem Wiederaufleben der Frauenarbeit in ihrer ökonomischen und sozialen, zugleich kollektiven und privaten Realität, dort, wo der Bedarf an Arbeitskräften und die Überlebensstrategie jeder einzelnen Familie zusammenfielen. Im September 1942 wurde das Gesetz von 1940 vorläufig außer Kraft gesetzt, während der Staat gleichzeitig schon zahlreiche weibliche Aushilfskräfte für Schule, Post (PTT) und Bahn (SNCF) rekrutierte.

Noch weiter entfernte sich das Vichy-Regime von den Grundsätzen der Nationalen Revolution, als es auf deutschen Druck hin dekretierte, daß alle Frauen zwischen 15 und 45 Jahren (das waren rund 9 Millionen) dienstverpflichtet werden konnten. Indessen machte sich das Regime nicht zum Lieferanten weiblicher Arbeitskräfte nach Deutschland, wie das bei den Männern der Fall war. Die Bestimmungen der Gesetze »über Nutzung und Lenkung von Arbeitskräften« (4. September 1942, 26. August 1943, 1. Februar 1944) betrafen zunächst nur unverheiratete Frauen zwischen 21 und 35; dann galten sie für Frauen – auch verheiratete – zwischen 18 und 45, aber niemals für Mütter, und es wurde klargestellt, daß die Arbeit in Frankreich selbst verrichtet würde.

In diesem letzten Punkt scheint es, wollte die Regierung die Forderungen der Besatzungsmacht beschränken, die aus ihren Quoten Frauen nicht von vornherein ausgeschlossen hatte. Schon 1941 wandte sich die deutsche Propaganda, die zum freiwilligen Arbeitseinsatz in Deutschland aufforderte, an Frauen wie an Männer, und in der Tat kamen auch Frauen. Die zweite Aktion in bezug auf Arbeitskräfte, Anfang 1943 durch den für Fremdarbeiter im Deutschen Reich zuständigen Fritz Sauckel ausgehandelt, sah die Rekrutierung von 100000 männlichen und weiblichen Arbeitskräften vor, zusätzlich zu 150000

Fachkräften für Metallverarbeitung. Im April 1943 veranlaßte *die jetzt* ernstlich drohende Entsendung von unverheirateten Frauen nach Deutschland christliche Organisationen zu einer Intervention bei Marschall Pétain. Pastor Boegner begab sich eigens nach Vichy, um vom Staatschef das formelle Versprechen zu erwirken, daß Frauen von der Dienstverpflichtung nach Deutschland verschont würden.[23] Noch im Januar 1944 erstreckten sich die deutschen Forderungen auch auf die weibliche Bevölkerung, doch stellte Sauckel in einem für Hitler bestimmten Bericht über die geführten Verhandlungen klar, daß Pétain der Beschäftigung weiblicher Arbeitskräfte nicht im Deutschen Reich, sondern ausschließlich in Frankreich selbst zugestimmt habe.[24] Die Öffentlichkeit begehrte auf: Die Versammlung der Kardinäle und Erzbischöfe veröffentlichte im Februar 1944 eine Protesterklärung, der MPF in Saint-Étienne klärte den Präfekten über die Erregung auf, die das Gesetz vom 1. Februar verursacht hatte. Die Résistance verteilte Flugblätter: »Nicht *eine* Französin für das Reich!« Die restriktiven Klauseln der oben genannten Gesetze hinderten die Besatzungsmacht nicht, örtlich sehr starken Druck auszuüben und sogar schlicht und einfach zu Deportationen zu schreiten. Im Juni 1944 arbeiteten 44835 französische Frauen in Deutschland, das entsprach rund 2 Prozent sämtlicher ausländischer Arbeiterinnen, unter denen die sowjetischen und polnischen Frauen allein schon 85 Prozent ausmachten.[25] Aber wenn die Französinnen nicht massiv zum Arbeiten nach Deutschland gegangen sind – haben sie nicht in den französischen Fabriken für das Reich gearbeitet, wie es die Besatzungsmacht verlangte?

1940–1944: Eine Zunahme der Frauenbeschäftigung?

In dem Jahrzehnt zwischen 1936 und 1946 stieg die Erwerbsquote der Frauen nach damals durchgeführten Erhebungen um 3,4 Prozent, bei Berichtigung der Rohdaten um 1 bis 1,5 Prozent.[26] Die Zunahme der weiblichen Erwerbsquote betraf alle Altersgruppen mit Ausnahme der 25- bis 34jährigen; besonders stark war sie bei jungen Frauen zwischen 15 und 24. Der Anstieg bremste fürs erste den kontinuierlichen Rückgang der Erwerbstätigkeit von Frauen in der Zwischenkriegszeit, vor allem im industriellen Sektor, wo 1921 noch 53 Prozent der nicht in der Landwirtschaft tätigen Frauen beschäftigt waren, 1936 aber nurmehr 44 Prozent, und das trotz einer Umverteilung der Beschäftigung in den einzelnen Erwerbszweigen, die die Arbeiterinnen »von der Nähmaschine an die Presse« führte.[27] Indessen verdeckt dieser Anstieg im Gesamtzeitraum der zehn Jahre zu sehr die konjunkturellen Schwankungen zwischen den beiden Eckdaten: die Arbeitslosigkeit und instabile Beschäftigungslage von 1936 bis 1938, das vergrößerte Stellenangebot während des Sitzkrieges, schließlich die Ungewißheit der Zeit von 1940 bis 1944, für welche die vorhandenen allgemeinen Untersuchungen den Anteil der weiblichen Erwerbstätigkeit als solchen nicht erkennen lassen.[28] Es wäre also gewagt, zu behaupten, Frauen hätten die Zahl der männlichen Industriearbeiter ersetzt oder verstärkt, ohne genau anzugeben, zu welchem Zeitpunkt, in welchen Industriezweigen, in welchem prozentualen Anteil und in welchen Arten der Beschäftigung. Unter diesen Vorbehalten kann man den Kontext in Erinnerung rufen, der die Bedingungen für die Beschäftigung von Frauen schuf. Die gesamte französische Industrieproduktion litt an Erstickungserscheinungen: »Der Rückgang ist in den meisten Branchen älter als ein Jahrhundert«, wie Alfred Sauvy berechnet hat.[29] Konnten die Frauen in einer so unbeständigen Konjunktur ihre angestammten Arbeitsplätze halten? Diese Möglichkeit variierte je nach Gegend, Status des Unternehmens und Einstellung des Arbeitgebers.

Schon 1941 erstreckte sich die Zahl der französischen Arbeiter, die in Frankreich für Deutschland produzierten, nach und nach »auf die unterschiedlichsten Tätigkeiten und das gesamte Staatsgebiet«.[30] Systematisiert wurde diese Situation aber erst seit 1943, im Rahmen der zwischen Speer und Minister Bichelonne geschlossenen Vereinbarungen, die die für das Reich arbeitenden Unternehmen in bevorzugte Kategorien einstuften, was die Rekrutierung von Arbeitskräften und die Zuteilung von Rohstoffen betraf. Es war die Zeit, in der die Besatzungsmacht alle verfügbaren menschlichen Ressourcen zählte: In La Vienne stellten die Frauen 15 Prozent der verlangten Arbeitskräfte. Die Anordnungen der Besatzungsmacht privilegierten die für die deutsche Kriegführung nützlichsten Sektoren, beispielsweise die Bergbauindustrie, viel weniger jedoch die Erzeugung von Zwischenprodukten und Konsumgütern: Die Entwicklung von Kunstfasern vermochte das Verschwinden von Wolle und Baumwolle nicht auszugleichen, und die Zahl der Beschäftigten in der Textilindustrie, einem bereits im Niedergang begriffenen Sektor der Frauenarbeit, ging weiter zurück, namentlich im Norden. Dafür versuchten die Unternehmen der Schwerindustrie in Saint-Étienne, die vom massiven Abzug von Facharbeitern stark betroffen waren, weibliches Personal anzuwerben. Der Zeitraum von 1940 bis 1944 bestätigte die sich seit der Vorkriegszeit abzeichnende Tendenz zur Stabilisierung der Beschäftigung, zumindest bei den weniger qualifizierten Pariser Arbeiterinnen in der Schwerindustrie und der Elektroindustrie. In Marseille führte die Krise in der Lebensmittelindustrie und im Handel zu einem spürbaren Anstieg der Arbeitslosigkeit bei den Frauen, der 1943 seinen Höhepunkt erreichte, während andere Sektoren (Chemie, Schwerindustrie) sich behaupteten.

Als entscheidend erwies sich in einer solchen Konjunktur die Einstellung des Unternehmers. Trotz des Mangels an Rohstoffen hielten Arbeitgeber an ihren Arbeiterinnen fest: Das war in der Pariser Haute Couture ebenso der Fall wie bei kleinen Textilunternehmern im Westen Frankreichs. In Saint-Étienne, bei Casino, bewährte sich der für die Art der Unternehmensführung kennzeichnende Familialismus in dieser Zeit ganz besonders: Die Schwankungen in der Beschäftigung weiblicher Arbeitskräfte, entsprechend den Unberechenbarkeiten der Produktion, wurden durch eine unternehmerische Politik des Schutzes und Beistandes kompensiert, die die beschäftigten Frauen vor gänzlicher Arbeitslosigkeit und Not bewahrte.[31] Für diejenigen Frauen, die keine Anstellung in der Fabrik fanden, bot die spürbare Zunahme von – schlecht bezahlten und von den Männern aufgegebenen – öffentlichen Stellen eine Arbeitsmöglichkeit: 1944 waren mehr als 25000 Beamtenstellen bei den PTT durch Aushilfskräfte besetzt, zum großen Teil durch Frauen und sogar sehr junge Mädchen, zwischen Dezember 1941 und Dezember 1943 rekrutierte die SNCF 20000 von ihnen.[32] Was ist aus diesen Stellen geworden, nachdem die Ausschüsse 1946/47 beauftragt wurden, in der Verwaltung und im Öffentlichen Dienst das Budget zu kürzen und Arbeitsplätze abzubauen?

Aus den bereits angesprochenen Gründen wäre es unbedacht, kategorisch zu behaupten, daß die Frauen zwischen 1940 und 1944 mehr ins Büro als in die Fabrik gegangen seien; doch in den zehn Jahren zwischen 1936 und 1946, die den Anteil der nichtindustriellen Arbeitsplätze an der Frauenerwerbstätigkeit stärkten, bildeten die Jahre 1940–1944 unbestreitbar den Höhepunkt. Bald nach dem Krieg schätzte man, daß der Anteil der Frauen, die in freien Berufen und im Öffentlichen Dienst beschäftigt waren, an der nichtlandwirtschaftlichen Frauenerwerbstätigkeit seit 1936 stark gestiegen war, und zwar von 13,8 Prozent auf 21,3 oder 23 Prozent.[33] Daß die Frauenarbeit paradoxerweise unter einem Regime aufrechterhalten werden konnte und vielleicht sogar zugenommen hatte, das mit dem Anspruch angetreten war, sie zu reduzieren, hat nichts Verwunderliches: Sie war ein wesentlicher Bestandteil im täglichen Kampf um den Lebensunterhalt, der so schwer auf den Frauen lastete.

Die Last des Alltags

Wie lebt man, wenn der Gatte abwesend ist und sogar, wenn er da ist, sobald die – eingefrorenen – Löhne nicht mit den Preissteigerungen Schritt halten? Die offiziellen Preise stiegen, die Schwarzmarktpreise explodierten und fraßen die vor allem 1941 bewilligten Lohnerhöhungen wieder auf. Der Durchschnittslohn in Paris betrug 2500 Francs, aber die minder qualifizierten Stellen brachten nur 1200 bis 1800 Francs ein, und bisweilen nicht einmal das. Die nach Regionen und Beschäftigungsklassen aufgestellten Tarifordnungen lassen die Unterschiede hervortreten. Im Februar 1944 nahm ein vom nationalen Rundfunk ausgestrahlter Bericht der »Stimme der Arbeit« Bezug auf die Situation der Textilarbeiterinnen in der Normandie: Sie wurden nach Leistung entlohnt und brachten es, da sie mangelhafte Rohstoffe zu verarbeiten hatten, auf nicht einmal 1000 Francs pro Monat. In demselben Jahr kostete ein Pfund Butter (sofern es Butter gab) im Schleichhandel 200 bis 300 Francs. Im August 1943 erhielt die Frau eines Kriegsgefangenen vom Staat 140 Francs pro Woche – etwas mehr als der Preis einer Bluse.

Der Staat blieb in dieser Lage nicht gleichgültig. Durch Beihilfen vermehrte er die verfügbaren Einkünfte: 1943 durch eine Erhöhung der 1941 eingeführten Kinderbeihilfe für Familien mit nur einem Lohnempfänger, und fortan wurde sie auch unverheirateten Müttern gewährt; im Dezember 1943 durch spezielle Entschädigungen oder Sonderverdoppelung der Kinderbeihilfen. Dies ersetzte jedoch nicht einen zweiten, in Angestellten- und Arbeiterhaushalten unentbehrlichen Lohn, um die Kosten für die Ernährung zu bestreiten, die zwei Drittel der Einkünfte verschlangen. Aufgrund der immer gravierenderen Lebensmittelknappheit gingen die offiziellen Rationierungen, die im Oktober 1940 eingeführt worden waren und seit 1941 fast alle Arten von Lebensmitteln umfaßten, stetig zurück: Im September 1940 gab es 360 g Fleisch pro Woche, im April 1943 waren es 120 g; im August 1941 noch 650 g Fett, im August 1944 nurmehr 150 g. Aus diesem Grund konnte eine Zeitschrift wie *L'Unité, bulletin des ouvriers de la Révolution nationale* 1943 justament im Namen der Ideologie des Regimes, das die soziale Gerechtigkeit predigte, um den Klassenkampf zu beseitigen, vehement »diese allzu naive Darstellung« denunzieren, »die systematisch die glückliche Frau im Kreise ihrer bezaubernden Kleinen zeigt, die ihr das Leben versüßen«, und ihr »das traurige Bild weiblicher Plackerei« entgegenhalten und »Gerechtigkeit für die Arbeiterinnen« fordern.

Die Nationale Revolution schien weit entfernt. Für die Frauen war es nicht das vom Regime propagierte Vorbild der Opferbereitschaft, sondern die Realität des Alltags, was dem Schutz der Familie und der Führung des Haushalts fast zwangsläufig oberste Priorität gab. Der Krieg wurde notwendig zum Lehrmeister für jenes Know-how und jene häusliche Sparsamkeit, die man den Mädchen hatte beibringen wollen; Presse, Rundfunk, Reklame gaben unzählige Tips und Ratschläge zum Sparen und Aufheben, zur Verwendung und Wiederverwertung der kleinsten Dinge. Es war auch die Apotheose der sogenannten »weiblichen« Aufopferung und praktischen Veranlagung: Die Frauen standen endlos Schlange, zuerst vor dem Rathaus, um die Bezugsscheine abzuholen, ohne die man weder Lebensmittel noch Textilien bekam; dann harrten sie geduldig vor den Läden aus, mit ungewissem Erfolg, denn die Versorgung schwankte in nicht vorherzusehender Weise. Verzögerungen beim Wareneingang oder umgekehrt plötzliche Lebensmittelfreigaben zwangen die Frauen zu ständiger Wachsamkeit. Die Haushalte bauten allmählich, je nach Mitteln und Beziehungen, eine ergänzende Versorgung auf, die den Tauschhandel ebenso kannte wie den Rückgriff auf den Schwarzmarkt und den Appell an Freunde und Verwandte auf dem Lande, das in dieser Hinsicht begünstigter war als die Stadt.

Pakete von Verwandten, Initiativen von Unternehmen oder Verbänden, die Lebensmittel verteilten oder zu Preisermäßigungen beim Verkauf übergingen, die für die Kinder Vespermahlzeiten und Aufenthalte auf dem Land organisierten oder »Arbeitergärten« anlegten, erlaubten die Aufbesserung der Alltagskost, die in den meisten Haushalten sehr bescheiden ausfiel.[34] Die Gesundheit der Kinder wurde zur kollektiven Sorge und höchsten Priorität; Sozialpflegerinnen beobachteten in den Schulen das Auftreten von Krätze und Grind, die unterernährte Kinder befielen. Die Kenntnis der Kinderpflege verbreitete sich durch die Fülle der Ratschläge für junge Mütter, wie sie die Folgen einer unzureichenden Ernährung und der schlecht beheizten Wohnungen vorübergehend lindern konnten.

Diese Erfahrung von Not, erzwungener Sparsamkeit und ständiger Wachsamkeit endete erst 1949, mit dem Ende der Rationierung, denn die Befreiung hatte nicht jenen Überfluß beschert, den viele Familien sich ohne Zweifel erhofft hatten. Mütter und Töchter, die dieses Jahrzehnt erlebt hatten, wurden zweifellos in ihren Einstellungen und Verhaltensweisen dauerhaft geprägt. Sie hatten ein hauswirtschaftliches Know-how gewonnen, das für die Städterinnen der fünfziger und frühen sechziger Jahre unentbehrlich war, in der Stunde des Baby-Booms, der engen Wohnungen ohne Komfort, vor dem Aufkommen der elektrischen Haushaltsgeräte.

Ein derart schwer zu bewältigender Alltag hatte tiefgreifende politische und soziale Konsequenzen; er bedingte die Bildung der öffentlichen Meinung in bezug auf das Regime, Verhaltensweisen des Egoismus oder, umgekehrt, der Solidarität, die politische Bedeutsamkeit hatten oder haben konnten. Alles veranlaßte in dieser Zeit den strategischen Rückzug nach Hause, in eine Haltung des »vorsichtigen Abwartens« und des »Selbstschutzes«.[35] Die Franzosen konnten wohl beschließen, sich aus dem Konflikt herauszuhalten, der sich militärisch außerhalb des Landes abspielte, aber sie konnten nicht der Politisierung ihres Alltags ausweichen, welche die Maßnahmen des État francais und die nach November 1942 auf das ganze Land ausgedehnte Präsenz der Besatzungsmacht zur Folge hatten. Sie mußten sich nicht zwischen Achse und Alliierten entscheiden, aber sie konnten nicht die aus beiden Lagern kommenden Appelle ignorieren, die sie zur Entscheidung aufforderten. Die Frauen waren als solche nicht von dieser Schlacht ausgeschlossen; sie waren wie die Männer Spielball und Zielscheibe der Propaganda, weil es die öffentliche Meinung in ihrer Gesamtheit war, die jedes Lager für seine Ideologie und Strategie zu gewinnen suchte. Die Frauen waren voll und ganz im Krieg, weil sich dieser Weltkrieg im besetzten Frankreich ohne Front und ohne Kombattanten abspielte.

Vaterland

Cunégonde, bekannte Figur in den Rundfunksendungen des »France Libre« in London, verstand die verworrene politische Lage in Frankreich schlecht oder kaum. Gleichwohl war diese neue Bécassine voll guten Willens und hatte den Wunsch, im Interesse ihres Landes zu wirken. Anhand von Begebenheiten aus ihrem Alltagsleben erklärte man ihr, wie man »weniger blauäugig« war, und bleute ihr immer wieder ein: »Unser Feind ist der Deutsche.« Die Pädagogik aus London bestand darin, allen Franzosen, Männern wie Frauen, einzuhämmern, daß niemand hoffen konnte, in diesem Krieg sein individuelles Schicksal zu bewahren: Die Besatzung ist eine kollektive Knechtschaft, die die Bevölkerung als ganze zur Geisel Deutschlands macht, unter Komplizenschaft Vichys, dieses »Anti-Frankreich«, das nicht, wie die Franzosen glauben mögen, ihr Schild und ihre Zuflucht ist, sondern sich im Gegenteil zum Erfüllungsgehilfen des Hitler-Regimes macht.

»Jeder Franzose, jede Französin kann etwas tun«

»Zählt nicht darauf, daß Vichy euch verteidigt«: In der ersten Zeit forderte London die Bevölkerung zum moralischen Widerstand auf, gekennzeichnet durch eine geschlossen ablehnende Haltung gegenüber der Niederlage, der Unterwerfung unter Vichy und dem Rückzug auf die eigenen Interessen. Unmittelbar betroffen waren die Frauen von dieser Strategie, die aus der Überlegung heraus entwickelt war: »Jeder Franzose, jede Französin kann etwas tun.« Noch mehr waren sie es, als London seit Frühjahr 1942 und dank der Intervention der aus Frankreich kommenden Widerstandskämpfer mehr auf die alltäglichen Sorgen der Franzosen einging, namentlich auf die Ernährungs- und Gesundheitsprobleme. Jetzt verlas man am Mikrophon die empörten Briefe jener anonymen Französinnen, »hartnäckig, unbeugsam«, die trotz der Not »durchhalten«.[36] Die Appelle waren um so dringender, als die öffentliche Meinung mehrheitlich ihren Haß gegen die Besatzungsmacht nicht sogleich mit der Ablehnung des herrschenden Regimes in Zusammenhang brachte. Im wesentlichen entdeckte sie erst Ende 1942 »das Band, das beide politischen Richtungen eint«. Aber selbst als der französische Staat, zum Miliz- und Polizeistaat geworden, ohne jede Zweideutigkeit erkennen ließ, daß er dem Hitler-Regime diente, »war im nationalen Maßstab nicht der kollektive Ausdruck eines wirklichen Widerstands- und Kampfgeistes zu erkennen«.[37] In dieser Hinsicht scheint es keinerlei Unterschiede zwischen den Geschlechtern gegeben zu haben. Die Ausübung der Staatsbürgerschaft, in der Dritten Republik den Männern vorbehalten, machte diese weder wacher noch entschlossener, Freiheit und Vaterland zu verteidigen. Was nicht bedeutet, daß Männer oder Frauen völlig und anhaltend passiv bis zur feigsten Selbstverleugnung geblieben wären. Resignation, der quälende Gedanke an den Alltag, Müdigkeit, Angst konnten durchaus mit Gesten der Solidarität gegenüber verfolgten Juden oder gejagten Widerstandskämpfern einhergehen, ohne daß sie deshalb zu einer kollektiven Mobilisierung geführt hätten.

Zwischen punktueller, zufälliger Hilfe einerseits und rückhaltlosem Engagement im Kampf andererseits konnten auch die Frauen wählen und entsprechend handeln. Sie taten es auf eigene Faust, ohne Anweisung und ohne bestimmte politische Überzeugung, aus Feindschaft gegen die Besatzungsmacht, um einem Verwandten einen Dienst zu erweisen, Leuten vom Land oder aus der Nachbarschaft, die sie jeden Tag trafen, aus Solidarität mit Kollegen: Eine Krankenschwester bescheinigte ungerechtfertigterweise Arbeitsunterbrechungen; eine Angestellte im Rathaus beschaffte ohne Befugnis Lebensmittelkarten oder standesamtliche Papiere. Exemplarisch war in dieser Hinsicht die Handlungsweise von Postbeamtinnen, Telefonistinnen und Briefträgerinnen: Sie erscheinen heute als »eines der wichtigen Räderwerke im PTT-Widerstand«. Dieser Widerstand [von Männern und Frauen], anonym, verschwommen, diffus, ist schwer zu quantifizieren, aber er bildete, im Angesicht von Denunziation und Isolierung, eine »Infrastruktur des Schweigens«, eine »Akkumulation von Gesten«, deren die organisierte Résistance bedurfte.[38] Er hat sich unbestreitbar auch zugunsten verfolgter Juden geäußert, die seit Sommer 1942 systematisch gejagt wurden.

Spätes Erwachen einer Nation, die gleichgültig zugesehen hatte, wie Vichy seit 1940 die bekannte diskriminierende Gesetzgebung einführte und den Deutschen ein Viertel der jüdischen Gemeinschaft Frankreichs auslieferte. Gleichwohl ein Erwachen, das Männer und Frauen zum Ungehorsam gegen den État français brachte, als seine – autoritären – Maßnahmen wirklich unmenschlich erschienen, weil das Regime, das die Familie verherrlichte, der Besatzungsmacht kleine Kinder auslieferte. François Bédarida erinnert daran, daß es »eine Fülle von individuellen und kollektiven, spontanen und organisierten Kanälen gab, die es erlaubten, die von den herrschenden Nazis befohlene und betriebene ›Endlösung‹ in ziemlich großem Umfang scheitern zu lassen«.[39] Die Rettung jüdischer Kinder war für Madeleine Barot und die Führung der protestantischen Hilfsorganisation CIMADE das Motiv, in den Untergrund abzutauchen. In diesem Augenblick konnten die sozialen Einrichtungen des Vichy-Regimes als Tarnung benutzt werden: In Rouanne verfrachteten die beiden verantwortlichen Frauen der Corporation paysanne regelmäßig jüdische Kinder aufs Land.[40]

In eine ganz andere Richtung, kollektiv und spezifisch weiblich diesmal, zielten Protest- und Kundgebungsbewegungen von Hausfrauen, häufig auf Betreiben von Aktivistinnen der Kommunistischen Partei, namentlich Danielle Casanova, bis 1939 Generalsekretärin der Union des jeunes filles de France. Entsprechend der Gesamtstrategie der Partei zielte diese Form der Aktion darauf ab, die weitverbreitete Unzufriedenheit des Volks gegen den État français zu mobilisieren. Yvonne Dumont, eine der Verantwortlichen für die Frauenaktion in der Nordzone: »Durch ihre Zahl und ihre Sorgen stellten sie (die Frauen) auf Zeit ein Aktions- oder wenigstens Unterstützungspotential für die Résistance dar (...). Man mußte nur beginnen, sie zum Protestieren und Handeln zu bewegen.«[41]

Dieses Ziel wurde durch die Einrichtung von Frauen-Volksausschüssen umgesetzt, die die Hausfrauen aufriefen, vor Rathäusern und Präfekturen zu demonstrieren, um die Freigabe von Lebensmittelvorräten zu erreichen und Kohlegutscheine oder eine Kartoffelzuteilung zu erhalten. In einer an Frauen gerichteten lokalen und regionalen Untergrundpresse wurden diese Aktionen angekündigt, geschildert und erklärt. Im Frühjahr 1942 nahm die Zahl der Demonstrationen zu. Der Rundfunk des Freien Frankreichs griff das Thema auf. In Paris waren die Demonstrationen auf den Märkten in der Rue de Buci und der Rue de la Daguerre von Reden unter dem Schutz der Franc-tireurs partisans (FTP) begleitet. Auf den Kundgebungen wurden die traditionellen Parolen gerufen: »Die Blutsauger weg! Wir wollen Brot!«, aber auch »Nieder mit den Deutschen [à bas les Boches]!« und, in Marseille 1944: »Weg mit der Miliz!« Anhand rein materieller Forderungen suchten die Aktivistinnen das heimliche Einverständnis zwischen Regime und Besatzungsmacht aufzuzeigen.

Indessen bleiben die effektive Wirkung dieser Ausschüsse und ihre Bedeutung für die Meinungsbildung der Frauen schwer einzuschätzen. Für die Aktivistinnen der Kommunistischen Partei war ihre Beteiligung an der Résistance die normale Fortsetzung, die logische Folge ihres Vorkriegs-Engagements, genauso wie für jene, die antifaschistischen Bewegungen angehört hatten, wie zum Beispiel Madeleine Braun, Vorstandsmitglied des Mouvement Amsterdam-Pleyel, die 1941 am Aufbau der Nationalen Front arbeitete und später der Kommunistischen Partei beitrat. Auch die Opfertat einer Suzanne Buisson, Sekretärin des Comité national des femmes socialistes und im Sommer 1943 deportiert und vermißt, stützte sich auf politische Überzeugungen und Aktivitäten, die in die Vorkriegszeit zurückreichten; für viele andere war es nicht so – sie engagierten sich ohne Erfahrung.

Die Résistance: Brüderlichkeit und Gleichheit der Geschlechter?

Der Eintritt in die aktive Résistance entsprang häufig einer individuellen Entwicklung, an deren Beginn die Ablehnung des Regimes oder des Waffenstillstandes oder beides stand. Sie wurde gefördert durch den Freundeskreis, das Netz der Verwandten.[42] Die Résistance war naturgemäß geheim, verschwiegen, abgeschottet. Sie versteckte sich hinter der Maske eines gewöhnlichen Alltagslebens, einer normalen Berufstätigkeit, eines biederen Familienlebens. Oft entstand die Résistance in häuslicher Umgebung. Sie hatte vielfältige Aspekte: In ihren Anfängen erfand sie in ungeordneter Weise Aktionsformen und Aufgaben, die nicht von vornherein weiblich oder männlich waren. Manche von ihnen war sogar zwangsläufig Gemeinschaftssache, weil sie die Benutzung der Wohnung implizierten; Beherbergen, Führen, Verpflegen, Verstecken, Unterrichten, Transportieren, alle diese Tätigkeiten waren als solche weder rein weiblich noch untergeordnet. Sie waren auch gefährlich; denn die Besonderheit der deutschen Okkupation bestand darin, ein Regime der kollektiven Repression zu errichten, das die Familie als ganze unter Verdacht stellte, unabhängig von der tatsächlichen Handlung jedes einzelnen und ohne Rücksicht auf den Rechtsgrundsatz, daß die Strafe der Schwere des Delikts entsprechen muß: Im November 1943 wurde Jeanne Kahn, Mutter von zwei Kindern, in Lyon im Gefängnis Montluc inhaftiert und später deportiert, aus dem einzigen Grund, weil ihr Mann als Widerstandskämpfer verhaftet worden war.[43]

In Zeiten des klassischen Krieges bestand der einzigartige Mut der Kriegsheldinnen darin, ihr Leben dort einzusetzen, wo es im Prinzip allein die Männer tun durften. Das Handeln der Résistance, im Untergrund und von Repression bedroht, gebot Männern wie Frauen, noch anderer Gefühle Herr zu werden als nur der Furcht vor dem Tode: der Unruhe, niemals und nirgends wirklich sicher zu sein, der Angst vor der physischen und psychologischen Folter, der quälenden Sorge über die Gefahren, denen man nahestehende Menschen, namentlich Kinder und Kameraden, aussetzte. Die Résistance zwang jeden zu derselben Vorsicht, demselben Mut, derselben Kaltblütigkeit, gleichgültig, welchen Rang und welche Funktion er oder sie in der Gruppe bekleidete; denn der Feind wußte häufig nicht, mit wem er es zu tun hatte, und stellte Verhöre an, um es zu erfahren.

Trotzdem scheint diese Gleichheit bezüglich der Risiken und Repressalien weder eine Gleichheit der Verantwortlichkeiten noch das Recht auf Anerkennung eines gleichen Verdienstes gestiftet zu haben. Das kollektive Gedächtnis der Résistance ehrt einige große Frauengestalten, Opfer der Repression, deren Name bleibt – um daran zu erinnern, daß auch Frauen den Preis der Freiheit gezahlt haben: Berthie Albrecht, mit Henri Frenay verantwortlich für die Bewegung Combat, zweimal verhaftet und nach ihrer zweiten Internierung in Fresnes verschollen; Danielle Casanova, 1942 verhaftet und bei der Deportation nach Auschwitz gestorben; Simone Michel-Lévy, posthum mit dem Ehrentitel »compagnon de la Libération« ausgezeichnet (was nur sechs Frauen widerfahren ist), Organisatorin einer Widerstandsgruppe bei den PTT, gefoltert, nach Ravensbrück deportiert, dann wegen Sabotage gehängt ... um nur diese zu nennen, für viele andere, die Geschichte und Geschichtsschreibung vergessen haben. Nicht wenige aus der Generation von Widerstandskämpfern und -kämpferinnen haben erlebt, wie ihr Engagement nach dem Krieg von politischen Bewegungen, namentlich der gaullistischen und der kommunistischen, vereinnahmt wurde, ohne daß sie selbst sich im politischen Leben engagiert hätten. »Die Armee der Schatten ist stumm«,[44] ganz besonders jene, die ihr patriotisches Engagement nicht gleichgesetzt hat mit einer politischen Festlegung in Abhängigkeit von einer Partei oder zugunsten eines schon vor dem Krieg erprobten Aktivismus.

Die Frauen, von der Sphäre der Macht und der politischen Institutionen noch weiter als die Männer entfernt, haben die gewonnene Erfahrung nicht geltend gemacht. Wollten sie es überhaupt? Bei der Befreiung haben viele von der Bewegung Franc-tireur keinen Gebrauch von ihrem Recht gemacht, sich den Titel »freiwilliger Kämpfer für die Résistance« zuerkennen zu lassen.[45] Der häusliche Aspekt des von Frauen Geleisteten rückte das eingegangene Risiko ins Dunkel oder ins Vergessen: Die »guten Gastgeberinnen«, die, in Komplizenschaft mit ihren Männern, beherbergt und verköstigt haben, sagten oft:

»Das war normal.« Die Rolle der Frauen ist wahrscheinlich darum vernachlässigt worden, weil sie weniger zahlreich als die Männer in organisierten Bewegungen waren und weil es nur sehr wenige gab, die an die Spitze einer Untergrundorganisation gelangten, wie zum Beispiel Marie-Louise Dissart vom Netz Françoise, das dem War Office untergeordnet war, Marie-Madeleine Méric-Fourcade, die für die 3000 Personen starke, dem Intelligence Service angegliederte Nachrichtengruppe Alliance verantwortlich war, oder Claude Gérard, die mit dem Aufbau der Geheimarmee der Bewegung Combat in der Dordogne betraut war und für die Widerstandsbewegung in sieben Départements des französischen Südwestens verantwortlich wurde.

Die Geschichtsschreibung der Résistance hat in ihren Anfängen die Untersuchung der Organisation der Widerstandsbewegungen und der Aktionen militärischer Art der Résistance-Armee, etwa ihrer Sabotageakte oder ihres Untergrundkampfes, bevorzugt. Frauen kamen in den großen Dienststellen der Organogramme der Bewegungen nicht vor. Ebenso selten waren sie im bewaffneten Kampf. Sie waren anderswo: Sekretärinnen, Verbindungsagentinnen, Nachrichtenagentinnen (ein Viertel aller Agenten der Alliance waren Frauen). Sie sicherten die Organisation und die Schaltstellen der Fluchtwege: Im Herbst 1941 flog die britische Gruppe Garrow auf, die im Norden organisiert worden war. Über 50 Personen, unter ihnen viele Frauen im Alter von 30 bis 50 Jahren, wurden verhaftet, hingerichtet oder deportiert. Ist es möglich, eine »Frauen«-Résistance oder wenigstens eine weibliche Eigenart in der Résistance auszumachen? Unbestreitbar hat die Résistance die Weiblichkeit und ihre mutmaßliche Unschuld, Fragilität und Unwissenheit, die sie vom »starken Geschlecht« unterscheiden, als Tarnung benutzt, und eben weil die Besatzungsmacht dieselben kulturellen und sozialen Vorstellungen von weiblichem Verhalten hatte, konnte diese Tarnung funktionieren. Jeanie Rousseau war noch keine zwanzig Jahre alt. Sie war Dolmetscherin in einer Wirtschaftsorganisation, die mit deutschen Dienststellen zu tun hatte; sie war auch Amniatrix in der Gruppe Alliance: »Ich konnte ohne großes Risiko agieren. Ich saß da, unter lauter Deutschen, mit einem Zopf an der Seite und der Miene des braven Mädchens.«[46] Durch Bestechung eines deutschen Offiziers, dem sie aber auch die Komödie des verführten und verlassenen jungen Mädchens aus gutem Hause vorspielte, bekam Lucie Aubrac, die tatsächlich schwanger war, die Erlaubnis zu einem Gespräch mit ihrem »Entehrer«, in Wirklichkeit ihrem von der Gestapo in Lyon festgehaltenen Ehemann Raymond Aubrac, bevor sie seine Flucht organisierte.

Die Erzählungen von Widerstandskämpferinnen erwähnen häufig die Zweckentfremdung weiblicher Gegenstände oder Gesten: Das Zurechtrücken eines Strumpfbandes, das Erneuern des Make-ups in der

Ecke eines Hauseinganges erlaubte es, einen Moment stehenzubleiben und die Umgebung zu prüfen. Eine wirkliche oder vorgetäuschte Schwangerschaft erklärte die – sehr praktische – Weite der Kleidung. In dem verdeckten Kinderwagen eines Säuglings und in den Windeln konnte man Flugblätter verstecken. Der Einkaufskorb, unentbehrlichstes Utensil in diesen Zeiten der Not, diente jeder Art von Transport. In ihm verbarg Olga Banciv, die einzige Frau in der Gruppe Manouchian der FTP-MOI, die Waffen für die Attentate. Muß man darum zu dem Schluß kommen, die Résistance habe die Weiblichkeit nicht anders denn als Tarnung eingesetzt und die Frauen selbst als Hilfskräfte betrachtet, gewiß als effiziente und exponierte, aber eben doch als Hilfskräfte? Viele Widerstandskämpferinnen betonen, daß sie ihr Engagement in Gleichheit und Brüderlichkeit erlebt haben, in der Solidarität des Kampfes und des gemeinsamen Risikos, die das Dogma von der Überlegenheit des Mannes milderten, ja beseitigten. Verantwortlich hierfür war nach Brigitte Friang »das Klima eines nichtkonventionellen Krieges, der alle Äußerlichkeiten wegfegte (...). Wir hatten für eine gewisse Zeit eine neue Gesellschaft gestaltet, in der jeder über seine volle menschliche Würde verfügte und dem anderen gleich war. Der Arbeiter dem Großbürger, sicher, aber vor allem die Frau dem Mann.«[47]

Es ist auch wahrscheinlich, daß die Einstellung der Frauen die ihnen entgegengebrachte Einschätzung und Achtung gefördert hat: Manche der »kleinen Sekretärinnen« an der Beamtenschule von Uriage, die von den Dozenten, die sie ignorierten, auf Distanz gehalten worden waren, erwiesen sich in der Stunde des Untergrundes als sehr effiziente Mitarbeiterinnen. Aber diese Gleichheit stieß an ihre Grenzen, sobald die Widerstandsaktion militärisch wurde; das zeigt Paula Schwartz in einer Studie über kommunistische Partisaninnen, die in Gruppen der Stadtguerilla (Madeleine Riffaud in Paris, Madeleine Baudoin in Marseille), in Sabotageakten und im Untergrundkampf engagiert waren. Diese Partisaninnen waren nicht sehr zahlreich, jung und zum größten Teil unverheiratet. Sie konnten eine Aktion vorbereiten und leiten, Waffen geleiten und zurückholen, aber nur die wenigsten konnten sich ihrer auf die reguläre Weise bedienen: Das Abdrücken und Feuern blieb die Ausnahme, was in anderen Ländern nicht der Fall war, wo die Teilnahme von Frauen am bewaffneten Widerstand gang und gäbe war, zum Beispiel in Jugoslawien. Im übrigen wurde die Rolle jener Frauen in dem Maße immer enger definiert, wie die Résistance sich »normalisierte«. Bei der Befreiung wurden sie, trotz einigen Protestes, aus den Kampfverbänden der innerfranzösischen Streitkräfte (Forces françaises de l'intérieur, FFI) ausgeschlossen. Das war auch der Fall bei Jeanne Bohec, einer dem zentralen Nachrichten- und Aktionsbüro (Bureau central de renseignement et d'action, BRA) des Freien Frankreichs in London zugeteilten Sprengstoffexpertin und Instrukteurin für Sabotage, der man die Teilnahme an den Kämpfen des Sommers 1944 verwehrte.[48] Die Überschreitung der Grenzen, die der Rolle und den Aufgaben jedes Geschlechts gezogen waren und die Untergrund und Illegalität ungewöhnlich begünstigt hatten, war nicht mehr tolerierbar, als der Krieg sein normales Aussehen zurückgewann: das einer staatlichen Armee, bestehend aus »richtigen« Soldaten, die den Feind offen bekämpften.

Nach dem Sturm

Am 16. Dezember 1943 erklärte Maurice Schumann am Mikrofon des Senders France Libre: »Wenn die Frau, wie im letzten Krieg, der Freiheit Hunderte von Heldinnen geschenkt hat, so hat sie ihr in diesem Kriege, zum ersten Mal, Tausende von Kämpferinnen geschenkt.«

France Libre ließ es nicht beim Lobpreis bewenden, es legte sich auch durch das Versprechen fest, »politische, wirtschaftliche und soziale Gleichheit zwischen Yveline und ihrem Gatten, zwischen Arlette und ihrem künftigen Gatten zu schaffen«. Man kann auf die Ambiguitäten der Reden von France Libre verweisen, die Recht und Verdienst, Gleichheit und Unterschied immerzu vermengten; denn was die Frauen zur Erneuerung beitragen werden, sind ihre eigentlichen Werte, jene, die mit der weiblichen Natur und ihrer Mutterfunktion zusammenhängen, »dem Sinn für die wahren Probleme und die Verklärung der Liebe«. Gleichviel: Es gab eine reale Hoffnung und ein völlig eindeutiges Versprechen, beides bekräftigt durch die Ernennung von Lucie Aubrac als Delegierte zur beratenden Versammlung in Algier. »Die Befreiung des Vaterlandes wird die Emanzipation der Französin nach sich ziehen.«[49] Durch General de Gaulle im Juni 1942 verkündet und durch die beratende Versammlung in Algier am 23. März 1944 beschlossen, blieb das Wahlrecht der Französinnen der hervorragendste Maßstab für diesen Erneuerungswillen, der mit den Vertröstungen und Zögerlichkeiten der Politiker der Dritten Republik aufräumte. Dieser Erneuerungswille überschattete den in der Zwischenkriegszeit eingetretenen Stimmungsumschwung zugunsten des Frauenwahlrechts und die engagierten Kämpfe der Frauen selbst auf diesem Gebiet, und er machte tabula rasa mit den bisweilen schwierigen Beziehungen, die der Feminismus zur Linken unterhalten hatte.

Aber der »Blutzoll« genügte nicht, um Gleichheit zu stiften. Obgleich ein erneuertes politisches Personal an die Macht gelangte, jünger und aus der Résistance hervorgegangen, kollidierte die Anerkennung der Rechte und Fähigkeiten der Frauen mit den Werten und Vorstellungen, die auch fünf stürmische Jahre nicht hatten beseitigen können: Im Juni 1945 war die Abgeordnete Marianne Verger genötigt, ans Rednerpult zu gehen und ihren männlichen Kollegen zu erklären, die für den Eintritt von Frauen in die École Nationale d'Administration vorgesehene »Sonderregelung« sei »überholt und ungerecht«, und auch da wieder war es nicht die Idee der Minderwertigkeit, sondern des Unterschiedes, die den Gesetzgeber inspiriert hatte, eines Unterschiedes, den die Abgeordnete akzeptierte, zur Genugtuung ihrer Kollegen, um ihren Abänderungsantrag zu begründen: »Wir fordern nicht Rechte, sondern einfach das Recht auf unsere Pflichten.«[50] Gemessen an der Zeitspanne, die von den dreißiger zu den sechziger Jahren reicht, mögen die sichtbaren und unmittelbaren Folgen der Besatzungsjahre begrenzt erscheinen: Die jungen Frauen und die Mädchen, die den Krieg überlebten, haben weder entscheidende juristische Reformen noch die wirksame Anerkennung ihres Rechtes auf Selbstbestimmung oder auf Gleichbehandlung durchgesetzt. Diese neuen Staatsbürgerinnen mochten sich unter den Einfluß der großen katholischen oder kommunistischen Verbände begeben, sie wahrten aber eine Haltung des Mißtrauens gegenüber der Beteiligung von Frauen an den klassischen Formen der politischen Debatte.[51]

1942 erschien im Untergrund *Le silence de la mer* von Vercors, das in symbolischen Begriffen die mustergültige Würde und Zurückhaltung beschwor, welche die tägliche Koexistenz mit dem Feind erzwang. Die Befreiung offenbarte, bis zu welchem Grad die Umstände der Okkupation die Grenzen des privaten und öffentlichen Lebens verwischt hatten. All jene Männer und Frauen, die, aus persönlichen Motiven, geglaubt hatten, Nutzen aus der Präsenz der Deutschen ziehen zu können, mußten vor der Justiz, vor den Säuberungsausschüssen *(commissions d'épuration),* Rechenschaft über ihre Entscheidungen und ihre Einstellungen ablegen, selbst wenn diese nicht durch eine politische Überzeugung oder etablierte Ideologie motiviert gewesen waren. Gerade weil die Okkupation den Alltag politisiert hatte, waren es die Frauen, die sich in nicht unerheblicher Zahl vor den Gerichtshöfen wiederfanden, und zwar aus ganz unterschiedlichen Motiven. Sie stellten »knapp 40 Prozent der Beschuldigten«, die 1944/45 vor dem Gerichtshof in Orléans abgeurteilt wurden,[52] wegen Denunziation, Arbeit für die Besatzungsmacht, Betätigung ihres Ehemanns oder eigene Betätigung in den Kollaborationsbewegungen. Manche Frauen hatten schon im Augenblick der Befreiung durch öffentliche und körperliche Demütigung (Scheren der Haare, nackte Zurschaustellung) für intime Beziehungen bezahlt, die sie mit Deutschen unterhalten hatten; dieses Motiv der Beschuldigung ließ den Prozentsatz der bestraften Frauen in denjenigen Départements ansteigen, wo die Besatzungstruppen sich konzentriert hatten.[53]

Im Frühjahr 1945 kehrten die Überlebenden der Lager zurück, entronnen »einer infernalischen, wahnsinnigen, monströsen und durchaus anderen Welt, der Anderen Welt«.[54] Es dürfte sehr schwer, wo nicht vergeblich sein, in wenigen Zeilen das Besondere oder Nichtbesondere des Martyriums der Frauen erfassen zu wollen. Wenn die Menschheit sich aus Männern und Frauen zusammensetzt: Kennt die Unmenschlichkeit noch diese Unterscheidung? In seiner Funktionsweise erlegte das nazistische Internierungssystem Männern wie Frauen dasselbe Reglement von Strenge und Willkür auf, dieselben Elendsbedingungen, die Zwangsarbeit, die Schläge und die Foltern, die Demütigungen aller Art. Es organisierte, ohne besonderes Erbarmen mit den Frauen, die systematische Eliminierung der Alten, Schwachen, Wahnsinnigen, Kranken.[55] Umgekehrt unterschied die nazistische Unmenschlichkeit in ihren Prinzipien und Zielsetzungen streng zwischen »Untermenschen« und anderen Menschen, und dort waren es nicht mehr Individuen, die man ausbeutete und zu Tode mißhandelte, sondern ganze Familien, Männer, Frauen und Kinder zusammen, welche man jagte, um sie, im Namen der Rasse, auszurotten, durch eine Vernichtung, die total sein wollte, auf daß diese Leute keine Nachkommen hätten und niemals mehr das Recht haben könnten, sich Menschen zu nennen.

Im Frauenlager Ravensbrück waren, von Mai 1939 bis April 1945, 110000 bis 123000 Frauen registriert; die Gesamtzahl der Toten kann nicht unter 90000 gelegen haben. »Aber, wird man sagen, alle diese Todesqualen ähneln einander. Es genügt, einige von ihnen zu erzählen. Zum Beispiel zehn besonders charakteristische. Und sie im Geist mit zehntausend zu multiplizieren. Und das ist falsch. (. . .) Wir wissen, daß jede Todesqual eine individuelle gewesen ist, daß sie persönlich das bittere Los einer einzelnen Frau gewesen ist. Hunderttausendmal.«[56] Es war dieses »wir wissen«, was die Wiederanpassung an die normale Welt so schwer machte, nach einer Rückkehr, die ein Wunder war. Zunächst war es die quälende, immer gegenwärtige Erinnerung an das Lager und, vor allem, an die toten Frauen: »Wir sind am Leben; um so schlimmer für uns«, schrieb 1947 Germaine Tillion. Manche Frauen empfanden zutiefst die Veränderung, die in ihrer Persönlichkeit vor sich gegangen war: »Offiziell bin ich zurückgekehrt, gewiß; aber wer ist sie in Wirklichkeit, die da zurückgekehrt ist?« fragt sich Micheline Maurel.[57] Andere, doppelt geprüfte, die bei ihrer Rückkehr erfuhren, daß ihre Angehörigen verschwunden waren, oder entdeckten, daß man sie verlassen hatte, sprachen von »affektivem Tod«. Hinter diesen persönlichen Aspekten der Schicksale gab es bei allen eine Reaktion der Betäubung, des Überdrusses, des Aufbegehrens gegen diese »normale« Welt, die nicht verstand, nicht verstehen konnte und nicht verstehen wollte: »Wie können sie, jeder einzelne, so weiterleben wie früher, ganz einfach leben, wir mehr noch als die anderen? Vielleicht ist es das, was uns aus dem Gleichgewicht bringt. Vielleicht auch eine völlig veränderte Werteskala.«[58] Die vergehende Zeit brachte kein Vergessen, im Gegenteil. 1988 veröffentlichte Germaine Tillion ihre dritte Studie über Ravensbrück, worin sie sich immer noch fragt, was normale Menschen, »scheinbar gesichert durch alle Schutzvorrichtungen unserer Zivilisation«, dazu gebracht hat, zu foltern, zu morden oder morden zu lassen, »vor ihren Augen, millionenfach, kaltblütig, das ganze Jahr lang«. Sie tut es ohne Haß gegen ein bestimmtes Volk, denn sie sagt: »Zwischen 1939 und 1945 habe ich wie viele der Versuchung nachgegeben, Unterschiede zu formulieren, Sonderungen vorzunehmen: ›Sie‹ haben dies und jenes getan, ›wir‹ haben es nicht getan. Heute denke ich nicht mehr in diesen Begriffen, und ich bin im Gegenteil überzeugt, daß es kein Volk gibt, das gegen einen kollektiven moralischen Bankrott gefeit wäre.«[59]

Aus dem Französischen von Holger Fliessbach

Bei Stalingrad, 1947. Fotografie von Capa.

8
Das sowjetische Modell

Françoise Navailh

»Kein Staat, keine demokratische Gesetzgebung hat für die Frau auch nur halb soviel getan wie die Sowjetmacht seit den ersten Monaten ihres Bestehens«, hat Lenin gesagt.[1] Die UdSSR war zwischen 1917 und 1944 ein riesiges Laboratorium für soziale Experimente, und der Fall der sowjetischen Frau ist exemplarisch. Keine Reflexion zum Thema Frau kann dieses Experiment ignorieren, will sie nicht alte Irrtümer wiederholen, oder Fehleinschätzungen aufsitzen.

Die UdSSR erstreckte sich über Europa und Asien und umfaßte über hundert Völker der unterschiedlichsten Kulturen und Religionen. Aus diesem Grund beschränken wir uns hier auf Rußland. Moskau, die Machtzentrale, hat das russische Modell mit Gewalt durchgesetzt und alle Partikularismen rücksichtslos zerstört. Man predigte ein Einheitsideal, dem schließlich auch die Peripherie gehuldigt hat.

Das russische Imperium war eine Autokratie. In einem Land, wo bis 1861 Leibeigenschaft herrschte und die ersten Wahlen erst 1906 stattfanden, kam es früh zur Radikalisierung der Opposition; die Frauenfrage fügte sich dabei sogleich in einen größeren Zusammenhang ein. Schon bald beteiligten sich die Frauen weit zahlreicher als zuvor an der revolutionären Bewegung und stellten bis zu 15 oder 20 Prozent der Mitglieder aller Parteien.[2] Es gab in den Städten auch eine unabhängige Frauenbewegung, die besonders zwischen 1905 und 1908 aktiv war und zuletzt ihre Bemühungen auf die Erlangung des Wahlrechts konzentrierte – vergeblich ... Am Vorabend des Ersten Weltkriegs gab es in Rußland eine ausgeprägte gesellschaftliche Hierarchie: ganz oben eine dünne Schicht westlich orientierter Gebildeter, darunter ein rudimentäres Bürgertum, ganz unten die riesige Masse rückständiger Bauern (80 Prozent der Bevölkerung). Diese Welten berührten sich kaum und mieden einander, ohne sich zu kennen, was als schwere Hypothek auf der Zukunft lasten sollte.

Am 1. August 1914 brach der Krieg aus. Zwischen 1914 und 1917 wurden über zehn Millionen Männer eingezogen, vor allem unter den Bauern. Die katastrophale Lage auf dem Land verschlechterte sich weiter. Immer mehr Frauen wurden als Landarbeiterin tätig, bis sie schließlich fast 72 Prozent der ländlichen Arbeitskräfte stellten.[3] Auch in der Industrie ersetzten sie die Männer: Ihr Anteil an der Arbeiterschaft stieg von 33 Prozent im Jahr 1914 auf fast 50 Prozent 1917.[4] Seit 1915 öffneten sich den Frauen weitere Erwerbszweige und sie strömten massiv in die Verwaltung. Aber ihre Löhne waren niedriger als die der Männer, während die Preise explodierten. Ab 1916 brach die Versorgung der Städte und der Front zusammen. Der Krieg, beim Volk verhaßt, geriet ins Stocken. Schon seit 1915 waren, aktiv von Frauen organisiert, Hungeraufstände und Streiks ausgebrochen. Die Spannung wuchs; das Regime zerfiel. Es waren Frauen, welche den Anstoß zum Ausbruch der Revolution gaben. Am 23. Februar 1917 nach dem Julianischen Kalender, also am 8. März, demonstrierten in den Straßen Petrograds Arbeiterinnen mit ihren Kindern: Während die Sozialisten sich über ihre Parolen und Aktionen nicht einigen konnten, improvisierten die Frauen und forderten Frieden und Brot. Am nächsten Tag schlossen die Männer sich an, und die Bewegung weitete sich in kürzester Zeit aus; am 2. März dankte der Zar ab. Es bildete sich eine provisorische Regierung, die am 20. Juli das aktive und passive Wahlrecht für Frauen beschloß – früher noch als in England (1918) und in den Vereinigten Staaten (1920). Die Frauenrechtlerinnen hatten gesiegt und sie traten als eigenständige Kraft nicht mehr auf. Aber die Ereignisse überschlugen sich ohne Beteiligung von Frauen, auch wenn ein Bataillon aus intellektuellen, bürgerlichen, adligen und Arbeiterfrauen noch das Winterpalais, den Sitz der Regierung, verteidigte, der in der Nacht vom 25. zum 26. Oktober gestürmt wurde. Die Revolution entartete zum blutigen Bürgerkrieg mit ungewissem Ausgang.

Das Jahrzehnt der Widersprüche

Eingekesselt von Weißen, Alliierten und Nationalisten, eroberten die Bolschewisten von ihrer Basis Moskau aus fast das gesamte Imperium zurück und erließen unverzüglich neue Gesetze.

Das Dekret vom 19. Dezember erlaubte im Fall des wechselseitigen Einvernehmens automatisch die Scheidung vor einem Gericht oder dem Standesamt und schaffte das Schuldprinzip sowie die Veröffentlichung des Urteils ab. Rußland war das erste Land der Welt, das die Scheidung so weitgehend liberalisierte. Mit dem Dekret vom 20. Dezember 1917 wurde die kirchliche Trauung abgeschafft sowie das Verfahren der Eheschließung vereinheitlicht und extrem vereinfacht. Alle Kinder, eheliche wie nichteheliche, haben dieselben Rechte. Beide Maßnahmen bestätigte und ergänzte das Familiengesetzbuch vom 16. Dezember 1918, das mit seiner Präambel ebenfalls einzigartig in Europa dastand. Für Eheangelegenheiten war nun ausschließlich das Standesamt zuständig. Die eheliche Gewalt des Mannes wurde abgeschafft, d. h. der Mann konnte fortan seiner Frau weder den Namen noch den Wohnsitz noch die Nationalität aufzwingen. Zwischen den Ehegatten und gegenüber ihren Kindern herrschte Rechtsgleichheit. Mutterschaftsurlaub und Schutz des Arbeitsplatzes wurden garantiert. Praktisch definierte das Gesetz eine Kleinfamilie, die nur aus den direkten Verwandten der Ehegatten – in auf- und absteigender Linie – sowie ihren Brüdern und Schwestern bestand. Der Ehegatte wurde den Verwandten und Seitenverwandten gleichgestellt und genoß keine Vorrechte. Im April 1918 wurden Erbschaften verboten (1923 aber teilweise wieder zugelassen), am 20. November 1920 wurden Abtreibungen ohne Einschränkung erlaubt. Der Preis dieser Regelungen war eine geringere Stabilität der Familien und eine Lockerung der Familienbeziehungen.

1926 wurden diese Bestimmungen erweitert: Die standesamtlich geschlossene Ehe wurde auf eine Ebene mit der »faktischen« Verbindung, dem Konkubinat gestellt. Für die Scheidung genügte nun ein formloses, einseitiges Scheidungsbegehren: die Scheidung »per Postkarte«. Die Liebe wurde weniger reglementiert, doch die Beziehungen beider Partner wurden durch gegenseitige Unterhaltsverpflichtungen bindender.[5] Diese Gesetze sollten die Frau, den Mann und das Kind von überholten Strukturen befreien. Die Erinnerung an die Vergangenheit sollte ausgelöscht werden. Im März 1918 ermutigte man die Menschen, ihren Nachnamen zu ändern, 1924 auch den Vornamen: empfohlen werden Marlen (Marxismus-Leninismus), Engelsine, Oktobrine ... Doch die Gesetze waren nicht nur ein Instrument der Freiheit, sondern auch des Zwangs, das gegen die konservativsten Teile der Gesellschaft, den Bauernstand und die moslemischen Regionen, eingesetzt wurde. In der Praxis ignorierte die Kommunistische Partei – eine Handvoll städtischer Intellektueller – bewußt die Mehrheit jenes Landes, das sie in eine strahlende Zukunft führen wollte. Den Zarismus vernichten, den Sozialismus aufbauen: Aus diesem doppelten Gebot gingen alle Inkonsequenzen der Gesetzgebung hervor.

Die Marxisten, die Frau und die Familie

Das Wesentliche der marxistischen Position zum Thema Frau und Familie war im Kommunistischen Manifest von 1848 formuliert worden; später hat Engels diese Thesen in seinem Buch *Der Ursprung der Familie, des Privateigentums und des Staats* (1884) weiterentwickelt. Für die Marxisten ist die Familie, und damit die Stellung der Frau in der Familie, durch die ökonomische Struktur und die Natur des Staates bedingt. Die bürgerliche Familie, auf dem Profitprinzip basierend, habe nur eine (re)produktive Funktion. Der Kapitalismus beute das Proletariat aus und zerstöre dessen Familien; die Bourgeoisie praktiziere Gemeinbesitz an den Frauen: mittels Ehebruch an den verheirateten Frauen und mittels Prostitution an den Arbeiterinnen. Dieser Analyse zufolge sind Kapitalismus und Bourgeoisie zwangsläufig verbunden mit der Unsittlichkeit. Wird die ökonomische Struktur abgeschafft, verschwindet die bürgerliche Familie ebenso wie die Prostitution von selbst. Die Frau erhält die völlige Gleichberechtigung, und die Teilung der Hausarbeit mit dem Partner sowie die Übernahme der Kinderaufzucht und -erziehung durch den Staat ermöglichen ihr Berufstätigkeit und wirtschaftliche Unabhängigkeit. Wie wird also die Familie aussehen? »Da nun die Monogamie aus ökonomischen Ursachen entstanden, wird sie verschwinden, wenn diese Ursachen verschwinden? Man könnte nicht mit Unrecht antworten: Sie wird so wenig verschwinden, daß sie vielmehr erst vollauf verwirklicht werden wird.«[6] Denn künftig gründet sich die Ehe allein auf natürliche Zuneigung, ohne jeden materiellen Zwang. Logischerweise ist die Verbindung beendet, wenn die Gefühle enden; trotzdem geben die Gründerväter, eher implizit als ausdrücklich, zu erkennen, daß die Scheidung die Ausnahme bleiben soll.

Das marxistische Hauptwerk August Bebels, *Die Frau und der Sozialismus* (1879), analysiert die ökonomische und sexuelle Lage der Arbeiterin im Licht des Marxschen *Kapitals*. Bebel räumt ein, daß die Ungleichheit der Geschlechter auch den Männern, nicht nur dem bürgerlichen System geschuldet sein könnte. Doch unterstreicht er, daß allein die Durchsetzung von Frauenrechten das generelle Problem der Entfremdung der Frau nicht löse, und daß nur die Abschaffung der ökonomischen Abhängigkeit sie aus der Vormundschaft des Mannes befreien könne. Auch muß die Frau Seite an Seite mit dem Proletariat für die Revolution kämpfen. Über die Ehe sagt Bebel nur, daß man sie ernst nehmen, die mit ihr verbundenen Pflichten nicht versäumen und nach ihrem Fortbestand trachten solle.

Marx, Engels und Bebel, die die Funktionsweise des Kapitalismus so präzise beschreiben, weichen aus, sobald es um das Thema Zukunft geht. Durch die Revolution, so meinen sie, entstünden zwangsläufig neuartige Beziehungen zwischen den Geschlechtern – ökonomische und daher soziale und menschliche. Dieses »daher« ist der springende Punkt. Die alte Familie, so glaubten sie, werde verschwinden und sich erneuern. Für Marxisten und Revolutionäre generell war der rein feministische Kampf eine bürgerliche Ablenkung, die die Geschlossenheit verhinderte und die Revolution verzögerte. Daher gab es innerhalb der Linken auch keine wirkliche Diskussion über die Frauenfrage. Die Blockade der Marxisten in diesem Punkt veranschaulicht der folgende Vorfall. Die Bolschewistin Inès Armand, beseelt davon, Sittlichkeit, Geschlecht und Kommunismus miteinander zu versöhnen, wollte 1915 eine Streitschrift mit ihren Ansichten über die Paarbeziehung schreiben. Lenin jedoch riet ihr von dem Vorhaben ab, indem er ihre Vorstellungen als linksextrem bezeichnete, und Inès Armand beugte sich seinem Verdikt[7] – ein gutes Beispiel für das, was Kollontaj den Konflikt zwischen dem »Drachen« und dem »weißen Vogel« nannte: die Weigerung des Mannes angesichts des schöpferischen Elans der Frau.

Kollontaj: Feministin wider Willen

Im ersten Jahrzehnt der Sowjetmacht wurde die Diskussion über Frau und Familie von Alexandra Kollontaj (1872–1952) beherrscht, die mit ihrer Person diese ganze widersprüchliche Periode verkörperte. Ihre Biographie ist typisch für diese Generation. Von adliger Herkunft, erlebte sie eine unbeschwerte, verträumte Kindheit. Mit neunzehn Jahren heiratete sie, um ihrem Milieu zu entkommen. Mit sechsundzwanzig verließ sie ihren Mann, um in Zürich, dem damaligen Mekka der russischen Intellektuellen, zu studieren. Sie ist engagiert, wird aktiv, radikalisiert sich und wird Berufsrevolutionärin. Als solche wirkte sie bald in herausragenden Positionen: 1917 wurde sie als erste Frau ins Zentralkomitee gewählt und votierte dort für den Oktoberaufstand. Im Amt des Volkskommissars für Gesundheit war sie die erste Frau in der Regierung und 1918 aktiv an der Ausarbeitung der Familiengesetzgebung beteiligt. Als aktives Mitglied der Arbeiteropposition von 1920/21 wollte sie die Allmacht der Partei begrenzen. 1922 wurde sie als erste Frau der Welt Botschafterin. Von da an entfernte ihre diplomatische Laufbahn im Ausland sie bis 1945 von Moskau. Aber ihr Name ist untrennbar verbunden mit den Kontroversen der zwanziger Jahre; sie wirkte als Katalysator der Leidenschaften in einem Spiel, das sich ihr entzieht. Ihre Ideen, vielfach kritisiert, karikiert und entstellt, schrieb sie nieder in Artikeln, Pamphleten und Broschüren, vor allem aber in theoretisch-dokumentarischen Werken (*Die gesellschaftlichen Grundlagen der Frauenfrage*, 1909; *Die Familie und der kommunistische Staat,*

1918; *Die neue Moral und die Arbeiterklasse,* 1918) sowie in sechs Büchern mit Erzählungen, die 1923 erschienen. Auch wenn gewisse Aspekte ihres Werkes überholt sind, bleibt es doch in seiner Gesamtheit modern.

Kollontaj vertrat eine Synthese aus Marxismus und uneingestandenem Feminismus (sie hat den Feminismus stets bekämpft), worin jener diesen erst möglich macht, und auch ein utopisches Moment à la Fourier nicht fehlt. Sie greift Marx und Engels auf: Zerfall der bürgerlichen Familie und Erneuerung der Familie nach der Revolution. Vieles entlehnt sie bei Bebel, insbesondere die Annahme, daß die Unterdrückung aller Frauen eine Gemeinsamkeit unter ihnen herstelle. Aber sie versucht, über diese Allgemeinheiten hinauszukommen. In dem Bewußtsein, daß die Revolution nur der Ausgangspunkt ist, glaubt sie, daß man auch die Mentalitäten und Sitten verändern muß, um die Paarbeziehung mit neuem Inhalt zu füllen. Hierin liegt ihre Originalität. So stellt sie besonders den verdinglichenden Willen der Männer und die Entfremdung der Frauen heraus, die jede beliebige Ehe dem Alleinsein vorziehen und alles der Liebe unterordnen.[8] Damit entwickelt Kollontaj eine Pädagogik des Herzens: Die Praxis der »Liebe als Spiel«, einer zarten erotischen Freundschaft, die auf gegenseitiger Achtung basiert, soll Eifersucht und Besitzinstinkt zum Verschwinden bringen.[9] Die neue Frau (für sie ein unerschöpfliches Thema) definiert sie über deren Energie und Selbstbejahung: Ihre Merkmale sind eine anspruchsvolle Haltung den Männern gegenüber, die Verweigerung materieller und emotionaler Abhängigkeiten, die Auflehnung gegen die sozioökonomischen Hemmnisse, die heuchlerische Moral und die »Gefangenschaft in der Liebe«. Autonom und aktiv, lebt die Frau dann in »sukzessiver Monogamie«.[10] In *Ein Weg dem geflügelten Eros,* einem Artikel von 1923, analysiert sie die Liebe und ihre vielfältigen Facetten: Freundschaft, Leidenschaft, mütterliche Zärtlichkeit, geistige Affinität, Gewohnheit usw. »Eros ohne Flügel«, die rein physische Attraktion, muß dem »geflügelten Eros« weichen, der die körperliche Beziehung der Partner mit einem Pflichtgefühl gegenüber der Gemeinschaft verbindet – einem Pflichtgefühl, das in der Übergangsphase des Aufbaus des Sozialismus unentbehrlich war. In der entwickelten sozialistischen Gesellschaft wird endlich der »verklärte Eros« walten, bei dem die Verbindung der Partner auf der freien, natürlichen und gesunden sexuellen Anziehungskraft gründen wird.[11] Um dem Paar zur Entfaltung zu verhelfen, muß man »Küche und Haushalt trennen«[12] und die Zahl der Kantinen, der Kinderkrippen und der Ambulatorien vervielfachen. Schließlich wird auch die Mutterschaft aufgewertet: sie ist »keine Privatangelegenheit, sondern soziale Pflicht«.[13] Im Namen der Gemeinschaft soll die Frau Kinder haben. Die Abtreibung sieht Kollontaj als vorübergehendes

Übel an und erwartet, daß das Gewissen der Arbeiterinnen ihm ein Ende setzen wird. Die Verweigerung der Mutterschaft verurteilt sie als kleinbürgerlichen Egoismus. Doch sie plädiert nicht für eine Kollektivierung der Kindererziehung; die Eltern sollen die Wahl haben, wo ihre Kinder erzogen werden sollen: in der Kinderkrippe oder zu Hause.

Gleichwohl haben bei Kollontaj die Liebe und die Sexualität, als geistige Werke, den Vorrang vor dem Mutterinstinkt. »Der Arbeiterstaat bedarf einer neuen Form der Beziehungen zwischen den Geschlechtern. Die enge und ausschließliche Liebe der Mutter zu ihrem Kind muß sich erweitern und alle Kinder der großen proletarischen Familie umfassen. An die Stelle der unauflöslichen Ehe, gegründet auf die Knechtschaft der Frau, wird die freie Verbindung treten, die stark ist durch die gegenseitige Liebe und Achtung der beiden Bewohner der Stadt der Arbeit, die in ihren Rechten und ihren Pflichten gleich sind. Anstelle der individuellen und egoistischen Familie wird sich die große, universelle Arbeiterfamilie erheben, in der alle Arbeiter, Männer wie Frauen, in erster Linie Brüder und Genossen sein werden.«[14] Kollontaj ruft die Frauen auf, die Idee ihres eigenen Wertes zu verteidigen, zur Geltung zu bringen und zu verinnerlichen.

Gewiß bewegt sich die Argumentation Kollontajs im Rahmen eines klassischen Marxismus mit dem Primat der Ökonomie; doch fordert sie auch gehaltvolle, zuvorkommende und spielerische Beziehungen. Die Ethik ist ihr ebenso wichtig wie die Politik. Sie ist eine der ersten, die, noch vor Wilhelm Reich, einen Zusammenhang zwischen Sexualität und Klassenkampf herstellen. »Woher rührt denn unsere unverzeihliche Gleichgültigkeit gegen eine der wichtigsten Aufgaben des Klassenkampfes? Wie ist es zu erklären, daß das sexuelle Problem heuchlerisch unter der Rubrik ›Familienangelegenheiten‹ abgelegt wird, die keines kollektiven Einsatzes bedürfen? Als ob die Beziehungen zwischen den Geschlechtern und die Ausarbeitung eines Moralkodex für sie nicht im gesamten Verlauf der Geschichte einer der unveränderlichen Faktoren des sozialen Kampfes gewesen wären!«[15]

In der Sowjetunion der zwanziger Jahre fand Kollontaj wenig Anhänger. Für die Genossen waren ihre Ideen frivol und inopportun; denn Kollontajs Vision setzt eine soziale und ökonomische Infrastruktur voraus, die zwar versprochen, aber noch nicht verwirklicht war. 1923 wurde sie in einem Artikel der Bolschewikin P. Vinogradskaja, die mit ihr 1920 im *Jenotdel* zusammengearbeitet hatte, heftig angegriffen. Sie warf ihr vor, ihre Prioritäten falsch zu setzen, den Klassenkampf zu vernachlässigen und die sexuelle Anarchie in unverantwortlicher Weise zu fördern, da ein ungeordnetes Privatleben konterrevolutionäre Agitation erzeuge. Vielmehr komme es darauf an, zunächst an die Gegenwart zu denken, die Ehefrauen und die Kinder zu schützen und die Frauen zu fördern, statt die Männer zu attackieren. Alles, was über dieses Problem zu sagen sei, finde sich schon bei Marx und Engels; es sei sinnlos, einen »George-Sandismus« zu betreiben.

Für Lenin beruhte alles auf der Ökonomie; er plädierte für die monogame, gleichberechtigte und ernsthafte Ehe, die der großen Sache verschrieben ist. Man denke an sein friedliches Zusammenleben mit Nadeschda Krupskaja. Gegen Inès Armand, die in der freien Liebe etwas Poetisches sah, wandte er ein, daß dies schlichte bürgerliche Unmoral sei. Sein Ideal verdankte Lenin dem sittenstrengen Roman Tschernyschewskis *Was tun?* (1862), von dem er sagte, er habe ihn »von vorne bis hinten durchgeackert«.[16] Er übernahm diesen Titel sogar 1902 für ein eigenes theoretisches Buch. Seine Gespräche mit Clara Zetkin, 1920 geführt, aber erst 1925, nach seinem Tod, veröffentlicht, offenbaren sehr deutlich seine Abneigung gegen ungeordnete Liebe und Sexualität; er sah darin ein Zeichen der Dekadenz und eine gesundheitliche Gefährdung der Jugend, mithin eine Gefahr für die Revolution. Er wehrte sich gegen die – seiner Meinung nach »antimarxistische« – Theorie, wonach es »in der kommunistischen Gesellschaft genauso einfach ist, das Bedürfnis nach Sexualität und Liebe zu befriedigen wie ein Glas Wasser zu trinken«. Lenin dachte dabei an niemanden speziell und erwähnte auch Kollontaj nicht (die Polemik folgte erst 1923), aber der Gedanke an Kollontaj und ihre Ideen liegt nicht fern, wenn Lenin sich entrüstet: »Natürlich muß man seinen Durst stillen! Aber welcher normale Mann legt sich normalerweise dazu auf die Straße und trinkt aus einer dreckigen Pfütze? Oder auch nur aus einem Glas, aus dem schon -zig andere getrunken haben?« Wir haben es hier mit einer extremen Reinheitsvorstellung zu tun; dahinter steht der Gedanke, daß es eo ipso unmoralisch sei, eine Vielzahl von Partnern zu haben. Lenins Credo bleibt ein negatives: »Weder Mönch noch Don Juan, noch deutscher Philister als Mittelding.«[17] Zwar verurteilt Lenin die Sklavenarbeit am Herd: »Die Frau wird erstickt, stranguliert, abgestumpft und erniedrigt durch alle die Nichtigkeiten des häuslichen Lebens, die sie an die Küche und ans Kinderzimmer ketten und ihre Kräfte in einer äußerst unproduktiven, mühseligen, ermüdenden Arbeit aufreiben.«[18] Aber über die neue Familie sagte er nichts. Für die orthodoxen Marxisten waren die Kinder aus dem Gefüge der Ehe herauszunehmen. Um sie sollten sich – das war zunächst noch unklar – entweder einige eigens dafür bestimmte Frauen oder aber die Frauen insgesamt kümmern. Zu keinem Zeitpunkt waren die Väter von einer Neuverteilung der Rollen betroffen oder in sie einbezogen. Die Gemeinschaft trägt, umgibt, durchdringt und transzendiert das auf zwei streng gleichberechtigte Glieder reduzierte Paar. Die Frau ist in erster

Linie Arbeiterin; die traditionelle Weiblichkeit wurde abgewertet, weil sie an das alte bürgerliche System erinnerte. Gleichheit bedeutete praktisch die Identität der Geschlechter. Mann und Frau sind Zwillingsgeschöpfe, aus denen die neue, arbeitsame Menschheit besteht. »Ökonomisch und politisch, und das heißt auch physisch, muß die Frau im modernen Proletariat sich dem Manne annähern und nähert sich ihm mehr und mehr an«, schrieb der marxistische Psychoneurologe Aaron Zalkind 1924.[19] Für diese undifferenzierten Individuen zählen die sexuellen Beziehungen nicht. Das kann zweierlei bedeuten: entweder rasch wechselnde Partner zur Befriedigung eines einfachen physischen Bedürfnisses – das ist die Einstellung der jungen Génia in Kollontajs Roman *Wege der Liebe* – oder die asketische Variante à la Lenin. Wichtig ist nur, sich nicht von der Liebe überwältigen zu lassen. Indessen war all dies bloße Spekulation. In den zwanziger Jahren blieb die Privatsphäre unangetastet. Unterschiedliche Normen existierten nebeneinander.

Ein neues Rußland

In dem Bestreben, das Gesetz durchzusetzen, die ökonomische Gleichheit der Geschlechter zu verwirklichen, ein so disparates Land wie die Sowjetunion zu vereinheitlichen und die Integration der Frauen voranzutreiben, richtete man im September 1919 das *Jenotdel* ein, die Frauensektion im Zentralkomitee, die Entsprechungen auf allen Ebenen der Parteihierarchie hatte. Fünf Frauen übernahmen in ihr nacheinander die Führung, unter ihnen Inès Armand (1919/20) und Alexandra Kollontaj (1920/22). Das *Jenotdel* beriet, half, regelte berufliche und häusliche Konflikte (Unterhaltszahlungen), regte Gesetzesinitiativen an, schlug Modifikationen bestehender Dekrete oder deren Ergänzung vor, unterstützte Kampagnen zur Alphabetisierung oder den Kampf gegen die Prostitution, koordinierte die Tätigkeit der verschiedenen Verwaltungen, wachte über die Einhaltung der Quotenregelung am Arbeitsplatz und in den Sowjets, befaßte sich mit Problemen der Versorgung, der Wohnung und der Gesundheitsvorsorge, inspizierte Schulen und Waisenhäuser ... Das *Jenotdel* wurde durch das System der »Delegierten« ergänzt: Arbeiterinnen und Landfrauen, von ihren Kolleginnen gewählt, besuchten ein Jahr lang Schulungs- und Informationskurse. Danach wurden sie für zwei Monate zur Mitarbeit in den Sowjets oder an den Gerichten abgestellt, bevor sie ihre Arbeit wieder aufnahmen. Hier wurden Frauen also geschult, »sowjetische Staatsbürgerinnen« zu werden. Durch diese Schule sind bis Ende der zwanziger Jahre fast zehn Millionen Frauen gegangen. Datscha, die Heldin von

Fjodor Gladkovs Roman *Zement* (1925), war der Extremfall einer emanzipierten Frau. Als militante Delegierte hatte sie sich von alten Bindungen so befreit, daß sie Ehe und Heim aufgab, ja sogar ihre kleine Tochter opferte, die verlassen in einem Waisenhaus starb. Der Einfluß des *Jenotdel* und der Delegierten war unbestreitbar, seine Rolle für die Bewußtwerdung der Frauen bestimmend. Dennoch blieb er eine sekundäre politische Kraft und diente nur allzu oft als bloßer Transmissionsriemen der Macht. Seit 1923 warf man ihm feministisches Abweichlertum vor – ein Vergehen, das nach Korrektur verlangte.

Das neue Rußland geriet ins Stocken. Die Realität, von der Utopie ignoriert, fügte sich nicht dem kommunistischen Entwurf, der seinerseits entweder flexibel oder hart reagierte und damit neue Rückwirkungen provozierte. Dieses Hin und Her sollte bis Mitte der dreißiger Jahre dauern.

Zunächst kam der Bürgerkrieg, in dem Frauen auf allen Ebenen (der medizinischen, militärischen und politischen) eine sehr aktive Rolle spielten und der zu einer beeindruckenden sozialen und ökonomischen Mobilität führte. Aber die Bilanz war niederschmetternd: schon 1921 fünf Millionen Tote, Beginn eines bald chronischen Männermangels und eines schrecklichen Elends. Die gesellschaftlichen Kreisläufe waren unterbrochen. Handel und Tauschverkehr waren verboten; die Regierung wollte die direkte Verteilung der Produkte einführen. Die Arbeiter wurden mit Warengutscheinen entlohnt, aber die Gutscheine konnten nicht eingelöst werden. Die Industrie erzeugte nur mehr 15 Prozent der Vorkriegsproduktion, die Landwirtschaft ungefähr 60 Prozent. Die Rationierungen wurden immer strenger. In den Städten fiel die Brotration bisweilen auf 25 Gramm pro Tag. Es fehlte an Fleisch, Schuhen, Kleidung, Kohle und Holz. Die Revolten der Landbevölkerung gegen die Beschlagnahmungen, die Typhus- und die Choleraepidemie sowie der furchtbare Hungerwinter von 1920/21, in dem es zu Fällen von Kannibalismus kam und der über 2 Millionen Opfer forderte, mündeten in einer politischen, ökonomischen und menschlichen Katastrophe. Der Kälte und dem Hunger ausgesetzt, überlebten die Menschen nur mit großer Mühe. Als Folge des völligen Zerfalls der Gesellschaft machten Kinderbanden – *besprizorniki* – das ganze Land unsicher, besetzten leerstehende Gebäude, bettelten, stahlen, mordeten und gingen der Prostitution nach. 1921 waren es ungefähr 7 Millionen. Dieses zyklische Phänomen begleitete jede Veränderung in Rußland; bis Anfang der fünfziger Jahre blieben zerlumpte Kinder ein vertrauter Anblick. Um diese Rechtsbrecher zu sozialisieren, führte man 1923 die Adoption wieder ein, die 1918 abgeschafft worden war.

Im Februar 1921 stellte der Aufstand der Kronstädter Matrosen die Legitimität der Macht selbst in Frage. Angesichts dieser schweren Krise ließ Lenin im März 1921 vom Parteikongreß die Neue Ökonomische Politik (NEP) billigen. Um die Wirtschaft schneller anzukurbeln und das Regime zu retten, führte man den privaten Kleinhandel und das private Handwerk wieder ein und sanierte durch drastische Maßnahmen 1922 und 1924 die Währung. Die grundlegenden Sektoren aber blieben verstaatlicht: Schwerindustrie, Transportwesen, Außenhandel, Teile des Binnenhandels, Bildungswesen, Presse, Medizin. Die Versorgung der Städte verbesserte sich zwar rapide, blieb aber insgesamt problematisch und wenig abwechslungsreich. Dafür waren die Konsumgüter, auch die am dringendsten benötigten, knapp, teuer und qualitativ minderwertig. Die Inflation war hoch: 1923 betrug sie 60 Prozent bei den Einzelhandelspreisen. Der Lebensstandard stieg nur sehr langsam wieder an; er erreichte erst 1927 das Niveau von 1913. Es gab wieder Löhne, und zwar abgestuft nach Qualifikation und Beschäftigungsart. Das war eine Abkehr von dem totalen Egalitarismus von 1917, und für gewisse Maximalisten kam die NEP denn auch einem Verrat gleich. Aber sie gewährte der Gesellschaft eine Atempause und die Möglichkeit, sich neu zu organisieren. Im übrigen gab es schon in dieser Zeit für die Mitglieder der Partei die Parallelsysteme in der Lebensmittelversorgung (spezielle Geschäfte, Kantinen) und in der Warenversorgung (Wohnungen, Villen, »Umschläge« mit Bargeld); durch diese Privilegien wurde den Begünstigten das bescheidene Einkommen heimlich verbessert. Nach und nach vertiefte sich die Kluft zwischen den Massen und den Herrschenden, und die menschlichen Beziehungen wurden wieder von materiellen Interessen bestimmt.[20]

Das Nebeneinander zweier ungleicher Wirtschaftssektoren – privater Kleinhandel, ansonsten Verstaatlichung – verrät den prinzipiellen Zwiespalt in der Sowjetmacht: Sie wollte einerseits die Bedürfnisse und Wünsche der Gesellschaft erfüllen, andererseits die Gesellschaft ohne Rücksicht auf deren Bedürfnisse und Wünsche nach einem vorgefaßten Plan umformen. Die voluntaristische Gesetzgebung und die Künste schlugen sich auf die Seite der Utopie. Künstler aller Gattungen begeisterten sich für die Revolution und traten der Partei bei; sie ersannen Parolen oder arbeiteten für die Wochenschau wie der Dichter Majakowski. Im Film wurde das Heldenepos der Revolution besungen. Schriftsteller versuchten, das neue Leben einzufangen, und manche Architekten imaginierten bereits die strahlende Stadt der Zukunft, mit ihren Kommunen nach dem Vorbild von Fouriers Phalanstère und mit ihren Arbeiterclubs.

Doch die prosaische Wirklichkeit der NEP hatte mit diesen grandiosen Träumen wenig gemein. So betrug die offizielle Normgröße einer Wohnung 9 m^2 pro Person. Bisweilen sank sie auf 6 m^2 pro Person, ja pro Familie. Aufgrund der Zerstörungen und der Wirtschaftsflaute waren viele Menschen in Massenunterkünften untergebracht oder lebten auf engstem Raum in Wohnungen, die unzulänglich und schlecht ausgestattet waren. In einer beschlagnahmten Wohnung wurde jeder Familie bzw. Alleinstehenden ein einziges Zimmer zugewiesen; Badezimmer und Küche waren Gemeinschaftsräume. Die Enge erzeugte Konflikte um Nichtigkeiten, die den Alltag vergifteten. Menschenschlangen wurden fortan zu einem vertrauten Bild. Lebensart und Eleganz waren nur noch auf der Leinwand und in der kleinen Clique der Herrschenden zu finden.

Die Einflußmöglichkeiten und die Verankerung der Partei war von Region zu Region sehr verschieden. Neben spektakulären Erfolgen stehen offenkundige Fehlschläge, die den Aufbau des Sozialismus nicht gelingen ließen. Aufgrund ihrer geringeren Qualifikation und der Rückkehr der Männer aus dem Krieg stellten die Frauen 1928 nur 24 Prozent aller Arbeiter und Angestellten[21] gegenüber fast 40 Prozent im Jahre 1914. Die Eingliederung der Frauen in die Arbeitswelt ging schleppend voran, ihr Interesse am politischen Leben war schwach. Gingen 1926 in den Städten 42,9 Prozent der Frauen zur Wahl, so waren es auf dem Lande nur 28 Prozent. Erst 1934 wurden 89,7 bzw. 80,3 Prozent erreicht.[22] Die weiblichen Delegierten in den Dörfern waren eher Betriebsleiterinnen oder Krankenschwestern, die aus der Stadt gekommen waren, als Bäuerinnen. Letztere hielten sich von der Macht fern. 1926 gab es 18,2 Prozent Frauen in den städtischen Sowjets gegenüber 9,9 Prozent in den ländlichen.[23]

Freiheit und Orientierungslosigkeit

Die Gesellschaft war noch nicht stabilisiert. Durch die Kriege und Hungersnöte erfaßten große Migrationsbewegungen die Bevölkerung. In der Hoffnung auf eine bessere Versorgung strömten die Menschen in die Stadt, oder sie strömten zurück aufs Land. Diese »Nomaden« lebten am Rande der Legalität.

Überdies wurden die Kinderkrippen, Heime, Kantinen, Wäschereien und andere Ambulatorien einer gründlichen Revision unterzogen, denn der Staat entschied sich, angesichts seiner zahlreichen und widersprüchlichen Prioritäten, für den wirtschaftlichen Wiederaufbau. Die Ideologie beherrschte alles: In dem Willen, mit dem bürgerlichen Verhaltenskodex zu brechen, wurde eine plebejische Attitude angenommen, wobei Rücksichtslosigkeit zur Tugend, der Grobianismus in Sprache und Sitten zur Norm wurde. Pantelejmon Romanovs Erzählung *Ohne Weißdorn* (1926) schildert das erste Rendezvous einer Studentin; der Mann, den sie auf dem schmutzigen Boden eines Schlafsaals liebt, verletzt sie für immer durch sein ungeduldiges und brutales Vorgehen.

Prostitution und Geschlechtskrankheiten waren wieder auf dem Vormarsch. Viele Prostituierte waren sozial deklassierte oder entwurzelte Frauen vom Land, die man umzuerziehen versucht hatte. Sind es asoziale Elemente, oder sind es Opfer? Die Staatsmacht ist sich unschlüssig.

In gewisser Weise war den Frauen alles auf Anhieb, ohne Kampf, in den Schoß gefallen. Zu tun blieb das Schwierigste: die Einübung der erworbenen Rechte und die Schaffung einer neuen Lebensweise. Doch durch den sozio-historischen Kontext sowie die Vorgaben und Versäumnisse der Gesetzeswerke von 1918 und 1926 entartete die Freiheit und zeitigte perverse Folgen.

Die Instabilität der Ehe und die verbreitete Ablehnung von Kindern waren zwei charakteristische Zeichen der Zeit. Die Zahl der Abtreibungen vervielfachte sich, die Geburtenrate sank dramatisch, das Aussetzen Neugeborener wurde gängige Praxis. Die Waisenhäuser, die ständig überbelegt waren, wurden zu regelrechten Sterbehäusern. Kindermorde und die Ermordung von Ehefrauen nahmen zu. Im Endeffekt waren Kinder und Frauen die ersten Opfer der neuen Ordnung. Die Verschlechterung der Lage der Frauen (vor allem in den Städten) ist mit Händen zu greifen. Die Väter versagen oder fliehen aus der Wohnung und lassen oft die Frau mittellos zurück. Das vereinfachte Verfahren der Ehescheidung durch einseitige Willenserklärung begünstigte die zynischsten Verhaltensweisen. Mit der Anerkennung der Ehe ohne Trauschein, die der standesamtlich geschlossenen Ehe gleichgestellt war, hatte man das Ziel verfolgt, die Frau vor flüchtigen Liebeleien zu schützen und den Mann zu verpflichten, für ihre und die Bedürfnisse eventueller Kinder aufzukommen. Damit lud man dem Mann eine Verpflichtung auf, die der Staat nicht übernehmen konnte. Doch mußte der Beweis für eine solche Liaison erbracht werden, aber die Texte präzisierten die Beurteilungskriterien nicht. Die Rechtsprechung tappte im dunkeln. So kam es zu den langwierigen und häufig fruchtlosen Vaterschaftsnachforschungen, die die Beziehungen zwischen den Geschlechtern vergifteten und ein literarisches Lieblingsthema der Zeit waren. Die Unterhaltsregelung war ganz und gar zufällig: Da das Gesetz nichts über ihre Höhe sagte, wurde sie von den Gerichten jeweils ad hoc bestimmt. Häufig wurde sie auf ein Drittel des Monatslohns festgesetzt. Das zog manche unerträgliche Belastungen nach sich: Wie soll man überleben, wenn von einem 40-Rubel-Lohn 10 Rubel einbehalten werden? Wie ein außerehelich geborenes Kind unterhalten, wenn man bereits vier »legitime« Kinder zu versorgen hat? Der Mann hatte selten die Mittel, diesen Unterhalt zu zahlen, oder er verweigerte ihn. Dabei blieben die Urteile in fast der Hälfte aller Fälle folgenlos.

Praktische Probleme kamen hinzu. Da die Wohnungszuteilung ein Monopol des Staates war und die Wartelisten immer länger wurden, waren manche geschiedene Paare gezwungen, noch lange zusammenzubleiben und konnten nur schwer ihr Leben neu gestalten. Abram Rooms Film *Drei in einem Souterrain* (1927) veranschaulicht die Sitten zur Zeit der NEP. Seine Neuauflage des ewigen Dreiecks zeigt den Druck des erzwungenen Zusammenwohnens – Mann, Frau und Liebhaber teilen dasselbe Schlafzimmer –, aber auch des ewig Männlichen, wenn, nach dem Spiel der Verführung, die Masken fallen und im Bündnis der beiden Männer das Macho-Verhalten gegenüber der Frau – Gattin und/oder Geliebte – obsiegt.

Sowohl materielle Gründe (Wohnverhältnisse, niedriger Lohn, Not) als auch moralische (das Alleinsein) bewogen viele Frauen zur Abtreibung, obwohl sie sich ein Kind wünschten. Nach einer 1927 in Moskau vorgenommenen Umfrage führten 71 Prozent der Frauen, die sich um eine Abtreibung bemühten, ihre Lebensbedingungen, 22 Prozent ihre »instabile Beziehung« als Begründung an. Nur 6 Prozent lehnten die Mutterschaft prinzipiell ab.[24]

Wenn auch urbane Kreise, besonders die intellektuellen und paraintellektuellen, dem nonkonformistischen Modell, wie es das Privatleben des Dichters Majakowski zeigt, anhängen, so leisten doch gewisse Teile der Bevölkerung dagegen Widerstand. 1928 stellten Bauern noch 77,8 Prozent der Bevölkerung, 17,6 Prozent waren Arbeiter und Angestellte.[25] Eine große Kontroverse entzündete sich am Gesetzbuch von 1926, und sie demonstriert das Gewicht der Bauernschaft. Trotz aller Artikel, Broschüren und Versammlungen floß die Information nur spärlich. So glaubten zum Beispiel die Bauern, durch unkontrollierbare Gerüchte verunsichert, man wolle den obligatorischen Gemeinbesitz an den Frauen einführen. Der umstrittenste Punkt des Gesetzbuches betraf die darin festgeschriebene völlige Gleichstellung der standesamtlichen mit der »faktischen« Ehe. Das Agrargesetzbuch von 1922 hatte die Gemeinschaftsorganisation des Dorfes, den *mir*, bekräftigt und die Unteilbarkeit des Familienbesitzes, den *dvor*, unterstrichen. Die Scheidung eines *dvor*-Angehörigen sowie die Zahlung von Alimenten zwangen zu einer Aufteilung des *dvor*, die schwer zu bewerkstelligen und für die Rentabilität des Betriebes tödlich war. Durch die ununterbrochenen Kämpfe zwischen 1914 und 1921 geschwächt, zog die Bauernschaft sich auf sich selbst und ihre Werte zurück und fürchtete alles Neue.

Aus all den Artikeln, Broschüren, Streitschriften, Umfragen, Abhandlungen, Romanen und Filmen jener Zeit tritt uns ein ambivalentes Bild der Frau entgegen: hier die fortschrittliche Arbeiterin mit rotem Halstuch, schlecht gekleidet und von gestrengem Wesen, dort die rückschrittliche Bäuerin, das weiße Kopftuch in die Stirn gedrückt; hier die emanzipierte, militante und herausfordernde Genossin aus dem *Komsomol* (der kommunistischen Jugendorganisation), dort die frivole Stenotypistin, kokett und aufreizend. Die Frau verkörperte gleichzeitig die Vorhut und die Nachhut der Gesellschaft. An Gewißheit und Desorientierung schieden sich die Geister. Ende der zwanziger Jahre wimmelten die Romane von eigensinnigen, verstörten und unglücklichen Heldinnen. Die Zügellosigkeit der Stadt und der Konservatismus auf dem Land beschäftigten Herrschende wie Beherrschte. Die Frauen wollten Stabilität, die Männer drückten sich vor ihrer Verantwortung, und die Partei suchte an ihrem Weltentwurf festzuhalten. Seit 1926 war klar, daß die Familie trotz allem überleben wird. Im Namen des wirtschaftlichen Fortschritts opferte man einige Bereiche der Leichtindustrie. Haushalt und Kinder kehrten zurück in die Privatsphäre und blieben Frauensache. Man war der Ansicht, die Frauenfrage sei definitiv gelöst: 1929 wurde das *Jenotdel* abgeschafft.

»Frau des Orients, leg' den Schleier ab!«

In Mittelasien wurde das *Jenotdel* trotzdem bis Mitte der fünfziger Jahre beibehalten. Man muß sagen, daß die Sowjetmacht Mühe hatte, sich hier durchzusetzen. Wirklich befriedet wurde die Region erst 1936. Lange Zeit waren die ländlichen Gebiete unsicher, die von den Banden der *Basmatschi* (Rebellen und Banditen) beherrscht wurden. In diesem Kontext diente die »Befreiung der Frau« auch dazu, die bestehende ökonomische und soziale Struktur zu zerschlagen. Die Entislamisierung der Frau war ein politisches Instrument.

Die Lage der Moslems war vor der Revolution sehr unterschiedlich. Bei den Tataren in Kasan waren die Reformen dem Sozialismus vorausgeeilt, so daß 1900 auf 12 tatarische Frauen eine Schülerin kam; bei den russischen Frauen betrug das Verhältnis 55 zu 1. Die 1000 Delegierten – darunter 200 Frauen – des Ersten Allrussischen Muslimenkongresses, der am 1. Mai 1917 in Moskau eröffnet wurde, proklamierten die Gleichberechtigung der moslemischen Frauen mit den moslemischen Männern und setzten damit ein Zeichen für die ganze Welt.[26] Doch trotz dieses Vorstoßes war die Situation insgesamt negativ. Am 19. Januar 1918 wurde das Zentralkommissariat für muslimische Angelegenheiten errichtet. Die Polygamie, die Verheiratung noch nicht geschlechtsreifer Mädchen, die Leviratsehe (ein Brauch, demzufolge ein Mann unter bestimmten Umständen verpflichtet war, die Witwe seines Bruders zu heiraten) und der Brautkauf (Kalym) wurden abgeschafft, die Schulpflicht eingeführt und der freie Zugang zu allen Berufen gewährt. Die spektakulärste und symbolträchtigste Maßnahme war die Abschaffung des Schleiers *(parandscha)*, die seit 1926 systematisch betrieben wurde. Das brachte Gefahren mit sich: Die unverschleierten Vorkämpferinnen sahen sich der Vergewaltigung und Ermordung durch Ehegatten oder empörte Brüder ausgeliefert. 1928 starben über 300 Frauen. 1930 wurden diese Verbrechen als konterrevolutionär eingestuft. Aber die Sitten änderten sich nur sehr schleppend. Noch in den fünfziger Jahren traf man auf verschleierte Frauen, arrangierte Frühehen und die Polygamie – bis hinein in die herrschenden Kreise. Der Kalym war immer noch Brauch. Die Förderung der Frau war deutlich im Rückstand, was sich durch die Beseitigung des Analphabetentums belegen läßt: Während um 1925 über 95 Prozent der Frauen Mittelasiens weder lesen noch schreiben können, lag der nationale Mittelwert bei 60 Prozent. 1959 standen 1000 eingeschulten Jungen 921 russische und 613 muslimische Mädchen gegenüber.[27] Auch der Einzug der Frauen in die Erwerbstätigkeit stieß auf einen gewissen Widerstand. Die Mehrheit von ihnen war in der Landwirtschaft beschäftigt, nur eine kleine Minderheit in der Industrie und im Büro. Noch heute sind in den fünf mittelasiatischen Republiken nur 25,6 Prozent der Frauen berufstätig gegenüber 43,6 Prozent in den slawischen Republiken.[28] Ebenso liegt ihre politische Beteiligung unter dem Durchschnitt.

Gewiß steht die Emanzipation der Frauen Mittelasiens nicht nur auf dem Papier. Zwischen 1933 und 1979 ist ihre Zahl im höheren Schulbereich um das 33fache gestiegen. Sie sind aus ihrer Abgeschiedenheit hervorgetreten, haben Unterricht und Qualifikation erhalten. Aber die muslimischen Gesellschaften sind stark endogam. Tradition und Religion artikulieren oft den nationalen Gedanken; die Frau hat grundsätzlich ihren Platz dort, wo nationale Identität aufgebaut wird. Die Förderung der Frau im sowjetischen Sinne ablehnen und bremsen heißt auch, die Russifizierung bekämpfen. Die Ausrichtung Mittelasiens nach Europa erfolgte nicht ohne Reibungen und Rückschläge und blieb oberflächlich.

DIE KONSERVATIVE REVOLUTION

Der NEP ist es nicht gelungen, einen dauerhaften Aufschwung zu sichern; die Wirtschaft blieb anfällig und schwankend. Die Zahl der Arbeitslosen stieg von 700000 im Jahre 1924 auf rund 2 Millionen 1927. Um die Industrie in Schwung zu bringen, schaffte die Staatsgewalt den privaten Sektor ab und verabschiedete im Frühjahr 1928 den ersten Fünfjahresplan, der ein gleichbleibendes Tempo der Industrialisierung und daher eine ununterbrochene Folge guter Ernten sowie einen stabilen Außenhandel vorsah. Im März 1928 gefährdete die Krise der Getreideernte die Versorgung der Städte. Die Rationierung wurde erneut eingeführt. Wieder fehlte es an Brot, Zucker, Milch, Seife und Stoffen. Es kam zu der – 1921 noch vermiedenen – Machtprobe zwischen den Bauern und der Zentralgewalt, die einen entscheidenden Wendepunkt markiert. Die Kollektivierung der Landwirtschaft, die überstürzt beschlossen wurde, sollte regelmäßige Getreideerträge für den heimischen Bedarf und den Export sicherstellen. Den passiven oder offenen Widerstand der Bauern beantwortete die Regierung mit immer neuen Verhaftungen und Konfiskationen. Manche Bäuerinnen scheuten daraufhin nicht vor Gewalttätigkeiten zurück: Sie behinderten die Beschlagnahmungen, beschimpften und belästigten die Vertreter der Staatsgewalt. Aber diese Revolten blieben, mit Ausnahme Mittelasiens, wo man dem Bürgerkrieg nahe war, chaotisch und punktuell.[29]

Der Normalisierungsprozeß dauerte bis 1935. Die furchtbare Hungersnot 1932/33 forderte rund 6 Millionen Tote, zu denen man noch die 2,5 Millionen Opfer der Unterdrückung zählen muß.[30] Der Lebensstandard sackte erneut ab; die Löhne stagnierten oder sanken. Bis auf kurze Unterbrechungen dauerte die Inflation bis 1945 an.[31] Die gängigen Produkte verschwanden; die unzureichende Organisation der Verteilung von Konsumgütern und die Pauperisierung weiter Teile der Bevölkerung hielten an. Die Bauern hatten fortan – von 1932 bis 1976 – einen Sonderstatus, der sie wie Menschen zweiter Klasse an die Kolchose fesselte. Die Lage der Arbeiter verschlechterte sich. Akkordarbeit (1932), Arbeitsbuch (1938), verstärkte Disziplinierung und eingeschränkte Freizügigkeit begünstigten einen »Kasernensozialismus«, der sich durch Zentralismus, strenge Hierarchie und rapiden Wechsel der Belegschaft durch Ausscheiden bzw. Beförderung auszeichnete.

Industrialisierung und Moral: Die Rückkehr der Familie

Die Krise von 1929 veranlaßte die Sowjetunion, sich für die Autarkie zu entscheiden – sie nahm erst 1960 ihren Platz im Welthandel wieder ein. Der Sektor A (Schwerindustrie) hatte Priorität vor dem Sektor B (Leichtindustrie). Wieder einmal wurde die Gegenwart der Zukunft geopfert. Das Volk wurde mobilisiert, um gigantische Bauvorhaben (Staudämme, riesige Fabriken, Kanäle) oder Prestigeobjekte (die Moskauer Untergrundbahn) zu verwirklichen. Während die Klasse, die angeblich die alleinige Macht ausübte, unterernährt im Elend der Baracken lebte,[32] gedieh die Mystik des Großen Planes. Der Dichter

Mandelstam rief aus: »Es ist vielleicht erniedrigend, doch begreift es gut: Es gibt eine Unzucht der Arbeit – die haben wir im Blut.«[33]

Seine Kräfte für Liebe und Sexualität vergeuden hieß, die Revolution bestehlen. Die Freiheit der Sitten und das sexuelle Abenteurertum wurden zugunsten einer »revolutionären Sublimierung« verurteilt, die Aaron Zalkind schon 1924 in seinen »zwölf Geboten« formuliert hatte und die nun zum Dogma erhoben wurde.[34] Die Gesellschaft wollte »normal« sein: 1934 wurde die Homosexualität kriminalisiert, und die Prostituierten wurden wieder als Kriminelle eingestuft.

Die bohèmehafte Atmosphäre der zwanziger Jahre war verflogen, die pädagogischen, sozialen und künstlerischen Experimente waren vorbei. Der Kult der stählernen Maschinen, der funkelnden Traktoren und tapferen Stachanowarbeiter füllte Zeitungen und Filme. Von 1934 an bemächtigte sich eine Massenhypnose der Geister, und die Intellektuellen traten der Partei bei, so die Schriftsteller Valentin Katajew und Lydia Sejfullina oder der Filmemacher Eisenstein. Sie paßten sich der Schablone des »sozialistischen Realismus« an, der auf realistische Weise eine ebenso ruhmreiche wie unrealistische Wirklichkeit beschreibt, die entweder gar nicht oder nur auf unsicherem Boden existiert. Überall rührten die Sänger des Fünfjahresplans die Trommel.

Der Anteil der Frauen an der Arbeiterschaft stieg von 28,8 Prozent im Jahre 1928 auf 43 Prozent im Jahre 1940.[35] Die Frauen drangen in neue Bereiche vor: Bergbau, Metallurgie, chemische Industrie. Manche Berufe waren ihnen als zu anstrengend oder gesundheitsschädlich verschlossen. Zwar schützte das Gesetz schwangere Frauen, doch führten die Industrialisierung und schließlich der Krieg dazu, daß die Vorschriften nicht eingehalten wurden und der Mutterschaftsurlaub gekürzt wurde. Die Heranziehung von Frauen zur Zwangsarbeit war ein zwiespältiges Phänomen: Sie bewies auch, daß ihnen alle Berufe offenstanden. Im allgemeinen arbeiteten die Frauen als ungelernte oder angelernte Kräfte.

Aber der Aufbau des Sozialismus verlangte eine stabile Gesellschaft mit einer festen und einheitlichen Kernzelle, der Familie. Es galt auch, die Verluste durch Kriege und Repression auszugleichen. Die wirtschaftlichen und ideologischen Imperative wirkten zusammen, um ein neues Modell zu schaffen, in dem die Familie rehabilitiert wurde. Sie herabzusetzen galt nun als bürgerlich und linksextremistisch. Das exaltierte Mannweib trat von der Bühne ab. Von jetzt an pries man die *mater familias* mit den breiten Hüften. Die *Prawda* erwies der »Meistermelkerin« die Ehre: Mit ihren geschickten Fingern brachte sie Ströme von Milch zum Fließen – Symbol der Fruchtbarkeit. Im August 1935 erklärte die *Iswestija*: »Unsere Frauen, Bürgerinnen ganz eigener Art im freiesten Land der Welt, haben von der Natur die Gabe empfangen,

Mütter zu sein. Mögen sie diese Gabe sorgsam hüten, um der Welt Sowjetsoldaten zu schenken!« Stalin schrieb im April 1936 in der Zeitschrift *Trud*: »Die Abtreibung, die Leben vernichtet, ist in unserem Lande nicht erlaubt. Die sowjetische Frau hat dieselben Rechte wie der Mann, aber das entbindet sie nicht von der großen und edlen Pflicht, die die Natur ihr auferlegt hat: Sie ist Mutter, sie schenkt Leben.«

1935 entwickelte sich eine heftige Pressekampagne um zwei Probleme: die Abtreibung und die Scheidung. 1928 hatte es anderthalbmal so viele Abtreibungen wie Geburten gegeben, 1934 kamen in Moskau drei Abtreibungen auf eine Geburt.[36] Im Mai 1935 lag die Scheidungsrate in den Städten bei 44,3 Prozent.[37] So wurde die Abtreibung im Juni 1936 verboten – gegen den deutlichen Widerstand der Frauen, der sich in einer Flut von Leserbriefen bekundete. Statt dessen führte man ein System der Familienbeihilfe ein und erhöhte die Unterhaltszahlungen. Außerdem wurde das Scheidungsverfahren erschwert: Präsenzpflicht der Ehegatten bei der Verhandlung, Eintrag in die Personalpapiere, Veröffentlichung des Urteils, Anhebung der Kosten. Allerdings wurde die »faktische« Ehe beibehalten.

Durch diese Reformen stellte man eine feste Verbindung zwischen Mutterschaft, dauerhafter Ehe und stabiler Individualfamilie her. 1934 wurde sogar die väterliche Gewalt wieder eingeführt. Die Auswirkungen waren zunächst spektakulär. Innerhalb eines Jahres sank die Scheidungsrate um 61,3 Prozent. In Moskau verringerte sich zwischen Oktober 1935 und Oktober 1936 die Anzahl der Abtreibungen um das 15fache, während die Anzahl der Geburten leicht zunahm. Trotzdem ging die Geburtenziffer unerbittlich zurück: 1925 entfielen auf tausend Einwohner 44,7 Geburten, 1930 waren es 39,2 und 1940 31.[38] Da die objektiven Zustände unverändert gegeben waren, trieben die Frauen nach wie vor ab. Sie machten es heimlich – mit allen Risiken, die damit verbunden waren.

Stalin setzte, um die gesamte Gesellschaft in der Hand zu haben und sich einen ihm ergebenen Apparat zu schaffen, auf Terror. 1935 konnte über Kinder ab dem 12. Lebensjahr die Todesstrafe verhängt werden; 1937 wurde die Folter legalisiert; willkürliche Festnahmen, Massenverhaftungen und spektakuläre Schauprozesse in Moskau beherrschten den Rhythmus der Tage und Nächte. Zwischen Januar 1937 und Dezember 1938 wurden 7 Millionen Menschen verhaftet, 3 Millionen wurden erschossen oder kamen in den Lagern um.[39] 12 bis 14 Prozent der verhafteten Kommunisten waren Frauen.[40] Die Anklagen lauteten für alle gleich: Sabotage, Trotzkismus, Spionage. Doch dazu kam seit August 1934 der Begriff des »Verwandten eines Verräters«, der vor allem auf Ehefrauen und Schwestern angewendet wurde: Es drohten zwei bis fünf Jahre Lager für Nichtdenunziation eines Gatten oder

Bruders – eines »Volksfeindes« –, fünf Jahre Verbannung für Unkenntnis.[41] Die Kinder wurden in Waisenhäuser gesteckt. Die Denunziation, die offiziell ermutigt wurde, sprengte Familien und menschliche Beziehungen, während von den Plakaten fröhliche Gesichter lachten.

Demnach gab es einige, die von dem Regime profitierten. Nach den Säuberungen, am Vorabend des Krieges, bildete sich ein regelrechtes Kleinbürgertum heraus – sehr konformistisch, den offiziellen Ritualen, Symbolen und Normen verhaftet – und verschanzte sich hinter seinen weißen Vorhängen und seinen Geranien, den literarischen Versatzstücken der Epoche. Die Revolution verbürgerlichte: Man trug wieder Hut und Krawatte. In der Tat traf die stalinistische Reaktion trotz allem auf eine Art Konsens, weil sie echte Möglichkeiten des sozialen Aufstiegs bot. Der Lobpreis der Mutter, die mit der lebenspendenden Heimat verglichen wurde, gemahnte an das traditionelle Bild der robusten Bäuerin. Denn die Verbäuerlichung der sowjetischen Werte war unverkennbar. Die Industrialisierung hatte den Exodus der Landbevölkerung beschleunigt: Zwischen 1928 und 1940 verdoppelte sich die Stadtbevölkerung.[42] Dörfliche Vorlieben und Vorurteile hinterließen tiefe Spuren in der urbanen Mentalität, auch wenn der Bauer seinen Status als Oberhaupt der Familie und des Betriebes, als »Meister« *(chosiajn)*, verloren hatte. Manchmal waren die Vorteile für die Kolchosfrau größer als für den Mann: Sie erlangte wirtschaftliche Unabhängigkeit. Der Mann empfand seinen Statusverlust als Deklassierung und verlor Selbstachtung und Ansehen. Ein Film veranschaulicht den neuen – realen oder idealisierten – Ort der Frau sehr deutlich: *Mitglied der Regierung* (1939) von Heifiz und Zarkhi schildert den Weg einer des Lesens und Schreibens unkundigen, vom Leben geschundenen Bäuerin. Von der Partei unterstützt, bringt sie es zur Leiterin einer Kolchose und später zur Deputierten im Obersten Sowjet. Ihr Mann, der sich durch ihren Aufstieg gedemütigt fühlt, verläßt sie, kehrt aber zu ihr zurück. Die Botschaft ist klar: Die Frau gewinnt auf allen Ebenen – Wissen, Familie, Macht –, wenn sie ihre Pflichten als Staatsbürgerin beherzigt; das Glück kommt dann als Dreingabe. Darüber hinaus spielt der Film mit der Rivalität der Geschlechter, wobei die Partei als Schiedsstelle fungiert. Der Abstand zu 1926 ist, was Recht und Moral betrifft, unübersehbar: Die Heldin ist schon verheiratet und läßt sich, auch nachdem der Mann fort ist, auf kein Abenteuer ein.

Trotzdem bleibt die Sowjetunion, verglichen mit dem Ausland, in der Gesetzgebung ein fortschrittliches Land: gemischte Schulen, Zivilehe, Volljährigkeit mit achtzehn Jahren, passives und aktives Wahlrecht, politische Karriere, ein breites Spektrum an Berufen. Die Sowjetfrau ist im Prinzip wirtschaftlich emanzipiert: gleicher Lohn für gleiche Arbeit. Aber der Akkordlohn benachteiligt sie, da ihre Leistungsfähigkeit geringer ist. Dazu kommt, daß die Frau außer Haus arbeitet und daneben noch den Haushalt führt. Der doppelte Arbeitstag ist für sie die Regel. In einem Roman von 1937 zählt die Heldin auf, was man von ihr erwartet: »Eine Ehefrau soll auch eine glückliche Mutter sein und ein gemütliches Heim schaffen, aber deswegen ihren Beruf nicht vernachlässigen, zum Wohle der Gemeinschaft. Sie soll das alles unter einen Hut bringen können und am Arbeitsplatz dann noch mit der Leistung ihres Mannes mithalten.‹ – ›Genau‹, sagte Stalin.«[43] Dieses Ziel war um so schwieriger zu erreichen, als die Regierung ihre Versprechen nicht hielt. Die Verfügungen von 1936 über Kinderkrippen und Vorschulen blieben ein frommer Wunsch. 1951 war das Netz weniger dicht als 1934[44], und auf dem Land ist es gänzlich unzureichend. Das Leben war hart, aber die Hoffnung auf eine bessere Zukunft, die Einsicht in die Notwendigkeit von Opfern hielt die Menschen aufrecht.

Einen Schritt vor, zwei Schritte zurück

1940 arbeiteten 16 Millionen Männer in der Landwirtschaft. Als am 22. Juni 1941 der Krieg ausbrach, wurden 13 Millionen eingezogen oder gingen in die Rüstungsindustrie. Sehr bald waren über 70 Prozent der landwirtschaftlichen Arbeitskräfte Frauen.[45] Wie 1914, so sprangen sie auch jetzt ein. 1945 stellten sie 56 Prozent aller Arbeiter und Angestellten – der höchste Prozentsatz in der Geschichte der Sowjetfrauen. Das Spektrum der Tätigkeiten reichte von Handlangerdiensten bis zu Posten mit hoher Verantwortung. Der Krieg trieb die Förderung der Frau voran, verbesserte Qualifikationen, beschleunigte die Beseitigung von Archaismen in Mittelasien und im Kaukasus.

Die Nachkriegszeit brachte die Ernüchterung: Die zurückgekehrten Veteranen bekamen ihre alten Stellen wieder. 1950 waren nur noch 47 Prozent der Arbeitsplätze mit Frauen besetzt. In bestimmten Berufsgruppen war der Rückgang besonders drastisch, etwa bei den Leiterinnen von Kolchosen und Sowchosen: 1940 waren es 2,6 Prozent, 1943 14,2 Prozent, 1961 2 Prozent und 1975 1,5 Prozent.[46] Manchen Frauen fiel es schwer, wieder in den Hintergrund zurückzutreten. Die Nöte und Konflikte, die die Heimkehr der Männer heraufbeschwor, waren ein beliebtes Thema der Literatur nach 1945. Anderen fiel das Alleinsein schwer; denn der Krieg hatte Millionen von Menschen dahingerafft und das Ungleichgewicht zwischen den Geschlechtern verstärkt: 1959 gab es 20 Millionen mehr Frauen als Männer. Fast 30 Prozent der Haushalte wurden von alleinstehenden Frauen geleitet.[47] Die Erwerbstätigkeit war jetzt eine Notwendigkeit und keine Alternative. Diese Situation verzerrte die Beziehungen zwischen Mann und Frau, Mutter und Kind. Dank ihrer »Knappheit« wurden die Jungen verhätschelt und die Männer aufgewertet.

In der Zwischenzeit wurde die Gesetzgebung geändert. Als der Sieg sich 1943 abzeichnete, bereitete Stalin die Nachkriegszeit vor. Die »Internationale« war nicht länger Nationalhymne, die gemischten Schulen wurden abgeschafft. Am 8. Juli 1944 wurde per Dekret – ohne vorherige, auch nur fiktive Diskussion – die »faktische« Ehe abgeschafft, die Familienbeihilfe angehoben, der Titel »Heldenhafte Mutter« (mehr als 10 Kinder) und der Mutterschafts-Ehrenorden (7 bis 9 Kinder) eingeführt. Unverheiratete und Ehepaare ohne Kind wurden besteuert. Die unverheiratete Mutter hatte nicht mehr das Recht, eine Klage zur Feststellung der Vaterschaft anzustrengen oder Unterhalt zu beziehen. Uneheliche Kinder fielen auf den Status von vor 1917 zurück. Der Mann wurde von jeder Verantwortung und Verpflichtung befreit. Schließlich wurde die Scheidung so gut wie unmöglich gemacht: Das Verfahren vor den Gerichten ist langwierig, es sind Scheidungsgrund und Zeugen vorzubringen, die Kosten sind enorm. Mann und Frau sind aneinander gekettet, der Ehebruch hat keine Folgen mehr.

Der Kalte Krieg und der schleppende Wiederaufbau des verwüsteten Landes verschärften die Schwierigkeiten und Spannungen. Der Terror kam wieder; die Sowjetunion kapselte sich ab. Ein Dekret vom Februar 1947 verbot die Ehe mit einem Ausländer bzw. einer Ausländerin.

Stalins Tod im März 1953 unterbrach einen neuen Zyklus der Gewalt. Mit dem Tauwetter besann sich die Staatsmacht wieder auf die Bedürfnisse des Volkes. Am 23. November 1955 wurde die Abtreibung neuerlich uneingeschränkt legalisiert. Nach einer langen Pressekampagne wurde durch ein Dekret von 1965 die Scheidung vereinfacht und verbilligt. Seit dem Familiengesetzbuch von 1968 ist die einvernehmliche Scheidung vor dem Standesbeamten möglich, sofern keine Kinder vorhanden sind. Andernfalls ist das Gericht zuständig, aber die Formalitäten sind minimal. Tatsächlich löschte das Tauwetter die Ära Stalin aus und versuchte eine Synthese der Vergangenheit. Das Gesetzbuch von 1968 vermied sowohl die libertären Auswüchse von 1926 als auch den Rigorismus von 1936.

Ein klarer Fehlschlag

Welche Bilanz kann man nach all diesen Erschütterungen aus über siebzig Jahren Sowjetmacht ziehen? Halten wir zunächst fest, daß diskriminierende Bilder von der Frau bis in die jüngste Zeit hinein fehlen, da die Pornographie kaum um sich greifen konnte. Da die Frau zur Teilnahme am wirtschaftlichen und sozialen Leben ermutigt und zum Bewußtsein ihrer völligen Gleichheit erzogen wurde, ist es ganz selbstverständlich für sie, erwerbstätig zu sein. Verglichen mit den Europäerinnen und den Amerikanerinnen ist die Sowjetfrau aktiver. Sie fühlt sich als nützliches Glied der Gesellschaft und gründet darauf ihren Stolz.

Doch die Lebensbedingungen machen viele Errungenschaften zunichte. Das Schlangestehen, die Knappheit oder Minderwertigkeit der Waren, das Fehlen von Einrichtungsgegenständen und elektrischen Haushaltsgeräten, die winzigen Wohnungen erschweren den Alltag und erzeugen Mißmut, körperliche Nachlässigkeit und Müdigkeit. Diese Schwierigkeiten, verbunden mit Unwissenheit und Vorurteilen, führen zu frustrierenden sexuellen Beziehungen. Ohne die Möglichkeit einer Familienplanung oder Empfängnisverhütung wird die Abtreibung zur Regel; eine dreißigjährige Frau kann schon fünf bis sieben Abtreibungen hinter sich haben.

Eine Mehrheit in der Minderheit

Der private Bereich ist also enttäuschend. Bietet der öffentliche Bereich einen Ausgleich? Wenn die Emanzipation über die Schule und die Arbeit bestimmt wird, dann muß die sowjetische Frau als emanzipiert gelten. 1989 studierten oder arbeiteten rund 92 Prozent aller Frauen zwischen achtzehn und fünfundfünfzig. Konnten 1897 noch 86,3 Prozent der Frauen nicht lesen und schreiben (gegenüber 60,9 Prozent der Männer), so haben die Kampagnen zur Bekämpfung des Analphabetentums *(likbez)*, die seit 1920 lanciert und nach 1930 systematisiert wurden, spektakuläre Resultate gezeitigt, wie die folgende Tabelle zeigt:[48]

Des Lesens und Schreibens unkundige	1926	1939	1956
Männer	28,5%	4,9%	0,7%
Frauen	57,3%	16,6%	2,2%

Der Anteil der Frauen an den Studierenden ist von 31 Prozent im Jahre 1926 auf 43 Prozent 1937 und 55,5 Prozent 1989 gestiegen.[49] In demselben Jahr sind 50,6 Prozent aller Arbeiter Frauen gegenüber 38,9 Prozent 1940.[50] Zwar sind sie in bestimmten Berufszweigen überrepräsentiert – 1989 66 Prozent aller Ärzte, 74 Prozent aller Lehrer, 78 Prozent aller Verkäufer –[51], doch konzentrieren sich Frauen häufig in schlecht bezahlten Sektoren oder unqualifizierten Berufen, die ohne großen Verlust aufgegeben werden können, um Kinder aufzuziehen.

Als Erblast des Krieges und eines Managements, das menschliche Ressourcen zu verschleudern gewohnt war, zog man es vor, mühsame Arbeiten Frauen zu übertragen, anstatt solche Arbeiten zu mechanisieren. 1976 stellten Frauen 70 bis 80 Prozent der beiden am wenigsten qualifizierten Berufskategorien und 5 bis 10 Prozent der beiden höchsten Kategorien.[52] Sie besetzten nur 6 Prozent der leitenden Stellungen in den Betrieben.[53] Die Frau führt aus, aber sie leitet kaum und entscheidet noch weniger. Die Sozialisierung der Kindererziehung, die den Eintritt der Frau ins Erwerbsleben begünstigen sollte, ist unzureichend. Dieser Bereich fiel den historischen Bedingungen – dem Chaos der zwanziger Jahre, der Härte der dreißiger Jahre, dem Wiederaufbau nach 1945 – und voluntaristischen Entscheidungen zum Opfer. 1980 registrierten die kostenpflichtigen Vorschulen nur 45 Prozent aller Kinder, wohingegen die kostenlosen Vorschulen in Frankreich 75 Prozent aufnehmen konnten;[54] auch 1988 waren es in der Sowjetunion erst 60 Prozent der Kinder.[55]

Der Mann wurde in der Debatte um häusliche Arbeit und von der Mitwirkung an dieser Arbeit ausgeschlossen. Die Emanzipation, verheißen und begonnen, wurde nach und nach zurückgenommen. Die Frau wurde in die Fabrik geschickt und wieder in die Küche verbannt, während ihr politischer Einfluß stagnierte.

Zwar ist der Prozentsatz der Frauen in der Partei gestiegen, aber nur schleppend: 1920 sind es 7,4 Prozent, 1946 18,7 Prozent, 1985 27 Prozent[56], während sie 53,1 Prozent der Bevölkerung stellen. Dazu kommt, daß die Frauen auf den Machtebenen ungleich stark vertreten sind. Sie haben sich vor allem die unteren Ränge der Hierarchie erobert, die Ortssowjets (1926 14 Prozent, 1934 29,5 Prozent, 1987 49 Prozent)[57], während Frauen an der Spitze kaum vertreten sind. Zwischen 1924 und 1939 findet man lediglich vier Frauen im Zentralkomitee. Während das ZK sich enorm erweitert (1917 9 Mitglieder, 1923 57, 1925 106), sinkt der Anteil der Frauen in ihm von 9,7 Prozent 1917 auf 3,3 Prozent 1976.[58] Freilich ist dieses aufgeblähte Zentralkomitee nur ein Vollzugsorgan; ebensowenig spielt der Oberste Sowjet, wo der Anteil der Frauen von 33 Prozent 1984 auf 18,4 Prozent nach den Wahlen vom März 1989 zurückgeht[59], irgendeine maßgebliche Rolle. Die wirkliche Macht gehört dem Politbüro und dem Sekretariat.

Die erste und für lange Zeit einzige Frau schaffte 1956 den Sprung ins Politbüro; sie blieb dort drei Jahre. Erst seit 1988 gehört ihm wieder eine Frau an. Das Sekretariat dagegen blieb weiterhin ein verbotener Club. Was die Regierungsebene betrifft, so muß man seit dem Ausscheiden Kollontajs aus ihrem Amt 1918 bis 1954 warten, bevor sich wieder eine Ministerin findet. Seither vertreten sie Ressorts wie Kultur, Gesundheit, Bildung – traditionelle Posten also.

Das sowjetische Modell: bestreitbar und umstritten

Praktisch war das Spiel schon 1923 entschieden. Wenn sich die Basis bewegte, sperrte sich die Spitze. Die Massen wurden integriert, aber die Elite, gebildet, kompetent und kämpferisch, wurde zugunsten farbloser Vollzugsorgane beseitigt. Starke Persönlichkeiten wie Kollontaj wurden abgeschoben oder kaltgestellt.

Langfristig bewahrheiteten sich Kollontajs Befürchtungen. Ohne neue Rollendefinition ist die ökonomische Emanzipation ein Köder, weil sie ein männliches Modell propagiert, ohne die Bürde der Frau zu beseitigen. Vielleicht handelt es sich um Zwänge, die allen sich entwickelnden Industriegesellschaften gemeinsam sind. Hier aber waren hundert Jahre europäischer Entwicklung in zwei Jahrzehnte zusammengepreßt: Die sexuelle Revolution der zwanziger Jahre hat die alte Kernfamilie beseitigt, die stalinistische Reaktion der dreißiger Jahre hat sie wiederhergestellt, um eine rückständige bäuerliche Gesellschaft besser an die erzwungene Industrialisierung anzupassen. Aber zwischen den humanistischen Parolen und dem Alltag hat sich ein Abgrund aufgetan.

Trotzdem ist nicht allein der Einparteienstaat für diese Entwicklung verantwortlich. Wie überall sonst ist die Rolle der Frau zweideutig. Sie hat – sei es aufgrund des Instinkts, sich und ihren Kindern das Überleben zu sichern, sei es aus Entfremdung – die Regeln des sowjetischen Spiels stärker akzeptiert und verinnerlicht als der Mann, was diesen erbittert. Nüchtern, ausdauernd, gewissenhaft, diszipliniert ist die Frau eine Säule des Regimes: Wäsche, Kurse, Küche, Kinder, Fabrik, Kolchose, Büro – sie nimmt alles auf sich. Aber will sie es noch? Die Gleichberechtigung hat für sie ein Mehr an Mühe gebracht. Das zweifache Erbe der tollen zwanziger Jahre und der entbehrungsreichen dreißiger und vierziger Jahre schaffte ein widersprüchliches Ideal: Draußen soll die Frau aktiv und dynamisch sein, zu Hause lieb, sanft und »weiblich«. Ihr Wunsch wäre ein starker Partner; den *homo sovieticus* hingegen, der sich, politisch ohnmächtig, in die Trunksucht flüchtet, verträgt sie schlecht. Aufgrund persönlicher Entscheidung oder weil der Mann sie verlassen hat, erzieht sie die Kinder allein im Rückgriff auf tradierte Schemata; Männer und Frauen leben in verschiedenen Welten, wie es die Stücke von L. Petrutschewskaja zeigen.

Das Recht ist seit 1917 der Gesellschaft vorausgeeilt oder hat sie mißachtet, zumindest ignoriert. Denn das Recht in der UdSSR wurde instrumentalisiert als Werkzeug des Staates; es ist nicht der Reflex einer Weiterentwicklung der Sitten und Mentalitäten. Die extreme Freiheit der Sitten während der NEP – mehr verordnet als begehrt – hat die Menschen vor allem ratlos gemacht. Die ideologische Entscheidung für eine auserwählte Klasse, die im Besitz aller Werte und Tugenden und frei von jedem Makel ist – das Proletariat –, hat den Blick für die Tatsache verstellt, das das Problem der Beziehungen zwischen den Geschlechtern klassenübergreifend ist.

Die Revolution von 1917 ist in einem unterentwickelten, vorwiegend agrarischen Land ausgebrochen und hat die Veränderungen überstürzt. Man wird die UdSSR daher als Modell für die Dritte oder Vierte Welt einsetzen können, wo die Befreiung der Frau von einer totalen Umgestaltung der Gesellschaft abhängt. Anderswo muß ihr Einfluß problematischer betrachtet werden, wie das Beispiel Frankreich zeigt.

Die kommunistische Presse Frankreichs, in ihren Anfängen noch sehr aufgeschlossen, berief sich gern auf Kollontaj. Doch 1924 zwang der V. Kongreß der Kommunistischen Internationale allen kommunistischen Parteien die Bolschewisierung auf. Seither »gibt es, kommunistisch gesehen, keine spezifische Frauenfrage«, liest man am 25. September 1924 in der Zeitschrift *L'Ouvrière*. Die aus dem Osten kommende Prüderie deckte sich mit dem Wunsch der KPF, eine reputierliche Partei zu werden und die Wählerschichten der Mitte anzusprechen. Setzten die Kommunisten sich stets für die klassischen Rechte ein – Wahlrecht der Frauen, Gleichheit der Löhne, Aufhebung des Gesetzes von 1920 –, so schließen sie sich doch 1935 den Verfechtern von Familie und Geburtenreichtum an, und die erste und einzige Frau im Politbüro hielt dort erst 1950 ihren Einzug. 1955 wetterte die KPF gegen »birth control«, das sie mit dem verpönten Malthusianismus vergleicht: »Seit wann forderten die Arbeiterfrauen das Recht auf freien Zugang zu den Lastern der Bourgeoisie? Niemals!« ereiferte sich Jeannette Vermeersch (Mitglied des Politbüros).[60] Im Mai 1956 befürwortete die Partei die Abtreibung, lehnte die Empfängnisverhütung jedoch ab. War diese Entscheidung am Vorbild Moskaus orientiert, wo die Abtreibung wieder eingeführt worden war? Das gewiß; aber eine solche Polemik erlaubt es auch, sich um die Frage der Entstalinisierung zu drücken. »Wenn sie über ihre Regel diskutieren, denken sie wenigstens nicht an das Referat, das Chruschtschow gehalten haben soll!«[61] Indessen folgen die kommunistischen Wähler nicht der Parteiführung, die sich schließlich gezwungen sieht, 1967 dem Neuwirth-Gesetz von 1967 und den Veil-Gesetzen von 1974 und 1979 zuzustimmen, um nicht den Kontakt zur Basis zu verlieren.

Seit 1920 bietet die KPF den Französinnen die Möglichkeit zu politischer Betätigung; sie ermutigt die Frauen zur Arbeit und erkennt sie an. Aber die Partei, die durch und durch stalinistisch organisiert und sogar stolz darauf ist, hat ein erstarrtes Muster übernommen, das den französischen Realitäten nicht angemessen ist. Einst avantgardistisch, ist sie konservativ geworden und hat eine historische Chance verpaßt.

Eine Zukunft, die noch erfunden werden muß

In den Jahren, die zum Zusammenbruch der Sowjetunion führten, waren die Beziehungen zwischen den Geschlechtern äußerst gespannt, und dies inmitten einer schweren politischen und ökonomischen Krise. 1979 und 1980 haben intellektuelle Dissidentinnen in Leningrad zwei vehement männerfeindliche Schriften herausgebracht. Diese »feministische« Bewegung, die keine Rechte mehr zu erobern brauchte, ging von der totalen Ablehnung der Männer aus, die als einzige Ursache für die Misere der Frauen angesehen wurden, und forderte in den Beziehungen zwischen den Geschlechtern einen neuen Ansatz, der auf gegenseitigem Respekt und Liebe basieren soll. Diese Neofeministinnen plädierten für eine Rückkehr zur stabilen Paarbeziehung mit einem verläßlichen Partner. Bei einigen der Autorinnen hatte dieses Plädoyer auch religiöse Züge. Die Staatsmacht befürchtete, sie könnten ihre Kritik auf die Politik übertragen, und so wurden die Wortführerinnen verhaftet und zu schweren Strafen verurteilt oder aus der Sowjetunion ausgewiesen.

Welche Zukunft erwartet die einstigen Sowjetfrauen im 21. Jahrhundert? Kann Rußland günstige Bedingungen für den Feminismus bieten? Die Zeit der sogenannten »Stagnation« unter Breschnew, in der ökonomischer und geistiger Stillstand sowie Korruption um sich griffen, hat den Zerfall der Gesellschaft beschleunigt. 1985 kam Gorbatschow an die Macht. Man erwartete viel von *perestroika* (Umbau) und *glasnost* (Transparenz). Aber der Aufstieg der Nationalisten und die wirtschaftliche Katastrophe – 1989 wurden wieder Rationierungsmarken für Zucker, Seife, Fleisch usw. eingeführt –, ferner die Verschlechterung aller sozialen Dienstleistungen, vor allem im medizinischen Bereich, führen das Land in den Bürgerkrieg und den Bankrott. Die Frauen scheinen im Stich gelassen.[62]

Die derzeitige Lage ist so explosiv, die Spannungen und Widersprüche sind so heftig, daß in dem zerfallenen Imperium die stalinistische Versuchung stark ist. Setzen die Verfechter der Ordnung sich durch, sind die Frauen zum Status quo verdammt. Wird dagegen die ökonomische und soziale Struktur von Grund auf verändert, besteht die Gefahr, daß, wie 1917, die Probleme der Frauen in die ferne Zukunft verschoben oder in einem Gesamtreformprojekt an den Rand gedrängt werden.

Rußland hat eine Revolution vollbracht und befindet sich heute, *mutatis mutandis,* wieder am Ausgangspunkt: Die Frauenfrage, die den Revolutionären im letzten Jahrhundert keine Ruhe ließ, ist aktueller denn je. (Mai 1990)

Aus dem Französischen von Holger Fliessbach

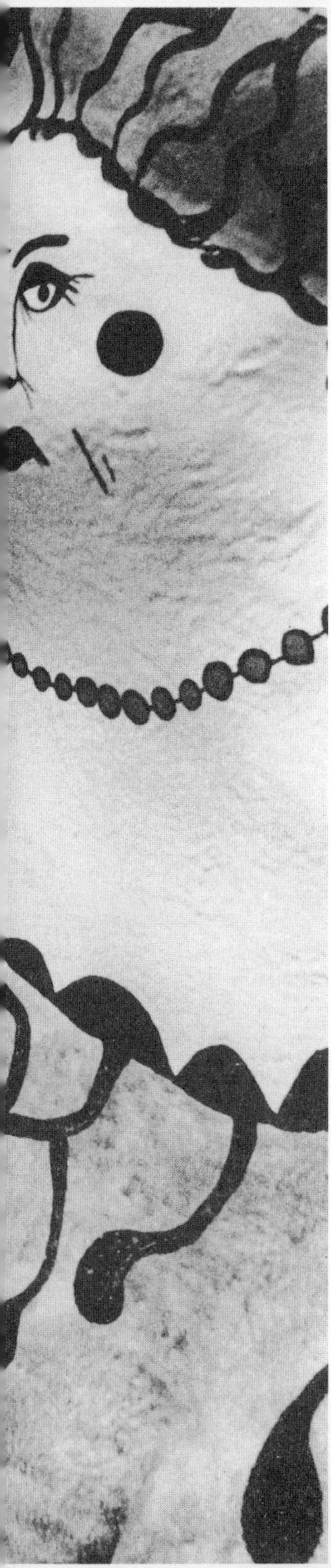

Frauen, Schöpfung und Vorstellung

Niki de Saint-Phalle in ihrem Atelier, 1971.
Fotografie von Doisneau.

Es hat etwas Künstliches, in einem eigenen Teil zusammenzutragen, was der Ordnung des Symbolischen angehört und was in Beziehung zur Kultur als dem Ort steht, an dem die soziale Imagination sich entfaltet. Besonders künstlich mag dies in einem Werk erscheinen, das mit dem Anspruch angetreten ist, durchgängig sowohl die soziale als auch die symbolische Realität zu erfassen. Dies aber war notwendig, um gewisse zentrale Fragen stellen zu können: nach der modernen Entwicklung des Denkens über Geschlechterunterschiede, das die abendländische Kultur seit den Griechen umgetrieben hat; oder nach dem Ineinandergreifen von kulturellen Modellen oder Imaginationen über Frauen und die Konsumgesellschaft; oder auch nach dem Ort der Frauen auf kulturellem Gebiet. Aber diese Kapitel, die durch die Frauenbewegung angeregt sind, sprechen auch von Veränderungen und Wagnissen.

Sie beginnen mit einer langen Reise in die Philosophie des 20. Jahrhunderts, von Georg Simmel über Freud und die Schüler von Marx bis zu Simone de Beauvoir. Die Philosophie, bis zum Auftreten eines feministischen Denkens Domäne des Mannes, rückt den Unterschied der Geschlechter selten ins Zentrum ihrer Reflexion. Sie wagt es mit fortschreitendem Jahrhundert nicht mehr, die »sexistischen« Thesen einer Metaphysik der Geschlechter zu wiederholen, die im Rahmen eines essentialistischen Geschlechterdualismus die Überlegenheit des männlichen Pols behauptete. Statt dessen orientiert sie sich in unterschiedlichster Weise an einer Aufwertung des Weiblichen, die die in der marxistischen Klassentheorie betonte Machtfrage zum Verschwinden bringt. Als innovativer Erbe mancher früheren Strömungen stellt der Feminismus die Frage nach der Geschlechterdifferenz in politischen und paradigmatischen Begriffen, ohne darum doch auf eindeutige Weise zu sprechen.

Insbesondere beschreibt der Feminismus die symbolische Gewalt als eine ebenso fundamentale wie die ökonomische und denunziert sowohl die öffentliche Verbannung, der die Frauen und ihr Schaffen seit Jahrhunderten verfallen sind, als auch den männlichen Anspruch, kulturelle Produktion im Namen einer vorgeblichen Universalität zu betreiben und zu kontrollieren. Gewiß, die kulturellen Praktiken haben sich gewandelt, und die Frauen verfügen heute – z. B. in Frankreich – über einen größeren Raum zum Ausdruck ihrer Kreativität; aber man kann weder von einer Feminisierung der Literatur sprechen noch von einer wirklichen Anerkennung der Schriftstellerinnen, die häufig mit Verweis auf die Besonderheit ihres Geschlechts an den Rand gedrängt werden. In diesem Zusammenhang gestaltet sich der Gegensatz zwischen dem egalitaristischen Feminismus und dem Feminismus der Differenz – ein Moment der Geschichte der Frauen und des zeitgenössischen Feminismus, das auch in anderen Beiträgen beschrieben wird – als Streit um das weibliche Schreiben; ein Streit, der nicht über die Vermehrung und Vielfalt der Werke von Frauen und über ihre Rolle bei der Konstruktion einer endlich aufgewerteten weiblichen Identität hinwegtäuschen darf.

Die mit dem Entstehen der Konsumgesellschaften verbundene Vermassung der Kultur, ein weiteres Phänomen des 20. Jahrhunderts, verschiebt die Grenze zwischen dem Privaten und dem Öffentlichen, von der die Frauen unmittelbar betroffen sind. Man ist heute weit entfernt von einem völlig negativen Ansatz, der die Massenkultur als einen Prozeß allgemeiner Uniformisierung und der Entfremdung unterdrückter Gruppen betrachtete. Sie erscheint weniger eindeutig; sie hat bisweilen den Frauen den Weg zur Emanzipation geöffnet, nicht allein durch die Verhaltensänderungen, die sie mit sich bringt, sondern auch durch die Modifikation des kulturellen Gegensatzes zwischen »Männlichem« und »Weiblichem«. In ihren historischen Kontext gerückt, sind in dieser Hinsicht die Frauenpresse oder das Hollywoodkino, die von Frauen in großem Maße konsumiert wurden, ebenso aufschlußreich wie die Werbung.

Als Ikonographin präsentiert uns Anne Higonnet diese Bilder; sie analysiert die Umstände ihrer Entstehung, ihre Funktionen und die im Werk umgesetzten visuellen Strategien: eine visuelle Definition der modernen Weiblichkeit zu geben und eine Identität von Frauen als Konsumentinnen zu schaffen. Besonders trägt ihr Aufsatz jedoch dazu bei, den Ort der Frauen auf künstlerischem Gebiet zu bestimmen, gleichzeitig ihren Status als weibliche Künstler und ihre Produkte zu beschreiben. Anne Higonnet zeigt die Anstrengungen, die Frauen unternommen haben, um aus Stereotypen herauszutreten und die politische Tragweite der bildlichen Vorstellung zu unterstreichen; sie beleuchtet die Entstehung einer zeitgenössischen feministischen Kunst, welche die Kategorien der Kunstgeschichte in Frage stellt und neue Frauenbilder anregt.

Endlich, und hierauf ist zu insistieren, besiegelt das 20. Jahrhundert mit der sich durchsetzenden schulischen Ausbildung der Mädchen den Zugang der Frauen zum theoretischen, literarischen und künstlerischen Wort, und diese Aneignung der Kultur hat ihre endgültigen Wirkungen noch nicht gezeitigt. Indessen kann man sich die Frage nach der Zukunft und nach den Möglichkeiten der Weitergabe des kulturellen und theoretischen Schaffens von Frauen an künftige Generationen stellen und die Chance betonen, die heute das Auftreten einer wirklich gemischten Kultur darstellt, welche das Spiel einer doppelten Sicht und Symbolisierung der Welt erlaubt.

F. T.

9
Differenz und Widerstreit

Die Frauenfrage in der Philosophie

Françoise Collin

Wie stellten und wie veränderten sich in den philosophischen Entwürfen des 20. Jahrhunderts die Frauenfrage und die Frage nach dem Unterschied der Geschlechter? Sollte man den Verlauf der Entwicklung schematisch skizzieren, so könnte man mit allem Vorbehalt sagen, daß an die Stelle einer Metaphysik der Geschlechter, welche die Minderwertigkeit der Frau begründete und die noch zu Beginn unseres Jahrhunderts Geltung hatte, zunehmend eine Apologie des Weiblichen getreten ist; diese wirkt sich seither auf das eine wie das andere Geschlecht aus. Wir werden hier nur auf einige der Werke eingehen, die den Geschlechterunterschied behandeln – übrigens oft nur zufällig oder beiläufig. Denn für keines von ihnen ist diese Frage wirklich zentral. Dieser kurze Überblick erlaubt es natürlich nicht, die allgemeine Struktur jedes einzelnen dieser Werke ins Gedächtnis zu rufen oder gar im Detail zu untersuchen, auf welche Art und Weise die uns hier beschäftigende Frage sich in ihnen darstellt. Wir tun nicht mehr, als auf einige bedeutsame Ansätze zu verweisen, die ihre Spuren in der seit den siebziger Jahren sich entwickelnden feministischen Reflexion hinterlassen haben. Für letztere wird die Frage nach der Geschlechterdifferenz zu einem Paradigma. Daß die Frage als Paradigma angegangen und daß die Antwort in politischen Begriffen gesucht wird, charakterisiert die feministische Reflexion, und zwar mehr als die Einhelligkeit der Antworten, die sie liefert.

Wenn auch die Reflexion auf den Geschlechtsunterschied, und zwar bezogen auf die Frage der Zeugung, gleichzeitig mit der Geburt der

Philosophie im alten Griechenland aufkam und auch weiterhin eine wichtige Rolle spielte, so trat sie im Lauf des 20. Jahrhunderts immer mehr in den Hintergrund. Diese Entwicklung wird vielleicht durch die Veränderungen verständlich, die Ende des 19. Jahrhunderts im Reich des Wissens eintraten. Denn so, wie sich zu Beginn der Moderne die exakten Wissenschaften von der Philosophie gelöst hatten, entstanden nun die Humanwissenschaften – Geschichte, Soziologie, Ethnologie, außerdem die Psychoanalyse, auf die wir kurz eingehen werden – und konstituierten sich als eigenständige Disziplinen. Jede von ihnen widmet sich einer bestimmten Schicht der Realität, womit die Philosophie in gewisser Weise von der Analyse des empirisch Gegebenen abgeschnitten wird. Die Phänomenologie, die den Phänomenen selbst nachspürt, zielt auf deren »Wesen« ab. Vielleicht ist es aber auch die verbesserte Situation der Frauen, deren zunehmende Präsenz in akademischen Institutionen und im Denken, wodurch die Konstruktion einer »Metaphysik der Geschlechter«, die den gewöhnlichen Sexismus der Gesellschaft widerspiegelt, erschwert wird. Daran hat sich eine gewisse Leere angeschlossen. Was die politische Philosophie betrifft, die sich auf die marxistische Klassen- oder sogar auf die Rassenfrage konzentriert, so geht sie der Geschlechterfrage aus dem Wege.

Es mag verwundern, daß hier fast ausschließlich Werke von Männern herangezogen werden. Das liegt daran, daß die Philosophie länger als die anderen Disziplinen eine Domäne der Männer geblieben ist, was seinen Grund ohne Zweifel in dem mehr oder minder heiligen Charakter desjenigen hat, der in Kontakt zur Wahrheit steht. Die wenigen weiblichen Philosophen, die es im 20. Jahrhundert vor dem Feminismus gegeben hat – Jeanne Hersch, Suzanne Langer, Gisèle Brelet, Jeanne Delhomme, Simone Weil, Edith Stein –, haben sich mit dem Geschlechterproblem nicht befaßt; bei Hannah Arendt ist das politische Denken, durch das sich die Frage nach der jüdischen Differenz zieht, für unseren Gegenstand erhellend. Den Beitrag dieser Frauen zum Denken sichtbar zu machen, wäre eine andere Aufgabe, die hier nicht unser Ziel ist.

Die Metaphysik der Geschlechter

Die Metaphysik der Geschlechter, die man auch als Essentialismus bezeichnen kann, postuliert einen wesensmäßigen, ja naturgegebenen Unterschied zwischen Frauen und Männern und definiert *ihre* jeweiligen Besonderheiten. Genauer gesagt: Sie definiert das Besondere der Frauen, während sie das der Männer implizit oder explizit dem Allgemeinen gleichstellt. Es ist eine Konzeption, die sich in verschiedenen Formen durch die gesamte Geschichte des Denkens zieht. Sie besteht noch bis zum Beginn des 20. Jahrhunderts fort, um sich danach zu verlieren oder wenigstens nicht mehr als solche zu behaupten.

Die Überlegungen zum Geschlechterunterschied, die zu Beginn des Jahrhunderts der Soziologe und Philosoph Georg Simmel anstellt, sind durch die Debatten der wichtigen deutschen Frauenbewegung seiner Zeit, vermittelt vor allem durch Marianne Weber, angeregt worden. Simmel ist sensibel für den asymmetrischen und hierarchischen Charakter der Geschlechterbeziehungen und untersucht ihn gelegentlich auch in Begriffen von Macht. Das männliche Geschlecht versteht sich als allgemein-menschlich, schreibt er einmal, und in demselben Aufsatz: »Daß das männliche Geschlecht nicht einfach dem weiblichen relativ überlegen ist, sondern zum Allgemein-Menschlichen wird, das die Erscheinungen des einzelnen Männlichen und des einzelnen Weiblichen gleichmäßig normiert – dies wird, in mannigfachen Vermittlungen, von der *Machtstellung* der Männer getragen.«[1] Das ist offenkundig eine Ungerechtigkeit, aber sie geht, wie Simmel glaubt, trotzdem in die Art und Weise ein, wie Männliches und Weibliches sich unabhängig von ihren historischen Bedingungen definieren. Die Beziehung der Geschlechter hat einen »tragischen« Charakter, der beinahe das spätere, berühmte Diktum Lacans vorausahnen läßt: »Es gibt keine sexuelle Beziehung.«

Die Frau (»das Weib«) ist ganz in ihre Weiblichkeit eingelassen. Ihre Beziehung zu ihrem Geschlecht ist zentripetal und ruht in sich: Sie hängt nicht von ihrer Beziehung zum Mann ab. Die Männlichkeit hingegen ist zentrifugal, das heißt, der Mann definiert sich nur dadurch, daß er aus sich heraustritt, sich objektiviert, und er setzt sich als Geschlechtswesen nur in seiner Beziehung zur Frau. Die Frau ist Frau an sich; der Mann ist Mann nur in seiner sexuellen Beziehung zur Frau. So gibt es bei der Frau keinen Unterschied zwischen ihrer Individualität und ihrer Weiblichkeit, während beim Mann die Männlichkeit deutlich von der Individualität unterschieden ist. Daher rührt das Mißverständnis in den Liebesbeziehungen: Die Frau sucht in ihnen einen einzelnen Menschen, während der Mann die Weiblichkeit – das Geschlecht – sucht, das seine Männlichkeit bestätigt. Somit wird die sexuelle Beziehung selbst zum Problem, das die Männer in Form der Prostitution, bei der sie gewisse Frauen zu ihrem Nutzen instrumentalisieren, zu lösen versucht haben. Simmel analysiert die möglichen Auswege aus dieser bedauerlichen Situation und sieht keinen anderen brauchbaren als den Frauen sexuelle Freiheit zuzugestehen – die übrigens schon zu Simmels Zeiten von einer feministischen Strömung gefordert wurde –, auch wenn er sich bewußt ist, daß diese sexuelle

Freiheit nicht notwendigerweise mit den Imperativen der Weiblichkeit harmoniert. So hat es den Anschein, als ob die Frau auch in ihrer »Befreiung« den Ansprüchen der Männlichkeit verpflichtet bleibt.

Bei allen Betrachtungen, die Simmel anstellt und die neben konventionellen Elementen auch kritische Einwände gegen die Lage der Frauen enthalten, bleibt der Eindruck, es gäbe für ihn nicht nur einen Unterschied der Geschlechter, sondern zwei heterogene geschlechtliche Register, zwei Weisen des Verhältnisses zur Welt und zur geschlechtlichen Differenzierung, die miteinander zu vereinbaren zumindest schwer, wo nicht unmöglich ist, sofern nicht die eine sich in der anderen verliert.

Vor diesem Hintergrund stellt Simmel sich die Frage, ob es nicht, wenigstens tendenziell, sogar zwei Kulturen gibt. Wenn aber die herrschende Kultur eine ganz und gar männliche ist: Werden die Frauen, nachdem sie sich befreit haben, eine andere ins Leben rufen können, oder werden sie sich in diese ihnen »fremde« Kultur integrieren müssen?

Simmel zweifelt durchaus nicht an der Fähigkeit der Frauen, an der bestehenden Welt teilzunehmen und darin eine Rolle zu spielen. Er meint sogar, ihre Gegenwart könne gewisse Aspekte dieser Welt auf eine wohltuende Weise verändern, wobei die Veränderung im wesentlichen aus der Betonung der subjektiven Elemente bestehe. Aber er leugnet die Möglichkeit einer spezifisch weiblichen Kultur, die mit der männlichen koexistieren oder sie ersetzen könne. Die Frauen haben wohl eine besondere Seinsweise, aber diese Besonderheit besteht eben in der Immanenz, in der Beziehung auf sich selbst, und nicht in der Entäußerung, in der Selbstverwirklichung im Objekt, wie sie der Männlichkeit eigen ist. Wenn es also auch zwei geschlechterspezifische Weisen des In-der-Welt-Seins gibt, so gibt es doch nur eine Weise, der Welt seinen Stempel aufzudrücken, und nur eine Sprache. Obgleich Simmel sich nicht auf den fast gleichaltrigen Freud beruft, kann man die Positionen beider Männer in dem Maße als benachbart ansehen, wie sie die Dualität der Geschlechter in die Einmaligkeit eines Symbolisierungsprozesses zwingen, der immer männlich ist. Das heißt, daß das Besondere der Männer verallgemeinerbar ist, während das der Frauen nur ein Besonderes bleibt. Es gibt wohl zwei Geschlechter, aber es gibt nur eine Kultur: die Kultur des einen der beiden Geschlechter, an welcher das andere partizipiert.

Der spanische Philosoph Ortega y Gasset machte Simmel schon in den zwanziger Jahren in Spanien bekannt, indem er Simmels Abhandlung über das Relative und das Absolute im Geschlechterproblem übersetzte und in der von ihm herausgegebenen *Revista de Occidente* veröffentlichte. »Ich glaube, daß die Unterschiede in der Psychologie des Mannes und des Weibes bis heute keine so scharfsinnige und eindringliche Deutung erfahren haben wie in diesem Versuch des Philosophen Simmel, der so sehr den ewigen Konflikt zwischen dem Männlichen und dem Weiblichen beleuchtet«, schrieb er. Es scheint indessen, als habe Ortega die aufschlußreichen Spannungen, die der Reflexion Simmels innewohnen, simplifiziert und reduziert. Denn in den zahlreichen Aufsätzen des spanischen Philosophen zu einem Thema, das ihn inspirierte, meldet sich ein eher alltäglicher Sexismus zu Wort.

Für Ortega ist die Frau mit einer »konstitutiven Minderwertigkeit« im Vergleich mit dem Mann ausgestattet: »In Gegenwart einer Frau spüren wir Männer sogleich das Geschöpf, das auf der Menschheitsebene einen deutlich niedrigeren Rang einnimmt als wir. Es gibt kein zweites Wesen, das in diesem doppelten Verhältnis steht: Mensch zu sein und weniger als der Mann zu sein.« Die Frau ist nicht anders, sondern weniger, und all ihr Trachten nach Gleichheit ist nicht nur eitel, sondern unrealistisch. Nur indem sie sich mit ihrer Lage abfindet, erfüllt sie ihre eigentliche Aufgabe, die immer bezogen bleibt auf den Mann: »Es ist das Schicksal der Frau, im Hinblick auf den Mann zu sein.«[2]

Nachdem diese Rangzuweisung erfolgt ist, werden die der Frau eigenen Qualitäten unterstrichen – Qualitäten übrigens, die immer etwas Zweideutiges behalten: Konfusion und ewiges Zaudern eines Wesens, das ganz Kurve ist, »Sinnenfreude«, Geschick für das private Leben, Fähigkeit, zu lieben, »das heißt im anderen zu verschwinden«, Schönheit. Alles Eigenschaften, die die Frau zur »Ergänzung des Mannes« machen und die in gewissen privilegierten Frauentypen kulminieren, wie dem der Kreolin, die Ortega y Gasset schwärmerisch beschreibt.

Trotzdem ist paradoxerweise die Geschlechterdifferenz letztlich nicht in der Biologie begründet. Ortega erinnert daran, daß »uns die Biologie über die ursprüngliche geschlechtliche Undifferenziertheit des Embryos belehrt, der sich auf zweierlei oder ambivalente Weise entwickeln kann«, was erklärt, daß es vermännlichte Frauen und effeminierte Männer gibt. Jener Unterschied geht vielmehr auf eine kulturelle Prägung zurück, die jedoch in jedem Menschen so tief verankert ist, daß es gefährlich wäre, sie umstürzen zu wollen, wie dies der Feminismus erstrebt. Die Freiheit der Frauen muß sich an dieser Situation, nicht gegen sie bewähren. Diese Situation ist übrigens nicht allein durch den Willen des Mannes bewirkt: Sie konnte nur über die Komplizenschaft der Frauen geschaffen und perpetuiert werden, insofern sie darin eine Möglichkeit finden, sich zu definieren. Im übrigen würden die Welt und die Männer viel verlieren, wenn sie den Unterschied der Geschlechter zugunsten einer nivellierenden Gleichheit beseitigt sähen.

Vorgeblich vom Denken Simmels inspiriert, ist das Denken Ortegas tatsächlich ein Rückschritt gegenüber jenem. Der Unterschied der

Geschlechter wird bei Ortega häufig in Begriffen des Mehr und des Weniger, nicht in denen der Andersheit beschrieben, und sein Denken ist ganz auf den Mann zugeschnitten, hinsichtlich dessen die Frau ihre Funktion des Ergänzens und Umsorgens findet. Zu keinem Zeitpunkt erinnert Ortega an die Machtstruktur, die das Verhältnis der Geschlechter beherrscht, und an die Ungerechtigkeit, der das eine von ihnen unterworfen ist.

Die Position Ortega y Gassets (der sich faktisch sehr für die Förderung der Frauen eingesetzt hat, unter anderem in seiner Zeitschrift) ist eine Mischung aus Verleumdung und Lobpreisung der Frau als »das konkrete Ideal, die Verzauberung, die Illusion des Mannes«. Der Beitrag der Frauen ist gewiß beträchtlich, aber immer nur als Labsal und Schmuck für das Leben und die Schöpfung der Männer.[3]

Was wir hier als Essentialismus bezeichnet haben, geistert auch durch zahlreiche andere Werke, wenngleich nicht immer in der krassen Form wie bei Ortega y Gasset. So findet man zum Beispiel bei Max Scheler eine Konzeption des Geschlechterunterschieds, die er in seiner Abhandlung »Über Scham und Schamgefühl« auf die ebenso klare wie banale Formel bringt, daß »das Weib überhaupt das eigentliche Genie des Lebens« ist, »während der Mann als das Genie des Geistes« erscheint.[4]

In *Wesen und Formen der Sympathie* hält er an dieser Unterscheidung fest, gibt ihr jedoch eine andere Färbung. Bei der Untersuchung der jeweiligen Rollen, die Männer und Frauen, genauer gesagt das Männliche und das Weibliche, in der Zivilisation spielen, hebt Scheler hervor, daß die Frauen durch ihre besondere Erlebensweise die Zivilisation, die durch das Abenteuer der technischen Beherrschung in Gefahr zu geraten drohe und bereits geraten sei, um eine wesentliche Dimension bereichern und sie verteidigen. Denn das Weibliche sei Träger dessen, was Scheler verteidigt: der »Sympathie«, aus der sich das Verhältnis der Menschen zueinander und zur Welt speist, und zwar durch die verschiedenartigen Formen der Liebe, Sexualität und Zeugung, die aus dem drakonischen Register von Mitteln und Zwecken herausfallen, welches das Produktionssystem beherrscht. Diese Formen bedürfen keines Zwecks und keines Grunds: Sie sind da, und sie entfalten sich.

Das ist es, was Scheler die »kosmisch-vitale Verschmelzung« nennt und was es – man vernimmt hier Akzente, die Marcuse ankündigen – unter jenen zerstörerischen Leistungszwängen wiederzuentdecken gelte, die das Wesensmerkmal des kapitalistischen Regimes seien, dem jede affektive Verschmelzung fremd sei. Scheler zufolge sind es gerade die Frauen und die Kinder, die am meisten hierunter zu leiden haben und sich am stärksten dagegen auflehnen. Es gibt bei den Frauen eine affektive Macht, die über den bloßen Mutterinstinkt weit hinausgeht und in das Gebiet dessen hinüberreicht, was man heute Ökologie nennen würde. Der Schutz der Tiere, der Pflanzen, die Erhaltung von Wald und Feld, des Physischen und Psychischen der Völker und Rassen, all dies müsse absoluten Vorrang vor allen Maßnahmen haben, die nur der Mehrung von Wohlstand und Wohlergehen dienen.

Man sieht also, daß sich bei Scheler eine Transposition des Problems des Geschlechterunterschieds von der bloß psychologischen Ebene in die kulturelle Ebene vollzieht. Das von den Frauen verkörperte Weibliche wird dabei zu einem unentbehrlichen Bestandteil der gemeinsamen Welt, indem es Widerstand gegen eine instrumentelle Modernität leistet.

In den wenigen Überlegungen, die Vladimir Jankélévitch dem Problem widmet, bezieht er sich auf Scheler; aber bedarf es einer solchen Bezugnahme, um einen Gemeinplatz zu verkünden? Nach Jankélévitch unterscheidet sich »das Männliche vom Weiblichen wie das Genie des Geistes vom eigentlichen Genie des Lebens, dem Schutzengel des biologisch Seienden«. Das Genie des Geistes wagt, unternimmt, baut auf – und zerstört, um aufbauen zu können; das Genie des Lebens beschützt, erhält, gibt Dauer. Der Philosoph gibt sich erstaunt: »Warum muß ihr, deren ganzes Amt es ist, zu beschützen und zu bewahren, so oft die Kraft zum Erbauen fehlen? (...) Gewiß, es ist ohne Zweifel das Gesetz der Alternative, welches die komplementären Berufungen unter die Geschlechter aufgeteilt hat.«[5]

Dieses Register der Komplementarität spielt der Autor in seinem *Traité des vertus* gut zwanzig Seiten lang aus, gleich nach dem Kapitel über die Treue. Die »Form ohne Kraft« – das Weibliche – bedarf der »Kraft ohne Form« – des Männlichen – und umgekehrt. Gewiß, es wird auch ein Loblied auf die besonderen Eigenschaften der Frau gesungen, auf ihren Sinn für Kontinuität, auf ihre Sorge um Rechtlichkeit, die immer eher eine Sorge um Legalität als um Legitimität sei, auf ihren Sinn für Treue eben oder auf den Umstand, daß die Frau, mag sie auch unfähig sein, Schönheit zu erschaffen, sie doch in sich selbst verkörpert. Aber dieses Loblied ist zumindest ambivalent, und man spürt wohl, daß die Sympathien des Autors bei jenen männlichen Eigenschaften liegen, über die er abschließend sagt: »Wir brauchen die Unsicherheit, die drohende Gefahr, das pochende Herz; den Wein des Frühlings, der nach Krieg schmeckt und nach Abenteuer, die Trommeln des Frühlings, die dem Mann in der Brust schlagen.«

Jankélévitch analysiert den Unterschied oder gar den Gegensatz zwischen Männern und Frauen so lange, bis er am Ende jene Komplementarität wieder in Frage stellt, von der es doch geheißen hatte, sie beherrsche die Beziehungen zwischen den Geschlechtern. Am Ende erklärt er sie eher als ein »Mißverständnis«: Die Polarität der beiden

Geschlechter beruhe nicht auf einer Beziehung der dialektischen Korrelation oder gar der Komplementarität, sondern auf einer »der kontradiktorischen Spannung und der Ambivalenz«. Muß man hierin, wie bei Simmel, die zaghafte Erkenntnis eines Andersseins der Frauen oder des Weiblichen sehen, welche sich dem Verständnis, ja dem Verständnisvermögen der Männer und des Männlichen entzieht? Vielleicht. Auf jeden Fall aber wird dieses Anderssein eng definiert und in die traditionellsten Begriffe von Dualismus und Überlegenheit des einen Geschlechts über das andere eingeschlossen.

FRAUEN UND WEIBLICHKEIT: DIE PSYCHOANALYSE

Ist die von Freud zu Beginn des Jahrhunderts begründete Psychoanalyse eine weitere Erscheinungsform jener »Metaphysik der Geschlechter«, die sich am Horizont der gesamten Geschichte des Denkens zeigt, oder ist sie deren Subversion? Man hat beide Lesarten vertreten, beide lassen sich aus der Fülle der von Freud selbst und von seinen Nachfolgern vorgelegten Schriften begründen.

Die Psychoanalyse jedenfalls gibt sich nicht als eine neue Spekulation zu verstehen, sondern als eine neue Wissenschaft, die Wissenschaft vom Unbewußten, die sich auf bisher unerforschte Tatsachen stützt. Selbst wenn der Wissenschaftsbegriff Freuds von dem positivistischen Szientismus seiner Zeit geprägt ist, von welchem später Lacan sich abgrenzen wird, so teilen jene Tatsachen doch den Status aller Tatsachen: Sie sind Konstrukte, Bestandteil einer Theorie, die Verschiebungen und Neuformulierungen erfährt. Insofern ist die Psychoanalyse, auch nach Freuds eigener Ansicht, nicht völlig frei von Spekulation. Auf jeden Fall entwickelt sich, ausgehend von der Entdeckung dieser neuen Schicht des Wirklichen, ein immenses Textkorpus, das sich speist aus der Interpretation der Schriften des Begründers der Psychoanalyse und gleichzeitig aus der analytischen Praxis auf der Couch – ein Textkorpus, das durch bedeutsame Kontroversen gekennzeichnet ist. Wir stellen hier nur einige Elemente heraus, die für unsere Problematik von Interesse sind, wobei wir im übrigen daran erinnern, daß die Psychoanalyse nicht den Anspruch erhebt, die menschliche Erfahrung oder auch nur die Sexualität und die geschlechtliche Differenzierung vollständig zu erhellen.

Die ödipale Struktur des Unbewußten bildet den Mutterboden der psychoanalytischen Theorie. Diese bestimmt die Positionen des Vaters, der Mutter, der Tochter und des Sohnes und beschreibt im einzelnen die lange Reise, durch die sie ihre geschlechterbedingte Wirklichkeit finden, oder vielmehr sich in sie einfinden, sofern es sich um die Tochter handelt. Das Gesetz des Vaters, das den Besitz der Mutter als des ersten Objekts einer Begierde verbietet, so daß die Begierde des Sohnes sich künftig auf eine andere Frau, die der Tochter auf das andere Geschlecht richten muß, eröffnet durch das Unglück der Kastration hindurch den Zugang zu Reife und Symbolisierungsfähigkeit.

Die Position jedes Geschlechts kommt in seiner morphologischen Gestalt zum Ausdruck. Das Mädchen ist anders als der Junge, insofern sie, in Ermangelung des Penis, der ihr fehlt, auf den sie »neidisch« ist und für den sie nur einen schalen Ersatz in ihrer Klitoris findet, weniger ist als er. Das weibliche Geschlecht wird negativ, durch Bezug auf das männliche Geschlecht definiert. Eine Frau werden heißt sich damit abfinden, daß man kein Mann ist, über einen mühsamen Weg, dessen Peripetien wir hier nicht nachzeichnen werden.

Fraglos trägt eine gewisse Bisexualität dazu bei, diese Ordnung der Dinge zu korrigieren. Aber der Zugang zu phallischen Vergünstigungen und genauer: zur Sublimierung kommt ein Mädchen sehr teuer zu stehen, das immer mehr oder minder gedrängt wird, sich zwischen Lust oder Arbeit zu entscheiden, während der Junge beides in Einklang bringen kann. Wie Freud sagt: Ein Mädchen, das vom Lehrer jedes Mal umarmt wird, wenn sie gute Arbeit geleistet hat, vermag auf Dauer nicht mehr die kleinste Aufgabe zu bewältigen.

Freud verkennt nicht die Rolle, welche die Kultur bei der Bestimmung des Ortes der Frauen spielt, aber diese Überlegung stellt als solche nicht die ödipale Struktur in Frage, die als kulturübergreifend betrachtet wird. Im übrigen registriert er mit Wehmut eine Entwicklung, die zum Verschwinden des Kostbarsten zu führen drohe, das die Welt zu bieten habe: des Ideals von Weiblichkeit. Und er kritisiert unter diesem Gesichtspunkt John Stuart Mill, der die Gleichheit der Geschlechter fordert.

In seiner Grundstruktur, losgelöst von einem ansonsten komplexen und in ständiger Weiterentwicklung begriffenen Werk, unterstreicht das Freudsche Denken den Dimorphismus, ja die Asymmetrie der Geschlechter, wobei er jedoch ausgeht von einem phallischen Monismus: es gibt nur die männliche Libido. Dabei scheint das, was das Unbewußte offenbart, eine erstaunliche Nähe zum Gesellschaftlichen aufzuweisen. Man findet im Unbewußtsein sogar eine genitale und heterosexuelle Normativität, die der Form der traditionellen Familie entspricht. Auch haben zahlreiche Kommentare die Todesangst hervorgehoben, mit der bei Freud (wie übrigens auch bei vielen seiner Nachfolger, darunter Lacan) die Evokation des Mütterlichen einhergeht und die in bezug auf die Weiblichkeit eine tiefreichende Ambivalenz einführt (Kofman, Schneider, Marini u. a.).

Man kann gewiß die Frage stellen, ob die Tatsache, daß der Begründer der Psychoanalyse ein Mann war, der eine ganz eigene Lebensgeschichte hatte, der in einer Selbstanalyse seine Grundbegriffe erprobte und der darüber hinaus in den sexistischen Vorurteilen seiner Zeit befangen war, wovon auf nachgerade komische Weise seine Brautbriefe zeugen – man kann sich also fragen, ob alle diese Umstände bei der Begründung der neuen »Wissenschaft« vom Unbewußten völlig außer Kraft gesetzt waren: Ist die Wissenschaft vom Begehren nicht geprägt von dem (männlichen) Begehren, das ihre Erarbeitung geleitet hat? Die Weiterentwicklung der analytischen Erkenntnis und Praxis bestand jedenfalls darin, die zentralen Elemente der Freudschen Lehre von ihren partikularen Verformungen zu befreien. Zu dieser Arbeit haben, noch zu Lebzeiten Freuds und danach, Frauen wie Männer beigetragen. Allein schon die Tatsache, daß viele Frauen, darunter viele Feministinnen, sich bis auf den heutigen Tag von der Psychoanalyse angezogen gefühlt haben – als Analysandinnen, als Analytikerinnen oder als Theoretikerinnen –, scheint darauf hinzudeuten, daß sie in der Psychoanalyse so etwas wie eine Wahrheit gefunden haben, die auch ihre Wahrheit sein kann. Der Prozeß, den manche Frauen Freud und seinen Erben machen wollen, kommt aus dem Binnenraum der Psychoanalyse selbst und gebraucht deren Mittel.

Es verdient ausdrücklich hervorgehoben zu werden, daß Freud, am Ende seines Lebens und nach einem langen Schweigen in dieser Frage, bei einem kritischen Rückblick auf seinen Weg nicht zögerte zu betonen, daß ihm zuletzt doch immer noch etwas an der Weiblichkeit, diesem »schwarzen Kontinent«, verborgen blieb. Und er stellte Marie Bonaparte die berühmt gewordene Frage: »Was will das Weib?«, auf die er keine Antwort bekam. Nach Paul-Laurent Hassoun[6] steht die Psychoanalyse, mag sie auch das Begehren der Frauen erklärt haben, ohnmächtig vor ihrem Wollen, das mit dem Begehren nicht zusammenfällt. Das, was verstanden worden ist, ist darum nicht hinfällig, aber es bleibt für eine Erklärung von Weiblichkeit unzureichend.

Liegt es an ihrer übergroßen Kompliziertheit, wenn die Weiblichkeit die vorgegebenen Strukturen sprengt, oder liegt es daran, daß diese Strukturen ausgehend und abhängig von der Männlichkeit entwickelt wurden, sei es auch in engem Kontakt zu weiblichen Patienten? Bei der Beurteilung der Stellung der Geschlechter zueinander geht »man« vom Mann aus, schreibt Lacan.

Am Ende seines Werkes, indem er nicht müde wurde, Männlichkeit und Weiblichkeit zu erforschen und sie als Begriffe zu verwenden, vermeidet Freud es jedenfalls, sie zu definieren. So kommt er zu dem Schluß, das, »was die Männlichkeit oder die Weiblichkeit ausmache, sei ein unbekannter Charakter, den die Anatomie nicht erfassen kann.

(. . .) Sie können den Begriffen männlich und weiblich *keinen* neuen Inhalt geben.«[7]

Späte Skrupel, Abrücken von den früheren Positionen oder im Gegenteil ein Fingerzeig, der es erlaubt, das ganze Œuvre neu zu lesen? Freud, der ein neues Feld abgesteckt hat, überläßt dessen Bearbeitung seinen Schülern, den orthodoxen wie den heterodoxen.

Eine Gruppe seiner Nachfolger, die man unter dem Namen »englische Schule« zusammenfaßt, bringt bedeutsame Korrekturen an seinem Werk an, ohne jedoch die ödipale Konstellation in Frage zu stellen.[8] Diese Korrekturen betreffen im wesentlichen den Status der Weiblichkeit, die hier nicht mehr eine sekundäre Bildung ist, die auf indirektem Wege erworben wird, sondern vom Lebensbeginn an eine Eigentümlichkeit aufweist: Es gibt von der prägenitalen Phase an eine weibliche Libido, die im vaginalen Lusterlebnis verankert ist. Daher ist der Penisneid für diese Autoren keineswegs der Wunsch, ein männliches Geschlechtsorgan zu besitzen – verbunden mit dem Groll darüber, keines zu haben –, sondern vielmehr der alloerotische Wunsch nach dem Penis oder nach seiner Verkörperung in Gestalt eines Kindes. Karen Horney insistiert nachdrücklich auf dem sozio-kulturellen Charakter der geschlechtlichen Entwicklung und fügt hinzu, daß dieser »Neid« einfach den Wunsch verrät, an jenen Vorteilen und Verantwortlichkeiten teilzuhaben, welche die Männer in der Gesellschaft besitzen und von denen das Mädchen systematisch ausgeschlossen wird, so daß es sich nur in das Gefühl zurückziehen kann.

Diese Schule tendiert also zu einem ursprünglichen Dualismus der Geschlechter und spricht damit dem Weiblichen einen eigenen Reichtum zu, parallel zu dem des Männlichen. Frau sein bedeutet nicht mehr, ein unvollkommener Mann zu sein. In diesem Zusammenhang, und vor allem bei Melanie Klein, erhält der Bezug zur Mutter wieder eine konstitutive Dimension in der Ausbildung der Identität des Mädchens.

Diese Richtung der Psychoanalyse, in der sich Frauen in großer Zahl auszeichneten, wurde noch von Freud selbst und danach von einigen seiner Nachfolger bekämpft. Sie rührt nämlich an einen zentralen Punkt der Lehre: die konstitutive Bedeutung der Vaterfigur, die nicht nur Inhaber des Penis ist, sondern auch Repräsentant des Phallus (wie es später Lacan entwickeln wird). Hier wird der Vater wieder auf seinen Platz als Objekt der Begierde zurückverwiesen, analog dem Platz, den die Mutter einnimmt. Die Werte der einen und der anderen geschlechtlichen Figur sind symmetrisch. Trotzdem bleibt diese Neugewichtung, die im Streit zwischen klitoraler und vaginaler Lust zum Ausdruck kommt, in den morphologischen Metaphern des Freudschen Denkens gefangen. Immerhin hat sie eine Konzeption des Geschlechterunterschiedes zu inspirieren vermocht, die eben durch ihren Dualismus eine Hierarchisierung vermeidet.

Der französische Psychoanalytiker Jacques Lacan vollzog eine Rückkehr zu Freud, als dessen wahrer Interpret er sich sah. Aber er löste die Begriffe stärker aus ihrem anatomischen Bezug: Referenzpunkt ist bei ihm nicht mehr der Penis als Organ, sondern der Phallus, als gemeinsamer Signifikant für beide Geschlechter, welche gleichermaßen, aber auf je eigene Weise vom Unglück der Kastration betroffen sind. So blieben der monistische Signifikant und der Dimorphismus der Geschlechter gewahrt, während die Privilegierung, die im Freudschen Gedankengebäude das männliche Geschlecht in bezug auf das weibliche erfahren hatte, gemildert wurde.

Lacan trieb diese Verschiebung noch weiter, als er – spät, in dem Seminar »Encore« – noch einmal sein Begriffsgebäude modifizierte, und zwar ausgehend von der Frage nach der Weiblichkeit, genauer gesagt nach der weiblichen Lust, die als »supplementäres Genießen« zum phallischen Genuß bezeichnet wird. Dieser »jouissance supplémentaire« ist die Natur des Phallischen nicht fremd, aber sie geht darüber hinaus: »Es ist nicht, weil sie nicht-alle ist in der phallischen Funktion, daß sie überhaupt nicht dran ist. Sie ist *nicht* überhaupt nicht dran. Sie ist voll dran. Aber es gibt etwas mehr.«[9]

Die Weiblichkeit wird hier in eine Position des Mehr, nicht des Weniger gegenüber dem Phallischen gerückt. Die Logik des Ganzen wird ihr nicht völlig gerecht. Lacan wird später auch betonen: »*Die* Frau gibt es nicht« – eine Formel, die viele Frauen als Verneinung ihrer Existenz aufgefaßt haben, die aber bedeutet, daß es keine allgemeine Definition gibt, keine Quintessenz, die erklärt, was es heißt, Frau zu sein. »Frau« gehört nicht der Ordnung des Definierbaren an und wird von Lacan mit einem durchgestrichenen »die« geschrieben. In diesem Sinne wählt eine Feministin wie Luce Irigaray die Schreibweise »die/eine Frau«.

Man wird fragen dürfen, welche Bedeutung dieser Stellung der Weiblichkeit in der Psychoanalyse zukommt. Wenn für Freud die Weiblichkeit die elaborierte analytische Erkenntnis überschritt und diese zuletzt wieder in Frage stellte, so scheint es, daß sie für Lacan das Erkennen als solches überschreitet. Müssen wir erwarten, daß das weibliche »Mehr« sich nur in der Lust findet, sich in der stummen Ermattung, der fleischlichen Aufwallung erschöpft, oder sollen wir annehmen, daß es einem anderen Weltbezug Raum gibt, einem anderen Sprechen und einem anderen »Wissen«, dem das »Totalisieren« fremd ist und das Lacan zunächst der Mystik an die Seite stellte, in gewisser Weise aber auf die gesamte Praxis des Erkennens selbst ausdehnte? Jedenfalls gibt es Männer, die an diesem »Mehr« der Weiblichkeit teilhaben: Hier wie auch sonst nahm Lacan also eine Lockerung der Kategorien Weiblichkeit und Männlichkeit in bezug auf die Wirklichkeit der Männer und der Frauen vor.

Das Denken des Geschlechterunterschieds kreiste also um etwas, das auf eine noch mehrdeutige Weise eine Neubewertung des Weiblichen ankündigte, welche die Männer sogleich für sich in Anspruch nahmen: Der Psychoanalytiker hielt es mit dem »nicht ganz«, der Philosoph mit dem »Unterschied«. Wir erkennen hier ein gewisses »Frau-Werden« des Denkens, das indessen das Werden der Frauen nicht berührte.

Diese Verlagerung vollzieht sich in der zweiten Hälfte des 20. Jahrhunderts in sehr unterschiedlichen Bereichen des Denkens wie der Philosophie, der politischen und Gesellschaftstheorie, der Logik und dem Feminismus. Es entwickelt sich nämlich fast überall eine kritische Perspektive auf die Totalität, das Geschlossene, den Logozentrismus, die Beherrschung, zugunsten des »nicht ganz«, des Unendlichen, des Offenen, der Dezentrierung, des Unbegrenzten. Unter diesem Gesichtspunkt zeichnet sich eine gewisse Verwandtschaft zwischen den Beziehungen des »nicht ganz« zum »Ganzen« bei Lacan und der Kritik der Metaphysik bei Heidegger ab. Diese Nähe kommt nicht von ungefähr: Lacan verlagerte etwa in der Mitte seines Werkes die Reflexion von der Hegelschen Dialektik auf die Heideggersche Differenz.

Freilich handelt es sich dabei nur um Anklänge, wenn sie auch bedeutsam sind. Aber ohne zwei Denkansätze ungebührlich gleichsetzen zu wollen, die je ihrer eigenen Fragestellung nachgehen, kann man in ihnen doch verwandte Kategorien am Werk sehen. Die Ordnung des Ganzen ist unumgänglich – phallische Ordnung, metaphysische Ordnung –, aber sie ist »nicht ganz«. Wir erleben so den Verlust des Anspruchs der »Modernität« als Herrschaft des Subjekts mit, was sich mit einem Verlust des Anspruchs der »Virilität« vergleichen läßt. Eine der Strömungen des Feminismus, besonders des amerikanischen Feminismus, wird die so geschlagene Bresche zu nutzen wissen, wobei sie sich von dem durch Jacques Derrida ebenso wie durch Luce Irigaray und Hélène Cixous vertretenen »französischen Denken« inspirieren lassen wird.

Politische Revolution und libidinöse Revolution

Der Beitrag des Marxismus zum Problem des Unterschieds der Geschlechter hat darin bestanden, es in historisch-politische Begriffe zu fassen, wobei das Politische bekanntlich als im Ökonomischen wurzelnd gesehen wird. Der Status der Frauen ist das Ergebnis eines auf

Ausbeutung beruhenden Unterwerfungsprozesses, der überwunden werden muß und kann. Der Kampf der Geschlechter ist aus dieser Sicht eng mit dem Klassenkampf verbunden und ist sogar dessen Grundform: »Der erste Klassengegensatz, der in der Geschichte auftritt, fällt zusammen mit der Entwicklung des Antagonismus von Mann und Weib in der Einzelehe, und die erste Klassenunterdrückung mit der des weiblichen Geschlechts durch das männliche«,[10] schreibt Engels. Es geht darum, gleichzeitig den Kapitalismus und die Familie zu stürzen, die als die beiden Bastionen bürgerlicher Macht angesehen werden (und alle Macht ist bürgerlich).

Diese Angleichung von Klasse und Geschlecht wirft indessen mancherlei Schwierigkeiten auf. Während man nämlich von einer historischen Herausbildung der Herrschaft des Kapitals über die Arbeit sprechen kann, ist es problematischer, von einer historischen Herausbildung der Herrschaft des Mannes über die Frau zu sprechen, weil diese sich bis in die entferntesten Zeiten und Orte zu erstrecken scheint. Die von Bachofen vorgetragene wirkungsmächtige Hypothese eines matriarchalischen Urzustandes erlaubte zumindest, auch wenn sie später auf Widerspruch gestoßen ist, dem Patriarchat einen Anfang zuzuweisen und daher auch sein Ende in Betracht zu ziehen. Dieses Ende soll jedoch nicht in der Rückkehr zum Matriarchat bestehen, sondern in der Auflösung der Kernfamilie und ganz allgemein jeder privaten Organisation, die dem kollektivistischen Ideal im Wege ist.

Der Kommunismus wird also den Kapitalismus zugleich mit dem Patriarchat überwinden, in einer Gesellschaft, die von jedem Klassen- und Geschlechtsunterschied befreit und vollkommen egalitär ist. Nach Bebel hat die Frau ebenso wie der Mann das Recht auf Entwicklung und freien Gebrauch ihrer Kräfte; denn sie ist ebenso ein Mensch wie der Mann und muß daher wie dieser die Freiheit haben, über sich selbst zu verfügen. Daran kann der Zufall, als Frau geboren zu sein, nichts ändern.[11] Diese Befreiung erlaubt der Frau zunächst, ihre Kräfte der Produktion zu widmen. Hierzu muß sie von häuslichen Aufgaben entbunden sein. Bebel stellt sich indessen nicht vor, daß diese von den Männern mit übernommen werden könnten. Er setzt vielmehr auf den technischen Fortschritt (Mechanisierung) und auf die Kollektivierung: Inbegriff aller Hoffnungen ist die »kommunistische Küche«. Wenn die Zerschlagung der Familie zunächst eine stärkere Beteiligung der Frauen am gesellschaftlichen und beruflichen Leben zur Folge hat, so tritt als Nebeneffekt die sexuelle Freiheit hinzu, die bisher das Vorrecht der Männer war. Die freie Liebe, der freie Partnertausch, die freie Verfügung über den eigenen Körper sind Werte, die hartnäckig von Alexandra Kollontaj[12] eingefordert wurden – in einer gewissen Verkennung der Realität zu einer Zeit, als es eine Empfängnisverhütung in Rußland noch kaum gab. So wurden die verschiedenen Register verbunden, die für die Freiheit der Frauen, der Familie, der Arbeit und der Libido tonangebend waren. In der weiteren Entwicklung des marxistischen Denkes und vor allem der kommunistischen Praxis wurde das Ziel der Abschaffung der Familie und der sexuellen Befreiung sehr schnell fallengelassen, und man konzentrierte sich ausschließlich auf die Umgestaltung der Produktionsverhältnisse.

Diese Unterordnung der Befreiung unter die Produktionsverhältnisse, selbst wenn es nicht mehr kapitalistische sind, wurde zum Gegenstand der Kritik durch die Erben Marx', die auch die Erben Freuds waren. Zu nennen wären, nach Wilhelm Reich, Herbert Marcuse sowie – zumindest in einem bestimmten Augenblick ihres Œuvres – Gilles Deleuze, Felix Guattari und François Lyotard, die näher mit den französischen Ereignissen des Mai 1968 in Verbindung stehen. Sie weigerten sich, die Revolution einer »Repression« untergeordnet zu sehen, sei es durch eine produktivistische Gesellschaftsordnung, sei es durch die sogenannte »Ödipalisierung«.

Erst nach Beseitigung der Repression, die die ganze Libido in die Arbeit und die Reproduktion lenkt, würde sich eine wirkliche Revolution vollziehen können. Die Beseitigung der ökonomischen Machtverhältnisse forderte die Beseitigung der sexuellen Verbote, um das reine, positive Ausleben der Libido zu erlauben. Diese Beseitigung war für die Frauen noch dringender als für die Männer, insofern ihre Sexualität bisher durch die ihnen zugewiesene Mutterrolle unterdrückt worden war, die ihrer weiblichen Rolle entgegenwirkte, wie Wilhelm Reich sagte. In unterschiedlichen Formulierungen ist die Libidinisierung für alle diese Denker nicht nur die Conditio sine qua non der Freiheit, sondern die Freiheit selbst: Eros als Erzeuger einer neuen Zivilisation, wie Marcuse sich ausdrückte.

Was hier vom psychoanalytischen Erbe beibehalten wurde, war der Primat des Begehrens, das die Menschen und die Gesellschaft bewegt. Was verworfen wurde, war die Reduktion der Libido auf ihre ödipale Codierung, verstanden als gesellschaftlicher Imperativ. Denn die ganze befreiende Wirkung der Freudschen Entdeckung hatte sich in der psychoanalytischen Lehre und Praxis reduziert auf die effektive Anpassung an ein Reales, das nicht als historisch, sondern als strukturell und unangreifbar verstanden wurde. Es herrschte in der Theorie wie auch in der Praxis ein gewisser Widerspruch zwischen der Behauptung des polymorphen Charakters der Libido und deren Reduktion auf eine ganz bestimmte Weise des Funktionierens. Diesem Nachweis galten zwei Werke, die 1972 bzw. 1974 in Frankreich erschienen und exemplarisch den Geist der siebziger Jahre bezeugen, in die der Aufstieg der Frauenbewegung fällt: *Anti-Ödipus* von Deleuze und *L'Économie libidinale* von Lyotard.[13]

Für diese Autoren gibt es nicht »Subjekte«, begehrende Identitäten, sondern »Wunschmaschinen«, eine »libidinöse Oberfläche«, Lust, die unablässig das Gegebene zerstört und untergräbt, die alle Errungenschaften, alle Hierarchien, alle Werte vernichtet und sich in den unerwartetsten Winkeln einnistet, sogar in der Knechtschaft und im Leiden: Das Begehren ist in seiner Unbestimmbarkeit und Unbeherrschbarkeit die Subversion schlechthin und: »Die politische Ökonomie ist in erster Linie Libido-Ökonomie.« Die eigentliche revolutionäre Instanz ist also diese Libido hinter und in den Zielen und Strategien der politischen Aktivismen, die ihrerseits doch immer nur das sind, was sie umzustürzen behaupten: Kontrolle, Codierung und Repression der Libido in vorgeprägten Formen.

Aber diese Libido-Instanz ist nicht auf die »sexuelle Befreiung« zu reduzieren, so wie der »Sozius« sie allein auf die Genitalität oder gar die Heterosexualität reduziert hatte. In einer »polymorph-perversen« Bewegung entspringt sie überall und strömt überall hin, über alle Oberflächen, in unendlichen Spaltungen *(schizes)*: daher ihre radikale Nichtreduzierbarkeit auf jegliche gesellschaftliche Ordnung, ob reaktionär oder revolutionär, weil sie immer aus dem nicht Einzuordnenden und Unerwarteten hervorgeht und mit keiner Norm zu versöhnen ist.

Eine solche unidentifizierbare Lust ist weder Mann noch Frau, weder männlich noch weiblich; sie steht quer zum sakrosankten »Unterschied der Geschlechter«. »Was will das Weib?« hatte Freud gefragt, und Lyotard antwortet: Sie will, daß der Mann weder Mann noch Frau werde, daß er aufhöre, etwas zu wollen; sie will, daß sie und er, als verschiedene, doch bis in die verrückteste Vernetzung aller ihrer Fasern hinein identisch seien.[14] Damit gibt Lyotard zu verstehen, daß diese Entsexualisierung der Libido ihrem Wesen nach weiblich ist bzw. dem Anspruch des Weiblichen als Übersteigung jedes Dualismus entspricht. Noch weiter geht Deleuze:

> »Mit Recht erklären die Bewegungen zur Befreiung der Frau: wir sind nicht kastriert, ihr stinkt uns. (...) Da es unmöglich ist, sich dem mittels jener erbärmlichen männlichen Antwort zu entledigen, daß ihre Reaktion gerade beweise, daß sie es sind – oder auch dadurch, sie scheinheilig trösten zu wollen, indem man sagt, auch den Männern ergehe es so, nur mit dem freudigen Hintergedanken, daß es sich doch um verschiedene, nicht übertragbare Formen handelt –, muß demnach anerkannt werden, daß die Frauenbefreiungsbewegungen in mehr oder weniger zweideutigem Zustand das tragen, was einer jeden Forderung nach Befreiung unabdingbar ist: die Kraft des Unbewußten selbst, die Besetzung des gesellschaftlichen Feldes durch den Wunsch, den Abzug der Besetzung von repressiven Strukturen.«[15]

Der Beitrag des Weiblichen und der es unterstützenden Frauenbewegung ist dieser Sichtweise zufolge also nicht die Konstruktion einer weiblichen Wesenheit im Gegensatz zur männlich-phallischen Wesenheit, sondern die Subversion der phallischen Instanz selbst und der von ihr verfügten Distribution zwischen Vater und Mutter, Mann und Frau. Denn »das Unbewußte hat keine Eltern«, wie Deleuze sagt, und sein ganzes Buch besteht, wie schon der Titel (Anti-Ödipus) andeutet, in einer Kritik der von der Psychoanalyse vorgenommenen Einebnung der Libido auf ihre ödipale Funktion, so als ließe sie sich auf eine »Papa-Mama«-Geschichte reduzieren.

In der hier entwickelten Perspektive löst sich die Frage nach den Frauen und ihrem besonderen Wesen in einer geschlechtlichen Unterschiedslosigkeit auf, ohne daß dabei jemals die tatsächliche, untergeordnete Stellung der Frauen im gesellschaftlichen und politischen Leben angesprochen würde: Diese wird nur als unglückliches Überbleibsel der »Ödipalisierung« betrachtet und würde mit dieser verschwinden. Ebensowenig wird die Frage nach dem Antagonismus oder der möglichen Nichtübereinstimmung verschiedener Arten der Libido gestellt, die, mögen sie auch sexuell nicht identifizierbar sein, doch jedenfalls vielfältig sind und daher inkompatibel sein könnten: Man setzt ihre prästabilierte Harmonie in der Anonymität und Neutralisierung der »Libido-Energie« voraus, die als ein Fließen gedacht wird, das zwar polyvalent und polymorph ist, aber keine inneren Widersprüche aufweist. So wird die Frage der Machtverhältnisse zum Verschwinden gebracht: »Das« Begehren verschmilzt die Begierden in einer Positivität, aus der jede konfliktträchtige oder tragische Dimension verbannt ist.

Zwei Denker haben ihre Vorbehalte gegen diese Strömung angemeldet und völlig andere, ja diametral entgegengesetzte Überlegungen angestellt, die den Machtbegriff in den Entwurf der Sexualität wiedereinführen. In *Von der Verführung* übt Baudrillard heftige Kritik an dieser Übersetzung des weiblichen Aufbruchs und seiner gesellschaftsverändernden Folgen ins Libidinöse. Vielmehr bestätige die allgemeine Erotisierung die Imperative der Produktions- und Konsumgesellschaft, insofern sie die Lust zu einem Gut unter anderen macht, auf das jeder Mann und jede Frau Anspruch haben. Seither gäbe es ein Recht auf Lust wie auf den Besitz einer Waschmaschine oder eines Fernsehgeräts. Indem man unterschiedslos Männer und Frauen daran teilhaben läßt, bestätigt man nur die männliche Definition der Gesellschaft. Denn das Weibliche ist für Baudrillard das, was durch das Phänomen der Verführung stets die geschlechtliche Identitätsstiftung verweigert hat, die ihrem Wesen nach eine männliche ist.

Die Weiblichkeit ist das Prinzip der Ungewißheit, das die sexuellen Pole aus ihrer Ruhelage bringt. »Sie ist nicht der dem Männlichen gegenüberliegende Pol, sie setzt die distinktiven Oppositionen und damit die Sexualität selbst außer Kraft, so wie sie sich geschichtlich betrachtet in der männlichen Phallokratie verkörpert hat, so wie sie sich morgen in der weiblichen Phallokratie verkörpern kann.« Und: »Die Verführung ist immer einzigartiger und sublimer als der Sex, und ihr räumen wir den größeren Stellenwert ein.«[16] Für Baudrillard gibt es daher keine andere Sexualität als eine objektivierende, phallische, und die allgemeine Erotisierung ist nur die Annexion der Frauen für den phallischen Entwurf der Geschlechter und des Geschlechts. »Das Weibliche nicht eigentlich als Geschlecht betrachtet, sondern als transversale Form jeglichen Geschlechts und jeglicher Macht, als heimliche und virulente Form der Nichtsexualität«, welche das Männliche traditionellerweise einzuschränken trachte, schreibt Baudrillard.

Das Bewußtsein, daß die »sexuelle Befreiung« nur eine Annexion der Frauen für den männlichen Primat der Sexualität sein kann, veranlaßt Baudrillard, den Forderungen der Frauen mit Argwohn zu begegnen. Die reale Gefahr, daß sexuelle Befreiung mit Freiheit verwechselt wird, führt ihn zu einer Aufwertung der traditionellen Stellung der Frauen, deren scheinbare Ohnmacht ihm zufolge die Kehrseite einer außerordentlichen Macht ist, welche die Frauen sich erhielten, wenn sie bei der Figur der Verführung blieben.

Baudrillard reduziert die gesellschaftliche Macht der Männer auf die Form einer künstlichen Rache für die »ursprüngliche« Macht der Frauen (und speziell für die Macht der Fruchtbarkeit, die ihnen zueigen ist, wie es Bettelheim in *Symbolische Wunden* beschrieben hat) und transportiert damit über neuartige Aperçus eine recht traditionelle männliche These: Da die Frauen nun einmal eine immense Macht besitzen, die niederzuschlagen die gesellschaftliche Macht der Männer vergeblich versucht, warum sollten sie danach trachten, diese Macht gegen eine gesellschaftliche Macht zu vertauschen, die nur phallisch sein kann? Sie würden dabei verlieren, und sich verlieren. Baudrillard scheint die Tatsache nicht in Rechnung zu stellen, daß die Frauen, wenn es eine phallische gesellschaftliche Macht gibt, dieser trotz angeblicher ursprünglicher Übermacht unterworfen sind – auch in der Verführung.

Man kann durchaus mit Baudrillard der Meinung sein, daß die allgemeine Erotisierung, oder die Politik der Libido, eher eine Ausweitung als eine Zurückweisung der phallozentrischen Kultur und des allgemeinen Konsumprozesses bedeutet. Aber seine Kritik wendet sich eher an bestimmte Theoretiker der siebziger Jahre – mehr oder weniger die Erben Wilhelm Reichs – als an den Feminismus. Obgleich Baudrillard die phallische Kultur gründlich in Frage stellt, macht er keinen Vorschlag zu ihrer Veränderung. Indem er den Frauen die Aufgabe zuweist, im Sinne Hegels »die ewige Ironie der Gemeinschaft« zu sein, gesteht er ihnen eine säkulare Subversion zu, hinsichtlich derer ihre »Revolution« ein Rückschritt wäre.

Diese Zuweisung einer »ironischen« Stellung an die Frauen erlaubt es in der Tat dem phallischen System, weiterhin zu funktionieren, ohne sich verändern zu müssen, weil seine Subversion durch das Weibliche ja unter der Bedingung erfolgt, daß dieses in seiner traditionellen Stellung verbleibt. So steht in der besten aller Welten alles zum Besten. Der potentielle Wandel wird in Begriffen des Verlustes, nicht des Gewinns konzipiert, und keine positive politische Perspektive trübt die Rückständigkeit von Baudrillards Position: Es geht darum, mit dem Bestehenden zu spielen, anstatt das Bestehende zu verändern. Jeder frontale Kampf der Frauen würde ihre phallische Konversion bedeuten.

In einem späteren Gespräch hat Baudrillard seinen Standpunkt präzisiert, indem er sich von Michel Foucault distanzierte. Anstatt wie Foucault zu bekräftigen, daß es überall Macht gibt, insistiert er im Gegenteil darauf, »daß Macht nicht existiert (...), daß Männlichkeit nicht existiert, daß das die Geschichte einer ungeheuren Heuchelei ist« und daß die wahre Macht auf seiten der Verführung liegt, die »mit dem Geschlechtsunterschied spielt«.[17]

So wäre die den Männern zugeschriebene Macht nur eine Attrappe, ein Popanz, der in sich zusammenfällt, sobald man aufhört, ihn ernst zu nehmen. Der König ist nackt. Es reicht, ihn auszulachen. Die Verführung greift ihn nicht frontal an, sondern schließt ihn kurz, ersetzt ihn durch andere Spielregeln, welche die Grenzen zwischen den Geschlechtern verwischen. Das Reich der Verführung, das traditionellerweise die Frauen beherrschen, ist eine Gegenmacht, die die Macht sicherer vernichtet als jede vorgebliche politische Revolution.

»Realistischer«, analytischer und auch deskriptiver ist der Standpunkt Foucaults, wie er ihn unter anderem in *Sexualität und Wahrheit* vertritt. *Die* Sexualität im Reinzustand gibt es für Foucault nicht: Sie ist immer in historische »Entwürfe« eingebunden, die sie nach unterschiedlichen Modalitäten und bis auf den heutigen Tag nach Maßgabe von »Bündnis-Entwürfen« in Form der Familie organisieren. Foucault geht es darum, die historischen und kulturellen Modalitäten dieser Entwürfe herauszuarbeiten, auch jenes Entwurfs, der die Sexualität selbst als wünschenswert konstituiert hat. In offenkundig kritischer Absicht gegen die freudianisch-marxistische Strömung der libidinösen Revolution spricht er von der »Ironie« dieses Entwurfs, der uns glauben machen wolle, daß es um unsere Befreiung gehe.[18] Die Sexualität ist immer in den Diskurs gestellt, theoretisch wie praktisch. Auf einen Diskurs kann ein anderer folgen: So gesehen, wäre der Feminismus nicht die Abschaffung jeden Diskurses, sondern die Ersetzung eines Diskurses durch einen anderen, des herrschenden Diskurses durch einen neuen Diskurs: keine natürliche Folge, sondern eine historisch-politische Folge, neben anderen Folgen mit ihren eigenen Modalitäten, die zu untersuchen wären.

Foucault ersetzt die Kausalerklärung, die die Domäne des Marxismus war, durch den strukturalistischen Ansatz und unterscheidet vielfältige Machtverhältnisse anstelle des einen ökonomischen Ausbeutungsmechanismus; damit hat er der Untersuchung jener Formen von Ausgrenzung neuen Auftrieb gegeben, welche in gewisser Weise zu allen Zeiten Anteil am Funktionieren der Gesellschaft hatte. Foucault hat sich hauptsächlich mit Geisteskranken und Gefangenen befaßt. Was die Beziehungen zwischen Männern und Frauen betrifft, so hält sein Denken in jedem Fall jede Analyse für reduktionistisch und wirkt der Illusion von dem idealen Entwurf entgegen, der die Wahrheit jener Beziehungen erfassen zu können glaubt. Es gibt kein »Wesen« der Sexualität oder der zwischengeschlechtlichen Beziehung: Es gibt nur Modalitäten. Es gibt keine Gesellschaft ohne Macht: Es gibt nur Verlagerungen der Macht. Foucaults Philosophie impliziert keineswegs eine »Philosophie der Befreiung«, und es darf nicht verwundern, daß sie in eine Meditation über »die Ethik des Selbst« mündet. Trotzdem beleuchtet Foucault mit der Einführung des Begriffs der »Bio-Macht« einen Herrschaftsprozeß, der nicht auf den von Marx herauspräparierten, bloß ökonomischen Herrschaftsprozeß reduzierbar ist und der zum Teil die Kontrolle des Körpers der Frauen in der Sexualität und der Reproduktion erhellt: Die feministische Kritik wird hierauf zurückgreifen.[19]

Kritik des Phallogozentrismus

Die Kritik der Moderne, deren letzter Ausläufer die postmoderne Strömung ist, trat seit der Mitte des 20. Jahrhunderts die Nachfolge des rationalistischen und szientistischen Fortschrittsglaubens an, der sich von Descartes über die Philosophie der Aufklärung und den Positivismus bis zu Marx entwickelt hatte. Die Beherrschung der Natur durch ein allmächtiges Subjekt, welches jene zum höheren Glück der Menschheit als Objekt gesetzt hatte, stieß nun auf Skepsis. Der Glaube an die Allmacht der berechnenden Vernunft wurde erschüttert. Wir erleben einen Wertewandel: Der Vernunft als dem Totalanspruch auf Herrschaft über das Eine, das Licht, die Ordnung wurde der Prozeß gemacht – nicht zugunsten des Irrationalen, sondern zugunsten einer anderen Vernunft, die ihrerseits Teil am Dunklen, am Nicht-Einen, an der Unruhe hatte. Diese Alternative eröffnete einen Raum des Denkens und des Weltbezugs, der wie die Alternative des »Weiblichen« zum

»Männlichen« erscheinen konnte, oder als der Widerhall des Weiblichen im Männlichen, den später wenigstens ein Teil der feministischen Strömung aufgreifen sollte.

Heidegger zeigt, wie die Geschichte der Technik und die Geschichte der Metaphysik Hand in Hand gehen, da beide auf der Ordnung der Beherrschung beruhen, und diese Geschichte reicht, ihm zufolge, weit über die Moderne zurück bis in das klassische Griechenland. Indessen gibt es für ihn wie für Derrida, der ihn zumindest in diesem Punkt beerbt hat, kein Nach und kein Jenseits der Metaphysik und der Technik; es geht nicht um Überwindung – was ein unmögliches Unterfangen wäre –, sondern um Dekonstruktion.[20]

Es war Derrida, der diese Spannung in geschlechtliche Begriffe übersetzen sollte. Die Heideggersche Kritik des abendländischen »Logozentrismus« wird unter seiner Feder zu einer Kritik des »Phallogozentrismus«, eines Kondensats aus Logozentrismus und Phallozentrismus. Phallogozentrismus des Erkennens und des Tuns, der unumgänglich ist, der aber unablässig dezentriert, gequält ist von dem Anderen, das nicht sein Anderes ist und das den Signifikanten disseminiert.

Kommt Derrida auf die Frage des Männlichen und des Weiblichen direkt zu sprechen oder diskutiert er gar mit Feministinnen, die in seinem Werk Anregung für ihr Denken finden, so vermeidet er, die Frage in antagonistischen oder auch nur dualen Begriffen zu formulieren. Wenn die Frauen als gesellschaftliche Gruppe sich in ihren Kämpfen dazu bewogen gesehen haben, die Geschlechter in Form eines Gegensatzes zu definieren, so kann diese Praxis nur eine Strategie sein, die ihre eigene Überwindung zum Ziel haben muß. Sie geht paradoxerweise aus der phallischen Logik als einer dualistischen Logik hervor. Das Differente in der sexuellen Differenz ist nicht objektivierbar: Der Geschlechterunterschied gehört nicht der Ordnung des Sichtbaren, Definierbaren an, sondern der Ordnung des Lesbaren, das heißt der Interpretation. Gewiß gibt es zwischen den Geschlechtern einen Riß, aber »es ist ein Riß, der sie nicht separiert, oder wenn er separiert, dann repariert er gleichzeitig« (um eine Wendung aufzugreifen, die er kürzlich im Gespräch mit Hélène Cixous anläßlich eines Kolloquiums in Paris gebrauchte). Darum spricht er auch von der Geschlechtlichkeit als Neutrum, als etwas, das weder das eine noch das andere Geschlecht ist und das sich nicht in ein »Entweder-Oder« übersetzen läßt. Unter diesem Gesichtspunkt interpretiert er in einem Aufsatz mit dem Titel »Geschlecht. Sexuelle Differenz, ontologische Differenz« Heideggers Begriff des Daseins, wobei er sich auf zwei kurze Texte stützt: einen aus *Sein und Zeit* und einen aus den Marburger Vorlesungen.[21]

Statt vom Menschen zu sprechen, spricht Heidegger vom Dasein; das ist jenes Seiende, das wir selbst sind und das unter anderem in seinem

Sein über die Macht verfügt, uns in Frage zu stellen. Diese von Heidegger bevorzugte Wortwahl deutet Derrida als Willen zur »Neutralität«. Aber Neutralität in bezug worauf? In bezug auf jegliche anthropologische Charakterisierung und vorzüglich in bezug auf die sexuelle Charakterisierung: »Diese Neutralität bedeutet *auch*, daß das *Dasein* keines von beiden Geschlechtern ist.«

Gleichwohl ist diese »Neutralisierung« keine Leugnung der Geschlechtlichkeit, sondern vielmehr eine Distanzierung gegenüber der binären Opposition, in welcher die Geschlechtlichkeit formuliert zu werden pflegt: »Wenn als solches das *Dasein* keinem der beiden Geschlechter angehört, so bedeutet das nicht, daß das Seiende, welches es ist, des Geschlechtes beraubt/geschlechtslos (*privé de sexe*) sei. Im Gegenteil, man kann hier an eine prä-differentielle oder, mehr noch, eine prä-duale Sexualität denken, was nicht notwendig eine einheitliche, homogene und undifferenzierte Sexualität bedeuten muß, wie wir später werden feststellen können«, schreibt Derrida. In dieser Interpretation ist die Neutralität des Daseins nicht gleichwertig mit der Neutralität des Menschen. Letztere ist Negation und Verschleierung der Frage nach dem Geschlecht in der »Universalität«; erstere ist die Hereinnahme der vordualistischen Geschlechtlichkeit in eine ursprüngliche Differenz: »Es gibt eine Art der Neutralisierung, die das phallozentrische Privileg wiederherstellen kann. Aber es gibt auch eine andere Art von Neutralisierung, die einfach den sexuellen Gegensatz, nicht die sexuelle Differenz, neutralisieren kann und so das Feld der Sexualität für eine ganz andere Sexualität frei machen kann«, schreibt Derrida weiter in seiner Antwort an amerikanische Feministinnen.[22] So entginge das Dasein dem Vorwurf, daß man immer schon »Mann« *(homme)* sagt, wenn man scheinbar geschlechtslos »Mensch« *(homme)* sagt, so daß die Universalität nur das Feigenblatt des Phallozentrismus wäre.

Diese Bekräftigung einer vordualen Geschlechtlichkeit (die jeder noch im Dualismus befangenen Theorie der »Bisexualität« ganz fremd ist) ist der eigentliche Ausdruck von Differenz *(difference)*, die Derrida »differance« schreibt, um die Nichtreduzierbarkeit des Differierens auf jede Substantialisierung der differierenden Elemente hervorzuheben. Die Kritik des Phallogozentrismus führt also nicht dazu, ihm die *differance* als das Weibliche oder das Andere entgegenzusetzen. Wenn es Weibliches gibt, dann eher als Dekonstruktion denn als Destruktion des Phallogozentrismus, als Instanz einer nicht auf die duale Logik zu reduzierenden Dissemination und Unentscheidbarkeit. Gleichwohl bleibt in einer solchen Behauptung eben jene Frage dunkel und ungelöst, die sie aufwirft: »Wie gelangt die Differenz in die Zwei hinein?« Denn der Behauptung der ontologischen Differenz steht die betrüblich empirische Realität einer allgemeinen Dualisierung der sozialen Rollen entgegen.

Welcher Zufall oder welcher Umschwung vermag diesen Übergang von der »Neutralität« der Geschlechtlichkeit, der Differenz, die immer *differance* im Derridaschen Sinne ist, zur Dualität und, schlimmer noch, zur Hierarchie zu rechtfertigen oder zu erklären?

Derrida geht auf diesen politischen Aspekt der Frage nicht ein, das heißt auf die Beziehung der ontologischen Differenz zur Dualisierung und zur Herrschaft des einen der beiden Elemente über das andere. Aber die Dekonstruktion und die Dissemination können als die eigentliche Dimension eines weiblichen In-der-Welt-Seins erscheinen, das sich der Ordnung der Beherrschung entzieht.

Andersheit und Dialog

Wir bezeichnen hier mit dem allgemeinen Begriff »Philosophien der Andersheit« diejenigen, die seit der Mitte des 20. Jahrhunderts und in der Nachfolge der Husserlschen Phänomenologie ins Zentrum ihres Denkens die Tatsache rücken, daß das Subjekt nicht nur stets auf die Welt bezogen ist (»jedes Bewußtsein ist Bewußtsein von etwas«), sondern daß es sich immer schon auf den Anderen bezieht, daß es teilnehmendes Subjekt, »Intersubjektivität«, ist. Dieser Problematik widmen sich unter verschiedenen Bezeichnungen die Werke von Sartre, Merleau-Ponty und Levinas sowie, neuerdings und ausgehend von der englischen Sprachphilosophie, von Francis Jacques.

Man könnte annehmen, daß die Einbeziehung von Andersheit zu einer neuartigen Reflexion über den Geschlechterunterschied beiträgt. Aber es gibt zwei manchmal miteinander verbundene Vorgehensweisen, die das meist verhindert haben: einerseits die Tilgung des Geschlechterunterschieds bei der Beschreibung und Analyse der Andersheit, andererseits die Voraussetzung des transzendentalen und daher »geschlechtslosen« Charakters des denkenden Subjekts, der dennoch Lügen gestraft wird durch den Standpunkt, den das Subjekt vertritt und der sich verrät, sobald es eine Beschreibung unternimmt. Beide Vorgehensweisen sind in der Philosophie nichts Außergewöhnliches, überraschen aber zunächst bei Denkern, die die Andersheit zum eigentlichen Gegenstand ihres Nachdenkens machen.

Sartre kritisiert an Heidegger und an den Existenzphilosophen, daß sie die Sexualität nicht in Betracht zögen, so daß das von ihnen beschriebene Dasein uns als geschlechtslos erscheine. Worauf Sartre seine Aufmerksamkeit richtete, war jedoch nicht der Unterschied zwischen Männern und Frauen, sondern die (Männern wie Frauen gemeinsame) Sexualität als solche. Wenn auch das Begehren und seine Kehrseite, die sexuelle Angst, Grundstrukturen des Seins für den Anderen sind, und wenn auch das Sexualleben nicht nur als ein Überschüssiges zur Situation des Menschen hinzutritt, so muß man zugestehen, daß der Geschlechtsunterschied dem Bereich der »Faktizität« und damit der Kontingenz angehört. Für die menschliche Realität ist es eine Kontingenz, daß sie sich in männlich oder weiblich sondert; fraglos kann man sagen, daß das Problem der sexuellen Differenzierung nichts mit der Existenz zu tun hat, da ja der Mann wie die Frau »existiert«. Das Subjekt transzendiert den Ort seiner Geschlechtlichkeit auch in der sexuellen Beziehung.

Wo sie auf diese zu sprechen kommt, geht jedoch die Philosophie Sartres – ebenso wie die Merleau-Pontys – in dieser Frage nur sparsam auf den Unterschied der Geschlechter ein. Sartre rechtfertigte diese »neutralisierte« Stellung des geschlechtlichen Begehrens, indem er dessen organische Komponenten minimierte: Das Begehren ist für ihn eine fundamentale Weise des Bezugs zum Anderen – es ist in diesem Sinne ontologisch; es geht der bloßen organischen Manifestation des Sexuellen voran und überschreitet sie.[23] Das Sein, das begehrt, ist das sich verkörpernde Bewußtsein, und: Das Bewußtsein wählt sich als begehrendes.

Wenn aber der Geschlechtsunterschied nicht organisch ist, ja wenn er nicht einmal bestimmend für das Funktionieren des Begehrens ist, wäre dann seine Basis historisch-politisch? Sartre stellte diese Frage in der eigentlichen Ausarbeitung seiner Lehre nicht und bezog sich bei der Analyse des Phänomens der Unterdrückung und der Ausgrenzung auf das Beispiel der Klasse und der Rasse, aber niemals des Geschlechts – auch wenn er die Auseinandersetzung mit diesem Thema Simone de Beauvoir überlassen zu haben scheint.

Dieses Ausweichen ist um so erstaunlicher, als Sartre, in den siebziger Jahren auf diese Frage angesprochen, behauptete, sie als zentral anzusehen. Er ging sogar so weit (freilich im Licht der damaligen Frauenbewegung), im Kampf der Geschlechter den Hauptwiderspruch zu sehen, im Klassenkampf den Nebenwiderspruch. Er bekräftigte ausdrücklich, daß ersterer nicht einfach ein Derivat des letzteren, sondern etwas absolut Eigenes sei. Ebensowenig wie Simone de Beauvoir glaubte er an die Realität einer »weiblichen Natur«, und er war noch zurückhaltender als sie in der Frage, ob ihre Geschichte als Unterdrückte ihr nicht etwas spezifisch Vorläufiges verliehen habe. Sartre betonte zwar, daß er Simone de Beauvoir immer als ihm gleich betrachtet habe, doch räumte er, vielleicht nicht ohne Selbstgefälligkeit, »einen gewissen Machismo« bei sich ein, der übrigens, ohne ihm bewußt zu sein, auch in seinem Werk durch Wortwahl, Bilder und Beispiele durchscheint.[24]

Merleau-Ponty war ein Zeitgenosse Sartres, der jedoch zu früh starb, um den Feminismus noch kennenzulernen. In den zahlreichen wichtigen Schriften, die er im Rahmen einer Philosophie der Leiblichkeit, die weniger als die Sartresche an einem voluntaristischen Rationalismus krankt, dem Anderen, dem Leib, der Sexualität, der Wahrnehmung widmete, nahm er ohne nähere Begründung eine völlige Neutralisierung des Unterschieds der Geschlechter vor. Genausowenig befaßte er sich mit dieser Frage in seinen politischen Schriften oder in seiner Polemik gegen den Marxismus. Nicht einmal in seinem Vorwort zu einem Buch des Psychiaters Jean Hesnard findet sich eine Andeutung. Zumindest aber erinnern sich frühere Studenten an Vorlesungen Merleau-Pontys an der Sorbonne über die »Psychologie der Frauen«, die wohl hauptsächlich von den Werken Helene Deutschs inspiriert waren.

So wie in den meisten Texten Sartres, werden auch bei Merleau-Ponty der Eine und der Andere immer als Maskulinum dekliniert – dieses Maskulinum, das das Allgemeine sein will! –, selbst im Rahmen der Liebe und der Sexualität (es heißt nie anders als »der Liebende« oder »der Geliebte«), wie in der gleichgeschlechtlichen Welt der griechischen Polis. Oder wie in der gleichgeschlechtlichen Welt der Philosophie?

Übrigens ist es genau dies, was Gilles Deleuze in einem Aufsatz aus seiner Jugend mit dem Titel »Description de la femme. Pour une philosophie d'autrui sexué« an diesen Philosophen kritisiert. Als Beispiel nennt er Sartres Ausführungen über Sexualität und Liebe und hebt hervor: »Geschlechtlich ist derjenige, der den Liebesakt ausführt, der Liebende also und keineswegs der Geliebte (...) als ob gewöhnliche Liebe und Päderastie sich nicht wesentlich voneinander unterschieden.« Und er setzt hinzu: »Auch ist die Welt Sartres noch trostloser als die andere: Es ist objektiv eine Welt von Geschlechtslosen, mit denen man aber nichts anderes im Sinn hat als den Liebesakt – eine ganz und gar monströse Welt.«

Trotzdem scheinen die Versuche, aus der »Neutralität« oder dem Schweigen in bezug auf den Unterschied der Geschlechter auszubrechen, meistens auf einen Essentialismus hinauszulaufen, der aus männlichen Schablonen besteht. In dem Wunsch, endlich »eine Philosophie des anderen Geschlechts« und eine »Beschreibung der Frau« vorzulegen, verfällt auch Gilles Deleuze in diese Haltung, wenn er treuherzig versichert, daß man sich, um die Frau zu beschreiben, »an das naive Bild von ihr halten muß: die geschminkte Frau, die den wortkargen, zärtlichen, frauenfeindlichen Jüngling um den Verstand bringt«. Die Frau hat keine Welt, sie macht keinen Unterschied zwischen Innen und Außen, sie ist eine Mischung aus Materiellem und Immateriellem, aus Schwere und Leichtigkeit, unnützes Gewissen, Luxusobjekt usw. Auch ist sie dem (männlichen) Anderen radikal fremd, und »nie wird man eine Frau zu seiner Freundin machen«, denn »Freundschaft ist die Realisierung der möglichen Außenwelt, die uns der (männliche) Andere bietet«, und zwar er allein. Dabei ist es utopisch, ja schmerzhaft, der Frau den Willen zuzuschreiben, »eine Außenwelt auszudrücken«.

Die Andersheit ist nicht bloß ein wichtiges Motiv im Werk von Emmanuel Levinas, sie ist dessen innerster Ausdruck. Levinas ersetzt die Ontologie praktisch durch die Ethik, das heißt durch den Anruf des Anderen, der jedes »Ich« aus sich herausruft. Und der Andere ist immer schon das Andere, das »ganz Andere«, das selbst im Begreifen nicht angeeignet werden kann. Die Erscheinung seines Antlitzes eröffnet einen asymmetrischen Raum von ihm zu mir. Wenn es aber das ganz Andere ist, wenn es sich mir entzieht, dann nicht aufgrund besonderer Merkmale, individueller oder kultureller Unterschiede, sondern durch seine Existenz selbst, die auf keinen »gemeinsamen Nenner« zu reduzieren ist. Der Widerstand, den es der Vereinnahmung entgegensetzt, ist die eigentliche Offenbarung der Unendlichkeit. Levinas grenzt sich damit explizit gegen Philosophien der »Intersubjektivität« ab, die – wie Scheler oder Buber – stets eine »Reziprozität« voraussetzen und in gewisser Weise die Andersheit in einem bestimmten Selbst zähmen.

Im Zentrum dieses ethischen Denkens der Andersheit entwickelt Levinas speziellere Überlegungen zu dem, was er »das Weibliche« nennt, welches bald die eigentliche Matrix der Andersheit ist, bald deren leicht verzerrte Form: Der Andere als Frau ist und ist nicht völlig das Andere.

Das Weibliche sieht sich übrigens bei Levinas durch alle seine traditionellen Bestimmungen qualifiziert: Jugend, Schwäche, reines, ein wenig tierisches Leben, Fürsorglichkeit, koketter Sinn, Animalität; dabei ist es, allerdings unter anderen Umständen, auch Gesprächspartner, Mitarbeiter, Meister von überlegener Intelligenz, das die Männer in der männlichen Zivilisation, in die es eingetreten ist, oft dominiert.[25]

Es besteht also ein Widerspruch zwischen einer Definition des Anderen als des nicht bestimmbaren »ganz Anderen« und der Vielzahl von Bestimmungen, die das weibliche Andere zu beschreiben versuchen. Wäre die Frau also kein »ganz Anderes«, nicht das wahrhafte Andere? Wäre sie nur das Andere des Mannes, bestimmbar und qualifizierbar? Diese Position erhält weiteres Gewicht, wenn Levinas die familiäre Herkunft oder »Fruchtbarkeit« nur aus der Perspektive von Vater und Sohn analysiert. Auf diesen – übrigens sehr schönen – Seiten, auf denen er die Herkunft als Andersheit beschreibt, wird die Mutterschaft nur beiläufig angesprochen.[26]

Als Levinas später zu seiner Position befragt wurde, verteidigte er sich damit, daß sein Begriff von der Frau keineswegs verkürzt sei. Gleichwohl verrät sein Werk, wie andere auch, nur sichtbarer, zumindest zeitweilig die geschlechtliche Position dessen, der philosophiert und dessen Diskurs trotzdem den Anspruch erhebt, die individuelle Erfahrung zu transzendieren.

Indessen findet sich der Geschlechterunterschied implizit überall in der Philosophie Levinas' wieder, minder sichtbar, aber vielleicht noch tiefgreifender. Durchgängig nämlich konnotiert der Begriff »Virilität« den Anspruch des Subjekts, sich in seiner Identität dadurch zu behaupten, daß es sich dem Betroffenen durch das »ganz Andere« entzieht. Parallel hierzu sind es weibliche Attribute – und zwar exemplarisch die der »Verletzlichkeit«, der »Passivität«, der »Herzensklage« oder auch der »Geisel« –, die die ethische Position charakterisieren, in welcher das Ich, jedes »Eigenen« und jeder Eigen-Art entkleidet, ganz und gar durch den Anderen in Anspruch genommen wird. Die Virilität und das Weibliche werden zu Kategorien seines Denkens; was dabei denunziert wird, ist die Männlichkeit, während das Weibliche als Träger der Verwandlung, die zum Aufscheinen des Antlitzes des Anderen führt, gesehen wird.

In diesem Sinne kann man sagen, daß die Ethik ein »Frau-Werden« bedeutet und daß die Levinassche Philosophie eine Philosophie des Weiblichen ist. So kann man sie also neben jene Philosophien stellen, welche die auf die Geschlechtlichkeit gestützten Werte umkehren, ohne deswegen die tatsächliche Stellung der Männer und der Frauen in Frage zu stellen.

Francis Jacques hält es keineswegs für einen Zufall, daß Levinas' Denken dort, wo es sich am besonderen Beispiel der Liebesbeziehung zwischen Mann und Frau konkretisiert, damit endet, die Frau zu objektivieren. Er stellt in diesem Zusammenhang fest: »Die radikale Heterogenität des anderen, sein absolutes Getrenntsein von mir zu behaupten, ist philosophisch kühn; trotzdem macht diese These ganz unerwarteterweise gemeinsame Sache mit dem Primat des Ich.«[27]

Den anderen in eine derartige Erhabenheit zu entrücken, führt schließlich dazu, daß die Art, wie er mich berührt, mehr von mir (von meinem Gefühl der Verantwortung für ihn) abhängt als von ihm. Für Francis Jacques, der unter anderem durch die Kommunikationstheorien beeinflußt ist, ist jeder zwischenmenschliche Bezug auf den Modus des Dialogismus gegründet, der jeder Botschaft zwei Aussageinstanzen zuordnet, die in »aktueller Beziehung« zueinander stehen: In der Konstitution des Bezugs gibt es eine Reziprozität von Ich und Du. Nur nach dem Modell der Reziprozität kann der Mann-Frau-Bezug gedacht werden, wenn er sich seiner traditionellen Definition entziehen will, in der die Frau immer als das Andere jenes Selbst gesetzt wird, das identisch ist mit dem männlichen Subjekt. Unter diesen Umständen »ist das weibliche Sein letzten Endes immer nur das Verdrängte des Mannes«. Wenn man das Andere, vor allem das weibliche Andere, ernst nehmen will, muß man, um einen Unterschied zu setzen, der nicht »auf eine

Unterordnung, eine Hierarchisierung, eine Annexion« reduziert wäre, anerkennen, daß das Andere weder ein anderes Ich ist, das ich durch Identifikation und Assimilation erkennen und begreifen könnte, noch ein anderes Ich, das es in seiner eigenen Einsamkeit, seiner Erhabenheit und seiner Transzendenz zu respektieren gälte. Es geht vielmehr darum, in Beziehung zu ihm zu treten, das heißt, sich durch es anrufen zu lassen, wie ich es anrufe, es zum Ko-Subjekt der Beziehung zu machen.

Der Autor kommt beiläufig auf die Frauenbewegung zu sprechen. Dabei erkennt er voll und ganz die Gültigkeit der Protesthaltung an, durch welche die Frauen sich Gehör verschaffen, »ihr Geschlecht, das Imaginäre ihres Begehrens und ihrer Sprache« wiederfinden wollen, und sieht darin zwei Möglichkeiten. Die eine wäre die Konstitution eines weiblichen Selbst, das sich in seine Abgeschlossenheit zurückzöge. Die andere Möglichkeit, die seiner Ansicht nach zu einer Befreiung sowohl des Mannes als auch der Frau führen würde, läge darin, »den Beziehungen zwischen den Geschlechtern fortan eine dialogische Struktur zu geben«,[28] die nicht nur die Unterschiede respektierte, sondern vor allem die Unterschiede durch eine ständige Bewegung der Differenzierung *in* der Beziehung *selbst*, nicht auf sie hin oder außerhalb ihrer, ins Spiel brächte.

Ohne speziell auf die Frage des Geschlechterunterschieds einzugehen, trägt Jean-François Lyotard in seinem Buch *Der Widerstreit* zu der Frage des Dialogs und der Andersheit eine wichtige Klärung bei. Jeder Dialog, jede Andersheit ist das Austragen eines Widerstreits insofern, als er immer die Konfrontation zweier Idiome ist. Das Gespräch setzt voraus, daß man gleichzeitig die Position des Sprechers und des Empfängers bezieht. Die Matrix dieser Konstellation ist ihre Irreziprozität. Es gibt keinen Unterschied ohne diesen Widerstreit. Der Dialog, als Raum der Heterogenität, bietet nicht die Lösung in irgendeiner gemeinsamen Sprache, welche die Andersheit reduziert.

In diesem Schema ist der Widerstreit zwischen den Geschlechtern kein Hindernis ihres Bezugs mehr, sondern im Gegenteil dessen Stütze. Trotzdem sind die Orte der Äußerungen nicht isomorph. Der »Fortschritt« der Kommunikation wird von nun an darin bestehen, für neue Idiome Raum zu schaffen, die bisher unerhört waren oder nur als Variante oder Echo des herrschenden Idioms vernommen wurden: Raum für das Idiom der Frauen?[29]

Die unterschiedlichen Formen der Philosophie des Dialogs in ihren Formulierungen durch Mikhail Bakhtine, Hannah Arendt, Jürgen Habermas bis hin zu Francis Jacques und Jean-François Lyotard erlauben es, die Frage der Geschlechterdifferenz nicht mehr in Begriffen der Substanz zu stellen, sondern in Begriffen des immer performativen

Sich-Äußerns oder Handelns. Sprechen, Handeln in der Vielheit heißt, in alle Setzungen ihre Ver-Setzung einzutragen. Es bedeutet, den Unterschied (der Geschlechter) anzuerkennen, ohne die differierenden Elemente einzufrieren. Hannah Arendt zufolge ist diese Offenbarung des Wer im Gegensatz zu dem Was implizit in allem enthalten, was wir tun und was wir sagen. Dabei ist es die Aufgabe des Wer, dieses Was zu bewegen. Das »Gegebene«, in diesem Fall das Gegebensein des Geschlechtlichen, ist unumgänglich, aber es ist nicht identifizierbar.

DAS FEMINISTISCHE DENKEN

Dieser Rundblick über unterschiedliche Strömungen des Denkens im 20. Jahrhundert erlaubt den Schluß, daß, ungeachtet des Fortbestandes traditioneller Reflexe, die Frage des Geschlechterunterschieds und der Frauen neue Formen annimmt. Man erlebt im Lauf des Jahrhunderts, wie die Idee einer in der Natur oder in der Vernunft gründenden »Metaphysik der Geschlechter«, die es erlaubt, den Mann und die Frau zu definieren und die Überlegenheit des ersteren über letztere zu begründen, zunehmend verblaßt. Es fehlt nicht an Sexismus in diesen Äußerungen, aber er scheint indirekt auf, an sprachlichen Ticks, an Beispielen, und zeichnet sich häufiger durch ein Zuwenig als ein Zuviel aus – ein Zuwenig an Berücksichtigung der Frage oder der geschlechtlichen Stellung des Subjekts.

Wie wir gesehen haben, wohnen wir sogar einer gewissen Umkehrung der Werte bei, die darin besteht, das, was traditionellerweise mit der Virilität verbunden wird – das Phallische, die Beherrschung –, zugunsten dessen zu denunzieren, was derselben Tradition gemäß mit dem Weiblichen verbunden wird – das Undefinierbare, das Verletzliche –, ohne daß diese Umkehrung freilich die tatsächliche Stellung der Männer und der Frauen berührte.

Das feministische Denken, das sich seit den siebziger Jahren entwickelt hat, partizipiert in vieler Hinsicht an den Strömungen, die wir hier angesprochen haben: Marxismus, Psychoanalyse, Kritik der Metaphysik, Strukturalismus, Postmoderne usw. Aber das besondere Merkmal dieses Denkens liegt in der politischen Art der Fragestellung. Sie geht von der Feststellung aus, daß die Struktur der Beziehungen zwischen Männern und Frauen eine Machtstruktur ist, die jenen die Herrschaft über diese sichert. Von diesem gemeinsamen Ausgangspunkt aus verzweigt sich das feministische Denken vielfältig, wenn es der Frage nachgeht, wie und im Blick worauf diese Struktur abgeschafft werden soll und wie es um die sexuelle Differenz steht, wenn sie sich einer gesellschaftlichen und historischen Bestimmung entzieht.

Das andere Geschlecht von Simone de Beauvoir ist ein unumgänglicher Referenzpunkt der Geschichte des feministischen Denkens, auch wenn dieses Werk eine Zeit der Latenz zwischen dem Augenblick seines Erscheinens im Jahre 1949 und dem Aufkommen der neofeministischen Bewegung der siebziger Jahre erlebt hat, die es für die Lektüre wiederentdeckte. Wenn es auch durch sein gehaltvolles Material und in vielfältigen Problemstellungen einen Meilenstein darstellt, enthält es doch bei weitem nicht alle Aspekte, die die feministische Bewegung inspiriert haben. Aus ihm speist sich die egalitaristische, nicht die differenzialistische Strömung des Feminismus.

»Man wird nicht als Frau geboren, man wird es«: Diese emblematisch gewordene Formel erinnert daran, daß die Rolle und der Platz, welche die Frauen in der Gesellschaft einnehmen sollen, ihnen durch die »patriarchalische« Macht über ein komplexes System von erzieherischen, legislativen, sozialen und ökonomischen Zwängen auferlegt worden sind. So ist die Frau immer »das Andere« des männlichen Subjekts. Trotzdem widmet Simone de Beauvoir einen wichtigen Teil ihres Buches einer Beschreibung der Erscheinungsformen der weiblichen Physiologie in jenem veritablen Kampf mit dem Körper von der ersten Menstruation über das Stadium der Mutterschaft bis hin zur Menopause. Diese minuziöse Beschreibung verstärkt die traditionelle Wahrnehmung des weiblichen Körpers als Hindernis.

Folglich kann der Mensch, in diesem Fall die Frau, eher durch Überwindung dieser Gegebenheit als durch Anpassung an sie zum Subjekt werden. Im existentialistischen Vokabular jener Zeit distanziert sich das »für sich« des Bewußtseins vom »an sich« des Gegebenen, und triumphierend reißt die »Transzendenz« sich von der »Immanenz« los. Die Freiheit behauptet sich im Ausgang von einer Situation, der sie sich entzieht. So ist das Man-selbst-Werden ein Entwurf, nicht die Erfüllung einer Natur.

Bei aller Betonung der bedrückenden körperlichen Kontingenz der Frauen bekräftigt Simone de Beauvoir doch ihre Fähigkeit, sich von dieser Kontingenz zu lösen, um ganz Mensch zu werden. Diese Bewegung ist ihr zufolge zunächst ein individueller Akt, den jede Frau für sich leistet. Mit der feministischen Bewegung der siebziger Jahre konfrontiert, betonte Simone de Beauvoir dann stärker den kollektiven Charakter der Befreiung. Jetzt entdeckte sie die Notwendigkeit eines gemeinsamen Kampfes der Frauen, der vor anderen revolutionären Kämpfen an erster Stelle stehen mußte und von welthistorischer Bedeutung sein sollte.[30]

Die unmittelbaren Erbinnen Simone de Beauvoirs werden ihre Position radikalisieren: Sie bestreiten nicht nur die Gültigkeit der »gesellschaftlichen Konstruktion von Geschlecht« (*genre*, nach dem von amerikanischen Feministinnen eingeführten Terminus *gender*), sondern die Realität von Geschlecht überhaupt. Die Frauen bilden eine »Klasse« analog zur Arbeiterklasse, der es wie dieser bestimmt ist, in demselben Augenblick zu verschwinden wie die Herrschaftsverhältnisse. Außerhalb dieser Verhältnisse ist Geschlechtlichkeit ohne Belang. Nicht nur ist Anatomie nicht Schicksal; Anatomie ist nicht einmal mehr jener Zustand, von dem ausgehend sich die Freiheit bewährt.

Das tiefe Mißtrauen, das diese sogenannte egalitäre Strömung gegen die Natur entwickelt, rechtfertigt sich aus der Tatsache, daß die Natur immer als Vorwand für Ausgrenzungen dienen mußte: Natur ist naturgemäß weiblich: *Nature-elle-ment.*[31] Daher die Tendenz, zur Negation der gesamten natürlichen Realität, die mit vollem Recht als ununterscheidbar von ihrer kulturellen Umsetzung angesehen wird. Geschichte und Natur werden gleichermaßen überwunden zugunsten eines reinen Subjekts, das weder jener noch dieser mehr etwas verdankt, sondern sich in der souveränen Neutralität seiner entleiblichten Selbstbestimmung behauptet.

Die egalitaristische Strömung des Feminismus tritt das Erbe des Denkens der Aufklärung an, die vom Marxismus inspiriert ist. Sie setzt Differenz und Herrschaft gleich, um nur noch abstrakte und gleichwertige Individuen zu kennen. Parallel dazu entwickelte sich seit den siebziger Jahren eine andere Strömung, die in Teilen von der Psychoanalyse ausgeht.

Für diese rührt die Entmündigung der Frauen daher, daß ihre wahre Natur verleugnet worden ist. Es geht also darum, die positive – und nicht nur relative – spezifische Realität der Frauen zu bekräftigen und ihren eigenen Raum im Reich der Lust wie im Reich der Kultur abzustecken. Wenn es einer Dekonstruktion der von Männern oktroyierten Definition der Frauen bedarf, dann im Namen eines authentischen weiblichen »Wesens«, das seinen Ausdruck in der Morphologie findet und einen ursprünglichen Weltbezug stiftet. Es gibt zwei nicht aufeinander reduzierbare Geschlechter, deren Gegensatz einer »Ethik der sexuellen Differenz« weichen können müßte. Die Behauptung dieser Dualität wird übrigens häufig von einem Imaginären inspiriert, das um die Überlegenheit des Weiblichen über das Männliche kreist, selbst wenn diese Überlegenheit nicht in Begriffen von Herrschaft, sondern – in den meisten Fällen – von friedlicher Koexistenz formuliert wird.

Definiert das Männliche sich durch das Phallische, das Eine, die Totalisierung, die Instrumentalisierung, so bestimmt das Weibliche sich durch das Offene, das Nicht-Eine, das Unendliche, das Undefinierte, die Grenzenlosigkeit. Die dergestalt erweiterten Metaphern werden übrigens explizit auf die Morphologie des einen und des anderen Geschlechts bezogen. Die Haupttheoretikerinnen dieser Strömung bestreiten indessen die Existenz einer Definition »der« Frau und sprechen von »Frauen« (Antoinette Fouque) oder von der/einer Frau (Luce Irigaray), worin Lacans »*Die* Frau gibt es nicht« nachklingt.

Wenn nämlich für Lacan die »Nichtganze« über das Ganze hinausgeht, ist sie für die Feministinnen dieser Strömung eher dessen Entgegengesetztes. Der polemische Kontext, in welchem sich das feministische Denken entwickelt hat, hat zu einer Dualisierung von Männern und Frauen, Weiblichem und Männlichem, und damit zu einer Radikalisierung der psychoanalytischen Positionen der »englischen Schule« geführt. Es ist jedoch ebenso problematisch, an dem reinen Undefinierbaren der Frauen festzuhalten, wenn deren Bereich derartig streng abgegrenzt wird, wie es problematisch ist, ihnen eine nichtduale Logik zuzuschreiben, wenn man damit beginnt, eine Dualisierung der Geschlechter vorzunehmen.

Ist für einige Theoretikerinnen das Weibliche unauflösbar mit der Wirklichkeit der Frauen verknüpft, wie die Morphologie sie offenlegt, so ist für andere das Weibliche eine von dieser Wirklichkeit mehr oder minder ablösbare Kategorie. Diese Behandlung des Weiblichen, bisweilen des Mütterlichen, ist vor allem bei jenen Theoretikerinnen anzutreffen, die sich der Sprach- oder Textanalyse widmen, wie etwa Hélène Cixous, deren Denkweg sich so mit dem Derridas kreuzt: Selbst wenn im Gesellschaftlichen ein Mann ein Mann ist, kann er sich in seinem Text, und das ist beim Schriftsteller der Fall, vom Weiblichen öffnen lassen – sofern nicht ohnehin jeder Text, jede Schrift weiblich ist. Weibliches ist nicht Männlichem entgegengesetzt, sondern bezeichnet vielmehr die Unentscheidbarkeit dieser Kategorien.

Die Darstellung der Positionen, die wir hier angesprochen haben, bleibt zwangsläufig begrenzt und schematisch. Das feministische Denken, auch das der genannten Autorinnen, geht darin nicht auf. Als Denken in Bewegung schließt es häufig diese Positionen kurz, indem es quer zu ihnen zirkuliert.

Es ist ebenso problematisch zu akzeptieren, daß der Geschlechterunterschied ein reines Produkt der Unterdrückung ist, das keinen Rest zurücklassen würde, wenn diese verschwände, wie es problematisch ist sich vorzustellen, daß es einen irgendwie authentischen weiblichen Bereich gibt, der frei von jeder phallischen Interferenz wäre. Derartige Behauptungen haben eher programmatischen als phänomenologischen Wert. Sie verraten mehr einen Entwurf, ja einen Wunsch, als daß sie Rechenschaft ablegen von dem, was ist.

Die sexuelle Differenz ist unumgänglich, und man kann sie nicht ganz auf eine »Konstruktion« reduzieren; die differierenden Elemente aber dadurch zu definieren, daß man auf duale Weise das »Eine« der Männer dem »Nicht-Einen« der Frauen gegenüberstellt, führt notwendig zu einem Rückfall in eine gewisse Geschlechtermetaphysik. Andererseits nur an den Kategorien des Weiblichen und Männlichen in ihrer Unentscheidbarkeit zu arbeiten heißt, die gesellschaftliche und politische Realität von Männern und Frauen zu eskamotieren. Der Teufelskreis einer Reflexion über den Unterschied der Geschlechter liegt im ständigen Rückverweis der einen Position auf die andere.

Jede Aussage darüber, was ein Mann und was eine Frau ist, stellt einen sprachlichen Akt dar, einen performativen oder dialogischen Akt, der die Position derer, die sprechen, ebenso verändert wie die Position derer, über die gesprochen wird. In jeder sprachlichen Äußerung findet sich das, was Mann oder Frau sagen wollen – in der Heftigkeit der Konfrontation wie in der Sänftigung des Einvernehmens –, aufgehoben und neu ins Spiel gebracht: Der Geschlechterunterschied ist zugleich ein politischer, ethischer und symbolischer Akt.

Das oberste Ziel des Feminismus war und bleibt die Schaffung eines Männern wie Frauen wirklich gemeinsamen Raumes, und zu diesem Zweck waren die Theorien der Gleichheit unerläßlich. Aber diese Gleichheit ist als Gleichberechtigung zu verstehen und nicht als Egalisierung der Identitäten, die sich an der existierenden männlichen Identität orientierte. Sie hat dem Spiel der individuellen oder kollektiven Unterschiede Raum zu geben, ohne sie deswegen schon zu definieren. Der demokratische Raum ist heterogen und schöpferisch. Das 20. Jahrhundert hat damit die Konzeption von Gleichheit modifiziert, die vom 18. Jahrhundert entwickelt worden war und die auf einer Konzeption von Staatsbürgern als abstrakten Individuen beruht. Die Problematik der Geschlechter zwingt, wie die der Rassen, der Kulturen und sogar der Religionen zu einer Neudefinition von Demokratie und Staatsbürgerschaft.

Ob die sexuelle Differenz letztlich aufgehoben wird oder ob sie sich neu und anders konfiguriert, ist Sache einer Zukunft, die sich weder aus der Vergangenheit noch aus einer vom Himmel verhängten Bestimmung rechtfertigt. »Was will das Weib?« ist eine Frage, die wahrscheinlich nie zuvor gestellt worden war und die ihre Antwort nicht in einer Repräsentation findet. Jedes individuelle oder kollektive Handeln, jedes Wort bringt sie neu ins Spiel. Die Antwort auf diese Frage ist nicht eine Sache des Wissens. Sie impliziert, daß eine Frau, jede Frau, fortan in der Lage sei, das Wort nicht nur zu empfangen, sondern auch zu bestimmen und damit Akteurin bei der Bestimmung des Geschlechterunterschiedes zu sein.[32]

Im Bereich der intellektuellen Produktion haben Frauen begonnen, selbst über ihre Fragen zu bestimmen. Die Besonderheit des Feminismus im 20. Jahrhundert liegt darin, daß er neben politischen und gesellschaftlichen Folgen auch solche auf dem Gebiet der Erkenntnis hat – Folgen, die unter dem Begriff »feministische Studien« (oder auch Frauenstudien, Studien über die Frauen, *gender studies*) mitgeteilt oder institutionalisiert werden.

Die jahrhundertelange Ausgrenzung und Abwertung der Frauen haben sich auch auf die Sphäre des Wissens ausgewirkt, und zwar nach der Seite seines Subjektes ebenso wie nach der des Objekts. Wenn das Subjekt des Wissens die Frage nach seiner eigenen geschlechtlichen Stellung ausblendet, kann es einen Standpunkt als »geschlechtsneutral« oder universal ausgeben, obwohl er von Einseitigkeit geprägt ist. Ebenso kann es bezüglich des untersuchten Objekts die Wirklichkeit eines einzigen Geschlechts als allgemeingültige Wirklichkeit ausgeben. Diese beiden Verzerrungen gehen übrigens Hand in Hand und sind nicht voneinander zu trennen. Sie können nur dadurch reduziert werden, daß man ihnen eine Analyse der Wirkungen, die der Geschlechterunterschied auf den Prozeß des Wissens hat, entgegenstellt. Den Feministinnen geht es darum, die Lücken und eventuellen Fälschungen in einem Wissen, das Männlichkeit mit Allgemeinheit gleichsetzt, aufzudecken; uneins sind sie jedoch bezüglich der Methoden der Abhilfe. Wir können sie hier nur summarisch umreißen.

Diejenigen, welche einen dualen »Essentialismus« der Geschlechter vertreten, das heißt eine radikale Besonderheit der Frauen auch hinsichtlich ihres Intellekts, meinen, daß Frauen ein weibliches Wissen entwickeln müssen, das sich vom herrschenden Wissen unterscheide, und zwar sowohl inhaltlich als auch methodisch und in der Art seiner Weitergabe; die Rede ist hier von einem »epistemologischen Bruch«. Indem Frauen eine eigene Welt schaffen, parallel zu derjenigen der Männer, werde eine neue und originäre Wissenschaft entstehen; sie würde – so heißt es – nicht nur die Humanwissenschaften betreffen, sondern auch – wenngleich es hierfür keinerlei Belege gibt – die exakten bzw. Naturwissenschaften.

Ohne diesen Standpunkt unbedingt zu teilen, haben feministische Theoretikerinnen zumindest und zunächst dafür gesorgt, Lücken im herrschenden Wissen dadurch zu schließen, daß sie ihre – soziologischen, historischen, ethnologischen, literarischen – Forschungen auf das konzentrierten, was »vergessen« oder verdunkelt worden war. »Feministische Studien« in diesem Sinn lassen sich also als Studien über Frauen bestimmen, als »Frauenstudien» oder »Frauenforschung«.

Manche betonen jedoch, daß durch eine solche Herauslösung des Objekts Frau aus der Gesamtheit der Untersuchungsobjekte einer Disziplin und gerade bei dem Versuch, Frauen sichtbar zu machen, die Gefahr entstehe, die Partikularität der Frauen überzubetonen. Sinnvoller sei es, die Beziehungen der Geschlechter zu studieren, mit dem Ergebnis, daß dann auch der herkömmliche Blick auf die Männer sich verändern wird. In dieser Perspektive wird dem Begriff »Frauenstudien« der Begriff »Geschlechterstudien« oder »Geschlechterforschung« vorgezogen. Schließlich erweiterte sich die Perspektive so weit, daß sie sich nicht nur auf die Geschlechterbeziehungen erstreckt, sondern auf den gesamten Bereich des Wissens. Ihr Charakteristikum ist, daß sie auf allen denkbaren Gebieten den Geschlechterunterschied als Parameter oder Interpretationsraster einführt, ohne indessen die Ergebnisse und Bedeutungen zu präjudizieren, die sich hieraus ergeben können.[33] Allerdings wird angenommen, daß die Ergebnisse dieser Vorgehensweise außerordentlich weitreichend sein werden, nicht weniger als bei der dualistisch-»essentialistischen« Herangehensweise. Der Unterschied bleibt aber deutlich: Der essentialistische Ansatz behauptet, das neue Wissen entstehe durch die Einführung eines weiblichen Subjekts als sein Produzent und Träger; der andere Ansatz beansprucht, daß die neuen Erkenntnisse sich aus der Einführung eines neuartigen Parameters ergeben (auch wenn dieser faktisch meist von Frauen ausgearbeitet und angewendet wird).

Welches auch ihre Voraussetzungen sein mögen und selbst wenn sie nicht immer klar definiert sind, haben feministische Studien schon jetzt wichtige Ergebnisse hervorgebracht. Sie bilden jedoch noch ein relativ abgeschlossenes Feld, das nur geringen Einfluß auf die Gesamtheit der wissenschaftlichen Produktion hat, es sei denn als Provokation. Diese Situation, die man für bedauerlich halten kann, ist auf mehrere Faktoren zurückzuführen. Zum einen haben der Feminismus und oft auch die feministischen Studien bisher eine Strategie der autonomen Entwicklung verfolgt, die eine nur geringe Neigung zum Austausch mit dem »Außen« zeigt. Zum anderen ist auch der Widerstand des »herrschenden Wissens« gegen die Anerkennung des neuartigen Beitrags von Außenseitern nicht zu unterschätzen. Diese beiden Faktoren werden noch durch andere verstärkt. Trotzdem gibt es heute zumindest in Europa eine Tendenz, die feministischen Studien oder Geschlechterstudien nicht mehr als eine bloße und eigene Spezialisierung aufzufassen, sondern sie in die sonstige Forschungspraxis von Individuen und von Disziplinen einzubeziehen: Der Parameter »Geschlecht« bzw. »Geschlechterunterschied« ist unumgänglich, auch wenn die Reichweite seiner Geltung je nach den untersuchten Gegenständen variiert.

Aus dem Französischen von Holger Fliessbach

10
Die Stellung der Frau im Bereich der Kultur

Das Beispiel Frankreich

Marcelle Marini

Im 20. Jahrhundert konnte die Frau in der westlichen Welt in einem bislang nicht gekannten Maß am kulturellen Leben teilhaben. Zu dieser Entwicklung trugen trotz einiger Hindernisse drei Umstände bei. Zum einen haben die feministischen Kämpfe um Gleichberechtigung in Schule und Hochschule ab Ende des 19. Jahrhunderts deutliche Erfolge gezeitigt. Zum anderen führten seit den fünfziger Jahren weiterentwickelte technische Verfahren, ein wachsendes Laienpublikum und eine ständig zunehmende Freizeit zur massenhaften Verbreitung von Kunstwerken. Schließlich ermöglichte ein neustrukturierter Kulturbetrieb, insbesondere die damit verbundenen zahlreichen neuen Arbeitsplätze, den Frauen eine größere Autonomie und Präsenz. So wurden sie in geistigen und künstlerischen Berufen immer zahlreicher, wobei der Anstieg in der zweiten Jahrhunderthälfte besonders deutlich ist.

Am Ende der sechziger Jahre – in einer Zeit des Wirtschaftswachstums und der Integration der Frau – entstand nun plötzlich eine neue, starke Frauenbewegung. Auf den ersten Blick mag es paradox erscheinen, daß der Protest zunächst von privilegierten Frauen ausging (Studentinnen, Künstlerinnen, Intellektuellen): Hatten sie sich denn nicht den Traum ihrer Großmütter, den gleichberechtigten Zugang zur Kultur, erfüllt? Waren sie nicht bereits in Berufen tätig, von denen eine Frau einst kaum zu träumen wagte? Ein unsinniger Protest, so schien es, so kurz vor dem Ziel. Kein Bereich der Kunst und des Denkens würde ihnen künftig verschlossen bleiben: Sie müßten sich nur noch darin bewähren. Doch sie, gerade sie waren dabei, die traurige Wahrheit zu entdecken: daß man sie mit der verkündeten Gleichheit nur köderte, und sie weiterhin, ungeachtet ihres Könnens und ihrer Talente, in ihrer Eigenschaft als Frauen degradiert werden.

Soviel steht fest: Wenn sich auch im Bildungswesen die Gleichberechtigung *(mixité)* allmählich durchsetzte, im gesellschaftlichen und kulturellen Leben verhielt es sich anders. Das Prinzip der Gleichberechtigung beruht auf der Annahme, daß beide Geschlechter über dieselben natürlichen Anlagen verfügen; im Laufe des Jahrhunderts hob es die Beschränkungen auf, die den Mädchen immer wieder aufgezwungen worden waren, damit die Unterordnung der Frau bestehen blieb; und der Erfolg der Mädchen hatte die Richtigkeit jenes Prinzips hinlänglich bewiesen. Eine völlig gleiche Ausbildung führte dennoch nicht zur gerechten Verteilung von Chancen und Macht, ebensowenig wie zu berechtiger Anerkennung auf künstlerischem Gebiet. Seit den fünfziger Jahren stießen immer mehr Frauen auf das Vorurteil von der Unterlegenheit ihres Geschlechts, das sie aufgrund ihrer Ausbildung überwunden glaubten. Nicht sie waren paradox, ihre Situation war es. Sollte die Diskriminierung lediglich den Ort gewechselt haben?

Man wird mir entgegenhalten, daß die Orientierung der Mädchen noch eine falsche ist: Zu viele wählen geisteswissenschaftliche und zu wenige naturwissenschaftliche Fächer, um nur ein Beispiel zu nennen. Dieses Argument ist zutreffend, wenn man für Gleichberechtigung auf allen gesellschaftlichen Gebieten eintritt; es erklärt jedoch nicht, warum und wie man von einem Anteil von 75 Prozent Mädchen bei sprach- und literaturwissenschaftlichen Fächern auf nur 25 Prozent Schriftstellerinnen und eine verschwindend geringe Zahl von Frauen an maßgeblicher Stelle im Kulturbetrieb kommt. Und wie sieht es im Bereich der Musik, des Theaters, des Kinos und der Malerei aus, wo der Zugang der Frauen zum künstlerischen Schaffen von jeher strenger beschränkt war? Die Stellung der Frau auf künstlerischem Gebiet scheint mir besonders geeignet, die zugleich egalitären und diskriminierenden Diskurse und Praktiken der Gesellschaft zu beleuchten. Man entdeckt dabei ein merkwürdiges Gesetz: Frauen werden in der ökonomischen und in der symbolischen Sphäre abgewertet – einmal, weil sie in der Minderheit, ein andermal, weil sie in der Mehrheit sind; Männer werden im Gegensatz dazu ökonomisch und symbolisch überbewertet, sowohl als Mehrheit wie auch als Minderheit. Jede rein quantitative Erklärung nach der vielzitierten Formel »Feminisierung = Abwertung« muß infolgedessen verworfen werden. Vielmehr gilt es zu erkennen, daß sich dahinter ein fundamentaler Sexismus verbirgt, der um so schwerer zu fassen ist, als er ganz selbstverständlich zu sein scheint.

Literatur und Kunst gelten oft als weibliche Domänen. Bei genauerer Betrachtung zeigt sich hingegen, wie wir im weiteren feststellen werden, daß sie keinesfalls wirklich von weiblicher Sicht beeinflußt und erst recht nicht in der Hand der Frauen sind. In *Le Pouvoir intellectuel en France* betont Régis Debray: »Wenn das grammatikalische Geschlecht der Kultur auch weiblich ist und sie zusehends weibliche Elemente aufnimmt, so sind insbesondere ihre höheren Sphären eindeutig männlich bestimmt«, und er unterscheidet zwischen der »überwiegend männlichen führenden Intelligentsia« und »der einfachen Intelligentsia (...), die in der Mehrzahl aus Frauen besteht«.[1] Die Kultur erscheint somit als ein für das Gemeinschaftsleben noch immer zentraler Kampfplatz, auf dem Männer um etwas Grundlegendes streiten: die gegenwärtige oder zukünftige imaginäre Ordnung der Gesellschaft. Debray greift also auf die feministischen Analysen der »Geschlechterpyramide« zurück, verfälscht sie aber, wenn er sich an die Feststellung der Ungleichheit hält; die Analysen decken jedoch auf, daß die Männer sich unbehelligt Produktion und Kontrolle der Kultur aneignen. Obwohl sie durch die sozioökonomischen und soziokulturellen Veränderungen gezwungen sind, immer mehr Frauen auf diesem Territorium zu dulden, betrachten sie es doch weiterhin als ihre Domäne. Konsumentinnen und Hilfskräfte sind willkommen, aber keine schöpferisch tätigen Frauen – oder nur ausnahmsweise, in genau vorgeschriebenen Grenzen, was nichts an den sogenannten allgemeinen Werten ändert, für die allein der Mann von Natur aus und/oder durch historisches Erbe verantwortlich ist. Die Konzentration von Frauen in den als untergeordnet angesehenen Bereichen wäre nur die aktuelle Erscheinungsform jener Ächtung, welcher sie und ihre Werke seit Jahrhunderten unterliegen.

Die Trennung und Entgegensetzung von Gesamtkultur und weiblicher Subkultur gehört zu den auffälligsten Entwicklungen, die sich im 19. Jahrhundert verfestigt haben. Diese Teilung, die der gesellschaftlichen Theorie von den »zwei Sphären« entspricht, bildet den geistigen Horizont des 20. Jahrhunderts. Die Künstlerinnen werden in einer gesonderten Kategorie mit speziellen Merkmalen zusammengefaßt. Nur wenigen gelingt es, sich dem kollektiven Gedächtnis einzuprägen: Als Repräsentantinnen oder Abtrünnige ihres Geschlechts, könnten sie es allenfalls bis zu Hintergrundfiguren auf den kulturellen Großfresken bringen.

Doch wie läßt sich diese von den Individuen beiderlei Geschlechts derart verinnerlichte Struktur mit der konkreten Integration der Frauen vereinbaren, welche man offenbar innerhalb dieses Systems, als Assimilation an das (überlegene) Männlich-Allgemeine und Ablehnung des (unterlegenen) Weiblich-Besonderen aufgefaßt hat? So lange man von

»Ausnahmefrauen« sprechen konnte, blieb – im Hinblick auf die bloße Masse ihrer Gefährtinnen – die kulturelle Geschlechtertrennung praktisch unverändert bestehen. Doch wenn die Akkulturation eine gesamte Generation betrifft, ist der Status der »Ausnahmefrau« dann noch sinnvoll? Können Frauen von ihm als einem ihnen zugefallenen individuellen Kompromiß träumen, ohne sich über die Grenzen dieses Aufstiegs oder den Preis, den sie dafür zahlen, Gedanken zu machen? Die Krise der siebziger Jahre war ein Beweis dafür, daß es ihnen nicht möglich war. Von nun an wollten sich Frauen, die wie Männer mit ästhetischen Praktiken und Theorien vertraut waren, uneingeschränkt als Handelnde – als Subjekte – bei der Erarbeitung der gemeinsamen Kultur beweisen, ohne dabei ihre Geschlechtszugehörigkeit verleugnen zu müssen.

1970–1990. Es ist ein Wagnis, über Ereignisse der Zeitgeschichte zu schreiben: Zunächst, weil wir selbst zu sehr in sie verstrickt sind, vor allem aber, weil sich das Blatt noch lange nicht gewendet hat: Es wird immer noch um die Stellung der Frau im kulturellen Bereich gestritten – mit ungewissem Ausgang. Immerhin ist die Bilanz jener Jahre so aussagekräftig, daß wir zwei Hypothesen wagen dürfen. Erstens: Dieser Zeitraum bildet einen Wendepunkt in der Kulturgeschichte der Frauen in der westlichen Welt. Zweitens: Er läßt eine neue Kultur erkennen, eine wirklich gleichgewichtige *(mixte)* Kultur. In dieser Hinsicht können wir von einer entscheidenden Periode sprechen.

1970–1990: Eine entscheidende Periode

Zum ersten Mal nahm die Frauenbewegung in der Gesellschaft tatsächlich eine kulturelle Dimension an; ihre kulturellen Ansprüche wurden zu einer gesellschaftlichen Größe.

Alles begann mit einer schöpferischen Explosion, die untrennbar mit den Kämpfen um Gleichheit und Freiheit verbunden war. Die Kultur ging alle Frauen etwas an. Die Kultur war auf der Straße. Es kam zu einer Flut von Flugblättern, Zeitschriften, Zeichnungen und Graffiti, Chansons, Videofilmen, in denen individuelle und kollektive Selbstbestätigung einander verstärkten. Jede Frau war zugleich Zuschauerin und Künstlerin. Quer zu allen sozialen Klassifizierungen, quer zu allen Grenzen. Oft unter dem bloßen Vornamen, einem Pseudonym oder dem Namen einer Gruppe. Die Konstruktion einer endlich ernst genommenen Identität entstand als kulturelle Erfindung, während die soziale Bewegung zahlreiche neue Kunstwerke hervorbrachte.[2]

Ein besonders aufschlußreiches Beispiel: 1972, unter der Diktatur, erschienen in Portugal die *Neuen portugiesischen Briefe* der drei

Marias.[3] Dieses dreistimmige Buch, eine Zusammenstellung aus Gedichten, Analysen und Erzählungen, wagte das, was die herrschende Kultur in ein tödliches Schweigen verdrängte. Es folgten eine Anzeige gegen den Drucker; Zensur und ein Prozeß wegen Verstoßes gegen die öffentliche Moral und die guten Sitten; daraufhin Mobilisierung feministischer Bewegungen und Publikation in verschiedenen Ländern; Freispruch und öffentliche Ehrung nach der »Nelkenrevolution«; Gründung feministischer Gruppen in Portugal. Zugleich reichte dieser Text durch seine innovative Kraft weit über seinen gesellschaftlichen und politischen Kontext hinaus.

Es kommt öfter vor, daß allgemeine Tendenzen und Kunstwerke sich treffen: Beide lassen tiefgreifende geistige Veränderungen erkennen, aber bislang meinte man damit nur Ereignisse in der Welt der Männer, die mit dem Allgemeinen gleichgesetzt wurden. Der gesellschaftliche Anspruch einer weiblichen Kultur in den siebziger Jahren mußte also irritieren, um so mehr, als er gleich doppelt unangemessen schien: Er paßte nicht in das (männliche) Generationenschema, mit dem in der Kunstgeschichte die Abfolge symbolischer Ordnungen gedeutet wird; andererseits waren es bekanntlich nicht die Frauen gewesen, die sich als eigene Kategorie hatten konstituieren wollen. Diese Stellung war ihnen stets aufgezwungen worden und hatte sie genötigt, zwischen Resignation und Revolte hin- und herzupendeln. Wenn man jenen Anspruch verstehen will, ohne ihn vorschnell als regressiv, absurd oder selbstzerstörerisch einzustufen, muß man ihn daher in engem Zusammenhang mit der radikalsten Forderung der Frauenbewegung MLF (Mouvement de libération des femmes) sehen: der Proklamation der Autonomie oder besser gesagt, der Entscheidung für ein reines Unter-Frauen-Sein, das bis zu einem lesbischen Separatismus gehen kann und in dem persönliches Leben, politisches Handeln und ästhetische Praxis untrennbar miteinander verbunden sind. Somit hatte die Bewußtwerdung der Frauen aus einer gering geachteten Gruppe, zersplittert in einer nach männlichen Normen homogenisierten Kultur, eine Minderheit gemacht, die entschlossen war, in der Öffentlichkeit die Autonomie ihrer Werte und Bezugssysteme durchzusetzen und zu verteidigen. Dieser Wandel findet seinen Ausdruck in den *Neuen portugiesischen Briefen*: Sie setzen einen Briefwechsel zwischen Frauen an die Stelle der im 17. Jahrhundert unter männlichem Pseudonym erschienen leidenschaftlichen Klage einer (fiktiven) von Einsamkeit zermürbten Nonne an den Geliebten, der sie verführt und verlassen hat.

Die Frauenbefreiungsbewegung war genau an der Schnittstelle zweier historischer Entwicklungen entstanden: der Protestbewegungen von 1968 als ihrem unmittelbaren gesellschaftlichen und politischen Umfeld und der im Verlauf des Jahrhunderts sich langsam vollziehenden Wandlung der Rolle der Frau im gesellschaftlichen und kulturellen Leben. Es war, als ob alle Frauen sich plötzlich gleichzeitig sowohl ihrer Entfremdung als auch ihrer Kraft bewußt würden.

Der Aufstand der Jugend hat sicher entscheidend zur Formierung des MLF beigetragen, doch war dieser keineswegs bloß ein spätes Echo der Kämpfe junger Männer. Seine Entstehung hat im Gegenteil das Scheitern des demokratischen Anspruchs in den Protestgruppen bestätigt, in denen es viele junge Frauen gab: Diese mußten sich so sehr den herrschenden männlichen Regeln anpassen, daß die Einbeziehung der Frauen sich – wie sie feststellten – als ein Trugbild, ja sogar als eine Verleugnung ihrer selbst erwies. Daraufhin spalteten sie sich ab.

Fast vergessen ist schon die Enttäuschung jener Frauen, die in ihrer Begeisterung über die libertären Proklamationen (»alle Macht der Phantasie«, »freie Rede für jeden«, »alle sind kreativ«) glaubten, problemlos bei der Gestaltung einer »alternativen« Gesellschaft mitwirken zu können, in der nicht nur die wirtschaftlichen und sozialen Strukturen andere wären, sondern das Leben insgesamt anders aussehen würde: die Familie, die Sexualität, die Phantasie, die Kunst, die Sprache. Aber dann mußten sie erleben, wie ihre Meinung aufgrund ihres Geschlechts disqualifiziert wurde. Und diese Disqualifikation wurde von ihren eigenen Mitstreitern im Kampf gegen jegliche Unterdrückung praktiziert: Anstelle eines gleichberechtigten Dialogs stand am Ende die Zurückweisung.

In einer gemischtgeschlechtlichen Gruppe überhaupt mitzureden, war bereits eine Leistung. Derselbe Beitrag hatte nicht dasselbe Gewicht, wenn er von einer Frau oder von einem Mann kam. Hatten wir zunächst einmal den Mut, ein Plakat, einen Film, einen Text wegen sexistischer Tendenz zu kritisieren? Da forderten auch jene Männer ihre eigene freie Meinungsäußerung, die bei jedem Werk, das sich auch nur der geringsten Spur von Rassismus verdächtig machte, sofort nach Verbot riefen.[4] Würden wir eine abweichende, unerwartete Analyse riskieren? Zunächst war da ein Unbehagen, dann erlebten wir anstelle einer Diskussion ablehnende Haltungen, die von Gleichgültigkeit bis zu Verhöhnung reichten. Man hielt uns wieder vor, was wir schon von klein auf zu hören bekommen hatten und was Simone de Beauvoir auf folgende Formel der Abweisung gebracht hat: »Sie denken das nur, weil Sie eine Frau sind.«[5]

Wir versuchten durchaus, im Sinne von Beauvoir zu sagen: »Ich vertrete diese Auffassung, weil sie richtig ist«, »unter Ausklammerung (unserer) Subjektivität«; doch wie konnten wir damit überzeugen? In jenem System wurde nicht das Individuum, es wurde die Frau als subjektiv diskreditiert, im Vergleich mit einem Individuum, das in seinem Status als objektives Subjekt festverwurzelt, da männlichen Geschlechts war: »Keinesfalls hätte ich entgegnen dürfen: ›Und Sie denken das Gegenteil, weil Sie ein Mann sind‹«, heißt es weiter bei Beauvoir, »denn es steht fest, daß ein Mann zu sein keine Besonderheit darstellt. Ein Mann ist im Recht, weil er ein Mann ist, die Frau dagegen ist im Unrecht.« Doch der Umstand, daß die Disqualifikation im Kollektiv erfahren wurde, was erlaubte, das Willkürliche und Gewalttätige daran besser zu beurteilen, hat jene ikonoklastische Antwort provoziert. Die Erfahrung der Diskriminierung hat Frauen geeint, die so vieles trennte: soziale Verhältnisse, Beruf, politische oder ästhetische Anschauungen, Lebensweise, sogar die Vorstellung vom Frausein und der Rolle der Geschlechter. Durch die öffentliche Propagierung der geschlechterspezifischen Subjektivität hat die Frauenbefreiungsbewegung die Männer an ihre eigene geschlechtsspezifische Subjektivität erinnert und somit an die Relativität ihrer Meinungen und ihrer Werke.

Dennoch waren diese beiden Subjektivitäten nicht gleichwertig, und die schmerzlichste Entdeckung jener Jahre war die unserer eigenen Schwäche. Trotz unserer laut verkündeten Ansprüche war unser Selbstvertrauen künstlich, weil wir unfähig waren, auf die Vorhaltungen zu antworten, die wir bereits verinnerlicht hatten: Wer waren wir, daß wir es wagen durften, unsere Herren zu kritisieren? Auf was konnten wir uns berufen, um unsere Ansprüche zu legitimieren? Welche weiblichen »Genies« konnten wir vorweisen? Konnten wir auch nur einen einzigen wesentlichen Beitrag einer Frau zur Zivilisation anführen? Wir schafften es gerade, einige Namen daherzustammeln, und sie wurden sogleich verworfen, ohne daß wir gewußt hätten, wie wir sie verteidigen sollten. Die privilegierten Frauen, die in den Genuß einer »höheren Bildung« gekommen waren, trafen sich mit jenen, die sich spontan zusammengeschlossen hatten, auf einer Ebene. Wir waren alle gleichermaßen nackt, ohne Geschichte und ohne Erbe: ohne Mutter (oder sonstige weibliche Abstammung); uneheliche Kinder hochstehender Väter und inexistenter oder verleugneter Mütter; »Frauen der Stunde Null«[6] der Kultur, dazu verurteilt, sich als »Sprachdiebinnen«[7] zu betrachten, die sogar die Bilder oder Töne stahlen und anderen die Arbeit wegnahmen, vor allem aber den Rang oder die Macht.

Der MLF war gewiß diejenige soziale Bewegung, die am deutlichsten zeigte, daß symbolische Gewalt von ebenso grundlegender Bedeutung ist wie ökonomische Gewalt: Sie ist weder ein bloßer Reflex gesellschaftlicher Gewalt noch deren nachträgliche Rechtfertigung, sondern sie ist ein integraler Bestandteil von ihr. Die Frauen kämpften nicht mehr nur – wie zu Beginn des Jahrhunderts – um Zugang zu Berufen, Parteien, Gewerkschaften und Berufsverbänden; auf dieser Ebene hatten sie genügend Siege errungen, die für sie nicht mehr in Frage standen; künftig ging es eindeutig um die Macht der Rede, der

Entscheidung, der Repräsentation – die Macht, etwas Neues zu schaffen. Diese Macht gründete sich auf Freiheit: die Freiheit, nicht unentwegt sich anpassen zu müssen, um akzeptiert zu werden; die Freiheit, Vorbilder in Frage zu stellen; und die wohl wichtigste Freiheit, für sich selbst das Risiko des Irrtums, der Parteinahme, der Dummheit, der Maßlosigkeit oder des Scheiterns einzugehen, ohne alsbald auf sein Geschlecht verwiesen und der Kollektivverantwortung der übrigen Frauen übergeben zu werden. Männer gestehen sich diese Freiheit problemlos zu. Die Frage nach der Gleichheit wurde also aufs neue gestellt, aber in einer radikaleren Form: In einer Art Gewaltstreich erklärte der MLF die Frauen als *von Natur aus kulturstiftend*, ebenso wie die Männer. Die Männer sind keine berufeneren Lehrer des Wahren, Guten und Schönen als die Frauen. Sie haben mit den Frauen die Fähigkeit, Symbole zu schaffen, gemeinsam, in der man das Wesensmerkmal des Menschen sieht:[8] Er erfindet sich selbst mittels seiner kulturellen Hervorbringungen. Wenn man im Fall des MLF von einem Neofeminismus sprechen kann, dann deshalb, weil sich die Kämpfe in unseren Gesellschaften, die in der Frauenfrage als liberal gelten, in Richtung einer Teilung der sozio-symbolischen Macht verschoben haben. Damit wurde die stillschweigende Übereinkunft aufgehoben, die aus der Kultur im anthropologische Sinne eine Männergemeinschaft macht, in der die Frauen nur wie (schlecht) aufgesetzte Flicken wirken.

Diese kollektive Revolution der Identität ist die Triebkraft, die auch im gegenwärtigen Feminismus weiterwirkt, insbesondere aber in den innovativen Versuchen, den immer wieder marginalisierten oder ausgeschlossenen Beitrag der Frauen hervorzuheben und zu integrieren in die Welt der Bilder, der Darstellungen und des symbolischen Kapitals der gesamten Gesellschaft. Doch Künstlerinnen waren sich immer mehr oder weniger bewußt, ein kulturelles Tabu zu verletzen: Ihre Tagebücher, Notizen, Autobiographien und Briefe offenbaren einen tiefen Zwiespalt zwischen dem Verlangen, Kunst zu schaffen, weil sie im Innersten (wenn auch nicht unerschütterlich) davon überzeugt sind, es zu können, und der aus der Erfahrung des Unverständnisses oder der Verachtung resultierenden Angst. Wieviele Wege mußten allein gegangen werden, bevor es durch die Initiative des MLF zu einer weiterreichenden Analyse oder gesellschaftspolitischen Aktion kam! Umgekehrt erhielt die Bewegung durch die Mitwirkung von Künstlerinnen und Kritikerinnen eine neue Dimension: Individuelle und kollektive Äußerungen, wie zum Beispiel die damals sich häufenden Berichte und Interviews in ihrer oft großen Bandbreite der Meinungen, zeigten, wie wichtig die Beziehungen zwischen Feminismus und künstlerischem Schaffen sind. Der MLF als plurale Gemeinschaft von engagierten

Frauen war – auch für diejenigen Frauen, die feministischen Gruppen nicht nahestanden – der Ort, wo über Literatur und Kunst neu nachgedacht und eine neue kulturelle Praxis erprobt wurde, dazu ein Freiraum, wo Anerkennung möglich war, und sogar eine alternative Instanz, welche die Erfindungskraft der Frauen legitimierte und damit weit über eine materielle und gesellschaftliche Solidarität hinaus unterstützte. Der Status der Künstlerinnen hatte sich dadurch verändert: Ob sie wollten oder nicht, sie fanden sich in einem anderen Bezugshorizont als dem Kanon der zeitgenössischen Kultur wieder.[9]

Zudem war es notwendig, daß Orte der Freiheit entstehen konnten, die vor sozio-symbolischer Gewalt sicher waren und gleichzeitig Zugang zum öffentlichen, das heißt gemischtgeschlechtlichen Raum der Anerkennung boten. Es wurden nicht nur solche Orte geschaffen, sondern auch regelrechte Netzwerke, die den gesamten Bereich der Kunst überziehen, von der Schaffung eines Werks bis hin zu seiner Rezeption und Vermittlung. Die Frauen bewiesen somit, daß sie kollektiv in der Lage waren, die gesamte Vergesellschaftung ihrer kulturellen Hervorbringungen in die Hand zu nehmen. Überall zeigten sich ungeahnte Fähigkeiten, vor allem in jenen Berufen, die als Mittler zwischen Künstler/innen und Laien fungieren: Verlagswesen, Buchhandel, Theater- und Filmproduktion, Organisation von Ausstellungen, Festspielen und Konzerten, Zeitschriften, Kritik, Bildung und Forschung usw. Diese Netzwerke bildeten sich auf zwei eng miteinander verbundenen Ebenen heraus: Zum einen wurden autonome, ausschließlich von Frauen verwaltete Strukturen geschaffen, andererseits eroberte man sich einen Raum innerhalb bestehender Institutionen (spezielle Buchreihen, Sondernummern von Zeitschriften, eigene Sendungen in Rundfunk und Fernsehen, Sonderprogramme bei Retrospektiven, Konferenzen, Kursen usw.). Ein dritter Aspekt ist dabei von grundlegender Bedeutung: Der MLF konnte sich auf einen internationalen Austausch stützen. Ein komplexes Beziehungsgeflecht zwischen offiziellen und militanteren oder geschlosseneren Kreisen hat eine Randkultur begünstigt, die sich allmählich quer zu den nationalen Kulturen etablierte.

Jedesmal ging die Inititative von Frauen aus, die den Mut hatten, unterschiedlichste Strategien zu wagen. Und doch blieb das Publikum der wichtigste Antrieb: zunächst ein weibliches gut informiertes Publikum, auf das die überkommenen Vorstellungen eines Konsums »leichtverdaulicher«, ja rein kommerzieller Kunst nicht mehr zutrafen; dann ein männliches Publikum – eine klare, aber wachsende Gruppe –, das gern aus einer monogeschlechtlichen Kultur ausbrechen wollte. Das internationale Frauenfilmfestival in Sceaux (1978), später eines in Créteil, war sicherlich einer der größten Erfolge jenes ebenso offenen wie anspruchsvollen künstlerischen Feminismus.[10]

Trotz der beschränkten Mittel hat dieses unterirdische Kapillarsystem es vermocht, die Werte der etablierten Kunst zu unterminieren. Das war nur möglich, weil die Frauen ihre eigene Kraft entdeckt haben – und diese Kraft verdankten sie den zähen Kämpfen ihrer Vorläuferinnen, besonders im Bereich der Bildung, durch die sich ihr Verhältnis zur sogenannten allgemeinen Kultur grundlegend änderte: Sie waren nun nicht nur besser ausgebildet, sondern auch selbstbewußter und kritischer; sie konnten sich leichter über Konventionen hinwegsetzen.

Der bekannte Slogan *Woman is beautiful* bringt die unterschiedlichen Aspekte des Neofeminismus auf einen Nenner. Man hat ihm sogleich Übertreibung oder Simplifizierung vorgehalten; aber sollte man nicht eher anerkennen, wie zentral diese Herausforderung war, die auf kunstvolle Weise Schluß machte mit der fatalen Scham? Der Slogan bedeutete einen Bruch mit der Selbstentfremdung durch männliche Vorbilder und den männlichen Blick, um einem letztlich positiven Narzißmus Platz zu machen. Denn man muß sich selbst lieben, um Vertrauen zu sich zu haben, und man muß Vertrauen zu sich haben, um Freiheit und (Selbst-)Erfindung wagen zu können, was einem nicht ohne Vermittlung durch seinesgleichen gelingt. Die Aufwertung des Weiblichen oder des Frauseins, untrennbar verbunden mit der Rehabilitierung der Frauen, vollzog sich mittels einer Idealgemeinschaft, an der sich jede einzelne Identitätssuchende orientieren konnte. *The Dinner Party* (1974–1979) der Amerikanerin Judy Chicago, eine Abendmahls-ähnliche Installation mit 39 Plätzen und den Namen von 999 berühmten Frauen aus allen Zeiten und den verschiedensten Kulturen,[11] ist Ausdruck dieses Verlangens, eine geistige Weiblichkeit mit anderen zu teilen.

Die Proklamation einer Frauenkunst ist eine der Versionen von *Woman is beautiful*: Sie läßt sich einem besonderen Stadium in der Geschichte der Frauen zuordnen, wie der Streit über das »weibliche Schreiben« demonstriert, der in den siebziger Jahren zu Auseinandersetzungen zwischen einzelnen Frauen, feministischen Gruppen und kulturellen Milieus führte.

Dieser Begriff scheint seither einer komplexeren Sicht des Verhältnisses zwischen Geschlechtsidentität und künstlerischem Schaffen gewichen zu sein, und dennoch taucht er immer wieder auf, in seltsamerweise kaum veränderter Form. Deshalb wollte ich ihn, den ich in einem weiteren Teil dieser Studie behandeln werde, schon hier in seinen gesellschaftlichen, politischen und kulturellen Kontext stellen. Ich hoffe damit zu zeigen, worum es wirklich ging. Festgehalten werden muß auch, daß – wie wichtig Beauvoirs *Das andere Geschlecht* auch war – die Grundlagentexte für viele Künstlerinnen und Kritikerinnen von Virginia Woolf stammen, die in *Ein Zimmer für sich allein*

(1929), *Drei Guineen* (1938) und in ihren Betrachtungen zum Roman mit außergewöhnlicher Klarheit die Unfähigkeit der Kultur beleuchtet hatte, eine duale Sicht der Welt und eine duale Symbolisierung zuzulassen.

Zwanzig Jahre feministische Forschung haben ihre Früchte gezeitigt. Wir haben die Phase der dringend notwendigen Bestandsaufnahme überwunden, wie neuere Darstellungen beweisen, so zum Beispiel *Le XXe Siècle des femmes* von Florence Montreynaud.[12] Die Reflexion hat sich vertieft: Wir können nun besser die entscheidenden Unterschiede erfassen, die sich zwischen den Bereichen der Kunst, den Kulturen, den individuellen Lebenswegen oder den historischen Situationen auftun. Die Vorstellung von der kulturellen Identität der Frauen ist nicht mehr so monolithisch wie zu Anfang. Und schließlich – da die Geschichte der Kunst ebensosehr die Geschichte von Wertvorstellungen wie die von Fakten ist – hat die feministische Kritik die Kriterien der Analyse und der Bewertung überprüft – auch in ihren eigenen Reihen. Unterschiedlichste Methoden und Theorien stehen sich dabei gegenüber oder prallen aufeinander ...

Bei einer derartigen Fülle mußte ich meine Studie eingrenzen und werde mich deshalb der literarischen Entwicklung in Frankreich widmen. Ich wähle die Literatur, weil sie traditionellerweise den für Frauen offensten (oder am wenigsten verschlossenen) Bereich darstellt und weil sich in erster Linie hier neue Vorstellungen der sexuellen Differenz herausbilden. Die Beschränkung auf Frankreich ist deshalb interessant, weil es in diesem Land eine besonders zentralisierte Kultur gibt und der vieldiskutierte Begriff einer »weiblichen Schrift« sicher nicht zufällig gerade hier geprägt wurde.

Frauen und Literatur

Seit der Mitte des 19. Jahrhunderts gibt es in Frankreich immer wieder erstaunte Stimmen über die ständig wachsende Zahl von Schriftstellerinnen, entweder, um sich darüber zu beklagen, oder um sich dazu zu beglückwünschen. »Alle Frauen schreiben (...) man kann nicht einmal mehr eine Putzfrau finden«, wetterte Paul Léautaud zu Beginn des 20. Jahrhunderts: eben in jenem »goldenen Zeitalter« des Feminismus, in dem bekannte Schriftstellerinnen (Anna de Noailles, Rachilde, Séverine u. a.) auf die ausschließlich aus Männern bestehende Jury des Prix Goncourt (1903) mit der Gründung des Prix Fémina (1904) reagierten. Sie waren entschlossen, allen Sarkasmen zum Trotz die gesamte literarische Produktion zu beurteilen. Heute hätten wir Frauen schließlich doch gewonnen, wenn man dem konservativen *Figaro littéraire* glauben darf, der 1989 mit der Schlagzeile aufwartete: »Die 80 Frauen, die die Literatur beherrschen.«[13] Dort heißt es unter anderem: »Erfolgreiche Romanautorinnen, Biographinnen, Historikerinnen, Akademikerinnen, aber auch Verlegerinnen – die Frauen haben sich in der Welt der Literatur auf beachtliche Weise gerächt.« Der Leitartikler Jean-Marie Rouart grenzte sich gegen den »Nörgler« Léautaud durch eine schöne Lobrede ab: »Die Frauen haben auf eklatante Art bewiesen, daß das literarische Genie kein Geschlecht kennt, ebensowenig wie eine Rasse oder Nationalität.« Überdies »erkennen, wie immer mit einiger Verspätung, die Institutionen diesen Tatbestand an«, und fortan haben die Frauen »ihren Platz inne«. Diese paradiesische Sicht der Literatur ist so verbreitet, daß sie sogar von vielen Frauen geteilt wird.

Doch sobald man einen Katalog, ein Literaturmagazin oder wöchentlich die Auswahllisten für die großen Preise durchsieht, sobald man eine Literaturgeschichte des 20. Jahrhunderts aufschlägt oder eine Avantgardezeitschrift, die eifrigst darauf bedacht ist, das zu drucken, was morgen die neue Richtung sein wird, oder auch Berichte über wichtige oder vielversprechende Autoren, dann wird man darin jene vom *Figaro* proklamierte Präsenz von Frauen vergeblich suchen. Wie verhält es sich nun wirklich?

Um das herauszufinden, kann man sich nicht darauf beschränken, die Situation der Schriftstellerinnen zu analysieren; denn das hieße, lediglich ihre Geschlechtsspezifität als Maßstab zu nehmen und folglich nur nach individuellen Erfolgen oder »Neuerungen« (die doch ständig wechseln) zu urteilen. Untersucht man statt dessen die allgemeinen sozialgeschichtlichen Veränderungen in der Welt der Literatur und berücksichtigt dabei insbesondere die Variable des Geschlechts, so kommt man zu anderen Ergebnissen. Alsbald relativiert zum Beispiel die beträchtliche Zunahme männlicher Autoren im Verlauf des Jahrhunderts, die auf eine sich stets vergrößernde und einen regelrechten Markt bildende Leserschaft zurückzuführen ist, die wachsende Zahl weiblicher Autoren. Ebenso besagt die im Grunde völlig willkürliche Zahl von »80 Frauen« des *Figaro* überhaupt nichts, solange man dabei verschweigt, wieviele Männer zur selben Zeit »die Literatur beherrschen«. Um eine genaue Vorstellung vom Geschlechterverhältnis in der Literatur zu bekommen, sind zuverlässige Statistiken unerläßlich. Aber ist es nur ein Zufall: Während es über die Leserschaft zahlreiche systematische Studien gibt, fehlen ähnliche Erhebungen für die Bereiche des Schreibens, Verlegens und der Kritik.

Michèle Vessilier-Ressi *(Le Métier d'auteur*[14]*)*, Pierrette Dionne und Chantal Théry (»Le monde du livre: des femmes entre parenthèses«[15]) schätzen nach sorgfältiger Zusammenführung einzelner Daten und Näherungswerte die Geschlechterverteilung bei den Autoren auf 70 bis

75 Prozent Männer und 25 bis 30 Prozent Frauen. Unsere Forschungsgruppe an der Universität Paris VII ermittelte nach systematischer Durchsicht der gesamten Produktion im Bereich der »allgemeinen Literatur« in den Jahren 1950–1955 (ohne jedes Wertungskriterium) ein Verhältnis von 75 zu 25 Prozent.[16] Also dreimal mehr Männer als Frauen. Und diese Zahlen sind seit ungefähr vierzig Jahren stabil, ungeachtet der Impulse der Frauenbewegung – eine Stabilität, die durch die Studien aus Québec bestätigt wird. Jeder Diskurs über eine »Feminisierung« der Literatur – wenn man darunter ein Ungleichgewicht zugunsten der Frauen oder zumindest ein annäherndes Gleichgewicht versteht – erübrigt sich also von selbst. Ebenso die Vorstellung, die Literatur sei in die Hände der Frauen geraten, da die Männer sich aus ihr zurückgezogen hätten.[17] Genau das Gegenteil ist der Fall: Es steht fest, daß die Literatur nach wie vor in starkem Maße von Männern dominiert wird.

Noch größere Divergenzen zwischen den Geschlechtern zeigen sich, wenn man die Selektion in der literarischen Anerkennung betrachtet: Es gibt gerade einmal 8 Prozent Frauen im *Who's Who* der Literatur. Damit erreichen wir in etwa den Anteil der Jahre 1950–1955, wobei wir jedoch feststellen müssen, daß die Mehrzahl der damals sehr bekannten Schriftstellerinnen mittlerweile dem Vergessen anheimgefallen sind. Man muß also nach dem künftigen Schicksal jener Frauen fragen, denen heute der Status von »herausragenden Schriftstellerinnen« zuerkannt wird. Dem Optimismus des *Figaro* kann man den Pessimismus eines so seriösen Werkes wie *Notre siècle* des bekannten Historikers René Rémond[18] entgegenhalten: Zu Kunst, Literatur und Philosophie sind im Register gerade 8 Namen von Frauen aufgeführt, unter rund 180 Namen von Männern! Doch damit nicht genug – Simone Weil und Simone de Beauvoir werden nur aufgrund ihrer Beteiligung an einer politischen Aktion erwähnt, Gyp um ihres Sohnes willen und Marcelle Auclair im Zusammenhang mit der Zeitschrift *Marie-Claire*. Weder die Colette ist aufgeführt noch Marguerite Yourcenar, obwohl diese als erste Frau in die Académie française aufgenommen wurde. Es bleiben bei Rémond drei »wichtige« Schriftstellerinnen übrig: Nathalie Sarraute mit der Schule des Nouveau Roman, Marguerite Duras mit ihren ersten »traditionellen« Romanen und Françoise Sagan als Vertreterin einer »Frivolität«. Ein extremes Beispiel, wird man mir erwidern; doch daß dies alles dem wissenschaftlichen Ruf des Werkes nicht geschadet hat, sagt viel darüber aus, in welchem Ausmaß heutzutage Mißachtung und Ausgrenzung von Frauen toleriert werden. All diese Feststellungen unterhöhlen den Glauben an eine kulturelle Gleichheit, sie lassen Zweifel an der Zukunft aufkommen und regen an, darüber nachzudenken, wie die Literatur als sozio-symbolische Institution wirklich funktioniert.

Vesselier-Ressi entwirft das Porträt eines Autors, der alle Chancen hat, erfolgreich zu werden: Er ist ein Mann, stammt aus guter Familie, hat eine Hochschulausbildung, veröffentlicht in Paris und verfügt über ein ausgedehntes Netz wichtiger Freundschaften und beruflicher Beziehungen. Doch aus dem Umstand, daß ein Schriftsteller, der einen Zweitberuf als Broterwerb ausüben muß, ebensoviele Probleme mit der Kreativität hat wie eine von ihren familiären Aufgaben in Anspruch genommene Schriftstellerin, schließt Vesselier-Ressi vorschnell auf eine Äquivalenz der Situationen. Denn sie übersieht, daß auch die Mehrzahl der Autorinnen oft einen Zweitberuf als Broterwerb ausüben, und läßt vor allem die sozio-symbolischen Faktoren unberücksichtigt: die Tatsache, daß es eine Frau im privaten und beruflichen Leben schwerer hat, sich als Schriftstellerin durchzusetzen, das heißt als ein Mensch, der sich für das Schreiben entschieden hat; und daß sie, vor allem zu Beginn, kaum eine Möglichkeit hat, in jene für so wichtig erachteten verborgenen Netzwerke der Solidarität und des Einflusses einbezogen zu werden. Dionne und Théry liefern durch eine Art statistischer Ablichtung des gesamten institutionellen Schachbretts (Verlage, Zeitschriften, Jurys von Preisen, ministerielle Ausschüsse usw.) den Beweis für den androkratischen Charakter des Systems: Weltweit entscheiden Männer über Drucklegung und Erfolg. Hinzu kommt noch, wie wir bereits festgestellt haben, ihre Herrschaft über die Vermittlung, einschließlich der kulturellen Vorbilder.

Dennoch bedürfen diese soziologischen Analysen einer historischen Relativierung, denn die Feststellung einer gegenwärtigen Ungleichheit muß nicht zwangsläufig der Annahme widersprechen, daß in der literarischen Welt die Frauen heute stärker vertreten sind als früher. In der Tat war die Literatur am Anfang des Jahrhunderts das einzig mögliche Betätigungsfeld für arme und unverheiratete Frauen, die etwas Bildung aufzuweisen hatten. Colette trat die Nachfolge George Sands an, indem sie zu einer Berufsschriftstellerin wurde, die sich ihre wirtschaftliche und persönliche Unabhängigkeit selbst erarbeitete und deren Talent sich beim Publikum und bei den Institutionen durchsetzen konnte: Sie war die zweite Frau in der Jury für den Prix Goncourt (nach Judith Gautier, der Tochter des berühmten Dichters) und sogar ihre Vorsitzende. Die Literatur war gleichzeitig auch diejenige Kunstform, die bei Frauen aus dem Bürgertum am ehesten toleriert wurde, vorausgesetzt, sie bewahrte einen dilettierenden Charakter. In beiden Fällen scheint jede Annäherung an jenes märchenhafte Bild des Genies ausgeschlossen, das, von seinem Vermögen oder von undankbaren Pflichten lebend, sich ganz dem Schreiben widmet. Wenn also die Frauen in jener Zeit bereit waren, an ihrem Platz zu bleiben, dann deshalb, weil die Literatur ihnen einen Notsitz bot. Dafür hielt man sie von den

Orten fern, die Prestige und Macht versprachen (Universitäten, Hochschulen, Institute und sogar Gymnasien), wo die neuen Diskurse des Wissens entstanden, aus denen die heutigen Geisteswissenschaften, die Literaturkritik und die Literaturtheorie hervorgehen sollten.[19] Von einigen wenigen Ausnahmen abgesehen, blieben ihnen auch das Verlagswesen und die großen Zeitungen verschlossen.

Heute gibt es in allen Berufen und Institutionen mehr Frauen als früher. In diesem Punkt stimmt der Artikel von Dionne und Théry mit dem *Figaro* überein. Gleichzeitig verschaffte sich eine beträchtliche Anzahl von Frauen Zugang zu den Geisteswissenschaften und zu künstlerischen Bereichen wie der Theater- und der Filmregie. Fortschritte sind nicht zu bestreiten, auch wenn überall die Ungleichheit nicht zu übersehen ist. Den seit 1945 gleichgebliebenen Prozentsatz von Schriftstellerinnen kann man also auch anders interpretieren: als Resultat der immer vielfältigeren Wahlmöglichkeiten, die sich dem Wunsch der Frauen nach soziokultureller Betätigung bieten. Außerdem haben es die Frauen seither nicht mehr mit einer reinen Männerwelt zu tun. Obwohl die Hegemonie männlicher Leitbilder mit den damit verbundenen Zwängen fortbesteht, kann nicht bestritten werden, daß sich Situation, Status und Selbstbewußtsein der Schriftstellerinnen im Verlauf des Jahrhunderts auf positive Weise verändern konnten.

Muß man daraus schließen, daß wir eine gemischtgeschlechtliche Literatur entstehen sehen und daß diese ohne Konflikte und ohne jene »Anstrengungen« kommen wird, zu denen uns Woolf in *Ein Zimmer für sich allein* ermutigte? Es gibt noch immer einen großen Schatten im Bild: die bereits erwähnte Kluft zwischen den 25 bis 30 Prozent Schriftstellerinnen und den 8 Prozent, die allgemein anerkannt sind – ein Anteil, der im Urteil der Nachwelt noch kleiner zu werden droht. Die übliche Erklärung dafür ist, daß nur sehr wenigen Schriftstellerinnen ein Werk gelingt, das die Zeiten überdauert und von universeller Tragweite ist. Man ist sich lediglich über die Gründe und die Prognosen uneins: Frauen haben weniger Genie, und diesem Übel kann man nicht abhelfen; sie sind noch nicht so routiniert wie die Männer und leben weiterhin in einer Situation der Entfremdung, aber eines Tages werden sie Werke schaffen »wie die Männer«. Wir verlassen daher das Gebiet des Quantitativen, um die heikle Problematik des Qualitativen zu betrachten.

Zwischen Allgemeinem und Besonderem

Ein 1986 erschienener Artikel der Kritikerin Anne Sauvy, »La Littérature et les femmes«, zieht gelassen eine erschreckende Bilanz.[20] Sauvy erstellt eine Liste berühmter Schriftstellerinnen von 1900 bis 1950 –

Renée Vivien, Marguerite Audoux, Colette, Gyp, Rachilde, Anna de Noailles, Jeanne Galzy, Marie Noël und andere –, aber nur, um sogleich an ihrer Nützlichkeit zu zweifeln. Keine der Genannten kann vor dem Vergessen bewahrt werden, außer Colette und allenfalls Noailles, die als einzige auch in den Handbüchern für den Schulgebrauch zu finden sind. Das gesamte literarische Schaffen von Frauen ist nach Meinung Sauvys ein Kapitel der Verlags-, nicht der Literaturgeschichte.

Doch Sauvy geht noch weiter; was die zweite Hälfte unseres Jahrhunderts betrifft, steht für sie bereits fest: »Große Veränderungen scheint man nicht erwarten zu müssen«, denn kein Werk einer Frau »hinterläßt einen so starken Eindruck« wie zeitgenössische Werke von Männern. Welche Frau erreicht heute den Rang einer Sand und Colette? Uns fallen zahlreiche Namen ein: Sarraute, Duras, Wittig, Cixous, Yourcenar, Christiane Rochefort, Susini, Beauvoir, Hyvrard, Leduc, Elsa Triolet, Cardinal, Chawaf, Sagan, die Schwestern Groult –, von den Autorinnen der jüngsten Generation ganz zu schweigen. Es erscheint undenkbar, daß all diese Werke, die mehr oder weniger zu unseren geistigen Erfahrungen gehören, verschwinden sollten, als ob es sie nie gegeben hätte. Aber gesetzt den Fall: Was wäre denn die Erklärung für einen derartigen Untergang?

»Der Geist weht, wo er will. Unsere Kultur kann ihn nicht hervorzwingen«, heißt es. Und: »Das Genie entwickelt sich außerhalb von Schulen.« Umgekehrt soll seine Entfaltung auch durch keinerlei äußere Umstände behindert werden können. Wenn sich das Genie also in Frankreich nur in ein, zwei Frauen pro Jahrhundert niederlassen will, so kann man dies nicht ändern. Genau dies läßt Sauvy als Wahrheit passieren, und zwar dank jenes objektiven Tons neutraler Beobachtung, der für die akademische Tradition so typisch ist.

Wenn man untersucht, wie die Vermittlung von Literatur vonstatten geht, kann man, was die männlichen Autoren anbelangt, ein dreistufiges System ausmachen: Genies, Talente und Gescheiterte. Und die Zuordnung jedes einzelnen Schriftstellers zu einer dieser drei Kategorien ist Gegenstand von Kontroversen und Umwertungen, was ein unaufhörliches Nachdenken darüber voraussetzt, was man von Schriftstellern erwartet. Für die Frauen hingegen würde es nur zwei mögliche Klassen geben: den Ausnahmefall des Genies oder das Nichts der unterschiedslosen Masse. Das heißt, sie sind ausgeschlossen aus der umfangreichen Kategorie des Talents, also der Kunstausübung, die eine Sache des Lernens, der Arbeit, der günstigen Gelegenheiten und vorteilhaften Begegnungen ist – eine Sache der »Schulen« eben. Und damit von allem, was in der Geschichte die repräsentative Literatur einer Gesellschaft mitgestaltet. Wem ist noch nicht aufgefallen, mit welch gleichgültiger Herablassung im allgemeinen die großen Schriftstellerinnen der Geschichte, namentlich Sand und Colette, behandelt werden? Die geheuchelte Anerkennung einiger Werke erlaubte, ihr gesamtes Schaffen zur Kurzlebigkeit zu verurteilen: Man würde es bald nicht mehr lesen können.

Im Gegensatz dazu erklärt die sozialgeschichtliche These den schwachen Stand der Frauenliteratur damit, daß sie diese zu einem Produkt – oder einer Widerspiegelung? – der Entfremdung der Frauen macht. Eines Tages also, wenn die Frauen gänzlich emanzipiert sein würden, würden sie auch den Männern ebenbürtige Werke schaffen. Doch diese Ebenbürtigkeit ist nur vorstellbar als ein Identisch-Werden, im Namen des Neutrums und des Allgemeinen. Beauvoir hat diesen Standpunkt ihr Leben lang mit aller Schärfe vertreten. So erklärte sie noch in den siebziger Jahren: »Ich glaube, daß die befreite Frau ebenso schöpferisch sein wird wie der Mann. Aber sie wird keine neuen Werte einbringen. Das Gegenteil anzunehmen, hieße anzunehmen, daß eine weibliche Natur existierte, was ich immer bestritten habe«[21]; oder: »Es ist fraglich, ob ihre [der Frau] Ideenwelten andere sind als die der Männer, da sie sich nur durch Assimilation befreien kann.«[22] Ungeachtet der Schlußausführungen in *Das andere Geschlecht*, in denen Beauvoir neue Beziehungen zwischen den Geschlechtern entwirft, die auf Austausch eines doppelten Andersseins beruhen, hielt sie an der Radikalität ihrer Position fest: Der Zugang zum Neutralen und zum Allgemeinen kann sich nur über die »Assimilation« an das männliche Modell vollziehen, das der absolute Bezugspunkt des Menschlichen ist, das heißt nur über die Abschaffung der Weiblichkeit, die ausschließlich als Produkt eine Unterdrückung aufgefaßt wird.

Im Lichte dieser Theorie beurteilt Beauvoir die gesamte literarische Produktion der Frauen. Keine kann für sie dem Fluch der Besonderheit entgehen, die ihr Werk ins Reich der Bedeutungslosigkeit verweist, während jeder Mann, und sei er noch so mittelmäßig, in sich das vollendete Modell des Menschseins trägt. Beauvoir billigt also den Begriff »weibliche Literatur«. Sie machte daraus zwar eine Literatur von Unterdrückten, aber es ist für sie keine unterdrückte Literatur im Konflikt mit einer herrschenden Literatur. Es ist eine minderwertige Literatur, dazu verurteilt, nach der Emanzipation der Frauen zu verschwinden.

Sie las Werke von Schriftstellerinnen – wie ihre Autobiographie belegt –, doch ging sie nicht auf Entdeckungen aus. Sie kam nicht auf den Gedanken; denn sie erwartete sich davon nichts, was ihre Weltsicht oder ihr Verhältnis zu den herrschenden Diskursen und zur Sprache verändert hätte.

In ihren Augen behandeln die Werke von Frauen eine eng umgrenzte und sich oft wiederholende Thematik und lehnen sich in Komposition und Stil mehr oder weniger an Innovationen ihrer männlichen

Kollegen an, wenn sie sich nicht glücklos an eigenen Experimenten versuchen.

Paradoxerweise werden die verschiedenartigsten Tendenzen und Schriften zuerst und vor allem auf »die« Frau reduziert, die *nicht imstande* sei, im Akt des Schreibens »die ganze Wirklichkeit und nicht nur sich selbst darzustellen«. Ist es unter diesen Umständen verwunderlich, daß sie Woolf falsch bewertet hat? Daß Sartre die Bedeutung der *Tropisme* von Sarraute erkannte und ein langes Vorwort zum *Portrait d'un inconnu* schrieb, während sich Beauvoir nur abfällig über diese Werke äußerte? Dazu paßt, daß sie viele Schriftstellerinnen ihrer Zeit schlicht ignorierte: zum Beispiel Ingeborg Bachmann, Marina Zwetajewa, Anna Achmatova, Elsa Morante, Marguerite Duras, Doris Lessing, Dacia Maraini.

Tatsächlich kannte Beauvoir nur eine normative Lektüre, verbunden mit einer normative Konzeption von Schriftstellerei: Es gibt nur eine richtige Art zu lesen und zu schreiben, die man aus der großen Literatur erlernt, eine Art Pantheon unsterblicher Meisterwerke, die für alle Menschen, überall und zu allen Zeiten, Gültigkeit haben. Sie hat dieses Pantheon nie in Frage gestellt, das jenseits aller Zufälle der Geschichte und kulturellen Unterschiede die Muster eines vollendeten Menschseins versammelt – jene großen Gestalten, die ihr Sein zu transzendieren wußten, um dank der künstlerischen Schöpfung das Reich der reinen Freiheit zu betreten. Daher blendet sie bei ihren Gedankengängen die Möglichkeit aus, die Kriterien der Bewertung und Auswahl von Kunstwerken durch sozialgeschichtliche, intra- und interkulturelle Analysen ihrer Rezeption und Vermittlung zu relativieren. Auch wir haben seit unserer Kindheit durch den Herrschaftsdiskurs der Schule, der sich an der offiziellen Kunstkritik orientierte, nicht anders denken gelernt. Unser gesamtes Lesen- und Schreibenlernen – unser Eintritt in das symbolische Universum – hat der Stimme eines »man« gehorchen müssen, eines Wahrheits- und Wertehüters, der von überall und von nirgendwo zu sprechen schien und den ausgerechnet Beauvoir nun für uns kenntlich macht. Keine Theoretikerin hat zugleich derart radikal das Allgemeine als am Männlichen ausgerichtet analysiert und ebenso radikal zuungunsten der Frauen, in diesem Falle der Schriftstellerinnen und Leserinnen, entschieden. Somit zeigt sie, ausgehend von ihrer Erfahrung, die drakonischen Bedingungen für die Akkulturation der Frauen im Frankreich des 20. Jahrhunderts auf: der Begriff »Assimilation« ist das Schlüsselwort dafür.

Tatsächlich wurde die gleichberechtigte Erziehung der Geschlechter in einem starren Rahmen erreicht, in der laizistischen Schule, die alle Bürger auf eine Stufe stellen und die Elite auswählen sollte, und zwar durch eine identische Bildung: dieselbe Sprache, dieselben Werke auf dem Lehrplan, dieselben Lehrbücher, die denselben kritischen Diskurs verbreiteten, das Ganze gekrönt von landesweit einheitlichen Schulabschlüssen auf der Basis derselben Prüfungsgegenstände. Doch wie die Staatsbürgerschaft ist auch die Kultur der Nation ausschließlich männlich geprägt. Ein grundlegendes Merkmal ist dabei die Geschlechtertrennung, wogegen die Feministinnen vor allem durch eine Abwandlung des republikanischen Ideals anzukämpfen suchten: Um die Jahrhundertwende ersetzten sie die Devise »Freiheit, Gleichheit, *Brüderlichkeit*« durch »Freiheit, Gleichheit, *Koedukation*«. Hauptsächlich um die Koedukation sollte es fortan gehen.

Sie erforderte für beide Geschlechter eine einheitliche Bildung. So erwirkten die Frauen ab den zwanziger Jahren die Zulassung zum Abitur *(baccalauréat)* bei gleichen Lehrplänen, einer einheitlichen Prüfung und einer gemischtgeschlechtlichen Prüfungskommission. Und damit die Zulassung zur nunmehr gemischtgeschlechtlichen Universität und zu den *concours* (Staatsprüfungen), wodurch sich ihnen vor allem die begehrten Stellen im öffentlichen Dienst auftaten. Die Kämpfe um die Gleichheit sollten lang und schwierig sein, doch die Bildungsgleichheit ist für die Mädchen ein Hauptfaktor der gesellschaftlichen Emanzipation und des sozialen Aufstiegs gewesen. Gleichzeitig hat ihnen der einheitliche Charakter der Bildung ermöglicht, das Ghetto des Besonderen zu verlassen, um den weiträumigen Bereich der Kultur und des Wissens zu betreten, eine bislang dem anderen Geschlecht vorbehaltene Welt. Woolfs Traum – eine gemeinsame Kultur, welche endlich Schluß macht mit den unterschiedlichen Voraussetzungen für künstlerische Kreativität – schien sich erfüllt zu haben. Und doch war die Kultur weiterhin dem männlichen Allgemeinen verhaftet.

Die Vereinheitlichung der Bildungsgänge von Jungen und Mädchen vollzog sich in den zwanziger Jahren nicht als wechselseitiger Austausch, sondern als eine komplette Angleichung des Lehrplans der Mädchen an den der Jungen. So hat man den Mädchen die Altphilologie zugänglich gemacht, die ihnen versperrt gewesen war, während die neuen Sprachen und Literaturen, die eine Innovation in der Mädchenerziehung bildeten, nicht weiter für Jungen geöffnet wurden.[23] Auf die Gefahr hin, daß die literarische Bildung, die bereits Regionalkulturen oder andere französischsprachige Länder ausschloß, noch weiter verarmte. Das im Literaturunterricht vermittelte Allgemeine verwies nicht allein auf die männliche Hegemonie, sondern auch auf die Hegemonie Frankreichs. Aus den Lehrplänen wurden selbst die Texte der berühmtesten Schriftstellerinnen verbannt, die nur noch Namen in der Literaturgeschichte waren. Diese Texte wurden nicht gelesen, nicht kommentiert, ihnen galten keine schriftlichen Aufgaben. Sie tauchten nie oder nur durch einen glücklichen Zufall als Gegenstand von thematischen Untersuchungen oder Literaturtheorien auf. Man ließ sogar die vereinzelten Lesestücke von Autorinnen in den Lehrbüchern außer acht, weil man ganz genau wußte, daß sie »für die Prüfung irrelevant« waren. Da hatte Marot den Vorrang vor Margarete von Navarra oder Louise Labé. Madame de La Fayette? Der Roman galt als ein zweitrangiges Genre, überdies mußte man in ihrem »kleinen Meisterwerk« den Einfluß, wenn nicht gar die Federführung La Rochefoucaulds feststellen. Die Preziösen kannte man nur in ihrer Karikatur durch Molière. Sand und Colette waren nur für die unteren Klassen bestimmt usw. Die einzige, die einen Anspruch auf eingehendere Lektüre hatte, war Madame de Sévigné; denn da sie Briefe geschrieben hatte, bewegte sie sich nur am Rande der Literatur. Das ist die Bilanz einer Erziehung in den fünfziger Jahren. Man kann sagen, daß die Schülerinnen nicht mit Werken von Frauen bekannt gemacht wurden, die seither von einer gebildeten weiblichen Leserschaft abgeschnitten sind: einfach ignoriert oder dem Bereich rein privaten Lesens überlassen, wie bei Beauvoir zu sehen ist.

Seit die Zeit der Mythen der Vergangenheit angehört, sind es die literarischen Texte, worin sich eine Persönlichkeit konstruiert. Man lernt in der Literatur, seine Erlebnisse, Gefühle, Leidenschaften, Freuden, Ängste und Sehnsüchte in eine symbolische Form zu überführen. In der Literatur entziffert man die Welt, die Gesellschaft, das Leben und den Tod, entdeckt die verborgenen Seiten der anderen. So ist die Literatur der bevorzugte Ort, wo sich Subjektwerdung und Sozialisation zugleich vollziehen. Die Interaktionen zwischen Realität, Imagination und Sprache erlauben, sich von sozialen und individuellen Identitätsmustern, insbesondere von den Mustern einer Geschlechteridentität und sexuellen Differenz, zu lösen. Dabei gibt es eine Vielzahl an Identifikationsmöglichkeiten, man schlüpft von der einen in die andere, man kann sie herbeiträumen oder ebenso heftig ablehnen, und dies sowohl auf der Ebene der erzählten Geschichte als auch auf der Ebene der Erzählperspektiven, der Metaphern, der Sätze, das heißt, auf der Ebene des Ausdrucks selbst. Durch die Literatur gelangt man zu einer freieren Handhabung der Sprache, die es ermöglicht, sich als sprechendes Subjekt zu erproben.

Es fällt daher schwer ins Gewicht, daß sich Subjektwerdung und Sozialisation der beiden Geschlechter in einer eingeschlechtlichen, schlimmer noch, in einer Literatur vollziehen, die durch einen monologischen und dogmatischen kritischen Diskurs neutralisiert bzw. desinfiziert wird, der seine eigenen Stereotypen sogar gegen die Widersprüche und Fragen in entsprechenden Texten von Männern durchsetzt. Dies ist, obgleich in asymmetrischer Weise, ebenso folgenreich für die Jungen wie für die Mädchen, weil beide um eine identifikatorische Erfahrung mittels der von Autorinnen gefundenen Symbole und Ausdrucksweisen gebracht werden. Beiden fehlt auch das gesamte von Frauen geprägte symbolische Erbe. Beide lernen die sexuelle Differenz kennen als einen Gegensatz zwischen dem unentwegt kritischen und sich verändernden pluralen männlichen Subjekt und dem »Ewigweiblichen«, von dem sich die Männer in der Geschichte unterschiedliche Vorstellungen gemacht haben. Die Asymmetrie des Eintritts in den soziosymbolischen Bereich führt zu ganz unterschiedlichen Entfremdungserfahrungen: Den Männern fehlt der Umweg – die Vermittlung – über das Imaginäre und die Sprache des anderen Geschlechts; aber der Reichtum des eigenen Erbes verstellt ihnen den Blick für den monolithischen Charakter ihrer Identität. Die Frauen wiederum wissen, was ihnen die Identifikation mit der imaginären Ordnung und der Sprache des anderen Geschlechts bringen kann; aber dieses Wissen, abgetrennt von jeder Reziprozität und von jeglicher Identifikation mit der Imagination und der Sprache von Autorinnen, die allgemein anerkannt sind, ist auch beklemmend.

Die Schule fördert noch in anderer Hinsicht die Ungleichheit der Beziehungen zwischen den Geschlechtern: Sie bestätigt die Jungen in ihrer Rolle als die einzig legitimen Erben und künftigen Wahrer der kulturellen Kreativität; den Mädchen dagegen entzieht sie jede Legitimität des eigenen Ausdrucks. In einem kulturellen System, wo die Legitimität über Männer tradiert wird, besteht ihre Rolle lediglich darin, zur Reproduktion des Systems beizutragen. Man sieht sie lieber als Lektorinnen, Pädagoginnen oder Pressereferentinnen denn als Schriftstellerinnen, Wissenschaftlerinnen oder Verlegerinnen. Und selbst wenn sie versuchen, »sich anzupassen«, wenn sie mit den Söhnen wetteifern, sind sie – so Marguerite Duras – zum »Plagiat« verurteilt. Sie gewöhnen sich an, über alles, auch über sich selbst, mit Hilfe des herrschenden Diskurses zu sprechen, den sie als den ihren erlernten. Dies trifft besonders für Lehrende und Wissenschaftlerinnen zu, die, um akzeptiert zu werden, zu Vestalinnen der großen Autoren werden mußten, im Rahmen von bereits verfestigten Theorien. Bei der geringsten Abweichung laufen sie Gefahr, auf ihre Besonderheit verwiesen zu werden.

Man kann also von einer schizophrenen Situation der Frauen sprechen, die einem doppelten und widersprüchlichen Imperativ unterworfen sind: akademisch gebildet (als Lehrende, Schriftsteller, Intellektuelle) und zugleich Frau zu sein. Dieser Imperativ offenbart die symbolische Gewalt, mit der sich der Eintritt der Frauen in den soziokulturellen Bereich vollzieht. Und diese Gewalt tritt dann am deutlichsten hervor, wenn Frauen selbst die Legitimität der etablierten Kultur verteidigen. Historisch war (und ist) dies der Preis für wichtige Errungenschaften; aber man versteht jetzt besser, warum so viele Gleichheiten zusammen genommen noch keineswegs die Gleichheit ergeben. Der harte Satz Simone de Beauvoirs: »Solange sie [die Frau] noch darum kämpfen muß, ein Mensch zu werden, ist sie außerstande, eine Schöpferin zu sein«,[24] entspricht genau dem schwer zu ertragenden Bild, das wir in den fünfziger Jahren von uns hatten. Aber diese Feststellung ist so wenig zutreffend wie Sartres Aussagen über den Arbeiter. Der/die Unterdrückte ist unzweifelhaft ein Mensch, und als solcher ist er/sie schöpferisch tätig, auch wenn sich dies nicht entsprechend der Norm vollzieht. Zum Glück ist weder die Humanität noch die Kunst ein Vorrecht der Unterdrücker, wie sie uns gern glauben machen würden. Die Schriftstellerinnen sind da, um Zeugnis dafür abzulegen, daß Frauen Menschen sind und daß sie trotz so vieler Hindernisse Kunstwerke hervorbringen.

Interessant wäre es zu untersuchen, wie seit den *Claudine*-Büchern der Colette bis hin zu *Enfance* von Sarraute die Bildung von Frauen in ihr Werk und ihr Werk in ihre Bildung eingeflossen ist. Wir würden dabei die Geschichte und die Verschiedenartigkeit unserer Lehrjahre entdecken und erkennen, wie oft und erfindungsreich wir Zwänge instrumentalisiert und umgangen haben, um uns einen Freiraum zu schaffen. *Opoponax* von Monique Wittig (1964) – der Roman einer ganzen Generation, nicht eines Individuums – hat sich am weitesten vorgewagt: Die Suche nach der Identität und nach der Wahrheit des Begehrens dringt hier in jene Zonen, Lebensabschnitte und Erfahrungen vor, die sich jeglicher geschlechtlichen Determination entziehen, um sich dann über die von der Kultur aufgezwungene Spaltung zwischen dem Menschwerden und dem Frauenwerden hinwegzusetzen.[25]

Man könnte auch untersuchen, wie die Frauen sich nicht mehr damit zufriedengaben, sich schreibend auszudrücken, sondern wirklich in die Literatur eintraten, wie Wittig es ausgedrückt hat. Ihre Strategien waren ganz verschieden. Duras gelang es durch die Provokation: »Man schreibt nicht an demselben Ort wie die Männer«, sagt sie, aber sie erkennt sich auch nicht in einer »weiblichen Literatur« wieder; sie will die gemeinsame Kultur verändern, andere Fiktionsmöglichkeiten und andere Arten zu schreiben aufzeigen, die über die Dichotomie der Geschlechter hinausgehen. Sarraute wiederum macht sich am Ende von *L'Ère du soupçon* (1956) zur Vorkämpferin des Nouveau Roman gegen jene Gruppe, die alles akzeptierte und zugleich marginalisierte, die geistige Anleihen bei ihr machte, ohne dies einzugestehen oder die Radikalität ihrer Schreibweise zu erfassen. Sarraute war in die allgemeine Literatur eingetreten, ohne »darin aufzugehen«; in einer Art Gewaltstreich wollte sie alles, was sie entdeckte, für allgemeingültig erklären, indem sie ihre eigenen Erfahrungen durchleuchtete und indem sie die anderen, Männer wie Frauen, beobachtete und belauschte. Ihre Ablehnung der konventionellen geschlechtlichen Kodierung zugunsten einer Sondierung der Beziehung zwischen Körper und Sprache im unbestimmten Raum einer Zwischengeschlechtlichkeit ist genaugenommen unlesbar für den, der nicht bereit ist, seine Lesegewohnheiten zu ändern. In der Literaturgeschichte von Lagarde und Michard finden sich bei der Darstellung des Nouveau Roman alle literarischen und theoretischen Schriften Sarrautes ausgeblendet, die vor den maßgeblichen Werken der Männer dieser Schule entstanden waren – so abwegig schien die Vorstellung, eine Frau könne in der Literatur innovatorisch tätig sein.[26]

Gibt es für eine Künstlerin einen akzeptablen Platz in einer Gruppe männlicher Kollegen? In dem legendären Kolloquium von Cerizy erwähnte Sarraute, daß sie sich unter den anwesenden Schriftstellerkollegen und Kritikern sehr einsam fühle. Duras hatte abgelehnt zu kommen. Man mag an den schönen Brief von Léonor Fini denken, in dem sie erklärt, warum sie sich in der surrealistischen Bewegung nicht wiedererkennen kann.[27] Doch welche Künstlerin kennt nicht jene verzweifelte Einsamkeit, die so ganz anders ist als die Einsamkeit, unter der die schöpferisch tätigen Männer leiden: Sie dürfen darauf hoffen, daß die Nachwelt die Botschaft der ins Meer geworfenen Flasche wird lesen können; die Frauen nicht. Es wäre besser, nicht von Einsamkeit zu sprechen, sondern von radikaler Isolation, die vorausdeutet auf das Verschwinden ihrer Werke. Und die Frauen, welche die Kraft haben, sich gegen alles zur Wehr zu setzen: Auf was haben sie alles verzichten müssen, wieviele gescheiterte Anläufe und unabgeschlossene Werke haben sie hinter sich, weil die Orientierung fehlte, wieviele »unvollendete Schlüsse«, wie Duras sagen würde. Um auf den geringen Prozentsatz von Schriftstellerinnen in Frankreich zurückzukommen: Man sieht nun, daß er komplexe Ursachen hat, welche die gesellschaftliche Gleichheit allein nicht beseitigen würde.

Weibliche Schrift und literarische Kritik

Heute kann man mit größerer »theoretischer Gelassenheit«, wie Geneviève Fraisse sich ausgedrückt hat, die heftige Debatte betrachten, welche die französische Frauenbewegung seit 1975/76 gespalten hat. Am Ende der *Muse de la raison* betont Fraisse, daß der Begriff Gleichheit im politischen Bereich beheimatet ist, während das Wissen um die Geschlechterdifferenz der psychoanalytischen und literarischen Sphäre angehört, die beide von der Liebe und von menschlichen Leidenschaften sprechen. Und sie schlägt vor, endlich eine Entscheidung zu treffen: »(...) entweder zu bejahen, daß in Zukunft allmählich die Geschlechterdifferenz zugunsten einer Annäherung der Identitäten aufhoben wird oder aber die weibliche Differenz als kritikanfällige, aber utopieträchtige Ressource anzusehen.«[28] Damit hat sie das Feld der Debatte abgesteckt.

In der Einleitung zu *French Feminist Criticism*, einer nützlichen kommentierten Bibliographie, auf die ich mich bei diesem Kapitel gestützt habe[29], werden die beiden Lager näher bestimmt: auf der einen Seite die radikalen Feministinnen, die sich auf den marxistischen Materialismus berufen und die Thesen Beauvoirs übernehmen; auf der anderen Seite die Verteidigerinnen des »Weiblichen«, die sich strikt gegen eine symbolische Ordnung wenden, welche die Gesellschaften auf die Aneignung und den Ausschluß des Mütterlichen und Weiblichen gründet. Diese Spaltung findet sich überdies auch im Bereich der Forschung: Soziologinnen und Historikerinnen rivalisieren mit Psychoanalytikerinnen, Linguistinnen, Künstlerinnen und Literaturkritikerinnen. Dieser Konflikt steht im Zusammenhang mit dem Streit, der in den sechziger Jahren die Anhängerinnen des Marxismus und des Strukturalismus entzweit hatte; da jedoch alle Frauen daran arbeiteten, die herrschenden Theorien zu verändern, indem sie die Frauenfrage und die weiblichen Perspektiven darin einbrachten, durfte man hoffen, daß man über den Dialog aus dem Entweder-Oder herausfand. Doch alle redeten aneinander vorbei. Das führte die Debatte schnell in das politische Abseits: Die Gruppe Psychoanalyse et Politique attackierte den Kampf um Gleichheit als Symptom einer völligen Verfallenheit an die patriarchalische Gesellschaft und als einen Verrat jener weiblichen Werte, die sie selber propagierte, um die Revolution voranzubringen. Sie ging sogar so weit, den »anderen« juristisch das Recht zu bestreiten, sich auf den MLF zu berufen. Cixous vertrat diesen Standpunkt, während Kristeva meinte, der Feminismus habe keine Daseinsberechtigung mehr, da die Frauen die Gleichheit schon erreicht hätten.[30] Die »Politikerinnen« gingen sofort zum Gegenangriff über: Sie beschworen die Gefahr von Theorien des Weiblichen, welche die Frauen vom konkreten Kampf abbringen und in die alten Schemata des Patriarchats zurückfallen lassen würden. Für sie war jede Frage nach Geschlechterunterschieden außerhalb des Begriffspaars Ungleichheit/Gleichheit verdächtig. Die Spaltung war sogar in der Wahl der Verlage erkennbar: Die Gruppe Psychoanalyse et Politique (»Psy et Po«) publizierte bei *des femmes*, die Gruppe »feministe« bei Tierce. Sie wurden an den Rand gedrängt. Gab es noch einen Platz für Frauen, welche die Frage nach der Geschlechterdifferenz innerhalb der Kämpfe um Gleichberechtigung ansiedeln wollten?

Doch kehren wir zurück zu der Zeit vor dem Streit, zu den anarchistischen Zeiten von 1968 und den Anfängen des MLF, erinnern wir uns an die »Selbsterfahrungsgruppen«, wo die Frauen sich in einer freieren Sprache versuchten, und lesen wir noch einmal *Le Torchon brûle*, ein Zeugnis jener Zeit: Man wird sogleich das starke Verlangen erkennen, »sich zur Frau/als Frau zu schreiben«, das jene Neulinge in der Literatur beseelte. *Parole de femme* von Annie Leclerc steht in Frankreich am Beginn dieser Bewegung; es gab sie auch in anderen französischsprachigen Ländern, sie war europäisch, international durch Dialoge, Austausch und Übersetzungen. Einige Namen genügen, um gleichzeitig die Verschiedenartigkeit der Werke und die Gemeinsamkeit der Bestrebungen zu zeigen, aus denen dann eine literarische Bewegung wurde: Brossard, Leclerc, Cixous, Cardinal, Gagnon, Groult, Santos, Hyvrard, Lejeune, Chawaf, Huston, Sebbar, Condé und viele andere. Ihnen gemeinsam war der Wunsch, ihren Körper, ihre Phantasie, ihr Unbewußtes, ihre Erfahrungen zu entdecken – all das, worum sie sich durch die Sanktionen der herrschenden Kultur gebracht sahen; sie erkannten die Notwendigkeit, die Sprache aufzubrechen, um diesem neuen Sprechen Raum zu schaffen, und darum die Notwendigkeit, von ihrem Körper, ihrer Phantasie, ihrem Unbewußtsein, ihren Erfahrungen auszugehen, die als unerforschtes Land – wilde Reservate, Reservate von Wilden – im angeblich gemeinsamen soziokulturellen Raum verborgen waren.

Beauvoir nahm in ihre Nummer von *L'Arc* das Manifest »Le Rire de la méduse« (1975) von Cixous auf. Man schrieb zusammen *La Venue à l'écriture* (Cixous, Gagnon, Leclerc) oder *Les Mots pour le dire* (Cardinal, Leclerc). Man las die Schriften der anderen, man zitierte einander, man suchte Vorläuferinnen, indem man Woolf neu herausgab oder das Gespräch mit Duras suchte (Gautier, *Les Parleuses*). Es erschienen Zeitschriften wie *Sorcières* und Sonderhefte, die dem künstlerischen Schaffen oder der Sprache gewidmet waren, wie *Les Cahiers du Grif.* [31] Der Wille, den herrschenden Diskurs zu verändern, um aus ihm auch für die Frauen einen Ort der Subjektwerdung und Sozialisation zu machen, ließ jene Frauen wie Schriftsteller/Schriftstellerinnen vorgehen. Der berühmte Satz von Cixous: »Es ist notwendig, daß die Frau sich schreibt; daß die Frau über die Frau schreibt und die Frauen zum Schreiben kommen läßt, von dem sie genauso gewaltsam ferngehalten worden sind wie von ihrem Körper«[32], offenbart gleichwohl alle Ambiguitäten der Formel vom »weiblichen Schreiben« bzw. der »weiblichen Schrift«. *La Quinzaine littéraire* machte sie zum Gegenstand einer öffentlichen Diskussion, unter der Überschrift: »Hat Schreiben ein Geschlecht?«

1977 wurde Luce Irigaray, deren Bücher *Speculum. Spiegel des anderen Geschlechts* (1974) und *Das Geschlecht, das nicht eins ist* (1979) die fundiertesten und neuartigsten theoretischen Arbeiten des Denkens der Differenz darstellen, von Monique Plaza in *Questions féministes*, der Zeitschrift der radikalen Feministinnen, heftig kritisiert. Kritisiert wurden eine Rückkehr zu weiblicher Eigenart, eine Reduktion der Frau auf den Körper und der Rückfall in eine essentialistische Position, weil die Frage nach der Beziehung zwischen Sexualität und Gesellschaft nicht artikuliert werde.[33] Die Vorwürfe trafen zu, wie die folgenden Werke Irigarays beweisen werden. Dennoch war Irigaray die einzige, welche die Dekonstruktion des psychoanalytischen und philosophischen Diskurses derart weit trieb – bis zu den strukturalistischen Theorien Lévy-Strauss' und Lacans, die uns im Namen einer die Gesellschaften transzendierenden symbolischen Ordnung zu bloßen Objekten des gesellschaftlichen Austauschs und Opfern einer »Sackgasse des Subjektes« (Lacan) machen wollten. Irigaray leitete mit Derrida, Kristeva und Cixous den Poststrukturalismus ein.[34] Ich für meinen Teil bin Ihnen wie Beauvoir zu Dank verpflichtet. Aber was ist es, das der Poststrukturalismus nicht gedacht hat?

Ein Teil der Antwort liegt in dem Begriff »weibliche Schrift«, der im Poststrukturalismus in einem besonderen Sinn verwendet wird. Es geht um die Gegenüberstellung von Diskurs – organisiert, rational, ganz auf seiten der Ordnung, der Geschichte, des Sinns und der Macht auf der Welt (der »Logophallozentrismus«) – und »Schrift«, entstanden aus impulsiven Zeichen, Verwirrung, ins Unbewußte spielenden elementaren und schwankenden Repräsentationen, ihrer Bedeutung entkleideten Lauten usw. Eine pluralische, sich immer verändernde Schrift, die sich den Kategorien der Zeit entzieht. Die zeitgenössische Literatur wie die Psychoanalyse bewegen sich in einem ständigen Wechselspiel zwischen Diskurs und Schrift. Aber warum das eine zum Väterlich-Männlichen machen und das andere zum Mütterlich-Weiblichen, als ob es von der Natur so vorgegeben wäre? Wenn man das Mütterliche mit den Phantasien der frühen Kindheit verwechselt und dann das Weibliche mit dem Mütterlichen, bringt man die Frauen um das Recht und die Möglichkeit, im Bereich des Symbolischen zu intervenieren; und man bezeichnet all das als »weiblich«, was bei den Männern an das Archaische, den Körper, die Passivität, den Un-Sinn usw. rührt. Warum nicht einfach von »impulsiver Schrift« sprechen, die den institutionalisierten Diskursen der Literatur entgegenwirkt? Das würde erlauben, die Frage nach dem Geschlechterunterschied an die sprechenden Subjekte zurückzugeben. Die Variable Geschlecht verliert dabei nicht an Bedeutung; wohl aber wird sie von anderen Variablen (historischen, gesellschaftlichen, kulturellen, individuellen) durchdrungen, wie sie ihrerseits diese durchdringt.

Paradoxerweise gehen die politischen Feministinnen und die Feministinnen der Differenz von derselben These aus: daß die Frauen vergangener Epochen radikal entfremdet gewesen seien. Für Beauvoir – und auch Kristeva – hatten sie »wie eine Frau geschrieben«; für Irigaray und Cixous hatten sie »wie ein Mann« geschrieben. Die Suchbewegungen erstarren in einem neuen kategorischen Imperativ: wie eine Frau schreiben, wobei die »weibliche Schrift« definiert und kodifiziert wird. Ein Dogmatismus macht sich breit, der die Frauen daran hindert, an den literarischen Diskursen teilzuhaben, um sie zu verändern: dazu verurteilt, »direkt zu schreiben«, imitieren sie schließlich nur eine prätendierte Weiblichkeit. Dieses Schreiben dient als bloßes Ventil; es führt nicht voran.

Wenn jeder Streit unproduktiv erscheint, dann deshalb, weil er in der Zeit unserer Unwissenheit aufgekommen ist. Uns fehlte ein Platz in der Geschichte und unsere Orientierungspunkte. Heute bildet sich eine Vermittlung heraus, die es erlaubt, jene Alternative zu überwinden. Bereits 1981 hatten Béatrice Slama und Béatrice Didier die Chancen und die Risiken der »weiblichen Schrift« umrissen und gezeigt, daß es unmöglich ist, die Werke von Frauen auf einen Nenner zu bringen.[35] Denn die Literaturkritikerinnen, die sich seit langem allein mit den Texten beschäftigt hatten, zogen oft vor zu sagen: »die Frauen und die Praktiken der Schrift«. In einem kürzlich erschienenen Buch[36] entschärft Christine Planté den Streit, indem sie zeigt, daß es diese Alternative früher in unterschiedlichen soziokulturellen Kontexten bei jedem Eintritt einer Frau in die Literatur gegeben hat und daß sie die Geschichte der Schriftstellerinnen durchzieht, die darauf mit verschiedenartigen Strategien reagiert und oft Halt bei jenen Frauen gesucht haben, die ihnen wiederum vorausgegangen waren. Die Bewegung des »sich als Frau Schreibens« muß also auch als Teil dieser Geschichte angesehen werden. Ihr Dogmatismus ist nicht größer als jener der Surrealisten, und die Werke selbst sind glücklicherweise weitaus ergiebiger als die Theorien.

Die Problematik hat sich also verschoben: Wird es uns gelingen, aus der Kultur einen Raum zu machen, wo Identifikationen über die Geschlechtergrenzen hinaus möglich sind, eines Wechselspiels zwischen Nichtdifferenzierung und Differenzierung – eine Kultur des Teilens und der Teilhabe, also einen Raum wirklicher Mischung?

Aus dem Französischen von Holger Fliessbach

11

Frauen, Massenkonsum und Massenkultur

Luisa Passerini

In vielen Analysen der Massenkultur wurde immer wieder hervorgehoben, welche besondere Rolle darin das Weibliche in seiner in der Geschichte der westlichen Welt definierten Form spielt. Diese Beobachtung, 1962 von Edgar Morin vorgetragen, bestimmte auf sehr unterschiedliche Weise die Beurteilung der Massenkultur, und ihr wurde erst auf einer Konferenz im Jahre 1984 widersprochen. Die Massenkultur wird seitdem wieder kritischer gesehen als in den zwanzig Jahren davor.[1] Doch die Verbindung von Weiblichkeit und Massenkultur, so zweifelhaft sie in vieler Hinsicht ist, sollte nicht einfach außer Betracht gelassen werden, ist sie doch aufschlußreich für bestimmte Aspekte der Massenkultur.

Die Feminisierung der Gesellschaften, die einen gewissen Wohlstand erlangt haben, basierte – nach Morin – in erster Linie auf einer Art Austausch der Werte. Die Emanzipation der Frau eröffnete ihr den Zugang zu männlichen Karrieren im Berufsleben wie in der Politik; und auch im privaten Bereich ergriffen die Frauen immer häufiger die Initiative (Symbol dafür war die Szene aus dem Film »Haben oder nicht Haben«, in der Lauren Bacall den ersten Schritt zu einer Liebesaffäre macht, indem sie Humphrey Bogart um Feuer bittet). Zur gleichen Zeit wurde der Mann gefühlvoller, weicher, schwächer. Der Massenkultur kam bei diesem Wandel eine Schlüsselfunktion zu, sowohl als Ort der Bestätigung eindeutig weiblich definierter Werte wie Individualität, Wohlstand, Liebe und Glück, als auch durch die Verbreitung von Darstellungen verführerischer Frauen, vom Cover-Girl bis hin zu jener

Gilda, die – verkörpert durch Rita Hayworth – die *Vereinigung* zweier traditionellerweise unversöhnlicher Typen darstellte: Vamp und Jungfrau.

MÄNNLICHE UND WEIBLICHE MASSENKULTUR

Doch in dem Maße, in dem die Massenkultur sich das Frauenbild aneignet, enthüllt sie gleichzeitig dessen Ambivalenz in der westlichen Kultur, eine Ambivalenz, die durch die Forderungen nach Emanzipation eher gewachsen als geschrumpft ist. Die Dominanz des weiblichen Gesichts in der Werbung, auf Titelseiten und Plakaten verweist in der Tat auf das Zwiespältige des Bildes der Frau – als Subjekt wie als mögliches Objekt. Es besteht jedoch die Gefahr, zwei unterschiedliche Dinge zu vermengen: auf der einen Seite die Situation einer realen Zwiespältigkeit, in die die Frauen im Laufe der Geschichte, insbesondere durch die soziale und politische Emanzipation während der letzten 150 Jahre geraten sind, und auf der anderen Seite die Festlegung auf historisch definierte Werte (die den Männern zugewiesene Kraft und Aggressivität und die seit jeher den Frauen zugeschriebene Sanftmut und Weichheit), die durch die Massenkultur zu Rollen erstarren und durch Reproduktion in großem Maßstab »demokratisiert« werden. Hinzu kommt, daß die in der Massenkultur vorherrschende Form der Erotik im Alltag die Hauptrolle – auch hier sehr ambivalent – der Frau zuweist, die ja im Westen mit Sexualität schlechthin gleichgesetzt wird.

Morins Analyse der Feminisierung hat also auf theoretischer und historischer Ebene erhebliche Mängel. Im übrigen sind – was die historische Ebene angeht – in den letzten 30 Jahren in der Werbung und im Film immer mehr Bilder vom Mann erschienen.[2] Neuere Versuche – zwanzig Jahre nach Morin –, ein besonders ausgeprägtes Verhältnis zwischen Massenkultur und weiblichem Geschlecht herauszustellen, bemühen sich um größere Feinheiten und präzisere Unterscheidungen, unter anderem um die fundamentale Unterscheidung zwischen historischem Frauenbild und den wirklichen Frauen. Sie arbeiten den sexistischen Charakter der politischen, psychologischen und ästhetischen Diskussion um die Jahrhundertwende heraus, in der die Massenkultur und die Massen selbst als weiblich bezeichnet wurden (man denke nur an die von Le Bon im Jahre 1895 vorgenommene Gleichsetzung von hysterischen und »weiblichen« Massen), während die Hochkultur die bevorzugte männliche Domäne blieb.[3] Die beständige Entwertung des Weiblichen traf somit gerade in einer Zeit, in der sich die Frauen mit neuen Vorstellungen über weibliche Verhaltensmuster und das Bild der Frau durchsetzten, auf die ebenso traditionelle Abwertung der »niederen« im Vergleich zu den »höheren« Formen der Kultur.

Mit der Verschärfung zweier Phänomene – auf der einen Seite das zunehmende Vordringen der Frauen in die Öffentlichkeit, auf der anderen Seite die Ausbreitung der Massenkultur – sollte es zu weiteren Formen einer vermeintlichen Feminisierung kommen. Nach dem Zweiten Weltkrieg schien zum Beispiel die Massenkultur in den USA von einem Niedergang männlicher Autorität geprägt zu sein. Comics zeigten den durchschnittlichen Ehemann kleiner und schwächer als seine mit dem Nudelholz bewaffnete Frau, während im Fernsehen ein dressierter Papa vorgeführt wurde, der lächerlich wirkte, wenn er versuchte, männlich und unternehmungsfreudig zu sein.[4] Diese Tendenz war eine Fortsetzung des »Mom«-Kultes, der von Philip Wylie in seinem Roman *Generation of Vipers* aus dem Jahre 1942 beschrieben und von Erik Erikson in *Childhood and Society* (1950) analysiert wurde. In unserem Zusammenhang interessiert diese Tendenz nicht so sehr um ihrer selbst willen – zumal es auf der faktischen Ebene auch Gegentendenzen gab –, sondern vielmehr als ein Versuch, den Frauen die Verantwortung für die großen Veränderungen anzulasten, die der patriarchalen Familienstruktur Macht entzogen. Der Massenkultur soll keineswegs die Fähigkeit zu diabolischen Komplotten zugeschrieben werden – aber man muß dennoch ihre Tendenz erkennen, die realen Probleme zu verschleiern und auf den Kopf zu stellen. Barbara Ehrenreich und Deivdre English führen ein Beispiel an, das in die gleiche Richtung geht. Sie behaupten, in den sechziger Jahren könne die Forderung an die weiblichen Angestellten im Dienstleistungssektor, *sexy* auszusehen, notwendig gewesen sein, um das wachsende Vordringen der Frauen auf dem Arbeitsmarkt mit einer Fassade von Weiblichkeit zu vertuschen.

Neben der These über die Gleichsetzung von Massenkultur und Weiblichkeit hat sich eine Kritik an den Massenmedien entwickelt, denen vorgeworfen wird, in sexistischer Weise das männliche Geschlecht und die Männer in vielerlei Hinsicht zu bevorzugen.[5] Zahlreiche Analysen gehen in diese Richtung, und einige von ihnen werden uns im folgenden beschäftigen. Auch der Sexismus-Vorwurf ist zum Teil berechtigt, wenn er im sinnvollen Zusammenhang mit der obengenannten Gleichsetzung steht, die ihrerseits auf der Grundlage einer Kritik der überlieferten Werte neuformuliert wurde. Fest steht, daß die Massenkultur die Idee einer scharfen Trennung zwischen Männern/Arbeit/Gesellschaft auf der einen Seite und Frauen/Freizeit/Natur auf der anderen Seite verstärkt, wie es ein großer Teil der Werbung zum Ausdruck bringt.[6] Doch darf man nicht an diesem Punkt stehen bleiben. Zahlreiche Arbeiten von Historikerinnen und Anthropologinnen haben gezeigt, daß sich die Rolle der Frauen in vielen Gesellschaften und in unterschiedlichen Epochen nicht nur auf die Privatsphäre oder die Sphäre eines Lebens begrenzte, welches einer geschichtslosen Natur zugeordnet wurde.[7] Frauen fungierten vielmehr als Gelenkstelle zwischen Öffentlichem und Privatem; so wirkten sie z. B. als Vermittlerinnen zwischen der eigenen Familie und den Institutionen der Gesellschaft.

Abschließend ist festzuhalten, daß diejenigen Interpretationen am überzeugendsten sind, denen es gelingt, das widersprüchliche Verhältnis zwischen Frauen und weiblichem Geschlecht einerseits und Massenkultur andererseits herauszuarbeiten. Diese Studien zeigen die realen Verbindungspunkte zwischen der Entwicklung der Massenkultur und den verschiedenen Formen der Frauenemanzipation und dem hartnäckigen Bestehen tradierter Weiblichkeitsmuster. Zum emanzipatorischen Aspekt gehört die Fähigkeit der Kommunikationsmittel, feministisch inspirierte Argumentationen aufzugreifen und zu verbreiten – das gilt zum Beispiel für die Werbung für »befreiende Büstenhalter« gegen Ende der sechziger Jahre oder beim Ferienmotto der »Freien Wahl« in den achtziger Jahren.[8] Zum stereotypen Frauenbild hingegen paßt jegliche Identifizierung der Weiblichkeit mit dem Natürlichen und dem Biologischen. Deren Verkörperung in unserer Welt ist das »Exotische«, das Andere, das auf der Ebene des Tourismus und der Mode leicht zu integrieren ist. Doch die Produkte der Massenkultur müssen immer in ihrer Wechselbeziehung zur Öffentlichkeit bewertet werden. Die fruchtbarsten Analysen betrachten diese Produkte nicht isoliert. Die Produkte der Massenkultur können beispielsweise in Relation zur Ausdehnung und Kommerzialisierung der Freizeit stehen, deren Vorreiterinnen in den USA seit dem Ende des vorigen Jahrhunderts bis in die 1920er Jahre die Frauen waren,[9] oder auch mit einer Geschichte des Films verbunden sein, die den Zuschauern und Zuschauerinnen erlaubt, sich abwechselnd mit den weiblichen und mit den männlichen Rollen zu identifizieren.[10] Die Ergebnisse einer solchen Herangehensweise sind auch auf methodischer Ebene interessant. Der Massenkultur wird nicht mehr die stillschweigende Bevorzugung eines Geschlechts vorgeworfen, sondern es wird vielmehr herausgearbeitet, auf welche Weise sie die Unterordnung der Frauen erneut reproduziert, nicht zuletzt durch neue Verhaltens- und Denkweisen. Gleichzeitig wird den Kommunikationsmedien eine positive Funktion attestiert, insofern sie in der Lage sind, das Publikum mit einem breiten Spektrum von möglichen Positionen bekanntzumachen. Das Geschlecht ist in diesem Fall nicht mechanistisch festgelegt, sondern wird durch kulturelle Haltungen realer Personen definiert, so daß bei einem Film

Frauen durchaus eine männliche Position oder Männer eine weibliche wählen können. Wichtig ist, daß auf diese Weise den sozialen Akteuren eine gewisse Art der Selbstbestimmung zurückgegeben wird, wenn auch nur unter bestimmten Bedingungen und Restriktionen. Bedeutsam ist auch, daß die Massenkultur nicht a priori und unterschiedslos beurteilt wird. Daraus ergibt sich die Frage, in welchem Maß Antworten und Reaktionen der Öffentlichkeit von der Geschlechtszugehörigkeit abhängen, anstatt von sozialen, ethnischen oder generationsspezifischen Kriterien geprägt zu sein. Auch hier muß ein differenziertes Urteil abgegeben werden: Zu bestimmten Zeiten und Orten überwiegt das Bewußtsein der Geschlechtszugehörigkeit, das seinerseits durch ein archaisches Erbe beeinflußt wird. Im übrigen müssen die bereits erwähnten Umkehrungen berücksichtigt werden, die typisch für die Massenkultur sind. Es wurde zum Beispiel die These vertreten, daß die Angriffe der Frauenbewegung auf die männliche Interpretation der weiblichen Sexualität – Angriffe, die seit dreißig Jahren wieder stärker geworden sind – die Produktion und den Konsum neuer, weitverbreiteter Romanfiguren ermöglicht haben, die als »Pornographie für Frauen« definiert werden.[11] Ferner wurde beobachtet, daß sich hinter dem »befreiten« Bild einer Werbung, die sich in unserer Gesellschaft nahezu ausschließlich an die Frauen wendet, nämlich der Werbung für Hygiene-Binden, eine Rückkehr zu folkloristischen Bräuchen und ihren Tabus verbirgt. Hier werden in subtiler Weise und im Gegensatz zu dem, was sie glauben machen will, Schuldgefühle gestärkt.[12] Die Massenkultur, die Adorno mit der Königin aus dem Märchen Schneewittchen verglichen hat, wird vom Zauberspiegel des Narzißmus dauerhaft bestätigt, stimuliert und zugleich als Bezugspunkt benutzt. Die historische Forschung nimmt ihr diese Illusion, indem sie nach und nach die stillschweigende Übereinkunft mit den herrschenden Vorstellungen von Männlichkeit und Weiblichkeit, aber auch ihre Beeinflußbarkeit durch neue Ideen zu diesem Thema enthüllt. Letztlich hängt das Schicksal der Massenkultur von den Entscheidungen der Frauen und Männer ab, die das Verhältnis von Weiblichem und Männlichem, welches sich in jedem Individuum widerspiegelt, neu definieren.

Kulturelle Modelle für den Massenkonsum

In einem Industriesystem, das Serienprodukte für einen potentiell unbegrenzten Markt ausstößt, werden die Frauen vor allem seit dem Ende des 19. Jahrhunderts in die Prozesse der Massenproduktion und -verteilung miteinbezogen, auch wenn die Wurzeln für die Massenproduktion bereits im vorangegangenen Jahrhundert liegen. Diese Prozesse nehmen in der Zeit zwischen den beiden Weltkriegen an Intensität und Geschwindigkeit zu. Das gilt zumindest für Europa und Nordamerika, allerdings mit beträchtlichen Unterschieden im Niveau und im zeitlichen Ablauf nicht nur zwischen den einzelnen Ländern, sondern auch zwischen den Regionen und den sozialen Schichten innerhalb eines Landes.

Was bedeutet die Umwandlung der Frauen zur »Masse«? Von den vielen Aspekten dieser Entwicklung werden wir einige herausgreifen. Nur zum Teil gleicht dieser Wandel dem Arbeitsprozeß der Männer, deren Fabriken und Büros zu Kasernen geworden sind. Parallel zum beruflichen Aspekt muß die im privaten und häuslichen Bereich vorangetriebene Vermassung berücksichtigt werden. Die seit Beginn des 20. Jahrhunderts in Ländern wie den USA entwickelten Modelle betonen besonders die Modifizierung und Vereinheitlichung entscheidender Aspekte des traditionellen Frauenbildes und schließen dabei Haushalt und Körperpflege mit ein.

Die moderne Hausfrau mit ihrer Fähigkeit, die Hausarbeit rationell und effizient zu gestalten, entwickelt sich komplementär zum Mann in der außerhäuslichen Produktion, wo die gleichen Standardisierungs- und Arbeitsteilungsprozesse stattfinden.[13] Die Abwicklung des Haushalts muß der Organisation der Gesellschaft angeglichen und in sie integriert werden. Mit dem Aufkommen von elektrischen Haushaltsgeräten und neuen Ausrüstungen kommt es in den zwanziger Jahren sogar zu dem Vorschlag, die Hausarbeit regelrecht zu »taylorisieren«. Das gilt nicht nur für die USA, sondern zum Beispiel auch für Frankreich (zumindest auf der Ebene von Prototypen), wie der Salon des Arts Ménagers beweist, der 1923 gegründet wurde und seit 1926 vollständig eingerichtet ist.[14] Wir wissen, daß derartige »Modernisierungen« immer an der Realität gemessen werden müssen; man darf jedoch nicht unterschätzen, daß sie durchaus Modelle und Ideologien verändern können, auch wenn sie nicht unmittelbar in die Praxis umgesetzt werden.

Die Hausfrau muß nunmehr sowohl Verbraucherin als auch Verwalterin des Hauses sein. Ihr wird also die Aufgabe übertragen, den Konsum zu kontrollieren, der seinerseits sorgfältig organisiert und auch im Hinblick auf Ratenkäufe und langfristige Projekte geplant werden muß. Unter diesem Blickwinkel ist die tatsächliche und imaginäre Macht verständlich, die die großen Warenhäuser in den USA vor allem in ihrer Blütezeit (1890–1940) haben. Diese bieten den amerikanischen Frauen eine neue Art von öffentlichem Raum, einen Ort nicht nur für den Konsum, sondern auch für Zeitvertreib und gesellschaftliches Leben, der ihnen einige einflußreiche Rollen als Käuferinnen oder

Abteilungsleiterinnen anbietet. In einem derartigen Umfeld vereinen sich Managerkultur, städtische bürgerliche Kultur (von Kunden und Direktoren), die Kultur der arbeitenden Klassen (Verkäuferinnen) und schließlich jene Kultur der Frauen, die durch die beschriebenen Prozesse nicht zerstört, sondern verwandelt worden ist. Und gemeinsam bilden sie eine neue Massenkultur.[15] Obwohl diese Kultur noch nicht die Gesamtheit der Frauen, sondern vor allem die mittleren und oberen Schichten umfaßt, kann sie aufgrund der ihr innewohnenden Tendenz, sich unter dem Druck des Marktes auf alle Frauen auszuweiten, als Massenkultur bezeichnet werden.

Die Neudefinition des weiblichen Ideals verlangt von der modernen amerikanischen Frau ein besonders gepflegtes Äußeres. Entscheidenden Anteil an dieser Entwicklung haben dabei die kosmetische Industrie[16] und die Industrie für die unterschiedlichen Hygiene-Produkte (die erste Damenbinde »Kotex« taucht 1921 auf dem amerikanischen Markt auf). Auch hier wird der Massencharakter durch eine Variante des Prinzips der Chancengleichheit und der Demokratisierung verkündet: Schönheit ist für alle Frauen erreichbar, wenn sie sich nur ausreichend Mühe geben. Die Uniformierung des weiblichen Aussehens (und der Idee von Weiblichkeit schlechthin, da die angepriesene Verwandlung sowohl äußerlich als auch innerlich ist: sich schminken bedeutet auch »sich selbst finden«) wird auf die schwarzen Frauen ausgedehnt, deren persönlicher Erfolg von geglättetem Haar und aufgehellter Haut abhängig gemacht wird. Man muß jedoch festhalten, daß die unterschiedlichen Schichten und Altersstufen durchaus differenziert gesehen werden, zumal die Herstellerfirmen sich sehr umsichtig auf verschiedene Zielgruppen einstellen.

Diese Prozesse werden weitgehend von den Massenmedien wie Zeitschriften, Werbung und Film getragen, und insbesondere der Film verbreitet die »Kultur der Schönheit«. In den 20er und 30er Jahren wird in den Studios von Hollywood ein Frauentyp mit charismatischer Ausstrahlung entworfen, der von Schauspielerinnen dargestellt wird, die als Vorläuferinnen der für die Unabhängigkeit streitenden Frauenbewegung bezeichnet worden sind.[17] Auch hier ist es interessant festzustellen, daß einige der vollkommensten Frauengestalten als Produkt eines – für die Massenproduktion typischen – Zusammenspiels von unterschiedlichsten Phänomenen entstanden sind: aus der Technologie von Hollywood, den Werbestrategien des *studio-system* und einer sexistischen Weltanschauung, die jedoch den Wunsch vieler Frauen nach Bestätigung einzubeziehen wußte. Der Star-Kult war auch das entscheidende Mittel bei der Übertragung der amerikanischen Modelle auf das Europa der Zwischenkriegszeit. Die Filme gaben praktische Tips zum Thema Mode, Schminken und Benehmen in einer Zeit, in der alles

Innovative und Moderne mit den Vereinigten Staaten identifiziert wurde.[18] Manche Autoren und Autorinnen gehen davon aus, daß die Entwicklung zur modernen, in der Welt des Konsums lebenden Frau zumindest bis zum Zweiten Weltkrieg einen emanzipatorischen Einfluß gehabt habe, da hierdurch – im Vergleich zu früher – freiere Verhaltensweisen und gesellschaftliche Beziehungen der Frauen gefördert worden seien.[19] Etwas allgemeiner behauptet Edgar Morin, daß der Einfluß der Stars sowohl zur Selbstbehauptung als auch zum narzißtischen Rückzug führen könne.[20]

In Europa waren die Veränderungen der Hausarbeit und des Frauenbilds als eigenständiger Prozeß in Gang gekommen, der durch die großen Umwälzungen in Wirtschaft und Konsum als Folge des Ersten Weltkriegs ausgelöst wurde. Wenn wir als Beispiel Frankreich herausgreifen, das damals ein durchschnittlich entwickeltes Land war, so finden wir dort Tendenzen wie die Forderung nach außerhäuslicher Arbeit auch für die Frauen des Bürgertums.[21] Die Notwendigkeit, die Hausarbeit zu vereinfachen, entsteht mit der Einführung der Elektrizität und der allgemeinen Gasversorgung und fördert einen Lebensstil, der sich zwischen 1927 und 1932 trotz Wirtschaftskrise von den traditionellen Werten unterscheidet. Im darauffolgenden Jahrzehnt kommt – vor allem in Paris – eine neue Lebensart auf, die die Sorge um die Hygiene im Haus in ungewohnter Weise forcierte, einen Wandel in den Eßgewohnheiten herbeiführte (von langwierigem und kompliziertem Kochen hin zu Käse und Rohkost) und die Zahl der Hausangestellten verringerte. 1939 beschränkt sich der technische Fortschritt im Haus noch auf kleine Geräte. Aber das Bild der Hausarbeit und der Frau hat sich gewandelt; von ihr erwartet man nun abends strahlendes Auftreten und attraktive Kleidung. Es haben sich also wesentliche kulturelle Elemente geändert, wenn auch nur im Rahmen einer ideologischen Sicht der Frauenrolle. Es ist somit kein Zufall, daß sich auch in Frankreich in den 30er Jahren die kosmetische Industrie etabliert hat.

Die weibliche Presse spiegelt diese Veränderungen wider und fördert sie gleichzeitig. 1937 wird durch die neue Zeitschrift *Marie-Claire* (die mit einer Auflage von 800000 erscheint) die Schönheitspflege auch für Französinnen aus ärmeren Verhältnissen erschwinglich.[22] Der niedrige Preis macht sie zu einer »Vogue du pauvre« und »demokratisiert« auch in diesem Fall etwas, das vorher nur den Frauen der wohlhabenderen Gesellschaftsschichten möglich war. Ideale wie Energie, Heiterkeit, Sauberkeit und auch graziöse Koketterie und eine gewisse Unabhängigkeit folgen nicht dem amerikanischen Beispiel von Bette Davis und Katharine Hepburn, sondern sind eine Interpretation der neuen Bedürfnisse, die die französische Tradition des Charmes und der Freiheit der Frauen aufgreift. Es ist interessant, daß trotz der Vorherrschaft des amerikanischen Modells in der Massenkultur in gewisser Weise ständig auf ein unerreichbares »anderes« Modell Bezug genommen wird. In der Zeit zwischen den beiden Kriegen ist dieses Vorbild für die amerikanische Werbung zweifellos das Bild der französischen Frau, denn viele Produkte werden in den USA bewußt als Kopien französischer Originale präsentiert. Am Ende der 30er Jahre setzen sich in Frankreich Formen durch, die typisch sind für Massenmedien, die sich an Frauen wenden: Ab 1938 breitet sich allgemein die Rubrik der Briefkastenecke aus. Im gleichen Jahr entwickelt *Confidences* eine neue Formel. Die Zeitschrift erkennt die Einsamkeit der Frauen und öffnet sich vertraulichen Mitteilungen, die zwar anonym bleiben, aber das Zirkulieren von autobiographischen Beiträgen ermöglichen, in denen das Leiden der Frauen während der erwähnten großen Umwälzungen zum Ausdruck kommt. 1939 hat die Auflage von *Confidences* eine Million Exemplare weit überschritten.[23] Alle beschriebenen Prozesse stagnieren während des Krieges, werden jedoch in der zweiten Hälfte der 40er Jahre und im darauffolgenden Jahrzehnt wieder aufgenommen und vorangetrieben.

Es ist bemerkenswert, was in dieser Zeit zwischen den beiden Kriegen in einem Land wie Italien passiert, das sich von den beiden bislang behandelten Ländern erheblich unterscheidet. Unterscheidungsmerkmale sind die verzögerte ökonomische Entwicklung, die im Fall Italiens auf eine besondere Kombination aus großer Rückständigkeit und fortgeschrittener Industrialisierung zurückzuführen ist, sowie ein autoritäres Regime und eine schwache demokratische Tradition. In Italien entwickeln sich die Anregungen zur Erneuerung der Frauenrolle auf eine widersprüchliche und dennoch für die bestehende Ordnung funktionale, wenn auch nicht konfliktfreie Weise. Die Angebote des faschistischen Regimes bewegten sich zwischen der Uniformierung der Frauen in seinen Massenorganisationen (wegen des Uniformzwanges ist das durchaus wörtlich zu verstehen) und dem Bild einer Hausfrau als »vorbildliche Ehefrau und Mutter«[24], die fähig war, auf ihren Schultern die ganze Last einer imperialistischen Bevölkerungspolitik zu tragen. Die Frau sollte moderner werden, aber auch viele Kinder produzieren und für die Ernährung und Kleidung der ganzen Familie mit den von der Autarkie-Wirtschaft zur Verfügung gestellten Mitteln sorgen: Pflanzenfasern aus Ginster und Brennesseln statt Baumwolle, Lanitalfaser[25] statt Wolle, Braunkohle statt Steinkohle. Zu diesen Widersprüchen kamen die Ambivalenzen eines Landes mit starker katholischer Tradition hinzu. So verfolgte die römische Kirche – trotz der Unterstützung des Regimes durch die Kirchenhierarchie – voller Argwohn die Eingliederung von Jugendlichen und Frauen in die faschistischen Organisationen und kritisierte mit aller Härte den Frauensport, der mit Vergnügen, Sittenlosigkeit und »Frivolitäten« verglichen wurde, die die Frau aus dem Hause lockten.[26]

In der Praxis unterstützten diese Widersprüche das faschistische Regime – besonders die Diskrepanz zwischen den Erfordernissen des kapitalistischen Modernisierungsprozesses und die Gegensätzlichkeiten, die sich in direkter Weise aus den verschiedenen Anforderungen des autoritären Regimes ergaben. Es ist klar, daß die italienische Frau als Konsumentin und Verwalterin nicht über die gleichen Ressourcen verfügen konnte wie die Amerikanerinnen und Französinnen (wenn wir einmal von den sozialen und regionalen Unterschieden innerhalb der einzelnen Länder absehen). Es vollzog sich also vielmehr eine Art repressiver Modernisierung, deren Kosten weitgehend von den Frauen getragen wurden, und zwar sowohl von den Frauen der Arbeiterklasse (durch Lohnsenkungen und strenge Arbeitsdisziplin) als auch der Mittelschicht (aufgrund der wachsenden Leistungen, die der Hausfrau abverlangt wurden). Durch das Zusammenwirken der einzelnen Veränderungen, zu denen z. B. die in der zweiten Hälfte der 30er Jahre verbesserte Sozialfürsorge sowie mehr Freizeit auch für die Arbeiterschaft gehörten, die aber im institutionellen Rahmen der Diktatur stattfanden, ergaben sich tiefgreifende Veränderungen in der Beziehung zwischen öffentlichem und privatem Bereich. Das Eindringen der öffentlichen Macht in die Privatsphäre implizierte für die Frauen nicht nur die Lockerung der familiären Bindungen oder zumindest den Konflikt mit ihnen (die moderne Italienerin, die an politischen und sportlichen Veranstaltungen teilnahm, fand nicht immer die Billigung der Väter und Brüder, und auch nicht der Mutter, wenn sie eine fromme Katholikin war). Es bedeutete auch, daß die eigene Reproduktionskraft dem Staat zur Verfügung gestellt wurde, der mehr denn je die öffentliche Funktion der Mütter hervorhob – wenn auch in verzerrter Weise und gegen die Widerstände der Frauen.[27] So wurde der Privatbereich manipuliert; der öffentliche Bereich dagegen verlor seine Eigenschaften als Sphäre für den freien Meinungsaustausch und wurde zunehmend von Verwaltung und staatlichen Körperschaften beeinflußt. Gleichzeitig verlagerte sich die Grenze zwischen beiden Sphären unter dem Gewicht einer politischen und kommerziellen Werbung, die versuchte, die individuellen Entscheidungen zu konditionieren. Diese Phänomene ähnelten – selbst in ihrer spezifischen Form – den Modernisierungsprozessen in demokratischen Systemen und antizipierten die großen Veränderungen im Verhältnis zwischen Öffentlichem und Privatem, die sich nach dem Zweiten Weltkrieg auch in Italien vollzogen.

Was im Verlauf dieser Vermassungsprozesse mit dem Individuum Frau geschah, kann aus einem Roman erschlossen werden, der einen Sonderfall in der italienischen Kulturlandschaft jener Zeit darstellt: *Die*

Geburt der Hausfrau und ihr Tod von Paola Masino. Das Buch wurde in den Jahren 1938 und 1939 geschrieben und von der faschistischen Zensur verboten, die den Roman als »defaitistisch und zynisch« verurteilte. Er erzählt eine Frauengeschichte, an deren Beginn der Konflikt mit der Mutter während der Kindheit und Jugnd steht. Die Tochter, »staubig und schläfrig«, in eine besessene Wißbegier vertieft – »Alles hat einen Grund, und ich muß ihn entdecken« –, wird von der Mutter behindert und verachtet, so daß die Kleine sich jahrelang in einen Schrankkoffer zurückzieht. Schließlich gibt sie nach und ist der Mutter zuliebe bereit, es mit einem »normalen Weg zu probieren«, statt »in *ihrer* Wahrheit« fortzufahren. Überglücklich schildert ihr die Mutter sogleich ihre Initiation in das neue Schicksal: »Ich werde dir ein schönes Kleid machen, ich werde dich zum Friseur bringen, wir werden dich waschen, wir werden dich anmalen.« Die Tochter heiratet und wird das, was von ihr erwartet wird, indem sie sich wie besessen mit dem Haushalt und den gesellschaftlichen wie politischen Verpflichtungen beschäftigt, bis sie das »Diplom einer hochverdienten Bürgerin« erhält und zum »nationalen Vorbild« ernannt wird. Die Erzählung benutzt groteske und manchmal surreale Töne, die die ironische Darstellung der gesellschaftlichen Wirklichkeit unterstreichen. Das Unbehagen der Hausfrau und ihr Protest, einschließlich der Übertreibung, mit der sie all dies vorantreibt, wird überall ersichtlich. Es mag genügen, ein einziges Beispiel zu zitieren, bei dem die Hausfrau ihre neuerworbene Besessenheit hinsichtlich der Hygiene austobt, ausgerechnet sie, die einst – »ungepflegt« – die Reinlichkeit vernachlässigte. In einem Anfall, der an die Werbung für die neue Hausfrau erinnert, bewegt sie sich »sachte auf dem spiegelblank gebohnerten Parkett dahingleitend, (...) die schönen weißen Röcke wie Segel um sich gebreitet«. Weiter geht es mit der Beschreibung ihrer Versuche, mit den Fingerkuppen zu kontrollieren, ob auf den Fußböden noch Spuren von Staub zu finden sind, bis schließlich die Hausfrau sich im Interesse einer sorgfältigen Kontrolle nicht scheut,

> »sich auf die Knie zu werfen und sorgfältig zwei, drei Mal den Boden zu lecken. Die Zunge glitt auf dem polierten Marmor hin und her und ein prickelnder Geruch, fast wie von Most, stieg aus den Fugen der Platten auf; ein eisiges Gären, eine mineralische Todesausdünstung, wimmelnde Sternenkeime, Zeichen einbalsamierter Weltenräume. Ihre Zungenspitze war, zu Eis geworden, an den Boden geschweißt, aber die Frau blieb so, mit dem Gesicht auf der Erde, um den Atem des Steins zu beriechen und einzuatmen.«[28]

Zu den Veränderungen in der Beziehung zwischen dem Öffentlichen und dem Privaten gehören auch die Phänomene der Massenkultur im engeren Sinne. In den dreißiger Jahren wächst auch in Italien das

Radiopublikum erheblich (von 27000 Hörern im Jahre 1926 auf 800000 im Jahre 1937). Gleichzeitig verbreiten sich die an die Masse gerichteten Publikationen, und zwar nicht nur die Zeitschriften der faschistischen Organisationen, die Hunderttausender-Auflagen erreichten. In der Zeit von 1930 bis 1938 entstehen fünf der wichtigsten Frauenzeitschriften, die auch nach dem Krieg weitergeführt werden und zum Teil heute noch existieren *(Rakam, Annabella, Eva, Gioia* und *Grazia)*. In diesen Zeitschriften findet man reaktionäre und fortschrittliche Elemente der faschistischen Frauen-Politik. Im Vergleich zu den zwanziger Jahren wird die Werbung nun intensiviert und zusammen mit der Propaganda für inländische Produkte aufgewertet. Den Massenfrauenzeitschriften gelingt es jedoch nicht, die Klassenschranken zu überwinden. Die auf die unteren Gesellschaftsschichten zielenden Zeitschriften benutzen eine einfache und leichter zugängliche Sprache. Wir dürfen nicht vergessen, daß in der Zeit zwischen den beiden Kriegen die große Mehrheit der Italienerinnen aus »Fast-Analphabeten«[29] besteht; im Jahre 1921 beläuft sich der weibliche Analphabetismus auf 30,4 Prozent gegenüber 24,4 Prozent bei den Männern.[30] Alle Zeitschriften enthalten Rubriken zum Thema Liebe, Hausarbeit, Familie, Religion, Küche, Astrologie und Träume. Einige – wie *Cinema illustrazione* – bringen auch Klatschgeschichten über die römische Filmstadt Cinecità; neben den Stars treten (zum Beispiel in *Eva*) Persönlichkeiten des Königshauses sowie der Duce und seine Familie auf. Die Literatur präsentiert Gestalten wie die heroische Mutter, die nicht weint, wenn der Sohn im Krieg stirbt, sondern ihn im Gegenteil mit Entschlossenheit zur Verteidigung der Heimat mahnt. Aber auch Schneiderinnen, Angestellte und Sportlerinnen, die sich in faschistischen Aktivitäten engagieren, sind Thema der Belletristik. Sie erhalten zuweilen heroische Hauptrollen, wie bei den Romanen über den neuen italienischen Kolonialismus. Es sind im Vergleich zur Rolle des stillen Opfers immerhin aktivere, wenn auch recht ambivalente Figuren.

Wie in Frankreich, so unterbricht auch in Italien der Zweite Weltkrieg Prozesse, die dann in den fünfziger Jahren um so intensiver wiederaufgenommen werden. Dies betrifft besonders die Verflechtung von kulturellen Modellen und Konsum. Erst in den fünfziger Jahren wird in Italien das Modell des Massenkonsums voll verwirklicht, als Güter wie Fernseher, elektrische Haushaltsgeräte und Autos für einen wachsenden Verbraucherkreis erschwinglich werden. Die Frauen hatten beim neuen Massenkonsum, der nun auch den Bereich der Kosmetikprodukte und Hygieneartikel, der Haushaltswaren und der Bekleidung in breitem Umfang umfaßte, eine führende Funktion. Nach wie vor berühmt ist die Analyse des Soziologen Alberoni, der schildert, was es für die jungen Frauen aus Süditalien bedeutete, wenn sie die neuen

Nachthemden aus synthetischem und durchsichtigem Material der traditionellen Ausstattung vorzogen:

»Welche Bedeutung haben für ein junges Mädchen die neuen Nachthemden, die es in einem Film gesehen hat? Das zu akzeptieren oder auch nur zu verstehen, gleicht einer Auflehnung. Die Aussteuer ist in der statischen Gesellschaft starr und unveränderlich (...), sie ist mit ihrer weißen Farbe und der Strenge ihrer Intimwäsche Ausdruck der mit der Ehe verbundenen strengen Pflichten und Gemeinschaftswerte. Der Entschluß, solch ein Nachthemd zu kaufen, es den anderen vorzuziehen, ist eine Rebellion; es bedeutet, der traditionellen Aussteuer auf einen Schlag all ihren patrimonialen Bezug zu nehmen und damit sogar die Institution der Mitgift zu verändern. (...); im weiblichen Konsumverhalten hat sich die Erringung einer Gleichwertigkeit mit dem Mann ausgedrückt. Mehr als der Mann empfindet die Frau das Bedürfnis, sich als eine Bürgerin mit neuen Rechten in der neuen Gesellschaft zu fühlen.«[31]

Es mag fragwürdig sein, dem Konsumverhalten diese Kraft zur Eingliederung in eine moderne und weltoffene Gemeinschaft zuzuschreiben, eine Kraft, die gleichzeitig zum Zusammenbruch der lokalen und traditionellen Gesellschaft führte. Heute – fast dreißig Jahre später – wird der euphorische Ton dieser Analyse gedämpft, wenn wir uns die Grenzen einer derartigen Emanzipation klarmachen. Dennoch ist die Analyse in ihren groben Zügen und in der Grundbedeutung durchaus hilfreich, da sie uns die Notwendigkeit vor Augen führt, den historischen und geographischen Kontext der kulturellen Veränderungen zu berücksichtigen, um diese angemessen zu beurteilen.

Apokalypse und Integration

In der wissenschaftlichen Diskussion um die Massenkultur geht seit einiger Zeit das Gegensatzpaar »Apokalyptiker und Integrierte« um, das Umberto Eco 1964 prägte. Er wies jedoch sogleich darauf hin, daß die Formel nicht aporetisch zu verstehen sei, sondern zwei komplementäre Eigenschaften verbinde, die auf die Kritiker selbst und erst recht auf die Massenkultur anwendbar seien. Denn auch die Apokalyptiker, die die Massenkultur als eine Katastrophe für die kulturellen Werte ansehen, wittern schon im Hintergrund eine Schar von Supermännern. Dies ist jedoch bereits im kritisierten Objekt angelegt. Eco hält es für ein typisches Merkmal der Massenkultur, daß sie von den Verbrauchern einerseits ein diszipliniertes »Mittelmaß« verlangt und gleichzeitig den Traum vom Supermann in ihnen weckt, der eines Tages in jedem von uns entstehen könne, gerade aufgrund der bestehenden Verhältnisse.[32]

Der wichtigste Teil dieser Analyse bestätigt etwas, auf das wir im vorigen Abschnitt mehrfach gestoßen sind: den Doppelcharakter der kulturellen Produktion, die einerseits große Hoffnungen auf *Erneuerung* nährt, sich letztlich aber nur in Phrasen zur bestehenden Ordnung äußert. Dieser Widerspruch erklärt sich durch die historischen Bedingungen, unter denen sich der Aufstieg der unteren Klassen bis hin zur Beteiligung am öffentlichen Leben vollzogen hat. Diese sind zu Protagonisten geworden, ohne jedoch über die Art ihres Zeitvertreibs, Denkens und ihrer Phantasie entscheiden zu dürfen, was ihnen von den Massenmedien abgenommen wird. All dies tritt noch deutlicher hervor, wenn wir uns ansehen, an welchen Punkten die Geschichte der Frauen auf ähnliche Fragen stößt. Zur Verdeutlichung greife ich den Sonderbereich der Frauenpresse heraus, zum einen, weil dies vor allem in den bislang behandelten Ländern einer der am besten dokumentierten Bereiche ist. Zum anderen ist die Presse Teil einer langen und für die Frauen sehr bedeutungsvollen Geschichte. Man muß sich nämlich vor Augen halten, daß die europäische Kultur seit dem 17. Jahrhundert den Frauen zwar den Zugang zur Öffentlichkeit auf der Ebene von Literatur und Theater (Roman, Bühnenstücke) durchaus gewährte, weniger jedoch auf politischer Ebene. Die weibliche Presse hat also kontinuierlicher als andere Medien, wie z. B. der Film, auf historischer und theoretischer Ebene eine Bedeutung, die durch ihre zahlreichen Ambiguitäten nicht gemindert wird. Bevor wir diesen Exkurs über die weibliche Massenpresse beginnen, erscheint es sinnvoll, sie ganz kurz in einen breiteren Kontext einzuordnen und hervorzuheben, daß dieses Phänomen die europäischen und nordamerikanischen Gesellschaften betrifft. Die Daten zum weltweiten Analphabetismus der Frauen in dem hier behandelten Zeitraum sind erschütternd: ca. 40 Prozent gegenüber 28 Prozent bei den Männern im Jahre 1970, mit Maximalwerten von 83 Prozent (bzw. 63 Prozent) in Afrika, 57 Prozent (37 Prozent) in Asien und 85 Prozent (60 Prozent) in den arabischen Staaten. Für all diese Frauen – die mehr als ein Drittel der weiblichen Weltbevölkerung ausmachen – hat die Presse allerdings wenig Bedeutung. Weniger als ein Drittel sieht fern; das zahlreichste weibliche Publikum sind – weltweit – die Rundfunkhörerinnen. Doch dieser Aspekt wurde von der Geschichte der Frauen bislang wesentlich weniger beachtet als die Presse.

Die soeben angestellten Betrachtungen helfen, den Begriff »Massen« zu relativieren. Wir haben darauf hingewiesen, daß dieser Begriff eine potentielle Gültigkeit hat. Wir müßten hinzufügen, daß er sich im gängigen Gebrauch nicht nur auf quantitative, sondern auch auf qualitative Aspekte bezieht. Damit ist gemeint, daß Massenkultur nicht von Intellektuellen produziert wird und sich an eine soziale Masse wendet, das heißt an ein scheinbar nicht nach Klassen und Regionen differenziertes Agglomerat. Neben den klassischen, jeweils in einem bestimmten Volk verwurzelten Kulturen bildet sich diese neue kulturelle Form vielmehr als Abkömmling der Massenmedien heraus, ohne erkennbare lokale Wurzeln.[33]

Wenden wir uns wieder der Frauenpresse zu. Ihre Anfänge gehen zurück auf das Ende des 17. Jahrhunderts (in England erscheint 1693 der *Lady's Mercury*). Der Massencharakter jedoch manifestiert sich erst gegen Ende des 19. Jahrhunderts. Er wird zum ersten Mal 1886 explizit angesprochen, als Laura Jean Libbey einer amerikanischen Zeitschrift »junge, reine, intelligente Liebesgeschichten (...), Geschichten für die Massen« anbietet.[34] In der Zwischenkriegszeit expandiert die weibliche Presse, bis sie schließlich nach dem Zweiten Weltkrieg ein »riesiger« Sektor wird, der Zehntausende von Leserinnen hat.[35] Eben diese ungeheure Verbreitung alarmiert sehr schnell die »Apokalyptiker«, in deren Augen dadurch das typische Nebeneinander von Archaischem und Grandiosem zum Ausdruck kommt, welches bereits in den dreißiger Jahren die Kritiker der Vermassung von Ortega y Gasset bis Horkheimer festgestellt hatten.

Als Gabriella Parca 1959 *Le italiane si confessano* veröffentlichte, eine Anthologie von 8000 Briefen, die in den vergangenen drei Jahren in der Briefkastenecke von zwei Comic-Wochenheften eingegangen waren, brachte der *Osservatore romano* (Tageszeitung des Vatikans) seine große Besorgnis darüber zum Ausdruck, daß so viele Frauen mittlerweile die Briefkastentanten der Frauenzeitschriften dem Beichtvater vorzogen. Das Buch offenbarte die Unsicherheiten, Ängste, Obsessionen und Unzufriedenheiten der italienischen Frauen und gleichzeitig deren Schwierigkeiten, etwas zu ändern, und zwar nicht als realistischer Spiegel des gesellschaftlichen Lebens – wenn es so etwas überhaupt gibt –, sondern innerhalb einer besonderen imaginären Welt, nämlich der Comics. Die Sprache der Briefe ähnelte diesem Genre und wurde vor allem benutzt, um ein Merkmal des Nationalcharakters frauenspezifisch auszudrücken: die Sex-Besessenheit, oft begleitet von der Unkenntnis des eigenen Körpers, noch bevor es zu einer Begegnung mit einem anderen Körper gekommen ist. Das Gesamtbild zeigte eine Verflechtung von Altem und Neuem, in der die Italienerinnen mühsam, aber voller Energie lebten. Die dritte Ausgabe des Buches erschien 1966 mit einem Vorwort von Pier Paolo Pasolini, dem nicht entgangen war, daß jeder Brief eine Anregung »für eine Erzählung oder einen Film« enthielt, für jene Welt also, die den neuen Bekenntnissen die Sprache zur Verfügung stellte. Doch auch er ließ sich zu einer apokalyptischen Frauenfeindlichkeit hinreißen, indem er die redaktionellen Überarbeitungen als Ausdruck einer durch die Massenkultur verursachten sprachlichen Nivellierung ansah. Diese interpretierte er einfach als eine »oberflächliche Verkrustung der Modernität«, unter der »man sofort auf niedere

Zivilisationsschichten stößt«, in denen »die konservativen Tendenzen der Frauen« ruhen.[36]

Die Haltungen zur Frauenpresse, vor allem zu auflagenstarken Zeitschriften, spiegeln das Unbehagen fortschrittlicher WissenschaftlerInnen wider, die sich mit der Analyse der Medien befassen. Doch in den letzten Jahrzehnten hat eine Entwicklung stattgefunden. Zu Beginn der sechziger Jahre rückt man immer mehr von der Geringschätzung der Massenkultur ab und betrachtet sie mit wachsendem Interesse. Es bleiben jedoch Elemente einer sehr kritischen Haltung bestehen. Selbst Evelyne Sullerot, die den positiven Aspekten der weiblichen Presse immerhin große Aufmerksamkeit widmet, spricht von »Uniformität in der Fadheit und Mittelmäßigkeit«.[37] Gleich darauf überträgt sie die Verantwortung dafür den Intellektuellen, ihrem Snobismus und ihren Vorbehalten gegenüber Massenprodukten. Sullerot räumt ein, daß das Frauenpublikum am konservativsten sei, weist aber auch darauf hin, daß die Frauen, besonders im einfachen Volk, mehr lesen als die Männer. Die etablierte Moral, die die Massenpresse mit einigen wenigen Abstrichen respektiert, scheint als einzige den Frauen etwas Sicherheit zu garantieren. Zehn Jahre später wirft eine Vertreterin der »apokalyptischen« Sichtweise, Anne-Marie Dardigna, der Frauenpresse übermäßige »Integration« vor und kritisiert scharf ihren mystifizierenden Charakter.[38] Die ideale Frau werde als passiv dargestellt und sei verfügbar, korrupt und darauf bedacht, die ausschließlich als Ehegatten gesehenen Männer zu manipulieren. Klassenspezifische Festlegungen sind laut Dardigna eindeutig: Den Frauen der unteren Gesellschaftsschichten bieten die Frauenzeitschriften eine kompromißlose normative Ideologie; die Frauen aus wohlhabenderen Schichten lassen diese Medien an den realen Revolten teilhaben, um sie als Leserinnen geschickt zurückzuerobern. Die Frauenzeitschriften reden ihren Leserinnen stets ein, die Befreiung der Frauen sei bereits in vollem Gange, ja sogar nahezu vollendet. Nach Dardigna ist der unterdrückende Einfluß der weiblichen Presse von unschätzbarem Wert für die bestehende Macht, da diese eine Sichtweise bestärkt, in der sich die *Worte* von der Realität entfernt haben: Die Formulierung des weiblichen »Elends« und der radikalen Auflehnung, die daraus folgen kann, erscheint nie als wirklich möglich.

Diese apokalyptischen Töne, die ein Echo der 68er Bewegung und des Feminismus der frühen siebziger Jahre sind, sind jedoch nicht völlig zu ignorieren. Ihre Hauptschwäche ist das Fehlen einer historischen Perspektive. Und dennoch finden diese Ansätze einen gewissen Widerhall in der Frauenforschung. Mitte der siebziger Jahre wurde auch in Italien ein Weg eingeschlagen, der eine historische Herangehensweise mit der Kritik der patriarchalen Ordnung verbindet. Es werden – wie es im übrigen Sullerot bereits begonnen hatte – die ökonomischen

Interessen der Medien herausgearbeitet: In Italien ist die Frauenpresse der solideste und blühendste Zweig der Massenkulturindustrie. Das zeigt sich schon daran, daß in vielen Zeitschriften die Werbung mehr als die Hälfte des Gesamtvolumens einnimmt (von 1953 bis 1963 hat sich der Werbeanteil verdoppelt, in einigen Fällen verdreifacht). Die Werbung kostet in Frauenzeitschriften fast anderthalbmal so viel wie in Publikationen mit gemischter Leserschaft.[39] Auch die Frauenpresse hat eine gemischte Leserschaft; Schätzungen zufolge beläuft sie sich auf ca. 20 Millionen, davon sind 30 Prozent Männer. Dieses große Marktsegment wird von einem Oligopol kontrolliert: Vier Verlagsgruppen besitzen mehr als drei Viertel aller Zeitschriften.[40] Auf der anderen Seite wächst das Bewußtsein von der Rolle der Frauen in der Kulturpoduktion. Auch wird der Tatsache, daß die in Sektoren wie dem der Information beschäftigten Frauen immer zahlreicher, entschlossener und solidarischer untereinander werden, eine größere Bedeutung zugemessen.[41] Besonders schwierig ist die Auseinandersetzung mit der populärsten Produktion auf diesem Gebiet, dem Fotoroman, der nach dem Zweiten Weltkrieg ein Phänomen von großer Tragweite, aber auch ein Beispiel für hartnäckiges Überleben einer Ideologie ist. Dieser stellt im Grunde eine Mischform dar: Er kombiniert nämlich die Techniken des Films und der Fotografie mit denen der Comics und überträgt sie auf die Tradition der Unterhaltungsliteratur. Der Fotoroman ist in der Frauenpresse des romanischen Sprachraums (einschließlich Lateinamerika) sehr verbreitet. In Italien taucht er 1946 zunächst mit gezeichneten Bildern *(Grand Hotel)* und 1947 dann mit Fotos *(Bolero film, Sogno)* auf. Es scheint, daß der Fotoroman zu Beginn seiner Geschichte gemeinschaftlich konsumiert wurde (wie es im übrigen dann später auch beim Fernsehen geschah): In den abgelegensten Dörfern las jemand sonntags die Sprechblasen laut vor, während diejenigen, die nicht oder schlecht lesen konnten (zum Beispiel die älteren Frauen) der Geschichte anhand der Bilder folgten.[42] Später überwog dann die individuelle Lektüre und die – wenn auch nie vollständige – Feminisierung des Publikums. Von 1946 bis zum Ende der siebziger Jahre wurden in Italien mindestens zehntausend Fotoromane produziert, die insbesondere unter den Jugendlichen Verbreitung fanden: Unter den Titeln befanden sich auch Kurzfassungen großer Romane wie *I promessi sposi* (Manzoni) und *Tess dei d'Uberville*. Da das Lesen dieser Trivialliteratur eine Abwendung von der Wirklichkeit zugunsten evasiver Tendenzen fördert, finden wir in diesem Bereich nur recht wenig Werbung. Bevorzugte Themen sind weiterhin das versteckte Unglück berühmter Persönlichkeiten, mit Mutterschaft und Kindheit verbundene traurige Schicksalsschläge sowie das strahlende Glück der einfachen Leute.[43]

Die »apokalyptische« Abwertung solcher Publikationen ist der Erkenntnis gewichen, daß diese »einem tiefen Bedürfnis« entsprechen und fähig sind, als spielerisches Moment »eine Funktion in der psychischen Ökonomie« zu erfüllen.[44] Die Fotoromane werden nicht mehr nur als Mittel zur Flucht, sondern auch zur Sensibilisierung betrachtet.[45] Diese veränderte Sichtweite fügt sich in eine gewandelte historisch-politische Perspektive ein, die sich zum Beispiel in der scheidungsfreundlichen Tendenz einiger wichtiger Frauenzeitschriften (wie *Grand Hotel, Cosmopolitan, Amica, Annabella*) zeigte, als im Jahre 1974 mit 59 Prozent der Stimmen das Referendum zur Scheidung abgelehnt wurde. Einige schreiben diese scheidungsfreundliche Tendenz marktorientierten Überlegungen zu; es trat also in neuer Form wiederum die problematische Verbindung zwischen Markt und Konsum einerseits und Emanzipation andererseits zutage.

Die interessantesten Versuche, die apokalyptische Kritik und die historisierende Perspektive der Integration miteinander in Einklang zu bringen, stammen insbesondere in den achtziger Jahren aus den Analysen zur Massenproduktion von Fantasy-Literatur für Frauen in den Vereinigten Staaten. Diese nehmen eine historische Ableitung vor, die eine Verbindung herstellt zwischen der Massenproduktion von Liebesromanen (in der Art der *Harlequin*, die 1958 in Toronto begannen und 1977 eine Auflagenhöhe von hundert Millionen erreicht hatten) und dem sentimentalen Roman des 18. und 19. Jahrhunderts, mit *Pamela* von Richardson und den Werken der Schwestern Brontë und von Jane Austen.[46] Auch die psychologischen Mechanismen wurden erforscht, um die Vorliebe vieler Frauen für diese Art Literatur zu erklären. Tania Modleski hat gewisse Umkehrungen herausgearbeitet und zum Beispiel den Wunsch, mit Gewalt genommen zu werden, als einen manifesten Inhalt gedeutet, hinter dem sich Ängste vor Vergewaltigung und der Wunsch nach Macht und Rache (latenter Inhalt) verstecken. Ihre Interpretation machte sich die feministischen Erfahrungen zunutze. Unter diesem Blickwinkel bedeutet die »Flucht« der Frauen bei der Lektüre von Trivialliteratur, daß sie in Wirklichkeit wünschen, auf eine neue Weise gesehen zu werden. Janice Radway hat darauf beharrt, wie wichtig es ist, daß diese Deutung die Leserinnen nicht zu Passivität und Impotenz verurteilt. Radway erkennt den Doppelcharakter von Handlungen an, die sowohl die momentane Ablehnung der sozialen Entsagungsrolle als auch die Kompensation beinhalten, die es ermöglicht, sich einen Freiraum zu schaffen, ohne diese Rolle zu bekämpfen. Sie unterstreicht dennoch, daß letztlich die Texte von Personen ausgewählt, gekauft, konstruiert und benutzt werden, die in diese Handlungen ihre eigenen Bedürfnisse, Wünsche und Interpretationsstrategien projizieren. Die Gemeinschaft der Leserinnen – und Autorinnen –, die sich auf diese Weise herausbildet, ist dennoch den Vermittlungen der kapitalistischen Organisation unterworfen, die die gegenseitigen Unterschiede und die Differenz zwischen Veränderungswünschen und Akzeptanzbedürfnis hervorruft.

Diese Analysen der Frauenpresse – so unterschiedlich sie auch sind – gehen in eine Richtung, die auch auf die anderen Bereiche der Massenkultur übertragbar ist. Modleski hat ihre Methode auf die »Seifenopern« angewandt und den Schluß gezogen, daß die Phantasien von einer Großfamilie nicht im Widerspruch zur feministischen Argumentation stehen, sondern im Gegenteil durch diese aufgefangen und weiterverarbeitet werden können als ein Wunsch nach Gemeinschaft, der die Auseinandersetzung mit den traditionellen Werten sucht, auch wenn er sie zu bestätigen scheint. Einem vorurteilslosen Blick kann die Massenkultur noch einige angenehme Überraschungen bereiten. So erging es Milly Buonanno bei einer Analyse der italienischen Fernsehprogramme zu Beginn der achtziger Jahre. Die Untersuchung ergab, daß auf die Informations- und Kulturprogramme die gleiche Kritik zutraf, wie sie in ähnlichen Studien dem amerikanischen Fernsehen gegenüber erhoben wurde: die Herabsetzung und verzerrte Darstellung der Frauengestalten im Vergleich zu den Männern. Für die *Fiction*-Programme jedoch schien es – beinahe zum Erstaunen der Forscherin – daß die Beziehung Mann/Frau nicht als Herrschaftsverhältnis dargestellt wird und daß darüber hinaus eine Vielzahl unterschiedlicher weiblicher Identifikationsmodelle existiert. Die fiktionalen Programme fördern Differenzierungsprozesse bei den Frauenschicksalen, indem sie unterschiedliche und legitime Arten des Frau-Seins anbieten und im Gegensatz zu den alten Stereotypen und Rollen Raum für Veränderungen lassen.[47]

An diesen Exkurs können wir resümierend einen sehr kurzen Gedankengang anschließen. Heute scheint sich mehr denn je einer wachsenden Zahl von Frauen die Möglichkeit zu eröffnen, in vollem Sinne Subjekte zu sein, sei es individuell oder in der Gemeinschaft. Der Prozeß scheint lang und komplex zu sein, sowohl was die volle Realisierung der Hoffnungen auf Emanzipation und Selbstentdeckung in den nördlichen Ländern der Welt angeht, als auch für die Entwicklung und Verbreitung von angemessenen Befreiungsprozessen für die Mehrheit der Frauen unseres Planeten. Es ist nicht notwendig, aber paradoxerweise ist es geschehen und geschieht immer noch, daß die Prozesse der Selbstbestätigung durch Vermassung und Uniformierung hindurch verlaufen. Eine – keineswegs ungewöhnliche – Ironie der Geschichte ist es, daß solche Prozesse auch umgekehrt verlaufen können.

Aus dem Italienischen von Gesa Schröder

Mademoiselle Chanel, 1937. Fotografie von Schall.

12
Frauen, Bilder, Darstellungen

Anne Higonnet

Zu Beginn des 20. Jahrhunderts boten sich den Frauen neue kulturelle Möglichkeiten, die zu ergreifen sie endlich bereit zu sein schienen. An den Institutionen der hohen Kunst zugelassen, von den Massenmedien umworben, stand es ihnen offenbar frei, sich gemäß ihren eigenen Vorstellungen zu imaginieren. In den folgenden Jahrzehnten sicherten sich demzufolge auch viele Frauen die Kontrolle über ihre visuelle Identität, deren einstige Grenzen sie in bisher ungekanntem Maß erweiterten. Noch größer war der Anteil der Frauen, die passiv an kulturellen Formen partizipierten, mittels deren sie gleichzeitig glorifiziert und abgewertet wurden. Aber je mehr sie begannen, sich selbst darzustellen oder von Männern dargestellt wurden, desto problematischer gestaltete sich das Bild von ihnen. In den letzten Jahrzehnten dieses Jahrhunderts haben Frauen damit angefangen, sich gegen die Widersprüche und Dilemmata in der Weise, wie sie gesehen werden und wie sie sich selbst sehen, zu wehren.

Die Jahre unmittelbar vor dem Ersten Weltkrieg waren von der Zuversicht in die Möglichkeiten eines Wandels gekennzeichnet. Frauen bedienten sich bestimmter Bilder, um sich mit ihrer körperlichen Gegenwart und mit ihren Forderungen in der Öffentlichkeit bemerkbar zu machen. Anders als die allegorischen Figuren der Vergangenheit stellt die Frauengestalt auf einem Plakat zum Frauen-Tag im Jahre 1914 ihre Kraft in den Dienst der eigenen politischen Sache (Abb. 1). Eine barfüßige Frau aus dem Volk hebt sich als Silhouette gegen die gewaltige rote Fahne ab, die sie schwingt – eine graphische Darstel-

Abb. 1 Plakat zum Frauen-Tag im Rahmen der »Roten Woche« vom 8. bis 14. März 1914. *Berlin, Archiv für Kunst und Geschichte.*

lung, die immerhin skandalös genug erschien, um das Plakat in Berlin zu verbieten.

Frauen begannen, ihren Körper neu zu entdecken und zu zeigen. Tänzerinnen wie Isadora Duncan oder Ruth St. Denis befreiten sich von den Fesseln und Stilisierungen des klassischen Balletts zugunsten eines

Abb. 2 Edward Steichen (Amerikaner, 1879–1973), *Wind and Fire*. Fotografie von Theresa, 1921. *New York, Museum of Modern Art*.

Abb. 3 Paula Modersohn-Becker (Deutsche, 1876–1907), *Selbstbildnis mit Bernsteinkette*, 1906. Ölgemälde. *Bremen, Lars Lohrisch.*

freien, lyrischen Ausdruckstanzes. Edward Steichen evozierte Duncans choreographische Philosophie mit einer Fotografie ihrer Schülerin Theresa (Abb. 2). Über der Akropolis schwebend, bewegt sie sich im Einklang mit den Elementen Stein, Wind und Feuer. Paula Modersohn-Becker wagte es, Aktbildnisse von sich zu malen. Anders als viele männliche Avantgarde-Künstler, die formale Neuerungen nutzten, um eine konventionelle Behandlung weiblicher Sujets zu verschleiern oder zu rechtfertigen, machte sich Modersohn-Becker den Radikalismus eines avantgardistischen Standpunkts zu eigen, um Geschlechterrollentabus zu brechen. Auf Bildern wie dem *Selbstbildnis mit Bernsteinkette*

(Abb. 3) gibt sie ihre Sinnlichkeit als solide und natürliche Tatsache wieder. Den festen Umfang ihrer Figur kontrastiert sie mit Blattwerk und Blumen.

Dann brach der Erste Weltkrieg aus; militärische und nationalistische Interessen belebten weibliche Archetypen neu. Gleichzeitig erzeugten sie aber auch neue Vorstellungen von Frauen als einem Teil der Arbeiterschaft. Plakate wie *For Every Fighter A Woman Worker* (Für jeden Frontkämpfer eine Arbeiterin) (Abb. 4) stellten nicht nur die Kriegsan-

Abb. 4 Ernest Hamlin Baker, *For Every Fighter a Woman Worker*. Amerikanisches Rekrutierungsplakat aus dem Ersten Weltkrieg, 1918. *Ekstrom Library, University of Louisville, Kentucky.*

Abb. 5 Französisches Plakat aus dem Ersten Weltkrieg zur Zeichnung von Kriegsanleihen, 1918. *Ekstrom Library, University of Louisville, Kentucky.*

strengungen der Frauen auf eine Ebene mit denen der Männer, sie verliehen auch der Berufstätigkeit von Frauen ein kollektives Ansehen. Andere Plakate zeigten Frauen, um zu versinnbildlichen, wofür die Männer kämpften. Eine junge Bäuerin verkörpert »la douce terre de la France«, die süße Erde Frankreichs, für die Kriegsanleihen gezeichnet werden sollten (Abb. 5). Auf der anderen Seite der Front steht ein imposanter klassischer Frauenkopf für den österreichischen Nationalstaat (Abb. 6). Manche Plakate beschworen auch die Heldinnen der Vergangenheit, um Frauen an das in ihnen schlummernde Potential zu erinnern: »Joan of Arc Saved France. Women of Britain, Save Your Country. Buy War Savins Certificates« (»Die Jungfrau von Orléans rettete Frankreich. Frauen Britanniens, rettet euer Land, kauft Kriegsschuldverschreibungen«, Abb. 7).

Von den Weltereignissen elektrisiert, stellten zahlreiche Künstlerinnen in den ersten Jahrzehnten des Jahrhunderts ihre Talente für politische Zwecke zur Verfügung. Vor allem in Deutschland und in Rußland revidierten Frauen existierende künstlerische Hierarchien, indem sie den sogenannten minderen Künsten zur Blüte verhalfen. So schuf Käthe Kollwitz Bilder des Leidens, der Armut, des Todes und des Aufruhrs, die allgemeingültiger und kraftvoller waren, als man es im Medi-

Abb. 6 Österreichisches Plakat aus dem Ersten Weltkrieg. *Ekstrom Library, University of Louisville, Kentucky.*

Abb. 7 Britisches Plakat aus dem Ersten Weltkrieg zur Zeichnung von Kriegsschuldverschreibungen. *Ekstrom Library, University of Louisville, Kentucky.*

um des Holzschnitts bis dahin für möglich gehalten hatte (Abb. 8). Im Zuge der Oktoberrevolution verzichteten viele russische Künstler und Künstlerinnen demonstrativ auf die intellektuellen Prätentionen von Malerei und Bildhauerei und wandten sich Kunstformen zu, deren Bedeutung formal, politisch und funktional zugleich sein konnte. Sie entwarfen Kleider und Stoffe, Haushaltsgegenstände, Plakate, Zeitschriften und Bühnenbilder (Abb. 9). So avancierten gerade jene Künste, die man in der Vergangenheit den Frauen zugeschoben hatte und die deren kreative Energien marginalisiert hatten, unverhofft zu Vehikeln für die drängendsten Zeitprobleme.

Wie die russischen Konstruktivisten, so hofften auch Designer im Westen, das Leben

Abb. 8 Käthe Kollwitz (Deutsche, 1867–1945), *Die Überlebenden*, 1923. Lithographie für ein Plakat des Internationalen Arbeiterbundes. *Washington (D. C.), National Gallery of Art.*

der Menschen zu ändern, indem sie deren Umwelt veränderten. Ihr Ziel hieß zwar Modernisierung, nicht Revolution, aber die von jeher akzeptierte besondere Kompetenz der Frauen erhielt auch hier ein neues Betätigungsfeld. Frauen bevölkerten natürlich weiterhin alle Bereiche der Bekleidungs- und Möbelindustrie sowie der textilen, graphischen und innenarchitektonischen Gestaltung. Oft machten sie glänzende und innovative Karrieren auf Gebieten, die schon immer zu den traditionell weiblichen Domänen zählten. Manche von ihnen wurden jahrzehntelang vergessen, Opfer kunsthistorischer Kategorien und sexistischer Vorurteile. So paßten beispielsweise die Möbel- und Häuserentwürfe einer Eileen Gray nicht in die architektonische Hagiographie des Modernismus, und Stühle, die Charlotte Perriand gemeinsam mit Le Corbusier entworfen hatte, wurden oft nur diesem allein zugeschrieben. Und doch waren es gerade Modeschöpferinnen – von Sonia Delaunay, die vom Kubismus herkam, bis zu Coco Chanel in der Haute couture –, die Frauen für das Zeitalter der Maschinen rüsteten

Abb. 9 Ljubow Popowa (Russin, 1889–1924), Bühnenentwurf für *Der gewaltige Hahnrei* von Mejerchold (Meyerhold). Gouache auf Papier, 1922. *Moskau, Tretjakow-Galerie.*

Abb. 10 Sonia Delaunay (Franko-Russin, 1885–1979), Modeentwürfe mit Citroën 5CV, 1925. *Paris, Bibliothèque Nationale.*

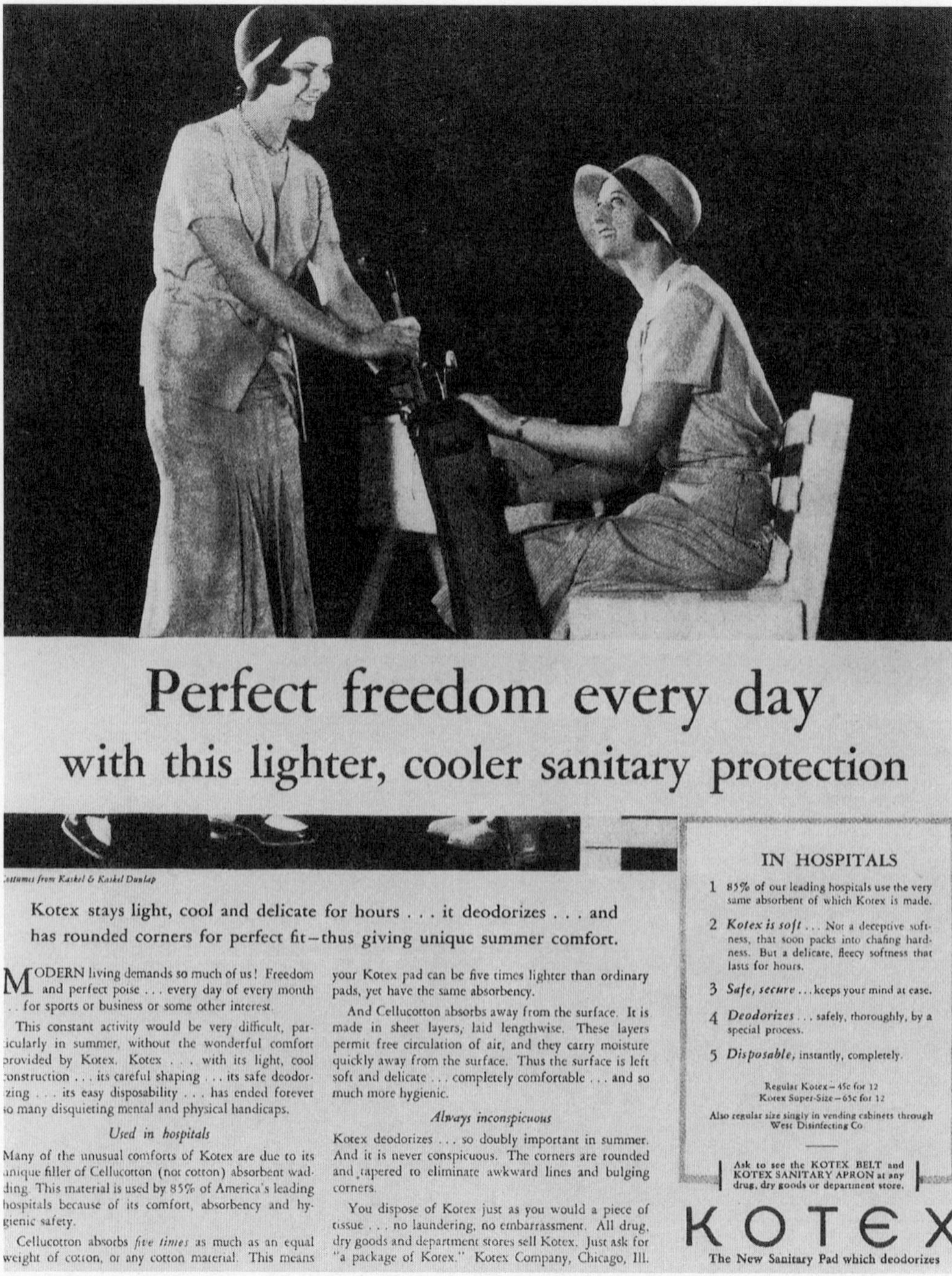

Abb. 11 Anzeige für Damenbinden aus *Ladies Home Journal*, September 1930.

Abb. 12 Anzeige in *Vanity Fair*, August 1920.

(Abb. 10). Dynamik, Mobilität, Leistungsfähigkeit waren Werte, nach denen nun auch Frauen strebten. Zwar schienen Modeschöpferinnen sich nur mit den oberflächlichen oder symbolischen Aspekten weiblicher Identität zu befassen, aber mit unendlich vielen Kleinigkeiten trugen auch sie zu einer Vereinfachung von Kleidung und Hausarbeit bei, die das Alltagsleben der Frauen dramatisch verändern sollte.

Westliche Designerinnen bedienten eine expandierende Konsumwirtschaft. In der Werbung wurden Bilder benutzt, die die zuträglichen Folgen der angepriesenen Waren illustrieren sollten – Folgen, die nicht immer in einem evidenten Zusammenhang mit dem Produkt selbst standen, jedoch hartnäckig mit neuen Idealen von Weiblichkeit in Zusammenhang gebracht wurden. So vermittelte eine Anzeige der Firma Kotex für Damenbinden (Abb. 11) sowohl medizinische als auch statistische Autorität – »verwendet von 85 Prozent der führenden Krankenhäuser Amerikas« –, um das Bild von zwei unbeschwerten Frauen

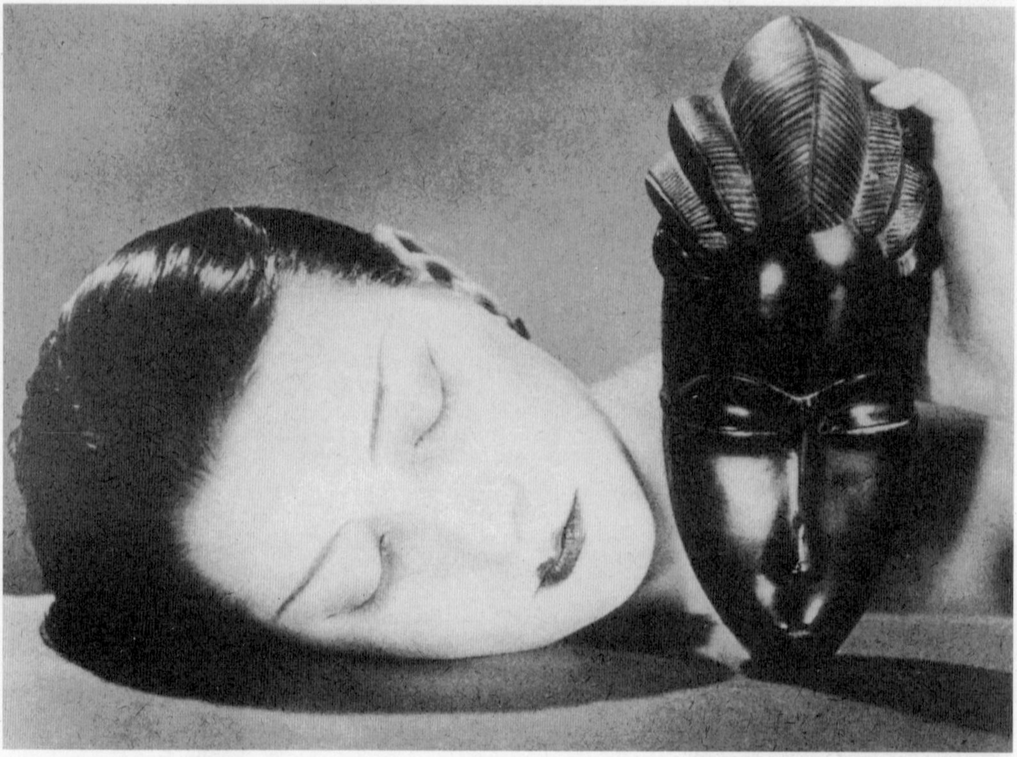

Abb. 13 Man Ray (Amerikaner, 1890–1977), *Black and White*, 1926. Fotografie. *Paris, Musée National d'Art Moderne, Centre Pompidou.*

zu kommentieren, die Golf spielen können, wann immer sie wollen; eine Visualisierung des Anzeigentextes »Tag für Tag vollkommen frei«.

Anzeigen sollten zu Anschaffungen für Freizeit und Vergnügen animieren. Sie banden die von ihnen bedienten kosmetischen und psychologischen weiblichen Eigenschaften an eine Verbraucherinnen-Identität. Wenn man der Reklame Glauben schenken wollte, waren Frauen restlos von Produkten des Handels abhängig, um ihre Hausarbeit zu bewältigen, die Aufmerksamkeit der Männer auf sich zu lenken, Kinder zu erziehen und soziale Anerkennung zu finden. Eine

Anzeige der Firma Wexbar für Seidenwaren stattete das eigene Produkt mit schöpferischen Kräften aus: »Silks that transform as does the very breath of life« (»Seidenwaren, die verwandeln wie der Atem des Lebens«) (Abb. 12). Durch die Gleichsetzung von Weiblichkeit mit Objekten wurden Frauen durch die Werbung ermutigt, sich selbst mit Objekten gleichzusetzen. Die Schönheit der in Wexbar-Seide gekleideten Frau ist die Schönheit einer leblosen Statue.

Klassen-, Rassen- und Geschlechterfaktoren standen in gegenseitiger Wechselwirkung. Hochkultur und Massenkultur wirkten zusammen, um allgemeingültige weibliche Werte zu etablieren, aber auch, um Frauen voneinander zu unterscheiden. Mit visuellen Taktiken wie denen in der Wexbar-Seidenwerbung reduzierte beispielsweise Man Ray alle Frauen auf gleichwertige Objekte ästhetischen Genusses, räumte allerdings weißen Frauen die Herrschaft über farbige ein (Abb. 13). Mit ihrem stilisierten Make-up und der Frisur ist die weiße Frau fast ebensosehr Maske wie die afrikanische Skulptur, die sie hält – aber eben nicht ganz; sie ist es, die das afrikanische Objekt hält, eine »primitive« Kunstform, die einen Kontrast zur komplexen europäischen Kultur bilden soll. Formalismus dient der Kaschierung des Hegemonieanspruchs des weißen Mittelstands ebenso wie des männlichen Begehrens und Warenfetischismus.

Abb. 14 Hannah Höch (Deutsche, 1899–1978), *Indische Tänzerin*, 1930. Fotomontage. *New York, Museum of Modern Art.*

Es war schwer, alternative Darstellungsformen zu ersinnen. Weil ihre industrielle Reproduzierbarkeit den Bildern moderner Weiblichkeit eine solche Geltung verschaffte, weil die institutionalisierte Kunst sich eines enormen kulturellen Ansehens erfreute und weil zu visuellen Definitionen von Weiblichkeit auch Definitionen von Schönheit und Lust gehörten, konnte sich niemand gänzlich den Geschlechterkonventionen entziehen. Immerhin gewannen einige Frauen kritische Distanz zu ihrer Lage, indem sie deren Widersprüchlichkeit aufzeigten. Hannah Höch schnitt visuelle Stereotypen buchstäblich auseinander und setzte sie in schonungslos witzigen Photomontagen neu zusammen. In ihrer Serie *Aus einem Völkerkundemuseum* demontiert sie die Integrität des westlichen Ethnozentrismus ebenso wie die des Kunstgegenstandes und fordert vermöge einer Kombination von Elementen unterschiedlicher Größe, Herkunft und Bedeutung unsere Wahrnehmung heraus (Abb. 14). Wie Höch, die den Dadaismus für ihre eigenen Zwecke

Abb. 15 Meret Oppenheimer (Amerikanerin, 1913–1985), *Breakfast in Fur*, 1936. Tasse, Untertasse und Löffel mit Pelzbesatz. *New York, Museum of Modern Art.*

umfunktionierte, fanden Frauen wie Remedios Varo, Dorothea Tanning und Frida Kahlo ihren Platz im Surrealismus. Der Surrealismus erlaubte es Frauen, die Dinge so wie sie waren oder zu sein schienen abzulehnen und eine andere Realität auszudrücken, die ihren eigenen Erfahrungen oder Phantasien entsprach. Meret Oppenheimer verwirrte das Publikum mit ihrem *Breakfast in Fur*, mit dem Pelzbesatz auf Tasse, Untertasse und Löffel (Abb. 15). Wie viele andere surrealistische Werke von Frauen wird im *Breakfast in Fur* das, was eher verführerisch oder vertraut anmuten mochte, neu gedacht und dadurch abstoßend und vieldeutig gemacht.

Das Verhältnis der Künstlerinnen zu ihren männlichen Kollegen beeinflußte zwar nach wie vor ihr Selbstverständnis und ihre künstle-

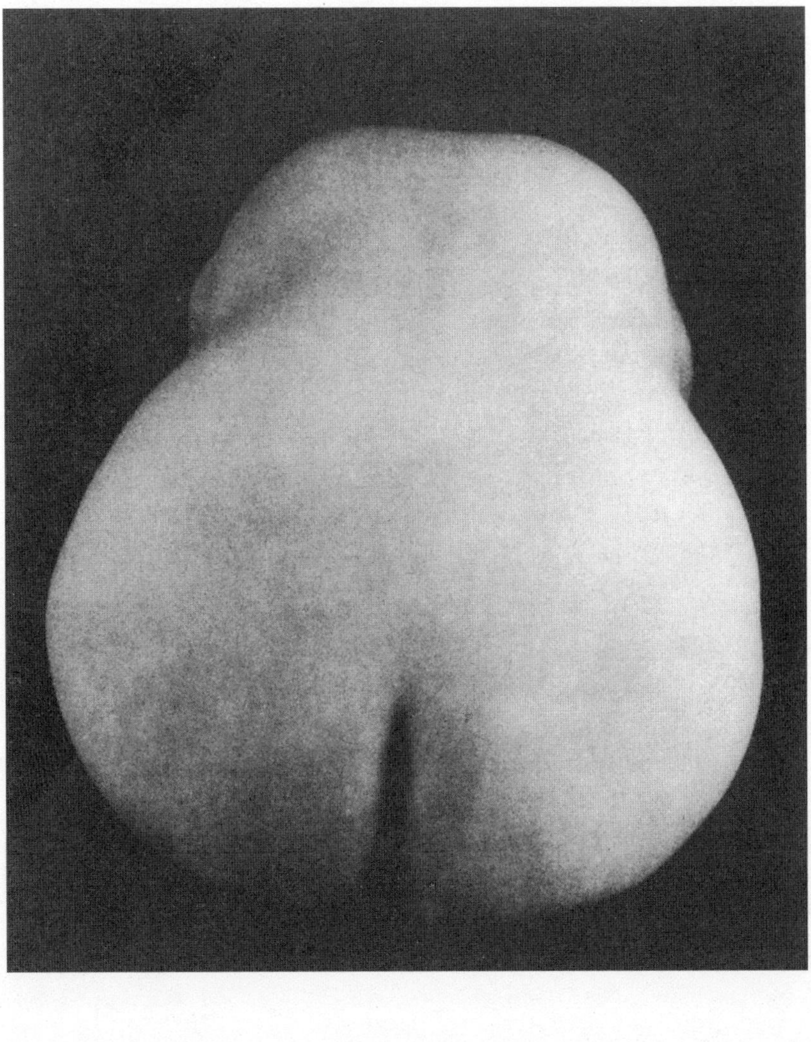

Abb. 16 Edward Weston (Amerikaner, 1886–1958), *Nude*, 1926. Fotografie von Tina Modotti. *Tucson, Center for Creative Photography*.

rische Produktion, aber dennoch konnten sich weibliche Karrieremuster herausbilden. Frauen bedurften wohl weiterhin der künstlerischen und menschlichen Wertschätzung durch erfolgreiche Männer, aber sie kreuzten doch gleichsam nur deren Umlaufbahn auf dem Weg zu ihren eigenen Zielen. Ein Paradebeispiel hierfür ist Tina Modotti. Sie trat zunächst als Filmschauspielerin in Erscheinung, bevor sie das Modell und die Lebensgefährtin des Fotografen Edward Weston wurde.

Auf seinen Bildern wird sie als abstrakt-sinnliche Form behandelt (Abb. 16). Nachdem er sie zur Fotografin ausgebildet hatte, richtete sie die Kamera auf ihn und machte ihn zu ihrem Modell (Abb. 17): Sie bildete ihn neben seinem Instrument ab, Blick und Linse gleichermaßen in die Ferne gerichtet. Als sie begann, eigene Arbeiten zu schaffen, stellte auch sie oft Frauen dar, jedoch nicht als passive Objekte, sondern als handelnde Subjekte. Ihre Fotografie einer Mutter mit Kind konzentriert sich auf deren kräftigen Arm, der das Kind stützt und trägt; dessen robuste körperliche Präsenz ebenso wie der gerundete

Abb. 17 Tina Modotti (Italienerin, 1886–1956), *Edward Weston*, mit einer Graflex, ca. 1924/26. Fotografie. *Triest, Comitato Tina Modotti.*

Abb. 18 Tina Modotti, *Mutter mit Kind*, o. J. *Triest, Comitato Tina Modotti.*

Bauch der Frau bescheinigen ganz ohne Sentimentalität ihre Fruchtbarkeit (Abb. 18). Auch die Malerinnen Georgia O'Keeffe, Lee Krasner und Helen Frankenthaler wuchsen aus Beziehungen zu berühmten Künstlern heraus, um sich ihre eigene Karriere aufzubauen.

In dem Maße, wie es die Frauen selbst waren, die die Bilder machten, anstatt lediglich für sie zu posieren, verliehen sie traditionellen

Abb. 19 Frida Kahlo (Mexikanerin, 1910–1954), *La columna rota*, 1944. Öl auf Leinwand. *Mexico City, Instituto Nacional de Bellas Artes*.

Themen ihre eigene Deutung. Als etwa Frida Kahlo oder Dorothea Lange das Leiden darstellten, entschlossen sie sich, Frauen nicht als mitleidheischende Opfer zu zeigen, sondern als Stoikerinnen, gezeichnet von den tiefen Spuren, die Schmerz oder Kummer ihrem Körper oder Geist eingegraben haben (Abb. 19, 20). Während die Kunst sich bevorzugt der Erforschung der weiblichen Imagination zuwandte, ermutigte die Dokumentarfotografie – ob als staatliche Auftragsarbeit oder für die neu entstandenen Fotomagazine – Männer wie Frauen dazu, verborgene Aspekte des materiellen Lebens von Frauen aufzuspüren und

Abb. 20 Dorothea Lange (Amerikanerin, 1895–1965), *Woman of the High Plains, Texas Panhandle*, 1938. Fotografie für die U. S. Works Program Administration. *Washington (D. C.), Library of Congress.*

Abb. 21 Norman Rockwell (Amerikaner, 1894–1978), *Freedom from Want*, 1943. Plakat aus der Serie »Die vier Freiheiten«, die von der amerikanischen Regierung im Zweiten Weltkrieg in Auftrag gegeben wurde. *Stockbridge (Massachusetts), Norman Rockwell Museum*.

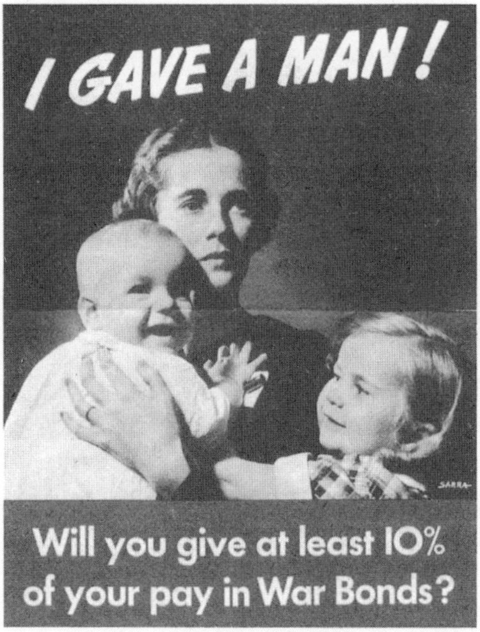

Abb. 22 Amerikanisches Plakat aus dem Zweiten Weltkrieg, das zum Kauf von Kriegsanleihen aufrief. *Ekstrom Library, University of Louisville, Kentucky.*

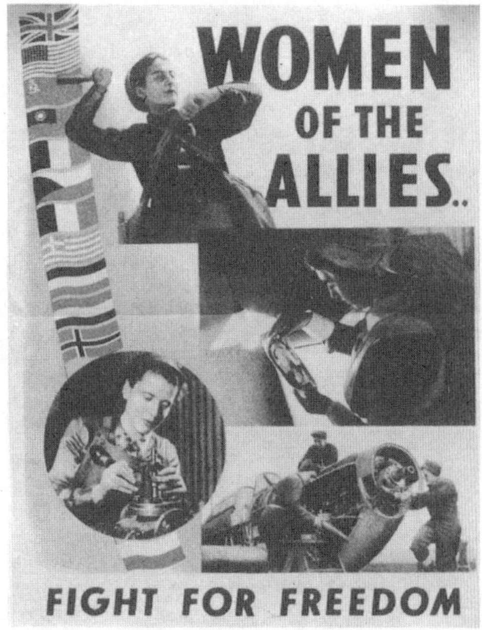

Abb. 23 Britisches Rekrutierungsplakat aus dem Zweiten Weltkrieg. *Ekstrom Library, University of Louisville, Kentucky.*

publik zu machen. So wurden Armut, Alter, Krankheit und ethnische Vielfalt allmählich zu anerkannten Sujets.

Der Zweite Weltkrieg griff in vielem auf bildliche Thematiken des Ersten Weltkriegs zurück. Wiederum wurden Archetypen für Propagandazwecke reaktiviert. Norman Rockwell zeigte auf einem von der US-Regierung in Auftrag gegebenen Plakat die »Freiheit von Not« in Gestalt einer amerikanischen Familie, die zum Thanksgiving-Mahl versammelt ist, das von einer rundlichen, gütigen Großmutter aufgetragen wird (Abb. 21). Und wieder gab es neben Bildern von Frauen als Verkörperung jener Werte von Heim und Nation, für die dieser Krieg geschlagen wurde, Bilder von Frauen als neu integriertem Bestandteil der Industriearbeiterschaft. Ein Plakat konnte eine Kriegerwitwe mit zwei kleinen Kindern zeigen, die an den Betrachter appellierte: »Ich habe einen Mann gegeben!« (Abb. 22), während ein anderes die Frauen dazu aufrief, »für die Freiheit zu kämpfen«, und sie beim Hantieren mit Werkzeugen und beim Reparieren von Flugzeugen zeigte (Abb. 23).

Abb. 24 M. Kalaschnikow und S. Kortschunow, *Die Feier von Stärke und Mut*, 1935. Fotomontage aus *Projektor* 7 (1935).

Die wirtschaftliche und kulturelle Bedrängnis während des Krieges sowie der Aufschwung der Nachkriegsperiode formten auf ganz unterschiedliche Weise die Vorstellungen von Weiblichkeit um. Das eine Extrem verkörperte die Sowjetunion; ihr Modell kreiste um staatsbürgerliche Pflicht, um Produktivität, kollektive Verantwortung sowie öffentliche Sichtbarkeit. Kalaschnikows und Kortschunows Fotomontage *Die Feier von Stärke und Mut* veranschaulicht dieses Modell. Dargestellt wird die Beteiligung von Frauen an einem vom Staat lancierten Ereignis: Anonyme Frauen sind dynamische Teilnehmerinnen an sportlichen Freiluftveranstaltungen und Festzügen (Abb. 24). Ganz im Gegensatz dazu das amerikanische Modell: häuslich, mütterlich, individualistisch, konsumorientiert. Die Reklame förderte dieses Frauenbild mit viel Geschick. So zeigt eine Botschaft der Firma General Electric eine Mutter mit ihrer Tochter in der Werbung; das Glück der beiden wird auf ein angebotenes Produkt zurückgeführt: »Sie hat Vertrauen zu den elektrischen Wäschetrocknern von GE« (Abb. 25). Man sieht die Frau mit der Familienwäsche beschäftigt, während ihr unsichtbarer Gatte – wie der Mann, an den sich der handschriftliche Appell richtet – die Familie finanziell und materiell versorgt.

Im 20. Jahrhundert wurde die visuelle Kultur um den Film berei-

Abb. 25 Anzeige der Firma General Electrics für einen elektrischen Wäschetrockner aus *Life*, 14. November 1960.

chert. Das Kino wurde zu einem ungeheuer populären Medium und spielt seitdem eine maßgebliche Rolle bei der Definition von Geschlechterrollen innerhalb der Massenkultur. Das klassische Kino stellt Frauen als visuell ansprechende Objekte des männlichen Blickes dar. Schauspielerinnen wie Marilyn Monroe sind zu Ikonen der Sexualität geworden – zu statischen Bildern, deren Faszination in den auf sie projizierten Phantasien besteht (Abb. 26). Sie fungieren als Chiffren, vermöge derer Männer die Szenarien ihrer Suche nach Identität und Befriedigung erproben. Filme wie »Vom Winde verweht« (Abb. 27) prägen unser Verständnis von Sexualität als einem alles vereinnahmenden heterosexuellen Abenteuer, das nach der linearen Logik einer spannenden Erzählung abläuft. Das Happy-End à la Hollywood liefert Frauen zuletzt dorthin aus, wohin sie innerhalb der patriarchalischen Ordnung gehören: dem Helden, einem edlen, selbstaufopfernden Tod oder, sofern sie gegen weibliche Normen verstoßen, einer gerechten Bestrafung.

Von den zwanziger bis zu den sechziger, vor allem aber in den dreißiger und vierziger Jahren produzierte Hollywood sogenannte »Frauenfilme«, die speziell auf ein weibliches Publikum zugeschnitten waren.

Abb. 26 Philipp Halsman (Amerikaner, 1906–1979), *Marilyn Monroe*, 1962. Fotografie. Titelbild von *Life*, April 1962.

Alle diese Filme – Komödien wie »Adams' Rib« (1949), Ärztedramen wie »Dark Victory« (1939), Horrorgeschichten wie »Rebecca« (1940), Liebesromanzen wie »Brief einer Unbekannten« (1948, Abb. 28) und mütterliche Melodramen wie »Stella Dallas« (1925 und 1937) – drehen sich um einen weiblichen Protagonisten und behandeln Themen und Gefühle, die als typisch weiblich gelten. Aber obgleich diese Filme Frauen als Heldinnen darstellen und weibliche Belange artikulieren, rücken sie ihre Subjekte doch immer wieder in den Bereich des Passiven bzw. Anrührenden und suchen das einfühlende Mitleiden der Zuschauerinnen zu erregen.

Abb. 27 »Vom Winde verweht«. Filmwerbung, mit Vivien Leigh als Scarlett O'Hara und Clark Gable als Rhett Butler, Metro-Goldwyn-Mayer, 1939. *New York, Museum of Modern Art.*

Mehr als jede andere Art des Kinos verdeutlicht der Frauenfilm das Problem des weiblichen Betrachters. Identifizierte sie sich mit dem, was sie sah, weil es ihrem – imaginären oder wirklichen – Erleben entsprach, oder weil sie die Rolle verinnerlichen mußte, die ihr von der Gesellschaft zugeschrieben wurde? Der Frauenfilm läßt vermuten, daß beide Optionen nicht voneinander zu trennen sind. Die Faszination der Zuschauerinnen an der filmischen Darstellung von Frauen oszillierte zwischen der Unterwerfung unter disziplinierende ideologische Vorgaben und der Lust an vorübergehender Macht, Erfüllung und Andersheit. Die im Frauenfilm durchgehaltene Spannung zwischen Selbstauf-

Abb. 28 »Brief einer Unbekannten«. Von Max Ophüls. Filmwerbung, mit Joan Fontaine als Lisa und Louis Jourdain als Stefan, 1948. *New York, Museum of Modern Art.*

Abb. 29 Fotografie in einem Beitrag aus *Photoplay* 59, 6 (Juni 1961).

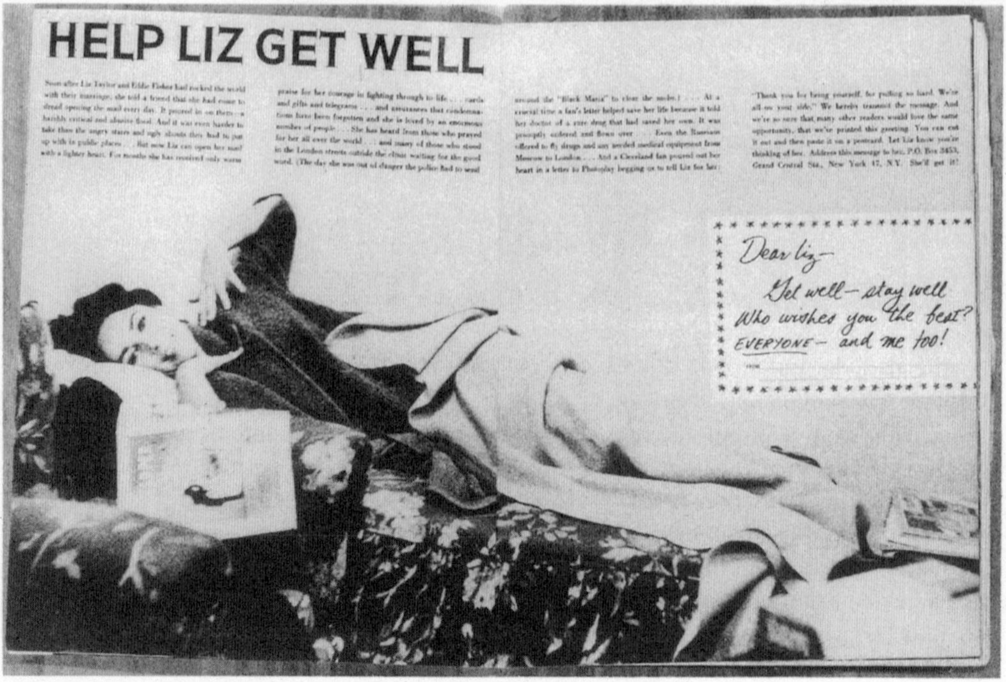

gabe und Selbstbehauptung verrät die Widersprüche, mit denen Frauen zu leben haben.

Manche seiner Strategien und Funktionen vererbte der Frauenfilm an die »Seifenopern« der Fernsehsender. 1976 ergaben Schätzungen, daß 20 Millionen Menschen in den USA, davon 80 Prozent Frauen, die Tagesprogramme im Fernsehen verfolgten und daß die Lieblingssendungen der Zuschauerinnen zwischen 18 und 50 Jahren Seifenopern waren.[1] Shows wie »As the World Turns«, »Days of Our Lives« und »The Guiding Light« erhielten ihren Spitznamen wegen der Haushaltsartikelhersteller, die viel Geld in sie investierten und 25 Prozent ihrer Programmzeit zur Werbung für Artikel wie Seife verwandten.[2] Die Seifenopern, endlose Sagas von Romanzen, Gefühlsstürmen und Familienkümmernissen, handeln von eben den häuslichen und nachbarschaftlichen Situationen, in denen viele Frauen leben, und bieten, indem sie diese Situationen ins Melodramatische überhöhen, gleichzeitig ein Ventil für die Phantasie. In kurzen Folgen an Wochentagen ausgestrahlt, fügen sie sich in den täglichen Arbeitsplan der Hausfrau und spiegeln gleichzeitig den Rhythmus des immergleichen weiblichen Alltags wider, der lediglich von gelegentlichen persönlichen Krisen unterbrochen wird.

Kino und Fernsehen sprechen die Zuschauerinnen nicht nur in ihrer eigentlichen Form, d. h. als bewegte Bilder an, sondern auch durch Plakate und vor allem durch Zeitschriften. 1917 gegründet, wurde *Photoplay* zum Vorbild aller späteren »Fan«-Zeitschriften, die Frauen die Illusion zu vermitteln suchen, sie stünden in persönlichem Kontakt mit den »Stars« – für gewöhnlich Größen der Unterhaltungsbranche, aber auch glamouröse Gestalten des politischen Lebens, wie beispielsweise die Prinzessinnen des englischen Königshauses. Schnappschußfotografien, in Verbindung mit journalistischem Klatsch und Tratsch, erlauben den Leserinnen einen Einblick in das Privatleben der oberen Zehntausend. So verschaffen Fan-Magazine ihrer Leserschaft das Gefühl, am Außerordentlichen teilzuhaben.

Zeitschriften oder Shows, die sich an ein weibliches Publikum wenden, sprechen ihre Leserinnen konsequent als Individuen an und werben um deren persönliche Teilnahme. »Ich« oder »Wir« schreiben häufig an »Sie« (bzw. an »Dich«), um den Anschein von Reziprozität zu erwecken. Genau das versucht zum Beispiel der Filmillustriertenbeitrag »Helfen Sie Liz, gesund zu werden« (Abb. 29). Auf einem scheinbar beiläufig entstandenen Foto sieht die Schauspielerin Elizabeth Taylor die Leserin direkt an, sucht den Blickkontakt zu ihr. Nach einer Schilderung ihrer persönlichen Probleme und ihrer Enttäuschung über die feindselige Haltung des Publikums werden die Leserinnen aufgefordert, an »Liz« zu schreiben; sogar Formulierungshilfe wird geleistet: »Liebe Liz, werde gesund und bleibe gesund.« Die Zeitschrift verspricht, zwischen der Leserin und dem Star zu vermitteln: »Wir geben hiermit die Botschaft weiter.«

Frauenzeitschriften machen den Frauen Mut, sich selbst zu helfen. Diese Publikationen, die sich seit den dreißiger Jahren des vergangenen Jahrhunderts ständig wachsender Beliebtheit erfreuen, erreichen eine riesige weibliche Leserschaft. Im Nachkriegs-England lasen fünf von sechs Frauen regelmäßig eine Frauenzeitschrift.[3] Allein die Zeitschrift *Good Housekeeping* hat heute in den USA 24 Millionen Leserinnen.[4] Manche dieser Publikationen konzentrieren sich mehr auf Mode, andere mehr auf Hauswirtschaft oder Freizeitgestaltung; ihnen allen aber ist gemeinsam, daß sie die Schranken traditioneller Weiblichkeit

Abb. 30 *Seagram's V. O.* Whiskeyanzeige aus *Newsweek*, 25. September 1972.

wahren. Vorteilhafte Kosmetik, Heterosexualität und die Kernfamilie: das sind Werte, die sie in Wort und Bild verbreiten. Innerhalb des sicheren Hafens etablierter Schranken predigt die Frauenzeitschrift auch Leistung und Veränderung. Die Leserinnen werden ermahnt, ihre äußere Erscheinung zu verbessern, ihrer Individualität Ausdruck zu verleihen, ihren Haushalt effizienter, sparsamer und streßfreier zu führen und so über alle Widrigkeiten zu triumphieren. Die Leserin von Frauenzeitschriften wird ermutigt, ihre Situation zu bewältigen – nicht aber, diese in Frage zu stellen.

In praktisch allen Zeitschriften und Fernsehsendungen wechseln sich redaktionelle Beiträge mit Werbung ab. Der Anteil der Werbung in den Massenmedien hat ständig zugenommen. 1939 räumte die amerikanische Frauenzeitschrift *Ladies Home Journal* redaktionellen Beiträgen noch 55,6 Prozent ihrer Seiten ein, Anzeigen 44,4 Prozent. Bis 1989 war der Anteil der Seiten mit Werbung auf 58,2 Prozent gestiegen. Vorgeblich ist die Werbung lediglich das finanzielle Standbein der Medien. In Wirklichkeit ist sie jedoch einer ihrer wesentlichen Bestandteile; sie transportiert weit mehr als nur Informationen über bestimmte Produkte, so unter anderem gleichbleibende Interpretationen von Geschlechterrollen.

Mit Bildern von Weiblichkeit läßt sich fast alles verkaufen. In den achtziger Jahren wandten Kosmetikfirmen bis zu 80 Prozent ihres Gesamtetats für Werbung auf[5] – eine Summe, die von einer Autorin in den USA für das Jahr 1985 allein auf 900 Millionen Dollar veranschlagt wird.[6] Aber die zwingende Assoziation weiblicher Schönheit zu bestimmten Waren ist nicht auf ein weibliches Publikum und nicht auf Schönheitsartikel beschränkt, wo dies am naheliegendsten erschiene. Vielmehr durchdringt sie den Bildgehalt nahezu aller Werbebereiche. Der Spirituosenproduzent Seagram zeigt beispielsweise einen Mann, der dem Betrachter selbstsicher sein Glas Whiskey entgegenhält (Abb. 30). Eine Frau klammert sich an seine Seite. Sie ist transparent gehalten, so daß durch sie hindurch ein anderer Luxusgegenstand sichtbar wird, eine Segelyacht. Der dazugehörige Text teilt uns mit, daß der, der diesen Whiskey trinkt, zu den Leuten gehört, »die alles richtig machen«.

Auf diesen Bildern das weibliche Modell zu sein, bedeutet, das glorreichste Objekt unter den Konsumgütern zu sein. Objekte der Verherrlichung und der kommerziellen Ausbeutung zugleich, setzen Fotomodelle Schönheitsstandards, während sie sich diesen gleichzeitig unterordnen. Gelassen, selbstsicher, von keinem emotionalen oder geistigen Erleben gezeichnet, erhält das professionelle Fotomodell die Herrschaft »der« Mode aufrecht. Eine Mode folgt der anderen, aber jede verkündet ihre zwingende Aktualität. Als die Generation des *baby boom* erwachsen wurde, erlangte das Idealbild kindlichen Aussehens

Abb. 31 *Twiggy*. Aus *Life* 62 (14. April 1967).

eine Popularität, die es bis heute nicht verloren hat. Am vollkommensten verkörperte dieses Ideal die treffend auf diesen Spitznamen getaufte »Twiggy« (Abb. 31). 17jährig, zerbrechlich und verloren wirkend, wurde Twiggy 1967, mit ihrem Freund als Manager und Promoter, über Nacht zu einer Sensation. Für die meisten erwachsenen Frauen war eine solche Figur nur durch äußerste Selbstdisziplin in der Ernährung zu erreichen. Trotzdem ist das Abnehmen zum Ziel fast jeder modernen Frau geworden. Ein schlanker Körper gilt bei Frauen der gesamten westlichen Welt als Voraussetzung für Erfolg. »Eine Frau

Abb. 32 Werner Bischof (Deutscher, 1916–1954), *Hungersnot in Indien: Frau aus der Provinz Bihar*, 1951. Fotografie. Magnum Photos.

Abb. 33 Grace Robertson (Engländerin, *1930), *Mother's Day Off*, 1954. Aus einem Foto-Essay in *Picture Post*.

kann nie reich und dünn genug sein«, soll die Herzogin von Windsor einmal geäußert haben.

Die westliche Kultur hat sehr wenige Möglichkeiten entwickelt, Frauen positiv darzustellen. Wie Twiggy, die gerade darum ästhetisch und sexuell anziehend wirkte, weil sie so verletzlich schien, muß jede Frau, die ihre Anziehungskraft spielen lassen will, ihre eigene Energie, Stärke und Kompetenz verleugnen. Sexuell verfügbar, mütterlich oder mitleidheischend – welche anderen Optionen gibt es noch? Der Marginalität ist nicht so leicht etwas entgegenzusetzen. Wie kann man farbige Frauen, arme, alte oder behinderte Frauen abbilden, ohne in negative Stereotype zu verfallen bzw. – noch schwieriger – ohne den Vorurteilen der Betrachter in die Hände zu spielen? Nicht um Abscheu oder Furcht, sondern Sympathie zu wecken, zeigt Werner Bischof eine arme Inderin als bettelnde Mutter (Abb. 32). Das Foto, von unten aufgenommen, verleiht ihr eine eindringliche Präsenz; dennoch läßt sie sich immer noch mit einer europäischen Sentimentalität wahrnehmen, die den Eindruck ihrer Andersheit aufhebt.

Abb. 34 Diane Arbus (Amerikanerin, 1923–1971), *Ohne Titel* 5, 1970/71. Fotografie. *Paris, Musée National d'Art Moderne, Centre Pompidou.*

Stereotype haben die Tendenz, sich selbst zu perpetuieren. Künstlerinnen bewegten sich bei ihrer Arbeit oft auf vertraut weiblichem Territorium und wurden wenig oder gar nicht dazu ermutigt, andere Sujets oder Einstellungen zu erproben. Architektinnen wurden während ihres Studiums zumeist auf innenarchitektonische Aufgaben gelenkt und erhielten später eher Aufträge dieser Art, während Fotojournalistinnen mit »human-interest«-Geschichten betraut wurden, d. h. mit Porträts, Heim und Garten, Familien- und emotionalen Angelegenheiten. So sollte die englische Fotojournalistin Grace Robertson das Thema »Geburt« behandeln, und als sie dies als Prozeß von Wehen und der Entbindung einer Frau darstellte, zensierte ihr Auftraggeber, die *Picture Post*, das Bild einer Frau mit schmerzverzerrtem Gesicht, weil dies angeblich die Leserinnen schockieren könnte.

Immerhin gelang es Frauen manchmal, ihren Auftrag vorsichtig umzudefinieren. In einer anderen Fotoserie, *Mother's Day Off* (Mutters freier Tag), konnte Robertson Bilder von alten Frauen veröffentlichen, die mit außerordentlichem Respekt dargestellt waren. Sie entschied sich, deren Humor, Kameradschaft und Warmherzigkeit zu zeigen. Auf einem Foto (Abb. 33) inszeniert Robertson Frauen als diejenigen, die den Betrachter spielen. Drei Frauen unterhalten sich miteinander, wobei eine von ihnen Blicke mit uns wechselt; ein kleines Mädchen wiederum beobachtet sie durch eine Fensterscheibe. Zwischen diesen visuellen Registern, die von den Frauen und dem Mädchen besetzt sind, sehen wir in Spiegelschrift und auf Milchglas das Wort »Spirits« [Spirituosen]. Dieses evokative Nebeneinander unterschiedlicher Transparenzen und Blicke entfernt die Frauen sehr weit davon, bloße Objekte des Sehens zu sein.

Die einflußreiche Fotografin Diane Arbus hat sich ihr Leben lang sowohl mit den Außenseitern als auch mit den Repräsentanten der Gesellschaft auseinandergesetzt. Transvestiten, Zwerge, alte Frauen oder am Down-Syndrom Erkrankte (Abb. 34): Sie alle wurden von Arbus mit einer Würde ausgestattet, die die Einsicht in ihre Lage nicht ausschloß. Die Großaufnahme, die Frontalansicht und die Situierung ihrer Objekte in deren eigener Umgebung verliehen ihnen eine seltene Zuversicht und bildliche Bedeutsamkeit. Wir mögen uns diesen Bildern zunächst als herablassende Voyeure nähern, aber was wir in ihnen finden, sind Menschen wie wir.

Abb. 35 Faith Ringgold (Amerikanerin, *1930), *Who's Afraid of Aunt Jemima?* Quilt aus gefärbten und bemalten Stoffteilen. *New York, Frederick N. Collins Collection*. Foto: Steinbaum Gallery.

Von der Selbstdarstellung waren bisher, bis auf wenige privilegierte Ausnahmen, die meisten Frauen ausgeschlossen. Heute beginnen Frauen nicht nur, Bilder von sich selbst zu machen, sondern auch, die Bilder in Frage zu stellen, die von ihnen gemacht wurden. Für farbige Frauen verdichtet sich das Problem; denn sie müssen sich nicht nur mit der Art auseinandersetzen, wie sie in der Vergangenheit als Frau-

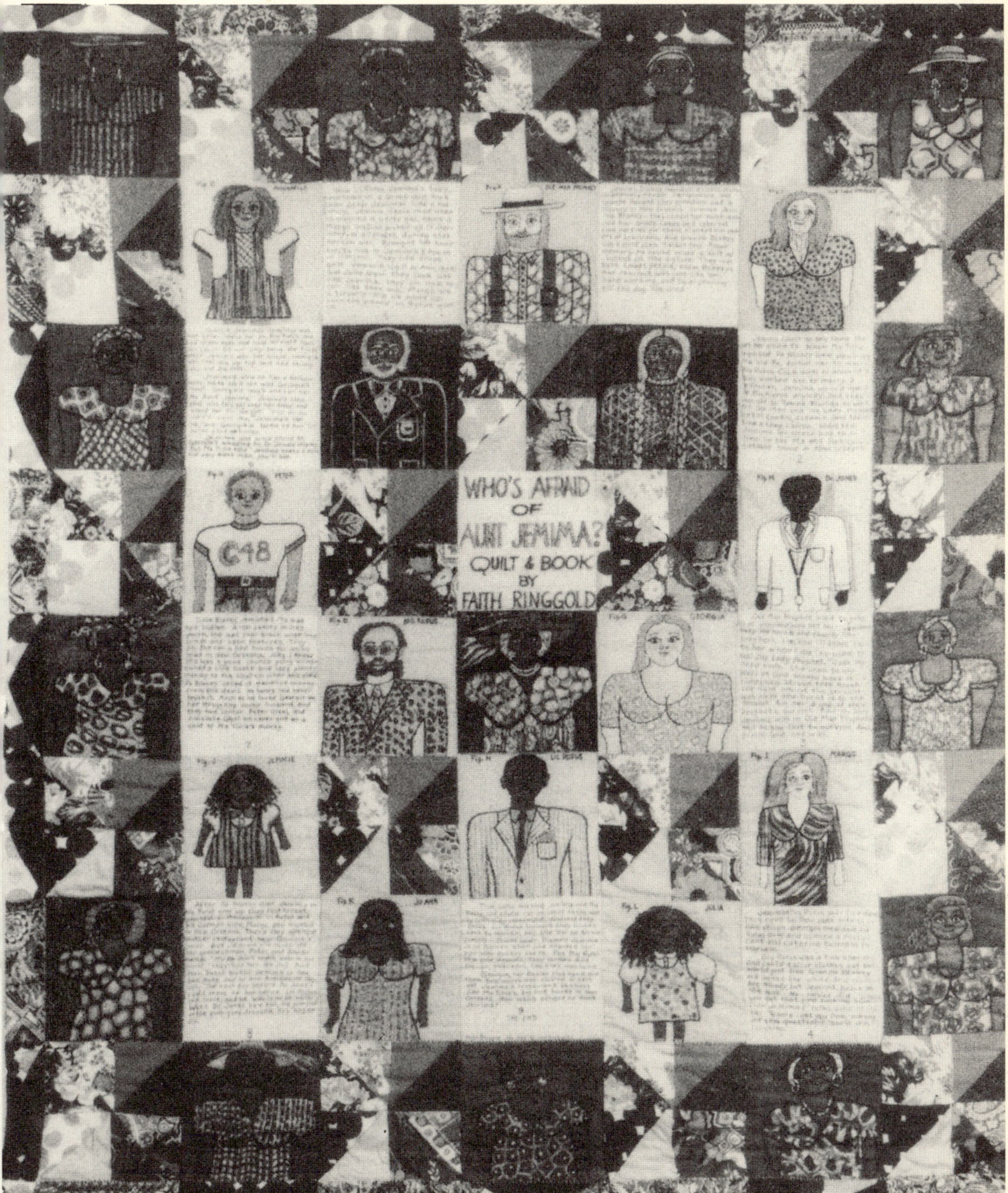
WHO'S AFRAID
OF
AUNT JEMIMA?
QUILT & BOOK
BY
FAITH RINGGOLD

en dargestellt worden sind, sondern auch mit den Bildern, die den Weißen zur Herabsetzung, Ignorierung oder Unterdrückung aller anderen Rassen gedient haben. Trotzdem gibt es in jüngster Zeit in England wie in den USA eine wachsende Zahl organisierter und selbstbewußter farbiger Künstlerinnen. Unter farbigen Frauen hat es immer schon Künstlerinnen gegeben; aber heute dringen ihre Arbeiten in Kunstinstitutionen ein und wenden sich explizit der Rassenproblematik zu. In den USA ist es neben anderen Faith Ringgold, die Rassen-Stereotype in ihrer »Aunt Jemima« (Abb. 35) aufgreift – eine witzige Anspielung auf den rassisch pejorativen (und unter dem Druck der öffentlichen Meinung mittlerweile zurückgezogenen) Markennamen eines populären Lebensmittelproduktes. Gleichzeitig reinterpretiert sie das Medium Quilt, das lange Zeit zu den einzigen künstlerischen Betätigungsmöglichkeiten von Sklavenfrauen gehörte. Ihre Serie *Painted Story Quilts* demonstriert, wie unsere Vorstellungen von Rasse und Werten durch Bilder geprägt worden sind. Ein Werk wie das Ringgoldsche zeigt, wie hoch der Anteil des Politischen an bildlichen Repräsentationen seit jeher gewesen ist.

Abb. 36 Ana Mendieta, *Ohne Titel*. Serie *Volcán*, 2, 1979. Farbfotografie der Künstlerin. *New York, Carlo Lamagna Gallery*.

Das vielleicht hartnäckigste Problem weiblicher Selbstdarstellung bleibt der Körper. Hin- und hergerissen zwischen dem Wunsch, die Schönheit des Körpers zum Ausdruck zu bringen, und der Furcht davor, Individuen als Sexualobjekte abzubilden, suchen Künstlerinnen seit den siebziger Jahren nach neuen Wegen, dieses mit kulturellen Konnotationen so befrachtete Sujet zu bearbeiten. Eine Lösung besteht darin, die direkte Abbildung des Körpers zu umgehen und statt dessen die von ihm ausgehenden Energien mit den Elementen in Verbindung zu bringen. Ana Mendieta entlockte dem Feuer, der Erde und dem Wasser Abdrücke oder Zeichen von weiblichen Körpern, die sie in fließenden Installationen orchestrierte und fotografisch einfing (Abb. 36).

Während Künstlerinnen wie die Kubanerin Mendieta Frauen jenseits kultureller Definitionen stellten, riefen andere, wie die Amerikanerin Judy Chicago, die vernachlässigten zivilisatorischen Beiträge von Frauen in Erinnerung. Ihre zwischen 1974 und 1979 entstandene Monumentalarbeit *The Dinner Party* feierte die Leistungen von Frauen in Politik, Kunst und Religion (Abb. 37). Das Werk warf Fragen auf, die unter Feministinnen heftig umstritten waren. Sollten Frauen den männlichen Kult individueller Heroen übernehmen? War es erniedrigend oder zeugte es im Gegenteil von subversivem Mut, eine Frau wie Virginia Woolf durch vaginale Symbolik darzustellen? Warum signierte Chicago das Objekt mit ihrem eigenen Namen, wenn Dutzende von Frauen und Männern an seiner Realisierung mitgewirkt hatten?

Wieder eine andere Herangehensweise besteht darin, eine erotische Symbolik, wie sie üblicherweise Frauenbildnissen vorbehalten ist, auf die Darstellung von Männern anzuwenden. Erotik allerdings erweist sich als asymmetrisch; ein männlicher Akt kann nicht dieselben kunstgeschichtlichen oder sexuellen Bedeutungen transportieren wie der weibliche Akt; Rollentausch erinnert an den Unterschied zwischen den Geschlechtern, kann ihn aber nicht aufheben. Die britische Bildhauerin Nancy Grossman verpackt eine männliche Figur in Leder, Reißverschlüsse, Riemen und Schnallen (Abb. 38). Dieser Akt wirkt abstoßend und faszinierend zugleich, weil er uns bewußt macht, wie sehr unsere Wahrnehmung von Sexualität im Zusammenhang mit Symbolen von – ausgeübter und erlittener – Macht steht.

Sämtliche Versuche, die Darstellung des weiblichen Körpers zu reformieren, haben mit tief verwurzelten visuellen Gewohnheiten und mit dem Wissen zu kämpfen, daß Erotik in Pornographie abgleiten kann. Es gibt wohl kein anderes Thema in diesem Kontext, das Frauen so zornig macht, wie der schwunghafte Handel mit pornographischen Bildern von Frauen (Abb. 39); aber es gibt auch kein Thema, bei dem so wenig Einigkeit über die geeignete Art der Entgegnung oder Strafverfolgung bestünde. Die gesamte Porno-Industrie hat Anfang der acht-

Abb. 37 Judy Chicago (Amerikanerin, *1939), *The Dinner Party*, 1974–1979. 39 Keramikgedecke auf bestickten Tischläufern an den drei jeweils 1,60 m langen Seiten eines gleichseitigen Tisches auf Keramikständer mit den Namen von 999 Frauen. *San Francisco, Museum of Modern Art.*

ziger Jahre schätzungsweise mehr als 7 Milliarden Dollar jährlich umgesetzt, verglichen mit einer halben Milliarde Dollar Ende der sechziger Jahre.[7] Der Löwenanteil des Gewinns dürfte auf visuelles Material zurückgehen. Der US-amerikanischen Telefongesellschaft Pacific Bell hat der »Dial-a-Porn«-Service nach eigenen Schätzungen zwischen Oktober 1984 und Oktober 1985 12 Millionen Dollar eingebracht,[8] aber eine führende, sexuell freizügige Zeitschrift verkaufte 1984 nicht weniger als 10617482 Exemplare monatlich,[9] während die 20 Produktionsgesellschaften, die jährlich rund 100 pornographische Streifen von Spielfilmlänge herstellen, an den Kinokassen rund eine halbe Milliarde Dollar pro Jahr einspielen. Der Porno-»Klassiker« von 1972, *Deep Throat* mit Linda Lovelace, soll »der profitabelste Spielfilm aller Zeiten« gewesen sein.[10] Eine zwischen 1968 und 1970 durchgeführte Untersuchung der Johnson Commission ergab, daß 90 Prozent der Besucher »nichtjugendfreier« Filme Männer waren.[11]

In der Frage der Zensur sind sich auch engagierte Feministinnen nicht einig. Ebensowenig einig sind sie sich darüber, ob man gegen Pornographie auf der Ebene ihrer spezifischen Manifestation vorgehen kann oder ob sie ein so intrinsischer Bestandteil der patriarchalischen Kultur ist, daß sich nur eine grundlegende Gesellschaftskritik als wirksam erweisen würde. Im Zentrum der Pornographiedebatte steht das hartnäckige und komplexe Verhältnis zwischen gelebter Erfahrung und Darstellungen. Nur wenige Leute behaupten, daß Bilder direkt zu Gewalt führen oder dazu, Frauen zum Objekt zu erniedrigen, aber auch die wenigsten würden leugnen, daß die Bildersymbolik der ungleichen Identität, die unsere Kultur Frauen und Männern zuschreibt, entspringt, von ihr zehrt und sie perpetuiert.

Seit den siebziger Jahren haben sich feministische Künstlerinnen, Kritikerinnen und Historikerinnen mit der Frage der gesellschaftlichen Konstruktion von Identität beschäftigt. Unter dem Einfluß des Marxismus, der Sozialgeschichte, Sprachphilosophie und Psychoanalyse haben sie nach und nach die beliebtesten Annahmen und Kategorien der Kunstgeschichte in Frage gestellt. Sie vertreten die These, daß Begriffe wie Urheberschaft, Originalität, Meisterwerk nicht die Grundlagen der Kreativität, sondern vielmehr Konsequenzen jener kulturellen Prozesse sind, durch die Weiblichkeit und Männlichkeit sichergestellt werden.

Die Frage, wie eine Geschichte der visuellen Kultur ohne Rückgriff auf traditionelle begriffliche Strukturen neu gedacht werden könnte, bleibt ebenso klärungsbedürftig wie die weitere Frage, welche Arten visueller Produktion sich dieser Begrifflichkeit vielleicht zu entziehen vermöchten. Immerhin haben die meisten Kritikerinnen und Historikerinnen zwei Positionen benannt, die sie vermeiden wollen: auf der einen Seite einen essentialistischen Standpunkt, der eine allen Frauen ohne Rücksicht auf Klasse und Rasse gemeinsame Sensibilität oder Ästhetik postuliert; und auf der anderen Seite eine dekonstruktivistische Strategie, die so relativistisch auftritt, daß sie jede politische Wirksamkeit ausschließt. Für feministische Kritikerinnen und Historikerinnen, aber auch für Künstlerinnen müssen Theorie und Praxis gemeinsam auf Veränderungen von solcher Art hinwirken, daß sowohl das Verstehen der Geschichte als auch eine Sinngebung der Gegenwart ermöglicht wird.

Seit dem 19. Jahrhundert haben die Künste Frauen einen relativ akzeptablen Weg geboten, gesellschaftliche Prominenz, eine kulturelle Führungsrolle, wirtschaftliche Unabhängigkeit

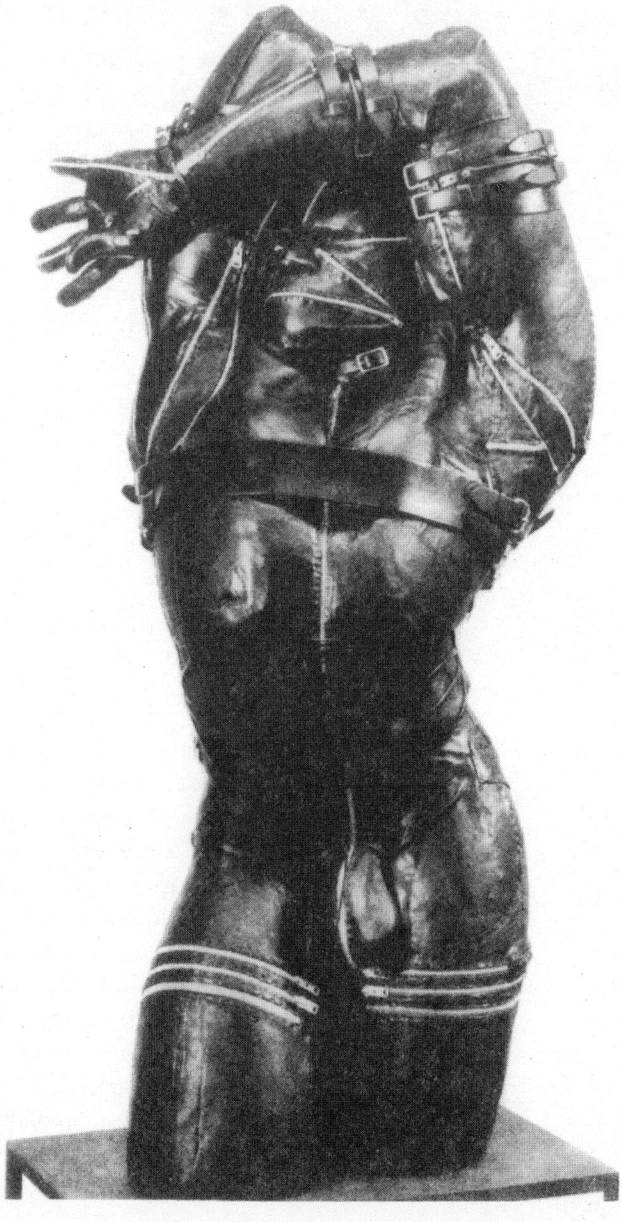

Abb. 38 Nancy Grossman (Engländerin, *1940), *Male Figure Sculpture*, 1971. Leder auf Holz und Reißverschlüsse. *Jerusalem, Israel Museum*.

Abb. 39 *Busty Belle*. Aus *Club* 15, 4 (Mai 1989).

und politischen Einfluß anzustreben oder zu behaupten. Frauen bilden noch immer eine kleine Minderheit unter den Professoren für Kunstgeschichte, den eingetragenen Architekten und ausgestellten Künstlern; im New Yorker Museum of Modern Art waren zwischen 1981 und 1987 nur 12 Prozent der ausgestellten Künstler Frauen. Aber die Zahl freiberuflicher Künstlerinnen nimmt stetig zu, und ihre Gegenwart ist sichtbarer geworden. 1975 hatten Frauen 4,3 Prozent der amerikanischen Architekturposten inne; 1985 waren es bereits 11,3 Prozent.[12]

Das gesellige Leben unter Frauen ist oft in irgendeiner Weise an die Beschäftigung mit Kunst gebunden. In den USA sind die Museen auf freiwillige Helfer angewiesen, und es sind fast ausnahmslos Frauen, die diesen Bedarf decken; für sie hat das Museum die Funktion eines Clubs. Für wohlhabende oder gesellschaftlich ambitionierte Frauen sind die Künste ein beliebtes Objekt der karitativen Zuwendung – Nutznießer ihrer finanziellen Generosität, aber auch Forum für verschwenderische Parties sowie Gelegenheit zur persönlichen Selbstdarstellung. Im Jahre 1981 gründete Wilhelmina Holladay ein National Museum for Women in the Arts – eine umstrittene Einrichtung, in der die einen die Ghettoisierung von Künstlerinnen witterten, während andere darin den Neuaufguß patriarchalischer Definitionen von Kreativität sahen, die jedoch das Interesse und das finanzielle Engagement von 83000 Mitgliedern im ganzen Land auf sich gelenkt hat. In dem Maße, wie von Frauen gemachte Kunst später beachtet, ausgestellt und gelehrt wird, wird die Kunst, mit der Frauen sich identifizieren, wenigstens teilweise zu ihrer eigenen.

Aus der heutigen, überaus vielfältigen und eindrucksvollen feministischen künstlerischen Praxis kristallisieren sich bestimmte allgemeine Tendenzen heraus. Die eine ist die respektlose Aneignung kanonischer

Bildgehalte, in der Absicht, deren Bedeutung zu kritisieren oder damit neue Bedeutungen zu generieren. Eine weitere ist die Suche nach unverbrauchten oder vergessenen Medien, Formaten, Ausstellungsräumen und Öffentlichkeiten, die nicht vom künstlerischen Establishment anerkannt bzw. kontrolliert werden. Beide Tendenzen verbinden sich in Suzanne Lacys *Travels with Mona* (Abb. 40). Lacy bereiste kunsthistorische Pilgerstätten in der ganzen Welt und malte dabei ihre Version von Leonardo da Vincis ikonischer *Mona Lisa*. Sie sammelte Fotografien von diesem Projekt einer Wander-Performance, Arlene Raven steuerte einen Text bei, und dieser dauerhafte, aber reproduzierbare Teil des Projekts, präsentiert als Parodie auf die Ansichtskarten-Leporellos für Touristen, wurde für wenige Dollar das Stück verkauft.

So wie Lacy gleichzeitig ein Meisterwerk der Kunst und die beliebte Ansichtskarte zu etwas Neuem verarbeitete, überschreiten viele feministische Künstlerinnen künstlerische Grenzen und wenden sich Mainstream-Themen und -Märkten zu. So stellt Barbara Kruger vorgefundene Bildersymboliken neben verbale Interpellationen (Abb. 41), und daher fügt sich ihr Werk in keine gängige Klassifikation der Kunst. Darüber hinaus arbeitet sie mit anderen Feministinnen an kritischen und theoretischen Verlagsprojekten und produziert gelegentlich auch Arbeiten für politische Themen wie die reproduktiven Rechte der Frauen.

Abb. 40 Suzanne Lacy (Amerikanerin, *1945), *Travels with Mona*. »Im Louvre mit der echten Bildpostkarte ... Die Bildpostkarte von einem Kunstwerk in einem Bildpostkarten-Kunstwerk.« Ansichtskarten-Leporello. Text von Arlen Raven; Fotos von D. E. Steward und Sylvie Hencocque.

Abb. 41 Barbara Kruger (Amerikanerin, *1945), *I Shop Therefore I Am*. Fotografie. *New York, Mary Boone Gallery*.

Dennoch wird ihr Werk in großen Museen gezeigt und von einem durch und durch kommerziellen Kunsthändler vermarktet.

Nach mehreren Jahrhunderten der Spaltung zwischen den visuellen und verbalen Künsten und nach einigen Jahrzehnten streng abstrakter Kunst gehörten feministische Künstlerinnen zu den aktivsten Vorkämpferinnen der Vermischung verschiedener Medien und Bedeutungen. Performance-Künstlerinnen wie Lacy kommunizieren mit den Betrachtern auf unterschiedliche Weise über die Zeit hinweg, wobei sie die Öffentlichkeit häufig in ihr Projekt mit einbeziehen. Künstlerinnen wie Kruger, die autonome Objekte produzieren, spielen mit dem Maßstab und der Vertrautheit von Bildern, vor allem aber mit Worten, um die Rezipienten zu genauer Lektüre anstelle distanzierter Kontemplation zu provozieren. Andere wie Mary Kelly benutzen ihre Arbeit, um zu zeigen, wie Sprache und Bilder Bedeutungen produzieren, die unsere Identität strukturieren. In ihrem *Post-Partum Document* von 1976 untersucht Kelly das uralte Thema der Mutterschaft vom Standpunkt der Mutter aus, die die körperliche Bindung zu ihrem Kind lösen muß, sobald es in das Erwachsenenreich der Sprache eintritt (Abb. 42). Fetischobjekte wie Schieferstücke werden mit Zeichen oder Wörtern beschriftet, die den Prozeß der beklagenswerten Trennung protokollieren. In *Post-Partum Document* werden Frauen durch das Zusammenspiel von sinnlicher Lust und intellektueller Strenge befähigt, die

Abb. 42 Mary Kelly (Amerikanerin, *1941), *Post-Partum Document*. Objekte des Übergangs, Tagebuch, Diagramm. Dokumentation IV. Eine von 135 Einheiten, zusammengefaßt zu 6 Abschnitten; verschiedene Medien, 1973–1979. *New York, Mary Kelly*.

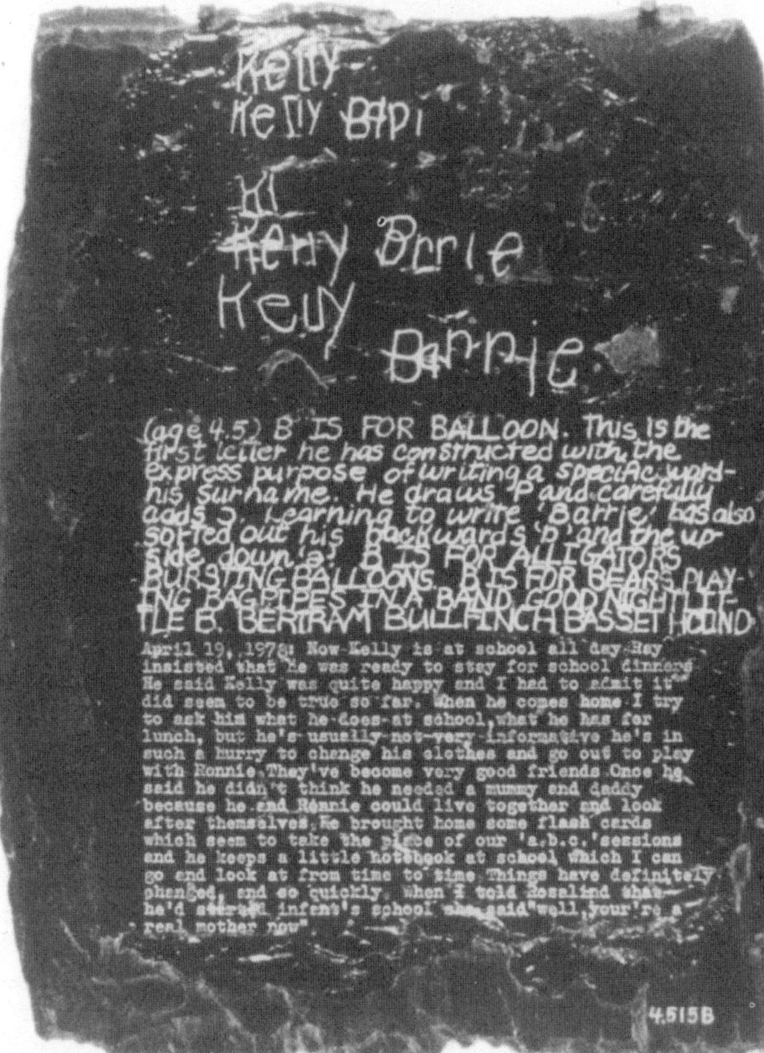

Abb. 43 Florence Griffith Joyner, Titelbild von *Sports Illustrated*, 25. Juli 1988.

emotionale Reaktion auf die ersten gekritzelten Worte des kleinen Kindes – »Ich hab dich lieb, Mammi« – nachzuempfinden, aber auch besser zu verstehen, was das Ausschlaggebende an der weiblichen Identität ist, das diese Reaktion so stark werden läßt.

Damit Frauen neue Bilder von sich selbst schaffen können, müssen sie neue Einstellungen zu sich selbst, ihrem Körper und ihrem Platz in der Gesellschaft gewinnen und kultivieren. Nie zuvor in der Geschichte haben sich Frauenbilder und Bilder von Frauen so radikal und so schnell verändert wie heute. Erfahrung und deren Darstellung treiben

Abb. 44 Raissa Page, *Greenham Common Women, January 1983.* Fotografie. *London, Raissa Page / Format.*

einander voran. Einige der eindrucksvollsten Frauenbilder der letzten Jahre bewegen uns, weil es Bilder über gelebte Gesten und gleichzeitig über den Übergang dieser Gesten in das Darstellungsinventar unserer visuellen Einbildungskraft sind. Florence Griffith Joyner erscheint auf dem Titelblatt der Zeitschrift *Sports Illustrated*, nachdem sie 1988 den Weltrekord im 100-Meter-Lauf gebrochen hat, die Arme zu einer glücklichen Siegesgebärde hochgeworfen (Abb. 43). Die Fotografin Raissa Page läßt die Frauen von Greenham Common über den amerikanischen Raketenstützpunkt tanzen, gegen den sie zu demonstrieren gekommen sind; einander bei den Händen fassend bilden sie einen Ring (Abb. 44).

Aus dem Englischen von Holger Fliessbach

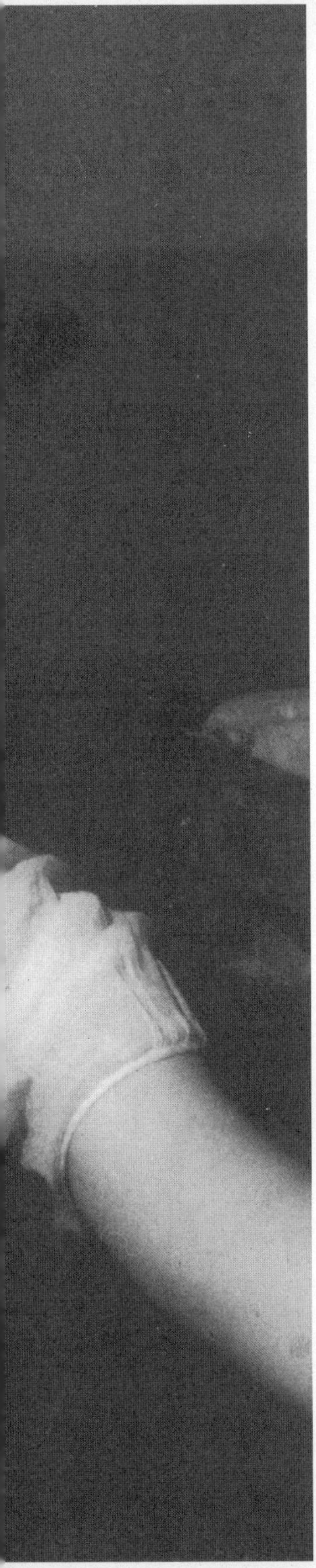

Die grossen Verwandlungen des Jahrhunderts

Zwei unbekannte Frauen, aufgenommen in der Bretagne 1948.
Fotografie von Boubat.

In einem Brief an Jean-Paul Sartre vom 18. Dezember 1940 übt Simone de Beauvoir schonungslose Kritik an der Verantwortungslosigkeit eines befreundeten Philosophen, der, »weil er nichts von der ›Turnübung‹ hielt, die die Männer vornehmen, wenn sie keine Kinder wollen, das ganze Risiko auf seine Gefährtin abwälzte (. . .) und daher meinte, sie sei selber schuld, wenn dabei etwas schief ginge«.[1] Stimmt es, was Edgar Morin behauptet, daß die Befreiung der Sexualität (oder, genauer gesagt, sexuelle Befreiung in ihren verschiedenen Formen), die vor Ausbruch von Aids ein Zeitalter der Sexualität ohne Fortpflanzung und gesellschaftliche Normen eingeläutet zu haben schien, »die einzige wahre frohe Botschaft der modernen Zeit« war?[2]

Im folgenden Teil haben wir es absichtlich unterlassen, die Geschichte der Mütter, der Familie oder des privaten Lebens neu zu schreiben.[3] Außerdem wollten wir das wohlbekannte Genre der »Alltagsgeschichte« meiden, obgleich die Entwicklung hin zu einer Erleichterung der Hausarbeit unverkennbar ist, durch die sowohl Freizeit als auch Bewegungsfreiheit der Frauen – und Männer – erheblich zunahmen. Zugleich aber verschwanden Orte traditioneller weiblicher Geselligkeit, während sexuelle Tabus auch weiterhin in bestimmten öffentlichen Kontexten Gültigkeit behielten. Statt dessen laden wir zu einem historischen und thematischen Exkurs ein, in dem zwei Vorstellungen hinterfragt werden sollen: zum einen die – kaum umstrittene –, daß der Zugang zu Wissen und Arbeit die Frauen emanzipiert habe, zum anderen die – umstrittenere –, daß die Frauen durch die Anforderungen der Mutterschaft zunehmend eingeschränkt worden seien. Die Suche nach Kontinuitäten und Brüchen sowie der Versuch, Bilanz zu ziehen, manifestieren sich auf unterschiedliche Weise in den folgenden drei Beiträgen zu solch charakteristischen Aspekten des 20. Jahrhunderts wie Mutterschaft und Wohlfahrtsstaat, Bildung und Beruf.

Der erste Beitrag fördert einen kaum – und lange Zeit gar nicht – bekannten Aspekt des Feminismus des frühen 20. Jahrhunderts zutage. Dieser heute als »maternalistisch« bezeichnete Feminismus, der seit Ende der 20er Jahre allmählich an Bedeutung verlor, forderte für die Frauen gleiche wirtschaftliche und politische Rechte und die gesellschaftliche Anerkennung der Mutterschaft, deren Wert als ebenso hoch (wenn nicht höher) veranschlagt wurde als der zahlreicher männlicher Beschäftigungen. Frühe Feministinnen gehörten zu den Befürwortern des Sozialstaats; jedoch bewegten sich die europäischen Sozialstaaten sehr bald auf ein Modell der Familienbeihilfe zu, mit dem die europäischen Diktaturen die Vaterschaft aufwerteten. In den USA dagegen wurde die Mutterschaft als eine reine Privatsache betrachtet.

Dafür haben seit rund dreißig Jahren – und dies ist der Gegenstand des zweiten Beitrags – demographische, technologische und wirtschaftliche Entwicklungen die traditionellen Grundlagen der Familie sowie der Beziehungen zwischen den Geschlechtern ins Wanken gebracht und das Aufkommen eines veränderten Systems der Reproduktion von Bevölkerungen und ihrer Arbeitskraft begünstigt. Gekennzeichnet ist dieses zum einen durch die Anwendung von Verhütungsmitteln, die Verbesserung des medizinischen und sozialen Schutzes von Müttern, und zum anderen durch eine Intellektualisierung und Vergesellschaftung der Reproduktionsarbeit. Frauen erfreuen sich somit größerer Freiheiten in bezug auf die Kontrolle über ihr biologisches Schicksal und auf eheliche Bindungen. Mit dem damit einhergehenden Erwerb bürgerlicher Rechte – Thema des dritten Beitrags – haben Frauen die Anerkennung als eigenständige Individuen errungen, was wiederum – gewiß in manchen Ländern deutlicher als in anderen – die soziale Gleichstellung der Geschlechter vorangetrieben hat.

Der dritte Beitrag ist entschieden pessimistischer im Ton. Er unterstreicht, trotz der Entwicklung innerhalb der wirtschaftlichen Strukturen, die fortdauernden Ungleichheiten auf dem Arbeitsmarkt und in der Ausbildung. Mit jeder zahlenmäßigen Zunahme der Frauen in einem Bildungszweig, einem beruflichen Sektor, einer Erwerbstätigkeit denkt sich die von Männern beherrschte Gesellschaft unter dem Deckmantel ökonomischer oder symbolischer Zwänge neue Methoden (jüngsten Datums: die widerrufliche oder Teilzeitanstellung) aus, um die Geschlechtertrennung in der Wissenschaft und der Erwerbstätigkeit aufrechtzuerhalten. Nur einer Minderheit von schulisch und sozial besser gestellten Frauen gelingt es, die Regeln zu durchbrechen und ein Recht auf Berufstätigkeit geltend zu machen.

Dieser ausführliche Beitrag sucht zu zeigen, wie sich der gemeinsame Einfluß von Ausbildung und Beschäftigung auf die Diversifizierung des Arbeitsmarktes auswirkt, und konnte daher nicht näher auf die Gesetzgebung oder etwa das Verhältnis zwischen Frauen und Gewerkschaftsbewegung eingehen. Die Gewerkschaften selbst können aber als Mitverantwortliche für die geschlechtliche Arbeitsteilung angesehen werden; man denke nur an die Befürwortung einer Gesetzgebung zum besonderen Schutz berufstätiger Frauen sowie an die geschlechterspezifischen Arbeitskonzepte der Gewerkschaften. In einer langen und sehr komplexen Entwicklung haben politisch aktive Gewerkschaftsfrauen (in Frankreich in den sechziger und siebziger Jahren beispielsweise Jeannette Laot in der CFDT oder Madeleine Colin in der CGT)[4] versucht, der Sache der Frauen in den Arbeiterorganisationen Gehör zu verschaffen, manchmal in der revolutionären Hoffnung, der massive Zustrom von Frauen auf den Arbeitsmarkt werde die Arbeit aller Menschen und damit die gesamte Gesellschaft verändern. Diese Utopie der siebziger Jahre hat zwar der Wirklichkeit weichen müssen, doch nicht ohne beträchtliche politische, materielle und symbolische Erfolge zu hinterlassen. Mitunter gesetzlich festgeschrieben, aber kaum verwirklicht, bleibt die berufliche Gleichstellung demnach ein grundlegendes Thema in den Beziehungen zwischen Frauen und Männern heute.

F. T.

13

Weibliche Armut, Mutterschaft und Rechte von Müttern in der Entstehung des Wohlfahrtsstaats 1890–1950[1]

Gisela Bock

Die modernen Wohlfahrts- oder Sozialstaaten zeigen, obwohl sie zu verschiedenen Zeiten und auf verschiedene Weise entstanden, ein bemerkenswertes Maß an Übereinstimmung. Die Reformen, durch die sie konstituiert wurden, waren vielfältig, doch in ihrem Zentrum stand die staatliche Unterstützung für solche Menschen, deren Armut ihrer Unfähigkeit entstammte, durch Erwerbsarbeit für sich selbst zu sorgen, und zwar speziell wegen Arbeitsunfällen, Krankheit, Alter und Arbeitslosigkeit. Im entstehenden Wohlfahrtsstaat waren solche Menschen nicht mehr wie zuvor Objekte der Armenfürsorge; sie waren somit auch nicht mehr diskriminierenden Bedürftigkeitsprüfungen oder dem Entzug der Staatsbürgerschaft unterworfen. Vielmehr wurde ihnen ein soziales Recht auf Unterstützung zugestanden, und die Unterstützung wurde als Aufgabe des Staates anerkannt. Dieses soziale Recht war in den zivilen und politischen Rechten der (Staats-)Bürger und in ihrer früheren Erwerbsarbeit als Beitrag zur Gesellschaft begründet (als in den 1940er Jahren in England der Begriff »welfare state« geprägt wurde, hafteten dem Begriff »welfare« längst nicht mehr die Konnotationen von Almosen, Barmherzigkeit und Armenpflege an). Bis zum Ersten Weltkrieg jedoch galten nur Männer als Staatsbürger, und vor wie nach dem Ersten Weltkrieg waren für Frauen die Sozialversicherungssysteme nur wenig hilfreich, da sie auf dem Arbeitsmarkt unterrepräsentiert und ihre Löhne und Gehälter niedriger waren als die der Männer. Die meisten Sozialreformen »zielten auf den männlichen Arbeiter, nicht auf Frauen und Kinder, welche die hauptsächlichen Nutznießer der früheren Armenfürsorge gewesen waren«.[2] Diese Asymmetrie kommt auch in der breiten Forschung über die Entstehung der Wohlfahrtsstaaten zum Ausdruck, denn diese konzentriert sich auf diejenigen Reformen, die in der Regel Männer und männliche Armut betrafen; Frauen und weibliche Armut erscheinen allenfalls als Anhängsel. Ähnliches gilt für die Erforschung der gesellschaftlichen und politischen Kräfte, die sozialstaatliche Reformen forderten, behinderten, beeinflußten oder einführten. Untersucht werden z. B. Gewerkschaften, konfessionelle und laizistische Gruppierungen, progressive, linke, liberale oder konservative politische Parteien. Die älteren Frauenbewegungen spielen hingegen so gut wie keine Rolle, obgleich sie entscheidend beteiligt waren an den Vorschlägen, Initiativen und Debatten über diejenigen sozialstaatlichen Reformen, die im folgenden behandelt werden: solche, die Mütter und Mutterschaft betreffen.

Seit dem späten 19. Jahrhundert waren die Kämpfe von Frauen um bürgerliche, politische und soziale Rechte, um Staatsbürgerschaft und Wohlfahrt eng miteinander verbunden, und die Frauenbewegung konzentrierte sich mehr als zuvor auf die Bedürfnisse und Interessen von Frauen der Unterschichten und auf weibliche Armut. Viele Frauen kämpften für das Wahlrecht, den Zugang zu Ämtern und die volle Staatsbürgerschaft nicht nur mit dem Ziel, formale Gleichheit mit den Männern zu erreichen (ein Ziel, das in Ländern, wo noch nicht einmal alle erwachsenen Männer wählen durften, kaum überzeugend war), sondern vor allem, um die Sozialpolitik zugunsten von Frauen zu beeinflussen. In vielen Ländern begannen bürgerliche Angehörige der Frauenbewegung, weibliche Armut zu untersuchen; gleichzeitig begannen auch arme Frauen, sich öffentlich zu äußern und über sich selbst in vorher unbekannter Weise zu sprechen, besonders in Briefen und Autobiographien. Diese Dokumente, die eine Historikerin geradezu als einen Dialog zwischen bürgerlichen Frauen und Unterschichtsfrauen analysiert hat,[3] illustrieren, wie die weibliche Armut und ihre vielfältigen Bezüge zur Mutterschaft zunehmend in das Bewußtsein rückten und konzeptionalisiert wurden. Ungeachtet ihrer Forderungen nach dem Recht auf ein selbsterworbenes Einkommen vertraten bürgerliche Frauen weithin die Ansicht, Lohnarbeit könne und solle mit Mutterschaft – zumindest in deren früher Phase – nicht vereinbart werden. Dagegen mußten viele Frauen der unteren Klassen diese beiden Anforderungen miteinander in Einklang bringen, nicht weil sie sich freiwillig danach gedrängt hätten, sondern aus wirtschaftlicher Notwendigkeit (im späten 19. und frühen 20. Jahrhundert lag in Europa – mit Ausnahme der Niederlande und Spaniens – der Anteil der Frauen an der erwerbstätigen Bevölkerung wesentlich höher als in den Vereinigten

Staaten und Kanada). Weibliche Armut wurde durch spezifisch weibliche Lebensrisiken verschärft: Mutterschaft, besonders im Fall von Müttern mit vielen Kindern, und das Fehlen oder der zeitweilige oder dauerhafte Verlust eines ehemännlichen Einkommens.[4] Deshalb waren unverheiratete Mütter, erwerbstätige und nichterwerbstätige Ehefrauen von Arbeitern, Fabrikarbeiterinnen, Witwen und »eheverlassene« Frauen die wichtigsten Zielgruppen der mutterschaftsbezogenen Bemühungen der Frauenbewegung. Darüber hinaus zielten die feministischen Forderungen auf die Mutterschaft als solche, ungeachtet der faktischen Armut von Frauen, ihres Berufs- oder Zivilstands. Argumentiert wurde, daß die Situation jener speziellen Gruppen von Müttern lediglich eine extreme Ausprägung einer allgemeinen Situation von Frauen darstelle, denn mit nur wenigen Ausnahmen seien sie tatsächliche oder potentielle Mütter, abhängig von einem Mann (mit oder ohne »Familienlohn«), der für ihren Unterhalt und den der Kinder zuständig war. Mutterschaft sei nicht nur ein »Spezialproblem« oder eine isolierte Frage, sondern ein alle Angehörigen des weiblichen Geschlechts verbindendes Element. Diese feministische Ausrichtung auf das Wohlergehen von Müttern, die als »feministischer Maternalismus« oder »maternalistischer Feminismus« bezeichnet werden kann, stellte sowohl die weibliche Armut als auch den männlichen Familienlohn in Frage und führte von der Forderung nach Rechten der in Armut lebenden Mütter zu einer nach den Rechten aller Mütter.

Die Frauenbewegung kämpfte somit um eine Art von Wohlfahrtsstaat und eine Art von Staatsbürgerschaft, die Rechte und Bedürfnisse nicht nur auf die Lebensrisiken von männlichen Lohnabhängigen beziehen sollte, sondern auch auf diejenigen von Müttern, ob erwerbstätig oder nicht. Sie initiierte und prägte wichtige Sozialgesetze, wenngleich ihre weitgespannten Hoffnungen und Forderungen nie ganz erfüllt wurden. In manchen Ländern agierte sie ohne das Frauenwahlrecht, wie im Fall der italienischen Mutterschaftsversicherung *(cassa di maternità)* von 1910, eine der ersten wohlfahrtsstaatlichen Maßnahmen in Italien, in anderen Ländern mit Hilfe des Frauenwahlrechts. In den Vereinigten Staaten beispielsweise war die Verabschiedung des Sheppard-Towner Maternity and Infancy Act (1921), des ersten wohlfahrtsstaatlichen Gesetzes mit bundesweiter Geltung, das erste Ziel und der früheste politische Erfolg der nun wahlberechtigten Frauen. In anderen Ländern schloß der Kampf der Frauen um politische Gleichheit die Forderung nach bezahltem Mutterschaftsurlaub für erwerbstätige Frauen vor und nach der Entbindung ein, darüber hinaus auch den Anspruch auf eine allgemeine und staatlich subventionierte Mutterschaftsversicherung, gedacht als Umverteilung des Einkommens von Männern auf Frauen. Unter dem Druck der diversen sozialen und politischen, männlichen und weiblichen Interessengruppen entstand daraus später der Vorschlag von »Kinderbeihilfen«, verstanden als Umverteilung des Einkommens von Kinderlosen auf diejenigen, die Kinder hatten. Als in den demokratischen Ländern solche Kinderbeihilfen schließlich durch Gesetz eingeführt wurden – in Frankreich in den 1930er Jahren, in England, Norwegen und Schweden kurz nach dem Zweiten Weltkrieg –, war es großenteils dem Druck von Frauen zuzuschreiben, daß sie direkt an die Mütter bezahlt wurden; doch bei ihrer Einführung in den Diktaturen der Zwischenkriegszeit, wo Frauen (wie auch Männer) ihre politischen Rechte verloren hatten, waren sie für die Väter bestimmt. Im Hinblick auf die demokratischen Staaten erscheint es wichtig, die Worte der englischen Feministin Vera Brittain in Erinnerung zu rufen (auch wenn heute nur wenige Feministinnen mit ihr übereinstimmen würden); im Jahr 1953 betonte sie, daß die »Frauenfrage« zum Kern des Wohlfahrtsstaats geworden sei: »In ihm sind die Frauen selbst zum Zweck geworden und nicht ein bloßes Mittel zum Zweck geblieben (...) Der Wohlfahrtsstaat war sowohl die Ursache als auch die Folge des zweiten großen Wandels, durch den die Frauen sich innerhalb von dreißig Jahren von der bloßen Konkurrenz mit Männern zu einer neuartigen Anerkennung ihres eigenen und eigentümlichen Wertes als Frauen fortbewegt haben.«[5] Der »eigene und eigentümliche Wert« bezog sich großenteils auf ihre Leistungen als Mütter. In dem langen Kampf um die Würde der Mutterschaft, die Rechte und das Wohlergehen der Mütter ist die Kontinuität vieler Ideen in Zeit und Raum ebenso eindrucksvoll wie ihre Veränderung.

In der Entstehung der Wohlfahrtsstaaten und in den Auseinandersetzungen über die Forderungen von Frauen und anderen Interessengruppen wurden mutterschaftsbezogene Sozialreformen oft mehr als (paternalistischer) Schutz denn als (maternalistisches) Recht verstanden. Nur selten wurde die Forderung nach einer umfassenden und systematischen Anerkennung der ökonomischen, gesellschaftlichen und politischen Würde der Mutterschaft von führenden männlichen Politikern akzeptiert. Einerseits wurde sie mit einer stückweisen Gesetzgebung für »besondere Problemgruppen« beantwortet und in unterschiedlichste Gesetzeszusammenhänge inkorporiert (Gewerbeordnung, Krankenversicherung, Armenfürsorge, Familienrecht, Einkommenssteuergesetz usw.). Andererseits wurde sie mit Reformen beantwortet, in denen die Bedürfnisse von Müttern und Frauen unsichtbar blieben und hinter einer scheinbar geschlechtsneutralen Gesetzessprache verschwanden, die sich auf Kinder und Familien, oft auch auf Väter als »Familienoberhaupt«, richtete. Der erste der folgenden drei Abschnitte behandelt die Themen, Argumente und Forderungen, welche die Frauenbewegungen in verschiedenen Ländern Europas und Nordamerikas aufwarfen und die das Verhältnis von weiblicher Armut, Mutterschaft und Staat betrafen – ein Aspekt dessen, was die Amerikanerin Katherine Anthony im Jahr 1915 die »dollars for women movement« nannte, neben der Bewegung für »votes for women«.[6] Im zweiten Abschnitt wird die frühe Phase der auf die Wohlfahrt von Müttern gerichteten Gesetzgebung vornehmlich bis zum Ersten Weltkrieg umrissen. Der dritte gilt den Stimmen von Frauen zu diesem Thema sowie der Gesetzgebung der Zwischenkriegszeit und unmittelbar nach dem Zweiten Weltkrieg.

Frauenbewegungen, maternalistischer Feminismus und die Rechte von Müttern 1890–1920

Ein zentrales Thema der feministischen Debatte war die Tätigkeit von Frauen, die sie als Mütter verrichteten. Viele Feministinnen behaupteten, sie sei eine Arbeit, wenn auch eine ganz besondere, und gehöre nicht etwa dem Bereich der »Natur« an. Im Jahr 1904 griff die deutsche Feministin Käthe Schirmacher, prominentes Mitglied des Verbands Fortschrittlicher Frauenvereine, scharf die Wissenschaft und Praxis der Nationalökonomie an, weil sie eben diese Arbeit mißachte. Auf einer öffentlichen Veranstaltung erklärte sie, daß die Hausarbeit der Frauen »wirkliche ›Arbeit‹« sei, »produktive Arbeit«, die »Werte produziert«, erhält und verteilt, auch wenn »sie nach nichts aussieht«; vor allem gebe es keine »›produktivere Arbeit‹ als die der Mutter (. . .), die ganz allein den Wert aller Werte, den denkenden und handelnden Wert aufbaut, den man ein Menschenwesen nennt«. Ausführlich beschrieb sie die harte Arbeit der Frauen im Haushalt und verwies darauf, daß dieselbe Arbeit bezahlt werde, sobald sie auf dem Arbeitsmarkt stattfinde. »Die häusliche Frauenarbeit ist die Conditio sine qua non der außerhäuslichen Berufsarbeit des Mannes«; er und sein Arbeitgeber hingen von ihr ab, so daß es scheine, »daß der Mann für zwei arbeitet, während er doch nur für zwei einstreicht«. »Ich muß gegen diese Ausbeutung der Hausfrau und Mutter protestieren«, wandte sie ein und argumentierte, daß es für Frauen nicht notwendig sein sollte, um der Emanzipation willen dieser Ausbeutung eine zweite hinzuzufügen, nämlich eine schlecht bezahlte Erwerbstätigkeit, sondern daß die Gesellschaft den Frauen eine soziale, politische und wirtschaftliche Anerkennung ihrer Hausarbeit schulde.[7]

Käthe Schirmacher stand mit dieser Meinung nicht allein, wenngleich ihre Folgerung – daß nämlich der Wert der häuslichen Arbeit anerkannt und sie sogar bezahlt werden sollte – von einigen Mitgliedern des Verbands als übermäßig »individualistisch« kritisiert wurde. Schirmacher hatte in Frankreich gelebt, wo sie in den 1890er Jahren ähnlichen Ansichten begegnet war, und sie hatte ihre Ideen zuerst in französischer Sprache veröffentlicht. In Frankreich war die Arbeit von Müttern, ihre Armut, ihre zivilrechtliche und ökonomische Abhängigkeit vom Ehemann und ihre noch schwierigere Situation, wenn sie keinen Ehemann hatten, zu einem verbreiteten und dauerhaften Thema der Feministinnen geworden. Auf dem Internationalen Kongreß für Frauenrechte in Paris wurde 1878 gefordert, die Gemeinden sollten arme Frauen nach der Entbindung für einen Zeitraum von achtzehn Monaten unterstützen. 1892 betonte die erste Frauenkonferenz, die sich selbst als »feministisch« bezeichnete, die Dringlichkeit einer *protection sociale à toutes les mères*. Im Jahr 1885 kandidierte Hubertine Auclert, unermüdliche Kämpferin für das Frauenwahlrecht und die erste Frau, die den Begriff *féministe* auf sich selbst bezog, außergesetzlich für die Parlamentswahl. Ihr Wahlprogramm sah vor, daß an die Stelle des gegenwärtigen »Minotaurus-Staats« *(État Minotaure)* ein »Mütterstaat« *(État Mère)* treten sollte, zu dessen Aufgaben die Versorgung der Kinder zählen müsse. 1899 trat sie für ein Mutterschaftsgeld ein, das durch eine von den Männern zu zahlende Vaterschaftssteuer finanziert werden sollte, und einige Jahre später für die Bezahlung von Müttern aufgrund ihrer »für den Staat unerläßlichen Dienste«. Als sie sich 1910 erneut als Parlamentskandidatin präsentierte, griff sie zusammen mit anderen Frauen die Forderung wieder auf. Auf dem Internationalen Feministischen Kongreß in Paris verkündete 1896 Léonie Rouzade, eine sozialistische Feministin: »Mutterschaft ist die grundlegende gesellschaftliche Funktion und verdient es, durch den Staat unterstützt zu werden«, und verlangte, daß der Kongreß in dieser Sache eine Petition an das Parlament richte.[8]

Erneut tauchte die Frage auf dem Internationalen Kongreß zur Lage und zu den Rechten der Frauen im Jahr 1900 auf. Debattiert wurde über das Recht unverheirateter Mütter auf Erhebung einer Vaterschaftsklage, um den Vater zur Unterhaltszahlung für das Kind zu zwingen – die *recherche de la paternité*, die durch Napoleons Code civil 1804 verboten worden war. Maria Pognon argumentierte, daß der Vater, der nicht für sein Kind zahlen wolle, nicht dazu gezwungen werden sollte; statt dessen solle die Regierung einen Fonds zur Unterstützung von Kindern schaffen, der für alle Frauen, ob verheiratet oder nicht, zugänglich sein müsse und der sie von den Vätern ihrer Kinder unabhängig machen würde. Die Konferenz beschloß die Empfehlung, in allen zivilisierten Ländern eine *caisse publique de la maternité* zu schaffen. Blanche Edwards-Pilliet berichtete über die doppelte Arbeitsbelastung von Fabrikarbeiterinnen innerhalb und außerhalb des Haushalts;

wegen der »enormen Bürde der Mutterschaft« müsse die Gesellschaft ihre Bedürfnisse finanziell abdecken. Es wurde beschlossen, daß erwerbstätige Frauen ein Recht auf bezahlten Mutterschaftsurlaub hätten. Diese Frage und, allgemeiner, die Anerkennung der Mutterschaft als gesellschaftliche Aufgabe blieben auch weiterhin auf der Tagesordnung des Conseil National des Femmes Françaises (gegründet 1901) und der Union Française pour le Suffrage des Femmes (gegründet 1909). Marguerite Durand, Begründerin und Herausgeberin der feministischen Tageszeitung *La Fronde,* setzte sich für die Bezahlung der Hausarbeit und für eine Mutterschaftsversicherung ein, zusätzlich zu der Notwendigkeit gleicher Bezahlung für gleiche Arbeit außerhalb des Haushalts. Die radikalere Nelly Roussel, die öffentlich die Empfängnisverhütung verteidigte und im Jahre 1904 einen »Gebärstreik« proklamierte, beschwor die Schmerzen der Geburt und unterstrich, »unter allen sozialen Aufgaben ist die fundamentalste, erhabenste, mühsamste und notwendigste die einzige, für die nie ein Lohn gewährt wurde«. Roussel postulierte das »Recht auf Mutterschaft« und forderte deren Anerkennung als wahrhafte Arbeit sowie einen »gerechten Lohn für die ehrenvolle Arbeit der Mutter«. Ein *salaire de la maternité* sollte es den Frauen, die dies wünschten, erlauben, sich ganz ihren Kindern zu widmen.[9]

Ähnliche Ideen und Vorschläge tauchten in allen westlichen Frauenbewegungen um die Jahrhundertwende auf. Die französische Version scheint jedoch als erste aufgekommen zu sein, war am prononciertesten formuliert und hatte zahlreiche Varianten. In allen Ländern kamen solche Vorschläge aus den Reihen der radikalen, gemäßigten sowie sozialistischen Frauen (wenn auch nicht alle Frauen dieser Gruppierungen sie befürworteten); viele von ihnen kannten einander persönlich. In Norwegen war Katti Anker Møller eine ihrer bekanntesten radikalen Verfechterinnen. Sie propagierte einen »Gebärstreik« von Frauen und die freiwillige Mutterschaft, und ihr aktives Engagement in der Politik begann 1900 mit der Forderung nach staatlichen Beihilfen für ledige Mütter. Schon bald weitete sie diese Forderung aus und schloß sämtliche Mütter ein, und um 1918 hatte sie eine Theorie entwickelt, derzufolge Mutterschaft als Arbeit anerkannt werden, einen »Lohn« erhalten und zu der am besten bezahlten Arbeit von Frauen werden sollte. Die schwedische Feministin Ellen Key, die in ihrem Heimatland weniger einflußreich war als auf internationaler Ebene, sah Mutterschaft als die vornehmste Berufung von Frauen, die vom Staat durch Bezahlung zu unterstützen sei.[10] In Italien war die Aufwertung der Mutterschaft als ein wichtiger Beitrag der Frauen zur Gesellschaft und zur erst kürzlich geeinten Nation eine zentrale Frage in der Frauenbewegung, und seit etwa 1890 kämpften viele feministische Gruppierungen – meist solche mit sozialistisch-feministischen Tendenzen – für eine *cassa di maternità*, eine Mutterschaftsversicherung für Fabrikarbeiterinnen. Sie sollte durch die Beiträge weiblicher und männlicher Arbeiter eigenfinanziert (ähnlich wie die früheren Arbeiterkooperativen) oder durch Beiträge von Arbeitereltern (für ihre Töchter), der Arbeitgeber, der Regierung oder aller zusammen finanziert werden. Das erste konkrete Projekt legte 1894 Paolina Schiff im Auftrag der Mailänder Lega per la Tutela degli Interessi Femminili (Nationaler Verband zum Schutz der Fraueninteressen) vor, und bald wurde die Forderung nach einem nationalen Mutterschaftsfonds von der Unione Femminile Nazionale aufgegriffen. Auf deren erstem Nationalen Kongreß für praktische Frauenaktivitäten im Jahre 1908 schlugen Nina Sierra und Bianca Arbib eine Versicherung vor, die es Frauen, insbesondere der Arbeiterklasse, ermöglichen sollte, sich während der Jahre der »aktiven Mutterschaft« ihrer Familie zu widmen und dafür bezahlt zu werden.[11]

Auch in Deutschland wurde das Modell der obligatorischen Mutterschaftsversicherung diskutiert. Doch hier war das Problem nicht der Mutterschaftsurlaub als solcher, da schon 1878 (ein Jahr nach dem ersten derartigen Gesetz in Europa, das in der Schweiz erging) die Gewerbeordnung eine (obligatorische) Mutterschutzfrist von drei Wochen nach der Entbindung für Fabrikarbeiterinnen vorsah und das Bismarcksche Krankenversicherungsgesetz von 1883 ein bescheidenes Wochengeld für selbstversicherte Arbeiterinnen einschloß (ein ähnliches Gesetz folgte in Österreich 1888). Frauen forderten vielmehr eine Verlängerung der Beurlaubung, die Einbeziehung von Erwerbstätigen außerhalb der Industrie und vor allem die Anhebung des Wochengelds auf – mindestens – die volle Lohnhöhe. Einige Feministinnen setzten sich für eine eigenständige Mutterschaftsversicherung ein, die nicht, wie die Krankenversicherung, Schwangerschaft und Mutterschaft als Krankheit einstufen würde. 1897 und 1901 vertrat Lily Braun, Feministin und Sozialistin, als erste öffentlich eine eigenständige Mutterschaftsversicherung; sie verstand sie als ein Mittel zur Befreiung der Frauen von Armut und wenigstens zeitweise von der Fabrikarbeit. Aus Steuern finanziert, sollte diese Versicherung die Bedürfnisse der Frauen vier Wochen vor und acht Wochen nach der Entbindung decken. Wie auch andere Feministinnen in Deutschland und anderswo begründete sie ihre Forderung mit dem Konzept: »Mutterschaft ist eine gesellschaftliche Funktion.«[12] Ihr Vorschlag war ein Kompromiß zwischen ihrem utopischen Ideal – Muttergeld für einen Zeitraum von eineinhalb Jahren – und der Notwendigkeit, den außerhäuslichen Arbeitsplatz zu erhalten. In der Folgezeit verlangten einige radikale, gemäßigte und sozialistische Frauen eine Mutterschaftsversicherung, so z. B. die jüdischen Feministinnen Alice Salomon und Henriette Fürth. Der Jüdische

Frauenbund stellte die Würde und die Aufwertung der Mutterschaft ins Zentrum seiner Theorien und Aktivitäten. Im Jahr 1905 hielt der Allgemeine Deutsche Frauenverein in seinem Programm fest, »die Arbeit der Frau in der Erfüllung dieses Berufs ist wirtschaftlich und rechtlich als vollgültige Kulturleistung zu bewerten«. Helene Lange erklärte jedoch, es scheine ihr »heute als verfrüht«, ihren Wert in präzisen Zahlen zu messen, da eine solche Auffassung »noch kein Bestandteil des allgemeinen sittlichen Bewußtseins« sei. In Deutschland gingen nur wenige Feministinnen so weit, eine staatliche Unterstützung für alle Mütter zu fordern. Anita Augspurg war eine von ihnen, und 1902 war Helene Stöcker, Mitgründerin des Bunds für Mutterschutz, fasziniert von der Idee einer »pekuniären Unabhängigkeit« von Hausfrauen und Müttern. 1909 wandte sich Schirmacher gegen die Differenz zwischen den Einkommen von Männern und Frauen; der zusätzliche Verdienst von Männern, der gewöhnlich mit ihrer Rolle als Ernährer gerechtfertigt wurde, stelle einen »Geschlechtszuschlag« – sie hatte den Begriff von Max Weber übernommen – oder »Familienzuschlag« dar, der eigentlich den Ehefrauen zustehe und an diese ausbezahlt werden müsse. Besonders beanstandete sie, daß die »Geschlechtsprämie« auch an ledige Männer gezahlt wurde: »*Seinem* Erwerb wird der Verdienst der legitimen Frau zugerechnet, und *seine* Entlohnung steigt, damit er sich die illegitime Frau kaufen kann; der ›Familienzuschlag‹ *beruht auf einem doppelten Raub an der Frau.*«[13]

In England plädierte Alys Russell schon 1896 für eine »Bezahlung der Mutterschaft«, als sie August Bebels Annahme in Frage stellte, nur der Sozialismus werde die Frauen emanzipieren. Sie kritisierte ihn, weil er Frauen eher als Industriearbeiterinnen denn als Mütter sah und die »Frauenfrage« nur als ein Anhängsel der Arbeiterfrage; aus ihrer Sicht waren höhere Löhne, die ökonomische Anerkennung der Mutterschaft und die gesetzliche Gleichstellung von Männern und Frauen sehr wohl möglich in einer »individualistisch« orientierten Gesellschaft, nicht nur in einer kollektivistischen.[14] Zur gleichen Zeit entstand in England eine eindrucksvolle Mütterbewegung. Bevor das Problem umfassender diskutiert wurde, verging jedoch ein weiteres Jahrzehnt. Unter den ersten Gruppen, die es erneut in Angriff nahmen, war die Women's Labour League (die Frauengruppe der Labour Party); 1907 verlangte sie eine finanzielle Unterstützung für bedürftige Mütter, »damit sie ihre Kinder versorgen können, ohne zusätzlich einer Lohnarbeit nachgehen zu müssen«. Zwei Jahre später diskutierte sie ein staatliches *endowment of motherhood* – dieser Begriff, der bald die Debatte beherrschen sollte, war um 1904 aufgekommen – und die Frage, ob es nur eine Unterstützung bei der Entbindung oder eher ein permanentes Einkommen für Mütter sein sollte. Andere Frauenorganisationen wandten sich gegen »die beklagenswerte Tendenz, der Arbeit einer Ehefrau und Mutter in ihrem Haushalt jeglichen Geldwert abzusprechen«.[15] Mutterschaftsgeld oder Mütterrenten (der letztere Begriff wurde meist für Zahlungen an verwitwete und andere besonders bedürftige Mütter gebraucht) wurden, vor allem von der Fabian Women's Group und der Women's Cooperative Guild, deren Mitglieder größtenteils der Arbeiterklasse angehörten, propagiert. Sie galten als Mittel zur Förderung der wirtschaftlichen Unabhängigkeit von Frauen und zur Anerkennung des sozialen Wertes der Kindererziehung. Im Jahr 1914 argumentierte Mabel Atkinson, daß Frauen der Arbeiterklasse – anders als Frauen der Mittelschichten – sich keineswegs von der Arbeit ausgeschlossen fühlten und daß sie nicht »das Recht auf Arbeit verlangten, sondern Schutz gegen die Bürde der endlosen Plackerei«. Sie sah das Problem als ein eminent politisches: Das »staatliche Mutterschaftsgeld wird immer deutlicher als das elementarste Ideal der feministischen Bewegung erkannt«, da »keine staatsbürgerliche Handlung grundlegender« sei als die Tätigkeit des Gebärens und Erziehens; es solle für den Zeitraum gezahlt werden, in dem die Frauen sich dieser Tätigkeit widmeten. Während und kurz nach dem Ersten Weltkrieg entwickelten Beatrice Webb und besonders Eleanor Rathbone eine ökonomische Theorie des Mutterschaftsgelds, die auf einer radikalen feministischen Kritik am männlichen Familienlohn und an der traditionellen Einkommensdifferenz zwischen Männern und Frauen basierte. »Gleicher Lohn für gleiche Arbeit« außerhalb des Hauses sollte durch Mutterschaftsgeld ergänzt werden, gänzlich unabhängig vom traditionellen Lohnsystem. Es war einerseits als eine »Entlohnung der Dienste von Frauen« gedacht, andererseits als ein Mittel gegen die negativen Wirkungen der Politik »gleicher Lohn für gleiche Arbeit«: Denn mit der Berufung auf diese Politik hatten die Gewerkschaften zuweilen verhindert, daß Frauen – mit ihrem geringeren Lohn – männliche Arbeitsplätze übernahmen, und sie hatten dazu beigetragen, Frauen auf »ungleiche« Arbeit festzulegen.[16]

Zwei Jahre vor dem Kriegseintritt der Vereinigten Staaten präsentierte die Amerikanerin Katherine Anthony die hier umrissenen europäischen Perspektiven den amerikanischen Feministinnen. Sie beurteilte »die ökonomische Wertung der Mutterschaft« und »das Prinzip staatlich subventionierter Mutterschaft« als »eines der bedeutendsten Kapitel in der Geschichte des sich wandelnden Status der Frauen«. Auch wenn die Zahlungen anfangs nur minimal seien, seien sie doch entscheidend, weil sie einen »bezahlten Urlaub« von der Erwerbsarbeit sicherten, »nicht vom Ehemann, sondern aus einer anderen Quelle« stammten, den Weg zur Unabhängigkeit von Müttern und somit zu fundamentalen Veränderungen der Geschlechterbeziehungen ebneten. In dieser Perspektive untersuchte sie die Armut amerikanischer Mütter der Arbeiterklasse, die gezwungen waren, zusätzlich zu ihren Familienpflichten eine Stelle anzunehmen, und schrieb eine Einleitung zur amerikanischen Ausgabe des Berichts, den das englische Family Endowment Committee, von Eleanor Rathbone gegründet, im Jahr 1917 vorgelegt hatte.[17] Obwohl nur wenige Vertreterinnen des amerikanischen Feminismus Anthonys Forderung nach Anerkennung und Bezahlung der Arbeit von Müttern explizit aufgriffen, stand sie doch nicht allein. Schon die ältere und eher konservative Frauenklub-Bewegung und beispielsweise der mitgliederstarke Christliche Mäßigkeitsverband der Frauen (Women's Christian Temperance Union) hatten die häuslichen Pflichten von Frauen zum Mittelpunkt ihrer Aktivitäten gemacht, auf ihrer öffentlichen Bedeutung bestanden und gelegentlich auch gefordert, daß jene Pflichten »zu den bezahlten Industrien der zivilisierten Nationen gehören« sollten. Einige radikale Feministinnen des 20. Jahrhunderts – z. B. Crystal Eastman, die auch öffentlich für Geburtenkontrolle eintrat – vertraten die Meinung, daß Kindererziehung »von der Welt als Arbeit anerkannt werden muß und eine präzise wirtschaftliche Kompensation verdient – und nicht nur das ›Recht‹ der Erzieherin, von einem Ehemann abhängig zu sein«. Neben diesen konservativen und radikalen Stimmen verfochten drei weitere feministische Gruppierungen ähnliche Ansprüche: Sozialreformerinnen der »Progressiven Ära« wie Jane Addams und Sophonisba Breckinridge; die Feministinnen, die das Kinderamt (Children's Bureau) im Bundesarbeitsministerium gründeten (1912) und leiteten, vor allem Lillian Wald, Florence Kelley, Julia Lathrop und Grace Abbott; schließlich die Mütterbewegung seit den 1890er Jahren, die unter dem Namen Nationaler Mütterkongress (National Congress of Mothers) organisiert war. Hauptsächlich dem letzteren war die Entstehung einer breiten Bewegung zu verdanken, die »Renten« für bedürftige Mütter forderte *(mothers' pensions)*. Einige ihrer Befürworterinnen verteidigten die Mütterrenten mit der Begründung – und ihre Gegner und Gegnerinnen attackierten sie mit eben diesem Argument –, daß sie nicht eine karitative Liebesgabe seien, sondern eine Entlohnung für geleistete Arbeit, und somit als Einfallstor für ein allgemeines Mutterschaftsgeld wirken würden. Noch wichtiger war jedoch, daß Frauen begannen, die Renten als ihr Recht anzusehen.[18]

Es braucht kaum eigens betont zu werden, daß – obgleich viele Frauen in vielen Ländern für die Würde der Mutterschaft, ihre Anerkennung als Arbeit und ihre allgemeine Entlohnung oder teilweise Unterstützung durch den Staat eintraten – bei weitem nicht alle Feministinnen mit der zugrundeliegenden Gesellschaftsanalyse und der damit einhergehenden Vision einer künftigen Gesellschaft und Strategie für die Befreiung der Frauen übereinstimmten. Aber auch viele Frauen, die sich in diesen grundlegenden Fragen einig waren, waren doch bezüglich der praktischen Umsetzung und mancher spezieller Aspekte oft uneins. Und nicht alle Feministinnen, die einige oder alle jener Ansichten teilten, taten dies ihr Leben lang: Für einige waren sie ein Ausgangspunkt, für andere ein Durchgangsstadium, für wiederum andere ihr Hauptengagement. In allen genannten Ländern brachten Frauen ähnliche Einwände gegen die genannten Forderungen vor.

Ein verbreiteter Einwand war, die Forderung nach Mutterschaftsgeld sei »individualistisch« und egoistisch. Katherin Glasier von der British Independent Labour Party verurteilte sie als ein »krass individualistisches Rebellen-Stadium unseres Frauenkampfes für die Freiheit«, und die Amerikanerin Charlotte Perkins Gilman argumentierte gegen Ellen Key, daß Frauen »nicht für sich selbst« nach Macht streben sollten, »sondern zum Wohl der Gemeinschaft«. Zweitens sah man in Zahlungen an Mütter einen Ausdruck unangemessenen Mißtrauens gegenüber den Ehemännern und deren Verwendung des Familieneinkommens; solches Mißtrauen würde die Familienbande zerstören.[19] Den dritten und bald am weitesten verbreiteten Einwand formulierten z. B. in England die Sozialarbeiterin Anna Martin und in Deutschland Marianne Weber: Mutterschaftsgeld und »Lohn für Hausarbeit« enthöben die Ehemänner ihrer Verantwortung für Frau und Kinder, unterhöhlten damit den Arbeitsanreiz für Männer und beförderten nicht die Frauenemanzipation, sondern die »Emanzipation« der Männer. Beide Feministinnen plädierten statt dessen für eine gleichmäßige Aufteilung – nicht der Hausarbeit, wohl aber des Einkommens des Mannes – zwischen dem Ehepaar. Weber forderte außerdem eine gesetzliche Regelung, die der Frau ein Recht auf Haushaltsgeld und eine gewisse Summe als Taschengeld zusichere. Doch waren sich beide sehr wohl bewußt, daß eine solche Aufteilung gerade für die Frauen, deren häusliche Arbeit am härtesten war, utopisch oder nutzlos wäre: nämlich für diejenigen, deren Ehemänner wenig oder kein Geld nach Hause brachten. Viele waren – viertens – der Ansicht, die Gesellschaft könne die ihr zugewiesenen Aufgaben nicht übernehmen, denn die staatlichen Ressourcen reichten für derartige Zahlungen nicht aus. Noch problematischer erschien manchen – fünftens – die Umwandlung der »Arbeit aus Liebe« von einem Gebrauchswert in einen Tauschwert, was manche Frauen für »unmoralisch«, »unnatürlich« und »monströs« hielten.[20] In Deutschland, aber auch in den Vereinigten Staaten, war ein sechstes Argument zu hören: Maria Lischnewska hielt die außerhäusliche Arbeit für produktiver als die häusliche, und sie bestand darauf, daß die nichterwerbstätige Hausfrau »nur konsumiert«, »versorgt« werde und für die Volkswirtschaft keinen Wert darstelle; dem stellte sie als »Typus der Neuen Frau« die verheiratete Fabrikarbeiterin gegenüber, die häusliche Arbeit und Erwerbsarbeit miteinander in Einklang bringe. Wurde die

Mütterwohlfahrt im Hinblick auf Arbeiterinnen und im Kontext der Fabrikgesetzgebung diskutiert, argumentierten die Gegnerinnen von Mutterschaftsurlaub und -geld gegen besondere Gesetze für Frauen, weil sie die weibliche Wettbewerbsfähigkeit auf dem Arbeitsmarkt beeinträchtigen und das Vorurteil von der weiblichen Schwäche verstärken würden; dies war das Thema der berühmten Debatte zwischen Anna Maria Mozzoni und Anna Kuliscioff in Italien. Wieder andere schließlich lehnten ein Muttergeld speziell für unverheiratete Mütter ab, da es die sexuelle Promiskuität und unerwünschte Nachkommenschaft befördern würde.[21]

Trotz der Einwände griffen die meisten Feministinnen, einschließlich derjenigen, die ein Mutterschaftsgeld ablehnten, die Mutterschaftsideologie für ihre eigenen Visionen der Frauenbefreiung auf. Sie taten es zum Beispiel, um die Dringlichkeit des Frauenwahlrechts zu begründen (wie in England und in den Vereinigten Staaten) und um die Forderung nach Zugang zu gehobenen und gut bezahlten Berufen durchzusetzen (wie beispielsweise im deutschen feministischen Konzept der »geistigen« oder »organisierten Mütterlichkeit«). Auf der anderen Seite stimmten diejenigen, die Mutterschaftsgeld favorisierten, nicht unbedingt auch in anderen Fragen überein, z. B. bezüglich der Geburtenkontrolle, der Bedeutung der Ehe, der Organisation der Hausarbeit, der Fabrikgesetzgebung für Frauen. Nur selten wurde die Ablehnung des Mutterschaftsgeldes damit begründet, daß es Frauen gegen ihren Willen dazu bewegen würde, mütterliche Pflichten zu erfüllen; so argumentierte Charlotte Perkins Gilman, die die Kindererziehung sozialisiert und professionalisiert sehen wollte. Im übrigen teilten in diesem Zeitraum bei weitem die meisten Frauen – ungeachtet ihrer politischen Richtung, unterschiedlicher Klassenzugehörigkeit und der von ihnen vertretenen Variante von Feminismus – die Annahme, daß Hausarbeit und Kindererziehung ohnehin eine Aufgabe von Frauen war, wenn auch nicht die Aufgabe *aller* Frauen.[22]

Feministinnen, die darauf bestanden, daß »Mutterschaft eine gesellschaftliche Funktion« sei und nicht nur eine physiologische, private oder individuelle, griffen die überkommene kulturelle Dichotomie zwischen privater/persönlicher und öffentlicher/politischer Sphäre an und kämpften für eine neue Interpretation ihres Verhältnisses, und zwar nicht nur im Hinblick auf die außerhäusliche Gesellschaft[23], sondern auch auf Haushalt und Mutterschaft. Somit brachen sie radikal mit dem, was später eine »biologische« Sicht der Geschlechter genannt werden sollte (der Begriff »biologisch« war zu Beginn unseres Zeitraums noch nicht gängig). In der Begründung von Frauenrechten und -pflichten bezogen sie sich oft auf eine »Natur der Frau«, womit sie einerseits den Aufklärungsdiskurs von »Naturrecht« und »natürlichen Menschenrechten«

aufgriffen und ihn andererseits insofern in Frage stellten, als er Frauen von diesen Rechten aufgrund einer »Natur« ausschloß, die für Männer und Frauen unterschiedlich zu sein schien. Sie klagten nun soziale und politische Bürgerrechte für Mütter und andere Frauen ein, indem sie auf die ihnen eigentümliche »Natur« verwiesen, verstanden als ihr eigenständiger und einzigartiger Beitrag zur Gesellschaft. Indem sie Rechte, Verantwortung und Schutz für etwas forderten, was bis dahin als private und individuelle Pflicht bzw. Verantwortung angesehen wurde, kritisierten sie nicht so sehr die Aufteilung der Arbeit zwischen Männern und Frauen; vielmehr stellten sie die geschlechterbezogene Aufteilung von bezahlter und unbezahlter Arbeit in Frage (beide sollten nach ihrem Wert bezahlt werden) und somit auch die geschlechterbezogene Aufteilung von Machtlosigkeit und Macht (als Macht galt beispielsweise den Frauen der Women's Cooperative Guild auch die »basket power«, die Macht des Einkaufskorbs der Hausfrau). Die radikaleren Feministinnen stellten die Ordnung der Gesellschaft in Frage; diese sollte künftig auf den Aktivitäten und Verdiensten von Frauen aufbauen, nicht (oder nicht nur) auf denjenigen der Männer. Viele von ihnen waren der Meinung, daß ein adäquater Mutterschutz nicht nur den Frauen diene, sondern der Gesellschaft insgesamt und daß deshalb – in den Worten der Italienerin Ersilia Majno – »feministische Forderungen, einst lächerlich gemacht, als das erkannt werden müssen, was sie wirklich sind: soziale Forderungen für das Wohl der Gesellschaft«.[24]

Wer in staatlichen Beihilfen oder gar in der Bezahlung der Mütterarbeit einen Weg zur Frauenbefreiung sah, betonte gewöhnlich sowohl die Würde als auch die Ausbeutung von Mutterschaft – in Helene Stöckers Formulierung: »In der Mutterschaft liegen die tiefsten Wurzeln seiner [des weiblichen Geschlechts] Sklaverei und seiner Freiheit.«[25] Solche Feministinnen pflegten männerorientierte soziale Werte, die »Doktrin vom Primat und der Vorherrschaft des männlichen Prinzips« scharf zu kritisieren. Andererseits teilten sie das traditionelle aufklärerische und neuere feministische Ziel der »Gleichheit« sowohl in wirtschaftlicher als auch in politischer Hinsicht: Nelly Roussel beispielsweise definierte den Feminismus als »Theorie von der natürlichen Gleichwertigkeit und der sozialen Gleichheit der Geschlechter«.[26] Sie und andere forderten Gleichberechtigung mit Männern auf der Grundlage, daß die Aktivitäten der Mütter als Arbeit anerkannt würden, wenn auch mit dem wichtigen – und voll Stolz betonten – Unterschied, daß sie eine edlere – gar die edelste – und jedenfalls die notwendigste Arbeit sei. Staatliches Wochengeld und Mutterschaftsgeld sollten diese Art von Gleichheit insofern befördern, als sie ein Weg zur Unabhängigkeit (von Arbeitgebern und Ehemännern) waren und ein Ausdruck der Forderung nach »gleicher Bezahlung für gleichwertige Arbeit«. Frauen sollten nicht, um ihrer »Gleichheit« willen, die herrschenden männerzentrierten Wertsetzungen akzeptieren müssen; vielmehr hoffte man, diese zu untergraben, zu ersetzen oder wenigstens zu ergänzen. Jene Feministinnen waren nicht der Meinung, daß »Gleichbehandlung« die Frauen auch dann befreie, wenn sie zu ungleichen Ergebnissen führte oder bloß Gleichheit im Elend brächte; ebensowenig, daß ökonomische, soziale und politische Gleichheit von Frauen und Männern die Erfüllung identischer Aufgaben heiße, und schließlich auch nicht, daß Frauen und Männer »essentiell« identisch seien. Sie spielten die Geschlechterdifferenz nicht herunter, sondern bestanden auf dem Recht der Frauen, anders zu sein, und sahen dies nicht als einen Ausdruck von Ohnmacht und Resignation, sondern von weiblichem Stolz, weiblicher Macht und Selbstbehauptung. Französische Feministinnen formulierten diese Perspektive als »Gleichheit in der Differenz«. Schirmacher formulierte sie in ihrem Vortrag von 1904: »Wir leben in einer ›Männerwelt‹, vom Mann in erster Linie für sich, nach *seinem* Bilde, für *sein* Behagen geschaffen. In dieser Welt hat der Mann sich als Maßstab aller Dinge und Wesen betrachtet, auch als Maßstab der Frau. Wer *seines Gleichen* sein sollte, mußte *ihm gleich* sein, tun was er tat, um seine Achtung zu erwerben. Für ihn lag die *Gleichwertigkeit* einzig in der *Gleichartigkeit*, nur *Similität* galt ihm als *Parität*.« Sie wies die Annahme zurück, daß die Aktivitäten von Frauen »minderwertig« seien im Vergleich zu denen von Männern, und verband die Forderung nach dem Recht auf Gleichheit mit dem Recht auf Anders-Sein.[27] Im Italien der Jahrhundertwende wurde diese Sichtweise »femminismo sociale« oder »femminismo pratico« genannt. Auch heute ist sie wieder Gegenstand von Analysen und Debatten darüber, wie diese Form von Feminismus zu verstehen ist und wie sie sich zu anderen Formen von Feminismus verhält; unterschieden wird beispielsweise zwischen »Gleichheitsfeminismus« und »sozialem Feminismus«, zwischen »individualistischem« und »Beziehungs-Feminismus«, zwischen »liberalem« und »Wohlfahrts-Feminismus«, zwischen »politischem« und »häuslichem Feminismus«[28], wobei der hier zur Diskussion stehende maternalistische Feminismus gewöhnlich dem zweiten Begriff des jeweiligen Begriffspaars zugeordnet wird. Doch diese sich scheinbar gegenseitig ausschließenden Konzepte überschneiden sich in der historischen Wirklichkeit nur allzu oft, wie z. B. der erwähnte Individualismus-Vorwurf an die Adresse des maternalistischen Feminismus deutlich macht. Dessen ungeachtet eröffnen die heutigen Debatten neue Perspektiven auf die alten und verweisen auf die wichtige Rolle, die das Phänomen Mutterschaft in den Theorien, Forderungen und Hoffnungen der älteren Frauenbewegung spielte.

Mutterschaft und Sozialpolitik bis zum Ersten Weltkrieg

Der Höhepunkt des maternalistischen Feminismus fiel mit einer neuen Gesetzgebung zur Förderung von Müttern und Kindern zusammen, die teils finanzielle Leistungen – sie sind der Gegenstand dieses Abschnitts –, teils Dienst- oder Sachleistungen vorsah. In der Vorkriegszeit und während des Ersten Weltkriegs wurden in den meisten industrialisierten oder in der Industrialisierung begriffenen Ländern solche Gesetze verabschiedet. Die Reformen blieben allerdings weit hinter den feministischen Forderungen zurück, sowohl in bezug auf die Höhe der Leistungen als auch auf die Zahl und Art der Empfängerinnen. Diese waren entweder erwerbstätige Frauen – genauer: einige wenige Gruppen von ihnen, anfänglich nur die Fabrikarbeiterinnen – oder bedürftige Mütter, hauptsächlich solche ohne Ehemann oder deren Ehemann nicht (genug) verdiente. Selbst im Fall dieser besonderen Gruppen blieb die Wirkung der Reformen bescheiden, vor allem wegen der bürokratischen Prozeduren, der Bedürftigkeitsprüfungen, Moralkontrollen und der niedrigen ausbezahlten Summen. Aber wenn auch die Gesetzgebung in dieser Hinsicht großenteils als Tradition der Armenfürsorge oder Gewerbeordnung verhaftet blieb, bedeutete sie dennoch einen Bruch mit der Vergangenheit. Der Bruch wurde besonders deutlich sichtbar an dem vehementen Widerstand, auf den die Reformen in allen Ländern stießen. Sie legten den Grund für weiterreichende und allgemeine soziale Rechte in den zukünftigen Wohlfahrtsstaaten. Zwar hatten in diesem Zeitraum nur wenige Frauen das Recht zu wählen und gewählt zu werden (vor Ende des Kriegs wurde das Frauenwahlrecht in Neuseeland, Australien, Finnland, Norwegen, Dänemark, Rußland und den Niederlanden eingeführt, 1918 in Schweden, Großbritannien, Deutschland, Österreich und 1920 in den Vereinigten Staaten und Kanada). Trotzdem kämpften Frauen und die Frauenbewegung um Einfluß auf die Sozialpolitik, mit unterschiedlichem Erfolg.

In Italien war es hauptsächlich dem Druck der Frauenorganisationen zu verdanken, daß 1910 die *cassa di maternità* eingeführt wurde. Sie basierte auf dem Versicherungsmodell, und die obligatorischen Beiträge waren von den weiblichen Arbeitern zu zahlen (nicht aber von den männlichen, was im internationalen Vergleich einzigartig war), außerdem von den Arbeitgebern; Zuschüsse kamen in Form wohltätiger Spenden und in geringem Maß vom Staat. Das Wochengeld sollte an Fabrikarbeiterinnen während ihres obligatorischen Mutterschaftsurlaubs gezahlt werden, aber die Beträge waren zu niedrig und die Beiträge für die meisten Frauen zu hoch; deshalb konnten sie die Freistellung von der Erwerbstätigkeit tatsächlich kaum wahrnehmen (und rekurrierten deshalb häufig auf Schwarzarbeit). In den Vereinigten Staaten wurde das erste Gesetz zur Einführung von *mothers' pensions* im Jahr 1911 in Illinois erlassen, und bis 1919 führten 39 Staaten diese Form der Mütterbeihilfe ein. Ihre Gewährung war an zwei Bedingungen geknüpft: zum einen wirtschaftliche Bedürftigkeit, zum anderen der Verlust bzw. das Fehlen einer Versorgung durch den Ehemann. Es wurde also insbesondere Witwen zugesprochen, in einigen Staaten auch unverheirateten, verlassenen oder geschiedenen Müttern. In Frankreich[29] wurde 1912 – endlich! – die *recherche de la paternité* zugelassen. Nun konnten die Väter von unehelichen Kindern verpflichtet werden, diese zu unterstützen – zumindest in der Theorie, wenn auch längst nicht immer in der Praxis. Das Engerand-Gesetz von 1909 brachte eine Garantie des Arbeitsplatzes für Frauen, die ihm bis zu acht Wochen vor und nach der Geburt fernblieben; aber weder war dieser Mutterschaftsurlaub obligatorisch, noch gab es Beihilfen für diese Zeit (mit Ausnahme von Lehrerinnen an öffentlichen Schulen, die seit 1910 Ersatzzahlungen in Höhe ihres vollen Gehalts erhielten). Weitere vier Jahre der Agitation und engen Zusammenarbeit zwischen Feministinnen und einigen sympathisierenden Abgeordneten waren notwendig, bevor mit dem Strauss-Gesetz von 1913 und einem zusätzlichen Finanzgesetz grundlegende Änderungen eintraten. Die beiden Gesetze verpflichteten die Arbeitgeber zur Gewährung von Mutterschaftsurlaub und – wichtiger noch – gewährten Beihilfen für bestimmte Kategorien von Arbeiterinnen (getragen von Gemeinden, Départements und Regierung). Noch im selben Jahr wurden bedürftigen Familien mit vier und mehr Kindern Beihilfen zuerkannt, im Dezember außerdem besondere Kinderbeihilfen für Beamte eingeführt. In beiden Fällen – und anders als beim Strauss-Gesetz – ging die Zahlung an die Väter: Kein Wunder, daß sich Feministinnen wie Nelly Roussel entschieden dagegen aussprachen. Zusammengenommen legten die drei Gesetze das Fundament für den französischen Wohlfahrtsstaat, insbesondere für seine späteren allgemeinen Kinderbeihilfen.

In Deutschland gingen den Änderungen der Gewerbeordnung und der Reichsversicherungsordnung von 1903, 1908 und 1911 engagierte Debatten in der Frauenbewegung voraus, vermutlich mit bescheidenem Einfluß auf den Gesetzgeber. Die Reformen erweiterten den Mutterschaftsurlaub auf acht Wochen, erhöhten das Wochengeld und schlossen eine obligatorische Krankenversicherung für Hausangestellte ein. Doch die – zahlreicheren – Ehefrauen versicherter Lohnarbeiter blieben ausgeschlossen, wenngleich sie sich freiwillig versichern konnten (was nur wenigen möglich war). In England erging 1911 das erste nationale Krankenversicherungsgesetz (National Insurance Act). Während es noch ausgearbeitet wurde, gelang es der Women's Cooperative Guild, dem Gesetzestext ein Wochengeld *(maternity benefit)* einzufügen, und zwar nicht nur für selbstversicherte Frauen, sondern auch für die nichterwerbstätigen Angehörigen versicherter Ehemänner. Das Gesetz von 1911 sah vor, daß die letztgenannten Leistungen an die Ehemänner gehen sollten. Nun war es wiederum die Guild, die gegen diese Vorschrift zu Felde zog, und sie tat es mit Erfolg: Seit 1913 hatten die Mütter selbst das Recht auf die Zahlung (von 30 Shilling). Das Gesetz zum Schutz von Müttern und Kindern (Maternity and Child Welfare Act, 1918) sah die Einrichtung von »Wohlfahrtskliniken« und andere Dienstleistungen für bedürftige Mütter vor und erfüllte somit einige der Forderungen der Frauenbewegung. In den Niederlanden brachte ein Gesetz zur obligatorischen Krankenversicherung aus dem Jahr 1913 auch ein Wochengeld, und in Dänemark wurde 1915 das Wochengeld in ein Modell freiwilliger Versicherung einbezogen. Norwegen führte 1909 und 1915 Mutterschaftsbeihilfen für erwerbstätige Frauen ein, und das Kinderwohlfahrtsgesetz von 1915 gewährte Beihilfen für alleinerziehende (unverheiratete, verwitwete, geschiedene und getrennt lebende) Mütter, die zu arm waren, ihre Kinder allein großzuziehen; sie wurden aus Steuern finanziert. Die Beihilfen wurden gegen den heftigen Widerstand der Konservativen durchgesetzt, und zwar dank des Engagements von Johan Castberg, ehemaliger Justizminister und Schwager von Katti Anker Møller, von der er einige Ideen übernommen hatte. Doch sie waren niedrig und reichten nicht aus, die Lebenshaltungskosten zu decken; von den Müttern wurde vielmehr erwartet, zusätzlich zur Kinderversorgung eine außerhäusliche Erwerbsarbeit zu übernehmen. Außerdem waren die Leistungen mit einer Beaufsichtigung ihrer Lebensführung verbunden: »Schlechte Mütter« blieben ausgeschlossen, oder ihre Kinder wurden ihnen weggenommen. In Schweden verpflichtete ein Gesetz von 1900 die Arbeitgeber, einen Mutterschaftsurlaub von vier (später sechs) Wochen nach der Geburt zu gewähren, allerdings ohne eine finanzielle Unterstützung. Es bedurfte zwölf weiterer Jahre, bis ein Entwurf für eine Mutterschaftsversicherung vorgelegt wurde. Er wurde mit der Begründung abgelehnt, daß solche Zahlungen nur im Rahmen einer obligatorischen Krankenversicherung verankert werden könnten, die es aber noch nicht gab. Erst in den zwanziger Jahren, als schwedische Frauen ins Parlament eingezogen waren, wurde die Frage erneut aufgeworfen. Aber das Kinderwohlfahrtsgesetz von 1924 enttäuschte ihre Hoffnungen, denn es sah eine staatliche Intervention nur im Fall von Kindesmißhandlung vor und lediglich in wenigen Fällen eine finanzielle Unterstützung von Müttern. Erst 1931 kam es zu einer staatlich unterstützten Krankenversicherung, die auch Frauen im Mutterschaftsurlaub (und auch freiwillig versicherte, nichterwerbstätige Frauen) berechtigte, Mutterschaftsbeihilfe zu beantragen. Gleichzeitig wurde eine Mutterschaftsbeihilfe auch für nichtversicherte Frauen eingeführt, die also für eine weitaus größere Zahl von Frauen galt und aus Steuermitteln finanziert wurde.[30]

Im Jahr 1917 legte Julia Lathrop, Vorsitzende des Children's Bureau im Bundesarbeitsministerium der Vereinigten Staaten, einen beeindruckenden internationalen Überblick über staatlich finanzierte oder unterstützte Wochengelder bzw. Mutterschaftsbeihilfen vor; sie tat es »in der Hoffnung, daß diese Information von Nutzen sein werde für das Volk eines der wenigen großen Länder, die immer noch keine gesamtstaatliche Unterstützung der Mutterschaft eingeführt haben – die Vereinigten Staaten«.[31] Ihr Bericht umfaßte fünfzehn meist europäische Länder. In Europa gingen die Beihilfen gewöhnlich nur an erwerbstätige Mütter, und mit lediglich zwei Ausnahmen – Italien und Frankreich – waren sie Teil der nationalen Krankenversicherung, setzten also Schwangerschaft, Geburt und Mutterschaft mit Krankheit gleich. Singulär war das australische Gesetz von 1912: Die Mutterschaftsbeihilfe wurde den *citizens* gewährt (die Staatsbürgerschaft australischer Frauen war voll anerkannt), ungeachtet von Familienstand und Berufsstand. Trotz der Unterschiede zwischen den Gesetzen im einzelnen und – wichtiger noch – in ihrer Implementierung zeigen sie einen internationalen Trend hin zu einer wohlfahrtsstaatlichen Unterstützung von Müttern oder, genauer, für bestimmte Gruppen unter ihnen. Ihre transnationalen Ähnlichkeiten sind nicht nur im Hinblick auf die politischen, sozialen und ökonomischen Unterschiede zwischen den einzelnen Ländern bemerkenswert, sondern auch bezüglich der unterschiedlichen Spezialprobleme, welche die einzelnen Länder damit zu lösen suchten. In Italien und Frankreich war die neue Politik in bezug auf Mütter und Mutterschaft teilweise eine Antwort auf die frühere, aber immer noch verbreitete Praxis der Kindsaussetzung und des Ammenwesens: Besonders arme erwerbstätige Mütter – unverheiratet oder auch verheiratet – pflegten ihre Kinder in staatlich finanzierte Institutionen abzugeben, wenn sie nicht in der Lage waren, sie selbst zu versorgen. In beiden Ländern hofften die Frauen, die den Wert der Mutterschaft hervorhoben, diese Institutionen abzuschaffen. In den Vereinigten Staaten waren die *mothers' pensions* auch deshalb eingeführt worden, um der verbreiteten Praxis entgegenzuwirken, Kinder, deren Mütter außer Haus arbeiteten und trotzdem arm waren oder deren Väter die Familie nicht zu unterhalten vermochten, in Waisenheimen unterzubringen, die von privaten Wohltätigkeitsvereinen finanziert wurden und als kalt und unmenschlich galten. In England war das *baby-farming* Gegenstand einer ähnlichen Kritik geworden.[32] In diesen Ländern sollte eine sozialisierte, professionalisierte und institutionalisierte Kinderaufzucht durch private, aber dennoch öffentlich unterstützte Mutterschaft ersetzt werden.

Trotz der Mängel der mutterschaftsbezogenen Gesetzgebung der Vorkriegs- und Kriegszeit, die von Feministinnen vielfach kritisiert wurden, brachte sie gewiß manche Verbesserungen für Mütter. Ihre langfristige Wirkung war noch grundsätzlicher: Der Staat übernahm, wenn auch zögernd und nur teilweise, die Aufgabe der Unterstützung von Müttern. Viele Feministinnen sahen das als einen Meilenstein auf dem Weg zur Anerkennung der »gesellschaftlichen Funktion« von Mutterschaft und der vollen Staatsbürgerschaft von Frauen als Frauen – nicht trotz, sondern wegen ihrer Geschlechtszugehörigkeit. Gleichwohl war jene Gesetzgebung nicht nur eine Antwort auf feministische Forderungen oder auf die Not der Mütter, auch wenn eine solche Rhetorik aufgebracht werden mußte, um den starken Widerstand der Traditionalisten zu überwinden. Unter den weiteren Motiven der Gesetzgeber stand an erster Stelle das wachsende öffentliche Bewußtsein von dem gleichzeitigen Geburtenrückgang, zusammen mit dem steigenden Interesse an der Bevölkerungszahl als einem wichtigen Faktor für nationalen Stolz und nationale Macht. Dieses Phänomen trat am frühesten in Frankreich in den Vordergrund der öffentlichen Debatte, da hier die Geburtenrate am frühesten gesunken war und die Niederlage im Krieg gegen das bevölkerungsreiche Deutschland im Jahr 1871 das Thema mit dem Problem nationaler Größe und europäischer Hegemonie aufgeladen hatte. Seit der Jahrhundertwende fühlten sich zahlreiche Menschen in vielen Ländern von der abnehmenden Fertilität bedroht; Experten und Möchtegern-Experten suchten nach Mitteln, den Trend zu stoppen oder gar umzukehren. Die beiden Punkte, an denen man zuerst ansetzte, waren der Kampf gegen die Säuglings- und Kindersterblichkeit, der zu Kampagnen und Maßnahmen zur Säuglingsfürsorge führte, und der Kampf gegen die Müttersterblichkeit, der dazu beitrug, die Frage des Mutterschutzes auf die Tagesordnung zu setzen. Selbstverständlich waren beide eng miteinander verbunden.

Sobald man gewahr wurde, daß der Geburtenrückgang, der in den Ober- und Mittelschichten begonnen hatte, auch die Arbeiterschaft erreichte – in England und Deutschland um 1900, in Italien wesentlich später –, rückten arme Mütter, unverheiratete Mütter und Fabrikarbeiterinnen ins öffentliche Interesse, vor allem in Ländern mit einem erheblichen weiblichen Anteil an der erwerbstätigen Bevölkerung, wie Frankreich, England und Deutschland. Oft wurde der »Gebärstreik« dem Feminismus, die Kindersterblichkeit der »Ignoranz« der Mütter und schließlich die Kinder- wie Müttersterblichkeit der Frauenfabrikarbeit zugeschrieben; angesichts der miserablen Löhne und Arbeitsbedingungen von Frauen zu Beginn des 20. Jahrhunderts hat die letztere Hypothese einiges für sich.[33] Dennoch, und trotz vielfältiger öffentlicher Anklage, gab es kein Land, das Gesetze zur Entlassung von Fabrikarbeiterinnen bzw. zum Verbot der Frauenfabrikarbeit erließ, und die Frauen der Unterschicht konnten es sich gewöhnlich nicht leisten, ausschließlich für den Haushalt und die Kinder zu arbeiten, da das Überleben der Familie von ihrem Lohn abhing. Insoweit als die Einführung von Mutterschaftsurlaub und Wochengeld für Fabrikarbeiterinnen auch von der Hoffnung auf einen Stopp des Geburtenrückgangs getragen wurde, zielte sie nicht etwa darauf, Mütter vom Arbeitsmarkt zu entfernen, sondern darauf, sie bei ihrer Kombination von Familienarbeit und Erwerbsarbeit zu unterstützen, wenn auch nur in der schwierigen Zeit der Schwangerschaft, Niederkunft und kurz danach. Insgesamt gesehen zielte jedoch die mutterschaftsbezogene Sozialpolitik nicht nur auf eine höhere Überlebensrate der Säuglinge und Mütter, sondern auch auf eine Steigerung der Geburtenzahl. Es entstand innerhalb dieses Zeitraums – neben dem Trend zu einer genuinen Sozialreform auch zugunsten von Müttern bzw. Frauen insgesamt – eine pronatalistische Rhetorik und Politik, der die staatliche Förderung der Mütterwohlfahrt als ein Mittel galt, diejenigen zum Kinderkriegen zu bewegen, die Kinder zwar haben wollten, sie sich aber wegen Armut und Arbeitsüberlastung nicht leisten konnten. Diese Rhetorik und Politik entwickelte sich in den zwanziger Jahren weiter und blieb – in unterschiedlichem Maß in verschiedenen Ländern – bis in die dreißiger Jahre hinein einflußreich.

Obwohl die pronatalistische Politik in anderen und zuweilen widersprüchlichen Motiven wurzelte, traf sie sich teilweise mit den feministischen Forderungen nach Sozialreform und Rechten für Mütter. Während maternalistische Feministinnen die Anerkennung von Müttern als Bürgerinnen und von Mutterschaft als Bestandteil von Staatsbürgerschaft anstrebten – Staatsbürgerschaft also nicht trotz, sondern wegen Mutterschaft –, sahen Pronatalisten die Mutterschaft als nationale Ressource. Deshalb konnte der »Gebärstreik«, gleichsam im ökonomischen und traditionellen Sinn von »Streik«, wie er von der Arbeiterschaft praktiziert wurde, funktionieren: Es ging nicht darum, die »Gebärarbeit« gänzlich einzustellen, sondern sie zum Zweck der Verbesserung von Einkommen und Arbeitsbedingungen zurückzuhalten. Wohl nirgendwo anders war dies so deutlich wie in Frankreich. Französische Feministinnen wiesen nur höchst selten die pronatalistische Rhetorik zurück und erst recht nicht die pronatalistische Politik; vielmehr nutzten sie sie recht konsequent für ihre eigenen Ziele, manchmal in vollem Ernst, manchmal eher in taktischer Weise. »Wenn ihr Kinder wollt, lernt zuerst, die Mütter zu ehren«, appellierte beispielsweise Maria Martin, Herausgeberin des *Journal des Femmes,* im Jahr 1896 in einem Artikel über die verbreitete Furcht vor »Entvölkerung« *(dépopulation)* und »Geburtenschwund« *(dénatalité).* Cécile Brunschvicg betonte 1931, daß »die französischen und die ausländischen Feministinnen gleichermaßen den Wunsch haben, die Kinder zu retten, den Müttern zu helfen, zur Mutterschaft zu ermutigen«. Als schließlich während des Ersten Weltkriegs – angesichts der Millionen im Feld stehender und gefallener Männer und der Notwendigkeit von Frauenarbeit in kriegswichtigen Industrien – die Wochenhilfe vielerorts angehoben wurde, um den Frauen die Verbindung von Erwerbsarbeit und Mutterschaft zu ermöglichen, und männliche Bevölkerungsexperten alle möglichen Arten von Gebäranreizen vorschlugen, wandten sich einige Frauen dagegen. In Deutschland kritisierte die gemäßigte Feministin Gertrud Bäumer (von 1910 bis 1919 Vorsitzende, später stellvertretende Vorsitzende des Bundes Deutscher Frauenvereine) solche Vorschläge, denn sie behandelten »die Frage der Geburtenzahl ausschließlich unter dem Gesichtspunkt der Wehrkraft«, als ein »Wettrüsten der Mütter«, und man versuche, »ein ganzes Bestechungssystem von Versicherungen, Anerkennungen und Entschädigungen« einzuführen, »um Leben hervorzulocken«. Gleichwohl konnte für Feministinnen in Deutschland und anderswo die Fürsorge für Kinder und Mütter nicht weit genug gehen, und der Bund Deutscher Frauenvereine forderte weiterhin Reformen, »die den Müttern die Möglichkeit eines seelischen Müttererlebnisses erst sichern können«.[34]

Die französischen Feministinnen hatten einen weiteren Grund, die Mutterschaft als Grundlage für Frauenrechte und weibliche Verantwortung zu preisen. Nicht nur, aber besonders in Frankreich hofften männliche Bevölkerungspolitiker, ihr Ziel nicht durch den Schutz der Mutterschaft, sondern den Schutz der Vaterschaft zu erreichen, denn sie sahen im Geburtenrückgang nicht das Ergebnis einer Krise der Weiblichkeit, sondern der Männlichkeit. Die lautstärksten unter ihnen schlossen sich zur »Nationalen Allianz für die Vermehrung der französischen Bevölkerung« zusammen – ausgerechnet im Jahr 1896, kurz nach dem feministischen Kongreß, auf dem Léonie Rouzade staatliche Subventionen für alle Mütter gefordert hatte. Die Anhänger der »Allianz« riefen die Männer dazu auf, viele Kinder zu zeugen, und forderten finanzielle Anreize für Väter, vor allem Freibeträge in der Einkommens- und Erbschaftssteuer. Seitdem wurden Steuerfreibeträge zum wichtigsten Vorschlag derjenigen Pronatalisten, welche die Aufwertung der Vaterschaft betrieben. Aus der Sicht der »Allianz« sollten Mütter hingegen einen Orden erhalten – ein Vorschlag, der Feministinnen wie Maria Martin und Hubertine Auclert 1903 dazu bewog, noch schärfer als zuvor – und gewürzt mit sarkastischer Kritik – auf staatlichem Mutterschaftsgeld zu beharren.[35]

Der Erste Weltkrieg brachte eine wichtige Neuerung, und wieder war es Julia Lathrops Children's Bureau, das sie gründlich untersuchte. Alle kriegführenden Länder, wieder mit Ausnahme der Vereinigten Staaten, hatten Trennungsbeihilfen (*separation allowances,* in Deutschland »Familienunterhalt«) eingeführt: Leistungen, die direkt an die Witwe oder an die Frau des abwesenden Soldaten gezahlt wurden, für sie selbst und ihre Kinder. Die Höhe des Familienunterhalts hing mancherorts von der Größe der Familie ab, anderswo vom sonstigen Einkommen der Frau, und meist wurde er nicht nur Ehefrauen gewährt, sondern auch Frauen, die mit dem Soldaten auch ohne Heirat zusammengelebt hatten. Untersuchungen über England und Deutschland haben gezeigt, daß die Soldatenfrauen – obwohl sie die Leistungen erhielten, weil sie als »Abhängige« galten – das Geld als ihr eigenes Recht und als eine Gegenleistung für ihre häusliche Arbeit verstanden; außerdem verbesserten sich durch die Zahlungen nachweislich die Lebensbedingungen der Kinder. Lathrop und ihre Mitarbeiter im Kinderamt schrieben dieser Neuerung, die in ihren Augen auf den »fortschrittlichsten und liberalsten Ideen« beruhte, größte Bedeutung für die künftige Politik in den Vereinigten Staaten zu.[36]

Mutterschaft, Vaterschaft und Staatsbürgerschaft 1920–1950

Die Erfahrungen mit der Mutterschaftspolitik während des Ersten Weltkriegs blieben auch nach seinem Ende wichtig, sowohl für die Frauenbewegungen als auch für die Entstehung der modernen Wohlfahrtsstaaten. In den Ländern, wo Frauen wahlberechtigte und wählbare Staatsbürgerinnen wurden, nutzten viele von ihnen ihre Stimme und parlamentarische Repräsentation, um die Situation der Mütter zu verbessern. Im Vergleich zur Vorkriegszeit wandelte sich ihre Vorgehensweise: Utopische Erwartungen verblaßten hinter pragmatischeren Ansätzen, die Koalitionen mit anderen politischen Kräften erforderten. Die frühere Neigung, die Ausbeutung der Mütter anzuklagen und gleichzeitig die Mutterschaft zu glorifizieren, klang in den meisten Ländern allmählich ab, großenteils auch bei den Feministinnen selbst und mehr noch bei männlichen Politikern und Interessengruppen. Am deutlichsten war das in den Vereinigten Staaten. Die Frauenbewegung hatte 1921 mit dem Sheppard-Towner-Mutterschaftsgesetz einen beeindruckenden Sieg davongetragen, und das Gesetz, das Bundesmittel für die Gesundheitsvorsorge für Mütter und Kinder bereitstellte, wurde eben deshalb von seinen Gegnern – unter anderem von den Ärzteverbänden, die Konkurrenz befürchteten – mit dem Argument angegriffen, es führe in den Vereinigten Staaten »Kommunismus« und »Kollektivierung« ein. Doch im Lauf der zwanziger Jahre wandte sich eine Minderheit der Frauenbewegung von der Konzentration auf Mütter und von der Mutterschaftsideologie ab, trat für eine strikte gesetzliche Gleichstellung von Männern und Frauen ein und engagierte sich für Probleme, bei denen gleiche Gesetze als wünschenswert und realistisch erschienen, darüber hinaus für einen Gleichberechtigungs-Zusatz zur Verfassung. Zur selben Zeit triumphierten die parlamentarischen Gegner auf dem Feld der Mutterschaftspolitik: Die Gewährung von Bundesmitteln für das Mutterschaftsgesetz wurde abgebrochen, und 1928 wurde es schließlich aufgehoben. Damit wurde der Grundsatz verfestigt, daß Mutterschaft eine rein individuelle oder familiäre Aufgabe und Verantwortung sei und nicht etwa eine gesellschaftliche. Erst im Rahmen des Bundesgesetzes über soziale Sicherheit (Social Security Act) von 1935 und dank der beharrlichen Lobby des Children's Bureau wurden erneut Bundesmittel gewährt – für entsprechende Initiativen der Einzelstaaten –, nun aber nicht mehr als explizite Unterstützung für Mütter, sondern in geschlechtsneutralen Termini: als »Fürsorge für minderjährige Kinder« *(aid to dependent children)*. Das Budget wurde nicht mehr von den Frauen des Children's Bureau verwaltet, sondern von der Bürokratie der Social Security. Seither wurde in den Vereinigten Staaten kein Bundesgesetz für die Mütterwohlfahrt mehr erlassen. Erst in den sechziger und siebziger Jahren trat das Problem der »Fürsorge für minderjährige Kinder« erneut als eine Frauenfrage in das Licht der Öffentlichkeit – vorwiegend als Problem unehelicher und schwarzer Mütter, den *welfare mothers* – und spielte später eine wichtige Rolle in der Formulierung der Hypothese von der »Feminisierung der Armut«.[37]

Großenteils aufgrund der unermüdlichen Lobby von Frauen verabschiedete das Internationale Arbeitsamt im Jahr 1919 die Konvention von Washington; sie empfahl den im IAA vertretenen Staaten, gesetzliche Regelungen für einen sechswöchigen Mutterschaftsurlaub vor und nach der Entbindung, vollen Lohnersatz für diese Zeit und kostenlose medizinische Versorgung zu erlassen. Im Deutschland der Weimarer Republik, wo sowohl die Gleichberechtigung von Frauen und Männern als auch der Mutterschutz in der Verfassung verankert worden waren (Art. 109 und 119), kooperierten die weiblichen Abgeordneten aller Parteien (mit Ausnahme der Nationalsozialisten, die keine hatten) mit beträchtlichem Erfolg, um das Wochengeld und die Stillprämien für krankenversicherte Frauen und Angehörige versicherter Männer zu erhalten oder sogar zu erhöhen; sie knüpften hierbei an die im Krieg eingeführten Verbesserungen an. Ein mutterschaftsbezogenes Gesetz von 1919 kann als das erste gelten, in dem der neue Status der Frauen als Staatsbürgerinnen zum Ausdruck kam. Mit dem Mutterschutzgesetz von 1927, einem der wichtigsten Wohlfahrtsgesetze der Weimarer Republik, war Deutschland der erste große Industriestaat, der die Konvention von Washington einlöste. Die parlamentarische Arbeit zugunsten von Müttern, besonders denen der Arbeiterschaft, wurde von sozialistischen, liberalen und gemäßigten Feministinnen getragen. Letztere setzten sich auch weiterhin für den Zugang von Frauen zu gehobenen Berufen ein, besonders zu solchen, die als Ausdruck »geistiger« oder »sozialer Mutterschaft« angesehen wurden (z. B. Sozialarbeit, der Lehr- und der Arztberuf). Aber trotz der fortdauernden Rhetorik über Mutterschaft und ihre Aufwertung als »Beruf« setzten sich deutsche Feministinnen nun nicht mehr für ein allgemeines Mutterschaftsgeld, unabhängig vom Erwerbsstatus, ein; statt dessen richteten sich die entsprechenden Debatten vornehmlich darauf, die Effizienz von Hausarbeit zu steigern und somit die für sie aufgewandte Zeit zu reduzieren.

Anders war die Situation in England. Die kriegsbedingten Trennungsbeihilfen, an deren Verwaltung Eleanor Rathbone mitgewirkt hatte, inspirierten sie auch weiterhin in ihrem lebenslangen Einsatz für eine allgemeine Mutterschaftsbeihilfe. Nachdem sie 1919 zur Vorsitzenden der National Union of Women's Suffrage Societies gewählt (bald umbenannt in National Union of Societies for Equal Citizenship) und seit 1929 unabhängige Parlamentsabgeordnete war, stellte sie ihre Forderungen in den Zusammenhang einer Theorie der Geschlechterbeziehungen und einer feministischen Strategie, die sie »neuen Feminismus« und »wirkliche Gleichheit für Frauen« nannte. Damit beabsichtigte sie, »das zu fordern, was wir für die Frauen wollen, und zwar nicht weil es das ist, was die Männer haben, sondern weil es das ist, was Frauen brauchen, um das Potential ihrer eigenen Natur zu entfalten und den Umständen ihres eigenen Lebens gerecht zu werden«; dies bedeute auch, daß »die gesamte gesellschaftliche Struktur und Dynamik gleichermaßen die Erfahrungen, Bedürfnisse und Bestrebungen der Frauen berücksichtigen muß«.[38] Verglichen mit dem Vorkriegsfeminismus war diese Sicht weniger neu als sie beanspruchte, doch in der Zwischenkriegszeit stellte ihre umfangreiche Schrift *The Disinherited Family* (1924) die wichtigste ökonomische Analyse dar, welche die Notwendigkeit unabhängiger finanzieller Zuwendungen an Mütter begründete: als feministische Alternative zu einer Gesellschaftsordnung, die auf dem Lohn des männlichen »Ernährers« basierte. Auch sprach Rathbone sich entschieden gegen den wachsenden Einfluß der Eugenik aus (später auch gegen den Antisemitismus in Deutschland). Dem eugenischen Argument, daß Beihilfen für die Mütter der Unterschichten, die ohnehin zu viele Kinder hätten, sie (und ihre Ehemänner) dazu bringen würden, noch mehr Kinder in die Welt zu setzen, hielt sie entgegen, daß der höhere Lebensstandard, den Frauen durch solche Beihilfen erreichten, sie viel eher dazu veranlassen würde, selbst Geburtenkontrolle zu praktizieren.[39] Obwohl ihre grundsätzliche Analyse dieselbe blieb, änderten sich wichtige Details ihrer praktischen Vorschläge. Utopische Visionen traten zurück, und in den Vordergrund trat die Suche nach pragmatischen Lösungen, nicht zuletzt auch als Reaktion auf die jahrelange Kritik anderer Frauen, derzufolge Mütter keinesfalls Beihilfe für sich selbst, sondern nur für die Bedürfnisse ihrer Kinder erhalten sollten und weitergehende Zuwendungen die Frauen vom Arbeitsmarkt vertreiben würden.[40] Während Rathbone zuvor Beihilfen sowohl für die Mütter als auch für die Kinder vorgeschlagen hatte, ging es nun nurmehr um »Kindergeld« oder »Familienbeihilfen« *(child allowances, family allowances).* Wie in den USA und anderen Ländern bewegte sich der Diskurs allmählich weg von der einstigen Zentralität von Frauen und ihrer »Differenz«, hin zu einer geschlechtsneutralen Terminologie. Doch ungeachtet der Terminologie bestanden die zahlreichen Feministinnen, die sich für »Familienbeihilfen« einsetzten, auch weiterhin darauf, daß diese an die Mütter gezahlt werden und eine Kompensation für ihre häusliche Arbeit darstellen sollten. Und die Gegner der Familienbeihilfen verstanden sehr wohl die gleichbleibende Bedeutung dieser Forderung.

In England wandten sich sowohl die Konservativen als auch die Gewerkschaften gegen diese Vorstellungen. Erstere suchten die Staatsausgaben zu begrenzen, letztere kämpften weiterhin für einen männlichen »Familienlohn« (also höhere Löhne für Männer als für Frauen) und hatten Grund zu glauben, daß ihr Kampf durch ein Mutterschaftsgeld, auch in eingeschränkter Form, gefährdet würde: Ihr Hauptargument war, eine staatliche Familienzulage senke die Löhne der Männer. Zuweilen bestätigten Exponenten der Arbeiterbewegung Rathbones vielzitiertes Diktum von einem männlichen »Paschakomplex«, wenn auch selten so offen wie Ramsay MacDonald von der Labour Party, der die Forderung nach Mutterschaftsgeld einen »Ausbruch von wahnsinnigem Individualismus« nannte und verkündete, daß »im Sozialismus das Recht von Müttern und Kindern auf Versorgung nicht vom Staat, sondern von der Familie anerkannt werden wird«.[41] Während seit 1920 viele Frauenorganisationen (z. B. die National Union und die Frauen der Labour Party) die Forderung nach Familienbeihilfen in ihr Programm aufnahmen – manchmal neben der Forderung nach freiem Zugang zu Mitteln der Empfängnisverhütung –, sprach sich eine andere Gruppe von Feministinnen gegen eine Mutterschaftspolitik aus und propagierte identische Gesetze und strikte Gleichheit für Männer und Frauen; ähnlich wie in den Vereinigten Staaten führte das zu einer tiefen Spaltung in der Frauenbewegung. Seit den dreißiger Jahren löste sich die Debatte um Familienbeihilfen von der »Frauenfrage« und griff andere Probleme auf (besonders die mögliche Auswirkung der Beihilfen auf Löhne und Inflation); vor allem der Widerstand von Konservativen und Gewerkschaften verhinderte die Einführung der Beihilfen bis zum Ende des Zweiten Weltkriegs.[42] Als schließlich 1945 ein Gesetzentwurf für eine allgemeine staatliche Familienbeihilfe, unabhängig vom Ehe- und Berufsstand, dem Parlament vorgelegt wurde, sah er fünf Schilling pro Woche vor (statt der acht Schilling, die der Beveridge-Plan von 1942 empfohlen hatte). Abweichend von den Plänen der Frauen, die das erste Kind mit eingeschlossen hatten, sollte die Beihilfe erst vom zweiten Kind ab gewährt und im übrigen nicht an die Mutter gezahlt werden, sondern an den »Haushaltsvorstand«. Rathbone, viele Frauen und Frauenorganisationen protestierten innerhalb und außerhalb des Parlaments: Der Entwurf werde »den Status der Mutterschaft nicht anheben, sondern erniedrigen«, denn er behandle die Ehefrau »als bloßes Anhängsel« ihres Mannes.[43] Dem weiblichen Proteststurm gelang es dann doch, die Zahlung direkt an die Mütter zu erwirken. Gemessen an den ursprünglichen Zielen des maternalistischen Feminismus – Anerkennung der »Mutterschaft als gesellschaftliche Funktion« und Ablösung des männlichen »Ernährer«-Lohns durch eine Umverteilung des Einkommens von Männern auf Frauen – war der Family Allowance Act eine Niederlage. Trotzdem war er auch ein Sieg, denn er erkannte das Recht von Müttern auf ein eigenes Einkommen außerhalb der herkömmlichen Lohnstruktur an. Bemerkenswert ist das besonders im Vergleich mit den europäischen Diktaturen jener Zeit, unter denen die Familienbeihilfen tatsächlich »den Status der Mütter nicht anhoben, sondern erniedrigten«.

Die 1941 in Australien und 1944 in Kanada eingeführten »Kinder«- bzw. »Familienbeihilfen« glichen denjenigen in England und waren Folge ähnlicher Debatten innerhalb und außerhalb der Frauenbewegung. Das Beispiel Norwegens zeigt, wie die Mutterschaftsideologie und die Forderung nach einem Mütterlohn, die noch in den zwanziger Jahren sehr virulent waren, allmählich in den Hintergrund gedrängt wurden. In den dreißiger und vierziger Jahren wurden geschlechtsneutrale Kinderbeihilfen *(barnetrygd)* diskutiert; sie waren nicht mehr mütter-, sondern kinder- und familienzentriert. Grundsätzlich war es in der Debatte darum gegangen, ob das Wohlergehen der Kinder durch Lohnzuschüsse, Staatsbeihilfe oder Dienst- und Naturalleistungen gefördert werden solle. Die Arbeiterbewegung lehnte Kinderbeihilfen als solche nicht ab, wandte sich jedoch gegen ihre Form als Lohnzulagen und trat seit den zwanziger Jahren für die Übernahme durch den Staat und die Finanzierung durch Steuern ein. Sozialistische und nichtsozialistische Feministinnen befürworteten auch weiterhin die ausschließliche Zahlung an Mütter. Als die allgemeine Kinderbeihilfe schließlich 1946 vom Parlament beschlossen wurde, war sie für die Mütter bestimmt, aber zu niedrig, um als »Mütterlohn« im ursprünglich propagierten Sinn zu gelten. Sie war somit keine eigenständige Einkommensquelle, sondern lediglich ein Zuschuß. Arme Mütter waren bis 1957 und 1964, als Witwen und alleinversorgenden Müttern ein rechtlicher Anspruch auf Geldleistungen gewährt wurde, auf die kommunale Armenfürsorge angewiesen. In Schweden wurde 1937 ein staatliches Müttergeld gewährt, auf das über 90 Prozent aller Mütter ein Anrecht hatten, außerdem zusätzliche Leistungen für bedürftige Mütter. Diese Reformen waren großenteils das Ergebnis der vorausgegangenen Vorschläge und Aktivitäten der Frauenbewegung, aber auch einer neuen sozialdemokratischen Familienpolitik, die pronatalistische Bestrebungen mit Sozialreformen verband, wie sie von Alva Myrdal und Gunnar Myrdal entworfen worden waren. Allgemeine Kinderbeihilfen wurden 1947 gesetzlich eingeführt; ähnlich wie in anderen demokratischen Ländern gingen sie an die Mütter. Sowohl in Schweden als auch in Norwegen wurden diese Sozialreformen durch pronatalistische Bestrebungen gefördert, auch wenn sie hier wohl weniger prononciert waren als in manchen anderen Ländern. Es wurde kürzlich überzeugend dargelegt, daß der Pronatalismus in diesem Kontext als ein Mittel der Frauenemanzipation funktionierte, indem er dazu beitrug, Frauen mit einem gewissen unabhängigen Einkommen auszustatten.[44]

Von den europäischen Ländern war Frankreich dasjenige, wo der Pronatalismus am ausgeprägtesten war – unter Politikern, organisierten männlichen Bevölkerungsexperten ebenso wie in der Volkskultur und Folklore. Er dauerte auch in der Zwischenkriegszeit unvermindert an, als nach einem kurzen Babyboom in den frühen zwanziger Jahren die Geburtenrate weiterhin sank und in den späten dreißiger Jahren einen Tiefstand erreichte. Im Jahr 1920 wurden der Muttertag und ein Orden für Mütter mit fünf oder mehr Kindern eingeführt. Ebenfalls 1920 wurde alle antinatalistische Propaganda – besonders seitens der neomalthusianischen Verbände – verboten, und ein Gesetz von 1923 sorgte einerseits für eine striktere Durchsetzung der Bestrafung von Abtreibungen, während es andererseits die Abtreibung, zuvor als Verbrechen geahndet, nun als ein Vergehen einstufte, also mit geringerer Strafe belegte. Das Sozialversicherungsgesetz von 1928, das sich teilweise an dem deutschen Modell orientierte, integrierte die Mutterschaftsgesetze von 1913 in ein Krankenversicherungsmodell (und wiederum wandten sich die Feministinnen gegen die Gleichsetzung von Schwangerschaft und Geburt mit Krankheit). Es betraf versicherte, also erwerbstätige

Frauen und die Ehefrauen versicherter Männer, gewährte kostenlose medizinische Versorgung im Kindbett, verlängerte die Zeit des Mutterschaftsurlaubs und erhöhte das Wochengeld.[45]

Französische Feministinnen und Frauenorganisationen lehnten den familienfreundlichen und pronatalistischen Konsens keineswegs ab, und es war einigermaßen schwierig geworden, die pronatalistischen Ziele (mit Ausnahme der väterzentrierten) von den feministischen Zielen des Mutter- und Kinderschutzes zu unterscheiden. Allerdings vermochten die Pronatalisten, so das Ergebnis einer Studie, »die Eltern zwar davon zu überzeugen, daß Frankreich dringend eine pronatalistische Gesetzgebung brauche, nicht aber von der Dringlichkeit, daß sie als Eltern mehr Kinder haben müßten«.[46] In den dreißiger Jahren dauerte die feministische Debatte über die Mutterschaft als »soziale Funktion« oder »Familienfunktion« an, wobei die Befürworterinnen der (privaten) »Familienfunktion« eine staatliche Bezahlung ablehnten und die Befürworterinnen der (öffentlichen) »sozialen Funktion« sie favorisierten. Cécile Brunschvicg sprach sich für einen Kompromiß aus: Die »Mutterschaft als soziale Funktion« beschränke sich auf Frauen ohne Ehemann und auf solche, deren Ehemann sie nicht ernähren konnte; hier stehe der Staat in der Pflicht. Dagegen bestand die »Frauenvereinigung für bürgerliche und soziale Rechte« (Union Féminine Civique et Sociale), die im Unterschied zu der vorwiegend protestantischen Führung der säkularen Frauenbewegung vom Sozialkatholizismus beeinflußt war, auch weiterhin auf der »sozialen Funktion« der Mutterschaft. Sie befürwortete, über den in der päpstlichen Enzyklika *Quadragesimo Anno* (1931) empfohlenen Familienlohn für Väter hinausgehend, eine Mütterbeihilfe für nichterwerbstätige Frauen *(allocation de la mère au foyer)* und plädierte für das Recht von Müttern, sich ganz ihren Kindern zu widmen; auch der Französische Frauenwahlrechtsverband (Union Française pour le Suffrage des Femmes) unterstützte 1933 dieses Ziel.[47] Die Position der Union Féminine ähnelte früheren feministischen Vorschlägen; sie unterschied sich von ihnen aber darin, daß sie den männlichen Familienlohn und ein Müttergeld gleichzeitig favorisierte, also die beiden nicht als Alternative sah und damit vermied, den Papst und auch die Arbeiterorganisationen gegen sich aufzubringen, die (wie in England) im Müttergeld eine Gefahr für die Männerlöhne sahen.

Französische Feministinnen unterstützten außerdem allgemeine und staatlich finanzierte Familienbeihilfen. In Frankreich entstanden sie aus einer Reihe von Vorläufern, von denen einige auch in anderen Ländern existierten: die Gesetze von 1913 (Kinderbeihilfe für arme Familien und Beamte) und die von den Arbeitgebern finanzierten Kinderbeihilfen *(allocations familiales)*, die in den zwanziger Jahren weit verbreitet, aber auf bestimmte Regionen und Branchen beschränkt waren. Die *allocations* waren meist aus der Lohn- und Arbeitsmarktpolitik der Unternehmer entstanden. Sie wurden durch Ausgleichskassen finanziert, in die mehrere Arbeitgeber einzahlten; obwohl die Gewerkschaften sie ablehnten, brachten sie vielen Arbeitern und ihren Familien Nutzen. Da Frauen einen hohen Anteil an der Arbeiterschaft stellten, wurden die Beihilfen oft, wenn auch nicht durchgängig, direkt an die Mütter gezahlt. Das Familienbeihilfegesetz von 1932 – das erste seiner Art – verpflichtete alle Arbeitgeber, sich innerhalb einer bestimmten Frist diesen Ausgleichskassen anzuschließen und einzuzahlen; wenngleich das Gesetz nur allmählich verwirklicht wurde und große Gruppen von Arbeitern noch jahrelang ausgeschlossen blieben, machte es doch aus einer Lohnpolitik der Industrie eine nationale Familienpolitik, der das Prinzip einer familienzentrierten distributiven Gerechtigkeit zugrunde lag. Es wurde 1938 und dann nochmals mit dem umfangreichen Code de la famille von 1939 erweitert und systematisiert. Die Höhe der Kinderbeihilfen hing vom Durchschnittslohn der jeweiligen Region ab. Sie bestanden aus einer einmaligen Prämie für das erste Kind, wenn es bis zu zwei Jahren nach der Heirat geboren wurde, einer Lohnzulage von zehn Prozent für das zweite Kind und einer von zwanzig Prozent für jedes weitere Kind; darüber hinaus gab es eine *allocation de la mère au foyer*, Geld für nichterwerbstätige Mütter, das nochmals zehn Prozent ausmachte. Bezeichnenderweise gab es unter dem Vichy-Regime – wie unter allen autoritären Regimen dieser Zeit – nicht mehr die eigenständige Zahlung an nichterwerbstätige Mütter; das Müttergeld wurde in den »Einheitslohn« *(salaire unique)* des (männlichen oder weiblichen) Familienernährers integriert. Im Jahre 1946 erhöhte die Vierte Republik die Kinderbeihilfen (jetzt *prestations familiales*), zusätzlich gab es ein staatliches Müttergeld. In den fünfziger Jahren wurde es auch den Ehefrauen von Selbständigen gewährt, besonders in der Landwirtschaft, wo zuvor kein Anrecht darauf bestanden hatte. Im Nachkriegs-Frankreich wurde mittels der Familien- und Mütterbeihilfen – mehr als in anderen europäischen Ländern – ein erheblicher Teil des nationalen Einkommens umverteilt.[48]

Ging in der Zwischenkriegszeit der feministische Maternalismus international zurück, so wurde er in den aufkommenden Diktaturen gänzlich verdrängt, wenngleich auf unterschiedliche Weise. Im Spanien Francos und im faschistischen Italien herrschte eine ausgesprochen aggressive pronatalistische Rhetorik vor und in beiden Ländern wurde sie von einem männlich dominierten Katholizismus unterstützt; doch hatte sie keinen nachweislichen Einfluß auf die Geburtenrate – diese sank weiterhin. In Italien initiierte Mussolini, fünf Jahre nach seiner Machtergreifung, eine pronatalistische Politik mittels einer umfassenden

Propaganda in der Tagespresse; die Politik entsprach seinem Ausruf von 1927: »Wer nicht Vater ist, ist kein Mann.«[49] Steuerfreibeträge für Ehefrau und Kind auf das Einkommen des Familienvaters wurden in den späten zwanziger Jahren eingeführt (sie trugen allerdings wenig zum Familieneinkommen bei, da die meisten italienischen Männer nicht die Einkommensgrenze erreichten, oberhalb derer Steuern zu entrichten waren). Seit 1936 wurden erwerbstätigen Vätern staatlich finanzierte Beihilfen für Frau und Kinder gewährt *(assegni familiari)*. 1939 gestand man den Vätern sogar Gebärprämien zu; dafür wurde die alte, feministisch inspirierte *cassa di maternità* abgeschafft. Alle Maßnahmen waren auf Vaterschaft und Männlichkeit ausgerichtet, und im Zentrum des Bildes – möglicherweise auch der Realität – der Familie stand eine neuartige väterliche Dominanz, die sich kraß vom Familienbild des früheren maternalistischen Feminismus unterschied. Nur eine Ausnahme gab es: das staatlich finanzierte nationale Amt für Mütter- und Kinderwohlfahrt (Opera Nazionale per la Maternità ed Infanzia), das sich um Gesundheitserziehung und Unterstützung für arme und alleinversorgende Mütter, auch in den rückständigen ländlichen Regionen, bemühte. Da es vom Staat betrieben und finanziert wurde, implizierte es eine gewisse bürgerliche Anerkennung des Status von Müttern (im Faschismus konnten allerdings weder Männer noch Frauen wählen). Auch in Spanien, wo die Frauenbewegung vielfach die Aufwertung der Mutterschaft angestrebt hatte, begünstigten die Reformen die Väter, werteten die Vaterschaft auf und bestärkten die Figur des *jefe de familia*. Staatliche Familienbeihilfe *(subsidio familiar)* wurde 1938 eingeführt und Familienprämien *(plus de cargas familiares)* für breitere Schichten der Bevölkerung im Jahr 1945; beide gingen an die Väter.[50]

Auch der Nationalsozialismus betrieb einen Vaterschafts- und Männlichkeitskult; Pronatalismus und staatliche Sozialpolitik begünstigten Väter, besonders bei der Vergabe der Ehestandsdarlehen (1933), bei den Freibeträgen in der Einkommenssteuer (1934, 1939) und den Kinderbeihilfen (1935/36); im Fall von unverheirateten Müttern gab es Kinderbeihilfe nur dann, wenn der Kindsvater den Behörden bekannt und in ihrem Sinne einwandfrei war. Von dieser Orientierung an der Vaterschaft gab es drei partielle Ausnahmen: erstens die Organisation »Mutter und Kind«, die »wertvollen« bedürftigen Müttern Unterstützung gewährte, aber nicht – wie in Italien – eine staatliche Anerkennung der mütterlichen Arbeit einschloß, denn sie war Teil der Partei und wurde über Spenden finanziert; zweitens das »Ehrenkreuz« für Mütter mit fünf oder mehr Kindern, das 1939 nach dem französischen Modell eingeführt wurde, und drittens das Mutterschutzgesetz von 1942, mit dem das Weimarer Gesetz von 1927 modifiziert wurde und das die Verbindung von Mutterschaft und Erwerbstätigkeit erleichtern sollte. Aber der

Nationalsozialismus verfolgte seine Ziele mit weitaus einschneidenderen Mitteln als dem vorherrschenden Vaterkult. Er realisierte eine extreme Form des »Minotaurus-Staats« (der Minotaurus war ein Ungeheuer, das Frauen und Männer gleichermaßen tötete und verschlang), dem Hubertine Auclert einst den »Mütterstaat« entgegengesetzt hatte. Staatliche Wohlfahrt hatte ihre Grenze im staatlichen Rassismus, der im Zentrum des Nationalsozialismus stand und Gruppen diskriminierte und verfolgte, die als ethnisch und eugenisch »minderwertig« galten. Der nationalsozialistische Pronatalismus war nie ausschließlich und umfassend wie in Frankreich, Italien und Spanien. Vielmehr ging eine breite antinatalistische Propaganda, die auch frühere und nichtnationalsozialistische eugenische Strömungen einbezog, der nationalsozialistischen Machtergreifung voraus und folgte ihr. Das erste bevölkerungspolitische Gesetz, aus dem Jahr 1933, war nicht pronatalistisch, sondern antinatalistisch und gebot die Zwangssterilisation von »biologisch minderwertigen« Menschen.[51] Die väterzentrierten Familienbeihilfen galten nie für alle, waren nicht als allgemeine konzipiert: Die ethnisch und eugenisch »Minderwertigen« blieben ausgeschlossen, denn sie sollten keine Kinder haben. Kein anderes Land verfolgte eine antinatalistische Politik von ähnlichen Ausmaßen. Die nationalsozialistische Entwertung von Mutterschaft und menschlichem Leben, Antinatalismus und Männlichkeitskult waren Stufen auf dem Weg zum Massenmord an denjenigen, die im Nationalsozialismus als die »Minderwertigsten« galten: etwa 300000 Frauen und Männer der Roma und rund sechs Millionen jüdische Frauen und Männer.

Eugenischer und ethnischer Rassismus existierten nicht nur im Nationalsozialismus oder in Deutschland, sondern auch in anderen politischen Gruppierungen und Ländern, allerdings mit grundlegenden Unterschieden vor allem in der Praxis. Der Begriff »Rasse« wurde in der Umgangssprache und der Sprache der Bevölkerungspolitik in allen hier genannten Ländern verwandt. Doch der Gebrauch des Begriffs war nicht immer ein Indikator für Rassismus, d. h. für die Diskriminierung von »minderem», ethnisch oder eugenisch motiviertem »Wert«; oft bedeutete er nichts anderes als »Gesellschaft», »Gemeinschaft« oder »Nation«, vor allem im Hinblick auf das jeweilige Bevölkerungs- und Fortpflanzungspotential, auf Herkommen und Nachkommen. Das war gewöhnlich der Fall, wo der Begriff in der mutterschaftsorientierten Sprache der Frauenbewegung auftauchte. Trotzdem schlossen sich auch einige der radikalen feministischen Befürworterinnen von Geburtenverhütung der Eugenik an, die auch von manchen Sozialisten unterstützt wurde und vielfach als »progressiv« galt, und rieten zu antinatalistischen Eingriffen, zuweilen auch – im Fall von »Minderwertigen« und Armen – zur Zwangssterilisation. Hier wurde das ältere feministische

Ziel – Mutterschutz als Kampf gegen weibliche Armut – in sein Gegenteil verkehrt: in den Ausschluß von Unterprivilegierten vom Mutterschutz. In den Vereinigten Staaten waren es z. B. Margaret Sanger und ihre Mitarbeiter, die zwar einerseits die Mutterschaft glorifizierten (allerdings ihre Bezahlung ablehnten), andererseits den Antinatalismus als eine Lösung für alle denkbaren Frauen- und Gesellschafts-Probleme sahen, besonders für das »Problem« der unerwünschten Fortpflanzung der Armen und Einwanderer. In Deutschland gingen in den zwanziger Jahren einige Feministinnen so weit, die Zwangssterilisation von »Minderwertigen« zu befürworten. Zum Teil sahen sie den eugenischen Diskurs als einen Weg, die öffentliche Anerkennung von Abtreibung, Sterilisation und sonstiger Geburtenverhütung zu gewinnen, so wie – umgekehrt – der Pronatalismus dazu diente, die Gesellschaft zur Anerkennung der Rechte und Verantwortung von Müttern zu bewegen.[52]

In Frankreich, Spanien und Italien schloß der Begriff »Rasse« *(stirpe, razza)* die gesamte nationale Bevölkerung ein, keine Gruppe wurde von der Fortpflanzung ausgeschlossen. Die Vereinigten Staaten, Norwegen, Schweden und England hatten dagegen eugenische Bewegungen, die einige unerwünschte Teile der Bevölkerung auszuschließen strebten.[53] Während in England ein Gesetzentwurf zur eugenischen Sterilisation 1934 abgelehnt wurde, erließen Dänemark (1928), Schweden und Norwegen (1934) ein solches Gesetz; in der Praxis wurde aber nur in wenigen Fällen sterilisiert, und seltener noch gegen den Willen der Betroffenen. In den Vereinigten Staaten hatten um 1930 zwei Drittel aller Staaten eugenische Sterilisationsgesetze – sie waren eng verbunden mit einer Politik der Einwanderungsbeschränkung und mit sonstiger rassistischer Politik –, davon zwei Drittel mit Zwangsklauseln. Aber in Deutschland war die Zahl der »legalen« Sterilisationen von 1934 bis 1945 etwa zehnmal so hoch wie in den Vereinigten Staaten von 1907 bis 1945 (deren Bevölkerungszahl doppelt so hoch war wie in Deutschland). Wichtiger noch: In keinem anderen Land als in Deutschland war die Sterilisationspolitik eine Vorstufe zum Massenmord.

Als deutsche Frauen und Männer von dem mörderischen Regime befreit wurden, wurden sie auch vom staatlichen Antinatalismus befreit. In der DDR, die dem Vorbild der Sowjetunion folgte, wurde die in der Verfassung verankerte Gleichberechtigung auch als Pflicht der Frauen, einer außerhäuslichen Arbeit nachzugehen, verstanden; Hausarbeit wurde geringgeschätzt (entsprechend den bekannten verächtlichen Bemerkungen Lenins über die weibliche Hausarbeit). Die offizielle Propaganda drängte die Frauen zur Erwerbsarbeit, um auf diese Weise dem »Wir«, der Gemeinschaft, Vorrang zu geben vor dem »Ich«.[54] Als Teil dieser Politik, die auch wegen der allgemein niedrigen Löhne forciert wurde, wurde 1950 ein Mutterschaftsurlaub mit vollem Lohnausgleich für erwerbstätige Mütter eingeführt. Bedürftige Mütter und Witwen erhielten nur dann Unterstützung, wenn sie arbeitsunfähig waren. Während alle Mütter bei der Geburt des dritten Kindes und weiterer Kinder eine einmalige Prämie erhielten, gab es eine allgemeine monatliche Beihilfe erst vom vierten Kind an. Erst spät, in Reaktion auf einen dramatischen Geburtenrückgang in den siebziger Jahren, wurde eine andere Politik anvisiert, durch welche »die mit der Geburt, Erziehung und Betreuung der Kinder in der Familie verbundenen Leistungen anerkannt und gewürdigt werden«.[55] Sie konkretisierte sich in einem Frauenarbeitsgesetz (Vierzigstundenwoche für Mütter, die zwei oder mehr Kinder versorgten), zeitweiser Unterstützung von alleinerziehenden Müttern, die ihren Beruf aufgeben wollten, und einem bezahlten »Babyjahr« ab der zweiten Geburt. Auch von der frühen Bundesrepublik, die ebenfalls die Gleichberechtigung von Männern und Frauen in die Verfassung aufnahm, wurde die Mütterarbeit als solche nicht anerkannt; nur bestimmte Gruppen von Müttern, nämlich die erwerbstätigen, erhielten mit dem Wochengeld einen Lohnersatz. Als 1954 ein Kindergeld eingeführt wurde, folgte es dem älteren französischen Modell der von Unternehmern finanzierten Ausgleichsfonds und wurde de facto an die erwerbstätigen Väter von dritten oder weiteren Kindern gezahlt. Erst im Jahr 1964 übernahm die Bundesregierung die Verantwortung, erhöhte allmählich den Betrag und erweiterte den Kreis der anspruchsberechtigten Kinder bzw. ihrer Eltern. Obwohl das Gesetz die Zahlung an den Vater oder die Mutter freistellte, war es in der Regel der Vater, der sie erhielt. Aber bis 1975 blieb die quantitativ wichtigste Maßnahme der Steuerfreibetrag des »Ernährers« für seine Frau und Kinder.[56] Im Jahre 1979 führte die SPD-FDP-Regierung einen (bescheiden) bezahlten Mutterschaftsurlaub von einem halben Jahr für erwerbstätige Frauen ein, und 1987 setzte die CDU-FDP-Koalition an seine Stelle ein allgemeines – also vom Erwerbsstatus unabhängiges – »Erziehungsgeld« von maximal 600 Mark pro Monat für einen Zeitraum von anfänglich zehn Monaten, der dann sukzessive verlängert wurde. Von Lily Brauns Ideal, das sie 80 Jahre früher formuliert hatte, unterschied es sich in zwei grundsätzlichen Punkten: Es deckte nicht die Kosten des Unterhalts, und es konnte wahlweise an die Mutter oder den Vater gezahlt werden, je nachdem, wer die Kindererziehung statt der Erwerbsarbeit wählte.

Die modernen Wohlfahrtsstaaten sähen grundlegend anders aus, wäre ihre Entstehung und Entwicklung nicht von derjenigen der Frauenbewegung und der Anerkennung der Staatsbürgerrechte von Frauen begleitet und beeinflußt gewesen. Hinsichtlich des Einflusses der Frauen und ihrer Rechte und der Formen der staatlichen Wohlfahrt gab es jedoch erhebliche Unterschiede zwischen den Ländern, und zwar am augenfälligsten zwischen den Demokratien und den Diktaturen. Die Entstehung der Wohlfahrtsstaaten nützte den Frauen der verschiedenen Länder nicht überall und auf gleiche Weise. Nur wenige Feministinnen der neuen Frauenbewegung übernahmen das Erbe des älteren Feminismus, und kaum eine kannte es. Daß die Mehrheit der heutigen Frauenbewegung andere Schwerpunkte setzt, hat seinen Grund hauptsächlich in den gesellschaftlichen Veränderungen seit dem frühen 20. Jahrhundert. Das außerhäuslich erworbene Einkommen und die außerhäuslichen Arbeitsbedingungen haben sich sichtlich verbessert – sogar für Frauen und vor allem aufgrund ihres Drucks; umgekehrt haben ihnen die staatlichen Transferleistungen außerhalb der traditionellen Lohnstruktur nur bescheidenen Nutzen gebracht – jedenfalls in vielen Ländern –, und die Mutterschaft ist zu einer kurzfristigen Erfahrung für Frauen, und für weniger Frauen, geworden. Vor diesem Hintergrund scheinen Befreiung, Gerechtigkeit und Gleichheit für Frauen leichter durchzusetzen, wenn sie durch Gleichstellung mit Männern, insbesondere durch Frauenförderung in außerhäuslichen Berufen (»affirmative action«, »positive Diskriminierung«), und durch privaten Druck auf Männer, die Vaterschaft hochzuschätzen bzw. die Elternschaft zu teilen, angestrebt werden. Dies sind heute die vorherrschenden Strategien; aus der Sicht der Mehrheit der Frauenbewegung und erst recht der dominierenden Sozialstaatspolitik gehören die maternalistische Vision vom weiblichen Geschlecht und der Kampf um die öffentliche Anerkennung von »Mutterschaft als gesellschaftlicher Funktion« offenbar der Vergangenheit an.

Aus dem Englischen von Birgit Barrelmeyer

14
Mutterschaft, Familie und Staat

Nadine Lefaucheur

Die Familie ist nicht nur der Ort, an dem sich herkömmlicherweise die biologische Reproduktion der Menschheit vollzieht, sondern auch Brennpunkt der gesellschaftlichen Reproduktion. Hier überschneiden sich soziale Beziehungen, die auf Geschlechterdifferenz, Verwandtschaft, Ehe und Zusammenleben basieren. Seit den sechziger Jahren ist die Familie in den Industrieländern von allen Seiten in Bedrängnis geraten – vermutlich erstes Anzeichen eines grundlegenden Wandels in der demographischen, technologischen und ökonomischen Entwicklung. In dessen Folge bildete sich in der Reproduktion von Bevölkerungen und deren Arbeitskraft ein neues System heraus, das die materielle und gesellschaftliche Grundlage der Geschlechterbeziehungen erschüttert und die Institution Familie entwertet hat.

Die Familie in der Krise

Das erste Warnzeichen war ein Rückgang der Geburten. In allen westlichen Ländern war die Geburtenrate, die seit Ende des 19. Jahrhunderts stetig gesunken war, in den Jahren vor dem Zweiten Weltkrieg und noch stärker in den unmittelbaren Nachkriegsjahren angestiegen. Doch in den siebziger Jahren mußte man den Tatsachen ins Auge sehen: Der Babyboom war vorbei. Ob man dies aus Solidarität mit der

Dritten Welt und mit Blick auf den Kampf gegen die Überbevölkerung begrüßte oder es als Anzeichen für den Niedergang des Abendlandes beklagte – auf jeden Fall setzte bei den verschiedenen Indikatoren für Geburtenzahl und Fruchtbarkeit Mitte der sechziger Jahre eine bald schon schwindelerregende Talfahrt ein, die innerhalb von zehn bis fünfzehn Jahren in den meisten entwickelten Ländern dazu führte, daß die Geburtenrate unter dem für eine Bevölkerungserneuerung nötigen Niveau blieb.

Aufregung über Indikatoren

Angesichts der Mortalität in den heutigen Industrieländern müßte die Reproduktionsziffer bei 2,1 (Kindern pro Frau) liegen, um ohne Einwanderung eine Bestandserhaltung der Bevölkerung zu garantieren. Doch diese Ziffer fiel in den USA von 3,7 im Jahre 1957 auf 1,8 im Jahr 1975, in Australien von 3,9 im Jahre 1960 auf 1,9 im Jahre 1980, in Kanada im selben Zeitraum von 3,9 auf 1,7 (in Quebec sogar von 4 im Jahr 1957 auf 1,4 im Jahr 1985). In Japan ging die Ziffer von 4,5 im Jahr 1947 auf 1,7 in den achtziger Jahren zurück.

In Nord- und Westeuropa lag die Reproduktionsziffer im Jahr 1964 über 2,5 und in manchen Ländern sogar bei 3; 1975 war sie überall auf unter 2 gesunken, und 1988 betrug sie in der Bundesrepublik Deutschland nur noch 1,4, in Österreich 1,5, in Belgien, Luxemburg, Finnland, Dänemark und der Schweiz 1,6. In Südeuropa setzte der Rückgang später ein, beschleunigte sich dafür aber um so rascher. In Italien und Spanien war die Geburtenrate noch 1975 hoch genug, um eine gleichmäßige Bevölkerungszahl zu garantieren, aber bereits fünfzehn Jahre später teilten sich die beiden Länder mit Hongkong den Weltrekord der niedrigsten Reproduktionsziffer: 1,3.

Zwar hatte sich dieser Indikator gegen Ende der achtziger Jahre in Großbritannien, den Benelux-Staaten und Skandinavien (vor allem in Schweden, wo er von 1,6 im Jahr 1983 auf 2 im Jahr 1989 stieg) wieder etwas erholt, doch manifestierte sich darin eher ein Anstieg des Durchschnittsalters der Mütter als der „endgültigen" Kinderzahl. Außer in Japan ging dieser Rückgang der Fruchtbarkeit überall mit einer oft deutlichen Zunahme der nichtehelichen Geburten einher.

Diejenigen europäischen Länder, in denen die Rate nichtehelicher Geburten zu Beginn der sechziger Jahre sehr niedrig gewesen war (um die 2 Prozent), verzeichneten in der Folgezeit einen Zuwachs. In den Mittelmeerländern, aber auch in Belgien machte sich dieser Zuwachs spät und moderat bemerkbar. In Irland (wo Scheidungen verboten waren), Luxemburg und den Niederlanden dagegen schnellte die Zahl nach oben, und die Zahl der nichtehelichen Geburten wuchs im Lauf von fünfundzwanzig Jahren um das Fünf- bis Sechsfache.

Die führenden westlichen Industriestaaten – Kanada, Frankreich, Großbritannien, die Bundesrepublik Deutschland, die Vereinigten Staaten – hatten zu Beginn der sechziger Jahre eine gemäßigte Anzahl außerehelicher Geburten: etwa 6 bis 8 Prozent sämtlicher Geburten. Mit Ausnahme der Bundesrepublik Deutschland, wo der Anteil unter 10 Prozent blieb, war bis zur Mitte der achtziger Jahre in all diesen Ländern ein steiler Anstieg dieser Zahl auf 15 bis 20 Prozent zu verzeichnen. 1990 hatte in Frankreich jeder vierte Säugling unverheiratete Eltern.

So hoch diese Zahlen auch sein mögen, bleiben sie doch deutlich unter denen der skandinavischen Länder, wo bereits zu Beginn der sechziger Jahre jedes zehnte Kind und Ende der achtziger Jahre sogar jedes zweite Kind unverheiratete Eltern hatte. Allein schon der zwar ungleiche, aber allgemein verbreitete Anstieg nichtehelicher Geburten deutet darauf hin, daß die Institution der Ehe unter vergleichbaren Erschütterungen zu leiden hatte wie die Fertilitätsrate.

Während sich die meisten westlichen Länder zu Beginn der siebziger Jahre zu einem »Heiratsboom« beglückwünschten, der zu einem großen Teil daraus resultierte, daß die »Babyboom-Generation« ins heiratsfähige Alter kam, begannen die Heiratsziffern in vielen Ländern bereits zu sinken. Zu Beginn der sechziger Jahre lag der Heiratsindex (eine Zahl, die die Wahrscheinlichkeit angibt, mit der eine Person unter fünfzig Jahren eine Ehe schließt, sofern sich die Rahmenbedingungen nicht verändern) sowohl für Männer als auch für Frauen bei über neunzig Prozent. Seit Mitte der sechziger Jahre begannen diese Zahlen in Skandinavien zu sinken, einige Jahre später auch in den meisten Demokratien Mitteleuropas (Bundesrepublik Deutschland, Österreich, Schweiz), und schließlich im Westen (Großbritannien und Frankreich). Mitte der achtziger Jahre lag der Heiratsindex in all diesen Ländern zwischen 48 und 66 Prozent, was bedeutet, daß bei unverändert bleibenden Bedingungen jede zweite oder dritte Person unverheiratet bleiben würde. In den Mittelmeerländern jedoch begannen sowohl der Heiratsindex als auch die Geburtenziffern erst gegen Mitte der siebziger Jahre zu sinken. Seitdem schnellten der Prozentsatz der unverheirateten Paare und vor allem die Scheidungsraten und der Anteil alleinerziehender Eltern in den meisten westlichen Ländern nach oben.

Im Jahre 1980 waren 1 Prozent der italienischen, 3 bis 4 Prozent der britischen, amerikanischen oder schweizerischen, 6 bis 8 Prozent der französischen, westdeutschen oder Quebecer Paare und 15 Prozent der schwedischen Paare unverheiratet. In den Ländern, in denen die Zahl der Paare ohne Trauschein stieg, waren nicht nur junge, sondern auch ältere Paare von dieser Entwicklung betroffen, am deutlichsten jedoch die unter Dreißigjährigen. 1985 gab es in Schweden in dieser Altersgruppe mehr unverheiratete als verheiratete Paare. 1983 lebten in den USA von den unverheirateten Frauen unter 35 Jahren, die nicht bei den Eltern wohnten, 20 Prozent in einer freien Partnerbeziehung, während es bei den 35- bis 55jährigen nur knapp zehn Prozent waren. In Frankreich war Ende der achtziger Jahre fast die Hälfte der Frauen unter dreißig, die in einer Beziehung lebten, unverheiratet.

Noch bevor der Heiratsindex sank, war in den meisten westlichen Ländern die Scheidungsrate nach oben geklettert. 1960 lag – mit Ausnahme Dänemarks, wo die Rate bereits auf sechs angestiegen war – die jährliche Zahl der Scheidungen pro tausend verheirateter Paare in den Ländern, wo Scheidung erlaubt war, bei ungefähr zwei. Zwanzig Jahre später lag sie in den Niederlanden, in Großbritannien und Dänemark bei rund zehn und lediglich in den südeuropäischen Ländern unter fünf.

Noch bezeichnender ist der Scheidungsindex, der (in Prozent) die Wahrscheinlichkeit mißt, mit der ein verheiratetes Paar sich scheiden läßt, wenn die bestehenden Bedingungen sich nicht ändern. Mitte der sechziger Jahre betrug dieser Index in Westeuropa (natürlich mit Ausnahme der Länder, in denen Scheidung verboten war, wie Italien, Spanien und Irland) zwischen sechs Prozent in Schottland und 18 Prozent in Schweden und Dänemark. 1975 war er in Schweden auf 50 Prozent und in Großbritannien und Dänemark auf 40 Prozent gestiegen, in den meisten anderen Ländern lag er zu diesem Zeitpunkt bei etwa 25 Prozent; in den folgenden Jahren kletterte er noch einmal um fünf bis zehn Prozentpunkte. In den USA begann der Scheidungsindex, der bereits 1950 bei 25 Prozent gelegen hatte, im Jahre 1960 zu steigen und erreichte 1970 40 Prozent.

Ehepaare ließen sich nicht nur häufiger, sondern auch frühzeitiger scheiden. So dauerte es 1959 in Großbritannien noch durchschnittlich 20 Jahre, bis sich 14 Prozent der Paare, die in einem bestimmten Jahr geheiratet hatten, scheiden ließen; bis 1969 war diese Zahl auf zehn Jahre und 1979 auf lediglich sechs Jahre gesunken.[1]

Ergebnis dieser Veränderungen war, daß der Anteil der Familien mit nur einem Elternteil in den entwickelten Ländern wuchs. Früher oder später und mehr oder weniger abrupt vollzog sich in den meisten Ländern ein Wandel: Während früher alleinerziehende Eltern in der Mehrheit verwitwet oder von ihrem Ehegatten oder Sexualpartner verlassen worden waren, boten nun Scheidung bzw. freiwillige Trennung die Hauptgründe dafür, daß Kinder hauptsächlich bei nur einem Elternteil lebten.

Ende der achtziger Jahre herrschte in manchen EG-Ländern noch das »alte System« vor; Haushalte mit nur einem Elternteil machten weniger als zehn Prozent aller Haushalte mit Kindern aus, und der Anteil der Geschiedenen bei den alleinerziehenden Eltern betrug nicht einmal 25 Prozent. Das traf auf Belgien und Luxemburg zu, vor allem aber auf Staaten, in denen Scheidung noch verboten oder erst seit kurzem zugelassen war: Irland und die Mittelmeerländer. In anderen Ländern wie Dänemark, der Bundesrepublik Deutschland, Frankreich, Großbritannien und den USA hatte bereits das »neue System« Einzug gehalten. Mehr als zehn Prozent aller Haushalte mit Kindern waren Familien mit nur einem Elternteil (in Dänemark fast 20 Prozent und in den USA 25 Prozent), und von diesen Alleinerziehenden waren weniger als 25 Prozent verwitwet, aber über 40 Prozent geschieden (in Dänemark fast 70 Prozent). Ebenso wie die Veränderungen der Fruchtbarkeitsziffer und des Heiratsindexes wird die Herausbildung dieses neuen Typus alleinerziehender Eltern häufig als Folge – und Symptom – einer Krise des Konzepts der Kernfamilie mit ihren deutlich nach Geschlecht differenzierten Ehepartner- und Elternrollen gewertet.

Krise der Kernfamilie oder Sturm im Wasserglas?

Wenn man in den fünfziger Jahren über die Familie diskutierte, so feierte oder beklagte man den Triumph der »Kernfamilie«, bestehend aus Vater, Mutter und Kindern, über die patriarchalische »Großfamilie«, die angeblich einst mehrere Generationen und Familienzweige unter einem Dach vereint hatte. In Wirklichkeit war das Zusammenleben von Eltern mit erwachsenen Kindern und deren Kindern in vielen Regionen schon seit dem Ende des Mittelalters nicht mehr die Regel. Der Babyboom hatte im Verein mit der Wohnungsknappheit nach dem Krieg eher bewirkt, daß die Zahl der Personen pro Haushalt zunahm: In den fünfziger Jahren bildeten Haushalte mit mindestens drei Personen in allen Industriestaaten die Mehrheit.

Dreißig Jahre später lagen die Dinge anders: Mehr als die Hälfte aller Haushalte in den skandinavischen Ländern, in Österreich, der Schweiz, Belgien, den Niederlanden, der Bundesrepublik Deutschland, Frankreich und Großbritannien bestanden nur aus ein oder zwei Personen. Da sich der Prozentsatz der Zweipersonenhaushalte in diesen Ländern kaum verändert hatte, waren es die Einpersonenhaushalte, deren Zahl drastisch zugenommen hatte. Unmittelbar nach dem Zweiten Weltkrieg machten die Einpersonenhaushalte zwischen 6 Prozent (Kanada) und 19 Prozent (Frankreich) aller Haushalte aus; zu Beginn der achtziger Jahre bestand ein Fünftel bis zu einem Drittel aller Haushalte in den westlichen Ländern aus alleinlebenden Männern oder Frauen. Der steigende Anteil von Einpersonenhaushalten ist zu einem großen Teil auf die allgemein gestiegene Lebenserwartung und die höhere Lebensdauer von Frauen (ältere Frauen stellen die größte Gruppe der Alleinlebenden) zurückzuführen. Oft aber hat man darin ein Anzeichen für eine zunehmende Eheverdrossenheit vermutet: Nachdem die Jungen aufgehört hätten zu heiraten, wollten sie nun auch nicht mehr in einer Paarbeziehung leben. Diese Interpretation geht zu weit, wenngleich neuere Untersuchungen gezeigt haben, daß es immer mehr getrennt lebende Paare gibt. In Frankreich etwa gaben 1985 ein Viertel der Männer und ein Drittel der Frauen, die allein lebten, an, eine feste Liebesbeziehung zu haben.[2]

Die Erwerbsquote verheirateter Frauen hat seit Beginn des Jahrhunderts in den verschiedenen Industrieländern einen unterschiedlichen Verlauf genommen. In manchen Ländern, wie etwa Großbritannien, blieb sie stabil, während sie in Belgien oder Frankreich sank; in Nordamerika und der Bundesrepublik Deutschland war sie dagegen seit dem Zweiten Weltkrieg stetig gewachsen. Mitte der sechziger Jahre stieg der Prozentsatz erwerbstätiger Ehefrauen in den meisten Ländern erheblich an.

Ende der siebziger Jahre lag die Erwerbsquote von Frauen innerhalb der OECD-Länder in den skandinavischen und englischsprachigen Ländern am höchsten. Mehr als 45 Prozent der Frauen über fünfzehn waren berufstätig (45 Prozent in Großbritannien und Australien, 49 Prozent in den USA und in Kanada, 57 Prozent in Dänemark und Schweden), viele davon als Teilzeitkräfte (auf zehn berufstätige Frauen kamen in Skandinavien vier, die teilzeitbeschäftigt waren, in den USA dagegen nur zwei). In fünf der zehn EG-Staaten (Bundesrepublik Deutschland, Belgien, Großbritannien, Frankreich und Dänemark) waren 1985 über 55 Prozent der verheirateten Frauen unter fünfzig erwerbstätig (in Dänemark sogar 87 Prozent). In drei dieser fünf Staaten – Dänemark, Belgien und Frankreich –, aber auch in anderen Ländern, etwa Italien, ging über ein Drittel der Frauen mit zumindest einem Kind unter vier Jahren einer Vollzeitbeschäftigung nach.

Keines dieser Phänomene (außer der hohen Zahl der Paare, die sich trennen) ist wirklich neu. Die hohe Sterblichkeitsziffer vergangener Jahrhunderte ließ häufig ein Elternteil allein mit unmündigen Kindern zurück, und in vielen Regionen verließen die Kinder den elterlichen Haushalt, wenn sie heirateten, oder sogar früher, um anderswo Arbeit zu suchen. Hohe Geburtenziffern, niedrige Lebenserwartung sowie der Auszug von Kindern sorgten somit für eine beträchtliche Fluktuation in der Größe der Haushalte. Seit der industriellen Revolution war die Zahl der unehelichen Kinder und der Ehen ohne Trauschein gestiegen, und die Geburtenziffer war in Europa bereits Ende des 19. Jahrhunderts gesunken – in Frankreich sogar noch früher. Und ganz gewiß arbeiten die Frauen nicht erst seit heute ...

Sollten deshalb die tiefgreifenden Veränderungen, von denen die demographischen Indizes seit Mitte der sechziger Jahre beeinflußt sind, als »Sturm im Wasserglas« abgetan werden? Sicher läßt sich einwenden, die dargestellten Veränderungen seien in hohem Maße »konjunkturbedingt« und stützten sich auf Mutmaßungen.[3] Zudem sind eine Reihe von Soziologen und Demographen der Ansicht, daß die Familie entgegen allen alarmierenden Meldungen auch weiterhin »funktioniere«. So weisen sie darauf hin, daß westdeutsche Frauen heiraten, wenn sie Kinder haben wollen, und zu Hause bleiben, solange diese klein sind; daß Amerikanerinnen selten ohne Trauschein mit einem Partner zusammenleben, sich häufig scheiden lassen, sich aber ebenso häufig wiederverheiraten; oder daß Mitte der achtziger Jahre in Frankreich – trotz steigender Scheidungsraten, nichtehelicher Paarbeziehungen und Geburten – 83 Prozent der unter Zwanzigjährigen von verheirateten Eltern geboren worden waren und bei ihnen lebten, während ein ebenso hoher Prozentsatz der Frauen und Männer zwischen dreißig und fünfzig Jahren verheiratet war und sich nie hatte scheiden lassen.

Feministische Untersuchungen über diese letzten Jahrzehnte haben außerdem zu zeigen gesucht, daß bei den meisten Frauen, trotz gestiegener Erwerbstätigkeit, die Kindererziehung, die Pflege körperlich abhängiger Personen, familiäre Verpflichtungen sowie die Haushaltsführung und hauswirtschaftliche Produktion immer noch an erster Stelle stehen. Untermauert werden diese Analysen durch die Ergebnisse von Untersuchungen über den Tagesablauf von Männern und Frauen, die den Schluß nahelegen, daß sich in der geschlechterspezifischen Aufteilung der Hausarbeit nur wenig verändert hat.

Doch die ausschließliche Konzentration auf Faktoren, die den Fortbestand der Institution Familie und der »Geschlechterordnung« bestätigen, unterschätzt allzu leicht das Ausmaß der Veränderungen, denen die Reproduktion der Bevölkerung und ihrer Arbeitskraft seit einem Jahrhundert, vor allem aber seit dem Ende des Zweiten Weltkriegs unterworfen ist.

Ein neues Modell der Mutterschaft

Seit dem letzten Drittel des 19. Jahrhunderts erschütterten eine Reihe von Entdeckungen sowie wissenschaftliche und technologische Fortschritte, die die Sterblichkeitsziffer sinken ließen und die im Leben einer Frau die für Schwangerschaften und Stillen aufgewandte Zeit beträchtlich reduzierten, die traditionellen Grundfesten der geschlechterspezifischen Aufteilung von Arbeit und Macht.

Die mit der Fortpflanzung verbundenen Krankheits- und Sterberisiken von Mutter und Kind haben sich im Laufe des vergangenen Jahrhunderts durch die Entwicklungen in verschiedenen Bereichen der Hygiene, Medizin und Ernährung außerordentlich verringert. 1930 lag die Kindersterblichkeitsrate (die Prozentzahl von Kindern, die sterben, bevor sie ein Jahr alt sind) nirgendwo unter 3,5 Prozent und überstieg in den Mittelmeerländern, in Mitteleuropa und Japan sogar 10 Prozent. 1955 war sie in sämtlichen westlichen Ländern auf unter 5 Prozent und 1965 auf unter 2,5 Prozent gesunken, mit Ausnahme der Mittelmeerländer. 1989 lag die Kindersterblichkeitsrate in Kanada und den meisten Ländern Nord- und Westeuropas unter 0,8 Prozent; noch niedriger war sie in Schweden und Finnland mit 0,6 Prozent und in Japan mit 0,5 Prozent.

Die Lebenserwartung ist mittlerweile stark gestiegen. Eine Frau, die Mitte des 18. Jahrhunderts in Frankreich geboren wurde, hatte im Durchschnitt weniger als dreißig Lebensjahre vor sich; hundert Jahre später konnte sie mit vierzig Jahren rechnen. Eine 1930 geborene Frau hatte eine Lebenserwartung von sechzig Jahren, eine 1987 geborene kann hoffen, ein Alter von achtzig zu erreichen.

Für Frauen hat sich die Lebenserwartung stärker erhöht als für Männer. 1950 überstieg die Lebenserwartung einer dreißigjährigen Frau in den entwickelten Ländern die eines Mannes bereits durchschnittlich um drei Jahre: In diesem Alter konnte eine Schwedin mit weiteren sechsundvierzig Jahren rechnen, ein Schwede nur mit dreiundvierzig. Statt sich aufgrund der ähnlicher werdenden Lebensweise von Frauen und Männern zu verringern, wie man erwartet hatte, vergrößerte sich diese Differenz zwischen den Geschlechtern noch, vor allem durch Verbesserung der gynäkologischen Früherkennung und den Behandlungsmöglichkeiten. 1970 war die Lebenserwartung der dreißigjährigen Männer gar nicht oder kaum gestiegen, während die gleichaltrigen Frauen im Durchschnitt noch drei Jahre dazugewonnen hatten; mit dreißig Jahren hatte eine Schwedin noch neunundvierzig Jahre vor sich, ein Schwede hingegen nur vierundvierzig; in Frankreich lagen die vergleichbaren Zahlen bei achtundvierzig und einundvierzig. Von der Geburt an gemessen, war der Unterschied zwischen den Geschlechtern zugunsten der Frauen noch höher: Mitte der achtziger Jahre betrug er in Schweden und den meisten entwickelten Ländern sechs bis sieben Jahre, in den USA über sieben, in Frankreich und Finnland sogar acht Jahre.

Dieser beträchtliche Rückgang der Mortalität war die Triebkraft einer Entwicklung, die man als »demographischen Übergang« bezeichnet. Da

Paare in den Industrieländern nicht mehr gezwungen waren, fünf oder sechs Kinder zu bekommen, um eine Chance zu haben, daß zwei davon das Erwachsenenalter erreichten, wollten sie nicht nur die Zahl der Geburten beschränken, sondern waren dazu auch in der Lage. In der Folge entstand ein »neues demographisches System«, das durch eine niedrige Sterblichkeitsziffer und eine niedrige Geburtenrate gekennzeichnet ist.

Der Übergang der entwickelten Länder zur Geburtenkontrolle begann in Frankreich bereits Ende des 18. Jahrhunderts und in den meisten anderen westlichen Ländern Ende des 19. Jahrhunderts. Allerdings wurden erst Ende der fünfziger Jahre die »definitiven Waffen« mit der Entwicklung und Verbreitung oraler Kontrazeptiva und von Intrauterinpessaren verfügbar gemacht.[4] Diese Verhütungsmittel setzten sich nicht ohne Widerstände durch, aber Ende der achtziger Jahre nahmen 48 Prozent der Französinnen im gebärfähigen Alter, die nicht schwanger werden wollten, orale Kontrazeptiva und 26 Prozent hatten sich eine Spirale einsetzen lassen; lediglich 3 Prozent wandten keinerlei Verhütungsmethode an. In der Bundesrepublik Deutschland und in Belgien bevorzugten die Frauen ebenfalls die Pille, während sie in Nordeuropa vorwiegend für intrauterine Verhütungsmittel plädierten. In den Niederlanden, in Großbritannien und vor allem in den USA und Kanada war die Sterilisation verbreitet: Mitte der achtziger Jahre hatte sich fast die Hälfte aller verheirateten Frauen aus Québec sterilisieren lassen oder war mit einem sterilisierten Partner verheiratet.

Wenn sich die »modernen« Methoden der Empfängnisverhütung auch nicht ganz als die »definitive Waffe« erwiesen, als die man sie zunächst angekündigt hatte, so bargen sie doch das Potential eines grundlegenden Wandels in den sexuellen Beziehungen in sich. Und dies nicht nur im Hinblick darauf, wer die Kontrolle über die Empfängnisverhütung, sondern über das gesamte Sexualleben übernahm. Pille und Spirale stellen eine wesentlich geringere Beeinträchtigung der sexuellen Beziehungen dar und sind weit sicherer als die zuvor angewandten Methoden. Die Fehlerquote der alternativ angewandten Techniken – Coitus interruptus, Kondom, Scheidenspülung, Pessar oder Diaphragma und die Knaus-Ogino-Methode –, die zwischen 1935 und 1958 bei verschiedenen Untersuchungen gemessen wurde, lag zwischen 6 und 38 Prozent.

Aber vor allem bieten Pille und Spirale Verhütungsmethoden, deren sich eine Frau »planmäßig« und im voraus bedienen kann. Frauen konnten nun selbst bestimmen, ob, wie oft und wann sie schwanger werden wollten. Wenn Frauen sich für diese Methoden entschieden, konnten die Männer sie zum ersten Mal in der Geschichte nicht mehr gegen ihren Willen dem Risiko einer Schwangerschaft aussetzen; ein

Mann, der ein Kind haben wollte, war auf die Zustimmung seiner Partnerin angewiesen. Zudem machten es die Fortschritte in der Genetik schwieriger für Männer, ihren Partnerinnen die Schuld an der Kinderlosigkeit (bzw. dafür, daß kein Sohn geboren wurde) zuzuschieben oder aber eine Vaterschaft abzuleugnen, für die sie keine Verantwortung übernehmen wollten.

Der Rückgang der Säuglingssterblichkeit sowie die »Revolution in der Empfängnisverhütung« haben die Zeiträume, die die Durchschnittsfrau in den westlichen Gesellschaften schwanger zubrachte, erheblich verkürzt. Unter dem früheren demographischen System (das noch heute in zahlreichen Ländern der Dritten Welt gilt), füllten Schwangerschaften gewöhnlich mindestens viereinhalb Jahre im Leben einer Frau aus. Bei der Geburt ihres letzten Kindes war sie etwa vierzig und hatte nur noch eine Lebenserwartung von ungefähr dreiundzwanzig Jahren. Unter dem neuen demographischen System ist eine Frau achtzehn Monate ihres Lebens schwanger, ist bei der Geburt ihres letzten Kindes erst dreißig und hat Chancen, noch annähernd ein halbes Jahrhundert zu leben.[5]

Die neuen Technologien in der Säuglingsernährung, die seit Ende des 19. Jahrhunderts entwickelt und nach dem Zweiten Weltkrieg weltweit auf den Markt kamen, haben zudem nicht nur die Säuglingssterblichkeit reduziert, sondern auch die Verbindung zwischen Schwangerschaft und frühkindlicher Ernährung getrennt: Die Stilldauer nahm ab und der Kreis der Personen, die die leibliche Mutter bei der Ernährung des Säuglings ersetzen können, wurde erweitert. In der Vergangenheit konnte nur eine andere, ebenfalls gerade stillende Mutter (oder, mit weit größerem Risiko für den Säugling, ein Säugetier) an die Stelle der Mutter, die ihr Kind nicht stillen wollte oder konnte, treten. Erst die Einführung von sterilisierter Tiermilch, von Fläschchen und Saugern, sowie die Entwicklung von industriell hergestellter Babynahrung führte dazu, daß eine andere Person, egal welchen Geschlechts – und damit auch erstmalig der Vater – sich um das Wohlergehen des Neugeborenen kümmern konnte. Hinzu kommt, daß eine Amme regelmäßig eingesetzt werden mußte, während das Fläschchen bei Abwesenheit der Mutter auch sporadisch verabreicht werden kann. Für das Überleben des Säuglings ist es dabei rein technisch nicht mehr nötig, daß seine Mutter bzw. eine andere stillende Frau ihn betreut. Somit wurde bei der Säuglingsbetreuung eine Arbeitsteilung sowohl der Eltern untereinander als auch zwischen Eltern und anderen Personen bzw. Institutionen (Verwandte, Nachbarn, Freunde, Angestellte, Kindermädchen, Kindertagesstätten) ermöglicht.

Weil es früher notwendig gewesen war, daß sich die stillende Mutter stets bei ihrem Kind aufhielt, hatte man daraus den Schluß gezogen, es sei natur- und vernunftgemäß, daß Frauen sich um die Kinderpflege kümmerten. Die Entwicklungen bei der Säuglingsernährung jedoch untergruben diese Ansicht und »befreiten« die Frauen körperlich und ideologisch für den Arbeitsmarkt.

Zu dieser Befreiung trugen außerdem die Veränderungen in der Hausarbeit und, allgemeiner gesagt, im gesamten Umfang der »Reproduktionsarbeit« bei, die sich in den Industrieländern vollzogen.

Sozialstaat und Reproduktionsarbeit

Die Periode des starken Wirtschaftswachstums in den entwickelten kapitalistischen Ländern während der drei Jahrzehnte nach dem Zweiten Weltkrieg bedeutete auch einen zwar ungleichen, aber allgemein verbreiteten sozialen Fortschritt – sowohl im Sinne des »Wohlfahrtsstaats« als auch im Sinne des »Wohlergehens« aufgrund von steigendem Komfort und Wohlstand. Dieses System der sozialen Absicherung ist daher nicht nur ein Symbol des modernen Staates, sondern auch eine Triebkraft der Massenproduktion und des Massenkonsums und hat so die traditionell von Frauen geleistete Arbeit im Haushalt und in der Pflege von Menschen tiefgreifend verändert.

Die »Befreiung« der Hausfrau

Innerhalb der dreißig Jahre nach dem zweiten Weltkrieg haben sich die Familienwelt und die Bedingungen der Hausarbeit enorm gewandelt.[6] In sämtlichen westlichen Ländern, auch in denen, die unter Kriegsschäden und der daraus resultierenden Wohnungsnot litten, wuchs der Bestand an Wohnungen rapide an und die durchschnittliche Wohnfläche pro Person verdoppelte sich. In Frankreich, wo in der Zwischenkriegszeit zwei Millionen Wohnungen gebaut und über eine Million während des Krieges zerstört oder unbewohnbar gemacht worden waren, wurden zwischen 1945 und 1971 fast sieben Millionen neue gebaut, davon mehr als fünf Millionen mit Hilfe des Staates. In den Jahren zwischen 1950 und 1963 wurden innerhalb der EG-Länder jährlich pro tausend Einwohner mehr als sieben neue Wohneinheiten fertiggestellt; 1963 waren es in Schweden über zehn, in der Schweiz, der Bundesrepublik Deutschland und Finnland neun, in Italien und den USA acht. Ob es sich dabei um Einzelhäuser handelte, wie es in den USA, in Belgien, Großbritannien oder Dänemark zumeist der Fall war, oder um Wohnungen wie in Schweden, Frankreich oder der

Schweiz: die meisten dieser Wohneinheiten bestanden in der Regel aus mindestens vier Zimmern, waren nach dem Standard modernen Wohnkomforts gebaut und an alle Energieversorgungsnetze angeschlossen.

Der Charakter der häuslichen Umgebung und die dafür notwendigen Hausarbeiten veränderten sich durch den Zuwachs an verfügbarem Raum sowie die Anbindung der einzelnen Zimmer an spezifische Zwecke: Zu einer »modernen« Standardwohnung gehörten Küche, Badezimmer, WC, Schlafzimmer und Wohnzimmer. Fließendes Wasser und Anschluß an die Kanalisation wurden ebenso selbstverständlich wie Gas bzw. Elektrizität für die Heizung und zum Kochen (nicht mehr nur für die Beleuchtung). Die »Wärme des heimischen Herds« mußte man nun nicht mehr nur in der Küche suchen.

Der Anschluß der Wohnungen an die öffentlichen Wasser- und Energienetze machte einige der beschwerlichsten Hausarbeiten überflüssig; es war nicht mehr nötig, Tag für Tag Wasser, Kohle oder Holz herbeizuschleppen, das Feuer anzumachen und in Gang zu halten oder Asche, Schmutzwasser und Exkremente hinauszutragen. Zudem konnten viele Aufgaben durch Haushaltsgeräte zumindest teilweise mechanisiert werden.

Gas- und Elektroherde, Kühlschränke, elektrische Kaffeemühlen, Staubsauger, Nähmaschinen, Waschmaschinen und elektrische Bügeleisen veränderten Hausarbeiten wie Kochen, Putzen, Waschen, Bügeln oder Flicken. In den meisten westlichen Ländern waren jedoch erst in den siebziger Jahren mehr als die Hälfte der Haushalte mit der sogenannten »ersten Welle« dieser technischen Geräte, einschließlich Auto und Fernseher, ausgestattet. Proteste gegen die »Konsumgesellschaft« wurden beispielsweise in Frankreich und Italien laut, noch bevor fünfzig Prozent der Haushalte dieser Länder über fließend heißes Wasser, moderne Badezimmer, Telefon, Waschmaschine, Staubsauger und Fernsehgeräte verfügten.

Ebensosehr wandelte sich die Hausarbeit durch die Entwicklung und Verwendung »moderner« Konsumgüter – Konserven, Gefrier- oder Fertiggerichte, Wasch- und Putzmittel, Papiertaschentücher und Toilettenpapier, neue synthetische Materialien usw. Zudem wurden nun viele Arbeiten, die früher die Hausfrau erledigt hatte, etwa das Nähen oder die Zubereitung von Mahlzeiten, von professionellen Betrieben übernommen.

Da Frauen nun nicht mehr ihre ganze Zeit dem Haushalt widmen mußten, wurde ein großes Reservoir an weiblichen Arbeitskräften freigesetzt, das für die außerhäusliche Arbeit in der Produktion oder im Dienstleistungssektor zur Verfügung stand. Zugleich wurde diese außerhäusliche Erwerbstätigkeit notwendig, da viele Familien ein doppeltes Einkommen benötigten, um die neuen Produkte, Geräte und

Dienstleistungen finanzieren zu können, die ganz oder teilweise an die Stelle der traditionellen Hausarbeit getreten waren.

So beträchtlich die industrielle Produktivität während der »Wirtschaftswunderjahre« auch gestiegen war, konnte sie dennoch der Nachfrage der Haushalte, die noch angeheizt wurde durch eine Politik, die darauf ausgerichtet war, die Kaufkraft zu fördern, nicht genügen. Weibliche Arbeitskräfte waren daher in Industriezweigen und Dienstleistungsbereichen, die den Haushaltsbedarf bedienten, zunehmend gefragt. Zwischen 1954 und 1980 stieg die Zahl der Frauen in der Nahrungsmittelindustrie, im Lebensmitel- und Konfektionshandel um 80 Prozent, der Anteil der Frauen, die in Restaurants und Cafés arbeiteten, um 150 Prozent und der der weiblichen Beschäftigten in der Haushaltsgeräteindustrie gar um 250 Prozent.

Während immer mehr Komfort in den Haushalten Einzug hielt, wurden die Hausfrauen nach »draußen«, in die Berufe, gedrängt. Die industrielle Logik, wonach Männer in erster Linie bezahlte Arbeit verrichteten, die Muskelkraft erforderte, während Frauen im Haushalt tätig waren, wurde durch Veränderungen auf dem »postindustriellen« Arbeitsmarkt, bedingt durch den Aufschwung des Dienstleistungssektors sowie die wachsende Rolle von Automatisierung und Computerisierung, ausgehöhlt.

In der frühen Phase der Industrialisierung war »Muskelkapital« gefragt gewesen, das jeden Tag wiederhergestellt werden mußte. Diese Wiederherstellung konnte weitgehend an andere delegiert werden, vor allem zu Hause. Anders verhielt es sich mit dem nun erforderlichen »geistigen Kapital«, das man im wesentlichen erwerben mußte, bevor man sich auf dem Arbeitsmarkt bewarb, und dessen Erhaltung weitgehend davon abhing, wie man selbst die verfügbaren staatlichen Möglichkeiten des Bildungswesens und der beruflichen Fortbildung nützte. Zumeist werden die notwendigen Fähigkeiten in der Schule erworben, aber der Erfolg dieser Wissensvermittlung korreliert stark mit dem Bildungsgrad der Familie – insbesondere dem der Mutter – der den Sozialisierungsprozeß durchlaufenden Person.

Diese Veränderungen in der Art und Weise, wie die Arbeitskräfte ausgebildet und erhalten werden, sind zum großen Teil verantwortlich für den Umschwung, der bei den verschiedenen demographischen Indikatoren im Zusammenhang mit der Ehe zu verzeichnen ist. Früher erfüllten die Ehe und die Familie, die man mit einer Eheschließung gründete, eine wichtige Funktion bei der Wiederherstellung von Muskelkraft; für die Bildung und Erhaltung des »geistigen Kapitals« sind sie jedoch unwesentlich.

Dagegen hat der Stellenwert der »Sozialisationsfamilie« (die Familie, in der man aufwächst) und deren »Bildungskapital« beträchtlich zugenommen; Investitionen in Erziehung und Bildung gewannen zunehmend an Bedeutung für die Reproduktion der Arbeitskraft. So schreibt Daniela de Boca: »Der technologische Wandel im Haushalt hat die Produktivität von Tätigkeiten, die mit dessen *Wartung* zusammenhängen, gesteigert. Dasselbe läßt sich allerdings nicht von Tätigkeiten der *Investition* behaupten.«[7]

Diese Investitionstätigkeiten, insbesondere die Aufrechterhaltung von Kontakten zu Schulbehörden und anderen Einrichtungen des Sozialstaates, haben an Umfang zugenommen, je weiter das System der sozialen Sicherheit ausgebaut wurde und die Pflege alter oder kranker Menschen sowie bestimmte Aspekte der Reproduktionsarbeit entweder von Privatinstitutionen oder vom Staat abgedeckt wurden.[8]

Die »Vergesellschaftung« der Reproduktionsarbeit

Mitte der achtziger Jahre wurden Kinder in den EG-Ländern im Alter von fünf bis sieben Jahren schulpflichtig; in Frankreich, Belgien und Italien besuchten Kinder ab drei Jahren bereits eine Vorschule. Mehr als die Hälfte der deutschen, niederländischen, luxemburgischen, irischen, spanischen und griechischen Kinder im Alter zwischen drei und fünf Jahren gingen in eine Vorschule, einen Kindergarten oder eine Spielgruppe (überwiegend allerdings weniger als sechs Stunden pro Tag). Dagegen schenkten die meisten europäischen Staaten der Sozialisation von Kindern unter drei Jahren eine nur geringe Beachtung und taten kaum etwas, um die Arbeitskraft ihrer Mütter freizusetzen. Lediglich in Frankreich, Belgien und Dänemark wurden mehr als fünf Prozent der Kinder in diesem Alter in staatlichen Einrichtungen betreut. In Frankreich und Belgien besuchte fast ein Viertel der Kinder unter drei Jahren eine kommunale oder private Krippe bzw. Kindertagesstätte; in Dänemark nahmen staatlich oder von den Kommunen finanzierte Krippen 45 Prozent der Kinder unter drei Jahren auf, und fast 90 Prozent der Kinder zwischen drei und sieben Jahren (die noch nicht unter die Schulpflicht fielen) besuchten öffentlich finanzierte oder subventionierte Einrichtungen.[9]

Wenn ältere Leute bei ihren erwachsenen Kindern leben, bedeutet das nicht zwangsläufig, daß sie von ihnen abhängig sind. Oftmals gleicht sich die gegenseitige Hilfe aus, oder ältere Leute leisten mehr Hilfe, als ihnen selbst zuteil wird. Dennoch läßt sich sagen, daß diese Art des Zusammenlebens seit Ende des Zweiten Weltkriegs seltener geworden ist, was bedeutet, daß Frauen in den westlichen Ländern trotz der gestiegenen Lebenserwartung weniger zur Pflege der älteren Generationen beitragen als zuvor. Pensionen und Renten sind allgemein üblich und großzügiger als früher. Außerdem haben sich zahlreiche Senioreneinrichtungen herausgebildet. Pflege- und Sozialdienste versuchen es älteren Menschen zu ermöglichen, in ihren eigenen vier Wänden zu bleiben, was durch den allgemein verbesserten Gesundheitszustand der Bevölkerung und den wachsenden Bestand an speziell ausgestatteten Wohnungen erleichtert wird. So stieg etwa in Frankreich die Zahl der über fünfundsiebzigjährigen Frauen zwischen 1962 und 1982 um 71 Prozent, die Zahl der Frauen in diesem Alter, die bei einem ihrer Kinder lebten, im selben Zeitraum dagegen nur um 22 Prozent. In Dänemark fiel der Anteil der verwitweten Achtzigjährigen, die bei einem ihrer Kinder lebten, bei den Männern von 41 auf 22 Prozent, bei den Frauen von 27 auf 11 Prozent.

Die Erziehung und Beaufsichtigung der Kinder sowie die Pflege der Alten, früher in erster Linie Pflicht der Frauen, ist heute wesentlich leichter und fällt zum Teil der Allgemeinheit zu. In der Vergangenheit hatten diese Pflichten zumindest während bestimmter Phasen im Familienzyklus bedeutet, daß Frauen für den Arbeitsmarkt nicht verfügbar waren, während sie nun relativ kontinuierlich erwerbstätig bleiben können, so daß ihnen neue Berufe und Karrieremöglichkeiten offenstehen. In Frankreich hat sich die Zahl der Frauen, die im Erziehungs- und Gesundheitswesen tätig sind, zwischen 1962 und 1982 vervierfacht und in der Kleinkinderbetreuung (Tagesmütter und Kindergarten) sogar verachtzehnfacht.

Zusammengenommen machen die Berufe im sozialen und Reproduktionsbereich (Erziehungs- und Schulwesen, Gesundheitswesen, Sozialdienste usw.) heute in Österreich, der Bundesrepublik Deutschland und Italien ein Zehntel, in Frankreich, Großbritannien, den USA und Kanada ein Sechstel und in den skandinavischen Ländern sogar ein Viertel aller Arbeitsplätze aus. Überall ist der Anteil erwerbstätiger Frauen in diesem Sektor am massivsten gestiegen.

»Verheiratet« mit dem Sozialstaat?

Der enge Zusammenhang zwischen gestiegener weiblicher Erwerbstätigkeit und dem Anwachsen des öffentlichen und privaten Reproduktionssektors hat manche Autoren zu der Bemerkung veranlaßt, Frauen seien »mit dem Sozialstaat verheiratet«, ja, sie »seien« der Sozialstaat, da sie zugleich soziale Leistungen erbrächten und sozialstaatliche Absicherung empfingen.[10]

So führt auch Helga Maria Hernes die »zunehmende Professionalisierung und Politisierung der traditionellen Frauenarbeit« an und argumentiert weiter: »Im Zuge dieser Entwicklung verwandelte sich die individuelle ökonomische Abhängigkeit (von Vätern und Ehemännern) in eine institutionelle Abhängigkeit (vom Staat), sowohl bei Empfängerinnen von Wohlfahrtsleistungen als auch bei Angestellten im öffentlichen Dienst, die ja zum größten Teil reproduktive Aufgaben erfüllen.«[11]

Wenn dieses Bild der »mit dem Sozialstaat verheirateten Frau« und ihrer Abhängigkeit vom »Ehemann Staat« auch übertrieben ist, so zeigt es doch die funktionale Abwertung von Ehe und Familie als Lebensziel.[12] Veränderungen in der Struktur der Ehe, etwa die wachsende Zahl von Partnerschaften ohne Trauschein oder von Scheidungen, spiegeln möglicherweise die Herausbildung eines »postindustriellen« Reproduktionsmodells wider, das gekennzeichnet ist durch die Intellektualisierung und Vergesellschaftung der Reproduktionsarbeit. In einem solchen Modell findet die Ehe, die ihre Funktionsgrundlage weitgehend eingebüßt hat, ihre Legitimation zunehmend in gegenseitiger Zuneigung und sexueller Anziehung und wird daher zu einer persönlichen und weniger dauerhaften Angelegenheit.

Der Sozialstaat ermöglicht es den Frauen, erwerbstätig zu sein, indem er sie von einem Teil der Belastung durch Haushalt, Kinder-, Kranken- und Altenpflege entbindet und ihnen vielfältigen sozialen Schutz gewährt. Frauen sind somit weniger abhängig von der Institution der Ehe geworden, sie haben die Wahl, gar nicht zu heiraten oder aber eine Ehe zu beenden, wenn sie der Meinung sind, daß der Nutzen, den sie von ihr haben, die Kosten nicht ausgleicht. Zudem versucht der Sozialstaat, indem er sich um die Probleme von »Scheidungskindern« kümmert und Alleinerziehende unterstützt, die Risiken, die aus der größeren Unabhängigkeit von Frauen erwachsen, zu minimieren und teilweise zu vergesellschaften, vor allem, wenn es um die Sozialisation der Kinder geht. Dennoch genießen nicht alle Bürgerinnen der verschiedenen Sozialstaaten dieselbe Autonomie hinsichtlich der Ehe, und sie bezahlen auch nicht denselben Preis für ihre Unabhängigkeit.

Berufe im Sozialstaat und Unabhängigkeit von der Ehe

Berufe im Reproduktionsbereich, vor allem im öffentlichen Dienst, erfordern häufiger als andere Tätigkeiten einen höheren Schul- bzw. Hochschulabschluß. Im Laufe der letzten Jahre haben zahlreiche Frauen diesen Berufszweig eingeschlagen, wobei ihnen nicht nur das »weibliche« Kapital zugute kam, das sie durch eine Sozialisation, die alle für die Reproduktionsarbeit nötigen Eigenschaften (Opferbereitschaft, geschickter Umgang mit Menschen, erzieherische Fähigkeiten usw.) förderte, erworben hatten, sondern auch das »Bildungskapital«, das ihnen ihre Eltern als Versicherung gegen die Wechselfälle einer Ehe verschafft hatten.

Indem sie ihr weibliches und durch Bildung erworbenes »Kapital« sowohl auf dem Arbeits- wie auf dem Heiratsmarkt investierten, scheinen die im sozialen Bereich tätigen Frauen, vor allem wenn sie im öffentlichen Dienst sind, in doppelter Hinsicht gewonnen zu haben. In Frankreich etwa, wo drei Viertel aller Arbeitsplätze im Reproduktionsbereich in öffentlicher Hand sind, haben Frauen, die diese Karriere gewählt haben, sowohl im Hinblick auf ihre Verdienst- wie auf ihre Aufstiegsmöglichkeiten den höchsten Gewinn aus ihren Diplomen gezogen.[13] Da viele dieser Stellen durch das Beamtenrecht gesichert sind, war es für mit dem Sozialstaat »verheiratete« Frauen oft leichter als für andere, Familie und Beruf zu vereinbaren.

Während Frauen im Einzelhandel oder in privaten Dienstleistungsbetrieben (Hotels, Restaurants, Reinigungsfirmen) häufig gegen ihren Willen Teilzeitarbeit leisten müssen, haben sich viele Frauen im staatlichen Dienstleistungsbereich freiwillig für eine Teilzeitstelle entschieden, um mehr Zeit für die Kinder oder den Haushalt zu haben. Die Ganztagsstellen in diesem Sektor erweisen sich zudem oft als weniger aufreibend als anderswo und lassen eine gewisse Flexibilität bei der Gestaltung der Arbeitszeit zu.

In Frankreich arbeiten 12 Prozent der Frauen, die als Verwaltungs- oder Handelsangestellte bei einer Firma tätig sind, weniger als 35 Stunden pro Woche, verglichen mit über 50 Prozent der diplomierten weiblichen Angestellten im staatlichen Dienstleistungsbereich. Zudem werden von jenen 12 Prozent wiederum 85 Prozent als Teilzeitkräfte bezahlt, während es bei den letzteren weniger als die Hälfte ist. Geht man von einer vergleichbaren Qualifikation aus, arbeiten französische Frauen im öffentlichen oder sozialen Dienst durchschnittlich mehrere Stunden pro Woche weniger als in anderen Bereichen (einschließlich der Fahrzeiten von und zur Arbeit sowie der Zeit für Arbeit zu Hause) und verwenden einige Stunden pro Woche mehr auf Hausarbeit. Außerdem beteiligen sich ihre Ehemänner häufiger als andere an der Hausarbeit. Allerdings haben Frauen, die im öffentlichen Dienst arbeiten (vor allem Lehrerinnen), eher mehr Kinder als andere berufstätige Französinnen. Sie hören jedoch für gewöhnlich auch seltener auf zu arbeiten, wenn sie kleine Kinder haben, und scheinen deshalb leichter als andere erwerbstätige Frauen Mutterschaft, Hausarbeit und Beruf miteinander vereinbaren zu können. Zudem leben sie häufiger in einer Partnerschaft und lassen sich seltener scheiden als andere Frauen mit Hochschulabschluß. Aber ihr Bildungskapital und die Sicherheit des Arbeitsplatzes, von der sie zumeist profitieren, ermöglichen es ihnen, wenn nötig, die Initiative zur Beendigung einer Ehe zu ergreifen oder lassen sie leichter mit den finanziellen Konsequenzen fertig werden, wenn der Partner stirbt oder sie verläßt.

Der Sozialstaat bietet Frauen also ein hohes Maß an Unabhängigkeit von der Ehe und an Schutz gegen die Risiken der Armut, die mit der Rolle als Alleinerziehende verbunden sind. Diese sozialen Leistungen jedoch sind von Land zu Land verschieden und hängen in erster Linie vom Umfang des Dienstleistungssektors, dem Beschäftigungsgrad der Frauen, der Art der Vergesellschaftung der Reproduktionsarbeit (staatlich oder über den Markt) und der geschichtlich determinierten Art des jeweiligen Sozialstaates ab. Die Situation ist jeweils dadurch bestimmt, ob der Sozialstaat, nach den von Gosta Esping-Andersen entwickelten Kategorien, »etatistisch-korporatistisch« ist wie in der Bundesrepublik Deutschland, »sozialdemokratisch« wie in Schweden oder »liberal« wie in den USA.[14]

In der Bundesrepublik Deutschland, wo der Dienstleistungssektor kleiner ist als in den übrigen westlichen Ländern und wo weniger als die Hälfte der verheirateten Frauen berufstätig ist, verlief die Vergesellschaftung der Reproduktionsarbeit, die weitgehend in den Händen des Staates blieb, zögernd und in begrenztem Umfang. Der Frauenanteil innerhalb des öffentlichen Dienstes ist seit Beginn der sechziger Jahre nicht mehr gestiegen, wohl aber der Anteil des öffentlichen Dienstes an der Gesamtwirtschaft und damit auch die Anzahl der in diesem Sektor beschäftigten Frauen: Von den erwerbstätigen westdeutschen Frauen hatte 1961 nur jede fünfzehnte eine Stelle im öffentlichen Dienst, während es 1983 bereits jede fünfte war.

In Schweden, wo die Beschäftigungsrate von Frauen sehr hoch ist (ebenso wie der Anteil von Frauen mit Teilzeitarbeit), ist die Reproduktionsarbeit in hohem Maße vergesellschaftet worden (jeder vierte Arbeitsplatz gehört zum sozialen Dienstleistungsbereich, und fast alle davon sind in staatlicher Hand). Mehr als die Hälfte aller erwerbstätigen Schwedinnen arbeitet heute im öffentlichen Dienst, und mehr als zwei Drittel der Stellen in diesem Sektor, wie auch im sozialen Dienstleistungsbereich insgesamt, sind von Frauen besetzt.

In den USA, wo der Tertiärsektor überwiegt, wurde die Reproduktionsarbeit überwiegend auf marktwirtschaftliche Weise vergesellschaftet, der Anteil des öffentlichen Dienstes an der Gesamtstellenzahl ist seit Beginn der sechziger Jahre sogar gesunken. Allerdings hat eine deutliche »Feminisierung« sowohl innerhalb des öffentlichen Dienstes als auch des Dienstleistungsbereichs stattgefunden. 1940 gab es im Reproduktionsbereich 3 Millionen Stellen, wovon 59 Prozent von Frauen besetzt waren; vierzig Jahre später waren es 17 Millionen, die zu 70 Prozent Frauen innehatten. Jede dritte Frau (aber nur jeder zehnte Mann) arbeitete 1980 im Reproduktionsbereich.[15]

Deutsche Frauen, die den Sozialstaat »heirateten«, erhielten demnach als Hochzeitsgeschenk weniger Stellen im Dienstleistungsbereich und somit weniger Unabhängigkeit von der Ehe als ihre schwedischen oder amerikanischen Schwestern. Amerikanerinnen haben weniger Arbeitsplatzsicherheit und tragen daher ein größeres Risiko als deutsche oder vor allem schwedische Frauen, wenn ihre Ehe scheitert. Am besten haben es die Schwedinnen getroffen: Sie genießen zugleich größere Unabhängigkeit und größere Sicherheit als die Deutschen oder Amerikanerinnen.

Soziale Sicherheit und Schutz im Scheidungsfall

Der Grad des Schutzes, den die verschiedenen Sozialstaaten im Falle einer Scheidung nicht nur ihren weiblichen Angestellten, sondern allen Bürgerinnen bieten, läßt sich am jeweiligen Anteil von Alleinerziehenden und von Paaren mit Kindern ablesen, die sich unterhalb einer bestimmten Armutsschwelle befinden, deren Einkommen also zum Beispiel unter der Hälfte des Medianwerts liegt (der Median bezeichnet den Wert, der in der Mitte aller nach ihrer Größe geordneten Einkommen liegt).[16]

Nach diesem Maßstab lassen sich diverse Gruppen von westlichen Ländern unterscheiden. Die erste Gruppe mit hohem Armutsrisiko für alleinerziehende Eltern und nur geringem Schutz gegen dieses Risiko umfaßt Sozialstaaten des »liberalen« Typs wie die USA, Kanada und, in geringerem Maße, Großbritannien, wo es nur eine sehr schwache Umverteilung der Einkommen zwischen den Haushalten gibt. Der Anteil der »armen« Haushalte (deren Einkommen nicht 50 Prozent des Medianwerts erreicht) liegt hier hoch und wird kaum verringert durch soziale Transferzahlungen (Nettoleistungen, d. h. Sozialleistungen nach Abzug der Steuern): Nach diesen Transferzahlungen gibt es fast ebensoviele (und manchmal sogar mehr!) »arme« Haushalte wie zuvor, gleichgültig, um welche Kategorie von Haushalten es sich handelt. Die Haushalte mit nur einem Elternteil – 13 Prozent der Haushalte mit Kindern in Großbritannien, 23 Prozent in den USA – sind dem größten Risiko ausgesetzt. Der Prozentsatz von »armen« Haushalten liegt anfangs (d. h. vor den Ausgleichszahlungen) bei mehr als 50 Prozent und ist somit drei- bis viermal höher als bei Paaren mit Kindern. Bei jungen Leuten liegt dieses Risiko noch darüber: 60 bis 80 Prozent der alleinerziehenden Eltern unter dreißig Jahren sind arm, und für die meisten ändern soziale Transferleistungen nichts an ihrer Situation. Die jüngste Entwicklung hat in diesen Ländern das Armutsrisiko für Alleinerziehende noch gesteigert; der Anteil armer Familien mit nur einem Elternteil (ob vor oder nach sozialen Ausgleichszahlungen) ist im Laufe der achtziger Jahre in den USA und Kanada gewachsen, unabhängig vom Alter der Alleinerziehenden.

In anderen Ländern, wie der Bundesrepublik Deutschland und Frankreich (wo der Anteil von Familien mit nur einem Elternteil ebenfalls recht hoch ist: 11 bis 14 Prozent aller Haushalte mit Kindern), ist das Armutsrisiko für Alleinerziehende geringer – 25 bis 40 Prozent der Haushalte von Alleinerziehenden sind arm, der Schutz allerdings, der durch soziale Ausgleichszahlungen geleistet wird, ist beträchtlich, denn etwa die Hälfte der alleinerziehenden Eltern fällt so aus der Kategorie »arm« heraus. In der Bundesrepublik Deutschland scheint dieser Schutz jedoch nur alleinerziehenden Müttern über dreißig zugute zu kommen; bei den jüngeren ist der Anteil der Haushalte, die auch nach den sozialen Ausgleichszahlungen als arm gelten, dreimal höher; zudem hat er sich im Laufe der achtziger Jahre mehr als verdoppelt. »Etatistisch-korporatistische« Sozialstaaten bieten Haushalten mit nur einem Elternteil zwar mehr soziale Unterstützung als anderen, aber dennoch verbleiben diese Haushalte zwei- bis viermal häufiger als andere Haushalte in der Kategorie »arm«.

Die »sozialdemokratischen« Sozialstaaten, in denen das Volkseinkommen in hohem Umfang umverteilt wird (und wo soziale Transferleistungen den Anteil armer Haushalte immerhin um mindestens die Hälfte senken), reduzieren das Risiko für Alleinerziehende beträchtlich. Der Anteil von Familien mit nur einem Elternteil an den armen Haushalten entspricht annähernd demjenigen der übrigen Haushalte mit Kindern oder liegt sogar etwas darunter. Das gilt für Länder mit niedrigem Armutsrisiko wie Schweden gleichermaßen wie für Länder mit hohem, etwa die Niederlande. In Schweden ist der Prozentsatz armer Haushalte vor sozialen Ausgleichszahlungen bei den Familien mit nur einem Elternteil doppelt so hoch wie ihr Anteil an der Gesamtbevölkerung; in den Niederlanden ist er viermal so hoch, und es gibt nur wenige alleinerziehende Mütter, vor allem, wenn sie jung sind, die ein Einkommen haben, das ausreicht, um sie vor Armut zu bewahren. Aber der Schutz, der durch die sozialen Ausgleichszahlungen wirksam wird, ist in beiden Ländern so groß, daß der Anteil der armen Familien mit nur einem Elternteil auf ein Drittel oder noch weniger gesenkt wird. In Schweden wurde diese Unterstützung während der achtziger Jahre sogar noch ausgebaut; der Prozentsatz armer Familien mit nur einem Elternteil wurde nach sozialen Ausgleichszahlungen fast halbiert und liegt sogar unter dem der Gesamtzahl der Haushalte.

Angesichts dieser Zahlen ist es nicht verwunderlich, daß in Schweden das Stichwort vom »Staatsfeminismus« aufgekommen ist, in den USA dagegen das von der »Feminisierung der Armut«.

Der Gewinn, den der Sozialstaat Frauen bietet – als Angestellte im öffentlichen Dienst oder als Nutznießerinnen staatlicher Leistungen – ist bei weitem nicht überall gleich: je besser die sozialen Leistungen, desto höher die Mitgift, könnte man sagen, wenn man im Bild der »Heirat mit dem Sozialstaat« bleiben will. Ich habe aufgezeigt, daß sich in den Industriestaaten die technologische und ökonomische Basis der Geschlechterbeziehungen seit den fünfziger Jahren durch die Herausbildung eines neuen Systems für die Reproduktion der Bevölkerung und der Arbeitskraft grundlegend gewandelt hat. In jedem dieser Länder hat die Geschichte – die sich verschiebenden Beziehungen zwischen den sozialen Gruppen sowie die daraus resultierende Sozialgesetzgebung – die Art und Weise bestimmt, wie sich dieser Wandel im Leben von Männern und Frauen sowie der unterschiedlichen sozialen Klassen abzeichnet.

Aus dem Französischen von Gabriele Krüger-Wirrer

15
Eine Emanzipation unter Vormundschaft

Frauenbildung und Frauenarbeit im 20. Jahrhundert

Rose-Marie Lagrave

»Das 20. Jahrhundert wird das Jahrhundert der Rivalität zwischen Männern und Frauen sein.« Mit diesen Worten schloß der Direktor des Mädchen-Collèges von Périgueux am 23. Juli 1908 seine Ansprache anläßlich der jährlichen Preisverleihung. An der Schwelle zum 21. Jahrhundert stellen wir fest, daß sich diese Prognose nicht erfüllt hat. Um in eine Rivalität zu treten, muß man zumindest eine gewisse Chance haben, gewinnen zu können, und es muß Waffengleichheit herrschen. Aber trotz des zunehmenden Einflusses der Frauen in der Gesellschaft bleibt das Spiel zwischen Frauen und Männern zu ungleich, als daß echter Wettbewerb entstehen könnte. Bezeichnend für das 20. Jahrhundert war vielmehr die langwierige und langsame Legitimation der Grundsätze der Aufteilung der sozialen Welt nach Geschlechtern, durch das Fortbestehen alter oder die Erfindung neuer Formen der Trennung im Bildungswesen und in der Arbeitswelt. Die Gesellschaftsordnung funktioniert wie eine Art Verschiebebahnhof, auf welchem Männer und Frauen pünktlich, wenngleich nicht immer fehlerfrei auf getrennte Bildungs- und Arbeitswelten verteilt werden: Ihre wichtigste Aufgabe ist es, die Konkurrenz zwischen den Geschlechtern zu verhindern und die Gewalt der Männerherrschaft zu beschönigen.[1] Und trotzdem hat dieses Jahrhundert unablässig die Gleichheit der Geschlechter proklamiert, sie mit goldenen Lettern in die Gesetzestexte geschrieben, so daß nicht wenige Beobachter geneigt waren, diese Gesetze für befreiend zu erklären. Die Analysen stimmen denn auch darin überein, den stetig wachsenden Einfluß der Frauen im Getriebe der Gesellschaft hervorzuheben. Wenn man der optischen Täuschung erliegt, die darin besteht, die Gleichheit der Geschlechter der Verbesserung der Situation der Frauen zuzuschreiben, und dabei vergißt, daß gleichzeitig auch die Situation der Männer sich verbessert hat, dann kann man in der Tat diesem ausgehenden Jahrhundert seinen Dank abstatten. Wenn man jedoch den Aufstieg der Frauen konsequent zu dem Fortschritt der Männer in Beziehung setzt, kommt die fortdauernde Kluft zwischen der Situation der Männer und der der Frauen in Bildung und Arbeit zum Vorschein.

Es genügt jedoch nicht, diese Fortdauer der Ungleichheiten zwischen den Geschlechtern aufzuzeigen, weil die Ungleichheiten unter den Frauen selbst ebenso eine Rolle spielen. Wenn die Frauen des 20. Jahrhunderts unter gewissen Gesichtspunkten Gemeinsamkeiten aufweisen, die von Denkern aller Richtungen hervorgehoben werden, so sind ihre Chancen, den Männern gleich zu sein, untereinander doch ungleich verteilt. Zwischen der Absolventin der École normale supérieure in Sèvres, die mit dem Studenten von der rue d'Ulm im Staatsexamen in Konkurrenz tritt, und den Arbeiterinnen, die – geleitet von jener Art Klasseninstinkt, welcher Vorrang vor dem Geschlechterinstinkt hat – Seite an Seite mit den Arbeitern kämpfen, liegt die ganze Distanz der Klassenunterschiede. Die Existenz dieses Systems der Ungleichheiten vermag jedoch nicht den irreversiblen, unwandelbaren Charakter jener Macht zu ermessen, die in der Chance liegt, auf der richtigen Seite der sozialen Ungleichheit zu stehen, nämlich ein Mann zu sein. Denn in der Welt der Bildung und der Arbeit hat das Gesetz des Alternierens keine Geltung: Die beherrschenden Positionen sind stets mit Männern besetzt, die untergeordneten Positionen mit Frauen. So wird ein typischer Frauenberuf nie mehr ein Männerberuf werden, und die »Allée des demoiselles« an der Sorbonne, wie sie 1919 getauft wurde, ist bis heute nicht zur Allee der Herren geworden. Wenn die Frauen sich einen Beruf oder ein Fach erobern, flüchten die Männer oder sind schon geflüchtet: Es gibt keine Situation der Rivalität, nicht einmal des fairen Wettbewerbs, es gibt nur diese stillschweigende Minderwertigkeit. Diese Flucht nach vorn perpetuiert die strukturelle Kluft der Positionen zwischen Männern und Frauen gerade durch die garantierte Veränderung der Strukturen und die Anpassung an die Konjunktur. Man kann jedoch die Fortdauer dieser Kluft nicht vollständig begreifen, wenn man nicht im Auge behält, daß jeder Vergleich, selbst ein statistischer, zwischen Männern und Frauen an sich schon voreingenommen ist. Das gilt übrigens nicht für alle Beispiele. Dieses Übrigens heißt Familie, die nicht mit demselben ideologischen und praktischen Gewicht auf beiden Geschlechtern lastet. Man ermahnt die Männer zur Arbeit, um das Auskommen der Familie zu bestreiten, während man in den Frauen Schuldgefühle erzeugt, wenn sie dieselbe Familie für einen Zweitverdienst im Stich lassen. Die Männer »treten ins Berufsleben ein«; die Frauen verraten das Heim. »Durch die Feminisierung der Berufe treten wir schon die Wiegen mit Füßen«, schrieb Pierre Hamp 1919. Mit revidierten und korrigierten, den Umständen angepaßten Argumenten ist dies das Leitmotiv des 20. Jahrhunderts: Bildung und Arbeit für die Frauen – ja, aber unter guter Aufsicht und unter der Bedingung, daß die Familie nicht darunter leidet, mit dem Vorbehalt, es bei dem zu belassen, was zu jeder Zeit für die Frauen denkbar war; mit dem Vorbehalt, daß sie nicht die raren und angesehenen Posten und Titel der Männer antasten. Infolgedessen wird den Jungen wie den Mädchen schon im Kindergarten und in der Familie die Existenz zweier Systeme unterschiedlicher Dispositionen eingeschärft, die sich nach und nach in zwei Systemen getrennter Positionen in der Arbeitswelt niederschlagen werden. Das 20. Jahrhundert hat zwar einen massiven Zustrom der Frauen zu Bildung und Erwerbstätigkeit verzeichnet, jedoch verbunden mit einer Ungleichheit der schulischen Chancen und der Nichtgemischtheit in den Berufen. Und es setzt die Geschichte der üblichen Aufteilung mit ihren Varianten, aber auch Invarianten fort.

Arbeit oder Familie – was ist der Frauen Vaterland? (1918–1945)

Nachdem der Sturm des Ersten Weltkrieges überstanden war und man darangehen konnte, die Ausbildung und Berufstätigkeiten der Frauen zahlenmäßig zu erfassen, zog man in jener Zeit gerne das Fazit: »Der Krieg von 1914 war das 1789 der Frauen.« Denn der Krieg kam den Frauen gut zustatten: Die Männer hatten den Platz geräumt und waren an der Front; die Frauen hielten im Hinterland stand. Während des Dramas veränderte sich das Spiel: Der Wettstreit um die Aufteilung der Arbeit zwischen Männern und Frauen war mangels Teilnehmern gegenstandslos geworden. Seit 1917 rechnete man mit dem Ende der Feindseligkeiten und begann, nach Lösungen zu suchen. Es war keine einfache Zeit. Es trat eine Periode ein, die, von einem Krieg zum nächsten, alle Anzeichen der Kinderkrankheiten des Kapitalismus aufwies: Depression, Krisen, Börsenkrach, strukturelle Arbeitslosigkeit offenbarten der ganzen verdutzten Welt das Fehlen eines internationalen Instrumentariums zur Regulierung einer Wirtschaftskrise. In diesem globalen Kontext konjunktureller und struktureller Turbulenzen verzeichneten die Industrieländer beachtliche Fortschritte in Frauenbildung und Frauenarbeit. Man staunte darüber, man bedauerte es, aber man fand, daß anderes dringlicher sei. Wenn nach so vielen Toten die Frauen nicht von sich aus ihre Pflicht wahrnahmen, mußte man sie daran erinnern.

Vom Geist zum Buchstaben

Der nationale Wiederaufbau war überall auch das Unternehmen einer Wiederbevölkerung der Nationen. Der Geburtenrückgang, der Anstieg der Frauenerwerbstätigkeit, die Rückkehr der Männer in die Fabriken und auf die Felder lösten erneut eine ideologische Offensive großen Maßstabs aus, deren Ziel die Rückkehr der Frauen an den häuslichen Herd war.

Im Vertrauen auf die Schützenhilfe der Kirche erwählte sich die Familienpolitik die Frauenarbeit, vor allem die Berufstätigkeit verheirateter Frauen zur bevorzugten Zielscheibe. Von ihr rührte alles Übel her: Man schob ihr den Geburtenrückgang, die Kindersterblichkeit, den Zerfall der Familie, den Sittenverfall und den Rückzug der Eltern von der Aufgabe der Kindererziehung in die Schuhe. Es ging darum, risikolos und auf zwei Registern zugleich zu spielen – das eine radikal und repressiv: durch schlichtes Verbot; das andere erzieherisch und positiv: durch Aufwertung der Hausarbeit. Eine Operation dieser Art beginnt man nicht, ohne sich zunächst der Nachhut versichert zu haben. Gestützt auf die katholischen Frauenverbände und die Unternehmer, wurden in regelmäßigen Abständen internationale Umfragen[2] veranstaltet, um die Erfolgschancen des Projekts einer »Repatriierung« der Frauen am häuslichen Herd zu überprüfen. Die Antworten waren klar, aber peinlich. Wie sollte man katholische Ethik und ökonomisches Interesse miteinander versöhnen? Die Unternehmer antworteten, gewiß gebiete es das allgemeine Interesse, verheirateten Frauen die Arbeit zu untersagen, aber müsse man ihm darum gleich das Hauptinteresse, den Gewinn des Unternehmens, opfern? Die österreichischen Unternehmer schützten die Erhöhung der Preise für ihre Waren vor: Statt der Frauen mußte man Männer einstellen; in Österreich erhielten aber die Arbeiterinnen nur 50 Prozent des Lohns der Arbeiter. Frankreich, Italien, Spanien wiesen darauf hin, daß Familienmütter bei der Arbeit gewissenhafter zu Werke gingen als junge Mädchen. Belgien, Italien, Österreich schlugen vor, die Arbeit verheirateter Frauen von Rechts wegen zu verbieten, während Frankreich antwortete, damit müsse man vorsichtig sein, weil eine derartige Maßnahme nur die wilde Ehe fördern würde. Ein nichtiges Argument wiederum für Österreich, das geltend machte, daß nicht vornehmlich Arbeiterinnen in wilder Ehe lebten, sondern Frauen, deren Unterhalt durch den Mann gesichert sei. Man wog das Für und das Wider gegeneinander ab: Einerseits würde die Industrie vom Mutterschaftsgeld entlastet, andererseits müßte sie die höheren Löhne für die Männer bezahlen. Die radikalen Maßnahmen waren kaum zu rechtfertigen. So beschränkte man sich auf einen Minimalkonsens: Alle katholischen Unternehmer mußten fortan darauf verzichten, Familienmütter zu »beschäftigen«.

Dieser Offensive gebrach es ein wenig an Feingefühl; besser war es, die Frauen selbst ihre eigene Eliminierung aus der Arbeitswelt besorgen zu lassen. Es handelte sich darum, dem passiven Rückzug aus der Arbeitswelt die aktive, begeisterte und aufgewertete Rückkehr an den häuslichen Herd entgegenzustellen. An Instrumenten für diese neue Familienpolitik fehlte es nicht; man erfand die erziehende Mutter, die rationelle und taylorisierte Hausfrau als Galionsfigur der neuen Hauswirtschaft. Man eröffnete neue Schulen und neue Kurse zur Intensivierung der Hauswirtschaftslehre, die sich abwechselnd bürgerlich oder populistisch gab, um den unterschiedlichen Klassenerwartungen gerecht zu werden. Für die werktätigen Klassen mußte sie ein Mittel zur Bekämpfung der Verschwendung und eine Methode sein, wie man »mit dem, was man hat«, das heißt einem bescheidenen Lohn, Wunder wirkte. Wenn auf der einen Seite die Arbeiter für einen anständigen Lohn kämpften, mußten auf der anderen Seite ihre Frauen lernen, mit diesem Lohn auszukommen, indem sie mit dem Familienbudget optimal haushalteten. In Frankreich riß die Eröffnung des ersten »Salons der Haushaltskünste« (Salon des arts ménagers) 1923 die Frauen des Bürgertums aus ihrer Lethargie: Es galt, die Küche zu mechanisieren, die neue Kunst zu erlernen, mit dem Mehrwert des Sozialkapitals des Gatten umzugehen, indem man weniger konsumierte, aber besser damit auskam. In Deutschland förderte man die hauswirtschaftliche Ausbildung junger Mädchen durch Wettbewerbe von Meisterhausfrauen, und das Jahr 1934 wurde zum »Jahr der Hausfrau« erklärt. Trotz dieses großangelegten Projekts waren diese familienpolitischen Maßnahmen kein Rezept mehr; sie traten zu sehr in Widerspruch mit den Interessen der Arbeitswelt und mit den Bestrebungen nach sozialem Aufstieg, den die strukturellen Veränderungen seither ermöglichten. Dieses verwegene Unternehmen hinderte die Frauen nicht daran, in der Arbeitswelt ihren Platz zu behaupten.

Gewiß bekamen die Frauen mehr als die Männer die Erschütterung der Wirtschaftskrise zu spüren, und sie vor allem mußten für die Kosten der Anpassung des Arbeitsmarktes aufkommen; doch sie hielten stand, zwar ohne nennenswerten Fortschritt, aber auch ohne bemerkenswerten Rückschritt. Für Europa ergibt eine Analyse des Internationalen Statistischen Jahrbuchs des Völkerbundes, daß seit Jahrhundertbeginn der prozentuale Anteil der weiblichen Erwerbstätigen an der weiblichen Gesamtbevölkerung von bemerkenswerter Stabilität war. Statistisch zerfiel Europa in zwei Teile. Die nördlichen Länder, namentlich Dänemark, Schweden, Norwegen, England und Finnland, seit Mitte des 19. Jahrhunderts industrialisiert, erlebten eine Zunahme der erwerbstätigen Frauen zwischen 1900 und 1910, während ihre Zahl bis 1930, 1931 stagnierte, ja sogar zurückging, um dann bis 1945 wieder anzusteigen. Die südlichen Länder versuchten, den Rückstand wettzumachen. Griechenland, Italien, Spanien, die von einer sehr niedrigen Zahl ausgegangen waren und auch später nur ein äußerst bescheidenes Niveau erreichten, »hoben« um 1915, 1920 »ab«. So stieg zum Beispiel in Griechenland der Anteil der erwerbstätigen Frauen zwischen 1921 und 1928 von 13,6 auf 24 Prozent. Frankreich befand sich an der Spitze dieser Gruppe: 1926 waren hier 36 Prozent der Frauen erwerbstätig, gegenüber 23 Prozent in Italien. Trotzdem blieb die Arbeit in Europa großenteils Männersache; die Zahl der erwerbstätigen Männer war doppelt bis dreimal so hoch wie die der Frauen. Noch aufschlußreicher war die Zunahme der Erwerbstätigkeit unter den verheirateten Frauen: Eine große Zahl von Frauen zwischen 25 und 34 Jahren, also im heirats- und gebärfähigen Alter, waren berufstätig. Besonders ausgeprägt war dieses Phänomen in Frankreich: Während hier die Zahl der erwerbstätigen Frauen insgesamt zwischen 1921 und 1936 zurückging, nahm die Zahl der erwerbstätigen verheirateten Frauen ständig zu und stieg von 35,2 Prozent auf 41,4 Prozent. Das Verdikt der Zahlen ist klar: Verheiratete Frauen wehrten sich dagegen, zu Hause eingesperrt zu werden.[3] Die familienpolitischen Maßnahmen zeigten ihre Grenzen, ohne darum an Einfluß zu verlieren, weil sie nicht die beabsichtigten Auswirkungen hatten. Sie verzerrten die Struktur der Frauenbeschäftigung, indem sie diese, trotz des Vordringens von Frauen in die Bastionen der Männerberufe, auf bürokratische und soziale Varianten von Hausarbeit, auf geschlechtstypische Beschäftigungen verschoben.

Männerpläne – Frauenschicksal

In Europa wichen die vorkapitalistischen Arbeitsformen, wie Heimarbeit und Familienarbeit, der abhängigen Beschäftigung im Betrieb. Ein dreifacher Prozeß spielte sich ab: die industrielle Umverteilung der weiblichen Arbeitskräfte, die Vermehrung von Frauenberufen auf dem Dienstleistungssektor und das Vordringen von Frauen in intellektuelle und freiberufliche Tätigkeiten. Diese strukturelle Umgestaltung stand in engem Zusammenhang mit den wirtschaftlichen Veränderungen, aber auch mit den auf soziale Beweglichkeit zielenden Strategien der werktätigen Klassen und den Reproduktionsstrategien der bürgerlichen Familien, die ihren Töchtern eine gute Bildung mitgeben wollten, um das Fehlen einer Aussteuer auszugleichen oder um diese aufzuwerten. Vehikel dieser Ziele war für alle die Schule, auch wenn diese den Bedürfnissen des Arbeitsmarktes noch wenig angepaßt war. Der unterschiedliche Gebrauch, den die gesellschaftlichen Klassen von ihr machten, und ihr gleichzeitig demokratischer und selektiver Charakter eröffneten für manche neue Perspektiven, während sie für andere, namentlich für Frauen, verstellt blieben. Dies galt mehr noch für Arbeiterinnen als für Arbeiter.

In allen Ländern veränderte sich die Arbeiterklasse nach dem Ersten Weltkrieg. Sie blieb jedoch gekennzeichnet durch berufliche Homogenität, gewerkschaftliche Traditionen und eine wenig positive Einstellung gegenüber der Frauenarbeit.

Technische Berufsausbildung und allgemeine Ausbildung hoben das Qualifikationsniveau der Arbeiter an, während sie auf das der Arbeiterinnen wenig Auswirkung hatten. Doch das Niveau der Grundschulbildung berührte alle Schichten.

In Frankreich war die schulische Gleichstellung von Mädchen und Jungen in der Grundschule seit 1901 verwirklicht. Die Mängel der technischen Ausbildung und einer erbenlos gewordenen Lehre im handwerklichen Bereich wurden wettgemacht durch technische Kenntnisse, die an Ort und Stelle oder im Schnellverfahren erworben wurden. Kaum oder gar nicht qualifiziert, wurden die Frauen für die neue Logik der Rationalisierung benutzt, die durch Einführung des Taylorismus die Industrie veränderte und mehr und mehr die qualifizierten von den nichtqualifizierten Arbeitsplätzen unterschied. Es ging darum, sich die »natürlichen« weiblichen Eigenschaften zunutze zu machen:

> »Die Frauen unterscheiden sich durch ihren Mut und ihre Geschicklichkeit bei Arbeiten, die große motorische Sensibilität und schnelle und präzise Bewegungen erfordern. Andererseits ist die Frau von Natur aus sparsam, vorausschauend, ja sogar gewinnsüchtig; ein geringer zusätzlicher Gewinn genügt manchmal, um sie über ihre Kräfte hinaus arbeiten zu lassen.«[4]

Da diese technischen Verrichtungen »spontane« waren, bedurfte es weder einer Lehrzeit noch qualifizierter Berufe. Die Frauen besetzten denn auch nichtqualifizierte Arbeitsplätze, blieben aber auf dem industriellen Sektor beschäftigt. Wenn auch in Frankreich die Zahl der erwerbstätigen Frauen in der Industrie zwischen 1918 und 1945 stagnierte, so kann man doch noch nicht von einem wirklichen Rückgang sprechen. Dafür vollzog sich ein allmählicher Übergang von den traditionell weiblichen Sektoren – Textil- und Bekleidungsindustrie – zu neuen Sektoren wie der chemischen, der Metall- und der Lebensmittelindustrie. Der Anteil der Arbeiterinnen in der Textilverarbeitung fiel von 62 Prozent im Jahre 1931 auf 55 Prozent im Jahre 1954, während sich die Anzahl der Arbeiterinnen in der Metallindustrie in demselben Zeitraum versechsfachte. Die industriellen Umstrukturierungen verengten den Abstand zwischen Männerlöhnen und Frauenlöhnen erheblich. 1920 betrug er 31,3 Prozent; anschließend blieb er bis 1928 nahezu konstant, um 1930 auf 19 Prozent zu fallen, 1936 wieder auf 30 Prozent zu steigen und sich 1945 erneut auf 15 Prozent zu verringern. Die Lohnvereinbarungen von Matignon 1936 hatten die bevorzugte Einstellung von Frauen zur unmittelbaren Folge, um die Kosten des Lohnaufkommens zu senken. Während der ganzen Phase des Wiederaufbaus ist die Industriearbeit stark gewachsen, und viele Unternehmen mußten bei der Rekrutierung von Arbeitskräften auf Heimarbeiterinnen, Familienangehörige und ehemalige Landwirtinnen, zuletzt auf Immigranten zurückgreifen.

Zwischen 1913 und 1931 sank die Zahl der Heimarbeiterinnen um die Hälfte, weil sie ohne weiteres in den Fabriken unterkamen, während die Fremdarbeiter 1921 3,95 Prozent der französischen Erwerbstätigen ausmachten, 1931 6,59 Prozent, und 1936 auf 5,34 Prozent zurückfiel. Arbeiterinnen und Immigranten bildeten das Reservoir an Arbeitskräften, aus dem die Unternehmer schöpften, um die Geschmeidigkeit des Arbeitsmarktes sicherzustellen und die Löhne gering zu halten. Wenn Frauen wie Immigranten sich auch gleichermaßen in nichtqualifizierten industriellen Tätigkeiten wiederfanden und beide als erste entlassen wurden, so arbeiteten sie doch nicht auf denselben Sektoren. Italiener und Polen arbeiteten im Baugewerbe, in Kohlebergwerken und bei städtischen Bauarbeiten, während die Arbeiterinnen in der Textil-, der Metall- und der Lebensmittelindustrie beschäftigt waren. Die Wirtschaft verteilte sie je nach Bedarf, entsprechend der Logik der Einteilung der Arbeitskräfte und der geschlechtsspezifischen Arbeitsteilung, nach der Logik der »natürlichen« Gegebenheiten.

Es ging darum, zu teilen, um besser herrschen zu können, durch Ausübung von unterschiedlichem Druck auf die Arbeiterinnen und die Arbeiter, aber gleichermaßen auf jene »Männer ohne Eigenschaften«, als welche die Immigranten im Vergleich zu den qualifizierten und klassenbewußten Arbeitern erschienen. Die Härte ihrer Arbeitsbedingungen veranlaßte die Familien der werktätigen Klassen, nach Wegen zu suchen, die es ihren Kindern ermöglichen sollten, dem Los des Arbeiters zu entrinnen. Spielte bei den Söhnen die Weitergabe des Berufs noch eine Rolle, so wünschte man sich für seine Töchter sehnlichst, daß sie sich nicht die Hände schmutzig machen müßten und einen der »white-collar«-Berufe im Dienstleistungssektor ergriffen.

Die werktätigen Klassen waren nicht die einzigen, die sich für ihre Töchter einen Frauenberuf wünschten. Ihre Ambitionen trafen sich mit denen des kleinen und mittleren Bürgertums, das, um seine Stellung zu behaupten oder zu verbessern, seine Töchter auf weiterführende Schulen schickte und fand, daß eine berufliche Mitgift als Brautgeschenk von Nutzen sein könnte. In ganz Europa schickte man seine Töchter fortan zur Schule, doch der Verlauf dieser Entwicklung war von Land zu Land verschieden. Während Dänemark, Schweden, Norwegen und Finnland bereits 1900 oder 1913 einen raschen Anstieg der Anzahl von Mädchen in der Ausbildung erlebten, begann diese Entwicklung in Italien, Spanien, Griechenland und Portugal erst 1928. In England, den Niederlanden, Belgien und Frankreich war ein kontinuierlicher Anstieg zu verzeichnen.

In Frankreich brachten es die Mädchen im Sekundarschulbereich zwischen 1911 und 1945 im Durchschnitt auf ein Viertel der Anzahl der Jungen; ihr Anteil stieg von 23 Prozent im Jahre 1911 auf 28,3 Prozent im Jahre 1945. Die Trennung zwischen Privatschulen und öffentlichen Schulen deckte sich im Sekundarschulbereich fast völlig mit der Geschlechtertrennung. 1911 wurden in privaten Mittelschulen dreimal mehr Mädchen als Jungen unterrichtet (42 Prozent gegenüber 15 Prozent), während dieser Anteil 1950 zurückging und nunmehr doppelt so hoch war wie der der Jungen. Mit der Verordnung vom 25. März 1924 über die »Gleichheit« *(identification)* der Lehrpläne für Mädchen und Jungen wurde in Frankreich der Sekundarschulbereich für Mädchen weniger sexistisch und laizistischer, ohne ihnen darum dieselben Chancen wie den Jungen zu geben. Das ganze Schulsystem trug dazu bei, daß die Mädchen ihre geistigen Ambitionen auf den Erwerb des Volks- oder Mittelschulabschlusses beschränkten. Gleichzeitig wurde ihnen ein Selbstverständnis vermittelt, das sie dazu bewegte, eher einen der Frauenberufe im Dienste anderer zu ergreifen. Ab 1930 übertraf die Zahl der Mädchen in den Schulen für Volksschullehrerinnen die der Studenten an den Pädagogischen Hochschulen, und die Krankenschwesternschule der Salpêtrière mußte Wartelisten für ihre Bewerberinnen anlegen.

Diese schulische Ausrichtung paßte zu den Stellenangeboten auf dem Arbeitsmarkt, wo der Dienstleistungssektor sich sehr rasch ausbreitete. Die zunehmende Komplexität der Wirtschaft verlangte eine leistungsfähige Verwaltung und ein umfangreiches Bankwesen. Zwei aufstrebende Sektoren spielten bei der Zunahme der Frauenerwerbstätigkeit eine treibende Rolle: Banken und Versicherungen, die für 50 Prozent der neu geschaffenen Arbeitsplätze verantwortlich waren, und der öffentliche Dienst, wo sich der Anteil der Frauen zwischen 1906 und 1936 verdoppelte. Die Männer wurden aufgefordert, bestimmte Berufe aufzugeben, im Sinne einer neuen Unterscheidung, die in Kraft trat: Die männlichen Energien sollten in die aktiven Berufe gelenkt werden, die sitzenden Berufe den Frauen vorbehalten bleiben. Die Vorstellung von reinen Frauenbeschäftigungen breitete sich allmählich aus. In einem Plädoyer in Buchform schärfte André Bonnefoy den Männern ein, die Büros zu räumen und zum Beispiel den Beruf des Bibliothekars den Frauen zu überlassen.

»Der Mann ist hier fehl am Platze: Die Bibliothekskunde ist eine Wissenschaft, die die Dienerin der anderen Wissenschaften ist. Diese untergeordnete Rolle paßt schlecht zu dem natürlichen Stolz des Mannes. Die Frau würde sich nicht gedemütigt fühlen, zu dienen, in der Bibliothek die Rolle zu spielen, die sie in ihrem Haushalt spielt.«[5]

Dieser Standpunkt fand die Zustimmung vieler Frauen. Im Namen von geistigen und moralischen Qualitäten, die allein der Frau zukämen, forderte Suzanne Françoise Cordelier in einem 1935 erschienenen Buch mit dem Titel *Femmes au travail* die Frauen auf, alle Bereiche zu meiden, in denen sie der Konkurrenz des Mannes begegnen könnten. Noch weiter war Gina Lombroso 1929 in ihrem Buch *La Femme dans la société actuelle* gegangen: Sie fragte sich, ob die moderne Gesellschaft nicht verrückt geworden sei, die Frauen auf diese Weise in männliche Berufe zu drängen; denn: »Ungleichheit ist keine Ungerechtigkeit.«[6] Es begann der lange Marsch der Frauen in die Büros; er sollte sich das ganze Jahrhundert hindurch fortsetzen. Gleichwohl wagten es einige Frauen, die über eine bessere Ausbildung verfügten, den Weg ihrer älteren Geschlechtsgenossinnen zu gehen und männliche Berufe zu ergreifen.

Auch der Hochschulunterricht vermochte sich der Logik der Geschlechterdifferenz nicht zu entziehen. Auch wenn in den meisten Ländern eine gleichmäßigere Verteilung der Frauen auf alle Fakultäten, einschließlich der Rechts- und Naturwissenschaften, zu verzeichnen war, waren doch die Studentinnen der Sprach- und Literaturwissenschaften die bei weitem zahlreichsten. Die Frauen mit Hochschulabschluß wurden kaum Professorinnen, sondern waren Assistentinnen: 1930 unterrichtete in Spanien und in Portugal noch keine einzige Frau an der Universität. Dafür gab es in Italien viele Hochschuldozentinnen, womit eine in das 18. Jahrhundert zurückreichende Tradition fortgesetzt wurde. Ein Teil der Universitätsabsolventinnen wählte einen freien Beruf, wie Ärztin oder Rechtsanwältin.

In Deutschland, Österreich und Holland nahm die Zahl der weiblichen Ärzte sehr schnell zu. Zögernd öffnete sich in mehreren Ländern der Anwaltsstand. Der Sex Disqualification Removal Act vom Dezember 1919 ermöglichte englischen Frauen den Beruf des *sollicitor* und des *barrister*, während Gesetze vom 25. Mai 1918 bzw. vom 11. Juli 1922 in Portugal bzw. Deutschland Frauen als Rechtsanwältinnen zuließ. Nach dem letztinstanzlichen Urteil des Appellationsgerichts Turin vom 14. November 1883, das die Aufnahme Lydia Poëts in die Anwaltskammer verbot, und dank der Virulenz der feministischen Bewegung in Italien öffnete sich hier der Berufsstand endlich 1919 auch für Frauen. Teresa Labriola, eine feministische Aktivistin, war die erste Italienerin, die den Eid ablegte. Dafür konnten in vielen Ländern, so in Frankreich, Anwältinnen nicht Richterinnen werden: Man hielt ihnen die zivile Rechtsunfähigkeit der Frauen entgegen.

Der Fortschritt von Technik und Industrie während des Krieges beschleunigte die Gründung neuer Ingenieursschulen und ihre Öffnung für Frauen. Trotzdem gab es 1930 in keinem Land außer Holland mehr als 150 weibliche Ingenieure. In Frankreich verrichteten sie Tätigkeiten, für die sie im Grunde kein Diplom benötigten. Sie arbeiteten in der Dokumentation, als Ausbilderinnen, Chemikerinnen und in Untersuchungsanstalten, aber nur selten entwarfen sie Maschinen. Man konnte auch die besten Diplome haben und dennoch niemals einen Beruf ausüben. Zu jener Zeit kam das nicht selten vor; denn eine »Studierte« war etwas Befremdendes, dem man mit großem Mißtrauen begegnete. Wenigstens begünstigten Studium und Hochschulabschluß die berufliche Homogamie, und in vielen Ländern, vor allem in England und in den Niederlanden, gaben die Frauen nach der Heirat ihren Beruf auf.

So wurde die Geschlechterordnung im Dienstleistungssektor spürbar, indem sie zu einer Zweiteilung der Stellen führte; in den intellektuellen Berufen wurde sie nicht im Beruf selbst spürbar, sondern in den jeweiligen berufsinternen Hierarchien. Noch mehr spielte sie bei der beruflichen Selbstbeschränkung der Frauen eine Rolle. Nachdem diese alle Hindernisse des Ausbildungssystems überwunden hatten, wagten es manche Frauen nicht, sich in die Schlacht des Berufslebens zu stürzen. Die herrschende Ideologie bewog sie, einen Kompromiß zwischen »studierter« Frau und häuslicher Frau zu suchen, und sie gaben ihren Anspruch auf, um dem bürgerlichen Ideal der Zeit zu genügen, demzufolge »die Frau es soweit gebracht hat, leiblich und geistig zu gebären«, wie Maurice Naef, Berater des eidgenössischen Ständerates, beim Internationalen Akademikerinnenkongreß in Genf 1929 sich ausdrückte. Gleichwohl wurde über das – sehr bedingte – Vordringen der Frauen in Universität und intellektuelle Berufe viel Tinte vergossen. Wie man es schon zu Beginn des Jahrhunderts in bezug auf die Industriearbeit der Frau getan hatte, sprach man von einer »aufbrandenden Welle«, und in Frankreich, in den *Nouvelles littéraires* vom 4. Januar 1930, schrieb Professor Gustave Cohen von der philosophischen Fakultät der Universität Paris:

»Wenn man mich fragte, welches die größte Revolution ist, die wir seit dem Krieg erlebt haben, dann ist es der Vormarsch der Frauen an den Universitäten. Waren sie in meiner Jugend, vor dreißig Jahren, dort noch äußerst selten gewesen, so stellten sie später zuerst ein Drittel, dann die Hälfte, endlich zwei Drittel der Studierenden, und man fragt sich mit Besorgnis, ob sie, die einst unsere Geliebten waren, in Zukunft nicht unsere Herren werden.«

»Vormarsch, Besorgnis, unsere Herrscher« – drei Worte, die die Mentalität einer Epoche ausdrücken, in der Männer wie Frauen selten erkannten, daß Fortschritt und Segregation zusammenwirken konnten, um jede Gefahr einer Konkurrenz zwischen den Geschlechtern fernzuhalten. Doch in der Zeit der Arbeitslosigkeit agierte die Familienpolitik mit ganz besonderer Heftigkeit gegen die Frauen.

Arbeitslosigkeit – die Stunde der Wahrheit

Die Arbeitslosigkeit der Männer war nicht die der Frauen. In allen europäischen Ländern tangierte, 1931 und 1932 ebenso wie 1936, die krisenbedingte Arbeitslosigkeit zahlenmäßig mehr Männer als Frauen, und zwar aufgrund der ungleichen Verteilung der Geschlechter auf dem Arbeitsmarkt. Ebenfalls in allen Ländern gab man der Ausbreitung der Frauenarbeit die Schuld am Anstieg der Arbeitslosigkeit der Männer, ohne wahrzunehmen, daß die ökonomische Logik mit der Frauenarbeit spielte wie mit Schachfiguren, die in kritischen Augenblicken willkürlich hin- und hergeschoben werden.

Ohne Frage, die Männer waren von der Arbeitslosigkeit stärker betroffen als die Frauen. In Italien gab es 1931 das ganze Jahr hindurch dreimal so viele arbeitslose Männer wie Frauen, während in England der Abstand von drei Prozentpunkten zwischen dem Arbeitslosenanteil von Männern und von Frauen (23,7 Prozent und 20,4 Prozent) auf eine annähernde Gleichheit der Geschlechter vor der Arbeitslosigkeit hindeutet. Die Frauenarbeitslosigkeit erklärte sich aus der Natur ihrer Arbeitsplätze. Die aufeinanderfolgenden Krisen berührten nämlich den Dienstleistungssektor und noch mehr die industriellen Arbeitsplätze, wo die Frauenarbeit sich konzentrierte. Bei den Männern hingegen war die Arbeitslosigkeit überwiegend industriell bedingt. Hier kam es nicht selten vor, daß man Facharbeiter entließ, um sie durch ungelernte und unterbezahlte Arbeiterinnen zu ersetzen. In Deutschland hatte die Notverordnung vom 5. September 1932 zum Ziel, die Wiedereinstellung zu beleben; durch Gewährung einer Prämie bei Wiedereinstellung entlassener Arbeitskräfte erlaubte sie den Arbeitgebern eine Senkung der Löhne um 50 Prozent. Die Industrie wandte sich massiv an Frauen ohne Arbeit:

»Ein großes Unternehmen der Metallindustrie, das 16 Männer und 83 Frauen einstellte, konnte sich, durch den kumulierten Effekt der genehmigten Senkung der gesamten Löhne und Einstreichen der Prämie für 99 Einstellungen, 4752 Arbeitsstunden pro Woche mit einer Zahlungsersparnis von 94 Mark beschaffen.«[7]

1936 griff man auf Heimarbeit durch Frauen oder gleich auf Schwarzarbeit zurück – in demselben Augenblick, wo man zahlreiche Arbeiter entlassen hatte. Diese unwürdige Konkurrenz, die von den Unternehmern weidlich ausgenutzt wurde, bewog eine Reihe von Ländern zu Maßnahmen, durch welche die Einstellung von Frauen schlicht und einfach verboten wurde. In Portugal wurde sie 1935 in allen Bereichen verboten, wo auch nur ein Mann arbeitslos gemeldet war. Spanien untersagte zu demselben Zeitpunkt die Heranziehung von Frauen zu anderen als landwirtschaftlichen Arbeiten. Ebenfalls in demselben Jahre schaffte Österreich die Witwenrente für Witwen ab, die arbeiteten. In Irland wurde 1936 eine Frauenquote festgesetzt, die in keinem Industriezweig überschritten werden durfte. In Belgien wurde 1934, in Griechenland 1936 Frauen der Zugang zur öffentlichen Verwaltung verwehrt. In dem Moment, wo man die Frauenarbeit für die Arbeitslosigkeit der Männer verantwortlich machte, war es logisch, sie nach Möglichkeit zu begrenzen. Freilich tangierten die Wirtschaftskrisen alle Arbeitsplätze, und folglich war die Arbeit der Frauen nicht die Ursache für die Arbeitslosigkeit der Männer. Den Beweis lieferte Deutschland, das 1931 und 1932 sämtliche europäische Rekorde in puncto Arbeitslosigkeit brach, obwohl die Männerarbeit in den vorangegangenen zehn Jahren stärker angestiegen war als die Frauenarbeit.

Wenn die Männer stärker von der Arbeitslosigkeit betroffen waren als die Frauen, so waren sie doch besser abgesichert als diese. In Österreich erhielten 1932 83,4 Prozent der arbeitslosen Männer, aber nur 72,5 Prozent der arbeitslosen Frauen eine Unterstützung – ein Abstand, der in demselben Jahr in Frankreich noch größer war (81,9 gegenüber 68,5 Prozent). 1931 und 1932 ebenso wie 1936 sahen in vielen Ländern die Bestimmungen über die Arbeitslosenunterstützung niedrigere Zahlungen für arbeitslose Frauen als für arbeitslose Männer vor, und sie schlossen aus ihrem Geltungsbereich eine fast ausschließlich von Frauen ausgeübte Beschäftigung aus: die der Hausangestellten. In der Stunde der Wahrheit, als welche die Arbeitslosigkeit sich darstellte, wurde die Hausangestellte nicht als Beruf anerkannt. Ihn zu verlieren stellte also keinen Schaden dar. Aber damit nicht genug. Krisenzeiten eignen sich dazu, alte Dämonen wieder zum Leben zu erwecken, und die Leidtragenden sind immer dieselben: zuerst bekanntlich die verheirateten Frauen, und neuerdings die Immigranten.

Die Immigranten, wie die Frauen, nützten und schadeten der Wirtschaft. Rekrutiert, wenn Bedarf an Arbeitskräften bestand, wurden sie entlassen, sobald der nationale Arbeitsmarkt schrumpfte. In Frankreich waren es seit 1931 die Polen in den nordfranzösischen Bergwerken und die Italiener in den lothringischen Bergwerken, die entweder nach Hause geschickt wurden oder von der Arbeitslosigkeit mehr als französische Bergleute betroffen waren. Wenn die Entlassungen auch mehr die unverheirateten als die verheirateten Männer betrafen, so waren letztere doch ebenfalls bedroht. Die Frau eines polnischen Bergarbeiters aus Nordfrankreich erinnert sich an das Jahr 1929:

»Die schweren Zeiten fangen mit der Wirtschaftskrise an. Die Löhne sind gesunken, und es gibt immer mehr Tage ohne Arbeit. Überall hört man, daß sie uns zurückschicken werden. So ist es eben. Einige haben schon ihre Fahrkarte zurück nach Polen bekommen. Die Franzosen sagen, daß wir ihnen die Arbeit wegnehmen. Überall hört man: ›Hau ab nach Polen.‹ Was sollen wir tun?«[8]

Von verheirateten Frauen sagte man nicht, daß sie »die Arbeit wegnehmen«: Nach der Logik der Familienpolitik hätten sie gar nicht erst arbeiten dürfen. In Zeiten der Arbeitslosigkeit waren sie daher doppelt schuldig. So war auch das Verbot, mit dem sie in allen Ländern belegt wurden, weniger eine Sanktion als ein Aufruf zur Ordnung. In Deutschland wurde jungen Mädchen, die verlobt waren und aus dem Berufsleben ausschieden, durch das Gesetz vom 24. Januar 1935 ein Ehedarlehen bewilligt, und 1937 wurde verheirateten Frauen jede Tätigkeit in der Verwaltung untersagt. In den Niederlanden rief man verheiratete Volksschullehrerinnen auf, den Schuldienst zu quittieren. In Frankreich, Deutschland, England und den Niederlanden strich man verheirateten Frauen ohne Arbeit die Arbeitslosenunterstützung. Offen eingestandene Begründung: Für ihren Unterhalt standen die Ressourcen des Ehemannes zur Verfügung. In Großbritannien wurde verheirateten Frauen durch das Gesetz über »Unregelmäßigkeiten« vom 3. Oktober 1929 die Arbeitslosenunterstützung gestrichen, sofern ihr Mann nicht selbst arbeitslos oder invalide war. In Deutschland wurden seit 1937 junge Mädchen zum Arbeitsdienst herangezogen und mußten in der Großstadt wie auf dem Lande Familienmüttern zur Hand gehen.[9] In Zeiten des Nationalismus und der Wirtschaftskrise, noch bevor die Formel Furore machte, hatte die Parole für Männer gelautet: »Arbeit, Familie, Vaterland«; bei den Frauen verkürzte sie sich auf die alleinige Arbeit für das Vaterland, die diesen Namen verdiente: die Familie. Auch die »Mutterländer des Dritten Reiches«[10] haben, ungeachtet der »Frauen, die nein gesagt haben«, gewissenhaft die Maschen des Entsetzens geknüpft – Komplizen eines Systems, das die Mütter auf den Sockel erhob, um die Frauen besser verachten zu können. Man braucht nicht bis zum Abgrund des Todes zu gehen, welcher die Verdammten dieser Erde nach Geschlechtern trennte: Schon bei der Ankunft in den Konzentrationslagern waren sie nach getrennten Geschlechtern in den Tod geschickt worden: »Frauen links, Männer rechts.«

In dieser Epoche zeichnete sich der Idealtyp der Frau deutlich ab. Man kann ihn in drei Porträts fassen: Das junge Mädchen von proletarischer oder bäuerlicher Herkunft entfloh seinem Milieu und wurde Krankenschwester, Sekretärin oder Angestellte im Dienstleistungswesen. Verheiratete Frauen entdeckten ihre Kinder und fanden neuen Geschmack an der Häuslichkeit. Junge Mädchen aus dem Bürgertum, die Intellektuelle geworden waren, schlugen auf dem Heiratsmarkt Kapital aus ihren Diplomen. Und endlich das Gegenbild: die Arbeiterin. Diese drei Porträts sollten sich in der folgenden Zeit zugunsten der Angestellten weiterentwickeln.

Entzauberung der »glorreichen dreissig Jahre« (1945–1975)

Die Zeichen standen auf Optimismus. Die Euphorie kannte keine Grenzen, alle Hoffnungen, so schien es, waren erlaubt. Man kam aus dem Krieg, um sich in die ökonomische Schlacht zu stürzen, welche der Sache der Frauen dienen sollte. Der Glaube an den Fortschritt war ungeheuer, in einer Zeit, in der es in vielen Bereichen bergauf ging. In Europa lag das durchschnittliche Wirtschaftswachstum zwischen 1960 und 1973, gemessen am Bruttoinlandsprodukt, bei 3,9 Prozent pro Jahr. Das förderte die Vollbeschäftigung – Balsam für das Herz nach einer langen Zeit der Arbeitslosigkeit. In England, in Deutschland und in Schweden definierten Dreierkommissionen – Staat, Gewerkschaften, Arbeitgeber – die Bedingungen für eine Vollbeschäftigung. Für alle wurde nun der Staat ein »Schutzengel«. Er hatte denn auch mehrere Trümpfe in der Hand: die niedrigen Preise für Energie, die Erhöhung der Produktivität sowie die Aufwertung von Schul- und Ausbildung, die man in den Rang von produktiven Investitionen erhob; lauter Faktoren, um die Wirtschaft anzukurbeln. Es war der Beginn von närrischen Jahren des Konsums, der treibenden Kraft des Arbeitskräftebedarfs. Die Frauen drängten in diese Schlaraffenländer; fortan sagte man sogar, daß sie teilhätten am Wohlstand der Völker. Gewiß, sie hatten teil an ihm, aber sie waren weit davon entfernt, den erwarteten Nutzen daraus zu ziehen. Mehr und mehr in das Bildungssystem und in die Arbeitswelt integriert, wurden sie darin zugleich auf immer mehr feminisierte, will sagen abgewertete Stellen beziehungsweise auf untere Ebenen der Hierarchie abgeschoben. In diesem Zeitraum ereignete sich vor unseren Augen die Naturalisierung der geschlechtsspezifischen Arbeitsteilung, ein Prozeß, der bereits in der zurückliegenden Epoche erkennbar gewesen war, der sich jedoch nunmehr, dank neuer wirtschaftlicher Gegebenheiten, verstärkte.

Das Europa der Lohnarbeiterinnen

Zwei auffallende Phänomene kennzeichnen diese Zeit: die Rückkehr vieler Frauen mit selbständiger Tätigkeit zur Lohnarbeit und die Zunahme der Frauenerwerbstätigkeit insgesamt durch den Anstieg der Lohnempfängerinnen. In ganz Europa nahmen die berufstätigen Frauen zu, doch in den Ländern Nordeuropas spielte die Lohnarbeit dabei eine größere Rolle als in Südeuropa. In den Ländern Nordeuropas übten 1970 bereits 85 Prozent der Frauen eine lohnabhängige Beschäftigung aus, gegenüber 65 Prozent in Südeuropa. Indessen verringerten Italien, Griechenland, Spanien und namentlich Portugal diesen Abstand durch einen raschen Anstieg der Lohnempfängerinnen zwischen 1960 und 1970. Um sich weiterentwickeln zu können, rekrutierten sich die lohnabhängigen Arbeitnehmer aus den Reihen der Selbständigen und aus dem handwerklichen und landwirtschaftlichen Bereich. 1946 waren 41 Prozent der französischen Frauen in Handwerk und Landwirtschaft tätig; 1975 waren es nurmehr 8,6 Prozent. Umgekehrt stieg der Anteil der Lohnempfängerinnen an der erwerbstätigen weiblichen Bevölkerung von 59 Prozent 1954 auf 84,1 Prozent 1975. In diesem Jahr (1975) überstieg in Frankreich der prozentuale Anteil lohnabhängiger Frauen zum ersten Mal den der Männer (81,9 Prozent). Diese Zunahme der Lohnarbeit erklärt sich durch den Aderlaß in der selbständigen Tätigkeit, doch gleichermaßen auch durch den in ganz Europa – mit Ausnahme der Niederlande und Belgiens – zu beobachtenden Rückgang der Anzahl jener Mütter, die nur zu Hause arbeiteten. So trat Europa 1975 in eine Epoche ein, deren Kennzeichen die fast völlige Eliminierung der selbständigen Arbeit in ihrer traditionellen Form sowie die schwindende Vorbildfunktion der in ihrer Häuslichkeit aufgehenden Frau waren. Die Frauen waren nun in den Handelssektor integriert, in welchem der Dienstleistungssektor, zu jener Zeit als »tertiärer Sektor« bezeichnet, einen überragenden Platz behauptete.

Der tertiäre Sektor war denn auch eine treibende Kraft bei der Ausbreitung der Lohnarbeit der Frauen. Je stärker er sich entwickelte, desto mehr nahm die Lohnarbeit der Frauen zu. Das war in den skandinavischen Ländern und im Vereinigten Königreich der Fall, wo der

Beschäftigtentransfer vom primären und sekundären Sektor zum tertiären schon in der zurückliegenden Zeit eingesetzt hatte und sich nun verstärkte. So sorgte in Frankreich zwischen 1968 und 1973 der tertiäre Sektor allein für 83 Prozent der neugeschaffenen Stellen im Bereich der Lohnarbeit, die zu 60 Prozent von Frauen besetzt wurden. Die »Verbürokratisierung« war damit ein zugleich europäisches und frauenspezifisches Phänomen, mit der Ausnahme von Italien, wo die Lohnarbeiterinnen sich nahezu gleichmäßig auf alle großen Berufsgruppen verteilten. Die italienischen Lohnarbeiterinnen gingen vorwiegend in die freien und verwandte Berufe (48 Prozent), sodann in die Dienstleistungsberufe (41 Prozent) und ins Büro (30 Prozent), während die englischen Lohnarbeiterinnen umgekehrt zu 74 Prozent im Dienstleistungsbereich und zu 67 Prozent im Büro beschäftigt waren.[11]

Die Landkarte der europäischen Lohnarbeit kannte einen männlichen und einen weiblichen Kontinent, deren Umrisse sich jedoch nicht an geographische Grenzen hielten, sondern durch eine hierarchische Grenze bestimmt wurden. Das Europa der männlichen Lohnarbeit setzte sich aus Arbeitern und höheren Führungskräften zusammen; das Europa der weiblichen Lohnarbeit war ein einziger Irrgang von Büros. Zwischen diesen beiden Polen zeichnete sich das Europa einer Parität von männlichen und weiblichen Beschäftigten ab: bei Händlern, Handwerkern, Technikern und verwandten Berufen, in freien und in Lehrberufen. Die Expansion der Lohnarbeit schöpfte aus den Reserven der Unterbeschäftigung. Jetzt rief man die Arbeitskräfte zu Hilfe, die man in den vorangegangenen Jahren zurück an den Herd geschickt hatte: die verheirateten Frauen.

In allen Ländern Europas, mit Ausnahme der Niederlande und Belgiens, stieg die Zahl der erwerbstätigen verheirateten Frauen an, und gleichzeitig verlängerte sich die Zeit ihrer Berufstätigkeit. In Norwegen verdoppelte sich zwischen 1950 und 1960 die Zahl der erwerbstätigen verheirateten Frauen, in Schweden stieg sie um 20 Prozent, in der Schweiz um 10 und in Frankreich, wo 1962 der Anteil der verheirateten Frauen an der erwerbstätigen weiblichen Bevölkerung 53,2 Prozent betrug, um 5 Prozent. Indessen ergaben zwischen 1967 und 1972 die Kurven der Erwerbstätigkeit von Frauen mit Rücksicht auf ihr Alter und die Anzahl ihrer Kinder von Land zu Land ein unterschiedliches Bild. In Spanien, Irland, Portugal und den Niederlanden beendeten die Frauen ihre Berufstätigkeit entweder nach der Heirat oder nach der Geburt ihres ersten Kindes. In Deutschland, Frankreich, England und in geringerem Maße auch in Italien nahmen sie nach der Kindererziehung ihre Berufstätigkeit wieder auf. In Schweden und in Finnland verwiesen »sattelförmige« Kurven auf das Verweilen von verheirateten Frauen und von Müttern auf dem Arbeitsmarkt. So stand 1975 die Ehe einer Berufstätigkeit kaum mehr im Wege, während eine Mutterschaft weiterhin hinderlich wirkte. Je mehr Kinder die Frauen hatten, desto weniger waren sie berufstätig; in den Ländern Südeuropas, aber auch in Irland und den Niederlanden blieben sie, sobald sie Mutter wurden, zu Hause. Diese unterschiedlichen Entwicklungen zeigen, daß es müßig wäre, eine einheitliche Erklärung für das Vordringen verheirateter Frauen auf den Arbeitsmarkt suchen zu wollen, indem man die Ursache dafür entweder in der freien Entscheidung der Frauen, oder im Bedarf an Arbeitskräften vermutet. Mannigfaltige Faktoren wirken zusammen: »der Wegfall der gesellschaftlichen Grundlagen des Familialismus«,[12] die kollektive Sozialisation der Kinder, das Vorhandensein oder Fehlen von Kinderkrippen oder Kindergärten, der Grad der Mechanisierung der Hausarbeit, das schulische Kapital der Mütter und der Beruf der Ehemänner – um nur einige der objektiven Faktoren zu nennen, welche die Unterschiede von Land zu Land erklären.

Aber auch in den Statistiken schlägt sich ganz elementar die »Selbstverständlichkeit« der Aufgabenverteilung nieder. Will man, wie es sich gehört, das Verhalten der Väter mit jenem der Mütter vergleichen, erlebt man eine Enttäuschung. Wie selbstverständlich werden die Kinder den Frauen zugeteilt, dergestalt, daß die Auswirkung der Anzahl seiner Kinder auf die berufliche Laufbahn des Mannes statistisch nicht erfaßbar ist. Indessen beweisen viele Untersuchungen, daß das Vorhandensein von Kindern das berufliche Fortkommen der Männer positiv beeinflußt, während es auf das der Frauen den gegenteiligen Effekt hat. Darüber hinaus impliziert die Analyse der wachsenden Zahl erwerbstätiger verheirateter Frauen, daß zu der Tätigkeit dieser Frauen ihre häusliche Arbeit noch hinzugeschlagen wurde. 1975 leisteten die erwerbstätigen Frauen dreimal mehr Hausarbeit als die Männer. Auch vereinigten die Frauen zwei Arten von Arbeit auf sich: eine gewerbliche Arbeit und eine nichtgewerbliche Arbeit, während die meisten Männer auf die Berufsarbeit spezialisiert waren. Man braucht nicht bis zum wissenschaftlichen Diskurs der Epoche zu gehen, der nur die Arbeit der Frauen zu erklären suchte und bestrebt war, um jeden Preis zu beweisen, daß diese eine ökonomische Notwendigkeit sei. Eine entsprechende Untersuchung für die Männer gab es nicht: Für sie war Arbeit ein Naturrecht, hingegen eine erklärungsbedürftige Anomalie für Frauen, die aufgefordert wurden, sich vor Ethnologen und Soziologen zu rechtfertigen. Das heißt, daß der wissenschaftliche Diskurs ebenso wie Statistiken dazu dienen kann, die existierende geschlechtsspezifische Aufteilung zu verfestigen, anstatt sie zu hinterfragen. Darüber hinaus wurde der Triumph der Lohnarbeit über die Hausfrauentätigkeit oder über die selbständige Beschäftigung von Frauen während dieser Periode sowohl in der Forschung als auch im gesellschaftlichen Leben als ein Schritt auf dem Weg zur »Befreiung« gefeiert. So war das Paradoxon zu beobachten, daß für die damals tonangebende marxistische Analyse die Lohnarbeit eine entfremdete war, während die feministische Bewegung oder die Untersuchungen über Frauen dieselbe Lohnarbeit als befreiende bestimmten. Indessen wurden durch die Integration der Frauen in die Lohnarbeit die Grenzen verschleiert, welche die Gesellschaftsordnung, in der Schule ebenso wie in der Arbeit, den Frauen setzte. Diese Grenzen waren um so verdeckter, als die Schule immer mehr Mädchen die Illusion der Chancengleichheit mit den Jungen vermittelte.

Schulische Explosion und soziale Desillusion

Die Frauen gingen jetzt zur Schule, um später arbeiten zu können, ermutigt durch mancherlei Anreize und Planungen, die darauf abzielten, die Schulabschlüsse dem Stellenangebot anzupassen. Konnte man in allen europäischen Ländern eine eindeutige Korrelation zwischen der besseren Schulbildung der Frauen und der Zunahme ihres Anteils an den Erwerbstätigen beobachteten, so war dies doch keineswegs eine automatische Konsequenz. Das Beispiel der Niederlande, wo die Mädchen eine gute Schulbildung erhielten, aber nur wenige Frauen berufstätig waren, verbietet jede kausale Interpretation. Umgekehrt erlaubt der Vergleich zwischen den von Frauen erreichten Schulabschlüssen und den von ihnen eingenommenen Stellen, den beruflichen Nutzen ihrer Ausbildung einzuschätzen und ihre Chancen oder Handicaps beim Zugang zur Arbeitswelt kennenzulernen.

Die Schule gab sich emanzipatorisch und war doch konservativ, als sie neue Ausbildungszweige einführte, die, unter dem Deckmantel einer Diversifikation des Wissens, »Optionen« anboten, welche den Abstand zwischen Jungen und Mädchen in Wirklichkeit aufrechterhielten. Trotzdem kann man von einer schulischen Explosion sprechen, weil in allen europäischen Ländern die Zahl der beschulten Mädchen sehr rasch anstieg, zumal in den Jahren zwischen 1970 und 1975. 1970 war in Norwegen und Frankreich der Anteil der Mädchen, welche die Sekundarstufe besuchten, gleich hoch wie der der Jungen (in Norwegen: 58,7 Prozent der Jungen und 58,2 Prozent der Mädchen; in Frankreich: 42,1 Prozent der Jungen und 49 Prozent der Mädchen). Zwischen 1970 und 1975 stieg in Dänemark, Spanien, Schweden und Portugal die Gesamtzahl der Mädchen rascher an als die der Jungen, während in Frankreich und Deutschland in demselben Zeitraum die Zahl der Jungen schneller zunahm als die der Mädchen. Trotzdem war der Anteil der Studentinnen an den Hochschulen im Vergleich zu der

Zahl der Mädchen mit Sekundarschulabschluß sehr gering. Alle Länder bis auf Luxemburg verzeichnen für das Jahr 1964/65 eine Differenz von 30 Prozentpunkten zwischen der Zahl der Studenten und der der Studentinnen; in den Niederlanden gab es sogar doppelt so viele Studenten wie Studentinnen. In den Ländern Südeuropas war der zahlenmäßige Anstieg bei Studentinnen stärker als bei Studenten, mit Ausnahme Portugals (zwischen 1970 und 1975 6,1 Prozent bei Studenten, 4,3 Prozent bei Studentinnen), während in Deutschland, Österreich und Belgien der Anstieg von Studenten und Studentinnen identisch war, wodurch der frühere Abstand gewahrt blieb.

Gegenüber dieser »Demokratisierung der Geschlechter« nahm die Schule eine gesellschaftsspezifische Einteilung vor, indem sie die Mädchen im Hinblick auf ihren wahrscheinlichen, das heißt weiblichen Berufsweg zurechtstutzte. Sie kopierte die Aufteilung der Arbeitswelt und übersetzte sie in eine schulische Aufteilung, indem sie – unlautere – »Königswege« schuf, zu denen die Mädchen drängten. In Frankreich hatte die Einrichtung zahlreicher zum Baccalauréat führender Zweige zur Folge, daß die Mädchen in die Zweige F und G (medizinisch-soziale Wissenschaften und Verwaltungstechniken, Sekretärinnenberufe), die Jungen in die Zweige C und M (Mathematik und physikalische Wissenschaften und Mathematik und Technik) kanalisiert wurden. 1975 gab es unter allen Examenskandidaten der Zweige C und M 33,8 Prozent bzw. 4,2 Prozent Mädchen. Ebenso dominierten an allen europäischen Universitäten die Frauen in der Sprach- und Literaturwissenschaft, der Pädagogik und der Psychologie, während die Naturwissenschaften und die Mathematik das Erbteil der Männer blieben. Zu den schulischen Differenzierungen zwischen Mädchen und Jungen im Hinblick auf die Art der Studienfächer trat noch die Differenz des Bildungsniveaus hinzu. Sowohl im technischen Unterricht als auch im allgemeinen Unterricht erreichten weniger Mädchen als Jungen die höheren Abschlüsse. Eine 1967 durchgeführte Untersuchung der UNESCO ergab, daß in Deutschland, Finnland, Frankreich, Italien, den Niederlanden, Norwegen und Schweden der Hauptgrund für die Aufgabe des Studiums die Ehe blieb, auch wenn noch andere Faktoren die Ausbildung der Mädchen begrenzten.

Während 1975 das Gleichgewicht zwischen Mädchen und Jungen in der Sekundarstufe in vielen Ländern erreicht war und darüber hinaus ebensoviele Mädchen wie Jungen den Schulabschluß schafften, so markierte doch das Abschlußzeugnis der Sekundarstufe bei den Mädchen häufig das Ende ihres schulischen Weges überhaupt, während es für die Jungen das Sprungbrett zum Hochschulstudium bildete. Überdies hatten die Schuldiplome jetzt nicht mehr denselben Wert wie in der Zeit davor. So lag in Frankreich die Zahl der Mädchen mit Baccalauréat

1964 zum ersten Male über der der Jungen, aber dafür bot das Baccalauréat auch kaum noch die Chance, dieselben Positionen wie zuvor damit zu erhalten. Es hatten also mehr Mädchen als früher Schulabschlüsse, aber diese Abschlüsse waren weniger wert, sofern sie den aktuellen Anforderungen überhaupt noch entsprachen. So lernten 1956 in Frankreich 46 Prozent der Auszubildenden in Lehrwerkstätten noch zu einem Zeitpunkt das Modeschneidern, als die Textil- und Bekleidungsindustrie bereits stark rückläufig waren. Gewiß, zahlreicher waren die »Erbinnen«, die sich an »Erben« heranmachten,[13] aber kennzeichnend für die großen europäischen Trends waren der für Mädchen auf die Sekundarstufe begrenzte schulische Horizont und eine Abwertung der weiblichen Berufszweige. Die Schule hat daher bei der Reproduktion der gesellschaftlichen Unterscheidungen zwischen den Geschlechtern eine Rolle gespielt. Die schulische Geschlechtertrennung, verstärkt durch das Vermächtnis der Familienerziehung, prägte die Mentalität der Mädchen, so daß sie typisch weibliche Laufbahnen »wählten«. Der subtilste und gewaltigste Effekt der Männerherrschaft im Schulsystem war der, den Mittellosesten selbst die Entscheidungen zu überlassen, die ihrer eigenen Abwertung vorangingen. Noch schwerere Prüfungen erwarteten die Mädchen nach dem Abgang von der Schule, sobald sie ihre Schulabschlüsse auf dem Arbeitsmarkt zu Geld machen mußten.

Im Hinblick auf die Schulabschlüsse ahnt man bereits die Natur der von Frauen besetzten Stellen. Tatsächlich waren die Frauen in beruflichen Positionen wiederzufinden, die den von der Schule vermittelten Dispositionen entsprachen. Das schulische Niveau hatte drei wesentliche Auswirkungen auf die Eingliederung der Frauen in die Arbeitswelt: Es förderte die Aufnahme oder Wiederaufnahme einer Berufstätigkeit; es erlaubte Mädchen mit einem besonders guten Hochschulabschluß den Zugang zu Männerberufen, und es eröffnete verschiedenartigste Berufswege durch ein und denselben Abschluß. In vielen Ländern stieg der Prozentsatz berufstätiger Frauen mit der Verbesserung ihres schulischen Niveaus. Mit der steigenden Zahl der Akademikerinnen erhöht sich auch die Zahl der berufstätigen Frauen, während der Anteil der berufstätigen Männer unabhängig von ihrem schulischen Niveau ist. 1971 war das Verhältnis von berufstätigen Frauen mit Volksschulabschluß zu den berufstätigen Frauen mit Hochschulabschluß in Österreich 48,3 Prozent zu 74,9 Prozent, in Schweden 58,6 Prozent zu 86,7 Prozent und in Frankreich 28,6 Prozent zu 69,3 Prozent. Umgekehrt waren in Österreich 97,3 Prozent der Männer mit Volksschulabschluß berufstätig, gegenüber 94,5 Prozent der Männer mit Universitätsabschluß. Für Frauen bedeutet das Überschreiten eines Ausbildungsniveaus die Befreiung von den Lasten des Haushalts, um einen Beruf auszuüben.

Wenn die Ausbildung die Berufstätigkeit von Frauen fördert, so übt sie doch gleichzeitig eine Zensur aus, indem sie die Beschäftigungsmöglichkeiten auf typisch weibliche Berufszweige beschränkt, womit sich der Frauenanteil in diesen Berufen noch erhöht. In ganz Europa sind Frauen auf dem tertiären Sektor, namentlich im Handel, bei den Banken und bei den Dienstleistungen (für Organisationen wie für Individuen) überrepräsentiert, während sie in der Großindustrie, im Bergbau, in der Industrie der Steine und Erden, im Baugewerbe, im Straßenbau und im Transportgewerbe stark in der Minderzahl bleiben. 1968 lockte in Frankreich der ohnehin schon zu 80 Prozent mit Frauen besetzte Bereich der medizinischen und sozialen Dienstleistungen immer mehr Frauen an. Die Konzentration von Frauen in den Büros war in Schweden und Frankreich gleichermaßen ausgeprägt, während in Deutschland die im Handel beschäftigten Frauen zahlreicher waren. Für jene Frauen, die einen männlichen Beruf ausübten, verlief die Spaltung nicht zwischen den Berufen, sondern innerhalb der beruflichen Hierarchien, nach der Unterscheidung zwischen Führungspositionen und ausführenden Positionen.

Auch wenn die Zahl von Frauen in mittleren und höheren Führungspositionen und in Ingenieursberufen in ganz Europa, namentlich in Nordeuropa, aber gleichermaßen auch in Spanien anstieg, blieb sie im Vergleich zu der der männlichen Führungskräfte äußerst gering. Die zahlenmäßig schwache Vertretung von Frauen in mittleren Führungspositionen erklärt hinreichend ihr fast völliges Fehlen auf höherer Ebene, da sie nicht befördert werden können. Diejenigen indessen, die doch befördert werden, tragen nicht dieselben Verantwortungen wie ihre männlichen Kollegen. Eine 1964 durchgeführte Untersuchung in acht englischen Unternehmen und eine in Frankreich 1970 in vier Regionen durchgeführte Untersuchung zeigten übereinstimmend die Vorbehalte und Widerstände der Unternehmer gegen die Beförderung von Frauen auf Führungspositionen. Keiner konnte sich auch nur vorstellen, daß eine Frau eine Abteilung von Männern leiten könne. In derselben Weise stagnieren Frauen im öffentlichen Dienst, der die meisten qualifizierten Frauen beschäftigt, auf der mittleren Ebene. 1974 waren in Frankreich 65 Prozent der Beschäftigten der Gehaltsgruppe C und 58 Prozent der Gehaltsgruppe B Frauen, die kaum in den Genuß von Beförderungen in eine höhere Gehaltsgruppe und noch weniger in den Genuß von Beförderungen in die Gehaltsgruppe A kamen. Zwar wurden in allen Ländern Europas seit 1965 immer mehr Frauen Lehrerinnen in der Primar- und der Sekundarstufe, doch handelte es sich hier wiederum um eine Entwicklung in den unteren Hierarchiestufen. 1975 markiert der Anteil von 55 Prozent weiblichen Lehrpersonen an französischen Gymnasien zwar die Zunahme der Frauen im

Schulwesen, verdeckt aber gleichzeitig die Tatsache, daß männliche Lehrpersonen viel häufiger als die weiblichen den Sekundarbereich zugunsten der höheren Schule verlassen. Die Anhebung des Gesamtausbildungsniveaus bei Männern wie bei Frauen ließ Frauen ohne Abschluß noch aussichtsloser als in der Vergangenheit zurück, weil in der Zeit zwischen 1963 und 1973 vor allem diejenigen Berufszweige expandierten, die die umfassendste Ausbildung erforderten. So entstand zwischen qualifizierten Frauen und Frauen ohne Ausbildung ein immer größerer Abstand. In Frankreich wuchs zwischen 1954 und 1974 der Prozentsatz der Frauen, die nichtqualifizierte Tätigkeiten ausübten, stärker als der entsprechende Prozentsatz der Männer: 1968 waren 78 Prozent der Frauen, aber nur 52 Prozent der Männer in der Industrie ungelernte Arbeiter/innen.

Die Arbeitswelt verstärkt also die bereits von der Schule bewirkten gesellschaftsspezifischen Unterscheidungen, so daß die Geschlechtsunterschiede, die sich in den Strukturen und in den Mentalitäten niederschlagen, um so natürlicher erscheinen, als man ihre unaufhörliche gesellschaftliche Konstruktion kaum bemerkt. Freilich ist der Rhythmus der Segregation nicht immer rasch genug. Dann bewirken diskriminierende Gewaltstreiche eine Wiederbelebung der Dynamik, so daß ein Wettbewerb mit gleichen Waffen weiter unmöglich bleibt.

Abtreibung der Konkurrenz

Das Problem, das es zu lösen gilt, besteht darin, die Frauen in die Arbeitswelt zu integrieren und sie gleichzeitig beruflich von den Männern zu trennen. Die Existenz bestimmter Studiengänge und Frauenberufe schien dieses Problem gelöst zu haben. Man sollte aber nicht dabei stehenbleiben und glauben, die Arbeitsteilung nach Geschlechtern sei nichts anderes als eine simple Teilung der geschlechtsspezifischen Arbeit. Die Arbeitsteilung nach Geschlechtern beinhaltet grundsätzlich eine symbolische Gewalt, deren Auswirkungen sich um so mehr bemerkbar machen müssen, je mehr eine Konkurrenz zwischen Männern und Frauen tatsächlich existiert. Die Logik dieser Gewalt ist einfach: Es gilt, um jeden Preis dort einen Unterschied zu markieren, wo es keinen gibt.

Zwische 1945 und 1975 erlebte man in allen Ländern eine Inflation von Gesetzen, Regelungen, nationalen und internationalen Bestimmungen, die das Recht auf gleichen Lohn bei gleicher Arbeit proklamierten.[14] Trotzdem blieb der Abstand zwischen Männer- und Frauenlöhnen bestehen, auch wenn er sich ab 1968 verringerte und 1975 je nach Land 25 bis 35 Prozent betrug. Dieser Abstand ergab sich folgerichtig aus den Positionen, die von den Frauen eingenommen wurden. Die Konzentration von Frauen in typischen Frauenberufen, die meist weniger gut bezahlt waren, ihr seltenerer Zugang zu höheren Hierarchiestufen sowie ihre weniger gute Qualifikation erklären hinreichend die Beibehaltung des Einkommensunterschiedes. Eines erklärte das andere: Die Ungleichheiten der Löhne waren Resultat und Widerspiegelung des Unterschiedes der beruflichen Positionen.

Wie läßt sich nun aber ungleicher Lohn für gleiche Qualifikation und gleiche Arbeit erklären? Man stellt nämlich fest, daß der Einkommensunterschied mit zunehmendem Alter und zunehmender Qualifikation größer wird. Betrachten wir zum Beispiel Frankreich im Jahre 1970. Zwischen einem Mann und einer Frau, beide mit einem Abschluß im technischen Zweig der Sekundarstufe, beide 45 Jahre alt, besteht ein Einkommensabstand von 46 Prozent; wenn sie 60 sind, wird dieser Abstand auf 56 Prozent gestiegen sein. Mit 45 Jahren erhält eine Frau mit Hochschulabschluß 43 Prozent weniger Geld als ihr männlicher Kollege und 53 Prozent weniger, wenn beide das Alter von 60 Jahren erreicht haben. In einem Alter, in dem die Berufserfahrung großenteils gesammelt war, zahlte sich diese bei Frauen nicht aus, während sie bei Männern honoriert wurde. Man könnte einwenden, daß diese Unterschiede auf die ausgeübten Tätigkeiten zurückzuführen seien. Prüft man freilich die Disparitäten der Löhne in Banken, in Versicherungen, im Handel, und zwar in gleicher Qualifikation und Position, so sieht man den Abstand der Entlohnungen zwischen Männern und Frauen sogar größer werden. Dazu kommt, daß der Abstand sich desto mehr verringerte, je mehr man eine wenig qualifizierte Tätigkeit am unteren Ende der Hierarchie ausübte, und umgekehrt: Am größten war die Kluft unter denjenigen, die die höchsten Qualifikationen besaßen und die höchsten Positionen innehatten. Für wenig qualifizierte männliche Beschäftigte lag das Lohnniveau in Banken bei 103,9 Prozent (Frauenlohn = 100 Prozent), im Handel bei 112,7, während es bei den höheren Führungskräften auf 137,5 in Banken und 142 Prozent im Handel anstieg. Je mehr eine Frau eine Berufslaufbahn mit männlichem Profil einschlug, desto mehr wurde sie auf der Ebene des Lohns dafür bestraft.

Von diesem Beispiel ausgehend, könnte man glauben, daß sich zumindest am unteren Ende der Hierarchie Gleichheit einstellte. Die Analyse von Entlohnungen von Arbeiterinnen beweist indessen, daß auch in diesem Falle eine Täuschung vorliegt. In der Industriearbeit erhalten Arbeiterinnen in rein weiblichen Betrieben die niedrigsten Löhne. Umgekehrt haben in rein männlichen Betrieben die Männer die höchsten Löhne. In gemischten Betrieben verdienen die Arbeiterinnen mehr als die Arbeiterinnen der ersten Gruppe, und die Arbeiter weniger als die Arbeiter der zweiten Gruppe. Die Feminisierung eines Berufes wirkt sich ungünstig auf den Lohn aus, während seine Maskulinisierung ihm einen Mehrwert verleiht. Unterdessen bedeutet in gemischten Betrieben bei gleicher Arbeit und Qualifikation der Modus der Entlohnung je nachdem Gratifikation oder Deklassierung. Mit dem Argument, für Frauen sei der Leistungslohn attraktiver als für Männer, bezahlen die Unternehmer Männer nach Zeit und Frauen nach Leistung. Wie ein Arbeitgeber meint: »Die Frauen an den Pressen verrichten dieselbe Arbeit wie die Männer, aber man kann sie nicht nach demselben Satz bezahlen, weil sie dann unter dem Strich viel mehr verdienen würden.«[15] In einem anderen Unternehmen, in dem die Aufgaben absolut identisch sind, teilt der Werkmeister den Männern die Handhabung der schweren Stücke zu und den Frauen Arbeiten, die größere Schnelligkeit erfordern, um die unterschiedliche Entlohnung begründen zu können: »Man muß doch eine Möglichkeit finden, den Männern mehr zu zahlen als den Frauen.«[16] Man sieht in diesem Fall, daß Körperkraft zu den Qualifikationskriterien gehört, während Schnelligkeit nicht dazu gehört. Durch alle diese Praktiken werden Unterscheidungen dort eingeführt, wo in Wahrheit Gleichheit herrscht.

Wo am Arbeitsplatz ein Gleichgewicht der Geschlechter herrscht, greift eine diskriminierende soziale Logik ein, um jeden Ansatz zur Parität zwischen Männern und Frauen zu unterbinden. Ein gutes Beispiel hierfür ist die Teilzeitarbeit. Sie bietet den Vorteil, den Abstand zwischen den Löhnen rechtfertigen zu können, ermöglicht Frauen, gleichzeitig Mutter, Hausfrau und erwerbstätig zu sein, senkt die Zahl der Arbeitnehmer in den Betrieben und schafft Spielraum zwischen Angebot und Nachfrage bei den Arbeitsplätzen. Wenn 1975 auch noch nicht das Goldene Zeitalter der Teilzeit war, so betraf diese seinerzeit doch schon 10 Prozent der europäischen Arbeitsplätze und erhöhte sich zwischen 1973 und 1975 spürbar. In allen Ländern bis auf Italien ist Teilzeitarbeit denn auch Frauenarbeit. Das Vereinigte Königreich, Deutschland und Dänemark wiesen gleichzeitig den höchsten Anteil an Teilzeitarbeit und den höchsten Prozentsatz von Frauen mit Teilzeitarbeit auf. 1973 waren in Deutschland 10,1 Prozent und in England 16 Prozent der Arbeitsplätze Teilzeitarbeitsplätze, der Anteil der Frauen daran betrug 89 Prozent bzw. 90,9 Prozent. Man erkennt deutlich eine Korrelation zwischen der Ausweitung des tertiären Sektors und der Entwicklung der Teilzeitarbeit, namentlich in Dienstleistungsberufen wie Reinigung, Gastronomie und Raumpflege. In Frankreich nahm zwischen 1971 und 1975 die Halbtagsarbeit bei Männern wie bei Frauen zu, aber die Zahl der weiblichen Teilzeitkräfte betrug ein Fünffaches der männlichen Teilzeitkräfte (1971: 1,7 Prozent der Männer und 13,1 Prozent der Frauen; 1975: 2,9 Prozent der Männer und 16,3 Prozent der

Frauen). So versteht man die Gründe für den Anstieg der Frauenerwerbstätigkeit: In Frankreich ging dieser zwischen 1968 und 1975 vor allem auf die Teilzeitarbeit zurück, die letzte legale Blüte der beruflichen Abwertung der Frauen. Als verkürzte Arbeit ohne Aufstiegschancen nahm die Teilzeitarbeit gewiß auf beide Tätigkeitsfelder der Frauen, Familie und Beruf, Rücksicht, erlaubte aber nicht die Ausübung einer karriereorientierten Beschäftigung. Wieder führte man die Familie gegen die Erwerbstätigkeit an, indem man die traditionelle geschlechtsspezifische Arbeitsteilung durch geschlechtsspezifische Arbeitszeitteilung ersetzte: Ganztagsarbeit den Männern, Halbtagsarbeit den Frauen. Diese auf optischer Täuschung basierende Aufteilung vermied jegliche Konkurrenz.

Frauenberufe, Teilzeit und seltene Beförderung führen häufig zu dem Schluß, es existierten zwei getrennte Arbeitsmärkte: der eine männlich, leistungsfähig und qualifiziert; der andere weiblich, unterqualifiziert, unterbezahlt, entwertet. Doch die dualistische Theorie des Arbeitsmarktes, die einen primären und einen sekundären Markt unterscheidet, legitimiert die geschlechtsspezifische Arbeitsteilung dadurch, daß sie sie ökonomisch festschreibt. Wenn sie einen empirischen und morphologischen Befund postuliert, vergißt sie, daß diese Dualität Ergebnis einer gesellschaftlichen und politischen Konstruktion ist, die ständig neue Unterscheidungspraktiken erfindet. Trotzdem handelt es sich sehr wohl um ein und denselben Arbeitsmarkt, auf dem durch neue wirtschaftliche Gegebenheiten subtil Asymmetrien organisiert werden. Auf die Theorie eines dualistischen Marktes rekurrieren heißt zum einen, nicht sehen (und interpretieren) zu wollen, daß das Eindringen der Frauen auf den »primären« männlichen Markt eine verstärkte Diskriminierung zur unmittelbaren Folge hat, und heißt zum anderen, die Augen zu verschließen vor der gesellschaftlichen Funktion, die der Effekt solcher theoretisch legitimierten Teilung erfüllt: die beharrliche Reaktualisierung der geschlechtsspezifischen Arbeitsteilung. Doch mit der Erfindung der Teilzeitarbeit – ökonomisches Werkzeug und Werkzeug der Geschlechtertrennung in einem – trug man wirkungsvoll Sorge für die Zukunft.

Die Kunst, aus der Geschlechterteilung Kapital zu schlagen (1975–1990)

Es kam eine Zeit der Umwälzungen. Alles geriet durcheinander. Auf die schöne Verordnung des wirtschaftlichen Aufstiegs folgte eine Konjunktur, die durch ein verlangsamtes Wachstum zwischen 1975 und 1980 und bis 1986 durch eine Periode der Regression gekennzeichnet war. Die Wirtschaft krankte an ihrer eigenen Expansion. Arbeit war, bezogen auf ihre Produktivität, zu teuer, der Dienstleistungssektor hatte sich aufgebläht und war übersättigt; die Staatseinkünfte sanken; die Investitionen gingen zurück und blieben anfällig; Inflation und Arbeitslosigkeit waren auf dem Vormarsch. Überall verfolgte man eine Politik des Sparens und der Inflationsbekämpfung. Es handelte sich darum, gleichzeitig Remedur zu schaffen und unbelehrbaren Geistern die richtige Lektüre der Verordnung einzuschärfen. Beschränkung der Arbeitsplätze, Anpassung der Nachfrage an das Angebot, *job sharing*, so lauteten die Rezepte. Mobilität, Flexibilität, Umschulung, Wiederverwertung, das war eine geeignete Semantik, um ein neues Raster zu schaffen. Es galt, die Starrheit des Arbeitsmarktes und die verknöcherten Gewohnheiten aufzuweichen und den Begriff der Arbeit selbst zu verändern: Sie änderte ihre Natur, sie änderte ihren Namen und nannte sich fortan lieber »Beschäftigung«. Zuvor hatte die Arbeit begonnen, sich zu zersplittern, jetzt zerbrach sie in tausend Stücke: Man nannte das Segmentierung und Fragmentierung des Arbeitsmarktes. Zum Zwecke der Segmentierung und Fragmentierung gab es nichts Wirkungsvolleres als den Rückgriff auf die geschlechtsspezifische Arbeitsteilung. Es war nämlich an der Zeit, ihre ganze Tragweite auszuspielen, sie in den Rang des tätigen Vermögens zu erheben, aus ihr alles Kapital zu schlagen, das für eine rationelle Verwertung der Arbeitskräfte erwartet wurde. Die Geschlechterteilung wurde zu einem der Schalthebel für die Flexibilität der Arbeit, zu einem der konstituierenden Elemente der ökonomischen Effizienz, zur treibenden Kraft hinter der Atomisierung der Arbeitsplätze. Nutzen aus der geschlechtsspezifischen Arbeitsteilung zu ziehen heißt zunächst einmal, die Ungleichheit der schulischen Chancen festzuschreiben.

Die schulische Konstruktion der Unterschiede

Nachdem das Jahr 1975 zum internationalen Jahr der Frauen ausgerufen worden war, gab es eine Unzahl von nationalen und internationalen Erklärungen, Berichten, Gesetzen, Stellungnahmen zugunsten der schulischen Chancengleichheit, verbunden mit einer neuen Bestimmung: den gleichberechtigten Zugang zu gleichwertigen Bildungsgängen. Diese einvernehmlichen Gesetze und Empfehlungen ließen jedoch die Ungleichheiten im Verborgenen fortwirken. Das Problem war zunächst weniger, wie in früheren Zeiten, das Ausbildungsniveau der Mädchen als vielmehr die Reproduktion der schulischen Unterschiede und die Unangepaßtheit der Qualifikation und Schulabschlüsse an die Erfordernisse des Beschäftigungsmarktes.

Die ansteigende Zahl von Mädchen in der Sekundarstufe und im höheren Bildungsbereich und die wachsende Zahl von Studentinnen in den angeblich männlichen Fächern oder Studiengängen erzeugten »verständlicherweise« die Illusion einer Chancengleichheit. Die Zahlen allein dementieren keineswegs die Hoffnung auf Verringerung der Kluft. In dem Maße, wie das Ausbildungsniveau ansteigt, wächst auch die Anzahl der Studentinnen. Die jungen Generationen orientieren sich wie die früheren an Studiengängen, in denen Frauen in der Mehrzahl sind. In den Universitäten aller Länder bleiben die Literaturwissenschaft, Sprachen, Pharmazie und in minderem Ausmaß Medizin die Studiengänge der Wahl. 1966 fanden sich 66 Prozent der norwegischen Studentinnen, die das Atrium vorbereiteten, in den sprachlichen Zweigen, 1980 waren es 84,5 Prozent. In der Schweiz wandten sich 1975 53,9 Prozent der Studentinnen literarischen Fächern zu; 1982 waren es 60 Prozent. In Frankreich waren sie in Literaturwissenschaft, Pharmazie, Wirtschafts- und Sozialverwaltung überrepräsentiert und nahmen vor allem in der Medizin zu (43,8 Prozent im Jahre 1985). Die Anziehungskraft dieser Studiengänge auf die Mädchen war um so größer, als die Institution Schule die angenommenen Neigungen der Mädchen noch begünstigte, und sie bewährte sich in der Fortdauer der Unterschiede zwischen angesehenen und weniger angesehenen Studiengängen. Auch die Zunahme von Frauen in den technischen und wissenschaftlichen Fächern brachte die Unterscheidung zwischen den Studiengängen nicht grundsätzlich ins Wanken. Die Frauen, die Ingenieurswissenschaften studierten, blieben eine Minderheit: in Belgien 1982 7,3 Prozent, in Deutschland 1981 10 Prozent, in der Schweiz 1983 10,3 Prozent und im Vereinigten Königreich 5,5 Prozent. In Frankreich spiegelten die akademischen Institute die schulische Geschlechterverteilung wider: 1975 konzentrierten sich 77,2 Prozent der Studentinnen auf Informations- und soziale Berufe, während nur 3,5 Prozent der Mädchen Maschinenbau oder Bauingenieurwissenschaften belegten. Gleichermaßen zog die Bibliothekarsausbildung vor allem Mädchen an (72,3 Prozent), während die technischen Hochschulen nur 1,2 Prozent weibliche Studenten hatten. Die Gemischtheit der Gymnasien, Universitäten und Schulabschlüsse sowie die Zunahme der Mädchen in der Sekundarstufe und im Hochschulbereich führten also nicht zu einer gleichwertigen Bildung, sondern zur Perpetuierung unterschiedlicher Fächerwahl. Die Schule war weit davon entfernt, sich der Geschlechtertrennung zu widersetzen; vielmehr ebnete sie dieser den Weg durch die unterschiedlichen Schulzweige – schulische Umsetzungen der Stereotypen der Gesellschaft.

Man sollte sich davor hüten, vorschnell die Abwertung eines Schulzweiges der schlichten Tatsache zuzuschreiben, daß er vornehmlich von Mädchen gewählt wurde; denn die Schule verändert ihre Kriterien zur Bestimmung angesehener Fächer. Früher waren die humanistischen Fächer prestigeträchtig, während gegenwärtig Mathematik und exakte Wissenschaften die Scheidung in Auserwählte und Verstoßene bewirken. Diese Umverteilung der Geschlechter auf verschiedene Schulzweige und nicht mehr auf unterschiedliche Bildungseinrichtungen kommt zur Abwertung der Schulabschlüsse hinzu. Diese berührt Jungen wie Mädchen, aber bei gleichen Abschlüssen haben weniger Mädchen als Jungen Zugang zu höheren Berufen. In Frankreich wurden von allen männlichen Hochschulabgängern 1977 62 Prozent und 1985 77 Prozent Führungskräfte, während in denselben Jahren der Prozentsatz weiblicher Führungskräfte unverändert (46 Prozent) blieb. Desgleichen fanden sich 1985 40 Prozent der weiblichen gegenüber 20 Prozent der männlichen Hochschulabgänger in mittleren Berufen wieder. So haben beim Abgang von der Schule Mädchen und Jungen selten den gleichen Abschluß in der Tasche; falls doch, hat er auf dem Stellenmarkt nicht den gleichen Wert. Es geht also nicht mehr, wie in früheren Zeiten, darum, einen Abschluß zu erreichen, sondern darum, die Natur des Abschlusses und seine Rentabilität auf dem Stellenmarkt zu kennen. Die selbstzufriedenen Diskurse über die zahlenmäßige Zunahme von diplomierten Frauen verschleiern somit die Entwertung der von Frauen gemachten Abschlüsse und deren beruflichen Anschluß. Das ist vor allem bei Mädchen und Frauen aus einfachen Verhältnissen ohne Qualifikation oder mit einem nicht berufsbezogenen Abschluß der Fall. Für sie wie für verheiratete Frauen, die nach der Kindererziehung wieder arbeiten wollen, gibt es Fortbildungs- oder Umschulungseinrichtungen, die dazu dienen, die früher erworbenen Kompetenzen und Kenntnisse der strukturellen und technischen Entwicklung der Arbeitsplätze anzupassen.

Man begann daran zu zweifeln, daß die Schule imstande sei, qualifizierte Arbeitskräfte auszubilden. Jedes Land machte eine Bestandsaufnahme und stellte fest, daß es an spezialisierten Arbeitskräften fehlte. Die Staaten trafen Vereinbarungen mit den Unternehmern, um Programme einer ständigen Weiterbildung, die vertragliche Zusicherung des Arbeitsplatzes nach der Ausbildung sowie Programme beruflicher Wiedereingliederung einzuführen. Das war die Stunde der Weiterbildung, die einem neuen Beruf zu Ansehen verhalf: dem Ausbilder. Man erlebte eine Aufsplitterung der Lehrgänge und Schulungen à la carte, bei der jeder auf seine Kosten kommen sollte. Für Frauen richtete man umfassende Wiedereingliederungs- und Umschulungskurse mit variablen Stundenplänen ein. 1982 eröffnete in Großbritannien ein technisches Institut, das Open Tech – ein beispielhaftes Angebot unterschiedlichster Ausbildungsformen mit Ganztags- und Halbtagsunterricht. 1985 brachte Belgien ein Projekt für die Ausbildung von Frauen zu Führungskräften in kleinen und mittleren Unternehmen auf den Weg. Durch die kontinuierliche Weiterbildung sollten ungleiche Startvoraussetzungen ausgeglichen werden, doch die Ergebnisse zeigen, daß die Lehrgänge vor allem denjenigen zugute kommen, die bereits eine Vorbildung haben. Da die Fortbildungszeit nur selten vollständig vom Arbeitgeber vergütet wird, erreichen in diesen Kursen nur wenige Frauen einen Abschluß, der ihnen tatsächlich die Chance zu einem beruflichen Aufstieg gibt. Die Fortbildung bewirkt jedoch vor allem eine gewisse Vielseitigkeit hinsichtlich sozialer und technischer Kompetenzen, und sie bereitet die Körper und die Köpfe auf fragmentierte Arbeit vor, schärft ihnen eine andere Vision von Arbeit ein, derzufolge das Alternieren zwischen Beschäftigung und Weiterbildung, Weiterbildung und Arbeitslosigkeit an die Stelle der Reihenfolge »erst Ausbildung, dann Beschäftigung« tritt. Der Aufsplitterung der Ausbildungen entspricht die Fragmentierung der Arbeitsplätze.

Eine neue Beschäftigungsform

In Zeiten der Rezession und der Arbeitslosigkeit suchten viele Länder Europas ihre Wettbewerbsfähigkeit dadurch zu verbessern, daß sie die Löhne einfroren. Die vorhandenen Arbeitskräfte galten als ungeeignet, zu teuer, unflexibel, was zu einer Erstarrung des Beschäftigungsmarktes führe, die durch eine verknöcherte Gewerkschaftspolitik noch gefördert werde. Es galt, neue Beschäftigungsformen zu erfinden und sie unter den Arbeitskräftekategorien zu verteilen, ungenutzte Reserven anzuzapfen; kurz, es galt, das Zeitalter der Flexibilität der Arbeit einzuleiten. Um Geschmeidigkeit dort zu erzielen, wo Erstarrung herrschte, rekurrierte man unter anderem auf die Frauen.

Der unterschiedlichen Behandlung der Arbeitskräfte durch die Unternehmen lag die geschlechtsspezifische Arbeitsteilung zugrunde. Man hatte die statistische Wirklichkeit und den Willen der Frauen, arbeiten zu gehen, zur Kenntnis genommen; jetzt handelte es sich darum, diese geschlechtsspezifische Arbeitsteilung effizient in den Dienst der angestrebten Flexibilität zu stellen. Der Plan war kühn, zumal der Anteil der erwerbstätigen Frauen zwischen 1975 und 1983 in ganz Europa von 45,7 Prozent auf 48,7 Prozent anstieg, während er bei den Männern um fünf Prozentpunkte zurückging. Trotz Rezession und Arbeitslosigkeit behaupteten sich die Frauen auf dem Arbeitsmarkt. Zur Erklärung dieser Beständigkeit führte man eine Vielzahl von Gründen an, die zweifellos eine Rolle spielten: die Anhebung des Ausbildungsniveaus, die Vermehrung der Arbeitsplätze im öffentlichen Dienst, neue

Einstellungen zu Ehe und Ehescheidung, die frühere Einschulung der Kinder, die Verbreitung eines positiven Bilds der berufstätigen Frau. Letzten Endes hatte es jedoch den Anschein, als ginge die Zunahme der berufstätigen Frauen auf die Zunahme der unsicheren Beschäftigungsverhältnisse zurück, mochten sie nun Teilzeitarbeit, Schwarzarbeit, Heimarbeit, Zeitarbeit oder Fortbildung am Arbeitsplatz heißen.

Seit 1973 und vor allem seit 1981 verfolgten die Unternehmen bewußt eine Politik der Teilzeitbeschäftigung, um die Lohnkosten zu senken. Zwischen 1973 und 1986 stieg der Anteil der Teilzeit an der Frauenbeschäftigung in allen Ländern Europas mit Ausnahme Griechenlands, Italiens, Finnlands und Irlands an. 1986 waren in den skandinavischen Ländern und in Großbritannien 40 bis 45 Prozent, in Belgien und Frankreich 25 Prozent und in Deutschland 30 Prozent der berufstätigen Frauen teilzeitbeschäftigt. In demselben Jahr wurde die Teilzeitarbeit in Belgien, Großbritannien und Deutschland zu 90 Prozent von Frauen ausgeübt; der Anteil der Frauen an der Teilzeitarbeit erreichte in Dänemark, Norwegen, Schweden, Frankreich und Luxemburg 80 bis 90 Prozent. In Frankreich hat zwischen 1982 und 1986 nur die Zunahme der Teilzeit die Zunahme der Frauenbeschäftigung ermöglicht. Der Anstieg der Zahl berufstätiger Frauen in Europa verdankte sich also Teilzeitbeschäftigungen. Aber gegenüber früher hat die Teilzeitarbeit ihr Gesicht nicht verändert, sie bleibt gefährdet und disqualifizierend. Sie bietet keinen Zugang zur Weiterbildung am Arbeitsplatz; sie begrenzt erheblich den beruflichen Horizont, weil es selten Beförderungen gibt; sie ist sozial weniger abgesichert, weil in manchen Ländern Teilzeit nicht unter die Rentenregelungen fällt; sie ist weniger gut bezahlt; sie bietet keine Sicherheit des Arbeitsplatzes, weil die ersten Frauen, die entlassen werden, oft die Frauen mit Teilzeitarbeit sind. Wenn man das Alter von Männern und von Frauen mit Teilzeitarbeit vergleicht, sieht man, daß die Männer älter und die Frauen in der Zeit ihrer besten Leistungsfähigkeit sind. Teilzeit ist für Männer ein kaschierter Vorruhestand, während sie für die Frauen eine halbe Arbeit ist. Das Heranziehen von Frauen für Teilzeitarbeit unterstreicht darüber hinaus die geschlechtsspezifische Beschäftigungsteilung, da sie die Frauen auf eine immer begrenztere Auswahl von Berufen im tertiären Sektor konzentriert, welcher dank der Teilzeit zunimmt. Als Frauenarbeit, die eigens für die Frauen erfunden wurde, wird Teilzeitarbeit häufig als Alternative hingestellt, während sie in Wahrheit Zwang ist. Eine Reihe von Umfragen zeigen nämlich, daß nur ein Drittel der Frauen Teilzeitarbeit wünschen, während die übrigen angeben, ihre Entscheidung aus der Not getroffen zu haben.[17] Sie ist also eigentlich eine Form der Unterbeschäftigung. Unter dem Deckmantel eines Beitrags zur Förderung der Frauenbeschäftigung verstärkt die Teilzeitarbeit Aufteilung der Arbeitsbereiche unter den Geschlechtern und legitimiert die berufsfremde Beschäftigung.

Teilzeitarbeit ist nicht die einzige Beschäftigungsform, die das Recht der Frauen auf einen vollen Beruf untergräbt; andere Arten gefährdeter Arbeitsplätze haben dieselbe Auswirkung. So ändert beispielsweise auch die Heimarbeit ihren Charakter. In ihrer traditionellen Form war sie niemals ganz verschwunden, aber zur Stunde kehrt sie in verschiedenen modernen Formen wieder. Wie Ende des 19. Jahrhunderts die Nähmaschine die Heimarbeit begünstigt hatte, erleichtert heute die Telematik das Arbeiten zu Hause: Es ist die Erfindung der Tele-Arbeit. In der Absicht, die Lohnkosten zu senken, lagern die Unternehmen bestimmte Beschäftigungen aus, die zu Hause verrichtet werden können: Schreibarbeiten, Adressenpflege, Manuskriptkorrekturen werden in Heimarbeit erledigt. Mehr und mehr gehen Banken, Versicherungen und Kaufhäuser dazu über, bei ihren Angestellten Terminals zu installieren, um die Möglichkeiten der Informationsvernetzung zeitlich optimal auszunutzen und um gleichzeitig die Bürokosten zu senken. Heimarbeit betrifft nicht in allen Ländern dieselben Sektoren: In Italien bleibt sie überwiegend im Manufakturbereich, wo Frauen Strickwaren, Schuhwerk, Kraftfahrzeuggetriebe herstellen, während in den skandinavischen Ländern und in England die Arbeit mit Textverarbeitung und Datenbanken den Hauptanteil der Heimarbeit ausmacht. Die in Heimarbeit arbeitenden Frauen sind unterqualifiziert, während die Männer überqualifiziert sind. Nach einer Erhebung des INSEE (Institut National de la Statistique et des Études Économiques) für 1986 verdienten Männer in Heimarbeit in Frankreich 5285 Francs pro Monat, die Frauen 2952 Francs.

Aber diese beiden Formen der Arbeit reichen nicht aus, um die Flexibilität der Arbeitskräfte zu garantieren. Seit den achtziger Jahren werden Zeitarbeit, befristete Arbeitsverträge sowie Aushilfsjobs als Strategien zur Vermeidung von Arbeitslosigkeit und gleichzeitig zur Sicherstellung eines peripheren Zugangs zum Arbeitsmarkt eingesetzt. In Frankreich sind 47 Prozent der Inhaber befristeter Arbeitsverträge Frauen, Angestellte oder Führungskräfte, während die Männer mit Vertrag Arbeiter sind. In allen zeitlich befristeten Beschäftigungen überwiegen verheiratete Frauen, und in Italien arbeiten sehr viele von ihnen schwarz. Wie man sieht, hebt der graue Arbeitsmarkt die geschlechtsspezifische Beschäftigungsteilung nicht auf. Offizieller und inoffizieller Arbeitsmarkt, Vollzeit- oder Teilzeitarbeit, all diese Formen ergeben ein differenziertes System ungleicher Niveaus, die Frauen zwar verschiedene Strategien des Zugangs zum Arbeitsmarkt erlauben, aber nur dadurch, daß sie sie abwerten. Die Flexibilität wird von Land zu Land mit unterschiedlichen Mitteln angestrebt: So hat in Deutschland die Flexibilität innerhalb der Unternehmen durch Anpassung der Ausbildung an die Arbeitsplätze flexible Einsatzfähigkeit der Arbeitskräfte Priorität, während England die Flexibilität durch Rückgriff auf Entlassungen, Auslagerung bestimmter Beschäftigungen und Teilzeitarbeit zu erwirken sucht. Die »italienische Flexibilität« setzt alle Hebel in Bewegung, um die Arbeitslosigkeit der Frauen zu bekämpfen und ihre Beschäftigungsperspektiven zu verbessern. Da die Familie dort die Rolle eines Sicherheitsventils spielt, strebt man danach, daß ein oder zwei Familienmitglieder über stabile, offizielle Arbeitsplätze verfügen, die es den übrigen erlauben, sich flexiblen Beschäftigungen zuzuwenden oder sich auf Schwarzarbeit zu verlegen. Es gibt noch andere Mittel, um den Beschäftigungsmarkt flexibel zu gestalten: Entlassungen und Arbeitslosigkeit, die zur Zeit strukturell und zugleich »friktionell« bedingt sind.

In diesen Zeiten des Teilens von Arbeit rekurriert man weniger als früher auf ideologische Diskurse über die Rückkehr der Frauen an den häuslichen Herd: Gegenwärtig organisiert man ihren Rückzug vom Arbeitsmarkt auf legalem Weg, zunächst durch Teilzeitarbeit, danach durch Arbeitslosigkeit. Die Europäische Gemeinschaft zählte 1988 16 Millionen Arbeitslose, das entsprach 11 Prozent der gesamten erwerbsfähigen Bevölkerung. Überall, mit Ausnahme Englands, ist die Frauenarbeitslosigkeit höher als die Männerarbeitslosigkeit, vor allem in Frankreich und in Italien. Für das Jahr 1987 errechnete man in Deutschland 5,3 Prozent Männer und 8 Prozent Frauen ohne Arbeit, in Italien 7,4 Prozent bzw. 17,3 Prozent. Mit 21,4 Prozent arbeitslosen Frauen schlug Spanien 1983 alle europäischen Rekorde, gefolgt von Belgien, Italien und Portugal, wohingegen die Schweiz, Schweden und Norwegen im Durchschnitt eine Frauenarbeitslosigkeit von 3 Prozent hatten. Trotz des Rückgriffs auf vorübergehende Beschäftigungen und auf unsichere Beschäftigungsverhältnisse oder Schwarzarbeit waren mehr Frauen als Männer arbeitslos, auch wenn letztere länger arbeitslos waren. Die Langzeitarbeitslosigkeit der Frauen hatte ihre Ursache zum Teil in ihrer Eingliederung in den tertiären Sektor, in ihrer mangelnden Qualifikation und in der Teilzeitarbeit, das heißt in Randbereichen des Arbeitsmarktes, die vom Stellenabbau besonders bedroht sind. In Frankreich war die Gefahr, arbeitslos zu werden, bei den Frauen größer als bei den Männern, und diese Gefahr ist zwischen 1968 und 1987 noch gewachsen. Auch ist die Chance arbeitsloser Frauen, einen neuen Arbeitsplatz zu finden, geringer. 1981 fanden 55 Prozent der entlassenen Männer nach fünfzehn Monaten Arbeitslosigkeit einen neuen festen Arbeitsplatz, gegenüber 43 Prozent der Frauen. Bekanntlich sind Entlassungen von Frauen in ohnehin unsicheren Beschäftigungsverhältnissen der Hauptgrund für die Frauenarbeitslosigkeit.

Der beste Schutz gegen Arbeitslosigkeit ist bei Männern wie bei Frauen der Besitz eines Hochschulabschlusses: Selbst wenn auch hier der Anteil der Arbeitslosigkeit bei Frauen höher ist (1987 2,1 Prozent und 0,2 Prozent bei den Männern), verringert der Besitz eines Hochschulabschlusses die Gefahr der Arbeitslosigkeit erheblich. So kehrt die Arbeitslosigkeit in die Spirale von Flexibilität und Unsicherheit zurück. Die Arbeitgeber spielen mit verschiedenen Formen unsicherer Beschäftigungsverhältnisse und mit Zeiten der Arbeitslosigkeit, um das Angebot ihrem Bedarf anzupassen. Sobald die Frauen sich auf den Teufelskreis der unsicheren Beschäftigung einzulassen beginnen, gehen sie arbeitslos aus ihm hervor.

Wir erleben fortan, ab 1975, eine neue Beschäftigungsstruktur, eine neue Form der Arbeit und der geschlechtsspezifischen Arbeitsteilung. Dem Modell »Ausbildung – fester Arbeitsplatz mit Aufstieg innerhalb des Betriebs – Pensionierung« folgten eine Ausbildung und eine Arbeit à la carte, die Aufsplitterung der Ausbildungen, feste Beschäftigung oder Teilzeitbeschäftigung, Arbeitslosigkeit, Werkvertrag, Zeitarbeit. An die Stelle des linearen Verlaufs des Berufswegs von einst traten aufgesplitterte Berufswege, wo Arbeitslosigkeit und Festanstellung nur zwei Gesichter der Flexibilität und der Fragmentierung des Arbeitsmarktes sind. Bei dieser Veränderung ist die geschlechtsspezifische Arbeitsteilung nicht mehr nur eine Folge der Aufteilung in Branchen oder Sektoren der Erwerbstätigkeit, sie ist das organisierende Prinzip der Ungleichheit der Geschlechter gegenüber der Beschäftigung: Die »wahre« Arbeit liegt in den Händen der Männer, die »Nebenarbeit« wird den Frauen zugeschoben. Von daher ist es kein Wunder, wenn die Ungleichheiten zwischen Männern und Frauen überall zunehmen.

Eine ausgeklügelte Segregation

Im Verlauf dieses Kapitels war zu bemerken, daß jeder zahlenmäßigen Zunahme von Frauen im Bildungswesen und auf dem Arbeitsmarkt eine neue Erfindung folgte, um die Unterscheidung zwischen den Geschlechtern aufrechtzuerhalten. Nun läßt sich also Bilanz ziehen. Viele Fachleute tun das, indem sie auf immer ausgeklügeltere Weise das Ausmaß an Diskriminierung und beruflicher Segregation zwischen Männern und Frauen ermitteln.[18] Sie unterscheiden direkte Diskriminierung – das heißt die Tendenz, einer Frau, die dieselbe Ausbildung mitbringt und dieselbe Arbeit verrichtet wie ein Mann, eine schlechtere Position oder ein geringeres Gehalt zu geben – und indirekte Diskriminierung – das heißt alle Maßnahmen, die, bei gleicher Beschäftigung und gleichem Lohn, die Männer begünstigen. Diese beiden Arten der

Diskriminierung reproduzieren dauerhaft nicht nur »unterschiedliche Bedingungen, sondern auch die Unterscheidung der Bedingungen«.[19]

Das Ausmaß und die Fortdauer dieser Unterscheidung der Bedingungen tangiert alle Länder. Nach welcher Methode man sie auch ermittelt – nach dem Ungleichheitsindex, dem Koeffizienten der Repräsentation der Frauen, der vertikalen oder horizontalen Segregation[20] –, die beruflichen Ungleichheiten bleiben in den Strukturen, den Einstellungspraktiken und der Entlohnung verankert. Dem naiven Optimismus in bezug auf den unvermeidlichen Fortschritt der Frauen erteilen die ermittelten Tendenzen eine klare Absage. Die neuesten strukturellen Veränderungen verringern nämlich die Segregation nicht, sondern erhalten sie aufrecht, ja verstärken sie noch. »Die Länder, die die höchsten Erwerbstätigkeitsraten verzeichnen, kennen auch das größte Ausmaß an beruflicher Segregation«;[21] das gilt vor allem für die skandinavischen Länder. Darüber hinaus schwindet in allen Ländern die Segregation in den rückläufigen Erwerbszweigen, namentlich auf dem Manufaktursektor, während sie in den expandierenden Erwerbszweigen zunimmt. So hat zum Beispiel in Schweden das beachtliche Vordringen von Frauen auf Direktorenposten und in höhere Führungstätigkeiten in der Verwaltung eine verstärkte Segregation zur Folge gehabt. Darüber hinaus führt das Vordringen der jungen Generationen auf den Arbeitsmarkt nicht zu einem geringeren Ungleichheitsindex. Im Vereinigten Königreich und in Deutschland erleben junge Mädchen eine stärkere Segregation als ältere Frauen. Unter den vielfältigen Ursachen für die Fortdauer dieser Segregation – Konzentration der Frauen in Dienstleistungsberufen und einer begrenzten Palette von Berufen, schwierigerer Zugang zu besseren Qualifikationsmöglichkeiten und höheren Positionen als Männer – ist in allen Ländern die Teilzeitarbeit der wesentliche Grund für die rapide Zunahme der Ungleichheiten. Diese neue Waffe im Kampf gegen die berufliche Gleichheit ist von erschreckender Effizienz gewesen.

Zu der traditionellen geschlechtsspezifischen Arbeitsteilung tritt eine soziale Struktur der Arbeitsplätze, die darauf abzielt, mehr das eine Geschlecht als das andere anzusprechen und den Abstand zwischen beiden Geschlechtern aufrechtzuerhalten. Das ist kein Wunder, da ja auch die Unterschiede bei den Löhnen fortbestehen; sie sind nur die monetäre Übersetzung der Asymmetrie der Positionen, des Wertes, den die Gesellschaft der Frauenarbeit zumißt, des letztendlichen Rekurses auf reine Diskriminierung bei gleicher Qualifikation und gleicher Arbeit. 1982 verdienten die Frauen in Europa im Durchschnitt 20 bis 40 Prozent weniger als die Männer, obgleich der Abstand der Löhne in allen Ländern zurückging: Österreich erlebte den stärksten, Frankreich hielt den Rekord für den schwächsten Rückgang. 1989 lag in Frankreich der durchschnittliche Frauenlohn 31 Prozent unter dem Männerlohn; der geringste Abstand fand sich in Italien, der größte in Irland. Wie schon früher zu beobachten war, wird der Abstand in der Entlohnung größer, je weiter man in der Beschäftigungshierarchie aufsteigt. In Frankreich verringerte die Einführung eines garantierten Mindestlohns die Abstände am unteren Ende der sozialen Stufenleiter: Ungelernte Arbeiterinnen verdienen 15 Prozent weniger als Arbeiter; sobald sie angelernt sind, erhöht sich der Lohnabstand zu den Männern auf 18 Prozent. Man erkennt die geringe Wirkung der Gesetze über die Gleichheit der Entlohnungen.[22] Ihr Einflußbereich ist freilich beschränkt; sie betreffen nur vergleichbare Beschäftigungen, und die Analyse der Verteilung der Arbeitsplätze unter den Geschlechtern zeigt, daß sie nur selten vergleichbar sind. Zu derselben Zeit, da Konventionen und Gesetze über gleichwertige Arbeit erlassen werden, werden strukturell ungleiche Arbeit und fragmentierte Beschäftigungen geschaffen. Indem sie auf das Endergebnis der geschlechtsspezifischen Arbeitsteilung, den Abstand der Löhne, einwirken, verkennen diese pharisäerhaften Gesetze, oder wollen verkennen, daß alles sich weiter stromaufwärts abspielt: schon in der Schule, bei der Festlegung der Mädchen auf traditionell weibliche Fächer, in der Sozialisation der Berufsentscheidungen und der Ausbildung der »Vorlieben«, im Augenblick der Einstellung. Indem sie der Gesellschaft im wahrsten Sinne des Wortes das gute Gewissen schaffen, tragen diese Gesetze zur Reproduktion der Ungleichheiten bei.

Wie soll man nämlich den Widerspruch erklären, daß die Ungleichheiten zwar fortdauern, trotzdem aber immer weniger »sichtbar« sind? Einige Elemente einer Antwort wurden bereits erwähnt: Wenn man nur die quantitative Zunahme von berufstätigen Frauen betrachtet, übersieht man, daß sie zum großen Teil untergeordnete Stellen bekleiden; denn auch statistisch ist es das Kleinvieh, das den Mist macht. Aber es ist noch mehr. Man beobachtet nämlich eine Art Korrelation zwischen Inflation der Diskriminierungen und Inflation der wissenschaftlichen Diskurse über Segregation. Je mehr man die Ungleichheiten durch Analysen und Berechnungen aufdeckt und anprangert, desto stärker quellen sie im gesellschaftlichen Bereich hervor. Auch wenn das Wissen über die Ungleichheiten diese nicht zu reduzieren vermag, so kontrapunktiert es zumindest die von den Medien bewirkte Verdummung: Die selektive Verbreitung von Äußerungen und Porträts sogenannter Superfrauen führt den Gemeinverstand dazu, die Gleichheit der Geschlechter zu proklamieren und in diesen letzten Jahren die Bestätigung einer gewaltigen Frauenoffensive zu sehen. Das durch die Medien verbreitete Bild von der leistungsfähigen Frau und Unternehmerin hat die gesellschaftliche Funktion, vor lauter Bäumen den Wald übersehen zu lassen. Der Erfolg der einen ist die Kehrseite der Medaille der anderen. Die Männerherrschaft äußert sich nicht mehr, wie zu Beginn des Jahrhunderts, in der Aufforderung an die Frau, an den heimischen Herd zurückzukehren. Gegenwärtig versteckt sie sich hinter egalitären Gesetzen, hinter jener Minderheit von Frauen, die »reüssiert« haben, hinter rationalen Erklärungen – lauter Methoden, um das Bewußtsein von der Chancenungleichheit in Bildung und Beruf zu betäuben. Nur selten sind Kämpfe die Reaktion auf diese Gewalt. Die von Frauen und der feministischen Bewegung vorgenommene Delegation von Macht an Rechtsinstanzen, Minister für Frauenfragen, internationale Kommissionen, Gesetze zur Chancengleichheit und Gleichberechtigung der Geschlechter hat dazu beigetragen, daß die Kämpfe zugunsten hinfälliger Vereinbarungen eingestellt wurden. Beim Kampf für den politisierten Körper haben die feministischen Bewegungen allzu oft vergessen, daß dieser Körper ein arbeitender ist, und die Frauen bei der Konfrontation mit der Realität der täglichen Diskriminierungen noch mittelloser zurückgelassen. Die Unterrepräsentiertheit der Frauen in betrieblichen und gewerkschaftlichen Instanzen und das Verkümmern des kollektiven Bewußtseins der Frauen lassen der Reproduktion alter und der Erfindung neuer Ungleichheiten freie Bahn. Gelehrte Diskurse über die Mechanismen der Segregation allein können soziale Kämpfe nicht ersetzen. Trotzdem kommt ihnen das Verdienst zu, die Punkte aufzudecken, wo alles sich abspielt und wo der Kampf um Chancengleichheit ausgetragen werden muß: die unterschiedliche Sozialisation der Geschlechter in der Familie, der Einfluß der Schule bei der Ausrichtung der Mädchen auf traditionell weibliche und abgewertete Fächer, die Modalitäten der Einstellung, kurzum alle alten und neuen Methoden, um Frauen zu einer Ausnahme von der Regel zu machen. Aber diese Augenblicke, in denen alles umkippt, in denen die Diskriminierungen greifen, sind mehr und mehr verfängliche Augenblicke. Gegenwärtig haben die Frauen alle Gesetze auf ihrer Seite, alle Schulen stehen ihnen offen, überall sind sie integriert. Von ihrem eigenen Sieg verführt, kämpfen sie kaum gegen die verdeckten Formen der Ungleichheit und gegen den grassierenden Sexismus, der sich um so uneingeschränkter ausbreiten kann, als er sich hinter Diskursen versteckt, die die Gleichheit zwischen den Geschlechtern proklamieren.

Am Ende dieser Untersuchung wird eine doppelte Herrschaft deutlich: die ökonomische und von dieser untrennbar die sexuelle, oder vielmehr eine wechselseitige Kausalität zwischen beiden, in der die Ökonomie die Geschlechterordnung kaschiert. Sobald die freie berufliche Konkurrenz zwischen Männern und Frauen zur Wirkung kommt, mischt sich unerbittlich die Geschlechterordnung ein, um die Distanz aufrechtzuerhalten, die das ökonomische Spiel allein nicht zu regulieren vermag. Die Wissens- und Arbeitsteilung zwischen den Geschlechtern ist ein Spiel, bei dem die Frauen bereitwillig immer mehr Einsatz bringen – Opfer der Illusion, mit den Männern gleichziehen zu können. Aber die Würfel sind präpariert, weil die Frauen in Wirklichkeit mit einem Handicap beginnen und die Männer bei diesem Wettrennen ihren Vorsprung immer halten können. Je näher die Frauen dem Ziel kommen, desto mehr Strafpunkte drohen ihnen. Wenn die Männer darauf verfielen, bei den häuslichen Spielen der Frauen mitzuspielen, wären sie, wie diese, Verlierer in ihrer Karriere. Aber die Gesellschaftsordnung hat ein für allemal festgelegt, welches das legitime Spiel ist; seine Regeln zu verletzen ist nur das Vorrecht einer Minderheit von Frauen, die schulisch und sozial besser ausgestattet sind als die anderen. Die Metapher des Spiels hat den Vorteil, Handicaps und Trümpfe dort ausfindig zu machen, wo die Allgemeinheit nur mehr und mehr gleiche Chancen sehen würde. Damit wirkt diese Analyse ernüchternd, weil sie zeigt, daß die Trennung der Geschlechter im Grunde Doppel-Sicht, *division*, ist. Von daher stellt sich dieser Ansatz einer Geschichte der Frauen entgegen, die sich allein auf deren gesellschaftlichen Aufstieg im 20. Jahrhundert konzentriert. Wenn »die Geschichte der Frauen möglich ist«, dann darum, weil es die Geschichte einer ungleichen Beziehung ist, die Geschichte der gesellschaftlichen Konstruktion von Ungleichheit zwischen den Geschlechtern, das heißt die Geschichte der Männerherrschaft, gedacht als eine der »Triebkräfte« der Geschichte. Würde man diese Herrschaft außer acht lassen, dann liefe man in der Tat Gefahr, eine positive Geschichte der Frauen zu schreiben, während sie sich vor allem als Geschichte eines gestürzten Geschlechts erweist, als Kehrseite der souveränen Geschichte, nämlich der der Männer. Auch ist man gezwungen, die Rückkopplung als rhetorische Figur zur akzeptieren, die im Moment des Benennens eines Fortschritts diesen auch schon widerrufen müßte. Man ermißt von daher das »Scheitern des Denkens«, das aus der Geschichte der Frauen eine Geschichte an und für sich zu machen sucht. Die Geschichte ist eine und unteilbar, sie wird von Männern und von Frauen gemacht, und innerhalb dieser Geschichte kann man die Frauen sprechen lassen, durch die Orte, die sie besetzen, Orte, die häufig von Männern entworfen sind, Orte ohne Gedächtnis, die diese kollektive Schrift aus dem Schatten treten lassen will.

Aus dem Französischen von Holger Fliessbach

Schreibkraft in einem Büro, 1922.

Themen und Thesen

Computergrafik, 1980.

»Kann heute schon die Geschichte des zeitgenössischen Feminismus geschrieben werden?« Diese Frage ist uns oft gestellt worden. Dem Verlangen, auch diese Seite der Geschichte der Frauen im 20. Jahrhundert skizziert zu sehen, stand die Sorge entgegen, ein allzu verkürzendes, karikierendes Bild zu geben. Denn der Feminismus ist pluralistisch, gekennzeichnet durch terminologische Debatten und innere Konflikte und trotz seines universalen Anspruchs eingebunden in nationale politische Kontexte. So wird man hier weder eine detaillierte Beschreibung individueller Lebensläufe noch einen Bericht über den täglichen feministischen Aktivismus finden, die doch für diese Generation so prägend sind, sondern lediglich den Versuch, diese Bewegung, in deren Mittelpunkt die Konstitution der Frau als Subjekt steht, in eine theoretische und politische Perspektive zu rücken. Der Feminismus ist fähig, seine Autonomie des Denkens und Handelns zu behaupten, spezifische Probleme und Themen von Frauen zu benennen und sichtbar zu machen und die Gesellschaft für bestimmte Ziele wie die Liberalisierung der Abtreibungsgesetze sowie der Empfängnisverhütung oder im Kampf gegen sexuelle Gewalt zu mobilisieren. So hat der Feminismus sowohl die Existenzbedingungen der Frauen als auch die politische Landschaft grundlegend verändert.

Québec ist dafür ein gutes Beispiel. Hier hat einer der dynamischsten Feminismen der westlichen Welt an der Modernisierung des Québecer Nationalismus mitgewirkt und den Übergang von einer traditionell-katholischen Lebensweise zu einer modernen laizistischen, konsumorientierten Gesellschaft beschleunigen geholfen.

Dennoch bleibt in den meisten westlichen Demokratien die Beteiligung der Frauen als Staatsbürgerinnen an der politischen Macht ungeachtet wesentlicher Breschen, die in diese männliche Domäne geschlagen worden sind, ein Thema der Gegenwart. Ob diese politische Beteiligung dem freien Ermessen der Wähler bzw. Wählerinnen, der politischen Führungsspitze bzw. Aktivistinnen überlassen bleibt oder durch die Praxis der Quotenregelungen begünstigt wird, sie erfordert auf jeden Fall Veränderungen im Rahmen der Machtsymbolik und möglicherweise in der Art der Machtausübung. Liegt die Zukunft der Politik in den Händen der Frauen? In diesem Punkt sind der Phantasie noch keine Grenzen gesetzt . . . Aber wenn nirgendwo außer auf Island die Versuche zur Etablierung einer feministischen Partei dazu geführt haben, die bestehenden politischen Verhältnisse zu erschüttern, muß dies wohl daran liegen, daß politische Differenzen nicht nur zwischen den beiden Geschlechtern existieren, sondern diese in sich selbst gespalten sind.

Als historische Bewegung für gesellschaftliche Veränderungen ist der Feminismus heute kaum mehr in Mode; er fiel in unseren sogenannten postmodernen Gesellschaften der Krise der Fortschrittsideologien und dem Aufkommen verschiedenster Formen des Individualismus zum Opfer. Doch bleibt er in der Öffentlichkeit präsent – nicht nur als institutionalisierter Feminismus, sondern besonders in fortgesetzten Debatten, etwa über den Unterschied zwischen Gleichheit und Identität oder über die Gefahren einer zu starken Bindung des Persönlichen ans Politische.[1] Frauen haben sich jedoch auch mit neuen Themen auseinandergesetzt, beispielsweise mit der sexuellen Belästigung am Arbeitsplatz. Von der Dauerhaftigkeit des Feminismus zeugt übrigens auch der hartnäckig sich behauptende Antifeminismus, der sich auf verschiedene Weise manifestiert – von der Verbreitung erniedrigender Frauenbilder bis hin zur subtileren Überbewertung weiblicher bzw. mütterlicher Tugenden oder der Exaltation einer »Ethik des Mutterleibs«. Die politischen Aspekte der Geschlechterbeziehungen werden dabei außer acht gelassen.[2]

Sind die neuen Fortpflanzungstechnologien nur ein weiterer Ausdruck der Gleichsetzung Frau=Körper=Objekt, oder verkörpern sie statt dessen ein neues *Recht* auf Mutterschaft (das die überlieferte *Pflicht* zur Mutterschaft ablösen würde)? Zeichnet sich in ihnen gar die Möglichkeit einer Neudefinition von Partnerschaft ab, mit dem Kind als wesentlichem Bindeglied? Diese neuen Techniken, die eine Dissoziation der Sexualität von der Fortpflanzung, der Empfängnis von der Abstammung, der biologischen Abstammung von den gefühlsmäßigen und erzieherischen Bindungen bewirken, bieten erneut Anlaß, über Eugenik sowie die Grundrechte des Menschen nachzudenken. Der letzte Beitrag dieses Buches vergleicht Praktiken, ideologische Diskussionen und die zur Anwendung kommenden Lösungen der verschiedenen Länder im Hinblick auf die Reproduktionstechnik, zeigt auf, welche Themen auf dem Spiel stehen, und benennt die Werte, um die gestritten wird: beispielsweise die eines Neokonservativismus – Blutsbande, die Verteidigung der Familie und die Rechte des ungeborenen Lebens –, der bestimmte feministische Errungenschaften bedroht.

Über den Körper von Frauen ist das letzte Wort noch nicht gesprochen, ebensowenig wie über die Geschichte der Geschlechterbeziehungen.

F. T.

16

Recht und Demokratie

Mariette Sineau

Das Prinzip der Rechtsgleichheit von Mann und Frau ist für die westlichen Gesellschaften gegen Ende des 20. Jahrhunderts nicht mehr neu. Wie man weiß, gab es die ersten Forderungen nach gleichen Rechten und die ersten legislativen Bemühungen in dieser Richtung schon während der Französischen Revolution. Im Namen des Naturrechts wurde die völlige Gleichberechtigung von Mann und Frau im öffentlichen wie im privaten Recht verlangt. Élisabeth Sledziewski hat eine dezidierte Analyse darüber geliefert, wie einschneidend die Festschreibung des Status der Frau als Bürgerin durch das Revolutionsgesetz war (durch die Definition der Ehe als bürgerrechtlichen Vertrag und durch die Institution der Ehescheidung, die die Frau »zur rechtmäßigen Partnerin macht, deren ganze Vernunft und deren ganzer Wille zum beiderseitigen Einvernehmen erforderlich ist«).[1] Allerdings besiegelte die Revolution für lange Zeit den Ausschluß der Frauen aus der politischen Sphäre: Mit der Demokratie wurde ihre politische Entrechtung sogar zum absoluten Grundsatz erhoben, was nicht einmal zu Zeiten des Ancien Régime so gewesen war. Doch mit der Bindung politischer Rechte an das Individuum statt an den Grundbesitz bereitete sie, zumindest auf dem Papier, den Weg für das Frauenwahlrecht.

Somit ist das Konzept der Rechtsgleichheit zwischen Individuen unterschiedlichen Geschlechts ein altes, seine konsequente juristische Umsetzung jedoch ließ fast bis zum Anbruch des dritten Jahrtausends auf sich warten. Die Vorstellung, die Gleichheit der Frauen gesetzlich festzuschreiben, stieß auf massive Widerstände. Einer davon war der Code civil français von 1804, dieses sowohl in Europa als auch in Übersee (Québec) bewunderte und weitverbreitete Rechtsmodell. Kaum waren die Frauen durch die Revolution befreit worden, wurden sie durch den Code Napoléon abermals unterworfen. Indem er die »Individualität dem pater familias vorbehielt«,[2] legitimierte er für lange Zeit die Rechtlosigkeit verheirateter Frauen unter dem bürgerlichen Gesetz. Und damit indirekt auch die Verweigerung politischer Rechte gegenüber Frauen allgemein. Die Frau, eine der Autorität des Ehemannes unterstellte und aller politischen Rechte beraubte Unmündige: Diese Vorgabe napoleonischer Prägung war zählebig. Noch 1945, nach Ende des Zweiten Weltkrieges, war sie aus der Gesetzgebung zahlreicher europäischer Länder noch ganz eindeutig herauszulesen. Erst in jüngster Zeit hat die liberale Reformierung des Privatrechts die letzten Zeichen und Symbole der ehemaligen Unterordnung der Frau unter ihren Bürger-Ehemann getilgt.

Selbst nach Erlangung der juristischen Gleichstellung mußten sich die Frauen die Mittel zur Ausübung ihrer Rechte in ihrer neuen Stellung als Bürgerinnen verschaffen: nicht nur aktives Wahlrecht, sondern vor allem das Recht, sich um politische Ämter zu bewerben. Ein kurzer Blick auf den heutigen Stand der Geschlechterrepräsentation in den politischen Institutionen Europas und Nordamerikas zeigt, daß die Frauen immer noch eine sehr begrenzte Rolle im öffentlichen Leben spielen. Sollten sie ihren Status als formal von der Demokratie Ausgeschlossene nur aufgegeben haben, um letztlich einer neuen Ausgrenzungsstrategie zum Opfer zu fallen? Nachdem sie sich die formale Gleichheit erkämpft haben, versuchen Feministinnen nun, und dies bisweilen mit Erfolg, die faire Aufteilung der Macht zwischen den Geschlechtern voranzutreiben. Ist der Aufstieg von Frauen in Führungspositionen noch aufzuhalten, oder zeichnet sich ein Ende der männlichen Vorherrschaft ab? Die politische Teilhabe von Frauen ist eines der wichtigsten Themen der kommenden Jahrzehnte.

Der Zugang zu staatsbürgerlichen Rechten

Die neuere Geschichte der zivilen und politischen Rechte der Frauen dreht sich um zwei zentrale Themen. Das erste ist die enorme Rechtsdisparität im Jahr 1945: Nordamerikanerinnen, Frauen aus Québec, Engländerinnen, Französinnen oder Portugiesinnen; Frauen waren damals, je nachdem, woher sie kamen, im Besitz unterschiedlicher bürgerlicher und politischer Rechte. Die Palette reichte von der vollen

Gleichstellung bis zur absoluten Rechtlosigkeit und schloß dabei alle möglichen Zwischentöne ein: In manchen Ländern waren Frauen im zivilen Bereich vollberechtigt, jedoch nicht im politischen, in anderen stellte sich die Situation umgekehrt dar.

Zweitens wurde Europa in den sechziger Jahren vom Wind der Reformen erfaßt, einer wahren Revolution, wie manche Juristen meinten, die darin bestand, den Gedanken der Gleichheit von Ehemann und Ehefrau in das Privatrecht einzubringen. Durch diese umfassenden, demokratisierenden Veränderungen der Ehe wie der politischen Gesellschaft sollte der Rechtsstatus der Frauen innerhalb der westlichen Gesellschaften ein ähnliches Erscheinungsbild bekommen, indem bestimmte, als »atavistisch« zu bezeichnende nationale Besonderheiten eliminiert wurden.

Das Klima der Nachkriegszeit mit der Erfahrung des Sieges der demokratischen Kräfte über den Totalitarismus begünstigte die Entfaltung der Rechte des Individuums. Die Frauen – denn auch sie hatten ihren Beitrag im Krieg gegen den Faschismus geleistet – sollten davon teilweise profitieren. Die Allgemeine Erklärung der Menschenrechte (1948) vergaß nicht, die Gleichstellung von Mann und Frau sowie der Partner in der Ehe aufzuführen. Bei der Erstellung neuer Verfassungen mehrerer westlicher Länder (darunter Frankreich im Jahr 1946, Italien 1947, die Bundesrepublik Deutschland 1949) wurde dieses Prinzip der Gleichstellung bewußt in die Grundrechte aufgenommen. Doch nur die führende, wenn nicht sogar die feministischste Demokratie der Welt, die USA, hat es damals und auch heute abgelehnt, das Equal Rights Amendment (ERA) und die darin vorgesehene Gleichberechtigung von Mann und Frau in allen rechtlichen Bereichen in die Verfassung zu integrieren.

In Europa mußten die Regierungen nach dem Zusammenbruch des Faschismus nachgeben und den Frauen uneingeschränkte politische Staatsbürgerrechte zuerkennen. Das Privatrecht hingegen konnte dem demokratischen Druck länger widerstehen. 1945 war »die Ungleichbehandlung die Regel, die Gleichbehandlung die Ausnahme«.[3] Die Heirat sollte Frauen noch für lange Zeit entscheidender persönlicher und patrimonialer Rechte berauben (der Ausübung bürgerlicher Rechte, des Rechts, außerhalb des Hauses zu arbeiten, des Rechts, Vermögen zu erwerben, zu verwalten, zu veräußern, des Rechts der elterlichen Vormundschaft usw.). Ein Blick auf die nachfolgende Tabelle wird die Disparität der für die Frauen in Europa bzw. in Nordamerika bestehenden Rechtslage im 20. Jahrhundert veranschaulichen. Die Unterschiede sind keineswegs zufällig. Deutlich wird eine Kluft zwischen den Ländern im Einflußbereich des Code Napoléon, in denen noch nach dem Zweiten Weltkrieg ungleiche Bedingungen herrschten, und den Ländern des Common Law bzw. des germanischen Rechts, in denen sich bereits viel früher eine liberale Entwicklung abzeichnete. Ganz offensichtlich wird dies beim Vergleich von Frankokanada, das den Frauen die politischen und bürgerlichen Staatsbürgerrechte erst 1945 bzw. 1964 zubilligte, mit Anglokanada, das ihnen unverzüglich beides gewährte.

Anteil der Frauen im Parlament (untere Kammer) und Zeitpunkt der Anerkennung der vollen politischen und bürgerlichen Rechte in den wichtigsten westlichen Ländern

LAND	Frauen im Parlament		Politische Rechte	Bürgerliche Rechte (verheiratete Frauen)
	Wahljahr	Anteil Frauen in Prozent		
Finnland	1991	38,5	1906	1919
Norwegen	1989	35,7	1913	1888
Schweden	1991	33,8	1921	1920
Dänemark	1990	33	1015	1925
Niederlande	1989	25,3	1919	1956
Island	1991	23,8	1915	1923
Österreich	1990	21,8	1918	1811
BRD*	1987	15,3	1919	1896
Spanien	1989	14,6	1931	1975
Schweiz	1987	14	1971	1912
Luxemburg	1989	13,3	1919	1972
Kanada	1988	13,2	1920	um 1900
Italien	1987	12,8	1945	1919
Belgien	1991	9,4	1948	1958
Irland	1989	7,8	1918	1957
Portugal	1987	7,6	1976	1976
USA	1990	6,4	1920	um 1900
Großbritannien	1987	6,3	1928	1882
Frankreich	1988	5,7	1944	1938
Griechenland	1990	5,3	1952	keine Ungleichheit

Entnommen aus: Union Interparlementaire, 1991.

* Wiedervereinigtes Deutschland (Dez. 1990): 20,5 Prozent Abgeordnete im Bundestag

Das angelsächsische und skandinavische Modell

Bei Kriegsende war das angelsächsische und skandinavische Modell das Modell der im zivilen wie im politischen Bereich schon längst emanzipierten Frauen. 1945 lag ihre »Revolution« bereits einige Jahrzehnte zurück, und ebenso lange genossen sie den Status von Staatsbürgerinnen. Vermutlich hatten auch die religiösen Traditionen dieser Länder etwas mit deren rechtlicher Freizügigkeit zu tun. Die protestantische Ethik, eifersüchtige Hüterin der Rechte des Individuums, fand sich verhältnismäßig leicht mit einer feministischen Strömung zurecht, die sich sehr schnell als Massenbewegung organisieren und wirksam für eine Emanzipation an zwei Fronten kämpfen konnte. In den Jahren von 1860 bis 1880 sollen die englischen Suffragetten etwa 3 Millionen »Reklamantinnen« für das Frauenwahlrecht geworben haben. Sicherlich nicht so zahlreich, aber ebenso unnachgiebig in ihren Forderungen, konnten sich ihre deutschen Bündnispartnerinnen bald auf die aktive Unterstützung durch die Sozialdemokratische Partei berufen, die in ihrem Erfurter Programm (1892) das allgemeine Wahlrecht für jeden Bürger unabhängig von seinem Geschlecht zu ihrer Hauptforderung machte.

Es lassen sich auch Gründe für die frühe Entstehung des Feminismus anführen, die mit der rechtlichen Basis selbst zusammenhängen: In den Ländern des Common Law »sind die gesetzlichen Bestimmungen nicht als Direktiven für den Alltag, sondern zur Lösung von Konflikten vorgesehen«.[4] Da es also eher für die Schlichtung von Streitigkeiten als für normative Setzungen zuständig ist, mischt sich das Recht kaum in Fragen des Privatlebens und der persönlichen Moral ein. (In England zum Beispiel interessiert der Ehebruch das Strafrecht nur, wenn er in einer für die Gesellschaft anstößigen Weise in aller Öffentlichkeit begangen wird.) Insgesamt also hatte sich nicht die gleiche Unterordnung des Zivilen unter das Öffentliche, des Privaten unter das Politische vollzogen wie in den römisch-katholischen Ländern, was wahrscheinlich zur Folge hatte, daß die Frauen sich den Männern in geringerem Maße unterordneten.

In England hat fraglos noch eine andere historische Gegebenheit die gesetzliche Befreiung der Frau beschleunigt: die frühe Industrialisierung des Landes. Sie erforderte ein riesiges Heer an Arbeitskräften und somit notwendigerweise in gewissem Umfang die Freisetzung der Frauen. Ganz im Gegensatz dazu stand das eher agrarisch geprägte Frankreich, das sich hinsichtlich der Frauenemanzipation lange mit einem einzigen schüchternen Zusatz zum Code civil begnügen durfte (dem Gesetz von 1907 über die freie Verfügung der verheirateten Frau über ihre Einkünfte).

In den skandinavischen und angelsächsischen Ländern war die Bewilligung des Wahlrechts für Frauen unmittelbar auf die Einführung des »allgemeinen« Wahlrechts (für Männer) gefolgt – die bisweilen spät erfolgte: In England etwa beruhte dieses Recht noch am Vorabend des Ersten Weltkrieges auf der *franchise*, das heißt, auf bestimmten Besitzvoraussetzungen. In den USA waren die Feministinnen jedoch nach dem Bürgerkrieg »von ihren abolitionistischen Freunden versetzt worden«[5] und mußten ein Dreivierteljahrhundert erbittert darum kämpfen, daß endlich der Verfassungszusatz von Susan B. Anthony, der aus dem Frauenwahlrecht ein Verfassungsrecht machte, verabschiedet und 1920 bestätigt wurde.

Die Tatsache, daß die Suffragetten (außer in den USA) auf der Welle mitschwammen, die zur Demokratisierung der Institutionen drängte, erklärt auch ihren frühen Erfolg. Die Skandinavierinnen waren die ersten, die uneingeschränkte politische Staatsbürgerrechte erwarben, zumeist vor oder während des Ersten Weltkrieges. Das skandinavische Vorbild fand sofort nach Unterzeichnung des Friedensvertrages in beinahe allen nichtromanischen Ländern Nachahmung. So hatten Ende der zwanziger Jahre im gesamten Nordeuropa (mit Ausnahme Belgiens) wie auch in Nordamerika (ausgenommen Québec) die Frauen ihre formale politische Gleichstellung erreicht. Nach Ende des Zweiten Weltkriegs hatten sie schon beträchtliche Erfahrungen als Staatsbürgerinnen und Abgeordnete gesammelt; die Finninnen seit neununddreißig, die Engländerinnen seit siebzehn Jahren. An manchen Orten reichten diese Erfahrungen noch weiter zurück, wenn man bedenkt, daß Frauen das Wahlrecht auf lokaler Ebene bereits früher ausgeübt hatten. Innerhalb der amerikanischen Föderation konnten die Frauen im Staat Wyoming seit 1869 wählen, in Colorado seit 1893. In einzelnen Ländern wählten sie auf Gemeindeebene, seit 1901 in Norwegen, seit 1908 in Dänemark und seit 1909 in Island.

Für die bürgerliche Gleichstellung waren die Länder des Common Law Wegbereiter gewesen. In einem großen Teil der USA und vor allem in England – dessen Einfluß auf die europäischen Länder stärker war – ging der Bewilligung der politischen Rechte für verheiratete Frauen die Bewilligung der Bürgerrechte voraus. In der Mitte des 20. Jahrhunderts behaupteten Ehefrauen in England schon länger als sechzig Jahre ihre Unabhängigkeit gegenüber ihrem Ehemann, sowohl hinsichtlich ihres Vermögens als auch ihrer Person. Mit der Vorschrift über die Gütertrennung erkannte der Married Women's Property Act von 1882 dabei der Frau das uneingeschränkte Recht zu, über ihren Besitz zu verfügen und selbständig Verträge abzuschließen. Das englische Gesetz schlug in den Ländern des Code civil wie eine Bombe ein: Sogar die liberalsten Juristen sprachen von Anarchie im ehelichen Schlafzimmer, während die Feministinnen es als eine Art Leuchtfeuer sahen, das ihnen den Weg in die Freiheit wies.

Die Gleichstellung von Vater und Mutter gegenüber ihren Kindern, die von den allgemeinen Regelungen des Common Law ursprünglich nicht vorgesehen war, wurde sehr schnell durch nachträgliche Rechtsvorschriften (in England die Gesetze von 1886 und 1925) eingeführt.

In der Zeit nach dem Zweiten Weltkrieg war diese Entwicklung weitgehend abgeschlossen: Die meisten Provinzen Kanadas und der USA erkannten eindeutig die Gleichstellung der Ehegatten gegenüber ihren Kindern an.

1945 standen die Skandinavierinnen den Angelsächsinnen im Hinblick auf ihre bürgerlichen Rechte in nichts nach, die verheirateten Frauen hatten ihre Rechtsgleichheit in den zwanziger Jahren erreicht (in Norwegen sogar noch früher), und sie teilten sich mit dem Ehemann ganz oder teilweise die elterliche Gewalt. Den deutschen Frauen wiederum, deren Rechte noch durch das Bürgerliche Gesetzbuch (BGB) von 1896 beschnitten wurden, sollte die Gleichheit erst 1949 durch das Grundgesetz zugebilligt werden. Unter der Vorgabe, daß »Männer und Frauen gleichberechtigt sind«, setzte Artikel 117 fest, daß die mit diesem Gleichheitsgrundsatz unvereinbaren Gesetze zum 31. März 1953 außer Kraft treten würden. Von diesem Datum an (später noch unterstützt durch die Verabschiedung neuer Gesetze, darunter das von 1957 über die Gleichberechtigung von Mann und Frau) wurden den deutschen Frauen Rechte zugestanden, die ihnen das Bürgerliche Gesetzbuch verwehrt hatte (insbesondere, was die elterliche Gewalt anbelangte).

Ein Vergleich zwischen Deutschland und Frankreich fördert einige verblüffende Unterschiede zutage. In Frankreich hatte der formale Grundsatz der Gleichberechtigung von Mann und Frau – in der Verfassungspräambel von 1946 proklamiert und in die Verfassung von 1958 aufgenommen – neben einem Code civil existieren können, der die Ungleichheit von verheirateten Frauen institutionalisierte. In Italien verhielt es sich in etwa genauso. Andere Länder, andere juristische Sitten.

Das römisch-katholische Modell und seine Nachahmer

1945 besagte der juristische Kanon der romanischen Länder und/oder der Länder, die ein bürgerliches Gesetzbuch französischer Prägung besaßen, das genaue Gegenteil vom soeben Beschriebenen: Frauen, Neubürgerinnen, blieben, wenngleich ihnen der Zugang zum politischen Leben nicht immer versagt war, in ihrem Privatleben der Macht eines Ehemannes untertan, dem sie beständigen Gehorsam schuldeten. Ist die relative Rückständigkeit jener Länder auf einen zu schwachen Feminismus zurückzuführen, der zu Beginn des Jahrhunderts nicht als Massenbewegung einer politischen Lobby auftreten konnte? Das trifft teilweise zu, besonders für die katholischen Länder, die kein entkonfessionalisiertes Recht haben: In Italien, Spanien und auch Portugal erscheint schon die bloße Vorstellung einer Gleichberechtigung der Frau als gänzlich unvereinbar mit dem katholischen Glauben und der katholischen Tradition, die das Gesetz zum Gesetz des *Mannes* machte. In Frankreich war die Sachlage etwas anders. So stark, wie sich der Feminismus der Jahrhundertwende erwiesen hatte, war er in der Zeit zwischen den beiden Weltkriegen keinesfalls mehr: Die in interne Streitigkeiten verstrickten Suffragettengruppen fanden immer weniger Anklang, während die Parteien extrem frauenfeindlich eingestellt waren. 1936 stand das Wahlrecht für Frauen nicht einmal auf dem Programm des Wahlbündnisses, das den Sozialisten Léon Blum an die Regierungsspitze brachte.

Aber es muß auch daran erinnert werden, daß in Frankreich und seinen Nachbarländern zwei entscheidende Ereignisse die Debatte über die Gleichstellung von Mann und Frau lange geprägt haben. Zuerst hatte die Französische Revolution mit dem grundsätzlichen Ausschluß der Frauen aus der Politik diesen Ausschluß in den Augen nachfolgender Generationen von Republikanern für lange Zeit legitimiert. Zweitens hatte der Code civil von 1804, die Inkarnation der modernen Rechtsprechung, für anderthalb Jahrhunderte die privatrechtliche Unterordnung der Frau besiegelt. Obwohl seine Auswirkungen auf Frauen reaktionär waren – sowohl im Vergleich zum Revolutionsrecht als auch zum Ancien Régime –, tat jedermann so, als sei der Code civil ein in allen Punkten vollkommenes Monument und demzufolge unantastbar. Die ersten Angriffe kamen tatsächlich von seiten der Feministinnen (so bemächtigten sie sich 1904 in Paris der pompösen Zentenarfeier, um zum Ausdruck zu bringen, daß sie diese Knebelungs-Gesetze ablehnten).

Bei der Einführung des allgemeinen Wahlrechts blieben die Frauen in den meisten romanischen Ländern, im Gegensatz zu denen in angelsächsischen Ländern, nur Zuschauerinnen. Im Jahre 1848 führte Frankreich als erste unter den europäischen Nationen das allgemeine Wahlrecht für Männer ein, 1944 erkannte es als eine der letzten den Frauen das aktive und passive Wahlrecht zu. Zwischen diesen beiden Daten – der Ausweitung und, so könnte man sagen, der wirklichen Verallgemeinerung des Wahlrechts – verging beinahe ein ganzes Jahrhundert. Oder mehr als anderthalb Jahrhunderte, wenn man 1789 als Bezugsdatum für die politische Gleichheit nimmt. »Einhundertfünfzig Jahre dauert diese Ächtung nun schon«,[6] entrüsteten sich 1939 in Versailles die Feministinnen anläßlich der 150-Jahrfeier der Revolution.

Doch Frankreich war nicht die einzige westliche Nation, in der noch bis zur Mitte dieses Jahrhunderts ausschließlich Angehörigen des männlichen Geschlechts politische Rechte gewährt wurden. Auch andere waren wie Frankreich auf dem Vorkriegsstand stehengeblieben: Italien und Belgien. Wiederum anderen war es sogar gelungen, den Frauen ihre politischen Rechte bis in die siebziger (Schweiz und Portugal) bzw. die achtziger Jahre (Liechtenstein) hinein zu verwehren!

Nach antiker Manier, wie in der Athenischen und auch der Römischen Republik, schienen die Mittelmeerländer – mit Ausnahme Spaniens – lange Zeit dem Glauben anzuhängen, daß die Teilnahme am politischen Leben einzig den Waffenträgern vorbehalten sei. Zweifellos haben hin und wieder taktische Erwägungen Frauen von der politischen Szene ferngehalten. Frankreich bietet hierfür ein gutes Beispiel: Das Frauenwahlrecht, ein vermeintliches Anliegen der Kirchenseite, war einer der strittigsten Punkte zwischen antiklerikalen Republikanern und der konservativen und sogar royalistischen Rechten. Frauen, so hieß es, seien für den politischen Einfluß der kirchlichen Würdenträger besonders empfänglich. Doch diente das klerikale Schreckgespenst nicht dazu, vom Eigentlichen abzulenken? Wäre es den radikal-sozialistischen Senatoren gelungen, die Frauen derart lange um ihre politischen Staatsbürgerrechte zu bringen, wenn sie sich nicht im Namen der hehren Prinzipien der Revolution ideologisch dazu berufen gefühlt hätten, den männlichen Charakter der Politik zu bewahren?

»Unser Code civil, der lange Zeit als Beispiel und Modell gedient hat, ist heute hinsichtlich der Rechte der Frauen ausgesprochen rückständig«.[7] Diese kritische Bilanz eines französischen Juristen aus dem Jahre 1899 traf auch ein halbes Jahrhundert später noch uneingeschränkt zu und galt für den gesamten Teil Europas, der unter dem Einfluß des Code Napoléon stand.

De facto wirkte die bürgerliche Unmündigkeit der (verheirateten) Frauen in jenen Ländern besonders folgenschwer nach, die das französische System nur mehr übernommen hatten (Belgien, Luxemburg, Niederlande). Dort, wo der Code Napoléon etwas freier ausgelegt worden war, wurde die Ungleichbehandlung der Ehegatten etwas abgemildert. In Italien zum Beispiel besaßen Ehefrauen seit 1918 gewisse staatsbürgerliche Rechte. Doch im Zusammenhang mit der konfessionellen Prägung des Rechts (Italien, Spanien, Portugal) bestanden Zwänge, die besonders die persönlichen Freiheiten der Frauen in anderen Bereichen beeinträchtigen sollten (Ehescheidungs- und Abtreibungsverbot). Schließlich gelang es in Spanien und Portual den lange bestehenden faschistischen Diktaturen, die Frauen bis Mitte der siebziger Jahre juristisch mundtot zu machen.

Traditionell vollzog sich in den Ländern des Code civil die Unterordnung über zwei probate Wege: die Gewalt des Ehemannes über seine Frau einerseits und die staatsbürgerliche Entmündigung der Ehefrauen andererseits. 1945 fanden sich beide Formen der Bevormundung, schon seit langem fest verankert, noch immer in zahlreichen Gesetzgebungen, ja sie hatten zu jenem Zeitpunkt noch etliche einflußreiche Jahre vor sich.

Einen Mann zu heiraten, bedeutete im Jahr 1945 immer noch für viele Europäerinnen und sogar einige Nordamerikanerinnen (in Québec) den Verlust ihrer rechtlichen Vollmachten. Zu diesem Zeitpunkt verweigerten noch sieben westliche Staaten verheirateten Frauen die Ausübung ihrer rechtlichen Vollmachten. Gesetzlich waren sie Unmündige, die nur vom Belieben des Ehemannes abhängige Rechte besaßen. Ohne seine Zustimmung war es ihnen beispielsweise untersagt, eine Zeugenaussage zu machen oder Verträge abzuschließen! Dieses Relikt aus dem 19. Jahrhundert – die Weigerung, den Ehefrauen staatsbürgerliche Autonomie zuzugestehen – hielt sich bis 1956 in den Niederlanden, bis 1957 in Irland, bis 1958 in Belgien, bis 1964 in Québec, bis 1972 in Luxemburg, bis 1975 in Spanien und bis 1976 in Portugal. In Frankreich wurden den Frauen die zivilen Staatsbürgerrechte während des Krieges eingeräumt (Gesetze von 1938 und 1942): Da die Männer im Feld standen oder in Gefangenschaft waren, sah man sich gezwungen, dem anderen Geschlecht Handlungsfreiheit zu gewähren (die übrigens in beträchtlichem Maße bei der Verwaltung des ehelichen Güterstandes eingeschränkt war).

Noch zwei Jahrzehnte nach 1945 war die Ehe in den Ländern des Code civil weiterhin eine Verbindung von zwei Individuen mit unterschiedlichen Rechten und Pflichten. Das französische Recht veranschaulicht sehr gut die damals in diesem Rechtssystem vorherrschende patriarchalische Auffassung von der Familie. Als »Familienoberhaupt« besaß der Ehemann weitreichende Befugnisse, was die Person und das Vermögen sowohl seiner Ehefrau als auch seiner Kinder anbelangte. Im Rahmen der gesetzlich geregelten Gütergemeinschaft stand ihm das Recht zu, den gemeinsamen Wohnsitz zu bestimmen, seiner Frau die Berufsausübung zu verbieten, allein das gemeinsame Vermögen zu verwalten, ebenso wie das seiner Frau (außer dem sogenannten Vorbehaltsgut, insbesondere dem durch ihre berufliche Tätigkeit erworbenen). Obwohl Frauen faktisch die Verantwortung für die Kindererziehung übernahmen, übertrug die Gesetzgebung dem Mann alle Entscheidungsvollmachten in diesem Bereich (einschließlich der Anmeldung in der Schule oder für ein Ferienlager). Nicht weniger augenfällig ist die ungleiche Behandlung in bezug auf Ehebruch. Wenn auch die Treuepflicht für beide Seiten galt, wurde entsprechendes Fehlverhalten bei der Frau sehr viel strenger geahndet. Eine Ehescheidung war zu jener Zeit in den Ländern des entkonfessionalisierten Rechts noch schwer durchzusetzen und in den Ländern des konfessionellen Rechts ganz unmöglich.

Immer wieder wird gern darauf hingewiesen, daß die Frauen in den romanischen Ländern ihre politische Machtlosigkeit durch weitreichende häusliche Befugnisse vielleicht mehr als kompensierten. Es muß wohl kaum darauf aufmerksam gemacht werden, daß diese Kontrolle der Privatsphäre bestenfalls eine De-facto-Wirklichkeit ohne jegliche rechtliche Konsequenz darstellte. Im romanischen Sprachraum herrscht eine tiefe Übereinstimmung zwischen Gesetz und Tradition, die, wie Odile Dhavernas bemerkt, »die Frau auf die Seite der Natur und den Mann auf die der Kultur stellt«.[8]

Unterschiedliche Frauenbilder zeichneten sich in den Rechtssystemen verschiedener Länder im Jahr 1945 und noch bis zur Mitte der sechziger Jahre ab. Während die einen schon lange den Willen der Frauen zur Unabhängigkeit und Freiheit akzeptiert hatten, schlossen andere sie aus der durch die Französische Revolution ausgelösten Dynamik der Individualrechte aus, so daß sie im Netz des Familienverbandes dem Familienoberhaupt unmittelbar unterstellt blieben.

So gegensätzlich diese Systeme und Traditionen auch gewesen sein mochten, in einigen Punkten wiesen sie gewisse Ähnlichkeiten auf. Zu den wichtigsten zählte sicherlich folgende: das Gesetz bzw. die Rechtslehre reflektierte damals fast überall noch die traditionelle Rollenteilung in der Ehe. Dem Mann fiel die Erwerbstätigkeit zu, der Frau die Haus- und Erziehungsarbeit. So war es nicht nur in Frankreich und den Ländern des Code Napoléon, sondern auch in Deutschland: Nach den Bestimmungen des Gesetzes von 1957 über die Gleichberechtigung von Mann und Frau blieb die Haushaltsführung eine der natürlichsten Pflichten der Frau, während ihr das Recht auf die Ausübung eines Berufs nur in begrenztem Umfang zugestanden wurde. In Großbritannien kritisierte sogar die Königliche Heirats- und Scheidungskommission in den Nachkriegsjahren das viktorianische System der Gütertrennung, und zwar aus folgenden Gründen:

> »Die Ehe sollte als eine Partnerschaft angesehen werden, in der Mann und Frau gemeinsam nach Maßgabe der Gleichberechtigung arbeiten und in der der Beitrag der Frau zur Gemeinschaft durch die Führung des Haushalts und die Erziehung der Kinder den gleichen Wert hat wie derjenige des Mannes, der den Haushalt versorgt und für den Lebensunterhalt der Familie aufkommt.«[9]

Nur das skandinavische Recht machte eine Ausnahme, weil es sich von jeder traditionellen Auffassung der Geschlechtsrollen freimachte.

Im Aufwind der Reformen: 1960–1980

Nach beinahe einem Jahrhundert der Stagnation haben die vergangenen dreißig Jahre Umwälzungen im Familienrecht und in den Frauenrechten erbracht. Nahezu sämtliche Länder waren ungeachtet ihrer Tradition gezwungen, ihre gesetzlichen Bestimmungen mehr oder weniger der veränderten gesellschaftlichen Praxis anzupassen: einer neuen Auffassung von der Ehe (egalitärer, hedonistischer, aber auch labiler), der Zunahme eheähnlicher Lebensgemeinschaften und der wachsenden Zahl unehelicher Kinder, schließlich dem immer dringlicher geäußerten Wunsch berufstätiger Frauen nach mehr Unabhängigkeit. »Der Mann, dessen Frau einen Beruf ausübt, weiß, daß er abdanken muß«, vermerkte ganz realistisch Georges Ripert bereits im Jahre 1948.[10] In manchen Ländern, darunter auch in Frankreich, wo die Rechtslehre zutiefst konservativ war und wo radikale Feministinnen für Rechtsreformen bloß Verachtung übrig hatten, muß man sich berechtigterweise fragen, ob die Abschaffung der gesetzlichen Autokratie des Ehemannes nicht den Millionen von berufstätigen Frauen zu verdanken ist.

Diese allgemeine Überarbeitung des Rechts unter Berücksichtigung der Gleichberechtigung von Mann und Frau hatte zur Folge, daß sich die verschiedenen Gesetzgebungen einander annäherten. Es war zum einen eine inhaltliche Annäherung: Die hierarchische Struktur der Ehe war überall einer diadischen gewichen. Mit einer Vielzahl von Partnerschaftsmodellen hat das Zivilrecht bestimmte normative Aspekte abgestreift und steht somit eher im Einklang mit dem traditionell flexibleren Common Law. Zum anderen war es eine formale Annäherung als Resultat einer gegenseitigen Durchdringung der Vorschriften der ehelichen Gütergemeinschaft und der der ehelichen Gütertrennung. Und wieder einmal hatten sich die skandinavischen Länder bereits in den zwanziger Jahren mit der Erarbeitung von gemischten Güterstandsmodellen als Wegbereiter erwiesen – den sogenannten aufgeschobenen Gütergemeinschaften, deren Vorteil es war, keine weibliche Lebensform zu bevorzugen, weder die der berufstätigen Frau noch die der Hausfrau, sondern beide gleichberechtigt zu berücksichtigen.

In den romanischen oder vom Code Napoléon geprägten Staaten gab es die tiefgreifendsten Veränderungen, denn dort hatte die Rechtsprechung wahre Wunder zu vollbringen, »um alte und inadäquate Texte angemessen anzupassen«.[11] Eine regelrechte »Entkolonialisierung« der Frau vollzog sich dort; eine Entkolonialisierung, die Schluß machte mit der rechtlichen Entmündigung der Frau, aber auch mit dem alten Ideal der *patria potestas*, das dem Ehemann über seine Frau und dem Vater über seine Kinder die Vollmachten eines »Oberhaupts« einräumte. Die Reformen nahmen das Konzept von Gleichheit und Unabhängigkeit beider Ehepartner in die Gesetzgebung auf. In Frankreich fand die große Reform, die Frauen von der Vormundschaft des Ehemannes befreite, 1965 statt, aber erst mit den Gesetzen von 1970 (das die Bezeichnung »Familienoberhaupt« mit all ihren Konnotationen strich und die elterliche Gewalt einführte), von 1975 (es legalisierte die Ehescheidung in beiderseitigem Einvernehmen und entkriminalisierte den Ehebruch) und von 1985 (Festsetzung der vollständigen Gleichheit der Ehegatten bei der Verwaltung des Familienvermögens) wurde das Gleichheitsprinzip im Personen- wie im Vermögensrecht konsequent umgesetzt.

Die südeuropäischen Länder, die aus religiösen und auch politischen Gründen erst später von der Frauenrechtsbewegung erfaßt worden waren, brauchten länger, um die autoritäre Familientradition durch einen egalitären Ansatz abzulösen. Erst seit etwa 1975 folgten Reformen hinsichtlich grundlegender Frauenrechte in kürzeren Abständen aufeinander, gleichzeitig mit dem Fall der letzten Diktaturen. Die kirchliche Trauung verlor ihre Rechtsgültigkeit und die Zivilehe wurde eingeführt: 1970 in Italien (durch das Referendum von 1974 bestätigt), 1975 in Portugal, 1981 in Spanien und 1982 in Griechenland. Außerdem wurde das Prinzip der gemeinsamen Vermögensverwaltung und der gemeinsamen Verantwortung gegenüber den Kindern gesetzlich festgeschrieben (1975 in Italien, 1978 in Portugal, 1981 in Spanien, 1983 in Griechenland).

Von diesem Reformfieber blieben auch solche Länder nicht verschont, die ihre Gesetzgebung bereits viel früher liberalisiert hatten. Die letzten Überreste männlicher Privilegien auf bestimmten Gebieten (Ehescheidung, elterliche Gewalt, ehelicher Güterstand, Namensrecht) wurden beseitigt. In Deutschland war die Reform des Eherechts (1976) exemplarisch, spiegelte sie doch tatsächlich den Willen wider, das Gesetz vom vorherrschenden Bild der Frau als Hausfrau zu reinigen und jegliche Vorstellungen von festen Rollenmustern innerhalb der Ehe auszublenden. Nach dem ebenfalls 1976 verabschiedeten Gesetz über die Namenswahl (die Partner können künftig den Namen des Ehemannes oder den der Ehefrau als Ehe- und Familiennamen annehmen) sowie nach dem Gesetz von 1979 über die elterliche Haftpflicht (in dem jeder Verweis auf eine elterliche »Gewalt« über das Kind gestrichen wurde) hatte die Bundesrepublik Deutschland den ins Grundgesetz von 1949 aufgenommenen Gleichheitsgedanken vollständig in ihrem Recht verankert.

In den frühen achtziger Jahren war das »Vaterrecht« somit ein Relikt der Vergangenheit. Dennoch war die Rechtsprechung ständig damit befaßt, die rasch sich vollziehenden Veränderungen einzuholen. Durch den Boom der außerehelich geborenen Kinder (jedes zweite in Skandinavien, jedes vierte in Frankreich) war eine Gleichstellung notwendig geworden – in diesem Fall hinsichtlich der Verantwortung des Vaters in einer »biologischen« Familie, die immer mehr zur Normalität wurde. Die europäischen Länder, die diesem Tatbestand noch nicht Rechnung getragen hatten, nahmen eine Neuüberarbeitung ihrer Gesetzgebung in Angriff. Eines der egalitärer gesinnten Länder waren die Niederlande, während das Malhuret-Gesetz von 1987 in Frankreich den Müttern die Priorität über die Väter im Falle unehelicher Kinder einräumte. In Ermangelung neuer Gesetze sicherten sich die Männer jetzt über Gerichtsentscheide ihre Rechte, jedoch nicht immer, um dann die entsprechende Verantwortung zu übernehmen.

In einigen Ländern waren die Veränderungen in der Gesetzgebung den Lebensgewohnheiten einen Schritt voraus, und die Juristen hatten dazu beigetragen, die Zukunft der Frauen zu gestalten. In anderen wiederum hinkte ein zurückgebliebenes Recht den avancierten Praktiken hinterher. In den Ländern des Code Napoléon, dort, wo vorgeschlagenen Rechtsänderungen stets dogmatische Trägheit entgegenschlug, wirkten Rechtsgelehrte nur selten auf Reformen hin. Selbst nachdem diese rechtskräftig geworden waren, reagierten viele von ihnen auf die moderne Gesetzgebung, die den Code von 1804 als »das veraltete Gesetz einer vergangenen Gesellschaft«[12] bezeichnete, negativ. In Frankreich fiel es den liberalsten unter ihnen bisweilen schwer, eine sexistische Ideologie aufzugeben, die der Frau eine wesentliche Andersheit bescheinigte (»ein unterschiedliches Rechtsempfinden, ein geringeres Rechtsbedürfnis, was zweifellos von großer Überlegenheit zeugt«[13]), welche eine grundlegende Berufung suggerierte (zur Mutterschaft beispielsweise anstatt zur autonomen Kreativität außerhalb der häuslichen Umgebung).

Haben bei der Erkämpfung neuer Rechte die emanzipatorischen Feministinnen die Rolle von Juristen übernommen? Die Antwort auf diese einfache, aber wichtige Frage fällt von Land zu Land verschieden aus. In Frankreich glaubten die sogenannten reformistischen Feministinnen der fünfziger Jahre – wie vor ihnen die Suffragetten auch –, daß Gleichheit vor dem Gesetz genügte, um Veränderungen zu bewirken. Nach Aussage des Doyen der Juristen, Jean Carbonnier – Hauptverfasser der neuen Titel des Code civil –, waren die Feministinnen »eingeschritten, um die nur schleppend vorankommenden Reformvorhaben zum ehelichen Güterstand tatkräftig anzuschieben (1965)«.[14] Im Gegensatz dazu war der größte Teil der nebulösen Frauenbefreiungsbewegung – außer einigen Gruppen, darunter der MLAC (Bewegung für die Liberalisierung von Abtreibung und Empfängnisverhütung) und Choisir – einer außergesetzlichen wie außerparlamentarischen Tradition verpflichtet. In Namen eines Radikalismus, der mit dem System insgesamt brechen, »die Revolution in der Revolution machen« wollte, bezeichneten die Neofeministinnen die Rechtsreformen als Scheinreformen. Ihre Forderungen reichten weit über das Gesetz hinaus und standen für »eine neue Art zu sein, zu lieben, zu leben«.[15] Dies hatte zur Folge, daß in den siebziger Jahren im Parlament »gegen die Gleichgültigkeit, ja sogar Unkenntnis der Feministinnen«[16] die Gesetzesserie erarbeitet und später auch verabschiedet wurde, die die verheiratete Frau zur staatsbürgerlich ebenbürtigen Partnerin ihres Mannes machte. Zusammenbrechen sollte die antilegalistische Front erst später mit der Beantragung neuer Gesetze in ganz neuen Bereichen (Vergewaltigung, Gewalt gegen Frauen, sexuelle Belästigung, Antrag auf ein Antisexismusgesetz nach dem Modell des Antirassismusgesetzes). Und auch dann erst konnte sich Anne Zelensky mit folgenden Worten Gehör verschaffen: »Wir als Außenseiterinnen und per definitionem Gesetzlose, da außerhalb des Gesetzes des Bestehenden, werden eben durch ein Gesetz von der überlieferten Knechtschaft befreit und nicht unterdrückt.«[17]

Die Entwicklung des amerikanischen Feminismus verlief im Vergleich zum französischen genau entgegengesetzt. In den zwei Jahrzehnten von 1970 bis heute wurde ein reformistischer Ansatz – nur einige Radikale widersetzten sich dem – von der Mehrheit der Feministinnen getragen. An der Spitze dieser Bewegung stand die National Organization for Women. Ihrer Meinung nach führte der Weg in die Gleichheit über uneingeschränkte Rechte für Frauen in allen Bereichen. Der lange Kampf seit 1920 für das Equal Rights Amendment (ERA) beweist, welchen Stellenwert das Recht in der Ideologie amerikanischer Neofeministinnen hat. Dennoch sollten sich auch in den Reihen der Reformerinnen, die sich ihrer Sache so sicher wähnten, Zweifel bemerkbar machen; der Begriff der Rechtsgleichheit sollte in der angelsächsischen Theorie seine Krise durchleben. Die Enttäuschung über die kümmerlichen Ergebnisse der formalen Gleichheit sowie über bestimmte, unbeabsichtigte Nebenwirkungen hat so manche feministische Juristin dazu bewogen, schützende oder frauenspezifische Forderungen einzuklagen (Priorität der Mutter bei der elterlichen Gewalt oder Vergütung von Hausarbeit), selbst auf die Gefahr hin, die überlieferte Arbeitsteilung weiterhin beizubehalten. Andere gingen soweit, zu bestreiten, daß die Rechtsgleichheit im Kampf gegen den Sexismus ein notwendiger (wenn auch nicht ausreichender) Schritt war. Mag sein, daß das endgültige Scheitern des ERA (1982) und die gegenwärtige Gefährdung des Rechts auf Abtreibung eine heilsame Wirkung auf die Frauenbewegung gehabt haben. Denn erst diese Widerstände haben den amerikanischen Feminismus wiederbelebt und den Glauben an rechtsspezifische Instanzen – trotz deren Unzulänglichkeiten – gefestigt.

Die Südeuropäerinnen wiederum begrüßten die Reformen nahezu vorbehaltlos: Da sie weitaus stärker und länger durch die Gesetzgebung unterdrückt worden waren, konnten Reformen nur als befreiend und »zukunftsgestaltend« aufgefaßt werden. In Italien, Spanien und in geringerem Umfang auch in Portugal überarbeiteten die Regierungen unter dem lautstarken Druck der Feministinnen das Familienrecht. In Rom und Madrid gingen Tausende von Frauen auf die Straße, um für die Ehescheidung oder gegen die gesetzlich vorgesehene Strafe für Ehebrecherinnen mit Slogans wie »wir sind alle Ehebrecherinnen« zu demonstrieren.

Der Kampf um Gleichberechtigung der Frauen wird seit zweihundert Jahren geführt, zweimal einhundert Jahre für die Einsetzung des rechtlichen Universalitätsprinzips und für den Sieg des Individualismus über die letzten Spuren des Patriarchats, »kaum sichtbare Spuren, die, durch eine für das Recht des 19. Jahrhunderts typische Alchimie, in persönliche Attribute des männlichen Erwachsenen umgewandelt wurden«.[18]

Man kann sagen, daß heute die Forderung nach Gleichberechtigung erfüllt ist, jedoch mit zwei wesentlichen Vorbehalten. Einerseits gelten die genannten Erfolge nur für die westliche Welt. Der Kampf für staatsbürgerliche Rechte wird in den muslimischen Ländern fortgesetzt, dort, wo das Recht religiös geblieben ist (die Demonstrationen der algerischen Frauen gegen eine als rückschrittlich angesehene Familiengesetzgebung sind ein Beweis dafür). Andererseits sind im Westen lediglich die Forderungen nach bürgerlichen und politischen Rechten eingeklagt. Im Bereich der sozialen Rechte bleibt noch viel zu tun. Selbst als formal Gleichberechtigte sind Frauen in der Realität noch mit Ungleichbehandlung konfrontiert. In dieser Hinsicht erfreuen sich die Französinnen, die Italienerinnen und mehr noch die Skandinavierinnen im Vergleich zu den Amerikanerinnen beträchtlicher Vorteile. Europäerinnen profitieren seit langem von einer Gesetzgebung, die ihnen als berufstätigen Müttern Schutz gewährt und hilft, während den meisten Amerikanerinnen Mutterschaftsurlaub und staatlich subventionierte Krippen- und Kindergartenplätze nahezu unerreichbar scheinen.

Teilhaben an der politischen Macht

Nachdem die rechtliche Gleichheit gesichert war, stand das Schwierigste noch bevor: die Änderung der Praxis, um auch wirklich von den hart erkämpften Vollmachten und Freiheiten Gebrauch zu machen. Hatten die Fortschritte im Zivilrecht auch im Privatbereich zu einem gleichberechtigten Miteinander beider Ehepartner geführt? Das kann derzeit wohl schwerlich behauptet werden. Letztlich wird darüber von denjenigen eine Auskunft zu erwarten sein, die im Bereich der Rechtsprechung tätig sind. Sie werden beurteilen können, ob verheiratete Frauen die ihnen vom Gesetz zugestandenen Vollmachten in vollem Umfang nutzen, vor allem im Hinblick auf die gemeinsame Verwaltung des Familienvermögens. Eines jedoch steht fest: In einigen Ländern, darunter auch Frankreich, geht die Initiative bei einer Ehescheidung überwiegend von den Frauen aus.

Auf politischer Ebene haben die meisten Frauen in den westlichen Gesellschaften im Laufe der Zeit ein – dem der Männer in nichts nachstehendes – staatsbürgerliches Bewußtsein, wenn nicht gar politisches Interesse entwickelt. In einigen Ländern, den USA oder Schweden zum

Beispiel, gehen sogar anteilmäßig mehr Frauen als Männer zur Wahl. Ihre politischen Optionen sind nicht weniger bezeichnend: ein wachsendes Bewußtsein für die Ungleichbehandlung, unter der sie litten, ließ sie konservative Parteien zugunsten derjenigen politischen Kräfte abwählen, die ein Umdenken in den Geschlechterbeziehungen propagierten. Ein Zeichen der Zeit: In Japan – dort, wo die Unterordnung der Frau als Tradition angesehen wird – mußten die (konservativen) Liberaldemokraten Anfang der neunziger Jahre fürchten, daß die ihnen feindlich gesonnenen Wählerinnen bald eine Machtübernahme der sozialistischen Partei herbeiführen würden, die zwei Jahre lang, von 1989 bis 1991, eine Frau, Dakako Doi, an der Spitze hatte.

Angesichts des politischen Erwachens der Frauen ist die allgemeine Trägheit der Institutionen um so auffälliger. Eine mehrheitlich aus Männern bestehende Führungselite wird als untrügliches Zeichen der gesellschaftlichen Überholtheit gewertet. Die Politik als letzter Zufluchtsort der Virilität? Der offenbar weltweite Widerstand der Männer gegen eine Beteiligung von Frauen an der Macht legt eine solche Interpretation unweigerlich nahe.

Wählerinnen in der absoluten Mehrheit

Störungen im Spiel der Politik durch das Frauenwahlrecht werden seit langem schon befürchtet, da Frauen überall mehr als 50 Prozent des Wählerpotentials ausmachen und ihnen somit die Rolle zufällt, über den Ausgang einer Wahl zu entscheiden. Ihr steigendes Interesse am Politikgeschäft hat somit das männliche Selbstverständnis gleich in zweifacher Hinsicht getroffen: Zur Bedrohung des männlichen Machtmonopols kam, daß Frauen zahlenmäßig überlegen waren.

Wie auch schon vordem im Jahr 1918 war 1945 die mäßigende, um nicht zu sagen konservative Rolle der Wählerinnen Gegenstand zahlreicher Spekulationen. So wie der politische Kontext, änderten sich auch die Befürchtungen bzw. Erwartungen hinsichtlich des Frauenwahlrechts: Was früher die Bedrohung der republikanischen Institutionen war, wurde nun zum Schutzwall gegen eine mögliche kommunistische Eskalation. Politikwissenschaftler bestätigen, daß derartige Hintergedanken die Gaullisten und andere rechte Parteigänger während der Nachkriegsperiode beschäftigten. Georges Bidault, Führer des (christdemokratischen) Mouvement Républicain Populaire, soll 1945 im Vertrauen zu Charles d'Aragon gesagt haben: »Mit den Frauen, den Bischöfen und dem Heiligen Geist bekommen wir hundert Abgeordnete.«[19]

Wie votierten die Frauen bei den ersten freien Nachkriegswahlen? Ergebnisse von Stichproben oder mancherorts die tatsächliche Auszählung von nach Geschlechtern getrennten Wahlurnen ermöglichten eine Analyse. 1955 wurden unter der Schirmherrschaft der UNESCO die von Maurice Duverger erstellten umfangreichen Untersuchungsergebnisse über die Beteiligung der Frauen am politischen Leben in Europa veröffentlicht. Daraus war zweierlei zu entnehmen: Frauen waren eher geneigt, der Wahl fernzubleiben, als Männer und zeigten insgesamt auch weniger Interesse an der Politik; diejenigen, die wählten, gaben bevorzugt gemäßigten konservativen Kräften (jedoch nicht der extremen Rechten) ihre Stimme. In Großbritannien und den skandinavischen Ländern entschieden sich die meisten von ihnen für die konservativen Parteien; in Deutschland, Österreich und Italien für die in den Nachkriegsjahren erstarkten Christdemokraten; in Frankreich für den MRP und nach dessen Auflösung für die Gaullisten. Der Anteil der Frauen bei den Wählern dieser Parteien schwankte zwischen 53 und 60 Prozent. Die Wählerinnen wurden sehr umworben: Besonders auf katholischem Boden übte die Kirche über christliche Frauenvereine, die damals ziemlich aktiv waren, beträchtlichen Einfluß aus. In Italien und auch in Frankreich gaben diese Vereine beispielsweise Wahlempfehlungen, suchten Politiker für sich zu gewinnen, wirkten auf das Parlament ein, veröffentlichten zahllose Schriften, in der Hoffnung, die weibliche Wählerschaft zu überzeugen.

Umgekehrt mieden die Wählerinnen die sozialistischen Parteien (die Labour Party in Großbritannien, die Sozialdemokraten in Skandinavien oder Deutschland), aber mehr noch die im Aufschwung begriffenen kommunistischen Parteien (in Italien und Frankreich lag der Anteil der Frauen an den Wählern dieser Parteien immer unter 40 Prozent!). Die fehlende Anziehungskraft auf Frauen blieb übrigens auch den kommunistischen Führern nicht verborgen: »Ein Grund für unseren Mißerfolg«, bemerkte Palmiro Togliatti, der Generalsekretär der Kommunistischen Partei Italiens (PCI), nach den Wahlen von 1945, »ist sicherlich, daß wir bei den Frauen nicht aktiv genug waren (...) Sehen wir uns doch einmal diese gewaltige Zahl von 8 Millionen Stimmen für die Christdemokraten genauer an (...) Und sicherlich wäre es nicht falsch, zu behaupten, daß das in der Mehrzahl Frauenstimmen waren (...) Das Problem ist nicht nur, daß es uns gelingen muß, dieser Partei die Arbeiter und die Bauern abspenstig zu machen, die für sie gestimmt haben, sondern vor allem muß es uns gelingen, ihr diese Unmengen von Frauen abspenstig zu machen.«[20]

Als Konsequenz aus der Wahlniederlage gaben sich die Kommunisten in Italien wie in Frankreich alle Mühe, den weiblichen Wählerkreis in seiner Zusammensetzung als Zielgruppe so genau wie nur möglich zu sondieren (sie waren die einzige Partei, die das derart offensiv tat): Aktionen bei den gewerkschaftlich organisierten Arbeiterinnen, Propaganda für Hausfrauen, Schaffung von parteigebundenen Frauenorganisationen (Italienische Frauenunion, Französische Frauenunion usw.). Katholische Propaganda konnte daher immer mit kommunistischer Gegenpropaganda rechnen. Im Umfeld des Kalten Krieges blieben auch die Frauen nicht vom ideologischen Kampf zwischen der marxistischen Linken und der katholischen Rechten verschont; sie wurden von beiden Seiten für deren jeweilige Propagandazwecke eingesetzt.

Ende der sechziger Jahre hielt Maurice Duverger an seinem Fazit, zu dem er Mitte der fünfziger Jahre gekommen war, fest: Wenn auch das Frauenwahlrecht nicht zu einer Umverteilung der politischen Kräfte in der Nachkriegszeit geführt hatte, so hatte es dennoch hier und da ausgereicht, um die Farbe der Mehrheit zu bestimmen: »Wenn bei manchen deutschen Wahlen die Frauen wie die Männer gestimmt hätten, dann wären die Sozialdemokraten und nicht die Christdemokraten an der Macht. Zu manchen Zeiten hat das Frauenwahlrecht in Großbritannien der konservativen Partei zur Macht verholfen. Bei den französischen Präsidentschaftswahlen von 1965 haben anteilmäßig weitaus mehr Frauen für Präsident de Gaulle gestimmt als Männer.«[21]

Die Politikwissenschaft schien also allgemeine Vermutungen zu bestätigen: Europäerinnen neigten generell zum Konservatismus und liebäugelten in katholischen Ländern gar mit der kirchlichen Reaktion. Auch die Nordamerikanerinnen machten dabei keine Ausnahme: In Kanada wie in den USA bestätigen Untersuchungsergebnisse die konservative Tendenz der Wählerinnen.

Obwohl die Gründe für diese konservative Neigung nicht greifbar waren, vermuteten manche Beobachter, daß sie dauerhaft seien. Bald schon sollte sich dies jedoch als Trugschluß erweisen. Die Veränderung vollzog sich in zwei Phasen. In den frühen siebziger Jahren begannen Meinungsforscher festzustellen, daß Frauen politisch motivierter schienen, eher bereit, auf die komplizierten Befragungen zu antworten. Immer mehr Frauen entschieden sich bei Wahlen für links. Im Laufe der Zeit, einer gewissen Lehrzeit sozusagen, näherte sich die Stimmabgabe der weiblichen Wählerschaft der der männlichen immer mehr an. Zahlreiche Beobachter gingen davon aus, daß die Entwicklung in dem Augenblick abgeschlossen sein würde, wo es kein unterschiedliches Wahlverhalten mehr zwischen Männern und Frauen gab, wo diese sich also politisch den Männern angepaßt hatten.

In den achtziger Jahren bildete sich dann das heraus, was im Englischen mit dem Begriff *gender gap* bezeichnet wird. Ein Prozeß der Linksorientierung beim Wahlverhalten der Frauen: Von ehemals natürlichen Verbündeten der konservativen oder christlichen Parteien wandelten sie sich zu den führenden Anhängerinnen der nichtkommunistischen Linken. Das Phänomen trat zuerst 1980 in den USA in Form eines dezidierten »Antireaganismus« auf und provozierte eine Vielzahl politischer Analysen und feministischer Kommentare. 1984, anläßlich der Präsidentschaftswahlen, widmete das von Gloria Steinem geleitete Magazin *MS* diesem Thema seine März-Ausgabe. Diese Tendenz wurde bald auch in Kanada und in Nordeuropa beobachtet: in Dänemark, Norwegen, Schweden und den Niederlanden. 1988 erfaßte sie, was noch erstaunlicher war, sogar das katholische Frankreich: Im ersten Wahlgang der Präsidentschaftswahl hatten, laut einer Bull-BVA-Umfrage, 37 Prozent der Frauen für François Mitterrand gestimmt, verglichen mit 31 Prozent der Männer.

In den europäischen Ländern, in denen zugleich ökologische Parteien und extreme Rechte vorrückten, läßt sich feststellen, daß die Wählerinnen ersteren willig ihre Stimme geben, hingegen die neofaschistischen Rechten meiden. Das war sowohl 1988 bei den französischen Präsidentschaftswahlen als auch 1989 bei den Wahlen zum europäischen Parlament der Fall. In der Vergangenheit hatte sich die Abneigung der Frauen, aus Protest für die extreme Rechte zu stimmen, bereits in Deutschland gezeigt: »In allen getrennten Auszählungen bis 1933 haben sie weniger Stimmen für die NSDAP abgegeben als die Männer.«[22]

Hinter diesen neuen Divergenzen im politischen Selbstverständnis sind unterschiedliche Meinungen in so wesentlichen Bereichen wie der Verteidigungspolitik, der Diplomatie, den internationalen Beziehungen erkennbar. Sowohl in den USA als auch in Skandinavien oder in Frankreich unterstützten Frauen öfter als Männer pazifistische Positionen, verhielten sich ablehnender gegenüber dem Prinzip der atomaren Abschreckung, zurückhaltender gegenüber Militäreinsätzen, eher bereit, den Rüstungshaushalt zugunsten des Sozialhaushalts zu kürzen und aufgeschlossener für den Schutz der Umwelt. Außerdem sind sie feministischer. Umfragen zum »Popularitätsgrad« politischer Persönlichkeiten offenbarten erstmals 1986 die für ein Land wie Frankreich beispiellose Tatsache, daß »Frauen Frauen bevorzugten«, zumindest, wenn sie Simone Veil oder Michèle Barzach heißen. Die Ernennung von Edith Cresson zum ersten weiblichen Premierminister im Mai 1991 festigte den Feminismus der Französinnen noch: Zu jenem Zeitpunkt waren annähernd 86 Prozent von ihnen (aber nur 77 Prozent der Männer) mit einer Frau an der Spitze der Regierung einverstanden.[23] In Skandinavien manifestierte sich der Feminismus der Wählerinnen offen in ihrer Stimmabgabe. Nach einer Gallup-Umfrage zu den Parlamentswahlen 1975 optierten 40 Prozent der Frauen und 7 Prozent der Männer für eine Kandidatin.[24]

Diese politische Spaltung zwischen Männern und Frauen läßt den Eindruck entstehen, daß die Wählerinnen von der Politik nie im selben Maße wie die Männer als Zielgruppe wahrgenommen oder als wichtiger Markt erorbert worden sind. In den USA werben Gouverneure um Frauenstimmen, indem sie versprechen, Frauen in führende Positionen zu berufen. Tatsächlich verdankten 1982 sechs von ihnen ihren Wahlsieg der Unterstützung, die sie von Frauen erhielten. Die Nominierung von Geraldine Ferraro als demokratische Vizepräsidentschaftskandidatin im Jahr 1984 wurde von einigen Beobachtern als Versuch interpretiert, die feministische Wählerschaft zu gewinnen.

Wie sind diese Veränderungen im Wahlverhalten der Frauen zu deuten? Von den Feministinnen gab es in der Vergangenheit häufig Kritik an der Arbeit (männlicher) Politologen, die beschuldigt wurden, sexistisch, ja sogar »phallozentristisch« zu sein. Scharf gekontert wurde insbesondere die These von der politischen Entfremdung der Frauen. Auf Maurice Duvergers Behauptung, daß die Frauen zur Politik noch die Einstellung Minderjähriger hätten, hatte Andrée Michel folgende Antwort parat: »Da sie von den Parteien (den linken wie den rechten) wie Minderjährige behandelt werden, fühlen sich viele erwachsene Frauen (...) gezwungen, den Paternalismus der Parteien abzulehnen«,[25] indem sie sich weigern für sie zu stimmen.

Gegenwärtig werden Stimmen laut – und nicht zu Unrecht –, die der These eines spezifisch weiblichen Wahlverhaltens, eines *gender bloc*, entgegentreten. Früher verkündeten in Frankreich die reißerischen Schlagzeilen der großen Presse: »De Gaulle (oder Giscard d'Estaing) von Frauen gewählt«; heute heißt es kaum weniger irreführend: »François Mitterrand verdankt sein zweites Mandat den Frauenstimmen.« In den USA wird der *gender gap* zuweilen als Aufspaltung des Landes in zwei feindliche Lager – Frauen und Männer – dargestellt. Manche Frauen fürchten daher schon, daß der Begriff der geschlechtsspezifischen Wahl in Wirklichkeit die letzte Inkarnation des Ewigweiblichen ist.

Gründliche Untersuchungen ergeben, daß es keine stichhaltigen Beweise für ein homogenes weibliches oder männliches Wahlverhalten gibt und außerdem, daß die Umorientierung im Wahlverhalten der Frauen von Dauer zu sein scheint, weil sie mit strukturellen Veränderungen zusammenhängt, die das demographische Profil der Wählerinnen radikal verändert haben.

In den vergangenen vierzig Jahren hat eine leise Revolution das Leben der Frauen verändert und sich in ihrem Wahlverhalten widergespiegelt. Überall in der Welt, wenngleich in unterschiedlichem Maße, standen die Frauen im Mittelpunkt gesellschaftlicher Umwälzungen: dazu gehören die Demokratisierung der Ausbildung an Gymnasien und Hochschulen, die Ausweitung des Dienstleistungssektors sowie der Erwerbstätigkeit. In Frankreich zum Beispiel konnte der starke Zuwachs berufstätiger Frauen in der Wählerschaft nicht ohne Folgen für das

Wahlverhalten bleiben. Der unmittelbare Zusammenhang zwischen der Teilnahme der Frauen am Wirtschaftsleben und ihrer Stimmabgabe für die Linken wurde zuerst 1978 bei den Parlamentswahlen festgestellt und bestätigte sich 1988 bei den Präsidentschaftswahlen. Im ersten Wahlgang der Präsidentschaftswahlen warb François Mitterrand den Großteil seiner weiblichen Anhänger aus dem Lager der Berufstätigen – der Arbeiterinnen, Angestellten und mittleren Führungskräfte.

Die religiösen und sozialen Veränderungen der Nachkriegszeit brachten auch umfassende politische Veränderungen mit sich. In den katholischen Ländern waren politischer Konservatismus und eine starke religiöse Bindung immer schon miteinander einhergegangen. Die Mehrzahl der praktizierenden Gläubigen waren Frauen, insbesondere ältere Frauen: Dies erklärt ihre deutliche Bevorzugung rechter Parteien und die damit verbundene Ablehnung des Marxismus. Da der Prozentsatz praktizierender Christen allgemein abnahm (und gleichzeitig die Kommunisten immer weniger Anklang fanden), verlor der Kampf zwischen katholischer Rechten und marxistischer Linken, in den sich Frauen seit langem hatten hineinziehen lassen, an Bedeutung.

Wenn sich heute ältere Frauen vom Katholizismus und dem damit in Zusammenhang stehenden politischen und kulturellen Konservatismus mehr und mehr abwenden, so sind junge Frauen rebellischer als je zuvor. Überall scheinen junge Frauen eher geneigt, linke Parteien zu wählen, als die Männer ihrer Generation. In Frankreich repräsentieren die jungen »beurs« – arabische Einwanderinnen der zweiten Generation – einerseits und die Studentinnen andererseits progressive politische Tendenzen: Während der Studentendemonstrationen des Winters 1986 waren die jungen Frauen tonangebend. Dieses linke Engagement von jungen Frauen deutet eine diffuse oder verzögerte Wirkung des Feminismus an, der die junge Generation gelehrt hat, eine bestimmte patriarchalische Ordnung abzulehnen und gegen eine ungleiche Aufgaben- bzw. Rollenverteilung zu protestieren.

In Frankreich wurde der enge Zusammenhang zwischen linkem Wahlverhalten und feministischer Einstellung lange von der Wählerschaft selbst bestätigt, selbst in Ermangelung von Wahlempfehlungen durch die Frauenbefreiungsbewegung. Entstanden aus der Neuen Linken, hat sich die französische feministische Bewegung in ihren radikalsten Gruppierungen lange den parlamentarischen Wahlen und deren Trennung zwischen Links und Rechts widersetzt (»Wahlen, ich weiß nicht genau, was das ist«, erklärte Simone de Beauvoir 1978)[26]. Obwohl das Wahlrecht einmal die Hauptforderung der Feministinnen gewesen war, verachteten die französischen Feministinnen der zweiten Generation dieses Recht. Erst 1981 rief die Bewegung Psychoanalyse et Politique dazu auf, François Mitterrand zu wählen, auch zahlreiche andere Frauengruppierungen billigten mehr oder weniger stillschweigend die sozialistische Regierung.

In Skandinavien wie auch in Nordamerika machten sich die Feministinnen eine realistische und politische Einstellung zueigen: Anstatt den Einfluß, den sie durch ihre Stimmabgabe ausüben konnten, zu verschenken, entschieden sie sich für aktives, zielgerichtetes *lobbying*. Diese Strategie sollte sich, wie wir noch sehen werden, im Rahmen der politischen Interessenvertretung der Frauen besser bezahlt machen.

Für eine Handvoll Parlamentarierinnen

In zahlreichen westlichen Ländern muß die Gleichheit von Mann und Frau in der konkreten Ausübung politischer Rechte erst noch erreicht, wenn nicht sogar erkämpft werden. Die zahlenmäßige Überlegenheit der Männer ist noch in sämtlichen beschlußfassenden politischen Instanzen, in berufenen wie gewählten, die Regel, die von den wenigen Ausnahmen nur bestätigt wird: so die Regierungen von Gro Harlem Brundtland (Führerin der Norwegischen Arbeiterpartei), die sich 1985 wie 1991 je zur Hälfte aus Männern und Frauen zusammensetzten. Tatsache ist, daß in keinem Parlament im letzten Viertel dieses 20. Jahrhunderts Frauen in der gleichen Anzahl wie Männer vertreten waren.

Wenn Frauen überall in der Minderheit sind – spielen sie deswegen auch zwangsläufig in der Politik nur eine geringe Rolle? Die Antwort darauf ist nicht leicht, denn vollkommen unterschiedlich ist die Mitwirkung in entscheidungsfindenden Gremien, die nicht nur räumlich und zeitlich, sondern auch abhängig von der jeweiligen Regierungshierarchie variiert.

Am günstigsten sieht es für Frauen in Nordeuropa aus: In den fünf skandinavischen Ländern und den Niederlanden haben sie zwischen 20 und 40 Prozent der Sitze in den nationalen und lokalen Vertretungen inne (Übersicht auf Seite 532). Dieser Vorhut stehen die südeuropäischen Länder gegenüber: Portugal, Griechenland, die Türkei und Frankreich (mit Ausnahme Italiens und Spaniens), in denen die Männer mehr als 92 Prozent der Abgeordnetenmandate besitzen. Die Wiege der liberalen Demokratie und der Suffragettenbewegung in England indessen, mit nur 6 Prozent Frauen im Unterhaus, weicht bis zum Jahre 1992 deutlich von der Nord-Süd-Trennungslinie ab und landet somit auf einem der letzten Plätze in Europa mit Blick auf die Repräsentation von Frauen im Parlament. Erst nach den Wahlen 1992 betrug der Anteil der Frauen im Unterhaus zum ersten Mal mehr als 10 Prozent. In den USA existiert eine einflußreiche feministische Bewegung zusammen mit einem Kongreß, in dem die weiblichen Abgeordneten 1990 nur etwa 6 Prozent der Gesamtmitglieder ausmachten. Dennoch, der gegenwärtige Vorstoß der Frauen in die gesetzgebenden Körperschaften der Bundesstaaten – ihr Anteil hat sich zwischen 1971 und 1983 verdreifacht – und in die Rathäuser der Großstädte ist vielleicht Zeichen einer beginnenden Umorientierung.

1945 befanden sich die Frauen der westlichen Länder in etwa der gleichen Lage: Nur eine kleine Minderheit vermochte sich Zugang zur Führungselite zu verschaffen. Kein Land konnte sich damals rühmen, mehr als eine Alibi-Frau in die Regierung berufen oder weniger als 90 Prozent Männer ins Parlament gewählt zu haben. Auf lokaler Ebene bot sich ein ähnlich trostloser Anblick. Skandinavien erweckte nicht gerade den Anschein, führend in der politischen Frauenförderung zu sein, und ein damaliger Beobachter machte sogar folgende Feststellung: »Die angelsächsischen und nordischen protestantischen Länder haben einen Prozentsatz an weiblichen Abgeordneten, der unter dem des römisch-katholischen Frankreichs liegt, wo die Frauenrechte doch erst vor kurzem eingeführt worden sind.«[27]

Die Gegensätze, die heute die Aneignung des politischen Raums durch Frauen kennzeichnen, sind also neu, da sie aus unterschiedlichen Entwicklungen hervorgehen. Einerseits scheint der Anteil der Parlamentarierinnen seit vierzig Jahren beinahe konstant (Großbritannien, USA, Türkei), wenn nicht sogar zurückgegangen zu sein (Frankreich). Andererseits, etwa in Skandinavien und den Niederlanden, haben die siebziger Jahre eine Wende hinsichtlich der Vertretung der Frauen in den Parlamenten markiert. Während der zehn Jahre zwischen 1975 und 1985 hat sich der Anteil der weiblichen Abgeordneten in den Niederlanden und in Norwegen mehr als verdoppelt, in Finnland um ein Viertel und in Schweden um ein Drittel erhöht. Anderswo ist die Wahl von Frauen in die politischen Vertretungen ein noch neues Phänomen: In Italien, Deutschland und in Kanada überschritten weibliche Abgeordnete bei den letzten Wahlen zur Ersten Kammer gerade einmal die 10-Prozent-Grenze.

In der Zahl der weiblichen Abgeordneten lagen in der Vergangenheit meistens die Linksparteien an der Spitze (Kommunisten und Sozialisten), gefolgt von den Christdemokraten. So waren 1946 in Frankreich annähernd drei Viertel der weiblichen Abgeordneten (29 von 40) kommunistisch, während 9 den Christdemokraten angehörten; im deutschen Bundestag von 1953 waren 46 Prozent der Frauen Sozialdemokratinnen und 42 Prozent Christdemokratinnen. In Norwegen gab es in den fünfziger Jahren fast ausschließlich Vertreterinnen der sozialistischen Partei im Parlament.

Heute wiederum hat die Linke in vielen Ländern ihre feministische Monopolstellung eingebüßt. In Skandinavien mußten die konservativen

Parteien, unter dem Druck der Women's Lib und angesichts drohender Wahleinbußen, hinsichtlich ihrer Attraktivität für Frauen nachziehen. Der Konkurrenzkampf der Parteien um Stimmanteile war mittlerweile zum wirkungsvollsten Mittel für das politische Vorankommen von Frauen geworden. In Frankreich verlief die Entwicklung anders: Dort kam die Forderung nach Gleichstellung von unten. Die Wahlniederlage der Kommunistischen Partei hatte sie gezwungen, ihre führende Stellung auf diesem Gebiet aufzugeben, die Sozialisten wiederum erwiesen sich in den Jahren zwischen 1981 und 1989 als untauglich, die Fackel des Feminismus weiterzutragen. In der im Juni 1988 gewählten Nationalversammlung lag der Frauenanteil der sozialistischen Fraktion mit 6,2 Prozent niedriger als der des rechten Rassemblement pour la République (RPR) mit 7,5 Prozent – einer Partei, die, wie übrigens die gaullistische Bewegung insgesamt, nicht gerade dafür bekannt ist, den Feminismus zu unterstützen.

Unter den großen Parteien der europäischen Linken muß die Kommunistische Partei Italiens definitiv als eine Ausnahme angesehen werden, da sie Frauen beträchtlichen Raum in den Reihen ihrer Parlamentarier zugesteht: 1987 waren 60 Prozent der italienischen weiblichen Abgeordneten Kommunistinnen. Der frühere Vorsitzende der KPI, Enrico Berlinguer, verstand es, sich zu einem prinzipiellen Verfechter des Feminismus und seine Partei zur Anwältin der Sache der Frauen zu machen.

Die ökologischen Parteien haben im allgemeinen aus ihren mit Frauen besetzten Parteivorständen Wahlvorteile ziehen können. In Deutschland schafften es die Grünen – die zahlreiche Frauenthemen aufgegriffen hatten –, der SPD ihren Rang einer Frauenpartei streitig zu machen. Dem Beitrag der Grünen verdanken die Frauen 1987 ihre beträchtlichen Erfolge im Bundestag: Von den 42 grünen Abgeordneten waren 25 Frauen. Die ersten Wahlen nach der Wiedervereinigung allerdings, im Dezember 1990, bescherten den Grünen eine erhebliche Wahlschlappe: Unter den nur 8 gewählten grünen Abgeordneten waren drei Frauen. Die französischen Grünen folgten 1989 bei den Europawahlen dem deutschen Beispiel und mischten ihre Liste zu gleichen Teilen: mit einem bislang unerreichten Erfolg (annähernd 11 Prozent der abgegebenen Stimmen) kamen sie auf 9 Abgeordnete, wovon 4 Frauen waren. In Italien setzte auch die alternative (kleine) Radikale Partei auf den Feminismus; sie kam vor allem wegen ihrer Kandidatin, der skandalträchtigen Cicciolina, in die Schlagzeilen, die als erste »nicht jugendfreie« Abgeordnete ins italienische Parlament einzog.[28] Über diese Partei wurden bei den Wahlen 1987 3 Frauen ins Parlament gewählt.

Überall scheiterten die Versuche zur Schaffung einer feministischen Partei an der Trägheit des bestehenden Parteiensystems. Die einzige erfolgreiche feministische Partei gibt es in Island, *die einzige* auf der Welt, die 10 Prozent der abgegebenen Stimmen errang und 6 Abgeordnete stellte, die eine entscheidende Rolle im Parlament spielen.

Die zuweilen hohe Beteiligung von Frauen am Rande der Parteistruktur nimmt in der Regel ab, je weiter man sich dem Machtzentrum nähert. Zeichen dieser vertikalen Machtaufteilung zwischen Männern und Frauen finden sich überall. In Frankreich geht der Anteil der Frauen von 16,5 Prozent in den Gemeindevorständen über 10 Prozent in den Regionalräten bis auf 5,4 Prozent im Parlament (Senat und Nationalversammlung zusammengenommen) zurück. Den Einfluß von Frauen auf kommunaler Ebene näher zu beleuchten, ist äußerst aufschlußreich. Obwohl viele von ihnen einen Sitz als einfache Ratsmitglieder haben, findet sich nur eine Handvoll (weniger als 6 Prozent) unter den Bürgermeistern. Die meisten Bürgermeisterinnen stehen an der Spitze kleiner Landgemeinden, nur wenige haben ihr Amt in einer Großstadt inne. Als die Sozialistin Catherine Trautmann 1989 Bürgermeisterin von Straßburg wurde, schrieb sie ein Stück Geschichte: sie war die erste Frau, die eine Stadt mit mehr als 100000 Einwohnern regierte. Die Feminisierung des Europäischen Parlaments ist in den Augen vieler Beobachter nicht weniger bedeutsam. Seit 1979 (dem Jahr der Einführung des allgemeinen Wahlrechts) sandte mit Ausnahme Belgiens jedes europäische Land mehr als 10 Prozent Frauen dorthin (in vier Fällen mehr als 20 Prozent). Jedoch ist das teilweise dem Umstand zu verdanken, daß dieses Gremium als zweitrangig betrachtet wurde, ohne wirkliches politisches Gewicht.

Die noch äußerst zaghafte Beteiligung von Frauen an staatlichen Spitzenpositionen ist vielleicht der ernstzunehmendste Beweis für ihre Marginalisierung in der zeitgenössischen Politikszene. In dem Augenblick, wo der Einfluß der Parlamente zugunsten der technokratischen Struktur schwindet, ist es besorgniserregend, wenn Frauen zwar gewählt werden, aber nicht bis in die politischen Führungsämter vordringen. Genau diese Perspektive zeichnet sich nun aber in Skandinavien ab. Frankreich scheint in gewisser Weise ein Gegenbeispiel zu sein, da sich Frauen dort eine bessere Position im Kabinett erobert haben (annähernd 23 Prozent unter der sozialistischen Regierung von Michel Rocard) als im Parlament. Da ihnen der Weg ins Parlament über Wahlen weitgehend versperrt blieb, waren die Französinnen gezwungen, mit Hilfe von Diplomen und besonderen Fähigkeiten vorwärtszukommen (insbesondere über die École Nationale d'Administration [ENA], wo sie zu mehr als 20 Prozent vertreten sind), um auf Regierungsposten berufen zu werden – eine Karrieremöglichkeit, die jedoch stets von der Willkür der »regierenden Fürsten« abhing.

In ihrer untergeordneten Funktion waren Frauen dazu verdammt, sich wohltätigen Zwecken zur Verfügung zu stellen. Gerade die Ausweitung des Sozialstaates hatte wieder auf der politischen Ebene zur alten Arbeitsteilung zwischen der politischen/männlichen und der weiblichen/fürsorglichen Domäne geführt. Den paar Frauen, die ihren Platz auf der politischen Bühne suchten, fielen selbstverständlich die Aufgaben zu, die von ihnen bislang in der Familie bewältigt worden waren. Die Männer betätigten sich im Auswärtigen Amt, im Verteidigungsministerium, im Innenministerium, in der Justiz, im Wirtschafts- und Finanzministerium, kurzum, auf allen Gebieten, die die Autorität des Staates verkörperten. Die Frauen hingegen bekamen das Soziale, Familiäre, Kulturelle zugeteilt. Diese horizontale Rolleneinteilung, insbesondere auf Regierungsebene sichtbar, findet sich heute auf allen Stufen der Macht und in allen Ländern, mit Ausnahme der skandinavischen. Sie ist eine Art, den Frauen den Zugang in die eigentliche politische Sphäre zu verwehren und die Spuren ihres unbefugten Eindringens zu verwischen.

Frauen in der Politik: eine Chance für die Demokratie?

Zahl und Zustand der heute von Frauen besetzten politischen Stellen geben, was ihre Einflußnahme im Rahmen der Demokratie anbelangt, eher Anlaß zu Pessimismus. Die einzige Möglichkeit, um mitreden zu können, bei Entscheidungsfindungen mitzuwirken, keine als Geisel genommene Minderheit zu sein, ist ein resolutes Auftreten auf der politischen Bühne. Jedoch bleiben beträchtliche Hindernisse auf dem Weg zur Gleichberechtigung in den politischen Institutionen zu überwinden. Die relativ unbedeutende Rolle, die Frauen in der Politik spielen, spiegelt ihren immer noch untergeordneten Sozialstatus wider. Der beste Beweis dafür ist, daß sich die Feminisierung der Elite zuerst dort vollzieht, wo das Gleichheitsideal von Mann und Frau in die Wirklichkeit umgesetzt wird: in den urbanen Gebieten, wo Frauen profiliert genug sind, um für politische Ämter zu kandidieren (gebildet, mit Berufserfahrung und hohen Qualifikationen).

Es sollte nicht vergessen werden, daß selbst in einem vergleichsweise homogenen Raum wie Westeuropa die Ungleichheit zwischen Mann und Frau unterschiedliche Ausprägung findet. In Portugal schlägt sich die jahrhundertelange Unterdrückung der Frauen heute in einer erschreckenden Bilanz nieder: 1970 konnten 28 Prozent der Frauen über 20 nicht lesen und schreiben, nur 7 Prozent erreichten die Sekundarstufe. In Frankreich wiederum hat die ungleiche Chancenverteilung nicht verhindern können, daß gegenwärtig jeder zweite Hochschulstudent eine Frau ist. Die männlich dominierte Elite in Portugal ist eine Folge der soziokulturellen Rückständigkeit. In Frankreich allerdings muß nach einer anderen Erklärung dafür gesucht werden, warum die Demokratie Frauen keine politische Macht gebracht hat.

Die Vorherrschaft der Männer in den Machtzentralen hat auch interne politische Gründe. Darunter in erster Linie die oligarchische Struktur der Parteienorganisationen. Diesen fällt es leicht, Frauen eine geringe Partizipation vorzuwerfen, um sie dann aus den Führungsgremien auszuschließen oder sich auf die Frauenfeindlichkeit der Wählerschaft zu berufen, um sie erst gar nicht als Kandidaten aufzustellen. Als theoretisch offene Foren für die Kandidatenauswahl und politische Meinungsbildung funktionieren die Parteien praktisch immer noch als Cliquen, zu denen insbesondere Frauen und junge Leute nicht zugelassen sind. Die Französinnen sehen ihre politischen Parteien als das, was sie sind: »Strukturen, ersonnen von Männern für Männer, die sich in ihnen nie dessen bewußt sind, daß sie die Frauen ausschließen, sondern meinen, zum Wohle der ganzen Menschheit (Frauen inbegriffen) zu wirken.«[29]

Bestimmte Wahlregeln verstärken noch die Tendenz, dieselben Leute an der Macht zu halten. Das Mehrheitswahlrecht mit einem Wahlgang (wie in Großbritannien) oder mit zwei Wahlgängen (wie in Frankreich) hat sich – im Gegensatz zu den Systemen mit Verhältniswahl – als äußerst ungünstig für Außenseiter erwiesen. Vor allem in kleinen Wahlbezirken hat es zur Folge, daß der persönliche Charakter der Wahl betont wird. Der Amtsinhaber hat dort deutlich Vorsprung; in manchen Ländern vervielfacht sich dieser Vorsprung durch eine Gesetzgebung, die Mandatshäufungen erlaubt. Das indirekte Wahlrecht in Großbritannien beispielsweise erleichtert keinesfalls die Wahl von Frauen ins Oberhaus, weil die entscheidenden Stimmen im allgemeinen von einflußreichen Politikern auf dem Lande abgegeben werden, die eher geneigt sind, für ihresgleichen zu votieren als für Frauen.

»Wahre Demokratie«, sagte Léon Gambetta. »besteht nicht darin, Menschen als gleichberechtigt anzuerkennen, sondern darin, sie zu Gleichberechtigten zu machen.« Wenn man dieser Sicht zustimmt, dann muß die Demokratie erst noch geboren werden. Dennoch stehen bei näherer Betrachtung die Chancen für Frauen, bis zum Ende des Jahrhunderts auch in bedeutendem Umfang politische Macht auszuüben, gar nicht so schlecht.

Der Feminismus, der als Massenbewegung an Triebkraft eingebüßt hat, hat in jüngster Vergangenheit die Institutionen erreicht. Parteien, Regierungen, internationale Organisationen, sie alle warben mehr oder weniger offen mit feministischen Zielen. Einige Länder setzten Ministerien zur Gleichstellung ein, andere hatten schon prominente Frauen in Schlüsselpositionen befördert. 1989 feierte Großbritannien das zehnjährige Amtsjubiläum von Margaret Thatcher, und Deutschland wählte Rita Süssmuth zur Bundestagspräsidentin. 1990 wurde Mary Robinson Präsidentin von Irland, und 1991 ernannte François Mitterrand die Sozialistin Edith Cresson zur Regierungschefin, die seiner Politik neuen Schwung geben sollte. Diese Ernennung, die in Frankreich Signalwirkung hatte, wurde von der Presse einstimmig als historisches Ereignis begrüßt und stieß in der Bevölkerung auf breite Zustimmung. UNO und EG haben das politische Mitspracherecht der Frauen auf die internationale Tagesordnung gesetzt. Der Europarat betraute Catherine Lalumière mit dem Amt des Generalsekretärs. »Während meiner Amtszeit«, so erklärte sie, »wird es zu meinen Hauptanliegen gehören, den Interessen der Frauen förderlich zu sein.« Außerdem haben die demokratischen Parteien versprochen, ihre Führungsspitze mit Frauen zu besetzen. Mehrere große europäische Parteien haben eine Quotenregelung für Spitzenpositionen und bei der Kandidatenaufstellung eingeführt. Am konsequentesten – nach den skandinavischen Parteien – haben das die deutschen Sozialdemokraten getan, die eine Quote von 40 Prozent in allen Verantwortungsbereichen festgelegt haben.

Die zunehmende Zahl weiblicher Kandidaten und Abgeordneten entwickelt sich – und das ist fast schon eine kleine Revolution – geradezu zum Wahlschlager. Wie wir gesehen haben, finden sie nicht nur bei Frauen, sondern auch in der gesamten Wählerschaft Unterstützung. Auf die 1987 an Bürger der Europäischen Gemeinschaft gestellte Frage: »Wäre mit mehr Frauen im Parlament alles besser oder schlechter?«, waren 28 Prozent der Meinung »besser« (49 Prozent antworteten »genauso«, 11 Prozent »schlechter« und 12 Prozent hatte keine Meinung).

In allgemeinen Krisenzeiten, die die Familie, die Wirtschaft, aber auch das politische System erfassen, sind Frauen zu diffusen Hoffnungsträgern für all diejenigen geworden, die einen Wandel herbeisehnen. Da sie durch ihre Geschichte und ihr Leben der alltäglichen menschlichen Wirklichkeit näherstehen, verkörpern sie unter Umständen die Alternative zur bürokratischen Macht männlicher Berufspolitiker.

Politikerinnen betonen oft selbst diese Möglichkeit: Sie kritisieren nicht nur bestimmte überholte Praktiken des Politikgewerbes, sondern fordern auch, daß Schwerpunkte und Programme grundlegenden Änderungen unterzogen werden. Sind Frauen die Zukunft der Politik? Manche Frauen sind in der Tat dieser Meinung. Der Feminismus der früheren Kongreßabgeordneten Bella Abzug ist fest verankert im Glauben an eine bessere, von Frauen regierte Welt.

»Hätte ein Kongreß, in dem Frauen adäquat vertreten wären, dem Land erlaubt, bis in die siebziger Jahre ohne nationales Gesundheitswesen zu bleiben? Hätte ein solcher Kongreß zugelassen, daß dieses Land unter den Industrienationen den 14.

Platz einnimmt, was die Kindersterblichkeit betrifft? Hätte er die Metzelei der von Laien vorgenommenen Abtreibungen genehmigt? Können Sie sich vorstellen, daß ein Kongreß mit einer starken Frauenvertretung einen derart langen Vietnamkrieg zugelassen hätte, in dem unsere Kinder und das Volk Indochinas massakriert wurden?«[30]

Kann man, ebenso wie diese amerikanische Politikerin, davon ausgehen, daß die Frauen den Charakter von Macht verändern werden? Oder muß nicht im Gegenteil die Schlußfolgerung gezogen werden, daß wir es hier mit einem Wiederaufleben des alten Mythos von der Frau als Erlöserin zu tun haben? Eine von mir in Frankreich durchgeführte Befragung politisch Verantwortlicher tendiert eher in Richtung der zweiten Vermutung. Die politische Wirklichkeit Frankreichs steckt voller Tücken, was dazu führen könnte, daß wieder eine spezifische Identität gesucht wird, eine genuin weibliche Kultur, mit ihren Werten oder eher noch mit ihren Antiwerten. Da sie von ihren Kollegen als andersartig, ja sogar anmaßend betrachtet werden, sind die wenigen Frauen, die die politische Bühne betreten, wirklich der Meinung, Außenseiterinnen – von der Norm Abweichende – zu sein. Sie werfen zwar einen kritischen Blick auf männliche Gepflogenheiten. Aber das Bewußtsein ihrer Andersheit ist nicht vorhanden: Es zeigt sich nicht in der Schaffung irgendeines solidarischen Zusammenschlusses von Frauen, führt zu keinem alternativen politischen Projekt. Ihre Praktiken lassen eher auf Mißerfolg oder Überkompensation schließen (Minderwertigkeitskomplexe, schlechtes Gewissen als Ehefrauen und Mutter, Konformität mit der Rolle, die die Männer ihrer Parteien ihnen zuweisen), als daß sie beispielgebenden Modellcharakter hätten. Aber Frankreich ist weder Amerika noch Skandinavien, wo das feministische Bewußtsein der Politikerinnen als ausgeprägter und zukunftsträchtiger beschrieben wird.

Aus dem Französischen von Holger Fliessbach

17
Der Feminismus der siebziger Jahre

Yasmine Ergas

Gebeten, die letzten Jahrzehnte unseres Jahrhunderts zu kommentieren, würden aufmerksame Beobachter westlicher Gesellschaften nicht zuletzt den Umbruch erwähnen, der die Welt der Frauen erschüttert hat. Entscheidende Entwicklungen – von der zunehmenden Erwerbstätigkeit bis hin zu der wachsenden Zahl der Ehescheidungen und alleinerziehenden Mütter – haben die Lebensbedingungen der Frauen grundlegend verändert. Aber noch ehe diese Veränderungen weithin zur Kenntnis genommen wurden, hatte der »Feminismus« die Aufmerksamkeit der Öffentlichkeit erregt und war zum Inbegriff für die erneute – und weitgehend unerwartete – Selbstbehauptung der Frau geworden.[1]

Die Zeichen des Wiederauflebens

Die Renaissance des Feminismus macht sich in einer ganzen Reihe von Phänomenen bemerkbar. Am provozierendsten waren die aufsehenerregenden Aktionen, die die Medien zu Vorboten wiederaufkommender Unordnung hochstilisierten: 1968 inszenierten amerikanische Frauen mit einem Fackelzug auf dem Nationalfriedhof Arlington das »Begräbnis traditioneller Weiblichkeit«, sie krönten ein Schaf zur Miss Amerika und warfen Büstenhalter, Hüftgürtel und falsche Augenwimpern in einen »Freiheits-Abfalleimer«. Zwei Jahre später legten französische

Frauen am Arc de Triomphe in Paris einen Kranz nieder, der »der unbekannten Frau des unbekannten Soldaten« gewidmet war, und ließen einen weiteren Kranz mit der hintersinnig-belehrenden demographischen Feststellung folgen: »Un homme sur deux est une femme.«

Im Blick auf die politischen Ereignisse der vergangenen Jahrzehnte würden die Beobachter oder Beobachterinnen vor allem die massiven Demonstrationen erwähnen, durch die sich politische Systeme – meist widerstrebend – veranlaßt sahen, rechtliche Veränderungen auf die Tagesordnung zu setzen, wie z. B. bei den Kampagnen zur Liberalisierung der Abtreibung in Italien. Sie könnten auch auf die Flut von Frauen betreffenden Gesetzesreformen verweisen, die in den siebziger und achtziger Jahren in zahlreichen Ländern verwirklicht wurden. So folgten in Großbritannien dem Equal Pay Act von 1970 der Sex Discrimination Act (1975) und wenig später die Einsetzung der Equal Opportunities Commission. Der Employment Protection Act (1975) schrieb gesetzlichen Kündigungsschutz während der Schwangerschaft und bezahlten Mutterschaftsurlaub vor, der Domestic Violence and Matrimonial Proceedings Act (1976) bekräftigte die Rechte von Ehefrauen gegenüber gewalttätigen Ehemännern, und der Sexual Offenses (Amendment) Act verbesserte den Schutz der Privatsphäre von Vergewaltigungsopfern bei Gerichtsverhandlungen.[2] In den Vereinigten Staaten ratifizierte der Kongreß in den siebziger Jahren 71 Gesetze bzw. 40 Prozent der gesamten Gesetzgebung, die in diesem Jahrhundert im Zusammenhang mit den Rechten der Frauen verabschiedet worden ist.[3] Auch viele andere Länder führten vergleichbare rechtliche Neuerungen ein, die auf eine Erweiterung der Rechte von Frauen abzielten. Der politische Einfluß des Feminismus reichte über Staatsgrenzen hinweg. Internationale Organisationen setzten die »Rechte der Frauen« auf die Tagesordnung: So begingen die Vereinten Nationen das »Jahrzehnt der Frauen« (1975–1985) mit Konferenzen in Mexico City, Kopenhagen und Nairobi. Diese Zusammenkünfte warfen ein Schlaglicht auf die Breite der Frauenbewegungen und ihren Einfluß in den »Entwicklungs«- wie in den »entwickelten« Ländern. Während der Konferenzen wurden aber auch auf verschiedenen Ebenen Differenzen sichtbar, etwa zwischen westlichen und nichtwestlichen militanten Feministinnen über die Definition von Feminismus und zwischen offiziellen Vertreterinnen der teilnehmenden Regierungen und Frauen aus der feministischen Bewegung – beide bestritten einander die Legitimität. Nichtsdestoweniger unterstrichen das »Jahrzehnt der Frauen« an sich sowie seine vielen Konferenzen die öffentliche Sichtbarkeit von Frauenfragen, das Entstehen fester Netzwerke zwischen den Aktivistinnen und die Annahme von UNO-Resolutionen, die die Aufmerksamkeit weiterhin auf weibliche Belange lenken sollten.

Darüber hinaus kam es durch das Auftreten des Feminismus als politischer Kraft zu bedeutsamen Neudefinitionen der herkömmlichen politischen Grenzziehungen und institutionellen Arrangements. In der Wahlforschung wurde der Begriff »gender gap« geprägt, um die Abwanderung weiblicher Wähler zu liberalen bzw. linksgerichteten politischen Kräften zu bezeichnen. In den USA lehnten prozentual mehr Frauen als Männer Reagans Präsidentschaft ab; in Großbritannien waren 1983 die Frauen weniger geneigt als die Männer, ihre Stimme den Konservativen zu geben; in der Bundesrepublik Deutschland stimmten bei den Bundestagswahlen von 1980 und 1983 mehr Frauen als Männer für die Sozialdemokraten. Ähnliches war auch in Kanada, Schweden und Australien zu beobachten.[4] Und in zahlreichen Ländern ging die Veränderung im Wahlverhalten und der Parteiorientierung der Frauen einher mit ihrer größeren Beteiligung an der Politik und der Schaffung offizieller Institutionen zur Förderung der Interessen von Frauen. So war etwa in der Bundesrepublik Deutschland in den Jahren 1971 bis 1981 eine annähernde Verdoppelung der Mitgliedschaft von Frauen in den Parteien zu beobachten (wenn sie auch hinter der Zahl der Männer deutlich zurückblieb); 1986 wurde auf Bundesebene ein Frauenministerium als Teil des Ministeriums für Jugend, Familie, Frauen und Gesundheit eingerichtet (eine Behörde für Frauenangelegenheiten war schon 1979 geschaffen worden); und Ende der achtziger Jahre hatte jedes deutsche Bundesland seine Gleichstellungsstelle.[5] (Bezeichnenderweise wurden im Zuge der deutschen Wiedervereinigung zusammen mit den Regierungen der neuen Bundesländer spezielle Behörden für Frauenfragen ins Leben gerufen.) Vergleichbare Entwicklungen zur Schaffung solcher Institutionen finden wir auch in anderen Ländern.

Aufmerksame Beobachter würden auch die Fälle vermerken, in denen Opposition gegen die Frauenbewegung und Konflikte um bestimmte Rechte der Frauen die entscheidende Bedeutung des Feminismus erst eigentlich ins rechte Licht gerückt hatten. So wurde in Deutschland das Recht auf Abtreibung zu einem wesentlichen Streitpunkt bei den Verhandlungen über die Vereinigung.[6] Auch in anderen europäischen Ländern stieß die Liberalisierung des Abtreibungsrechts oft auf erbitterten, wenngleich erfolglosen Widerstand, der seinerseits eine feministische Gegenwehr mobilisierte. In England beispielsweise brachte die National Abortion Campaign von 1975 einen Gesetzesantrag zu Fall, der die durch den Abortion Act von 1967 gewährten Rechte beschnitten hätte. In den USA wirkten die Aktionen von Feministinnen als Katalysator für »moralische Mehrheiten« und deren Aufstieg zu nationaler Prominenz, und selbst Niederlagen des Feminismus (etwa das Scheitern des Equal Rights Amendment) unterstrichen dessen wichtige Rolle für die Politisierung von »Frauenfragen«.[7]

Öffentlichen Ereignissen auf gesellschaftlicher Ebene entsprachen diffuse Prozesse persönlichen Engagements auf individueller Ebene. Ende der siebziger Jahre sah es danach aus, als solle Feminismus ein Alltagsbegriff, ja ein Alltagsphänomen in den industrialisierten Ländern des Westens werden. Die deutsche feministische Zeitschrift *Emma* brachte es auf über 300000 Leserinnen, das Magazin *Ms* in den USA auf mindestens 400000. In etwa einem Viertel aller niederländischen Städte waren Frauengruppen entstanden. In Großbritannien leiteten Feministinnen über 200 Frauenhäuser.[8]

Viele feministische Initiativen – die Gründung feministischer Verlage, Seminare über Frauenstudien, die Einrichtung von Frauenhäusern oder Kampagnen zur sexuellen Selbstbestimmung – erfuhren breite Unterstützung. In der niederländischen Stadt Gouda brachte über die Hälfte der 1981/82 von einem Forschungsteam interviewten Frauen ihre positive Einstellung zur Frauenbewegung zum Ausdruck und vertrat die Meinung, die Lage der Frauen lasse sich nur verbessern, wenn diese sich zusammenschlössen.[9] Umfragen in Kanada und den USA ergaben 1986, daß 47 bzw. 56 Prozent der befragten Frauen sich als Feministin bezeichneten.[10] In den USA waren zudem 71 Prozent der Meinung, die Frauenbewegung habe zur Verbesserung ihrer eigenen Lebensumstände beigetragen.[11] 1983 in Europa durchgeführte Untersuchungen ergaben, daß die Frauen in Belgien, Dänemark, Deutschland, Frankreich, Irland, Italien, Luxemburg und Griechenland sowie eine relativ große Minderheit von Frauen in den Niederlanden und England eine überwiegend positive Einstellung zu Frauenbefreiungsbewegungen hatten.[12] Allerdings schnitten die feministischen Bewegungen nicht alle gleich gut ab. Viele Frauen zogen es vor, eine neutraler klingende »Frauenbewegung« als eine »feministische Bewegung« zu unterstützen. Andere sagten: »Ich bin ja keine Feministin, aber ...«. Indes bestätigte eben die Art und Weise, wie sie sich distanzierten, die Zentralität des Feminismus als Parameter weiblicher Politik.

Mitte der achtziger Jahre schien es jedoch, als hätten sich manche der einst führenden feministischen Bewegungen überlebt. Wie Journalisten ihren Lesern in den USA und andernorts geflissentlich mitteilten, stand die jüngere Generation der Frauen den Kämpfen und Bestrebungen ihrer Vorgängerinnen völlig gleichgültig gegenüber. »Postfeminismus« wurde zur Bezeichnung der neuen Welle – ein Begriff, der paradoxerweise den politischen Primat einer Bewegung bestätigte, deren Dahinschwinden er signalisieren sollte.

Freilich war der Rückgang oder das Erlöschen feministischer Aktivitäten oft keineswegs so endgültig, wie es die Untergangspropheten verkündet hatten. So begleiteten 1989 in den USA wahre Massenkundgebungen die Entscheidungen des Supreme Court und die Gesetzesdebatten in den Einzelstaaten, die das Recht auf Abtreibung zu beschneiden drohten. Auch wenn es generell weniger Demonstrationen gab, die Frauenkollektive sich aufgelöst hatten und die Zeit medienwirksamer großer Gesten und Massenversammlungen vorbei war, so folgten ihnen oft neue politische Organisationsformen, eine erhöhte Sichtbarkeit von Frauen und Frauenfragen in der Öffentlichkeit sowie lebhafte Diskussionen der Feministinnen untereinander und mit außenstehenden Gesprächspartnern. Der äußerliche Rückgang des Feminismus als einer organisierten gesellschaftlichen Bewegung implizierte also weder das Abtreten der Feministinnen von der politischen Bühne noch das Verschwinden des Feminismus als eines sich entwickelnden (und umstrittenen) Systems diskursiver Praktiken. Interessengruppen-Politik, Mobilisierung für neue Ziele (die oft eher universalistisch als »frauenzentriert« formuliert wurden: Friede oder Umweltschutz statt Abtreibung oder sexuelle Gewalt) und die erneute Diskussion älterer Themen traten an die Stelle der früheren Frauenkollektive und Demonstrationen, erweiterten den Wirkungsbereich der Protagonistinnen des Feminismus und bahnten allmählich einen gewissen Generationswechsel an. In dem Maße, wie sich ein Vierteljahrhundert nach der deutlich sichtbaren Wiederkehr des Feminismus die äußeren Verhältnisse verändert und sich die feministischen Belange und Ressourcen fortentwickelt hatten, änderten sich auch die Schwerpunkte und der Charakter feministischer Aktivität.

Die feministische Bewegungen der sechziger und siebziger Jahre spiegelten die jeweilige politische Situation wider, in der sie erstarkt waren. In vielen Fällen kennzeichneten diese Situation ein hohes Maß an politischer Mobilisierung und die Entstehung vielfältigster Bewegungen, die einen radikalen gesellschaftlichen Wandel forderten. Insbesondere trug die Ideologie der Studentenbewegung, die sich bisweilen mit den Interessen von Gewerkschaften und Arbeiterparteien verband, zur Formierung einer »Neuen Linken« bei. Die Feministinnen wurden zu einem wesentlichen – und kritischen – Element so mancher Neuen Linken. Neben diesen und den mit ihnen verbündeten radikalen sozialen Bewegungen spielten bei der Entstehung der neuen feministischen Bewegungen aber auch konventionellere politische Formierungen und Institutionen eine Rolle.

Die neuen feministischen Bewegungen erreichten im allgemeinen eine relative Unabhängigkeit von dem jeweiligen Kontext, aus dem sie hervorgegangen waren. Auf eigene Faust griffen sie Themen auf, entwickelten ihr Vokabular, benannten Schlüsselprobleme und bewiesen ihre Fähigkeit, selbständig Mitstreiterinnen zu rekrutieren und für bestimmte Zwecke zu mobilisieren. In der Tat gelang es den feministischen Bewegungen, die sich in der Neuen Linken Europas entwickelten, nicht nur, erfolgreich ihre Legitimität zu behaupten, sondern auch ihre eigenen Themen auf die Tagesordnung der verschiedenen Organisationen der Neuen Linken zu setzen und diese schließlich zu überleben.

Dennoch blieben feministische Bewegungen ungeachtet ihrer Autonomie zwangsläufig durch die politischen Umstände verwundbar, die im Kontext ihres Heranreifens geherrscht hatten. Zwischen der beginnenden Renaissance des Feminismus in den sechziger Jahren und seinem vielbeschworenen – wenn auch nur selten wirklich eingetretenen – Stillstand zwei Jahrzehnte später bewirkte die Transformation dieses Kontextes einen Wandel feministischer Zielsetzungen und Aktionsformen. Während in manchen Ländern, wie etwa in den USA, feministische Bewegungen in einem dichten Netzwerk von unabhängigen Interessengruppen und Organisationen feministischer Lobby aufgingen, hatten anderswo – so in Schweden oder Norwegen – Feministinnen verantwortungsvolle Ämter in Parteien oder staatlichen Institutionen inne. In wieder anderen Ländern vermochten die Feministinnen nur spärliche Kontakte zu formellen politischen Institutionen zu knüpfen und konzentrierten sich entweder auf Graswurzel-Organisationen (wie in Großbritannien) oder auf die Entwicklung kultureller Projekte.[13] In vielen Fällen gelang es »unauffälligen Mobilisierungen« in scheinbar entfernteren Bereichen, etwa in religiösen Einrichtungen oder bei den Streitkräften, Fraueninteressen – zuweilen im Namen des Feminismus – zu fördern.[14] Der scheinbare Niedergang des zeitgenössischen Feminismus war also ebensosehr Wende wie Ende.

Was ist Feminismus?

Wie definiert man den Feminismus, der vor kurzem im Westen florierte und sich vielerorts noch immer lebhaft behauptet, und wie ist sein Verhältnis zu einzelnen feministischen Bewegungen zu bestimmen? Die Antworten auf diese Fragen variieren, da »Feminismus« in der heutigen Welt in unterschiedlichen Zusammenhängen Unterschiedliches bedeutet. Der *Webster* begreift Feminismus diskursiv als »die Theorie der politischen, wirtschaftlichen und gesellschaftlichen Gleichstellung der Geschlechter«, der *Duden* definiert organisatorisch und spricht von einer »Richtung der Frauenbewegung, die, von den Bedürfnissen der Frau ausgehend, eine grundlegende Veränderung der gesellschaftlichen Normen (z. B. der traditionellen Rollenverteilung) und der patriarchalischen Kultur anstrebt«.[15] Es gibt keine alleingültige Definition, die wie ein roter Faden durch das komplizierte Gelände zeitgenössischer feministischer Politik führen würde. Feminismus ist in der Tat kein klar umrissener Begriff, dessen Inhalt sich ein für allemal festlegen ließe; aber wenn es einen gemeinsamen Kern aller Bedeutungsebenen gibt, ist er vielleicht so zu definieren: »Feminismus« bezeichnet historisch variierende Systeme von Theorien und Praktiken, die sich auf die Konstitution und die Ermächtigung der Frau als Subjekt beziehen.[16] So gesehen ist das, was Feminismus ist oder war, eher eine Sache der Geschichte als der Definition. Um seine Entwicklung zu verfolgen, muß man sich durch das Gestrüpp der Konflikte vergangener Jahrzehnte schlagen, in denen die einen Interpreten des Feminismus die Behauptungen der jeweils anderen in Zweifel zogen; denn über die Frage der Abgrenzung des Feminismus ist innerhalb der feministischen Bewegungen selbst hartnäckig gestritten worden. Dabei ist eine verkürzte Darstellung komplexer Identifizierungs- und Zuschreibungsprobleme unvermeidlich.

Eindrucksvolle persönliche Schilderungen belegen schon den Streit um das Eigentumsrecht an dem Etikett »Feminismus«. So berichtet eine kanadische Autorin von einem Frauenbewegungstreffen, bei der die Feministinnen unter den Anwesenden aufgefordert wurden, sich zu melden. Sie hob die Hand zusammen mit anderen, etwas älteren Teilnehmerinnen, die den »traditionellen« Frauenorganisationen näherstanden als dem neueren Feminismus, und wurde daraufhin vom Rest des Publikums feindselig beäugt.[17] In diesem Streit um die höhere Glaubwürdigkeit errang die siegreiche Fraktion die Macht, Feminismus zu definieren.

In feministischen Kontroversen um die Definition von Feminismus hat keine der beteiligten Seiten eine ihrer politischen Überzeugung entsprechende starre Identität entwickelt. Vielmehr offenbart der wechselnde Charakter feministischer Definitionen Verschiebungen im Rahmen feministischer Identifikationen. So übten in Italien die ersten feministischen Kollektive der sechziger und siebziger Jahre ausdrücklich Kritik am Netzwerk der existierenden Frauenorganisationen. Die Kritik galt den Unzulänglichkeiten einer »emanzipatorischen Kultur«, da sich der italienische im Gegensatz zum westlichen Feminismus nicht über die zentrale Vorstellung definierte, daß der uneingeschränkte Zugang der Frauen zu existierenden Rechten ihre Gleichstellung zu gewährleisten vermöge.[18] Im Gegensatz zu den traditionellen Frauenorganisationen befaßte sich der italienische Feminismus nicht mit Reformen, sozialen Dienstleistungen oder der Mobilisierung der Frauen zum Schutz ihrer Rechte als Mütter, Ehefrauen und Arbeiterinnen. In eine italienische Liste von Exponenten des Feminismus hätte in den siebziger Jahren beispielsweise die National Organization of Women (NOW), offenkundig eine treibende Kraft bei der feministischen Renaissance in den USA, keine Aufnahme gefunden.

Umgekehrt hätte das italienische Pendant zur NOW, die Unione Donne Italiane (UDI), kaum den Wunsch gehabt, zu den feministischen

Organisationen gezählt zu werden.[19] Den wichtigsten Linksparteien verbunden, wanderte die UDI auf dem schmalen Grat zwischen den Frauenverbänden der Kommunistischen und der Sozialistischen Partei einerseits – die ihr nur allzu oft ihre Positionen zu oktroyieren suchten – und der eigenen, zumindest formell unabhängigen Anhängerschaft andererseits. Anfang der siebziger Jahre sahen die Parteien der etablierten Linken, namentlich die KPI, im Feminismus eine typische Erscheinungsform des Extremismus der Neuen Linken, in der die feministische Bewegung Italiens tief verwurzelt war.[20] Breite Teile der Anhängerschaft der UDI wiederum mißtrauten dem Etikett »Feminismus«.

Ende der siebziger Jahre hatte die UDI allerdings ihr bürokratisches Gerüst aufgegeben und sich für »Strukturlosigkeit« entschieden, oder zumindest für eine losere Struktur, um auf diese Weise ihre Identifikation mit jener Art von Feminismus zu bekunden, die sie früher bekämpft hatte. Zu diesem Zeitpunkt begannen die Konturen der feministischen Bewegung bereits, sich zu verwischen. So war es bezeichnend für die im vorausgegangenen Jahrzehnt eingetretenen Transformationen, daß seit Mitte der achtziger Jahre eine Feministin, die in den siebziger Jahren eine führende Rolle gespielt hatte, als verantwortliche Herausgeberin der Zeitschrift der UDI fungierte: Die Grenzen zwischen der alten Organisation und der feministischen Bewegung der früheren Jahre waren gefallen. Und die Linksparteien begannen, in ihren offiziellen Verlautbarungen den Feminismus häufiger zu erwähnen. Insofern es Ende der achtziger Jahre in Italien eine feministische Front gab, zählten zu ihr nicht nur zahlreiche Frauen, die in den großen Linksparteien aktiv waren, sondern auch die UDI.

Hat die Position der traditionellen Frauenverbände den Feminismus zuweilen nach der einen Seite abgegrenzt, so haben radikale Perspektiven seine Konturen nach der anderen Seite geschärft. Anfang der siebziger Jahre trat die Gruppe Psychoanalyse et Politique in Frankreich besonders vehement für die Verquickung psychoanalytischer mit gesellschaftskritischen Ansätzen ein. Aus der Arbeit dieser Gruppe gingen Analysen hervor, die das wesensmäßige Anderssein der Frauen betonten und international starken Widerhall fanden. Die Gruppe, von vielen als zentral für den französischen Feminismus betrachtet, lehnte selbst die Bezeichnung »feministisch« ab. Psychoanalyse et Politique behauptete, der Feminismus sei von Haus aus reformistisch und anpasserisch und käme letztlich nicht umhin, die durch männliche Vorherrschaft geschaffenen Verhältnisse zu akzeptieren. Die Gruppe Psychoanalyse et Politique beanspruchte für sich, einzige wahre Repräsentantin der Frauenbefreiungsbewegung (Mouvement de libération des femmes) zu sein, und ging so weit, diesen Anspruch gegen andere (feministische) Gruppen gerichtlich durchzusetzen.[21]

In ähnlicher Weise bot Anfang der siebziger Jahre das Etikett »Frauenbefreiung« englischen Aktivistinnen die Möglichkeit, sich von ihren feministischen Gesprächspartnerinnen zu distanzieren. Juliet Mitchell und Ann Oakley, zwei führende Persönlichkeiten jener Zeit, die mit ihren Untersuchungen über die Lebensbedingungen von Frauen die Entwicklung feministischer Bewegungen in vielen Ländern maßgeblich beeinflußt haben, erinnern sich: »Am Anfang dieser Phase des Feminismus, in den sechziger Jahren, gab es radikale Feministinnen und Vertreterinnen der Frauenbefreiung.«[22] Die ersten radikalen Feministinnen teilten die Ansicht von Autorinnen wie Shulamith Firestone, die in *Frauenbefreiung und sexuelle Revolution* die Meinung vertritt, Weiblichkeit sei ein essentiell biologischer Zustand, der von Natur aus für die Einheit der Frauen sorge. Feminismus sei infolgedessen das Bündnis von Frauen mit Frauen für Frauen auf der Grundlage ihrer Zugehörigkeit zu einem bestimmten Geschlecht. Die Vertreterinnen der Frauenbefreiung hingegen lehnten, wie Mitchell selbst es in zwei grundlegenden Arbeiten *(Frauen – die längste Revolution* und *Women's Estate)* getan hatte, die biologisch orientierten Thesen der radikalen Feministinnen ab. Statt dessen versuchten sie, die Lage der Frauen grundsätzlich in bezug auf gesellschaftliche Zusammenhänge zu erklären, und sahen in der Solidarität der Frauen untereinander keine biologische Mitgift, sondern ein historisches Konstrukt. Schließlich begannen sich jedoch auch die Anhängerinnen der Frauenbefreiungsbewegung als Feministinnen zu bezeichnen und wurden als solche betrachtet.

Noch während die Definitionen von Feminismus im Fluß waren, versuchten außenstehende Beobachter – aber auch viele Feministinnen –, innerhalb des Feminismus eine radikale, eine sozialistische und eine liberale Position zu unterscheiden, tendenziell in der Absicht, den Feminismus und die feministischen Bewegungen den großen politischen Ideologien zu- und teilweise sogar unterzuordnen. So gesehen spiegeln innerfeministische Konflikte lediglich äußere, politische Streitigkeiten wider, da die verschiedenen feministischen Strömungen sich mit der konventionellen politischen Terminologie voneinander unterscheiden lassen. In diesem Sinne sagt man von radikalen Feministinnen, sie sprächen über weibliche Autonomie im Stil antikolonialistischer nationaler Befreiungsbewegungen; die Analysen sozialistischer Feministinnen drehen sich um Klassenkampf und den Widerspruch in der Gesellschaft; und während sowohl die radikalen als auch die sozialistischen Feministinnen offenbar einen Umsturz der Gesellschaftsordnung erstreben, betonen liberale Feministinnen die Bedeutung der Gleichberechtigung der Frau im Rahmen eines politischen und gesellschaftlichen Pluralismus.

Eine derartige Unterscheidung zwischen einer radikalen, einer sozialistischen und einer liberalen Spielart des Feminismus birgt zwar die

Gefahr in sich, den Feminismus insgesamt bloß als Derivat oder Anhängsel der großen tagespolitischen Konflikte erscheinen zu lassen. Gleichwohl ist sie als Klassifikationsschema nützlich, weil sie deutlich macht, inwieweit feministische Bewegungen in enger Verbindung mit anderen politischen Formationen entstanden sind, mit denen sie ins Gespräch zu kommen suchten. Hin- und hergerissen zwischen dem Wunsch, sich von äußeren Vorgaben zugunsten interner Fragestellungen frei zu machen, und dem Wunsch, sich die Handlungsfähigkeit in der Welt zu erhalten, haben die Feministinnen ihren Standort in der Tat sowohl innerhalb als auch außerhalb herrschender politischer Traditionen gesucht. Feministische Aktivitäten und Diskurse haben einerseits die relative Wichtigkeit der nichtfeministischen Gesprächspartner widergespiegelt und andererseits zur weiteren Differenzierung des politischen Diskurses beigetragen.[23]

Die Berücksichtigung von Frauenrechten in den Forderungskatalogen verschiedenster politischer Organisationen, die Beachtung, die nunmehr zumindest formell der Repräsentanz von Frauen geschenkt wird, und eine gewisse Institutionalisierung der Förderung von Fraueninteressen sind sichtbare Zeichen für die politischen Erfolge des Feminismus. Hingegen ist schwer zu ermessen, welche Auswirkung der zentrale – und umstrittenste – Diskussionspunkt der gegenwärtigen feministischen Debatte hat: die Konstitution und Ermächtigung der Frau(en) als Subjekt.

Rekonstruktion und Dekonstruktion der Frau

»Doch zunächst einmal: was ist eine Frau?« schreibt Simone de Beauvoir in der Einleitung ihrer klassischen Studie über *Das andere Geschlecht.*[24] Die heutigen Feministinnen unterscheiden sich wesentlich nicht nur in ihren Antworten auf diese Frage, sondern auch schon im Umgang mit ihr.[25] Jedoch kommen sie immer wieder auf sie zurück. Indem die Feministinnen einerseits den Primat des Frauseins als Kategorie politischer Identifikation behaupteten und andererseits zugleich das Wesen dieser Kategorie selbst in Frage stellten, suchten sie die Idee des Frauseins sowohl zu konstruieren als auch zu dekonstruieren. Denn der zeitgenössische westliche Feminismus birgt im Innersten eine fortwährende Spannung in sich, die das feministische Denken und Handeln unaufhörlich spaltet und sich ausdrückt in »der Notwendigkeit, die Identität ›Frau‹ zu setzen und sie mit konkreter politischer Bedeutung zu erfüllen, und der Notwendigkeit, eben diese Kategorie ›Frau‹ abzuschaffen und ihrer allzu konkreten Geschichte zu entkleiden«.[26] So kreisen die zeitgenössischen feministischen Bewegungen um zwei diametral entgegengesetzte Pole: um die Bejahung des Unterschiedes der Geschlechter als eines existentiellen – und daher politischen – Prinzips und um die Verneinung der Relevanz dieses Unterschiedes als legitimer Basis sozialer (und existentieller) Unterscheidung.

Oft wird behauptet, die zeitgenössischen feministischen Bewegungen im Westen seien als Reaktion auf die Macht der Geschlechtszugehörigkeit als einer die soziale Erfahrung prägenden Kategorie entstanden. In einem liberalen und egalitären Geist erzogen und konfrontiert mit den Ungerechtigkeiten, die jenen Gesellschaften innewohnen, in denen das biologische Geschlecht signifikant über Lebenschancen entscheidet, fanden sich in den sechziger und siebziger Jahren junge Frauen in der jüngsten Renaissance des Feminismus zusammen.[27] Sie wandten sich gegen gängige Vorstellungen, die die Frauen auf »ihren Platz« verwiesen, und suchten sie von den Zwängen der Geschlechtszugehörigkeit zu befreien. Der heutige Feminismus erhebt daher den Anspruch, gleiche Rechte für Frauen durchzusetzen; sein besonderes Ziel ist eine geschlechtsneutrale Welt.

Diese Interpretation berücksichtigt jedoch nur eine Richtung der zeitgenössischen feministischen Theorie. Sie schließt den »Feminismus der Differenz« aus, der das »Anderssein« der Frau erforscht und die Unterschiedenheit der Frauen von den Männern zu seinem zentralen Anliegen gemacht hat. Diese Position wendet sich ausdrücklich gegen die Abwertung des Weiblichen und die in heutigen Gesellschaftsordnungen angelegte Assimilation der Frauen an männliche Existenzweisen. Wie die Mitglieder eines italienischen feministischen Kollektivs 1967 schrieben, hatte eine Frau zwei Möglichkeiten. Sie konnte sich für die »Vermännlichung« entscheiden (was ihre neu errungenen gesellschaftlichen Rechte nahezulegen schienen). Oder sie konnte in eine Rolle zurückfallen, die inzwischen eindeutig »entleert und anachronistisch« war. Das »Weibliche« schien seiner gesellschaftlichen Wertschätzung und Bedeutung zunehmend beraubt, während »Vermännlichung« lediglich Entfremdung verhieß.[28] In dieser Sichtweise leiden die Frauen unter einem Identitätsverlust, auf den der Feminismus mit der Neubelebung der Kategorie des Weiblichen reagiert. Die Kritik des Feminismus richtet sich also nicht gegen die Geschlechterdifferenzierungen, sondern dagegen, daß deren Ausprägung mittlerweile obsolet ist.

Diese beiden Sichtweisen – Geschlechtergleichheit oder Geschlechterdifferenz – werden in der Diskussion um Ursachen und Kennzeichen feministischer Bewegungen häufig als konträre Standpunkte dargestellt. Jedes der beiden Lager in diesem Streit – der sich nicht auf die Ätiologie des Feminismus beschränkt – hat seine eigene Auffassung vom Wesen des Feminismus. Für die Vertreterinnen des »Egalitarismus«

transzendiert der Feminismus die Kategorie Geschlecht, obschon er durch ihre erdrückende Allgegenwart bedingt ist. Für die »Verteidigerinnen der Differenz« tendiert der Feminismus zu einer Aufwertung der Kategorie Geschlecht, und sie sehen seinen Ursprung darin, daß den Frauen ihre Identität schmerzhaft verweigert wird. In Wahrheit ist diese Entgegensetzung von Gleichheit und Differenz logisch unzulässig. Wie Joan Scott darlegt, ist das Antonym (der Gegenbegriff) zu Gleichheit »Ungleichheit«, nicht »Differenz«, und das Antonym zu Differenz ist »Identität«, nicht »Gleichheit«.[29] In früheren wie in neueren Zeiten haben die Feministinnen sowohl gleiche Rechte als auch Sonderrechte für die Frauen gefordert – unter Berufung entweder auf ihre Gleichheit mit den Männern oder auf ihre Verschiedenheit von ihnen.

Die Symmetrie, die zwischen Differenz und Ungleichheit einerseits und Identität und Gleichheit andererseits postuliert wird, ist fragwürdig. Die Frauen, die im 19. und frühen 20. Jahrhundert in England und den USA das Wahlrecht forderten, beriefen sich häufig auf weibliche Tugenden, um ihren politischen Forderungen Nachdruck zu verleihen, und beschworen die Differenz der Geschlechter, um politische Gleichheit zu erreichen. In den siebziger und achtziger Jahren bekräftigten amerikanische Feministinnen hingegen die grundsätzliche Gleichartigkeit von Männern und Frauen, als sie den Kampf für das Equal Rights Amendment führten – einen Kampf, in dem sie letztlich unterlagen.[30] Seit dem 19. Jahrhundert berufen sich diejenigen, die besondere Rechte wie Mutterschaftsurlaub und Schutzgesetze für erwerbstätige Frauen fordern, auf die Gebärfähigkeit der Frau, um darüber bestimmte Ausnahmeregelungen von den »normalen« Härten des Erwerbslebens zu beanspruchen.[31] Schließlich haben diejenigen, die »affirmatives Handeln«, das heißt eine kompensatorische Förderung von Frauen im Bildungswesen oder auf dem Arbeitsmarkt verlangen, die Prämisse der Gleichartigkeit von Frauen und Männern mit Argumenten für eine besondere Berücksichtigung der Frauen ergänzt.

Dem Eintreten für Frauenrechte im allgemeinen gehen nicht notwendigerweise dieselben Überlegungen voraus. Ob Geschlecht eine Art physisches Substrat darstellt, auf das sich jede soziale Geschlechtsidentität aufpfropfen läßt, oder ob umgekehrt das Geschlecht unausweichlich in der Physiologie wurzelt – ob in der Tat der geschlechtliche Körper etwas Gegebenes ist oder ob physische Eigenschaften ihrerseits das Resultat von Prozessen der sozialen Konstruktion von Geschlecht sein können –, das sind Fragen, die der zeitgenössische Feminismus zu großer Relevanz erhoben hat.[32] Indem die Feministinnen das körperliche von dem sozialen Geschlecht unterschieden und das so entstandene Spannungsfeld politisierten, haben sie einerseits Weiblichkeit zu einer fundamentalen politischen Identität erhoben und andererseits Feminismus als geschützten politischen Raum definiert, in dem die Dekonstruktion und Rekonstruktion von Weiblichkeit expliziert werden konnte. Vor allem in den Anfangsphasen der heutigen feministischen Bewegungen führte dieses Oszillieren zwischen der Affirmation einer Gewißheit (Primat des körperlichen Geschlechts als Kriterium für politische Identifikation) und dem andauernden Zweifel (ständiges Infragestellen der geschlechtsbezogenen Differenzierung) zu der Suche nach einem Koordinatensystem zur Beschreibung der »Lage der Frauen«. Später gewannen Fragen hinsichtlich der Unterschiede und Uneinigkeiten zwischen Frauen selbst an Bedeutung. Aber in den Anfangsstadien der Bewegung war das Hauptproblem für Frauen in den Kollektiven die Unterdrückung der Frauen in ihrer – wie eine Theoretikerin und prominente Zeitgenossin es formuliert – »endlosen Vielfalt und monotonen Gleichförmigkeit«.[33]

Eine Praxis der Separierung und Unterscheidung

Aber wie ließen sich »Vielfalt« und »Gleichförmigkeit« der Unterdrückung verbinden? In welchem Sinne konnten Frauen als einheitliche Gruppe oder gar kohärentes Subjekt betrachtet werden? Einige Frauen übernahmen damals das Vokabular der Linken und sprachen von Klassen. »Frauen sind eine unterdrückte Klasse. Unsere Unterdrückung ist total und erfaßt jeden Bereich unseres Lebens«, schrieben die American Redstockings in ihrem Manifest.[34] Andere machten Anleihen beim antikolonialistischen und antirassistischen Kampf und vertraten die These, Frauen bildeten eine eigene Kaste oder Gruppe, deren Situation sich von Generation zu Generation unverändert vererbe und daher fest in ein Herrschaftssystem eingebunden sei. Wieder andere versuchten, spezifische »Terminologien« zu prägen – wobei sie etwa vom »Anderssein« der Frauen sprachen oder sich auf die Geschlechterdifferenz oder die Relevanz des sozialen Geschlechts konzentrierten –, um die gemeinsamen Merkmale des Frauseins zu erklären. »Jetzt kehren die Frauen heim aus dem Irgend, aus dem Jeher: aus dem ›Draußen‹, von der Heide, wo Hexen sich am Leben erhalten; aus dem Unten, aus dem Jenseits von ›Kultur‹«, wie Hélène Cixous sich ausdrückt.[35] Die Gruppe Rivolta Femminile erklärte in ihrer ersten großen Verlautbarung: »Differenz ist ein existentielles Prinzip; es betrifft die Möglichkeiten des Menschseins, die Besonderheit der eigenen Erfahrungen, der eigenen Ziele, des eigenen Bewußtseins, in einer konkreten Situation zu existieren, wie auch in der Situation, die man sich selbst schaffen möchte. Die Differenz zwischen Mann und Frau ist die Grunddifferenz der Menschheit.«[36]

So bemühten sich die Feministinnen von den verschiedensten Ansatzpunkten aus, die Gemeinsamkeiten der Frauen herauszuarbeiten, und setzten sich dabei systematisch und bewußt über die *traditionellen* Unterscheidungen hinweg, die den Bereich des »Persönlichen« oder »Privaten« von dem Bereich des »Politischen« oder »Öffentlichen« trennten. Der bekannte Slogan »das Private ist politisch« gab zu verstehen, daß die Feministinnen nicht bereit waren, Themen wie die Vorrechte des Mannes in der Ehe oder sexuelle Gewalt im stillen Kämmerlein der individuell-privaten Ethik zu belassen und dem Bereich der politischen, und damit öffentlichen Diskussion zu entziehen. Aber die Parole »das Private ist politisch« war auch bezeichnend für die Bedeutung, welche die Rekonstruktion des weiblichen Selbst für die Feministinnen hatte. Das Persönliche war mit anderen Worten für sie ein politisches Projekt und gleichzeitig ein politischer Raum.

Diese intensive Beschäftigung mit der Eigenart und der Rekonstitution des weiblichen Subjekts gab es – mit auffallenden Ähnlichkeiten – in den feministischen Bewegungen vieler Länder. Die Praxis der Separierung und Unterscheidung, deren Elemente in verschiedener Form in jeder neuen feministischen Bewegung auftauchten, schuf eine Welt, in der die Frauen im Widerstreit mit ihrer Umgebung lebten und weibliche Subjektivität zu rekonstituieren, weibliche Ermächtigung zu fördern trachteten.

Separatismus und Autonomie[37]

Nicht alle Feministinnen unterstützten den Separatismus. Es kam im Gegenteil zu erbitterten Auseinandersetzungen gerade über die Frage, inwieweit Feminismus als reine Frauen-Bewegung zu definieren sei. Ungeachtet abweichender Meinungen entwickelte sich jedoch der Ausschluß der Männer von den meisten Aktivitäten häufig zu einem organisatorischen Grundprinzip, nicht zuletzt aufgrund der Notwendigkeit, weibliche Autonomie zu etablieren und zu verteidigen.[38]

Es wurde oft gesagt, daß die Feministinnen mit ihrem Insistieren auf Autonomie als dem Ziel und Separatismus als dem Mittel dazu dem Beispiel des schwarzamerikanischen und Dritte-Welt-Nationalismus folgten.[39] Dieser Vergleich veranschaulicht die Bedeutung, die die heutigen Feministinnen ebenso wie ihre Vorgängerinnen Methoden der Polarisierung beimaßen, die eine scharfe Abgrenzung des kollektiven weiblichen Selbst von der übrigen Welt ermöglichten. Diese Polarisierung war ein entscheidender Schritt in dem Bemühen, die Frauen als eigene Subjekte zu konstituieren.

Selbsterfahrung

Ähnlich wie der Separatismus löste auch die Frage der »Selbsterfahrung« Dissens unter den Feministinnen aus. Gleichwohl entwickelte sich Selbsterfahrung zu einer grundlegenden Technik, die das Rückgrat der feministischen Bewegungen bildet.[40] Charakteristisch für die erstmals um 1966/67 in den Vereinigten Staaten entwickelte Form der Selbsterfahrung (*consciousness-raising*) waren die Praktiken der »bitch sessions' cell group«, wie eine Aktivistin sich ausdrückte. Die Arbeit einer solchen Selbsterfahrungsgruppe beinhaltete eine »stetige Bewußtseinserweiterung«, auch das »persönliche Bekenntnis und Zeugnis«, sogar das »Kreuzverhör«, ferner die »Verknüpfung und Verallgemeinerung individueller Erfahrungen« sowie die Analyse »klassischer Formen des Widerstands gegen das Bewußtsein« (oder »Wie man es vermeidet, sich der schrecklichen Wahrheit zu stellen«). Was die Teilnehmerinnen einer solchen Selbsterfahrungsgruppe ferner lernten, war, zu »beginnen, aufzuhören: Überwindung von Verdrängungen und Selbsttäuschungen«, zum Beispiel durch die Analyse der eigenen Ängste und die »Aneignung einer radikalen feministischen Theorie«. Sie erhielten schließlich ein spezifisches »Training für Bewußtseinsbildnerinnen (Organisatorinnen)«, so daß jede an einer solchen »bitch session« beteiligte Frau ihrerseits neue Selbsterfahrungsgruppen organisieren konnte.[41]

Nicht jede feministische Bewegung bzw. nicht jedes einzelne Frauenkollektiv bediente sich des Vokabulars der »bitch sessions« für ihre Bewußtseinsbildung. Darüber hinaus erwies sich Bewußtseinsbildung oft nur als die erste in einer ganzen Reihe von Methoden, die meist psychoanalytischen Verfahren und Begriffen stark verpflichtet waren und dazu dienen sollten, die individuelle Selbstwahrnehmung zu fördern und das eigene alltägliche Verhalten zu überwachen. Sie basierten auf der Überzeugung, daß die Frauen ihres »wirklichen Selbst« irgendwie beraubt worden waren. Jedes positive Bild von sich selbst, die Fähigkeit, ihren eigenen Wert zu erkennen, und das Talent, die eigenen Interessen zu verfolgen, waren den Frauen vorenthalten worden. Jetzt endlich konnten sie daran gehen, ihre Situation einer elementaren »Kolonisierung« bzw. »Negierung« zu bereinigen und durch kollektive Bemühungen um Selbstverständigung und Selbstrekonstruktion eine echte Form von Subjektivität zumindest näherungsweise zu erreichen.

Politische Symbolik und Sprache

Die Feministinnen entwickelten bestimmte Codes, die ein gewisses Maß an internationaler Verbreitung fanden. So wurde zum Beispiel in ganz Westeuropa und Nordamerika das herkömmliche Symbol für das Weibliche dem ausschließlichen Zugriff der Biologen entzogen und ist zu einem Zeichen für Frauensolidarität und Frauenmacht geworden. In Europa ersetzten demonstrierende Feministinnen die geballte Faust linker Aktivisten durch die mit den Händen geformte Vulva, um auch auf diese Weise die Eigenständigkeit der Frauen gegenüber männlicher Politik zu signalisieren und ihre eigene Stärke zu betonen.[42]

Mit den Jahren bildete sich, auch im spielerischen Umgang mit feministischen Analysen zur Situation der Frauen, eine Phraseologie mit deutlich politischen Untertönen heraus. »Schwesternschaft« diente als Hinweis auf die Stärke (und die quasi-genetischen Wurzeln) feministischer Solidarität. Andere Schlüsselbegriffe wie »Patriarchat« standen für jene Allgegenwart männlicher Herrschaft und weiblicher Unterdrükkung, welche die Rebellion der Frauen rechtfertigte. Diese Sprache festigte die Bande der einzelnen Bewegungen. Feministische Codes dienten aber nicht nur der Stärkung des Zusammenhalts nach innen und der Differenzierung nach außen; sie machten auch bestimmte Aussagen, die systematisch die Gemeinsamkeit aller Frauen und ihre Besonderheit gegenüber den Männern unterstrichen.

Solidarität und Selbsthilfe

»Das Auffallende«, schrieb eine niederländische Feministin, »ist die *soziale* Seite des Feminismus.«[43] Durch die Einrichtung von Gesundheitskliniken, Zentren für Vergewaltigungsopfer und Beratungsstellen oder ganz allgemein durch die Schaffung öffentlicher Begegnungsräume für Frauen – Cafés, Buchläden, Seminare, Studiengruppen – und die Förderung einer frauenspezifischen Geselligkeit – Parties, Einladungen, Urlaubsreisen, Wohngemeinschaften – schienen die Feministinnen auf dem besten Wege, das große Ziel weiblicher Solidarität zu verwirklichen.

Für große Teile der feministischen Bewegungen in den verschiedenen Ländern implizierte der Primat der Beziehungen zwischen Frauen mit der Zeit auch frauenzentrierte Sexualbeziehungen und bevorzugte Sozialkontakte. »Die Lesbierin«, schrieb eine amerikanische Feministin 1969, »hat sich in puncto Liebe, Sex und Geld aus der Abhängigkeit vom Mann befreit.«[44] Ein Jahrzehnt später wiederholte Monique Wittig etwas deutlicher einen damals häufig vertretenen Standpunkt: »Lesbische Gesellschaften beruhen nicht auf der Unterdrückung von Frauen. Ferner ist unser Ziel nicht das Verschwinden der lesbischen Liebe, der einzigen sozialen Form, in der wir leben können, sondern der Untergang der Heterosexualität – das auf der Unterdrückung der Frauen basierende politische System.«[45]

Aber auch außerhalb des Lesbianismus als einer politischen Strategie ging es den Feministinnen um die Unabhängigkeit der Frauen von der männlichen Gesellschaft. So lernten Frauen in Selbsthilfegruppen nicht nur, gynäkologische Routineuntersuchungen durchzuführen, sondern auch Abtreibungen vorzunehmen; andere Gruppen richteten Anlaufstellen für mißhandelte Frauen ein. Diese systematisch verstärkte Vernetzung organisierter Hilfe für Frauen ließ die Erneuerung weiblicher Gemeinschaft und damit die Rekonstitution eines weiblichen sozialen Subjekts erahnen.

Feministische Forschung und Frauenstudien

Der Feminismus löste eine wahre Explosion an Forschungen aus, die nahezu alle Disziplinen betraf und sich, von den etablierten akademischen Institutionen mehr oder weniger unterstützt, praktisch in allen westlichen Ländern vollzog. Ein Kritiker bemerkte: »Das Eindringen, Vordringen, Sich-Ausbreiten, Sich-Einbringen, Sich-Einschleichen (...) feministischen Gedankenguts in so ziemlich jeden Bereich des kulturellen Lebens der Gegenwart hat sich nachgerade verallgemeinert.«[46] Im Laufe der Zeit hat die feministische Forschung eine Fülle von Themen aufgegriffen, die unmöglich systematisch zusammenzufassen sind. Immerhin fallen in den Anfangsjahren der neuen feministischen Bewegungen drei Aspekte ihrer Arbeit besonders auf: das Interesse an der Rekonstruktion der Geschichte von Frauen; die Bemühungen um ein einheitliches Koordinatensystem, das die Lage der Frauen in den verschiedensten Kontexten erfaßt; und die Intensität der Debatte um Ursprünge und Implikationen der Differenzierung der Geschlechterrollen und Geschlechteridentitäten.[47]

Die Feministinnen kämpften zunächst um ein »Sichtbarmachen« der weiblichen Erfahrungen, die »im Dunkel der Geschichte« verblieben waren – so die Titel bekannter feministischer Geschichtswerke. Dann versuchten sie, über die partiellen Darstellungen einer »herstory« hinaus auch allgemeine Analysen zu formulieren.[48] Auf diese Weise vermochten feministische Historikerinnen die Erfahrungen von Frauen im Alltag und in Frauenbewegungen aufzudecken und festzuhalten: In einer Auseinandersetzung, die als Kampf um das Eigentum an der Vergangenheit bezeichnet wurde, trug die Suche nach Vorläuferinnen zur Entdeckung einer feministischen Tradition bei.[49]

Die »Entdeckung« der Frauengeschichte verband sich mit Analysen über die Lebenszusammenhänge der Frauen und über die Bedeutung der Geschlechterdifferenz für die Definition und Legitimation des weiblichen Subjekts. Man stellte die Gemeinsamkeiten fest, auf deren Basis

Frauen sich miteinander identifizieren konnten, man konstruierte eine geschlechterspezifische Erinnerung und schuf – zum Beispiel in Geschichten über Amazonen und matriarchalische Gesellschaften – Elemente von »Gründungsmythen«, die sich als Wegweiser in der Gegenwart und in der Zukunft als dienlich erweisen mochten.[50]

Die Kampagnen für die Selbstbestimmung der Frauen

Wenn das, was wir die »Praxis der Separierung und Unterscheidung« nannten, dazu diente, die Zentralität – zumal in den ersten Jahren – der wiederauflebenden feministischen Bemühungen hervorzuheben, das soziale Subjekt Frau zu (re)konstituieren und zu ermächtigen, so war diese Thematik nirgends offenkundiger als in den in mehreren Ländern gleichzeitig stattfindenden großen Kampagnen für die reproduktiven Rechte der Frauen und gegen sexuelle Gewalt. Die einzelnen feministischen Bewegungen waren mit zahlreichen dringenden Problemen befaßt: von der »Doppelbelastung« der Frauen durch Hausarbeit und Erwerbsarbeit bis hin zur Frage der Kindererziehung; von ungerechten Ehegesetzen bis hin zu fehlenden beruflichen Kenntnissen sowie mangelnder Ausbildung und Beschäftigung von Frauen.[51] Aber das Thema, das in der feministischen Programmatik am häufigsten auftauchte, war die »Körperpolitik« als Ausgangspunkt für die Definition einer Vielzahl von Problemen, unter ihnen, als die wichtigsten, Abtreibung und sexuelle Gewalt.[52] Das Boston Women's Health Book Collective gab seinem vielgelesenen Handbuch den Titel *Our Bodies, Ourselves* (dt.: *Unser Körper, unser Leben*) und postulierte damit das Vorhandensein eines unauflöslichen Zusammenhanges zwischen dem Bereich des Körperlichen und der Subjektivität.[53] Seines Körpers enteignet zu werden bedeutete ganz einfach, seines Selbst enteignet zu werden. Sich selbst wieder anzueignen, erforderte notwendigerweise, den eigenen Körper wieder in Besitz zu nehmen.

In diesem Zusammenhang wurde Sexualität zum entscheidenden Schauplatz des Kampfes um die Wiederaneignung des Selbst. Mit Blick auf die Werke von Jean Genet schrieb Kate Millet: »Sex ist der Kern all unserer Sorgen, und alle Befreiungsversuche werden uns immer wieder in demselben uranfänglichen Dilemma landen lassen, wenn wir das schädlichste aller Unterdrückungssysteme nicht aus dem Weg schaffen und nicht geradezu ins Zentrum der Sexualpolitik und des krankhaften Deliriums von Macht und Gewalt verstoßen.«[54] Mit geringen Abweichungen brachten feministische Texte immer aufs neue denselben grundsätzlichen Standpunkt zum Ausdruck: Indem das Patriarchat die weibliche Sexualität in ihren Fortpflanzungsfunktionen verankerte und die Kontrolle des Mannes über die Fruchtbarkeit der Frau sicherstellte, hatte es die Frauen um die Möglichkeit betrogen, ihre eigene Lust kennenzulernen. Es hatte ihnen – um den Titel einer berühmten Schrift zu zitieren – den »Mythos des vaginalen Orgasmus« oktroyiert.[55] 1967 riefen italienische Feministinnen die Frauen auf, »sich aus der sexuellen Sklaverei, in der der Mann sie gehalten hat, zu befreien«. 1970 erschien Germaine Greers Abrechnung *Der weibliche Eunuch.*[56] *Unser Körper, unser Leben* enthielt aufklärerische Kapitel zu Themen wie der sexuellen Autonomie: »In unseren Augen ist Frigidität keine ehrenhafte Alternative mehr«, erklärte ein Frauenkollektiv.[57] Anfang der siebziger Jahre urteilte eine niederländische Feministin: »Wir sind verrückt gewesen. Total verrückt«, und berichtete, eine Umfrage bei einer Frauentagung habe ergeben, daß »*drei Viertel* der Frauen schon einmal so getan haben, als hätten sie einen Orgasmus«.[58]

Die weibliche Sexualität von männlicher Beherrschung zu befreien, war für viele Feministinnen unter anderem gleichbedeutend mit dem Kampf um die Liberalisierung der Empfängnisverhütung und Abtreibung. »Wir bestimmen über unsern Bauch«, proklamierten die Frauen der niederländischen Feministinnengruppe Dolle Mine, die sich 1970 Zugang zu einem Gynäkologenkongreß verschafften und ihre Blusen lüpften, um diese auf den nackten Bauch gemalte Parole vorzuführen.[59] Eine italienische Feministin erklärte: »Von Abtreibung zu sprechen heißt, unsere Sexualität, wie wir sie bisher gelebt haben, die Familie und die Rolle der ausgebeuteten Mutter und Ehefrau in Frage zu stellen.«[60] Heftige Einwände gegen derartige Ansichten wurden nicht nur von konservativen Frauen, sondern auch von Feministinnen erhoben, die befürchteten, die Abtreibung (und ihre Liberalisierung) würde die männlichen Privilegien nur noch verfestigen: »Die Frau fragt sich: Zu wessen Lust wurde ich schwanger? Zu wessen Lust treibe ich ab? Diese Frage birgt die Wurzel unserer Befreiung: Indem die Frauen sie formulieren, sagen sie sich von ihrer Identifizierung mit den Männern los und finden die Kraft, ein komplizenhaftes Schweigen zu brechen, das die Krönung unserer Kolonisation ist.«[61] Ungeachtet dieser Widerstände machten die Feministinnen in ganz Westeuropa und Nordamerika mobil, um eine Liberalisierung des Abtreibungsrechts zu erreichen und zu verteidigen. In Frankreich, Italien, Deutschland, den Niederlanden, den USA, in Großbritannien und in Spanien, überall kam es zu eindrucksvollen Kampagnen.[62] Diese Kampagnen brachten trotzige Bekenntnisse prominenter Frauen und namhafter Ärzte, die abgetrieben hatten, ferner Selbstanzeigen und Musterprozesse mit sich, sowie die Entwicklung einer »Graswurzel-Illegalität« in Selbsthilfegruppen, die den

Zugang zu Abtreibungen ermöglichten und erleichterten. Die Kampagnen bewirkten auch ein gewisses Maß an internationaler Kooperation unter den Feministinnen, die sich darum kümmerten, die von den diversen nationalen Bewegungen entwickelten Abtreibungsmöglichkeiten praktisch nutzbar zu machen.

In einem von der Zeitschrift *Stern* im Jahre 1971 veröffentlichten Artikel erklärten 375 vorwiegend prominente westdeutsche Frauen, bereits eine oder mehrere Schwangerschaften vorsätzlich abgebrochen zu haben. Ihre Erklärung löste eine umfangreiche Kampagne aus; sie gipfelte in einer Petition, in der die Abschaffung der geltenden restriktiven Gesetze gefordert wurde, einer von 86500 Personen unterzeichneten Solidaritätserklärung und 3000 an den Bundesjustizminister gerichteten Selbstanzeigen.[63] Diese Kampagne führte schließlich zu einer 1974 verabschiedeten Revision des Abtreibungsrechts, die eine straffreie Abtreibung während der ersten drei Schwangerschaftsmonate vorsah. Ein Jahr später erklärte jedoch das Bundesverfassungsgericht das neue Recht für unvereinbar mit dem Schutz ungeborenen Lebens und zwang den Bundestag, ein restriktiveres Gesetz zu verabschieden, das die Bedingungen für eine legale Abtreibung einschränkte.[64] In demselben Jahr, in dem deutsche Frauen ihre »Schuld« bekannten, unterschrieben 343 französische Frauen ein Manifest, in dem sie zugaben, daß sie ebenfalls Abtreibungen hatten vornehmen lassen.[65] (Der Erklärung schlossen sich zwei Jahre später 345 Ärzte an, die einräumten, Abtreibungen durchzuführen.) 1972 geriet der Prozeß gegen die sechzehnjährige Michèle Chevalier (die von einem Klassenkameraden vergewaltigt und dann von ihm wegen illegaler Abtreibung angezeigt worden war) zu einer *cause célèbre*. Ihre Verteidigerin Gisèle Halimi, die als Anwältin die Organisation Choisir zur Verteidigung der 343 Unterzeichnerinnen des Abtreibungsmanifests gegründet hatte, erreichte schließlich, daß das junge Mädchen freigesprochen wurde. Unterdessen gewann die Kampagne für die Abtreibung immer mehr an Umfang. Der Mouvement pour la Libéralisation de l'Avortement et de la Contraception (MLAC) eröffnete mehrere illegale Abtreibungskliniken. 1975 wurde die Abtreibung in Frankreich legalisiert; fortan konnte eine Frau, ärztliches Einverständnis vorausgesetzt, bis zur zehnten Schwangerschaftswoche abtreiben lassen.[66]

Die Kampagnen für Abtreibung waren oft begleitet oder gefolgt von solchen gegen sexuelle Gewalt, wobei entweder an mißhandelte Ehefrauen oder an Vergewaltigungsopfer oder an beide gedacht war.[67] 1972 richtete Erin Pizzey das erste britische Frauenhaus für geschlagene Frauen ein.[68] Bis zum Jahre 1980 hatten 99 britische Gruppen 200 Frauenhäuser eröffnet und sich zu einer landesweiten Organisation, der Women's Aid Federation, zusammengeschlossen. Neben Frauenhäusern richteten die britischen Feministinnen auch Krisenzentren für Vergewaltigungsopfer ein; das erste wurde 1976 in London eröffnet; in den darauffolgenden fünf Jahren wurden sechzehn weitere solcher Zentren sowie mehrere Notruf-Telefone für Vergewaltigungsopfer eingerichtet.[69]

Die von den britischen Gruppen ergriffenen Maßnahmen fanden ein lebhaftes Echo in ganz Westeuropa und Nordamerika. Aus Anlaß des Internationalen Frauentages trat am 8. März 1976 das internationale Tribunal der Verbrechen gegen Frauen in Brüssel zusammen.[70] Über zweitausend Frauen aus vierzig Ländern äußerten sich freimütig zu zahlreichen Problemen im Zusammenhang mit sexuellem Mißbrauch, von der Klitorisektomie bis zum Inzest. Im Vordergrund stand jedoch das Problem der Vergewaltigung. Die Organisatorinnen der Konferenz machten auf die politischen Implikationen der Vergewaltigung aufmerksam. Sie kamen zu dem Schluß: »Vergewaltigung zeigt sich klar als terroristischer Akt einzelner Männer, dient aber dazu, die Macht aller Männer über die Frauen zu sichern.«[71] Vergewaltigung war, mit anderen Worten, politisch als Inbegriff der Unterjochung der Frauen zu verstehen. Indem sie sich gegen Vergewaltigung und gegen die in vielen einschlägigen Gesetzen und Strafprozeßordnungen enthaltenen Demütigungen von Vergewaltigungsopfern organisierten, machten die Frauen für die Wiederaneignung ihres Körpers, das heißt ihrer selbst, mobil.

Das Subjekt Frau, dessen Rekonstruktion und Wiederaneignung die Feministinnen in den Kampagnen für die Selbstbestimmung der Frauen betrieben, offenbarte rasch seine Zerbrechlichkeit. »Frau« als einheitliches Subjekt wurde systematisch dadurch untergraben, daß ausgerechnet die Feministinnen darauf bestanden, unentwegt das Wesen dieses Subjekts in Frage zu stellen, daß sie ständig zwischen »Anatomie« und »Schicksal« unterschieden und beharrlich nicht nur die Differenzen zwischen Männern und Frauen, sondern auch die Ähnlichkeiten, ja sogar ihre Gleichartigkeit hervorhoben.[72] Die Unteilbarkeit des Frauseins wurde radikal in Frage gestellt, sobald die Feministinnen ihre Aufmerksamkeit von den gemeinsamen Elementen, die alle Frauen miteinander verbinden, ab- und den sie trennenden Differenzen zuwandten. Mitte der siebziger Jahre brachten italienische Feministinnen eine Zeitschrift mit dem Titel »Differenze« heraus, die sich speziell der Erkundung der Unterscheidungen und Meinungsverschiedenheiten zwischen den diversen Frauenkollektiven widmete.[73] Das Problem der Vielfalt der weiblichen Subjekte (ebenso wie das der Pluralität der feministischen Richtungen) verschärfte sich besonders, als die Frauen der Dritten Welt ihre weißen westlichen Schwestern imperialistischer und kolonialistischer Tendenzen beschuldigten.

Der (implizite) Imperialismus des westlichen Feminismus in seinem Anspruch, für die Frauen der Dritten Welt sprechen zu können (als stellten diese ihrerseits eine einheitliche Kategorie dar), führte anläßlich der von der UNO im Jahrzehnt der Frau organisierten, im Abstand von fünf Jahren abgehaltenen Konferenzen zu einer heftigen Auseinandersetzung. Allerdings hatte er bereits zuvor tiefgreifende Spaltungen unter den amerikanischen Feministinnen hervorgerufen, als die schwarzen Frauen sich den weißen Frauen und dem von diesen vertretenen Feminismus zutiefst entfremdet fühlten. Eine schwarze Feministin beschrieb die unter schwarzen Frauen übliche Reaktion auf den Feminismus mit folgenden Worten: »Viele schwarze Frauen würden sagen, (. . .) der Feminismus gehört den weißen Frauen, sie haben ihn als eine Form der Analyse ins Leben gerufen, und es ist eine Form der Analyse, die nur ihre Erfahrungen berücksichtigt. Daher sollten wir nichts damit zu tun haben.«[74]

Wie Chandra Mohanty dargelegt hat, beruht der dem westlichen feministischen Diskurs inhärente Kolonialismus auf der Annahme, daß Frauen immer eine homogene Gruppe konstituieren. »Eine Konzeption von ›Geschlechterdifferenz‹ im Sinne eines kulturübergreifenden, singulären, monolithischen Begriffs von Patriarchat oder männlicher Dominanz führt zur Konstruktion eines ähnlich reduktiven und homogenen Begriffs von dem, was ich ›Dritte-Welt-Differenz‹ nenne – ein stabiles, ahistorisches Etwas, das scheinbar die meisten, wenn nicht alle Frauen in diesen Ländern unterdrückt. (. . .) Gerade durch diese diskursive Homogenisierung und Systematisierung der Unterdrückung der Frauen in der Dritten Welt wird im Diskurs des westlichen Feminismus vielfach Macht ausgeübt, und diese Macht muß definiert und beim Namen genannt werden.«[75] Aber der zeitgenössische Feminismus hat gerade den illusorischen Charakter einer Gemeinsamkeit aller Frauen, einer festen kollektiven Identität betont, während er sich gleichzeitig darum bemühte, die Spaltungen und die Fragmentierungen des weiblichen Subjekts zu überwinden. Dieses Erbe der Ambivalenz besteht bis auf den heutigen Tag, da Feministinnen sich mit ungewissem Ausgang, aber beharrlich dem Problem der Pluralität des weiblichen Selbst zuwenden.

Aus dem Englischen von Holger Fliessbach

18

Von der Weiblichkeit zum Feminismus

Das Beispiel Québec

Yolande Cohen

Die Frage nach den Formen der Darstellung von marginalisierten oder aus dem Raum des Politischen ausgegrenzten Gruppen wurde in den siebziger und achtziger Jahren zu einem zentralen Problem des Feminismus. Quer durch alle Disziplinen zielte diese politische Reflexion ebenso sehr darauf ab, das Nachdenken über die Demokratie zu erneuern, wie darauf, gewisse Praktiken des Zusammenschlusses, die bis dahin kaum wahrgenommen oder völlig ignoriert worden waren, in den Vordergrund zu stellen. In den siebziger Jahren war das Hauptmuster dieser Reflexion die Umkehrung des Paradigmas vom privaten Nutzen und den öffentlichen Lasten, während man nun alle Möglichkeiten erforscht, die sich durch die Überschneidung von Privatem und Öffentlichem, Gesellschaftlichem und Politischem, ziviler Gesellschaft und Staat ergeben.

Aus dieser Sicht erwies sich die Untersuchung der Beziehungen, die nationalistische Frauengruppen an die Kirche und den Staat banden, als besonders aufschlußreich für Praktiken, die in der westlichen Welt seit Beginn des 20. Jahrhunderts weit verbreitet waren. Die vielen freiwilligen Zusammenschlüsse, die von Frauen mit Hilfe politischer und religiöser Instanzen geschaffen wurden, zeugten unübersehbar von dem Willen, die Privatsphäre des Weiblichen zu erweitern und auf unterschiedlichste Bereiche des Gesellschaftlichen und Politischen auszudehnen. Noch deutlicher ließ das Aufkommen von rein weiblichen Karrieren und Berufen, das durch die entstehenden Berufsverbände begünstigt wurde, die Auswirkung dieses Anspruchs erahnen. Weil sie dem spezifischen Beitrag von Frauen in Frauenberufen Anerkennung verschaffen wollten, schlugen sie Breschen in den Arbeitsmarkt und schufen Berufe, die ausschließlich Frauen vorbehalten waren. Das bekannteste Beispiel ist das der Krankenschwester.[1] Die Anerkennung dieser weiblichen Enklave gab jedoch zu gegensätzlichen Interpretationen Anlaß: Häufig wurden diese Berufe als Ghettotätigkeiten betrachtet, die aufgrund ihres rein weiblichen Charakters unterbezahlt und unterbewertet waren. Aus welchem Grund sollte man ausgerechnet diese Enklave als »Erweiterung« der den Frauen zugefallenen privaten Rolle ansehen?

Die Fragen als solche verwiesen auf eine ideologische Annahme: die Annahme von der patriarchalischen Unterdrückung der Frau dadurch, daß ihr ein bestimmtes Modell von Weiblichkeit und eine begrenzte Einflußsphäre zugewiesen wurden. Wenn auch das Stereotyp von Weiblichkeit, auf das diese Rolle zurückging, ein theoretisches Konstrukt des 19. Jahrhunderts war,[2] so sollten seine Verallgemeinerung und seine konkrete Anwendung dem 20. Jahrhundert vorbehalten bleiben.[3] Der Prozeß, der dazu führte, daß bestimmte Frauengruppen sich diesem Modell verschrieben, war freilich kein zwangsläufiger: Nicht alle Politiker wollten es anwenden, und die Widerstände von feministischer Seite waren beachtlich. Wir müssen daher untersuchen, aus welchen historischen Gründen viele Frauenbewegungen im 20. Jahrhundert mit dieser Darstellung ihrer selbst einverstanden waren, ohne vorgefaßte Meinung darüber, welche Umstände zu ihrer Entfremdung oder zu ihrer Emanzipation hätten dienen können. Unter diesem Gesichtspunkt kommt dem Frauenberuf große gesellschaftliche Bedeutung zu; er wird zum Ort der Konstruktion der gesellschaftlichen und politischen Identität der Frauen. Hauptschaltstellen waren dabei der Berufsverband und bald darauf die Berufsgenossenschaft. In Québec wie in vielen westlichen Ländern wurden die Auseinandersetzungen der Frauenbewegungen mit Verfechtern eines aggressiven Nationalismus zu Marksteinen auf dem Weg zu einer erst punktuell sichtbaren Geschichte der Frauen, die unter anderem auch ein neues Verständnis der nationalen Geschichte eröffnete.

Der frankokanadische Nationalismus, Synonym für einen Wandel in Ehrfurcht vor den Traditionen, stellte sich um die Jahrhundertwende als das Projekt der Integration der Frauen in das große Ganze, das er bilden wollte, dar. Die Ideologen des Nationalismus wie Henri Bourassa, der Domherr Groulx und die Fédération Nationale Saint-Jean-Baptiste (FNSJB) richteten wiederholt den Aufruf an die Frauen, sich ihnen anzuschließen.[4] Kraft ihrer Rolle als Hüterinnen des Glaubens und der Sprache hatten die Frauen die Pflicht, das nationale Erbe, das durch die Modernisierung bedroht war, zu wahren und zu fördern. Die

Frauengruppen ihrerseits sahen in den Fortschritten des frankokanadischen Nationalismus die Gelegenheit, ihrer eigenen Rolle breitere Anerkennung zu verschaffen. In wechselseitiger Anregung steckten Nationalismus und Feminismus einen neuen Raum des Öffentlichen ab, in dem die Definition einer frankokanadischen Identität nicht mehr allein an die katholische Kirche gebunden war. Damit trugen sie zur Entkonfessionalisierung Québecs bei, lange bevor diese durch die »stille Revolution« Anfang der sechziger Jahre besiegelt wurde. In diesem Werk der Konstitution der Nation haben die Frauen eine entscheidende Rolle gespielt – nicht nur als Hüterinnen der Werte, sondern auch als Trägerinnen eines Laizismus, der die Heraufkunft der Moderne begünstigte. Viele Indizien sowie die umfassende Untersuchung der Cercles de fermières – nach der Zahl der Mitglieder noch heute die wichtigste und zugleich eine der ältesten der namhaften Frauenorganisationen – stützen diese Interpretation. Diese Gruppierung zeugt durch ihre Geschichte von den großen Transformationen, die die Gesellschaft Québecs erlebt hat.

Einige Zahlen mögen die seither unaufhaltsame Ausweitung der Lohnarbeit der Frauen sowie den drastischen Geburtenrückgang belegen. Mit einer allgemeinen Geburtenrate, die nicht weit von der im 18. Jahrhundert registrierten entfernt war, unterschied sich Québec deutlich von seinen Nachbarn in Ontario und Amerika. Die katholischen Landfrauen der Jahrgänge vor 1897, die im Mittel bis zu 8,3 Kindern zur Welt brachten, waren bekannt dafür, daß ihnen die Familie praktisch über alles ging. Diese Tendenz schwächte sich zwar in den folgenden Jahrzehnten ab – die um 1915 geborenen Frauen haben durchschnittlich nur noch 4,3 Kinder –, doch blieb die Fruchtbarkeit dieser Population weiterhin besonders hoch. Erst in den siebziger Jahren kam es zu einem eklatanten Rückgang, der Québec zu einem der Länder mit der sehr niedrigen Reproduktionsziffer 1,45 machte (im Vergleich: Frankreich 1,81, die USA 1,75, Ontario 1,58).

Dieser drastische Geburtenrückgang war mit der Frauenemanzipation allein kaum zu erklären. In ihm drückte sich die Zunahme der Berufstätigkeit verheirateter Frauen sowie das Angebot an aussichtsreicheren Karrieren und besser bezahlten Stellen für Frauen ebenso aus wie ein grundsätzlicher Wertewandel der Gesellschaft. In puncto Arbeit geben die Statistiken globale Hinweise: War Berufstätigkeit zu Beginn des Jahrhunderts im wesentlichen noch die Sache alleinstehender Frauen, so wurde sie nach dem Zweiten Weltkrieg zu einer weiter verbreiteten Erscheinung, die auch die städtischen und gebildeten Schichten der Gesellschaft erfaßte. Während zu Beginn der Industrialisierung weibliche Arbeitskräfte vor allem in der Textil-, Bekleidungs- und Kautschukindustrie und als Hausangestellte beschäftigt waren (1881 übten in Montréal fast 6000 Frauen den Beruf der Hausangestellten aus, das entsprach 7,9 Prozent der weiblichen Bevölkerung der Stadt), deckten sie in den sechziger Jahren das gesamte Spektrum der Lohnarbeit ab. Innerhalb von zwanzig Jahren hat sich die Erwerbsquote der Frauen nahezu verdoppelt; sie stieg von 26,5 Prozent im Jahre 1960 auf 48 Prozent im Jahre 1983, bei zunehmender Stellenvielfalt.

Diese Zahlen bringen kaum die Irritationen in einer Gesellschaft zum Ausdruck, deren frankophone und katholische Mehrheit sich von der anglokanadischen Minderheit bedroht, ja verfolgt fühlte. Die Urbanisierung und die Industrialisierung Québecs durch die »stille Revolution« wurden als Aufholen eines »historischen Rückstandes« betrachtet. Aber diese Erklärungen lassen weite Bereiche der Geschichte unberücksichtigt. So ist es schwierig zu erklären, wie die nationalistische Ideologie von rechts nach links abdriften konnte und auf welcher Basis diese »Wende« sich vollzog; der Nationalismus wurde zum Credo der sogenannten progressiven Kräfte, so daß sogar der ihn verkörpernde Parti Québécois sozialdemokratisch angehaucht war. Ebensowenig vermögen die über die Geschichte der Frauen erhobenen Daten den Aufschwung einer der dynamischsten feministischen Bewegungen der westlichen Welt zu begründen.

Solche Beobachtungen fordern zu einer Überlegung heraus: Wie hat diese Gesellschaft in so kurzer Zeit den Übergang von einer traditionellen katholischen zu einer modernen, laizistischen und konsumorientierten Lebensweise vollziehen können? Viele Forschungen leisten einen Beitrag zu dieser Überlegung, gerade weil sie diese Fragen nicht unter dem Gesichtspunkt des Fortschritts, gemessen an einer absoluten Entwicklung, angehen.[5] Unter dieser Perspektive waren die Wege von der Weiblichkeit zum Feminismus kennzeichnend auch für weitere Veränderungen.

Die traditionelle Frau und das Überleben der Nation

Untersucht man den Diskurs der beiden Zeitschriften der Cercles de fermières,[6] erkennt man deutlich die Kontinuität zwischen dem egalitären Anspruch der jüngsten Zeit und der Forderung nach Aufwertung der Rolle der Frauen, die diese Zeitschriften seit 1915 vertreten haben. Beide Positionen gehen von einem gemeinsamen Punkt aus: der Mitwirkung der Frauen am nationalen Aufbau. Diese Vision hat, gestützt auf die Komplementarität der Rollen von Männern und Frauen,[7] einer egalitären und modernen Ideologie den Weg gebahnt.

Das Erscheinen der Zeitschrift *La Bonne Fermière* im Jahre 1919 leitete eine wahre Flut vielfältigster Printmedien ein, die sich ausschließlich an Hausfrauen wandten.[8] Das Frauenbild dieser Zeitschrift stellt die Frau grundsätzlich als Spenderin des Guten dar: »Sie sieht es als ihre Aufgabe an, niemals den natürlichen Wirkungskreis zu verlassen, der für die Schicht der Landfrauen der einzig belangvolle ist.«[9] »Grundlage ihres Tuns ist die Erfüllung besonderer, natürlicher und normaler Pflichten, welche der Frau als Mutter, Erzieherin ihrer Kinder, Gattin und Gehilfin ihres Mannes zufallen.«[10]

Dieser Wirkungskreis der Frauen hatte seinen privilegierten Ort in der wirtschaftlichen und gesellschaftlichen Organisation der Kernfamilie und der Gemeinschaft. Selbstverständlich waren alleinstehende, vor allem unverheiratete Frauen, dennoch nicht von den Rollen entbunden, die allen Frauen zugewiesen waren. In diesem Sinn war die Familie als größere Gemeinschaft, mehr noch als die Pfarrgemeinde, zu verstehen, in der sich die Gesamtheit aller dieser Beziehungen abspielte.

Stark von christlichem Eifer erfüllt, wies dieser Diskurs alle Anzeichen einer Predigt auf, deren Hauptgedanken verinnerlicht werden und die so normativen Charakter gewinnt. Wie viele andere Frauenpublikationen aus derselben Zeit,[11] unterschieden sich die Zeitschriften der Landfrauen hinsichtlich ihres Frauenbildes wenig voneinander. Die Harmonie zwischen den Geschlechtern wurde als Idealbild entworfen und bekräftigt. Die Festschreibung weiblicher Qualitäten fand ihren Sinn in dem Ziel der Zeitschrift, den Frauen einen bestimmten Beruf nahezubringen. Sein Ort war die Familie, das Mittel zu seiner Ausübung die (haus- und landwirtschaftliche) Ausbildung, seine Belohnung das Wirken in den Landfrauenzirkeln. Durch die Konstruktion des Berufs der Landfrau wertete die Zeitschrift die Arbeit ihrer Leserinnen und der Mitglieder der Zirkel auf; durch die Betonung der Verbundenheit der Bäuerin mit Scholle und Familie stellte man die Landfrau in einen wirtschaftlichen und moralischen Zusammenhang mit der Zukunft der Nation. Zwar verfehlte die Zeitschrift nicht, den traditionellen naturalistischen Diskurs wieder aufzugreifen, der den Frauen ihre eigene Sphäre zuwies; aber sie verband mit ihr eine neue und nicht zu vernachlässigende Dimension: die des Erwerbs besonderer Qualifikationen, die bestimmte Frauen (eine Elite?) zu Frauenberufen tauglich machten.

Zu wahrer Mystik steigerten sich die Artikel, sobald es um die Frage der Landwirtschaft als Lebensform ging. Das Leben auf dem Lande, der Urmythos der Ahnensagen, die die frankokanadische Nation sich erzählte, wurde stets als Jungbrunnen verstanden. Die Arbeit in der Landwirtschaft – fernab von den verwahrlosten Städten mit ihrem Religions- und Völkergemisch – war vor allem eine Berufung, durch die der Mann seinem Schöpfer, die Frau der Natur näher kam. Diese Definition der historischen Zukunft des französischen Kanada, die in dem unablässigen Neubeginn der Kolonisierung liegen sollte, machte aus den Landfrauen Handwerkerinnen par excellence, die das *patriotische* Werk vollbringen sollten. In einer Zeit des Exodus der Landbevölkerung und der Umgestaltung der Landwirtschaft hatten sie die Pflicht, aktiv an der Modernisierung der landwirtschaftlichen Nutzung und am Schutz der Nation mitzuwirken.

Der Vergleich mit den Stadtfrauen, deren Tätigkeit aufgrund der in der Stadt verfügbaren Erleichterungen als lächerlich erschien, wurde durch eine wenig schmeichelhafte Kritik an deren neuen Werten verschärft: »An den Pranger also mit ihnen, den Parteigängerinnen der Frauenemanzipation, die nur darauf aus sind, das Glück der Familien zu zerstören, die die Seele ihrem Heim entfremden, die Gattin ihrem Gatten, die Mütter ihren Kindern! Sie rütteln am Fundament eben der Gesellschaft, die sie zu verbessern behaupten.«[12] Und überhaupt: Warum Gleichheit mit den Männern, »diesen Schutzengeln«, fordern, »wenn wir derselben Meinung sind wie diese Herren«?[13] Die fortschrittlichen Feministinnen waren eine besondere Gefahr für die Familie und das Landleben. Gestützt auf die Kraft der Tradition und auf zwei Jahrtausende Christentum, machte sich die Zeitschrift über die Feministinnen lustig, »die davon träumen, das Glück auf Erden durch eine Revision der Verfassung zu schaffen«.[14] Die Kampagne einiger Frauenverbände in Montréal für die Ausweitung des Wahlrechts auf Frauen lief den von der Zeitschrift propagierten Werten zuwider und traf einen empfindlichen Nerv. Die katholisch inspirierte Argumentation der Redakteurinnen schöpfte aus anderen Quellen.

La Bonne Fermière stellte den »Königinnen des Hauses« die anderen, von der Fata Morgana der gesellschaftlichen und politischen Teilhabe verblendeten Frauen gegenüber und gab sich essentialistisch: »Man emanzipiert die Frau gewiß nicht dadurch, daß man ihr die ganze Fülle der politischen Rechte gewährt. Im Gegenteil, die Frau, die es zur Wählerin, zur Abgeordneten oder gar zur stellvertretenden Gouverneurin bringt, wird die Pflicht haben, einen Teil der Freiheit aufzugeben, die sie heute als Königin des Hauses genießt.« Die politische Freiheit erschien als Einschränkung des Wirkungskreises der Frauen als Familienmütter und widersprach einer sozialen Berufung, die die Zeitschrift als Aufgabe der Frauen ausgab. Soziales Wirken erhöhte die Frauen, weil es sie nicht aus der ihnen gemäßen Sphäre entließ, während politisches Handeln erniedrigte: »Und als trügerischen Ausgleich wird sie das Recht haben, zur Sklavin politischer Leidenschaften, zum Spielball politischer Wechselfälle, zum Opfer politischer Demütigungen zu werden. Wie denkt ihr vernünftigen Frauen über eine derartige Emanzipation?«[15] Im Klartext hegte die Zeitschrift also starke Zweifel daran, daß das Wahlrecht den Frauen wirklich die verheißene Emanzipation bescheren werde.

Dieser Standpunkt hat der Zeitschrift in einer feministischen Geschichtsschreibung, die darauf bedacht ist, den Kampf um das Wahlrecht zum wegweisenden Auftakt einer neuen Ära zu stilisieren, den Ruf einer Verfechterin traditioneller und konservativer Positionen eingetragen. Eine solche feministische Geschichtsschreibung verkennt dabei das Element der Kritik an der formalen Demokratie, die gewiß besonders in katholischen Kreisen, aber auch bei der marxistischen Linken verbreitet war, und reduziert die Problematik auf einen einzigen Aspekt: Derartige Positionen zogen dem öffentlichen Handeln der Frauen wirksame Grenzen. Indem die Zeitschrift den Frauen bestenfalls einen Platz im Familiären und Sozialen zuwies, ihnen aber keine Stimme in bezug auf politische Entscheidungen zugestand, konsolidierte sie die »Naturalisierung« der Frauen. Verglichen mit minderheitlichen und aufgeklärten Frauenbewegungen, die um ihre Rechte kämpften, mußten die Landfrauen als Reaktionärinnen erscheinen. Als die wahren Heldinnen wurden demgegenüber die großen Damen und Aktivistinnen der sehr engagierten und nationalistischen Fédération Nationale Saint-Jean-Baptiste – Marie Gérin Lajoie, Caroline Beique und Thérèse Casgrain – dargestellt, weil sie für das Frauenwahlrecht kämpften. Sie galten als Trägerinnen des Fortschritts in einer durch und durch traditionalistischen Gesellschaft.

Dabei stellten diese Feministinnen der ersten Stunde das Prinzip der Komplementarität der Geschlechterrollen nicht in Frage; sie vertraten es ebenso wie die Landfrauenzirkel[16] und eine ganze Reihe weiterer Frauenorganisationen. Einige Historikerinnen bedauern die Inkonsequenz dieses Standpunkts und wollen statt dessen die Bedeutung einer – beklagenswert isolierten – feministischen Avantgarde hervorheben.[17] Tatsächlich ist dies nichts anderes als die Rückprojektion sehr zeitgenössischer Problemstellungen in die Vergangenheit. Das politische Leben beschäftigte damals nur eine kleine Elite, auf seiten der Männer ebenso wie auf seiten der Frauen. Gewiß fiel das politische Engagement der frankokanadischen Männer mehr ins Gewicht als das der Frauen, aber die große Mehrheit auch der Männer widmete sich lieber dem sozialen und dem Gemeindeleben. Diese Eigenart hat lange Zeit zur Charakterisierung dessen gedient, was man als die generelle Rückständigkeit der Québecer Gesellschaft im Vergleich zum englischen Kanada und zum übrigen nordamerikanischen Kontinent ansah.

In diesem Sinne unterschied sich *La Bonne Fermière* wenig von der herrschenden agrarisch betonten Ideologie. Indem sie sich antikapitalistisch und antimodernistisch gab, stimmte sie in den ständestaatlichen

Diskurs ein, der für so manche nationalistische Bewegung der dreißiger Jahre typisch war. Gleichzeitig sprach sie sich für das Zusammenrücken der sozialen Klassen und den Ausbau landwirtschaftlicher Kooperativen aus, die »zur gesellschaftlichen und wirtschaftlichen Hebung der agrarischen Klasse« beitragen sollten.[18] Die Positionen, die die Zeitschrift bezog, zielten im wesentlichen darauf ab, der Arbeit, ja dem Beruf der Hausfrau Anerkennung zu verschaffen. *La Bonne Fermière* dachte jedoch nicht daran, zur Untermauerung dieses Standpunkts die sakrosankten Prinzipien aufzugeben, die dieses labile Gleichgewicht beherrschten. Auf keinen Fall wollte sie die ideologische Konstruktion antasten, die dem Konzept der komplementären Geschlechterrollen innewohnte; in diesem Punkt war die Zeitschrift sehr konsequent. Sie verteidigte zäh das ländliche Erbe des französischen Kanada; aber sie wollte, daß darin auch die Frauen ihren anerkannten Platz fänden.

Doch war diese Position nicht lange durchzuhalten, und wir werden sehen, daß es von nun an mancher List bedurfte, um sie den Umständen anzupassen. Die Monatsschrift *Terre et Foyer* (Heimat und Haushalt)[19], die *La Bonne Fermière* ablöste, trug zwar nach außen hin stets dasselbe Mißtrauen gegenüber dem Politischen zur Schau wie diese (»du sollst nicht das Opfer politischer Leidenschaften werden«), aber sie tat einen weiteren Schritt auf dem Weg zur Feminisierung des Öffentlichen.

Heimat und Haushalt: Kooperation und nationale Gemeinschaft

Die Wirksamkeit der Landfrauenzirkel konnte sich vor allem in der zunehmenden Säkularisierung der Gesellschaft entfalten. Während man die vielen Versuche von feministischer Seite kennt, das Wahlrecht, die höhere Bildung der Frauen und einen gewissen Laizismus zu verwirklichen, ist weniger bekannt, daß auch die Landfrauen ihre Konflikte mit der Geistlichkeit hatten. Gegen den Willen der Bischöfe, die 1944 einen konkurrierenden Landfrauenverband, die Union Catholique des Femmes, gründeten, hielten die Landfrauen an ihrer Organisationsform fest und verstärkten damit einen Säkularisierungsprozeß, den sie kaum mehr kontrollieren konnten. Sie hoben zwar unverändert die Überlegenheit des die Frau aufwertenden christlichen Frauenbildes hervor, sahen sich aber trotzdem durch die Betonung ihrer Unabhängigkeit in einer schiefen Stellung zur Kirche. Dazu paßte, daß sie ihr häufiges

Sich-Einmischen in die Arbeitswelt mit ihrer Liebe zur Nation begründeten.

Kooperation und Solidarität wurden vor allem als altruistische Tugenden der Frau betrachtet. Es waren Eigenschaften, die als »Quelle der sozialen Bildung« in der Familie ebenso notwendig waren wie »als Quelle der sittlichen Bildung und der christlichen Nächstenliebe in allen Geschäften und als Quelle des Fortschritts im Wirtschaftsleben (Kooperativen, Volksbanken usw.)«.[20] Kooperation mochte in der Familie beginnen, aber sie blieb nicht auf diese Sphäre beschränkt. Sie stand im Gegensatz zu den Prinzipien des Profits, die in kapitalistischen Unternehmen herrschten. »Das kooperative Unternehmen sucht hingegen den Dienst zu leisten, den seine Gründer und Nutzer von ihm erwarten.«[21] Die wirtschaftliche und sittliche Autarkie der ländlichen Welt, in der zu leben die Frauen ermutigt werden, erscheint hier als Musterbeispiel des reibungslosen gesellschaftlichen Funktionierens.

Die Vision der Gesellschaft als eines Kontinuums familiärer Beziehungen unterwirft den einzelnen wie die Gruppe denselben Normen. Ethik vermischt sich mit Politik, Wirtschaftliches mit Gesellschaftlichem. Dieser Synkretismus, der das Individuum ignoriert, speist sich zunächst aus der christlichen Ideologie; angereichert mit ländlich-humanistischen Traditionen, wird er zum Ideal eines kooperatistischen Kommunitarismus. Selbstverständlich ist diese Art von Kooperation nicht egalitär, sondern sie basiert auf der Unterordnung partikularer Interessen unter das Kollektiv: »Gewöhnen wir unseren Kindern an, nicht an sich selbst zu denken, sondern der Familiengemeinschaft zu dienen.«[22]

So erwuchs der Zusammenhalt des Ganzen aus der Allmacht einer gewiß patriarchalischen, aber auch kommunitarischen Familie. Die beiden Aufgaben der Familie – Aufrechterhaltung einer strengen Hierarchie unter den Familienmitgliedern und Entfaltung der Familie im Interesse des Überlebens des Volkes – hingen aufs engste miteinander zusammen. Sie setzten den Konsens über die Komplementarität der Geschlechter- und Generationenrollen voraus, die sie zugleich konstruierten. Zweifellos konnte diese Konzeption den herrschenden Diskurs nicht zuletzt dadurch perpetuieren, daß sie ihm eine weibliche Prägung gab. Indem die Zeitschrift die moderne Trennung zwischen dem Öffentlichen und dem Privaten ignorierte, integrierte sie auch die Frauen, gerade die Landfrauen, in jene zivile Kultur, die Almond und Verba[23] als Mutterboden der Demokratie und zugleich als das ambivalente und unwahrscheinliche Ergebnis einer Verschmelzung von Tradition und Moderne definiert haben. In dieser Kultur verbinden sich die traditionellen Erinnerungen an die ewige Rolle der Frauen mit arbeitsmarktpolitisch formulierten Mahnungen, die die Bedeutung der von ihnen geleisteten Berufstätigkeit und Arbeit hervorheben. Aber diese Ambivalenzen grenzten ans Kontradiktorische: Man fragte sich denn auch, ob die Frau dem widerstehen und ihre Werte aufrechterhalten könne.

Welche Frauen, welcher Haushalt?

»Von Natur aus« fügten Frau und Heim sich zusammen; indessen »muß man heutzutage nur die Augen aufmachen, um zu sehen, daß das moderne Leben dieses Heim von fast allen Seiten bedroht: Das familiäre *home* ist dabei, zu verschwinden.« Die Frau aber war gleichzeitig Opfer dieses Zusammenbruchs und für ihn verantwortlich. Als »unentbehrliche Säule des Heims« mußte sie begreifen, daß es »die außerhäusliche Berufstätigkeit, der Club, das Auto, das Kino, das Restaurant sind, die langsam aber sicher das Gemeinschaftsleben unterminieren«.[24] Die Frau hatte die Pflicht, diesen Versuchungen zu widerstehen, weil ihr deren schädliche Folgen für das Gleichgewicht der Familie und der Nation bewußt waren. »Der Haushalt ist Sache der Frau, wie die Fabrik Sache des Mannes ist. Mögen Krieg und Nachkriegszeit auch beträchtliche Konfusion über die Rollen und Eigenschaften der Geschlechter gestiftet haben, die Wahrheit bleibt doch die Wahrheit: Bis auf wenige Ausnahmen entfaltet sich die Frau nur zu Hause, in ihrer Eigenschaft als Gattin und Mutter.«[25] Die Argumentation ist hier auf die Behauptung einfacher Wahrheiten verkürzt, die den Anspruch auf Allgemeingültigkeit erheben; faktisch aber war die Verwirrung groß. So fragte sich die Zeitschrift, ob das Trachten nach dem Gemeinwohl für die Frauen ein hinreichender Grund sein werde, an den wahren Werten festzuhalten.

Doch all diese Ermahnungen zum Wohlverhalten sollten keine Illusionen aufkommen lassen: Der Diskurs über das Verschwinden der traditionellen Werte war nur eine Art Litanei, die hergebetet wurde, um ein bestimmtes Frauenideal zu beschwören, nicht um es wirklich vorzuschreiben. Daneben und dazwischen gab es die Diskurse der Fachleute, die den anstehenden Fragen – Geburtenentwicklung, Bildung, wirtschaftliche und politische Teilhabe der Frauen – eine Wendung ins Wissenschaftliche zu geben suchten. Sie gingen einher mit moralisierenden Tiraden wie dem folgenden Appell aus dem Kreis von Psychologen, die angesichts der »Geißel des Geburtenrückgangs« in den klagenden Chor einstimmten: »Unterdrückt den Kinderwunsch, und ihr bekommt ein Volk, das dem Verfall und dem Untergang geweiht ist.«[26] Die Frau aus *Terre et Foyer* dagegen wurde nicht müde, ihre Mutterpflichten zu erfüllen – auch um den Preis ihres eigenen und des Lebens ihrer Kinder und mit dem Segen der Psychologen der Zeitschrift: »Ich habe meine Pflicht getan, oh Herr. Ich habe 11 Kinder geboren, von denen 8 am Leben geblieben sind und 3 in frühestem Alter starben, vielleicht, weil ich schon zu verbraucht gewesen bin.«[27] Wo die Selbstaufopferung wenig verlockend, um nicht zu sagen überholt erschien, griff man zu psychologischen Argumenten, um die Mutterschaft wohlbegründet herauszustellen: »Die kanadische Frau wird weder rückständig noch minderwertig sein, wenn sie fortfährt, dem Anruf der Mutterschaft mit ihrem ganzen Geist und ihrem ganzen Leib Folge zu leisten. Leibliche oder geistige Mutterschaft, aber auf jeden Fall Mutterschaft: die Frau muß ›zur Welt bringen‹; davon hängt zum großen Teil ihr seelisches Gleichgewicht ab. Und bis zu einem gewissen Punkt auch der Friede der Welt.«[28]

Die deutliche Verlagerung von einem traditionellen natalistischen Diskurs zur Betonung der sozialen Mutterrolle läßt eine gewisse Entwicklung erkennen. Man durfte wohl annehmen, daß die Frauen fortfahren würden, die Kinder in die Welt zu setzen, die das Québec von morgen bauten; aber es gab keine moralische Instanz mehr; die sie bewog, wiederholte Mutterschaften über sich ergehen zu lassen. Das Individuum Frau erfuhr seine Anerkennung durch die ihm zugebilligte Alternative, »leiblich oder geistig« zu gebären. Letztlich aber zählten die mütterlichen Fähigkeiten, das heißt die Begabung zur Kindererziehung und zur Weitergabe gesunder Werte. Das Wesentliche war, wie diese Verschiebung der Prioritäten beweist, die grundsätzliche Aufrechterhaltung der Rolle.

Kontinuität im Wandel

So kam es in der Konstruktion eines vermeintlich traditionellen Frauenbildes zu verschiedenen, manchmal kaum wahrnehmbaren Veränderungen, die in zwei Etappen verliefen. Anfangs, zwischen 1920 und 1944, sah man den zögernden Entwurf des Idealbildes der Landfrau. Dieser Diskurs war eher normativ als deskriptiv; er stellte auf radikal neue Weise die hauptberufliche Landfrau in den Mittelpunkt ihres familiären Universums, vor allem aber, mit den Landfrauenzirkeln, in den Mittelpunkt eines neuen Raums der Öffentlichkeit. Während diese Zirkel jede Einmischung in die Politik ablehnten, begünstigten sie die Begegnung von Frauen untereinander zur Verwirklichung gemeinsamer Ziele. Das Entstehen solcher Vernetzungen, die nicht mehr nur im Dienst von Familienbündnissen standen, erzeugte eine neuartige Solidarität und erlaubte das Auftreten von eigenwilligen Frauen. In ihrem engeren Umkreis bestens bekannt, erlangten einige dieser Frauen auch nationale Berühmtheit, sei es als offizielle Ausbilderinnen – Mademoiselle Champoux war in der ganzen Provinz bekannt für ihr handwerkliches Geschick, das ihr zahlreiche Preise und Auszeichnungen eintrug –, sei es als aktive, wenngleich nicht unbedingt führende Mitglieder von Landfrauenzirkeln. Gewiß waren die in das Büro der Verbände gewählten Frauen am sichtbarsten; aber sie waren nicht zwangsläufig auch am bekanntesten. In nicht wenigen Fällen ging bemerkenswerterweise die Leitung von Zirkeln und Verbänden von der Mutter auf die Tochter über. So war es zum Beispiel bei Yolande Calvé, die lange Jahre Schatzmeisterin der Landfrauenzirkel auf Provinzebene gewesen war: Ihre Mutter und ihre Großmutter mütterlicherseits waren Gründungsmitglieder ihrer Zirkel gewesen. Genauso war es bei Louisette Raymond Caron, Antoinette Pelletier und der Ex-Präsidentin auf Provinzebene, Noella Huot.

In der zweiten Etappe vollzog sich die allmähliche organisatorische Umgestaltung der Zirkel und die mehr kulturelle Ausrichtung der Zeitschrift *Terre et Foyer*. Diese Wendung fiel mit dem massiven Beitrag der Frauen zur Kriegsanstrengung – in Wohltätigkeitsorganisationen oder in ihren Berufen – zusammen und brachte dem Wirken der Frauen öffentliche Anerkennung. *Terre et Foyer* hatte ein Gespür für diese Veränderungen und trug künftig den unterschiedlichen Interessen ihrer Leserinnen stärker Rechnung. Der Diskurs von ehedem ging nicht unter, aber er wurde angesichts des Exodus der Landbevölkerung in die Stadt und der Lohnarbeit der Frauen leiser – Entwicklungen, auf welche *Terre et Foyer* mit der Forderung reagierte, den Einflußbereich der Frauen, ausgehend von ihren Wirkungsstätten, zu erweitern. Und selbst wenn man (männlichen) Fachleuten die Aufgabe zuwies, die Frauen bei ihren Unternehmungen zu leiten, dann geschah dies fast immer nach Maßgabe von Prinzipien, die die Frauen sich ohnehin schon zueigen gemacht hatten. Den Zeitschriften kam in dieser Hinsicht eine wichtige Mittlerfunktion zu.

Mehr noch: Sie formulierten einen besonderen Standpunkt bezüglich der Art von Nation, zu der die Frauen gehören wollten. Der frankokanadische Nationalismus wollte den Wandel im vollen Respekt vor den Traditionen und zog die Frauen an, weil er sie in sein Projekt einbezog. Sie waren mehr oder weniger darauf vorbereitet, sich ihm rückhaltlos zu verschreiben, doch machte dieser Appell sie nicht blind. Die städtische Elite erkannte als erste den Vorteil, den sie aus einer Position ziehen konnte, welche die Frauen als Mütter der entstehenden modernen Nation begriff, während die Frauen auf dem Lande ihren Einfluß auf die Familie ausbauten, indem sie ihn auf Bereiche mit sozialen Belangen ausdehnten. Es ging also darum, daß alle beteiligten Parteien den Grundsatz der Komplementarität der Geschlechter anerkannten. Die Frauenzeitschriften wiesen alle Gleichheitsforderungen zurück, die nach Revolution und Auflösung der Ordnung klangen, verlangten jedoch die Beibehaltung des Prinzips des Gleichgewichts, das sie gleichzeitig ein wenig veränderten, um es den Erfordernissen der weiblichen Lohnarbeit anzupassen. Immer wieder machten sie klar, daß Komplementarität nicht die Unterwerfung der Frauen unter die Männer bedeutet, sondern die gerechte Aufteilung zweier Wirkungs- und Einflußsphären. Wenn die strikte Trennung beider Bereiche die Professionalisierung der Mutter- und der Hausfrauenrolle nach sich zog, was bis zu der Forderung nach Entlohnung dieser Tätigkeiten ging, so stützte sie sich zumindest in der ersten Hälfte des 20. Jahrhunderts auf die Abneigung beider Geschlechter, in die Sphäre des anderen einzugreifen. Daher die Ablehnung des Frauenwahlrechts, die apolitische Haltung von *La Bonne Fermière* und ihr verbissener Kampf um die Aufwertung der professionellen Rolle der Frauen. Doch unter dem Eindruck der Erfordernisse der Zeit, vor allem der Zunahme der Lohnarbeit bei Frauen aller Schichten, modifizierten die Zeitschriften ihren Standpunkt und berücksichtigten Familienmütter genauso wie werktätige Frauen.

Merkwürdigerweise verband sich mit dieser Öffnung die Leugnung des professionellen Status, der den Frauen bisher zuerkannt worden war, und die Betonung ihrer Rolle als Konsumentinnen von Haushalts- oder von Kulturgütern. Die Zeitschriften der Landfrauen hielten nach wie vor an der produktiven und reproduktiven Rolle fest, die sie den Frauen zuschrieben, und empfahlen ihnen weiterhin, sich allen nützlichen und produktiven Tätigkeiten zu widmen, wobei es dem Staat zukomme, für ihre Ausbildung und ihre Beschäftigung zu sorgen. Trotzdem nahmen nunmehr die Öffnung des Marktes für Konsumgüter, Haushaltsgüter, Kleidung usw. und die besondere Berücksichtigung der Frauen auf diesem Gebiet in der Zeitschrift einen bedeutenden Platz ein. Anreize zum Konsum dieses oder jenes Produktes hatte es, in Form von Reklame oder von praktischen Ratschlägen, in der Zeitschrift schon früher gegeben; doch jetzt untermauerte man sie mit einer Philosophie der Hauswirtschaft, ja des Sparens. In den fünfziger und sechziger Jahren wuchs dagegen die Lust am Konsum von Fertigprodukten, mit denen man zwar Zeit und Mühe, nicht aber Geld sparte. Die neue Frau war Konsumentin – gewiß eine erfahrene und kundige, aber auch eine vollständig in die Marktwirtschaft integrierte Konsumentin.

So verstärkten die beiden hier untersuchten Zeitschriften auf unterschiedliche Weise das Frauenbild, das sie gleichzeitig selbst entwarfen und das der Tradition seine Substanz und der Moderne seine wichtigsten Attribute verdankte. Mehr noch als der Inhalt der Zeitschriften hat uns der besondere Akzent beschäftigt, den sie auf den Ort der Frauen in der Gesellschaft legten; denn damit ermöglichten sie den Frauen eine Identifikation und Mobilisierung rund um ihre gemeinen Belange. Diese Aufwertung des Berufes »Frau« nahm in vieler Hinsicht bereits den feministischen Anspruch der siebziger Jahre vorweg; doch tat sich zwischen beiden Konzeptionen trotzdem die Kluft einer ganzen Generation auf – auch sie geprägt von unterschiedlichen Vorstellungen, aus denen radikale Opposition wurde. Die entschlossen »progressive« Ausrichtung des Québecer Nationalismus seit der »stillen Revolution« zog in seinem Kielwasser einen Teil des Feminismus mit sich, der seinerseits Beweise für seinen Bruch mit der Vergangenheit zu erbringen suchte. Die von diesen verschiedenen Strömungen vertretene Position führte schließlich dazu, daß sie sich auf der Plattform der Gleichheit und Unabhängigkeit wiederfanden.

GESTÖRTER KONSENS

Anfang der sechziger Jahre regte sich in Québec der Wunsch, mit der konservativen Vergangenheit zu brechen und durch die stille Revolution die »historische Rückständigkeit« zu begraben. In den siebziger Jahren verwarf die feministische Bewegung alle ihr vorangegangenen Strömungen (mit Ausnahme der Suffragetten) aus dem Lager eines von klerikaler Tradition geprägten Konservatismus. Warum eine derartige Verleugnung? Was war an dieser Vergangenheit so peinlich, daß es ausgemerzt werden mußte?

Bedrohte Identität

Wie wir sahen, hing der Konservatismus der Zeitschriften wesentlich mit dem Klerikalismus der ländlichen Welt zusammen. Da das Werk der Modernisierung jedoch Urbanisierung und die Preisgabe familiärer Werte implizierte, wurden die Zeitschriften, die hiergegen opponierten, dem traditionalistischen Lager zugerechnet. Bei näherer Prüfung erscheint es jedoch als gewagt, in dem Eintreten der katholischen Kirche für das Land der Frankokanadier, in dem Einsatz der Landwirte für die Erhaltung und Bereicherung der Nation oder auch dem Engagement der Zeitschriften für die traditionelle Rolle der Frauen samt und sonders Beweise für den Konservatismus dieses Milieus zu sehen. Verschiedene Untersuchungen mahnen dazu, sich vor derartigen Simplifizierungen zu hüten; sie zeigen uns vielmehr bäuerliche Gewerkschaften im Kampf mit der Regierung[29] oder weisen darauf hin, daß der Aufschwung der Kooperativen-Bewegung in Québec im wesentlichen auf das bahnbrechende Wirken landwirtschaftlicher Kooperativen zurückging.[30] Alle Untersuchungen sind sich jedoch darin einig, daß die sittlichen Werte im Zusammenhang mit dem landwirtschaftlichen Diskurs von besonderer Prägnanz waren. Viele neuere Forscher verteidigen die gesellschaftliche Rolle der Kirche bei der Ausbildung dieser bedrohten Identität.[31]

Die Grundlage für die gesellschaftliche Rolle der Frauen war die Rolle der Familie. Alle Beobachter stimmen darin überein, daß Familie und Sprache die wesentlichen Pole der Identitätsstiftung im Rahmen des nationalen Unternehmens waren, in neuerer Zeit verbunden mit dem Bezug auf das Territorium. Von den Zeitschriften der Landfrauen wurde nun die Frau, als Gebärerin und Hüterin der Werte, in dieses Unternehmen zur Rettung von Nation und Identität einbezogen. Daher verlangten diese Zeitschriften, daß die Landfrauen als Gründungsmitglieder der frankokanadischen Nation anerkannt würden. Der Nationalismus lebte von der Betonung der Komplementarität der Geschlechter und speiste eine feministische Strömung, wie sie im Buche stand. Kann man das wirklich als konservativ bezeichnen (abgesehen davon, daß der Diskurs generell steif und ein wenig stereotyp war)? Die Bemühungen um Anpassung an die Veränderungen – die sehr schnell als fundamentale erkannt wurden – und die Einbeziehung der Belange der Frauen in dieses große Ganze verraten doch eher eine besondere Sensibilität für die neuen gesellschaftlichen und sogar politischen Gegebenheiten.

Mit einem Wort, die Zeitschriften der Landfrauen haben wichtige Umorientierungen vorgenommen: Sie wollten die volle Anerkennung der Frauen, und zwar auch im Bereich der Arbeit, die sie als Anrecht der Frauen aufgrund ihrer weiblichen Eigenschaften rechtfertigten. Die Verbindung des Weiblichen mit dem Nationalismus gibt Anlaß zu eher politischen Überlegungen. In dem uns hier beschäftigenden Fall – und man sieht dasselbe auch in Deutschland vor 1933 und in Italien –[32] bestimmt das Amalgam aus Frauen plus Nationalismus einen neuartigen öffentlichen Raum in einer Gesellschaft, die ihre nationalen Ambitionen neu definiert. Die Verknüpfung der Frauen mit dem Nationalismus erwies sich für beide Seiten als vorteilhaft, was uns zu der Feststellung nötigt, daß die Einbeziehung der weiblichen Dimension in die nationale Ideologie, und mehr noch in den Aufbau des Nationalstaates, entscheidend für das Erstarken einer konsequenten Frauenbewegung zu sein scheint. Das Beispiel Québec ist in dieser Hinsicht aufschlußreich: Es offenbart unter anderem, welchen Einfluß diese Frauen auf die verschiedenen Gestalten des Nationalismus gehabt haben.

Die nationale Festigung Québecs

Bis in die sechziger Jahre hinein gedieh die »traditionelle« Version des Feminismus; mit der Entfaltung des Québecer Nationalismus gewann sie noch an Gewicht. Gruppen wie die Landfrauenzirkel, die Frauenvereinigung für Bildung und Sozialarbeit (Association des Femmes pour l'Éducation et l'Action sociale, AFEAS), welche 1966 aus der Fusion der Hauswirtschaftszirkel (Cercles d'Économie Domestique) mit der Katholischen Frauen-Union (Union Catholique des Femmes) hervorgegangen war, oder der Anfang der siebziger Jahre gegründete Frauenbund Québec (Fédération des Femmes du Québec) speisten die nationale Ideologie und zehrten ihrerseits von dieser. Sie gaben ihr eine allgemeingültige Dimension – die der Komplementarität der Geschlechter – und bauten gleichzeitig ihre eigene, gemeinsame Basis in der zivilen Gesellschaft aus. Die feministische Explosion der siebziger Jahre sollte diesem Bündnis ein Ende machen und die ihm angeschlossenen Organisationen sprengen. Sie offenbarte tiefreichende ideologische und soziale Brüche und stellte neue Gleichungen auf: Der Nationalismus war künftig nicht mehr ein einheitliches, dem Konservatismus nahestehendes Credo, und der Feminismus war nicht allein die Frucht der Moderne.

Die Errungenschaften der Frauenbefreiungsbewegung berührten sämtliche Aspekte der Gesellschaft. Eine Unzahl von Gruppierungen trat auf, die die Autonomie der Frau im Bereich der Selbsterfahrung und der Gesundheit predigten; Zeitschriften mit emanzipatorischem Anspruch erschienen (von den *Têtes de pioches* bis zu *La Vie en rose*, die in den achtziger Jahren eine Auflage von 100000 erzielte); eine ganze Welt der Frauen tat sich auf und meldete sich vehement zu Wort. Von kostenlos gewährten Rechtsberatungen bis zu Hilfseinrichtungen für mißhandelte Frauen entstanden überall jene Frauenkollektive, deren Existenz zwar kurzlebig, deren Wirkung jedoch nachhaltig war. Der Kampf um den freien Zugang zur Abtreibung war oft der Ausgangspunkt und manchmal das Ziel der Aktivitäten vieler Gruppen; hinzu kamen der Wunsch der Frauen, nicht mehr nur brave Konsumentinnen von Medikamenten zu sein, und das Verlangen, sich dem Zugriff einer noch patriarchalisch funktionierenden Ärzteschaft zu entziehen. Wie überall sonst in der westlichen Welt wollten die Frauen von Québec ihr Schicksal selbst in die Hand nehmen. Die durch diese Bewegungen hervorgerufenen Veränderungen waren beträchtlich. Überall entstanden Programme, wie der Zugang zur Gleichheit und die Feminisierung von Positionen und Funktionen zu erreichen seien; überall wurden Ausschüsse gegründet, die sich mit der Situation der Frau befaßten, wobei Gewerkschaften und Parteien miteinander darum wetteiferten, als erste solche Gremien vorweisen zu können.

Das Frappierende an diesem feministischen Gären war die Schnelligkeit, womit sich alle diese zunächst mehr oder weniger improvisierten Praktiken zu Ansatzpunkten für Reformen entwickelten, die ihrerseits unverzüglich von den Institutionen aufgegriffen und umgesetzt wurden. Ein einschlägiger Fall waren das Frauenministerium und die ihm angeschlossenen Behörden. Aus einer zunächst beratenden Stelle wie dem Conseil du Statut de la Femme wurde sehr schnell eine Forschungs- und Aktionsorganisation für Frauengruppen, die Informationen und Subventionen bereitstellte, bevor sie ihrerseits ein Rädchen im Getriebe des Staatsapparats zur Überwachung der neuen, nichtdiskriminierenden Regeln wurde. Dies alles vollzog sich im Zeitraum von zehn Jahren. Die beachtlichen politischen Umschichtungen, die Québec seither erlebt hat, erklären sich zum Teil aus der Schnelligkeit, mit der die Forderungen der Frauen in die Tat umgesetzt worden sind. Der Einfluß der feministischen Bewegung machte sich auf Provinzebene als ein neuer Vorstoß in Richtung auf den Nationalismus bemerkbar; es ging um die Themen Souveränität und Gleichheit.

Gleichheit für Unabhängigkeit

Gestützt auf diese Befreiungsbewegung, nahm eine andere nationale Konstellation Gestalt an, die man Anfang der sechziger Jahre auftreten sah. Sie machte die Modernität, fortan begriffen als Gleichheit aller Staatsbürger, zur obersten Priorität des nationalen Projekts. Der Sieg der progressiven Nationalisten, die von einigen feministischen Gruppen unterstützt wurden, zeugte von diesem Durchbruch; Nationalisten und Feministinnen stellten die Regierung des Parti Québécois, die 1976 von René Lévesque gebildet wurde. Lévesque versuchte, die Unabhängigkeit Québecs von der kanadischen Konföderation durchzusetzen, stieß jedoch dabei auf zahlreiche Widerstände, darunter unerwarteterweise auch den der »Yvettes«. Nachdem die Frauenministerin Lise Payette im Rahmen einer Volksbefragung Hausfrauen in den Rang passiver Frauen verwiesen hatte, wehrten sich diese Frauen, die sich bewußt zu ihrem Hausfrauenstatus bekannten, dagegen, daß die Ministerin ihren Beitrag zum Aufbau der Nation nicht anerkannte. Sie brachten der Politikerin, die von den Frauen verlangt hatte, bei der 1980 von ihrer Regierung anberaumten Volksbefragung über die Unabhängigkeit Québecs mit »Ja« zu stimmen, eine eklatante Niederlage bei, indem sie zu Tausenden mit »Nein« stimmten. So rächten sich die von der Ministerin diffamierend als »Yvettes« bezeichneten Hausfrauen an ihr. Auf einer Kundgebung mit über 10000 Teilnehmerinnen bekräftigten sie ihre Verbundenheit mit dem Frauenbild und -stereotyp der

»Yvette« und verwarfen en bloc die Vision einer Emanzipation der Frauen und Québecs.

Der latente Konflikt zwischen jenen Frauen, die von den Verfechtern eines traditionellen weiblichen Nationalismus unterstützt wurden, und denjenigen Frauen und Männern, die die nationale und sexuelle Emanzipation nur durch Gleichheit und Unabhängigkeit verwirklicht sehen konnten, trat überdeutlich zutage. Unbeschadet aller parteilichen Interpretationen, die geflissentlich auf das Zusammengehen der Konservativen, in diesem Fall der Liberalen Partei Québecs, mit den »Yvettes« und auf die mögliche Manipulation dieser durch jene verwiesen haben, bezeugte diese Episode den unglaublichen Durchbruch der Frauen auf der politischen Bühne. Durch den Druck der Öffentlichkeit und durch geschickte Nutzung der Medien verschafften sich die »Yvettes« Gehör. Vor allem mit dem Hinweis auf ihre Bedeutung für das nationale Überleben Québecs rührten sie an einen empfindlichen Punkt im politischen Gebäude und trugen dazu bei, daß die Parteien ihre Karten neu mischten. Die »Yvettes« bildeten den Sprengstoff, der dazu führte, daß das als Volksbefragung von dem herrschenden Parti Québécois vorgelegte Souveränitätsprojekt scheiterte.

Nach diesem »Ausrutscher«, der der Sache der Souveränität teuer zu stehen kam, betrachtet man die Frauenfrage heute unter einem weniger sektiererischen Blickwinkel. Hat man das Scheitern der Volksbefragung zunächst mit der traditionellen Abneigung sowohl der Frauen als auch der sogenannten »allophonen« oder nichtfrankokanadischen Gruppen gegen Veränderungen erklären wollen, so hat man später diese These differenziert. War die Frage, über die das Volk seine Meinung sagen sollte, falsch gestellt? Hatten die Verfechter eines offenen Nationalismus die Bedeutung der Veränderungen unterschätzt, die gerade diejenigen Männer und Frauen bewirkt hatten, denen sie Traditionalismus vorhielten? Hatten sie vorschnell Gleichheit mit Unabhängigkeit gleichgesetzt, ohne Anerkennung der Rolle, welche die Mütter und ihre vielen Verbände bei der Weitergabe der nationalen Identität gespielt, und der Mittel, deren sie sich zu diesem Zweck bedient hatten? Jedenfalls sind die politischen Parteien seither zu größerer Umsicht in der Frauenfrage gehalten.

So ist es den Frauenverbänden in wenigen Jahren und mit eigenen Formeln gelungen, das parteipolitische Spiel in der Weise zu verändern, daß nunmehr ihre Existenz in Rechnung gestellt wird und die politische Bühne sich für Repräsentanten aus der zivilen Gesellschaft öffnet. Im Verein mit anderen sozialen Bewegungen haben sie ihre Perspektive zur Anerkennung gebracht und an Einfluß dazugewonnen.

Verbunden mit der Erweiterung des öffentlichen Raumes für die Frauen seit Beginn des Jahrhunderts hat eine Vereinigung wie die

Landfrauenzirkel an der Modernisierung bestimmter Teilbereiche des ländlichen Lebens, vor allem aber des häuslichen Bereichs, partizipiert. Der Prozeß, durch den diese Vereinigungen dem sozialen Beitrag der Frauen als Landfrauen und Hausfrauen Anerkennung zu verschaffen wußten, war ebensosehr mit einem Zugewinn an Autonomie wie mit einer korporatistischen Reglementierung des Frauenberufs verbunden. Aus diesem Grund ist es schwierig, ihr Wirken in Kategorien zu fassen, und gleichzeitig so verlockend, dieses Wirken ohne weiteres als eine nationalistische Unternehmung des Staates zu vereinnahmen, nachdem es vorher eine der Kirche war.

Eng verbunden mit der Entwicklung des Wohlfahrtsstaates, der in Québec wie in Frankreich sehr bald die Funktion der Kirche ersetzte, kündigt sich in dieser stillen Bewegung von Frauen, die sich in freiwilliger und korporatistischer Laisierung neu gruppiert haben, die Intervention des modernen Staates an, auch wenn sie von ihm nicht abhängt. Zwar haben die Mitglieder dieser Vereinigungen auf der Ebene des praktischen Handelns eine gewisse Emanzipation und Aufwertung erfahren; auf der ideologischen und politischen Ebene aber sind die Folgen komplizierter. Der Diskurs, der sehr schnell als einziges Modell der Frau die Retterin der Menschheit durch Selbsthingabe postulierte, entnahm seine Akzentuierungen unverkennbar der christlichen Lehre. Gleichzeitig wurde ein grundsätzliches Einverständnis mit allen Verfechtern eines siegreichen und bewußt traditionalistischen frankokanadischen Nationalismus erzielt; dieser Nationalismus, der die wohltätigen Wirkungen der Familie für die Bewahrung der Nation und der Sprache verteidigte, erkannte öffentlich die Rolle der Frauen an, die in seinem Sinne wirkten.

Was dem zeitgenössischen Feminismus den Weg bereitet hat, waren speziell diese Vereinigungen. Trotz eines gewissen Wettstreits untereinander um die Würdigkeit, »feministisch« zu heißen, und trotz einer gewissen Intoleranz standen sie am Ursprung einer großen Veränderung, die bewirkte, daß die Sache der Frauen in Québec gehört wurde. Sie haben zahlreiche Verdienste, so daß die Sichtbarkeit von Frauen auf allen Ebenen der Gesellschaft heute bereits zum kulturellen Erbe gehört.

Auf der politischen Ebene hat man ebenfalls gezeigt, daß die konservativen Tendenzen nicht länger von diesen Bewegungen profitiert haben, weder von den Landfrauenzirkeln noch von der Bewegung der »Yvettes«. Die Geschichte der Frauen Québecs im 20. Jahrhundert zeugt von einer anderen Wirklichkeit, die viel stärker in einer kommunitarischen Tradition verankert ist; diese garantiert das Überleben der Familien, aber auch eine lebhafte weibliche Geselligkeit. Ob in ländlichen oder städtischen Gruppierungen, in privaten, beruflichen oder politischen Zusammenschlüssen: Diese Frauen entwickeln eine Vision von der Gesellschaft, die an ihre Vision von der Familie anschließt: kommunitarisch und beschützend. In diesem Sinne sind sie eher nationalistisch als konservativ. Mit den avanciertesten Positionen in einer Grundsatzdebatte haben sie dazu beigetragen, die Gesellschaft Québecs in eine Modernität einschwenken zu lassen, deren Folgen heute noch kaum abzusehen sind.

Durch seine aktive Mitwirkung an der Modernisierung des Québecer Nationalismus kann der Feminismus sich als eine nicht zu vernachlässigende politische Größe betrachten. Während das politische Gebäude in der Krise steckt, findet es im Feminismus eine Stütze, die ihm eine Atempause verschafft. Als kleine Gesellschaft mit großen Idealen kündet Québec von dem Erfolg der Frauen ebenso wie von dem Erfolg einer ganzen Gesellschaft. Ein solches Gelingen wird zur Eintrittskarte in den Club der sogenannten fortgeschrittenen Gesellschaften.

Aus dem Französischen von Holger Fliessbach

19
Fortpflanzung und Bioethik

Jacqueline Costa-Lascoux

Wenn die Wissenschaft sich des Menschen bemächtigt, seines Körpers, des Geheimnisses seiner Abstammung oder seiner Nachkommenschaft, wird jede ethische Maxime kritisch hinterfragt. Der Sehnsucht und dem Wunsch nach einem Kind bieten sich verschiedene Möglichkeiten; Diskussionen entzweien Individuen, Paare, Denkrichtungen und Kirchen; die Rechtsstreitigkeiten häufen sich. Die einen verurteilen die Mediziner als »Programmierer der Menschenproduktion«, die sich bemächtigen, »ihresgleichen miteinander zu paaren, um fortpflanzungsfähige Paare zu erhalten«, und prangern sie als Komplizen bei der »Kommerzialisierung des Körpers« an; die anderen betrachten den Aufschwung der Naturwissenschaften als Verheißung des Sieges über Unfruchtbarkeit und Erbkrankheiten. Alle wissen, daß die Biotechnologien zur Reflexion über die Grundrechte des Menschen und über die Eugenik anregen.

Die neuen Techniken der Fortpflanzung – die man allgemein »medizinisch gestützte Fortpflanzung« nennt – profitieren von den erheblichen naturwissenschaftlichen Fortschritten der letzten zwanzig Jahre.[1] Sie verleiten unfruchtbare Paare zu großen, mitunter illusorischen Hoffnungen. Die rasante Entwicklung der Forschung läßt uns künftig mit neuen, spektakulären medizinischen und biologischen Eingriffen in die Weitergabe des Lebens rechnen, wobei sich für genetische Manipulationen gewaltige Möglichkeiten eröffnen. Neben Hoffnung ist also auch Besorgnis am Platze.

Die Reproduktionsmedizin wirft Werte, Glaubensüberzeugungen und Vorstellungen über den Haufen, die manche für unantastbar gehalten hatten. Sie bewirkt die Trennung der Sexualität von der Fortpflanzung, der Zeugung von der Abstammung, der biologischen Abstammung von den gefühlsmäßigen und erzieherischen Bindungen, der biologischen Mutter von der austragenden Mutter und der erziehenden Mutter. Welches Bild bietet sich heute von der Frau, die »medizinisch unterstützt« worden ist, von dem Kind als Produkt der Naturwissenschaft, von dem sozialen Vater, der nicht gleichzeitig der biologische Vater ist? Wohin entwickeln sich die Bande der Abstammung, die Beziehungen zwischen den Generationen, der doppelte elterliche Bezug? Die Herausforderungen der bio-medizinischen Ethik[2] wirken sich auf die Begriffe der Person und der Freiheit aus und verändern die Vorstellung von Mann und Frau.[3]

Die künstliche Insemination, das Spenden von Oozyten, die Befruchtung in vitro und der Embryonentransfer, die Ersatz- oder Leihmutterschaft, das Einfrieren von Embryonen, welches zeitlich verzögerte Inseminationen – sogar solche post mortem – erlaubt, die Selektion oder Manipulation von Embryonen[4] können nicht mehr allein dem Gewissen des einzelnen oder der medizinischen Deontologie überlassen bleiben. Die in der Praxis beobachteten Exzesse, die »Kommerzialisierung der menschlichen Fortpflanzung«, bei der es um riesige Summen geht und die auf die verschiedensten Voraussetzungen trifft, sowie die seelischen Dramen infolge des Fehlens ethischer Maßstäbe haben eine allgemeine Bewußtseinsschärfung bezüglich der sogenannten künstlichen Fortpflanzung bewirkt. Manche fordern das Eingreifen des Gesetzgebers oder des Richters. Recht und Bioethik brechen in das Leben von Paaren und von einzelnen ein, die ihrem Wunsch nach einem Kind, ja ihrem Recht auf ein Kind Ausdruck geben. Aber was verbirgt sich hinter diesem Kinderwunsch? In pluralistischen Gesellschaften, die durch die starke Zuwanderung aus traditionellen Gesellschaften geprägt sind, brechen Konflikte zwischen den Kulturen auf: Das Drama der Unfruchtbarkeit und der Rückgriff auf die Reproduktionsmedizin offenbaren – manchmal – ganz kraß geschlechtsspezifische Diskriminierungen und den Wunsch nach männlichen Nachkommen.

Eine vergleichende Untersuchung der Praktiken, ideologischen Debatten und zur Wahl stehenden Lösungen in verschiedenen Ländern scheint ein gewagtes Unternehmen zu sein. Es gibt eine Unmenge von Literatur, widersprüchliche Meinungen, sehr disparate Gesetzgebungen und Rechtsprechungen. Trotzdem ist eine Synthese möglich, die unter Berücksichtigung der nationalen, religiösen oder politischen Besonderheiten die allgemeinen Tendenzen nachzeichnet, sofern sie nicht die grundsätzlichen Optionen und die wesentlichen Trennungslinien aus dem Auge verliert.[5]

Auf Konferenzen, in öffentlichen Diskussionen, in Gesetzesanträgen und in den Medien kommen die unterschiedlichen Meinungen in ihrer ganzen Vielfalt, Gegensätzlichkeit oder Einhelligkeit zu Wort. Umfragen in der Öffentlichkeit oder unter Fachleuten vervollständigen im übrigen dieses ohnehin schon sehr kontrastreiche Bild, dessen hervorstechendsten Züge die Infragestellung der Institution Familie zugunsten einer frei bestimmten Elternschaft und die Koppelung der Fortpflanzung an das Interesse des Kindes sind. Unbeschadet einer mancherorts befürchteten abwertenden Vision von dem »medizinisch unterstützten Körper der Frau«, dem Verschwinden des Vaters, der Auflösung der rechtmäßigen Familie gibt es vielleicht ein neues Zusammenfinden des Paares um das Kind – ein Kind, das ganz »eigenständige Persönlichkeit« und im Begriffe ist, sich auf der Basis einer anderen Bedeutung und einer anderen Rollenverteilung zu entwickeln.

EINE ALTE GESCHICHTE

Die Angst vor der Unfruchtbarkeit ist uralt. Sie hat in den antiken Stadtstaaten und den archaischen Gesellschaften zu zahlreichen juristischen Entwürfen geführt, die den Zweck hatten, jeden Mann an der Weitergabe des Lebens teilhaben zu lassen. Sie hat die Wissenschaftler veranlaßt, nach Heilmitteln und Abhilfen zu forschen. Sie hat auch Scharlatane und – neuerdings – Personen auf den Plan gerufen, die aus dem Leid der Unfruchtbarkeit und dem Wunsch nach einem Kind ein lukratives Geschäft machen wollen.

1791 nahm der Engländer Hunter die erste Human-Insemination zwischen zwei Ehepartnern vor, einem Tuchhändler und seiner Frau. In Frankreich mußte man auf einen vergleichbaren Eingriff bis 1804 warten, dem Jahr des Code Napoléon. Als der Gedanke an die künstliche Insemination mit Spendersamen aufkam, erhoben sich heftige Widerstände, und der Vatikan verurteilte diese Praxis. In den USA wurde für die erste künstliche Insemination mit fremdem Samen ein Gymnasiast herangezogen, der durch seine schulischen Leistungen aufgefallen war: Pancost wählte für die Weitergabe von Leben den »Klassenprimus«. Aber erst seit 1940, dank Parker und der Möglichkeit des Einfrierens von Sperma, wurde die künstliche Insemination zu einem leichten, ja alltäglichen Eingriff. Im Jahre 1984 feierten in Frankreich die CECOS (Centres d'Étude et de Conservation de l'Œuf et du Sperme) ihr zehnjähriges Bestehen und ihre zehntausendste Schwangerschaft. Seither hat sich diese Zahl mehr als verdoppelt. Bei der heterologen Insemination ist es nicht mehr die Technik, die Probleme aufwirft; es ist der Dritte, der Eindringling in die Abstammungsbeziehung.

Eine zweite Etappe bezeichnet die In-vitro-Befruchtung nebst Embryonentransfer – das sogenannte »Retortenbaby«. 1978 wurde, zum höheren Ruhme eines Dr. Edwards, in der Nähe von Manchester Louise Brown geboren, das erste Retortenbaby der Welt. Drei Jahre später fand in Frankreich unter der Aufsicht René Frydmans und Jacques Testarts die Geburt der kleinen Armandine statt. Seither sind in Frankreich mehrere tausend Retortenbabies zur Welt gekommen. Indessen verspricht diese Fortpflanzungstechnik nur bei 15 Prozent der antragstellenden Paare Erfolg. Die auf diese Weise gezeugten Kinder posieren auf den Familienfotos, mit denen die Ärzte, die ihnen ihren Ruf verdanken, ihre Praxen schmücken: Der Gynäkologe, umringt von dankbaren Müttern, während die Väter sich im Hintergrund dieses »Familienkreises« halten. Eine Ikonographie der Darstellungen medizinisch assistierter Fortpflanzungen bleibt noch zu schreiben; sie würde das Verdrängte in unseren Gesellschaften sowie deren Bild von der Frau und von der Mutterschaft schonungslos zum Vorschein bringen.

1984 kam in Melbourne mit Dr. Carl Woods Hilfe Zoé zur Welt – das erste Kind, das sich aus einem tiefgefrorenen Embryo entwickelt hatte. Es folgten die Niederlande, England und, und, und. Die rasanten Fortschritte in Medizin und Biologie waren beachtlich; die ethische Diskussion darüber wurde unvermeidlich. Nicht nur die Möglichkeit sich fortzupflanzen wurde erleichtert, sondern auch die Wahl des geeignetsten Augenblicks für die Fortpflanzung, der nun auf mehrere Jahre im voraus programmierbar wurde: »Man speichert Lebenskapital.«

Mit der zeitlich programmierten Fortpflanzung ging die Möglichkeit einher, die Anzahl der Implantationen zu wählen. Die gleichzeitige Implantation von mehreren Embryonen erlaubte 1986 erstmals die Geburt von Zwillingen – Audrey und Loïc. Danach wurden in Australien Vierlinge geboren und später in Melbourne »zeitlich verschobene« Zwillinge, Rebecca und Emma. Sie wurden beide an demselben Tag gezeugt, aber im Abstand von 16 Monaten geboren. Die Wurzel Jesse, Feldzeichen der Kinder aus medizinisch gestützter Fortpflanzung, trieb neue Verzweigungen hervor – erschreckende oder anarchische, wie manche fanden. Seitdem hat die Technik eine neue Polemik über Mehrling-Schwangerschaften und ihre mitunter dramatischen Folgen für das Familienleben entfacht. Alles scheint möglich zu werden, bis hin zur Manipulation von Embryonen und zur Weiterverwendung überzähliger Embryonen als unersetzliches Material für Experimente in vitro: Das Band der Abstammung dehnt sich so weit, bis es eine gewisse Personalisierung jenes Lebens oder jenes Dinges vermittelt, das man »potentielle Person« nennt. Das Problem verschiebt sich also von der

Abstammung des Menschen auf den Augenblick seiner Entstehung und Individualisierung, auf den Status des Embryos. Manche sehen hier die Gelegenheit, gegen das Recht auf Schwangerschaftsabbruch zu Felde zu ziehen.

Gleichzeitig vergrößert sich der Kreis der intervenierenden Personen. Ein wahrer Menschenauflauf begleitet die Entstehung des Kindes: der Gynäkologe, der Biologe, der Psychologe, der Dritte – sofern der Spender bekannt ist –, sie alle beugen sich über die Wiege. Die Medien haben sich diese Inszenierung der Fortpflanzung nicht entgehen lassen. Die Geheimnisse des Alkovens werden mit Fachärzten und Experten geteilt: Die Medikalisierung begünstigt die Sozialisierung der Fortpflanzung.

Das beste Beispiel für die Herausforderung der Reproduktionsmedizin ist die Ersatzmutterschaft. Sie ist der vollkommene Ausdruck aller Phantasmen, die sich in den letzten Jahren um das Phänomen der Retortenzeugung gerankt haben. Alles vermischt sich hier: der ununterdrückbare Wunsch nach einem Kind; eine Ideologie der Fortpflanzung um jeden Preis; Geschäftstüchtigkeit; echte Solidarität, wie bei jener Schottin, die John austrug, ohne einen Pfennig dafür zu nehmen; die nicht zu unterschätzende Rolle von Organisationen wie (in Frankreich) »Ste Sarah«, »Les Cigognes« oder »Alma Mater«, die Anlaß zu einer Reihe aufsehenerregender Prozesse gaben, sich aber auf internationaler Ebene neu konstituierten. Das Hochstilisieren dieser Themen durch die Medien zu regelrechten Modeerscheinungen sollte jedoch nicht über die Komplexität der einzelnen Situationen und die Vielfalt der beteiligten Interessen hinwegtäuschen. Eltern verbünden oder überwerfen sich mit einer bestimmten Zeitschrift und bewirken die Verwirrung der sachlichen Argumentation durch die Heftigkeit ihrer Ängste und Emotionen.

Auf dem Gebiet der Fortpflanzung gehen die verschiedensten Argumentationen durcheinander, angefangen beim theologischen Diskurs bis hin zu den undurchsichtigsten Interessen. Am häufigsten verwechselt man im Hinblick auf die zentrale Persönlichkeit des zu gebärenden Kindes Ethik und Moral, Recht und medizinische oder wissenschaftliche Deontologie miteinander.[6] So hat man die Ersatzmutterschaft als Beispiel für die Reproduktionsmedizin herangezogen, obwohl sie strenggenommen keine besonderen medizinischen Techniken erfordert. Sie erinnert übrigens an Gebräuche, die in vielen traditionellen Gesellschaften verbreitet sind, und weist auch Parallelen zu der vertraglich geregelten Tätigkeit der Nähramme auf. Schon die Parlamentsdebatten des 19. Jahrhunderts über die Nährammen beschäftigten sich mit Überlegungen, die auch auf die Problematik der Leihmütter zutreffen. Das Problem war damals nicht der Fortschritt der Wissenschaft, sondern die Stellung der Nähramme in bezug auf die Eltern und ihre Rolle bei der Erziehung des Kindes. Heute gehen die Argumente durcheinander, was die Analyse der ganz unterschiedlichen Situationen erschwert, mit denen man es zu tun haben kann.

Mit jeder neuen Etappe auf dem Weg des biologischen und medizinischen Fortschritts pflegen sich die Probleme zu präzisieren und zu differenzieren. So zwingen die Fortschritte in der pränatalen Diagnostik dazu, die Frage der Eugenik von der Frage der Abstammung zu unterscheiden und nicht ständig das, was in den Bereich der Wissenschaftsethik gehört, auf den Bereich des Persönlichkeitsrechts zu beziehen. Die Fülle der normativen Diskurse über die Fortschritte der Wissenschaft und über das Eingreifen von Fachleuten, deren Rolle man nicht mehr zu bestimmen weiß, trägt zur allgemeinen Verwirrung bei.

Die Argumentation wirft das Problem der Quellen sowie ihrer Hierarchie und ihrer Legitimität auf. Die Texte, die dabei am häufigsten herangezogen werden, sind: der Nürnberger Kodex von 1947, die Deklarationen von Helsinki (1964) und von Manila (1981), der internationale Pakt in bezug auf die bürgerlichen und politischen Rechte; die theologischen Quellen, Enzykliken zu bischöflichen Hirtenbriefen oder zu Texten ohne kirchenrechtlichen Status; die Empfehlung Nr. 1046 des Europarates; die Empfehlung Nr. 874 des Europaparlaments; die Rechtsprechung des Europäischen Gerichtshofes; die Berichte von Expertenkommissionen, handelt es sich nun um die Warnock-Kommission von 1984, den Bericht des ad-hoc-Expertenkomitees von Cahbi in Belgien, die französischen Berichte des Staatsrats an den Ministerpräsidenten über künstliche Fortpflanzung (1986), über die Wissenschaften vom Leben (1988) oder neuerdings (1991) den Bericht Noëlle Lenoirs über Bioethik – und selbstverständlich das Zivil- oder Strafrecht, die Rechtsprechung durch Verwaltung und Gerichte; endlich die vielen Meinungsbekundungen von Instanzen wie den Ethikkommissionen und die Regeln der medizinischen Deontologie. Lehrmeinungen gibt es mehr als genug; die Entscheidungen der Gerichte werden immer zahlreicher. Der Gesetzgeber hingegen zögert, Maßnahmen zu ergreifen. Auf der Ebene des internationalen Rechts ist die Debatte noch nicht abgeschlossen: Durch die Konfrontation von unterschiedlichen Erfahrungen und den Rekurs auf Prinzipien, die nach Möglichkeit über nationale kulturelle oder institutionelle Traditionen hinausgehen, ergeben sich ethische Alternativen.

Die Frage der Abstammung erweitert sich in dem Moment zur Diskussion über die Weitergabe von Leben, wenn von seiten einzelner oder des Paares der Anspruch auf ein privates Recht vorgebracht wird: Der Anspruch auf ein individuelles Recht *auf* das Kind entsteht, während die Rechte *des* Kindes bekräftigt werden. Die neuen Fortpflanzungstechniken haben die Abstammung aufgrund von Blutsbanden getrennt von der Abstammung aufgrund einer Willensentscheidung, welche die Adoption legitimiert; ein Dritter ist gekommen und hat sich eingemischt – ein Dritter, der meistens anonym bleibt. Die Symbolik des Blutes steht der Symbolik des Willens, welcher das Band elterlicher Verbundenheit erschafft, im Streit um die Abstammung ebenso entgegen wie in der Polemik um die Staatsangehörigkeit als Band der Verbundenheit mit dem Staat. Die Reformen des Staatsangehörigkeitsrechts in verschiedenen Ländern vollziehen sich mit einer bezeichnenden Heftigkeit, die an die Vorgänge im Zusammenhang mit dem Gesetz über die Bioethik erinnert. Die Definition der Person und ihrer Identität – nach Herkunft oder nach Zugehörigkeiten – verläuft quer zu jeder Reflexion über die Einheit des Rechtssubjekts.

Bei einer Schwangerschaft, die sich ganz in vitro abspielen würde, steht der Mensch vor seiner eigenen Schöpfung, vor den Möglichkeiten genetischer Manipulationen, vor der Eugenik und seiner Ontogenese. Wird der menschliche Körper am Ende selbst zu einem verdinglichten Gefäß? *Le Désir de naissance* von René Frydman, *L'Œuf transparent* von Jacques Testart, *Produire l'Homme* von Jean-Louis Baudouin und Catherine Labrusse-Riou, alle diese Werke haben die Diskussion über die auf das Thema der Abstammung beschränkte Bioethik maßgeblich erweitert. Seitdem wuchern die Vorhersagen. Manche prophezeien die Schwangerschaft des Mannes, die Transplantation in den Uterus eines Tieres, das Austragen durch eine Leihmutter oder das Mieten eines Uterus aus reiner Bequemlichkeit. Welche Hierarchie soll man zwischen diesen Möglichkeiten aufstellen? Man kann nicht alles auf dieselbe Stufe stellen. Der Vermischung der verschiedenen Ebenen entspricht die Verwirrung des Sprechens über die Fortpflanzungsmedizin.

Die Manipulation des Zeitpunkts für die Weitergabe des Lebens läßt erkennen, in welchem Ausmaß der menschliche Körper bereits instrumentalisierbar ist. Wenn die Geschichte von der »schwangeren Großmutter« so viel Aufsehen erregt hat, obwohl dieser Fall alles andere als repräsentativ war, dann darum, weil der Wunsch nach einem Kind noch nie zuvor so eng mit der Frage nach der Herkunft des Menschen verbunden war. Die Abstammung liefert dem Menschen ein Gesamtgefüge: durch ihre normative Kohärenz und die Summe ihrer juristischen Regeln, durch ihre Voraussetzungen de jure. Es entsteht ein wahrer »Tropismus des Rechts«, während »der Mensch in den Strudel seiner eigenen Entdeckung gerissen wird«.[7]

Die Abstammung des Kindes von der Naturwissenschaft

Das »ganz eigene« Kind, das »wahre« Kind, das »gewünschte, gewollte« Kind »von eigenem Fleisch und Blut«, im Gegensatz zum adoptierten Kind, zum »Gelegenheits«-Kind, wie das schreckliche Wort in verschiedenen Umfragen lautete:[8] lauter Ausdrücke, die den Wert des biologischen Bandes bekräftigen. Es ist jedoch paradox, daß dort, wo die Kommentatoren vor allem die Künstlichkeit des naturwissenschaftlichen Eingriffs gesehen haben und manche sogar von dem durch die medizinische Technik »fabrizierten« Kind sprechen, die Paare selbst sich im wesentlichen an das Biologische klammern, an die kleinste biologische Spur, in der sich die Kette der Vererbung abzeichnen könnte, die genetische Weitergabe wenigstens eines Elternteils. Die Wahl eines Spenders, der phänotypische Merkmale aufweist, die denen der Eltern vergleichbar sind, kommt in der Anfrage nach heterologer Insemination häufig zum Ausdruck. Manchmal kam es sogar soweit, daß ein durch heterologe Insemination geborenes Kind nach der Geburt abgelehnt wurde, weil es der Ursprungsfamilie nicht ähnlich genug sah – was dazu führte, daß Samenbanken wie die CECOS in Frankreich neuerdings allzu detaillierte »Bestellungen« in bezug auf die physischen Merkmale des Spenders ablehnen.

In allen Gesellschaften findet man den Wunsch, die Unfruchtbarkeit zu »kaschieren«, vor allem die Unfruchtbarkeit des Mannes, die am schwersten zu ertragen ist, wie die Psychoanalytiker behaupten. Zwei Dinge sind hier vor allem von Bedeutung: einerseits das Überwiegen des Biologischen über die Elternschaft, zu dem später die der Wissenschaft zugeschriebene Tugend hinzukam, die Übertragung eines »von Erbkrankheiten gereinigten« Lebens zu ermöglichen; zum anderen die Geheimhaltung der Unfruchtbarkeit, die in der privaten Beziehung des Paares verschwiegen werden kann, indem die Fiktion einer natürlichen Abstammung aufrechterhalten wird.

Die Geheimhaltung des Leidenden und die ärztliche Schweigepflicht sind aufs engste miteinander verbunden: Es ist ein Stillschweigen über die Ursache der Unfruchtbarkeit wie über die Art ihrer Behandlung. Erst wenn die Wissenschaft über die Natur triumphiert und die Geburt des Kindes ermöglicht hat, wird das so schmerzlich gehütete Geheimnis gelüftet. Paare, die von den Fortpflanzungstechniken profitiert haben, legen oft nachträglich eine Art Triumphgefühl an den Tag und suchen neue Anhänger für die medizinische Wissenschaft zu werben. Der wissenschaftliche Diskurs gefällt sich in der Aufwertung durch das Erreichte, verschweigt aber geflissentlich, daß die Zahl der erfolgreichen Paare nach wie vor minimal bleibt. Umgekehrt erlaubt die Diskretion bezüglich der – psychologischen wie ökonomischen – Kosten[9] gewisser Eingriffe Rückschlüsse auf den Kampf gegen ein Leiden, das man nicht hinnehmen will. Während die Ärzte die Tendenz haben, den Wünschen der Paare entgegenzukommen und auch wiederholt medizinische Eingriffe vorzunehmen, versuchen Psychologen und Psychiater, die »Trauerarbeit« über die Unfruchtbarkeit zu unterstützen, was mitunter eine Adoption als die bessere Alternative erscheinen läßt.

Die Geheimhaltung der Unfruchtbarkeit ist leichter zu wahren, wenn zu homologen Techniken gegriffen wird, sei es zur einfachen Insemination oder zum Embryonentransfer. Auch in diesem Fall zeichnet sich jedoch ein anderes Bild vom Körper ab. Mit der Entwicklung der medizinischen und biologischen Techniken wird der Körper zu einem Behältnis. Vor dem Akt der Fortpflanzung, vor der Sexualität steht das Einverständnis der Eheleute. Zwar ist die Retorte nichts weiter als ein Instrument, aber ihre Vermittlung ist unentbehrlich. Mit homologen Techniken leistet der Arzt Hilfe und Beistand und begünstigt damit die Konkretisierung des elterlichen Wunsches. Er spielt voll und ganz die Rolle des Therapeuten; der Wille des Paares gibt der Technik ihren Sinn und wäscht in gewisser Weise die Sünde des Fleisches rein, wie ein Psychoanalytiker sagen würde. Das erklärt, warum die künstliche Insemination ohne fremden Samenspender weitestgehend akzeptiert ist und warum gegenteilige Weisungen der Kirche von unfruchtbaren Paaren häufig nicht befolgt werden. Eine fundamentale Frage bleibt jedoch im Raume stehen: Kann der Wunsch nach einem Kind so weit gehen, daß er über den Tod hinausreicht?

Das Kind nach dem Tod

Die Insemination post mortem hat in Frankreich seit der Affäre Parpalaix, die am 1. August 1984 vor dem Landgericht Créteil zur Entscheidung gelangte, eine lebhafte Polemik unter den Juristen ausgelöst. Dem Kommentar Catherine Labrusse-Rious zu dem Urteil von Créteil erwiderte Dekan Cornu: »Die Illegalität eines Kindes, das 300 Tage nach dem Tode des Gatten geboren wird, und auch die enormen erbrechtlichen Schwierigkeiten wiegen gering gegenüber dem Prinzip: In Verwandtschaftsverhältnisse darf nicht eingegriffen werden. (...) Die Stiftung einer posthumen unilinearen Familie scheint uns unzulässig zu sein.« Zwei Professoren der Rechtswissenschaft von der Universität Paris-II, Michelle Gobert und François Terré, hielten eine solche Insemination hingegen für zulässig, allerdings nur, insofern bestimmte Voraussetzungen gegeben waren: Analog zur posthumen Eheschließung müßten »schwerwiegende Gründe« vorliegen, und es müßte genau festgelegt sein, in welcher Form und zu welchem Zeitpunkt der Gatte vor seinem Tod den Kinderwunsch geäußert habe. Diese Argumentation unterstrich die wachsende Macht des Willens; denn die Wissenschaft ermöglicht unter bestimmten Umständen die Aktualisierung des Willens lange nach dem Zeitpunkt seiner Äußerung. Sie bekräftigte die zeitliche Nähe zwischen Äußerung und Ausführung der Absicht. Dekan Jean Carbonnier kam zu dem Schluß: »Es wäre sicherlich möglich, für diese Art der Abstammung einen rechtlichen Rahmen zu finden und ein solches Kind sogar in die Erbfolge aufzunehmen. Es fragt sich nur, ob wir damit nicht dem trügerischen Glauben Vorschub leisten, daß es dem Menschen eines Tages gelingen könne, den Tod zu besiegen und sich aus seiner Sterblichkeit zu befreien. (. . .) Die symbolische Wirkung eines solchen Gesetzes wäre selber sterblich.«[10]

Tatsächlich stellt die Insemination post mortem einen relativ seltenen Extremfall dar, den man der gewissenhaften Beurteilung des Richters überlassen kann, der genau seine Bedingungen festlegen und die Interessen des zu gebärenden Kindes, dieses »vom Vater gewollten Waisenkindes«, vertreten muß. Aber die Diskussion ist neuerdings durch Inseminationen post mortem wiederaufgeflammt, bei denen einer der Elternteile an Aids gestorben war. Neue Fälle sind vor die Justiz gekommen, in denen sowohl der überlebende Partner als auch der HIV-positive Partner ihren Willen unmißverständlich geäußert hatten.

Aus Vorsicht hatten sowohl die britische Warnock-Kommission als auch die Empfehlung des belgischen Cahbi entschieden von der Insemination post mortem abgeraten. Der britische Gesetzestext *Human Fertilisation and Embryology*, der durch das Ministerium für Gesundheit und Soziales vorgelegt wurde, war nuancierter: »Die Eltern haben ihre Wünsche in bezug auf den von ihren Embryonen und Gameten zu machenden Gebrauch für den Fall des Todes eines Elternteils in dem Augenblick zu äußern, wo diese deponiert werden sollen« (Paragraph 60 des Gesetzesentwurfs). Der Wille, die Entscheidung der Ehegatten soll also berücksichtigt werden. Demgegenüber untersagt der italienische Gesetzentwurf ausdrücklich die Insemination post mortem, und der Vorentwurf Braibant der Arbeitsgruppe beim französischen Staatsrat fordert: »Das Kind soll zwei Elternteile und keinen weniger haben.« Diese Rechnungsweise, die prinzipiell durch die internationale Konvention über die Rechte des Kindes bestätigt wird, an die sie sich anlehnt, vermischt verschiedene Argumente bezüglich der biologischen Elternschaft und der erzieherischen Elternschaft miteinander. Die Insemination post mortem unterstreicht nämlich ebensosehr den Vorrang des biologischen Bandes wie die Bedeutung des Willens der Eltern. In der Tat liegen der Argumentation denn auch Überlegungen zugrunde, die auf dem traditionellen Bild der – doppelköpfigen – Familie beruhen und sich aus den Interessen des Kindes herleiten. Ist das nicht nur eine andere Art und Weise, die monoparentale Familie zu verurteilen? Das von manchen geforderte Verbot der Insemination post mortem verträgt sich nicht ohne weiteres mit der Akzeptanz der heterologen Insemination. In der Tat wird die Abstammungsfrage komplizierter und sind die Rechte des Kindes schwerer zu bestimmen, wenn es mittels eines außenstehenden Spenders gezeugt wird. Trotzdem ist diese Technik der Fortpflanzung mittlerweile weit verbreitet. Offensichtlich hat die Stärkung des elterlichen Bandes größeren Symbolwert als die biologische Realität.

Das Kind eines Dritten

Die heterologen Techniken werfen eine doppelte Fragestellung auf: die Frage nach ihrer Legitimität und die Frage nach der Bestimmung der Abstammung. Die Warnock-Kommission hatte vorgeschlagen, das Kind als rechtmäßig anzuerkennen, wenn beide Ehegatten der Behandlung sowie der Registrierung des Kindes unter dem Namen des Ehemannes zugestimmt hatten. Dieser Auffassung schloß sich der Family Law Reform Act von 1987 an. Im belgischen, schweizerischen, holländischen und portugiesischen, aber auch im Québecer Recht untersagt eine Zusatzklausel die nachträgliche Anfechtung, wenn die Ehegatten dem Akt der Fortpflanzung zugestimmt haben. In den meisten europäischen Ländern wird der Gatte als der Vater des Kindes angenommen, wobei die Möglichkeit besteht, durch Gegenbeweis die Vaterschaft anzufechten.

In Frankreich gilt die Vaterschaftsvermutung nach Artikel 312 Abs. 1 des Code civil; entsprechend gilt, daß die Mutterschaft der Frau durch ihre Niederkunft bewiesen ist. Die gerichtliche Anfechtung der Vaterschaft ist möglich, wenn der Ehemann durch geeignete Tatsachen nachweist, daß er nicht der Vater sein kann. 1985 ist es durch zwei Entscheidungen des Kassationshofes für zulässig erklärt worden, daß jede beteiligte Partei, das heißt der Ehemann, die Ehefrau, das Kind oder die Erben, die Vaterschaft des Gatten innerhalb eines Zeitraums von 30 Jahren anfechten kann (im Falle des Kindes aufgrund der Aussetzung der Verjährungsfrist bei minderjährigen Kindern sogar innerhalb von 48 Jahren). Handelt es sich um die Anfechtung der Vaterschaft durch den Ehegatten oder Lebensgefährten im Namen der biologischen Wahrheit, so haben die Gerichte sie auch in den Fällen für statthaft erklärt, in denen die Frau mit dem Samen eines Spenders inseminiert worden war und der Ehegatte (oder Lebensgefährte) zuvor trotzdem seine Einwilligung erklärt hatte. Seit der Entscheidung des Gerichtes in Nizza vom 30. Juni 1976 sind mehrere Urteile in diesem Sinne ergangen. Die einzige Art der Nachkommenschaft, die im Namen der biologischen Wahrheit nicht widerrufen werden kann, ist die Adoption. Es fehlt jedoch nicht an Stimmen, die die Möglichkeit der Vaterschaftsanfechtung kritisieren, weil sie der ganzen Familienplanung und dem Familienzusammenhalt Schaden zufügen kann. Franck *Serusclat* und die Sozialisten im französischen Senat haben einen Gesetzentwurf eingebracht, wonach die Einverständniserklärung beider Ehegatten vor dem zuständigen Richter vorgeschrieben werden soll, um die Vaterschaftsvermutung zu bekräftigen. Der Gesetzentwurf Braibant begründet die Vermutung *pater is est* mit dem Willen, »dem Kind im Interesse seiner bestmöglichen Entwicklung eine klassische Familie zu geben«, und bestimmt: »Der Spender kann weder eine Abstammung zwischen sich und dem Kind herstellen (...) noch [staatliche] Zuwendungen für sich in Anspruch nehmen.«

Die heterologen Fortpflanzungstechniken, gleichgültig, ob es sich um eine künstliche Insemination oder um eine Befruchtung in vitro handelt, werfen nicht nur das Problem einer möglichen Vaterschaftsanfechtung, sondern auch das der Anonymität des Spenders auf. Auch hier sind die Regelungen von Land zu Land verschieden und die theoretischen Kontroversen zahlreich.

Die Praxis der Samenbanken, beispielsweise der CECOS in Frankreich, beruht im allgemeinen auf der Anonymität des Spenders. In Schweden hingegen gilt von Gesetzes wegen genau das Gegenteil: Das Kind soll das Recht haben, seine Herkunft und seine Abstammung zu kennen. In Wirklichkeit ist es so, daß dies sogar in jenen Ländern, in denen streng auf die Anonymität des Spenders geachtet wird, vor allem in den Samenbankzentren, gewährleistet ist. Auch wenn der Spender nicht namentlich genannt wird, werden typologische Karteien geführt, um beispielsweise zu große Unterschiede der Hautfarbe oder der äußeren Erscheinung zu vermeiden. Es mag verwundern, daß diese phänotypischen Klassifizierungen kaum Gegenstand der Kritik geworden sind. Die Rückkehr der »biologischen Fiktion« in der Fortpflanzung verstärkt in gewissem Maße ethnizistische, um nicht zu sagen rassistische Tendenzen, die den Fortschritten im Kampf gegen rassische Diskriminierung unmittelbar entgegenwirken.

Die ganze Verlogenheit der moralischen Diskussion zeigt sich an diesem Punkt – wie an vielen anderen Punkten –, sobald es um eine medizinisch gestützte Fortpflanzung geht. Wenn das Interesse des Kindes sowohl die Anonymität des Spenders als auch das Gegenteil begründen kann, erhält ein zusätzliches Argument besonderes Gewicht: die Befürchtung nämlich, daß die Aufhebung der Anonymität zu einer Verringerung der Zahl der potentiellen Spender führen könnte, die sich nicht der Gefahr aussetzen wollen, von dem Kind, das sie zu zeugen geholfen haben, auf Unterhalt verklagt zu werden. Die merkantilen

Aspekte und das Prestige der öffentlich anerkannten Samenbanken sind, in dem Maße, wie die Technik der heterologen Insemination sich weiterentwickelt hat, ebenso deutlich zutage getreten wie die ethischen Erwägungen in bezug auf das zu gebärende Kind.

Die Zuverlässigkeit der modernen biologischen Tests erleichtert die Bestimmung der biologischen Wahrheit, und die Gerichte greifen mehr und mehr auf genetische Expertisen als Beweismittel zurück. Doch wenn es sich um Familienbande handelt, die mit Hilfe einer medizinischen Technik entstanden sind, welche die Beteiligung des genetischen Erbes wenigstens einer dritten Person impliziert, weicht die biologische Wahrheit einer Fiktion: In diesem Fall gründet sich das Verwandtschaftsverhältnis auf die durch die Einwilligung der Ehepartner untermauerte Vaterschaftsvermutung. Indessen haben Wille und Fiktion ihre Grenzen; sie werden nicht bei jedem beliebigen Typ von Familienleben anerkannt. Weder homosexuelle Paare noch monoparentale Familien können auf heterologe Fortpflanzungstechniken zurückgreifen.

Im Zusammenhang mit Unverheirateten, namentlich mit alleinstehenden Frauen, hat es eine Diskussion um die Frage der Adoption gegeben. Mußte man nicht einem Recht des Kindes auf seine beiden Eltern, wie es dem obersten Ziel der Adoption, nämlich der Wiederherstellung einer »normalen« Familie, entsprach, das Recht des adoptierenden Unverheirateten gegenüberstellen? Mit den medizinisch gestützten Fortpflanzungen trat das Problem in besonderer Zuspitzung auf, weil es sich nicht mehr nur darum handelte, von einer bereits existierenden Situation auszugehen, sondern darum, bewußt, mittels einer Insemination, eine unilaterale Abstammung zu erzeugen. In diesem Zusammenhang ist häufig ein sogenanntes »Recht auf das Kind« beschworen worden.

Analog hierzu wurden in der Frage der Homosexuellen diametral entgegengesetzte dogmatische Positionen vertreten. Die Verbände zum Schutz der Rechte von Homosexuellen haben Vorschläge dazu vorgelegt, aber bisher scheint keine einschlägige gesetzgeberische Initiative diskutiert worden zu sein. Der Rückgriff von Homosexuellen auf die Reproduktionsmedizin stößt auf besondere Ablehnung, da man sich dabei vom traditionellen Modell der Familie weit entfernt. Umgekehrt scheint das Argument vieler homosexueller Paare, die zu ihren Gunsten die Stabilität ihres affektiven Bandes vorgebracht haben, nicht jeder Triftigkeit zu entbehren, wenn man an die vielen Ehescheidungen beziehungsweise Trennungen heterosexueller Lebensgemeinschaften gerade in den ersten Monaten nach einer heterologen Insemination denkt. So dreht sich das Nachdenken über die Reproduktionsmedizin im Grunde doch um den Status des Kindes und um eine bestimmte Vorstellung von der Familienstruktur.

RECHT AUF DAS KIND ODER RECHTE DES KINDES?

Der Wunsch schafft noch kein Recht. Bestärkt durch die naturwissenschaftlichen Fortschritte, laufen unfruchtbare Paare von einem Arzt zum anderen »und fordern ein Kind«.[11] Der Wunsch nach einem Kind wird so zu einer Forderung, ja zu einem Rechtsanspruch auf das Kind. Diese Überhöhung der rechtmäßigen Elternschaft führt zu Illusionen über »das Kind um jeden Preis«; wenn alle Versuche fehlschlagen, ist die Enttäuschung nur um so bitterer. Jacques Testart hat schon in *L'Œuf transparent* dieses Zurückgreifen auf die Wissenschaft verurteilt, was dazu führt, daß zu viel Gebrauch von künstlichen Techniken gemacht wird, auch wo sie nicht zwingend geboten sind: Hypofertile Paare werden ebenso behandelt wie unfruchtbare Paare, die Befruchtung in vitro wird auch dann praktiziert, wenn sie unter den für sie geltenden Gesichtspunkten strenggenommen nicht indiziert ist. Dort, wo sonst die Zeit ihr wundenheilendes Werk getan hätte, wo das Verschmerzen der Unfruchtbarkeit und eine Adoption das Leben harmonischer gestaltet hätten, lockt die Medikalisierung der Fortpflanzung mit den Verheißungen einer effizienten Wissenschaft. Was bedeutet aber dieses Bedürfnis nach dem »eigenen« Kind?

Die Komplexität des Kinderwunsches hängt zusammen mit der Vorstellung, die man sich von seiner Identität macht, mit dem elterlichen Lebensentwurf und mit der Familienstruktur. Die Konstruktion des Kindes als affektiver Pol, gesellschaftlicher Wert, Beweis der Fähigkeit zur Weitergabe des Lebens und zur Kindererziehung, Erweiterung oder Bereicherung der Paarbeziehung oder des Individuums – sie zeigt sich im 20. Jahrhundert ebenso sehr in einer ausufernden Ikonographie und Literatur wie in dem ganzen Arsenal an institutionellen Maßnahmen. Eine semantische Analyse dieser Hervorbringungen offenbart zwei, je nach den normativen Optionen zusammenwirkende, einander ergänzende oder einander ausschließende Einstellungen: die Forderung nach Selbstbestimmung der Fortpflanzung und den Anspruch auf die elterliche Familienplanung im Interesse des Kindes. Die Diskussion über die Empfängnisverhütung und über das Recht auf Schwangerschaftsabbruch hatten ganz eindeutig die erstgenannte Einstellung postuliert; die Reproduktionsmedizin unterstreicht die Implikationen der zweitgenannten. Rechtfertigt aber allein die Entscheidung der Eltern alle Arten des Eingriffs in den Körper?

Ein Kind mit welchem Recht?

Selbstbestimmung der Fortpflanzung bedeutet weit mehr als den Umstand, Leben zur Welt zu bringen. Sie ist ein Entwurf in eine persönliche Zeit und einen sozialen Raum hinein, bei dem die Verkörperung des Kinderwunsches als Beweis für die Grenzenlosigkeit der elterlichen Verpflichtung dient. Die Qualität der Beziehung zum Kind scheint also von einer durch die Wissenschaft bewirkten Überbewertung der Fortpflanzung abzuhängen. Dagegen wird die Verantwortung des Adoptierenden von Paaren, die sich um eine medizinisch gestützte Fortpflanzung bemühen, häufig mehr als »zweckgebunden«, als um die erzieherische Aufgabe zentriert wahrgenommen – mit begrenztem Erfolg, »weil der Ausgang des Kampfes zwischen Angeborenem und Erworbenem ungewiß ist«.[12] Die Adoption eines ausgesetzten, unglücklichen oder mißhandelten Kindes wird zwar als lobenswert anerkannt, aber doch eher als Kompensation und nicht als Sieg über die Unfruchtbarkeit empfunden. Für viele unfruchtbare Paare haben die Fortschritte der Biotechnologien die Hoffnung auf »Zeugung der eigenen Nachkommenschaft«, auf die Fortsetzung der Abstammungslinie erneuert. Die Äußerungen über die Samenspende durch einen Dritten verbinden sich mit dem »Als ob« des durch Insemination, Transfer oder Transplantation erzeugten Kindes. Alle diese Begriffe bekommen hier eine symbolische Kraft, welche die Kritiker der Kommerzialisierung der medizinisch gestützten Fortpflanzung zu unterschätzen pflegen.

Das Recht, von den Fortschritten der Wissenschaft zu profitieren, um ein Kind zu bekommen, verwandelt sich für manche Paare in eine Art Pflicht, die sie der öffentlichen Gewalt auferlegen wollen. Das dieserart ersehnte, um nicht zu sagen phantasierte Abstammungsverhältnis führt dazu, Fortpflanzung nicht nur als Recht im Sinne einer Freiheit, sondern als Recht im Sinne eines Anspruchs einzufordern, den die Wissenschaftler und das Gesundheitswesen zu garantieren haben. Diese Bedeutungsverschiebung hat unmittelbare praktische Folgen. Sie geht einher mit diversen Forderungen nach Unentgeltlichkeit der Samen- oder Eispende, Verringerung der Kosten der Reproduktionstechniken im Vergleich mit anderen Gesundheitsaufwendungen und Kostenerstattung durch die Krankenkassen. Die Übernahme der Kosten einer medizinisch gestützten Fortpflanzung, die Institutionalisierung des Ortes, an dem diese vorgenommen wird, und dessen amtliche Bestätigung werden als Schutz und als Legitimation empfunden: »Das Geld des Staates legitimiert den Vorgang.«[13] Viele Staaten kennen zwar keine direkten gesetzlichen Regelungen der Reproduktionsmedizin, ob es sich nun um Fragen der Abstammung oder des Personenrechts handelt, haben jedoch einschlägige Verwaltungsvorschriften erlassen und Beratungsstellen sowie Aufsichtsämter eingerichtet – eher bescheidene und bürokratische Antworten auf grundlegende ethische Fragen.

In Frankreich regeln zwei Dekrete vom 8. April 1988 (88-327 und 88-328) die Maßnahmen der Fortpflanzungsmedizin, der Konservierung des menschlichen Samens und der pränatalen Diagnostik. So ist eine nationale Kommission für die Medizin und Biologie der Reproduktion (CNMBR) geschaffen worden, die die Aufgabe hat, dem Gesundheitsminister einschlägige Stellungnahmen zu liefern und jährlich über die Entwicklung der Situation im Lande Bericht zu erstatten. In bezug auf die pränatale Diagnostik bestand das Ziel darin, Strukturen zu schaffen, die einer gewissen Kontrolle unterworfen sind. So sind 74 Einrichtungen zur Vornahme medizinisch gestützter Fortpflanzungen autorisiert worden, darunter 36 private Einrichtungen, deren Namen im *Journal officiel* vom 14. Dezember 1988 bekanntgegeben worden sind. Die Entscheidungen über die – öffentlichen oder privaten – biologischen Institute fielen dagegen erst später: Erst im Februar 1990 wurde einigen Dutzend medizinischer Labors die Genehmigung zur Ausführung der biologischen Maßnahmen der medizinisch gestützten Fortpflanzungen erteilt, ohne daß dies öffentlich bekannt gemacht worden wäre. Gleichzeitig setzte ein Nachdenken über die Nomenklatur der biologischen Maßnahmen der medizinisch gestützten Fortpflanzung ein, die bis dahin von den Krankenkassen ignoriert worden waren. Die Bezeichnung dieser Maßnahmen wurde im *Journal officiel* vom Februar 1990 veröffentlicht.

Das französische Beispiel war ein Musterfall:

»Seit Ende 1988 wurden die 74 klinischen Einrichtungen, die zur Vornahme medizinisch gestützter Fortpflanzungen autorisiert worden waren, von den Medien, unter stillschweigender Duldung durch die klinischen Mediziner, als die ›offiziellen Retorten-Zentren‹ ausgegeben. Diese Simplifizierung, die belanglos scheinen könnte, verrät den Willen der Mediziner, der Erosion der medizinischen Prärogativen durch die neuen Techniken entgegenzuwirken.«[14]

Als die ministeriellen Entscheidungen bekannt wurden, fochten viele Einrichtungen, die nicht zur Ausführung medizinisch gestützter Fortpflanzungen autorisiert worden waren, diese Entscheidung an und zogen entweder vor das Verwaltungsgericht oder legten Beschwerde beim Ministerium ein:

»Es scheint, daß etwa die Hälfte der Kläger Erfolg vor den Verwaltungsgerichten hatten, die ihnen das Recht zusprachen, ihre Arbeit fortzusetzen. Bei den übrigen steht theoretisch das Ende ihrer Tätigkeit bevor, vor allem dort, wo die Krankenkasse eine Erstattung ihrer medizinischen Leistungen verweigert.«[15]

Die Verbindung, ja die Fortsetzung, die sich zwischen »elterlicher Familienplanung« und wissenschaftlicher Forschung durch die Zwischenschaltung von öffentlich kontrollierten Institutionen ergibt, geht indessen über eine einfache soziale Regulierung hinaus. Bernard Edelmanns vergleichende Untersuchung des deutschen Gesetzentwurfes über die »durch künstliche Befruchtung des Menschen aufgeworfenen Probleme«

und über »den Schutz der Embryonen« mit dem von einer Sektion des französischen Staatsrats vorgelegten Gesetzentwurf über »die Wissenschaften vom Leben und die Menschenrechte« unterstreicht die philosophischen Optionen, die dem Eingreifen des Gesetzgebers offenstehen: »In dem deutschen Entwurf ist der grundlegende Begriff nicht der der elterlichen Familienplanung, sondern der der Identität des Embryos angesichts der Gefahren einer getrennten Mutterschaft.«[16] Dieser Entwurf untersagt das Verkaufen und das Spenden von Samen oder Ei, wobei die künstliche Befruchtung nur innerhalb einer »dauerhaften Paarbeziehung« stattfinden kann, während der französische Entwurf den Nachdruck auf die »elterliche Familienplanung« legt und sich herzlich wenig um die Identität des zu gebärenden Kindes sorgt, so daß die heterologe Insemination zulässig ist:

»Im ersteren Falle ist die Freiheit der Eltern begrenzt durch die Freiheit des zu gebärenden Kindes; im anderen Fall scheint die Freiheit dieses Kindes nicht einmal andeutungsweise auf: Es ist ein Entwurf der Freiheit allein der Eltern beziehungsweise, wenn man so will, das Objekt ihrer Freiheit. (...) Frappierend beim Vergleich beider Entwürfe ist der Unterschied im Verhältnis zur Natur. Offenkundig ahmt der deutsche Entwurf die Natur insofern nach, als er die Techniken der Fortpflanzung von ihrer Künstlichkeit zu reinigen sucht. Der französische Entwurf ist demgegenüber weniger eindeutig. Zwar untersagt er Ersatzmütter und das Herstellen von Embryonen eigens für die Wissenschaft, aber dafür untersagt er nicht ausdrücklich die freie Wahl des Geschlechts, und was noch schlimmer ist: Er erlaubt das Überlassen überzähliger Embryonen an Dritte und an die wissenschaftliche Forschung. Das einzige, worin er durchweg hart bleibt – wobei er Ausnahmen für die Produkte des menschlichen Körpers zuläßt –, ist das zwingend vorgeschriebene Prinzip der Unentgeltlichkeit.«[17]

Die philosophischen Divergenzen scheinen sich zu verringern, wenn die Fortpflanzung sich dort, wo die Natur unfruchtbar ist, nicht mehr der Vermittlung der Wissenschaft bedient, sondern menschliche Körper als Substitut benutzt, wie dies bei den sogenannten Leihmüttern der Fall ist. Dieser von den Medien lancierte Begriff, aus dem eine verdinglichte Vorstellung von Schwangerschaft spricht, bringt schlagartig die irrationalsten Bilder zum Ausdruck, die zumal in den romanischen Ländern über das Verleihen oder Verpachten des Uterus kursieren.

Ersatzmutterschaft

Die ideologische, moralische oder religiöse Verurteilung der Ersatzmutterschaft, zumal in den kontinentaleuropäischen Ländern, bekundet sich mit einer Heftigkeit, die mit der Ablehnung der Eugenik zu vergleichen ist. Auf der einen Seite erscheint die Substitution einer Person als ein Verstoß gegen die Natur, auch ohne daß die Wissenschaft viel eingreifen muß, es sei denn durch eine einfache Insemination; auf der anderen Seite soll es gerade die Wissenschaft sein, die das »Teufelswerk« hervorbringt. Bald verstößt die Macht des Menschen gegen die Regeln der Identität und Unveräußerlichkeit des Körpers, bald gegen die geheiligten Regeln der Qualität des uns gegebenen Lebens. Die »Schwangerschaft auf Kosten eines anderen«, die doch in bestimmten traditionellen Gesellschaften nicht verworfen wird und in einer eher altruistischen und erhabenen Form an biblische Gestalten wie Sarah oder Maria gemahnt, zieht heute Kritik von vielen Seiten auf sich: Von Ausbeutung der gegen Entgelt austragenden Frauen ist die Rede, von der Wichtigkeit der vom Fötus entwickelten affektiven und physiologischen Bande zur Mutter, von der verwerflichen Anstiftung der Mutter, sich nach der Geburt von ihrem Kind zu trennen, und von einem Verstoß gegen die Regeln der Adoption. Was schließlich am häufigsten bestritten wird, ist die Darstellung der Ersatzmutterschaft als einer therapeutischen Methode gegen die Unfruchtbarkeit, während sie in Wirklichkeit nur eine Substitutionspraxis ist, die aus dem Körper der Frau eine Art Brutkasten macht.

Alle Argumente gegen die Leihmütter, wie sie bis heute in den meisten westlichen Ländern, mit Ausnahme bestimmter amerikanischer Staaten, zu hören sind,[18] haben nicht verhindern können, daß mittlerweile bereits Tausende von Kindern auf diese Weise zur Welt gekommen und entsprechende Interessenverbände gegründet worden sind. Unterdessen werden bei der überwiegend negativen Einstellung gegenüber der Ersatzmutterschaft oft sehr unterschiedliche Überlegungen und nicht vergleichbare Rechtsregeln miteinander vermengt. Wer kann denn behaupten, daß der ausnahmsweise Rekurs auf eine Leihmutter beispielsweise für eine Frau ohne Uterus schlimmer ist als der Handel mit Kindern, den häufig internationale Adoptionsgesellschaften betreiben? Wenn Geld den Charakter verdirbt, dann heute eher auf anderen Gebieten: von der Bluttransfusion über Organtransplantationen bis hin zu den enormen Kosten, die für die Pflege unheilbar Kranker aufgewendet werden. Das kann von der Ersatzmutterschaft nicht behauptet werden. Und ist die Sozialisierung der Kinder im frühesten Alter durch beauftragte Nährammen, in der Kinderkrippe und dann in der Schule, wo sie den größten Teil des Tages verbringen, schädlicher oder unschädlicher als die im Verlauf des fötalen Lebens erworbene? Die Mutter-Kind-Beziehungen und die Ursachen des Leidens oder des Aufblühens des Kindes sind so komplex, daß es gewagt wäre, vorschnell Gesetze zu machen oder Gewißheiten zu formulieren. Es ist verständlich, daß die Rechtsprechung, anstatt Stellung gegen das Prinzip der Ersatzmutterschaft zu beziehen, in den meisten Fällen Organisationen für unzulässig erklärt, deren Statuten im Widerspruch zu den Bestimmungen über die Adoption zu stehen scheinen.

Leichter ist ein Konsens bei der Ablehnung von Zwischenhändlern zu erzielen, bei denen der Verdacht auf Kommerzialisierung der Leihmutterschaft besteht. Hier werden oft Strafen angedroht und die Verträge zwischen dem »Spenderpaar« und der Ersatzmutter oder den verschiedenen Zwischenpersonen für ungültig erklärt. Unter dem Druck der Tatsachen und der öffentlichen Meinung sind inzwischen jedoch gewisse Entwicklungen zu verzeichnen.[19] Auf der einen Seite variieren die Ansichten je nach den beiden Typen von Leihmüttern: jenen, die nach einer Insemination ein Kind empfangen und austragen, das ihnen gehört, und jenen, die einfach eine Schwangerschaft für eine andere Frau austragen. Andererseits gehen die Ansichten über die Begründung auseinander, wonach die strafrechtliche Unzulässigkeit eines Vertrages und des Handels gegen Geld oder sogar das Prinzip der »Unveräußerlichkeit des menschlichen Körpers« angestrebt wird, wie die Entscheidung des französischen Kassationshofes vom 31. Mai 1991 es vorgesehen hat.[20]

Abgesehen von den Problemen der Abstammung zwingt die Leihmutterschaft dazu, die Bedeutung dieses »Tausches« zu klären. Der als individuelle Freiheit ausgegebene Kinderwunsch löst sich mehr und mehr in eine Art von biologischer »Gastfreundschaft« auf, wobei der austragende Körper eine untergeordnete Rolle erhält. Während die Reproduktionsmedizin, bei der die Medizin lediglich die Konkretisierung eines Lebensentwurfs der Eltern erlaubte, durch eine ausgesprochen individualistische Philosophie geprägt ist, organisieren sich hier zunehmend bestimmte Interessengruppen: die Ärzteschaft, die Biologen, in Verbänden organisierte Paare, *pressure groups* oder die Verfechter bestimmter Denkströmungen. Wo bleibt dabei das Interesse des Kindes, und wer wird dessen Fürsprecher und Garant sein?

Unter der gebündelten Gewalt der einschlägigen Interessen wird immer deutlicher, daß die Fortpflanzung keine rein private Angelegenheit ist. Das Geheimnis, das das Leid der Unfruchtbarkeit umgab, wird zu einem geteilten Geheimnis. Es kommt zu einer Neugestaltung der Elternrollen und des familiären Umfelds. Indessen ist es weniger das Artifizielle, was das Kind zu beeinträchtigen droht – das Familienrecht stützt sich seit Jahrhunderten auf Fiktionen –, als vielmehr die Verkomplizierung der Zugehörigkeiten und der Wahlmöglichkeiten, die die traditionelle Zuweisung der Abstammung verschleiert. Wieviele Entschlüsse zu einer medizinisch gestützten Fortpflanzung sind nachträglich nicht bereut worden, wenn der Wunsch nach dem idealen Kind an der alltäglichen Wirklichkeit zerschellte? Wieviele Kinder werden nicht zeitlebens auf die affektive und ärztliche Unterstützung, die ihre Geburt erst ermöglichte, verwiesen, wie jener kleine Junge, der sich aus einem tiefgekühlten Embryo entwickelte und den seine Eltern Frosty nannten?

Die Fortpflanzung knüpft nicht nur biologische und affektive Bande zwischen einem Individuum, einem Paar und einem Kind. Das Netz der beteiligten Personen umfaßt auch den familiären Umkreis, den außenstehenden Spender und seine Familie sowie die bei dem Eingriff mitwirkenden Ärzte und Wissenschaftler. Außerdem erfüllt sie eine soziale Funktion und eine symbolische Funktion, die genealogische Markierungen und ethische Richtlinien beinhalten. Keine Kultur kann die Abstammung auf die Zeugung reduzieren, die Mutterschaft auf die Schwangerschaft, das Interesse des Kindes auf den Lebensplan der Eltern. Dann muß man aber auch den Mut haben, die Werte zu definieren, die man bekräftigen will. Die Gefahren eines Neokonservativismus, der sich an diese oder jene Art von Familienstruktur, an diese oder jene Vision von Mutterschaft oder Weiblichkeit heftet, sind ebenso gegenwärtig wie die Gefahren eines naiven marktwirtschaftlichen Laissez-faire bezüglich des menschlichen Körpers. Von der Reproduktionsmedizin dehnt sich die Diskussion in konfusen ethischen Diskursen auf die Eugenik und auf die Macht der Wissenschaftler über das Erbe der Menschheit aus. »Der Mensch ist noch nicht aus der Verpflichtung entlassen, zur Kenntnis zu nehmen, daß die Empfängnis ihres Traumgewands entkleidet sein könnte.«[21]

Nach dem Vorbild der britischen Gesetzgebung betrat der französische Gesetzgeber 1990 seinerseits den Weg der Reformen mit einem Text, der die Grundprinzipien in der biomedizinischen Ethik festlegen sollte. Die Juristen und die öffentliche Meinung oder die politische Klasse behielten unterdessen ihre unterschiedlichen Ansichten bezüglich der Unterscheidung zwischen Zulässigem und Unzulässigem, aber auch über die Zweckmäßigkeit einer einschlägigen gesetzgeberischen Regelung. Die offiziellen Berichte widersprechen einander; die Tatsachen bezeugen die extreme Kompliziertheit der Situation; die Fragen haben sich verlagert. Mehrfach-Abstammungen, Trennung von Schwangerschaft und Mutterschaft – die Wahlmöglichkeiten erweitern sich laufend mit den Fähigkeiten des Menschen, seine ursprüngliche Bestimmung zu verändern. Wir haben eine von Phantasmen und Ängsten beunruhigte Zeit hinter uns und stehen vor ethischen Alternativen, in denen das Universelle wird mehr sein müssen als das Totalitäre, der gemeinsame Aufbau etwas anderes als ein generelles Einheitsgesetz. Indem sie die Diskussion über die Fortpflanzung und die Rolle der Frau bei der Weitergabe des Lebens aufgeworfen hat, hat die Vielfalt des Möglichen die patriarchalische Ordnung durchbrochen und eine Renaissance der Frage nach den Werten eingeleitet.[22]

Aus dem Französischen von Holger Fliessbach

STIMMEN DER FRAUEN

Simone de Beauvoir im Café des Deux Magots, 1945.
Fotografie von Doisneau.

Zeichnung der Illustratorin Sorayama, 1990.

Den Frauen das Wort

Christa Wolf und Nelly Kaplan

Das 21. Jahrhundert, gleichzeitig unvorhersehbar und Erbe unserer Zeit, wird sein, was die Frauen und die Männer von heute, was die künftigen Generationen aus ihm machen werden – in einer Alchemie, welche die Geschlechterbeziehungen nicht von anderen menschlichen Verhältnissen isolieren kann.

Vielleicht ist es uns gelungen, mit dem vorliegenden Band und mit dieser Geschichte der Frauen dem Wunsch zu entsprechen, den Virginia Woolf am Ende von *Ein Zimmer für sich allein* zum Ausdruck bringt: Wir haben an der Wiedergeburt der Schwester Shakespeares gearbeitet, der toten Dichterin, die niemals auch nur ein Wort geschrieben hat. Erteilen wir zum Schluß zwei Frauen unseres Jahrhunderts das Wort – ausgewählt unter anderen, unter vielen anderen.

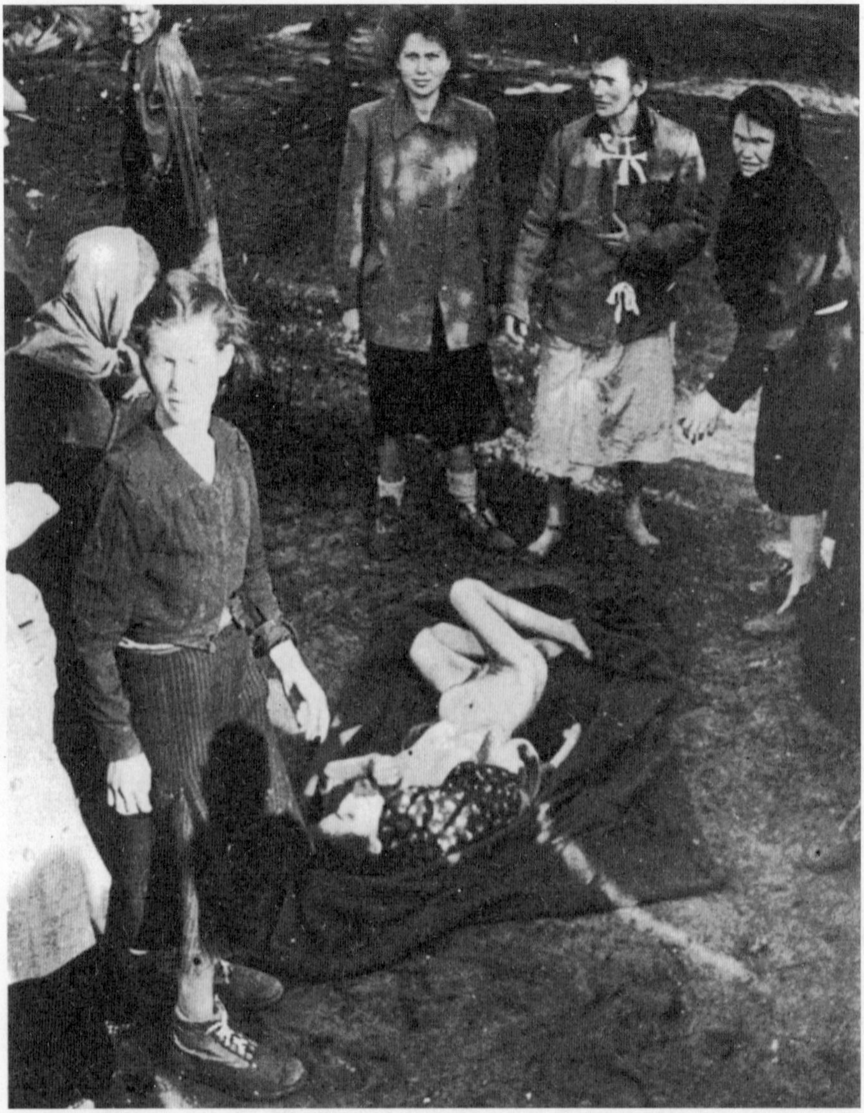

Bergung einer im Konzentrationslager Bergen-Belsen verhungerten Frau, 1945.

Christa Wolf

»Die Endlösung«

Geboren 1919 im Osten Deutschlands, in der Stadt Landsberg, aus der sie 1945 mit ihren Eltern vor den heranrückenden sowjetischen Truppen flüchtete, wurde Christa Wolf Bürgerin der Deutschen Demokratischen Republik, seit den sechziger Jahren Wortführerin der Schriftsteller der jungen Generation, die ihre Entscheidung in ihren Schriften, aber auch in ihren Anfragen angesichts des politischen Regimes und des Eisernen Vorhangs bekräftigten. Mit rund fünfzehn Werken, die mit großer Originalität aus unterschiedlichen literarischen Gattungen schöpfen, ist Christa Wolf die im Ausland bekannteste Schriftstellerin der DDR geworden.

Das Buch *Kindheitsmuster*, 1976 in der Bundesrepublik Deutschland erschienen, ist kein Erinnerungsbuch, sondern vielmehr, nach den Worten Christa Wolfs, die Beschwörung, die Anrufung ihrer eigenen Vergangenheit, die über eine antifaschistisch inspirierte Literatur hinaus versucht, den Nazismus des Alltags ans Licht zu bringen und gegen das Vergessen anzukämpfen. Ein Buch der Fragen, welche die Verfasserin sich stellt, und welche sie mutig stellt, vermengt *Kindheitsmuster* in einer komplexen Struktur zwei verschiedene Personen (du, die Erzählerin, und sie, das Kind Nelly) und drei Erzählzeiten, die Zeit von 1919 bis 1945, die Reise im Frühling 1971 mit ihrem Bruder, ihrem Lebensgefährten und ihrer Tochter Lenka in ihre heute polnische Geburtsstadt L. und schließlich die aktuelle Zeit der Niederschrift.

In dem folgenden Auszug aus dem Buch über die »Endlösung« fragt Christa Wolf zunächst nach der Verantwortung der Deutschen, ihrer eigenen und der ihrer Familie, für dieses Verbrechen, das mit der Gleichgültigkeit der normalen Bürger oder mit der Verführbarkeit der besten Köpfe durch den nationalsozialistischen Diskurs begann.[1] »Wo habt ihr denn gelebt?« antwortet 1945 ein kommunistischer Überlebender der Konzentrationslager auf die entsprechende Frage von Nellys Mutter, die fassungslos über sein Schicksal ist. Christa Wolf fragt auch nach der Weitergabe – von der Mutter auf die Tochter, von einer Generation zur nächsten, von einer Nation zur anderen – der Erfahrungen aus der Vergangenheit und namentlich dieser einen, einzigartigen Erfahrung, die für alle Zeiten diejenigen, die gelitten haben, von denjenigen trennen wird, die verschont blieben.

Gegen den offiziellen Optimismus, der von einer »überwundenen Vergangenheit« faselte, forderte Christa Wolf ihre Mitbürger und uns alle zur Selbstbesinnung auf – auch wenn es, wie sie schrieb, letztlich unerträglich sei, bei dem Wort »Auschwitz« gleichzeitig dieses kleine Wörtchen »ich« mitdenken zu müssen – im Konjunktiv der Vergangenheit: ich hätte – ich hätte gekonnt, ich hätte gemußt, habe getan, habe gehorcht. Heute, nach der Wiedervereinigung Deutschlands, in diesen Zeiten, wo überall Ausgrenzung und Fremdenhaß ihre vielgestaltige Fratze erheben, tut es vielleicht not, dieses Werk neu zu lesen und zu bedenken.

»Es ist nicht mehr festzustellen, wann du dieses Wort zum erstenmal gehört hast. Wann du, als du es hörtest, ihm den Sinn gabst, der ihm zukommt; Jahre nach dem Krieg wird es gewesen sein. Noch später aber – bis heute – hast du bei jedem stark qualmenden hohen Schornstein ›Auschwitz‹ denken müssen. Der Schatten, den dieses Wort warf, wuchs und wuchs. Sich ohne Rücksicht in diesen Schatten stellen, gelingt bis heute nicht; denn die Vorstellungskraft, sonst nicht faul, schreckt vor dem Ansinnen zurück, die Rolle der Opfer zu übernehmen.

Für immer sind die Betroffenen von den Nichtbetroffenen durch eine unüberschreitbare Grenze getrennt.

Am 31. Juli des Jahres 41 – einem Ferientag, heiß wahrscheinlich – mag Nelly, wie sie es liebte, in ihrer Kartoffelfurche im Garten gelegen haben, unter den Schattenmorellen, lesend, während eine Eidechse sich auf ihrem Bauch sonnte. Vielleicht sprang sie dann auf, als aus dem Radio, das sommers in der Veranda stand, nach der Fanfare für die Sondermeldungen vom weiteren Vormarsch der deutschen Truppen in Rußland die Rede war. Ihr Vater war nicht mehr dabei. Sein Jahrgang wurde nach dem Polenfeldzug demobilisiert, er selber, ›garnisonsdienstverwendungsfähig Heimat‹, als Unteroffizier in der Schreibstube des Wehrbezirkskommandos in L. eingesetzt.

So oder weniger anders verging ihr der Tag, an dem der Reichsmarschall Hermann Göring den Chef der Sicherheitspolizei und Leiter des Sicherheitsdienstes (SD) Reinhard Heydrich im Auftrag des Führers mit der ›Endlösung der Judenfrage im deutschen Einflußgebiet in Europa‹ betraute: denselben Heydrich, an den am 24. Januar 1939 – Nelly ist keine zehn Jahre alt – der Befehl zur Vollstreckung der Endlösung im deutschen Reichsgebiet ergangen war.

Beide Daten – das eine jährte sich dieses Jahr, 1974, zum fünfunddreißigstenmal – hätten, eher als manche andere, ihren Gedenktag verdient. (...)

Auf Seite 207 in Lenkas Schulbuch im Format 14 × 9 eine ›Karte der faschistischen Konzentrationslager in Europa während des zweiten Weltkrieges‹. Auf dieser Karte gibt es keine Städte. Bezeichnet sind Nord- und Ostsee und die großen Flüsse, namentlich benannt sind die sechzehn durch größere schwarze Punkte als Hauptlager kenntlich gemachten KZs. Fünf von ihnen sind durch Unterstreichung als Vernichtungslager gekennzeichnet. Die Karte ist gesprenkelt von kleinen Punkten (›Nebenlager‹) und Kreuzchen (›Ghettos‹). Du spürtest körperlich, wie Lenka zum erstenmal begreift, in welcher Landschaft ihre Mutter ihre Kindheit verbracht hat. Die geographische Lage der Vernichtungslager Chelmno, Treblinka, vielleicht auch Majdanek, macht die Annahme wahrscheinlich, daß Transporte mit Menschen, die für diese Lager bestimmt waren, auch über L. geleitet wurden, das ja an der Ostbahnstrecke lag. Die für Auschwitz und Belzec bestimmten Züge werden die südlichere Streckenführung benutzt haben. Niemals hat Nelly von einem ihrer Landsleute hierüber ein Wort gehört, während des Krieges nicht und auch nicht danach. Aus ihrer Familie arbeitete niemand mehr bei der Deutschen Reichsbahn.

Soviel sie wisse, sagt Lenka, hatten die allermeisten aus ihrer Klasse – letzten Endes auch sie selbst – diese Karte nicht allzu gründlich, jedenfalls ohne tiefe Anteilnahme betrachtet. Es sei, sagt sie, nicht das Gefühl in ihnen aufgekommen (oder erweckt worden, denkst du), diese Karte ginge sie mehr an als andere Dokumente in diesem Buch. Dein heftiges, mit Mißfallen gemischtes Erstaunen fällt in sich selbst zurück, als ihm in dir die Frage begegnet, ob es denn eigentlich zu tadeln, ob es nicht vielmehr zu wünschen sei, daß diesen Kindern kein Schuldgefühl mehr aufkommt, welches sie zwingen könnte, die Karte genauer anzusehen. – Bis ins dritte und vierte Glied – die grausige Formel des Rachegottes. Aber darum geht es nicht.

Du hast sie, wie sie scharenweise über den früheren Appellplatz auf dem Ettersberg zogen, ungerührt ihre Frühstücksbrote und Äpfel essen sehen – ein Anblick, der nicht Empörung, sondern Staunen und Bangigkeit in dir weckte. Es hat dir auch jemand zu erklären versucht, daß es zweckmäßig, material- und kostensparend gewesen sei, die ehemaligen SS-Kasernen beim Lager Buchenwald in eine Art von Touristenhotel umzubauen. Er sprach nicht direkt von Gastfreundschaft, aber darauf lief doch hinaus, was er sagte, und die Frage, ob er wirklich glaube, jemand – ein ausländischer Tourist zum Beispiel – könne bei Nacht in diesem ein Auge zutun, verstand er nicht. Ehrlich, sagte er, das versteh ich nicht. Deinen Vorschlag, heutige Besucher des ehemaligen Konzentrationslagers sollten gehalten sein, für die wenigen Stunden ihres Aufenthaltes auf Essen und Trinken, Gesang und Kofferradiomusik zu verzichten, fand er lebensfremd. Ehrlich, sagte er, das geht an der Wirklichkeit vorbei. Man muß die Menschen nehmen, wie sie sind.«

Christa Wolf, *Kindheitsmuster*,
Berlin/Weimar 1976, S. 217–220.

NELLY KAPLAN

»GEGRÜSSET SEID IHR, GATTEN«

Geboren 1934, von argentinischer Herkunft, ist die Cinéastin Nelly Kaplan bekannter als Belen, ihre poetische Maske. Trotzdem hat sie, im Zuge der surrealistischen Bewegung, immer beide Tätigkeiten nebeneinander betrieben. Als Filmemacherin hat sie zunächst mit Abel Gance zusammengearbeitet, dann mehrere kürzere und längere Filme geschrieben und gedreht, darunter *La Fiancée du pirate* (1969), für den sie zum zweiten Mal bei den Filmfestspielen in Venedig ausgezeichnet wurde und der, mit Bernadette Lafont in der Titelrolle, ein filmisches Ereignis war. Vorher hatte sie drei provozierende und freche Broschüren über die Kunst des Liebens und Lebens geschrieben: *La Géometrie dans les spasmes, La Reine des sabbats* und ... *Et délivrez-nous du Mâle,* die 1966 zu *Le Réservoir des sens* zusammengefaßt wurden.

Das Buch ist eine feministische Phantasie, die das Fremde und die Erotik zu einer völligen Umkehrung der Geschlechterrollen und der den beiden Geschlechtern zugeschriebenen Eigenschaften vermengt, ein frecher Nasenstüber für die Männer, die Ende der fünfziger Jahre noch weithin die Welt beherrschten, ein lustiger Stein, der unter die aufgeregten Streiter jener Zeit um Pawlowsche Psychologie oder die Existenz eines Ur-Matriarchats geworfen wird. Man findet dies alles in »Gegrüßet seid ihr, Gatten«. Ich empfehle den Genuß dieses Textes ohne jeden bösen Hintergedanken.

»Schon seit Jahrtausenden leben wir wieder unter der Herrschaft des Matriarchats.

Die Frauen haben das Spiel gewonnen. Und sie haben überzeugend gewonnen. Für ihre alte Knechtschaft müssen wir teuer bezahlen. Wir, die Männer. Und das schon seit Jahrtausenden.

Trotzdem habe ich manchmal noch Hoffnung auf einen Wandel. In der Geschichte dieser Welt folgen die Tage einander und gleichen sich nicht. Auch suche ich in den Geschichtsbüchern einen Grund zur Hoffnung. Ich gehöre nämlich zu den ganz wenigen Menschen, die noch das Lesen lieben. Während der langen Tage, die ich in der Abgeschlossenheit der Wohnung verbringe, die man mir zugewiesen hat, lese ich die Werke der Alten. Ich verstehe sie sogar. Es scheint, daß meine Intelligenz, ungeachtet meiner Lage, überdurchschnittlich ist. Das ist ohne Zweifel auch der Grund, warum die Frauen mich mit ganz besonderer Hartnäckigkeit überwachen. Das hindert mich jedoch nicht daran, die Werke zu lesen, die mir blitzartig erhellen, wie die Welt in ferner Vorzeit ausgesehen hat, lange vor dem Matriarchat. Das macht mich träumen. Vergebens. Weil wir niemals aus unserer Lage herauskommen werden. Die Hoffnung kann in Wahrheit nur eine Illusion sein. Wir können den Frauen nicht entkommen. Sie sind bewundernswert gerüstet, uns das Wesentliche zu gewähren: ein Dach über dem Kopf, ein Lager, sogar Komfort. Kurzum, eine Art Anästhesie, eine geistige Gelenksteife, die uns zuverlässiger festhält, als es Gefängnisgitter könnten. Wir haben nicht einmal mehr den Gedanken an einen Fluchtversuch. Und wenn ich manchmal versuche, zur Revolte anzustacheln, sehen meine Gefährten mich ratlos an und rücken mißtrauisch von mir ab; sie verstehen mich nicht. Vielleicht denunzieren sie mich. Das ist das Ewig-Männliche mit seinen Schwachheiten und seinen Gaunereien. Auf das schwache Geschlecht ist kaum zu bauen.

In diesem Haus des Luxus und der Üppigkeit läßt man es, wie man sieht, unseren Launen an nichts fehlen. Die Tage verrinnen in der Süße des Nichtstuns, die Nächte in der Lust. Es stimmt, wir werden gut behandelt, und niemals – jedenfalls fast niemals – werden wir geschlagen.

Ich aber, ich bin nicht glücklich.

Die Frauen wissen es. Ich glaube sie noch zu hören:

›Ihr werdet niemals glücklich sein‹, sagen sie mir. ›Ihr denkt zu viel. Wozu? Es wäre viel einfacher für Euch, wenn Ihr Euch in Euer Schicksal fügtet. Die Beschaffenheit des Menschen könnt Ihr nun einmal nicht verändern, auf keine Weise.‹

›An einer feststehenden Tatsache kann man nicht rütteln. Wie erklärt Ihr Euch, daß die großen schöpferischen Geister immer Frauen sind?‹ fügen sie sanft hinzu, mit einem gereizten Unterton.

Sie haben recht, ich weiß es. Die Männer erfinden niemals irgend etwas. Sie erschaffen niemals irgend etwas die Seele Erschütterndes. Die Frauen haben immer recht. Sogar wenn sie sich betrübt zeigen über unsere heillose Blödheit. Aber wie dagegen ankämpfen? Jahrtausende des Atavismus vernichten uns.

Und die Tage, die Monate verrinnen in diesem Haus, dessen Insasse ich bin. Seit meiner frühesten Kindheit bin ich eingeweiht in alle Feinheiten der Riten, die die Frauen hier begangen haben, um die Mühen des Tages zu vergessen, der beladen war mit Arbeit und Verantwortung.

Ich hatte kaum das ISW (Institut für das Studium der Wollust) beendet, als ich hier eintrat. Ich bin, so scheint es mir, von Natur aus ungewöhnlich begabt, auf Wunsch einfühlsam, mitunter zärtlich, und immer leistungsfähig. Und wie auch nicht, wo die Frauen an alles gedacht haben? Wir sind darauf gedrillt, ihnen zu Diensten zu sein, auch wenn sie abstoßend sind. Es ist stärker als unser Wille. Ach Gott, das Fleisch ist schwach, und sie haben alle Bücher gelesen. Und so haben die wissenschaftlichen Experimente eines Gelehrten aus dem 20. Jahrhundert sie auf die erträumte Lösung gebracht – eine Lösung, die mit Erfolg in die Tat umgesetzt wurde. Im ISW ertönte die drei langen Studienjahre hindurch jedes Mal, wenn sie uns in Euphorie versetzt hatten – und darauf verstanden sie sich vortrefflich! –, ein Glöckchen in den Sälen für die praktischen Übungen. Dadurch hat sich bei uns, nach unzähligen Euphorie-Sitzungen, ein bedingter Reflex eingestellt, der beim leisesten Klingeln eines Glöckchens anspricht ... Kurzum, wenn eine Frau, und sei sie noch so wenig reizvoll, uns besuchen kommt, macht ein ausgeklügeltes Glockenspiel, das in den Schlafzimmern ausgelöst wird, uns zu einem – fast – unerschöpflichen, bestaunten Opfer.

Vielleicht wird sich eines Tages noch einmal alles verändern. Mein Gefühl sagt mir, daß die Befreiung von jenen fremdartigen Mutanten ausgehen wird, die nach der Ersten Großen Destruktion aufgetreten sind – beunruhigende Zwitterwesen, die Augen mit goldenen Wimpern gesäumt. Im Augenblick stehen sie noch in unseren Diensten. Aber ihr seltsames Lächeln und die Erweiterung ihrer Vollmachten können mich nicht täuschen. Wir, die Männer, und die Frauen, die uns heute noch beherrschen, wir alle werden in den kommenden Jahrhunderten verschwinden. Und ich denke, das wird nur gerecht sein.

Aber das ist noch Zukunftsmusik. In eben diesem Augenblick vernehme ich, resignierter Insasse, der ich bin, Schritte, die auf mein Schlafzimmer zukommen. Die Tür geht auf. Ich bin zu faul, mich umzudrehen, und bleibe liegen, träge, die Augen geschlossen.

Noch eine Frau ...

Sie kommt näher und begrüßt mich, mit einer Stimme, die rauh ist vom zu vielen Marslikör. Dann beginnt sie, mich auszuziehen. Ist sie schön oder häßlich? Ich denke, es ist Zeit, die Augen aufzumachen und nachzusehen. Aber schon löst der süße Schwindel des Glockenspiels meine sämtlichen Reaktionen aus, und ich ziehe es vor, die Augen nicht zu öffnen, mich forttragen zu lassen, resigniert und beglückt.

Eine Revolte ist nicht möglich. Es ist aufs neue das Matriarchat.«

Belen (Nelly Kaplan), *Le Reservoir des sens,* Paris 1966.

Nachwort

Gisela Bock

Dieser fünfte Band der *Geschichte der Frauen* konzentriert sich, wie auch die früheren Bände, auf Europa bzw. auf den »Okzident«: So wird der Titel des Werks in der ursprünglichen Fassung, die 1990–1992 gleichzeitig auf italienisch und französisch erschienen ist, präzisiert und ebenso in der spanischen Fassung (1991–1993); *A History of Women in the West* heißt er dagegen in der amerikanischen Fassung (1992–1994). Nur in der holländischen und der deutschen Ausgabe wurde die geographische Präzisierung fallengelassen. Der Titel, sein Verhältnis zum Text und seine Übersetzungen haben mancherlei Erörterungen über die geographische Reichweite dieser *Geschichte der Frauen* hervorgerufen, und hinter der Geographie verbergen sich unvermeidlich größere und politische Fragen. Rezipienten und Rezensenten – besonders in den Vereinigten Staaten – haben bemängelt, daß hier, und vor allem im fünften Band, die Bezeichnung »the West« weder der Bedeutung der USA gerecht werde noch – beispielsweise – Australien, Neuseeland oder die Länder Südamerikas gebührlich berücksichtige; auch über Kanada ist nur wenig zu lesen und wenn, dann fast ausschließlich und – die Kritiker meinen: unverhältnismäßig – ausführlich über Québec. Letzteres ist natürlich der Tatsache zuzuschreiben, daß die *Geschichte der Frauen* in Frankreich und von französischen Historikerinnen und Historikern konzipiert wurde und daß Québec in der frankophonen Welt einen bedeutenderen Stellenwert innehat als in der anglophonen und deutschsprachigen. Diese Kritik soll hier nicht wiederholt werden, im

Gegenteil: Es ist nützlich, daß nun auch auf deutsch ein Essay – meines Wissens der einzige – über die Geschichte der *québecquoises* vorliegt.

Daß die deutsche (und holländische) Fassung den ursprünglichen Titel verkürzt bringt, hat einige gute Gründe, wenngleich die *Geschichte der Frauen* damit globale Erwartungen weckt, denen, wie die Herausgeberinnen unterstreichen, die fünf Bände nicht genügen können und wollen.[1] Im Deutschen und Holländischen ist der Begriff »Okzident« unüblich geworden, und in seiner traditionellen Bedeutung macht er nur Sinn als Gegenpart zum »Orient«. Die Grenze zwischen »Sonnenaufgang« und »Sonnenuntergang«, »Morgenland« und »Abendland«, »Ost« und »West« hat sich im Lauf der Zeiten, von denen die Bände handeln, teils verschoben, teils wurde sie unterschiedlich interpretiert. Aber im großen und ganzen ist damit das lateinisch-christlich geprägte Europa gemeint, das sich seit der Teilung des Römischen Reichs von Byzanz abgrenzte und bekanntlich seinen Einfluß auch außerhalb seiner geographischen Grenzen geltend machte. Diesem »Abendland« gehört beispielsweise Rußland nicht an (und erst recht nicht die Sowjetunion); gleichwohl wird es hier in einem der Beiträge behandelt, und zwar im wesentlichen hinsichtlich seiner »westlichen« Aspekte. Die Übertragung von »Okzident« mit »Westen« oder »westliche Welt« in der amerikanischen Ausgabe, die allerdings nicht von den beiden französischen Herausgebern zu verantworten ist, mußte notwendigerweise überzogene Erwartungen und Mißverständnisse hervorrufen, zumal aus amerikanischer Sicht ein solcher »Westen« selbstverständlich die Frauengeschichte der Vereinigten Staaten in voller Breite einschließen müßte; der eine in diesen Band aufgenommene Beitrag vermag ihre Dimensionen allenfalls anzudeuten. Im übrigen ist jedoch »westlich« längst nicht mehr nur ein geographischer, sondern ein – im weitesten Sinn – kultureller Begriff geworden. So gehört z. B. Israel – in die *Geschichte der Frauen* nicht aufgenommen – zwar zu einer geographischen Region, die dem »Orient« zugerechnet wird, ist aber weitgehend bestimmt von »westlicher« Kultur und einer »westlichen« Demokratie. Angesichts dieser terminologischen und Übertragungsprobleme ist es gewiß sinnvoll, in der deutschen Fassung der *Geschichte der Frauen* die geographische Reichweite im Titel offen zu lassen.

Die Beiträge zum fünften Band behandeln, mit wenigen Ausnahmen, die europäische Frauengeschichte. Nicht alle europäischen Länder sind aufgenommen – so fehlt zum Beispiel Nordeuropa –, doch werden die meisten wenigstens andeutungsweise in die transnationalen Beiträge des dritten und vierten Teils einbezogen. In drei Ausgaben – der holländischen, spanischen und portugiesischen – wurden weitere Kapitel hinzugefügt, die aber keineswegs nur das jeweils eigene Land behandeln. Der fünfte Band enthält in seiner holländischen Fassung je einen Aufsatz über die Frauengeschichte der Niederlande (Marjan Schwegman und Jolande Withuis: »Mutterschaft – vom Sprungbrett zum Hindernis: Frauen, Nation und Staatsbürgerschaft in den Niederlanden«) und Belgiens (Machteld De Metsenaere und Micheline Scheys: »Bewaffnet mit dem Gewicht der Vergangenheit – Ergebnisse der Frauengeschichte in Belgien«). Unter allen Ausgaben ist es die spanische, die am weitesten über die Originalfassung hinausgeht (die portugiesische von 1995 orientiert sich an der spanischen), und gerade ihre Modifikationen verdeutlichen, in welcher Hinsicht das Werk über Europa hinausgreift. Jedem der fünf spanischen Bände ist unter dem Titel »Una mirada española« eine Reihe von Aufsätzen beigegeben, hauptsächlich verfaßt von spanischen Historikerinnen und Historikern (sieben in Band I, III und V, vier in Band II, acht in Band IV). Im fünften Band behandeln die Zusatzbeiträge zu Spanien die Themen »Mutterschaft und eugenische Reform« (Mary Nash), Frauen in den sozialen Bewegungen Spaniens von 1900 bis 1930 (Maria Dolores Ramos), Arbeit und Volksopposition unter der Franco-Diktatur (Maria Carmen Garciá-Nieto París) und die spanische Frauenbewegung seit 1965 (Elena Grau). Entsprechend dem Konzept der »hispanidad« beziehungsweise der ehemaligen iberischen Reiche, aber auch entsprechend der Tatsache, daß in der Sicht des einstigen spanischen Imperiums der »Occidente« die überseeischen Regionen einschließt, folgen Überblicksdarstellungen über die Frauengeschichte Mexikos von 1915 bis 1940 (Gabriela Cano), die Frauen in Argentinien zur Zeit des Peronismus 1945–1955 (Susana Bianchi) und über Arbeit und Widerstand der Frauen Brasiliens von 1890 bis 1920 (Eni de Mesquita Samara und Maria Izilda Santos de Matos). Der Ausgriff der letztgenannten Beiträge auf außereuropäische Länder basiert also auf der gleichen Grundlage wie die Einbeziehung Québecs (als einstige französische Kolonie) und der Vereinigten Staaten (als einstige englische Kolonie): Es handelt sich um die Siedlungskolonien der alten europäischen Reiche. Die Beiträge verdeutlichen, daß die europäische Geschichte von der außereuropäischen kaum zu trennen ist und daß zwischen den einstigen Mutterländern und ihren ehemaligen Kolonien bis heute, oder heute wieder, enge Kooperationsverhältnisse bestehen. Und die Modifikationen in den verschiedenen Fassungen der *Geschichte der Frauen* verweisen nicht nur auf die Kritik, die in einzelnen Ländern an der Originalfassung geübt wurde, sondern auch darauf, daß aus dem ambitionierten Projekt des italienischen Verlegers Giuseppe Laterza, der Michelle Perrot und Georges Duby einst mit der Realisierung einer *Storia delle donne* beauftragt hatte, nicht nur Übersetzungen entstanden sind, sondern mancherlei Neukonzeptionen[2] und ein Fortschreiben des mit der *Storia delle donne* Begonnenen.[3]

Die Geschichte und die Geschichtsschreibung, um die es in diesem fünften Band (und in den ersten vier) geht, ist längst hinausgewachsen über eine »Suche nach Vorläuferinnen«, die Demonstration von Gemeinsamkeiten unter Frauen zum Zweck der Identitätsfindung und der Schaffung von »Schwesterlichkeit« und über die Konstruktion von »Gründungsmythen« – Intentionen, die Yasmine Ergas in diesem Band als Merkmale der neueren Frauengeschichtsschreibung im Kontext der Frauenbewegung der 1970er Jahre benennt. Längst (und auch schon innerhalb dieser Bewegung) ist die Problematik und Partialität einer bloßen »Vorläuferinnengeschichte« erkannt worden, ebenso wie die Unangemessenheit und der Anachronismus des Verfahrens, heutige feministische Werte – bewußt oder unbewußt – in die Vergangenheit zu projizieren. Vielfach interessiert das »Fremde« und Wechselvolle an den Frauen der Vergangenheit mehr als die Entdeckung des Eigenen und Beständigen. Längst ist auch anerkannt – zumal aufgrund vieler methodischer Debatten seit den 1980er Jahren –, daß zwar in der Regel Frauen eine andere Geschichte haben als Männer, daß aber keineswegs alle Frauen die gleiche Geschichte haben. Angesichts der Komplexität der Frauen- und Geschlechtergeschichte ist auch klar geworden, daß es keineswegs »eine einzige analytische Achse« gibt, entlang derer beispielsweise die Frauengeschichte des 20. Jahrhunderts geschrieben werden könnte, geschweige denn sämtliche fünf Bände von der Antike bis heute:[4] Denn die Geschichte der Frauen ist nicht weniger komplex als diejenige der Männer, und ebenso wie die der Männer ist sie von einer Vielzahl von Achsen, Perspektiven und Kontexten bestimmt. Zahlreiche – wenn auch bei weitem nicht alle denkbaren – Aspekte der Geschichte der Frauen und der Geschlechterbeziehungen sind hier aufgenommen. Aber trotz aller Heterogenität der Bände, die teilweise pragmatischen Erwägungen zuzuschreiben ist, teilweise dem konzeptionell begründeten Insistieren auf der Vielfalt der historischen Existenz von Frauen, ist die Frage angemessen: Was kennzeichnet den fünften Band, insbesondere vor dem Hintergrund der früheren Bände?

In erster Linie geht es hier – wie in allen Bänden – um die Frage nach der Kontinuität, der Diskontinuität bzw. dem Wandel und ihrem wechselseitigen Verhältnis in der historischen Zeit, also um eine genuin und spezifisch historische Frage, die hier mit dem Blick auf Frauen und Geschlechterbeziehungen gestellt wird. Was den fünften Band betrifft, so liegt der Schwerpunkt auf dem historischen Wandel, wenngleich mancherlei Faktoren auch bedeutende Kontinuitäten aufweisen: insbesondere solche, welche die immer noch fortdauernde Diskriminierung von Frauen in bestimmten Bereichen betreffen oder auch eine fortdauernde geschlechterspezifische Arbeitsteilung (die nicht immer, oder nicht in der Sicht aller Autorinnen, identisch ist mit Diskriminierung und Hierarchie); auch stimmen nicht sämtliche Autorinnen überein in ihrer Beurteilung des Verhältnisses zwischen Kontinuität, Wandel und Brüchen. Das ausgebreitete Material erlaubt aber sehr wohl, sich in diesem – sichtlich umstrittenen – Punkt eine eigene Meinung zu bilden.

Mit dieser Frage geht eine andere einher: Brachte der vielfältige Wandel im 20. Jahrhundert tatsächlich Fortschritte für die Frauen, oder doch für manche von ihnen, oder nicht? So wurde zum Beispiel das allgemeine Frauenwahlrecht errungen, aber es änderte mittelfristig wenig an der politischen Marginalität von Frauen, und in den europäischen Diktaturen verlor es seine Bedeutung sowohl für Frauen als auch für Männer. Viele rechtliche, vor allem privatrechtliche Innovationen verbesserten, wie etwa in dem Beitrag über »Recht und Demokratie« gezeigt wird, die Stellung der Frauen – aber dennoch kam es seit den 60er Jahren zu einer Frauenbewegung, die sich gegen alte wie neue Diskriminierung wandte. Die Präsenz von Frauen in der höheren Bildung und ihren Institutionen hat sich vervielfacht (allerdings weitaus mehr unter den Studierenden als unter den Lehrenden), und ohne diesen einschneidenden Wandel[5] wäre auch die *Geschichte der Frauen* nicht zustande gekommen; gleichwohl sind die Institutionen der höheren Bildung zu einem wichtigen Schauplatz für die Neuverhandlung der Geschlechterbeziehungen und der Rolle der Frauen als Subjekt und Objekt der Forschung geworden. Handelt es sich also im 20. Jahrhundert um eine drastische Verringerung der sekundären Stellung des »anderen« Geschlechts oder eher um einen (bloßen) Formwandel der geschlechtlichen – also wirtschaftlichen, politischen, rechtlichen und kulturellen – Asymmetrie, die in der Regel auf Kosten des weiblichen Geschlechts ging? Die Frage, mit vergleichendem Blick auf das 19. Jahrhundert gestellt, ist dieselbe, wie sie größtenteils auch den vierten Band prägt, der das 19. Jahrhundert behandelt und sie wiederum mit vergleichendem Blick auf das 18. Jahrhundert bzw. die Frühe Neuzeit stellt. Dem fünften Band wurde in dieser Hinsicht vorgeworfen, sein Ton sei allzu pessimistisch, er betone übermäßig die konservativen und konservierenden Elemente, zumindest für die erste Hälfte des Jahrhunderts, aber großenteils auch für die zweite, und er hätte stärker die Leistungen und Errungenschaften der Frauen und der Frauenbewegungen hervorheben können, ebenso wie die Tatsache, daß es Frauen im 20. Jahrhundert besser ging als je zuvor, sowohl im Vergleich mit den Männern als auch mit der Frauensituation früherer Jahrhunderte.

Diese Überlegung ist gewiß legitim. Bedacht werden muß allerdings, und zwar an zentraler Stelle, daß die europäische Frauengeschichte des

20. Jahrhunderts mitgeprägt war von Geschehnissen, die ihre Wurzeln und tieferen Gründe nicht in den Geschlechterbeziehungen selbst hatten, die aber auch auf die Frauen entscheidenden Einfluß ausgeübt haben: die beiden Weltkriege, deren katastrophale Wucht sich – trotz ihrer globalen Dimensionen – in erster Linie in Europa entlud (ein Beispiel für die besetzten Länder ist der Beitrag über die Frauen in Vichy-Frankreich), und der Holocaust, der jüdische Frauen und Männer in ganz Europa traf, außerdem vor allem Angehörige der Roma und der slawischen Völker. Angesichts dieses millionenfachen Mords – darunter sechs Millionen Jüdinnen und Juden –, angesichts der sechzig Millionen Toten der beiden Kriege, vorwiegend Soldaten, aber auch vieler Frauen der Zivilbevölkerung aller kriegführenden Länder, und von Millionen männlicher und weiblicher Zwangsarbeiter, angesichts der drängenden und alles andere als ausgestandenen Fragen von Schuld und Verantwortung, Konsens und Kollaboration – von Männern wie Frauen –, angesichts des Schattens, den die Kriege und der Holocaust nicht nur auf die Zeit ihres Geschehens, sondern auch auf das gesamte 20. Jahrhundert werfen, mag die Frage nach Fortschritten in der *condition féminine* eher bedrückend erscheinen.[6] Auf jeden Fall demonstrieren diese Geschehnisse eines: Die Erkenntnis, daß keineswegs alle Frauen die gleiche Geschichte haben, spitzt sich gerade für das 20. Jahrhundert dahingehend zu, daß die Unterschiede in der Geschichte von Frauen so dramatisch sein können wie diejenigen zwischen Leben und Tod. Das 20. Jahrhundert erweist sich auch für die Geschichte der Frauen als ein Zeitalter, für das die Frage nach Kontinuität, Wandel und Brüchen, nach Innovation und Tradition nicht auf einfache Weise beantwortet werden kann. Vielmehr ist es ein Jahrhundert dramatischer Widersprüche: zwischen Tradition und Innovation, zwischen zukunftsträchtigen Innovationen (z. B. dem »welfare state« beziehungsweise Sozialstaat) und der Novität bisher ungekannter Katastrophen, zwischen Krieg und Frieden, Diktatur und Demokratie, zwischen Selbstbestimmung, Morden und Ermordet-Werden. Diese Widersprüche betreffen Frauen und Männer teils in gleicher, teils in unterschiedlicher Weise.

So gut wie alle Beiträge zu diesem Band handeln sowohl über das, was mit Frauen gemacht und was über sie gesagt wurde, als auch über das eigene Handeln von Frauen und das, was sie selbst über sich und die Geschlechterbeziehungen äußerten. Wie auch in anderen Jahrhunderten sind es beide Dimensionen, welche die Bedeutung von »Geschlecht« konstituieren und die Geschlechterbeziehungen konstruieren. In manchen der Beiträge wird die Konstruktion der kulturellen Kategorie »Geschlecht« und ihr Wandel korreliert mit der kulturellen Kategorie »Klasse«, wenngleich dies nicht das Hauptthema des Bandes ist.

Das, was vielfach die Konzeptionalisierung der Frauen- und Geschlechtergeschichte in den USA prägt – wenngleich bei weitem nicht immer die faktische Geschichtsschreibung –, das, was von Kritikern der »political correctness« gelegentlich eine »Litanei« genannt wird, nämlich das Trio von »gender, class, and race« oder auch das Quartett »gender, class, race, and sexual orientation«, ist für die in Europa betriebene oder jedenfalls die in den fünf Bänden vorgelegte Frauengeschichtsschreibung nicht in gleicher Weise konzeptionell zentral geworden. Man mag dies bedauern (wie z. B. mehrere der Kommentare aus den USA), gerade auch – wie Lawrence Stone mit einigem Recht betont[7] – bezüglich des Fehlens der Geschichte lesbischer Frauen. Aber in der *Geschichte der Frauen* steht offensichtlich die Frage nach den Geschlechtern im Zentrum. Sie verschränkt sich nicht nur mit zwei oder drei, sondern auch mit vielen anderen historischen Bestimmungen, darunter vor allem Religion beziehungsweise Konfession – dies ist ein wichtiger Gesichtspunkt im vierten Band, leider nicht im fünften – und Nationalität beziehungsweise nationale Zugehörigkeit. Religiöse und nationale Zugehörigkeit vermischen sich auf mancherlei Weise, und beide überschneiden sich wiederum vielfach – wie zum Beispiel an der Geschichte der Juden zu sehen – mit der historischen Bestimmung Ethnizität (ethnische oder Volkszugehörigkeit). Hier liegt der Schwerpunkt des fünften Bands.

Der fünfte Band der *Geschichte der Frauen* ist hauptsächlich – nämlich mit den acht Kapiteln des I. Teils, dem eigentlich auch das Kapitel über Québec hätte zugeschlagen werden müssen, zusammen über die Hälfte des Bands – einem Thema gewidmet, das die angedeutete Widersprüchlichkeit des 20. Jahrhunderts konkretisiert und zwar gerade für Europa mit seiner spezifischen Kombination von transnationaler Gemeinsamkeit und nationaler Vielfalt: Es sind die Themen Nation, Nationalstaat, Nationalität, Nationalismus, Gemeinsamkeiten und Unterschiede zwischen den Frauen verschiedener Nationen und, wie der Titel des I. Teils erläutert, die »Nationalisierung der Frauen«. Zu Recht ist kritisch angemerkt worden, daß der vorhergehende Band dem Nationalstaat, der im Lauf des 19. Jahrhunderts in einigen Ländern entstand, in anderen eine größere Bedeutung als zuvor erlangte, keinen Raum widmet. In der Tat ist die Bedeutung von Nation, Nationalität und Nationalismus für die Frauengeschichte – und der Frauengeschichte für den Nationalstaat – groß, aber noch unzureichend erforscht; die breite Nationalismusforschung hat dieses Thema bisher übersehen. Möglicherweise hat dies damit zu tun, daß Frauengeschichte bisher vorwiegend als Sozialgeschichte und weniger als politische und kulturelle Geschichte gesehen wurde. Noch größer ist das Forschungsdefizit hinsichtlich der Behandlung dieser Frage in einer europäischen beziehungsweise international vergleichenden Perspektive: Denn so sehr im Rahmen von Nationalismus und Nationalstaat in den Ländern Europas der Blick auf die jeweils eigene Nation konzentriert oder gar verengt wurde, so sehr ist – paradoxerweise – genau dieses Phänomen ein internationales. Beispielsweise war die Entstehung und Entfaltung der Frauenbewegung im 19. und frühen 20. Jahrhundert in vielen Ländern mit der jeweiligen nationalen Bewegung oder nationalen Befreiungsbewegung verknüpft.

Die Abwesenheit dieses Themas im vierten Band wird durch seine Zentralität im fünften gleichsam kompensiert. Die »Nationalisierung der Frauen« bezeichnet hier die stärkere oder vollendete Einbeziehung und Einbindung auch des weiblichen Geschlechts in den Nationalstaat, der in vielerlei Hinsicht zuvor ausschließlich »Männersache« gewesen war. Mit dem ersten Beitrag des fünften Bands, der die Bedeutung des Ersten Weltkriegs für die Geschlechterbeziehungen in europäisch-vergleichender Perspektive betrachtet, wird deutlich, wie und in welchem Ausmaß gerade in dieser Situation – dem ersten »totalen« Krieg von bisher unbekannten Dimensionen – Frauen in die Zuspitzung nationaler Identitätsbildung und gegenseitiger Abgrenzung einbezogen wurden. Der Beitrag zeigt auch die Vielschichtigkeit dieses Phänomens und wirft Fragen auf, die in manchen der folgenden Kapitel wieder aufgegriffen werden. Bezüglich der »Nationalisierung der Frauen« geht es – zum einen – um die allgemeinere Frage nach dem Verhältnis von Kontinuität und Diskontinuität in der Situation von Frauen und der Geschlechterbeziehungen. Zum anderen zeigt sich – auch in bezug auf die Frauengeschichte und sogar noch im Moment der extremsten Verhärtung der Nationalismen – das Doppelgesicht von Nationalbewegung, Nationalstaat und Nationalismus: einerseits das Moment der Partizipation, das Streben nach politischer und sozialer Teilhabe und ihrer Ausdehnung auf weitere Teile der Nation, andererseits das Moment der Aggression und der Abgrenzung gegen andere Nationen und Nationalitäten beziehungsweise ethnische Gruppen. Zu Recht ist betont worden, daß das je konkrete Verhältnis zwischen Partizipation und Aggression in der Geschichte des Nationalismus nicht etwa das eines einfachen zeitlichen Übergangs von einer frühen »guten« zu einer späten »bösen« Variante sei, sondern daß beide Momente immer koexistieren, wenn auch in jeweils unterschiedlicher Dosierung.[8] Auch die »Nationalisierung der Frauen« enthält beide Momente. Die Forderung und Praxis stärkerer Partizipation zeigt sich beispielsweise in der weiblichen Sozialreform und -arbeit vor dem und im Krieg[9] und in der politischen Einbeziehung der Frauen in den Nationalstaat durch das Frauenwahlrecht in fast allen europäischen Ländern (und den USA) unmittelbar nach Kriegsende (auch das früheste Frauenwahlrecht in Europa, das 1905 in Finnland gewährt wurde, stand im Kontext einer Nationalbewegung).[10] Damit wurden – endlich – die Frauen als Staatsbürgerinnen und somit auch das wirklich allgemeine Wahlrecht anerkannt, und trotz der Heftigkeit der vorangegangenen Auseinandersetzungen wurde das allgemeine Wahlrecht in der Folge nicht mehr ernsthaft angefochten – außer in den Diktaturen, die es aber für Männer ebenso wie für Frauen außer Kraft setzten. Andererseits zeigt das erste Kapitel dieses Bands auch das Ausmaß, in dem Frauen das aggressive Element des Nationalismus akzeptierten, artikulierten und praktizierten (allerdings mit wichtigen Verschiebungen im Verlauf des Krieges).

Die zentrale Stellung dieser doppelgesichtigen »Nationalisierung der Frauen« im fünften Band steht gleichsam symbolisch für die Widersprüchlichkeit, die das 20. Jahrhundert in Europa kennzeichnet. Mitbedacht werden sollte allerdings – insbesondere im Blick auf die deutsche Geschichte und ihren Vergleich mit derjenigen anderer Länder –, daß der klassische Nationalismus und Nationalstaat nicht etwa identisch sind mit Expansion, Rassismus und Rassenpolitik, wie sie Deutschland dann in den 30er und 40er Jahren charakterisierten. So hat zum Beispiel Hannah Arendt auf wichtige Unterschiede zwischen den beiden Phänomenen hingewiesen.[11] Daß sich die nationalsozialistische Rassenpolitik auch des Nationalismus bediente, belegt nicht, sondern widerlegt die Identität beider, und die Geschichte von Nationalismus und Nationalstaat ist, trotz aller Überschneidungen, nicht identisch mit der Geschichte von Rassismus und Rassenpolitik. Hier wie auch in anderen Bereichen – der Geschichte von Männern ebenso wie von Frauen – sind monolineare und erst recht monokausale Konstruktionen von historischer Kontinuität problematisch, denn sie werden nur allzu leicht zu deterministischen Konstruktionen und schieben damit die Frage nach Schuld und Verantwortung, Tätern und Opfern beiseite.

Die Konzentration von Teil I auf die Frauen im Kontext »ihrer« Nationalstaaten bringt es mit sich, daß transnationale Phänomene und Entwicklungen – so z. B. bedeutende internationale Frauenorganisationen[12], ihr Einfluß auf die Friedensbemühungen der 20er Jahre, gegenseitige Einflüsse der Frauenbewegungen oder die Flucht, Vertreibungen und Migrationen des 20. Jahrhunderts – in den Hintergrund treten; auch hat die Aufgabe, die Geschichte »der« Frauen zu schreiben, dazu geführt, daß dem Leben und Werk einzelner Frauen nur wenig Raum gewidmet wird.[13] Daß die inzwischen enorm gestiegene Anzahl von wichtigen Untersuchungen zur Frauen- und Geschlechtergeschichte der einbezogenen Länder nicht im einzelnen dokumentiert werden konnte, ist einleuchtend; für Deutschland können hier jedoch neueste Überblicke weiterhelfen.[14]

Die Teile II, III und IV des Bandes orientieren sich im großen und ganzen nicht mehr an der Besonderheit einzelner Länder; sie behandeln frauen- und geschlechtergeschichtliche Fragen, die sich in der modernen – oder postmodernen – Gesellschaft und in der Sozialpolitik vieler Länder ähnlich stellen, und es geht außerdem auch um geschlechterspezifische Dimensionen des kulturellen Schaffens. Die *Geschichte der Frauen* bleibt nicht bei der Vergangenheit stehen, sondern führt in die Gegenwart. Darüber hinaus verweist sie auf die offene Frage, ob und wie der Wandel, den die Frauenbewegungen schon in Gang gesetzt haben – in der Arbeitswelt und in der Familie, in Politik und Kultur –, zu einer weiteren Verringerung oder gar Abschaffung der Geschlechterhierarchie führen kann.

ANHANG

ANMERKUNGEN, LITERATUR, REGISTER

Anmerkungen

Einleitung

1 Das ist der Titel eines Buches von Élisabeth Badinter, *L'Un est l'autre. Des relations entre hommes et femmes,* Paris 1986 (dt.: *Ich bin du. Die neue Beziehung zwischen Mann und Frau oder die androgyne Revolution.* Aus dem Franz. von Friedrich Griese, München/Zürich 1987).

2 Das engl. Orig. *The Second Stage* erschien 1981 (dt.: 1982).

3 An dieser Diskussion haben sich u. a. die meisten Autorinnen dieses Bandes und dieser Buchreihe beteiligt, namentlich Michelle Perrot, Joan Scott und Gisela Bock. Vgl. Bibliographie, Allgemeine Literatur. Hingewiesen sei auf eine Neuerscheinung: Karen Offen, Ruth R. Pierson und Jane Rendall (Hg.), *Writing Women's History: International Perspectives,* 2 Bde., London/Bloomington 1991, mit dem Beitrag Challenging Dichotomies: Perspectives on Women's History von Gisela Bock.

4 Françoise Picq, Le féminisme bourgeois: une théorie élaborée par les femmes socialistes avant la guerre de 14, in: *Stratégies des femmes,* Paris 1984; Nancy F. Cott, *The Grounding of Modern Feminism,* New Haven/London 1987; Gisela Bock, Challenging Dichotomies; Joan Scott, Deconstructing Equality-Versus-Difference: or, The Uses of Poststructuralist Theory of Feminism, in: *Feminist Studies* 14/1, 1988; Karen Offen, Defining Feminism: A Comparative Historical Approach, in: *Signs* 14, 1988, S. 119–157 (dt.: Feminismus in den Vereinigten Staaten und in Europa. Ein historischer Vergleich, in: Hanna Schissler [Hg.], *Geschlechterverhältnisse im historischen Wandel,* Frankfurt/New York 1993, S. 97–138).

5 *Savoir et différence des sexes,* Sonderheft von *Les Cahiers du Grif,* Nr. 45, Herbst 1990.

6 Vgl. den Beitrag von Joan Scott in *Geschichte der Frauen,* Bd. 4.

7 Margarete Buber-Neumann, *Milena. Kafkas Freundin,* München 1977, und *Als Gefangene bei Stalin und Hitler,* Stuttgart 1985.

8 Zum Beispiel die unveröffentlichte Dissertation von Mathilde Dubesset und Michelle Zancarini-Fourmel, *Parcours de femmes: réalités et représentations, Saint-Étienne 1850–1950,* Universität Lyon-II 1988 (betreut von Yves Lequin).

9 Roger-Henri Guerrand und Francis Ronsin, *Le Sexe apprivoisé: Jeanne Humbert et la lutte pour le contrôle des naissances,* Paris 1990; Felicia Gordon, *The Integral Feminist: Madeleine Pelletier 1874–1939,* London 1990.

10 Hierzu in Frankreich zahlreiche Arbeiten, besonders die Synthese von Gérard Cholvy und Yves-Marie Hilaire, *Histoire religieuse de la France contemporaine,* Bd. 2 (1880–1930) und 3 (1930–1988), Toulouse 1986 bzw. 1988, und das Buch von Sylvie Fayet-Scribe, *Associations féminines et catholicisme, XIXe–XXe siècle,* Paris 1990. René Rémond (Hg.), *Société sécularisée et renouveau religieux, XXe siècle,* als Bd. 4 der *Histoire de la France religieuse,* hg. von Jacques Le Goff und René Rémond.

11 Étienne-Émile Beaulieu, *Génération pilule,* Paris 1990.

12 Vgl. Yvonne Knibiehler und Régine Goutalier, *La Femme au temps des colonies,* Paris 1985.

13 S. zum Beispiel die in Anm. 26 des Beitrags von Nancy Cott zitierten Arbeiten von Victoria de Grazia; s. ferner Shari Benstock, *Femmes de la rive gauche, Paris 1900–1940,* Paris 1987.

14 Françoise Collin, Ces études qui sont »pas tout«. Fécondité et limites des études féministes, in: *Savoir et différence des sexes,* 1990.

15 S. zum Beispiel Histoire et sciences sociales: un tournant critique, in: *Annales E.S.C.*, 44. Jg., Nr. 6, Nov./Dez. 1989.

Die Nationalisierung der Frauen

1 Pierre Vidal-Naquet, *Les Assassins de la mémoire,* Paris 1987, und, zum Thema »Historikerstreit«, *Devant l'histoire: la controverse sur la singularité de l'extermination des Juifs par le régime nazi,* Paris 1988.

2 Vgl. Rita Thalmann (Hg.), *La Tentation nationaliste, 1914–1945,* Paris 1990.

3 Liliane Kandel, Féminisme et nazisme, in: *Les Temps modernes,* März 1990, S. 17–53, Zit. S. 41.

4 Rita Thalmann, *Protestantisme et nationalisme en Allemagne de 1900 à 1945,* Paris 1976; dies., *Être femme sous le IIIe Reich,* Paris 1982; dies. (Hg.), *Femmes et fascismes,* Paris 1986. Claudia Koonz, *Mothers in the Fatherland: Women, the Family, and Nazi Politics,* New York 1986 (dt.: *Mütter im Vaterland. Frauen im Dritten Reich.* Aus dem Engl. von Cornelia Holfelder von der Tann, Freiburg 1991).

5 Djamila Amrane, *Les Femmes algériennes dans la guerre,* Paris 1991.

6 Anne Steiner und Loïc Debray, *La Fraction Armée rouge: Guérilla urbaine en Europe occidentale,* Paris 1988.

7 Emmanuel Reynaud, *Les Femmes, la violence et l'armée,* Paris 1988.

Der Erste Weltkrieg

Ich bedanke mich bei allen ausländischen Kolleginnen und Freundinnen, die mir bibliographische Hinweise gegeben oder Artikel und Bücher zur Verfügung gestellt haben: Ute Daniel, Christiane Eifert und Karin Hausen über Deutschland, Syan Reynold und Deborah Thom zu Großbritannien, Michela De Giorgio über Italien sowie Margaret R. Higonnet, Nancy R. Jaicks und Joan W. Scott zu den USA.

1 Zit. nach J. Stanley Lemons, *The Woman Citizen: Social Feminism in the 1920s,* Urbana/Chicago/London 1973, S. 20.

2 Thébaud 1986, S. 16

3 Antoine Prost, *Les Anciens Combattants et la société française,* Paris 1977, und Les monuments aux morts. Culte républicain? Culte civique? Culte patriotique?, in: Pierre Nora (Hg.), *Les Lieux de mémoire,* Paris 1990, S. 195–225; Renato Monteleone und Pino Sarasini, I monumenti italiani ai caduti della Grande Guerra, in: Diego Leoni und Camillo Zadra (Hg.), *La Grande Guerra: esperienza, memoria, immagini,* Bologna 1986, S. 631–662.

4 Anne-Marie Sohn, La Garçonne face à l'opinion publique, in: *Le Mouvement,* Nr. 80, 1972. Vgl. auch ihren Beitrag in diesem Band.

5 Seit den zwanziger Jahren veröffentlichte die Carnegie Endowment for International Peace sowohl in den USA (Yale University Press) als auch in einzelnen vom Krieg betroffenen Ländern zahlreiche Monographien einer umfassenden *Wirtschafts- und Sozialgeschichte des Weltkrieges.*

6 Georges-Henri Soutou, *L'Or et le sang: les buts de guerre économiques de la Première Guerre mondiale,* Paris 1989.

7 An Arbeiten über Frankreich seien genannt: Jean-Jacques Becker, *1914, comment les Français sont entrés dans la guerre,* Paris 1977, und *Les Français dans la Grande Guerre,* Paris 1980; Antoine Prost, *Les Anciens Combattants*; Jean-Louis Robert, *Ouvriers et mouvement ouvrier parisiens pendant la Grande Guerre et l'immédiat après-guerre: histoire et anthropologie,* Diss. Paris 1989. Über die Bundesrepublik Deutschland und Großbritannien: G. D. Feldman, *Armee, Industrie und Arbeiterschaft in Deutschland 1914 bis 1918,* Berlin/Bonn 1985; Jürgen Kocka, *Klassengesellschaft im Krieg: Deutsche Sozialgeschichte 1914–1918,* Göttingen 1978; Marwick 1965; Jay Winter, *The Great War and the British People,* London 1985; Wall/Winter 1988.

8 David Mitchell, *Women on the Warpath: The Story of the Women of the First World War,* London 1966; Marwick 1977; Marwick 1979.

9 Braybon/Summerfield 1987.

10 Interviews der Autorin sowie Aussagen von Frauen in der Fernsehsendung »Dossier de l'ecran«, Antenne 2, 1. Mai 1984.

11 MacMilllan 1981.

12 Braybon 1981; Braybon/Summerfield 1987; Deborah Thom, Women and Work in Wartime Britain, in: Wall/Winter 1988, S. 297–325.

13 Michelle Perrot, The New Eve and the Old Adam: French Women's Condition at the Turn of the Century, in: Higonnet u.a. 1987; Michelle Perrot, Ausbrüche, Band 4 der *Geschichte der Frauen*; Laurence Klejman und Florence Rochefort, *L'Égalité en marche: le féminisme sous la Troisième République,* Paris 1989; Anne-Marie Käppeli, Die feministische Szene, Band 4 der *Geschichte der Frauen.*

14 Daniel 1989.

15 Das Kolloquium wurde vom Center for European Studies in Harvard veranstaltet; die meisten Beiträ-

ge sind in dem von Higonnet u. a. 1987 herausgegebenen Sammelband *Behind the Lines* enthalten. Einen Rechenschaftsbericht aus französischer Sicht bietet Michelle Perrot, Sur le front des sexes: un combat douteux, in: *Vingtième siècle*, Nr. 3, Juli 1984, *La Guerre en son siècle*.

16 Joan W. Scott, Rewriting History, in: Higonnet u.a. 1987, S. 21–30.

17 Françoise Thébaud, Le féminisme à l'épreuve de la guerre, in: Rita Thalmann (Hg.), *La Tentation nationaliste, 1914–1915*, Paris 1990; Marie-Hélène Zylberberg-Hocquard, *Féminisme et syndicalisme en France*, Paris 1978.

18 Becker, *1914, comment les Français*; Jürgen Reulecke, Männerbund versus the Family: Middle-Class Youth Movements and the Family in Germany in the Period of the First World War, in: Wall/Winter 1988, S. 439–451.

19 Leed 1979, Kap. 2.

20 Annette Tapfert (Hg.), *Despatches from the Heart: An Anthology of Letters from the Front during the First and Second World Wars*, London 1984, zit. in Bonnie Smith, *Changing Lives: Women in European History Since 1700*, Lexington 1989, S. 368; André Kahn, *Journal de guerre d'un Juif patriote, 1914–1918*, Paris 1978.

21 Annelise Maugue, *L'Identité masculine en crise au tournant du siècle*, Marseille 1987; Thébaud 1986, S. 36–39 (»L'ère des louanges«).

22 Zitate in Marwick 1977, S. 27, und in Françoise Thébaud, Le féminisme, in: Thalmann (Hg.), *La Tentation nationaliste*, S. 21.

23 Eine Abbildung dieses Plakats befindet sich in Higonnet u. a. 1987, S. 210.

24 Marianne Walle, *Contribution à l'histoire des femmes allemandes entre 1848 et 1920 à travers les itinéraires de Louise Otto, Hélène Lang, Clara Zetkin et Lilly Braun*, Diss. Paris 1989; Marianne Walle, Féminisme et nationalisme dans *Die Frau*, in: Thalmann (Hg.), *La Tentation nationaliste*.

25 Zit. in Marwick 1977, S. 107.

26 Zit. in Thébaud 1986, S. 25.

27 Patrick Fridenson (Hg.), *1914–1918: L'autre front*, Paris 1977 (Cahier du Mouvement Social, Nr. 2).

28 Daniel 1989; Ute Daniel, Fiktionen, Friktionen und Fakten – Frauenlohnarbeit im Ersten Weltkrieg, in: Günter Mai (Hg.), *Arbeiterschaft 1914–1918 in Deutschland*, Düsseldorf 1985, und Women's Work in Industry and Family: Germany, 1914–1918, in: Wall/Winter 1988, S. 267–296.

29 Richard Bessel, Keine allzu große Beunruhigung des Arbeitsmarktes. Frauenarbeit und Demobilmachung in Deutschland nach dem Ersten Weltkrieg, in: *Geschichte und Gesellschaft*, Nr. 9, 1983, S. 211–229.

30 Alastair Reid, The Impact of the First World War on British Workers, in: Wall/Winter 1988, S. 221–233.

31 Deborah Thom, Women and Work, in: ebd., S. 297–325; Richard Wall, English and German Families and the First World War, 1914–1918, in: Wall/Winter 1988, S. 43–105.

32 Marwick 1977, S. 83–114: »Women in Uniform«; Jenny Gould, Women's Military Services in First World War Britain, in: Higonnet u.a. 1987, S. 114–125.

33 Esther Newton und Carroll Smith-Rosenberg, Le mythe de la lesbienne et la femme nouvelle: pouvoir, sexualité et légitimité, 1870–1930, in: *Stratégie des femmes*, Paris 1984, S. 274–311; Gudrun Schwarz, »Mannweiber« in Männertheorien, in: Karin Hausen (Hg.), *Frauen suchen ihre Geschichte. Historische Studien zum 19. und 20. Jahrhundert*, 2. durchges. Aufl., München 1987, S. 64–82. Siehe auch Judith Walkowitz, Gefährliche Formen der Sexualität, Band 4 der *Geschichte der Frauen*.

34 Zit. in Cornelie Usborne, Pregnancy is the Woman's Active Service. Pronatalism in Germany during the First World War, in: Wall/Winter 1988, S. 389–415.

35 Zit. in Daniel, Fiktionen, in: Mai (Hg.), *Arbeiterschaft*, S. 308.

36 Zit. in Thébaud 1986, S. 38 und 182.

37 Deborah Thom, Women at Work, in: Wall/Winter 1988; Condell/Liddiard 1988.

38 Zit. in Simonetta Ortaggi Cammarosano, Testimonianze proletarie e socialiste sulla guerra, in: Leoni und Zadra (Hg.), *La Grande Guerra*, S. 577–604.

39 Reproduktionen dieser Photographien finden sich in Braybon/Summerfield 1987.

40 Harriet Stanton Blatch, *Mobilizing Woman-Power*, New York 1918, S. 54 und 55; den Ausdruck »good time«, den die englische Feministin C. Gasquoine Hartley in *Women's Wild Oats*, New York 1920, S. 38, benutzt, zitiert William L. O'Neill in *Feminism in America: a history*, New Brunswick/ Oxford 1989, S. 189; Lorine Pruettes Wendung von der »fine time« zitiert Stanley Lemons in *The Woman Citizen*, S. 15.

41 Sandra M. Gilbert, Soldiers' Heart: Literary Men, Literary Women, and the Great War, in: Higonnet u. a. 1987, S. 197–226; »All the world ist topsy-turvy« ist eine Gedichtzeile von Nina Macdonald, zit. in Catherine Reilly (Hg.), *Scars upon My Heart: Women's Poetry and Verse of the First World War*, London 1981; gewisse Zweifel an der optimistischen Einschätzung Sandra Gilberts finden sich in Cooper/Munich/Squier 1989 (namentlich über May Sinclair).

42 Fussel 1975; Leed 1979.

43 Elaine Showalter, *The Female Malady: Women, Madness, and English Culture*, New York 1985, und Rivers and Sassoon: The Inscription of Male Gender Anxieties, in: Higonnet u.a. 1987, S. 61–69.

44 Stéphane Audoin-Rouzeau, *14–18: les combattants des tranchées,* Paris 1986.

45 Clara Malraux, *Le Bruit de nos pas: apprendre à vivre,* Paris 1963.

46 Zit. in Marwick 1977, S. 107; zu Marie und Irène Curie siehe Robert Reid, *Marie Curie, derrière la légende,* Paris 1979; Françoise Giroud, *Une femme honorable,* Paris 1981; Noëlle Loriot, *Irène Joliot-Curie,* Paris 1991.

47 Vgl. Abbildung auf S. 32 des vorliegenden Bandes; Quelle: Imperial War Museum.

48 Perrot, Sur le front . . ., in: *Vingtième siècle;* siehe auch Philippe Ariès und Georges Duby (Hg.), *Histoire de la vie privée,* Bände 4 und 5, Paris 1987 (dt.: *Geschichte des privaten Lebens,* Bd. 4 und 5. Aus dem Franz. von Holger Fliessbach und Gabriele Krüger-Wirrer, Frankfurt a. M. 1992 bzw. 1993).

49 In Frankreich beispielsweise Louise Deletang, *Journal d'une ouvrière parisienne pendant la guerre,* Paris 1935, oder Marguerite Lesage, *Journal de guerre d'une Française,* Paris 1938.

50 Paola Di Cori, Il doppio sguardo. Visibilità dei generi sessuali nella rappresentazione fotografica (1908–1918), in: Leoni/Zadra 1986, S. 765–800; vgl. auch in demselben Band den Beitrag von Michela De Giorgio, Dalla ›Donna Nuova‹ alla donna della ›nuova‹ Italia, S. 307–329.

51 Greenwald 1980.

52 William J. Breen, Black Women and the Great War: Mobilization and Reform in the South, in: *The Journal of Southern History,* Bd. XLIV, August 1978; David M. Kennedy, *Over Here: The First World War and American Society,* New York 1980.

53 Ida Clyde Clarke, *Uncle Sam Needs a Wife,* Chicago 1925, S. 5, zit. in O'Neill, *Feminism in America,* S. 193.

54 Evelyne Diebolt und Jean-Pierre Laurent, *Anne Morgan: une Américaine en Soissonnais (1917–1952),* hg. im Auftrag der Association Médico-sociale Anne Morgan (AMSAM), 1990.

55 Valerie J. Corner, ›The Mothers of the Race‹ in World War I. The National War Labor Board and Women in Industry, in: *Labor History* 21, Winter 1980.

56 Der erwähnte Ausspruch stammt von A. Mignon, Chefarzt der 3. Armee, und wird zitiert in Thébaud 1986, S. 93; zum Thema Krankenschwester vgl. auch Yvonne Knibiehler (Hg.), *Cornettes et blouses blanches: les infirmières dans la société française 1880–1980,* Paris 1984; Evelyne Diebolt, *La Maison de santé protestante de Bordeaux, 1863–1934,* Toulouse 1990; Marie-Françoise Collière, *Promouvoir la vie,* Paris 1982.

57 Thébaud 1986, S. 147–158; Anna Bravo, Per una storia delle donne: donne contadine e prima guerra mondiale, in: *Società e storia* Nr. 10, 1980.

58 Jeanne Bouvier, *Mes mémoires,* Paris 1983, Einleitung von Daniel Armogathe; Sylvia Pankhurst, *The Home Front,* London 1932.

59 Vgl. folgende Beiträge in Fridenson 1977: Gerd Hardach, La mobilisation industrielle en 1914–1918: production, planification et idéologie; Alain Hennebicque, Albert Thomas et le régime des usines de guerre, 1915–1917; Mathilde Dubesset, Françoise Thébaud und Catherine Vincent, Les munitionettes de la Seine.

60 Robert, *Ouvriers et mouvement ouvrier,* Kap. 11 und 12.

61 Zum Beispiel Monica Cosens, *Lloyd George's Munition Girls,* London 1916 (zit. in Braybon/Summerfield 1987), oder Marcelle Capy, La femme à l'usine, erschienen in *La Voix des femmes,* Nov. und Dez. 1917, Jan. 1918.

62 In Großbritannien The Women's Employment Committee und The Health of Munitions Workers Committee, in Frankreich das Comité du travail féminin, in Deutschland die Frauenarbeitszentrale.

63 Vgl. Braybon 1981 und Daniel 1989; Laura Lee Downs, *Women in Industry, 1914–1939: The Employer's Perspective. A Comparative Study of the French and British Metals Industry,* Columbia University 1987 (unveröffentlicht), und Annie Fourcaut, *Femmes à l'usine en France dans l'entre-deux-guerres,* Paris 1982.

64 Alain Corbin, *Filles de noce: misère sexuelle et prostitution aus XIXe siècle,* Paris 1978; Emilio Franzina, Il tempo libero dalla guerra: Case del soldato e postriboli militari, in: Leoni/Zadra 1986, S. 161– 230.

65 Colette, La chambre éclairée, in: *Les Heures longues,* Paris 1917.

66 Vgl. Wall/Winter 1988: Einleitung von Richard Wall und Jay Winter sowie Teil IV, »Social Policy and Family Ideology« (Beiträge von Marie-Monique Huss, Richard Soloway, Cornelie Usborne, Paul Weindling, Jürgen Reulecke).

67 Cicely Hamilton, Non-Combatant, in: Reilly 1981.

68 Karin Hausen, The German Nation's Obligations to the Heroes' Widows of World War I, in: Higonnet u. a. 1987, S. 126–140.

69 Richard Soloway, Eugenics and Pronatalism in Wartime Britain, in: Wall/Winter 1988, S. 369–388.

70 Jay Winter, Some Paradoxes of the First World War; Peter Dewey, Nutrition and Living Standards in Wartime Britain, in: Wall/Winter 1988, S. 9–42 bzw. 197–220.

71 Ute Daniel, The Politics of Rationing Versus the Politics of Subsistence: Working-Class Women in Germany, 1914–1918, in: Roger Fletcher (Hg.), *Bernstein to Brandt: A Short History of German Social Democracy,* London 1987; Michelle Perrot, La femme populaire rebelle, in: *L'Histoire sans qualités (Gemeinschaftsarbeit),* Paris 1979, und Ausbrüche, in: Band 4 der *Geschichte der Frauen.*

72 Lynne Layton, Vera Brittain's Testament(s), in: Higonnet u. a. 1987, S. 70–83.

73 Der Aufruf Romain Rollands war in der Zeitschrift der *International Woman Suffrage Alliance* und in der von Henri Guilbeaux herausgegebenen Zeitschrift *Demain* zu lesen.

74 Vgl. Odette Thibault (Hg.), *Féminisme et pacifisme: même combat*, Paris 1985.

75 Vgl. Anm. 13 und 24; ferner natürlich die drei maßgeblichen Bücher von Richard J. Evans: *The Feminist Movement in Germany, 1894–1933*, London/Beverly Hills 1976; *The Feminists: Women's Emancipation Movements in Europe, America and Australasia 1840–1920*, London 1977; *Comrades and Sisters: Feminism, Socialism and Pacifism in Europe 1870–1945*, Sussex 1987. Vgl. neuerdings auch: Ursula Baumann, *Protestantismus und Frauenemanzipation in Deutschland 1850–1920*, Frankfurt/New York 1992.

76 Wiltsher 1985; O'Neill, *Feminism in America*, S. 169–185.

77 Barbara J. Steinson, The Mother Half of Humanity: American Women in the Peace and Preparedness Movements in World War I, in: C. Berkin und C. Lovett (Hg.), *Women, War and Revolution*, New York 1980, S. 259–285; Linda Schott, The Woman's Peace Party and the Moral Basis for Women's Pacifism, in: *Frontiers*, Bd. 3, Nr. 2, 1985.

78 Hélène Brion, *La Voie féministe* (Vorwort und Anmerkungen von Huguette Bouchardeau), Paris 1978; Charles Sowerwine, *Les Femmes et le socialisme*, Paris 1978; Robert, *Ouvriers et mouvement ouvrier*.

79 Beispielsweise La désunion des prolétaires 1889–1919, in: *Mouvement social*, Nr. 147, April–Juni 1989.

80 Gilbert, Soldiers' Heart, in: Higonnet u. a. 1987, S. 223.

81 Neben den bereits genannten Werken über den Feminismus s. a. Steven C. Hause, *Hubertine Auclert: The French Suffragette*, New Haven/London 1987; S.-C. Hause, More Minerva than Mars: The French Women's Rights Campaign and the First World War, in: Higonnet u. a. 1987, S. 99–113.

82 Elinor Lerner, Structures familiales, typologie des emplois et soutien aux causes féministes à New York (1915–1917), in: *Stratégie des femmes*, S. 424–442.

83 Roger-Henri Guerrand und Francis Ronsin, *Le Sexe apprivoisé: Jeanne Humbert et la lutte pour la contrôle des naissances*, Paris 1990; Angus Maclaren, *Sexuality and Social Order*, New York 1983.

84 Der Ausdruck »Drang ins Private« findet sich bei Albert Hirschman, *Bonheur privé, action publique*, Paris 1983; M. Capy wird zitiert in Thébaud, *La Femme au temps de la guerre*, S. 283.

85 Braybon/Summerfield 1987, S. 115–132 (»Démobilisation 1918–1920«); Bessel, Keine allzugroße Beunruhigung ..., in: *Geschichte und Gesellschaft*; Susanne Rouette, Die Erwerbslosenfürsorge für Frauen in Berlin nach 1918, in: *IWK* 21, 1985, S. 295–308, und »Gleichberechtigung« ohne »Recht auf Arbeit«: Demobilmachung der Frauenarbeit nach dem Ersten Weltkrieg, in: Christiane Eifert und Susanne Rouette (Hg.), *Unter allen Umständen: Frauengeschichte(n) in Berlin*, Berlin 1986.

86 Margaret Ward, *Unmanageable Revolutionaries: Women and Irish Nationalism*, London 1983.

87 Paul Géraldy, Femmes, in: *La Guerre, Madame*, 1916 (zit. nach der Ausgabe von 1936).

88 Ich bedanke mich bei Evelyne Diebolt, die dieses Interview veranstaltet hatte.

89 Klaus Theweleit, *Männerphantasien*, 2 Bde., Frankfurt a. M. 1977/78; Reulecke, Männerbund Versus the Family, in: Wall/Winter 1988, S. 439–451.

90 Jacques Le Rider, *Modernité viennoise et crises de l'identité*, Paris 1990, und Karl Kraus, satiriste de la femme en guerre, in: Thalmann (Hg.), *La Tentation nationaliste*, S. 63–75.

91 Françoise Thébaud, *Quand nos grands-mères donnaient la vie: la maternité en France dans l'entre-deux-guerres*, Lyon 1986; der Ausdruck »Abenteurer der modernen Welt« stammt von Charles Péguy und wurde von dem Schriftsteller Henry Bordeaux in seinen Lobliedern auf die Familie aufgegriffen.

92 Margaret R. Higonnet und Patrice L.-R. Higonnet, The Double Helix, in: Higonnet u. a. 1987, S. 31–47.

93 Thébaud, *La femme*, S. 291; J.-L. Robert, Women and Work in France during the First World War, in: Wall/Winter 1988, S. 251–266.

94 Sylvie Zerner, *Travail domestique et forme de travail. Ouvrières et employées entre la Première Guerre mondiale et la grande crise*, Diss. Paris X-Nanterre 1985; Lee Downs, *Women in Industry*.

95 Yvonne Knibiehler, *Nous les assistantes sociales*, Paris 1981; dies. (Hg.), *Cornettes et blouses blanches*; dies., Le docteur Simone Sédan et la protection de l'enfance à Marseille, in: Jean Antoine Gili und Ralph Schor (Hg.), *Hommes. Idées. Journaux. Mélanges en l'honneur de Pierre Guiral*, Paris 1988; Sylvie Fayet-Scribe, *Associations féminines et catholicisme: de la charité à l'action sociale*, Paris 1990, und *La Résidence sociale de Levallois-Perret (1896–1936): la naissance des centres sociaux en France*, Toulouse 1990.

96 Susan Pedersen, Gender, Welfare and Citizenship in Britain during the Great War, in: *The American Historical Review*, Bd. 95, Nr. 4, Oktober 1990.

97 Dominique Desanti, *La Femme au temps des années folles*, Paris 1984.

98 Lilian Faderman, *Surpassing the Love of Men: Romantic Friendship and Love Between Women*

from the Renaissance to the Present, London 1980; Newton und Smith-Rosenberg, Le mythe de la lesbienne, in: *Stratégie des femmes*.

99 Fussel 1975, S. 79.

100 Reinhard Sieder, Behind the Lines: Working-Class Family Life in Wartime Vienna, in: Wall/Winter 1988, S. 109–138; Paul Pasteur, *Femmes dans le mouvement ouvrier autrichien (1918–1934)*, Diss. Rouen 1986.

101 Michel Launay, *La CFTC, origines et développement, 1919–1940*, Paris 1987; Christine Bard, L'apôtre sociale et l'ange du foyer: les femmes et la CFTC dans l'entre-deux-guerres, in: *Mouvement social* (erscheint demnächst).

102 Prost, *Les Anciens Combattants et la société française*; ders., *Les Anciens Combattants: 1914–1939*, Paris 1977.

103 Christiane Eifert, Frauenarbeit im Krieg: Die Berliner ›Heimatfront‹ 1914 bis 1918, in: *IWK* 21, 1985.

104 Nancy F. Cott, *The Grounding of Modern Feminism*, New Haven/London 1987; vgl. auch Christine Bards in der Entstehung begriffene Dissertation *Le Mouvement féministe en France, 1914–1939*.

105 Guerrand und Ronsin, *Le Sexe apprivoisé;* Nicole Gabriel, »Des femmes appelèrent mais on ne les entendit pas«: Anita Augspurg et Lida Gustava Heyman, in: Thalmann (Hg.), *La Tentation nationaliste*; Cott, *The Grounding*.

106 Susan Kingsley Kent, The Politics of Sexual Difference: World War I and the Demise of British Feminism, in: *Journal of British Studies* 27, Juli 1988, S. 232–253.

107 Anne Cova, Cécile Brunschvicg (1877–1946) et la protection de la maternité, in: Association pour l'étude de l'histoire de la Sécurité sociale (Hg.), *Actes du 113e congrès national des sociétés savantes*, Paris 1989, S. 75–104, und ihre in der Entstehung begriffene Dissertation *Droits des femmes et protection de la maternité en France, 1892–1939*. Vgl. auch Gisela Bocks zweiten Beitrag im vorliegenden Buch.

Die moderne Frau

1 In Cott 1987, Kap. 5, werden die hier skizzierten Entwicklungen ausführlicher dokumentiert.

2 Hartmann 1974. Zum Gegenbeispiel Durham vgl. Dolores Janiewski, *Sisterhood Denied: Race, Gender and Class in a New South Community*, Philadelphia 1985, bes. S. 32.

3 Vgl. Carl N. Degler, *At Odds: Women and the Family in America from the Revolution to the Present*, New York 1980, S. 178–248; Richard A. Easterlin, *The American Baby Boom in Historical Perspective*, New York 1962, S. 6–12, 15–21.

4 Alfred Kinsey u. a., *Sexual Behavior in the Human Female*, Philadelphia 1953 (dt.: *Das sexuelle Verhalten der Frau*. Aus dem Engl. von M. Baacke u. a., Frankfurt a. M. 1968).

5 Robert S. Lynd und Helen Merrell Lynd, *Middletown: A Study in Modern American Culture*, New York 1929, S. 266. Vgl. Linda Gordon, *Woman's Body, Woman's Right*, New York 1976, S 186–206; Estelle Freedman und John D'Emillo, *Intimate Matters*, New York 1988, S. 222–274.

6 Simmons 1979, S. 54–59.

7 Vern Bullough und Bonnie Bullough, Lesbianism in the 1920s and 1930s: A Newfound Study, in: *Signs* 2, 1977, S. 895–904; Rupp 1980; Blanche Wiesen Cook, ›Women Alone Stir My Imagination‹: Lesbianism and the Cultural Tradition, in: *Signs* 4/4, Sommer 1978, S. 718–739.

8 John Modell u. a., The Timing of Marriage in the Transition to Adulthood, in: John Demos und Saranne Boocock (Hg.), *Turning Points: Historical and Sociological Essays on the Family*, Chicago 1978, S. 12.

9 Solomon 1985, S. 119–122; Fass 1977, S. 124 und 407f., Anm. 4.

10 Scharf 1980, S. 15f., 41f.

11 *Smith College Weekly* X, 3. Dez. 1919, S. 2, zit. nach Filene 1974, S. 128.

12 Cott 1987, S. 183.

13 Edward A. Purcell, Jr., *The Crisis of Democratic Theory: Scientific Naturalism and the Problem of Value*, Lexington 1973, S. 16–23.

14 Bessie Bunzel, The Woman Goes to College: After Which, Must She Choose Between Marriage and a Career? in: *The Century Monthly Magazine* 117, Nov. 1920, S. 26–32, vor allem S. 26 und 31; John C. Burnham, The New Psychology: From Narcissism to Social Control, in: Braeman u. a. 1968, S. 351–398.

15 Jill Morawski, The Measurement of Masculinity and Femininity: Engendering Categorical Realities, in: *Journal of Personality* 53/2, Juni 1985, S. 196–223. Zur früheren Generation weiblicher Sozialwissenschaftler vgl. Rosalind Rosenberg, *Beyond Separate Spheres*, New Haven 1982.

16 Ernest Groves, The Personality Results of the Wage Employment of Women Outside the Home and Their Social Consequences, in: *Annals* 143, Mai 1929, S. 339–348.

17 Vera Brittain, Home-Making Husbands, in: *Equal Rights* 13, 29. Jan. 1927, S. 403.

18 Siehe Hartmann 1974.

19 Gwendolyn Hughes Berry, Mothers in Industry, in: *Annals* 143, Mai 1929, S. 315.

20 Vgl. Burnham, The New Psychology, in: Braeman u. a. 1968, S. 360–366, 378f., 381–384; Fass 1977, S. 96–101.

21 McMahon 1972, v. a. S. 3–8 und 15; Marchand 1985, S. 5ff.

22 Chase Going Woodhouse, The New Profession of Homemaking, in: *Survey* 57, Dez. 1926, S. 339; siehe auch Marchand 1985, S. 34, 66–69, 162f., 342–345; Neil H. Borden, *The Economic Effects of Advertising*, Chicago 1942, Kap. 26, S. 744f., 763ff., 768–797.

23 Über das Volumen der Werbewirtschaft vgl. Robert Lynd, The People as Consumers, in: The President's Commission on Social Trends 1933, Bd. 2.

24 *Chicago Tribune*, 1930, zit. nach Marchand 1985, S. 186; Wright 1981, S. 208ff.

25 Siehe May 1980.

26 Vgl. Atina Grossman, The New Woman and the Rationalization of Sexuality in Weimar Germany, in: Christine Stansell u. a. (Hg.), *Powers of Desire: The Politics of Sexuality*, New York 1983, S. 153–171, und dies., *Girlkultur* or Thoroughly Rationalized Female: A New Woman in Weimar Germany? in: Judith Friedlander u. a. (Hg.), *Women in Culture and Politics: A Century of Change*, Bloomington 1986, S. 62–80. Eine scharfsinnige und erhellende Erörterung über die Auswirkungen des amerikanischen Films – und die nationalen Reaktionen in Europa auf ihn – bietet Victoria de Grazia, Mass Culture and Sovereignty: The American Challenge to European Cinemas, 1920–1960, in: *Journal of Modern History* 61, März 1989, S. 53–87; vgl. dies., »Women's Last-Best Hope«? Americanization and New Models of Modern Womanhood in Interwar Europe, Beitrag zu der Rockefeller-Tagung »Women in Dark Times«, Bellagio (Italien), 11.–14. Aug. 1987.

Zwischen den beiden Weltkriegen

1 Léon Blum, *Du mariage*, 1908.

2 Es ist bezeichnend, daß zwei Erfolgsromane, *Les Don-Juanes* von M. Prévost (mit einer Auflage von 300000 Exemplaren) und *La Garçonne*, beide in den Jahren 1921/1922 erschienen, zur gleichen Zeit dieses Thema aufgreifen. Die Begriffe *garçonne* und *flapper* bezeichnen Frauen, die sich in Verhalten und Kleidung über die Konventionen hinwegsetzten (A. d. Ü.).

3 *Le compagnon* ist der Titel des zweiten Romans der Trilogie *La Femme en chemin* von Victor Margueritte, deren erster Band *La Garçonne* ist.

4 Rundschreiben der Gewerkschaft, Bibliothek M. Durand, Paris, Dossier 396 FEM.

5 Sehr gut beschrieben von Michelle Perrot, L'éloge de la ménagère dans le discours ouvrier français au XIXe siècle, in: *Romantisme*, H. 13–14, 1976.

6 Les populations de Puy-de-Dôme. Monographies rédigées à l'occasion de l'enquête agricole de 1929, Clermont-Ferrand 1932, S. 110.

7 F. Zonabend, *La mémoire longue. Temps et histoire au village*, Paris 1980.

8 Amiel, Charuty, Fabre-Vassas, 1981, S. 134.

9 Nach einer Erhebung der *Union féminine civique et sociale* wurde die Situation durch Arbeitslosigkeit oder Krankheit des Mannes noch verschärft.

10 Fourcaut 1982, S. 103 und 119.

11 *Le Travail industriel de la mère et le foyer ouvrier*, UFCS 1934, S. 252.

12 Vgl. J.-P. Burdy, M. Dubesset und M. Zancarini-Fournel, Rôles, travaux et métiers féminins dans une ville industrielle: Saint-Etienne, 1900–1950, in: *Mouvement social*, Juli–Sept. 1987.

13 Spring Rice 1981, S. 135 und 141.

14 *La Vie quotidienne à Saint-Etienne entre les deux guerres*, Saint-Etienne, Centre d'études foréziennes, 1985, S. 7.

15 André Allix, *Un pays de haute montagne: l'Oisans. Etude géographique*, 1929, Neuauflage Marseille 1975.

16 Spring Rice, 1981, S. 135 und 141.

17 Ebd., S. 142.

18 Fourcaut 1982, S. 191.

19 Rosemary Crook, »Tiddy Women«: Women in the Rhondda between the Wars, in: *Oral History*, Heft 10, 1982.

20 C. Germain and C. de Panafieu, *La mémoire des femmes. Témoignages des femmes nées avec le siècle*, Paris 1970, S. 191.

21 Fourcaut 1982, S. 103.

22 Hoggart 1970, S. 97.

23 Roberts 1984, S. 113.

24 Pierre Bourdieu, Célibat et condition paysanne, in: *Etudes rurales*, 1962.

25 Hoggart 1970, S. 92f.

26 Vgl. Anne-Marie Sohn, Qualità e difetti. Stereotipi e realtà conjugali nelle Francia dell' Ottocento, in: *Memoria, Il bel matrimonio*, Heft 2, 1988.

27 Brief an den Justizminister vom 23. Oktober 1917, Archives nationales, BB18 2527 (1), Dossier 2328.

28 Zit. von Jeffrey Weeks, *Sex, Politics, and Society. The Regulation of sexuality since 1800*, London 1981, S. 189.

29 Außer zu Beginn der zwanziger Jahre, als von der Front zurückgekehrte Ehemänner die Scheidung einreichten, da ihre Frauen während ihrer Abwesenheit untreu waren.

30 Louise Weiss, *Ce que femme veut*, Paris 1946, S. 14.

31 Anne-Marie Sohn, *Féminisme et syndicalisme. Les institutrices de la Fédération unitaire de l'enseignement de 1919 à 1935*, Diss. Paris X – Nanterre, 1973.

Die italienischen Frauen unter Mussolini

1 Zum Begriff »liberales Patriarchat« vgl. Linda J. Nicholson, *Gender and History: The Limits of Social Theory in the Age of the Family*, New York 1986; siehe auch Carole Pateman, *The Sexual Contract*, Stanford 1988. Zum Begriff »soziales Patriarchat« vgl. Harriet Holter (Hg.), *Patriarchy in a Welfare Society*, Oslo 1984, ferner Carole Pateman, *The Patriarchal Welfare State*, Cambridge 1987.

2 De Grazia 1992. Die besten Beispiele für diesen nationalen Ansatz sind Franca Pieroni Bortolotti, *Femminismo e partiti politici in Italia, 1919–1926*, Rom 1978; Macciocchi 1976; Piero Meldini, *Sposa e madre esemplare*, Rom/Florenz 1975; Mondello 1987.

3 John Maynard Keynes, *The Economic Consequences of the Peace*, New York 1971 (1920), S. 9–26.

4 Gunnar Myrdal, *Population: A Problem for Democracy*, Cambridge, Mass. 1940; ferner Alva Myrdal und Gunnar Myrdal, *Crisis in the Population Question*, Stockholm 1935. Ähnlich weiträumige Vergleiche stellt D. V. Glass in *Population Policies and Movements in Europe*, Oxford 1940, an. Einen kurzen Überblick über die Problematik bietet C. F. McCleary, Pre-War European Population Policies, in: *The Milbank Memorial Fund Quarterly* 19/2, April 1941, S. 105–120.

5 Alva Myrdal, *Nation and Family. The Swedish Experiment in Democratic Family and Population Policy*, New York 1941, S. 398ff.

6 Charles Maier, *Recasting Bourgeois Europe*, Princeton 1975.

7 Eli F. Heckscher, *Mercantilism*, London 1935, Bd. 2, S. 145ff. und 273ff.

8 Myrdal, *Population: A Problem for Democracy*, S. 20. Die beste Gesamtdarstellung ist Ann Sofie Kälvemarks *More Children of Better Quality? Aspects on Swedish Population Policy in the 1930s*, Uppsala 1980.

9 Ebd., S. 80, 190f.

10 Paolo Ungari, *Storia del diritto di famiglia in Italia, 1796–1942*, Bologna 1974, S. 123ff.; Maria Vittoria Ballestrero, *Dalla tutela alla parità: La legislazione italiana sul lavoro delle donne*, Bologna 1979, S. 11–56.

11 Annarita Buttafuoco, La filantropia come politica. Esperienza dell'emancipazionismo italiano nel Novecento, in: Lucia Ferrante, Maura Palazzi und Gianna Pomata (Hg.), *Ragnatele di rapporti*, Turin 1988, S. 167ff.; siehe auch Buttafuoco 1981, S. 154–185 sowie Franca Pieroni Bortolotti, *Alle origini del movimento femminile in Italia, 1892–1922*, Mailand 1974. Vgl. Paola Gaiotti de Biase, *Le origini del movimento cattolico femminile*, Brescia 1963, und Dau Novelli 1988.

12 Bruno P. S. Wanrooij, *Pudore e licenza: Una storia della questione sessuale in Italia*, Venedig 1990; George Mosse, *Nationalism und Sexuality*, New York 1985.

13 Vilfredo Pareto, Il mito virtuista (1914), in: G. Busino (Hg.), *Vilfredo Pareto: Scritti sociologici*, Turin 1966, bes. S. 425ff., 484, 602.

14 Zit. in Luciano De Maria (Hg.), *Teoria e invenzione futurista*, Mailand 1983, S. 11.

15 Benito Mussolini, La donna e il voto, in: E. und D. Susmel, *Benito Mussolini: Opera Omnia*, 44 Bde., Florenz 1951–1980, Bd. XXI, S. 303: »Non divaghiamo a discutere se la donna sia superiore o inferiore; costatiamo che è diversa.«

16 Zit. in Antonio Spinosa, *I figli di Mussolini*, Mailand 1983, S. 18.

17 Giovanni Gentile, La donna e il fanciullo, zit. in Simonetta Uliveri, La donna nella scuola dall'unità d'Italia oggi: leggi, pregiudizi, lotte e prospettive, in: *Nuova DWF* 2, Jan.–März 1977, S. 116ff.

18 Zum Beispiel Argo (Giuseppe Bottai), Compiti della donna, in: *Critica fascista* 14, 1933, S. 267ff.; ferner *Carta della Scuola illustrata nelle singole dichiarazioni da presidi e professori dell'Associazione fascista della Scuola*, Rom 1939, S. 17.

19 Umberto Notari, *La donna tipo tre*, Mailand 1928.

20 Renzo De Felice, *Mussolini il Duce: Gli anni del consenso, 1929–1935*, Turin 1974; Victoria de Grazia, *The Culture of Consent: Mass Organization of Leisure in Fascist Italy*, Cambridge/New York 1981; Passerini 1984.

21 Gisela Bock, *Zwangssterilisation im Nationalsozialismus*, Opladen 1986.

22 Claudio Pogliani, Scienza e stirpe: eugenica in Italia, 1912–1939 in: *Passato e presente* 5, 1984, S. 79.

23 Ebd., S. 80f.

24 Nicola Pende, Nuovi orientamenti per la protezione e l'assistenza della madre e del fanciullo, in: *Medicina Infantile* 7/8, Aug. 1936, S. 233.

25 Luigi Maccone, *Ricordi di un medico pediatra*, Turin 1936, S. 62.

26 Passerini, *Torino operaia e fascismo*, S. 213–219; Denise Detragiache, Un aspect de la politique démographique de l'Italie fasciste: la répression de l'avortement, in: *Mélanges de l'École Française de Rome* 92/2, 1980, S. 691–735.

27 Giorgio Gattei, Per una storia del comportamento amoroso dei bolognesi: Le nascite dall'unità al fascismo, in: *Società e storia* 9, 1980, S. 627ff. Stefano Somogyi, *La mortalità nei primi cinque anni di età in Italia, 1863–1963*, Palermo 1967, S. 42, Schaubild 7.

28 Vgl. generell Melograni 1988. Marzio Barbagli, *Sotto lo stesso tetto: Mutamenti della famiglia in Italia dal XV al XX secolo*, Bologna 1984. Vera Zamagni, Dinamica e problemi della distribuzione commerciale e al minuto tra il 1880 et la II Guerra mon-

diale, in: *Mercati e consumi: Organizzazione e qualificazione del commercio in Italia dal XVII al XX secolo*, Bologna 1986, S. 598.

29 INEA, *Monografie di famiglie agricole*. Studi e monografie, Nr. 14, Rom 1929, vor allem *Mezzadri di Val di Pesa e del Chianti*, 1931, bes. S. 46, 74, 94. Zur Ruralisierung generell siehe Domenico Preti, *La modernizzazione corporativa: 1922–1940*, Mailand 1987, S. 53–100.

30 Zit. in Igino Giordani (Hg.), *Le enciclichi sociali dei papi*, 4. Aufl., Rom 1956, S. 200.

31 Bettio 1989, S. 117. Chiara Saraceno, La famiglia operaia sotto il fascismo, *La classe operaia durante il fascismo*, in: *Annali Fondazione Giangiacomo Feltrinelli* 20, 1979/80; siehe auch dies., Percorsi di vita femminile nella classe operaia: tra famiglia e lavoro durante il fascismo, in: *Memoria* 2, Okt. 1981, S. 64–75.

32 Maccone, *Ricordi*, S. 67.

33 Mussolini, Macchina e donna (31. Aug. 1934), in: *Opera Omnia*, Bd. XXVI, S. 311.

34 Naria Castellani, *Donne italiane di ieri e di oggi*, Florenz 1937, S. 102ff.

35 Denise Detragiache, Il fascismo femminile de San Sepolcro all'affare Matteotti, 1919–1924, in: *Storia Contemporanea* 2, April 1983, S. 211–251; Stefania Bartoloni, Il fascismo femminile e la sua stampa: *La Rassegna femminile italiana* (1925–1930), in: Nuova DWF 21, 1982, S. 143–169.

36 Mussolini, Elogio alle donne d'Italia, in: *Opera Omnia*, Bd. XXVII, S. 266.

37 Giulia Boni, *Il lavoro sociale delle donne: le grandi organizzazioni in Italia e all'estero (Corso per visitatrici fasciste)*, Pisa 1936, S. 4, 9. Vgl. auch Olga Modigliani, *Lavoro sociale delle donne*, Rom 1935, S. 22.

38 Archivio Nazionale dello Stato, Segretaria particolare del Duce, Carteggio ordinario, 509.504/3, Faszikel Angiola Moretti – Ansprache am 14. Mai 1940 vor frisch diplomierten *visitatrici fasciste*.

39 Ferdinando Loffredo, *Politica della famiglia*, Mailand 1938, S. 230f., 376, 412, 464.

40 Archivio Centrale dello Stato, Presidenza Consiglio dei Ministri, 1937–1939, Faszikel 1/3-1, f.954.4 Petition: Rom, 6. Okt. 1938 – Duce.

41 *La donna e la famiglia nella legislazione fascista*, Neapel 1933.

42 Maria Maggi, Rassegna letteraria: scrittrici d'Italia, in: *Almanacco della donna italiana, 1930*, S. 182. Als Beispiele vgl. Ester Lombardo, *La donna senza cuore*, Mailand 1929, und Lina Pietravalle, *Le Catene*, Mailand 1930.

43 Annamaria Bruzzone und Rachele Farina, *La resistenza taciuta*, Florenz 1976; Alloisio/Beltrami 1981; Bianca Guidetti Serra, *Campagne: testimonianze di partecipazione politica femminile*, 2 Bde., Turin 1977.

44 Female Consciousness and Collective Action: The Case of Barcelona, 1910–1918, in: *Signs* 7, Frühjahr 1982, S. 545–566; Nancy F. Cott, What's in a Name? The Limits of ›Social Feminism‹, or Expanding the Vocabulary of Women's History, in: *Journal of American History* 76/3, Dez. 1989, S. 827.

Nationalsozialistische Geschlechterpolitik und die Geschichte der Frauen

1 Comité des Délégations Juives 1983, S. 468. Vgl. Kaplan 1981, bes. Kap. 3 und S. 121–127. Goebbels, zit. in: Walther Gehl (Hg.), *Der nationalsozialistische Staat*, H. 2, Breslau 1934, S. 155.

2 Richard Walther Darré, *Neuadel aus Blut und Boden*, München 1930, S. 169–171; Alfred Grotjahn, *Geburten-Rückgang und Geburten-Regelung im Lichte der individuellen und sozialen Hygiene*, Berlin 1914, S. 144f. Ann Taylor Allen, German Radical Feminism and Eugenics, 1900–1918, in: *German Studies Review* 11, 1989, bes. S. 45f. (dt. in: *Feministische Studien* 9/1, 1991, S. 46–68).

3 Marion Kaplan, Jewish Women in Nazi Germany: Daily Life, Daily Struggles, 1933–1939, in: Rittner/Roth 1993, S. 187–212; Rita R. Thalmann, Jüdische Frauen nach dem Pogrom von 1938, in: Arnold Paucker (Hg.), *Die Juden im nationalsozialistischen Deutschland/The Jews in Nazi Germany 1933–1945*, Tübingen 1986, S. 295–302; Claudia Huerkamp, Jüdische Akademikerinnen in Deutschland 1900–1938, in: *Geschichte und Gesellschaft* 19, 1993, S. 311–331; Hilberg 1982; ders., *Täter, Opfer, Zuschauer. Die Vernichtung der Juden 1933–1945*, Frankfurt a. M. 1992, S. 145–149 (»Männer und Frauen«). Es kann also nicht davon die Rede sein, daß »bei den Verfolgten und Eingekerkerten ... die meisten eben Männer« gewesen seien: Reinhard Kühnl, Der deutsche Faschismus in der neueren Forschung, in: *Neue Politische Literatur* 28, 1983, S. 71.

4 Wilhelm Frick, *Bevölkerungs- und Rassenpolitik*, Langensalza 1933, S. 3–8.

5 Lifton 1988, S. 29. Die vorhergehenden Zitate: Arthur Gütt, Ernst Rüdin und Falk Ruttke, *Gesetz zur Verhütung erbkranken Nachwuchses vom 14. Juli 1933*, München 1934, S. 60; Alfons Labisch und Florian Tennstedt, Gesundheitsamt oder Amt für Volksgesundheit? Zur Entwicklung des öffentlichen Gesundheitsdienstes seit 1933, in: Norbert Frei (Hg.), *Medizin und Gesundheitspolitik in der NS-Zeit*, München 1991, S. 35–66.

6 Vgl. dazu Hannah Arendt, *Elemente und Ursprünge totaler Herrschaft*, München 1986, S. 637f.

7 Bock 1986, S. 351–362, 453–456; Theresia Seible, »Aber ich wollte vorher noch ein Kind«, in: *Courage* 6, Mai 1981, S. 21–24; Hilberg 1982, S. 637–639.

8 Gütt, Rüdin und Ruttke, *Gesetz zur Verhütung*, S. 5, 176.

9 Zit. in Bock 1986, S. 357, 412.

10 Lothar Gruchmann, »Blutschutzgesetz« und Justiz, in: *Vierteljahrshefte für Zeitgeschichte* 31, 1983, S. 418–442; die Zitate stammen aus Frauenzeitschriften, Broschüren und Schulbüchern (s. Bock 1986, S. 129–133); vgl. Barbara Greven-Aschoff, *Die bürgerliche Frauenbewegung in Deutschland 1894–1933*, Göttingen 1981, bes. Kap. 2 und 3.

11 Hans-Walter Schmuhl, *Rassenhygiene, Nationalsozialismus, Euthanasie*, Göttingen 1987, S. 40.

12 Lifton 1988, S. 187ff.; Martin Broszat (Hg.), *Kommandant in Auschwitz. Autobiographische Aufzeichnungen des Rudolf Höss*, München 1963, S. 127; Hilberg 1982, S. 237f. Zu den Massenerschießungen vgl. auch Gisela Bock, Gleichheit und Differenz in der nationalsozialistischen Rassenpolitik, in: *Geschichte und Gesellschaft* 19, 1993, bes. S. 300f.

13 Hilberg 1982, S. 590; ders., *Täter, Opfer, Zuschauer*, S. 145–149; Joan Ringelheim, Verschleppung, Tod und Überleben: Nationalsozialistische Ghetto-Politik gegen jüdische Frauen und Männer im besetzten Polen, in: Wobbe 1992, S. 135–160; vgl. dies., Women and the Holocaust, in: Rittner/Roth 1993, S. 373–418; Eugen Kogon u. a. (Hg.), *Nationalsozialistische Massentötungen durch Giftgas*, Frankfurt a. M. 1986, z. B. S. 88, 91, 93–97, 105–108, 122, 131, 134, 158, 210–215.

14 Lucie Adelsberger, *Auschwitz. Ein Tatsachenbericht*, Berlin 1953, S. 126–128 (Zitat); Jercy Ficowski, Die Vernichtung, in: Tilman Zülch (Hg.), *In Auschwitz vergast, bis heute verfolgt: Zur Situation der Roma (Zigeuner) in Deutschland und Europa*, Reinbek 1979, S. 135f.

15 Robert Jay Lifton, *The Nazi Doctors: Medical Killing and the Psychology of Genocide*, New York 1986, S. 462; vgl. S. 491 (vgl. die modifizierte deutsche Fassung ders. 1988, S. 555, 597). Zum Alkohol ebd., z. B. S. 187, 228ff.

16 Bradley F. Smith und Agnes F. Peterson (Hg.), *Heinrich Himmler: Geheimreden 1933–1945 und andere Ansprachen*, Frankfurt a. M. 1974, S. 201, 169.

17 Eberhard Jäckel, Die elende Praxis der Untersteller, in: *»Historikerstreit«. Die Dokumentation der Kontroverse um die Einzigartigkeit der nationalsozialistischen Judenvernichtung*, München 1987, S. 118. Im »Historikerstreit« wurde diese Erkenntnis häufig aufgegriffen. Ernst Nolte hingegen argumentierte, daß Frauen in diesem Zusammenhang nicht eigens genannt zu werden bräuchten, da sich ihre Rolle als Opfer des »Rassenmords« von selbst verstehe (ebd., S. 229f.).

18 Reimar Gilsenbach, Wie Lolitschai zur Doktorwürde kam, in: Wolfgang Ayaß u. a., *Feinderklärung und Prävention*, Berlin 1988, S. 101–134.

19 Zit. in Gudrun Schwarz, Verdrängte Täterinnen: Frauen im Apparat der SS (1935–1945), in: Wobbe 1992, S. 197–227, 201; Henry Friedlander, in: Katz/Ringelheim 1983, S. 115f.

20 Koonz 1987, S. 405 (vgl. dies., *Mütter im Vaterland*, Freiburg 1993, S. 440f.: die KZ-Aufseherinnen seien »statistisch unbedeutend« gewesen).

21 Vgl. Koonz 1987, bes. Kap. 1 und 11 (in der deutschen Übersetzung *Mütter im Vaterland* wurde Kap. 1 nicht aufgenommen, Kap. 11 um die entsprechenden Passagen gekürzt).

22 Für diese und die folgenden Ziffern vgl. Rüdiger Hachtmann, Industriearbeiterinnen in der deutschen Kriegswirtschaft, 1936–1945, in: *Geschichte und Gesellschaft* 19, 1993, S. 332–366; Herbert 1985; Kirkpatrick 1939, Kap. 7; Schupetta 1983, S. 63ff.; Winkler 1977, bes. Kap. 2 und 3, S. 198; Bajohr 1979, Kap. 2.

23 Huerkamp, Jüdische Akademikerinnen; Jacques Pauwels, *Women, Nazis, and Universities. Female University Students in the Third Reich, 1933–1945*, Westport 1984; Jill McIntyre, Women and the Professions in Germany, 1930–1940, in: Anthony Nicholls und Erich Matthias (Hg.), *German Democracy and the Triumph of Hitler*, London 1971.

24 Leila J. Rupp, »I don't call that Volksgemeinschaft«: Women, Class and War in Nazi Germany, in: Carol R. Berkin und Clara M. Lovett (Hg.), *Women, War and Revolution*, New York 1980, S. 37–53; Winkler 1977, S. 110–114.

25 Birthe Kundrus, *»Kriegerfrauen«: Sozialpolitik und Geschlechterverhältnisse im Ersten und Zweiten Weltkrieg in Deutschland*, Diss. Bielefeld 1993.

26 Beispielsweise ergingen 1932 Anweisungen zur Wahlpropaganda, mit denen – in »persönlichen Briefen« – folgende Kategorien von Frauen entsprechend ihren vermuteten Bedürfnissen angesprochen wurden: »Kriegerwitwen« (für »Rechte«, »Renten« und »Erziehungsbeihilfen«), »die geistig hochstehende Frau« (»jede Berufsmöglichkeit«, »Staatsbürgerrecht«, »Hüterin der Rassenreinheit«), »die Frau des bürgerlichen Mittelstandes«, und schließlich »an die Frauen« (für »Gleichwertigkeit« und »Gleichberechtigung«, »Staatsbürgerrecht«, für Unverheiratete »Recht auf einen Beruf«). Ein »Pflichtplakat« richtete sich gegen die »Lüge«: »Adolf Hitler soll die Frauen aus Beruf und Stellung jagen« (Staatsarchiv Hannover).

27 Hierzu und zum folgenden: Falter u. a. 1986, S. 81–85; Helen L. Boak, »Our Last Hope«: Women's Votes for Hitler – A Reappraisal, in: *German Studies Review* 12, 1989, S. 289–310; Stephenson 1981, S. 72; Childers 1983, S. 239–243; Phayer 1990, bes. Kap. 2 und 3.

28 Alice Kessler-Harris, Gender Ideology in Historical Reconstruction: A Case Study from the 1930s, in: *Gender and History* 1, 1989, S. 31–49; Rupp 1978, S. 39f.
29 Rupp 1978, bes. S. 14, 42–48, 51, 71, 126f., 132–136.
30 Dokument in Bock 1986, S. 174f.
31 Herbert 1985, Kap. 6–9; ders., Arbeiterschaft im »Dritten Reich«, in: *Geschichte und Gesellschaft* 15/3, 1989, S. 320–360; Bock 1986, S. 440–451.
32 Zu dieser Krise vgl. die anschauliche Studie von Marie Jahoda u. a., *Die Arbeitslosen von Marienthal* (Leipzig 1933), Frankfurt a. M. 1975.
33 Goebbels und Frick zit. in Bock 1986, S. 120, 153; zu den Ziffern (aus dem *Statistischen Jahrbuch für das Deutsche Reich* 1926–1942) und sonstigen Angaben vgl. ebd., S. 160–163, 388. Gabriele Czarnowski hat inzwischen auch Fälle von Todesstrafe für Deutsche ausgemacht, deren Publikation bevorsteht; vgl. den Hinweis in dies., Frauen als »Mütter der Rasse«: Abtreibungsverfolgung und Zwangseingriff im Nationalsozialismus, in: *Unter anderen Umständen. Zur Geschichte der Abtreibung*, Berlin 1993, S. 68; Rupp 1978, S. 32f.
34 Gisela Bock, »Keine Arbeitskräfte in diesem Sinne«: Prostituierte im Nazi-Staat, in: Pieke Biermann (Hg.), *Wir sind Frauen wie andere auch*, Reinbek 1980, S. 70–106.
35 Vgl. David Victor Glass, *Population Policies and Movements in Europe* (1940), ND London 1967, und Kap. 13 dieses Bandes (»Weibliche Armut, Mutterschaft und Rechte von Müttern in der Entstehung des Wohlfahrtsstaats«).
36 Vgl. Bock 1986, S. 169–177 (Zitat S. 170).
37 Ebd., S. 146–149; Czarnowsky 1991.
38 Stephenson 1981, S. 156–172; Hilgenfeldt zit. in Bock 1986, S. 174.
39 Lilienthal 1993, bes. S. 57f., 71, 112f., 104ff., 168–179, 207–225, 229f., 260f.
40 Walter Groß, Unsere Arbeit gilt der deutschen Familie, in: *Nationalsozialistische Monatshefte* 9, 1939, S. 103f.
41 Die demographischen Angaben: Bock 1986, S. 143f., 151f., 156f., 168.
42 Wolfgang Knorr, Praktische Rassenpolitik, in: *Volk und Rasse* 13, 1938, S. 69–73; Friedrich Burgdörfer, *Geburtenschwund*, Heidelberg 1942, S. 157, 184.
43 Anderer Ansicht sind Christoph Sachße und Florian Tennstedt, *Der Wohlfahrtsstaat im Nationalsozialismus*, Stuttgart 1992, S. 277f.: Der Nationalsozialismus, einschließlich seiner Rassenpolitik, unterscheide sich von den demokratischen Wohlfahrtsstaaten nicht grundsätzlich, sondern nur graduell.
44 Dirk Blasius, *Ehescheidung in Deutschland 1794–1945*, Göttingen 1987, S. 214.
45 Hans-Jochen Gamm, *Der Flüsterwitz im Dritten Reich*, München 1979, S. 23; vgl. Rupp 1978, S. 38f.
46 Stephenson 1981, S. 139–157; Michael H. Kater, Frauen in der NS-Bewegung, in: *Vierteljahrshefte für Zeitgeschichte* 31, 1983, S. 202–239.
47 Stephenson 1981, S. 18, 154f., 178–181, 206f.; Gertrud Scholtz-Klink, Rede an die deutsche Frau (1934), ND in: dies., *Die Frau im Dritten Reich. Eine Dokumentation*, Tübingen 1978, S. 498.
48 Irmgard Reichenau (Hg.), *Deutsche Frauen an Adolf Hitler*, Leipzig 1933, S. 7, 15, 37; Charlotte Heinrichs, Besoldung der Mutterschaftsleistung, in: *Die Frau* 41, 1934, S. 343–348.
49 Scholtz-Klink, *Die Frau im Dritten Reich*, S. 369f.
50 Ebd. S. 526, 497, 486–496, 505, 131, 364, 379, 402. »Rechtwinklig an Leib und Seele« z. B. auch in: *Die Sonne. Monatsschrift für Nordische Weltanschauung und Lebensgestaltung* 10/2, 1933, S. 111.
51 Stephenson 1981, S. 17f., 168, 170f.; dies traf allerdings mehr auf katholische als auf evangelische Frauen zu: vgl. Phayer 1990.
52 Stephenson 1981, bes. S. 154, 164f., 170f.; Scholtz-Klink, *Die Frau im Dritten Reich*, S. 157, 173, 177, 180.
53 Ebd., S. 93, 95, 69, 107–109, 159, 211; dies. (1936), zit. in Bock 1986, S. 208; vgl. ebd., S. 298; Stephenson 1981, S. 152; Phayer 1990, S. 174.
54 Stephenson 1981, S. 154–161; Rupp 1978, S. 36f.; Scholtz-Klink, *Die Frau im Dritten Reich*, S. 500f.
55 Stephenson 1981, S. 83f., 117, 132, 140–147, 157–162; Scholtz-Klink, *Die Frau im Dritten Reich*, S. 76.
56 Rupp 1978, S. 124f.; Herbert 1985, S. 79–81, 122–124; Bock 1986, S. 438–440.
57 Gitte Schefer, Wo Unterdrückung ist, da ist auch Widerstand, in: Frauengruppe Faschismusforschung 1981, S. 273–291; Laska 1983; dies., Women in the Resistance and in the Holocaust, in: Rittner/Roth 1993, S. 250–269. Zum Frauenwiderstand in besetzten Ländern vgl. z. B. Ania Francos, *Il était des femmes dans la Résistance*, Paris 1988; Anna Maria Bruzzone und Rachele Farina (Hg.), *La Resistenza taciuta. Dodici vite di partigiane piemontesi*, Mailand 1976.

Spanische Frauen

1 Margarita Nelken, *La condición social de la mujer en España*, Madrid 1919, Neuausgabe Madrid 1975.
2 *Gaceta de Madrid*, 15. April 1931.
3 Zu Hildegart (Carmen Rodríguez Carballeira) und ihren Ideen s. Nash 1981, S. 165ff.
4 *El Socialista*, 29. Dez. 1931, S. 1: »Interessantes declaraciones de nuestro camarada Largo Caballero . . .«.

5 Inés Alberdi, *Historia y sociología del divorcio en España*, Madrid 1979.

6 Felipe Ximénez de Sandoval, *José Antonio. Biografía apasionada*, Madrid 1972 (zuerst 1941), S. 112.

7 Manuel Tuñón de Lara, *Tres claves de la Segunda República*, Madrid 1985, S. 234ff.

8 José María Pemán, Votos e ideas, in: *Ellas* Nr. 1, 29. Mai 1932.

9 Zum Beispiel Javier Tusell Gómez, *La Segunda República en Madrid: elecciones y partidos políticos*, Madrid 1970, S. 107f.

10 S. die Zeitschrift *Cultura integral y femenina* (1933–1936).

11 Ihre Zeitschrift war *Mundo femenino* (1921–1936); das Gründungsmanifest war vom 1. Jan. 1934.

12 Ebd., Nr. 102 (1935), S. 2, Halma Angélico: »¡Mujeres en pie!«

13 José Antonio Primo de Rivera, *Textos de Doctrina política*, 1971, Nationale Delegation der Frauensektion der Bewegung, S. 926.

14 Mary Nash, El estudio del control de natalidad en España: ejemplos de metodologías diferentes, in: *La Mujer en la Historia de España (Siglos XVI–XX)*, Autonome Universität Madrid 1984, S. 241–262.

15 Zum Beispiel Mari-Carmen García Nieto, Unión de Muchachas, un modelo metodológico, in: ebd., S. 313–331.

16 *Las mujeres y la guerra civil española* (III Jornadas des Estudios monográficos, Salamanca, Oktober 1989), Madrid 1991.

17 Diese Bezeichnung verwendet Max Gallo, *Histoire de l'Espagne franquiste*, Verviers 1969.

18 Ansprache von Pilar Primo de Rivera in Medina del Campo am 30. Mai 1939, zit. nach Gallego Méndez 1983, S. 89.

19 Gesetz über die spanische Universität vom 29. Juli 1943.

20 M. Campo Alange, *Habla la mujer* (erste soziologische Enquête), Ergebnis einer Stichprobenbefragung der heutigen Jugend, Madrid 1966.

21 Amparo Moreno, *El movimiento feminista en España*, Barcelona 1977.

Die Französinnen unter dem Vichy-Regime

1 Jean-Pierre Azéma, Éléments pour une historiographie de la France de Vichy, Beitrag zum Kolloquium *Le Régime de Vichy et les Français*, Institut d'histoire du temps présent (IHTP) – Centre national de la recherche scientifique (CNRS), Paris, 11.–13. Juni 1990, Paris 1992.

2 Henry Rousso, »L'impact du régime sur la société: ses dimensions et ses limites«, in: *Le Régime de Vichy*. Zwei vom IHTP koordinierte Untersuchungen sind derzeit im Gange: »Le temps des restrictions« (1939–1949) und »Les ouvriers *en France* pendant la Seconde Guerre mondiale«.

3 Die von uns verwendeten Arbeiten werden in den Anmerkungen zitiert. An dieser Stelle sei Dominique Veillon vom IHTP für ihre unermüdliche und warmherzige Hilfe gedankt.

4 Miranda Pollard, Women and the National Revolution, in: Harry Roderick Kedward und Roger Austin (Hg.), *Vichy France and the Résistance. Culture and Ideology*, London/Sydney 1985, S. 36–47; Vichy et les Françaises: la politique du travail, Beitrag zum Kolloquium *Le Régime de Vichy*; *Vichy and the Politics of Gender (1940–1944)*, unveröffentlichte Dissertation, Department of Modern History, Trinity College, Dublin, unter Anleitung von H. R. Kedward 1990, eine Arbeit, die uns nicht vorgelegen hat, deren Publikation aber vorgesehen ist.

5 Aline Coutrot, La politique familiale, in: Rémond/Bourdin 1972, S. 245–265; Pollard, Women and the National Revolution.

6 Zit. nach Guy Thuillier, *Les Femmes dans l'administration depuis 1900*, Paris 1988, S. 77f.

7 Michèle Bordeaux, Femmes hors d'État français (1940–1944), in: Rita Thalmann (Hg.), *Femmes et fascismes*, Paris 1987, S. 135–155; Zit. S. 150.

8 S. Bibliographie, Allgemeine Literatur Ariès/Duby 1987 (dt.: 1993) und Burguière/Klapisch-Zuber/Segalen/Zonabend 1986.

9 Marie-Geneviève Chevignard und Nicole Faure, Système de valeurs et de références dans la presse féminine, in: René Rémond und Janine Bourdin (Hg.), *La France et les Français en 1938–1939*, Paris 1978, S. 43–57.

10 Françoise Thébaud, *Quand nos grand-mères donnaient la vie: La maternité en France dans l'entre-deux-guerres*, Lyon 1986.

11 Zit. nach Annie Fourcaut, *Femmes à l'usine dans l'entre-deux-guerres*, Paris 1982, S. 239; Martyne Perrot, La jaciste: une figure emblématique, in: Rose-Marie Lagrave (Hg.), *Celles de la terre. Agricultrice, l'invention politique d'un métier*, Paris 1987, S. 35–50.

12 Sylvie Fayet-Scribe, *Associations féminines et catholicisme; de la charité à l'action sociale, XIXe–XXe siècles*, Paris 1990, S. 111; Yvonne Knibiehler u. a., *De la pucelle à la minette, les jeunes filles de l'âge classique à nos jours*, Paris 1983, S. 224–234.

13 Veillon 1990, vor allem Kap. 8.

14 *Nouvelle jeunesse, bulletin de formation et d'information des cadres féminins de la jeunesse française*, Nr. 1, März 1941; Zahlenangaben zit. nach Vincent Troger, *Les Centres de formation professionnelle (1940–1945), naissance des lycées professionnels*, Colombes 1987, S. 41 und 49.

15 Association des parents d'élèves de l'enseignement libre (APEL), *L'Éducation des filles. Quelques principes directeurs. Esquisse d'un plan général d'études*, Limoges 1941.

16 »Les mouvements familiaux populaires et ruraux, naissance, développement, mutations (1939–1955)«, in: *Cahiers du GRMF* (Groupement pour la recherche sur les mouvements familiaux) Nr. 1, 1983, vervielfältigte Sammlung; L'action familiale ouvrière et la politique de Vichy, in: *Cahiers du GRMF*, Nr. 3, 1985; Sarah Fishman, *The Wives of French Prisoners of War (1940–1945)*, Diss. Cambridge, Mass. 1987.

17 Aussage von Magdeleine Lescheira in Les mouvements familiaux, S. 98; Yvonne Knibiehler, *Nous, les assistantes sociales. Naissance d'une profession*, Paris 1980, vor allem Kap. 5; Robert Vandenbussche, Un mouvement familial: la Ligue ouvrière chrétienne sous l'Occupation, und Églises et chrétiens dans le Nord-Pas-de-Calais pendant la Seconde Guerre mondiale, in: *Revue du Nord*, Bd. LX, Nr. 238, Juli–Sept. 1978, S. 663–673.

18 Michèle Cointet, *Le Conseil national de Vichy. Vie politique et réforme de l'État en régime autoritaire (1940–1944)*, Habil. Paris X-Nanterre 1983, 3 Bde., S. 374–379.

19 Fishman, *Wives*, 2. Teil; Yves Durand, *La Captivité. Histoire des prisonniers de guerre français 1939–1945*, Fédération nationale des combattants prisonniers de guerre 1981, S. 228.

20 Le Journal de Laure, in: *Celles qui attendaient témoignent aujourd'hui*, Briefe, Zeugnisse, Aussagen, gesammelt von Jacqueline Deroy, Association nationale pour les rassemblements et pèlerinages des anciens prisonniers de guerre, 1985, S. 49–61.

21 Christophe Lewin, Le retour des prisonniers de guerre français 1945, in: *Guerres mondiales et conflits contemporains*, Nr. 147, Juli 1987, S. 49–79.

22 Brigitte Friang, *Regarde-toi qui meurs (1943–1945)*, Paris 1989, S. 24.

23 Wilfred D. Halls spricht in seinem Buch *Les Jeunes et la politique de Vichy*, Paris 1988, auf S. 377 diese Intervention an, die demnach dem Gesetz vom August 1943 gefolgt wäre; Pastor Boegner gibt jedoch in seiner Zeugenaussage (*Le Procès du Maréchal Pétain, compte rendu sténographique*, Paris 1945, Bd. 1, S. 369) an, schon im Frühjahr 1943 bei Pétain gewesen zu sein.

24 Bericht Sauckels an Hitler, 25. Januar 1944, *Procès des grands criminels de guerre devant le Tribunal militaire international de Nuremberg*, Nürnberg 1947, Bd. XXVI, S. 160.

25 Zahlenangaben zit. nach *Commission consultative des dommages et des réparations. Dommages subis par la France et l'Union française du fait de la guerre et de l'Occupation ennemie (1939–1945)*, Bd. IX, Monographie DP 1: Exploitation de la main-d'œuvre française par l'Allemagne, Anhang II, Imprimerie nationale 1948.

26 Jean Fourastié, La population active française pendant la Seconde Guerre mondiale, in: *Aspects de l'économie française, Revue d'histoire de la Deuxième Guerre mondiale*, Jan. 1965, Nr. 57, S. 5–18; Berichtigung der Daten durch Jean-Jacques Carré, Paul Dubois, Edmond Malinvaud, *La Croissance française. Un essai d'analyse économique causale de l'après-guerre*, Paris 1972, S. 69–76.

27 Sylvie Zerner, De la couture aux presses: l'emploi féminin entre les deux guerres, in: *Métiers de femmes*, Sondernummer, hg. von Michelle Perrot, *Le Mouvement social*, Nr. 140, Juli–Sept. 1987, S. 9–27; Jean-Paul Scot, La crise sociale des années 1930 en France. Tendances et contre-tendances dans les rapports sociaux, in: *Le Mouvement social*, Nr. 142, Jan.–März 1988, S. 75–101.

28 So lassen die von der Commission consultative genannten Beschäftigungszahlen, berichtigt durch Jean-Marie d'Hoop in La main-d'œuvre française au service de l'Allemagne, in: *Revue d'histoire de la Deuxième Guerre mondiale*, Nr. 1, Jan. 1971, S. 73–88, den Anteil der Frauenarbeit nicht erkennen. Die Monographien über Unternehmen und regionale Wirtschaftsräume, die auf dem vom Centre international d'études pédagogiques am 25./26. Nov. 1986 in Sèvres abgehaltenen Kolloquium »Les entreprises françaises pendant la Deuxième Guerre mondiale« (unveröffentlicht, Bibliothèque des IHTP) vorgelegt wurden, geben zwar Aufschluß über die unterschiedlichen regionalen Produktionsbedingungen, weisen aber nicht präzise die Probleme der Frauenbeschäftigung aus.

29 Alfred Sauvy, *La Vie économique des Français de 1939 à 1945*, Paris 1978, S. 156.

30 D'Hoop, La main-d'œuvre française au service de l'Allemagne, S. 76.

31 Die Beispiele stammen aus: Monique Luirard, *La Région stéphanoise dans la guerre et dans la paix (1936–1951)*, Centre d'études foréziennes 1980; Catherine Omnès, *Les Trajectoires professionnelles des ouvrières parisiennes au XXe siècle*, unveröffentlichte Studie für die Délégation à la condition féminine, 1988, liebenswürdigerweise mitgeteilt von der Autorin; J. B. Beauquier, L'activité économique dans la région marseillaise, in: *Revue d'histoire de la Deuxième Guerre mondiale*, Nr. 95, Juli 1976, S. 25–52; Veillon 1990; Michelle Zancarini-Fournel, La famille Casino. Saint-Étienne 1920–1960, in: Yves Lequin und Sylvie Vandecasteele (Hg.), *L'Usine et le bureau. Itinéraires sociaux et professionnels dans l'entreprise*, XIXe et XXe siècles, Lyon 1990, S. 53–73.

32 Zahlenangaben zit. nach Pierre Delvincourt, Problèmes relatifs à l'emploi dans les PTT pendant la Deuxième Guerre mondiale, in: *Aspects de l'éco-*

nomie française. Revue d'histoire de la Deuxième Guerre mondiale, Jan. 1965, Nr. 57, S. 41–52; Paul Durand, La politique de l'emploi à la SNCF pendant la Deuxième Guerre mondiale, in: ebd., S. 19–40.

33 Schätzungen in Jean Daric, *L'Activité professionnelle des femmes en France. Étude statistique, évolution, comparaisons internationales*, Institut national d'études démographiques (INED), *Travaux et Documents*, Nr. 5, 1947, S. 85.

34 Beispielsweise der Einsatz der Sozialausschüsse der Unternehmen der Loire in Monique Luirard, Les Ouvriers de la Loire et la Charte du Travail, in: *Revue d'histoire de la Deuxième Guerre mondiale*, Nr. 102, April 1976, S. 57–82.

35 Laborie 1990, S. 237.

36 Die Texte der Rundfunksendungen von France Libre liegen gesammelt vor in Jean-Louis Crémieux-Brilhac (Hg.), *Les Voix de la liberté (1940–1945)*, 5 Bde., Paris 1975.

37 Laborie 1990, S. 333.

38 Beiträge von Rolande Trempé und Pierre Laborie, in: Comité d'histoire de la poste et des télécommunications et IHTP, *L'Œil et l'Oreille de la Résistance. Action et rôle des agents des PTT dans la clandestinité au cours de la Deuxième Guerre mondiale*, Akten des Pariser Kolloquiums, 21.–23. Nov. 1984, Toulouse 1986, S. 460f.

39 François Bédarida, *Le Nazisme et le Génozide, histoire et enjeux*, Paris 1969, S. 33.

40 Madeleine Barot, La Cimade et les camps d'internement de la zone sud 1940–1944, in: Xavier de Montclos, Monique Luirard, François Delpech, Pierre Bolle, *Églises et chrétiens dans la Deuxième Guerre mondiale (La France)*, Akten des Kolloquiums in Lyon 1978, Lyon 1982, S. 293–303; Monique Lewi, Le destin des Juifs et la solidarité chrétienne à Rouanne entre 1940 et 1944, in: *Églises et chrétiens dans la Deuxième Guerre mondiale (La région Rhône-Alpes)*, Akten des Kolloquiums in Grenoble 1976, Lyon 1978, S. 191.

41 Zit. nach Coudert 1985, S. 59f.

42 Harry Roderick Kedward, *Naissance de la Résistance dans la France de Vichy. Idées et motivations 1940–1942*, Seyssel 1990.

43 Annette Kahn, *Robert et Jeanne. A Lyon sous l'Occupation*, Paris 1990.

44 Olivier Wieworka, La génération de la Résistance, in: *Vingtième siècle, revue d'histoire*, Nr. 22, April-Juni 1989, S. 111–116, Zit. S. 115.

45 Dominique Veillon, Elles étaient dans la Résistance, in: *Repères, bulletin de l'AFI (Agence femmes information)*, Nr. 59, 30. Mai–5. Juni 1983, S. 9–12.

46 Aussage zit. nach Guidez 1989, S. 200; über die von »Amniatrix« weitergegebenen Informationen: Marie-Madeleine Fourcade, *L'Arche de Noé, réseau Alliance (1940–1945)*, Paris 1989, S. 406f.

47 Friang, *Regarde-toi qui meurs*, S. 47f.

48 Paula Schwartz, Partisanes and Gender Politics in Vichy France, in: *French Historical Studies*, Bd. 16, Nr. 1, Frühjahr 1989, S. 126–151; Aussage Jeanne Bohecs in: *Les Femmes dans la Résistance*, Akten des von der »Union des femmes françaises« am 22./23. Nov. 1975 an der Sorbonne in Paris veranstalteten Kolloquiums, Paris 1977, S. 38.

49 Maurice Schumann, Sendung »Honeur et Patrie«, 16. Dezember 1943, in: Crémieux-Brilhac (Hg.), *Les Voix de la liberté*, Bd. 4, S. 131f.; Sendung vom 24.März 1944 ebd., S. 219.

50 Zit. nach Thuillier, *Les Femmes dans l'administration*, S. 80f.; über die Ambiguitäten des egalitären Diskurses Marie-France Brive, L'image des femmes à la Libération, in: *La Libération dans le Midi de la France*, Arbeiten der Universität Toulouse-Le-Mirail, Reihe A, Bd. 35, Toulouse 1986, S. 387–402.

51 Mattei Dogan und Jacques Narbonne, *Les Françaises face à la politique. Comportement politique et condition sociale, Cahiers de la FNSP*, Nr. 72, Paris 1955.

52 Jean Goueffon, La Cour de justice d'Orléans 1944–1945, in: *Revue d'histoire de la Deuxième Guerre mondiale et des conflits contemporains*, Nr. 130, April 1983, S. 51–64.

53 Marcel Baudot, L'épuration, bilan chiffré, in: *Bulletin de l'IHTP*, Nr. 25, Sept. 1986, S. 37–52 (Berechnungen für 28 Départements).

54 Aussage von Marinette Dambuyant in *Les Françaises à Ravensbrück* 1987, S. 288.

55 Vgl. Anise Postel-Vinay, Les exterminations par gaz à Ravensbrück, in: Tillion 1988, S. 305–330.

56 *Les Françaises à Ravensbrück*, S. 293.

57 Micheline Maurel, *Un camp très ordinaire*, Paris 1985, S. 185.

58 *Les Françaises à Ravensbrück*, S. 305.

59 Tillion 1988, S. 104.

Das sowjetische Modell

1 Zit. in André Pierre, *Les Femmes en Union soviétique*, Paris 1960, S. 15.

2 Gail Warshofsky Lapidus, *Women in Soviet Society: Equality, Development, and Social Change*, Berkeley 1978, S. 37.

3 Nicolas Werth, *La Vie quotidienne des paysans russes de la Révolution à la collectivisation (1917–1939)*, Paris 1984.

4 Lapidus, *Women in Soviet Society*, S. 164.

5 Ivan Kourganov, *Semia v SSSR 1917–1967*, New York 1967.

6 Friedrich Engels, *Der Ursprung der Familie, des Privateigentums und des Staats*, in: Karl Marx – Friedrich Engels, *Ausgewählte Schriften in zwei Bänden*, Berlin 1968, Band 2, S. 214.

7 Richard Stites, *The Women's Liberation Movement in Russia: Feminism, Nihilism and Bolshevism, 1860–1930*, Princeton 1978, S. 260f.
8 Les bases sociales de la question féminine, in: Judith Stora-Sandor, *Marxisme et révolution sexuelle*, Paris 1973, S. 52–96.
9 La nouvelle morale et la classe ouvrière, in: ebd., S. 156–182.
10 Ebd., S. 100–134.
11 Place à Eros ailé, in: ebd., S. 183–205 (dt.: Ein Weg dem geflügelten Eros (1923), in: C. Bauermeister u. a. [Hg.], *Der weite Weg. Erzählungen, Kommentare*, Frankfurt a. M. 1979).
12 Révolution dans la vie quotidienne (1921), in: ebd., S. 216.
13 Ebd., S. 223.
14 La famille et l'État communiste, in: ebd., S. 212.
15 La nouvelle morale et la classe ouvrière, in: ebd., S. 171f.
16 Nicolas Valentinov, *Mes rencontres avec Lénine*, Paris 1964, S. 110.
17 Jean Freville, *La Femme et le Communisme. Anthologie des textes*, Paris 1951, S. 220–222.
18 Pierre, *Les Femmes en Union soviétique*, S. 15.
19 Zit. in Wladimir Berelowitch, Modèles familiaux dans la Russie des années 20; in: *L'Évolution des modèles familiaux, Cultures et Sociétés de l'Est*, Nr. 9, Paris, IMSECO 1988, S. 35.
20 Yves Trotignon, *Naissance et Croissance de l'URSS*, Paris 1970, S. 64–86.
21 Lapidus, *Women in Soviet Society*, S. 165.
22 Ebd., S. 204.
23 Pierre, *Les Femmes en Union soviétique*, S. 16f.
24 Nicolas Werth, L'URSS: de l'amour libre à l'ordre moral, in: *L'Histoire* Nr. 72, Nov. 1974, S. 74–79, S. 76.
25 Trotignon, *Naissance et Croissance*, S. 82.
26 Vincent Monteil, *Les Musulmans soviétiques*, Paris 1982, S. 125–135.
27 Lapidus, *Women in Soviet Society*, S. 142.
28 Daten von 1987, in: *Jenschtschiny v SSSR-1989*, Moskau, Finantsy i statistikas, Kompilation der Seiten 10 und 16.
29 Lynne Viola, Babi bunty and Peasant Women's Protest during Collectivisation, in: *The Russian Revue* Bd. 45, Nr. 1, 1986, S. 23–42.
30 Ivan Kurganov, La catastrophe démographique, in: *Est-Ouest*, Nr. 598, 16. Juli 1977, S. 14–20, S. 18.
31 Basile Nerblay, *La Société soviétique contemporaine*, Paris 1977, S. 174.
32 André Gide, *Retour de l'URSS*, Paris 1978, S. 51.
33 Ossip Mandelstam, *Tristia et autres poèmes*, Paris 1975, S. 228.
34 Werth, L'URSS: de l'amour libre à l'ordre moral, S. 77.
35 Moshe Lewin, *La Formation du systeme soviétique*, Paris 1987, S. 359.
36 Ivan Kurganov, *Jenschtschina i kommunism*, Frankfurt a. M. 1968, S. 188.
37 Pierre, *Les Femmes en Union soviétique*, S. 26.
38 Ebd., S. 30f.
39 Robert Conquest, *The Great Terror: Stalin's Purge of the Thirties*, New York 1968.
40 Kurganov, *Jenschtschina i kommunism*, S. 86f.
41 Michel Heller, *La Machine et les rouages*, Paris 1985, S. 218.
42 Trotignon, *Naissance et Croissance*, S. 225.
43 Fjodor Panferov, Bruski, zit. in Xenia Gasiorowska, *Women in Soviet Fiction*, Madison 1968, S. 53.
44 Louise E.Luke, Marxian Woman: Soviet Variants, in: Ernest J. Simmons, *Through the Glass of Soviet Literature*, New York 1967, S. 27–109.
45 Basile Kerblay, *La Civilisation paysanne russe 1861–1964*, Vorlesung an der Universität Paris IV, 1972/73.
46 Lapidus, *Women in Soviet Society*, S. 179.
47 Ebd., S. 169.
48 *Malaja Sovjetskaja Entsiklopedija*, Moskau 1960, Bd. 8, S. 915.
49 *Les Femmes en URSS – Chiffres et faits*, Moskau 1985, S. 11, und *Jenschtschiny v SSSR-1989*, S. 24.
50 *Jenschtschiny v SSSR-1989*, S. 15.
51 Ebd., S. 30.
52 Lapidus, *Women in Soviet Society*, S. 182.
53 Kurganov, *Jenschtschina i kommunism*, S. 44f.
54 Basile Kerblay und Marie Lavigne, *Les Soviétiques des années 80*, Paris 1985, S. 132.
55 *Jenschtschiny v SSSR-1989*, S. 7.
56 *Les Femmes en URSS*, S. 19; Lapidus, *Women in Soviet Society*, S. 210.
57 Lapidus, *Women in Soviet Society*, S. 204; *Jenschtschiny v SSSR-1989*, S. 13.
58 Lapidus, *Women in Soviet Society*, S. 219.
59 *Jenschtschiny v SSSR-1989*, S. 13; Actualités soviétiques, in: Bulletin der APN, Nr. 9, 7. Febr. 1990.
60 In *L'Humanité* vom 7. Mai 1956.
61 J. Vermeersch zu Dominique Desanti, zit. in Renée Rousseau, *Les Femmes rouges*, Paris 1983, S. 242.
62 In Mittelasien kam es vereinzelt zu Selbstverbrennungen verzweifelter Frauen (*Prawda*, 21. April 1989).

Differenz und Widerstreit

1 Georg Simmel, Das Relative und das Absolute im Geschlechter-Problem, in: Heinz-Jürgen Dahme und Klaus Christian Köhnke (Hg.), *Georg Simmel. Schriften zur Philosophie und Soziologie der Geschlechter*, Frankfurt a. M. 1985, S. 201. Analysen der Positionen Simmels zur Geschlechterdifferenz in: *Georg Simmel*, Sondernummer von *Les Cahiers du Grif*, Nr. 40, 1989.

2 Ortega y Gasset, *El Hombre y la gente,* in: *Werke* Bd. 7, Kap. 4: »Mas sobre los otros y yo. Breve excursión hacia ella.«

3 Vgl. den Kommentar von Alain Guys, La femme selon Ortega y Gasset, in: Autorenkollektiv, *La Femme dans la pensée espagnole,* 1984.

4 Max Scheler, Über Scham und Schamgefühl, in: Maria Scheler (Hg.), *Max Scheler. Schriften aus dem Nachlaß,* Bd. 1: *Zur Ethik und Erkenntnislehre,* Bern 1957, S. 147.

5 Vladimir Jankélévitch, Le masculin et le féminin, in: *Traité des vertus,* Paris 1970, Bd. 2, Kap. 6, S. 425–449.

6 Paul-Laurent Hassoun, *Freud et la femme,* Paris 1983, S. 14–19.

7 Alexander Mitscherlich, Angela Richards, James Strachey (Hg.), *Sigmund Freud. Studienausgabe,* Bd. 1: *Vorlesungen zur Einführung in die Psychoanalyse. Und Neue Folge,* Frankfurt a. M. 1969, S. 546 (= *Neue Folge der Vorlesungen zur Einführung in die Psychoanalyse,* Kap. »Die Weiblichkeit«). Lacan wird später sagen: »Was die Frage betrifft zu definieren, was ein Mann und was eine Frau ist, so ist das, was die Psychoanalyse uns darüber zu sagen hat, sehr genau dies, daß es unmöglich ist«, in: *Le Savoir de l'analyste,* Gespräche in Sainte-Anne 1971/72, Sitzung vom 4. November 1971 (unveröffentlicht).

8 Zu dieser Debatte vgl. Roudinesco 1986. Die Autorin irrt jedoch, wenn sie Simone de Beauvoir dem dualistischen Denken der englischen Schule zuordnet. Für de Beauvoir ist das »andere Geschlecht« vielmehr eine gesellschaftliche Konstruktion.

9 Jacques Lacan, Encore, in: *Séminaire XX,* Paris 1972/73 (dt.: *Encore. Das Seminar. Buch XX* (1972–73). Aus dem Franz. von Norbert Haas, Vreni Haas und Hans-Joachim Metzger, Weinheim, Berlin 1986, S. 80).

10 Friedrich Engels, »Der Ursprung der Familie, des Privateigentums und des Staats«, in: Karl Marx – Friedrich Engels, *Ausgewählte Schriften in zwei Bänden,* Berlin 1968, Bd. 2, S. 205 [Abschnitt 4: »Die monogame Familie«].

11 August Bebel, *Die Frau und der Sozialismus,* 1879

12 Judith Stora-Sandor, Vorwort und Einführung zu: Alexandra Kollontaj, *Marxisme et révolution sexuelle,* Paris o. J. (eine Anthologie mit einschlägigen Auszügen aus den Werken A. Kollontajs).

13 Beide erschienen bei Édition de Minuit, Paris 1972 bzw. 1974.

14 Jean-François Lyotard, *L'Économie libidinale,* Paris 1974 (dt.: *Ökonomie des Wunsches,* Bremen 1984).

15 Gilles Deleuze, *L'Anti-Œdipe,* Paris 1972, S. 71f. (dt.: Gilles Deleuze und Félix Guattari, *Anti-Ödipus. Kapitalismus und Schizophrenie I.* Aus dem Franz. von Bernd Schwibs, Frankfurt a. M. 1974, S. 77).

16 Jean Baudrillard, *De la séduction,* Paris 1980 (dt.: *Von der Verführung.* Aus dem Franz. von Michaela Meßner, München 1992, S. 22f.).

17 Jean Baudrillard, Gespräch mit Diane Hunter, in: *Works and Days,* II/12, Bd. 6, Nr. 1 und 2, 1988.

18 Michel Foucault, *Histoire de la sexualité,* Paris o. J. (dt.: *Sexualität und Wahrheit,* Bd. 1: *Der Wille zum Wissen,* Bd. 2: *Der Gebrauch der Lüste,* Bd. 3: *Die Sorge um sich.* Aus dem Franz. von Ulrich Raulff und Walter Seitter, Frankfurt a. M. 1986).

19 Vgl. Rosi Braidotti, Bio-éthique ou nouvelle normativité?, in: *Les Cahiers du Grif,* Nr. 33, 1985; Hannah Arendt, in: ebd. S. 149–155; Les Organes sans corps, in: ebd. Nr. 36; *De la parenté à l'eugénisme,* 1987, S. 7–22.

20 Diese Thematik ist im Werk Derridas seit *L'Écriture et la Différence,* Paris 1967 (dt.: *Die Schrift und die Differenz.* Aus dem Franz. von Rodolphe Gasché, Frankfurt a. M. 1972), gegenwärtig.

21 Jacques Derrida, Geschlecht, différence sexuelle, différence ontologique, in: *Psyché,* Paris 1967 (dt.: Geschlecht. Sexuelle Differenz, ontologische Differenz, in: ders., *Geschlecht* [Heidegger], Wien 1988, S. 11–43). Dieser Text war zunächst erschienen in: Heidegger, *Cahiers de l'Herne,* 1983.

22 Women in the Beehive: a Seminar with Jacques Derrida, in: Alice Jardine und Paul Smith (Hg.), *Men in Feminism,* New York/London 1987.

23 Jean-Paul Sartre, *L'Être et le Néant,* Kap. 3: »Les relations concrètes avec autrui«, Paris 1943 (dt.: Traugott König [Hg.], *Jean-Paul Sartre. Das Sein und das Nichts.* Aus dem Franz. von Hans Schöneberg und Traugott König, Teil III, 3. Kapitel: »Die konkreten Beziehungen zu Anderen«, Reinbek bei Hamburg 1993).

24 Simone de Beauvoir interroge Jean-Paul Sartre, in: *L'Arc,* Nr. 61, 1975, S. 4.

25 Emmanuel Levinas, *Totalité et Infini,* Den Haag 1961, S. 127 f. (dt.: *Totalität und Unendlichkeit.* Aus dem Franz. von Wolfgang Nikolaus Krewani, Freiburg/München 1987, S. 220ff.).

26 Ebd., S. 244ff. (dt.: ebd., S. 390ff.).

27 Francis Jacques, *Différence et subjectivité,* Paris 1982, S. 164ff.

28 Ebd., S. 295ff.

29 Jean-François Lyotard, *Le Différend,* Paris 1983 (dt.: *Der Widerstreit.* Aus dem Franz. von Joseph Vogel, München 1986).

30 Simone de Beauvoir et la lutte des femmes, in: *L'Arc,* Nr. 61, 1975, S. 11f.

31 Titel von Nr. 3 der Zeitschrift *Questions féministes,* 1978. Vgl. u. a. Colette Guillaumin, Pratique du pouvoir et idée de nature.

32 Vgl. Françoise Collin, L'irreprésantable de la difference des sexes, in: *Catégorisation de sexe et constructions scientifiques,* Universität Aix-en-Provence 1989, S. 39f.

33 Zur Frage der feministischen Studien vgl. neben vielen anderen Publikationen: Savoir et différence des sexes, in: *Cahiers du Grif*, Nr. 45, 1990; Femmes, féminisme et recherches, in: *Actes du colloque de Toulouse*, 1982.

Die Stellung der Frau im Bereich der Kultur

1 Debray 1979, S. 247.
2 Dies bezeugen die Zeitschriften, Video- und Kinofilme der Zeit, die in feministischen Dokumentationszentren gezeigt werden.
3 Franz. Übers.: Maria Isabel Barreno, Maria Teresa Horta, Maria Velho da Costa, *Les Nouvelles Lettres portugaises*, Paris 1974; engl. Übers.: dies., *The Three Marias*, New York 1975.
4 Sartres Feststellung, der Antisemitismus gehöre nicht zu jenen Gedanken, die das Recht auf Meinungsfreiheit schützt (*Réflexions sur la question juive*, 1954), galt zwar für den Rassismus, nicht aber für den Sexismus: Dieser Begriff stieß auf beträchtlichen Widerstand.
5 Simone de Beauvoir, *Le Deuxième sexe*, Paris 1949, Bd. 1, S. 14 (dt.: *Das andere Geschlecht*. Aus dem Franz. von Uli Aumüller und Grete Osterwald, Reinbek 1992, S. 11f.).
6 *Libération des femmes années zéro*, Sondernummer der Zeitschrift *Partisans*, Paris, Juli–Okt. 1970.
7 Hermann 1976.
8 Zum Begriff »symbolische Funktion« vgl. Jean-Joseph Goux, *Freud, Marx. Économie et symbolique*, Paris 1973. Luce Irigaray war die erste, die diesen Begriff einer systematischen Kritik unterzog (Irigaray 1974).
9 Jardine/Menke 1991.
10 1979 von Jackie Buet und Elisabeth Trehard gegründet, hat dieses Festival die Begegnung von Filmemacherinnen aus der ganzen Welt ermöglicht.
11 Diese Installation, ein Kollektivwerk, wurde in Nordamerika, England und Deutschland gezeigt.
12 Florence Montreynaud, *Le XXe Siècle des femmes*, Vorwort von Élisabeth Badinter, Paris 1989.
13 *Le Figaro littéraire*, Sondernummer zum »Salon du livre«, 19. Mai 1989.
14 Vessilier-Ressi 1982.
15 Pierrette Dionne und Chantal Théry, Le monde du livre: des femmes entre parenthèses, in: *Recherches féministes*, Bd. 2, Nr. 2, Universität Laval, Québec 1989.
16 »La production littéraire en France depuis 1945. Analyse differentielle«, durchgeführt 1984 von Marcelle Marini und Nicole Mozet. Die Erfassung der Datei auf EDV hat Colette Julien-Bertolus programmiert und realisiert.
17 Claude Habib, La femme plumée, in: *Cahiers de recherches de S. T. D. (Textuel)*, Universität Paris-VII, Nr. 13, *Femmes et institution littéraires*, 1984.
18 René Rémond (Hg.), *Notre siècle*, Paris 1988. Die Kapitel zu dem Thema Kultur stammen von Jean-François Sirinelli.
19 Gérard Delfau und Anne Roche, *Histoire/Littérature*, Paris 1977.
20 Anne Sauvy, La Littérature et les femmes, in: Chartier 1986.
21 Interview 1972, in: Francis/Gontier 1979.
22 Françoise Collin, Le sujet et l'auteur ou lire »l'autre femme«, in: *Cahiers du Cedref*, Universität Paris-VII, Nr. 2, *Femmes sujets des discours*, Paris 1990.
23 Françoise Mayeur-Castellani, *L'Enseignement secondaire des jeunes filles sous la IIIe République*, Paris 1977.
24 Beauvoir, *Le Deuxième sexe*, Bd. 2, 1949 (dt.: *Das andere Geschlecht*).
25 Marcelle Marini, Enfance en archipels: *L'Opoponax* de Monique Wittig, in: *Revue des Sciences humaines*, Nr. 222, Lille 1991/92.
26 Marcelle Marini, L'élaboration de la différence sexuelle dans la pratique littéraire de la langue (Sarraute, Hyvrard), in: *Cahiers du Grad*, Nr. 1, *Femmes, écriture, philosophie*, Universität Laval, Québec 1987.
27 Léonor Fini, Lettre à Roger Borderie, in: *Obliques*, Nr. 14–15, *La Femme surréaliste*, Paris 1977, S. 115.
28 Fraisse 1989, S. 301.
29 Gelfand und Thorndike Hules 1985.
30 Françoise Van Rossum-Guyon im Gespräch mit Hélène Cixous und Julia Kristeva, *Revue des sciences humaines*, Nr. 168, *Écriture, Féminité, féminisme*, Lille 1977-4.
31 *Les Cahiers du Grif*, Brüssel, Nr. 7, 1975; Nr. 12 und 13, 1976.
32 Hélène Cixous, Le rire de la méduse, in: *L'Arc*, Nr. 61, Paris 1975.
33 Monique Plaza, »Pouvoir phallomorphique« et psychologie de »la femme«, in: *Questions féminines*, Nr. 1, Paris, Nov. 1977.
34 Alice Jardine, *Gynesis*, 1985; frz.: Paris 1991.
35 Béatrice Slama, »De la ›littérature féminine‹ à ›l'écrire femme‹«, in: *Littérature*, Nr. 44, Paris, Dez. 1981; Didier 1981.
36 Planté 1989.

Frauen, Massenkonsum und Massenkultur

1 Modleski 1986; Morin 1962.
2 Haskell 1987; Treneman 1988.
3 Huyssen 1986.
4 Ehrenreich/English 1979.
5 Davies/Dickey/Stratford 1987.

6 Williamson 1986.
7 Pomata 1984.
8 Gamman/Marshment 1988.
9 Peiss 1986.
10 Stacey 1988.
11 Lewallen 1988.
12 Treneman 1988.
13 Turnaturi 1979.
14 Werner 1984.
15 Porter Benson 1986; Leach 1984.
16 Peiss 1988.
17 Haskell 1987.
18 De Grazia 1989.
19 Dies. 1987.
20 Morin 1957.
21 Werner 1984.
22 Sullerot 1963.
23 Ebd.
24 Meldini 1975.
25 Synthetische Wolle, die während des Faschismus verwendet wurde. (A. d. Ü.)
26 Mondello 1987.
27 Passerini 1984.
28 Masino 1982, S. 183.
29 Lilli 1976.
30 Mondello 1987.
31 Alberoni 1964, S. 38–43.
32 Eco 1964.
33 Morin 1962.
34 Sullerot 1963, S. 129.
35 Buonanno 1975.
36 Parca 1966.
37 Sullerot 1963.
38 Dardigna 1974.
39 Lilli 1976.
40 Buonanno 1975.
41 Dies. 1978.
42 Anelli u. a. 1979.
43 Buonanno 1975.
44 Anelli u. a. 1979.
45 Buonanno 1975.
46 Modleski 1982.
47 Buonanno 1983.

Frauen, Bilder, Darstellungen

1 Madeleine Edmondson und David Rounds, *Mary Noble to Mary Hartman: The Complete Soap Opera Book*, New York 1976, S. 187.
2 Ebd., S. 197.
3 White 1970, S. 216.
4 Umschlag des Oktoberhefts 1989 von *Good Housekeeping*.
5 Lois Banner, *American Beauty*, New York 1983, S. 273.
6 Elaine Brumberg, *Save Your Money, Save Your Face*, New York 1986, S. 95.
7 Richard Randall, *Freedom and Taboo: Pornography and the Politics of a Self Divided*, Berkeley 1989, S. 200.
8 Gordon Hawkins und Franklin E. Zimring, *Pornography in a Free Society*, Cambridge 1988, S. 42.
9 Ebd., S. 36.
10 Randall, *Freedom and Taboo*, S. 200.
11 Hawkins und Zimring, *Pornography*, S. 54.
12 Berkeley 1989, S. XV.

Die großen Verwandlungen des Jahrhunderts

1 Simone de Beauvoir, *Lettres à Sartre, 1940–1963*, Paris 1990, S. 211.
2 Edgar Morin, Amour et érotisme dans la ›culture de masse‹, in: *Arguments*, 1. Trimester 1961, S. 52, zit. in: Janine Mossuz-Lavau, Politique des libérations sexuelles, in: Pascal Ory (Hg.), *Nouvelle histoire des idées politiques*, Paris 1987, S. 682–694.
3 Vgl. Bibliographie: Allgemeine Literatur.
4 Jeannette Laot, *Stratégie pour les femmes*, Paris 1977; Madeleine Colin, *»Ce n'est pas d'aujourd'hui« (Femmes, syndicats, lutte de classe)*, Paris 1975; dies., *Traces d'une vie: dans la mouvance du siècle*, Paris 1989 und 1991.

Weibliche Armut, Mutterschaft und Rechte von Müttern

1 Der Essay ist ein Ergebnis des Forschungsprojekts »Women's rights and women's welfare«, das 1986–1989 am Europäischen Hochschulinstitut (Florenz) bearbeitet wurde; ich danke dem Institut für die großzügige Förderung. Vor allem danke ich den Mitarbeiterinnen und Mitarbeitern Ida Blom, Annarita Buttafuoco, Anne Cova, Elisabeth Elgan, Jan Gröndahl, Hilde Ibsen, Jane Lewis, Mary Nash, Karen Offen, Ann-Sofie Ohlander, Frank Prochaska, Valeria Russo, Chiara Saraceno, Anne-Lise Seip, Bonnie G. Smith, Irene Stoehr, Angela Taeger, Pat Thane und Elisabetta Vezzosi. Die meisten ihrer Beiträge sind erschienen in: Gisela Bock und Pat Thane (Hg.), *Maternity and Gender Policies: Women and the Rise of the European Welfare States, 1880s–1950s*, London 1991. Für die Unterstützung bei der Überarbeitung danke ich Victoria de Grazia, Wiebke Kolbe, Kristina Schulz und Anette Weber.
2 Flora/Heidenheimer 1981, S. 27. Vgl. Thomas H. Marshall, Staatsbürgerrechte und soziale Klassen (1949), in: ders. 1992; Gerhard A. Ritter, *Der Sozialstaat: Entstehung und Entwicklung im internationalen Vergleich*, München 1989.
3 Bonnie G. Smith, On Writing Women's Work, Working Paper HEC 91/7 des Europäischen Hochschul-

instituts, Florenz 1991. Vgl. Margaret Lewelyn Davies (Hg.), *Maternity: Letters from Working Women* (1915), London 1989; dies. (Hg.), *Life as We Have Known It, by Cooperative Working Women* (1931), New York 1975; Arbeiterinnensekretariat des Deutschen Textilarbeiterverbands (Hg.), *Mein Arbeitstag – Mein Wochenende: 150 Berichte von Textilarbeiterinnen* (1930), ND hg. von Alf Lüdtke, Frankfurt a. M. 1990; Molly Ladd-Taylor (Hg.), *Raising a Baby the Government Way: Mothers' Letters to the Children's Bureau, 1915–1932*, New Brunswick 1986; Ida Blom, *Barnebegrensning – synd eller sund fornuft?*, Bergen 1980, S. 64–154; Annarita Buttafuoco, *Le Mariuccine*, Mailand 1985.

4 Wolfram Fischer, *Armut in der Geschichte*, Göttingen 1982; Hartmut Kaelble, *Auf dem Weg zu einer europäischen Gesellschaft. Eine Sozialgeschichte Westeuropas 1880–1980*, München 1987, S. 29.

5 Vera Brittain, *Lady Into Woman*, London 1953, S. 224.

6 Katherine Anthony, *Feminism in Germany and Scandinavia*, New York 1915, S. 53.

7 Käthe Schirmacher, *Die Frauenarbeit im Hause, ihre ökonomische, rechtliche und soziale Wertung* (1905), Leipzig 1912, S. 3–8 (teilweise in: Gisela Brinker-Gabler [Hg.], *Frauenarbeit und Beruf*, Frankfurt a. M. 1979); Bericht in: *Die Frauenbewegung* XI/20 (15. Okt. 1905), S. 153–155.

8 Auclert, zit. in Anne Cova, French Feminism and Maternity: Theories and Politics, 1890–1918, in: Bock/Thane 1991; Rouzade zit. in Wynona H. Wilkins, The Paris International Feminist Congress of 1896 and its French Antecedents, in: *North Dakota Quarterly* 1975, S. 13. Vgl. Karen Offen, Sur l'origine des mots ›féminisme‹ et ›féministe‹, in: *Revue d'histoire moderne et contemporaine* 36, 1987, S. 492–496; dies. 1984, S. 648–676; Claire G. Moses, *French Feminism in the 19th Century*, Albany 1984, S. 207f.; Klejman/Rochefort 1989, S. 260.

9 Nelly Roussel, *L'Eternelle sacrifiée* (1906), hg. von Daniel Armogathe und Maité Albistur, Paris 1979, S. 55; die übrigen Zitate aus Cova, French Feminism, und dies., Féminisme et Natalité: Nelly Roussel (1878–1922), in: *History of European Ideas* 15, 1992, S. 663–672; Offen 1984, S. 673.

10 Ida Blom, Voluntary Motherhood 1900–1930: Theories and Politics of a Norwegian Feminist in an International Perspective, in: Bock/Thane 1991; Cheri Register, Motherhood at Center: Ellen Key's Social Vision, in: *Women's Studies International Forum* 5, 1982, S. 599–610.

11 Annarita Buttafuoco, Motherhood as a Political Strategy: The Role of the Italian Women's Movement in the Creation of the Cassa Nazionale di Maternità, in: Bock/Thane 1991.

12 Lily Braun, *Die Frauenfrage*, Leipzig 1901, S. 547; dies., *Die Mutterschaftsversicherung*, Berlin 1906. Vgl. Irene Stoehr, Housework and Motherhood: Debates and Policies in the Women's Movement in Imperial Germany and the Weimar Republic, in: Bock/Thane 1991; Alfred G. Meyer, *The Feminism and Socialism of Lily Braun*, Bloomington 1986, bes. S. 125, 137.

13 Käthe Schirmacher, *Wie und in welchem Maße läßt sich die Wertung der Frauenarbeit steigern?*, Leipzig 1909, S. 10 (auch in Brinker-Gabler, *Frauenarbeit und Beruf*); die übrigen Zitate aus Stoehr, Housework. Vgl. Marion Kaplan, *Die jüdische Frauenbewegung in Deutschland: Organisation und Ziele des Jüdischen Frauenbundes 1904–1938*, Hamburg 1981, bes. Kap. 3. Vgl. Max Weber, Zur Psycho-Physik der industriellen Arbeit, in: *Archiv für Sozialwissenschaft und Sozialpolitik* 28, 1909, S. 268, 722.

14 Zit. in Dyhouse 1989, S. 191f.

15 Women's Industrial Council (1911), zit. in Jane Lewis, Models of Equality for Women: The Case of State Support for Children in 20th-Century Britain, in: Bock/Thane 1991. Die vorigen Zitate aus Pat Thane, Visions of Gender in the Making of the British Welfare State: The Case of Women in the British Labour Party and Social Policy, 1906–1945, in: Bock/Thane 1991. Vgl. Frank Prochaska, A Mother's Country: Mothers' Meetings and Family Welfare in Britain, 1850–1950, in: *History* 74, 1989, S. 379–399.

16 Atkinson zit. in Dyhouse 1989, S. 65f., 93; vgl. S. 96–104; Rathbone 1986; Mary Stocks, *The Case for Family Endowment*, London 1927, Kap. 3; Lewis, Models of Equality.

17 Anthony, *Feminism*, S. 117, 127 (Zitate); dies., *Mothers Who Must Earn*, New York 1914; dies., Einleitung zu: *The Endowment of Motherhood*, New York 1920.

18 Karen J. Blair, *The Clubwoman as Feminist: True Womanhood Redefined, 1868–1914*, New York 1980, S. 30 (Zitat), 42; Crystal Eastman, Now we can begin, ND in Blanche Wiesen Cook (Hg.), *Crystal Eastman: On Women and Revolution*, New York 1978, S. 54–57; Mary Madeleine Ladd-Taylor, Mother-Work: Ideology, Public Policy, and the Mothers' Movement, 1890–1930, Diss. Yale University 1986, bes. Kap. 2–4 (= dies. 1993); Lela B. Costin, *Two Sisters for Social Justice. A Biography of Grace and Edith Abbott*, Urbana 1983.

19 Zitate aus Dyhouse 1989, S. 91, und aus Ladd-Taylor, Mother-Work, S. 148; vgl. auch die Kommentare zu Schirmacher, diejenigen von Russell (s. oben) und Anm. 40.

20 Zitate aus Dyhouse 1989, S. 90, 92, und aus Cova, French Feminism; zu Anna Martin vgl. Lewis, Models of Equality; Marianne Weber, Zur Frage

der Bewertung der Hausfrauenarbeit (1912), in: dies., *Frauenfragen und Frauengedanken*, Tübingen 1919, S. 80–94; Anthony, *Feminism*, S. 118f.

21 Lischnewska zit. in Stoehr, Housework and Motherhood; Franca Pieroni Bortolotti, La Kuliscioff e la questione femminile, in: *Anna Kuliscioff e l'età del reformismo. Atti del Convegno di Milano 1976*, Rom 1978, S. 104–138; Rathbone 1986, S. 369f.

22 Aileen S. Kraditor, *The Ideas of the Woman Suffrage Movement, 1890–1920*, New York 1971, bes. S. 91; Jane Lewis (Hg.), *Before the Vote was Won: Arguments for and against Women's Suffrage 1864–1896*, New York 1987, z. B. S. 418–424; Irene Stoehr, »Organisierte Mütterlichkeit«: Zur Politik der deutschen Frauenbewegung um 1900, in: Karin Hausen (Hg.), *Frauen suchen ihre Geschichte*, München 1983, S. 225–253; Allen 1991; Ladd-Taylor, Mother-Work, S. 256; Ellen Ross, »Fierce Questions and Taunts«: Married Life in Working Class London 1870–1914, in: *Feminist Studies* 8, 1982, S. 575–602.

23 Vgl. z. B. Paula Baker, The Domestication of Politics: Women and American Political Society, 1780–1920, in: *American Historical Review* 89, 1984, S. 620–647.

24 Ersilia Majno Bronzini, Vie pratiche del femminismo (1902), zit. in Buttafuoco, Motherhood as a Political Strategy; Jean Gaffin und David Thoms, *Caring & Sharing: The Centenary History of the Cooperative Women's Guild*, Manchester 1983, S. 43. Zu dem der Aufklärung eigenen Konzept männlicher Natur und männlicher Bürgerrechte vgl. Pateman 1988; dies., Equality, difference, subordination: The politics of motherhood and women's citizenship, in: Gisela Bock und Susan James (Hg.), *Beyond Equality and Difference: Citizenship, Feminist Politics and Female Subjectivity*, London 1992, S. 17–31.

25 Helene Stöcker, Der Kampf gegen den Geburtenrückgang, in: *Die neue Generation* 8, Nr. 11, 1912, S. 602.

26 Nelly Roussel, Qu'est-ce que le »Féminisme«? in: *La Femme affranchie* 2, Sept. 1904, zit. in Cova, Féminisme et Natalité.

27 Schirmacher, *Frauenarbeit*, S. 12

28 Buttafuoco, Motherhood as a Political Strategy; Black 1989; Lemons 1973; Karen Offen, Feminismus in den Vereinigten Staaten und in Europa. Ein historischer Vergleich, in: Hanna Schissler (Hg.), *Geschlechterverhältnisse im historischen Wandel*, Frankfurt/New York 1993, S. 97–138; Dale/ Foster 1986, S. 5–8; Daniel Scott Smith, Family Limitation, Sexual Control, and Domestic Feminism in Victorian America, in: Lois Banner (Hg.), *Clio's Consciousness Raised*, New York 1974, S. 119–136.

29 Für Italien vgl. Buttafuoco, Motherhood as a Political Strategy. Für die USA: Anthony R. Travis, The Origins of Mothers' Pensions in Illinois, in: *Journal of the Illinois State Historical Society* 67, 1975, S. 421–428; Ada J. Davis, The Evolution of the Institution of Mothers' Pensions in the United States, in: *American Journal of Sociology* 35, 1930, S. 573–587; Ladd-Taylor, Mother-Work, Kap. 4. Die wichtige Studie von Skocpol 1992 war leider erst nach Fertigstellung dieses Essays zugänglich. Zu Frankreich: Cova, French Feminism; Stewart 1989, bes. Kap. 8; Robert Talmy, *Histoire du mouvement familial en France (1897–1939)*, Paris 1962, Bd. 1, S. 159–163.

30 Vgl. Anne-Lise Seip und Hilde Ibsen, Norway's road to child allowances, und Ann-Sofie Olander, The struggle for a Social Democratic family policy in Sweden, 1900–1960s, in: Bock/Thane 1991; vgl. Anm. 31; Wiebke Kolbe, Mutterschafts-, Vaterschafts- und Elternschaftspolitik in Schweden und der Bundesrepublik, Mag. Arb. Bielefeld 1991.

31 Julia Lathrop, Einl. zu Henry J. Harris, *Maternity Benefit Systems in Certain Foreign Countries* (hg. vom U. S. Department of Labor, Children's Bureau), Washington 1917.

32 Volker Hunecke, *Die Findelkinder von Mailand*, Stuttgart 1987; Rachel G. Fuchs, Legislation, Poverty, and Child-Abandonment in 19th-Century Paris, in: *Journal of Interdisciplinary History* 18, 1987, S. 55–80; Angela Taeger, L'État, les enfants trouvés et les allocations familiales en France, XIXe et XXe siècles, in: *Francia* 16, 1989, S. 15–33; Pat Thane, Infant Welfare in Britain, 1870s–1930s, in: Michael B. Katz und Christoph Sachße (Hg.), *The Mixed Economy of Social Welfare: England, Germany and the United States from the 1870s to the 1930s* (in Vorbereitung); Linda Gordon, Single Mothers and Child Neglect, 1880–1920, in: *American Quarterly* 37, 1985, S. 173–192; Ann Vandepol, Dependent Children, Child Custody, and the Mothers' Pensions: The Transformation of State-Family Relations in the Early 20th Century, in: *Social Problems* 29, 1982, S. 221–235.

33 Carol Dyhouse, Working-Class Mothers and Infant Mortality in England, 1895–1914, in: *Journal of Social History* 12, 1978, S. 248–267; Rachel G. Fuchs, *Abandoned Children: Foundlings and Child Welfare in 19th-Century France*, Albany 1984.

34 Maria Martin, Dépopulation, in: *Le Journal des Femmes*, Juni 1896; Cécile Brunschvicg, Féminisme et natalité, in: *La Française*, 10. Jan. 1931; Gertrud Bäumer, Der seelische Hintergrund der Bevölkerungsfrage, in: *Die Frau* 23/3, 1915, S. 129–134.

35 Offen 1984, S. 659f., 668–670; Françoise Thébaud, Le mouvement nataliste dans la France de l'entre-deux-guerres: L'Alliance Nationale pour l'Accrois-

sement de la Population Française, in: *Revue d'histoire moderne et contemporaine* 32, 1985, S. 276–301; Yvonne Knibiehler und Catherine Fouquet, *Histoire des mères du moyen-âge à nos jours*, Paris 1980.

36 Herbert Wolfe, *Governmental Provisions in the United States and Foreign Countries for Members of the Military Forces and their Dependents*, hg. von Julia Lathrop, U. S. Department of Labor, Children's Bureau, Washington 1917, S. 13; Ute Daniel, *Arbeiterfrauen in der Kriegsgesellschaft: Beruf, Familie und Politik im Ersten Weltkrieg*, Göttingen 1989, S. 169–183; Birthe Kundrus, *»Kriegerfrauen«: Sozialpolitik und Geschlechterverhältnisse im Ersten und Zweiten Weltkrieg in Deutschland*, Diss. Bielefeld 1993; Susan Pedersen, *Social Policy and the Reconstruction of the Family in Britain and France, 1900–1945*, Diss. Harvard University 1989, S. 115–130 (= dies. 1993).

37 Ladd-Taylor, Mother-Work, bes. Kap. 5; Lemons *The Woman Citizen*, Kap. 6; Joseph Benedict Chepaitis, The First Federal Social Welfare Measure: The Sheppard-Towner Maternity and Infancy Act, 1918–1932, Diss. Georgetown University 1968; Hilda Scott, *Working Your Way to the Bottom: The Feminization of Poverty*, London 1984; Barbara Ehrenreich, Frances Fox Piven, The Feminization of Poverty: When the »Family-Wage« System Breaks Down, in: *Dissent* 31, 1984, S. 162–170.

38 Zit. in Lewis 1980, S. 169, und in dies., Models of Equality.

39 Rathbone 1986, bes. S. 316–324.

40 Dyhouse 1989, S. 95, 102.

41 Ramsay MacDonald (Vorsitzender der Labour Party) zit. in Lewis, Models of Equality.

42 Thane, Visions of Gender; Macnicol 1980.

43 Zit. in Suzy Fleming, Einleitung zu Rathbone 1986, S. 90.

44 Anne-Lise Seip und Hilde Ibsen, Norway's Road to Child Allowances, in: Bock/Thane 1991; Ann-Sofie Ohlander, The Struggle for a Social Democratic Family Policy in Sweden since 1900, in: Bock/Thane 1991; Helga Maria Hernes, Die zweigeteilte Sozialpolitik, in: Karin Hausen und Helga Nowotny (Hg.), *Wie männlich ist die Wissenschaft?*, Frankfurt a. M. 1986, S. 163–178; Bettina Cass, Rewards for Women's Work, in: Jacqueline Goodnow und Carole Pateman (Hg.), *Women, Social Science and Public Policy*, Sydney 1985, S. 67–94; Rob Watts, Family Allowances in Canada and Australia 1940–1945: A comparative critical case study, in: *Journal of Social Policy* 16, 1987, S. 19–48; Ann Curthoys, Equal pay, a Family Wage or Both: Women Workers, Feminists and Unionists in Australia since 1945, in: Barbara Caine u. a. (Hg.), *Crossing Boundaries: Feminisms and the Critique of Knowledges*, Sydney 1988, S. 129–140.

45 Henri Hatzfeld, *Du paupérisme à la sécurité sociale. Essai sur les origines de la sécurité sociale en France, 1850–1940*, Paris 1971; Karen Offen, Body Politics: Women, Work, and the Politics of Motherhood in France, 1920–1950, in: Bock/Thane 1991.

46 Marie-Monique Huss, Pronatalism in the Inter-war Period in France, in: *Journal of Contemporary History* 25, 1990, S. 64.

47 Cécile Brunschvicg, La Maternité, fonction familiale ou sociale? in: *La Française* 3. Mai 1930; Naomi Black, Social Feminism in France: A Case Study, in: dies. und Ann Baker Cottrell (Hg.), *Women and World Change: Equity Issues in Development*, Beverly Hills 1981, S. 271–238; Pedersen, Social Policy, Kap. III. 7.

48 Offen, Body Politics; Alain Barjot, *L'allocation de salaire unique et l'allocation de la mère au foyer en France*, Saint-André-Bruges 1967; Flora/Heidenheimer 1981, S. 341.

49 Benito Mussolini, Vorwort zu Richard Korherr, *Regresso delle nascite, morte dei popoli*, Rom 1928, S. 23; vgl. Chiara Saraceno, Redefining maternity and paternity: Gender, pronatalism and social policies in fascist Italy, in: Bock/Thane 1991; Victoria de Grazia, *How Fascism Ruled Women: Italy, 1922–1945*, Berkeley 1992, und ihr Beitrag zu diesem Band.

50 Mary Nash, Pronatalism and Motherhood in Franco's Spain, in: Bock/Thane 1991.

51 Vgl. Kapitel 5 dieses Bandes, meinen Beitrag (Antinatalism, maternity and paternity in National Socialist Racism) in Bock/Thane 1991 und Gisela Bock, *Zwangssterilisation im Nationalsozialismus: Studien zur Rassenpolitik und Frauenpolitik*, Opladen 1986.

52 Ann Taylor Allen, German Radical Feminism and Eugenics, 1900–1918, in: *German Studies Review* 11, 1989, S. 31–56 (dt. Fassung in: *Feministische Studien* 9, H. 1, 1991, S. 46–68); Linda Gordon, *Woman's Body, Woman's Rights. A Social History of Birth Control in America*, Harmondsworth 1977, S. 281–290, 330f.

53 Nash, Pronatalism; Michele A. Cortelazzo, Il lessico del razzismo fascista (1938), in: *Movimento operaio e socialista* 7, 1984, S. 57–66; Claudio Pogliano, Scienza e stirpe: Eugenica in Italia (1912– 1939), in: *Passato e presente* 5, 1984, S. 61–97.

54 Das »Wir« steht vor dem »Ich«, in: *Frau von heute* 39, 1959, S. 2, zit. in Gesine Obertreis, *Familienpolitik in der DDR 1945–1980*, Opladen 1985, S. 146; vgl. S. 51–73, 119, 136–138, 155, 292f. Für die Sowjetunion vgl. Janet Evans, The Communist Party of the Soviet Union and the Women's Ques-

tion: The Case of the 1936 Decree »In Defence of Mother and Child«, in: *Journal of Contemporary History* 16, 1981, S. 757–775; Bernice Q. Madison, *Social Welfare in the Soviet Union*, Stanford 1968, Kap. 3.

55 Erich Honecker, Neue Maßnahmen zur Verwirklichung des sozialpolitischen Programms des VIII. Parteitages, Berlin 1972, zit. in Obertreis, *Familienpolitik*, S. 292; vgl. S. 315–318.

56 Vera Slupik, »Kinder kosten aber auch Geld«. Die Diskriminierung von Frauen im Kindergeldrecht, in: Ute Gerhard u. a. (Hg.), *Auf Kosten der Frauen. Frauenrechte im Sozialstaat*, Weinheim 1988, S. 195; Flora 1986–87, Bd. 4, S. 278–281.

Mutterschaft, Familie und Staat

1 Kathleen E. Kiernan, The British Family: Contemporary Trends and Issues, in: *Journal of Family Issues*, Bd. 9, Heft 3, Sept. 1988, S. 306.

2 Henri Léridon und Catherine Villeneuve-Gokalp, Les nouveaux couples: nombre, caractéristiques et attitudes, in: *Population*, Heft 2, 1988, S. 331–374.

3 So kann etwa ein Land wie England zu Beginn der achtziger Jahre einen Scheidungsindex von 40 Prozent angeben, während jedoch nur 18 Prozent der Paare aus den am meisten betroffenen Generationen bereits getrennt sind und der endgültige Prozentsatz der geschiedenen Paare selbst in diesen Generationen faktisch wahrscheinlich die 30 Prozent nicht übersteigen wird. Siehe Patrick Festy, Quelques difficultés pour apprécier les conséquences des changements familiaux, in: AIDELF 1986, S. 551–557.

4 Roger Géraud, *La Limitation des naissances*, Paris 1963, S. 104.

5 Massimo Levi-Bacci, Le changement démographique et le cycle de vie des femmes, in: Evelyne Sullerot (Hg.), *Le Fait féminin*, Paris 1978, S. 467–478.

6 Dieser Abschnitt verdankt vieles der Arbeit von Claudette Sèze, *Evolution des activités des femmes induite par la consommation des substituts sociaux au travail domestique, 1950–1980: effets économiques et socio-culturels*, Viry-Châtillon, Centre de recherche sur l'innovation industrielle et sociale, Bericht für die Caisse nationale d'allocations familiales (Familienausgleichskasse), Paris 1988.

7 Daniela del Boca, Women in a Changing Workplace: the Case of Italy, in: Jenson/Hagen/Reddy 1988, S. 129.

8 Hernes 1989, S. 47ff.

9 Angela Phillips und Peter Moss, *Qui prend soin des enfants de l'Europe? Compte rendu du réseau des modes de garde d'enfants*, Commission des Communautés européennes, V/1219/1/1988.

10 Harold Brackman, Steven P. Erie und Martin Rein, Wedded to the Welfare State, in: Jenson/Hagen/Reddy 1988, S. 49f.

11 Hernes 1989, S. 49f.

12 Anne Gauthier, État-mari, État-papa, les politiques sociales et le travail domestique, in: Vandelac 1988, S. 257–311.

13 François de Singly und Claude Thélot, *Gens du privé, gens du public: la grande différence*, Paris 1988.

14 Die meisten Angaben stützen sich auf Esping-Andersen 1990 oder Barrère-Maurisson/Marchand 1990. Die Daten für Deutschland beziehen sich auf die Bundesrepublik Deutschland vor der Wiedervereinigung.

15 Brackman, Erie und Rein, Wedded to the Welfare State, in: Jenson/Hagen/Reddy 1988, S. 217f.

16 Die meisten der folgenden Angaben stammen aus T. Smeeding, L. Rainwater und S. Danziger, Cross National Trends in Income, Poverty, and Dependency: The Evidence for Young Adults in the Eighties, Referat vor der Konferenz über *Poverty and Social Marginality*, Washington, 20.–21. Sept. 1991.

Eine Emanzipation unter Vormundschaft

1 Wir verweisen hier auf den Weberschen Begriff der legitimen Ordnung und der sozialen Ordnung. Vgl. Max Weber, *Wirtschaft und Gesellschaft*, Studienausgabe, Tübingen 1972, S. 16. Die Herrschaft des Mannes ist Kern der sozialen Ordnung; sie bewährt sich namentlich durch die Tendenz zur symbolischen Gewalt als einer Dimension jeder Herrschaft und der Quintessenz männlicher Herrschaft. Vgl. Pierre Bourdieu, La domination masculine, in: *Actes de la recherche en sciences sociales*, Nr. 84, Sept. 1990, S. 8.

2 Umfragen in 22 Nationen, vorgelegt beim Kongreß der sozialen Katholiken, in: Union féminine civique et sociale (Hg.), *Le Travail industriel de la mère et le foyer ouvrier. Extraits du Congrès international de juin 1933*, Paris. Vgl. auch die Ergebnisse eines vom Weltbund katholischer Frauenverbände verteilten Fragebogens, in: Françoise Van Goethem, Enquête internationale sur le travail salarié de la femme mariée, in: Union internationale d'études sociales (Hg.), *Chronique sociale de France*, Lyon 1932.

3 Vgl. die Aussagen der Betriebsfürsorgerinnen in Fourcaut 1982.

4 Maurice Frois, *La Santé et le travail des femmes pendant la guerre*, Paris 1926, S. 63.

5 André Bonnefoy, *Place aux femmes. Les carrières féminines administratives et libérales*, Paris 1914, S. 69.

6 Gina Lombroso, *La Femme dans la société actuelle*, Paris 1929, S. 12.

7 Marguerite Thibert, Crise économique et travail féminin, in: *Revue internationale du travail*, April 1933, Bd. XXVII, Nr. 4, S. 31.
8 Janine Ponty, Des Polonaises parlent, in: *Revue du Nord*, Vierteljahresschrift für Geschichte, Nr. 250, Juli–Sept. 1981, Bd. LXIII, S. 730.
9 Vgl. die Kapitel über die Arbeitsbedingungen in *L'Année sociale*, Zeitschrift des Internationalen Arbeitsamtes in Genf.
10 Claudia Koonz, *Mothers in the Fatherland: Women, the Family, and Nazi Politics*, New York 1986 (dt.: *Mütter im Vaterland. Frauen im Dritten Reich*. Aus dem Engl von Cornelia Holfelder von der Tann, Freiburg 1991).
11 Prozentsatz der Lohnarbeiterinnen in jeder Berufsgruppe. Zum Beispiel gab es unter den höheren Führungskräften Italiens 48 Prozent Frauen; s. Françoise Lantier, Le Travail et la formation des femmes en Europe, in: *La Documentation française*, Bd. 4, Paris, Okt. 1972, S. 47.
12 Rémy Lenoir, L'Éffondrement des bases du familialisme, in: *Actes de la recherche en sciences sociales*, Nr. 57/58, Juni 1985, S. 69–88.
13 Pierre Bourdieu, *Les Héritiers: les étudiants et leurs études*, Paris 1964.
14 Vgl. beispielsweise die Verkündung des *Equal Pay Act* im Vereinigten Königreich im Jahre 1970, das gleichen Lohn für jede als gleichwertig eingestufte Arbeit vorschrieb. Vgl. für Griechenland das Gesetz Nr. 1414/84 von 1984 über die Anwendung des Gleichheitsgrundsatzes im Erwerbsleben; oder für Frankreich das 1983 verabschiedete Gesetz über die berufliche Gleichheit von Männern und Frauen.
15 Guilbert 1966, S. 148.
16 Ebd., S. 144.
17 Vgl. zum Beispiel Brigitte Belloc, Le travail à temps partiel, in: *Données sociales*, Paris 1987, S. 112–123.
18 Vgl. Ségrégation professionnelle selon le sexe, in: *L'Intégration des femmes dans l'économie*, Paris 1985, S. 40–74.
19 Pierre Bourdieu, Classement, déclassement, reclassement, in: *Actes de la recherche en sciences sociales*, Nr. 24, Nov. 1978, S. 22.
20 Der Grad der Segregation wird durch das Verhältnis zwischen dem Anteil der Frauen in dem jeweiligen Beruf und dem Anteil der Frauen an der gesamten Erwerbsbevölkerung gemessen. Das Verhältnis zwischen beiden Anteilen ist der Koeffizient der Repräsentation der Frauen (*coefficient de représentation féminine*, CRF). Den Ungleichheitsindex erhält man aus dem Verhältnis des Anteils der Frauen in jeder Beschäftigungskategorie zu dem dort vorfindlichen Anteil der Männer. Der Ungleichheitsindex ist 0, wenn es keine Segregation gibt, und 1 im Falle totaler Segregation. Die Formel für den Ungleichheitsindex lautet:

$$\frac{1}{2} \sum_{i=1}^{K} \left[\frac{Nfi}{Nf} - \frac{Nmi}{Nm} \right] \times 100\%$$

Vgl. *L'Intégration des femmes dans l'économie*, S. 44 und 73. Diese mathematische Zahlenspielerei, die zur »wissenschaftlichen Mythologie« gehört, hat die Beschönigung der sozialen Ungleichheiten zur Folge, da sie sie in einer sozial akzeptablen, weil nicht verifizierbaren Zahlen-Formel ausdrückt. Vgl. Pierre Bourdieu, Le Nord et le Midi. Contribution à une analyse de l'effet Montesquieu, in: *Actes de la recherche en sciences sociales*, Nr. 35, Nov. 1980, S. 22–25.
21 *L'Intégration des femmes dans l'économie* S. 46.
22 Die Gesetze und Vorschriften über die Gleichheit der Behandlung und die Gleichheit der Entlohnung stellen zwar einen bedeutenden juristischen und politischen Sieg dar, haben jedoch wenig Auswirkungen auf den Abstand der Gehälter. Darin liegt der ganze Unterschied zwischen rechtlicher Gleichheit und faktischer Ungleichheit. Vgl. Sabourin 1984.

Wir danken Juliette Caniou und Tatiana Michel für ihre Mitwirkung an der Dokumentation.

Themen und Thesen

1 S. beispielsweise in Frankreich *Crises de la société, féminisme et changement*, Groupe d'Études Féministes, Universität Paris-VII, 1991, oder Particularisme et universalisme, in: *Nouvelles Questions féministes* Nr. 16-17-18 (1991).
2 Kolloquium über die neuen Formen des zeitgenössischen Antifeminismus, veranstaltet von Élisabeth de Fontenay und Roger Rotmann am 28. und 29. November 1991 im Centre Georges Pompidou, Paris.

Recht und Demokratie

1 Élisabeth G. Sledziewski, Naissance de la femme civile. La Révolution, la femme, le droit, in: *La Pensée*, Nr. 238, März–April 1984, S. 45.
2 Jean Carbonnier, *Droit civil*, Paris 1983, Bd. 1, S. 74.
3 Vereinte Nationen, *Condition juridique de la femme mariée*, Département des affaires économiques et sociales, Genf 1958, S. 3.
4 Rachel Trost, *La Condition juridique de la femme mariée en France et en Angleterre*, Doktorarbeit, Universität Nancy 1971, S. 7.
5 Ginette Castro, *Radioscopie du féminisme américaine*, Paris 1984, S. 10.
6 Le 150e anniversaire de la Révolution, in: *Le Droit des femmes*, Juni 1938, S. 12.

7 Charles Krug, *Le Féminisme et le droit civil français*, Paris 1899, S. 17.
8 Odile Dhavernas, L'inscription des femmes dans le droit: enjeux et perspectives, in: *Le Féminisme et ses enjeux*, Paris 1988, S. 321.
9 Neville-L. Brown, Angleterre, in: Patarin/Zajtay 1974, S. 125f.
10 Georges Ripert, *Le Régime démocratique et le droit civil moderne*, Paris 1948, S. 109.
11 Jacqueline Rubellin-Devichi, *L'Évolution du statut civil de la famille depuis 1945*, Paris 1983, S. 20.
12 Ripert, *Le Régime démocratique et le droit civil moderne*, S. 23.
13 Carbonnier, *Droit civil*, Bd. 2, S. 536.
14 Jean Carbonnier, *Flexible Droit*, Paris 1979, S. 172.
15 Odile Dhavernas, *Droits des femmes, pouvoir des hommes*, Paris 1978, S. 381.
16 Brigitte Jolivet, Editorial, in: *Actes* Nr. 57–58, Winter 1986/87, S. 59.
17 La ligue du droit des femmes. Gespräch mit zwei ihrer Gründerinnen: Annie Sugier und Anne Zelensky, in: *ebd.*, S. 59.
18 F. Rigaux, Évolution des structures juridiques de la famille en Belgique, in: Nerson 1980, S. 88.
19 Zit. in Yves Lequin, *Histoire des Français*, XIXe–XXe siècles. Les citoyens et la démocratie, Paris 1984, S. 311.
20 Palmiro Togliatti, Discorsi alle Donne, publiziert von der Frauensektion der KPI, 1946, S. 48f., zit. in Dogan 1955, S. 170.
21 Maurice Duverger, Des conservatrices, in: *NEF* Nr. 26, Okt.–Dez. 1969, S. 22ff.
22 Maurice Duverger, *La Participation des femmes à la vie politique*, Paris 1955, S. 72.
23 Meinungsumfrage des IFOP, in: *Journal du dimanche*, 19. Mai 1991.
24 Torild Skard, Elina Haavio-Mannila, Women in Parliament, in: Haavio-Mannila 1985, S. 58.
25 Andrée Michel, Les Françaises et la politique, in: *Les Temps modernes*, Nr. 20, Juli 1965, S. 63.
26 Gespräch mit Pierre Viansson-Ponté, in: *Le Monde* vom 11. Januar 1978.
27 Duverger, *La participation des femmes à la vie politique*, S. 151.
28 *Paris-Match* vom 3. Juli 1987.
29 Sineau 1988, S. 68.
30 Bella Abzug, *Bella! Ms Abzug goes to Washington*, New York 1972, S. 30f.

Der Feminismus der siebziger Jahre

1 In den siebziger und achtziger Jahren kamen auch außerhalb Westeuropas und Nordamerikas wichtige feministische Bewegungen auf. Der vorliegende Essay versucht jedoch nur, auf die feministischen Strömungen einzugehen, die sich in Westeuropa und Nordamerika entwickelt haben. Und selbst in diesem beschränkten Bereich wird kein systematischer Überblick über die vielen Frauenbewegungen angestrebt, die die westlichen Gesellschaften so nachhaltig geprägt haben.
2 Siehe Joyce Gelb, *Feminism and Politics: A Comparative Perspective*, Berkeley 1989, S. 12f. Zur Wechselwirkung zwischen Frauenbewegungen und politischem System siehe unter anderem Mary Fainsod Katzenstein und Carol McClurg Mueller (Hg.), *The Women's Movements of the United States and Western Europe: Consciousness, Political Opportunity, and Public Policy*, Philadelphia 1987; und Joni Lovenduski, *Women and European Politics: Contemporary Feminism and Public Policy*, Brighton 1986.
3 Siehe Ethel Klein, *Gender Politics: From Consciousness to Mass Politics*, Cambridge, Mass. 1984, S. 22.
4 Über diesen *gender gap* existiert eine umfangreiche Literatur. Siehe David De Vaus und Ian McAllistair, The Changing Politics of Women: Gender and Political Alignment in 11 Nations, in: *European Journal of Political Research* 17, 1989, S. 241–262. Die Angaben über Deutschland stammen aus Teresa Kulawik, Identity versus Strategy: The Politics of the Women's Movement in West Germany, vervielfältigter Text, o. J., S. 28f.
5 Christiane Lemke, Women and Politics: The New Federal Republic of Germany, zur Veröffentlichung vorgesehen in Barbara Nelson und Najma Chowdhury (Hg.), *Women and Politics World Wide*, 1991.
6 Ebd.
7 Der Abortion Act von 1967 erlaubte in Großbritannien die Abtreibung in den ersten 28 Schwangerschaftswochen, wenn zwei Ärzte übereinstimmend bestätigten, daß das Leben der Mutter oder anderer Kinder in Gefahr sei oder daß das Kind voraussichtlich mit einer gesundheitlichen Schädigung zur Welt kommen werde. Es ist überhaupt von Interesse, auf die vielen Zusammenhänge zu verweisen, in denen das Recht auf Abtreibung politische Orientierungen maßgeblich bestimmt hat. Die Diskussionen um derartige Rechte beherrschen heute in verschiedenen Reformstaaten Osteuropas die politische Tagesordnung (so in Ungarn und Polen); auch bei den Berufungen an den amerikanischen Supreme Court spielen sie eine entscheidende Rolle. Zu der amerikanischen Equal-Rights-Amendment-Kampagne und deren wechselvoller Geschichte siehe Jane Mansbridge, *Why We Lost the ERA*, Chicago 1986.
8 Zahlenangaben nach Mary Fainsod Katzenstein, Comparing the Feminist Movements of the United States and Western Europe: An Overview, in: Fainsod Katzenstein und McClurg Mueller (Hg.), *The Women's Movements of the United States and Western Europe*, S. 4.

9 Martin Briet, Bert Klandermans und Frederike Kroon, How Women Became Involved in the Women's Movement of the Netherlands, in: ebd., S. 55.

10 Siehe Naomi Black, *Social Feminism*, Ithaca 1989, S. 10.

11 Mary Fainsod Katzenstein, Comparing the Feminist Movements of the United States and Western Europe, in: Fainsod Katzenstein und McClurg Mueller (Hg.), *The Women's Movements of the United States and Western Europe*, S. 9.

12 Ethel Klein, The Diffusion of Consciousness in the United States and Western Europe, in: ebd., S. 39.

13 Zu einem Vergleich der Geschichte feministischer Mobilisierung siehe besonders Joyce Gelbs Ausführungen über Großbritannien, die USA und Schweden in ihrem *Feminism and Politics*. Weitere vergleichende Untersuchungen und Fallstudien zum Weg feministischer Mobilisierung finden sich in Joni Lovenduski, *Women and European Politics*; Fainsod Katzenstein und McClurg Mueller (Hg.), *The Women's Movements of the United States and Western Europe*; Dahlerup 1986; und Mary Fainsod Katzenstein und Hege Skjeie (Hg.), *Going Public: National Histories of Women's Enfranchisement and Women's Participation within State Institutions*, Oslo 1990.

14 Zu der »unauffälligen Mobilisierung« der Feministinnen in den USA siehe Mary Fainsod Katzenstein, Unobtrusive Mobilization and the Feminist Movement in the U.S., vervielfältigter Text, 1988, und Organizing on the Terrain of Mainstream Institutions: Feminism in the United States Military, in: Fainsod Katzenstein und Skjeie (Hg.), *Going Public*, S. 173–203.

15 *Websters New Twentieth Century Dictionary of the English Language*, ungekürzte 2. Aufl., New York 1965; *Duden. Deutsches Universalwörterbuch*, 2., völlig neubearb. und stark erw. Aufl., Mannheim/Wien/Zürich 1989.

16 Teresa de Lauretis formuliert es so: »Feministische Theorie ist (...) eine sich fortentwickelnde Theorie des weiblichen oder weiblich verkörperten gesellschaftlichen Subjekts das heißt, sie basiert auf dessen spezifischer, unabgeschlossener und konfliktgeladener Geschichte.« Teresa de Lauretis, Upping the Anti (sic) in Feminist Theory, in: Marianne Hirsch und Evelyn Fox Keller (Hg.), *Conflicts in Feminism*, New York 1990, S. 267. Anders Karen Offen, Defining Feminism: A Comparative Historical Approach, in: *Signs* 14, 1988, S. 118–157 (dt.: Feminismus in den Vereinigten Staaten und in Europa. Ein historischer Vergleich, in: Hanna Schissler [Hg.], *Geschlechterverhältnisse im historischen Wandel*, Frankfurt/New York 1993, S. 97–138).

17 Black, *Social Feminism*.

18 Zum zeitgenössischen italienischen Feminismus siehe Biancamaria Frabotta (Hg.), *La politica del femminismo (1973–76)*, Rom 1976; Rosalba Spagnoletti (Hg.), *I movimenti femministi in Italia*, Rom 1978; Paola Bono und Sandra Kemp (Hg.), *Italian Feminist Thought: A Reader*, Oxford 1991; und Libreria delle Donne di Milano, *Non creder di avere dei diritti: la generazione della libertà femminile nell'idea e nelle vicende di un gruppo di donne*, Mailand 1987.

19 Eine eingehende Erörterung über das komplizierte Verhältnis der UDI zur neuen feministischen Bewegung Italiens in unterschiedlichen Zusammenhängen bietet Judith Adler Hellman, *Journeys Among Women: Feminism in Five Italian Cities*, New York 1987. Allgemeiner zur UDI siehe Giulietta Ascoli, L'UDI tra emancipazione e liberazione (1943–64), in: Giulietta Ascoli u. a., *La questione femminile in Italia dal '900 ad oggi*, Mailand 1979; Giglia Tedesco, Tra emancipazione e liberazione: L'UDI negli anni sessanta, in: Anna Maria Crispino (Hg.), *Esperienza storica femminile nell'età moderna e contemporanea*, Rom 1989; und Maria Michetti, Margherita Repetto und Luciana Viviani (Hg.), *UDI: laboratorio di politica delle donne*, Rom 1984.

20 Siehe Adriana Seroni, Ragioni e torti del femminismo, in: Frabotta (Hg.), *La politica del femminismo (1973–76)*, S. 218–228. Siehe auch Carla Ravaioli, *La questione femminile: Intervista col PCI*, Mailand 1977.

21 Eine Gesamtschau der einschlägigen Ereignisse bietet Jane Jenson, Le Feminisme en France depuis mai 68, in: *Vingtième Siècle: Revue d'Histoire*, Okt.–Dez. 1989, S. 56f.

22 Juliet Mitchell und Ann Oakley (Hg.), *What Is Feminism? A Re-examination*, New York 1986, S. 1.

23 Die Bedeutung der Öffnung des politischen Diskurses für die Artikulation der Forderungen der Frauen erörtert ausführlich vor allem Jane Jenson in Liberation and New Rights for French Women, vervielfältigter Text, 1984.

24 Simone de Beauvoir, *Le Deuxième Sexe*, Paris 1949 (dt.: *Das andere Geschlecht. Sitte und Sexus der Frau*. Aus dem Franz. von Uli Aumüller und Grete Osterwald, Reinbek 1992, S. 9).

25 In mancher Hinsicht ist dieser innerfeministische Konflikt praktisch die Definition von Feminismus selbst. Denise Riley schreibt dazu: »(...) daß ›Frauen‹ eine instabile Kategorie ist, daß diese Instabilität historisch begründet ist und daß der Feminismus der Ort des systematischen Austragens dieser Instabilität ist (...), braucht uns hier nicht zu bekümmern.« Denise Riley, *Am I That Name? Feminism and the Category of »Women« in History*, Minneapolis 1988, S. 5.

26 Ann Snitow, A Gender Diary, in: Hirsch und Fox Keller (Hg.), *Conflicts in Feminism*, S. 9. Snitow hebt weiter hervor, daß die Kluft zwischen denen, die die Geschlechtszugehörigkeit als starke Form der Identifikation betrachten, und denen, die ihre prägende Kraft abschwächen wollen, nicht bloß die zwischen konkurrierenden politischen Anschauungen ist, sondern einen tiefgreifenden und diffus existentiellen Riß darstellt. Snitow sagt dazu: »Feministinnen – und überhaupt die meisten Frauen – haben ein kompliziertes Verhältnis zu dieser zentral feministischen Alternative. In jedem Augenblick führen wir subtile psychologische und soziale Verhandlungen darüber, wie geschlechtszugehörig wir uns jeweils fühlen wollen« (S. 9). Ähnliche Perspektiven auf die Frage des Frauseins bieten u. a. Riley, *Am I That Name?*; und Yasmine Ergas, *Nelle maglie della politica. Femminismo, istituzioni e politiche sociali nell'Italia degli anni settanta*, Mailand 1986. Zu diesem Thema auch Giovanna Zincone, *Fuga dall'essenzialismo: Un bilancio degli studi su donne e politica*, Turin 1990.

27 Siehe beispielsweise Carden 1974.

28 Gruppo Demistificazione Autoritarismo, Il maschile come valore dominante, in: Spagnoletti (Hg.), *I movimenti femministi in Italia*, S. 56. Diese Argumentationsweise wurde für die Entwicklung des zeitgenössischen italienischen Feminismus zentral. Zu einer neueren Deutung weiblicher Differenz und des Bankrotts weiblicher Emanzipation siehe Libreria delle Donne di Milano, *Non creder di avere dei diritti.*

29 Joan W. Scott, Deconstructing Equality-Versus-Difference: On the Uses of Poststructuralist Theory for Feminism, in: *Feminist Studies* 14, 1988, S. 33–50, nachgedruckt in Hirsch und Fox Keller (Hg.), *Conflicts in Feminism*, S. 134–148.

30 Mansbridge, *Why We Lost the ERA*.

31 Es herrscht mitunter die Meinung, durch das Vertreten egalitärer Ideologien hätten die Feministinnen den Anspruch auf besondere Rechte für die Frauen preisgegeben. Daß dem nicht so ist, bekundet die Heftigkeit des innerfeministischen Streits in vielen Ländern um eben solche Fragen wie Mutterschaftsurlaub. Wie eine italienische Feministin schreibt, würde gerade das Eintreten für eine Stärkung des Mutterschaftsurlaubs gegenüber dem Vaterschaftsurlaub den Eindruck vermitteln, daß aus formal egalitärer Sicht Mutterschaft und Vaterschaft ein und dieselbe menschliche Erfahrung sind, daß sie »analoge Mühen und austauschbare existentielle Dimensionen« beinhalten. Siehe Franca Bimbi, Differenza/parità, in: Laura Balbo (Hg.), *Tempi di vita. Studi e proposte per cambiarli*, Mailand 1991, S. 54. Zur Erörterung der einschlägigen Probleme in den USA siehe beispielsweise Martha Albertson Fineman, *The Illusion of Equality: The Rhetoric and Reality of Divorce Reform*, Chicago 1991; und Martha Minow, Adjudicating Differences: Conflicts Among Feminist Lawyers, in: Hirsch und Fox Keller (Hg.), *Conflicts in Feminism*, S. 149–163.

32 Die feministischen Debatten haben sich bisher meistens auf den Zusammenhang zwischen »Geschlechterdifferenz«, sozialem Geschlecht und physischem Geschlecht konzentriert. In jüngster Zeit sind jedoch auch die gesellschaftliche Natur und kulturelle Konstruktion von körperlichen Erfahrungen zur Sprache gekommen. Siehe Susan Rubin Suleiman, *Subversive Intent: Gender Politics and the Avant-Garde*, Cambridge, Mass. 1990; und Judith Butler, *Gender Trouble: Feminism and the Subversion of Identity*, New York 1990 (dt.: *Das Unbehagen der Geschlechter.* Aus dem Engl. von Kathrina Menke, Frankfurt a. M. 1991); siehe dazu auch Catharine Gallagher und Thomas Laqueur, *The Making of the Western Body: Sexuality and Society in the Nineteenth Century*, Berkeley 1987.

33 Gayle Rubin, The Traffic in Women, in: R. Reiter (Hg.), *Toward an Anthropology of Women*, New York 1975, S. 160.

34 Robin Morgan (Hg.), *Sisterhood Is Powerful: An Anthology of Writings from the Women's Liberation Movement*, New York 1970, S. 533.

35 Hélène Cixous, The Laugh of the Medusa, in: *Signs*, 1976, S. 877.

36 Das Manifest der *Rivolta Femminile* wurde 1970 veröffentlicht. Es ist abgedruckt in Spagnoletti (Hg.), *I movimenti femministi in Italia*, S. 102–106. Zur *Rivolta Femminile* siehe Maria Luisa Boccia, Per una teoria dell'autenticità. Lettura di Carla Lonzi, in: *Memoria. Rivista di storia delle donne* 19–20, 1987, S. 85–108.

37 Einige der hier und im folgenden erörterten Fragen über die Praxis der Separierung und Unterscheidung werden auch in Ergas, *Nelle maglie della politica*, untersucht.

38 Für zahlreiche feministische Bewegungen, zumal der frühen siebziger Jahre, war Autonomie ein wesentliches Thema, als darum gerungen wurde, das Verhältnis zu den Gesprächspartnern der Linken zu definieren. Siehe die Erörterung über die Zentralität der Autonomiefrage in der feministischen Bewegung Deutschlands in Kulawik, Identity versus Strategy, o.J.

39 Das ist eine Parallele, die die Feministinnen selbst häufig gezogen haben, und nicht nur in den USA. »Donna è bella«: so paraphrasierte eine der ersten feministischen Publikationen Italiens die berühmte Parole »Black is beautiful« der Schwarzamerikaner; ein gleichzeitig entstandenes Dokument eines Frauenkollektivs an der Universität Trient trug den Titel »Frauen und Schwarze – Geschlecht und Far-

be«. Zu der engen Verflechtung und dem gespannten Gespräch zwischen amerikanischen Feministinnen und der Bürgerrechtsbewegung siehe vor allem Sara Evans, *Personal Politics: The Roots of Women's Liberation in the Civil Rights Movement and the New Left*, New York 1980.

40 Zur Zentralität der Selbsterfahrung (consciousness-raising) im zeitgenössischen Feminismus siehe Catharine A. MacKinnon, Feminism, Marxism, Method, and the State, in: *Signs*, 1982, S. 515–544; und Dahlerup 1986.

41 Diese pädagogische Handreichung zur Bewußtseinsbildung wurde von Kathie Sarachild erarbeitet und später in Morgan (Hg.), *Sisterhood Is Powerful*, S. XXIII f., nachgedruckt.

42 Die Vulva wurde gebildet, »indem man die gestreckten Finger aneinanderlegte und beide Handflächen, bei gesenktem Daumen, nach außen kehrte«. Bonnie S. Anderson und Judith P. Zinsser, *A History of Their Own*, New York 1988, 2. Bd., S. 413 (dt.: *Eine eigene Geschichte. Frauen in Europa*. Aus dem Engl. von Pia Holenstein-Weidmann, Zürich 1993, 2. Bd., S. 498).

43 Petra de Vries, zit. in: ebd., S. 412 (dt.: ebd., S. 497).

44 Martha Shelly, Notes of a Radical Lesbian, in: Morgan (Hg.), *Sisterhood Is Powerful*, S. 307.

45 »The Second Sex – Thirty Years Later.« Vortrag im New Yorker Institute for the Humanities, 1979, S. 74f., zit. in: Anderson und Zinsser, *A History of Their Own*, S. 425 (dt.: *Eine eigene Geschichte*, S. 513). Mit anderen Worten: der Lesbianismus war als sexuelle Vorliebe von unmittelbar politischer Bedeutung. Vgl. Adrienne Rich, Compulsory Heterosexuality and Lesbian Experience, in: *Signs* 5/4, 1980, S. 631–660; und Manuela Fraire, Ordine e disordine. Ovvero delle sorti dell'amore tra donne, in: *Memoria. Rivista di storia delle donne* 19–20, 1987, S. 109–117.

46 Clifford Geertz, A Lab of One's Own, in: *New York Review of Books*, 8. Nov. 1990, S. 19.

47 Bezeichnenderweise war ein Streit um die Frauengeschichte Veranlassung für den ersten großen Kongreß des britischen Feminismus. Eine Gruppe von Frauen protestierte dagegen, daß in einer Geschichtswerkstatt des Ruskin College in Oxford die Frauengeschichte nicht auf dem Programm stand, und beschloß, einen »Frauenbefreiungskongreß« zu veranstalten. Er fand 1970 im Ruskin College statt und führte 600 Teilnehmerinnen zusammen. Siehe Joni Lovenduski, *Women and European Politics*, S. 75.

48 Siehe z. B. Sheila Rowbotham, *Women, Resistance and Revolution: A History of Women in the Modern World*, New York 1972, und *Hidden from History: Rediscovering Women in History from the Seventeenth Century to the Present*, New York 1974 (dt.: *Im Dunkel der Geschichte. Frauenbewegung in England vom 17.–20. Jahrhundert*. Aus dem Engl. von Solveig Ockenfuß, Frankfurt/New York 1980); Renate Bridenthal und Claudia Koonz (Hg.), *Becoming Visible: Women in European History*, Boston 1977; Michelle Perrot, *Une histoire des femmes est-elle possible?* Paris 1984 (dt.: *Geschlecht und Geschichte. Ist eine weibliche Geschichtsschreibung möglich?* Aus dem Franz. von Wolfgang Kaiser, Frankfurt a. M. 1989); Joan W. Scott, *Gender and the Politics of History*, New York 1988.

49 Die Bedeutung einer »feministischen Tradition« wurde schon in den ersten politischen Manifesten des Feminismus erkannt. So ermahnte die italienische Gruppe *Rivolta Femminile* alle Frauen, »die historischen Situationen und Episoden feministischer Erfahrung« zusammenzuführen. Zit. in: Spagnoletti (Hg.), *I movimenti femministi in Italia*, S. 104.

50 Zum Verhältnis von Erinnerung und Geschichte in bezug auf Frauen siehe Mémoires de femmes, in: *Penelope* 12, Frühjahr 1985; Margaret A. Lourie und Donna C. Stanton (Hg.), Women and Memory, in: *Michigan Quarterly Review* 26/1, Winter 1987.

51 Diese Probleme haben die skandinavischen Feministinnen um eine dritte Dimension des politischen Engagements ergänzt. Siehe Hernes 1987.

52 In anderen Ländern wurde Körperpolitik im Zusammenhang mit anderen Problemkomplexen wie der Klitorisektomie in vielen afrikanischen Ländern oder der Witwenverbrennung in Indien thematisiert.

53 The Boston Women's Health Book Collective, *Our Bodies, Ourselves*, New York 1976 (dt.: *Unser Körper, unser Leben. Ein Handbuch von Frauen für Frauen*, 2 Bde., Reinbek 1980).

54 Kate Millett, *Sexual Politics*, New York 1970, S. 58 (dt.: *Sexus und Herrschaft. Die Tyrannei des Mannes in unserer Gesellschaft*. Aus dem Engl. von Ernestine Schlant, Reinbek 1985, S. 36).

55 Anne Koedt, The Myth of the Vaginal Orgasm, in: A. Koedt, E. Levine und A. Rapone (Hg.), *Radical Feminism*, Chicago 1973 (dt.: Der Mythos vom vaginalen Orgasmus, in: Mathilde Vaerting, *Frauenstaat und Männerstaat* [1921], Berlin 1980).

56 Germaine Greer, *The Female Eunuch*, New York 1970 (dt.: *Der weibliche Eunuch. Aufruf zur Befreiung der Frau*. Aus dem Engl. von Marianne Dommermuth, Frankfurt a. M. 1971).

57 The Boston Women's Health Book Collective, *Our Bodies, Ourselves* (dt.: *Unser Körper, unser Leben*; Manifesto di Rivolta Femminile, in: Spagnoletti (Hg.), *I Movimenti femministi in Italia*, S. 102.

58 Zit. in Anderson und Zinsser, *A History of Their Own*, S. 420 (dt.: *Eine eigene Geschichte*, S. 506).

59 Ebd., S. 413 (dt.: ebd., S. 498).

60 Anna, vom Movimento Femminista Romano, auf dem 9. Kongreß der Unione Donne Italiane (1.–3. Nov. 1973), zit. in: Silvia Tozzi, Molecolare, creativa, materiale: la vicenda dei gruppi per la salute, in: *Memoria. Rivista di storia delle donne* 19–20, 1987, S. 161.

61 Aus einem Dokument der *Rivolta Femminile* vom Juli 1971, zit. in: Libreria delle Donne di Milano, *Non credere di avere dei diritti*, S. 62f.

62 Vgl. Lovenduski, *Women and European Politics.*

63 Kulawik, Identity versus Strategy, S. 16.

64 Ebd.

65 Eine Zusammenfassung der wichtigsten Ereignisse, die für die vorliegende Rekonstruktion sehr hilfreich war, bieten Anderson und Zinsser, *A History of Their Own*, S. 418 (dt.: *Eine eigene Geschichte*, S. 504f.).

66 Eine analoge Kampagne gab es in Italien; auch hier verband sich die öffentliche Auflehnung gegen ein Gesetz mit umfassender – und letzten Endes erfolgreicher – Mobilisierung zum Zweck seiner Abschaffung.

67 Ähnliche Kampagnen gab es in Großbritannien, in Italien, den USA, den Niederlanden und den skandinavischen Ländern. Siehe Lovenduski, *Women and European Politics.*

68 Die folgende Rekonstruktion stützt sich auf Lovenduski, ebd., S. 78f. Eine Analyse dieses Aspekts der britischen feministischen Bewegung bietet auch Hilary Rose, In Practice Supported, in Theory Denied: An Account of an Invisible Urban Movement, in: *Journal of Urban and Regional Research* 3, 1978, S. 521–537.

69 Lovenduski, *Women and European Politics*, S. 79.

70 Anderson und Zinsser, *A History of Their Own*, S. 422 (dt.: *Eine eigene Geschichte*, S. 509).

71 Zit. in: ebd. (dt.: ebd., S. 509f.).

72 Siehe hierzu Zincone, *Fuga dall'essenzialismo*, und Riley, *Am I That Name?* Eine typische Untersuchung, die dazu tendiert, die Gültigkeit von Geschlechterunterschieden zu negieren, bietet Cynthia Fuchs Epstein, *Deceptive Distinctions: Theory and Research on Sex, Gender, and the Social Order*, New Haven 1988.

73 Eine feministische Zeitschrift gleichen Namens erscheint gegenwärtig in den USA.

74 Bell Hooks, in Mary Childers und Bell Hooks, A Conversation about Race and Class, in: Hirsch and Fox Keller (Hg.), *Conflicts in Feminism*, S. 66.

75 Chandra Talpade Mohanty, Under Western Eyes: Feminist Scholarship and Colonial Discourses, in: Chandra Talpade Mohanty, Ann Russo, Lourdes Torres (Hg.), *Third World Women and the Politics of Feminism*, Bloomington 1991, S. 53f.

Von der Weiblichkeit zum Feminismus

1 Barbara Melosh, *The Physician Hand Work. Culture and Conflict in American Nursing*, Philadelphia 1982; Susan Reverby, *Ordered to Care. The Dilemma of American Nursing, 1850–1945*, Cambridge University Press 1987; Yolande Cohen und Michèle Degenais, Le métier d'infirmière: savoirs féminins et reconnaissance professionnelle, in: *Revue d'histoire de l'Amérique française*, Bd. 41/2, Herbst 1987, S. 155–177.

2 Martha Vicinus, *Independent Women*, University of Chicago Press 1984.

3 Margaret Allen, The Domestic Ideal and the Mobilisation of Woman Power, in: *Women's Studies International Forum* 6 1983, S. 401–412. S. a. den Artikel von Michele Perrot in: Higonnet u. a. (Hg.), *Behind the Lines: Gender and the Two World Wars*, New Haven 1987.

4 Auf den ersten Blick scheint es, als liege Québec um hundert Jahre gegenüber seinen Nachbarn in den Neu-England-Staaten zurück, die sich die Frauenfrage schon 1820 gestellt hatten, um sie durch das zu lösen, was man »the empire of motherhood« oder »das Reich des Häuslichen« nannte. Die Zuschreibung männlicher und weiblicher Eigenschaften bei der Regierung des Gemeinwesens führte in dieser amerikanischen Demokratie zu einer strikten Rollentrennung. Dagegen mußte Québec auf die Entstehung einer laizistisch-nationalistischen Ideologie warten, bevor dieses Phänomen der Rollenverteilung in Erscheinung trat.

5 Marcel Fournier, *L'Entrée dans la modernité. Science, culture et société au Québec*, Montréal 1986.

6 Ganz bewußt werden an dieser Stelle angesehene Zeitschriften des traditionalistisch-konservativen Lagers analysiert. Die beiden Zeitschriften sind ein gutes Beispiel für die Ideen, die bei Frauen verbreitet sind und zu deren Verbreitung sie ihrerseits beitragen. Vgl. Cohen 1990. Zu diesen Landfrauenzirkeln gibt es auch Entsprechungen in Europa, zum Beispiel in Frankreich die Christliche Landjugend (JAC) und die ihr angeschlossenen Organisationen; s. Martyne Perrot, La jaciste, une figure emblématique, in: Rose-Marie Lagrave (Hg.), *Celles de la terre*, Paris 1987; ferner in Belgien und in Italien. Noch heute gehören dem Weltverband der Landfrauen rund dreißig Verbände in aller Welt an, die sich alle zwei Jahre zu einem Kongreß treffen.

7 Zum besseren Verständnis dessen, was hier unter komplementärer Ergänzung der Geschlechter verstanden wird, verweisen wir auf die Definition, die Karen Offen (E. Legouvé and the Doctrine of ›Equality in Difference‹ for Women – a Case Study of Male Feminism in 19th Century French Thought, in: *Journal of Modern History*, Juni 1986, S. 453–484) in Auseinandersetzung mit dem Begriff der »Gleichheit

in der Verschiedenheit« entwickelt, der von Legouvé in seinem *Cours d'histoire morale des femmes* (Paris 1848) geprägt und Ende des 19. Jahrhunderts von vielen militanten französischen Feministinnen, wie etwa Paule Mink, wieder aufgegriffen worden war. Letztere predigte eine strenge Komplementarität der Geschlechter, bei der den Frauen wie den Männern je eigene Betätigungsfelder zugewiesen waren. Auf dieser Grundlage nahm Paule Mink eine Neudefinition der Arbeitsteilung vor und übertrug den Frauen den gesamten tertiären Sektor und den

Handel, wo die Frauen besser als die Männer ihre Gründlichkeit und Sachkunde zur Geltung bringen könnten.

8 Das Beispiel gaben im englischen Kanada die Homemakers, die seit Beginn des Jahrhunderts auch in Québec Fuß gefaßt hatten, und vielleicht auch die belgischen Landfrauen, die sehr unternehmungslustig und große Proselytenmacherinnen waren. Die Französinnen imitierten nur, zum Beispiel in einigen Feuilletons von *La Bonne Parole*, den Stil, die praktischen Moderatschläge und Kochrezepte der Frauenzeitschriften, aber kaum mehr; denn die erste Nummer von *La Jeunesse agricole féminine*, mit der diese Gattung in Frankreich eingeführt wurde, erschien erst 1935 (Perrot, La jaciste).

9 *B. F.* I, 1, Jan. 1920, S. 3.

10 *B. F.* I, 4, Okt. 1920, S. 99.

11 Vgl. den Beitrag, den F. Dumont (La Parole des femmes: les revues féminines 1938–1968, in: F. Dumont, J. Hamelin und J.-P. Montmigny [Hg.], *Idéologies au Canada-français, 1940–1976*, Bd. II, S. 5–45) über die Frauenpresse in Québec geschrieben hat, aber auch die jüngst erschienenen Analysen über die Ideologie der Landfrauen in den USA (Joan Jensen, *Loosening the Bonds. Mid Atlantic Farm Women*, Yale University Press 1986) und in Frankreich (Lagrave [Hg.], *Celles de la terre*).

12 *B. F.* II, 2, April 1921, S. 38.

13 *B. F.* V, 1, Jan. 1924, S. 10.

14 *B. F.* IX, 1, Jan. 1928, S. 30.

15 *B. F.* XI, 2, April 1930, S. 56.

16 Die Fédération Nationale Saint-Jean-Baptiste war 1907 von Frauen gegründet worden, die sich in der sozialen Reformbewegung Québecs engagieren wollten, und galt als die erste nationalistische Gruppierung Kanadas. Sie wurde dem Feminismus zugerechnet – jenem sozialen und christlichen Feminismus, der die mütterliche Rolle der Frauen nicht in Frage stellte. M. Lavigne, Y. Pinard und J. Stoddart, La fédération nationale Saint-Jean-Baptiste et les revendications féministes au début du 20e siècle, in: M. Lavigne und Y. Pinard (Hg.), *Travailleuses et Féministes*, Montréal 1983, S. 199–216.

17 Diese Autorinnen sehen in der frauenrechtlerischen Ausrichtung der FNSJB und in der bürgerlichen Herkunft ihrer Mitglieder den Grund für den späteren Niedergang und Wiederaufstieg dieser Gruppierung (ebd., S. 215).

18 *B. F.* III, 2, April 1922, S. 46.

19 Mit der Gründung der *Union Catholique des Femmes* im Jahre 1944 änderte die Zeitschrift ihre Linie. Sie verschrieb sich nun einer Erneuerung des Dreigestirns Frau-Familie-Staat in seiner ursprünglichen Dynamik: Die Frau als Säule der Familie sicherte das Überleben der Nation durch ihre Aufopferung für Familie und Staat.

20 *T. F.* X, 1, Jan. 1953, S. 18.

21 *T. F.* X, 7, Sept. 1953, S. 24.

22 *T. F.* XIV, 5, Mai–Juni 1957, S. 19.

23 *The Civic Culture*, Boston 1963.

24 *T. F.* II, 5–6, Mai–Juni 1946, S. 4.

25 *T. F.* XV, 1, Jan. 1958, S. 1.

26 *T. F.* II, 5–6, Mai–Juni 1946, S. 2.

27 *T. F.* X, 7, Sept. 1953, S. 24.

28 *T. F.* XIV, 7, Sept. 1957, S. 2.

29 Jean Bruno, *Agriculture et développement dans l'est du Québec*, Presses de l'Université du Québec 1985, und M.-A. Ledoux, *L'UCC comme groupe de pression sous l'administration Duplessis*, politikwissenschaftliche Magisterarbeit, Universität Montréal 1971. Der Verfasser untersucht in dieser Arbeit den Gang der Verhandlungen, die 1956 dazu führten, daß die Regierung das Gesetz über die landwirtschaftlichen Märkte annahm. Er zeigt, daß sich auch die UCC der Bedürfnisse der von ihr vertretenen Kleinbauern bewußt war, ohne deshalb die konservative Ideologie in Frage zu stellen.

30 Beauchamp ist der Ansicht, daß die Landwirte von der herrschenden Ideologie des agrarischen Kooperatismus und Syndikalismus nur das übernahmen, was ihnen materiell zum Vorteil gereichen konnte. Vgl. Les débuts de la coopération et du syndicalisme agricoles, 1900–1930; quelques éléments de la pratique, in: *Recherches sociographiques* XX, 3, Sept.–Dez. 1979, S. 380ff.

31 Le monde rural, in: Yolande Cohen und Gary Caldwell (Hg.), *Recherches sociographiques*, Sonderheft, Presses de l'Université Laval 1989.

32 Claudia Koonz, *Mothers in the Fatherland: Women, the Family, and Nazi Politics*, New York 1987 (dt.: *Mütter im Vaterland. Frauen im Dritten Reich*. Aus dem Engl. von Cornelia Holfelder von der Tann, Freiburg 1991), und Michela De Giorgio, Les demoiselles catholiques italiennes, in: Y. Cohen (Hg.), *Femmes et contre-pouvoirs*, Montréal 1987, S. 101–126.

Fortpflanzung und Bioethik

1 Die wichtigsten Techniken der Fortpflanzungsmedizin sind: die intraperitoneale Befruchtung, die In-vitro-Befruchtung, die In-vitro-Befruchtung mit Embryonentransfer, der intrafallopische Gametentransfer (Einbringung von Oozyten und Spermatozyten direkt in die Tuba uterina Fallopii, in der normalerweise die natürliche Befruchtung stattfindet), die künstliche Insemination mit dem Samen des Ehegatten und die künstliche Insemination mit Spendersamen.

2 Wir ziehen den Ausdruck »bio-medizinische Ethik« gegenüber der geläufigeren Bezeichnung »medizinische Bioethik« vor, weil der zentrale Begriff die Ethik ist, von welcher die bio-medizinische Technologie nur einer von vielen Gegenstandsbereichen ist. Eine gründliche Untersuchung über das Verhältnis von bio-medizinischen Wissenschaften und Ethik bietet Anne Fagot-Largeault, *L'Homme bioéthique, pour une déontologie de la recherche sur le vivant*, Paris 1985.

3 Zwei Sonderhefte von französischen Zeitschriften haben sich speziell mit der Frage nach dem Bild und der Rolle von Mann und Frau in der Fortpflanzungsmedizin befaßt: die Nr. 21 von *Naître* (»Corps écrit«) und die Nr. 87 von *Dialogue* (»Bioéthique et désir d'enfant«); s. Bibliographie.

4 Unter Embryo versteht man das Produkt der Befruchtung bis zum Beginn des Fötalstadiums, dessen zeitliche Bestimmung jedoch umstritten ist: Für die französische Ethikkommission ist es die 8. Woche, für andere die 12. Woche. Die Insemination post mortem ist die künstliche Insemination einer Frau mit dem Samen ihres verstorbenen Gatten.

5 Es ist nicht möglich, auf wenigen Seiten ein erschöpfendes Bild der Gesetzgebungen und Lehrmeinungen auf dem ausgedehnten Gebiet der Reproduktionsmedizin zu zeichnen. Für genauere Einzelheiten verweisen wir auf die Bibliographie im Anhang.

6 Vgl. Baudouin und Labrusse-Riou, *Produire l'Homme*, Paris 1987, sowie die Sonderhefte der in der Bibliographie aufgeführten Zeitschriften. Verwiesen sei auch auf die beiden Artikel von Pierre-André Taguieff, die jüngst zu erneutem Nachdenken angeregt haben: L'eugénisme, objet e phobie idéologique, in: *Esprit. La Bio-éthique en panne?* Nr. 11, Nov. 1989, und Sur l'eugénisme: du fantasme au débat, in: *Pouvoirs* Nr. 56, 1991. Den gegenteiligen, oder zumindest einen kritischen Standpunkt gegenüber der »biokratischen Versuchung« vertritt die Zeitschrift *Éthique. La Vie en question* Nr. 1, 1991.

7 Jacques Testart war einer der ersten Biologen, die die Aufmerksamkeit auf das Durcheinander lenkten, welches die rapiden biotechnologischen Entwicklungen mit sich brachten; s. *L'Œuf transparent*, Paris 1986.

8 Umfragen des Instituts für Rechtssoziologie der Universität Paris-II und des Zentrums für Familienrecht der Jean-Moulin-Universität in Lyon. Vgl. den Bericht für das Commissariat général au Plan, hg. von François Terré und Jacqueline Rubellin-Devichi unter Mitarbeit von Jacqueline Costa-Lascoux, François Giraud, Pierre Murat, *Les Nouvelles Techniques de procréation artificielle dans les pays occidentaux*, Bd. 1 und 2, 1988.

9 Françoise Cahen, La double illusion ou qu'est-ce qui fait courir les couples infertiles?; und Geneviève Delaisi de Parseval, Couples stériles, médecine féconde? A propos de IAD, in: *Dialogues* Nr. 87, 1985.

10 In *Génétique, procréation et droit*, Paris 1985; vgl. auch die Beiträge der Juristen Jean Carbonnier, Michelle Gobert, Catherine Labrusse-Riou, Jean Rivero, Jacques Robert, Jacqueline Rubellin-Devichi.

11 Vgl. Bioéthique et désir d'enfant, in: *Dialogues* Nr. 87, und Geneviève Delaisi de Parseval, Le désir d'enfant saisi par la médecine et la loi.

12 Umfrage des Instituts für Rechtssoziologie (s. Anm. 8).

13 Ebd.

14 Jacques Testart, Procréations assistées: quelle réglementation? in: *Éthique* Nr. 1, 1991, S. 88f.

15 Ebd.

16 Bernard Edelmann, D'un projet l'autre: France et République Fédérale d'Allemagne, in: *Éthique* Nr. 1, 1991, S. 36f.; Michelle Gobert, La maternité de substitution: réflexions à propos d'une décision rassurante, in: *Les Petites Affiches* Nr. 127, 1991; Jacqueline Rubellin-Devichi, Mères porteuses, premier et deuxième type, in: *Bioéthique*, 1992.

17 Ebd.

18 Vgl. François Giraud, *Les Mères porteuses*, Paris 1987.

19 Vgl. den oben zitierten Artikel von Jacqueline Rubellin-Devichi, Mères porteuses, mit umfassender vergleichender Untersuchung der einschlägigen Alternativen.

20 Siehe Dalloz 1991, S. 417; Bericht von Y. Chartier und D. Thouvenin.

21 Vgl. den Artikel Michelle Goberts in *Naître*.

22 Zum Stand der Diskussion vgl. namentlich Jean Carbonnier, *Droit civil, la famille*, Bd. 2, 14. Aufl., Paris 1991; Gérard Cornu, *La Famille*, 2. Aufl. 1991; Jacqueline Rubellin-Devichi, *J. C. P.* Nr. 21, 22. Mai 1991, »Doctrine, 3505«, S. 181–187; Catherine Labrusse-Riou, L'homme à vif: droit et biotechnologies, in: *Esprit. La Bio-éthique en panne?*, Nov. 1989.

Stimmen der Frauen

1 Es stellt sich die Frage, wann der Genozid begonnen hat und »wer was gewußt hat« (so der Titel des Buches von Stéphane Courtois und Adam Rayski,

Qui savait quoi? L'extermination des Juifs 1941–1945, Paris 1987). Christa Wolf beruft sich auf die Rede Hitlers vom Januar 1939, in der er die »Ausrottung der Juden« »prophezeite«, und auf Görings Befehl vom Juli 1941, der den Auftakt zu dem in großem Stil verübten Massaker an den Juden in den sowjetisch besetzten Gebieten in der zweiten Jahreshälfte 1941 bildete. Die Wannseekonferenz vom 20. Januar 1942 endete dann mit der Beschlußfassung über die »Endlösung der Judenfrage« und mit der Planung der dafür erforderlichen Mittel, und zwar unter größter Geheimhaltung; aber Informationen über dieses Vorhaben sickerten schon im Laufe des Jahres 1942 durch.

Nachwort

1 Ein seltener Versuch, eine wirklich globale Geschichte der Frauen zu schreiben, ist das dreibändige, leider nur auf norwegisch vorliegende Werk von Ida Blom (Hg.), *Kvinnehistorie,* Oslo 1992–1993. Zu Fragestellungen und Methoden der internationalen Frauengeschichtsschreibung vgl. Karen Offen, Ruth R. Pierson und Jane Rendall (Hg.), *Writing Women's History: International Perspectives,* Bloomington 1991.

2 So sind z. B. die Autorinnen der Originalausgabe von Bd. 1 skeptisch gegenüber der historischen Existenz eines Matriarchats, während sie in der spanischen Ausgabe und für Spanien betont wird.

3 Hier ist auch die Kritik italienischer Historikerinnen daran zu erwähnen, daß trotz des italienischen Ursprungs des Projekts und der hohen Qualität der italienischen Frauenforschung kaum italienische Historikerinnen beteiligt wurden (drei im Mittelalter-Band, zwei für das 20. Jahrhundert). In der Folge fand sich Laterza bereit, auch eine »Geschichte der Frauen in Italien« in Angriff zu nehmen, die von italienischen Historikerinnen und Historikern geschrieben wird. – Im übrigen haben auch amerikanische Europahistorikerinnen und -historiker Klage darüber geführt, daß sie unterrepräsentiert seien; so z. B. der Historiker der Frühen Neuzeit Lawrence Stone (Princeton) in einer provokativen, wenngleich nicht immer zutreffenden Kritik: The Use and Abuse of Herstory, in: *The New Republic,* 2. Mai 1994, S. 31–37. Er kommt auf »bloße 17 Prozent Amerikanerinnen«, und neben den dominierenden Französinnen stünden – hier irrt er – »mostly Italians«.

4 Daß keine »single analytical axis« die fünf Bände bestimmt, haben die Betreuerinnen der amerikanischen Ausgabe, Natalie Z. Davis und Joan W. Scott, im Vorwort zum (amerikanischen) 1. Band problematisiert; Lawrence Stone übernimmt und verschärft diese Kritik (Use and Abuse, S. 31). Sie vermuten, daß die *History of Women in the West,* wäre sie von amerikanischen Historikerinnen geschrieben worden, ein derartig einheitliches Konzept gehabt hätte. Dies mag allerdings bezweifelt werden, zumal angesichts der Komplexität der europäischen Geschichte und der differenzierten methodischen Reflexionen gerade auch der amerikanischen Historikerinnen.

5 Vgl. dazu die umfassenden und methodisch innovativen Untersuchungen von Mineke Bosch, *Het geslacht van de wetenschap. Vrouwen en hoger onderwijs in Nederland,* 1878–1948 (Das Geschlecht der Wissenschaft: Frauen und höhere Bildung in den Niederlanden), Amsterdam 1994; und Claudia Huerkamp, *Bildungsbürgerinnen: Frauen an den Universitäten und in akademischen Berufen, 1900–1945,* Habilitationsschrift, Universität Bielefeld 1994 (erscheint Göttingen 1995).

6 Bedrückend z. B. angesichts der Empfehlung von Lawrence Stone, der Band über das 20. Jahrhundert hätte ausschließlich der »liberation of women« und ihrem »freedom to work« gewidmet werden sollen (Use and Abuse, S. 36).

7 Stone, Use and Abuse, S. 32.

8 Vgl. Dieter Langewiesche, *Nationalismus im 19. und 20. Jahrhundert: Zwischen Partizipation und Aggression* (Heft 6 der Reihe »Gesprächskreis Geschichte«, Friedrich-Ebert-Stiftung), Bonn 1994.

9 Vgl. Iris Schröder, Soziale Frauenarbeit als bürgerliches Projekt: Differenz, Gleichheit und weiblicher Bürgersinn in der Frauenbewegung um 1900, in: Klaus Tenfelde und Hans-Ulrich Wehler (Hg.), *Wege zur Geschichte des Bürgertums,* Göttingen 1994, S. 209–230; dies., Wohlfahrt und Geschlechterpolitik: Konzeptionen der Frauenbewegung zur kommunalen Sozialpolitik im Kaiserreich, in: *Geschichte und Gesellschaft* 21, Heft 3, 1995.

10 Vgl. Caroline Dayley und Melanie Nolan (Hg.), *Suffrage and Beyond. International Feminist Perspectives,* Auckland 1994.

11 Hannah Arendt, *Elemente und Ursprünge totaler Herrschaft,* München 1986, bes. S. 218ff., 277ff., 422ff.

12 Leila J. Rupp, Constructing Internationalism: The Case of Transnational Women's Organzations, 1888–1945, in: *American Historical Review* 99, 1994, S. 1571–1600.

13 Zu biographischen Ansätzen und zur Exilforschung vgl. Irmela von der Lühe, *Erika Mann. Eine Biographie,* Frankfurt a. M./New York 1993; Barbara Hahn (Hg.), *Frauen in den Kulturwissenschaften. Von Lou Andreas-Salomé bis Hannah Arendt,* München 1994.

14 Sylvia Paletschek, Das Dilemma von Gleichheit und Differenz: Eine Auswahl neuerer Forschungen zur Frauengeschichte zwischen Aufklärung und Weimarer Republik, in: *Archiv für Sozialgeschichte* 33, 1993, S. 548–69; Helene Albers, Frauen-Geschichte zwischen Weimar und Bonn, in: *Westfälische Forschungen* 43, 1993, S. 762–94.

Literatur

Der Abschnitt *Allgemeine Literatur* dieser Auswahlbibliographie enthält Überblicksdarstellungen und diejenigen Werke, die in mehreren Kapiteln dieses Bandes zitiert werden. Die Spezialbibliographien zu den einzelnen Kapiteln ergänzen die in den Anmerkungen der jeweiligen Kapitel zitierten Werke.

Allgemeine Literatur

Abel, Elizabeth, *Writing and Sexual Difference*, Chicago 1982

Addis Saba, Marini u. a., *Storia delle Donne, una Scienza Possibile*, Rom 1986

Ariès, Philippe und Georges Duby (Hg.), *Histoire da la vie privée*, Bd. 5: Antoine Prost und Gérard Vincent (Hg.), *De la Première Guerre mondiale à nos jours*, Paris 1987 (dt.: *Geschichte des privaten Lebens*, Bd. 5: *Vom Ersten Weltkrieg zur Gegenwart*. Aus dem Franz. von Holger Fliessbach, Frankfurt a. M. 1993)

Atti del Primer Coloqui di Historia de la Dona (1986), Barcelona 1990

Badinter, Élisabeth, *L'Amour en plus. Histoire de l'amour maternel XVIIe–XXe siècles*, Paris 1980 (dt.: *Die Mutterliebe: Geschichte eines Gefühls vom 17. Jahrhundert bis heute*. Aus dem Franz. von Friedrich Griese, München/Zürich 1991)

Badinter, Élisabeth, *L'Un est l'autre. Des relations entre hommes et femmes*, Paris 1986 (dt.: *Ich bin du. Die neue Beziehung zwischen Mann und Frau oder die androgyne Revolution*. Aus dem Franz. von Friedrich Griese, München/Zürich 1987)

Banner, Lois W. und Mary Hartman (Hg.), *Clio's Consciousness Raised. New Perspectives on the History of Women*, New York/San Francisco/London 1974

Bell, Susan und Karen M. Offen (Hg.), *Women, the Family and Freedom*, 2 Bde., Stanford 1983

Berkin, Carol L. und Clara M. Lovett (Hg.), *Women, War and Revolution*, New York/London 1980

Biet, Christian und Irène Théry (Hg.), *La Famille, la Loi, l'État, de la Révolution au Code Civil*, Paris 1989

Bouchardeau, Hugette, *Pas d'histoire, les femmes . . .*, Paris 1977

Bridenthal, Renate und Claudia Koonz (Hg.), *Becoming Visible. Women in European History*, Boston 1977, überarb. Auflage 1987

Burguière, André, Christiane Klapisch-Zuber, Martine Segalen und Françoise Zonabend (Hg.), *Histoire de la Famille*, Bd. 2: *Le Choc des modernités*, Paris 1986

Cott, Nancy F., *The Grounding of Modern Feminism*, New Haven 1987

DAUPHIN, CÉCILE u. a., Culture et Pouvoir des femmes. Essai d'historiographie, in: *Annales ESC*, XLI, 1986

DEGLER, CARL, *At Odds. Women and the Family in America from the Revolution to the Present*, New York/Oxford 1980

DELUMEAU, JEAN und DANIEL ROCHE (Hg.), *Histoire des pères et de la paternité*, Paris 1990

DUPÂQUIER, JACQUES (Hg.), *Histoire de la population française*, Bd. 4: *De 1914 à nos jours*, Paris 1988

ELSHTAIN, JEAN BETHKE, *Public Man, Private Woman. Women in Social and Political Thought*, Princeton 1981

ELSHTAIN, JEAN BETHKE, *Women and War*, New York 1987

EVANS, SARA, *Personal Politics: the Roots of Women's Liberation in the Civil Rights Movement and the New Left*, New York 1980

EVANS, SARA, *Born for Liberty. A History of Women in America*, New York 1989

FARGE, ARLETTE und CHRISTIANE KLAPISCH-ZUBER (Hg.), *Madame ou Mademoiselle? Itinéraires de la solitude féminine 18e–20e siècle*, Paris 1984

La Femme, Recueil de la Société Jean Bodin pour l'histoire comparative des institutions, XII, Brüssel 1962

FOUCAULT, MICHEL, *La volonté de savoir*, Bd. 1: *Histoire de la sexualité*, Paris 1976 (dt.: *Der Wille zum Wissen*, Bd. 1 von *Sexualität und Wahrheit*. Aus dem Franz. von Ulrich Raulff und Walter Seitter, Frankfurt a. M. 1977)

FRAISSE, GENEVIÈVE, *Muse de la Raison. La démocratie exclusive et la différence des sexes*, Aix-en-Provence 1989

FREVERT, UTE, *Frauen-Geschichte. Zwischen bürgerlicher Verbesserung und neuer Weiblichkeit*, Frankfurt a. M. 1986

FREY, L., M. FREY und J. SCHNEIDER, *Women in Western European History: a Select Chronological, Geoprapbical, and Topical Bibliography*, Brighton 1982

GIDDINGS, PAULA, *When and Where I Enter: the Impact of Black Women on Race and Sex in America*, New York 1984

GORDON, LINDA, *Woman's Body, Woman's Right. A Social History of Birth Control in America*, New York 1976

GRIMAL, PIERRE (Hg.), *Histoire mondiale de la Femme*, Bd. 4, Paris 1966

HONEGGER, CLAUDIA, *Die Ordnung der Geschlechter. Die Wissenschaft vom Menschen und das Weib*, Frankfurt/New York 1991

JARDINE, ALICE, *Gynesis*, Ithaca 1985

JOHNSON, BARBARA, *A World of Difference*, Baltimore 1987

JONES, JACQUELINE, *Labor of Love. Labor of Sorrow: Black Women, Work and the Family from Slavery to the Present*, New York 1985

KELLY, JOAN, *Women, History and Theory*, Chicago/London 1984

KNIBIEHLER, YVONNE und CATHERINE FOUQUET, *Histoire des mères. Du Moyen Age à nos jours*, Paris 1980

KNIBIEHLER, YVONNE, *La Femme et les médecins*, Paris 1983

KNIBIEHLER, YVONNE, *Les Pères aussi ont une histoire*, Paris 1987

LAQUEUR, THOMAS, *Making Sex. Body and Gender from the Greeks to Freud*, Cambridge (Mass.) 1990 (dt.: *Auf den Leib geschrieben. Die Inszenierung der Geschlechter von der Antike bis Freud*. Aus dem Engl. von H. Jochen Bußmann, Frankfurt/New York 1992)

LEWIS, JANE (Hg.), *Labour and Love. Women's Experience of Home and Family, 1850–1940*, Oxford 1986

LEWIS, JANE, *Women in England, 1870–1950. Sexual Divisions and Social Change*, Sussex 1984

LUKER, KRISTIN, *Abortion and the Politics of Motherhood*, Berkeley 1984

MAQUIEIRA, VIRGINIA und CRISTINA SÁNCHEZ (Hg.), *Violencia y Sociedad Patriarcal*, Madrid 1990

MITCHELL, JULIET und ANN OAKLEY (Hg.), *The Rights and Wrongs of Women*, New York 1976

MONTREYNAUD, FLORENCE, *Le XXe siècle des femmes*, Paris 1989

NEWTON, JUDITH L., MARY P. RYAN und JUDITH R. WALKOWITZ (Hg.), *Sex and Class in Women's History. Essays from Feminist Studies*, London/Melbourne/Boston 1983, 1985

NORTON, MARY BETH, *Major Problems in American Women's History. Documents and Essays*, Lexington (Mass.) 1989

OFFEN, KAREN M. (Hg.), Women in European Culture and Society, in: *History of European Ideas*, Sondernummer, H. 4/5, Bd. 8, 1987

OFFEN, KAREN M., RUTH R. PIERSON und JANE RENDALL (Hg.), *Writing Women's History: International Perspectives*, 2 Bde., London/Bloomington 1991

ORTNER, S. und H. WHITEHEAD (Hg.), *Sexual Meanings: the Cultural Construction of Gender and Sexuality*, Cambridge 1981

PERROT, MICHELLE (Hg.), *Une histoire des femmes est-elle possible?* Marseille/Paris 1984 (dt.: *Geschlecht und Geschichte. Ist eine weibliche Geschichtsschreibung möglich?* Aus dem Franz. von Wolfgang Kaiser, Frankfurt a. M. 1989)

RILEY, DENISE, *Am I that Name? Feminism and the Category of »Women« in History*, London 1988

RILEY, DENISE, *War in the Nursery. Theories of the Child and Mother*, London 1983

ROSENBERG, ROSALIND, *Beyond Separate Spheres. Intellectual Roots of Modern feminism*, New Haven 1982

ROWBOTHAM, SHEILA, *Women, Resistance and Revolution*, London 1972

ROWBOTHAM, SHEILA, *Hidden from History: Rediscovering Women in History from the 17th Century to the Present*, London 1973 (dt.: *Im Dunkel der Geschichte. Frauenbewegung in England vom 17.–20. Jahrhundert*. Aus dem Engl. von Solveig Ockenfuß, Frankfurt/New York 1980)

SCOTT, JOAN W., *Gender and the Politics of History*, New York 1988

SMITH, BONNIE G., *Chancing Lives. Women in European History since 1700*, Lexington (Mass.)/Toronto 1989

Strategie des femmes, Paris 1984 (engl. Ausgabe: *Women in culture and Politics. A Century of Change*, hg. von Judith Friedlander, Bloomington 1986)

Zeitschriften

Zahlreiche Aufsätze und Überblicksdarstellungen findet man in den Zeitschriften *Signs*, *Feminist Studies*, *Les Cahiers du GRIF*, *Pénélope (Cahiers pour l'Histoire des Femmes*, 12 Bde., 1979–1984), *Questions féministes*, *Nouvelles Questions féministes*, *Memoria*, *DWF (Donnawomanfemme)* sowie in den neueren Zeitschriften *Journal of Women's History*, *Gender and History* und *Gender and Society (Recherches féministes)*.

Die Zeitschriften *History Workshop Journal*, *Le Mouvement social* und *Les Révoltes logiques* publizierten häufig Aufsätze, aber auch Sondernummern über die Geschichte der Frauen oder die Geschlechterbeziehung.

Ferner: Mythes et Représentations de la Femme, in: *Romantisme*, 1976, H. 13/14; Savoir et différence des sexes, in: *Les Cahiers du Grif*, Nr. 45, 1990; Le Genre de l'Histoire, in: *Les Cahiers du Grif*, Nr. 37/38, 1988; Silence, émancipation des femmes entre public et privé, in: *Cahiers du CEDREF* (Paris VII), 1989, H. 1; Masculin/Féminin, in: *Actes de la recherche en science sociales*, 1990, H. 84; d'Amelia, Marina (Hg.), Solidarieta, Amicizia, Amore, in: *Donnawomanfemme*, 1979, H. 10/11.

Hingewiesen sei auch auf GRACE, die europäische Datenbank über feministische Studien, die im Auftrag der EG-Kommission von GRIF erstellt wurde (GRIF, 29 rue Blanche, B-1050 Brüssel)

Der Erste Weltkrieg / Françoise Thébaud

Braybon, Gail, *Women Workers in the First World War*, London 1981

Braybon, Gail und Penny Summerfield, *Out of the Cage: Women's Experiences in Two World Wars*, London/New York 1987

Condell, Diana und Jean Liddiard, *Working for Victory? Images of Women in the First World War, 1914–1918*, New York 1988

Cooper, Helen M., Adrienne Auslander Munich und Susan Merrill Squier (Hg.), *Arms and the Woman: War, Gender, and Literary Representation*, Chapel Hill/London 1989

Daniel, Ute, *Arbeiterfrauen in der Kriegsgesellschaft. Beruf, Familie und Politik im Ersten Weltkrieg*, Göttingen 1989

Evans, Richard J., *Feminism, Socialism and Pacifism in Europe 1870–1945*, Sussex/New York 1987

Fridenson, Patrick (Hg.), 1914–1918: l'autre front, in: *Mouvement social*, H. 2, Paris 1977

Fussell, Paul, *The Great War and Modern Memory*, London/Oxford/New York 1975

Gersdorff, Ursula von, *Frauen im Kriegsdienst 1914–1945*, Stuttgart 1969

Greenwald, Maurice Weiner, *Women, War and Work: The Impact of World War I on Women Workers in the United States*, Westport/London 1980

Higonnet, Margaret Randolph, Jane Jenson, Sonya Michel und Margaret Collins Weitz (Hg.), *Behind the Lines: Gender and the Two World Wars*, New Haven/London 1987

Kennedy, David M., *Over Here: The First World War and American Society*, New York 1980

Kent, Susan Kingsley, The Politics of Sexual Difference: World War I and the Demise of British Feminism, in: *Journal of British Studies* 27, Juli 1988, S. 232–253

Kocka, Jürgen, *Klassengesellschaft im Krieg. Deutsche Sozialgeschichte 1914–1918*, Göttingen 1978

Leed, Eric J., *No Man's Land: Combat and Identity in World War I*, Cambridge 1979

Leoni, Diego und Camillo Zadra, *La Grande Guerra: Esperienza, memoria, immagini*, Bologna 1986

Marwick, Arthur, *The Deluge: British Society and the First World War*, London 1965

Marwick, Arthur, *Women at War 1914–1918*, London 1977

Marwick, Arthur, *War and Social Change in the Twentieth Century: A Comparative Study of Britain, France, Germany, Russia and the United States*, London 1979

McMillan, James F., *Housewife or Harlot: The Place of Women in French Society 1870–1940*, Brighton 1981

Paillard, Rémy, *Affiches 14–18*, Reims 1986

Perreux, Gabriel, *La vie quotidienne des civils en France pendant la Grande Guerre*, Paris 1966

Reilly, Catherine (Hg.), *Scars upon My Heart: Women's Poetry and Verse of the First World War*, London 1981

Thébaud, Françoise, *La Femme au temps de la guerre de 14*, Paris 1986

Wall, Richard und Jay Winter (Hg.), *The Upheaval of War: Familiy, Work and Welfare in Europe, 1914–1918*, Cambridge/New York/Melbourne 1988

Wiltsher, Anne, *Most Dangerous Women: Feminist Peace Campaigners of the Great War*, London 1985

Die moderne Frau / Nancy F. Cott

BRAEMAN, J., u. a., *Change and Continuity in 20th-Century America: the 1920s*, Columbus 1968

COTT, N. F., *The Grounding of Modern Feminism*, New Haven 1987

COWAN, R., The Industrial Revolution in the Home: Household Technology and Social Change in the Twentieth Century, in: *Technology and Culture* 17, 1976, S. 1–23

DE GRAZIA, V., Mass Culture and Sovereignty: The American Challenge to European Cinemas, 1920–1960, in: *Journal of Modern History* 61, März 1989, S. 53–87

ERENBERG, L., *Steppin' Out*, Westport 1981

EWEN, E., City Lights: Immigrant Women and the Rise of the Movies, in: *Signs* 5, Frühjahr 1980, S. 45–66

EWEN, S., *Captains of Consciousness*, New York 1976, S. 54–56

FASS, P., *The Damned and the Beautiful: American Youth in the 1920s*, New York/Oxford 1977

FILENE, P., *Him / Her / Self*, New York 1974

HARTMANN, H. I., *Capitalism and Women's Work in the Home, 1900–1940*, unveröffentlicht, Yale University 1974

LYND, R. S. und H. M. LYND, *Middletown: A Study in Modern American Culture*, New York 1929

MARCHAND, R., *Advertising the American Dream*, Berkeley 1985

MAY, L. *Screening Out the Past*, New York/Oxford 1980

MCGOVERN, J. P., The American Woman's Pre-World War I Freedom in Manners and Morals, in: *Journal of American History* 55, September 1968, S. 315–333

MCMAHON, A. M., An American Courtship: Psychologists and Advertising Theory in the Progressive Era, in: *American Studies* 13, Herbst 1972

NOTTINGHAM, E., Towards an Analysis of the Effects of Two World Wars on the Role and Status of Middle-Class Women, in: *American Sociological Review* 12, Dezember 1947

PEISS, K., *Cheap Amusements*, Philadelphia 1985

PRESIDENT'S COMMISSION ON SOCIAL TRENDS, *Recent Social Trends*, New York 1933

RAPP, R. und E. ROSS, The Twenties' Backlash: Compulsory Heterosexuality, the Consumer Family, and the Waning of Feminism, in: A. Swerdlow und H. Lessinger (Hg.), *Class, Race and Sex: the Dynamics of Control*, Boston 1983, S. 93–107

RUPP, L., Imagine My Surprise: Women's Relationships in Historical Perspective, in: *Frontiers* 5, Herbst 1980, S. 61–71

RYAN, M. P., The Projection of a New Womanhood: The Movie Moderns in the 1920s, in: L. Scharf und J. M. Jensen (Hg.), *Decades of Discontent: The Women's Movement, 1920–40*, Westport 1983

SCHARF, L., *To Work and to Wed: Female Employment, Feminism, and the Great Depression*, Westport 1980

SHIDELER, J., Flappers and Philosophers and Farmers: Rural-Urban Tensions of the Twenties, in: *Agricultural History* 47, Oktober 1973, S. 283–299

SIMMONS, C., Companionate Marriage and the Lesbian Threat, in: *Frontiers* 4, Herbst 1979, S. 54–59

SKLAR, R., *The Plastic Age, 1917–1930*, New York 1970

SMITH-ROSENBERG, C., *Disorderly Conduct*, New York 1985

SOLOMON, B. M., *In the Company of Educated Women*, New Haven 1985

VANEK, J., Household Technology and Social Status: Rising Living Standards and the Status and Residence Difference in Housework, in: *Technology and Culture* 19, Juni 1978, S. 361–375

Wandersee, W., *Women's Work and Family Values, 1920–1940*, Cambridge 1981
Weiner, L., *From Working Girl to Working Mother*, Chapel Hill 1985
Wright, G., *Building the Dream: A Social History of Housing in America*, New York 1981

Zwischen den beiden Weltkriegen / Anne-Marie Sohn

Großbritannien

Ayers, Pat und Jan Lambertz, *Marriage Relations, Money and Domestic Violence in Working-class Liverpool, 1919–1939*, in: Lewis, Jane (Hg.), *Labour and Love. Women's Experience of House and Family, 1850–1940*, London 1986
Davidson, Caroline, *A Woman's Work is Never Done. A History of Housework in the British Isles, 1650–1950*, London 1986
Davin, Anna, Imperialism and Motherhood, in: *History Workshop*, H. 5, 1978
Gittins, Diana, *Fair Sex. Family size and Structure in Britain, 1900 -1939*, New York 1982
Hoggart, Richard, *La Culture du pauvre*, Paris 1970
Llewelyn Davies, Margaret (Hg.), *Maternity. Letters from Working-Women, collected by the Women's Co-operative Guild*, (1915), London 1978
Oakley, Ann, *Housewife*, 1974
Roberts, Elizabeth, *A Woman's Place. An Oral History of Working-Class Women, 1890–1940*, Oxford 1984
Rowbotham, Sheila, *A New World for Women: Stella Browne. Socialist, Feminist*, London 1977
Soldon, Norbert S., *Women in British Trade-Unions, 1874–1976*, Dublin 1978
Spring Rice, Margery, *Working-Class Wives. Their Health and Conditions*, London 1981
Weeks, Jeffrey, *Sex, Politics and Society. The Regulation of Sexuality since 1800*, London 1981
Young, Richard und Peter Wilmott, *Family and Kinship in East London*, London 1962

Frankreich

Allart, Marie-Christine, Les femmes dans trois villages de l'Artois: travail et vécu quotidien (1919–1939), in: *Revue du Nord*, Juli–September 1981
Amiel, Christiane, Giordana Charuty und Claudine Fabre-Vassas, *Jours de vigne. Les femmes des pays viticoles racontent le travail*, 1981
Charuty, Giordana, Claudine Fabre-Vassas und Agnès Fine, *Gestes d'amont. Les femmes du Pays de Sault racontent le travail*, Villelongue-d'Aude 1980
Fourcaut, Annie, *Femmes à l'usine: ouvrières et surintendantes dans les entreprises françaises de l'entre-deux-guerres*, Paris 1982
Knibiehler, Yvonne (Hg.), *Nous les assistantes sociales. Naissance d'une profession*, Paris 1980
Martin, Martine, *Femme et société: le travail ménager (1919–1939)*, phil. Diss., Universität Paris VII, 1984
Mayeur, Françoise, *L'Enseignement secondaire des jeunes filles sous la IIIe République*, Paris 1977
Rhein, Catherine, *Jeunes femmes au travail dans le Paris de l'entre-deux-guerres*, phil. Diss., Universität Paris VII, 1977
Sohn, Anne-Marie, La Garçonne face à l'opinion publique: type littéraire ou type social des années 20, in: *Le Mouvement social*, Juli–September 1972

SOHN, ANNE-MARIE, Exemplarité et limites de la participation féminine à la vie syndicale: les institutrices de la C. G. T. U., in: *Revue d'histoire moderne et contemporaine*, Juli–September 1977

SOHN, ANNE-MARIE, Les rôles féminins dans la vie privée: approches méthodologiques et bilan de recherches, in: *Revue d'histoire moderne et contemporaine*, Oktober–Dezember 1981

THÉBAUD, FRANÇOISE, *Donner la vie: histoire de la maternité en France entre les deux guerres*, phil. Diss., Universität Paris VII, 1982, erschienen unter dem Titel: *Quand nos grand-mères donnaient la vie: la maternité en France dans l'entre-deux-guerres*, Lyon 1986

VERDIER, YVONNE, *Façons de dire, façons de faire. La laveuse, la couturière, la cuisinière*, Paris 1979 (dt.: *Drei Frauen: das Leben auf dem Dorf*. Aus dem Franz. von Thomas Kleinspehn, Stuttgart 1982)

Die italienischen Frauen unter Mussolini / Victoria de Grazia

ADDIS SABA, MARINA (Hg.), *La Corporazione della donna*, Florenz 1988

ALERAMO, SIBILLA, *Una donna* (1906) (dt.: *Una donna: Geschichte einer Frau*. Aus dem Ital. von Michaela Wunderle, Frankfurt a. M. 1977)

ALLOISIO, MIRELLA und GIULIANA BELTRAMI, *Volontarie della libertà*, Mailand 1981

ARTOM, SANDRA und ANNA RITA CALABRÒ, *Sorelle d'Italia*, Mailand 1989

ASPESI, NATALIA, *Il lusso e l'autarchia: Storia dell'eleganza italiana, 1930–1944*, Mailand 1982

BENETTI BRUNELLI, VALERIA, *La Donna nella civiltà moderna*, Turin 1933

BETTIO, FRANCESCA, *The Sexual Division of Labor*, Oxford 1989

BRIN, IRENE, *Usi e costumi*, Palermo 1981 (dt.: *Morbidezza: kleine Geschichte des Snobismus zwischen den großen Kriegen*. Aus dem Ital. von Sigrid Vagt, Berlin 1986)

BORTOLOTTI, FRANCA PIERONI, *Femminismo e partiti politici in Italia, 1919–1926*, Rom 1978

BORTOLOTTI, FRANCA PIERONI, *Le Origini del movimento femminile in Italia*, Turin 1963

BORTOLOTTI, FRANCA PIERONI, *Socialismo e questione femminile in Italia, 1892–1922*, Mailand 1974

BUTTAFUOCO, ANNARITA, Condizione delle donne e movimento di emancipazione femminile, in: *Storia della società italiana. L'Italia di Giolitti*, T.5, Bd. 20, Mailand 1981, S. 145–185

BUTTAFUOCO, ANNARITA, *Le Mariuccine: Storia di un'istituzione laica: la società Mariuccia*, Mailand 1985

CANINO, ELENA, *Clotilde tra le due guerre*, Mailand 1957

CECCATTY, RENÉ DE, *Nuit en pays étranger*, Paris 1991 (Biographie Sibilla Aleramos)

DAU NOVELLI, CECILIA, *Società, Chiesa e associazionismo femminile*, Rom 1988

DECÉSPEDES, ALBA, *Non si torna in dietro*, Mailand 1938

DE GRAZIA, VICTORIA, *How Fascism Ruled Women: Italy, 1922–1945*, Berkeley 1992

DI GIORGIO, MICHELA und PAOLA DI CORI, Politica e sentiment: Le organizzazioni femminile fasciste cattoliche dall'eta giolittiana al fascismo, in: *Rivista di storia contemporanea* 3, 1980

GIBSON, MARY, *Prostitution and the State in Italy*, New Brunswick 1986

ISIDORI FRASCA, ROSELLA, . . . *e il Duce le volle sportive*, Bologna 1983

LIVI-BACCI, MANLIO, *A History of Italian Fertility during the Last two Centuries*, Princeton 1972

MACCIOCCHI, MARIA ANTONIETTA, *La Donna neva*, Mailand 1976
MAFAI, MIRIAM, *Pane nero*, Mailand 1988
MELOGRANI, PIETRO (Hg.), *La Famiglia nella storia d'Italia*, Bari/Rom 1988
MONDELLO, ELISABETTA, *La Nuova Italiana*, Rom 1987
PASSERINI, LUISA, *Torino operaio e fascista*, Bari/Rom 1984
POGLIANI, CLAUDIO, L'utopia igienista, 1870–1920, in: *Storia d'Italia, Annali* 7, S. 587–631
REVELLI, NUTO, *L'Anello forte*, Turin 1985
WANROOIJ, BRUNO, *Storia del pudore: la questione sessuali in Italia, 1860–1940*, Venedig/Padua 1991

Nationalsozialistische Geschlechterpolitik und die Geschichte der Frauen / Gisela Bock

BAJOHR, STEFAN, *Die Hälfte der Fabrik: Geschichte der Frauenarbeit in Deutschland 1914–1945*. Marburg 1979
BOCK, GISELA, *Zwangssterilisation im Nationalsozialismus: Studien zur Rassenpolitik und Frauenpolitik*, Opladen 1986
BOCK, GISELA, Krankenmord, Judenmord und nationalsozialistische Rassenpolitik, in: Frank Bajohr u. a. (Hg.), *Zivilisation und Barbarei*, Hamburg 1991, S. 285–306
BOCK, GISELA (Hg.), Rassenpolitik und Geschlechterpolitik im Nationalsozialismus, Themenheft von *Geschichte und Gesellschaft* 19/3, 1993
CZARNOWSKI, GABRIELE, *Das kontrollierte Paar. Ehe- und Sexualpolitik im Nationalsozialismus*, Weinheim 1991
CHILDER, THOMAS, *The Nazi Voter: The Social Foundation of Fascism in Germany, 1919–1933*, Chapel Hill 1983
COMITÉ DES DÉLÉGATIONS JUIVES (Hg.), *Die Lage der Juden in Deutschland 1933*, Paris 1934, ND Frankfurt a. M. 1983
EIBESHITZ, JEHOSHUA und ANNA (Hg.), *Women in the Holocaust*, New York 1993
ELLING, HANNA, *Frauen im deutschen Widerstand 1933–45*, Frankfurt a. M. 1978
FALTER, JÜRGEN u. a., *Wahlen und Abstimmungen in der Weimarer Republik*, München 1986
Frauen: Verfolgung und Widerstand, Themenheft von *Dachauer Hefte* 3/3, 1987
FRAUENGRUPPE FASCHISMUSFORSCHUNG (Hg.), *Mutterkreuz und Arbeitsbuch*, Frankfurt a. M. 1981
HACHTMANN, RÜDIGER, *Industriearbeit im »Dritten Reich«*, Göttingen 1989
HEINEMANN, MARLENE E., *Gender and Destiny. Women Writers and the Holocaust*, New York 1986
HERBERT, ULRICH, *Fremdarbeiter. Politik und Praxis des »Ausländer-Einsatzes« in der Kriegswirtschaft des Dritten Reiches*, Bonn 1985
HILBERG, RAUL, *Die Vernichtung der europäischen Juden*, Berlin 1982
KAPLAN, MARION, *Die jüdische Frauenbewegung: Organisation und Ziele des Jüdischen Frauenbunds 1904–1938*, Hamburg 1981
KATZ, ESTER und JOAN MIRIAM RINGELHEIM (Hg.), *Conference Proceedings »Women Surviving the Holocaust«*, New York 1983
KIRKPATRICK, CLIFFORD, *Women in Nazi Germany*, London 1939
KOONZ, CLAUDIA, *Mothers in the Fatherland. Women, the Family and Nazi Politics*, New York 1987 (dt.: *Mütter im Vaterland. Frauen im Dritten Reich*. Aus dem Engl. von Cornelia Holfelder von der Tann, Freiburg 1991)
KROHN, CLAUS-DIETER u. a. (Hg.), *Frauen und Exil: Zwischen Anpassung und Selbstbehauptung*, München 1993

LASKA, VERA (Hg.), *Women in the Resistance and in the Holocaust*, Westport, Conn., 1983

LIFTON, ROBERT JAY, *Ärzte im Dritten Reich*, Stuttgart 1988

LILIENTHAL, GEORG, *Der »Lebensborn e. V.«: Ein Instrument nationalsozialistischer Rassenpolitik*, Frankfurt a. M. 1993

MOSSE, GEORGE L., *Rassismus*, Königstein 1978

PHAYER, MICHAEL, *Protestant and Catholic women in Nazi Germany*, Detroit 1990

REESE, DAGMAR, *Straff, aber nicht stramm – herb, aber nicht derb: Zur Vergesellschaftung von Mädchen durch den Bund Deutscher Mädel im sozialkulturellen Vergleich zweier Milieus*, Weinheim 1989

RITTNER, CAROL und JOHN K. ROTH (Hg.), *Different Voices. Women and the Holocaust*, New York 1993

RUPP, LEILA J., *Mobilizing Women for War. German and American Propaganda 1939–1945*, Princeton 1978

SACHSE, CAROLA, *Siemens, der Nationalsozialismus und die moderne Familie*, Hamburg 1990

SCHUPETTA, INGRID, *Frauen- und Ausländererwerbstätigkeit in Deutschland von 1939–1945*, Köln 1983

SCHWARZ, GUDRUN, *Die nationalsozialistischen Lager*, Frankfurt a. M. 1990

STEPHENSON, JILL, *The Nazi Organisation of Women*, London 1981

WEINDLING, PAUL, *Health, Race and German Politics Between National Unification and Nazism, 1870–1945*, Cambridge 1989

WINKLER, DÖRTE, *Frauenarbeit im »Dritten Reich«*, Hamburg 1977

WOBBE, THERESA (Hg.), *Nach Osten: Verdeckte Spuren nationalsozialistischer Verbrechen*, Frankfurt a. M. 1992

Spanische Frauen / Danièle Bussy Genevois

Wissenschaftliche Untersuchungen

BARRACHINA, MARIE-ALINE, *La Section feminine de FET et des JONS puis du Mouvement national (origines, genèse, influence, fin 1933–1977)*, phil. Diss., Universität Paris III, 1979

BUSSY-GENEVOIS, DANIÈLE, *Presse féminine et républicanisme en Espagne 1931–1936*, phil. Diss., Universität Bordeaux III, 1988

BUSSY-GENEVOIS, DANIÈLE, Le courrier des lecteurs dans *Ellas* 1932–1935, in: Carmen Salaün-Sanchez (Hg.), *Presse et public*, Universität Rennes II, S. 51–72

CAPEL, ROSA, *El sufragio femenino en la IIa República española*, Grenada 1975

CAPEL, ROSA (Hg.) *Mujer y sociedad en España 1700–1975*, Madrid 1982

DI FEBO, GIULIANA, *Resistencia y movimiento de mujeres en España 1936–1976*, Madrid 1979

DI FEBO, GIULIANA, *La Santa de la Raza, un culto barroco en la España franquista*, Barcelona 1988

DURAN, M. A. und P. FOLGUERA (Hg.), *La Mujer en la Historia de España (siglos XVI–XX)*, in: Actas de las II Jornadas de Investigación interdisciplinaria, Seminario de Estudios de la Mujer, Autonome Universität Madrid, Madrid 1984

FAGOAGA, CONCHA und PALOMA SAAVEDRA, *Clara Campoamor la sufragista española*, Madrid 1981, 2. Auflage 1986

FOLGUERA, PILAR (Hg.), *El Feminismo en España. Dos siglos de historia*, Madrid 1988

GALLEGO MENDEZ, MARÍA TERESA, *Mujer, Falange y franquismo*, Madrid 1983

GARCIA NIETO PARIS, MARÍA CARMEN, *Ordenamiento jurídico y realidad social de las mujeres (Siglos XVI a XX)*, Seminario de Estùdios de la Mujer, Autonome Universität Madrid, Madrid 1986

MORENO SARDA, AMPARO, La réplica de las mujeres al franquismo, in: *El Feminismo en España. Dos siglos de historia*, S. 85–110

Las Mujeres y la guerra civil española, III Jordanas de estudios monográficos, Salamanca 1989

NASH, MARY, *Mujer y movimiento obrero en España 1931–1939*, Barcelona 1981

NASH, MARY, *"Mujeres libres«, España 1936–1939*, Barcelona 1976 (dt.: *Mujeres libres: die freien Frauen in Spanien, 1936–1978*. Aus dem Span. von Thomas Kleinspehn, Berlin 1979)

RODRIGO, ANTONINA, *Mujeres de España (Las silenciadas)*, Barcelona 1980

SCANLON, GERALDINE, *La Polémica feminista en la España contemporánea 1868–1974*, Madrid 1976

Memoiren

BERGES, CONSUELO, *Explicación de Octubre: historia comprimida de cuatro años de República en España*, Madrid 1935

BLASCO, SOFIÁ (Pseud. Libertad Castilla), *Peuple d'Espagne, journal de guerre de la Madrecita*, Paris 1938

CAMPOAMOR, CLARA, *Mi pecado mortal. El voto femenino y yo*, neu hg. von Concha Fagoaga und Paloma Saavedra, Barcelona 1981

ETCHEBÉHÈRE, MIKA, *Mi guerra de España*, Barcelona 1987 (dt.: *La guerra mia: eine Frau kämpft für Spanien*. Aus dem Franz. von Eva Moldenhauer, Hamburg/Zürich 1991)

IBARRURI, DOLORES, *El único camino*, Paris 1965 (dt.: *Der einzige Weg: Erinnerungen*. Aus dem Span. von Gerhard Schie, Köln 1989)

LEON, MARÍA TERESA, *Memoria de la melancolía*, Buenos Aires 1970

MARTINEZ SIERRA, MARÍA, *Una mujer por caminos de España, recuerdos de propagandista*, Buenos Aires 1952, Madrid 1989

MONSENY, FEDERICA, *Mis primeros cuarenta años*, Barcelona 1987

MORA, CONSTANCIA DE LA, *Doble esplendor*, Barcelona 1977 (dt.: *Doppelter Glanz: die Lebensgeschichte einer spanischen Frau*. Aus dem Span. von Olla Ewert, Berlin 1986)

NELKEN, MARGARITA, *Porqué hicimos la revolución*, 2. Auflage, Barcelona/Paris/New York 1936

O'NEILL, CARLOTA, *Una mujer en la guerra de España*, Madrid 1979

Die Französinnen unter dem Vichy-Regime / Hélène Eck

AZÉMA, JEAN-PIERRE, *De Munich à la Libération (1938–1944)*, (Nouvelle Histoire de la France contemporaine, Bd. 14), Paris 1979

COINTET-LABROUSSE, MICHÈLE, *Vichy et le fascisme*, Brüssel 1987

HIGONNET, MARGARET RANDOLPH u. a. (Hg.), *Behind the Lines. Gender and the two World Wars*, New Haven/London 1987

LABORIE, PIERRE, *L'Opinion française sous Vichy*, Paris 1990

PAXTON, ROBERT, *La France de Vichy (1940–1944)*, Paris 1974

La Propagande sous Vichy (1940–1944), Paris 1990

Le Régime de Vichy et les Français, Kolloquium des Institut d'histoire du temps présent, Paris 11.–13. Juni 1990, Paris 1992

RÉMOND, RENÉ und JANINE BOURDON (Hg.), *Le Gouvernement de Vichy (1940–1942)*, Paris 1972
ROSSITER, MARGARET L., *Women in the Resistance*, New York 1986
SOWERWINE, CHARLES, *Les Femmes et le socialisme, un siècle d'histoire*, Paris 1978
TILLION, GERMAINE, *Ravensbrück*, Paris 1988
VEILLON, DOMINIQUE, *La Mode sous l'Occupation, débrouillardise et coquetterie dans la France en guerre (1939–1945)*, Paris 1990

Berichte von Zeitzeugen

COUDERT, MARIE-LOUISE, *Elles, la Résistance*, Paris 1985
Les Françaises à Ravensbrück, 2. Auflage, Paris 1987
GUIDEZ, GUYLAINE, *Femmes dans la guerre (1939–1945)*, Paris 1989
HAMELIN, FRANCE, *Femmes dans la nuit, l'internement à la Petite Roquette et au camp des Tourelles (1939–1944)*, Paris 1988
POZNER, VLADIMIR, *Descente aux enfers, récits de déportés et de SS d'Auschwitz*, Paris 1980 (dt.: *Abstieg in die Hölle: Zeugnisse über Auschwitz*. Aus dem Franz. von Ortrud und Bernd Schirmer, Berlin 1985)

Das sowjetische Modell / Françoise Navailh

BAILES, KENDALL E., Alexandra Kollontaï et la nouvelle morale, in: *Cahiers du monde russe et soviétique*, Bd. VI, H. 4, Oktober–Dezember 1965, S. 471–496
BEBEL, AUGUST, Die Frau und der Sozialismus, 66. Auflage, Berlin 1990
BERELOWITCH, WLADIMIR, Les débuts du droit de la famille en RSFSR, in: *Cahiers du monde russe et soviétique*, Bd. XXII, H. 4, Oktober–Dezember 1981, S. 351–374
BERTON-HODGE, ROBERTE, La condition féminine en URSS, in: *Problèmes politiques et sociaux*, H. 31–32, 31. Juli–7. August 1970, S. 28–38
BERTON-HODGE, ROBERTE, La crise de la famille soviétique, in: *Problèmes politiques et sociaux*, H. 392, 4. Juli 1980, S. 3–21
BESNARD-ROUSSEAU, PASCAL, *Parti communiste français, morale et sexualité*, phil. Diss., Universität Paris X–Nanterre, 1979
DUNHAM, VERA, *In Stalin's Time: Middleclass Values in Soviet Fiction*, New York 1976
DUPLESSIX GRAY, FRANCINE, *Soviet Women Walking the Tightrope*, London 1990 (dt.: *Drahtseilakte: Frauen in der Sowjetunion*. Aus dem Engl. von Jürgen Benz, München 1990)
ENGELS, FRIEDRICH, *Der Ursprung der Familie, des Privateigentums und des Staats: Im Anschluß an Lewis H. Morgans Forschungen*, in: Karl Marx und Friedrich Engels, *Werke*, Bd. 21, Berlin 1973, S. 25–173
GASIOROWSKA, XENIA, *Women in Soviet fiction 1917–1964*, Madison 1968
HANNSON, CAROLA und KARIN LIDEN, *Samtal med kvinnor i Moskva* (dt.: *Unerlaubte Gespräche mit Moskauer Frauen*. Aus dem Schwed. von Maria Faulmüller, München 1983)
KOPP, ANATOLE, *Ville et révolution*, Paris 1967
LENCZYK, HENRYK, Alexandra Kollontaï: essai bibliographique, in: *Cahiers du monde russe et soviétique*, Bd. XIV, H. 1–2, Januar–Juni 1973, S. 205–241
LENIN, W. I., *De l'émancipation de la femme*, Paris 1937
NAVAILH, FRANÇOISE, L'image de la femme dans le cinéma soviétique, in: Basile Kerblay, L'évolution des modèles familiaux dans les pays de l'Est européen et l'URSS, in: *Cultures et sociétés de l'Est*, H. 9, Paris 1988, S. 191–201
PIERRE, ANDRÉ, *Les Femmes en Union soviétique*, Paris 1960

REDAKTIONSKOLLEKTIV, *Femmes et Russie 1980* (Almanach), Paris 1980
REDAKTIONSKOLLEKTIV, *Femmes et Russie 1981* (Almanach), Paris 1981
ROUSSEAU, RENÉE, *Les Femmes rouges*, Paris 1983
STERN, MICHAEL, *La Vie sexuelle en URSS*, Paris 1979 (dt.: ders. und August Stern, *Der verklemmte Genosse: das sexuelle Leben in der Sowjetunion*. Aus dem Franz. von Otto Weith, Berlin/Frankfurt a. M./Wien 1980)
STITES, RICHARD, *The Women's Liberation Movement in Russia: Feminism, Nihilism and Bolshevism 1860–1930*, Princeton 1978
STORA-SANDOR, JUDITH, *Alexandra Kollontaï: marxisme et révolution sexuelle*, Paris 1975
WARSHOFSKY LAPIDUS, GAIL, *Women in Soviet Society: Equality, development and Social change*, Berkeley 1978
WERTH, NICOLAS, *La Vie quotidienne des paysans russes de la Révolution à la collectivisation 1917–1930*, Paris 1984
ZETKIN, CLARA, *Erinnerungen an Lenin*, in: Clara Zetkin, *Ausgewählte Reden und Schriften*, Bd. 3, Berlin 1960, S. 89–160

Differenz und Widerstreit / Françoise Collin

Wir legen hier keine vollständige Liste mit Werken der zitierten Philosophinnen, die allgemein bekannt und häufig übersetzt worden sind, vor (zum Teil werden sie in den Anmerkungen genannt), sondern beschränken uns auf einige Untersuchungen, die für unser Thema wesentlich sind.

ABENSOUR, MIGUEL und CATHERINE CHALIER (Hg.), *Emmanuel Levinas*, Paris 1991
ARENDT, HANNAH, in: *Les Cahiers du Grif*, H. 33, 1985
ARENDT, HANNAH, *The Human Condition*, Chicago 1958
ARENDT, HANNAH, *Between Past and Future*, New York 1961 (dt.: *Zwischen Vergangenheit und Zukunft. Übungen im politischen Denken I.*, München 1994)
BEAUVOIR, SIMONE DE, Witness to a Century, in: *Yale French Studies*, H. 72, 1986
AUTORINNENKOLLEKTIV, *L'Ecercice du savoir et la différence des sexes*, Paris 1991
AUTORINNENKOLLEKTIV, *Ontologie et politique*, Paris 1989
BENNINGTON, GEOFFREY, *Jacques Derrida*, Paris 1991
BRAIDOTTI, ROSI, *Patterns of dissonance*, Cambridge 1991
CHALIER, CATHERINE, *Figures du féminin. Lectures d'Emmanuel Levinas*, Paris 1982
COLLECTIF CEFUP, *Catégorisation de sexe et construction sociale*, Universität Aix-en-Provence, 1989
COLLIN, FRANÇOISE, *Maurice Blanchot et la question de l'écriture*, Paris 1971, 1985
DELEUZE, GILLES, *Foucault*, Paris 1986 (dt.: *Foucault*. Aus dem Franz. von Hermann Kocyba, Frankfurt a. M. 1987)
DIOTIMA, *Il pensiero delle differenza sessuale*, Mailand 1987 (dt.: Diotima, Philosophinnengruppe aus Verona, *Der Mensch ist zwei: das Denken der Geschlechterdifferenz*. Aus dem Ital. von V. Mariaux, Wien 1989)
ELSHTAIN, JEAN BETHKE, *Public Man, Private Woman*, Princeton 1981
Femmes et philosophie: provenances de la pensée, in: *Les Cahiers du Grif*, H. 44, 1992
Das Geschlecht in der Philosophie, in: *Die Philosophin*, H. 2, 1990
HABERMAS, JÜRGEN, *Strukturwandel der Öffentlichkeit: Untersuchungen zu einer Kategorie der bürgerlichen Gesellschaft*, Frankfurt a. M. 1991
IRIGARAY, LUCE, *Speculum de l'autre femme*, Paris 1974 (dt.: *Speculum. Spiegel des anderen Geschlechts*. Aus dem Franz. von Xenia Rajewsky, Frankfurt a. M. 1986)

IRIGARAY, LUCE, *Ce sexe qui n'en est pas un*, Paris 1978 (dt.: *Das Geschlecht, das nicht eins ist.* Aus dem Franz. von Xenia Rajewski, Berlin 1979)
JARDINE, ALICE, *Gynesis, Configurations of Woman and Modernity*, Ithaca/London 1985
KOFMAN, SARAH, *L'Enigme de la femme, la femme dans les textes de Freud*, Paris 1980
KOFMAN, SARAH, *Lectures de Derrida*, Paris 1984 (dt.: Peter Engelmann [Hg.], *Derrida lesen.* Aus dem Franz. von Monika Buchgeister und Hans-Walter Schmidt, Wien 1988)
LE DOEUFF, MICHÈLE, *L'Étude et le rouet*, Paris 1989
MARINI, MARCELLE, *Lacan*, Paris 1986
NUSSBAUM, MARTHA, *The Fragility of Goodness: luck and ethics in Greek tragedy and philosophy*, Cambridge 1986
ROUDINESCO, ÉLISABETH, *Histoire de la psychoanalyse en France: la bataille de cent ans*, Paris 1986 (dt.: *Wien – Paris: die Geschichte der Psychoanalyse in Frankreich.* Aus dem Franz. von Brigitta Restorff, Weinheim/Berlin o. J.)
ROUDINESCO, ÉLISABETH, Savoir et difference des sexes, in: *Les Cahiers du Grif*, H. 45, 1990
SIMMEL, GEORG, *Schriften zur Philosophie und Soziologie der Geschlechter*, hg. von Heinz-Jürgen Dahme und Klaus Christian Köhnke, Frankfurt a. M. 1985
SIMMEL, GEORG, *Philosophische Kultur: über das Abenteuer, die Geschlechter und die Krise der Moderne*, Berlin 1983

Die Stellung der Frau im Bereich der Kultur / Marcelle Marini

BRAIDOTTI, ROSI, *Patterns of Dissonance*, Cambridge 1991
CHARTIER, ROGER (Hg.), *Histoire de l'édition française*, Bd. 4: *1900–1950*, Paris 1986
DEBRAY, RÉGIS, *Le Pouvoir intellectuel en France*, Paris 1979 (dt.: *»Voltaire verhaftet man nicht!«: die Intellektuellen und die Macht in Frankreich.* Aus dem Franz. von Friedrich Königsdorfer, Köln-Lövenich 1981)
DIDIER, BÉATRICE, *L'Écriture-femme*, Paris 1981
FRAISSE, GENEVIÈVE, *Muse de la raison. La démocratie exclusive et la différence des sexes*, Paris 1979
FRANCIS, CLAUDE und FERNANDE GONTIER, *Les Écrits de Simone de Beauvoir*, Paris 1979 (dt.: *Simone de Beauvoir: die Biographie.* Aus dem Franz. von Sylvie César und Friedmar Apel, Weinheim/Berlin 1986)
GELFAND, ELISSA D. und VIRGINIA THORNDIKE HULES, *French Feminist Criticism, Women, language, literature*, New York 1985
HERMANN, CLAUDINE, *Les Voleuses de langue*, Paris 1976
IRIGARAY, LUCE, *Speculum de l'autre femme*, Paris 1974 (dt.: *Speculum. Spiegel des anderen Geschlechts.* Aus dem Franz. von Xenia Rajewsky, Frankfurt a. M. 1986)
JARDINE, ALICE A. und ANNE M. MENKE, *Shifting Scenes. Interviews on Women, Writing and Politic in Post-68 France*, New York 1991
PLANTÉ, CHRISTINE, *La Petite Sœur de Balzac*, Paris 1989
VESSILIER-RESSI, MICHÈLE, *Le Métier d'auteur*, Paris 1982

Zeitschriften

L'Arc, H. 61, SIMONE DE BEAUVOIR et la lutte des femmes, Paris 1975; Sondernummer Duras, Paris 1986
Les Cahiers du Cedref, H. 2, Femmes sujets des discours, Universität Paris VII, 1990
Les Cahiers du Grad, H. 1, Femmes, écriture, philosophie, Universität Laval, Quebec, 1987

Les Cahiers du Grif, H. 7, Dé/pro/re/créer, 1975; H. 12, Parlez-vous française?, 1976; H. 13, Elles consonnent, 1976; H. 45, Savoir et différence des sexes, 1990
Cahiers 34/44, H. 13, Femmes et institutions littéraires, Universität Paris VII, 1984
Questions féministes, H. 1, 1977
Recherches féministes, Bd. 2, H. 2, Convergences, Universität Laval, Quebec, 1989
Revue des Sciences humaines, H. 168, Écriture, féminité, féminisme, 1977; H. 222, Le récit d'enfance, 1991

Frauen, Massenkonsum und Massenkultur/Luisa Passerini

ALBERONI, FRANCESCO, *Consumi e società*, Bologna 1964
ANELLI, MARIA TERESA, PAOLA GABBRIELLI, MARTA MORGAVI, ROBERTO PIPERNO, *Fotoromanzo: fascino e pregiudizio. Storia, documenti e immagini di un grande fenomeno popolare*, Mailand 1979
BUONANNO, MILLY, *Naturale come sei. Indagine sulla stampa femminile in Italia*, Rimini/Florenz 1975
BUONANNO, MILLY, *La donna nella stampa. Giornaliste, lettrici e modelli di femminilità*, Rom 1978
BUONANNO, MILLY, *Cultura di massa e identità femminile. L'immagine della donna in televisione*, Turin 1983
DARDIGNA, ANNE-MARIE, *Femmes-femmes sur papier glacé*, Paris 1974
DAVIES, KATH, JULIENNE DICKEY und TERESA STRATFORD (Hg.), *Out of Focus. Writings on Women and the Media*, London 1987
DE GRAZIA, VICTORIA, *Puritan, Pagan Bodies: Americanism and the Formation of the New Woman in Europe 1920–1945*, Working Paper 1984–1987
DE GRAZIA, VICTORIA, Mass Culture and Sovereignty: the American Challenge to European Cinemas, 1920–1960, in: *Journal of Modern History*, März 1989, S. 53–87
ECO, UMBERTO, *Apocalittici e integrati. Comunicazioni di massa e teorie della cultura di massa*, Mailand 1964 (dt.: *Apokalyptiker und Integrierte. Zur kritischen Kritik der Massenkultur.* Aus dem Ital. von Max Looser, Frankfurt a. M. 1992)
EHRENREICH, BARBARA und DEIRDRE ENGLISH, *For her Own Good. 150 Years of the Experts' Advice to Women*, Garden City, New York 1979
GAMMAN, LORRAINE und MARGARET MARSHMENT (Hg.), *The Female Gaze. Women as Viewers of Popular Culture*, London 1988
HASKELL, MOLLY, *From Reverence to Rape. The Treatment of Women in the Movies*, Chicago 1987
HORKHEIMER, MAX und THEODOR W. ADORNO, Das Schema der Massenkultur, in: Adorno, *Gesammelte Schriften*, Frankfurt a. M. 1981
HUYSSEN, ANDREAS, Mass Culture as Woman: Modernism's Other, in: Modelski 1986
LEACH, WILLIAM R., Transformations in a Culture of Consumption: Women and Department Stores, 1890–1925, in: *The Journal of American History* 71, 1984
LEWALLERN, AVIS, »Lace«: Pornography for Women? in: Gamman/Marshment 1988
LILLI, LAURA, La Stampe femminile, in: Valiero Castronovo und Nicola Tranfaglia, *Storia della stampa italiana*, Bd. 5: *La stampe italiana del neocapitalismo*, Rom 1976
MASINO, PAOLA, *Nascita e morte della massaia*, Mailand 1982, Originalausgabe Mailand 1945 (dt.: *Die Geburt der Hausfrau und ihr Tod.* Aus dem Ital. von Maja Pflug, Frankfurt a. M. 1991)
MELDINI, PIERO, *Sposa e madre esemplare. Ideologia e politica della donna e della famiglia durante il fascismo*, Rimini/Florenz 1975
MODELSKI, TANIA, *Loving with a Vengeance. Mass-Produced Fantasies for Women*, New York/London 1982

Modelsky, Tania (Hg.), *Studies in Entertainment. Critical Approaches to Mass Culture*, Bloomington, Indianapolis 1986 (Dieses Buch stellt zum großen Teil die Ergebnisse des internationalen Symposiums zur Massenkultur in der Universität Wisconsin im April 1984 dar.)

Mondello, Elisabetta, *La Nuova Italiana. La donna nella stampa e nella cultura del ventennio*, Rom 1987

Morin, Edgar, *Les Stars*, Paris 1957

Morin, Edgar, *L'Esprit du temps*, Paris 1962

Newland, Kathleen, *The Sisterhood of Man*, New York 1979

Parca, Gabriella, *Le Italiane si confessano*, Mailand 1966, Originalausgabe Florenz 1959

Passerini, Luisa, *Torino operaia e fascismo*, Rom/Bari 1984

Peiss, Kathy, *Cheap Amusements. Working Women and Leisure of Turn-of-the-Century New York*, Philadelphia 1986

Peiss, Kathy, Mass Culture and Social Divisions: The Case of the Cosmetics Industry, Vortrag im Kolloqium »Mass Culture and the Working Class«, Paris 14.–15. Oktober 1988

Pomata, Gianna, La storia delle donne: una questione di confine, in: Giovanni De Luna, Peppino Ortoleva, Marco Revelli, Nicola Tranfaglia, *Introduzione alla storia contemporanea*, Florenz 1984

Porter Benson, Susan, *Counter Cultures. Saleswomen, Managers, and Customers in American Department Stores, 1890–1940*, Chicago 1986

Radway, Janice, *Reading the Romance. Women, Patriarchy, and Popular Literature*, Chapel Hill, London 1984

Stacey, Jackie, Desperately Seeking Difference, in: Gamman/Marshment 1988

Sullerot, Evelyne, *La Presse féminine*, Paris 1963

Trenemann, Ann, Cashing on the Curse. Advertising and the menstrual Taboo, in: Gamman/Marshment 1988

Turnaturi, Gabriella, La donna fra il publico e il privato: la nascita della caslinga e della consumatrice, in: *Nuova donnawomanfemme* 12/13, 1979, S. 8–29

Werner, Françoise, Du ménage à l'art a ménager: l'évolution du travail ménager et son écho dans la presse féminine française de 1919 à 1939, in: *Le Mouvement social*, Nr. 129, 1984, S. 61–87

Williamson, Judith, Woman is an Island: Femininity and Colonization, in: Modelski 1986

Williamson, Judith, *Consuming Passions. The Dynamics of Popular Culture*, London 1986

Frauen, Bilder, Darstellungen / Anne Higonnet

Berkeley, Ellen Perry (Hg.), *Architecture. A Place for Women*, Washington/London 1989

Doane, Mary Ann, *The Desire to Desire*, Bloomington/Indianapolis 1987

Ducan, Carol, Virility and Domination in Early 20th-Century Vanguard Painting, in: *Artforum* 12, Dezember 1973, S. 30–39, abgedruckt in: Norma Broude und Mary D. Garrard (Hg.), *Feminism and Art history: Questioning the Litany*, New York 1989

Gouma-Peterson, Thalia und Patricia Mathews, The Feminist Critique of Art History, in: *Art Bulletin* 69, September 1987, S. 326–357

Modelski, Tania, *Loving With A Vengeance. Mass-Produced Fantasies for Women*, Hamden 1982, New York/London 1988

Mulvey, Laura und Peter Wollen, Women, Art, Politics; The Interior and the Exterior, beide in: *Frida Kahlo and Tina Modotti*, London 1982, S. 9–10, 13–17

Parker, Rozsika und Griselda Pollock, *Old Mistresses. Women, Art and Ideology*, London 1981, New York 1981

Stein, Sally, The Graphic Ordering of Desire, in: *Heresies* 18, S. 7–16

TICKNER, LISA, The Body Politic: Female Sexuality and Women Artists Since 1970, in: *Art History* I, 2. Juni 1978, abgedruckt in: Rozsika Parker und Griselda Pollock (Hg.), *Framing Feminism*, London/New York 1987

WALKER, ALICE, *In Search of Our Mothers' Gardens: Womanist Prose*, San Diego 1984 (dt.: *Auf der Suche nach den Gärten unserer Mütter: Essays.* Aus dem Engl. von Gertraude Krueger, München 1987)

WHITE, CYNTHIA, *Women's Magazines 1693–1968*, London 1970

Weibliche Armut, Mutterschaft und Rechte von Müttern / Gisela Bock

ADAMS, CAROLYN TEICH und KATHERINE TEICH WINSTON, *Mothers at Work: Public Policies in the United States, Sweden and China*, New York 1980

ALLEN, ANN TAYLOR, *Feminism and Motherhood in Germay, 1800–1914*, New Brunswick 1991

BLACK, NAOMI, *Social Feminism*, Ithaca 1989

BOCK, GISELA und PAT THANE (Hg.), *Maternity and Gender Policies: Women and the Rise of the European Welfare States, 1880s–1950s*, London 1991

BUTTAFUOCO, ANNARITA, *Chronache femminili: Temi e momenti della stampa emancipazionista in Italia dall'Unità al Fascismo*, Siena 1988

DALE, JENNIFFER und PEGGY FOSTER (Hg.), *Feminists and State Welfare*, London 1986

DYHOUSE, CAROL, *Feminism and the Family in England 1880–1939*, Oxford 1989

FLORA, PETER (Hg.), *Growth to Limits. The Western European Welfare States Since World War II*, 4 Bde., Berlin 1986–87

FLORA, PETER und ARNOLD J. HEIDENHEIMER (Hg.), *The Development of Welfare States in Europe and America*, New Brunswick 1981

GLASS, VICTOR D., *Population Policies and Movements in Europe* (1940), ND London 1967

GOLDSCHMIDT-CLERMONT, LUISELLA, *Unpaid work in the Household. A Review of Economic Evaluation Methods*, Genf 1982

GOODNOW, JACQUELINE und CAROLE PATEMAN (Hg.), *Women, Social Science and Public Policy*, Sydney 1985

GORDON, LINDA (Hg.), *Women, the State, and Welfare*, Madison 1990

KAMERMAN, SHEILA B. u. a., *Child Care, Family Benefits and Working Parents: A Study in Comparative Policy*, New York 1981

KÄLVEMARK, ANN-SOFIE, *More Children of Better Quality? Aspects on Swedish Population Policy in the 1930s*, Uppsala 1980

KLEJMAN, LAURENCE und FLORENCE ROCHEFORT, *L'Egalité en marche. Le féminisme sous la Troisième République*, Paris 1989

KOVEN, SETH und SONYA MICHEL, Womanly Duties: Materialist Policies and the Origins of Welfare States in France, Germany, Great Britain, and the United States, in: *American Historical Review* 95, 1990, S. 1076–1108

KOVEN, SETH und SONYA MICHEL (Hg.), *Mothers of a New World. Maternalist Politics and the Origins of Welfare States*, New York 1993

LADD-TAYLOR, MARY MADELEINE, *Mother-Work: Women, Child Welfare, and the State, 1890–1939*, Bloomington 1993

LEMONS, J. STANLEY, *The Women Citizen: Social Feminism in the 1920s*, Urbana 1973

LEWIS, JANE, *The Politics of Motherhood: Child and Maternal Welfare in England 1900–1939*, London 1980

LEWIS, JANE, *Women in England 1870–1950*, Sussex 1984

LUBIN, CAROL RIEGELMANN und ANNE WINSLOW, *Social Justice for Women. The International Labor Organization and Women*, Durham 1990

LUBOVE, ROY, *The Struggle for Social Security, 1900–1935*, Cambridge, Mass. 1968

MACNICOL, JOHN, *The Movement for Family Allowances 1918–1945: A Study in Social Policy Development*, London 1980

MARSHALL, THOMAS H., *Bürgerrechte und soziale Klassen: Zur Soziologie des Wohlfahrtsstaates*, Frankfurt/New York 1992

OFFEN, KAREN, Depopulation, Nationalism, and Feminism in Fin-de-Siècle France, in: *American Historical Review* 89, 1984, S. 648–676

OFFEN, KAREN, Defining Feminism: A Comparative Historical Analysis, in: *Signs. Journal of Women in Culture and Society* 14, 1988, S. 119–157 (dt.: Feminismus in den Vereinigten Staaten und in Europa. Ein historischer Vergleich, in: Hanna Schissler [Hg.], *Geschlechterverhältnisse im historischen Wandel*, Frankfurt/New York 1993, S. 97–138)

PATEMAN, CAROLE, The Patriarchal Welfare State, in: Amy Gutman (Hg.), *Democracy and the Welfare State*, Princeton 1987, S. 231–260

PATEMAN, CAROLE, *The Sexual Contract*, Cambridge 1988

PEDERSEN, SUSAN, *Family, Dependence, and the Origins of the Welfare State: Britain and France, 1914–1945*, Cambridge 1993

RATHBONE, ELEANOR, *The Disinherited Family* (1924, 1949 unter dem Titel: *Family Allowances*), ND hg. von Suzy Fleming, Bristol 1986

SARACENO, CHIARA, La famiglia operaia sotto il fascismo, in: *Annali della Fondazione Giangiacomo Feltrinelli* 20, 1979/80, S. 189–230

SKOCPOL, THEDA, *Protecting Soldiers and Mothers: The Political Origins of Social Policy in the United States*, Cambridge 1992

SMITH, HAROLD L. (Hg.), *British Feminism in the Twentieth Century*, London 1990

STEWART, MARY LYNN, *Women, Work and the French State. Labour Protection and Social Patriarchy, 1879–1919*, Kingston 1989

THANE, PAT, *The Foundations of the Welfare State*, London 1982

THÉBAUD, FRANÇOISE, *Quand nos grand-mères donnaient la vie. La maternité en France dans l'entre-deux-guerres*, Lyon 1986

WEINER, LYNN, *From Working Girl to Working Mother: The Female Labour Force in the United States, 1820–1980*, Chapel Hill 1985

Mutterschaft, Familie und Staat / Nadine Lefaucheur

ASSOCIATION INTERNATIONALE DES DÉMOGRAPHES DE LANGUE FRANÇAISE (AIDELF), *Les Familles d'aujourd'hui: démographie et évolution récente des comportements familiaux*, Kolloquium in Genf, 17.–20. September 1984, Paris 1984

BARRÈRE-MAURISSON, MARIE-AGNÈS u. a., *Le Sexe du travail: structures familiales et système productif*, Grenoble 1984

BARRÈRE-MAURISSON, MARIE-AGNÈS und OLIVIER MARCHAND, Structures familiales et marchés du travail dans les pays développés, in: *Économie et statistique*, H. 235, September 1990, S. 19–30

BATTAGLIOLA, FRANÇOISE, *La Fin du mariage? Jeunes couples des années 80*, Paris 1988

BAWIN-LEGROS, BERNADETTE, *Familles, mariage, divorce*, Liège 1988

BOURDIEU, PIERRE, *La Distinction, critique sociale du jugement*, Paris 1979 (dt.: *Die feinen Unterschiede: Kritik der gesellschaftlichen Urteilskraft.* Aus dem Franz. von Bernd Schwibs und Achim Russer, Frankfurt a. M. 1987)

BULMER, MARTIN, JANE LEWIS und DAVID PIACHAUD (Hg.), *The Goals of social policy*, London 1989

CHALVON-DEMERSAY, SABINE, *Concubin–concubine*, Paris 1983

CHERLIN, ANDREW und FRANK F. FURSTENBERG (Hg.), The European Family, in: *Journal of Family Issues*, Bd. 9, H. 3, September 1988, S. 291–424

CLARKE, JOHN, ALLAN COCHRANE und CAROL SMART, *Ideologies of welfare: from dreams to desillusion*, London 1987

COMMAILLE, JACQUES, *Familles sans justice? Le droit et la justice face aux transformations de la famille*, Paris 1982

ESPING-ANDERSON, GOSTA, *The Three Worlds of Welfare Capitalism*, Cambridge/Oxford 1990

FALCONNET, GEORGES und NADINE LEFAUCHEUR, *La Fabrication des mâles*, Paris 1975

FERRAND, MICHÈLE und MARYSE JASPARD, *L'Interruption volontaire de grossesse*, Paris 1987

FESTY, PATRICK, *La Fécondité des pays occidentaux de 1870 à 1970*, Paris 1979

HERNES, HELGA MARIA, *Welfare State and Woman Power: Essays in State Feminism*, Oslo/Oxford 1987 (dt.: *Wohlfahrtsstaat und Frauenmacht: Essays über die Feminisierung des Staates*. Aus dem Engl. von Ulrike Strerath-Bolz, Baden-Baden 1989)

JENSON, JANE, ELISABETH HAGEN und CEALLAIGH REDDY (Hg.), *Feminization of the labour force: paradoxes and promises*, Cambridge/Oxford 1988

KAUFMANN, JEAN-CLAUDE, *La Chaleur du foyer: analyse du repli domestique*, Paris 1988

KELLERHALS, JEAN u. a., *Mariages au quotidien: inégalités sociales, tensions culturelles et organisation familiale*, Lausanne 1982

LÉRIDON, HENRI u. a., *La Seconde Révolution contraceptive. La régulation des naissances en France de 1950 à 1985*, Paris 1987

MICHEL, ANDRÉE, *Activité professionelle de la femme et Vie conjugale*, Paris 1974

MICHEL, ANDRÉE, *Sociologie de la famille et du mariage*, Paris 1978

MICHEL, ANDRÉE (Hg.), *Les Femmes dans la société marchande*, Paris 1978

MOSSUZ-LAVAU, JANINE, *Les Lois de l'amour: les Politiques de la sexualité en France (1950–1990)*, Paris 1991

NORVEZ, ALAIN, *De la naissance à l'école: santé, modes de garde et préscolarité dans la France contemporaine*, Paris 1990

OAKLEY, ANN, *The Captured Womb, a History of the Medical Care of Pregnant Women*, Oxford 1984

PRIOUX, FRANCE (Hg.), *La Famille dans les pays développés: permanences et changements*, Protokoll des Kolloquiums über neue Formen des Familienlebens in den Industrieländern (Vaucresson, Oktober 1987), Paris 1990

ROSSI, ALICE S. (Hg.), *Gender and the life course*, New York 1985

ROUSSEL, LOUIS, *La Famille incertaine*, Paris 1989

SHOWSTACK SASSOON, ANNE (Hg.), *Women and the state: the shifting boundaries of public and private*, London 1987

SINGLY, FRANÇOIS DE (Hg.), *La Famille: l'état des savoirs*, Paris 1991

TABET, PAOLA, Fécondité naturelle, reproduction forcée, in: Nicole-Claude Mathieu (Hg.), *L'Arraisonnement des femmes, essais en anthropologie des sexes*, Paris 1985

UNGERSON, CLARE (Hg.), *Gender and Caring: Work and Welfare in Britain and Scandinavia*, New York/London 1990

VANDELAC, LOUISE u. a., *Du travail et de l'amour: les dessous de la production domestique*, Montreal 1985

Eine Emanzipation unter Vormundschaft / Rose-Marie Lagrave

Darstellungen und Aufsätze

AUBERT, NICOLE, *Le Pouvoir usurpé. Femmes et hommes dans l'entreprise*, Paris 1982

BARRÈRE-MAURISSON, MARIE-AGNÈS u. a., *Le Sexe du travail: structures familiales et système productif*, Grenoble 1984

BECKER, GARY, Human Capital, Effort and the Sexual Division of Labor, in: *Journal of Labor Economics*, 1985, H. 1, Supplement, S. 533–558

BEECHEY, VERONICA, *Unequal Work*, London 1987

BLUNDEN, KATHERINE, *Le Travail et la vertu. Femmes au foyer: une mystification de la révolution industrielle*, Paris 1983

BRUEGEL, IRÈNE, Women as a reserve of labour, in: *The Women Question*, Oxford 1982

CENTRE D'ÉTUDES ET DE RECHERCHES MARXISTES (CERM), *La Condition féminine*, Paris 1978

CENTRE LYONNAIS D'ÉTUDES FÉMINISTES (CLEF), *Les Femmes et la question du travail*, Lyon 1984

COCKBURN, CYNTHIA, *Brothers Male Dominance and Technological Change*, London 1983

ECKART, CHRISTEL, URSULA JAERISCH und HELGARD KRAMER, *Frauenarbeit in Familie und Fabrik: eine Untersuchung von Bedingungen und Barrieren der Interessenwahrnehmung von Industriearbeiterinnen*, Frankfurt a. M. 1979

FOURCAUT, ANNIE, *Femmes à l'usine entre les deux guerres*, Paris 1982

GUILBERT, MADELEINE, *Les Fonctions des femmes dans l'industrie*, Paris 1966

HUPPERT-LAUFER, JACQUELINE, *La Féminité neutralisée? Les femmes cadres dans l'entreprise*, Paris 1982

KERGOAT, DANIÈLE, *Les Ouvrières*, Paris 1982

LABOURIE-RACAPE, ANNIE, M. T. LATABLIER und M. A. VASSEUR, *L'Activité féminine: enquête sur la discontinuité de la vie professionnelle*, Paris 1977

LAGRAVE, ROSE-MARIE (Hg.), *Celles de la terre. Agriculture: l'invention politique d'un métier*, Paris 1987

MARUANI, MARGARET, *Mais qui a peur du travail des femmes?*, Paris 1985

MARUANI, MARGARET, EMMANUELLE REYNAUD und CLAUDINE ROMANI, *La Flexibilité en Italie*, Paris 1989

MICHEL, ANDRÉE (Hg.), *Les Femmes dans la societé marchande*, Paris 1978

OCDE, *Les Femmes et l'égalité des chances*, Paris 1985

OCDE, *Les Femmes et l'emploi: politiques pour l'égalité des chances*, Paris 1980

OCDE, *L'Intégration des femmes dans l'économie*, Paris 1985

PERROT, MICHELLE u. a., Métiers de femmes, in: *Le Mouvement social*, H. 140, Juli–September 1987

SABOURIN, ANNIE, *Le Travail des femmes dans la CEE*, Paris 1984

SOFER, CATHERINE, *La Division du travail entre hommes et femmes*, Paris 1985

SULLEROT, ÉVELYNE, *Les Françaises au travail*, Paris 1973

SULLEROT, ÉVELYNE, *Histoire et sociologie du travail féminin*, Paris 1968 (dt.: *Die emanzipierte Sklavin. Geschichte und Soziologie der Frauenarbeit.* Aus dem Franz. von Viktor Straub, Wien/Köln/Graz 1972)

TILLY, LOUISE A. und JOAN W. SCOTT, *Les Femmes, le travail et la famille*, Marseille 1987

YVER, COLETTE, *Femmes d'aujourd'hui, enquête sur les nouvelles carrières féminines*, Paris 1929

Statistische Quellen

Frankreich:
- Volkszählungen, seit 1901 alle fünf Jahre durchgeführt
- INSEE (Nationales Institut für Statistik und Wirtschaftsstudien), Enquêtes sur l'emploi (Untersuchungen zur Arbeitsmarktlage), in: *Les Cahiers de l'INSEE*
- *Données sociales*
- *Économie et statistiques*
- Enquêtes FQP (formation, qualification professionnelle)
- Arbeitsministerium, *Revue française du travail*
- Bildungsministerium, *Service de l'Information statistique*

International:
- BIT (Bureau international du travail), *Revue internationale du travail.* Annuaire statistique du travail; *L'Année sociale*; *Femmes au travail*, 14tägige Zeitschrift
- OECD, Statistiken zur Erwerbstätigkeit (jährlich)
- EUROSTAT, Beschäftigung und Arbeitslosigkeit. Ergebnisse aus den Ländern der EG. Statistisches Bulletin (jährlich)
- UNESCO, Bulletin

Recht und Demokratie / Mariette Sineau

BASHEVKIN, SYLVIA (Hg.), *Women and Politics in Western Europe*, London 1985

BECKWITH, KAREN, Women and Parliamentary Politics in Italy, 1946–1979, in: Howard R. Penniman (Hg.), *Italy at the Polls, 1979*, Washington 1981, S. 230–253

CHLOROS, ALECK (Hg.), Interspousal Relations, Bd. 4: Persons and Family, in: *International Encyclopedia of Comparative Law*, 1980, S. 166–193

DOGAN, MATTEI, Le comportement politique des femmes dans les pays de l'Europe occidentale, in: *La Condition sociale de la femme*, Brüssel 1956, S. 147–186

ERGAS, YASMINE, Femminismo e crisi di sistema, in: *Rassegna italiana di Sociologia*, Bd. 21, H. 4, Oktober–Dezember 1980, S. 543–568

FLANZ, GISBERT H. (Hg.) *Women's Rights and Political Participation in Europe*, New York 1983

FUENTE NORIEGA, MARGARITA, Los derechos de la mujer como madre en España, in: *Razon y fe*, 219 (1083), Januar 1989, S. 56–66

GERTZOG, IRWIN N., *Congressional Women: Their Recruitment, Treatment and Behavior*, New York 1984

GINGRAS, ANNE-MARIE, CHANTAL MAILLÉ und ÉVELYNE TARDY, *Sexe et militantisme*, Montreal 1989

HAAVIO-MANNILA, ELINA u. a. (Hg.), *Unfinished democracy: women in Nordic politics*, New York/Oxford 1985

HAGEMANN-WHITE, CAROL, Können Frauen die Politik verändern?, in: *Aus Politik und Zeitgeschichte*, B 9–10/87 v. 28. 2. 1987, S. 29–37

HERNES, HELGA MARIA, *Welfare State and Woman Power: essays in state feminism*, Oslo/Oxford 1987 (dt.: *Wohlfahrtsstaat und Frauenmacht. Essays über die Feminisierung des Staates.* Aus dem Engl. von Ulrike Strerath-Bolz, Baden-Baden 1989)

HOECKER, BEATE, Politik: Noch immer kein Beruf für Frauen?, in: *Aus Politik und Zeitgeschichte*, B 9–10/87 v. 28. 2. 1987, S. 13–14

KLEIN, ETHEL, *Gender Politics: from Consciousness to Mass Politics*, Cambridge 1984

KOLINSKY, EVA, The West German Greens. A Women's Party?, in: *Parliamentary Affairs*, Bd. 41, H. 1, Januar 1988, S. 129–148

Listhaug, Ola, The Gender Gap in Norwegian Voting Behaviour, in: *Scandinavian Political Studies*, Bd. 8, H. 3, September 1985, S. 177–206

Lovenduski, Joni und Jill Hills (Hg.), *The Politics of the Second Electorate, Women and Public Participation*, London 1981

Mansbridge, Jane, *Why we lost the ERA*, Chicago 1986

Meyer, Birgit, Frauen an die Macht?! Politische Strategien zur Durchsetzung der Gleichberechtigung von Mann und Frau, in: *Aus Politik und Zeitgeschichte*, B 9–10/87 v. 28. 2. 1987, S. 15–28

Mossuz-Lavau, Janine und Mariette Sineau, *Enquête sur les femmes et la politique en France*, Paris 1983

Mossuz-Lavau, Janine und Mariette Sineau, Le vote des femmes: l'autre événement, in: *Le Monde*, 5. Juni 1988

Muci, Maria Rita, *La partecipazione politica femminile nei Paesi del Sud d'Europa*, Mailand 1988

Mueller, Carol M. (Hg.), *The Politics of the Gender Gap: the social construction of political influence*, Newbury Park 1988

Nerson, Roger (Hg.), *Mariage et famille en question: l'évolution contemporaine du droit français*, 2 Bde., Paris 1978, 1979

Nerson, Roger, *Mariage et famille en question*, Paris 1982

Nerson, Roger (Hg.), *Mariage et famille en question: l'évolution contemporaine en Suisse, en Autriche, en Belgique, aux Pays-Bas et dans la région scandinave*, Paris 1980

Norris, Pippa, *Politics and Sexual Equality: the Comparative Position of Women in Western Democracies*, Brighton 1987

Patarin, Jean und Imre Zajtay, *Le Régime matrimonial légal dans les législations contemporaines*, Paris 1974

Pères et paternités, in: *Revue française des Affaires sociales*, November 1988, H. 42 (Sondernummer)

Randall, Vicky, *Women and Politics*, London 1987

Schwarz-Liebermann von Wahlendorf und Hans Albrecht (Hg.), *Mariage et famille en question: Allemagne*, Paris 1980

Schwarz-Liebermann von Wahlendorf und Hans Albrecht (Hg.), *Mariage et famille en question: Angleterre*, Paris 1979

Sineau, Mariette, *Des femmes en politique*, Paris 1988

Stetson, Dorothy, *Women's Rights in the USA: Policy Debates and Gender Roles*, Pacific Grove 1990

Vianello, Mino und Renata Siemienska u. a., *Gender Inequality. An International Study of Discrimination and Participation*, London 1989

Der Feminismus der siebziger Jahre / Yasmine Ergas

Adams, Parveen und Élizabeth Cowie (Hg.), *The Woman in Question: MLF*, Cambridge (Mass.) 1990

Albistur, Maïté und Daniel Armogathe, *Histoire du féminisme français du Moyen Age à nos jours*, Paris 1977

Benhabib, Seyla und Drucilla Cornell (Hg.), *Feminism as Critique: On the Politics of Gender*, Minneapolis 1987

Boccia, Luisa und Isabella Peretti (Hg.), *Il genere della rappresentanza*, Rom 1988

CALABRO, ANNARITA und LAURA GRASSO, *Dal movimento femminista al femminismo diffuso*, Mailand 1983

CARDEN, MAREN LOCKWOOD, *The New Feminist Movement*, New York 1974

CASTRO, GINETTE, *Radioscopie du féminisme américain*, Paris 1984; *American Feminism: A Contemporary History*, New York 1990

DAHLERUP, DRUDE (Hg.), *The New Women's Movement: Feminism and Political Power in Europe and the USA*, London/Beverley Hills 1986

DECKARD, BARBARA SINCLAIR, *The Women's Movement: Political, Socioeconomic and Psychological Issues*, New York 1983

DE PISAN, ANNIE und ANNE TRISTAN, *Histoires de MLF*, Paris 1977

DUCHEN, CLAIRE, *Feminism in France, from May 68 to Mitterrand*, London 1986

EISENSTEIN, HESTER und ALICE JARDINE (Hg.), *The Future of Difference*, New Brunswick 1985

Le Féminisme et ses enjeux. Vingt-sept femmes parlent, Centre fédéral FEN (Féderation de l'éducation nationale), Paris 1988

FRAIRE, MANUELA (Hg.), *Lessico politico delle donne*, Mailand 1978

FREEMAN, JO, *The Politics of Women's Liberation: a case study of an emerging social movement and its relations to the policy process*, New York 1975

FRIEDAN, BETTY, *It Changed my Life: Writings on the Women's Movement*, New York 1976 (dt.: *Das hat mein Leben verändert: Beiträge und Reflexionen zur Frauenbewegung* Aus dem Engl. von Angela Praesens u. a., Reinbek 1982)

HARDING, SANDRA und JEAN F. O'BARR (Hg.), *Sex and Scientific Inquiry*, Chicago 1987

HERNES, HELGA MARIA, *Welfare State and Woman Power: essays in state feminism*, Oslo/Oxford 1987 (dt.: *Wohlfahrtsstaat und Frauenmacht. Essays über die Feminisierung des Staates.* Aus dem Engl. von Ulrike Strerath-Bolz, Baden-Baden 1989)

LOVELL, TERRY (Hg.), *British Feminist Thought: A Reader*, Oxford 1990

MARKS, ELAINE und ISABELLE DE COURTIVRON (Hg.), *New French Feminisms: an Anthology*, New York 1981

MOI, TORIL (Hg.), *French Feminism Thought: A Reader*, Oxford 1987

NICHOLSON, LINDA J. (Hg.), *Feminism / Postmodernism*, New York 1990

RÉMY, MONIQUE, *De l'utopie à l'intégration: histoire des mouvements de femmes*, Paris 1990

ROWBOTHAM, SHEILA, *The Past is Before us: Feminism in action since the 1960s*, London 1989

VANCE, CAROLE S. (Hg.), *Pleasure and Danger: Exploring Female Sexuality*, Boston 1984

Von der Weiblichkeit zum Feminismus / Yolande Cohen

BLACK, NAOMI, *Social Feminism*, Ithaca/New York 1989

COHEN, YOLANDE, *Femmes de parole. L'histoire des Cercles de fermières du Québec, 1915–1990*, Montreal 1990

COHEN, YOLANDE (Hg.), *Femmes et contre-pouvoirs*, Montreal 1987

COHEN, YOLANDE und GARY CALDWELL (Hg.), Le monde rural, in: *Recherches sociographiques*, Sonderheft, Bd. XXIX, H. 2–3, 1988

DANYLEWICZ, MARTA, *Profession: religieuse, un choix pour les Québécoises, 1840–1920*, Montreal 1988

DAVID, HÉLÈNE, *Femmes et emploi: le défi de l'égalité*, Quebec 1986

FAHMY-EID, NADIA und MICHELINE DUMONT (Hg.), *Maîtresses de maison, maîtresses d'école. Femmes, famille et éducation dans l'histoire du Québec*, Montreal 1983

GIDDENS, ANTHONY, *The Constitution of Society*, Cambridge 1984 (dt.: *Die Konstitution der Gesellschaft. Grundzüge einer Theorie der Strukturierung.* Aus dem Engl. von Wolf-Hagen Krauth und Wilfried Spohn, Frankfurt/New York 1992)

GOY, JOSEPH, JEAN-PIERRE WALLOT und ROLANDE BONNAIN (Hg.), *Évolution et éclatement du monde rural: structures fonctionnement et évolution différentielle des sociétés rurales françaises et québécoises, 18e–20e siècles*, Montreal 1986

HAMILTON, ROBERTA und MICHELLE BARRETT (Hg.), *The Politics of Diversity, Feminism, Marxism and Nationalism*, Montreal 1986

LABELLE, MICHELINE, G. TURCOTTE, M. KEMPENEERS und D. MEINTEL, *Histoire d'immigrées. Itinéraires d'ouvrières colombiennes, grecques, haïtiennes et portugaises de Montréal*, Montreal 1987

LAMOUREUX, DIANE, *Citoyennes? Femmes, droit de vote et démocratie*, Montreal 1989

LAURIN, NICOLE, DANIÈLE JUTEAU und LORRAINE DUCHESNE, *A la recherche d'un monde oublié*, Montreal 1991

LEMIEUX, DENISE und LUCIE MERCIER, *Les Femmes au tournant du siècle, 1880–1940: âges de la vie, maternité et quotidien*, Quebec 1989

LEVESQUE, ANDRÉE, *La Norme et les déviantes: des femmes au Québec pendant l'entre-deux-guerres*, Montreal 1989

MARONEY, HEATHER JON und MEG LUXTON (Hg.), *Feminism and Political Economy*, Toronto 1987

O'LEARY, VÉRONIQUE und LOUISE TOUPIN (Hg.), *Québecoises Debouttes!*, 2 Bde., Montreal 1982, 1983

PRENTICE, ALISON u. a., *Canadian Women: A History*, Toronto 1988

SIMARD, CAROLLE, *L'Administration contre les femmes: la reproduction des différences sexuelles dans la fonction publique canadienne*, Montreal 1983

SIMARD, CAROLLE, *Sociologies et sociétés*, Bd. XIX, H. 1, 1987

TROFIMENKOFF, SUSAN MANN, *Visions nationales: une histoire du Québec*, Quebec 1986

ZAVALLONI, MARYSA (Hg.), *L'Émergence d'une culture au féminin*, Montreal 1987

Fortpflanzung und Bioethik / Jacqueline Costa-Lascoux

Sammelbände

Human Procreation. Ethical Aspects of the New Techniques: Report of a Working Party, Oxford 1984

Génétique, procréation et droit, H. Nyssen, Actes Sud, 1985

Les Conceptiones induites, Palermo 1986

Des motifs d'espérer, la procréation artificielle, Paris 1986

Procréation artificielle génétique et droit, Kolloquium in Lausanne, 29.–30. November 1985, Schweizer Institut für Vergleichendes Recht, Zürich 1986

American Fertility Society, Ethics Committee. Ethical considerations of the New Reproductive Technologies, Fertility and Sterility, Oktober 1986

Quand la technologie transforme la maternité, Conseil du statut de la femme du Québec, Quebec 1987

Sortir la maternité du laboratoire. Actes du forum international sur les nouvelles technologies de la reproduction, Conseil du statut de la femme du Québec, Quebec 1988

Les Enjeux éthiques et juridiques des nouvelles technologies de reproduction, Comité du barreau du Québec, Quebec 1988

Comités d'éthique à travers le monde, Paris 1989

Elderly people and Assisted Conception, Bericht für die 6. Konferenz der Internationalen Vereinigung für Familienrecht, Tokio, Februar 1989, Oxford 1989

From man to gene, from gene to man, Unterlagen des internationalen Kolloquiums in Florenz, November 1986, Florenz 1986

Monographien

BAUDOUIN, J.-L. und C. LABRUSSE-RIOU, *Produire l'homme de quel droit? Étude juridique et éthique des procréations artificielles*, Paris 1987

BLANC, M., *L'Ere de la génétique*, Paris 1986

BOURGEAULT, G., La Bioéthique: son objet, sa méthode, ses questions, ses enjeux, in: *Ethica*, 1989, H. 1, S. 63–93

BOURGEAULT, G., *L'Éthique et le droit face aux nouvelles technologies bio-médicales*, Brüssel 1990

BYCK, G. und S. GALPIN-JACQUOT, *État comparatif des règles éthiques et juridiques relatives à la procréation artificielle*, Paris 1986

CLARKE, R., *Les Enfants de la science*, Paris 1984

D'ADLER, M.-A. und M. TEULADE, *Les Sorciers de la vie*, Paris 1986

DAVID, D., *Insémination artificielle humaine, un nouveau mode de filiation*, Paris 1984

DELAISI DE PARSEVAL, GENEVIÈVE, *L'Enfant à tout prix*, Paris 1983 (dt.: *Ein Kind um jeden Preis? Ethik und Technik der künstlichen Zeugung*. Aus dem Franz. von Jutta Schust, Weinheim/Basel 1986)

DUFRESNE, J., *La Reproduction humaine industrialisée*, Montreal/Québec 1986

DURAND, GUY, *La Bioéthique*, Paris/Montreal 1989

ENGELHARDT, H.-T., *The Foundations of Bioethics*, New York 1989

FIELD, M., *Surrogate Motherhood, the Legal Human Issues*, Cambridge (Mass.) 1990

FRYDMAN, R., *L'Irrésistible Désir de naissance*, Paris 1986

GIRAUD, F., *Les Mères porteuses*, Paris 1987

LEGENDRE, P., *L'Inestimable Objet de la transmission. Étude sur le principe généalogique en Occident*, Paris 1985

MALHERBE, J.-F. und E. BONE, *Engendrés par la science*, Paris 1985

MORETTI, J.-M. und O. DE DINECHIN, *Le Défi génétique*, Paris 1982

NOLIN, M., *Réflexions juridiques sur le phénomène des femmes porteuses d'enfants*, Montreal 1986

RIOUX, J., *L'Insémination artificielle thérapeutique*, Québec 1983

ROY, D. und M. DE WACHTER, *The Life Technology and Public Policy*, Montreal 1987

SHANNON, THOMAS E., *Revisited Bioethics. Basic Writings on Key Ethical Questions that Surround the Major, Modern Biological Possibilities and Problems*, Ramsy N. J. 1981

SNOWDEN, ROBERT und G.-D. MITCHELL, *La Famille artificielle, réflexions sur l'insémination artificielle par donneur*, Paris 1984 (dt.: *Artifizielle Reproduktion*. Aus dem Engl. von Walter Krause, Stuttgart 1985)

TESTART, JACQUES, *L'Œuf transparent*, Paris 1986 (dt.: *Das transparente Ei*. Aus dem Franz. von Robert Detobel, Frankfurt a. M./München 1988)

TESTART, JACQUES (Hg.), *Le Magasin des enfants*, Paris 1990

THIBAULT, ODETTE, *Des Enfants, comment? Les techniques artificielles de reproduction*, Lyon 1984

Zeitschriften

La bioéthique, *Pouvoirs*, H. 56, 1991

Bioéthique et désir d'enfant, dialogue, *Recherches cliniques et sociologiques sur le couple et la famille*, H. 87, 1985

Biologie et éthique, la maîtrise de la reproduction et l'image de l'homme, *Lumière et vie*, H. 172, 1985

Le corps aux mains du droit, dossier bioéthique, *Actes*, H. 49/50, Juni 1985

Le droit, la médecine et la vie, *Le Débat*, H. 36, 1985

Enfants adoptés, enfants de la science, enfants de personne?, *L'Ange*, H. 20, 1985

Ethique et biologie, *Cahiers STS*, H. 11, 1986
Ethique et génétique, *Revue des questions scientifiques*, 1983
Ethique et progrès biomédicaux, *Autrement*, 1987
La femme et le droit, *Revue juridique canadienne*, Bd. 1, H. 2, *La Femme et la reproduction*, 1986
Foetus humain, à propos de son statut, *Le Supplément*, H. 153, 1985
Le projet parental, Journée internationale de bioéthique, *Revue juridique de l'Ouest*, 1991
Naître, *Corps écrit*, H. 21, 1987
Ordre juridique et ordre technologique, *Cahiers STS*, H. 12, 1986
La tentation biocratique, *Ethique*, H. 1, *La Vie en question*, 1991
Vers la procréatique, une société où les enfants viennent par la science, *Projet*, H. 195, 1985

Amtliche Veröffentlichungen

Frankreich:

Comité consultatif national d'Ethique pour les sciences de la vie et de la santé:

- Bericht 1984, *La Documentation française*, Paris 1985
- Bericht 1985, *La Documentation française*, Paris 1986
- Bericht 1986, *La Documentation française*, Paris 1987
- Lettre d'information du Comité consultatif d'Ethique (dreimal jährlich)
- Les procréations artificielles, Rapport au Premier ministre, *La Documentation française*, Paris 1986
- Sciences de la vie: de l'éthique au droit. Étude du Conseil d'État, *La Documentation française*, notes et études documentaires, H. 4855, Paris 1988
- Trois principes directeurs à faire figurer dans une loi cadre, rapport de la Mission pour le droit de la bioéthique et des sciences de la vie, hg. von N. Lenoir und B. Sturlese, 1990

Andere Länder:

- USA: Departement of Health Education and Welfare, *Support of Research Involving Human in Vitro Fertilization and Embryos Transfer*, 4. Mai 1979
- Großbritannien: Fécondation et embryologie humaines, *La Documentation française*, Paris 1985; Bericht der Enquête-Kommission unter Leitung von Mary Warnock, London 1984
- Australien: *The Committee to consider the Social, Ethical and Legal Issues Arising from in Vitro Fertilization*, Report on the disposition of Embryos produced by »In Vitro Fertilization« (Kommission Waller), August 1984, Victoria
- Kanada: Ontario Law Reform Commission, *Report on Human Artificial Reproduction and Related Matters*, Justizministerium, 2 Bde., 1985
- Schweden: Bericht des Komitees für die Unversehrtheit des Menschen über *In-vitro-Fertilisation und »Leihmutterschaft«*, 1985
- Italien: Bericht »San Tosuosso« im Auftrag der Regierungskommission über *Künstliche Befruchtung*, 1985
- Bundesrepublik Deutschland: *In-vitro-Fertilisation, Genomanalyse und Gentherapie: Bericht der gemeinsamen Arbeitsgruppe des Bundesministers für Forschung und Technologie und des Bundesministers der Justiz*, München 1985
- Spanien: *Informe de la Comisión especial de estudio de la fecundación »in vitro« y la inseminación artificial humanas*, Congreso de los Diputados, 1986
- American Fertility Society, Ethical Consideration of the New Reproductive Technology, in: *Fertil and Steril*, Bd. 46, H. 3, 1986

Nachwort / Gisela Bock

ALBERS, HELENE, Frauen-Geschichte zwischen Weimar und Bonn, in: *Westfälische Forschungen* 43, 1993, S. 762–794

FREVERT, UTE, HEIDE WUNDER und CHRISTINA VANJA, Historical Research on Women in the Federal Republic of Germany, in: Karen Offen, Ruth Roach Pierson und Jane Rendall (Hg.), *Writing Women's History: International Perspectives*. Bloomington 1991, S. 291–332

PALETSCHEK, SYLVIA, Das Dilemma von Gleichheit und Differenz: Eine Auswahl neuerer Forschungen zur Frauengeschichte zwischen Aufklärung und Weimarer Republik, in: *Archiv für Sozialgeschichte* 33, 1993, S. 548–569

RANTZSCH, PETRA und ERIKA UITZ, Historical Research on Women in the German Democratic Republic, in: Karen Offen, Ruth Roach Pierson und Jane Rendall (Hg.), *Writing Women's History: International Perspectives,* Bloomington, 1991, S. 333–354

Sachregister

Personenregister

Autorinnen und Autoren

Gisela Bock Professorin für Geschichte an der Universität Bielefeld, zuvor Professorin am Europäischen Hochschulinstitut (Florenz). Zahlreiche Bücher und Aufsätze in verschiedenen Sprachen über das politische Denken im frühneuzeitlichen Italien, die amerikanische Arbeiterbewegung, die Geschichte der Hausarbeit, den nationalsozialistischen Rassismus und Sexismus sowie über Fragen von Theorie und Methode der historischen Geschlechterforschung.

Danièle Bussy Genevois Professorin an der Universität Paris-VIII; zuvor Lehrtätigkeit an verschiedenen französischen Hochschulen. Hispanistin. Ihr Forschungsschwerpunkt ist das moderne Spanien, namentlich die Presse und die Geschichte der Frauen. Mitarbeiterin und Herausgeberin bei verschiedenen Forschungsunternehmen zu diesen Themen. Zahlreiche Veröffentlichungen. Habilitation über das Thema *Presse féminine et républicanisme en Espagne 1931–1936.* Derzeit befaßt sie sich verstärkt mit Ideen- und Mentalitätengeschichte (Gemeinschaftsprojekt über Gewalt in Spanien Anfang des 20. Jahrhunderts).

Yolande Cohen Ordentliche Professorin am Historischen Seminar der Universität Québec in Montréal. Ihr Forschungsschwerpunkt ist die Geschichte der sozialen Bewegungen in Frankreich und Québec in der ersten Hälfte des 20. Jahrhunderts. Verfasserin von *Femmes de parole. L'histoire des Cercles de fermières du Québec* und einer Monographie mit dem Titel *Les Jeunes, le socialisme et la guerre. Histoire des mouvements de jeunesse en France.* Sie ist u. a. Koautorin einer Studie über *Les Juifs marocains à Montréal* und hat zwei Sammelbände herausgegeben: *Femmes et contrepouvoirs* und *Femmes et politiques*. Derzeit arbeitet sie an einem Buch über die Professionalisierung des Berufs der Krankenschwester.

Françoise Collin Philosophin und Schriftstellerin. Ihre Veröffentlichungen umfassen Romane, Erzählungen und philosophische Essays, darunter *Maurice Blanchot et la question de l'écriture*; ferner sehr viele Texte über Frauen und über die Geschlechterdifferenz, die demnächst in einer Auswahl erscheinen sollen. Sie gründete 1973 die Zeitschrift *Cahiers du Grif* und gibt die Sammlung *Littérales* bei den Éditions Tierce heraus. Sie war lange Professorin in Brüssel und unterrichtet gegenwärtig feministische Theorie am Centre Parisien d'études critiques. Sie arbeitet über das Werk Hannah Arendts.

Jacqueline Costa-Lascoux Projektleiterin am CNRS, Mitglied des Haut Conseil de la Population et de la Famille. Ihre Arbeiten betreffen das Gebiet der Rechtssoziologie und befassen sich mit der Infragestellung von Rechtskategorien durch Kulturkonflikte. Nach Forschungen über *L'Évolution de la délinquance des jeunes de 1825 à 1968* und über afrikanische Rechtssysteme gelten ihre Untersuchungen namentlich den Problemen der Immigration *(De l'immigré au citoyen)*, der Diskriminierung und der Bioethik (Koautorin des Berichts für das Commissariat Général du Plan über *Les Nouvelles Techniques de procréation* und von *Bioéthique et Droit)*.

Nancy F. Cott Unterrichtet Geschichte der Frauen an der Yale University in New Haven, wo sie Professorin für amerikanische Geschichte und Amerikakunde ist. Ihre wichtigsten Werke sind: *The Bonds of Womanhood: »Woman's Sphere« in New England, 1780–1835*; *The Grounding of Modern Feminism*; *A Woman Making History: Mary Ritter Beard through Her Letters*.

Hélène Eck Agrégée für Geschichte, Lehrbeauftragte an der Universität Paris X-Nanterre. Ihr Forschungsschwerpunkt ist die Geschichte der Propaganda im Zweiten Weltkrieg. Herausgeberin von *La Guerre des ondes: histoire des radios de langue française pendant la Deuxième Guerre mondiale*.

Yasmine Ergas Arbeitet gegenwärtig an der Columbia University Law School. Ihr Fachgebiet ist die Soziologie. Sie hat Forschungen in Italien und in den USA durchgeführt und viele Veröffentlichungen über den zeitgenössischen Feminismus vorgelegt, namentlich *Nelle maglie della politica. Femminismo, istituzioni e politiche sociali nell'Italia degli anni 70*.

Victoria de Grazia Professorin für Geschichte an der Columbia University, New York; zuvor war sie Leiterin des Centers for Historical Studies an der Rutgers University. Sie ist Verfasserin von *The Culture of Consent: Mass Organization of Leisure in Fascist Italy* und von *How Fascism Ruled Women: Italy (1922–1945)*. Ferner hat sie zahlreiche Essays über die Amerikanisierung Europas vorgelegt und die *Radical History Review* mitgegründet.

Anne Higonnet Assistant Professor am Wellesley College, Department of Art, wo sie Geschichte der visuellen Kultur im 19. und 20. Jahrhundert unterrichtet. 1990 erschien in Frankreich ihre Monographie über die impressionistische Malerin Berthe Morisot, 1992 in den USA ihre Studie über das Frauenbild bei Morisot.

Rose-Marie Lagrave Soziologin, Dozentin an der École des Hautes Études en Sciences Sociales. Ihr Forschungsgebiet ist die Bauernfrage im Westen und im europäischen Osten. Sie hat die Bücher *Le Village romanesque* und *Celles de la terre. Agricultrices: l'invention politique d'un métier* und verschiedene Artikel über feministische Studien und Frauenstudien geschrieben.

Nadine Lefaucheur Soziologin, Lehrbeauftragte am CNRS. Ihre Arbeiten befassen sich hauptsächlich mit der sozialpolitischen Behandlung der außerehelichen Mutterschaft und mit monoparentalen Familien. Gegenwärtig arbeitet sie an einer Geschichte der medizinischen Eugenik in Frankreich. Sie hat (mit Georges Falconnet) *La Fabrication des mâles* sowie zahlreiche Artikel und Beiträge zu Sammelwerken geschrieben, vor allem *Lectures sociologiques du travail social*; *La Famille, la loi, l'État de la Révolution au Code civil*; und *La Famille: l'état des savoirs*.

Marcelle Marini Lehrbeauftragte an der Universität Paris-VII. Sie hat *Territoires du féminin avec Marguerite Duras* und *Lacan* geschrieben und an *Stratégies des femmes* sowie an dem Sonderheft »Savoir et différence des sexes« der *Cahiers du Grif* mitgewirkt. Ferner ist sie Autorin von Beiträgen in literarischen und feministischen Zeitschriften und leitet mit Nicole Mozet das Forschungsprojekt »La production littéraire en France depuis 1945«.

Françoise Navailh Professorin für Russisch (Paris). Ihr Fachgebiet ist der sowjetische Film. Derzeit bereitet sie eine Doktorarbeit bei Marc Ferro über das Bild der Frau im sowjetischen Film vor. Sie hat bereits verschiedene einschlägige Artikel veröffentlicht, zum Beispiel »L'image de la femme dans le cinéma soviétique contemporain«, in: *Film et Histoire*; »Le renouveau religieux dans le cinéma russe«, in: *Slovo – Cinéma et culture nationale en URSS*; »Le commissaire de Berditchev – une nouvelle de V. Grossman, un film de A. Askoldov«, in: *Pardes*.

Luisa Passerini Professorin für Geschichte am Europäischen Hochschulinstitut, lehrte zuvor Methodologie der Forschung an der Universität Paris. In ihren Forschungen befaßt sie sich mit dem historischen Gebrauch der Mündlichkeit und der Erinnerung, vor allem in der Geschichte des Faschismus und in der Geschichte der neuen sozialen Bewegungen der sechziger und siebziger Jahre. Sie hat verschiedene Anthologien und namentlich das Sonderheft »Mémoires et histoires de 1968« der Zeitschrift *Mouvement social* herausgegeben. Weitere Veröffentlichungen: *Torino operaia e fascismo*; *Storia e soggettività. Le fonti orali, la memoria*; *Autoritratto di gruppo*; *Mussolini immaginario. Storia di una biografia 1915–1939*; *Storie di donne e femministe*.

Mariette Sineau Politologin, Projektleiterin am CNRS; arbeitet in Paris am Centre d'Étude de la Vie Politique Française der Fondation Nationale des Sciences Politiques. In diesem Zentrum befaßt sie sich vor allem mit den politischen Einstellungen und Verhaltensweisen von Frauen. Über dieses Thema hat sie, zum Teil in Zusammenarbeit mit anderen Autorinnen, verschiedene Artikel, Beiträge und Werke geschrieben (namentlich mit Janine Mossuz-Lavau *Enquête sur les femmes et la politique en France*). Ihr jüngstes Buch, *Des femmes en politique,* handelt von Politikerinnen, ihrem Bild in der Öffentlichkeit, ihren Erwartungen und ihren Rollen.

Anne-Marie Sohn Agrégée in Geschichte, Lehrbeauftragte an der Universität Paris-I. Ihr Spezialgebiet ist die Geschichte der Frauen. Hervorgetreten ist sie zuerst mit »La Garçonne: type littéraire ou type social des années 20?« in: *Le Mouvement social*. Ihre Doktorarbeit hat sie über *Féminisme et syndicalisme. Les institutrices de la Fédération unitaire de l'enseignement de 1919 à 1935* geschrieben. Sie hat verschiedene Beiträge zu Sammelwerken verfaßt, darunter »Les attentats à la pudeur sur les fillettes et la sexualité quotidienne en France (1870–1939)«, in: *Violences sexuelles, Mentalités*. Sie arbeitet an einer Habilitation über *Les rôles féminins dans la vie privée à l'époque de la IIIe République*.

Françoise Thébaud Dozentin an der Universität Lumière, Lyon 2. Ihr Spezialgebiet ist die Geschichte der Frauen im 20. Jahrhundert. Über dieses Thema hat sie viele Aufsätze und Beiträge zu Sammelwerken geschrieben, namentlich *1914–1918: l'autre front*; *Femmes et fascismes*; *La Tentation nationaliste*. Weitere Publikationen von ihr sind *La Femme au temps de la guerre de 14* und *Quand nos grand-mères donnaient la vie: la maternité en France dans l'entre-deux-guerres*.

Geschichte der Frauen

1
Antike

2
Mittelalter

3
Frühe Neuzeit

4
19. Jahrhundert

5
20. Jahrhundert